Computerspiele – Design und Programmierung

Peter J. Dobrovka, Daniel Mühlbacher, Jörg Brauer

Computerspiele – Design und Programmierung

2., komplett überarbeitete und erweiterte Auflage

mitp

Bibliografische Information Der Deutschen Bibliothek
Die Deutsche Bibliothek verzeichnet diese Publikation in der Deutschen Nationalbibliografie; detaillierte bibliografische Daten sind im Internet über <http://dnb.ddb.de> abrufbar.

ISBN 3-8266-0920-4
2. Auflage 2003

Lektorat: Volker Bombien
Satz: mediaService, Siegen
Druck: Media-Print, Paderborn

Inhaltsverzeichnis

Vorwort zur 2. Auflage

An wen sich dieses Buch wendet

Welcher Computerspieler träumte nicht einmal davon, seine Ideen in die Tat umzusetzen und sein eigenes (Traum-)Spiel zu erstellen. Bei den meisten bleibt es dann aber bei diesem Wunsch, da sie vielleicht nicht wissen, wie sie ihn in die Realität umsetzen können oder es ihnen einfach an Zeit und Ausdauer mangelt.

Und an dieser Stelle möchte ich alle angehenden Spieleentwickler darauf aufmerksam machen, dass es zum Erstellen eines Spiels wirklich viel Zeit und Ausdauer braucht, um ans Ziel zu gelangen. Je mehr man sich mit der Materie beschäftigt, desto klarer wird dem Interessierten, wie komplex und vielschichtig das Thema Spieleentwicklung ist. Auf der anderen Seite sollte sich auch niemand davon abschrecken lassen, denn zum Einstand muss man ja nicht gleich den neusten 3D-Shooter-Hit programmieren.

Vielmehr sollte man sich elementare Kenntnisse auf den Gebieten Programmierung, Grafik-, Sound- oder Gamedesign aneignen (je nachdem, welche Rolle man bei der Entwicklung eines Spiels im Team übernehmen will) und sich realistische Ziele für seine ersten Projekte setzen.

Dieses Buch soll jenen Personen weiterhelfen, die gerade erst mit der Spieleentwicklung begonnen haben und sich einen Überblick zum Thema verschaffen wollen. In »Computerspiele – Design und Programmierung«, das inzwischen schon in der 2. Auflage vorliegt, die an einigen Stellen ergänzt und umgeschrieben wurde, findet der Leser neben einigen Blicken über den Tellerrand der »traditionellen Spieleentwicklung« (der Spieleprogrammierung) vor allem Informationen zur 2D- und 3D-Programmierung sowie zu den nicht weniger wichtigen Themen Spieldesign und Game-Art.

Ich kann sicherlich für alle Autoren dieses Buches sprechen, wenn ich euch viel Glück und vor allem Spaß bei eurer zukünftigen Tätigkeit als Spieleentwickler wünsche. Ein Spiel entwickelt sich nicht von alleine, ihr werdet zum Teil hart daran arbeiten müssen. Aber wenn ihr einige der Ratschläge, die ihr in diesem Buch finden werdet, beherzigt, kommt ihr mit Sicherheit ans Ziel.

Daniel Mühlbacher

Über die Veränderungen im Vergleich zur 1. Auflage

Wenn man so ein fertiges Buch in den Händen hält, ist einem häufig nicht bewusst, wie viel Arbeit darin steckt. Die zweite Auflage von »Computerspiele – Design und Programmierung« wurde so stark überarbeitet und ergänzt, dass sie auch für den Leser, der die erste Auflage sein eigen nennt, eine lohnenswerte Investition sein kann. Der Umfang hat sich deutlich vergrößert, es sind auch neue Autoren dazugekommen.

Der technischen Entwicklung wurde ganz besonders Rechnung getragen durch ein völlig neu geschriebenes Kapitel über Grafikprogrammierung im besonderen Hinblick auf DirectX 8. Als Ergänzung findet sich auf der CD neben dem DirectX 8 SDK auch das NVidia-SDK, ein Paket voller Dokumentationen, Tools und Beispielprogramme für den derzeit am weitesten verbreiteten Grafikkartentyp.

Die zweitgrößte Änderung hat Kapitel 1 erfahren, das nun wesentlich tiefer und umfangreicher auf das weitläufige Thema Gamedesign eingeht.

Ich möchte mich an dieser Stelle herzlich bei den Personen bedanken, die sich die Mühe gemacht haben, sich die Vorabversion durchzulesen und wertvolle Anregungen und Verbesserungsvorschläge zu schreiben. Von den ganzen Fehlern, die auf diese Weise gefunden wurden, ganz zu schweigen.

Und vor allen Dingen möchte ich Herrn Volker Bombien vom Verlag danken, dass er dieses Buchprojekt ins Leben gerufen hat und auch in schwierigen Zeiten immer an uns glaubte.

Peter J. Dobrovka

Über das Kapitel zur 3D-Grafikprogrammierung

Die Grafikprogrammierung erfordert eine Menge Geduld, es gibt Phasen in denen man tagelang programmiert, ohne dass etwas Nutzbares dabei entsteht. Ein andermal entsteht der Code wie von Geisterhand. Beide Phasen gibt es zur Genüge und ich hoffe, dass ihr euch von denen der ersten Sorte nicht demotivieren lasst, auch wenn es manchmal anstrengend erscheint. Mich würde sehr interessieren, was die Leser dieses Buches nach und nach produzieren, welche Algorithmen sie eigenhändig implementiert haben. Wer also gerne konstruktive Kritik zu seinen Arbeiten erhalten möchte, kann mich unter `jb@design-und-programmierung.de` erreichen.

Daran, dass dieses Kapitel in dieser Form entstanden ist, haben einige Menschen mitgewirkt. Zunächst einmal möchte ich mich bei meinen Eltern dafür bedanken, dass sie mich jederzeit unterstützt haben, was heutzutage vermutlich nicht selbstverständlich ist. Mathias Günter Ricken, Thomas Obermaier und Carlos Rafael Giani möchte ich für die interessanten und oftmals auch spaßigen fachbezogenen Diskussionen danken. Zu guter Letzt bleiben noch Marcus und Birte, Tini, Christina, mein Bruder Christoph, Sarah, Helge sowie viele andere, die ich wieder einmal vergessen habe, denen ich für die abwechslungsreiche Ausfüllung meiner meistens recht mageren Freizeit danken möchte.

Jörg Brauer

Über die Autoren (in alphabetischer Reihenfolge)

Jörg Brauer (JB)

JB verdiente als Spiele-Programmierer seinen Lebensunterhalt, hat diese Tätigkeit jedoch vorläufig zugunsten eines Informatikstudiums unterbrochen. Wenn er nicht gerade auf der Arbeit anzutreffen ist, verbringt er seine Zeit mit Fantasy- oder Science-Fiction-Büchern, fährt Skateboard, widmet sich der Demoszene oder spielt E-Gitarre.

Kontakt: `jb@design-und-programmierung.de`

Peter J. Dobrovka (PD)

PD entwickelte ursprünglich Spiele als Hobbyprojekte. Nach Medizinstudium und einigen Jahren in der Neurochirurgie Wechsel in die medizinische Informatik, danach Programmierer und Projektleiter von Strategiespielen. Heute hauptberuflich wieder Arzt, nebenbei freischaffender Programmierer und Spieledesigner sowie Übersetzer amerikanischer Fachliteratur.

Website: `www.3dtt.de`
Kontakt: `dobrovka@3dtt.de`

Christian Drenkard (CD)

CD kommt ursprünglich aus der chemischen Industrie, wo er u.a. Produktionsanlagen baute und steuernde Rechner programmierte. Später Wechsel in die Spieleindustrie, studiert zur Zeit Informatik. Betreibt Ahnenforschung.

Kontakt: `christian@drenkard.de`

Michael D. Eschner (MDE)

MDE betätigte sich bislang in sehr vielen, unterschiedlichen Berufen, darunter Finanzmakler, Sexshop-Besitzer, Verleger und Kursleiter für Java-Programmierung. Er bezeichnet sich selbst als »Systematischer Berater und Forscher in Computer-Game-Design« und unterhält eine esoterische Website (`www.mysterien.net`).

Website: `http://www.gamedesign.de/`
Kontakt: `mde@mde-net.de`

Andreas Fähndrich (AF)

Website: `http://afsoft.de`
Kontakt: `af@afsoft.de`

Michael Ikemann (MI)

MI programmierte früher Anwendungsprogramme, seit 1997 auch an Spielen. Vorwiegendes Aufgabenspektrum: Tools und Editoren. Derzeitiges Lieblingsgenre: 3D-Shooter.

Website: `http://www.keavs.com`
Kontakt: `BlackJack@keavs.com`

Robert Jäger (RJ)

RJ programmierte ursprünglich Spiele auf dem C64, seit seinem Umzug auf den PC arbeitet er vorwiegend mit dem Acknex Autorensystem und gewann auch schon Preise bei den Conitec Leveldesign Contests.

Website: `http://www.4warriors.de`
Kontakt: `master@firoball.de`

Dennis Lenz (DL)

Website: `http://dl80.freeservers.com/dlenz/indexD.html`
Kontakt: `vertex@topmail.de`

Hansjörg Malthaner (HJM)

HJM ist Systemingenieur, entwickelt in seiner Freizeit experimentelle Software und gelegentlich auch Anwendungsprogramme für grafische Zwecke. Seine Hauptprojekte sind in letzter Zeit eine Transportsimulation, ein Framework zum Aufbau von Rollenspielen und einige kleine Spiele als Java-Applets. Letztere kann man auf seiner Webseite online ausprobieren.

Website: `www.simugraph.de`
Kontakt: `hansjoerg.malthaner@gmx.de`

Daniel Mühlbacher (DM)

DM entwickelte früher Spiele unterschiedlicher Art auf Basis von Autorensystemen und ist leidenschaftlicher Webdesigner. Mitbegründer der Deutschen Untergrund-Spiele (DUS). Treibt in seiner Freizeit viel Sport (Radfahren, Tennis, Basketball).

Website: `http://www.solid-design.at`
Kontakt: `daniel@solid-design.at`

Rainer Nigrelli (RN)

RN »programmiert« Spiele mittels so genannter Drag&Drop-Spielebaukästen. Nach eigener Aussage sind diese weder besonders intelligent noch innovativ, aber das sollen sie auch nicht sein. Sie sollen Spaß machen und kurzweilig unterhalten. Unterhält eine Website mit dem Thema Spielebaukästen.

Website: `http://www.clickzone.de/`
Kontakt: `http://www.nigrelli.de/`

Thomas Scheiffele

Programmiert seit längerem Spiele. Derzeit Mitglied bei Crew99.

Website: `http://www.crew99.de`
Kontakt: `kts@crew99.de`

Kai Walter (PVCF)

PCVF war früher in der Demo-Szene hochaktiv, später eigene Computerspielefirma, heute zuständig für den Sound und die Musik zahlreicher Computerspiele.

Website: `www.reflex-studio.de`
Kontakt: `pvcf@reflex-studio.de`

Matthias Worch (MWO)

MWO ist professioneller Leveldesigner. Lebt in Amerika und baut derzeit Level für Unreal 2.

Website: `http://www.langsuyar.com`
Kontakt: `mworch@legendent.com`

Design von Computerspielen

1.1 Was ist Design? (PD)

1.1.1 Eine Idee ohne Ausarbeitung ist wertlos

So, du willst also ein Computerspiel machen? Schöne Aufgabe, macht auch einen Höllenspaß. Aber ich möchte beinahe wetten, du hast dir dieses Buch nur gekauft, weil es etwas über 3D-Programmierung mit DirectX8 enthält. Eine Spielidee hast du sicher schon längst, vielleicht sogar schon für drei oder mehr Spiele. Story, Charaktere und Schauplätze sind bereits beschrieben, vielleicht gibt es sogar schon Zeichnungen. Und damit ist das Design ja schon im Kasten, wir können dieses Kapitel überspringen, richtig?

Na ja, vielleicht nicht ganz. Das Problem mit Design ist, dass man sich meistens für einen umso größeren Designer hält, je weniger man darüber weiß. Aber auch, wenn im Spieledesign im Gegensatz zur Programmierung keine harten mathematischen Formeln vorkommen, handelt es sich doch keineswegs um ein Wischi-Waschi-Gebiet, zu dem es nichts Substantielles zu sagen gäbe. Das beginnt mit dem verbreiteten Vorurteil, die Spielidee sei schon das Design. Schön wär 's, aber leider ist dem nicht so.

Design ist mehr als nur die Spielidee, Design ist die Beschäftigung mit den Details des Spiels, bevor man anfängt, es zu programmieren. Bei zahlreichen Anfragen stelle ich immer wieder fest, dass viele Neueinsteiger glauben, wenn sie eine Idee zu einem Computerspiel haben, sei die einzig relevante Arbeit, die noch anstehe, die Programmierung. Sie stellen sich den Job eines Designers vor als den eines »Ideenmannes«, der sich eine hübsche Geschichte und ein paar grundlegende Spielelemente ausdenkt, und die Programmierer und Grafiker machen den Rest.

Es gibt nicht wenige, die in dieser Funktion gerne in der Spieleindustrie ihr Geld verdienen würden bzw. ihre Idee einer Firma verkaufen möchten. Dummerweise kauft sie keiner. Und das hat einen ganz einfachen und brutalen Grund: Eine Idee zu einem Spiel ist praktisch wertlos. Und das aus drei Gründen:

- Jeder, der Spiele macht, hat bereits seine eigenen Ideen, die er umsetzen möchte. Es besteht kaum Interesse, sich mit den Visionen eines anderen zu beschäftigen und dabei seine eigenen zurückzustellen.
- Für Spielideen besteht nur in sehr begrenztem Umfang Urheberrechtsschutz. Was auch in gewisser Weise gut ist, weil sonst der Spielemarkt von heute wahrscheinlich zwischen drei, vier großen Firmen auf der Welt aufgeteilt wäre.

- Der vielleicht wichtigste Punkt: In einer Spielidee steckt noch keine nennenswerte Arbeit. Man muss sich nicht anstrengen, um eigene Ideen zu haben, wozu also Geld dafür ausgeben?

Die eigentliche Arbeit, für die es Ruhm und Ehre (und eventuell Geld) gibt, ist die Ausführung der Idee. Aber keine Angst, Ausführung bedeutet nicht, dass nur der etwas wert ist, der ein fertig spielbares Spiel in der Schachtel abliefert. Die Ausführung gliedert sich bei einem Spiel in drei Abschnitte:

1. Design
2. Implementation
3. Test und Perfektionierung

Es scheint also, dass Design offenbar ein Drittel der Ausführung ausmacht, zumindest der Aufzählung nach. Von der Wichtigkeit her auf jeden Fall ein Drittel, sofern man das überhaupt objektiv messen kann.

Würde man ein Spiel mit einem Film vergleichen, dann wäre das Design das Drehbuch, die Implementation die Dreharbeiten und Test und Perfektionierung die Vorführung vor einem Testpublikum und das anschließende Herausschneiden von Szenen, die nicht so gut ankamen. Der Vergleich hinkt natürlich ein wenig, wie alle Vergleiche, aber es ist wichtig, dass du ein Gefühl dafür bekommst, dass Design sowohl wichtig als auch arbeitsintensiv ist, und mit der Formulierung einer Spielidee noch lange nicht abgeschlossen ist.

1.1.2 Die Aufgabe des Designers

Lass mich ein wenig ausholen und zuerst über die Aufgabe des Programmierers sinnieren, der für einen Teil der Implementation zuständig ist. Der Programmierer weiß idealerweise, was er will, und seine Hauptaufgabe ist es, sich den Kopf darüber zu zerbrechen, wie er dem Computer verständlich macht, was er will.

Computer sind hervorragende Rechenkünstler, aber ansonsten sind sie dümmer als ein Einzeller. Sie tun zwar genau, was man ihnen sagt, aber sie haben einen extrem begrenzten Wortschatz (siehe 3.2.1 ff.). Ein Computer versteht den Satz »Der Spieler soll durch einen Dungeon laufen, Schätze sammeln und Monster killen« leider nicht. (Oder vielleicht zum Glück, sonst würden die Maschinen die Weltherrschaft an sich reißen.) Dazu braucht es einen Programmierer, der sich mit der Programmiersprache auskennt, Probleme in mathematische Formeln und Algorithmen umwandeln kann und vor allem Erfahrung darin besitzt, wie man bestimmte Probleme löst.

Nein, ich will nicht darauf hinaus, dass man als Designer programmieren können muss (auch wenn es nicht von Nachteil ist), jedenfalls nicht *Computer* programmieren. Aber wie der Programmierer das Bindeglied zwischen dem Spielkonzept und der Implementation auf dem Computer darstellt, ist auch der Designer ein Bindeglied. Und zwar das Bindeglied zwischen der Spielidee und dem Spielkonzept – und nicht zuletzt auch dem Spielspaß.

Also, der Computer versteht den Satz mit dem Dungeon nicht. Aber der Programmierer tut es, und sein Job ist, den Satz in dem Computer verständliche Anweisungen umzuwandeln. Dazu muss er den Computer und seine Möglichkeiten genauestens kennen.

Die Aufgabe des Designers ist es wiederum, die Spielidee in vom Programmierer verständliche »Anweisungen« umzuwandeln. Er ist somit quasi der »Programmierer des Programmierers«. Dazu muss der Designer vor allem etwas von der Art und Weise verstehen, wie ein Spiel abläuft. Er muss die Spielidee und den Begriff »Spielspaß« in Konzepten und Abläufen formulieren können, mit denen der Programmierer bzw. das ganze Team etwas anfangen und es umsetzen kann.

Das heißt natürlich keineswegs, dass der Programmierer eine dumme Maschine wie der Computer ist, aber Spielspaß ist nun mal nicht sein Fachgebiet, so wie das Programmieren nicht das des Designers ist.

Natürlich gibt es Programmierer, die zugleich auch Designer sind und umgekehrt, und wie ich schon andeutete, ist es für den Designer durchaus nützlich, etwas vom Programmieren zu verstehen, damit er sich keine Dinge ausdenkt, die dann technisch gar nicht realisierbar sind. Insbesondere die Leserschaft dieses Buches dürfte sich vielfach aus »Ein-Mann-Entwicklungsteams« zusammensetzen. Dennoch wäre es keine gute Idee, bei der Ausführung der Idee Schritt 1 zu überspringen, also das Design auszulassen, und sofort mit der Implementation zu beginnen. Das wäre, um den vorigen Vergleich noch mal zu bemühen, als beginne man mit Filmaufnahmen ohne Drehbuch.

Auch wenn du dir völlig sicher sein solltest, dass das komplette Spiel bereits vor deinem geistigen Auge schwebt, und du es nur noch in die Programmiersprache eintippen musst: Ohne Drehbuch wird es schief gehen.

Und wenn du meinst, dass sich die Kleinigkeiten während der Entwicklung schon irgendwie von selbst erledigen, kann ich nur erwidern: Es sind meist die Kleinigkeiten, die einem Spielkonzept das Genick brechen.

Und wenn du meinst, du weißt auch ohne Konzept genau, was du willst, dann muss ich dir leider sagen: Du weißt es nicht! Du *kannst* es gar nicht wissen, und das ist auch keine Schande, sondern völlig normal. Es gibt bei diesem Thema einfach *zu viel* zu wissen.

Der Satz »Der Spieler soll durch einen Dungeon laufen, Schätze sammeln und Monster killen«, als Spielidee durchaus akzeptabel, lässt viele fundamentale Fragen offen. Fragen für mehrere Dutzend DIN-A4-Seiten! Hier nur ein **sehr oberflächlicher Anriss**, wie komplex das alles ist:

Was für eine Perspektive? 2D? 3D? Ich-Perspektive? Ist alles sichtbar oder nur das, was die Spielfigur sehen kann? Mehrere Level oder eine zusammenhängende Welt?

Wie laufe ich? Tastatur? Maus? Welche Tasten? Komme ich überall hin oder gibt es Hindernisse? Steuere ich kontinuierlich oder gebe nur ein Ziel an, wohin die Spielerfigur läuft?

Gibt es Türen? Welche Bedeutung haben sie? Braucht man Schlüssel? Wo bekommt man die? Gibt es Einrichtung? Kisten? Was drin? Wie öffnen? Kann man Einrichtung zerstören? Kann man Wände zerstören?

Wie viele Monster gibt es? Kann der Spieler sie töten? Waffen? Welche? Wie einzusetzen? Sofort verfügbar, oder müssen sie gefunden werden? Oder kann man sie kaufen? Gibt es Geld? Kann der Spieler verletzt/getötet werden? Wie? Rüstung? Nutzen sich Waffen und Rüstung mit Gebrauch ab? Was wird wie grafisch dargestellt?

Verhalten und Stärke der Monster unterschiedlich? Welche Werte spielen bei Angriff/Verteidigung eine Rolle? Wie sind diese Werte? Endgegner? Zu töten wie normale Monster oder nur durch einen Trick?

Sonstige Gegenstände? Kann der Spieler unendlich viel tragen oder gibt es eine Begrenzung? Gewicht, Volumen, beides? Darstellung?

Was macht man mit erbeuteten Schätzen? Kann man etwas dafür kaufen? Punktwertung? Hat das Spiel ein Ziel? Wann hat man gewonnen? Ist das Spiel dann zu Ende?

Details, Details, Details: Das ist Design. Detailarbeit. Und zwar eine sehr ernsthafte Detailarbeit (ernsthaft = arbeitsaufwändig). Ein Computerspiel zu produzieren, beinhaltet Abertausende von kleinen Entscheidungen, die alle miteinander zusammenhängen. Entscheidungen in Userinterface, Grafik, Story, Balance. Und von diesen Kleinigkeiten, die in ihrer Summe darüber entscheiden, ob ein Spiel angenehm oder unspielbar ist, handelt dieses Kapitel.

WICHTIG

Design besteht nicht aus einer Idee oder einem Dutzend, sondern aus **tausenden** von Ideen, dem Erkennen und Herstellen von Zusammenhängen und Problemlösungen.

Wie schon erwähnt, sind im Bereich der Hobbyprogrammierung die Aufgaben von Designer, Grafiker und Programmierer nicht scharf getrennt und häufig auch nicht trenn-*bar*. Oft, weil das Projekt von einer einzigen Person verfolgt wird. Das macht eine gründliche Vorplanung jedoch keineswegs überflüssig, denn wie der Alltag zeigt, verliert man den roten Faden sehr schnell, auch wenn man allein ist. Man programmiert Dinge, die man später in der Form gar nicht gebrauchen kann und zwanzig mal abändern muss, oder man verliert sich in Nebensächlichkeiten. Schlimmstenfalls merkt man nach 100.000 Zeilen Code, dass irgendetwas Grundlegendes so gar nicht funktionieren kann, weil man es nicht richtig durchdacht hat, und muss 50.000 Zeilen wieder verwerfen.

Hat man jedoch einen Plan, *was* man eigentlich tun will und *wie* man es tun will, sind die Dinge nicht nur einfacher, es geht auch *schneller.* Die Zeit, die man in Planung investiert, kriegt man dreifach wieder zurück. Spätestens, wenn man nicht alleine ist, wird Design nicht nur nützlich, sondern auch völlig unverzichtbar.

Es ist übrigens auch psychologisch gesehen von Vorteil, wenn man klar vor sich liegen hat, was man eigentlich tun will. Daran kann man messen, wie weit man schon ist, und das ist sowohl sehr motivierend als auch befriedigend.

Schade ist nicht nur, dass Neueinsteiger das meist nicht wissen, und es ist vor allem schade, dass auch wenn sie davon lesen oder hören, es zunächst nie glauben wollen.

Noch problematischer ist es, wenn im Rahmen eines Hobbyprojektes mehr als eine Person (in der Regel jeder Beteiligte) seine Design-Ideen einbringen will. Dann besteht ohne schriftlich fixierten Plan nicht nur die Gefahr, dass man nichts zustande bringt, sondern auch die reale Möglichkeit, dass man sich über irgendwelchen Kleinigkeiten zerstreitet und Freundschaften zerbrechen. Mehr dazu in Kapitel 5 (Management). – Es ist ziemlich problematisch, die Abschnitte über Programmierung und Management hier nicht schon vorwegzunehmen, denn Design, Programmierung und Management sind teilweise so sehr ineinander verzahnt, dass eine getrennte Betrachtung kaum möglich ist.

1.1.3 Das Designdokument

Im Bereich der kommerziellen Spieleproduktion ist der Designer eine besondere Person, oft wird die Aufgabe aber auch von einem ganzen *Designer-Team* wahrgenommen. Das Spieldesign wird bis in alle Einzelheiten durchdacht bzw. diskutiert, und das Ergebnis wird schriftlich im so genannten **Designdokument** festgehalten. Dieses Dokument ähnelt inhaltlich einem sehr ausführlichen Handbuch inklusive Lösungsheft, allerdings konzentriert es sich auf technische Aspekte. Während später im Handbuch vielleicht stehen wird: »Vorsicht, grüne Monster sind stärker als rote Monster« findet sich im Designdokument stattdessen eine Tabelle aller Monster und ihrer Stärken in Form von Zahlenwerten. Und was »Stärke« überhaupt für den Spiel- bzw. Kampfablauf bedeutet und wie die Zahlenwerte verrechnet werden, steht natürlich auch da.

Der Umfang eines üblichen Designdokuments liegt in der Regel zwischen 50 und 150 Seiten. Ein Spiel wie PONG kommt natürlich auch mit 2-3 Seiten aus, während eines wie BALDUR'S GATE über 500 haben dürfte.

An das, was im Designdokument steht, haben sich die Programmierer, Grafiker und Leveldesigner zu halten, und es dient als Grundlage für die Erstellung von Zeitplänen. Deswegen dürfen auch möglichst keine Fragen offen bleiben. Schon gar nicht die der Sorte »und was passiert, wenn der Spieler ...?« In der Industrie heißt ein Designdokument übrigens *Pflichtenheft*, weil darin die vertraglichen Pflichten des Entwicklers aufgelistet sind.

Du magst vielleicht der Ansicht sein, dass es man sich in einem kleinen Hobbyprojekt schenken könne, ein solches Designdokument zu schreiben, es reiche schon, alles durchzudiskutieren; und schließlich leidet keines der Teammitglieder an Alzheimer.

Leider muss ich auch diese Vorstellung (Hoffnung?) zunichte machen: Seien wir doch mal ehrlich, eine solche Fülle an Details kann *keiner* im Kopf behalten! Außerdem, so lehrt die Psychologie, funktioniert das menschliche Denken ein wenig eigenwillig. Viele Dinge, die man sich vorstellt, scheinen völlig klar und problemlos zu sein – bis man anfangen will, sie in Worte, Zahlen und Strukturen zu fassen: dann merkt man erst, wie unklar und widersprüchlich die eigenen Gedanken in Wirklichkeit sind, und das ist völlig normal. Es ist relativ einfach, Probleme zu lösen und Fragen zu beantworten, aber erst dann, wenn man sich der Probleme und Fragen *bewusst* ist. Und vor allem der Zusammenhänge.

In der Praxis läuft der Designprozess deswegen keinesfalls so ab, dass man sich erst etwas ausdenkt, dann aufschreibt, und fertig – vielmehr gehen Kreativität und Aufschreiben Hand in Hand. Beim Aufschreiben fällt auf, woran man noch nicht gedacht hat, was unmittelbar dazu führt, dass man sich Lösungen dazu ausdenkt, aber auch Ideen verwirft, wenn es sein muss, sie abändert oder neue hinzufügt.

Ich werde in Abschnitt 1.6.3 darauf zurückkommen, wie ein Designdokument aussieht.

Bei Computerspielen ist der Designprozess allerdings auch oft nach Fertigstellung des Designdokumentes noch keineswegs abgeschlossen. Es ist durchaus üblich, dass auch in der Verwirklichungsphase Ideen dazukommen, geändert oder gestrichen werden. Sogar in der dritten Stufe der Entwicklung, der Testphase, ist das noch der Fall. Allerdings verzögern solche Änderungen die Fertigstellung erheblich, und man sollte sie keinesfalls fest einplanen, um unliebsame Fragen auf später zu verschieben. Je später ein Problem nämlich auftritt bzw. eine Änderung erfolgt, desto schwerer ist die Durchführung und desto unvorhersehbarer die Auswirkungen.

1.1.4 Gutes und schlechtes Design

Obwohl es Dutzende von Büchern mit mehreren hundert Seiten über dieses Thema gibt: Ein Erfolgsrezept für gute Spiele, die sich toll verkaufen, existiert nicht. Wenn jemand ein solches Rezept hätte, wäre er auch ziemlich dumm, es zu verraten, denn wenn es alle hätten, wäre es kein Erfolgsrezept mehr. Der Markt ist nun einmal begrenzt, und es können nicht alle Erfolg haben. Aber es gibt einige mehr oder weniger objektive Richtlinien, was Spielern Spaß macht, was man ihnen noch zumuten kann, was sie ärgert und was sie abschreckt. Natürlich kannst (musst) du selbst entscheiden, inwieweit du irgendwelchen Richtlinien folgen willst. Aber es ist wohl zweifellos besser, eine solche Entscheidung bewusst zu treffen, als vom Endergebnis überrascht zu werden.

Apropos überrascht: Ein guter Spieldesigner wird nur selten überrascht. Idealerweise überhaupt nicht. Er besitzt die Fähigkeit, Spiele bzw. Spielsituationen bereits im Kopf durchzuspielen und zu erkennen, ob etwas Spaß macht oder aber Probleme bereiten kann, lange bevor ein Programmierer auch nur eine Zeile Code dazu geschrieben hat. Ein schlechter Spieldesigner ist der, der erst dann merkt, dass etwas faul ist, wenn er sein Spiel zum ersten Mal wirklich spielt. Ebenso einer, der später feststellt, dass ein Nebenfeature den Haupt-Spielspaß ausmacht.

Diese Voraussicht ist ebenso wenig aus einem Buch zu erlernen wie das Stabhochspringen, sie stellt gewissermaßen das *Talent* des Designers dar. Bis zu einem bestimmten Grade kann man es sich erarbeiten, aber ein gewisses Maß muss man von vorneherein mitbringen. Und auch wenn Theorie schön und wichtig ist: Das meiste kann man immer noch aus der Praxis lernen. Meiner Ansicht nach nähert man sich dem Thema Design am ehesten, wenn man sich konkrete Spiele betrachtet und dabei versucht, in Worte zu fassen, was einem gefällt und was nicht.

Die nächsthöhere Stufe der Designkunst ist, zu erfassen, was nicht nur einem selbst, sondern auch anderen Menschen gefällt und missfällt. Natürlich gibt es zahlreiche Designer, die diesen Anspruch gar nicht haben. Sei es aus Arroganz, weil sie nicht wahrhaben wollen, dass ihre Ideen bei anderen nicht ankommen werden, oder weil sie ganz bewusst ein Spiel für sich selbst machen wollen. Für Hobbyprojekte ist beides vollkommen in Ordnung, aber für einen Job in der Spieleindustrie absolut tödlich. Um auf diesem Gebiet Erfahrung zu erlangen, führt kein Weg an der *Marktanalyse* vorbei, d. h. man muss sich die Mühe machen, zu bewerten, welche Spiele sich gut verkaufen und welche nicht, was diese jeweils gemeinsam haben, und nach welchen Regeln die Akzeptanz oder Zurückweisung erfolgt. Auch hierauf wird in diesem Kapitel eingegangen werden.

1.1.5 Was dich in diesem Kapitel noch erwartet

Zunächst in 1.2 ein ordnender bzw. historischer Überblick über die bestehenden Genres.

Dann folgt in 1.3 unter dem Titel »allgemeines Gamedesign« eine Beschreibung allgemeiner Spieleigenschaften und was man alles grundsätzlich falsch machen kann.

1.4 beschäftigt sich mit den gängigen Elementen von Computerspielen, und was man bei ihnen beachten sollte: Grafik, Sound, Userinterface, Story etc.

In 1.5 wird auf ein paar übergeordnete Themen wie Gewalt, Sex und den Spielemarkt eingegangen.

1.6 erklärt die Methodik des Spieldesigns und stellt vor, wie man ein gutes Designdokument verfasst, wobei ein gutes Designdokument noch lange kein gutes Design bedeutet. Aber es ist ein großer Schritt in diese Richtung.

1.7 ist dem speziellen Thema Leveldesign gewidmet, mit einigen philosophischen Untertönen. Am Beispiel von HEROES OF MIGHT AND MAGIC wird auch konkret auf 2D-Leveldesign eingegangen.

1.8 schließlich hat 3D-Leveldesign zum Thema und ist eher technisch ausgelegt.

1.2 Die Genres (PD)

Betrachten wir zunächst einmal, welche Spieledesigns es bereits auf dem Markt gibt. Eine Vielzahl von Spiele-Typen hat sich in den letzten Jahrzehnten herausgebildet. Das impliziert, dass es in den Anfängen der Spieleindustrie noch keine Unterteilung in Genres gab. Es findet ein regelrechter Evolutionsprozess statt, bei dem manche Konzepte sich als erfolgreich erweisen. Diese Ideen werden kopiert und weiterentwickelt, während die Spielekonzepte, die nicht erfolgreich sind, wieder vom Markt verschwinden. So geschehen mit dem Genre »Interaktiver Film«, wo nicht ein einzelnes Spiel, sondern ein komplettes Genre gefloppt ist.

Wirklich neue Ideen zu haben, ist extrem schwer. Aber es wäre falsch anzunehmen, dass etwas nur dann gut ist, wenn es innovativ ist. Auch wenn der Zeitgeist heutzutage Innovation als die höchste Stufe der Künste definiert, ist sie nicht das einzig Seligmachende. Das Motto des Marktes lautet seit eh und je:

Was der Bauer nicht kennt, das frisst er nicht!

Zahlreiche neue Spielideen verstauben in den Regalen der Händler, weil sie in kein bekanntes Genre passen, noch viel mehr sind gar nicht erst veröffentlicht worden. Spieler sind Herdentiere und bevorzugen, was sie kennen. Siehe dazu auch den Abschnitt 1.2.9 »Klone« und 1.2.10 »Unverbrauchte Konzepte«.

Gegenwärtig haben wir die folgenden Hauptkategorien:

- Actionspiele (1.2.1), nochmals unterteilt in
  - Jump'n Run (1.2.1.1)
  - 2D-Shooter (1.2.1.2)
  - 3D-Shooter (1.2.1.3)
  - Labyrinthspiele (1.2.1.4)
  - Prügelspiele (1.2.1.5)
  - Rennspiele (1.2.1.6)
- Strategiespiele (1.2.2)

- Adventures (1.2.3)
- Rollenspiele (1.2.4)
- Simulationen (1.2.5)
- Sportspiele (1.2.6)
- Brettspielumsetzungen (1.2.7)
- Abstrakte, veraltete & sonstige Spielekonzepte (1.2.8)

Diese Kategorien schließen einander keineswegs aus, sie geben nur den Schwerpunkt eines Spiels wieder. Wenige Spiele passen nicht in zwei und mehr Kategorien zugleich – bei manchen Spielen wie TOMB RAIDER, SIMCITY und DIABLO ist der Schwerpunkt gar nicht eindeutig festzulegen. Einige Magazine haben dem Rechnung getragen und bilden Tortendiagramme ab, wie viel Prozent Action, Strategie etc. im Spiel sind.

Auf die allgemeinen Eigenschaften von Spielen werde ich eingehen, nachdem wir uns einige konkrete Beispiele verinnerlicht haben.

1.2.1 Actionspiele

Bei Actionspielen kommt es auf die Reaktionsfähigkeit und Geschicklichkeit des Spielers an (Auge-Hand-Koordination).

Die ersten kommerziellen Computerspiele waren Actionspiele. Es waren Münzgeräte, die fleißig Geld verdienen mussten und deswegen nur kurze Spielzeiten boten. Rundenbasierte Spiele oder Adventures, in denen man stundenlang über seinen nächsten Zug nachdenken kann, hätten die Tageseinnahmen verdorben. Es war wichtig, den Spieler ununterbrochen zu bedrängen, ihm keine ruhige Sekunde zu gönnen, auf dass er endlich einen Fehler macht und neues Geld zum Weiterspielen einwerfen muss. Das führte zu den typischen Spielen, bei denen man sein Ende nur hinauszögern, aber nie verhindern konnte. Inzwischen hat sich das ziemlich geändert. Der Zeitdruck wurde im Laufe mehrerer Spielegenerationen nach und nach abgebaut.

Typischerweise benötigen Actionspiele einen Joystick als Eingabegerät. Auf dem PC, wo dieser nicht zur »Standardausrüstung« gehört, muss die Tastatur herhalten, denn mit der Maus sind diese Spiele in der Regel nicht steuerbar, jedenfalls nicht vernünftig. Aus diesem Grund sind Actionspiele in der Regel auch eher Konsolenspiele – mit Ausnahme der 3D-Shooter, deren Ursprünge im PC liegen.

1.2.1.1 Jump 'n Run

Hier geht es – wie der Name schon andeutet – darum, sich durch **Laufen** und **Springen** in Landschaften mit Fallen und Hindernissen zu bewegen. Meistens stehen auch noch andere Bewegungsarten wie Klettern, Schwimmen und Tauchen zur Verfügung.

Der Spieler steuert eine Figur und die Herausforderung besteht darin, sich zu einem Ziel vorzuarbeiten, ohne dabei in die Tiefe zu fallen oder mit herumschwirrenden Monstern, Geschossen und Strahlen zu kollidieren. In der Regel kann man dabei Objekte einsammeln, die Punkte, zusätzliche Leben oder zeitlich begrenzte Spezialfähigkeiten bringen.

Der Urahn der Jump'n Run-Spiele ist DONKEY KONG von 1982 (übrigens das erste Spiel, in dem der Nintendo-Klempner Mario auftaucht). Das Ziel ist es, Mario über Plattformen, die durch Leitern verbunden sind, zu steuern, und rollenden Fässern auszuweichen.

Abb. 1.1: Donkey Kong (1982)

Dieses Genre hat eine sehr lange 2D-Tradition, gehört jedoch zu denen, die am frühesten von der 3D-Welle erfasst wurden. Inzwischen ist 2D bei kommerziellen Neuerscheinungen nahezu ausgestorben.

Abb. 1.2: Super Mario 64 (1996)

Es gab in den letzten Jahren sogar eine große Recycling-Welle von Jump'n Runs aus den 80ern, die nach 3D konvertiert wurden. Als besonders erfolgreich erwies sich dabei Frogger, bei dem man einen Frosch unverletzt über eine viel befahrene Autobahn und einen Fluss steuern muss: Die 3D-Version dieses inzwischen mehr als 20 Jahre alten Spiels verkaufte sich über 600.000 mal.

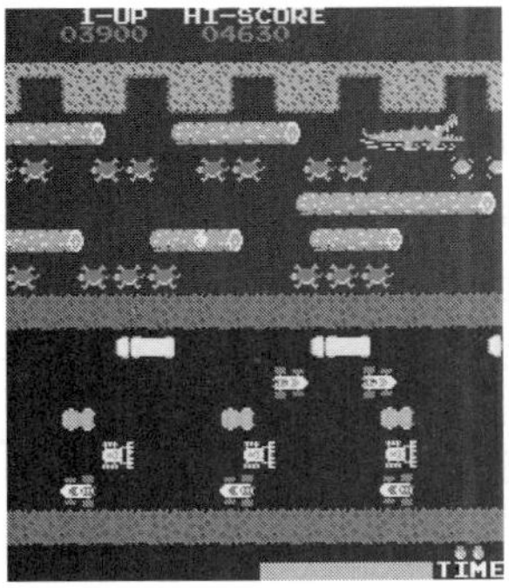

Abb. 1.3: Frogger (1981)

Abb. 1.4: Frogger (1998)

Aber auch die Original-Uralt-Spiele erlebten kürzlich ihre Renaissance am PC, und zwar durch Emulator-Programme, welche die Hardware der alten Konsolen und Heimcomputer nachbilden. Die älteren Leser, die diese Spiele noch aus ihrer Kindheit kennen, finden in 1.2.11 einige interessante Internet-Adressen zum Thema.

Viele Spiele bieten Jump'n Run Elemente, ohne reinrassige Jump'n Runs zu sein. So z. B. Tomb Raider, wo Laufen, Klettern und Springen einen erheblichen Anteil des Spielflusses ausmachen. Überhaupt sind in fast allen Actionspielen, in denen man Personen steuert, solche so genannten *Jump 'n Run-Einlagen* zu finden.

1.2.1.2 2D-Shooter

Wie der Name vermuten lässt, geht es hier um das **Schießen**, deswegen heißen sie bisweilen auch *Ballerspiele*. Der Spieler steuert ein Raumschiff, ein Geschütz oder was auch immer schießen kann, und muss so viele Gegner wie möglich abschießen, und ihnen bzw. ihren Geschossen dabei ausweichen. Je nach Ausrichtung werden diese Spiele auch als *Horizontal-* oder *Vertikal-Shooter* bezeichnet.

2D-Shooter gehören in die Familie der veralteten Spielekonzepte, als Vollpreisspiel könnte man sie heutzutage niemandem mehr verkaufen. Als Lern-Projekt bzw. Spielchen für zwischendurch sind sie allerdings nach wie vor gut geeignet, denn sie machen Spaß und enthalten alles, was ein Spiel braucht.

Es gibt zwei Typen von 2D-Shootern. Den mit feststehendem Schauplatz und den Scroller.

Feststehende Schauplätze sind typischerweise Asteroids, Space Invaders und Phoenix. Der Spieler kann sich auf dem Bildschirm mehr oder weniger frei bewegen und wird von einer Seite oder mehreren Seiten bedrängt. Am häufigsten ist der Spieler ein Geschütz am unteren Bildschirmrand, kann sich nach rechts und links bewegen und nach oben schießen. Die Gegner kommen von oben und schießen nach unten.

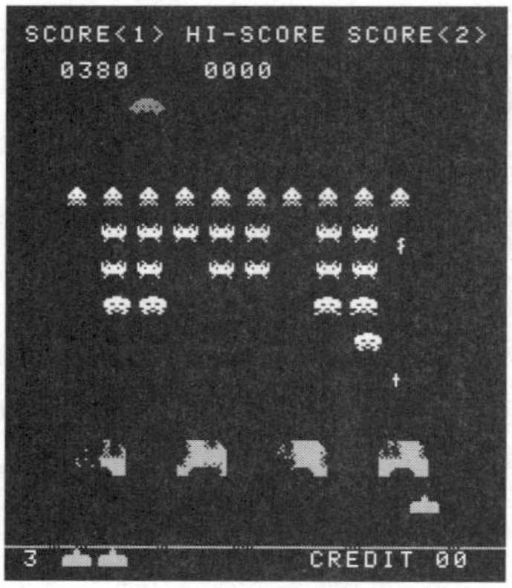

Abb. 1.5: Space Invaders (1978)

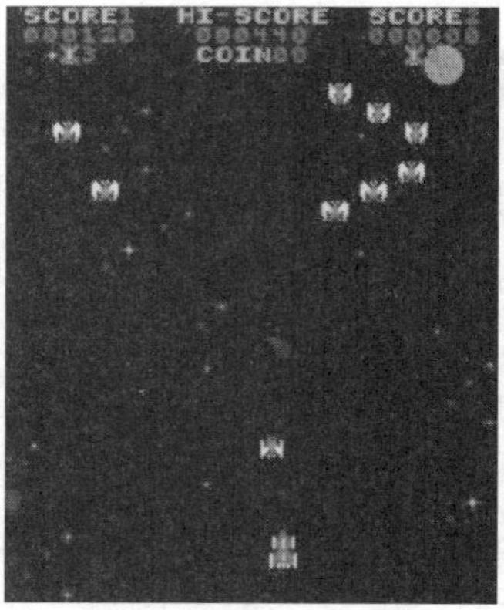

Abb. 1.6: Phoenix (1982)

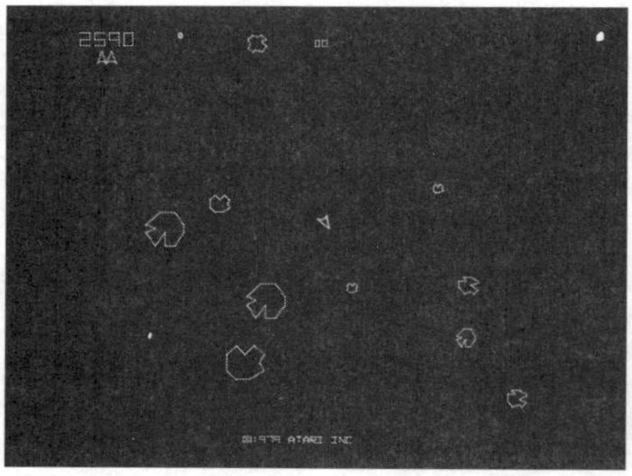

Abb. 1.7: Asteroids (1979)

Abb. 1.8: Asteroids 3D (1999)

Erwähnenswert ist, dass das ursprüngliche ASTEROIDS nicht aus Pixeln aufgebaut war, sondern aus richtigen Linien. Zu jener Zeit war die Hardware jedes Spielecomputers eine Sonderanfertigung, und dieses Gerät besaß ein Vektorgrafik-System anstelle eines Pixelsystems.

In den **Scrollern** bewegt sich weniger der Spieler als der Hintergrund, und es kommen so immer neue Schauplätze in Sicht. Ein solches Spiel ist z. B. RIVER RAID. Man steuert ein Flugzeug am unteren Bildschirmrand, und von oben nach unten scrollt eine Flusslandschaft vorüber. Es gilt, Schiffe und Tanks abzuschießen, und zum Levelende immer eine Brücke. RIVER RAID ist übrigens eines der ersten und wenigen Computerspiele, die von einer Frau designt wurden.

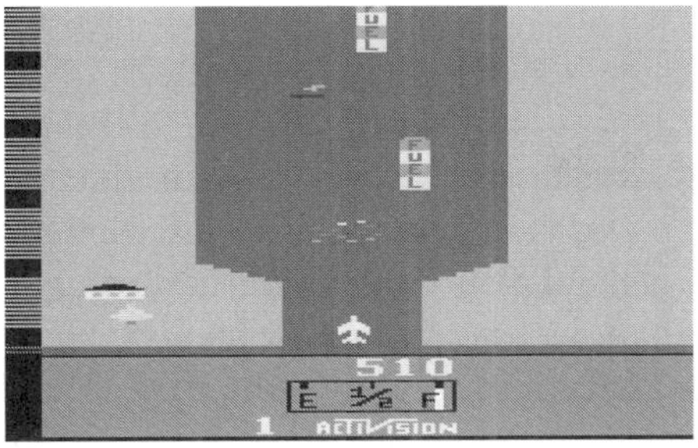

Abb. 1.9: River Raid

Eine sehr interessante Technik von damals war das **Parallax-Scrolling**, bei dem das Hintergrundbild (Stadt-Skyline, Gebirge etc.) sehr viel langsamer scrollte als das Geschehen im Vordergrund und so den Eindruck einer dritten Dimension erweckte. Bis zu fünf Schichten konnten mit unterschiedlicher Geschwindigkeit vorbeilaufen. Dieser Effekt ist auf einem unbeweglichen Screenshot leider nicht vermittelbar.

Ein ganz spezieller Scroller war Zaxxon, denn er war vom Ablauf her ein echtes 3D-Spiel (siehe 1.4.1.2.2). Er ist damit allerdings kein »3D-Shooter«, denn der Begriff ist anderweitig reserviert. In Zaxxon hatte man eine isometrische Sicht und steuerte ein Raumschiff im linken Bildschirmviertel. Das Raumschiff flog mit konstanter Geschwindigkeit vorwärts, mit dem Joystick ließ es sich nach rechts und links bewegen, außerdem war die Flughöhe nach oben bzw. unten veränderbar! Wie hoch man flog, sah man am Schatten des Raumschiffs bzw. auch an der Größe: Je höher man flog, desto größer war es.

Abb. 1.10: Zaxxon (1982)

1.2.1.3 3D-Shooter

1.2.1.3.1 Ego-Shooter (First Person Shooter)

Diese Action-Unterkategorie ist extrem erfolgreich und inzwischen ein eigenes Genre. Aus der Ich-Perspektive steuert der Spieler eine Figur mit Gewehr, Kettensäge oder sonstigen Waffen in einer dreidimensionalen Umgebung und schießt auf die Gegner. Daher auch der Name. Da man die Figur, die man steuert, nicht sieht, sondern gewissermaßen selbst die Figur ist, ergibt sich eine sehr starke Identifikation. Nicht mein Raumschiff oder mein Figürchen wird angegriffen – ICH werde angegriffen. Ich laufe durch die düsteren Räume, ich schieße, ich sterbe. Dieses Genre wurde wie kein anderes von der Firma id-software aus Texas geprägt.

Der erste 3D-Shooter war WOLFENSTEIN3D von 1991. Man war ein amerikanischer Spion, der sich zur Zeit des zweiten Weltkrieges den Weg durch diverse Nazi-Hauptquartiere und Geheimlabore freischießen musste. Die deutschen Behörden haben dieses Spiel verboten, weil darin Hakenkreuze vorkommen, siehe dazu auch 1.5.2.

Abb. 1.11: Wolfenstein 3D (1991)

Wie man auf dem Screenshot erkennen kann, besaß WOLFENSTEIN3D bereits alle Elemente des klassischen 3D-Shooters. Die ins Bild ragende Waffe, eine Gesundheits-Anzeige, eine Munitions-Anzeige, spritzendes Blut und im Level liegen bleibende Leichen.

So ganz hundertprozentig 3D war WOLFENSTEIN3D noch nicht, man konnte nämlich nicht nach oben und unten blicken, und es gab keine Höhenunterschiede (siehe 1.4.1.2.2). Decke und Boden waren eine einfarbige Fläche. Die 3D-Grafik basierte auf dem Raycasting-Prinzip und wurde noch für eine Vielzahl weitere, weitgehend unbekannte 3D-Shooter verwendet. Der Programmcode von WOLFENSTEIN3D ist schon seit längerer Zeit frei im Internet erhältlich und erstaunlich viele Leute basteln immer noch damit herum. (z. B. `http://wolf3dbunker.com/`)

Zwei Jahre später folgte DOOM. DOOM war ein technischer Quantensprung, hatte Höhenunterschiede, dazu passende Treppen und Aufzüge und frei platzierbare, schräge Wände. Das Spielprinzip war dasselbe, nur der Schauplatz ein anderer: Bei wissenschaftlichen Experimenten auf den Marsmonden kommt es zu einem Zwischenfall, wodurch Monster aus der Hölle kommen. Das Spiel wurde aufgrund seiner Gewaltdarstellungen indiziert.

Weitere 3 Jahre später der nächste technische Quantensprung: QUAKE. QUAKE war komplett 3D und enthielt schräge Dächer und Brücken. Die Story: In einem Labor kommt es zu einem Zwischenfall, wodurch Monster aus der Hölle kommen. Das Spiel wurde indiziert. Ebenso erging es QUAKE 2 und QUAKE 3 und vielen anderen. Ego-Shooter und Indizierung gehören zusammen wie Topf und Deckel siehe 1.5.2 und 1.5.3).

Nichtsdestotrotz hatten diese Spiele einen derart überwältigenden Erfolg, dass zum einen die Leute von id-Software reich und berühmt wurden, und zum anderen das Spielprinzip inzwischen in kaum überschaubarem Ausmaß von anderen Firmen kopiert worden ist.

Abb. 1.12: Doom (1993)

Abb. 1.13: Quake (1996)

Abb. 1.14: Quake 2 (1997)

Abb. 1.15: Quake 3 (1998)

Abb. 1.16: Half-Life (1998)

Abb. 1.17: Hexen II (1997)

Abb. 1.18: Duke Nukem 3D (1996)

Abb. 1.19: Unreal (1997)

Ob man sie nun mag oder nicht, man muss diesen Spielen anrechnen, dass sie technische Pionierarbeit bei der Entwicklung von 3D im Computerspielebereich geleistet und die Verbreitung von 3D-Grafikkarten gefördert haben. Man muss sich vor Augen führen, dass viele Grafikkartentreiber extra für Quake geschrieben oder zumindest optimiert wurden.

Ebenso verdanken wir es id-Software, dass es auf dem PC (noch) OpenGL gibt. Die Quakes laufen nämlich aufgrund einer persönlichen Abneigung des Chefprogrammierers nicht unter DirectX.

Der komplette Source von Wolfenstein, Doom, Quake und Quake 2 ist inzwischen ebenfalls im Internet erhältlich, URL siehe 1.2.11.

Der Gerechtigkeit halber muss ich allerdings noch erwähnen, dass System Shock einige Monate vor Quake herauskam und ebenfalls schon 100% 3D war.

Da die 3D-Shooter die Speerspitze der 3D-Technologie darstellen, welche langsam aber sicher extrem komplex wird, entwickeln viele Spieleschmieden keine eigenen 3D-Engines mehr, sondern lizenzieren die der 3D-Shooter. Das kann auch mal eine sechsstellige Summe kosten, aber dafür weiß man, was man hat, und muss sich weniger Sorgen um Bugs und die Einhaltung von Terminen machen. Und werben kann man damit auch noch. Die letzte Preisliste für Engines von id-Software beinhaltete 300.000 Dollar »Grundgebühr« plus acht Prozent der Gewinne, die das Spiel später abwirft.

So basieren also sehr viele Spiele auf der 3D-Engine von QUAKE 2 (HERECTIC II, DAIKATANA) und neuerdings auf QUAKE 3 (F.A.K.K. 2, RETURN TO CASTLE WOLFENSTEIN). Was viele nicht wissen: Das ruhmreiche HALF-LIFE (in einem Labor in der Wüste kommt es zu einem Zwischenfall, wodurch Monster aus einer anderen Dimension kommen) basiert auf einer QUAKE-1-Lizenz. Zugegebenermaßen wurde allerdings nachträglich so viel verändert, dass man es kaum wiedererkennen kann.

Für DUKE4EVER, den Nachfolger von DUKE NUKEM 3D, der inzwischen seit etwa vier Jahren in Produktion ist, hatten die Entwickler ursprünglich die QUAKE 2 Engine lizenziert. Als allerdings UNREAL herauskam, wurde die bisherige Arbeit verworfen, die UNREAL-Lizenz erworben, und man begann von vorne. Solche Späße kann man sich natürlich nur erlauben, wenn man sehr viel Geld hat und sich absolut sicher ist, dass man einen Spitzentitel produziert. Wobei dies auch ein Wettlauf mit der Zeit ist, denn die UNREAL-Engine ist inzwischen auch nicht mehr Stand der Technik.

Inzwischen hat man als Spieleentwickler eine ungeheure Auswahl, wenn man eine 3D-Engine lizenzieren will. Es gibt sie in jeder Preisklasse und Qualitätsstufe, wobei diese nicht immer in einer vernünftigen Beziehung zueinander stehen.

Nun werden die Grafikengines von 3D-Shootern aber nicht nur für andere 3D-Shooter verwendet, sondern sie eignen sich auch für Adventures bzw. Rollenspiele (siehe 1.2.3 und 1.2.4). Genau genommen steckt umgekehrt in jedem noch so primitiven 3D-Shooter ein wenig Story und Charakterentwicklung. In letzter Zeit legen die Designer auch immer mehr Wert auf diese Komponenten, aber um Erfolg zu haben, sind sie nicht zwingend notwendig. So hat sich SERIOUS SAM, eine anspruchslose Massen-Abschießorgie, ganz gut verkauft. Kommentar vieler Spieler: »Endlich mal wieder ein einfaches Ballerspiel mit platzenden Monstern«.

Schwer im Kommen sind 3D-Shooter, die man nur im Multiplayer-Modus verwenden kann (QUAKE 3, UNREAL TOURNAMENT). Wobei sich fehlende menschliche Mitspieler durch KIs ersetzen lassen (so genannte Bots). Extrem erfolgreich ist das aus HALF-LIFE entstandene COUNTERSTRIKE, bei dem man in einem von zwei Teams mitspielt: Terroristen oder Antiterroristen. Je nach Szenario gilt es, Geiseln zu befreien oder eine attentatsgefährdete Person sicher zu einem Zielpunkt zu geleiten – oder eben dies zu verhindern.

Auch sehr erfolgreich, aber aufgrund der verwendeten Hakenkreuze in Deutschland indiziert, ist DAY OF DEFEAT, bei dem man in Szenarien des 2. Weltkrieges Fahnen erobern muss, wahlweise als deutscher oder amerikanischer Soldat.

Sowohl COUNTERSTRIKE als auch DAY OF DEFEAT sind so genannte **Mods**. Das bedeutet, dass eine Gruppe von (Hobby-)Programmierern einige Änderungen an HALF-LIFE vorgenommen hat. Das ist u. a. deshalb möglich, weil die Entwickler zu diesem Zweck Teile des Sourcecodes veröffentlicht haben. Die meisten 3D-Shooter von heute bieten diese Möglichkeit in der Regel spätestens sechs Monate nach ihrem Erscheinen. Wenn man dann noch Grafiken, Level und weitere Kleinigkeiten austauscht, wird ein komplett anderes Spiel daraus.

Mods sind eine echte Alternative zur kompletten Eigenentwicklung eines Titels, man spart sich ein Erhebliches an Entwicklung, denn man hat ja ein fertiges Grundgerüst. Das Copyright sollte man allerdings im Auge behalten: Die Entwickler der Originale freuen sich zwar über Mods und helfen euch sogar dabei, weil ihre Spiele dann länger im Gespräch und in den Verkaufsstatistiken bleiben. Allerdings darf man Mods häufig nicht kommerziell verwenden, sonst werden Lizenzgebühren fällig. Ein Mod, das als eigenständiges Vollpreis-Spiel verkauft wird, ist übrigens GUNMEN CHRONICLES.

1.2.1.3.2 *Third-person-view*

Es gibt inzwischen in steigender Zahl auch 3D-Shooter, bei denen man nicht aus der Ich-Perspektive spielt, sondern der Figur, die man steuert, über die Schulter sieht (TOMB RAIDER, HITMAN, MAX PAYNE etc.). In manchen Spielen kann man zwischen dieser Ansicht und der Ich-Perspektive umschalten.

Diese Perspektive hat den Vorteil, dass man sieht, was man eigentlich macht, und wie die Figur, die man steuert, dabei aussieht. Das ist im Falle von Identifikationsfiguren wie Lara Croft oder den Besatzungsmitgliedern von Raumschiff Enterprise exorbitant wichtig! Und was wäre mit Max Paynes coolen Hechtsprüngen in Zeitlupe, wenn man ihn dabei gar nicht sehen könnte?

Abb. 1.20: Tomb Raider 2 (1997)

Abb. 1.21: Max Payne (2001)

Allerdings ist die Programmierung dieser Kameraperspektive äußerst schwierig. Einfach nur die Kamera hinter die Person zu stellen (wie z. B. als Option in UNREAL TOURNAMENT einstellbar) ist nicht genug, je nach Aktion und Räumlichkeiten muss die Kamera mal näher und mal weiter weg, mal ein wenig höher oder seitlich platziert werden, sonst passiert es, dass die Kamera in der Wand steckt und man gar nichts mehr sieht oder ein Objekt die Sicht verstellt. Besonders ärgerlich, wenn man gerade im Kampf oder in einer komplizierten Bewegung steckt.

Zu diesem Thema lässt sich noch sagen, dass auch die Möglichkeiten der Ich-Perspektive mehr bieten als bislang ausgeschöpft wurde. So kann man nur in den wenigsten Fällen den eigenen Körper sehen – vom Arm, der die Waffe hält, mal abgesehen. Üblicherweise sieht man weder Körper noch Füße, wenn man in einem Egoshooter nach unten schaut. Eine Ausnahme bildet hier TRESPASSER, da sieht man seinen rechten Arm und beim Blick nach unten einen Busen (man spielt eine Frau). Noch weiter geht ARX FATALIS, da sieht man erstmals den kompletten eigenen Körper.

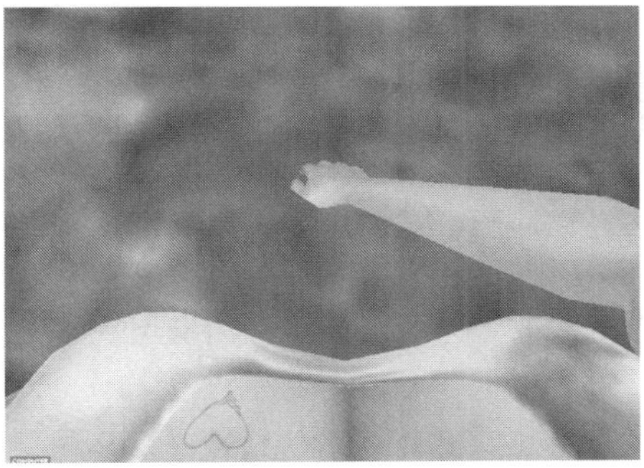

Abb. 1.22: Trespasser (1997)

Abb. 1.23: Arx Fatalis (2002)

1.2.1.3.3 Cockpitperspektive

Darunter fallen die ganzen 3D-Spiele, in denen man Flugzeuge, Schiffe oder Raumschiffe aus der Sicht des Piloten steuert. Anstelle einer Pistole ist ein Lenkrad bzw. ein Steuerpult im Vordergrund. Am häufigsten anzutreffen ist die Cockpitperspektive in Rennspielen (1.2.1.6) und Simulationen (1.2.5).

Von der technischen Seite gilt hier vieles, was bei den 3D-Shootern gesagt wurde, und deshalb nicht wiederholt werden soll. Allerdings ist es erwähnenswert, dass man sich in der Hardware-Zubehör-Abteilung Lenkräder und Pedale kaufen kann, und dann das zusätzliche Lenkrad auf dem Bildschirm stört.

Eine etwas sonderbare Perspektive bietet in dieser Hinsicht AQUANOX, der Nachfolger des U-Boot-Shooters SCHLEICHFAHRT. Im Gegensatz zum Vorgänger bietet AQUANOX ein transparentes Cockpit, und die Waffe, mit der man schießt, ragt in den Bildschirm. Eigentlich somit ein Ego-Shooter. Steuert sich auch wie einer. Aber man ist ein U-Boot.

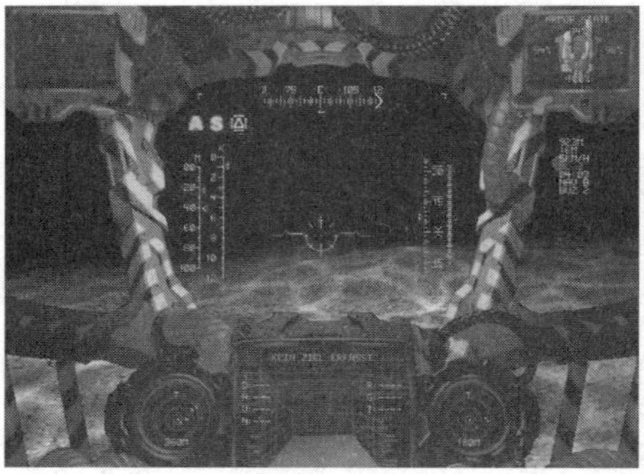

Abb. 1.24: Schleichfahrt (1995)

Abb. 1.25: Aquanox (2001)

1.2.1.4 Labyrinthspiele

Nach soviel Technik erst mal wieder ein Rückfall ins Primitive: Labyrinthspiele gehören zu den veralteten Spielekonzepten. Ihr Wesen ist, dass man in einem Labyrinth vor Gegnern davonläuft oder sie jagt. In den 80ern gab es einen Boom, dessen Vorreiter PAC MAN war. Man steuert einen punktefressenden Smiley durch ein Labyrinth und wird dabei von vier Gespenstern gejagt, deren KI übrigens für die damaligen Verhältnisse ausgesprochen fortschrittlich war. PAC MAN hat von allen Computerspielen, die jemals veröffentlicht wurden, die meisten Fortsetzungen, Klone und Varianten erlebt.

Ein weiterer Klassiker mit unglaublich vielen Varianten ist BOMBERMAN, wo man ein bombenlegendes Männchen durch ein monsterverseuchtes Labyrinth steuert.

Heute gibt es all diese Spiele nicht mehr, es gibt auch keine Welle kommerzieller 3D-Neuauflagen (von Pac Man existiert eine 3D-Version für den Macintosh, aber das war's schon). Allerdings sind sie für kurzweiligen Zeitvertreib sowie zum Lernen, wie man ein Spielprojekt durchzieht, nach wie vor hervorragend geeignet. Es gibt aberwitzig viele PAC-MAN-Hobbyprojekte, siehe auch 1.2.11.

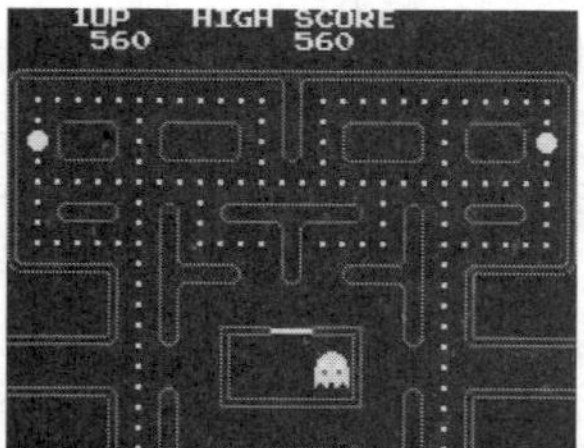

Abb. 1.26: Pac Man (1981)

1.2.1.5 Prügelspiele

In diesen Spielen stehen sich zwei Gegner gegenüber und bekämpfen sich mit Waffen oder bloßem Schlagen und Treten. Jeder Treffer kostet den Gegner Lebenspunkte, wer zuerst k.o. (oder tot) ist, hat verloren.

Auch hier handelt es sich prinzipiell um 2D-Spiele, bei denen der Einzug von 3D-Grafik allerdings nicht aufzuhalten ist. Zur optimalen Bedienung braucht man einen Joystick, ansonsten muss man sich bei 2 Spielern die Tastatur teilen, wohl deshalb finden sich Prügelspiele eher selten auf dem PC.

Diese Spiele sind typischerweise japanische Produktionen, darum hat das Ambiente auch fast immer etwas Kampfsportartiges an sich, in letzter Zeit auch mit deutlichen Fantasy- bzw. Sci-Fi-Elementen, wo man neben schlagen und treten auch elektrisieren und zaubern kann (STREET FIGHTER, MORTAL KOMBAT). Zu beiden genannten Titeln wurden übrigens auch Spielfilme gedreht, MORTAL KOMBAT zog eine ganze Fernsehserie nach sich.

Die Brutalität ist teilweise extrem, weshalb die meisten dieser Spiele in letzter Zeit auf dem Index gelandet sind (siehe 1.5.2). Sehr typisch für MORTAL KOMBAT ist z. B. der *Fatality*, eine Spezialfähigkeit jeder Figur, mit der sie den Gegner, wenn er besiegt ist, auf exotische Weise ins Jenseits befördern kann/darf/soll. In MORTAL KOMBAT kann man dem Gegner das Herz aus der Brust reißen, mit Blitzen rösten, bis er platzt, oder aber simpel zerstückeln, denn die meisten Figuren, die man spielen kann, haben neben ihren Fäusten und Füßen Schwerter oder sonstiges Mordwerkzeug.

Abb. 1.27: Street Fighter 2 (1991)

Abb. 1.28: Mortal Kombat 4 (1998)

Da es kaum Hobbyprojekte gibt, die Prügelspiele sind, gehe ich mal davon aus, dass das Interesse daran gering ist und lasse mich nicht weiter darüber aus. Wer immer auf dem Laufenden sein möchte, dem empfehle ich `http://www.fighters.net`, dort findet sich immer ein recht guter Überblick über die aktuellen Entwicklungen in diesem Genre.

1.2.1.6 Rennspiele

Auch zu diesem Genre bestehen kaum Hobbyprojekte, ich werde mich deswegen kurz fassen.

In Rennspielen steuert der Spieler ein Fahrzeug über eine (mehr oder weniger) vorgegebene Rennstrecke. Dabei muss er schneller am Ziel sein als die zeitgleich startenden Mitspieler.

Lobenswert ist, dass sich die Designer neben immer neuen Schauplätzen und Fahrzeugen auch immer neue Spezialeffekte einfallen lassen, um dieses Genre frisch zu halten, z. B. kann man sein Fahrzeug zwischen den Rennen aufrüsten oder gleich ein neues kaufen. Oder man kann Ölspuren, Bananenschalen oder gar Sprengsätze hinterlassen, um den Gegner ein wenig zu »behindern«.

Dieses Genre ist übrigens eines der ersten, das eine 3D-Perspektive einführte. In NIGHT DRIVER von 1976 lenkte man ein Fahrzeug aus der Ich-Perspektive über eine nächtliche Landstraße. Das Nacht-Thema wurde gewählt, um die Unzulänglichkeiten der damaligen Hardware zu verbergen. Die gelbliche Kühlerhaube, die auf dem Screenshot ins Bild ragt, war eine Pappscheibe vor dem Monitor. Um Objekte darzustellen (Bäume, Häuser, andere Autos), verwendete man Bitmaps, die größer wurden, je näher sie kamen. Dieses Konzept wurde in den Folgejahren in vielen anderen Spielen übernommen.

Heutzutage ist die Grafik der Rennspiele so gut geworden, dass sie sich vor den 3D-Shootern nicht zu verstecken braucht.

Der eigentliche Urahn der heutigen Rennspiele ist allerdings POLE POSITION (1982), welches erstmals den Trend zum Fotorealismus begründete. – Für damalige Verhältnisse war dieser Begriff der Grafik durchaus angemessen.

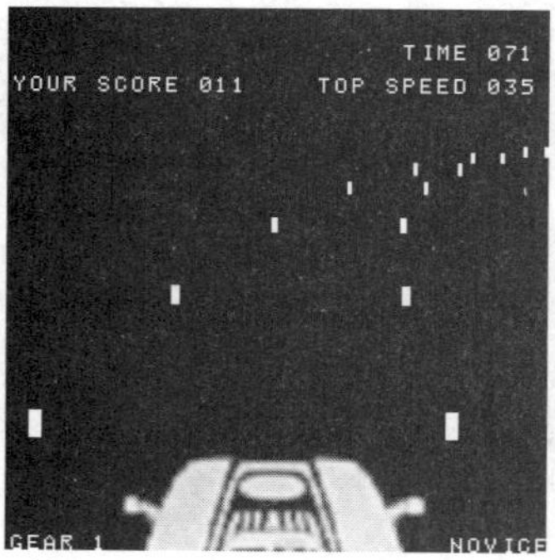

Abb. 1.29: Night Driver (1976)

Abb. 1.30: Pole Position (1982)

Wobei dieses Genre nicht nur auf normale Autos beschränkt ist. In STAR WARS: EPISODE I RACER fährt (fliegt?) man mit einem Pod-Racer. Ansonsten sind jedoch alle typischen Elemente eines Autorennspiels wiederzufinden: Fahrphysik, Sprungrampen, Beschädigung des Fahrzeugs an der »Leitplanke«, Geld verdienen, indem man Rennen gewinnt und es für technische Verbesserungen wieder ausgeben, den Gegner abdrängen, beschießen usw.

Abb. 1.31: Nascar Racing 2000 (2000)

Abb. 1.32: Star Wars Episode I: Racer (2000)

Wer meint, wenigstens in diesem Genre gäbe es keine Gewalt, der kennt einfach CARMAGEDDON noch nicht, wo man Menschen und Tiere überfahren muss, um Punkte zu machen. Es ist indiziert.

Und dass es auch äußerst witzige Rennspiele gibt, sieht man an HAVE A N.I.C.E. DAY, wo man jede Minute über ein abgedrehtes Feature oder einen irrwitzigen Text lachen kann – nicht einmal das Handbuch bleibt ernst.

Extrem erfolgreich ist übrigens die AUTOBAHN-RASER-Reihe von Davilex, was weniger an der Qualität des Spiels liegt als daran, dass das Thema eine heimliche Sehnsucht vieler deutscher Seelen befriedigt, einmal mit einem Lamborghini über die deutschen Bundesautobahnen zu brausen und dabei die Polizei zu foppen.

Abb. 1.33: Carmageddon (1997)

Abb. 1.34: Autobahn Raser (1998)

Das Kerngeschäft von Davilex, einer holländischen Firma, sind eigentlich Büroprogramme. Quasi nebenbei wurde mit geringen Investitionen AUTOBAHN RASER entwickelt. Dementsprechend ist die Qualität auch eher mit Hobbyprojekten vergleichbar. Nichtsdestotrotz: ein Riesen-Erfolg.

1.2.2 Strategiespiele

Bei Strategiespielen stehen Planung und überlegter Einsatz der zur Verfügung stehenden Mittel im Vordergrund.

Laut den Verkaufstatistiken sind Strategiespiele in Deutschland mit Abstand das beliebteste Genre. Drei der sechs meistverkauften Computerspiele hierzulande sind Strategiespiele: AGE OF EMPIRES II, COMMAND & CONQUER TIBERIAN SUN und ANNO 1602. (Nur der Vollständigkeit halber: die anderen drei Spiele sind DIABLO 2, WER WIRD MILLIONÄR? und DIE SIMS)

Sehr häufig, aber nicht notwendigerweise, kommt in Strategiespielen das Element der *Produktion* und des *Ressourcenmanagements* vor. Das bedeutet, dass dem Spieler eine begrenzte Zahl von Rohstoffen und Produktionsstätten zur Verfügung steht und die Rohstoffe für verschiedene Aktionen verbraucht werden können, u.a. zur Erzeugung neuer Rohstoffe. Der Spieler muss sich entscheiden, wann und für was er seine Rohstoffe verbraucht, bzw. wie er möglichst zügig neue Rohstoffe gewinnt.

1.2.2.1 Rundenbasierte Strategiespiele

Der Ablauf dieser Spiele besteht wie bei klassischen Brett- bzw. Würfelspielen aus Zügen bzw. **Runden**. Das heißt, es ist immer ein Spieler »dran«, macht seinen Zug, und dann ist der nächste Spieler dran. Einen zweiten Spieler muss es dazu übrigens nicht unbedingt geben, aber in der Regel ist es so.

Die Liste der rundenbasierten Erfolgstitel ist so lang, dass ich mich gar nicht traue, eine Aufzählung auch nur der wichtigsten zu beginnen. MASTER OF ORION, MASTER OF MAGIC, ASCENDANCY, EMPIRE, ALPHA CENTAURI ...

Der wohl berühmteste Vertreter jedoch ist SID MEIER'S CIVILIZATION (inklusive seiner Fortsetzungen und Nachahmungen), wo es darum geht, die Welt zu erkunden, Städte, Straßen und Armeen zu bauen und Technologien zu erforschen.

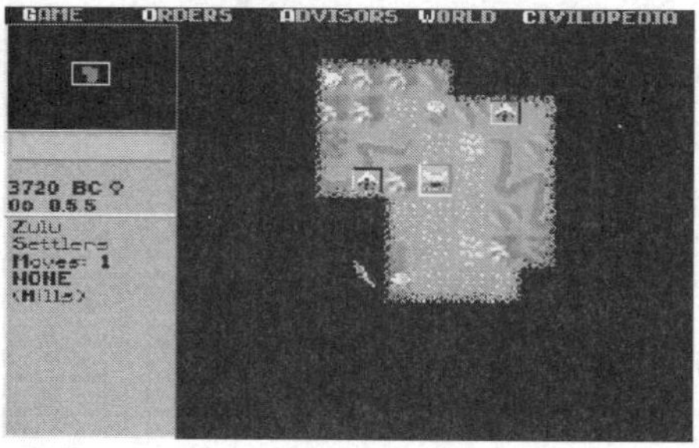

Abb. 1.35: Sid Meier's Civilization (1991)

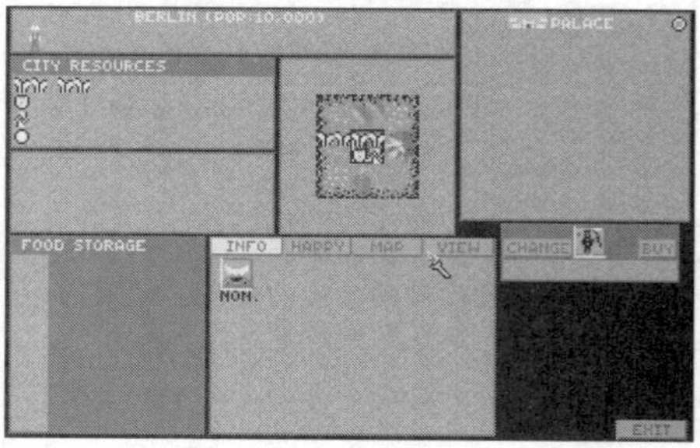

Abb. 1.36: Der Stadtscreen

CIVILIZATION ist übrigens – wie die meisten Strategiespiele (egal ob rundenbasiert oder Echtzeit) – ein so genanntes **4X-Spiel**. Die X-e stehen für

Exploration (Erkundung): Die Welt (die sog. *Karte*) beginnt als unentdeckte (schwarze) Fläche und muss erst erforscht werden. Erst nach und nach wird immer mehr von ihr sichtbar, je nachdem, wohin der Spieler seine Spielfiguren schickt. In den meisten Spielen werden die einmal erkundeten Stellen der Karte wieder dunkel, wenn man seine Spielfiguren wieder woandershin schickt. In der Regel bleibt die einmal erkundete Landschaft sichtbar, nicht jedoch die gegnerischen Figuren darin. Dieses Phänomen heißt *Nebel des Krieges* bzw. *Fog of War*.

Expansion (Ausbreitung): Der Spieler baut auf der Karte Basen (je nach Spielthema sind das Städte, Raumstationen oder Kolonien) und erweitert so seinen Einflussbereich. In den Basen können militärische Einheiten produziert werden, oder sog. *Siedler*, die ihrerseits neue Basen errichten können.

Exploitation (Abbau von Bodenschätzen): Die Karte enthält Bodenschätze, die vom Spieler nutzbar gemacht werden können, sobald er eine Mine oder Basis darauf baut oder seine Spielfiguren dorthin schickt. Die Art dieser Bodenschätze ist vom Spiel abhängig, meistens handelt es sich um Dinge wie Gold, Eisen, Holz, Steine etc.

Extermination (Auslöschung): Gemeint ist Krieg. Mit den produzierten militärischen Einheiten kann der Spieler andere Spieler angreifen, ihre militärischen Einheiten und Basen zerstören bzw. ihre Basen erobern. Das ist auch sehr häufig der Sinn bzw. das Ziel des Spiels, und der übrig bleibende Spieler gewinnt.

Wer auch immer diese 4X-Bezeichnung erfunden hat, vergaß noch ein »R« für **Research** (Forschung), die spielt nämlich in 90% dieser Spiele ebenfalls eine wesentliche Rolle. Zur Erforschung einer Technologie muss der Spieler einen Teil seiner Ressourcen verbrauchen, meist dauert es außerdem Zeit bzw. Runden, bis sie verfügbar ist. Die neue Technologie schaltet in der Regel zuvor nicht verfügbare Spielelemente frei, d. h. man kann Einheiten und Gebäude bauen, die man zuvor nicht bauen konnte, bzw. neue Technologien erforschen, die zuvor nicht anwählbar waren. In manchen Fällen führt die Technologie zu anderen Vorteilen, wie geringeren Baukosten, höheren Geschwindigkeiten für die eigenen Figuren und was auch immer man sich vorstellen kann.

Relativ typisch für 4X-Spiele wie auch für fast alle Strategiespiele mit Ressourcenmanagement ist der *exponentielle Spielverlauf*. D. h. man hat zu Anfang eine Basis, baut einen Siedler und hat dann zwei Basen. Man baut zwei Siedler und hat vier Basen, dann vier Siedler und acht Basen usw. Eine derart ungehemmte, bakterienhafte Ausbreitung der Spieler über die Karte ist jedoch aus vielerlei Gründen nicht wünschenswert. Je ausgereifter das Spieldesign ist, desto stärker wird deshalb diese Entwicklung gebremst bzw. in andere Richtungen kanalisiert (Forschung, Krieg, Ausbau der Basen, Unzufriedenheit der Bevölkerung etc.).

Dennoch kommt es unausweichlich zu einem Wachstum bzw. einer Ausbreitung, und somit zu einem vielbeklagten Problem der 4X-Spiele, nämlich dass nach dem Errichten von einem Dutzend Basen (Städten) deren Verwaltung das Spiel mehr und mehr in Arbeit ausarten lässt (siehe dieses Thema ausführlich in 1.3.2.1). So dauert Civilization mehrere hundert Runden, die gegen Ende hin immer länger werden, weil mit Wachstum und Vermehrung der Städte und Einheiten auch mehr und mehr Einzelentscheidungen anstehen. Dass dies nicht langweilig wird, ist ein deutliches Qualitätsmerkmal des Klassikers.

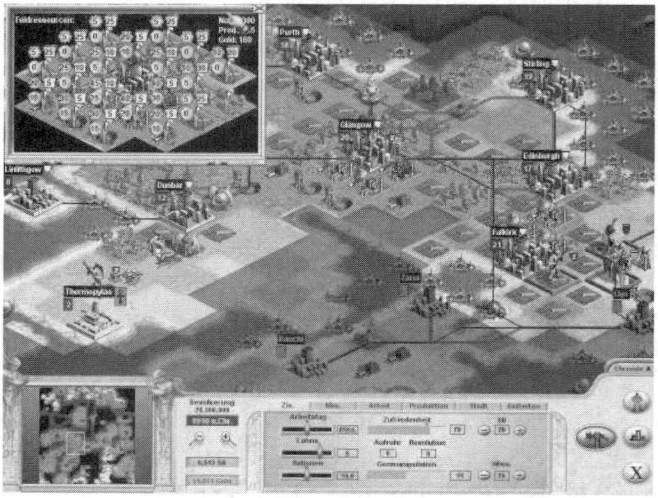

Abb. 1.37: Call To Power (2000), ein Civilization II-Klon

Der Urvater dieses Genres ist übrigens Empire, das bereits in den 70er Jahren erfunden wurde und 1987 erstmals auch auf dem PC zu sehen war, ein Kriegsspiel, dessen Aussehen und Gameplay Civilization frappierend ähnelt. Man produziert in Städten Panzer, Schiffe und Flugzeuge und geht damit aufeinander los. Allerdings besaß Empire noch keine Forschung, und auch keine Möglichkeit, selbst Städte zu gründen.

Rundenbasierte Strategie hat seine Glanzzeit leider hinter sich und kommt langsam aber sicher aus der Mode. Civilization 3 (2001) dürfte wohl der letzte große Vertreter seiner Art sein. Hauptgrund sind wohl die lästigen Wartezeiten auf die Züge der anderen Spieler bzw. Computergegner – in Civilization 3 muss man gegen Ende des Spiels bis zu 3 Minuten warten, bevor man wieder dran ist, wenn man einige grafische Optionen nicht ausschaltet, können es sogar bis zu 40 Minuten sein – obwohl: Totgesagte leben länger. Master of Orion 3 wird offenbar auch noch mal in rundenbasierter Form auf den Markt kommen.

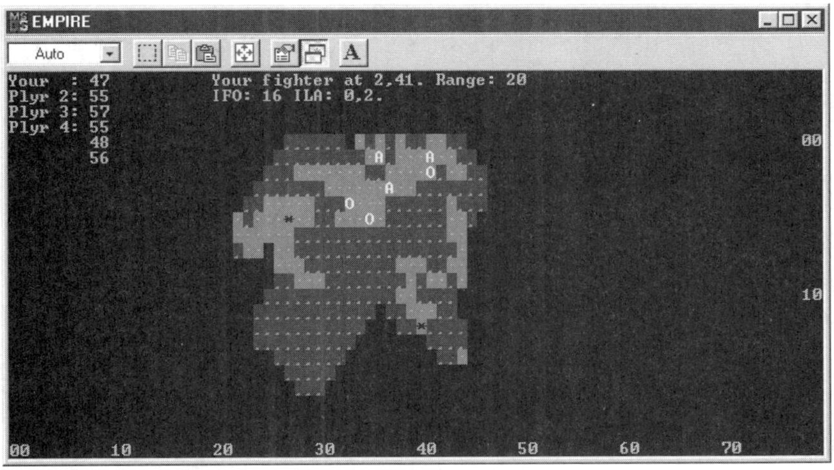

Abb. 1.38: Empire (1987)

1.2.2.2 Echtzeitstrategiespiele

Hier gibt es keine Runden, jeder Spieler kann zu jedem beliebigen Zeitpunkt ins Geschehen eingreifen, welches kontinuierlich abläuft, ob der Spieler nun etwas tut oder nicht. Ergo keine Wartezeiten, dafür aber auch wesentlich weniger Bedenkzeit. Man muss die Entscheidungen nicht nur gut, sondern auch schnell treffen. Manchmal geht dieser Zeitdruck so weit, dass für eine effiziente Bewältigung der Situation Geschicklichkeit und Reaktionsvermögen erforderlich werden, also eine deutliche *Actionkomponente* heraustritt.

Bekannte Vertreter: POPULOUS (1-3), AGE OF EMPIRES (1-2), WARCRAFT (1-3), COMMAND & CONQUER (1-3), STARCRAFT. Der Urvater dieses Genres ist DUNE2.

Man sieht schon, hier wird mit Fortsetzungen nicht gegeizt. Die genannten Spiele neigen ohnehin dazu, immer nach demselben Schema abzulaufen: In der ersten Phase sammelt der Spieler Ressourcen und baut daraus eine Basis, Festung oder sonstigen Stützpunkt, und in der zweiten Phase produziert er eine Armee, mit der er den/die anderen Spieler angreift. Nur die Schauplätze und Details variieren. WARCRAFT ist Fantasy (Orks, Elfen, Zwerge), COMMAND & CONQUER ist halb real (futuristische Panzer, Flugzeuge), STARCRAFT ist Science-Fiction und AGE OF EMPIRES historisch. Das ist nicht unbedingt als Kritik zu verstehen, denn das Spielprinzip ist solide und hat sich bewährt.

Da Echtzeitspiele schneller ablaufen als ihre rundenbasierten Kollegen, ist die Zahl der möglichen Entscheidungen pro Spiel sehr viel geringer. Das heißt mit anderen Worten: Ein Spiel wie CIVILIZATION kann man nicht auf Echtzeit umstricken, ohne gezwungenermaßen die Komplexität drastisch zu reduzieren. Umgekehrt wäre AGE OF EMPIRES als rundenbasiertes Spiel tödlich langweilig.

Abb. 1.39: Age of Empires 2 (1999)

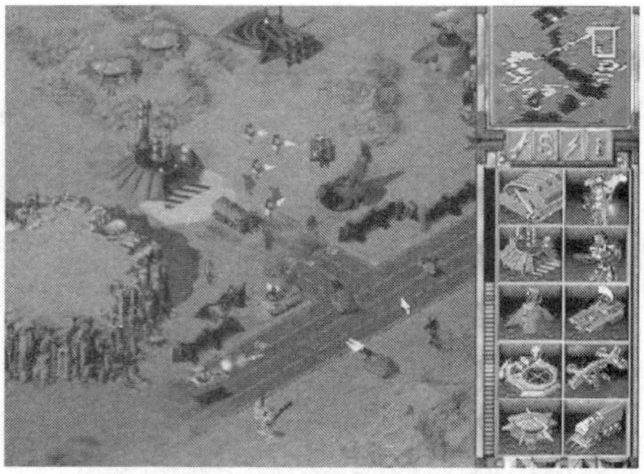

Abb. 1.40: Command & Conquer 3

Abb. 1.41: Cossacks (2001)

Abb. 1.42: Starcraft

Diese Spiele sind typischerweise PC-Spiele in isometrischem 2D. Auch in dieses Genre hat 3D Einzug gehalten (BLACK & WHITE, WARCRAFT 3, EMPIRE EARTH, COMMAND & CONQUER GENERALS), und es ist zu erwarten, dass es in diesem Jahr 2D nahezu komplett vom Markt verdrängen wird. Dass das nicht schon vorletztes Jahr der Fall war, liegt daran, dass in diesen Spielen der Überblick über das Spielgeschehen von überragender Bedeutung ist und da gibt es mit 3D eigentlich immer noch ein paar kleinere Probleme, wie man an EMPIRE EARTH sehen konnte. (Siehe zu diesem Thema auch 1.4.1.2 und Abschnitt Userinterface 1.4.3.5)

Abb. 1.43: Warcraft 3 (2002)

Abb. 1.44: Empire Earth (2001)

Abb. 1.45: Command & Conquer Generals (2002)

Da wir schon beim Thema rundenbasiert gegen Echtzeit sind: Es gab Mitte der 90er auch spielerische »Zwitter«, die *teils* rundenbasiert und *teils* Echtzeit waren. Als Beispiele seien das Rollenspiel BETRAYAL AT KRONDOR und das Taktikspiel JAGGED ALLIANCE genannt. Diese Spiele liefen in Echtzeit ab, schalteten im Falle von Kämpfen jedoch auf rundenbasiert um.

1.2.2.3 Aufbauspiele

In Aufbauspielen geht es weniger um kriegerische Elemente als vielmehr darum, ein *funktionierendes System* aufzubauen. Das kann ein Wirtschaftskreislauf, ein Verkehrssystem oder ein Vergnügungspark sein.

So ein Aufbauspiel ist DIE SIEDLER. Man könnte es auch ohne große Probleme in die Kategorie der Echtzeitstrategiespiele einordnen, weil der Spieler letztlich mit seinen Soldaten den Gegner angreifen muss, aber im Wesentlichen geht es im Spiel doch eher um den Aufbau und die Inganghaltung eines Wirtschaftssystems. Und ein nicht unwesentlicher Teil des Spielspaßes liegt darin, zuzusehen, wie hunderte von fleißig arbeitenden Männchen Pixel für Pixel Gebäude errichten, Bäume fällen, Brote backen und Schwerter schmieden. Für diesen Anblick wurde der Ausdruck *Wuselfaktor* geprägt.

Den Siedlern sehr ähnlich und mindestens genauso so erfolgreich ist ANNO 1602. Genau genommen ist es sogar das meistverkaufte deutsche Computerspiel aller Zeiten, entsprechend viel Geld und Hoffnung steckt deshalb im Nachfolger ANNO 1503, das dieses Jahr herauskommen wird.

Abb. 1.46: Die Siedler 4

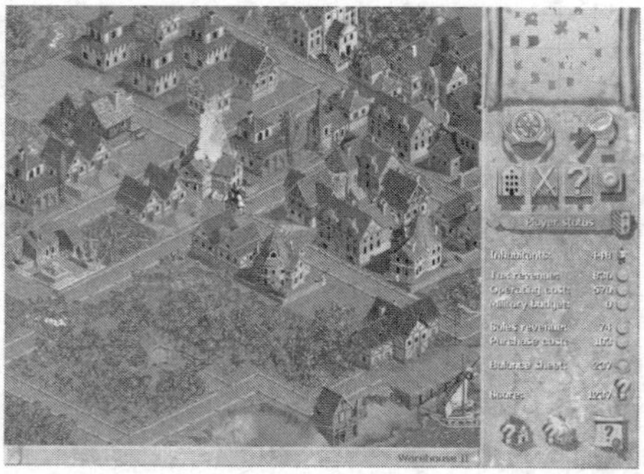

Abb. 1.47: Anno 1602 (1998)

Der Klassiker der Aufbauspiele ist SIMCITY, inklusive seiner Nachfolger, welches seinen Spielspaß daraus bezieht, dass man seine eigene Stadt erbauen und verwalten kann. Allerdings ist SIMCITY bereits kein eindeutiges Strategiespiel mehr, es passt mindestens genauso in die Kategorie Simulationen (1.2.5).

Abb. 1.48: SimCity 4000 (2002)

Aufbauspiele bewegen sich eigentlich immer in der Nähe von Simulationen bzw. sind keine Spiele im Sinne der üblichen Definition (siehe dazu auch »Wann ist ein Spiel ein Spiel«, 1.3.1.2).

Als Transport-Simulation bezeichnen kann man insofern RAILROAD TYCOON, wo man ein Eisenbahnunternehmen führt, Schienen verlegt und mit dem Transport von Passagieren und Gütern Geld verdient. Herumfahrende Züge erzeugen einen gewissen Wuselfaktor.

Und noch mehr Richtung Simulation geht TRANSPORT TYCOON, wo man außer Eisenbahnen auch Straßenfahrzeuge, Schiffe und Flugzeuge verwaltet, beliebig Brücken und Tunnel bauen und tief in die Stadtplanung eingreifen kann. – Möglicherweise der Grund für den auf der Packung befindlichen Satz »Noch besser als SimCity 2000«.

Eine Mischung aus TRANSPORT TYCOON und SIMCITY hätte übrigens das Zeug zu einem absoluten Renner. Nur so als Geheimtipp, falls du noch keine eigene Spielidee hast. Zwei Kandidaten, die versucht haben, diese Marktlücke zu füllen, es aber nicht ganz geschafft haben, sind DER VERKEHRSGIGANT und MOBILITY. Einer, der es vielleicht noch schaffen könnte, ist SIMUTRANS, ein seit 1997 in Entwicklung befindliches Hobbyprojekt (`http://www.simutrans.de/`).

Abb. 1.49: Railroad Tycoon 2 (1998)

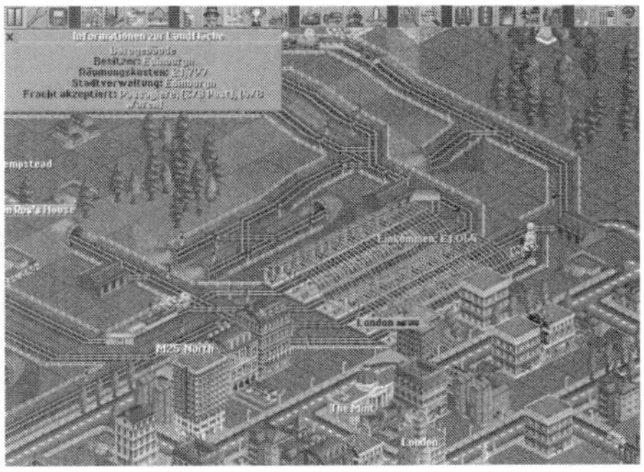

Abb. 1.50: Transport Tycoon D.(1995)

Abb. 1.51: Der Verkehrsgigant (2000)

Abb. 1.52: Mobility (1999)

Der König aller Aufbauspiele ist – nach Verkaufszahlen – ROLLERCOASTER TYCOON, wo man einen Vergnügungspark managt und dabei vorwiegend Achterbahnen basteln muss. Ungefähr 800.000 verkaufte Einheiten weltweit. Da sollte man nachdenklich werden. Besonders, da dieser Titel von einem *einzigen* Programmierer und *einem* Grafiker gemacht worden ist – bis etwa Ende der 80er Jahre übrigens nichts Ungewöhnliches. Die riesigen Teams von heute sind ein Produkt der 90er.

Abb. 1.53: Simutrans (in Entwicklung)

Abb. 1.54: Rollercoaster Tycoon (1998)

Wenn man sich die ganzen Screenshots ansieht, wird einem wieder einmal die starke Ähnlichkeit der Spiele ins Auge stechen, was innerhalb eines Genres ganz normal ist. Dem fachkundigen Auge fällt ev. auf, dass DER VERKEHRSGIGANT eine für eine Iso-Engine ungewöhnliche, »steilere« Perspektive besitzt als die anderen. Darauf komme ich noch mal in 7.1 (Isometrische Engines) zurück.

2D-Isometrie ist in Aufbauspielen seit Jahren der aktuelle Standard, 3D wird derzeit noch gemieden, was teils spielerische und teils technische Gründe hat:

Der spielerische Grund ist der, dass in Aufbauspielen die isometrische Darstellung der perspektivischen Darstellung insofern überlegen ist, als dass der Spieler Entfernungen und Größenverhältnisse in 2D wesentlich besser einschätzen kann und sich das Spiel deshalb etwas angenehmer spielt.

Der technische Grund ist der, dass mit einer solchen Unmasse an Objekten, wie sie Aufbauspiele bieten müssen, die heutzutage verbreiteten Grafikkarten noch überfordert sind. SIMCITY 3000 sollte ursprünglich 3D werden und war schon zu • fertig, als man genau deswegen einen Rückzieher machte und zur Isometrie zurückkehrte. Quasi als Trostpflaster erlaubt das später erschienene 3D-Rennspiel STREETS OF SIMCITY das Laden von Städten aus SIMCITY 2000. Auf den Konsolen ist man mit 3D schon etwas weiter: Die Playstation-Versionen von TRANSPORT TYCOON und RAILROAD TYCOON 2 bieten z. B. eine 3D-Ansicht, die es in den PC-Versionen nicht gibt.

Abb. 1.55: SimCity 3000, wie es ursprünglich werden sollte, nämlich 3D

Nichtsdestotrotz ist der Drang nach 3D ungebrochen, und der immer besser werdende Hardware-Standard in den Privathaushalten (GeForce2 im Aldi-Rechner etc.) lässt derlei Ideen allmählich zu.

Erwähnenswert ist in dieser Hinsicht 3DTT (durch Veröffentlichung einer Betaversion als SCHIENE UND STRASSE bekannt geworden), welches als erstes Aufbauspiel nicht nur eine 3D-Darstellung besitzt, sondern auch *intern* 3D ist. Das heißt, man ist mit dem, was man baut, nicht an das übliche Raster von viereckigen oder sechseckigen Feldern (sog. Kacheln) gebunden.

Abb. 1.56: 3DTT (1998-2002)

Zum Abschluss noch eines: Für ca. 80% der Spieler steht das Bauen und Zum-Funktionieren-Bringen so sehr im Vordergrund, dass das Ressourcenmanagement früher oder später zu einer lästigen Pflichtübung wird, damit einem nicht das Geld zum Bauen ausgeht. Aus diesem Grunde bieten viele Aufbauspiele einen »Sandkastenmodus« an, wo den Spieler solche Sorgen nicht mehr plagen und er alles bauen kann, was ihm einfällt und sich mit dem Programm machen lässt.

1.2.2.4 Taktikspiele

Diese Unterart der Strategiespiele besitzt keinen Aufbau-Teil, allerhöchstens rudimentär. Der Spieler managt auch keine Ressourcen; er hat von Anfang an eine Armee, oder vergleichbares, und muss sie so effektiv wie möglich einsetzen. Praktisch alle Titel haben etwas mit Krieg zu tun:

In MYTH führt man mittelalterliche Armeen ins Feld, in SHOGUN sind es japanische. In COMMANDOS scheucht man einen Trupp von Spezialisten durch Schauplätze des 2. Weltkriegs. Recht erfolgreich ist außerdem noch die PANZER-GENERAL-Reihe, bei der man rundenbasiert seine Truppen in Hexfeld-Landschaften kämpfen lässt.

Dass diese Titel es nur selten in die Top Ten der Jahresverkäufe schaffen, führe ich darauf zurück, dass der Spielergemeinde das Ressourcenmanagement und der Aufbauteil fehlen. Des Weiteren ist die bisweilen sehr hohe Komplexität dieser Spiele oft nur für Hardcore Gamer anziehend.

Abb. 1.57: Myth 2: Soulblighter

1.2.2.5 Wirtschaftssimulationen

Auch WiSim genannt. Sie gelten gemeinhin als typisch deutsche Spiele. In diesen vorwiegend rundenbasiert ablaufenden (und einfach zu programmierenden) Spielen geht es darum, durch Kauf und Verkauf und betriebswirtschaftliche Kniffe Geld und Besitztümer zu vermehren. Zahlen, Tabellen und Bilanzen bestimmen den Spielfluss. Es wird halt »Wirtschaft« simuliert.

Sehr erfolgreiche Urgesteine dieses Genres sind KAISER und HANSE. In KAISER regiert man ein deutsches Land im Mittelalter, legt Steuern fest und teilt dem Volk Getreide zu, baut Häuser und Mühlen – man kann sogar ein wenig Krieg führen. HANSE ist ganz ähnlich (sogar *sehr* ähnlich!), nur liegt der Schauplatz an der Ostsee und statt Mühlen spielen Schiffe eine wichtige Rolle.

Abb. 1.58: Kaiser (1982)

Das Konzept von WiSims wirkt neben den beeindruckenden Technologien von Echtzeitstrategiespielen oder 3D-Shootern äußerst altbacken, ist aber immer noch erfolgreich, wie man z. B. an PATRIZIER 2 sehen kann. Das Thema Geld und Macht beschäftigt nun mal nicht nur im realen Leben die Gemüter. Wobei zu sagen ist, dass PATRIZIER 2 nicht nur auf den ersten Blick frappierend an ANNO 1602 erinnert, sondern auch spieltechnisch ein wenig wie ein Aufbauspiel wirkt. Man kann nämlich in der Stadt, die man sich zu Spielbeginn aussucht, einige nützliche Häuser errichten.

Es bleibt dennoch ein ganz entscheidender Unterschied, der WiSims von Aufbauspielen abgrenzt: In Aufbauspielen wirken die Objekte beinahe physikalisch zusammen, ihre Lagebeziehung ist von großer Bedeutung. In WiSims gibt es die Eigenschaft der Position von Objekten gar nicht: Die Tatsache, dass ich drei Häuser baue, könnte genauso gut mit der Ziffer 3 dargestellt werden. Und die alten WiSims haben das auch tatsächlich so gemacht: Ich konnte auch in KAISER schon Häuser und Mühlen bauen, dargestellt wurden sie als Text: »Sie haben 3 Häuser, 2 Mühlen«.

Die Städte von PATRIZIER 2 sind insofern nur eine optisch ansprechendere Darstellung der zahlenmäßigen Besitztümer des Spielers. Allerdings ist das nun keineswegs eine unwichtige Angelegenheit: WiSims haben nämlich immer das große Risiko, zu trocken zu geraten bzw. in Arbeit auszuarten (siehe 1.3.2.1). Gute Grafik ist hier deshalb noch wichtiger als anderswo, um den Spieler bei Laune zu halten.

Abb. 1.59: Patrizier 2

Apropos Grafik: Auch hier ist natürlich 3D im Kommen. Als Beispiel sei Die Gilde genannt, das sich den Titel »Erste 3D-Wirtschaftssimulation der Welt« holen durfte. Die Gilde ist übrigens der Nachfolger von Die Fugger 2, allerdings gab es einen Rechtsstreit mit der Familie Fugger, die ihren Namen nicht (länger) für ein Computerspiel hergeben wollte.

Abb. 1.60: Die Gilde (2002)

Dass WiSims nicht nur aus Deutschland kommen müssen, zeigt IMPERIALISMUS, ein Spiel das bei näherer Betrachtung etwas Ähnlichkeit mit CIVILIZATION hat und thematisch im 19. Jahrhundert angesiedelt ist. Man erschließt Rohstoffe im Land durch Bau von Eisenbahnlinien, Bergwerken etc. (echte Aufbauspiel-Komponente!), produziert Güter, kämpft mit Flotten und Armeen (echte Taktikspiel-Komponente!) und versucht, unterentwickelte Länder durch Diplomatie dem eigenen Reich einzuverleiben. IMPERIALISMUS 2 konnte den Spielspaß seines Vorgängers allerdings nicht mehr erreichen, weil es in Arbeit ausgeartet ist (siehe 1.3.2.1).

Abb. 1.61: Imperialismus (1997)

Mitunter verstecken sich WiSims hinter Sportspielen, wie z. B. die BUNDESLIGA-MANAGER-Reihe zeigt. Na ja, Fußball und Geld, das ist eine Kombination, die sich in Deutschland immer verkaufen wird. Dieses Marktsegment ist entsprechend hart umkämpft. Mehr dazu in der Rubrik Sportspiele.

Abb. 1.62: Bundesliga Manager 99

1.2.3 Adventures

In Adventures erlebt der Spieler eine Geschichte.
Im Vordergrund stehen Story und Rätsel.

Hier kommt erstmals der Begriff der Story ins Spiel, von dem noch ausführlicher die Rede sein wird (1.4.6). Die Hintergrundgeschichte ist nämlich bei einem Adventure viel wichtiger als bei den anderen Genres, von Rollenspielen einmal abgesehen. Ein Adventure simuliert eine kleine oder große, in sich abgeschlossene Welt, mit deren Objekten der Spieler interagieren kann. Dabei gilt es, eine Aufgabe zu lösen bzw. ein Ziel zu erreichen. Im Prinzip ist jedes Adventure nichts anderes als ein großes, komplexes Rätsel.

Der Spieler findet in Adventures üblicherweise Gegenstände, die er an anderer Stelle sinnvoll einsetzen kann (muss), um im Spiel weiterzukommen. Z. B. Schlüssel, um bestimmte Türen zu öffnen. In der Zeit zwischen Finden und Benutzen kann er den Gegenstand mit sich herumtragen und die Summe aller Gegenstände, die der Spieler bei sich hat, ist das so genannte *Inventar* bzw. *Inventory*. Manche Spiele beschränken aus Gründen des Realismus die Zahl der Gegenstände, die der Spieler gleichzeitig bei sich haben kann, oder gehen so weit, jedem Gegenstand ein Gewicht und dem Spieler eine maximale Tragfähigkeit zu geben.

Ein Adventure soll ja eine Welt simulieren, daher ist es umso besser, je mehr Eingaben des Spielers zu sinnvollen oder zumindest logischen Ergebnissen führen. Wenn man z. B. mit Streichhölzern eine Kerze anzünden kann, so werden manche Spieler das auch mit einer Fackel versuchen, oder sie wollen mit der Kerze die Fackel anzünden oder umgekehrt. Und wenn das dann nicht funktioniert, gibt es lange Gesichter.

Manche wissen vielleicht, dass man in einer Version von ULTIMA die Möglichkeit hatte, aus Mehl und Wasser ein Brot zu backen. Das hatte mit dem Spielziel nichts, aber auch gar nichts zu tun, und es hatte auch keinerlei Sinn, aber egal: ES GING! Und während der Entwicklung von ULTIMA 9 haben Spieler angefragt, ob so etwas wieder möglich wäre. Der Projektleiter hat daraufhin geantwortet, es gehe in ULTIMA um große Abenteuer, nicht ums Brotbacken. Das zeigt, dass er nicht verstanden hatte, worum es geht. Solche Kleinigkeiten sind außerordentlich wichtig, um den Eindruck zu erwecken, es handele sich um eine Welt, in der man alles tun kann, was man auch in Wirklichkeit tun könnte. Auch – oder gerade weil – sie völlig sinnlos sind. Ich sollte vielleicht noch erwähnen, dass der Projektleiter gefeuert wurde und man in ULTIMA 9 Brot backen kann.

Neben den »allgemeinen« Rätseln wie einer verschlossenen Tür, zu der an anderer Stelle der Schlüssel gefunden muss oder verborgenen Schaltern, finden sich in Adventures auch immer wieder »richtige« Rätsel, die so genannten Puzzles. Das sind konkrete Denkaufgaben, die man an Ort und Stelle lösen kann/muss. Das können Logikrätsel, Bilderrätsel, Sprachrätsel und sogar akustische Rätsel sein.

Abb. 1.63: Ein Puzzle aus Entombed, in dem es darum ging, die Symbole in eine logische Reihenfolge zu bringen.

Worüber sich viele Spieler in den 90ern aufregten, war die Unlogik vieler Adventures. Lösungen, auf die man nicht durch Nachdenken kommen konnte, sondern nur, indem man knallhart alle Gegenstände mit allen möglichen Aktionen ausprobierte – oder sich das Lösungsheft kaufte (siehe auch 1.3.2.4.4).

Ein weiterer Kardinalfehler war, den Spieler in Situationen geraten zu lassen, in denen er das Spiel nicht mehr gewinnen konnte und gezwungen war, von vorne anzufangen, wenn er keinen gespeicherten Spielstand hatte. Siehe dazu auch das Thema Sackgassen in 1.4.2.3.

Ein weiteres wichtiges Element in Adventures ist traditionellerweise die Hintergrund-Story. Über diese erfährt der Spieler in der Regel erst nach und nach durch lesbare Gegenstände (Bücher, Inschriften) oder Dialoge mit anderen Personen. Manche Spiele besitzen aber regelrechte einleitende Filme wie z. B. GOTHIC, oder schildern die Hintergrund-Story im Handbuch. Wer's übertreiben will, packt dem Spiel einen Roman bei. Alles schon mal da gewesen.

Realismus und Atmosphäre sind von Spiel zu Spiel sehr unterschiedlich gewichtet. Manche Adventures haben hier keinen Anspruch und sind einfach nur witzig und unterhaltsam, wie z. B. die MONKEY-ISLAND- und INDIANA-JONES-Serien von LucasArts, oder die LEISURE-SUIT-LARRY-Reihe. Andere Adventures hingegen bemühen sich nach Kräften, den Spieler das Abenteuer so hautnah und realistisch wie möglich erleben zu lassen (MYST, THE 7TH GUEST).

In den Anfängen, als Grafik auf Computern noch Science-Fiction war, entwickelte man die so genannten Textadventures, die einem die Situation romanartig als Text vermittelten: »Der Himmel ist grau und es regnet leicht. Du stehst vor einer zwei Meter hohen Backsteinmauer mit einem schmiedeeisernen Tor. Es ist verschlossen. Es führen Wege nach Norden, Süden und Westen.« Und der Spieler musste nun eingeben, was er tun wollte. Das konnte er häufig als freien Text eingeben:

»Gehe nach Norden und springe über die Mauer«. Und das wurde vom Spiel auch noch verstanden!!! Geradezu legendär waren die Parser (Sprachanalyse-Programme) der Firma Infocom.

WICHTIG

Apropos Roman: Adventures gibt (bzw. gab) es auch in Buchform, wo der Leser in manchen Situationen selbst entscheiden musste, was er als Hauptperson als nächstes machen wollte. Je nach Entscheidung war auf einer anderen Seite weiterzulesen.

Wie sich die Computer entwickelten, so entwickelten sich auch die Adventures. Verbesserte Grafikleistung führte zu ersten Bildern, später wurde alles Zeichentrickfilm-artig (siehe die ganze KINGS-QUEST-Reihe und die früheren LucasArts-Adventures). Inzwischen haben sich weitgehend zwei Darstellungssysteme etabliert: die 3D-Shooter-Perspektive und die isometrische Ansicht.

Die Grafik verdrängte den Text zuerst aus der Darstellung, wenig später auch aus der Spielereingabe. LucasArts erfand zunächst das SCUMM-System, bei dem in der unteren Bildschirmhälfte alle möglichen Aktionen oder zu sprechenden Sätze aufgelistet waren und nur noch ausgewählt (angeklickt) werden mussten.

Abb. 1.64: Das LucasArts SCUMM-Interface (Screenshot von Monkey Island 2)

Wie man am Screenshot sieht, stehen links die Verben, also die Aktionen, die man tätigen kann, und rechts ist das Inventar, das auf Worte bereits verzichtet.

Das sehr erfolgreiche MYST von 1994 kam schließlich gänzlich ohne Texteingaben aus. Alle Interaktionen erfolgten durch Anklicken von Gegenständen im Hauptbild.

Abb. 1.65: Myst (1994)

Abb. 1.66: Real Myst (2000)

Zu MYST muss ich unbedingt noch ein paar Worte sagen. Es war nämlich mit zehn Millionen Stück das bis vor kurzem meistverkaufte Computerspiel aller Zeiten (bevor es DIE SIMS letztes Jahr mit 13 Millionen übertrumpften), und wenn man Berichte liest, gibt es genau zwei Meinungen darüber: absolut genial oder absolut beschissen. Einen neutralen Bericht darüber habe ich noch nicht gesehen.

Ich denke, es kommt auf die Perspektive an, aus der man dieses Spiel betrachtet. Als man 1992 mit der Entwicklung anfing, war die gängige Hardware noch äußerst schwach und 3D-Grafikkarten waren unbekannt. Das Spiel ist deswegen eine Aneinanderreihung gerenderter Standbilder mit nur minimaler Bewegung bzw. Animation. Die Bilder, der Sound, die Rätsel und die Story bilden meines Erachtens eine sehr gelungene Atmosphäre, die damals ihresgleichen suchte.

Wer Action bevorzugt, wird sich hier allerdings nur langweilen: Es gibt keine Monster, keine Waffen, man kann nicht sterben und Begegnungen mit anderen Personen finden extrem selten statt.

MYST zog zwei Fortsetzungen nach sich: RIVEN, THE SEQUEL TO MYST und MYST III: EXILE. Und seitdem 3D-Grafikkarten gut und billig sind, haben die Entwickler ihr altes Spiel mit einer richtigen 3D-Engine versehen und als REAL MYST noch mal auf den Markt gebracht.

1.2.4 Rollenspiele (Role Playing Games, RPG)

In Rollenspielen stehen die Charakterdaten einer oder mehrerer Personen und deren Weiterentwicklung (durch Kämpfe) im Vordergrund.

1.2.4.1 Entstehung und Definition von Rollenspielen

Rollenspiele werden vielfach mit Adventures gleichgesetzt (verwechselt). Die Grenze ist zugegebenermaßen fließend, und Adventure-Rollenspiel-Genremixe sind die Regel und nicht die Ausnahme. Rollenspiele werden jedoch nicht durch eine Geschichte oder Rätsel zu Rollenspielen, sondern durch die detaillierte Verwaltung der Eigenschaften der Spiel-Figur(en), die man steuert.

Diese Eigenschaften werden typischerweise durch Zahlenwerte beschrieben, z. B. Geschicklichkeit=5, Stärke=3, Klugkeit=7, Schönheit=4, Sinn für Gerechtigkeit=2 usw. Diese Zahlen bestimmen Verlauf und Ausgang von Kämpfen und vielen anderen Handlungen, und man kann sie mehr oder weniger gezielt entwickeln. Wer also viel mit dem Schwert kämpft, wird sich in Geschicklichkeit und Stärke verbessern und dadurch besser kämpfen; wer viele Rätsel löst, verbessert seine Klugheit.

Kämpfe sind das zweite Charakteristikum der Rollenspiele, denn was nützen ausgefeilte Charakterdaten, wenn man sie nicht auch irgendwie verwenden kann?

Rollenspiele haben ihren Ursprung in Taktikspielen, die von englischen Offizieren im 19. Jahrhundert als Zeitvertreib entwickelt wurden. Man stelle sich das vor wie PANZER GENERAL als Brettspiel (siehe 1.2.2.4). In den 1970er Jahren wurden diese Spiele von amerikanischen Studenten wiederentdeckt und weiterentwickelt. Das Computerspiel EMPIRE, der Vorläufer von CIVILIZATION, ist übrigens auch daraus entstanden (s. 1.2.2.1).

Die ganzen Brettspiele und Zinnfigürchen, die aus diesem Trend hervorgegangen sind, waren in Deutschland bis Anfang der 90er Jahre praktisch unbekannt und sind auch heute nur in exotischen Fachgeschäften zu bekommen. Ein äußerst wichtiger (Brett-)Spielentwickler war die Avalon Hill Game Company – genau die Spielefirma übrigens, von der auch ADVANCED CIVILIZATION stammt.

Die weitere Entwicklung entfernte sich von der Realität und driftete mehr und mehr Richtung Fantasy, wobei die Bücher von Tolkien (Der Herr der Ringe) einen *deutlichen* Einfluss ausgeübt haben (Elfen, Zwerge, Orks, etc.). Schließlich konzentrierte man sich weniger auf die Armeen als auf deren Anführer. Hier ist etwa das erste echte Rollenspiel angesiedelt: CHAINMAIL (bedeutet übrigens Kettenhemd und nicht etwa Kettenbrief).

Am Ende der Entwicklung verzichtete man ganz auf Armeen und Truppen, und es kristallisierte sich das Konzept der Abenteurergruppe (die sog. Party) heraus. Die klassischen Rollenspiele sind typischerweise Spiele mit mehreren Mitspielern, in denen man nicht gegeneinander, sondern miteinander spielt, indem jeder Spieler die Rolle einer Person in der Gruppe übernimmt.

Vor Einführung des Computers waren Rollenspiele nur etwas für relativ hartgesottene Spieler, denn sie erforderten einen gewissen Verwaltungsaufwand. Schlachten wurden mit 20-seitigen Würfeln, Zetteln und Statistiken ausgefochten und die komplexen Regelwerke und Zahlenschiebereien schreckten die meisten normalen Menschen ab. Nicht umsonst heißen diese Spiele Pen&Paper-Rollenspiele. Es gab viel zu schreiben. Außerdem musste einer der Spieler die Aufgabe des Spielleiters übernehmen und die Geheimnisse und Rätsellösungen verwalten und Ereignisse ins Spiel bringen. Als solcher konnte er natürlich nicht selbst am Spiel teilnehmen.

AD&D (ADVANCED DUNGEONS AND DRAGONS) und DAS SCHWARZE AUGE sind solche Systeme, die dem Pen&Paper-Universum entstammen. Es gibt noch über zwei Dutzend weitere, die aber nicht den Sprung zur Unterhaltungselektronik geschafft haben: MIDGARD, SHADOWRUN, CTHULHU u.v.a. Das derzeit in Entwicklung befindliche 3D-Shooter-Adventure CALL OF CTHULHU hat mit dem Rollenspiel nur die Hintergrundgeschichte gemeinsam.

Wenn nun der Computer einem den ganzen Verwaltungskram und die Rolle des Spielleiters abnimmt, ja sogar die Mitspieler ersetzen kann, bieten sich natürlich ungeahnte Möglichkeiten, und Rollenspiele werden für eine wesentlich größere Gruppe von Spielern attraktiv.

Wenn es diese Entwicklungsgeschichte nicht gäbe, könnte man Rollenspiele allerdings auch ganz anders definieren, und zwar tatsächlich als eine Art *Rolle*, die man *spielt*. Das bedeutet, man verkörpert eine andere Person, ähnlich wie ein Schauspieler. D. h. man ist nicht Karl Müller, der sich ein Schwert umgehängt hat, sondern die Mitspieler erwarten von einem, dass man sich seiner Rolle entsprechend verhält, also auch anders spricht und handelt, als man es in derselben Situation als Karl Müller tun würde. Allerdings gilt das Gesagte ausschließlich für Multiplayer-Spiele.

Äußerst auffällig ist bei Rollenspielen die Tendenz zur Serienbildung mit inzwischen teils recht hohen Versionsnummern. ULTIMA 1-9, WIZARDRY 1-8, QUEST FOR GLORY 1-5, MIGHT AND MAGIC 1-8 ... – jeder mag daraus die Schlüsse ziehen, die ihm gefallen. Ich persönlich denke, dass in diesem Genre, in dem die Identifikation mit den Charakteren und den Zauberwelten wichtig ist, Titel mit bereits bekannten Rahmenbedingungen eine sehr große Anziehungskraft ausüben. Und wenn man einmal angefangen hat, will man immer mehr davon.

1.2.4.2 Adventure-RPG (sog. klassische Rollenspiele):

Wie bereits eingangs erwähnt, sind Adventure-Rollenspiel-Genremixe die Regel und nicht die Ausnahme, deswegen auch »klassisch«. Typische Vertreter sind MIGHT AND MAGIC, ULTIMA und WIZARDRY. Der Kampfanteil ist im Vergleich zu

Action-RPGs etwas niedriger angesiedelt, Komplexität und Story aber durch zahlreiche lange Dialoge und vielseitige Rassen- und Klassensysteme umso höher.

Adventure-RPGs sind der große Traum der Spieleprogrammierer und -designer. Nicht nur Hobbyteams, sondern auch viele Profis würden am liebsten ein solches Spiel zu ihrem nächsten Projekt machen.

Eine Schlüsselrolle in diesem Genre kommt der Firma Origin mit ihrer Ultima-Reihe zu. Ultima 1, entstanden 1982 (aber erst ab 1987 auf PC) war ein Grafik-Adventure-RPG mit einer riesigen Welt: Sosaria (später Britannia). Die Weltansicht war eine gekachelte Vogelperspektive, in den Dungeons gab es eine 3D-Shooter-ähnliche Perspektive (na ja, was in dieser Zeit nicht alles schon als 3D gefeiert wurde ...), wo Kämpfe rundenbasiert ausgetragen wurden.

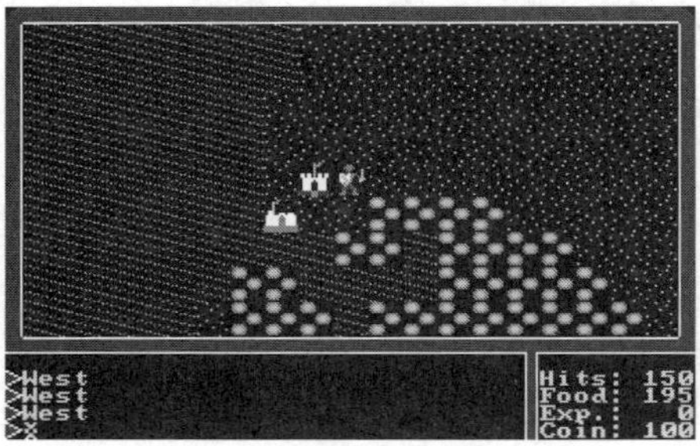

Abb. 1.67: Ultima 1 Weltkarte

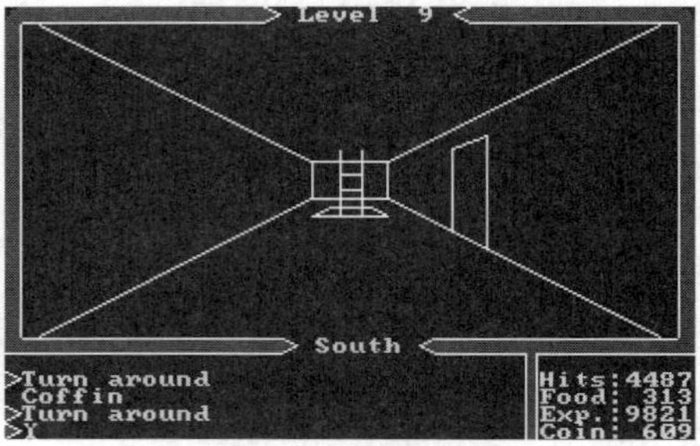

Abb. 1.68: Ultima 1 Dungeon

Ultima 2 (1982) und 3 (1983) brachten diesbezüglich keine nennenswerten Neuerungen, Ultima 4 (1985) allerdings war wieder eine kleine Revolution im Genre: Es ging nicht mehr darum, möglichst viele Monster zu töten und sich die Taschen zu füllen, sondern darum, den Charakter positiv zu entwickeln und dabei den »8 Tugenden« zu folgen (Siehe dazu auch 1.5.4). Dieses Prinzip wurde in den Nachfolgern mehr oder weniger beibehalten.

Ultima 8 (1994) hatte einen deutlichen Actioneinschlag mit in Echtzeit ablaufenden Kämpfen. Mobygames steckt es gleich in fünf Genres: »Action, Adventure, Isometric, Medieval Fantasy, Role-Playing (RPG)«

Abb. 1.69: Ultima 8 Pagan

Die größte Neuerung von ULTIMA 9 ist, dass es in 3D ist. Inhaltlich lehnt es sich stark an Ultima 6 an (Wiederherstellung der Schreine, Finden des Kodex, etc.)

Abb. 1.70: Ultima 9 Ascension

Ein großer Name, der sich in den letzten Jahren im RPG-Genre etabliert hat, ist Bioware, von denen u.a. BALDUR'S GATE und NEVERWINTER NIGHTS stammen. Bioware scheint für RPGs das zu werden, was id-software für die 3D-Shooter ist: Eine Spieleschmiede, die Engines produziert. Ihre sog. *Infinity-Engine* bildet die Grundlage für eine ganze Reihe von Rollenspielen, z. B. BALDUR'S GATE, BALDUR'S GATE II, ICEWIND DALE, PLANESCAPE TORMENT. Es handelt sich hierbei nicht nur um eine sehr schöne 2D-Grafikengine, sondern ein komplettes AD&D-Regelwerk.

PLANESCAPE TORMENT hält übrigens einen Rekord. Dieses äußerst düstere RPG, in dem man einen unsterblichen Zombie mit Gedächtnisschwund spielt, enthält die größte Textmenge, die je in einem Computerspiel zu finden war. Ausgedruckt würden die Dialoge wahrscheinlich ein Buch von ca. 400 Seiten füllen.

Allerdings ist die Infinity-Engine inzwischen veraltet, die Zukunft gehört auch im RPG-Genre 3D, und so setzt Bioware inzwischen auf ihre neue *Aurora-Engine*. Das erste Spiel, das diese Engine verwendete, war NEVERWINTER NIGHTS. Des Weiteren wird auch STAR WARS: KNIGHTS OF THE OLD REPUBLIC auf der Aurora-Engine auf-

Abb. 1.71: Baldur's Gate

Abb. 1.72: Planescape Torment

bauen. Diese Engine hat neben ihren herausragenden Grafikfähigkeiten auch die Besonderheit, dass sie ein offenes modulares Design besitzt. Was das heißt, zeigt NEVERWINTER NIGHTS; hier bekommt man nämlich außer einem RPG mit 3D-Engine auch noch einen umfangreichen Editor für eigene Szenarien und Abenteuer mitgeliefert. Damit kommt das Spiel den in Kapitel 2 beschriebenen Autorensystemen äußerst nahe und könnte durchaus als Einstieg für alle dienen, die ein Adventure-RPG machen wollen, aber nicht programmieren können bzw. wollen.

Ebenfalls 3D und mit Editor ausgestattet ist DUNGEON SIEGE, das jedoch besser in die nächste Kategorie, nämlich Action-RPG, passt.

Abb. 1.73: Neverwinter Nights (2002)

Abb. 1.74: Dungeon Siege (2002)

1.2.4.3 Action-RPG:

Ich sage nur: DIABLO! In diesem Mix aus Action und RPG steuert der Spieler eine Figur durch zufallsgenerierte isometrische (Unter-)welten, sammelt Schätze und Gegenstände ein und vernichtet die Monster, die ihm dabei meist dutzendweise in die Quere kommen. Die Rollenspiel-Komponente ergibt sich aus den Eigenschaftswerten der Figur, die sich im Laufe des Spiels immer weiter verbessern und die unglaublich große Anzahl von Gegenständen und Zaubern.

Abb. 1.75: Diablo 2 (2000)

Was viele übrigens nicht wissen: Diablo ist »nur« eine SVGA-Version von NETHACK (1985). Mehr über NETHACK im Abschnitt 1.4.1 (Grafik vs. Gameplay).

DIABLO II besitzt Ansätze einer Story und geht somit schon fast ein wenig in die Richtung Action-Adventure-RPG. Das unlängst erschienene DUNGEON SIEGE fällt auf jeden Fall unter diese Kategorie. Der Spielablauf ist dabei leider ziemlich linear geraten, kein Vergleich mit den Freiheitsgraden der riesigen Welt von ULTIMA 9 oder den zufallsgenerierten Dungeons eines DIABLO.

Ein waschechter 3D-Shooter hingegen ist das (inzwischen etwas angestaubte) HEXEN II, wo man sich wahlweise als Krieger, Zauberer oder Dämonenfrau vor mittelalterlicher Kulisse mit Riesenspinnen und Dämonen herumschlagen muss. Na ja, nicht ganz waschecht, da man anstelle von Schusswaffen vorwiegend mit Schwertern und Dolchen hantiert.

Ebenfalls ein 3D-Shooter-RPG ist SYSTEM SHOCK, wo man in einer verwüsteten Raumstation den durchgedrehten Hauptcomputer lahm legen muss und unterwegs seinen Körper mit technischen Implantaten aufrüsten kann.

Und zumindest erwähnen sollte man noch DEUS EX, ein 3D-Shooter-RPG, das sehr viel Lob dafür erntete, dass man die Aufgaben im Spiel auf sehr unterschiedliche Art und Weise lösen kann. Gerüchten zufolge soll sich der zweite Teil angeblich aber wieder mehr auf die Qualitäten eines 3D-Shooters konzentrieren: Grafik.

1.2.4.4 Strategie-RPG

In diese Kategorie zählen Strategiespiele, in denen Rassen- und Klassensysteme sowie Charakterwerte bzw. deren Entwicklung eine Rolle spielen.

Dazu zählt z. B. STRONGHOLD (1993 – nicht das gleichnamige Burgenbauspiel von 2001), wo es darum geht, Gebäude zu bauen, Provinzen zu erobern und dabei die Charakterwerte seiner Armeen weiterzuentwickeln. Vom Prinzip ähnlich ist auch der Klassiker MASTER OF MAGIC (1994), wo man in bester CIVILIZATION-Manier eine Welt durch Städtebau, Armeen – und Zauberei – zu erobern hat. Die Ähnlichkeit mit CIVILIZATION ist so groß, dass man meinen könnte, es stamme auch von Sid Meier. Neben den regulären Armeen gibt es auch Helden, die sich weiterentwickeln und magische Gegenstände bei sich tragen können.

In FANTASY EMPIRES hingegen gilt es zwar auch, Provinzen zu erobern, Gebäude zu bauen und Armeen auszuheben, aber es sind die Charakterwerte des Spielers selbst, bzw. der Herrscherpersönlichkeit, die er spielt, die sich weiterentwickeln sollen.

Aktuell ist derzeit die HEROES-OF-MIGHT-AND-MAGIC-Reihe, in der kürzlich Teil 4 erschienen ist. Sie baut auf der klassischen RPG-Serie MIGHT AND MAGIC auf, besitzt jedoch alle Merkmale eines Strategiespiels.

Abb. 1.76: Heroes of Might and Magic 4 (2002)

1.2.4.5 Online-RPG (MUD und MMORPG)

Online-Rollenspiele sind Mehrspieler-Rollenspiele, bei denen sich die Spieler über das Internet in virtuellen Welten treffen. Die Abkürzung MUD bedeutet Multi-User-Dungeon (wörtlich: Mehrbenutzerverlies), MMORPG bedeutet Massive Multiplayer Online Role Playing Game (Sehr-Viel-Mitspieler-Online-Rollenspiel).

Online-RPGs finden auf Servern im Internet statt, in die man sich einloggt. Außer der dazu erforderlichen Software benötigt man oft auch eine Zugangskennung, für die eine Gebühr an den Spielhersteller zu zahlen ist, in der Regel etwa zehn Euro pro Monat. Das eigentlich Interessante ist, dass die virtuelle Welt der Online-Spiele im Wesentlichen nicht von künstlichen, sondern realen Personen bevölkert wird, nämlich all den anderen Spielern, die sich ebenfalls eingeloggt haben.

Ein weiterer wesentlicher Punkt ist, dass im Gegensatz zu den Multiplayer-3D-Shootern und Strategiespielen der Spieler in einem Online-RPG auf Langfristigkeit ausgelegt ist, d. h. es gibt kein definiertes Spielende, ein Spielziel schon gar nicht. Die Online-Welten sind darauf ausgerichtet, dass der Spieler hier eine Art »Zweitwohnsitz« neben seinem realen Leben einrichtet, so ist es teilweise sogar möglich, Immobilien zu erwerben und diese individuell einzurichten oder Berufe zu ergreifen. Man kann natürlich sterben und verliert dann alle Waffen, Besitztümer und Erfahrungspunkte.

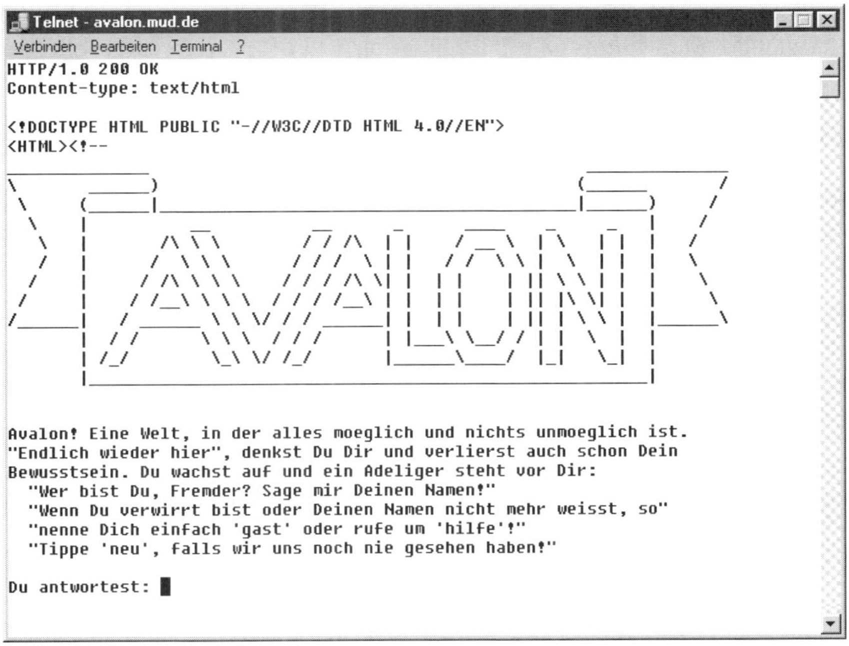

Abb. 1.77: Avalon, ein deutschsprachiger MUD

Von ihrer Definition her sind MUD und MMORPG eigentlich dasselbe, nämlich eben Online-RPGs, aber aus historischen Gründen stehen sie für zwei sehr unterschiedliche Kategorien:

MUDs sind typischerweise rein textbasierte Welten, sie funktionieren im Prinzip wie ein Textadventure, nur sind eben mehrere Spieler gleichzeitig beteiligt und können miteinander interagieren (sprechen, kämpfen, handeln etc.). Das erste MUD wurde 1979 programmiert. Man benötigt zum Einloggen in ein MUD lediglich Telnet, und in den meisten Fällen ist die Teilnahme am Spiel kostenlos.

MUDs mit einer grafischen Darstellung der Spielwelt werden meist nicht mehr MUD genannt. Hier verwendet man dann stattdessen den Begriff MMORPG.

Obgleich es Online-RPGs schon so lange gibt, kam der Durchbruch zur Massentauglichkeit erst mit ULTIMA ONLINE. Ein ganz wesentliches publikumswirksames Merkmal dieses Spiels war neben seiner inhaltlichen Vielfalt die hübsche Grafik. Zwar bereits zum Erscheinungszeitpunkt nicht mehr ganz zeitgemäß, aber im Vergleich zu den textbasierten MUDs doch eine Offenbarung.

Das Spiel selbst lässt einem nach der Anmeldung alle Freiheiten. Man kann in einer Stadt sesshaft werden und einen Beruf ergreifen, man kann als Söldner arbeiten oder als Räuber, alles ist möglich.

Ein wesentlicher Teil des Spaßes ist natürlich der, dass diese Welt von echten Menschen bevölkert wird bzw. hinter jeder herumlaufenden Figur ein realer Mensch sitzt, der sie steuert. Man kann sich mit ihnen unterhalten, Freundschaft schließen – oder sie töten und ausrauben.

Nach dem Erfolg von ULTIMA ONLINE sind zahlreiche solcher Spiele aufgetaucht, aber nur sehr wenige haben sich durchgesetzt, und das liegt nicht zuletzt an den laufenden Kosten. Man zahlt im Durchschnitt zehn Euro pro Monat für den Spaß im Internet, zuzüglich der 39 Euro für das Spiel selbst, die Internet-Zugangs-Kosten selbst nicht mitgerechnet.

Derzeit im Trend in Deutschland ist DARK AGE OF CAMELOT, ein 3D-MMORPG. Obwohl das isometrische ULTIMA ONLINE noch am meisten verbreitet ist – auch bei den MMORPGs wird 3D schon sehr bald der Standard sein.

Abb. 1.78: Dark Age of Camelot (2001)

1.2.5 Simulationen

In Simulationen geht es um die möglichst naturgetreue Darstellung eines Systems und dessen Reaktion auf verändernde Einflüsse.

Es geht meistens um Maschinen und ihre Bedienung. Also Flugsimulatoren, Zugsimulatoren ... – manche sind der Auffassung, dass Rennspiele auch in diese Kategorie gehören.

Es gibt aber auch Wettersimulationen, Vulkansimulationen, Arbeitsplatz-Sicherheits-Simulationen, Schwelbrand-Simulationen, biologische Simulationen (Stichwort »artificial life«). Also lauter wissenschaftliches Zeugs, das gar nicht erfunden wurde, um Spaß zu machen, sondern vielmehr um Situationen nachzubilden, die in der Realität zu aufwändig, zu teuer oder zu gefährlich wären. Oder zu lange dauern würden. Obwohl – woher glaube ich zu wissen, was Wissenschaftlern Spaß macht und was nicht? Hm ...

Die meisten Simulationen sind jedenfalls *keine* Spiele. Schon die Flugsimulation bei der Pilotenausbildung kann man schwerlich ein Spiel nennen, auch wenn viele Spieler so etwas vielleicht gerne im Zimmer stehen hätten. Die Bahn AG bietet übrigens Besuchern eine Fahrt als Lokführer im ICE-Simulator an. 45 Minuten kosten knapp 700 €, trotzdem können sie sich vor Interessenten kaum retten.

Inwieweit eine Simulation zu Unterhaltungszwecken wirklich auf der Realität begründet sein *muss*, um Simulation genannt werden zu dürfen, ist schwierig. Immerhin gibt es auch Raumschiff-Simulationen, ohne dass man je ein solches Raumschiff gebaut oder es auch nur ernsthaft vorhätte.

SIMCITY und die anderen Titel der Sim-Reihe (SIMLIFE, SIMFARM, SIMANT etc.) wiederum haben reale Vorbilder, aber sie bilden sie nicht *realistisch* ab. Sei es aus Kompromissgründen gegenüber dem Spielspaß und der möglichen Technik (siehe 1.3.5) oder weil die Entwickler es nicht besser wussten. Sie wären erst dann »echte« Simulationen, wenn die Programmierer Gesetzmäßigkeiten aus der Wirklichkeit des Städtebaus, der Verkehrsplanung, Ökologie, Landwirtschaft (oder was auch immer Thema ist) einbauen würden oder es zumindest zum Ziel hätten. So wie es z. B. bei MOBILITY der Fall ist, einem SIMCITY-ähnlichen Spiel mit Schwerpunkt auf Verkehrsmanagement. Es wurde als Lernprogramm entworfen, um realen Verkehr zu simulieren, und beruht auf echten verkehrswissenschaftlichen Forschungsergebnissen.

Interessanterweise war SIMCITY auch ursprünglich als Lernprogramm geplant, doch der Publisher bekam kalte Füße und man musste schnell noch ein paar Katastrophen einbauen: Erdbeben, Feuer, Godzilla ...

Es gibt viele Simulationen, denen Szenarien mit zu lösenden Aufgaben beiliegen, so z. B. bei vielen Kampfflugzeug-Spielen, die dadurch in Richtung Action rutschen, oder z. B. dem MICROSOFT TRAIN SIMULATOR. Ein Wesensmerkmal von Simulationen ist allerdings, dass Szenarien bzw. überhaupt eine konkrete Aufgabe nicht erforderlich sind, und so fehlen sie denn auch in vielen Spielen (MICROSOFT FLUGSIMULATOR, SIMCITY 3000). Siehe dazu auch 1.3.1.3.

Simulationen sind in Deutschland übrigens extrem häufig im Bereich der Eisenbahnsoftware anzutreffen. Dabei handelt es sich oft um Mini-Programme, die ein bestimmtes Stellwerk simulieren, meistens Hobbyprojekte mit unterirdischer Grafik, dafür jedoch in der Regel Freeware (allerhöchstens Shareware) mit treuer Fangemeinde.

Eine ganz neue Art der Simulation ist DIE SIMS, in dem keine Maschine oder ein anderweitig unbelebtes System, sondern der Alltag einer Person bzw. Familie simuliert wird. Hierauf gehe ich in 1.2.10 (Alternative Spielkonzepte) näher ein.

1.2.6 Sportspiele

In Sportspielen steht das Ausüben von Sportarten im Vordergrund.

Auch dieses Genre ist bei den Hobbyprogrammierern stark unterrepräsentiert, und es gibt auch nicht viele Entwicklerstudios, die sich damit abgeben. Nichtsdestotrotz ist das Sportgenre nicht nur in Deutschland einen extrem hart umkämpfter Markt. Es werden teilweise irreale Summen für die Produktion investiert, 50 Mitarbeiter und zweistellige Millionensummen für ein Spiel sind keine Seltenheit. Noch erstaunlicher, dass diese Investitionen auch wieder reinkommen.

Das Geld und die reingesteckte Arbeit sieht man den Produkten dann teilweise auch an. Bei einigen Screenshots und Demovideos kann einem nur noch die Kinnlade runterfallen. Die Basketballspieler von NBA LIVE 2001 z. B. sehen besser aus als alle Heinis aller bekannter 3D-Shooter zusammen. Die Bewegungen wirken vor allem deshalb so realistisch, weil man ausgiebig Gebrauch vom *Motion-Capturing* macht, einem Verfahren, bei dem man echte Personen verkabelt und ihre Bewegungen auf die 3D-Figuren überträgt.

In letzter Zeit besteht die deutliche Tendenz, echte Sportler zu lizenzieren, um von ihrem Bekanntheitsgrad zu profitieren. Das heißt, dass man ihren Namen und ihr Gesicht im Spiel verwendet, in letzter Zeit gerne als animierte 3D-Figur. Für viele Vereine eine lukrative Zusatzeinnahmequelle. Soweit mir bekannt, kosten die Rechte an der deutschen Bundesliga derzeit drei bis vier Millionen Euro. Damit ist man nicht nur als Hobbyprogrammierer, sondern auch als mittelgroße Spielefirma aus dem Rennen.

Besonders beliebt sind die Themen Basketball, Eishockey und natürlich Fußball. Dabei muss man grundsätzlich zwei Arten von Sportspielen unterscheiden: die Sport-Actionspiele und die Managerspiele.

1.2.6.1 Sport-Actionspiele

Der Spieler lenkt einen oder mehrere Sportler per Maus oder Joystick. Hat bei manchen Disziplinen Ähnlichkeit mit Jump'n Runs, z. B. Hürdenlauf, Stabhochspringen und Skifahren. Das kann mitunter so anstrengend werden wie echter Sport: ich denke da an DECATHLON, da wurden die Sportlerfiguren durch schnelles Hin- und Hergewackel des Joysticks angetrieben. Je schneller man wackelte, desto schneller lief die Figur. Nach drei Partien war dem Spieler die Sehnenscheidenentzündung sicher, und auch die Lebensdauer des Joysticks verkürzte sich dramatisch.

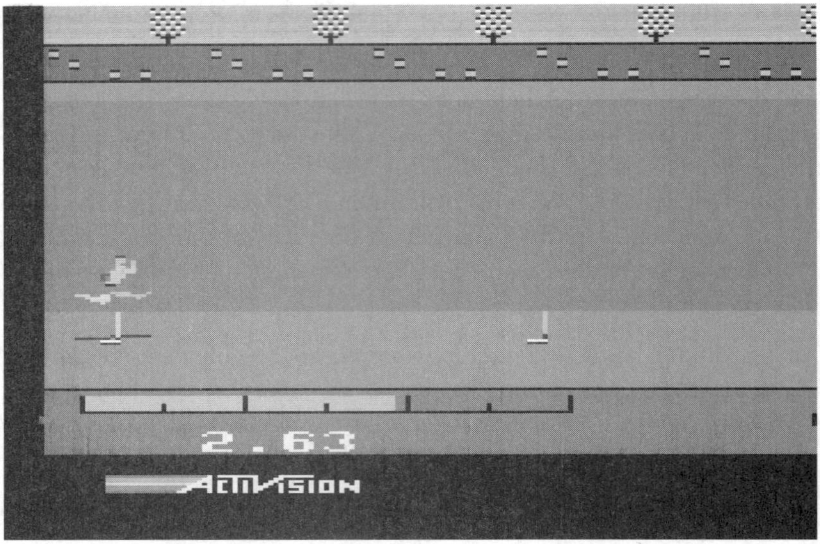

Abb. 1.79: Decathlon (1983)

Da dieser Screenshot fast 20 Jahre alt ist, wirkt er für heutige Verhältnisse indiskutabel hässlich. Interessanterweise macht das Spiel dennoch auch heute Spaß.

1.2.6.2 Sport-Managerspiele

Hier geht es darum, eine Sportmannschaft zu verwalten, die Leute auszubilden und die richtigen Spieler einzukaufen. Die eigentlichen Wettkämpfe sind dann selbstablaufend. Die Grenze zu den WiSims ist hier fließend. Besonders bekannt ist die BUNDESLIGA-MANAGER-Reihe.

1.2.7 Brettspielumsetzungen

Brettspielumsetzungen sind Spiele, die zuerst als Brettspiele das Licht der Welt erblicken und sich erst später auf dem Computer wiederfinden.

Ab einem gewissen Verkaufserfolg bzw. Bekanntheitsgrad passiert das früher oder später allen. Die Kandidaten der ersten Stunde waren Klassiker wie Schach, Go und Mühle. Ich glaube fast, es gibt Schachprogramme, seit es Computer gibt. Und es kommen immer neue Adaptationen heraus: MONOPOLY, STRATEGO, RISIKO. In der Regel hält sich die Computerversion streng an Aussehen und Regeln des Originals, manchmal kann man noch zusätzliche Features dazuschalten. Am ehesten zu vergleichen sind Brettspielumsetzungen mit rundenbasierten Strategiespielen. Wobei im Original meist Würfel verwendet werden, die in Computerspielen verpönt sind.

Zu unrecht, wie DIE SIEDLER VON CATAN zeigt: Die Computer-Umsetzung des extrem erfolgreichen Brettspiels ist seinerseits sehr erfolgreich gewesen und enthält sehr hübsche Würfelanimationen. Obgleich der Zufall in Computerspielen problematisch ist (siehe 1.3.2.4): Bauen die Regeln des Brettspiels darauf auf, dann muss man das beibehalten! Ein Versuch, es um jeden Preis anders zu machen, der geradezu schrecklich in die Hose ging, war DIE STERNENFAHRER VON CATAN, der Nachfolger der gleichnamigen SIEDLER. Da der Designer trotz des erfolgreichen Vorgängers annahm, dass man heutzutage niemandem mehr rundenbasierte Würfelspiele zumuten kann, wurde das Spiel zu Echtzeit-Strategie umgearbeitet. Im Ergebnis wechselten sich lange Leerlauf-Phasen, in denen nichts passierte, mit Phasen ab, in denen zehn Dinge zugleich passierten. Der Spielspaß war erfolgreich gekillt.

Brettspielumsetzungen haben einen Vorteil und einen Nachteil. Der Vorteil ist, dass man mit dem Spieldesign in Nullkommanichts fertig ist, da den Löwenanteil bereits der Designer des Brettspiels erledigt hat. Der Nachteil ist: Bevor man eine Brettspielumsetzung macht, muss man die Rechte am Brettspiel erwerben. Allerdings ist Letzteres nicht gar so wild, denn so lange man nicht den Original-Namen bzw. geschützte Marken, Figuren und Logos verwendet, ist man auf der sicheren Seite. So sind mir eine Reihe von RISIKO-Klonen bekannt, von denen natürlich nur das von Hasbro auch so heißen darf – oder wer sonst auch gerade die Rechte besitzt (ist gar nicht so einfach, bei den ganzen Firmen-Fusionen und -Verkäufen auf dem Laufenden zu bleiben).

1.2.8 Abstrakte, veraltete & sonstige Spielekonzepte

1.2.8.1 Primitivst-Spiele

Zu diesen Spielen zählen die, deren Beschreibung auf weniger als eine halbe DIN-A4-Seite passt, und die von einem Ein-Mann-Team innerhalb von 2 Wochen programmiert werden können.

Natürlich waren die allerersten Computerspiele mangels Speicher, Leistung und Grafik notgedrungen in diesem Bereich angesiedelt. So z. B. PONG oder BREAKOUT, wo man mit einem beweglichen »Tennisschläger« dafür sorgen musste, dass ein Ball den Bildschirm nicht verlässt. Diese Spiele könnte man heute natürlich niemandem mehr verkaufen, allerdings sehe ich neuerdings Nachmittags-Fernsehshows, in denen die Kandidaten tatsächlich PONG und andere Spiele-Fossile aus den 70ern spielen. Grafisch natürlich auf dem Stand der Zeit.

Von Zeit zu Zeit kommen Primitivst-Spiele immer mal wieder zu Billigpreisen in die Läden, kassieren 8% und weniger in den PC-Magazinen und verschwinden sang- und klanglos wieder. Manche davon basieren auf Fernsehsendungen bzw. deren Prominenten (z. B. BIG BROTHER, PULLERALARM und der DER SCHUH DES MANITU), was dazu führen kann, dass ihre Verkaufszahlen über den Durchschnitt steigen. Siehe dazu auch 1.2.8.5.

Abb. 1.80: Der Schuh des Manitu (2001)

Eine Besonderheit stellt MOORHUHNJAGD dar, das ursprünglich ein kostenloses Werbespielchen für Johnny Walker Whiskey war und 2 Jahre lang auch kaum beachtet wurde. Nachdem es aufgrund schwachsinniger Tierschutzdebatten in die Schlagzeilen geraten war und bundesweit bekannt wurde (oder war es gar die perfekte Marketing-Idee?), wollte es plötzlich jeder spielen. Obgleich es nach wie vor kostenlos im Internet zu haben war, entblödete man sich nicht, es für DM 29.80 in die Läden zu stellen – und dennoch ging es weg wie warme Semmeln! Die Massenhysterie reichte sogar noch aus, um dem schnell nachgeschobenen Koch-Media-Klon DIE RACHE DER SUMPFHÜHNER einen Platz in den Top Ten zu verschaffen.

1.2.8.2 Der interaktive Film

Wie schon mal erwähnt, ist hier ein ganzes Genre gefloppt. Die ursprüngliche Idee, einen Film zu machen und dem Spieler Einflussmöglichkeit auf den Verlauf zu geben, ist nicht neu. Bereits 1981 war dieses in DRAGON'S LAIR verwirklicht worden, einem Zeichentrickfilm von Don Bluth (Ex-Disney-Zeichner), in dem an entscheidenden Stellen des Geschehens der Spieler den Joystick in die richtige Richtung bewegen musste. Je nach Eingabe mündete der Film in einen anderen Ablauf.

Abb. 1.81: Dragon's Lair (1983)

Während dieses Werk aufgrund seiner Neuartigkeit und der damals konkurrenzlosen Grafik einigermaßen Kultstatus erlangte, ist es seinen Nachfolgern nicht so gut ergangen. Das Problem dieser Spiele war stets ihre hoffnungslose Eindimensionalität bzw. Linearität (siehe dazu auch 1.4.2.3) und 1.4.6.4). Die Handlung verzweigte nicht, der Spieler konnte sich eigentlich immer nur zwischen »Tod« und »Weiter« entscheiden. Und wenn man sich falsch entschied, war das Spiel zu Ende, schlimmstenfalls konnte man von vorne anfangen. So was macht keinen Spaß, es langweilt noch nicht einmal: Es nervt! Mehr noch als eine Werbeunterbrechung, denn nach einer solchen geht es wenigstens garantiert weiter.

Da half es wenig, dass man teilweise richtig aufwändige Spielfilme mit echten Darstellern und Stuntszenen drehte. Stell dir mal vor, du wolltest dir einen Video-Film ansehen, bei dem das Band beschädigt ist und jedes Mal der Rückspul-Mechanismus ausgelöst wird. Damit das nicht passiert, musst du die ganze Zeit die Hand am Recorder haben und irgendeine Taste drücken – noch dazu im richtigen Augenblick und in die richtige Richtung. Nach wie vielen Versuchen würdest du das Ding in den Müll werfen?

1.2.8.3 Quiz-Spiele

Dass man auch ohne Spieltiefe und jeglichen Grafikaufwand Erfolg haben kann, zeigen uns die Vertreter dieser Gattung, die ich auch in 1.2.8.1 einordnen könnte, aber sie sind eine Klasse für sich.

Es geht darum, dem Spieler Fragen zu stellen und sie ihn beantworten zu lassen. Diese Spiele sind grundsätzlich Multiplayer-Spiele und können durchaus für spaßig-gesellige Abende sorgen.

Erwähnenswert sind wegen ihres Erfolgs YOU DON'T KNOW JACK, das nach der gleichnamigen Fernsehshow benannte WER WIRD MILLIONÄR? und natürlich TRIVIAL PURSUIT, das eigentlich eine Brettspielumsetzung ist.

Ob man es glaubt oder nicht: WER WIRD MILLIONÄR? liegt sowohl in den USA als auch in Deutschland unter den Top 5 der meistverkauften Computerspiele mit insgesamt über 1.000.000 verkauften Einheiten. Ich empfehle es allerdings nicht zur Nachahmung, denn Erfolge dieser Art lassen sich nicht kopieren. Normalerweise sind Quizspiele Ladenhüter. Dieser Titel jedoch hatte die extrem erfolgreiche Fernsehsendung hinter sich.

Genau genommen sind die Kunden auf die übliche Marketingmaschinerie hereingefallen, die einem heutzutage keine Produkte, sondern ein Image verkauft. Die Fernsehsendung lebte mitnichten von den schwierigen Fragen, sondern vielmehr von der spannend-humorigen Atmosphäre, die durch echte Kandidaten und echtes Geld hergestellt und einen frechen aber charmanten Moderator grimassierend gefördert wurde. Das Computerspiel hat das alles nicht, es ist eben nur ein trockener Frage-Antwort-Katalog.

YOU DON'T KNOW JACK ist an dieser Atmosphäre wesentlich näher dran durch die Stimme des blödelnden Moderators, der unablässig irgendwelche Kommentare absondert, die auch noch zur jeweiligen Frage passen. Hätte WER WIRD MILLIONÄR? einen 3D-Günter-Jauch inklusive gehässiger Kommentare und Grimassen gehabt – ich denke, auch ich hätte mir das Spiel sofort gekauft.

So gesehen bieten Quizspiele durchaus Übungspotenzial für Programmierer, Grafiker und Musiker. Nur der Designer hat hierbei kaum was zu tun.

1.2.8.4 Denkspiele

In diesen Spielen muss man kleine, abgeschlossene Aufgaben durch logisches Denken lösen. Es handelt sich hierbei häufig um a) Spiele für Kinder b) Shareware-Spiele c) Low-Budget-Spiele. Sie eignen sich ganz hervorragend als Erstlingswerk bzw. Übungsprojekt für Hobbyprogrammierer, und genau das sind die meisten Programme. Was nicht heißt, dass sie keinen Spaß machen können.

Wobei zu sagen ist, dass ein Denkspiel zu programmieren zwar sehr einfach ist, sich eines AUSZUDENKEN aber mit zum Schwersten gehört, was ich mir vorstellen kann.

Ein ziemlich erfolgreicher und bekannter Vertreter ist THE INCREDIBLE MACHINE von 1993, wo man allerlei absonderliche Objekte zu einem Domino-Effekt kombinieren muss. Die entstehende Kettenreaktion löst dann eine Aufgabe, wie z. B. einen Schalter umzulegen, eine Rakete zu starten oder eine Kugel vom Bildschirm zu schubsen. Bis jetzt gab es insgesamt 6 Nachfolger.

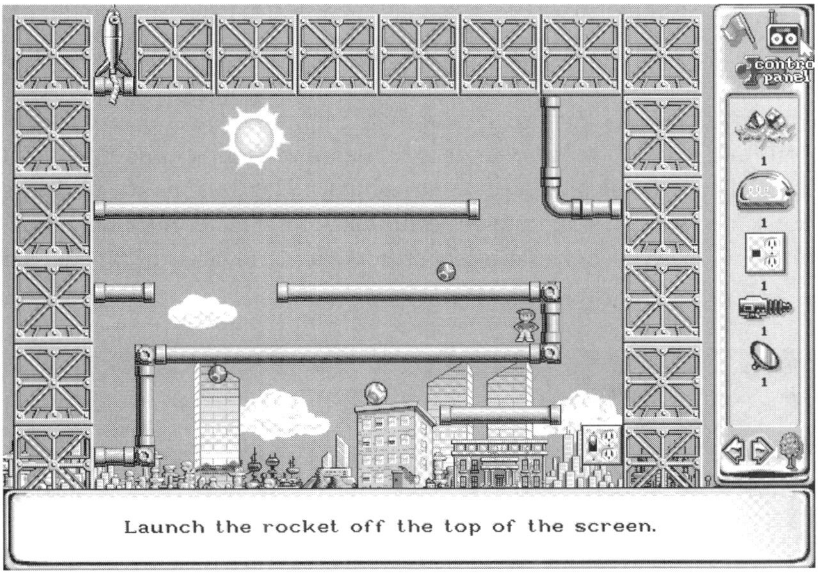

Abb. 1.82: The Incredible Machine 2 (1994)

Ebenfalls sehr bekannt ist SOKOBAN, wo man Fässer in der richtigen Reihenfolge durch einen Keller schieben muss.

Ein Action-Denkspiel ist LEMMINGS von 1991, wo man grünhaarige Männchen, die niemals stehen bleiben, zu einem Ausgang dirigieren muss, ohne dass sie vorher einen Abgrund herunterfallen oder in irgendwelche Fallen laufen. Der Erfolg zog bis heute 9 dieser Spiele nach sich, seit 1995 auch in schickem 3D.

Abb. 1.83: Lemmings (1991)

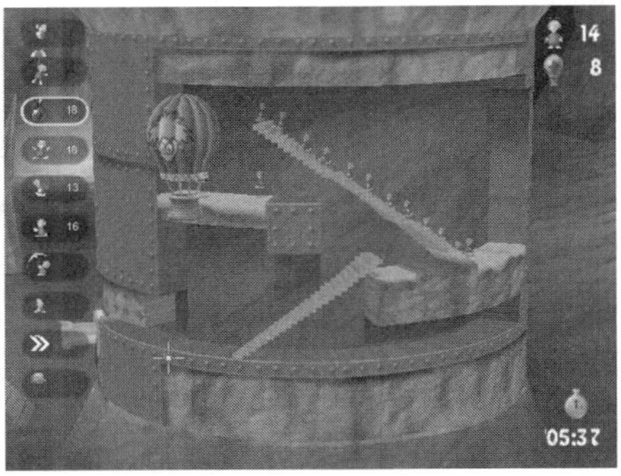

Abb. 1.84: Lemmings Revolution (2000)

Ins Abstrakte gehen zahlreiche Spiele, bei denen man irgendwelche Icons herumschieben kann, die sich z. B. auflösen, wenn zwei gleichfarbige nebeneinander stehen. Der Fantasie sind keine Grenzen gesetzt.

Ein abstraktes Action-Denkspiel mit Suchtgefahr ist TETRIS, wo man herabfallende Bausteine so anordnen muss, dass sich ausgefüllte Zeilen ergeben, die sich dann auflösen. Das schöne hieran ist, dass es eine sehr einfache Aufgabe ist, die jeder lösen kann, wenn auch unter Zeitdruck. Man darf Fehler machen, ohne dass das Spiel gleich zu Ende ist, und wenn man dann in den nächsten Sekunden doppelt gut aufpasst, kann man den Fehler wieder gutmachen. – Das Spiel wurde übrigens von einem Moskauer Mathematikprofessor erfunden, er hat leider nie einen einzigen Rubel für seine Idee gesehen, dafür lebt er heute in den USA und arbeitet bei Microsoft.

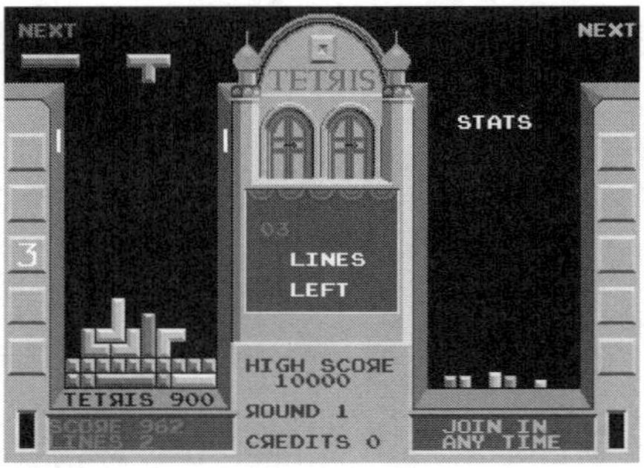

Abb. 1.85: Tetris (1988)

Ebenfalls ein Action-Denkspiel ist PIPEMANIA, wo man schneller Rohre verlegen muss als Wasser hindurchfließt. Es gibt auch eine Variante mit Eisenbahnschienen und einer Dampflok.

Da die Namensrechte an den Originalen dem Markenschutz unterliegen, hat jeder TETRIS- und PIPEMANIA-Klon einen anderen Namen. Was aber nichts am Spielprinzip ändert.

1.2.8.5 Spiele mit Bezug auf Filme und/oder Prominente

Zu jedem Spielfilm gibt es die Möglichkeit, durch Erwerb der entsprechenden Lizenz ein Computerspiel zu machen. Es muss aber kein Film sein, es kann auch eine Fernsehserie, ein Spielzeug oder Popstar sein. Die Lizenzgebühren steigen exponentiell mit dem Bekanntheits-/Beliebtheitsgrad.

In der Regel sind solche Lizenztitel nicht allzu gut programmiert. Zum einen geht ein großer Teil des Budgets für die Lizenz drauf, zum anderen ist der Zeitdruck gewaltig. Niemanden interessiert ein SCHUH DES MANITU oder BIG BROTHER THE GAME, wenn die zugehörigen Filme/Shows nicht mehr aktuell sind. Und das Gedächtnis der Zielgruppe ist dramatisch kurz. Also darf die Entwicklung solcher Titel maximal ein paar Wochen dauern, was unweigerlich zu Schrott führen muss, selbst wenn noch so gute Leute darangesetzt werden.

Auch hier gibt es Ausnahmen, und die kommen von den großen Konzernen, die das Computerspiel zum Film gleich von Beginn an in ihre Merchandising-Pläne eingeschlossen haben und ausreichend Geld und Zeit in das Projekt investieren. Richtig gut sind aber nur wenige. So z. B. LucasArts, deren INDIANA-JONES- und STAR-WARS-Spiele den höchsten Qualitätsansprüchen genügen.

Den umgekehrten Fall, dass aus einem Film ein Computerspiel gemacht wird, gibt es auch (TOMB RAIDER, FINAL FANTASY, STREETFIGHTER, MORTAL KOMBAT usw.), ist aber für uns uninteressant.

1.2.9 Fortsetzungen, Add-Ons und Klone

Fortsetzungen zu erfolgreichen Spielen gab es schon zur Zeit der Spielautomaten. Ich will gar nicht erst anfangen, hier Beispiele aufzuzählen, die Liste ist endlos und man braucht nur in den Laden zu gehen und zu schauen, wie viele Spiele es gibt, hinter deren Namen eine Versionsnummer steht.

Trotz der ewigen Kritik, dass Neues auch wirklich neu sein soll, sind diese Fortsetzungen kommerziell wesentlich sicherere Investitionen als Neuentwicklungen, und das ist ein Naturgesetz. Wie oben schon einmal gesagt, greifen Spieler lieber zu Spielen, die sie schon kennen oder zu kennen glauben.

Das muss ich wohl ein wenig erläutern: Natürlich will jeder, der ein neues Spiel kauft, darin ausgiebig Neues vorfinden. Aber andererseits erzeugt das Neue auch einen **Anfangswiderstand**: Man muss neue Regeln und Steuerungen lernen und sich in neuen Umgebungen zurechtfinden, schlimmstenfalls sogar ins Handbuch schauen. Dieser Anfangswiderstand sollte auf keinen Fall unterschätzt werden. Das ideale Spiel bietet eine vertraute Steuerung bzw. vertraute Spielumgebung, und darin eingebettet neue Level, Waffen, Gegner, Effekte, Rätsel etc.

Deswegen ist man einigermaßen auf der sicheren Seite, wenn man einen Nachfolger zu einem erfolgreichen Titel macht und das Gameplay und die Steuerung weitestgehend unangetastet lässt. Sogar Verbesserungen sind diesbezüglich nur behutsam und sparsam zu dosieren.

Billig kommt einen die Produktion einer Fortsetzung obendrein, denn oftmals kann man die Spieleengine fast komplett beibehalten und die Fortsetzung bietet nur neue Grafik, Level, Waffen und Gegner. Dieses Prinzip wird sogar dazu benutzt, komplett neue Spiele mit alten Engines herauszubringen.

Noch billiger ist das Add-On, eine Zusatz-CD, die NUR neue Level, Waffen und Gegner enthält. Üblicherweise ist das dann aber auch billiger. Auch hier gibt es Ausnahmen, wie das Deutschland-Pack von SIMCITY 3000, das zum unverschämten Vollpreis angeboten wurde.

Wenn man sehr dreist ist, kann man auch alte Spiele neu auflegen: DUNE 2000 war tatsächlich exakt dasselbe Spiel wie DUNE 2, nur die Grafik war verbessert worden und unterstützte eine höhere Auflösung. Allerdings ist das eine Ausnahmeerscheinung. Auch Dungeon Keeper 2 unterscheidet sich Gameplay-technisch in (fast) nichts von Dungeon Keeper, bietet aber neben einer extrem verbesserten 3D-Grafik wenigstens auch neue Level.

Hat man einen erfolgreichen Titel, ist die Produktion von Nachfolgern und Add-Ons wie eine Lizenz zum Gelddrucken. Das nützt dir jetzt natürlich wenig, denn du hast (noch) keinen Erfolgstitel, den du fortsetzen kannst.

Na ja, dafür kannst vielleicht einen Klon machen. Das ist ein Spiel, das einem schon existierenden anderen Spiel extrem ähnlich ist und ggf. auf dessen Erfolgswelle mitsurfen kann. Im Echtzeitstrategiespielbereich ist die Zahl der Klone wohl am größten, wobei es dem durchschnittlichen Spieler auch gar nicht auffällt, dass Command & Conquer, Warcraft und Age of Empires praktisch dasselbe Spiel sind.

Ich kann es gar nicht oft genug betonen: Jeder sagt, ein Spiel ist dann gut, wenn es etwas Neuartiges bietet. Aber das ist nur die halbe Wahrheit. Richtig ist, dass ein Spiel dann besonders gut aufgenommen wird, wenn es zwar neue Aufgaben und Herausforderungen bietet, aber im großen und ganzen eine vertraute Umgebung mit vertrauter Steuerung erkennen lässt.

1.2.10 Alternative Spielkonzepte

Die oben genannten Genres sind inzwischen so geläufig, dass man mitunter vergessen kann, dass es auch völlig andere Spielkonzepte gibt. Früher (in den 80ern) war man da noch wesentlich erfinderischer. Z. B. in Reactor, wo man ein Kernkraftwerk stabil halten muss, indem man Nuklearteilchen abfängt. Oder in der Arztsimulation Life and Death, wo man Patienten untersucht, die richtige Diagnose stellen und häufig auch komplizierte Operationen durchführen muss. Das Spiel könnte glatt als Lernprogramm für junge Chirurgen durchgehen, der Entwickler ist auch tatsächlich Arzt.

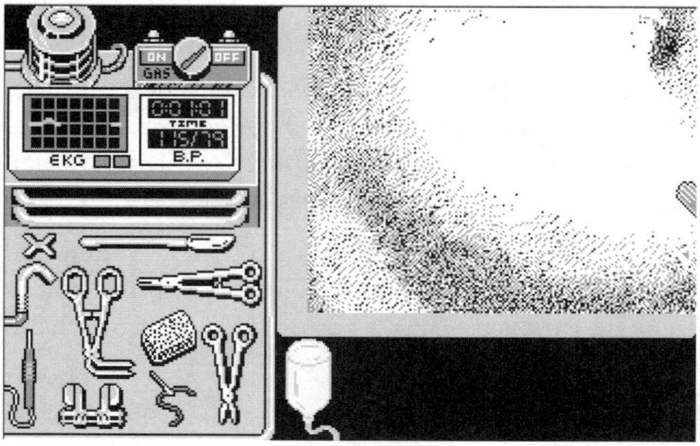

Abb. 1.86: Life and Death (1988)

Solche Konzepte abseits des Mainstream sind heute seltener geworden, die meisten großen Neuerscheinungen kann man am besten beschreiben, indem man sie mit einem bereits bekannten Spiel vergleicht. Neuartiges findet sich vor allem in kleinen Low-Budget-Spielchen.

Erwähnenswert finde ich z. B. solche Merkwürdigkeiten wie Bridge Builder (Pontifex) ein, eine Statik-Simulation, in der man in einer 2D-Seitenansicht eine Stahlgitter-Brücke über ein Gewässer konstruieren muss und dann einen Zug darüber fahren lässt. Wenn die Brücke die Belastung aushält und der Zug unbeschadet auf die andere Seite gelangt, ist der Level geschafft.

Ein besonders innovatives Programm ist Colobot, ein 3D-Strategiespiel, in welchem man Herr über diverse Arbeits-Roboter ist, die man in einer C-ähnlichen Sprache *programmieren* kann! Ich denke, das ist der Beweis, dass auch Programmieren ein Spiel sein kann. Aber obgleich ich die Leute, die solche Ideen realisieren, für Genies, wenn nicht gar Halbgötter, halte, war Colobot kein überragender kommerzieller Erfolg. Die Zahl der Leute, die programmieren können bzw. es in einem Spiel auch wollen, dürfte einfach zu gering sein. Als Lernprogramm wäre es noch eine interessante Sache. Dir, lieber Leser, liebe Leserin, würde ich das Spiel auf jeden Fall empfehlen.

Letztlich ist die Idee hinter Colobot nicht *so* neu. Es gab schon etwas früher Robocode von IBM, das angehenden Entwicklern die Programmiersprache Java schmackhaft machen sollte.

Wie schon oben erwähnt, sind neue Spielideen wirtschaftlich riskant. Die Fortsetzungen erfolgreicher Spiele sind dagegen eine eher sichere Investition. Es sollte daher nicht wundern, wenn neue Konzepte von kleinen Firmen bzw. Hobbyprogrammierern ausgehen, während die großen Konzerne für so etwas nicht mehr zu gebrauchen sind.

Abb. 1.87: Colobot (2001)

Keine Regel ohne Ausnahme. So wurden DIE SIMS vom etablierten SimCity-Produzenten Maxis kreiert. DIE SIMS sind eine *Sozialsimulation*, oder wie immer man dieses neue Genre nennen wird. Man steuert einen Menschen in seiner Wohnung bzw. an seinem Arbeitsplatz und befriedigt seine Bedürfnisse (Essen, Trinken, Schlafen, auf Toilette gehen, Fernsehen usw.) Man kann heiraten, Kinder kriegen, die Wohnung neu tapezieren oder wechseln, und viele andere, im Prinzip gar nicht so furchtbar aufregenden Dinge tun. Aber der Erfolg ist da. Das weltweit meistverkaufte Spiel aller Zeiten.

Im Nachhinein kann man auch durchaus plausibel begründen, warum das Spiel gut ist. Aber wer immer behauptet, den Erfolg *vorhergesehen* zu haben oder vorhersehen zu können, ist ein Angeber. Die Spieleindustrie spielt in dieser Beziehung ein einziges, gigantisches Ratespiel. Und wer zufällig richtig rät, der kriegt den Jackpot. So ist das und nicht anders.

Wenn man sich große Star-Designer ansieht, die für ihre Innovationen gerühmt werden, wird man feststellen, dass sie eigentlich nur *eine einzige* erfolgreiche Innovation in ihrem Leben realisiert haben und danach im Geschäft geblieben sind, indem sie ihr Spielprinzip recycelt haben. Wieder und immer wieder. Und manchmal war selbst die Idee, mit der sie bekannt geworden ist, nicht ihre eigene.

Und so haben natürlich nach dem durchschlagenden Erfolg der SIMS die Add-Ons nicht lange auf sich warten lassen, und ich verwette meinen Kopf, dass es binnen Jahresfrist einen zweiten Teil geben wird, natürlich in schickem 3D. – Wie schon eingangs erwähnt, es ist eine Evolution mit den bekannten Regeln Mutation und Selektion. Die meisten Mutationen sind nachteilig, aber die vorteilhaften erzeugen viele Nachkommen.

1.2.11 Ein paar Internet-Adressen

Mobygames – A Game Documentation and Review Project

Das bislang umfangreichste Verzeichnis von Computerspielen, mit Screenshots, technischen Infos, Reviews und Hintergründen.

`http://www.mobygames.com/`

Home of the Underdogs

Ein Archiv alter Spiele, meistens mit Downloadmöglichkeit.

`http://www.the-underdogs.org/`

History of Video Games

Private Seite mit sehr viel Informationen über die ganz alten Spielautomaten.

`http://www.hut.fi/~eye/videogames/index.html`

Retro-Remakes

Auf dieser Seite finden sich hunderte von Hobbyprojekten, die bekannte Uralt-Spiele fortsetzen bzw. klonen. Teilweise laufen die Projekte noch.

http://retro-remakes.emuunlim.com/index.php

Klone von 80er Arcade-Games für PC

http://www.tripletsrus.com/80s/80s_games/pcgames.htm

Uralt-Spielesysteme und ihre Emulatoren

http://downloadnexus.com/emulators.html
http://www.theoldcomputer.com/
http://www.retrogames.com/
http://www.classicgaming.com/
http://www.game-revolution.com/
http://www.amiga-emulator.de/
http://www.c64.org/
http://www.c64.com/
http://homepages.fh-giessen.de/~hg7582/emu/c64deu.html

id-Software

Die Webseite der berühmten 3D-Shooter-Entwickler.

http://www.idsoftware.com

Einige ihrer älteren 3D-Engines sind inzwischen als Original-Sourcecode erhältlich. Von Wolfenstein3D bis Quake 2 wird man fündig unter

ftp://ftp.idsoftware.com/idstuff/source/

1.3 Allgemeines Gamedesign (PD)

1.3.1 Das Wesen von Computerspielen

1.3.1.1 Was ist ein Spiel?

Natürlich kann man hingehen und sagen, Spiel ist alles, was Spaß macht. Das ist sicher richtig, nützt uns aber wenig, denn Spaß ist nicht so recht zu fassen und Spaß macht vieles. Nur zum Spaß hätte ich hier eine interessante Definition von Spaß:

Spaß ist das Gefühl, dass ein Zeitvertreib Zeit und Mühe wert ist, auch wenn er keinen anderen Nutzen hat, als die Erzeugung eben dieses Gefühls.

Aber lassen wir das besser. Sonst komme ich vielleicht noch auf den dummen Gedanken, Liebe, Seele, Freiheit und Gerechtigkeit zu definieren.

Ich denke, am besten kann man ein Computerspiel über die **Interaktion** definieren: Der Spieler nimmt Einfluss auf das, was auf dem Bildschirm passiert. Das unterscheidet ein Spiel grundsätzlich von einer selbstablaufenden Demo oder einem Film. Wichtig ist dabei, dass man nicht einfach einen Knopf drücken muss, damit es weitergeht, sondern dass man sich zwischen mehreren Möglichkeiten entscheiden kann, die das Geschehen sichtbar beeinflussen.

Sid Meier (für mich ein Genie auf dem Gebiet des Spieldesigns) hat es auf den Punkt gebracht:

WICHTIG

»Ein Spiel ist eine Serie interessanter Entscheidungen«

Darüber muss man vielleicht einen Moment lang nachdenken, aber wenn man es verstanden hat, kann man nur noch zustimmen. Diese Definition ist so wahr und präzise, dass ich dem praktisch nichts mehr hinzuzufügen habe.

Dabei ist sowohl das Wort »Entscheidungen« wie auch das Wort »interessant« auf die Goldwaage zu legen. Ein Spiel ohne Entscheidungen ist kein Spiel und Entscheidungen, die nicht interessant sind, machen keinen Spaß. Im Gegenteil, sie nerven.

So betrachtet ist Spieledesign die Antwort auf die Frage, wie man den Spieler in einen Zustand permanenter interessanter Entscheidungen versetzt. Oder ganz simpel formuliert: »Wie halte ich den Spieler auf Trab, ohne ihn zu langweilen oder zu nerven?«

Der Abschnitt 1.3.2 wird sich mit Beispielen beschäftigen, wie man das Design durch Missachtung dieses Prinzips total versauen kann. Doch vorher noch etwas anderes:

1.3.1.2 Wann ist ein Spiel ein Spiel?

Seltsame Frage, nicht wahr? Es gibt allerdings Leute, die uns mit dieser Frage das Leben schwer machen können, wenn wir ihnen unsere neueste Idee vorstellen: »Sieht ja ganz nett aus«, sagen sie, »aber wo ist denn nun das Spiel?«

Ein Spiel ist für viele nur dann ein Spiel, wenn es eine Aufgabe gibt, die man erfüllen muss, um zu gewinnen. Die englischsprachigen Designer unterscheiden das schon länger: Etwas, womit man ohne Aufgabe frei ‚herumspielen' kann ist ein **Toy** (Spielzeug), und etwas, das man gewinnen kann, ist ein **Game** (Spiel).

Viele Spiele-Design-Bücher und Artikel sagen manchmal deutlich und manchmal indirekt, dass unser Spiel nur dann etwas taugt, wenn es ein Game ist. Und viele Publisher und Spielezeitschriftenredakteure sind ebenfalls dieser Ansicht. Man hat als Spieleentwickler ganz erhebliche Probleme, ein Spiel an den Mann zu bringen, wenn es keine Aufgabe enthält.

Man kann kontern, dass es ziemlich viele bekannte bzw. erfolgreiche Spiele gibt, die kein Ziel haben. Nehmen wir SIMCITY und seine Nachfolger. Man kann an seiner eigenen Stadt bauen und sie managen, aber es gibt kein Ziel, das man erreichen muss, um zu gewinnen. Der Spaß entspringt vorwiegend der ausgelebten Kreativität. (Siehe auch 1.3.3.5)

Auch solche Programme wie CREATURES, in dem man Kobolde züchten und erziehen muss, haben kein Spielziel, keinen Gewinner. Man betreut artifizielles Leben und erfreut sich am Anblick.

Überhaupt sind Simulationen grundsätzlich keine Spiele im Sinne dieser Definition (1.2.5).

1.3.1.3 Verhältnis von Toy zu Game

Nun kann man aus einem Toy relativ einfach ein Game machen, indem man Szenarien hinzupackt. So hat man SIMCITY 2000 ein paar davon spendiert: Lösen sie das Verkehrsproblem, steigern Sie die Einwohnerzahl in 10 Jahren über 10.000 etc. SIMCITY 3000 hatte wieder keine Szenarien mit solchen Aufgaben – und bezog dafür in der Presse ordentlich Prügel. Auch zahlreiche Flugsimulatoren (der Microsoft'sche gerade nicht) enthalten Missionen, wo man in einer bestimmten Zeit ein Ziel erreichen muss, oder im Falle von Kampffliegern Kriegseinsätze mit Luftkämpfen ausfechten soll.

Man könnte jetzt auf den Gedanken kommen:

```
Toy + Szenario = Game
```

Falsch ist das eigentlich auch nicht. Man kann tatsächlich sagen, ein Toy ist die Vorstufe eines Game. Es stellt einem keine Aufgabe, stellt aber die Umgebung und das Zubehör zur Verfügung, sich selbst eine Aufgabe auszudenken. Es macht den Spieler insofern selbst zu einem kleinen Spieledesigner. (Auch Level- und Szenariodesign ist Spieldesign!)

Bei der Entwicklung eines Spiels – und damit ist jetzt nicht nur das Design, sondern auch die technische Umsetzung gemeint – entwickelt man praktisch immer zuerst eine Gameengine (das Toy) und dann das Game. Auch wenn dem Spiel in der Verkaufsversion kein Szenario-Editor beiliegt: Die Entwickler haben ganz sicher einen benutzt. Und da es praktisch nichts kostet, diesen Editor dem Spiel beizulegen, gibt es eigentlich kaum eine Entschuldigung dafür, ihn dem Spieler in der Verkaufsversion vorzuenthalten. Dennoch ist es häufig der Fall. Die übliche Rechtfertigung ist, dass die Editoren zeitsparend programmiert werden, d. h. es sind absturzfreudige, umständlich bis grausam zu bedienende Programme. Daher wäre es schon ein erheblicher Aufwand, diese Editoren so weiterzuentwickeln, dass man sie zusammen mit dem Spiel veröffentlichen könnte. Aber das ist so nicht ganz haltbar. Zum einen sollten die Editoren auch für die armen Mitarbeiter kein

Alptraum sein (siehe Kapitel 4) und zum anderen kann man Hardcore Spielern mehr zumuten, als viele glauben. Selbst der schlechteste Editor ist noch besser als gar keiner. Man muss ihn ja nicht groß bewerben, es reicht, ihn irgendwo in einem versteckten Unterverzeichnis der CD beizulegen.

Wie auch immer, die Entwicklung eines Spiels ist auf jeden Fall bis zu einem gewissen Grad selbst ein Spiel. Ein Compiler kann in den Augen eines Programmierers ein kompliziert zu bedienender Szenario-Editor sein, der dafür jedoch alle Möglichkeiten zulässt, die man sich nur vorstellen kann. Die meisten Programmiersprachen werden bekanntermaßen nicht an professionelle Firmen, sondern an Hobbyprogrammierer verkauft, die damit nie irgendetwas wirtschaftlich Relevantes produzieren, aber mächtig viel Spaß an ihrem Gebastel haben.

So einfach ist es aber dann doch nicht. Eine Gameengine ist noch lange kein Toy. Die Möglichkeit, dass der Spieler damit ‚herumbasteln' bzw. ‚herummachen' kann, muss schon explizit vorgesehen sein, sonst wird das nichts. Oder wüsstest du mit SPACE INVADERS oder TETRIS etwas anderes anzufangen als das, was in der Spielaufgabe vorgesehen ist? Wenn du die Aliens nicht abschießt oder die Steine nicht richtig zusammenbaust, ist das Spiel ganz fix zu Ende. Auch AGE OF EMPIRES ist zum freien Spiel nur begrenzt geeignet. Es wäre durchaus vorstellbar, dass man allein seine Siedlung vor sich hinbaut (auch wenn das ohne Kampf und Sieg natürlich extrem langweilig wäre), allerdings gehen einem sehr bald die Ressourcen aus und dann kann man nicht mehr allzu viel tun.

Das Schlüsselwort heißt **Endlosspiel** oder auch **freies Spiel**. Der Spieler muss die Möglichkeit haben, sich mit dem laufenden Spiel so oft und so lange zu beschäftigen, wie er es will, eventuell sogar ein Sandkastenmodus (s. 1.2.2.3).

So gesehen bieten einem Toys auf der einen Seite weniger (keine Aufgabe), auf der anderen Seite jedoch auch mehr (Endlosspiel). Wobei der Mangel an Aufgaben ganz schnell behoben werden kann, indem man sich ein paar Szenarien einfallen lässt und sie dem Spiel beilegt. Dann hat man beides. Allerdings muss die Game-Engine die Möglichkeit des Gewinnens prinzipiell beinhalten! So werden z. B. SIMCITY 3000 oder TRANSPORT TYCOON selbst mit Szenarien nicht zu Games, denn so etwas wie Aufgaben oder das Gewinnen eines Szenarios sind im Programmcode schlichtweg nicht vorgesehen.

```
Gameengine + Endlosspiel = Toy
Gameengine + Aufgabe = Game
Gameengine + Endlosspiel + Aufgabe = Game + Toy
```

Wie bereits an den Simulationen zu sehen ist, muss ein Toy nicht unbedingt vom »Lego-Typ« (Aufbau-Spiel) sein. Es ist das Endlosspiel, das wesentlich ist. Und das findet sich auch in einem Flugsimulator.

1.3.2 Todsünden der Interaktion

1.3.2.1 Ausarten in Arbeit

Solange der Spieler intellektuell an einer Entscheidung zu knabbern hat, ist das Spiel für ihn spannend. Soll er jetzt besser dieses oder jenes tun? Was bringt den besten Effekt?

Zu einer ermüdenden Beschäftigungstherapie wird alles jedoch, wenn die Entscheidungen keine geistige Arbeit erfordern bzw. keine Relevanz besitzen. Nehmen wir an, der Spieler kann Bogenschützen anheuern, muss aber die Bögen und Pfeile einzeln dazukaufen. Es gibt nie einen Grund, Bogenschützen ohne Ausrüstung zu beschäftigen, also was soll das?

Dies ist nicht zu verwechseln mit einer mangelhaften Spielbalance, wenn manche Spielelemente so vorteilhaft sind, dass es keinen Grund gibt, Alternativen zu verwenden, oder so wenig Vorteile bieten, dass es nie einen Grund gibt, sie zu verwenden. Siehe dazu das Kapitel Balance (1.4.5).

Aktionen ohne Sinn sind häufig ein Problem im Userinterface, das einen durch Menüs oder Schlimmeres scheucht, wo doch ein Rechtsklick oder Tastendruck schon reichen würde (als abschreckendes Beispiel siehe TRESPASSER UI 1.3.5.1), oder aber Aktionen verlangt, die komplett überflüssig sind. Siehe dazu gesondert das Kapitel zum Thema Ergonomie (1.4.3.3).

Ein anderes Mal kann es sein, dass sich der Spieler durchaus zwischen etwas entscheiden muss, das vielleicht sogar einen spielentscheidenden Einfluss hat, aber es ist so aufwändig, dass es den Spaß trotzdem vergällt. Wenn man also für die o.g. Bogenschützen *verschiedene* Bögen kaufen kann, die sich in Preis und Eigenschaften unterscheiden, ist das wieder interessant (macht übrigens den Reiz von Rollenspielen aus). Nicht jedoch, wenn man diesen Vorgang für eine Armee von 1000 Mann durchführen muss. Die genaue Zahl, ab der das den Spieler in den Wahnsinn treibt, gibt es nicht. Es gibt Spieler, die finden das noch bei 100 Mann toll, und solche, die schon bei fünf die Nase rümpfen. Siehe dazu auch die Abschnitte über Hardcore und Casual Gamer (1.3.4.2 und 1.3.4.3). Als Faustregel kann man sich merken: Der Spieler, dem etwas zu aufwändig ist, hat im Zweifelsfalle Recht. – Der kann sich nur dummerweise erst nach der Implementation oder gar erst im Betatest zu Wort melden, und dann ist guter Rat teuer. In Hobbyprojekten hat man praktisch immer die Möglichkeit (wenn auch nicht unbedingt die Lust), sich etwas anderes einfallen zu lassen, in kommerziellen Projekten darf die Lösung selten länger als ein paar Stunden auf sich warten lassen, andernfalls muss es bleiben, wie es ist.

Man kann sich auch in Details verzetteln. Um wieder das Beispiel der Bogenschützen zu nehmen, man stelle sich vor, man müsste sich bei der Auswahl der Bögen auch noch um die Auswahl von verwendetem Holz und Sehnen kümmern, Handwerker zum Bau anheuern, sie bezahlen, ihnen eine Werkstatt und Behausung verschaffen ... – Sich um Details und die Details der Details kümmern zu müssen, nennt man Micromanagement. Auch hier ist die Dosierung entscheidend. In der richtigen Menge würzt es den Spielspaß, zuviel davon tötet den Spielspaß. Hart an der Grenze war THEME PARK, wo man einen Vergnügungspark managt und alles mögliche bis hin zum Salzgehalt der Fritten an den Imbissbuden einstellen kann.

Mitte der 90er konnte man einen deutlichen Trend in Richtung *mehr* feststellen. Nachfolger bzw. Klone von Spielen mussten von allem mehr enthalten. Mehr Einheiten, größere Levels, mehr Gebäude, mehr Einstellmöglichkeiten usw. Das war zunächst auch ganz richtig so. Allerdings stellte man alsbald fest, dass man nicht beliebig weit in diese Richtung gehen kann. Ein sehr tragisches Beispiel ist DESTINY, ein gut gemeinter CIVILIZATION-Klon. Es bot eine 3D-Ansicht sowie Hunderte von Gebäuden, Einheiten und Technologien. Das Ergebnis war nur leider kein Spiel, sondern Arbeit. Bereits optisch erinnerte es mehr an Microsoft Office als an ein Spiel, und in Sachen Zahlenkolonnen stellte es selbst die trockensten deutschen WiSims in den Schatten.

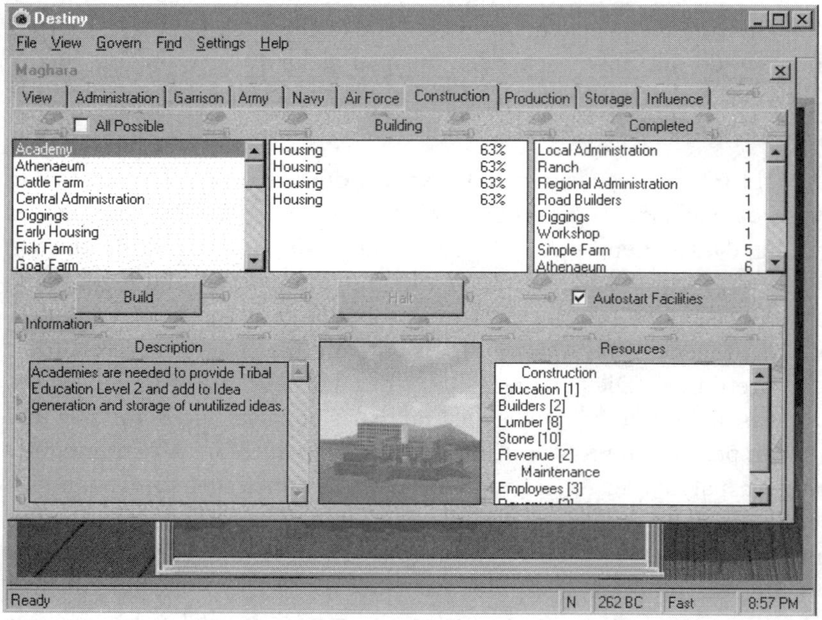

Abb. 1.88: Destiny (1996) – Eines von vielen »Formularen«

Inzwischen ist der Komplexitätsgrad von Spielen wieder deutlich rückläufig, weil die Käuferschaft zunehmend aus sog. »Casual Gamern« besteht, siehe dazu den gleichnamigen Abschnitt (1.3.4.2).

Schwierig wird es für den Designer, wenn sich während des Spielverlaufs der Fokus verschiebt. Entscheidungen/Handlungen, die zu Beginn des Spieles interessant sind, werden im späteren Verlauf lästig. Ein Beispiel für diesen Vorgang ist CIVILIZATION, wo man zu Beginn nur wenige Städte und noch weniger Geld hat und sich sehr genau überlegen muss, was man zuerst baut und wie man die Bevölkerung sinnvoll zuteilt. Später hat man mehrere gut ausgebaute Städte und ihr Micromanagement ist kaum noch entscheidend. Der Spielverlauf konzentriert sich auf das Aufstellen von Armeen, den Ausbau der Landfelder und das Kriegführen. CIVILIZATION ist diesbezüglich hart an der Grenze, aber noch im grünen Bereich, d. h. das Micromanagement macht eher Spaß als Arbeit. Was hier in jedem Fall nützlich ist und von einigen Spielen auch verwirklicht wurde, ist eine Helfer-KI, die dem Spieler auf Wunsch das Micromanagement der Städte bzw. der Siedlereinheiten abnimmt. In vielen Spielen muss man der Helfer-KI für ihre Dienste ein »Gehalt« bezahlen, was zwar realistisch ist, aber eigentlich überflüssig.

Ebenfalls in den Problemkreis »Arbeit« gehören Spiele, in denen der Spieler zu Fuß durch Schauplätze laufen muss, die sehr groß sind, und die Zeit spürbar wird, die man braucht, um von einem Ort des Geschehens zum nächsten zu kommen. Wenn man dann auch noch dieselben Wege wieder zurücklaufen muss, auf denen man gekommen ist, sei es, weil der Ausgang vom Leveldesigner so positioniert wurde oder weil man sich gar verirrt hat, dann wird es langweilig. An diesem Problem litt u.a. der erste TOMB RAIDER.

Wie man so was elegant lösen kann, zeigt uns MYST. Es bot die Möglichkeit, Wege, die man schon einmal gegangen war, beim nächsten Mal per Abkürzungsfunktion zu überspringen. Sehr lobenswert, und dabei kann ich mir eine bestimmte Versuchung der Designer gut vorstellen: »*Wenn wir dem Spieler eine Funktion anbieten, unsere tollen Grafiken zu überspringen, werten wir uns doch selbst ab!*« Dieses Argument ist nicht erfunden, ich habe es bereits von einem halben Dutzend Leuten an einem halben Dutzend Orten gehört. Nicht jeder, der glaubt, etwas von Design zu verstehen, tut es auch.

Auch bemerkenswert, wenngleich wenig beachtet, sind viele Level von 3D-Shootern, in denen sich abschnittsweise Geheimgänge öffnen oder Türen befinden, die nur von einer Seite zu entriegeln sind, und die letztlich Abkürzungen darstellen, um sich nach Besiegen aller Monster schneller durch den Level bewegen zu können.

Eine komplette Katastrophe hingegen ist CLIVE BARKER'S UNDYING, wo ein Designfehler zum Prinzip erhoben wurde: Der Spieler irrt ziellos im zombieverseuchten Herrenhaus umher, in welchem sich zu Beginn des Spieles nur wenige Türen öffnen lassen. Im Spielverlauf werden immer mehr Räume zugänglich, nur muss der Spieler dummerweise selbst herausfinden, welche das sind. Natürlich liegen diese grundsätzlich an entgegengesetzten Enden des Hauses und man sieht es ihnen nicht von Weitem an, ob sie noch verschlossen oder schon offen sind, das wäre ja zu einfach.

Ein Lob hingegen geht an SILENT HILL 2, einem thematisch ähnlichen Spiel, wo man in der Automap eingetragen bekommt, welche Türen schon offen, noch verschlossen oder unpassierbar sind.

1.3.2.2 Überforderung

Beim Ausarten in Arbeit ist der Intellekt eher unterfordert. Überfordern kann man den Spieler auf ebenso viele Arten. In Actionspielen vorwiegend mit Geschwindigkeit und Steuerung, und in Strategie/Denkspielen mit Komplexität. In Echtzeit-Strategiespielen mit allem zusammen.

Wenn in Spielezeitschriften von einem »knackigen Schwierigkeitsgrad« gesprochen wird, ist Überforderung gemeint, nur werden die Herren Götter Redakteure natürlich nicht zugeben, dass sie etwas nicht hinkriegen. Ebenso verbirgt sich hinter dem Ausdruck »fummelige Steuerung« oft nichts anderes als Unwissen über die Funktionsweise des Userinterface (siehe dazu gleichnamigen Abschnitt).

Vielleicht bist du ein guter Spieler, der grundsätzlich nur den höchsten Schwierigkeitsgrad einstellt und auch den noch zu lasch findet. Aber: Nicht jeder ist so schnell und schlau.

Üblicherweise macht man das Spiel leichter gewinnbar, wenn man während des Betatests merkt, dass zu viele Spieler nicht damit zurechtkommen. Das passt aber natürlich wieder den Spielern nicht, die etwas besser sind, also bleibt nur eines: Ein einstellbarer Schwierigkeitsgrad muss her. Wobei auf der einfachsten Stufe auch ein möglichst unerfahrener und ungeschickter Spieler eine Chance haben muss. Ideal ist es, wenn man die eigene Oma als Betatesterin gewinnen kann.

So ein einstellbarer Schwierigkeitsgrad hat allerdings einen Nachteil, und zwar für die Entwickler: Das Spiel muss in allen Schwierigkeitsgraden separat getestet und ausbalanciert werden, da durch das variable Verhalten aus einem Spiel praktisch mehrere verschiedene geworden sind.

Immer sinnvoll ist es hingegen, wenn der Spieler wenigstens die *Spielgeschwindigkeit* seinen Bedürfnissen anpassen kann. Eine gewisse Reaktionsschwäche betrifft nicht nur Spieler ab 30, manche Menschen haben von Natur aus zwei linke Hände und sind auch im Kopf nicht so beweglich.

Unabhängig davon: Lass nie einen Spieler, ob gut oder schlecht, Rechenaufgaben lösen, die über das Addieren und Multiplizieren von zweistelligen Zahlen hinausgehen! Und sorge immer für ausreichende Übersicht – ob man's glaubt oder nicht, viele Spieler sind bereits mit der Orientierung in einer 3D-Umgebung überfordert, siehe dazu auch 1.4.1.2.4: 3D und Kamerasteuerung. Aber auch die Profi-Spieler werden dir für Übersicht danken.

Adventures, bei denen der Schwierigkeitsgrad kaum einstellbar gemacht werden kann (entweder man löst ein Rätsel oder man löst es nicht), sind die Sorgenkinder des Themas Überforderung. Dabei gibt es kaum etwas Schlimmeres als die Situation, in der der Spieler nicht weiß, was er eigentlich als nächstes tun sollte, um weiterzukommen. Er hat bereits alles ausprobiert, was ihm möglich erschien, und nun steht er da.

Na gut, kann man da sagen, es hat sich inzwischen eine ganze Subindustrie entwickelt, die Lösungshandbücher am Kiosk verkauft, und im Internet und in den Spielezeitschriften finden sich auch kostenlose Lösungshilfen. Aber der Stein der Weisen ist das eigentlich nicht. Viel schöner ist es, wenn der Designer daran denkt, dem Spieler Tipps zu geben, wenn es nicht weitergeht.

Gut gelöst ist das z. B. in SHEN MUE, wo man von den anderen Personen, die die Stadt bevölkern, Hinweise bekommt, wie es weitergeht – aber nur, wenn man sie fragt. Und es wird nie sofort alles verraten, d. h. je mehr man fragt, desto mehr wird einem erzählt. Bei einem solchen Ansatz wäre eventuell auch ein Schwierigkeitsgrad denkbar, bei dem es mehr Hilfe gibt, je leichter das Spiel eingestellt ist. Hängen bleiben kann man in einem höheren Schwierigkeitsgrad allerdings immer noch.

Die Radikallösung propagierte ein amerikanischer Designer, als er für Adventure-Rätsel eine »Aufgeben«-Funktion vorschlug, die man als letzten Ausweg verwenden kann, wenn man bei einem Rätsel nicht mehr weiter weiß: Die Spielfigur soll dann vormachen, wie das Rätsel gelöst worden wäre und dann soll es weitergehen. Allerdings ist die Frage berechtigt, inwieweit der Spieler diese Funktion nicht vorschnell gebraucht und das Spiel dann zu einem interaktiven Film degeneriert.

Einen Weg, den man ebenfalls gehen kann ist es, wenn der Spieler das Spiel im einfachsten Schwierigkeitsmodus zwar durchspielen kann, die mittlere Stufe jedoch einige mittelschwere Levels bietet, die die einfache Stufe nicht hatte, und nur auf »schwer« alle Levels verfügbar sind. Ob das eine gute oder schlechte Idee ist, ist schwer zu sagen. Einerseits ist es überhaupt erst mal eine Lösung sowie ein Ansporn, das Spiel noch mal auf einem schwereren Level zu spielen, andererseits sehe ich schon die Proteste der schwächeren Spieler, die sich um einen Teil des Spielinhalts betrogen fühlen.

1.3.2.3 Warten

Sobald nichts passiert und der Spieler warten muss, wird ihm langweilig. Das ist eine Selbstverständlichkeit, sollte man meinen. In ziemlich vielen Spielen passiert aber genau das! Und die Geduld des Spielers ist schneller erschöpft, als man meinen möchte. Zehn Sekunden sind bereits eine Zumutung, und wenn man von Minuten redet, dann hat man ein fettes Problem.

In rundenbasierten Spielen ist man das allerdings fast ein wenig gewohnt: Wenn der Computergegner zieht, dann heißt es erst mal: zugucken und warten. Und bei menschlichen Mitspielern – o Graus! Aber es gibt ja auch Leute, die Computerspiel-Züge per E-Mail austauschen oder Schach per Brief spielen ...

Interessant gelöst hatte diese Warterei CONQUEST OF THE NEW WORLD, wo man – während die Computergegner ihre Züge machten – eine Art Magazin lesen konnte, das Anekdoten und interessante Fakten aus dem Amerika der Entdeckerzeit enthielt. Jedes mal andere. Aus der gesamten Textmenge hätte man ein kleines Sachbuch machen können.

Eine sehr elegante Lösung ist auch, dass jeder Spieler seine Befehle zur gleichen Zeit eingeben kann. Warten muss man dann nur noch auf den langsamsten Spieler. Dies setzt allerdings voraus, dass während man dran ist, noch nichts passiert, d. h. bestimmte Spiele wie z. B. CIVILIZATION, wo man seine Figuren sofort bewegen und andere angreifen kann, sind für diese Lösung nicht tauglich, außer man ändert etwas am grundlegenden Spielprinzip.

Man möchte meinen, Echtzeit-Strategiespiele hätten dieses Problem nicht, aber – von wegen! Mir fallen auf Anhieb eine ganze Menge Spiele ein, u.a. DIE SIEDLER oder DIE STERNENFAHRER VON CATAN, wo man nach ein paar anfänglichen Instruktionen erst mal eine Zeit lang warten durfte, bis es wieder etwas zu tun gab. Das Problem betrifft vorwiegend die Startphase, in der man noch wenig Rohstoffe hat und daher nicht viel tun kann.

Eine sehr einfache Funktion, die hier zum Einsatz kommen kann, ist der Zeitraffer! Ich frage mich, wieso es immer noch Spiele gibt, die keinen Zeitraffer-Button haben. So wie man das Spiel langsamer stellen können muss (s.o.) muss man es auch schneller stellen können!

Manchmal ist Warten unerlässlich, so z. B. beim Laden/Speichern des Spielstandes, dem Generieren von Zufallskarten etc. Hier ist es ganz essentiell, den Spieler wenigstens durch einen Fortschrittsbalken darüber in Kenntnis zu setzen: a) wie lange es noch dauert, b) dass der Rechner nicht abgestürzt ist. Wenn ihr das vergesst, wird euer Spiel vielleicht nie gespielt werden, weil der Spieler, statt brav zu warten, schon nach wenigen Sekunden den Reset-Knopf drückt, um neu zu booten. Luxus, aber ein sehr dankbarer, ist es, dem Spieler während der Wartezeit ein paar Gimmicks anzubieten: Animationen, witzige Texte, was auch immer. Dafür darf das Laden dann auch 10-20% länger dauern, Zeitwahrnehmung ist äußerst subjektiv.

In BALDUR'S GATE 2 wurden während des Wartens Tipps eingeblendet.

Für manche Spieler sind auch Intro und Zwischensequenzen überflüssige Warterei, siehe dazu das gesonderte Kapitel 1.4.7.

1.3.2.4 Zufall und Unlogik

Zufall wird grundsätzlich verwendet, um Spiele weniger berechenbar zu machen. Das kann durchaus die Spannung steigern, wenn man ihn sinnvoll einsetzt. Zu viel davon ist allerdings Gift, denn der Zufall entzieht dem Spieler den Zusammenhang zwischen den Spielregeln, seinen Entscheidungen und dem Endergebnis. Mit anderen Worten, er vermindert seinen Einfluss auf das Spielgeschehen und damit die lebenswichtige Interaktivität.

Ein weiterer Grund, Zufall in einem Spiel zu verwenden, ist es, Speicherplatz bzw. Programmierarbeit zu sparen. Der Zeitpunkt, in dem mich der Computergegner angreift oder irgendwelche Monsterhorden meine Stadt belagern, kann festgelegt sein, sich aus komplexen Berechnungen ergeben – oder man missbraucht einfach den Zufallsgenerator dafür. Wenn ich einen Bogenschützen habe, und ich will nicht, dass er immer trifft, dann werde ich kaum anfangen, den Seitenwind und den Sonnenstand einzurechnen oder die Möglichkeit, dass ihm ein Staubkorn ins Auge fliegt. Ich sage einfach, er hat eine Trefferchance von 90%, und gut ist's.

Solange der Spieler den Gebrauch des Zufalls nicht merkt, geht das auch alles in Ordnung. Viele Dinge des Lebens sind nicht exakt vorhersagbar, daher fällt es auch kaum auf, wenn die Antwort eines Computergegners auf meine Tributforderung vom Zufall geprägt ist oder wenn ich mit meinem Helden eine Höhle betrete und Anzahl und Stärke der darin enthaltenen Monster erst dann und nicht vorher per Zufallsgenerator berechnet werden.

Schlecht ist es allerdings, wenn der Zufall a) vom Spieler als »unlogisches Ergebnis« bemerkt wird oder b) die Spielbalance durcheinanderbringt oder c) nicht reproduzierbar ist.

1.3.2.4.1 *Zufall als unlogisches Ergebnis*

Programmierer werden oft in Versuchung geführt, KI durch Zufall zu ersetzen. Das Ergebnis sind chaotisch handelnde Computergegner, die sowohl dumm als auch unglaubwürdig sind. Wenn ich einem Gegner ein Bündnis anbiete oder sonstige diplomatische Aktionen vornehme, erwarte ich nicht 100% vorhersagbare Ergebnisse, aber die Antwort muss schon in einem Zusammenhang stehen mit dem, was gerade los ist, wie er sich »fühlt« und was für einen Grundcharakter er hat. Am deutlichsten wurde dies in DEADLOCK, wo die Computergegner nie auch nur versehentlich etwas Sinnvolles von sich gaben.

Ebenfalls schlecht ist, wenn Kämpfe zu sehr auf Zufallsbasis ausgefochten werden. Das bekannteste Beispiel hierfür ist CIVILIZATION, wo es leider zu häufig vorkam, dass eine schwache Einheit eine sehr viel stärkere Einheit besiegte, besonders krass im Fall Phalanx gegen Jagdbomber. So was ärgert den Spieler.

1.3.2.4.2 *Zufall als Gefährdung der Spielbalance*

Jede noch so gute Spielbalance geht zum Teufel, wenn zufällige Ereignisse bzw. Ergebnisse das Gewinnen des Spiels mehr von Glück als von den Entscheidungen des Spielers anhängig machen. Manche Spiele bauen zum Teil auf Glück auf, wie z. B. alle würfelbasierenden Brettspiele, aber das mathematisch-statistische »Gesetz der großen Zahl« gibt jedem Spieler im Endergebnis in etwa dieselbe Chance und die Spiele sind auch so konzipiert, dass ein einziger besonders glücklicher oder unglücklicher Wurf nicht gleich über das ganze Spiel entscheidet.

Ganz anders ist das bei einigen Computerspielen oder auch nur unglücklich designten Levels. Schon wieder muss ich CIVILIZATION aus der Kiste kramen. Es ist zwar ein Kultspiel, aber in Sachen Zufall und Spielbalance eine Fundgrube an Beispielen, wie man es eigentlich nicht machen darf: Also, da gab es ja diese Hütten, in denen man relativ unterschiedliche Inhalte finden konnte: Gold, Technologien oder gar eine komplette neue Stadt. Aber auch Barbaren. Wenn ich gleich zu Spielbeginn zwei Städte gefunden habe, hatte ich den Sieg schon praktisch in der Tasche, stieß ich hingegen auf ein Barbarennest, konnte ich neu starten.

Gut fand ich es, dass in SIMCITY bzw. CÄSAR zufällig Brände, Aufstände etc. ausbrechen konnten, aber nur dann, wenn ich zu wenig Feuerwehren bzw. Polizeistationen gebaut hatte. Damit konnte ich sie nämlich verhindern.

Siehe dazu auch das die Kapitel Spielbalance (1.4.5.1) und Zufallskarte (1.4.5.2).

1.3.2.4.3 Zufälliger (nicht reproduzierbarer) Zufall

Eine goldene Regel für den Spieledesigner und Programmierer ist: wenn schon Zufall, dann in Form einer Funktion, die für identische Ausgangsparameter dasselbe Ergebnis zurückliefert. Ein solcher Zufall ist zwar kein »echter« Zufall mehr, aber wenn man die Berechnungsformel seltsam genug macht, ist das Ergebnis für ein menschliches Wesen (Spieler) nicht davon zu unterscheiden.

Das ist nicht nur aus technischen Gründen wichtig (siehe Kapitel Multiplayer und Debugging), sondern auch für den Spieler: Wenn der Programmierer echten Zufall benutzt, kann der Spieler die Mutter aller Cheats anwenden: Er speichert den Spielstand vor einer kritischen Aktion und lädt ihn dann so lange neu, bis alles so klappt wie gewünscht: Meine Armee hat den Kampf verloren? Kein Problem, versuchen wir es noch mal. Das kann aus dem Ruder laufen und der Spieler ist am Ende nur noch mit Speichern/Laden beschäftigt, statt zu spielen.

Ganz sicher der FALSCHE Weg, dieses Problem in den Griff zu bekommen ist, das Spielspeichern zu behindern (siehe auch 1.4.8.2). Richtig hingegen ist es, entweder einen berechneten Zufall zu implementieren oder ganz auf Zufall zu verzichten. Den ersteren Weg geht nun CIVILIZATION 3, da hilft Neuladen des Spielstandes nicht mehr. Allerdings gibt es noch andere Tricks, mit denen man das Programm betrügen kann, z. B. eine Runde mit der Aktion zu warten.

Eine sehr interessante »Lösung« bot übrigens TRANSPORT TYCOON, wo nach dem Willen des Designers immer mal wieder Flugzeuge des Spielers ohne Grund abstürzen mussten. Der Zeitpunkt, zu dem festgelegt wurde »dieses Flugzeug wird bei der nächsten Landung abstürzen«, fand wesentlich früher statt als das Ereignis selbst. Wenn der Spieler also auf einen gespeicherten Spielstand zurückgriff, stürzte das Flugzeug trotzdem ab. Und wenn er es auf einen anderen Flughafen umlenkte, stürzte es eben dort ab. – Genervt hat es mich trotzdem, da ich nichts für oder gegen diese Abstürze tun konnte: Verletzung der Regel 1.3.2.4.2.

1.3.2.4.4 *Unlogik*

Unlogik liegt dann vor, wenn das Ergebnis nicht auf Zufall basiert, aber trotzdem Schwachsinn ist. Warum fällt mir nur schon wieder CIVILIZATION ein? Ihr denkt am Ende noch, ich hätte was gegen dieses geniale Spiel. Na, egal. Ich weiß nur, dass es mich immer aufgeregt hat, wenn ein militärisch vollkommen am Boden liegender Computergegner mir mit Vernichtung drohte.

Ansonsten ist Unlogik etwas, worunter vornehmlich Adventures leiden, und das dem Problem der Überforderung sehr ähnlich ist. Nur ist Unlogik noch schlimmer. Während bei Überforderung die Lösung eines Rätsels einfach nur ultraschwer ist, ist sie bei Unlogik überhaupt nicht anders als durch Glück bzw. Herumprobieren zu finden, eben weil sie unlogisch ist.

So muss vielleicht einen Korkenzieher repariert werden, dazu braucht man Blasebalg, Feuerhaken – und ein Entchen. Oder ein Höllenhund aus Lava kann nur von einer Senf schießenden Kanone unschädlich gemacht werden (die Logik liegt im Wortspiel »Hot Dog«). Oder man braucht zur Inbetriebnahme eines Apparates einen Affen, den man im Fischladen kaufen kann, sofern man den Fischhändler auf seine Glatze anspricht. Bis man auf solche Ideen kommt, kann Zeit vergehen – wenn man denn überhaupt auf sie kommt.

Wobei man auch hier sagen muss: Es kommt auf die Umstände an. Als eines der besten Adventures aller Zeiten gilt immer noch DAY OF THE TENTACLE (1993). Ganz gleich, ob es galt, frierenden Hamstern passende Pullis zu organisieren oder herauszufinden, mit wie vielen Münzen man einen Waschautomaten füttern kann – kein Rätsel war zu krank und keine Lösung zu unlogisch, um hier nicht vorzukommen. Allerdings war das ganze Spiel vollkommen abgedreht und irre, so dass in dieser Umgebung das Unlogische doch wieder logisch sein konnte. Es ist in den Kritiken mehrfach positiv angemerkt worden, dass die Rätsel lösbar waren, ohne das Lösungsbuch oder sonstige fremde Hilfe in Anspruch zu nehmen.

1.3.2.4.5 *Pseudo-Unlogik*

Nur ganz kurz angerissen seien die Fälle, in denen alles seine Richtigkeit hat, der Spieler aber dennoch das Gefühl hat, etwas liefe falsch.

In den meisten Fällen liegt das daran, dass der Spieler eine oder mehrere Regeln des Spiels nicht kennt oder nicht verstanden hat. Und im schlimmsten Fall auch gar nicht fähig ist, sie zu verstehen. Ob das die Schuld des Designers oder der Spielers ist, die ja bekanntlich im Durchschnitt immer dümmer werden, darüber kann man diskutieren. Das Endergebnis ist allerdings dasselbe: Das Spiel ist nicht beliebt.

Falls du dich dazu entschließt, Abhilfe zu schaffen, gibt es zwei Wege: entweder das Spiel zu vereinfachen oder das Hilfesystem auszubauen. Ersteres ist nicht immer möglich, letzteres macht Arbeit.

Ich sollte noch erwähnen, dass Unlogik wesentlich besser vom Spieler toleriert wird, wenn er einen Vorteil davon hat, während jede Art von unverstandener *Behinderung* zu Hassgefühlen führen kann.

WICHTIG

Wenn der Spieler ein Problem im Spiel bekommt bzw. benachteiligt wird, muss er immer sich selbst die Schuld geben und die Möglichkeit haben, es besser zu machen. Alles andere verursacht Ablehnung gegenüber dem Spiel.

1.3.3 Wodurch wird ein Spiel Sucht erzeugend?

1.3.3.1 Das Thema ist nur wenig erforscht

Häufiger als man denkt, hängt ein Spieler stundenlang vor einem Computerspiel und kann sich nicht losreißen. Nur noch ein Viertelstündchen, nur noch dieser eine Level – und wenn er beim nächsten Mal wieder auf die Uhr sieht, sind mehrere Stunden vergangen.

Ist es eine Frage der Spielerpersönlichkeit oder des Spieles, ob so eine Situation zustande kommt? Wohl beides, allerdings ist der Spieler eher für einen Psychologen interessant, während der Spieledesigner sich mehr für die Eigenschaften des Spiels interessiert.

Es gibt definitiv Spiele, die den Spieler so fesseln, dass er die Zeit vergisst, und vor denen bereits die Spielemagazine »warnen«, dass sie einem den Schlaf kosten werden. Spiele wie CIVILIZATION oder DIABLO. Und wer wünscht sich nicht, der Autor eines solchen Suchtspiels zu sein? Immerhin kann es ja kaum ein größeres Lob geben.

Suchtspiel und kommerzieller Erfolg sind nicht ganz dasselbe, aber sie liegen dicht beieinander. Trotzdem, so fürchte ich, gibt es leider keine wissenschaftlichen Untersuchungen dazu. Falls die Industrie so was jemals gemacht haben sollte, ist es nicht öffentlich zugänglich. Wenn man recherchiert, findet man kiloweise Artikel über Spielsucht und Psychologie, aber über das, was ich hier analysieren will, findet man nichts. Aber auch wirklich gar nichts!

Ich baue in meinen Überlegungen daher auf das, was ich so in der Öffentlichkeit zusammentragen konnte, das sind Reviews, Leserbriefe, Diskussionsforen, Newsgroups und sonstige Äußerungen zu süchtig machenden Spielen. Auch ich selbst spiele die Spiele, die angeblich süchtig machen, bedeutend häufiger und intensiver, es muss also was dran sein.

1.3.3.2 Spieler neugierig halten

Neues ist aufregend, Bekanntes hingegen langweilig. Wenn du es schaffst, dass der Spieler ständig das Gefühl hat, noch nicht alles gesehen zu haben, kannst du auf diesem Gebiet schon mal einiges an Suchtpotenzial herausholen.

Dieses Gefühl kann man allerdings nur dann erzeugen, wenn man erstens viel Abwechslung zu bieten hat und zweitens die Neuheiten fein dosiert. Überhäuft man den Spieler zu schnell, geht auch entsprechend schnell die Munition aus; darüber hinaus besteht die Gefahr, einen Anfangswiderstand zu erzeugen (siehe 1.2.9). Kommt hingegen zu selten etwas Neues, denkt der Spieler, es gebe gar nichts Neues mehr, obwohl das vielleicht gar nicht stimmt. Ideal ist eine »logarithmische« Dosierung, d. h. die Abstände, in denen der Spieler etwas Neues entdeckt, sind anfangs kurz und werden im Spielverlauf immer ein bisschen länger. Wenn es dem Spieler auch nur einmal passiert, dass er etwas Neues findet, wenn er schon nicht mehr damit rechnet, wird er ein Vertrauen entwickeln, dass, auch wenn er schon lange nichts Neues mehr gesehen hat, dies keinesfalls bedeutet, dass wirklich nichts Neues mehr kommt.

In DIABLO war ausreichend Abwechslung garantiert durch die unglaubliche Menge an verschiedenen Gegnern, Gegenständen und Zaubersprüchen, und auch die logarithmische Dosierung war gegeben. Zu Beginn fand man recht schnell Truhen mit Gold und einigen Standard-Waffen. Darüber hinaus gab es aber auch Gegenstände, die nur selten vorkamen und daher auch nur hin und wieder gefunden wurden. Ihre Zahl war jedoch so enorm, dass man auch noch nach Wochen Dinge finden konnte, die man nicht kannte.

Ach ja, nur der Vollständigkeit halber: Neben der logarithmischen Dosierung ist auch das Prinzip der Steigerung wichtig. Das heißt, spätere Neuheiten sollten »mehr wert« sein als frühere. Wenn man gleich zu Beginn die Zauberwaffe findet, mit der man alle Monster platt kriegt, interessieren einen andere Artefakte nicht mehr. Aber das wusstest du sicher auch schon, oder?

Wichtig sind in Bezug auf Abwechslung auch wechselnde Schauplätze. Allein die unterschiedliche Struktur der Wände in einem neuen Raum bzw. Level kann Grund genug sein, auf den nächsten gespannt zu sein. Wenn der Schauplatz eine Landkarte ist (CIVILIZATION, AGE OF EMPIRES etc.), hat sich das Prinzip der Erkundung bewährt: Zu Spielbeginn ist der Löwenanteil der Karte schwarz abgedeckt, erst nach und nach werden die Regionen sichtbar, in die man eine Einheit schickt. Was liegt hinter dem Unbekannten? Wo ist die Küste? Wo der Feind? Wo sind die kostbaren Ressourcen? Was liegt in dem schwarzen Fleck?

Spiele, die aus vordesignten Levels bestehen, laufen aus den vorgenannten Gründen Gefahr, schlagartig uninteressant zu werden, wenn man erst einmal alle Level durchgespielt hat. Man kennt sie ja dann.

Bis dieser Punkt erreicht ist, dauert es unterschiedlich lange. Bei manchen Spielen nur 12 Stunden, bei anderen 12 Wochen. Letzteres gilt besonders für Adventures, die an Umfang immer weiter zunehmen. Einige sind so gewaltig, dass sogar der Autor, der alle Feinheiten kennt, Tage braucht, um sie testweise durchzuspielen. Entsprechend lange braucht man allerdings auch, diese Welten zu entwickeln.

Um dem Spieler mit weniger Aufwand für eine lange Zeit immer Neues bieten zu können, kommt man nicht daran vorbei, das Spiel so zu designen, dass es immer anders ist, sooft man es neu beginnt. Spiele, die sich jedes Mal anders präsentieren und anders ablaufen, können das Gefühl des Neuen immer wieder ausnutzen. Das Zauberwort heißt Zufallskarte.

Wer nun denkt, Zufallskarten gäbe es nur für Strategiespiele, den verweise ich auf DIABLO. Und wie süchtig DIABLO macht, muss wohl nicht näher erläutert werden.

Und schließlich und endlich sollte man das Nächstliegende nicht vergessen: Man kann dem Spieler in Text, Sprachausgabe oder Handbuch schon im Voraus andeuten bzw. mitteilen, das er hier und da noch dieses und jenes geheimnisvolle Etwas, die tolle Waffe, den harten Supergegner finden wird. Solange er diese nicht gefunden hat, wird er sie natürlich suchen. Und je geheimnisvoller, toller oder härter die Ankündigung, desto hartnäckiger ist der Spieler.

Die Story ist da übrigens ein interessantes Werkzeug, das man für diese Zwecke einspannen kann. In UNREAL z. B. findet der Spieler Hinweise bzw. Aufzeichnungen, dass außer ihm noch ein anderer Spieler auf dem Planeten herumläuft, und mit jedem Level scheint man ihm näher zu kommen. Man trifft ihn auch schließlich, leider ist er schon tot, was etwas enttäuschend ist, aber der Weg bis dahin ist ungeheuer motivierend.

Auch kann man im Handbuch schon mal alle Gegner inklusive kleiner Abbildung vorstellen – DOOM, QUAKE etc. tun dies – und im Spiel dann nach nicht allzu langer Zeit einen Gegner einbringen, der *nicht* beschrieben wurde. Wenn man solche Tricks anwendet, bringt man viele Spieler dazu, ewig nach Dingen zu suchen, die es nur *vielleicht* gibt.

1.3.3.3 Frust als Motivation

Das muss doch zu schaffen sein! Und wieder starte ich dieses unglaublich hässliche, primitive Shareware-Spiel, in dem ich mit viereckigen Vierecken eine Brücke von einem Bildschirmrand zum anderen bauen muss. Und wieder ist die KI schlauer als ich. Verdammt, noch ein letztes Mal ...

Frust in Maßen ist ein hoher Motivationsfaktor. Etwas nicht zu schaffen, packt den Spieler bei seiner Ehre und seinem Trotz und lässt ihn sein Glück immer wieder neu versuchen.

Jaja, ich weiß natürlich noch, was ich zum Thema Überforderung in 1.3.2.2 gesagt habe. Deswegen auch Frust in *Maßen* und nicht in *Massen*. Ein ganz wichtiger Knackpunkt ist nämlich, dass der Spieler unbedingt den Eindruck haben muss, dass er es beim nächsten Anlauf schaffen kann. Wenn er diesen Eindruck nicht hat, versucht er es gar nicht erst.

Den Eindruck der Schaffbarkeit herzustellen ist indes nicht leicht. Im Prinzip geht das nur dadurch, wenn der Spieler bereits ein paar Aufgaben bewältigt hat, die auf den ersten Blick sehr schwer wirkten, und er – auch wenn er es nicht schafft – dem Ziel doch bei jedem Versuch spürbar näher kommt. Mit anderen Worten: Das Ziel muss absehbar sein. Es darf nicht in zu weiter Ferne hängen, es muss ganz nahe erscheinen und es muss den Spieler ärgern, dass er so kurz vor dem Ziel ist und den letzten Teil nicht schafft.

Im Bereich des Jump'n Run ist das einigermaßen einfach, wenn es sich z. B. um einen Level mit zehn kleinen Schwierigkeiten handelt, die sich ähnlich sind. Wenn der Spieler den Sprung auf die erste wackelige Plattform schafft, gibt es keinen Grund, die restlichen neun nicht auch zu schaffen, außer den, dass man für einen Moment die Konzentration verliert. Trotzdem schafft man vielleicht zuerst nur drei hintereinander, bevor man stirbt und neu anfangen muss. Beim zweiten Anlauf vielleicht sogar schon fünf, beim dritten sechs, dann sieben, acht – und dann schafft man lange Zeit nur sechs, weil die Konzentrationsfähigkeit verbraucht ist. Der Spieler legt das Spiel jetzt vielleicht beiseite, aber es wird ihn wahrscheinlich nicht in Ruhe lassen, denn er hat schon acht geschafft, und der Rest ist doch nichts weiter als noch zwei. Und dann kramt er es wieder heraus und versucht es wieder. Und wieder. Und wieder.

Dem kann man als Designer nachhelfen, indem man den Schwierigkeitsgrad beim ersten Versuch ein klein wenig senkt, so dass der Spieler beim ersten Mal schon weiter kommt als beim zweiten Versuch.

Wobei man eines unbedingt im Auge behalten sollte: Es muss für den Spieler auch wirklich zu schaffen *sein*! Sonst begibt man sich als Designer auf das Niveau der Münzautomaten in Kneipen und Spielhallen, die darauf ausgelegt sind, dass man damit kein Geld machen kann. Leute, die danach süchtig werden und ihr Vermögen verlieren, werden immer wieder frustriert, aber sie leben im unerschütterlichen Glauben, den »Trick« endlich herausgefunden zu haben und bei nächster Gelegenheit den Jackpot zu knacken. Dass es gar keinen Trick gibt, ist ihnen nicht klar.

1.3.3.4 Der Sammeltrieb des Spielers

Es heißt, dem Menschen sei der Sammeltrieb angeboren, und erklärt wird das mit unserer Abstammung vom Urmenschen, der Jäger und Sammler war. Da es zur Zeit keine bessere Erklärung gibt, warum so viele Leute sich dem Sammeln irgendwelcher obskurer Gegenstände widmen, um sie sich dann ins Regal zu stellen, begnügen wir uns mit dieser.

Was Computerspiele angeht, so findet sich sowohl der Sammeltrieb als auch seine Befriedigung überall wieder. Sogar in der primitivsten Form von Jump 'n Runs gibt es in den Leveln irgendwas einzusammeln: Herzen, Goldbarren, Energiepillen. In den 3D-Shootern sind es Waffen, Munition und Sondergegenstände. Noch extremer in Rollenspielen (auch hier tut sich DIABLO wieder besonders hervor). In Strategiespielen schließlich kann man alles Mögliche anhäufen: militärische Einheiten, Landfelder, Städte, Technologien, Gebäude.

Eine besondere Freude hat der Spieler daran, wenn er seine »Schätze« in angemessener Form ansehen kann, (siehe auch Kapitel 1.4.3.6.1), und da bitte ich gut aufzupassen, denn auch das Gegenteil ist gültig: Texte sowie Zahlen sind langweilig! Dass z. B. in CIVILIZATION Geld, Einwohner, Arbeit etc. nicht als Zahlen, sondern als Symbole dargestellt sind, trägt zur Spielatmosphäre ganz entscheidend bei. Auch, dass es eine Stadtansicht gibt, bei der die Häuserzahl die Einwohnerstärke wiedergibt. Das genaue Gegenteil ist DESTINY mit seinen grauen Formularen.

Erwähnenswert ist an dieser Stelle noch POKÉMON, zwar »nur« ein Nintendo-Gameboy-Spiel, aber was für eines! Es geht darum, übernatürliche Tiere mit Spezialfähigkeiten (Pokémon halt) zu suchen, einzufangen und zum Kampf zu trainieren. Es gibt in dem Spiel 150 verschiedene Pokémon, und ich kenne niemanden, der es bislang geschafft hätte, überhaupt alle zu Gesicht zu bekommen. Das Spiel befriedigt sowohl die Neugier als auch den Sammeltrieb (Werbeslogan: »Schnapp sie dir alle«) und den Frustfaktor (Was man endlich entdeckt, kann man mitnichten auch gleich einfangen!). Und der Suchtfaktor ist mit Worten kaum zu beschreiben, man muss ihn erleben – allerdings nur, sofern man in den nächsten Wochen nichts Wichtiges zu tun hat.

1.3.3.5 Highscores und Ranglisten

Heute spielen Highscores keine so große Rolle mehr wie zur Zeit der öffentlichen Münzautomaten, aber ganz verschwunden ist ihre Bedeutung noch nicht. Die Motivation ist es, der Beste zu sein, zumindest besser als die Freunde und Bekannten, mit denen man das Spiel spielt. Wenn nicht der Beste, so doch wenigstens nicht der Schlechteste. Daraus ergibt sich, dass das vornehmlich für Multiplayerspiele gilt. Zu praktisch jedem Multiplayerspiel gibt es Institutionen, die sich mit der Bewertung von Spielern befassen, sei es als Rangliste oder als Punktesystem. Und das wirkt!

up ...

Das heißt nun nicht, dass Highscores für Singleplayer überflüssig wären. Ein paar Prozent der Spieler fühlen sich durchaus motiviert, das Spiel ein zweites Mal durchzuspielen, um auszuprobieren, ob sich ihre Erfahrung, die sie gewonnen haben, beim zweiten Mal als besseres Ergebnis bezahlt macht. Besonders pfiffig ist hier wieder CIVILIZATION (nein, eigentlich *alle* Sid-Meier-Spiele), in dem neben der Endwertung in Prozent auch eine menschliche Bewertung stattfindet (»wertlos«, »weise«, »prächtig« etc., je nach Ergebnis), was auch neugierig macht, wie denn die nächstbeste Wertung wohl heißen mag.

1.3.3.6 Raum für Kreativität

Kreativ sein ist nicht jedermanns Sache, aber viele Spieler haben eine Neigung zum »Basteln«. Sie lieben es, Dinge zu planen, zu bauen und dann ihrem Funktionieren zuzusehen. Eine typisch deutsche Manifestation dieses Triebes ist die Modelleisenbahn. Man sollte sich hüten, dieses Thema auf Deutschland und die Modelleisenbahn zu reduzieren, die Amerikaner sind z. B. viel »kreativere« Spieler als die Deutschen (siehe Spielertypen), aber hier finden sich zwei essentielle Aspekte:

1. Es werden Hunderte von Arbeitsstunden in Details versenkt.
2. Die Modellbahn ist niemals »fertig«, der Weg ist das Ziel (Bauen, Basteln).

Bei Computerspielen entsprechen dem am ehesten die in 1.3.1 beschriebenen Spiele ohne Spielziel (Toys). Paradebeispiele sind SIMCITY und TRANSPORT TYCOON, zum Teil auch CIVILIZATION. Ihnen gemeinsam ist die Erschaffung von Welten nach eigenen Vorstellungen.

Aus dem Rahmen aber dennoch in diese Kategorie fällt auch DIE SIMS, die ich schon in 1.2.10 erwähnt habe. Auch dieses Spiel hat kein Ziel und kein Ende.

Dieser Aspekt hängt natürlich sehr stark von der Spielerpersönlichkeit ab, und »Modellbahner« werden sogar in Kriegsspielen wie COMMAND & CONQUER und WARCRAFT versuchen, ihre Basen nicht nur nach strategischen, sondern auch ästhetischen Gesichtspunkten auszubauen. Allerdings gibt es einige Dinge, die zu beachten sind, wenn man diese Gruppe von Spielern für sich gewinnen will:

- **Viele verschiedene »Bauelemente«**: Der Spieler will etwas bauen, also gib ihm bitteschön die erforderlichen Bausteine: In SIMCITY sind es Straßen und Häuser, in TRANSPORT TYCOON Schienen, Straßen, Signale und Brücken, in CIVILIZATION Städte, Straßen und Bewässerungsanlagen. Und von allem gib reichlich! Auf die Frage »wie viel« gibt es hier nur eine Antwort: »mehr«! Es ist auch gar nicht wichtig, dass alles seine strategisch wichtige Bedeutung hat. Nur keine Scheu vor Objekten, die sich praktisch nur grafisch voneinander unterscheiden oder spielerisch nichts bringen. SIMCITY hatte nicht nur endlos viele technisch identische Häuser, die aber anders aussahen, es gab auch immer Sondergebäude ohne jeglichen Sinn, die nur gut aussahen und sonst nichts.

- **Realismus (soweit möglich):** Modellbahner haben einen Hang zu Vorbildern und Originaltreue. Sie freuen sich, wenn die Dinge im Spiel so aussehen und heißen und funktionieren wie die Originale – und ärgern sich, wenn es nicht der Fall ist. Natürlich ist der Designer eines Fantasy-Spiels von dieser Verpflichtung weitestgehend entbunden (nicht völlig!). Wobei es interessanterweise nicht allzu viele Fantasy-Aufbauspiele gibt. Na ja, SIMCITY und TRANSPORT TYCOON kann man mit Elfen und Zwergen nicht gut realisieren. Siehe zu diesem Thema auch 1.3.5.2.

1.3.4 Spielertypen

1.3.4.1 Zielgruppe definieren

Zielgruppe ist ein schönes Modewort aus dem Big Business. Dahinter verbirgt sich die Überlegung, dass es verschiedene Kategorien von Menschen gibt, die mein Produkt nicht alle gleich gut finden.

In der Spieleindustrie ist es ganz selbstverständlich, dass der Spieldesigner versucht, eine möglichst große Zielgruppe anzusprechen und keine allzu exotischen Ideen einbaut, welche diese potenziellen Käufer abschrecken könnten. Obwohl vom kaufmännischen Standpunkt her nichts gegen diese Vorgehensweise eingewandt werden kann, ist sie letztlich unerfreulich, denn es werden auf diese Weise immer nur dieselben Leute zufrieden gestellt. Außerdem ist das Ergebnis in der Praxis häufig ein ziemlich langweiliges Produkt, dem man ansehen kann, dass die Entwickler sich nichts Neues trauten.

Das andere Extrem ist der Hobbyprogrammierer, den die Meinung anderer nur dann interessiert, wenn sie mit seiner Meinung übereinstimmt. Das Ergebnis ist in der Regel ein Spiel, das einen äußerst geringen Fankreis hat, schlimmstenfalls nur eine Person: den Schöpfer.

Du musst dir über eines klar sein, und das ist, dass man es nie allen Leuten recht machen kann. Egal, welche Mühe man sich gibt. Und du musst dir darüber klar werden, für wen du dein Spiel machst. Machst du es in erster Linie für dich selbst, kannst du diesen Abschnitt überspringen. Aber es ist wahrscheinlicher, dass du für deine Ideen und deine Arbeit gelobt werden willst. Eventuell willst du damit sogar Geld verdienen bzw. einen Job in der Spieleindustrie finden. Dann kommst du um Gedanken an (d)eine Zielgruppe nicht herum.

Nun ist das leicht gesagt, aber wie definiert man eine Zielgruppe? Nun, in der Regel tut man das über ähnliche Spiele, die schon erfolgreich auf dem Markt sind: »Unser Spiel spricht alle an, die SYSTEM SHOCK gemocht haben.« Oder »Wer RAILROAD TYCOON gut fand, wird auch unser Spiel gut finden.«

Eine ganz grundlegende Einteilung der Spieler allerdings ist die in »Casual« und »Hardcore«. Mir ist klar dass das Klischees sind, aber sie existieren wirklich. Und sie haben unterschiedliche Bedürfnisse.

1.3.4.2 Der Casual Gamer

Der Casual Gamer, zu Deutsch Gelegenheitsspieler, macht den größten Teil des Marktes aus. Sein Hauptkennzeichen: Computerspiele sind für ihn nur ein kurzfristiger Zeitvertreib von vielen. Wenn er eines spielt, geht es ihm darum, es möglichst schnell zu gewinnen, und sich dann einer anderen Beschäftigung zuzuwenden. Für ihn kann man ein Spiel eigentlich gar nicht einfach genug machen. Unterforderung tritt erst kurz oberhalb des interaktiven Films auf.

Der Casual Gamer verzeiht logische Mängel in einem Spiel eher als optische, und er macht sich auch nicht allzu viele Gedanken darum, wenn das Spiel nur zehn Level oder weniger hat, wenn es dafür auch nur 15 Euro kostet. Er hat eh nicht vor, sich mit dem Spiel lange und intensiv auseinander zu setzen, die Grenze zu Arbeit und Überforderung ist bei ihm empfindlich schnell überschritten.

Ein weiteres Merkmal ist, dass er keine Handbücher liest und es auch gar nicht mag, dort nachschlagen zu müssen, um das Spiel bedienen zu können. Technische Kenntnisse, die über die Installation eines Programms via InstallShield® hinausgehen, darf man sowieso nicht voraussetzen, die meisten Casual Gamer rekrutieren sich aus Personen, die von Computern nur sehr wenig Ahnung haben. In den Optionen des Spiels brauchen daher auch keine exotischen Wahlmöglichkeiten wie z. B. Texturkompression oder die kHz-Zahl für Soundeffekte aufzutauchen.

Die Dominanz dieses Spielertyps findet sich in der massenhaften Produktion und dem großen Erfolg einiger relativ primitiver Spiele wieder. Wobei es natürlich nicht ausreicht, ein Spiel primitiv zu machen, das war ja nur ein Punkt von vielen in der ganzen Aufzählung.

Man könnte auf die Idee kommen, der C.G. bevorzuge Actionspiele und Echtzeitstrategiespiele, während ihn Aufbauspiele, rundenbasierte Spielen oder gar Rollenspiele vergraulen. Aber das ist nicht richtig. Es kommt einzig darauf an, wie viel »Arbeit« ein Spiel macht und vor allem: Wie viel man dabei nachdenken muss.

1.3.4.3 Der Hardcore Gamer

Ist in so ziemlich allen Punkten das Gegenteil des C.G.: Der H.G. setzt sich sehr viel intensiver mit dem Spiel auseinander, und wenn es ihm gefällt, spielt er es auch ausgesprochen lange. Er fordert eine gute Spielbalance und ärgert sich sowohl über logische Fehler als auch über zu kurze Spiele. Optik ist eher zweitrangig, veraltete Grafik wird eher toleriert als Patzer im Gameplay. Optionen und Features kann es für ihn gar nicht genug geben, und er liebt es, mit Gleichgesinnten selbst gemachte Szenarien zu tauschen.

Es gibt wesentlich weniger H.G. als C.G., allerdings findet ein gut gemachtes Hardcore-Spiel durchaus auch seine Käufer, und wenn es ein Erfolg wird, dann in der Regel ein längerfristiger.

Spieledesigner können selbst Hardcore Gamer oder Casual Gamer sein, in beiden Fällen werden sie vorwiegend Spiele für ihresgleichen machen wollen.

Es ist leider praktisch unmöglich, ein Spiel so hinzukriegen, dass es sowohl den C.G. als auch den H.G. anspricht. Dafür sind die Bedürfnisse beider Gruppen zu unterschiedlich. Das ist eine Entscheidung, die beim Spieldesign getroffen werden muss. Und man tut gut daran, keine faulen Kompromisse zu versuchen. Spiele, die teils-teils sind, werden nämlich von *beiden* Gruppen abgelehnt.

1.3.4.4 Der »deutsche Spielertyp« und seine Vorlieben

Im deutschsprachigen Großraum (also Deutschland, Österreich und die Schweiz) entwickelt sich die Computerspieleindustrie ein wenig anders als in den Urländern in Übersee. Was am etwas anderen Geschmack liegt. Interessanterweise ist es nicht betreffend der Story und der Schauplätze. Da lieben auch die Deutschen englische Namen und US-Städte. Es ist tatsächlich eher Design und Stil.

Die deutschen Produktionen haben häufiger comichaft bzw. spielzeugartig aussehende Charaktere und Gebäude. »Knuddelfaktor« nennt sich das. Ausgenommen sind da Rollenspiele, da wäre es nun wirklich fehl am Platze. Auch gibt es einen Hang zur Selbstironie, d. h. die Spieleentwickler nehmen sich bzw. das Spiel nicht so ernst.

Was das Design angeht, so ist der typische deutsche Spieler ein Massenkonsument, der ein Spiel am liebsten möglichst schnell gewinnt und sich dann das nächste vornimmt. Auf Realismus und Details achtet er nicht gar so sehr, dafür fehlt ihm häufig einfach die Muße.

Ein kleines Problem haben allerdings deutsche Spiele-Entwickler: Sie möchten unbedingt intellektuell sein, bzw. sie glauben, mit weniger ernsthaftem Anspruch auch weniger wert zu sein. Das andere Extrem ist die Neigung, alles nachahmen zu wollen, was aus den USA kommt. Im Guten wie leider auch im Schlechten. Aber dies nur so als persönliche Nebenbemerkung.

1.3.4.5 Der »amerikanische Spielertyp« und seine Vorlieben

Gleich vorneweg, ich muss gestehen, dass ich selbst von diesem Typ bin und daher möglicherweise nicht objektiv darüber schreiben kann.

In Amerika (und England) ist das Thema Fantasy auch vertreten, jedoch noch viel stärker Science-Fiction und historischer Realismus. Das wird mit einem gewissen Ernst und Selbstverständnis betrieben, man käme nie auf die Idee, in einem Strategiespiel um historische Schlachten Figuren comichaft darzustellen. Auch Sci-Fi und Fantasy sind kein Kinderkram, für den man sich »schämen« muss, Augenzwinkern überflüssig.

Designmäßig sind die Spiele in der Regel auf Langzeitmotivation ausgerichtet. Die Amerikaner beschäftigen sich viel länger und viel intensiver mit ihren Spielen und lesen nicht nur das Handbuch deutlich häufiger, sondern verlangen auch die Offenlegung der Details der Spielmechanik: Tabellen mit Werten oder die exakte Erklärung, wie Kämpfe ausgerechnet werden, oder wie viele Felder groß ein Einzugsbereich ist etc.

1.3.4.6 Werden Spieler immer dümmer?

Diese Frage taucht immer häufiger in den Diskussionsforen der Spiele-Entwickler auf. Selten als eigenes Thema, aber sehr häufig in Nebensätzen und Einzelbeiträgen.

Fakt ist, dass die Komplexität von Spielen (Spieltiefe, siehe 1.4.2.2) in den letzten Jahren abgenommen hat. Manche begründen dies mit der Pisastudie, wobei man sich auch ohne den internationalen Vergleich Sorgen machen sollte, wenn die meisten Jugendlichen nicht wissen, was das Kürzel »SPD« eigentlich bedeutet, und Diabetes für einen jüdischen Feiertag halten.

Aber sehen wir nicht unbedingt so schwarz. Schon bei den alten Griechen hat die ältere Generation die jüngere für dumm und verzogen gehalten und den Untergang des Abendlandes prophezeit, und daran hat sich bis heute nichts geändert.

Es ist wohl eher so, dass der PC-Spielemarkt zunehmend vom Casual Gamer bestimmt wird (der Konsolenmarkt war es schon immer, aber das ist eine andere Geschichte). Aber nicht, weil die Hardcore Gamer aussterben, sondern, weil die Casual Gamer sich vermehren.

In den letzten Jahren ist die Zahl der Computerbenutzer sprunghaft angestiegen. Ein Grund dafür sind sicherlich die ins Bodenlose fallenden Hardwarepreise, noch viel wichtiger aber ist die ungeheure Vereinfachung in der Bedienung, die uns Microsoft seit dem Erscheinen von WINDOWS 95 beschert hat. Die Folge ist, dass der heutige Computerbesitzer im Durchschnitt tatsächlich »dümmer« ist als noch 1994 (man möge mir den Ausdruck verzeihen, ist nicht wertend gemeint). Und es gibt zwischen dem technischen Verständnis für den PC und den Spielgewohnheiten den Zusammenhang, dass wer in der Lage war, seine CONFIG.SYS und AUTOEXEC.BAT zu konfigurieren, auch einen höheren intellektuellen Anspruch an seine Spiele stellte. Die absolute Zahl der »PC-Intellektuellen« ist keineswegs kleiner geworden, aber das Interesse der Spieleindustrie hat sich halt dem lukrativeren Markt zugewandt und pumpt ihre Millionen Dollar bzw. Euro in die Entwicklung von Spielen mit der neuesten Grafik-Technologie statt in die Spieltiefe zu investieren. So wie damals ist es auch heute noch möglich, mit Hardcore-Spielen Erfolg zu haben und Geld zu machen, wie das Beispiel von BAHN zeigt (s. 1.4.1.1). Man muss sich lediglich damit abfinden, dass die Zielgruppe genau so klein ist wie 1994 und die Produktionskosten ebenfalls das Niveau aus dieser Zeit nicht überschreiten dürfen (siehe dazu auch das Thema Entwicklungskosten im Management-Kapitel dieses Buches).

1.3.5 Realismus in Computerspielen

Eine immer wiederkehrende Frage im Designprozess ist: mehr oder weniger Realismus? Es gibt jedoch keine eindeutigen Antworten, nur Entscheidungen.

1.3.5.1 Wann wir weniger Realismus brauchen

In vieler Hinsicht ist man als Spieldesigner kompromisslos gezwungen, die Realität außen vor zu lassen, weil sonst das Spiel unspielbar wird oder gar nicht erst programmiert werden kann. Man kann in RAILROAD TYCOON in zwei Jahrhunderten ein Eisenbahnimperium aufbauen. Schön, nur welcher Spieler sitzt so lange vor dem Monitor? Er würde doch nicht einmal die 5 Jahre warten wollen, die der Bau einer Burg in AGE OF EMPIRES dauern müsste. Oder die 6 Wochen für den Bau einer Kaserne. Man kann New York mit Washington verbinden. Schön, nur in welchen RAM-Baustein passt eine Karte, die alle Gebäude und jeden Baum der beiden Orte und des dazwischen liegenden Geländes aufnehmen kann?

Das Problem ist dabei nicht die absolute Zahl, sondern dass man auch die *Relationen* nicht einhalten kann. Größenverhältnisse, Zeitverhältnisse. In CIVILIZATION hantiert man mit Siedlern, Schiffen, Straßen, Städten – noch nicht mal annähernd kann man hier irgendwelche Größenverhältnisse real abbilden. Entweder wird dann etwas zu groß oder etwas zu klein. Auch die Zeit: Es dauert 100 Jahre, um meine Legion vom Entstehungsort bis zum Einsatzziel wandern zu lassen, in der Zeit wird das Schießpulver und der Buchdruck entdeckt. Letzten Endes kann man in einem Spiel wie RAILROAD TYCOON noch nicht einmal die realen Frachtpreise und Kapazitäten der im Spiel vorkommenden Maschinen im Spiel verwenden, weil das die Spielbalance völlig ruinieren würde. Und wie muss ein Tag-Nacht-Wechsel aussehen, wenn ein Jahr im Spiel nur 1 Minute dauert?

Ein gewisser Grad an Abstraktion ist auch notwendig, um Dinge unterscheiden zu können bzw. die Übersicht zu behalten. Es wäre reichlich verwirrend, wenn z. B. in RAILROAD TYCOON jedes Kohlebergwerk ein eigenständiges Aussehen hätte. Und es ist sehr nützlich, dass in CIVILIZATION alle Bürger gleich aussehen und Unzufriedenheit sich in einer anderen Hemdfarbe äußert. CIVILIZATION 3 hat da für die grafische Opulenz (Unterscheidung Mann/Frau/Nationalität) bereits Übersichtlichkeit geopfert, anstelle der Farben muss man nun auf den Gesichtsausdruck achten.

Realismus kann auch in anderer Hinsicht nach hinten losgehen. So z. B. in der Simulation des menschlichen Körpers bei 3D-Shootern. TRESPASSER hat ein wunderschönes Physikmodell, und man hat als Spieler einen wunderschönen rechten Arm im Bild, mit dem man Dinge greifen und bedienen kann. Ich kann es bis heute nicht fassen, dass das durch die Qualitätskontrolle des Publishers gelangen konnte, dieses »Feature« ist einfach nur grausam und hat das Spiel den Erfolg gekostet.

Es ist doch so, dass wir in der realen Welt nie darüber nachdenken müssen, wie wir laufen, greifen und Knöpfe drücken. Wir müssen nicht darüber nachdenken, welche Muskeln wir jetzt bewegen müssen, oder welcher Finger oder welches Bein als Nächstes dran ist, um eine Bewegung zu vollführen. Wir tun es einfach. Insofern ist QUAKE wesentlich realistischer, wenn ich Gegenstände aufhebe, indem ich einfach über sie drüberlaufe. Oder RETURN TO CASTLE WOLFENSTEIN, wenn ich Türen öffne, indem ich eine Taste drücke. In TRESPASSER werden diese Banalitäten jedoch zum Spiel im Spiel, und ein äußerst fummeliges noch dazu. Den Höhepunkt findet das Grauen, als man vor einer Schreibmaschine steht und die Tasten durch Bewegen des Armes drücken muss. Viel einfacher – und jawohl: auch realistischer – wäre es gewesen, den Spieler dies durch Bedienen der vor ihm liegenden realen Tastatur seines Computers tun zu lassen.

Ich habe erst kürzlich im Usenet einen Freak getroffen, der meinte, wie toll es wäre, wenn in den 3D-Shootern der Lidschlag der Augen durch kurze Bildaussetzer repräsentiert würde. Nein! Großer Gott! Nein! Der Spieler erledigt das doch bereits selbst mit seinen echten Augen, und sein Gehirn filtert den Vorgang aus seinem Bewusstsein! Genauso wie Herzschlag und Atmung. Das fehlte gerade noch, diese Elemente in einem Spiel ertragen zu müssen, davon würde jeder Spieler in den Wahnsinn getrieben werden.

1.3.5.2 Wann wir mehr Realismus brauchen

Die Antwort könnte lauten: Immer, wenn es dem Gameplay nicht schadet und die Umsetzung technisch möglich ist. Es fragt sich allerdings, wann es dem Gameplay nicht schadet. Das ist nämlich nicht immer so eindeutig wie die obigen Beispiele.

Nehmen wir z. B. Simulationen. Es gibt Menschen, die sich z. B. mit irgendwelchen Waffen oder Fahrzeugen sehr gut auskennen und dies in der jeweiligen Simulation gefälligst wiederfinden wollen. Die überwiegende Mehrheit allerdings (Casual Gamer) möchte nur mal ein wenig fliegen und ballern, und das sollte nicht zu kompliziert sein.

Die Antwort lautet also: Es hängt vom Spieler ab. Genauer gesagt von seinem Wissensstand. Zum Glück der Werbe- und Unterhaltungsindustrie ist der Bildungsstand des Durchschnittsbürgers relativ niedrig angesiedelt und man kann ihm ziemlich viel zumuten, bevor er protestiert. Bei weitem nicht alles, aber doch so einiges. Andererseits jedoch musst du damit rechnen, dass er sich in dem Themenbereich, zu dem er ein Computerspiel kauft, vielleicht überdurchschnittlich auskennt. Stichwort Modelleisenbahner (siehe 1.3.3.6) oder Fahrzeugkenner (s.o.).

Ich stelle immer wieder fest, dass mich vor allem in Kinofilmen einige unrealistische Dinge auf die Palme bringen, an denen sich andere kaum stören. Sei es in MATRIX, wo Menschen als Batterien benutzt werden, oder in Science-Fiction-Filmen, wenn man im luftleeren Weltall Triebwerke brüllen und Laserschüsse zischen hört. Oder wenn in SPECIES ein Organismus in Sekundenschnelle aus einer Zelle zu einem riesigen Tintenfisch heranwächst. Dazu muss man schon kein Experte mehr sein, da hebt schon der gesunde Menschenverstand den Zeigefinger.

Realismus bedeutet Aufwand. Je weniger wir uns als Designer mit dem Thema beschäftigen, desto unrealistischer wird das Spiel ganz automatisch. Wir müssen uns daher im Klaren sein, für *wen* wir das Spiel machen und wie viel Aufwand wir für angemessen halten. Wenn du unentschlossen bleibst, wirst du vielleicht alle Spieler zugleich vergraulen.

Es war bezeichnenderweise ein Eisenbahner, der mich mal bat, in 3DTT dem Spieler die Möglichkeit zu geben, den Eisenbahnen minutengenaue Fahrpläne zu verpassen. Das hätte ihm vielleicht tatsächlich Spaß gemacht, weil er sich damit auskennt, und es für ihn unvorstellbar ist, dass es in einem Spiel anders sein sollte, als in der ihm vertrauten Realität seines Berufes. Allerdings kann ich mir weiß Gott nicht vorstellen, wem das sonst hätte Spaß machen sollen.

1.3.5.3 Standardisierte Unrealismen

Einige unrealistische Dinge sind durch Bücher, Film und Fernsehen bzw. Computerspiele so alltäglich geworden, dass man gar nicht erst auf die Idee kommt sie zu hinterfragen, wenn sie einem begegnen. Deswegen kann man sie bedenkenlos in unbegrenzter Menge verwenden. Die Geräusche im Weltraum habe ich schon erwähnt, es gibt aber noch viel mehr:

- Wer erschossen/erstochen wird, fällt sofort tot um. Außer wichtigen Personen, die sterben erst nach einigen tiefschürfenden letzten Sätzen in den Armen des Helden.
- In 3D-Shootern kann man mehrfach angeschossen werden, ohne kampfunfähig zu werden oder gar zu sterben, und man kann seine Verletzungen mit Medipacks und Hühnerbrust in Sekundenbruchteilen wieder heilen.
- Wo Elfen sind, sind auch Zwerge, Trolle und Zauberer nicht weit. Zwerge haben Bärte und arbeiten viel, Elfen haben spitze Ohren und sind gute Bogenschützen.
- Raumschiffe können mit Überlichtgeschwindigkeit fliegen.
- Teleportation.
- Zauberei benötigt Mana (was auch immer das eigentlich sein soll, das biblische Wüstenbrot hat wahrscheinlich Pate für den Namen gestanden).

Diese Liste ließe sich noch ziemlich lange fortsetzen, aber ich denke, du hast den Kern erfasst. Manche dieser Standards sind sogar so fest in unserer Kultur eingebrannt, dass es schon wieder als Regelverletzung gilt, es anders zu machen! Ein Film oder Spiel, in welchem Raumschiffe realistisch ohne jegliche Geräusche durchs Alls fliegen (wo keine Luft, da kein Schall), würde wahrscheinlich ausgebuht werden.

1.3.5.4 Technische Limits

Am Rande sei bemerkt, dass manche Realismen, so wünschenswert sie auch wären, technisch nicht realisierbar sind.

Idealerweise würde z. B. die Simulation einer Stadt wie in SimCity, Mobility oder Transport Tycoon erfordern, dass das System einzelne Personen verwaltet. Dies ist jedoch aus Speicher- und Performancegründen nicht möglich. Man ist genötigt, Vereinfachungen vorzunehmen. Das gleiche gilt für die Größe und Komplexität von RPG-Welten. Auch hier bestätigen Ausnahmen die Regel, so z. B. in TROPICO, wo tatsächlich jeder Insel-Einwohner einzeln simuliert wird.

Aber auch der visuelle Bereich stößt schnell an Limits. So sind wir trotz GeForce 3 von der Darstellung realistischer Landschaften in Spielen derzeit noch sehr weit entfernt. Und ganz besonders schlecht steht es um die Darstellung von allem, was flüssig bzw. gasförmig ist. Auch Spuren im Schnee und Einschusslöcher in den Wänden werden zum erheblichen Problem, sobald verlangt wird, dass sie nicht nach einer Zeit wieder verschwinden.

Und zu guter Letzt ist die realistische Simulation von Personen bzw. ihres Verhaltens beim derzeitigen Stand der Technik nicht möglich. Dieses Problem ist eng verknüpft mit dem Problem der KI-Forschung.

1.4 Die Grundelemente von Computerspielen (PD)

Ein Computerspiel wird in der Regel bewertet nach seinen technischen Eigenschaften sowie dem Spielspaß.

Für eine Design-Analyse kann man »Spielspaß« allerdings wegen der Schwammigkeit des Begriffes nicht verwenden. Hier ist es sinnvoller, ein Spiel nach seinen funktionellen Komponenten zu beurteilen, und da gibt es gemeinhin sieben Bestandteile:

1. Grafik (1.4.1)
2. Sound (1.4.4)
3. Gameplay (1.4.2)
4. Userinterface (1.4.3)
5. Künstliche Intelligenz (3.8)
6. Story (1.4.6)
7. »Zubehör«; alles, was nicht direkt mit dem Spiel zu tun hat (1.4.7)

1.4.1 Grafik

1.4.1.1 Der Stellenwert der Grafik

Wenn man eine Umfrage macht, was denn das wichtigste Element eines Computerspieles sei, sind die Top-Antworten Gameplay und Story. Grafik sei weniger wichtig, so lautet es überwiegend. Ob das aber auch wirklich so ist, ist nicht so leicht zu entscheiden. Fakt ist jedenfalls, dass einerseits die Entwickler mehr und mehr auf 3D setzen und dabei einen ungeheuren Aufwand mit der Grafik treiben, und andererseits Spielemagazine die Grafik deutlich in ihre Spielbewertungen mit einbeziehen. Als wenn eine schlechte Grafik den Spieler hindern würde, Spaß zu haben. Spiele mit toller Grafik ziehen sofort Aufmerksamkeit auf sich, und wer einen Publisher sucht, hat umso bessere Chancen, je bessere Grafik er vorzuweisen hat.

Wobei ich ausdrücklich betonen möchte: »Besser« ist nicht gleichbedeutend mit 3D. 3D verlangt zwar einen ganz erheblichen Mehraufwand gegenüber 2D und bietet dafür auch das größere Potenzial, aber ein schönes 2D-Spiel ist einem hässlichen 3D-Spiel optisch sehr wohl überlegen. Siehe dazu auch 1.4.1.2.

Ich unterscheide in der Qualität von Grafik vier Stufen:

- **Mega-Grafik**: Grafik, bei der jedem die Kinnlade runterfällt. Kannst du sowieso nicht, das kann nur John Carmack[1], also vergiss es gleich wieder.
- **Solide Grafik**: Die Standard-Grafik kommerzieller Spiele mit Standard-Effekten. Fällt weder angenehm noch unangenehm auf.
- **Lieblose Grafik**: Kommerzielle Grafik, die jedoch wegen Detailarmut und veralteter Technologie unangenehm auffällt. Ist in letzter Zeit sehr in Mode gekommen, Gott sei's geklagt.
- **Programmierer-Grafik**: Das, was üblicherweise herauskommt, wenn der Hobby-Programmierer sich als Grafiker versucht. Sicheres Kennzeichen eines nicht-kommerziellen Spiels.

Natürlich sind diese Kategorien nicht statisch, sondern zeitabhängig. 1993 fiel DOOM in die Kategorie Mega-Grafik, 1995 war es nur noch Solide, nach 1996 Lieblos und wer *heute* ein Spiel macht, das so aussieht wie DOOM 1993, der muss sich den Ausdruck Programmierer-Grafik gefallen lassen.

Bleibt noch die Frage: Wollen auch die Spieler von Grafik verwöhnt werden oder ist es nur die Eitelkeit der Entwickler und der Anspruch der Publisher? Die Frage kann leider kaum eindeutig geklärt werden. Ein Blick auf die Verkaufszahlen ist jedoch verdächtig: Unter den Toptiteln ist kein einziges Spiel, von dem man sagen könnte, es würde wirklich schlecht aussehen. Hässliche Grafik ist praktisch nur bei den Flops vertreten.

Insgesamt spricht das dafür, dass gute Grafik zwar noch kein gutes Spiel ausmacht, aber schlechte Grafik eine schwere Behinderung darstellt.

Das ist plausibel, wenn man bedenkt, dass die Grafik das erste ist, was man an einem Spiel zur Kenntnis nimmt – und im Falle von Screenshots auch lange Zeit das einzige. Und es ist nun mal so, dass wir einem Spiel, das gut aussieht, auch eher ein gutes Gameplay zutrauen. Keiner käme auf die Idee, dass hinter einem hässlichen Spiel ein gutes Gameplay stecken muss. Schließlich kann Hässliches jeder Idiot machen. Und wenn wir schon die Katze im Sack kaufen müssen, weil wir das Gameplay nicht im Voraus beurteilen können, dann soll es wenigstens ein schöner Sack sein.

1 John Carmack: Chefprogrammierer von id-Software.

Es gibt natürlich einige Spiele, die trotz veralteter bzw. praktisch nicht vorhandener Grafik eine treue Fangemeinde haben. So ein Spiel ist NETHACK, ein Action-Adventure-RPG aus den 70ern. Man kann sich das vorstellen als eine Art DIABLO mit ASCII-Grafik (Textmodus). Das ist sogar noch unterhalb von Programmierer-Grafik, hässlicher und primitiver geht's wirklich nicht. Allerdings ist dafür das Gameplay extrem anspruchsvoll, da die Programmierer für fast jede Situation, die einem als Spieler passieren kann, einen logischen Verlauf programmiert haben (»They thought of everything«).

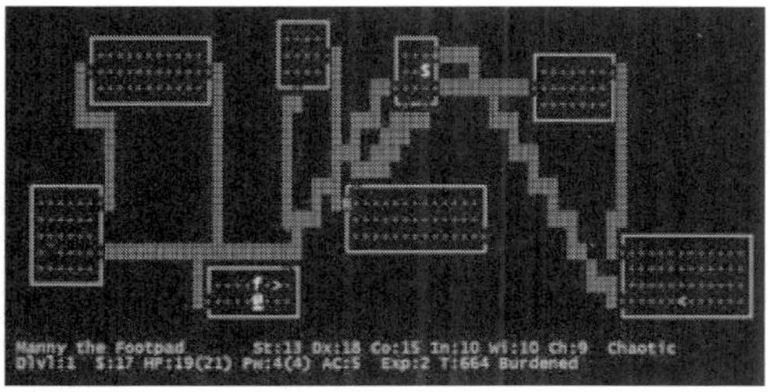

Abb. 1.89: Nethack (197x)

Ein weiteres Spiel in dieser Kategorie ist BAHN, eine Verkehrs-Simulation mit Schwerpunkt auf Zügen und Fahrplänen. Es besitzt eine gewaltige Spieltiefe und kann ungeheuer große Welten verwalten, aber die Grafik ist irgendwo auf dem Niveau von Anfang der 90er Jahre stehen geblieben. Dennoch: BAHN hat den Hobbyprojekt-Status verlassen und ist inzwischen Shareware – der Autor bestreitet davon seinen Lebensunterhalt. Es gibt bis zum heutigen Tag regelmäßig neue Versionen, wobei jedoch eine neue Grafikengine definitiv nicht geplant ist.

Abb. 1.90: Bahn (1992-2002)

Ist das nun der Beweis, dass Grafik doch nicht so wichtig ist? Die Antwort ist ein entschiedenes Jein!

Wer versucht, ein Spiel wie NETHACK oder BAHN für 40 Euro bei Media Markt zu verkaufen, den erwartet bestenfalls ein psychiatrisches Gutachten. Wer auf dem Massenmarkt mitmischen oder in die professionelle Spieleindustrie einsteigen will, kommt an zeitgemäßer Grafik nicht vorbei.

Als Hobbyprogrammierer ist man jedoch an gewisse Regeln des Marktes nicht gebunden. Sowohl BAHN als auch NETHACK sind nie dafür konzipiert worden, große Verkaufszahlen zu erzielen, sondern Nischenprodukte von Leuten, die Spaß daran haben, Spiele zu entwickeln und eine Vision haben. Wer in dieser Hinsicht am Ball bleibt (sowohl NETHACK als auch BAHN werden trotz ihres Alters immer noch weiterentwickelt), findet früher oder später seine Fangemeinde – auch wenn dies zum Teil Jahre dauern kann. Die würde sich im Falle einer Verbesserung der Grafik wahrscheinlich auch gar nicht wesentlich vergrößern.

Wenn du nicht jahrelang warten willst, solltest du mindestens ‚Lieblose Grafik' erreichen. Das allerdings geht nur, wenn jemand mit künstlerischem Talent im Team ist. Andernfalls ist der Fall von vorneherein hoffnungslos. Programmierer-Grafik hat seinen Namen nicht aus Zufall erhalten.

1.4.1.2 2D gegen 3D

Eine Frage, die sich schon sehr früh stellt ist: Soll mein Spiel 2D oder 3D werden? Aber die Antwort ist gar nicht so eindeutig, weil auch die Frage nicht eindeutig ist. Was bedeutet eigentlich 2D und 3D für ein *Spiel?* Es ist nämlich nicht nur die grafische Darstellung. Aber die Auflösung des Rätsels folgt erst im übernächsten Abschnitt. Erst ein paar Worte zur grafischen Darstellung.

1.4.1.2.1 2D-Grafik, 3D-Grafik

In 2D-Spielen besteht die Grafik aus »vorgemalten« Bildern, so genannten *Bitmaps.* Nicht in einen Topf zu werfen mit dem BMP-Dateiformat von Windows. Bitmaps sind einfach Bilder, die aus Pixeln bestehen. Auch JPG, GIF und TIF (und wie sie alle heißen) sind demnach Bitmaps.

Die Bitmaps sind wie LEGO-Bausteine und können in (theoretisch) unendlicher Zahl miteinander kombiniert werden, um mit ihnen den Bildschirm zu füllen. Über viele Jahre war dies das bevorzugte Grafikprinzip für felderbasierte Spiele, in denen die Felder bzw. Kacheln üblicherweise aus solchen Bitmaps bestehen. Wenn man den Inhalt der Felder von schräg oben zeichnet und die Felder selbst überlappend anordnet, erhält man die so genannte *isometrische Grafik,* die einen gewissen 3D-Eindruck besitzt. Spiele mit isometrischer Grafik (»Iso-Spiele«) wurden in den Anfängen dieser Technik oft enthusiastisch als 3D bezeichnet. Unberechtigterweise, denn es sind nach wie vor nur Bitmaps. Rautenförmig und überlappend, aber Bitmaps.

Richtige 3D-Grafik verwendet als Grundbaustein keine fertigen Bilder, sondern *Zahlen*. Koordinaten, Vektoren, Mathematik pur! Während ich in 2D ein bereits fertiges Bild von einem Haus zur Verfügung habe, das ich nur noch an einer bestimmten Position auf dem Bildschirm ausgeben muss, habe ich in 3D nur Raumkoordinaten, die das Haus mathematisch beschreiben, und das Programm muss das Bild des Hauses zur Laufzeit aus diesen Daten berechnen, bevor es das Bild auf dem Bildschirm darstellen kann.

Der Hauptvorteil dieser Methode ist, dass ich mir das Haus von allen Seiten ansehen kann: von oben, von der Seite, von der anderen Seite, von unten – sogar von *innen!* Mit einem fertigen Bild eines Hauses geht so etwas bekanntermaßen nicht.

Ein weiterer, häufig übersehener Vorteil ist, dass das Haus an wechselnden Positionen auf dem Bildschirm immer *perspektivisch korrekt* abgebildet werden kann. D. h. auch wenn ich es mir gar nicht von einer anderen Seite ansehen will, sondern nur scrolle, verschiebt sich der Fluchtpunkt dynamisch. Ich glaube, das stelle ich besser durch eine Abbildung dar:

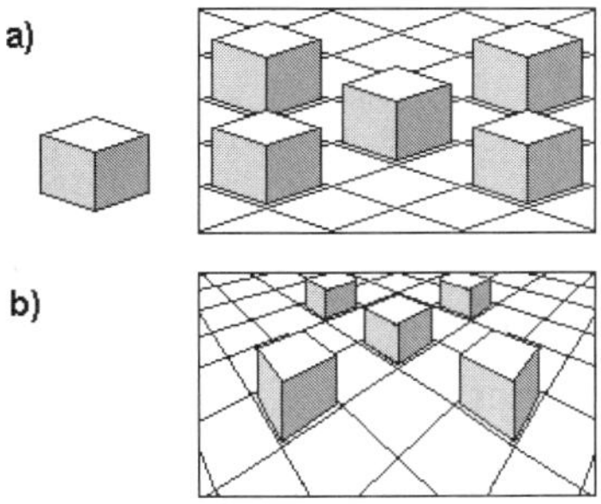

Abb. 1.91: Isometrische (a) und perspektivische (b) Darstellung einer Gruppe von fünf Würfeln.

In dieser Abbildung ist eine Gruppe von fünf Würfeln zu sehen, einmal isometrisch und einmal perspektivisch abgebildet. In 2D ist nur die isometrische Darstellung (a) möglich, da sich das fertige Bild des Würfels (links) nicht verändern kann. Das ist jedoch Grundvoraussetzung für die perspektivische Darstellung (b), die übrigens vom menschlichen Auge als »richtiger« empfunden wird. Obwohl die fünf Würfel vollkommen identisch sind und auch alle von derselben Seite betrachtet werden, gleicht in (b) keiner dem anderen.

WICHTIG

Das Hauptmerkmal von 3D-Grafik ist die Berechnung der 2D-Abbildungen von Objekten auf dem Bildschirm zur Laufzeit (wodurch eine perspektivisch korrekte Abbildung dieser Objekte möglich ist und man sich diese Objekte von allen Seiten ansehen kann).

Nun kann man natürlich in 2D auch ein wenig tricksen und z. B. dafür sorgen, dass der Spieler sein Haus aus vier verschiedenen Himmelsrichtungen betrachten kann. Dazu müssen jedoch statt *eines* Bildes vom Haus *vier* Bilder existieren! Und – was meist nicht so offensichtlich ist, bis man es mal selbst programmieren muss – man muss auch vier verschiedene Algorithmen für das Rendering schreiben und vier für die Mausabfrage. 3D bietet dagegen mit ein- und derselben Engine und ein- und demselben Modell eine stufenlose Ansichtsmöglichkeit aus weit mehr als vier Ansichten (genau genommen *unendlich*).

Wobei neben aller Technikbegeisterung gesagt werden muss, dass bei vielen Spielen 4 Ansichten absolut ausreichend sind, wenn nicht gar schon zu viel! Einige 3D-Spiele der neueren Generation wie COMMANDOS 2, EMPIRE EARTH oder WARCRAFT 3 haben eine Kamera mit »Genickstarre«, d. h. man kann nicht nach rechts und links gucken, und sich schon gar nicht umdrehen, wodurch ein wesentlicher Vorteil von 3D einfach verschenkt wird. Nun ja, es bleibt ja noch die Perspektive. Aber auch die ist im Strategiespielbereich umstritten, denn sie erschwert teilweise ganz erheblich das Abschätzen von Entfernungen. Der Trend scheint dahin zu gehen, dass trotz 3D eine isometrische Darstellung erfolgt, mit höchstens einer leicht angedeuteten Perspektive.

Aber damit sind die Möglichkeiten von 3D noch nicht erschöpft, ein ganz wichtiges Gebiet stellen nämlich noch die *Animationen* dar:

Wenn wir uns Spiele wie SIMCITY 3000 oder TRANSPORT TYCOON ansehen, so stellen wir fest, dass die Fahrzeuge auf den Schienen und Straßen nur acht Ansichten haben, wodurch sie schon acht Bilder benötigen, aber trotzdem noch sehr »eckig« wirken, wenn sie abbiegen. Man kann natürlich den Vogel abschießen wie ROLLERCOASTER TYCOON, wo eine bestimmte Achterbahn doch tatsächlich aus über 3000 Bitmaps besteht, um den Eindruck einer flüssigen Bewegung aus vielen Blickwinkeln zu erzeugen. Spätestens hier wird der Speicherverbrauch der Bilder jedoch abnorm, davon ganz zu schweigen, dass diese Bilder von jemandem auch erst mal erstellt werden müssen.

Warum man es dann nicht gleich in 3D gemacht hat? Nun ja, da ist zunächst der Geschwindigkeits- und Kompatibilitätsvorteil: ROLLERCOASTER TYCOON läuft auch auf alten Computern und braucht keine 3D-Karte. Und ich sollte vielleicht noch erwähnen, dass ROLLERCOASTER TYCOON von einer einzigen Person programmiert wurde, noch dazu derselben, die auch TRANSPORT TYCOON programmiert hat (Chris Sawyer), und dass der sich viel Arbeit gespart haben dürfte, indem er seine alte 2D-Engine einfach recycelt hat.

Aber auf jeden Fall sind stufenlose, also flüssige Animationen, für 3D alles, nur kein Problem. Nicht nur, dass sich Figuren und Fahrzeuge stufenlos drehen können, die ohnehin in Zahlenform vorliegenden Objekte sind vor der Bildberechnung praktisch beliebig manipulierbar. Ein- und dieselbe Figur kann stehen, gehen, sitzen, sich bücken, winken, sein Schwert schwenken – von den Möglichkeiten beweglicher Mimik will ich gar nicht erst anfangen.

Hier nochmals eine Zusammenfassung, was 3D gegenüber 2D bietet:

- Perspektivische Darstellung der Welt.
- Ansicht der Welt bzw. einzelner Objekte aus allen erdenklichen Perspektiven.
- Stufenlose komplexe Animation von Objekten.

Umgekehrt gibt es nichts, was in 2D möglich wäre, nicht aber in 3D! Insofern ist es wohl nicht allzu verwunderlich, dass 3D-Grafik die 2D-Grafik mit aller Macht vom Markt zu verdrängen begonnen hat. Die Frage ist eher, warum das nicht schon viel früher angefangen hat.

Die Antwort liegt in der Performance. 3D-Grafik benötigt ein Vielfaches der Rechenleistung, die 2D-Grafik benötigt, und erst seit etwa einem Jahr steht ausreichend Rechenleistung zur Verfügung.

Der Grund für die höheren Hardwareanforderungen von 3D liegt in der Notwendigkeit, das Bild eines Objektes erst aus den 3D-Koordinaten berechnen zu müssen, bevor es auf dem Bildschirm dargestellt werden kann. 3D-Grafik braucht je nach Qualität zehnmal oder über tausendmal soviel Rechenleistung wie 2D-Grafik, und wenn man keinen sinnvollen Kompromiss findet, ruckelt das Spiel jämmerlich oder verkommt sogar zur Diashow.

2D-Grafik benötigt im Prinzip immer dieselbe Rechenleistung, 3D-Grafik jedoch ist unmittelbar abhängig von der Anzahl seiner Details. Dem Computer ist es herzlich egal, ob auf einer Bitmap von 150 x 200 Pixeln Größe ein graues Viereck oder das Straßburger Münster zu sehen ist. Beide sind in derselben Zeit auf den Bildschirm gezaubert. Ob zur Berechnung eines Bildes in 3D jedoch nur die vier Ecken eines Vierecks oder die 40.000 einer gotischen Kathedrale verarbeitet werden müssen, ist ein gravierender Unterschied.

Damit diese Berechnungen nicht ewig dauern, sind 3D-Spiele gezwungen, Abstriche in ihrem Detailgrad zu machen. Da darf das Münster halt nur aus 40 Ecken bestehen, sonst ruckelt es. Leider Gottes ist eine gotische Kathedrale, die nur 40 statt 40.000 Ecken hat, nicht sehr hübsch – um nicht zu sagen: ziemlich grobschlächtig. Und so war 2D-Grafik in den letzten Jahren grundsätzlich schöner bzw. detailreicher als 3D-Grafik und verbrauchte obendrein weniger Rechenleistung.

Mit der Erfindung von 3D-Grafikarten, die der CPU den Löwenanteil der Bildberechnung abnehmen, hat sich ein großer Schritt vollzogen und der Detailgrad von 3D-Spielen hat sich in den Jahren 1997-2001 beinahe verhundertfacht.

Inzwischen wird 3D bei Vergleichen mit 2D sogar ausgesprochen Unrecht getan. Das bezieht sich vorwiegend auf Strategiespiele, deren Welten man als Spieler grundsätzlich aus der Luft in großer Höhe betrachtet. Man kann natürlich zoomen, aber während die Programmierer von 2D-Spielen den Zoom immer eingeschränkt haben, damit die Bitmaps nie über ihre Maximalgröße hinaus vergrößert werden, verführten die Möglichkeiten von 3D die Programmierer immer wieder dazu, dem Spieler zu erlauben, an die Objekte so nahe heranzuzoomen, wie er will. Die Spieler und Spielemagazine bedankten sich für diese Freiheit, indem sie sich darüber aufregten, wie detailarm (und somit hässlich) die Objekte aus nächster Nähe doch seien. Zur Strafe für diese Undankbarkeit ist in neueren 3D-Strategiespielen das Zoomen nun auch eingeschränkt. Und wenn man in etwa dieselbe Perspektive in einem 3D-Spiel einnimmt wie in einem vergleichbaren 2D-Spiel, sieht es für 3D inzwischen gar nicht mehr ganz so schlecht aus, was Details und Schönheit angeht.

Natürlich ist es noch ein weiter Weg, bis Spiele so aussehen wie das, was in Kinofilmen derzeit möglich ist (Final Fantasy, Shrek, Dinos, Monster AG etc.) muss die Zahl der Details noch einmal verhundertfacht werden.

Hm, warum sehen die Kinofilme denn so gut aus, sind die denn nicht auch 3D?

Nein! Sie sind 2D! Genau wie 2D-Computerspiele sind auch die Kinofilme aus dem Computer nur vorberechnete Bitmaps.

Natürlich haben sie einen 3D-Ursprung, aber der Projektor im Kino ist kein Computer, der 3D-Koordinaten berechnen muss. Das ist bereits alles im Filmstudio geschehen und hat 3 Jahre gedauert.

Und ähnliches gilt auch für 2D-Spiele. Man braucht nämlich heutzutage auch für 2D-Spiele einen 3D-Grafiker. In so guter Qualität, wie man die Bitmaps nämlich braucht, kann kein Mensch zeichnen. Oder sagen wir besser: nicht innerhalb einer akzeptablen Zeit. Da ist es viel einfacher, ein 3D-Modell zu bauen und zu rendern.

	2D	**3D**
Programmieraufwand	Niedrig (+)	Hoch (-)
Grafikeraufwand	Hoch (-)	Sehr hoch (--)
Flexibilität	Keine/feste Perspektive(n) (-)	Alles darstellbar (++)
Hardware-Anforderungen	Sehr niedrig (++)	Hoch (-)
Maximales Ergebnis	Solide Grafik (+)	Mega-Grafik (++)

Tabelle 1.1: Vor- und Nachteile von 2D und 3D

1.4.1.2.2 2D-Spiele, 3D-Spiele

So viel also zur Grafik. Nicht jedes Spiel mit 3D-Grafik ist jedoch auch ein 3D-Spiel! Es gibt massenhaft 2D-Spiele mit 3D-Grafik. Und es kann auch ein 3D-Spiel durchaus 2D-Grafik haben. Und es gibt Spiele, die liegen irgendwo zwischen 2D und 3D. Wie bitte? Ja, richtig gelesen.

3D bedeutet nämlich 3 Dimensionen, und vielen Spielen fehlt eine ganz bestimmte Dimension, und zwar die *Höhe*.

So ist z. B. CIVILIZATION ein reines 2D-Spiel. Die Landfelder besitzen keine Höheninformation. Ebenso die meisten anderen felderbasierten Strategiespiele, seien sie rundenbasiert oder Echtzeit.

DUNGEON KEEPER (auch DK II) bildet hiervon keine Ausnahme, auch wenn es eine 3D-Grafikausgabe besitzt. Man kann seinen Dungeon nämlich nur auf einer einzigen »Etage« bauen. Und obwohl es auch eine zuschaltbare Ego-Shooter-Perspektive gibt: Es gibt keine Höhen und damit ist das Spiel 2D.

Auch der 3D-Shooter WOLFENSTEIN3D von 1991 ist genau genommen ein 2D-Spiel. Oder hast du da je eine Treppe oder Leiter gesehen?

DOOM wiederum hat Treppen, Leitern und Aufzüge. Man kann hochklettern, runterfallen – aber so richtig 3D ist es eigentlich auch nicht! DOOM ist ein merkwürdig' Ding, das gerne als »2½D« bezeichnet wird. Es gibt nämlich zwar Höhenunterschiede, aber pro Ort gibt es nur *eine mögliche Höhe gleichzeitig*. Das bedeutet, es gibt Räume, die liegen höher als andere, aber es gibt keine Räume übereinander! Man kann in einem Leveleditor einen Doom-Level zu 100% von oben überblicken und bearbeiten. Es gibt noch nicht einmal Brücken. Und es ist vielleicht nicht ganz unwesentlich, dass die Gegner, Waffen und Extras in DOOM wie auch in WOLFENSTEIN3D noch durch Bitmaps dargestellt werden!

Richtig 3D sind Ego-Shooter erst ab SYSTEM SHOCK und QUAKE aufwärts.

Und nun zum umgekehrten Fall: TRANSPORT TYCOON und SIMUTRANS sind Iso-Spiele, haben also eine 2D-Darstellung, aber das Spiel ist 3D. Man kann nämlich Brücken und Tunnel bauen, so dass ein und dasselbe Feld Objekte auf unterschiedlichen Höhen beinhalten kann. Es ist nicht die hügelige Landschaft, die 3D ausmacht. Auch in ALPHA CENTAURI hat man eine hügelige Landschaft, aber es gibt pro Feld nur *eine* Höhe. Es ist somit wie DOOM nur 2½D. Ebenfalls ein 3D-Spiel mit 2D-Darstellung ist ZAXXON. Und auch ULTIMA 7, alle Objekte haben nämlich drei Koordinaten, es gibt mehrstöckige Häuser, man kann Kisten zu einer Treppe stapeln etc.

1.4.1.2.3 Wann eine 3D-Darstellung unumgänglich wird

Im Prinzip sollte man zwar als angehender Spiele-Entwickler im 21. Jahrhundert so bald wie möglich die Geheimnisse der 3D-Programmierung verinnerlichen, wenn man langfristig »konkurrenzfähig« bleiben will, allerdings hat 2D aufgrund seines wesentlich geringeren Programmieraufwandes durchaus noch seine Berechtigung, vor allem wenn das Spielprinzip 3D gar nicht erfordert. Gerade als Hobbyprogrammierer, der nicht (unbedingt) kommerziell ausgerichtet ist, dafür aber noch nicht allzu viel Erfahrung mit dem Programmieren hat, sollten die ersten Projekte lieber in 2D gehalten sein. Es ist auch gar nichts Verwerfliches daran, wenn man sich nie für 3D interessiert und stattdessen auf das Gameplay konzentriert. Ja, solange man in seinem Spiel keine der Faktoren einbaut bzw. einbauen will, die 3D bedingen, ist es sogar ziemlicher Unsinn, eine 3D-Engine beschäftigen wollen.

Und ich sollte noch erwähnen, dass in Aufbauspielen die isometrische Darstellung der perspektivischen Darstellung insofern überlegen ist, als dass der Spieler Entfernungen und Größenverhältnisse in 2D wesentlich besser einschätzen kann und sich das Spiel deshalb etwas angenehmer spielt (siehe auch 1.2, Aufbauspiele).

Die 3D bedingenden Faktoren wurden in Abschnitt bereits erörtert, es sind Perspektive, freie Ansicht und komplexe Animationen. Wenn auch nur auf eines dieser Features nicht verzichtet werden kann, *muss* das Spiel in 3D sein.

Dabei kann auf Perspektive und komplexe Animationen in der Regel noch am ehesten verzichtet werden, meistens wird die freie Ansicht der entscheidende Faktor sein. Ein Ego-Shooter oder eine Flugsimulation ohne freie Ansicht sind nun einmal nicht das Gelbe vom Ei.

Freie Ansicht bedeutet jedoch nicht nur eine freie Kamera, sondern auch die freie Anordnung und Ausrichtung von Objekten. Die würde z. B. dann erforderlich, wenn man die Idee hätte, einen virtuellen LEGO®-Baukasten zu programmieren. Bis zu einem gewissen Grad würde man mit einer isometrischen 2D-Darstellung auskommen, denn die klassischen LEGO®-Steine bilden ein festes Raster und lassen nur 90-Grad-Drehungen zu. Soweit, so gut. Mit LEGO-Technik® hingegen lassen sich Gerüstkonstruktionen mit 10-Grad-Abweichungen bauen, und da stieße 2D dann doch definitiv an seine Grenzen. Wenn sich das Ganze auch noch bewegen soll, sowieso, denn dann haben wir es mit der 3D-Notwendigkeit der Animation zu tun.

Ebenfalls ein interessantes Feld ist die virtuelle Modellbahn. Auch hier kommt es darauf an, was man machen will. Eine Simulation wie BAHN kommt bestens mit einer 2D-Grafik aus, da Fahrpläne, Signale und Regelkreise und nicht das Aussehen und schon gar nicht eine freie Platzierbarkeit der Objekte im Vordergrund stehen. Genau das Gegenteil ist EISENBAHN.EXE, wo das Aussehen der selbst gebauten Eisenbahnanlage das A und O des gesamten Konzeptes ist, und auch 3DTT, wo die freie Streckenarchitektur ohne Raster zur Grundidee gehörte.

In den beiden letztgenannten Aufbauspielen kann der Spieler Objekte überallhin platzieren und in eine beliebige Richtung zeigen lassen. Er kann Gleise und Straßen bauen, die sich in beliebigen Winkeln kreuzen. 2D-Grafik wäre hierfür nicht geeignet, selbst wenn die Spiele keine Höhenunterschiede besäßen. Denn 2D-Grafik kann nun einmal nur das anzeigen, was ein Grafiker bereits vorgemalt hat, und man kann nicht einmal annähernd einen Bruchteil aller Möglichkeiten vorausmalen, die sich bei einem solchen Freiheitsgrad ergeben.

1.4.1.2.4 3D und Kamerasteuerung

Ich habe lange überlegt, ob ich das nicht beim Abschnitt über Userinterface schreiben soll, aber da schreibe ich nur über die Kunst der 3D-Steuerung, wenn man sich bereits dafür entschieden hat. Ob eine solche Steuerung überhaupt Sinn macht und inwieweit man sich das vorher überlegen muss, schreibe ich lieber hier.

Fakt ist zunächst mal, dass eine freie Kamera viele Spieler überfordert. In 3D-Shootern, wo sich der Spieler in der Regel in irgendwelchen Gebäuden aufhält, mag das noch einigermaßen angehen; sobald es jedoch eine offene Landschaft ist, verliert der durchschnittliche Spieler die Orientierung. Und zwar in wenigen Sekunden. Einmal links, einmal geradeaus und wieder links, und schon weiß er nicht mehr wo er ist und in welche Richtung er guckt. Selbst Gebäude und markante Hügel helfen da wenig, weil sie von der anderen Seite ganz anders aussehen und keinen guten Wiedererkennungseffekt bieten. Und noch schlimmer, wenn sie *nicht* anders aussehen, dann weiß man nämlich erst recht nicht mehr, in welche Richtung man guckt.

Und dann schimpft der verirrte Spieler bitterböse auf dieses blöde Spiel mit der blöden Steuerung. Um dem zu entgehen, kann man die Kamera in EMPIRE EARTH und WARCRAFT 3 nicht drehen.

Wenn man sich frühzeitig für derlei Einschränkungen entscheidet, kann man es sich übrigens sparen, die Rückseiten der 3D-Gebäude zu konstruieren – man sieht sie ja eh nie. In den beiden oben genannten Spielen merkte man es allerdings erst beim Betatest, dass eine freie Kamera ein Problem darstellt, da waren die Modelle schon fertig. EMPIRE EARTH macht dann doch Gebrauch von den Rückseiten, denn in den Zwischensequenzen dreht sich die Kamera auch mal. Aufmerksame Spieler kriegen dann jedoch einen Gras-Schock, denn die Bodentexturen sind so gezeichnet, dass Gras aus der üblichen Ansicht plastisch wirkt, aber wenn man es von der verbotenen Seite aus betrachtet, einfach nur falsch und hässlich aussieht.

Eine weitere Sache mit der freien 3D-Steuerung ist, dass man sich in jeweils sechs Richtungen sowohl bewegen als auch drehen kann, was insgesamt 12 Steuerungsmöglichkeiten ergibt. In 2D kann an sich nur in vier Richtungen bewegen und gar nicht drehen, und glücklicherweise gibt es dafür genau vier Cursortasten bzw. vier Richtungen, in die man die Maus bewegen kann. Für 3D reicht das vorne und hinten nicht. Egal, wie man das löst, man muss immer entweder die Beweglichkeit der Kamera stark einschränken oder die Steuerung wird böse kompliziert.

Und schließlich und endlich haben wir in 3D noch ein Problem mit dem Zoom. Wir können theoretisch beliebig nahe an ein Objekt herangehen oder beliebig weit weggehen. Nur sehen 3D-Objekte aus der Nähe ziemlich hässlich aus, und wenn man sich umgekehrt zu weit entfernt, wird die Sichtweite so groß und es kommen so viele Objekte ins Bild, dass die Performance eventuell zusammenbricht. EMPIRE EARTH löst das Problem, indem man eben nicht sehr weit weg zoomen kann und somit nie zu viele Objekte auf einmal zu sehen sind. Das ist aber zugleich einer der heftigsten Kritikpunkte seitens der Spieler, nämlich dass man nicht genug Überblick im Spiel erreichen kann.

Mehr über das Thema 3D-Kamera im Abschnitt Userinterface (1.4.3.5).

1.4.2 Gameplay und Komplexität

1.4.2.1 Der Spielfluss (Gameplay)

Gameplay ist eines der meistgebrauchten Wörter in der Spielewelt, gleich nach Grafik. Was es bedeutet, ist vielen nicht ganz klar. Es ist für die meisten »alles außer der Grafik«.

Nun, die Bedeutung ist auch nicht ganz so einfach zu beschreiben. Gameplay bedeutet den **Ablauf des Spiels aus Sicht des Spielers**. Das ist nicht eine Aufzählung der Dinge, die der Spieler im Spiel tun *kann*, sondern der Dinge, die er beim Spielen *tatsächlich und hauptsächlich tut.*

Das Gameplay typischer Echtzeitstrategiespiele (AGE OF EMPIRES, COMMAND & CONQUER) könnte man z. B. wie folgt beschreiben:

- Karte scrollen
- Bauauftrag erteilen
- Auftrag zum Ressourcenabbau erteilen
- Auftrag zum Erstellen einer neuen Einheit erteilen
- Einheit zu einem Ort schicken
- Auftrag zum Angriff des Feindes erteilen
- Auftrag zum Erforschen einer Technologie erteilen

Erwähnenswert für dieses Beispiel ist außerdem, dass es für diese Punkte keine Reihenfolge und keine Struktur gibt. Der Spieler hat zu jedem Zeitpunkt alle Möglichkeiten. Ein Spiel wie CIVILIZATION würde da schon etwas anders aussehen:

- Kartenbildschirm:
  - Karte scrollen
  - Einheit bewegen/angreifen
  - Auftrag zum Feld-Upgrade erteilen
  - Stadt auswählen (-> Stadtbildschirm)
- Stadtbildschirm:
  - Arbeitskräfte den Stadtfeldern zuordnen
  - Bauauftrag erteilen/ändern
  - Zurück um Kartenbildschirm
- Rundenanfang:
  - Stadtbildschirm für jede Stadt aufrufen, in der etwas fertiggestellt wurde
  - Wenn Forschung abgeschlossen, neues Forschungsziel wählen
  - Zum Kartenbildschirm

Das Gameplay eines typischen Ego-Shooters:

- Laufen
- Schießen
- Ausweichen/Deckung suchen
- Waffe wechseln
- Schalter betätigen/Tür öffnen

Allen Beispielen ist gemeinsam, dass der Spieler natürlich sehr viel mehr tun *kann* als beschrieben – aber nur gelegentlich bis selten auch wirklich *tut*. Insofern ist eine Gameplay-Beschreibung immer ein wenig subjektiv.

Wenn man ein Spiel designt, ist das Gameplay der allererste Punkt, an dem man beginnen sollte. Solange das Gameplay nicht klar ist, ist *nichts* klar. Und wenn es klar ist, ergibt sich der Rest des Designs fast wie von selbst. Wenn ich es nicht Tag für Tag sehen würde, wie manche Spieldesigner es völlig anders anpacken, würde ich das wahrscheinlich für eine Selbstverständlichkeit halten und hier gar nicht schreiben. (In der Tat habe ich es in der 1. Auflage auch noch nicht geschrieben).

So ist es z. B. in der Hobbyprogrammierer-Welt sehr verbreitet, erst einmal eine Story zu haben und dann zu versuchen, ein Spiel darum herum zu bauen. Leute, dieser Ansatz ist schlicht und einfach *falsch!* Wenn aus diesen Projekten überhaupt was wird, ist es in der Regel dem Umstand zu verdanken, dass man auf das Gameplay zahlreicher bereits existierender Adventures und Rollenspiele zurückgreifen kann.

Aber auch in der Industrie, wo es die Designer besser wissen sollten, kommen solche Verkehrtherum-Ansätze vor. Einigermaßen krass war DIE STERNENFAHRER VON CATAN, wo der zentrale Ausgangspunkt wie folgt aussah: »Also, wir haben diese vier Außerirdischen, und die müssen wir unbedingt als 3D-Figuren in das Zentrum des Spiels stellen.« Das hat dem später darum herum konstruierten Gameplay schweren Schaden zugefügt, weil der Spieler dauernd zwischen seiner 3D-Kommandobrücke mit den Außerirdischen und dem eigentlichen Spiel, das auf einer 2D-Karte stattfand, hin- und herschalten musste.

Ich empfehle dir, nur so zum Spaß, dir einige deiner Lieblingsspiele herauszupicken und eine Gameplay-Beschreibung dazu zu schreiben. Du wirst die Spiele möglicherweise danach mit anderen Augen sehen. Auf jeden Fall wirst du ein Gespür für das Wesentliche entwickeln, das dir beim Design deines eigenen Spiels einen großen Vorteil bringt.

1.4.2.2 Spieltiefe (Komplexität)

Noch so ein viel gebrauchter Begriff, dessen Bedeutung nur selten wirklich klar ist.

Die Spieltiefe ist prinzipiell auch eine positive Eigenschaft und beschreibt so etwas wie den Abwechslungsreichtum des Spiels. Abwechslung ist aber nicht gleich Abwechslung und Komplexität ist nicht Kompliziertheit.

Jedes Spiel besteht aus Regeln. Genau genommen ist die Spieltiefe nichts weiter als die Summe bzw. Anzahl der Regeln. Je mehr Regeln, desto mehr Spieltiefe. Man könnte insofern die Spieltiefe nach der Dicke des Handbuches beurteilen, wenn nur nicht jedes Handbuch unterschiedlich tief ins Detail gehen würde.

Um es an einem Beispiel festzumachen: Ich habe ein Strategiespiel, darin gibt es militärische Einheiten (Fußsoldaten, Ritter) mit unterschiedlichen Werten für Angriff und Verteidigung, die im Nahkampf eine Rolle spielen. Ob das Spiel nun 10 oder 100 verschiedene solcher Einheiten hat, ist für die Spieltiefe unerheblich. Füge ich jedoch eine neue *Eigenschaft* hinzu, z. B. Einheiten, die aus der Ferne angreifen können (Bogenschützen, Katapult), dann erhalte ich eine höhere Spieltiefe, denn neue Spielregeln wurden geschaffen. Füge ich auch Magier hinzu, die statt Pfeilen Feuerkugeln schießen, habe ich wieder keine höhere Spieltiefe, denn es gelten ja dieselben Regeln wie für Bogenschützen. Erst ab dem Augenblick, in dem ich Einheiten ins Spiel bringe, die gegen Bogenschützen immun sind, aber nicht gegen Magier, habe ich wieder eine größere Spieltiefe erlangt. Und so weiter.

Nun sagte ich ja gerade, die Spieltiefe sei eine *prinzipiell* positive Eigenschaft. Ist auch so, auch wenn Spiele mit geringer Spieltiefe keineswegs langweilig sein müssen. Zu viel davon kann allerdings zu den Problemen »Ausarten in Arbeit« (1.3.2.1) oder »Überforderung« (1.3.2.2) führen.

Die Spieltiefe ist etwas, das den Programmcode direkt betrifft, genauer gesagt gibt es zu jeder Spielregel die entsprechenden Zeilen Programmcode. Ob ich nun drei oder fünf verschiedene Fußsoldaten im Spiel haben werde, interessiert den Programmierer erst mal nicht. Er muss lediglich die Spielregeln für »Fußsoldat« implementieren. Die einzelnen Typen von Fußsoldaten entwerfen die Designer und Grafiker und davon so viele, wie sie wollen. Der Programmierer ist erst wieder gefordert, wenn es um Bogenschützen geht, denn er muss nun die Datenstrukturen und Regeln für Fernangriffe implementieren.

Das bedeutet unter anderem zweierlei:

1. Alles, was *nicht* die Spieltiefe betrifft, kann man später sorglos verändern und erweitern, ohne den Programmierer zu bemühen und befürchten zu müssen, dass er neue Bugs einbaut.
2. Alles, was die Spieltiefe betrifft, muss in einem Spielprojekt fertig implementiert sein, bevor man Level und Szenarien bauen kann, und danach sollte man es tunlichst vermeiden, mal so eben auf die Schnelle etwas daran ändern zu wollen.

1.4.2.3 Linearität, Nonlinearität und Sackgassen

Der Verlauf eines Computerspiels kann als eine Abfolge von Situationen beschrieben werden, die durch die Entscheidungen des Spielers verbunden sind.

Die meisten Computerspiele sind levelbasiert und linear: 3D-Shooter, Echtzeitstrategiespiele u. v. a. In einem linearen Gameplay sind die Situationen aufgereiht wie eine Perlenkette: Man kann sie nur in einer vorbestimmten Reihenfolge durchleben. Egal wie man sich entscheidet, es gibt eben nur diese Level und die kommen auch dran.

Abb. 1.92: Levelbasiert, lineare Kampagne

Nonlinear ist der Spielverlauf dann, wenn sich er verzweigen kann, und beide Zweige zum Sieg führen. Dabei ist es einigermaßen unwichtig, ob sich die Verzweigung wieder vereinigt.

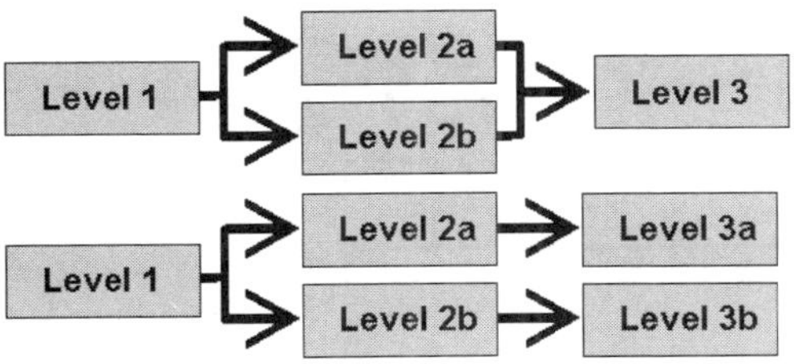

Abb. 1.93: Levelbasiert, nonlineare Kampagnen

Wobei ich mich ein wenig sträube, Spielen, die vereinzelte Extralevel bzw. Geheimlevel bieten, eine Nonlinearität zuzugestehen, aber im Sinne der Definition reicht das bereits aus.

Linearität und Nonlinearität sind auch innerhalb eines Levels möglich. So kommt lineares Gameplay innerhalb eines Levels gelegentlich in Adventures vor. Auch wenn diese die Möglichkeit bieten, sich innerhalb des Levels bzw. Schauplatzes frei zu bewegen und verschiedene Möglichkeiten in unterschiedlichen Reihenfolgen auszuprobieren, so führt dennoch nur eine einzige Lösung in einer bestimmten Reihenfolge zum Ziel.

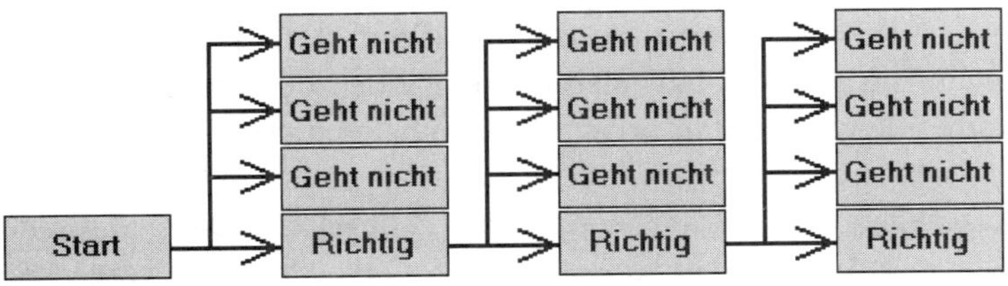

Abb. 1.94: Lineares Ablaufschema eines typischen Adventures

Vollkommen linear ist auch der interaktive Film, dessen Ablaufschema sich von dem des linearen Adventures übrigens in nichts unterscheidet.

Es sind natürlich auch nonlineare Ablaufschemata denkbar; So gibt es Adventures, wo man sich aussuchen kann, welchen der drei »Richtig«-Blöcke man zuerst löst, und in sehr seltenen Fällen sogar mehrere Lösungen für den Level. Ich überlasse es deiner Fantasie, wie die entsprechenden Abbildungen dazu aussehen könnten.

3D-Shooter und Echtzeitstrategiespiele sind innerhalb ihrer Level alles andere als linear. Es gibt immer mehrere Möglichkeiten zu gewinnen bzw. zu verlieren. Rundenbasierte Strategiespiele haben in der Regel noch nicht einmal Level, der gesamte Spielverlauf ist nonlinear.

Und zwar noch viel nonlinearer als nonlinear: Der Ablauf ist *offen*. Das bedeutet, aus jeder Situation heraus gibt es eine Unzahl von Möglichkeiten, wie es weitergehen kann.

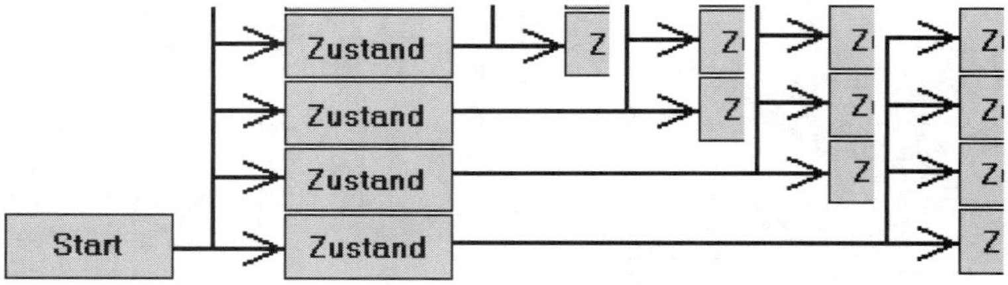

Abb. 1.95: Offener Spielablauf

Der Unterschied zum einfachen nonlinearen Ablauf scheint hier nur quantitativ zu sein. Anstelle eines Dutzends möglicher Spielverläufe sind es Milliarden von Milliarden. Aber es gibt auch einen qualitativen Unterschied, und der liegt darin, dass der nonlineare Spielverlauf immer noch streng dem Entwurf des Designers folgt, während sich beim offenen Spielverlauf am laufenden Band Situationen ergeben, die *weder Designer noch Programmierer vorhergesehen* haben.

Interessanterweise ist der offene Spielverlauf nicht einmal unbedingt schwerer zu designen, im Gegenteil: man kann sich eine Menge Arbeit sparen, wenn man nur ein System mit Regeln aufstellt und es dann dem Spieler (und der KI) überlässt, wie er damit zurechtkommt.

Erwähnenswert ist an dieser Stelle übrigens noch Schach, das einen solchen offenen Spielablauf besitzt. Die Zahl sinnvoller Situationen in dem Spiel ist immer noch exorbitant, aber aufgrund des relativ kleinen Spielfeldes, der wenigen Spielfiguren und der einfachen Regeln sind inzwischen die meisten dieser Situationen in Fachbüchern katalogisiert, und Computer können Schachpartien gewinnen, indem sie gnadenlos bis zu 100 Züge im Voraus berechnen und bewerten. Diese Methode nennt sich »brute force« und kann bei komplexeren Spielen praktisch vergessen werden.

Zum Schluss noch ein Wort zu Sackgassen. Eine Sackgasse haben wir genau dann, wenn sich der Spielverlauf verzweigt, aber einer dieser Zweige nicht zum Sieg führt. Dabei spielt es keine Rolle, ob der Gesamtverlauf linear oder nichtlinear ist.

Im obigen linearen Ablaufschema für Adventures sehen wir eine ganze Menge kleiner Sackgassen. Solche kleinen Sackgassen müssen sein, sonst ist das Spiel nicht mehr interaktiv. Der Spieler muss sich in jedem Fall auch falsch entscheiden können.

So eine Sackgasse kann jedoch auch länger sein, und da beginnt es problematisch zu werden. Es ist noch nichts dagegen einzuwenden, wenn diese Probleme absehbar sind und die Sackgasse nicht zu lang ist.

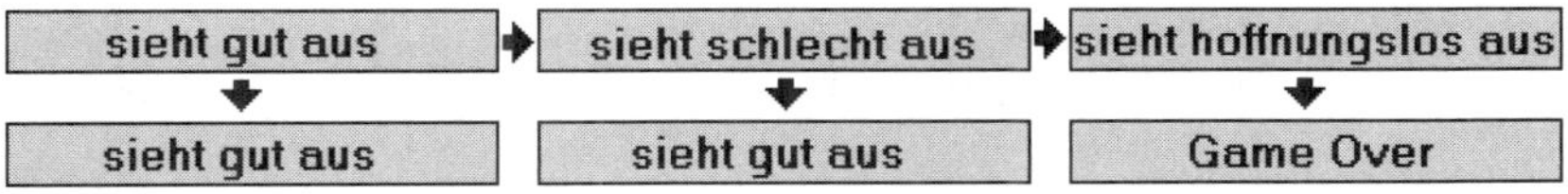

Abb. 1.96: Eine »faire« Sackgasse

Es gibt allerdings zahlreiche Spiele, die noch lange Zeit vom ahnungslosen Spieler weitergespielt werden können, nachdem schon längst intern feststeht, dass man es nicht mehr gewinnen kann. In einem Teil der KINGS QUEST Reihe, die ich mal gespielt habe, lief recht früh am Anfang kurz eine Katze durchs Bild. Wenn ich sie nicht einfing, stellte ich Stunden später fest, dass das Spiel nicht mehr zu gewinnen ist. – Das ist eine seeehr lange Sackgasse, und so was macht auch überhaupt keinen Spaß!

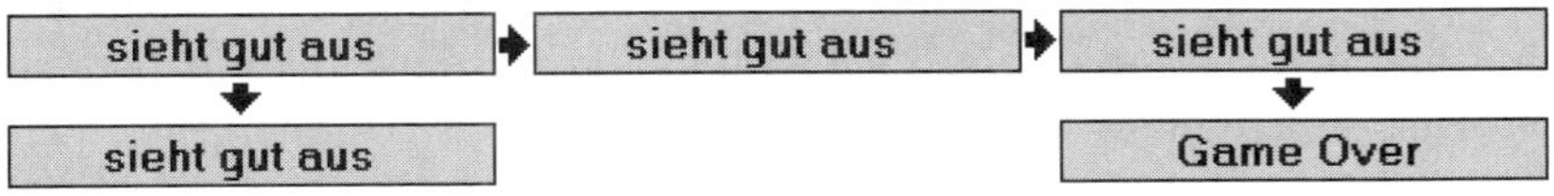

Abb. 1.97: Eine »unfaire« Sackgasse

1.4.3 Userinterface

1.4.3.1 Die Bedeutung des Userinterface

Das Userinterface (oder kurz: UI) ist das, »wie man das Spiel bedient«. Es geht weit hinaus über die einfache Abfrage von Mausklicks und Tastendrücken. Es beinhaltet auch Grafiken, die man anklicken muss, Menüsysteme, Kamerasteuerung und Feedback in Form von Texten, Zahlen, Symbolen, Geräuschen und Animationen, wenn ein Befehl angenommen wurde oder Fehlermeldungen, wenn etwas nicht klappt.

Das UI ist ein wenig beachtetes, aber unendlich wichtiges Qualitätsmerkmal. Es gibt nicht wenige Spiele, die gar nicht schlecht sind, aber irgendwie trotzdem keinen Spaß machen. Dahinter kann ein problematisches UI stehen.

Auch wenn es nicht offensichtlich ist, das UI hat sich im Laufe der Computerspiele-Entwicklung auch mitentwickelt und ist immer bequemer geworden. – Und die

Spieler haben sich an den Komfort gewöhnt! Eine ganze Menge glorreicher Spiele von gestern spielen sich heute gar nicht mehr so toll wie früher. Aufpoppende Dialogboxen behindern die Sicht, unergonomische Tastenkombinationen verrenken die Fingergelenke, wichtige Funktionen verstecken sich in Sub-Sub-Sub-Menüs. Es hat sich da viel getan. In AGE OF EMPIRES II gibt es z. B. Tasten, um untätige Arbeiter zu lokalisieren. Ich habe kürzlich mal wieder AGE OF EMPIRES 1 gespielt, und das Fehlen dieser Funktion hat mich in den Wahnsinn getrieben.

Das UI macht mengenmäßig etwa 20-40% des Designdokuments aus. Was auch verständlich ist, denn immerhin ist die Spielbeschreibung letztlich nichts anderes als die Summe aller Antworten auf zwei Fragen:

1. Was sieht/hört der Spieler?
2. Was passiert, wenn der Spieler xy macht?

1.4.3.2 Bildschirmaufteilung

Wenn man es genau nimmt, ist die gesamte Grafikausgabe des Spiels Teil des UI, weil sie dem Spieler Informationen über den Zustand des Spiels vermittelt und auch auf Klicks reagiert.

Man unterscheidet auf dem Bildschirm zwei Regionen:

Spielbereich: Hier befinden sich die Spielelemente an sich, also Figuren, Gegner, Gebäude etc.

Funktionsbereich: Hier befinden sich Buttons und Schieberegler, Textausgaben und Anzeigen aller Art. Umgangssprachlich wird häufig nur der Funktionsbereich als Userinterface bezeichnet. Das ist aber so nicht korrekt.

Prinzipiell gibt es auch noch einen dritten Bereich, den **toten Bereich**. In dieser Region ist in der Regel ein Name, Logo oder Schnörkel über den gesamten Spielverlauf unveränderlich zu sehen. Manchmal auch schlicht und ergreifend nichts, nur schwarze Fläche. Früher waren tote Bereiche ausgesprochen häufig und groß. Teilweise lag das an der mangelhaften Rechenleistung der Hardware, teilweise waren die Spiele aber auch so einfach, dass man mit der Fläche nichts besseres anzufangen wusste. Heutzutage stößt man eher auf Probleme, weil man mit dem Platz auf dem Bildschirm nicht auskommt.

Spielbereich und Funktionsbereich können streng voneinander getrennte rechteckige Bereiche des Bildschirms sein (siehe Screenshots von ANNO 1602, CIVILIZATION, DOOM in 1.2), es kann aber auch zu einer Durchmischung kommen, und dann finden sich im Spielebereich Buttons und Textausgaben (TRANSPORT TYCOON, CIVILIZATION 3).

Wie schon gesagt, ist auch der Spielebereich interaktiv. Eine sehr positiv zu wertende Tendenz ist es, immer mehr Funktionalität aus dem Funktionsbereich in den Spielebereich zu verschieben. Der Funktionsbereich nimmt auf diese Weise weniger Platz ein, und das ist letzten Endes gut so. Schließlich ist der Spielebereich das eigentliche Spiel, und der Funktionsbereich nur ein notwendiges Übel. In BLACK AND WHITE hat man es geschafft, fast komplett auf einen Funktionsbereich zu verzichten.

Es kommt natürlich auf das Spiel selbst an. Es ist in der Regel entweder zu aufwändig oder schlicht unmöglich, alle Information und Interaktion in den Spielebereich zu packen.

Der Wunsch, den Funktionsbereich möglichst klein zu halten, bleibt natürlich bestehen. In der Praxis konkurriert dieser Wunsch allerdings mit einem anderen Wunsch, und zwar dem, die Verschachtelungstiefe von Funktionen gering zu halten.

Verschachtelungen sind ein Graus. Vor allem in älteren Spielen findet es sich, dass der Klick auf einen Button oder Objekt im Spiel eine Dialogbox hervorruft, man in dieser etwas auswählen kann, was wieder eine Dialogbox hervorruft, und das eventuell wiederum der Zugang zu weiteren Dialogboxen ist. So z. B. in TRANSPORT TYCOON, wo man für das Zusammenstellen eines Zuges inklusive seines Fahrplans eine Flut von aufpoppenden Fenstern in Kauf nehmen muss.

Um nun die Verschachtelung gering zu halten, muss man im UI möglichst viele Informationen und Funktionen auf einmal bereit stellen. Wenn das Spiel also viele Möglichkeiten bietet, sind im UI auch entsprechend viele Buttons vorhanden, aber das verbraucht nun mal Bildschirmfläche.

Einen bislang wenig betretenen Weg geht DER INDUSTRIEGIGANT 2, ein TRANSPORT-TYCOON-ähnliches Aufbauspiel: Es gibt keinen permanenten Funktionsbereich, er erscheint immer da, wo man hinklickt. Ganz ähnlich wie das Windows-typische Kontextmenü, nur nicht rechteckig – und geschachtelt. Ob die Idee gut ist oder nicht, kann ich nicht sagen, da zum Zeitpunkt der Drucklegung dieses Buches das Spiel noch nicht fertig war.

1.4.3.3 Ergonomie

Hinter diesem wohlklingenden Begriff verbirgt sich die Kunst, eine Sache so zu gestalten, dass sie Menschen-gerecht ist. Bei aller Technik wird heutzutage immer wieder vergessen, dass es in letzter Instanz um Menschen geht. Der Mensch ist das Maß aller Dinge und der Mensch ist nicht vollkommen. Vor allem aber ist der Mensch keine Maschine.

Wenn ich mir heutzutage einen Fernseher, ein Handy oder eine Armbanduhr kaufe, und die Bedienung ansehe, stelle ich fest: Immer mehr Funktionen teilen sich immer weniger Knöpfe und Hebel. Stattdessen muss man durch Menüs und Untermenüs navigieren, Knöpfe für eine bestimmte Dauer drücken oder in einer bestimmten Kombination bzw. Reihenfolge drücken, um in irgendeinen gewünschten Modus zu gelangen. Diese Knöpfe sind häufig so winzig oder liegen so tief, dass ich sie nur mit einem Kuli oder Schraubenzieher drücken kann. Und es ist auch nicht immer sehr logisch, wie man vorgehen muss, um ein bestimmtes Ziel zu erlangen.

Das ist un-ergonomisch.

Klar, ich bin ein studierter Mensch und werde wohl kaum zugeben, dass ich damit auch nur das geringste Problem habe. – Aber bei Gott, es nervt, und ich habe einfach keine *Lust*, eine Bedienungsanleitung lesen zu müssen, nur um mir eine Scheibe Brot zu toasten, weil der Designer des Gerätes es für cool gehalten hat, die Tastenkombination für die Hauptfunktion unter zwanzig völlig sinnlosen Funktionen zu verstecken.

Bei Spielen geht es mir genauso, erfreulicherweise stelle ich aber fest, dass hier in der Regel eine größere Ergonomie existiert. Es scheint sogar eine Art Sport geworden zu sein, Spiele so zu designen, dass man keine Anleitung zu lesen braucht. Sehr gut.

Jeder Mausklick und jeder Tastendruck, den man einsparen kann, sollte auch eingespart werden. Manchmal sieht man hier den Wald vor lauter Bäumen nicht. Wer hätte z. B. zu Zeiten von DOOM gedacht, dass man sich die Leertaste für das Öffnen von Türen und Betätigen von Schaltern auch sparen kann? QUAKE demonstrierte diese Möglichkeit dann mit völliger Selbstverständlichkeit.

In der Kürze liegt die Würze. Das gilt besonders für Texte auf dem Bildschirm. Aus irgendeinem psychobiologischen Grund ist das Lesen von Texten auf dem Bildschirm um ca. 50% mühseliger als auf Papier. Die Textmenge ist daher klein zu halten. Sowohl was Beschriftungen und Missionbriefings als auch Dialoge und Storyfetzen angeht.

Buttons sind ambivalent. Bilder (Icons) sind auf Buttons manchmal besser als Text, manchmal nicht. Als Faustregel kann man gelten lassen, dass Standard-Icons immer besser sind als Text, so z. B. der Haken für OK oder das X für Abbrechen bzw. Fenster schließen. Oder eine Diskette bzw. Computer-Icon, um das Datei-Menü aufzurufen. Manche Icons sind auch absolut selbsterklärend, wie z. B. eine Eisenbahnschiene, um selbige zu verlegen, oder eine Burg, um selbige zu bauen, oder ein Koordinaten-System mit Zickzack-Linie, um einen Screen mit Statistiken aufzurufen. Sollte man jedoch mit abstrakten Dingen zu tun haben, geht nichts über Text, so z. B. wenn man in CIVILIZATION 3 zwischen Regierungsformen wählen muss.

Bis zu einem gewissen Grad toleriert der Spieler auch Buttons, deren Symbole nicht selbsterklärend sind, aber nach einmaliger Benutzung leicht zu merken. Es ist darauf zu achten, dass sich nicht selbsterklärende Icons nicht ähnlich sehen, um Verwechslungen auszuschließen.

In jedem Fall ist es sinnvoll, sich einer so genannten **Bubblehelp** zu bedienen, das sind diese kleinen Erklärungen, die neben dem Mauszeiger erscheinen, wenn man damit auf einen Button oder ähnliches zeigt. Und nicht vergessen, dem Spieler in den Optionen die Möglichkeit zu geben, die Bubblehelp zu deaktivieren. In RAILROAD TYCOON 2 und TROPICO wird dieser Hilfetext übrigens nicht neben den Mauszeiger, sondern in die Statuszeile geschrieben. Nicht gut, denn der Spieler muss sein Auge zu weit abwenden, um das lesen zu können. Unergonomisch.

Es ist übrigens bei vielen Spielen schwierig, Buttons von bunten Flächen zu unterscheiden, die gar nicht auf Mausklicks reagieren. Auch unergonomisch. Auch die verbreitete Mode, nach Windows-Art einen Button plastisch hervorzuheben oder aufleuchten zu lassen, wenn man mit dem Mauszeiger draufzeigt, ist nicht das Gelbe vom Ei, denn man muss ja erst draufzeigen.

WICHTIG

Der Spieler sollte auf einen Blick erkennen können, was er anklicken kann und was nicht.

Konsistenz ist auch wichtig. In manchen Spielen hat man den Eindruck, sie seien von mehreren Designern zugleich entworfen worden, die sich nicht abgesprochen haben. Mal braucht's einen Linksklick, mal einen Rechtsklick, mal einen Doppelklick, um eine ähnliche Funktion aufzurufen. Mein Gott, wer soll sich das merken? Vor allem ist zu bedenken, dass der Mensch ein Gewohnheitstier ist und wenn er sich mal in einen Ablauf eingearbeitet hat, er für ihn leichter und schneller zu bedienen geht. Wenn die Bedienung allerdings inkonsistent ist, geht das nicht. Man kann ja auch nicht Klavier spielen, wenn sich die Bedeutung der Tasten dauernd ändert. Schlimm genug, dass dies zwischen verschiedenen Spielen sowieso der Fall ist, aber wenn dieses Phänomen innerhalb eines Spiels auftritt, ist das nur noch unprofessionell, und den Spieler nervt es.

Ziemlich übel ist das derzeit in CIVILIZATION 3. Da ist sogar das heilige Prinzip des Doppelklicks gebrochen worden: Der Doppelklick sollte immer auch das tun, was bereits der Einfachklick tut, nur eben noch etwas Zusätzliches darüber hinaus. Sonst löst man ja eine ganz andere Funktion aus, wenn man mal mit dem Finger nicht schnell genug ist. In CIVILIZATION 3 ist das z. B. so: Wenn ich einen Einfachklick durchführe, dann aktiviere ich die Einheit auf dem angeklickten Feld, oder ich zentriere das Feld, wenn es leer ist. Wenn ich doppelklicke, dann komme ich auf den Stadtbildschirm, wenn da eine Stadt ist, oder ich kriege eine Dialogbox mit Information über das Gelände, wenn da keine Stadt ist. So eine schreckliche Inkonsequenz ist für Profis eigentlich völlig untypisch. Und dann kommt noch hinzu, dass man für die Online-Hilfe zu einem Thema mal die linke und mal die rechte Maustaste drücken muss, und dass manche Menüpunkte in Dialogboxen nur auf einen Doppelklick reagieren, andere schon auf einen Einfachklick, so dass man im Falle eines Doppelklicks gleich noch eine andere, gar nicht gewünschte Funktion aktiviert.

Nächstes Thema: Der Spieler möchte nur wenige Mausklicks pro Aktion ausführen müssen. Es ist daher gut zu überlegen, wie man den Funktionsbereich bzw. die Menühierarchie strukturiert. Je häufiger eine Funktion gebraucht wird, desto weiter an der »Oberfläche« muss sie sein. Idealerweise wäre *jede Funktion* über einen *einzigen Klick* zu erreichen, allerdings geht das nicht. Dazu müssten ja alle Buttons und Dialoge, die im Spiel vorkommen, zugleich auf dem Bildschirm präsent sein. Selbst wenn man das technisch noch hinkriegen würde, wäre es doch ziemlich unübersichtlich.

Und bitte nicht vergessen, die Funktionen sinnvoll zu gruppieren! Das ist typischerweise ein Problem vieler JoWood-Spiele. So war in DER INDUSTRIEGIGANT z. B. der Button zum Abreißen ganz woanders als die Buttons für das Bauen. Nicht doch! Funktionen, die man häufig gemeinsam braucht, gehören auch zusammen! Und das UI von DER VERKEHRSGIGANT war ein Musterbeispiel an Unübersichtlichkeit. Da musste man doch tatsächlich einen Modus umschalten, um entweder etwas zu bauen oder Informationen zu erhalten. Von den viel zu kleinen Mikrobuttons mit den kaum erkennbaren Icons wollen wir mal gar nicht reden.

Sehr schön ist das gelöst in TRANSPORT TYCOON, wo der Funktionsbereich auf eine dünne Buttonleiste oben und eine dünne Statuszeile unten beschränkt ist und für alle vier Fahrzeugarten jeweils ein Button existiert, der eine *zweite* Buttonleiste öffnet. Diese zweite Leiste enthält alle Funktionen, die man für die Beschäftigung mit der ausgewählten Fahrzeugart braucht. Logischerweise sind einige Buttons auf diese Weise mehrfach im Programm vorhanden: Die Buttons »Grundstück kaufen« und »Abreißen« kommen auf der Buttonleiste aller vier Fahrzeugarten vor. Aber: Wen stört das? Und was sehr schön ist: Die zweite Buttonleiste bleibt nach dem Auswählen einer Funktion stehen. Oftmals ist es ja so, dass ein Untermenü nach Auswählen einer Funktion gleich wieder weg ist, obwohl man vielleicht (sogar ganz sicher) nur wenig später eine weitere Funktion darauf auswählen wollte.

Einen hässlichen Patzer gibt es auch in MOBILITY, wo offenbar der Programmierer das UI designt hat: Es gibt jeweils eine eigene Funktion für das Abreißen von Gebäuden, das Abreißen von Wegen und das Abreißen von Haltestellen. Die Buttons dafür sind natürlich auch jeweils ganz woanders. Das ist schlicht und ergreifend katastrophal. Mag sein, dass die Vorgänge programmintern nicht dieselben sind, aber das hat nicht das Problem des Spielers zu sein. Zu entscheiden, welche Art Abriss gerade gewünscht ist, ist in diesem Falle Aufgabe der Helfer-KI (siehe 1.4.3.7).

Und zum Schluss noch letzter kleiner Hinweis zur Ergonomie:

WICHTIG

Platziere seltene und gefährliche Funktionen nicht in die Nähe von Funktionen, die der Spieler häufig anklickt.

1.4.3.4 Kamerasteuerungen

Dieses Thema ist sehr interessant für den 3D-Bereich, aber auch 2D-Spiele haben so etwas wie eine Kamerasteuerung. Reden wir zunächst darüber.

Die 2D-Kamera bietet nur wenige Möglichkeiten. Wenn wir uns so ein Iso-Spiel anschauen, stellen wir fest, dass wir uns in vier Richtungen über die Karte bewegen können: oben, unten, links und rechts.

Praktischerweise kann man auch die Maus in diese vier Richtungen bewegen. TRANSPORT TYCOON und MOBILITY verwenden die rechte Maustaste, um in den »Scroll-Modus« zu schalten. D. h. die Kamera bewegt sich in Richtung der Maus, solange man die rechte Maustaste gedrückt hält. Genauer gesagt verhalten sich die beiden Spiele genau entgegengesetzt: In TRANSPORT TYCOON scrollt die Kamera in Richtung der Maus, d. h. wenn man die Maus nach rechts bewegt, fährt man nach rechts. In MOBILITY hingegen bewegt sich die Kamera nach links. Das ist nicht verkehrt, es ist einfach ein anderer Ansatz, denn der Designer dachte sich wohl nicht, dass man eine Kamera bewegt, sondern dass man mit der Maus die Karte anfasst und sie nach rechts zieht. Dann passt es logisch wieder. Die gleiche Philosophie des Anfassens der Landschaft findet sich übrigens auch in BLACK & WHITE.

Diese Methode hat einen entscheidenden Nachteil: die rechte Maustaste steht nicht mehr für Funktionen anderer Art zur Verfügung. Na gut, man hat ja immer noch die linke. Aber dennoch.

Ein anderer Ansatz ist es hingegen, das Scrollen dadurch auszulösen, dass man mit dem Mauszeiger an den Bildschirmrand fährt. Praktischerweise gibt es genau vier Bildschirmränder, das passt also auch wieder. Die Maustasten bleiben beide für andere Funktionen verfügbar. Diese Methode ist bei 2D-Spielen heutzutage praktisch Standard. AGE OF EMPIRES 1 und 2 sowie CIVILIZATION 3 seien als Beispiel genannt.

Auch diese Methode hat allerdings einen Haken, und das ist die Scrollgeschwindigkeit. Sie ist nämlich nicht vom Spieler beeinflussbar, und je nach Situation ist sie immer zu schnell oder zu langsam.

In CIVILIZATION und MASTER OF MAGIC bewegt man die Kamera auf eine vollkommen andere Art: Der Punkt, den man anklickt, wird zentriert. Findet sich auch in CIVILIZATION 3 noch, zusätzlich zur Bildschirmrand-Methode.

Um sich ganz schnell an einen bestimmten Punkt der Karte zu beamen, besitzen so gut wie alle mir bekannten 2D-Spiele eine Mini-Karte in ihrem Funktionsbereich, die man anklicken kann.

Für die Freunde der Tastatur gibt es praktischerweise vier Cursortasten.

Man kann in 2D allerdings noch etwas, und zwar *zoomen*. Dafür gibt es entweder zwei zusätzliche Buttons im Funktionsbereich oder Buchstaben auf der Tastatur sind dafür reserviert: üblicherweise Plus und Minus bzw. Z.

1.4.3.5 3D-Kamerasteuerungen

Wie man es auch dreht und wendet, das ist eine undankbare Aufgabe, bei der man es keinem recht machen kann. Es gibt nämlich wesentlich mehr Möglichkeiten als in 2D. Man kann sich nicht nur in zwei Richtungen mehr bewegen (vor und zurück), nein, man kann sich auch noch *drehen*. Und das ebenfalls in sechs Richtungen. Macht insgesamt 12 Bewegungen.

Beim Drehen unterscheiden wir drei Winkel:

- Nickwinkel (engl. Pitch): das ist die Drehung unseres Kopfes, wenn wir nach oben und unten gucken bzw. nicken (daher der Name).
- Gierwinkel (engl. Yaw): das ist die Drehung unseres Kopfes, wenn wir nach rechts und links gucken bzw. den Kopf schütteln.
- Rollwinkel (engl. Roll): das ist die Drehung unseres Kopfes, wenn wir unser Ohr auf die Schulter legen.

Aber es gibt auch eine gute Nachricht: Kaum ein Spiel verlangt, dass man alles, was möglich ist, auch wirklich tut.

Flugsimulatoren z. B. lassen grundsätzlich vier Bedienrichtungen zu: Nickwinkel und Gierwinkel in beide Richtungen. Senkrecht rauf und runter sowie vor und zurück gibt es nicht, ebenso keine Seitwärtsbewegungen. Rollwinkel ändert sich zwar, wenn sich das Flugzeug in der Kurve neigt, aber das macht nicht der Spieler über die Kamerasteuerung.

3D-Shooter sind zwar erdgebundener, haben aber eine wesentlich größere Palette an Bewegungsrichtungen. Vor und zurück sowie seitwärts: kein Thema. Hoch und runter ebenfalls in Form von Springen und Ducken. Das geht mit der Maus alleine nicht mehr, die Tastatur muss herhalten. Typischerweise lässt sich die Steuerung aller neueren 3D-Shooter in den Optionen auf jede gewünschte Tasten- und Mauskombination einstellen.

3D-Shooter benutzen dabei üblicherweise keine Maustaste für die Kamerasteuerung. Die Bewegungen der Maus werden direkt auf die Kamera übertragen. Das ist insofern kein Problem, als dass es in 3D-Shootern keinen Mauszeiger gibt, mit dem man etwas anklicken müsste.

Das geht bei Strategiespielen und Fahr/Flugsimulatoren nicht. Da kann man auf einen Mauszeiger nämlich leider nicht verzichten. Es müssen Buttons und Menüs angeklickt werden. Während die Simulatoren aber auch keine freie, direkt steuerbare Kamera besitzen, sind 3D-Strategiespiele ein Problemkind. Man braucht sowohl einen Mauszeiger als auch eine Kamerasteuerung.

Wenn man will, kann man natürlich die Kamera analog zur Bedienung der 2D-Spiele gestalten. Alle da erwähnten Steuerungsarten sind problemlos auch in 3D möglich. Nur muss man dann auch mit der Einschränkung dieser Steuerungen leben: keine Drehung möglich.

Na gut, was soll's. Manche Spiele machen das so und der Spieler wird trotzdem glücklich, siehe EMPIRE EARTH.

Wer es jedoch schade findet, sich die Objekte nicht auch aus einer anderen Perspektive ansehen zu können, der sollte sich ernsthaft überlegen, die rechte Maustaste für die Kamerasteuerung zu opfern. Deswegen die rechte, weil die linke standardmäßig die mauszeigerbezogenen Aktionen auslöst; und Maus statt Tastatur, weil man auf diese Weise die Kamera bequem nur mit der Maus steuern kann. Man kann die Bildschirmränder zum Bewegen nach vorne und zur Seite verwenden, und wenn man die rechte Maustaste niederdrückt, kann man per Mausbewegung Nick- und Gierwinkel ändern. Ist natürlich nur ein Vorschlag. Das Problem ist, dass viele Leute es gewohnt sind, mit der rechten Maustaste den aktuellen Modus (Baumodus, Abrissmodus, Abfragemodus etc.) zu verlassen. Das ist dann etwas problematisch, wenn der Modus dauernd abgewählt wird, nur weil der Spieler sich drehen will.

EARTH 2150 ist in seiner Bedienphilosophie ganz anders, da gibt es einen virtuellen Punkt in der Landschaft, den die Kamera immer anguckt. Das heißt, wenn man sich dreht, dreht man sich auch nicht um die eigene Achse sondern um diesen Punkt. Und wenn man die Bildschirmränder berührt, wird dieser Punkt verschoben und mit ihm die Kameraposition. Man kann zwar so niemals nach oben blicken, aber das ist für ein Strategiespiel auch nicht erforderlich. Insgesamt ist diese Steuerung ganz hervorragend. In EARTH 2150 gibt es noch ein zusätzliches Feature, den Autozoom. Der bewirkt, dass je steiler man bodenwärts schaut, man auch umso weiter vom virtuellen Punkt wegzoomt. Schwer zu erklären, warum das gut ist, man muss es mal ausprobiert haben.

Das Thema Zoom ist in 3D sowieso noch eine heikle Sache. Zoomt man zu nahe an ein 3D-Objekt, wird sein Aufbau aus Polygonen sichtbar und die Pixel der Textur werden zu großen Blöcken. Zoomt man dagegen zu weit weg, wird der Bereich, den man sieht, sehr groß, und es müssen viele Objekte gleichzeitig dargestellt werden. Die Folge: Einbruch der Framerate. Ich nehme an, dass deswegen EMPIRE EARTH so beschränkt im Herauszoomen ist. Allerdings beschweren sich dafür die Spieler umso mehr darüber, dass man nie einen gescheiten Überblick kriegen kann.

1.4.3.6 Versorgung mit Informationen

1.4.3.6.1 Das Userinterface gibt Auskunft

Das UI ist kein reines Eingabegerät, ebenso wichtig ist es, dass der Spieler stets auf dem Laufenden ist, was gerade Sache ist. Neben offensichtlichen Informationen innerhalb der Spielgrafik (wie viele Gegner stehen vor mir, wo ist der Ausgang) gibt es auch nicht-offensichtliche Informationen, z. B. wie viel Schuss sind noch im Revolver, wie gesund bin ich. Oder wie viel Geld habe ich auf dem Konto, wie viele Runden/Sekunden bis zum nächste Ereignis, welche Regierungsform hat mein Staat usw. Diese Informationen sind im Funktionsbereich des UI untergebracht.

Eine große Kunst ist es, durch Ausgestaltung der Spielgrafik aus nicht-offensichtlichen Informationen offensichtliche zu machen. Das ist realistisch und sieht gut aus. In einem 3D-Shooter kann man z. B. anstelle der Munitionsanzeige den Spieler nachsehen lassen, wie viele Kugeln noch im Revolver sind, oder wie lang der Munitionsstreifen noch ist, der aus dem Maschinengewehr hängt. Seine Gesundheit könnte durch Geräusche, eine erschwerte unsichere Fortbewegung, einen getrübten Blick und Blutflecken auf der Kleidung sichtbar gemacht werden.

In vielen Rollenspielen sieht man die Ausrüstung der eigenen bzw. der anderen Charaktere direkt in der Spielgrafik. Als neuester Schrei sind Emotionen von den Gesichtszügen ablesbar.

Wie schon in 1.3.3.4 gesagt, ist die Präsentation der Informationen alles andere als unwichtig, und für die Atmosphäre ist die Ausgestaltung von Informationen in der Spielgrafik immer eine große Bereicherung – um der Spielbarkeit willen sollte man jedoch in vielen Fällen die Zahlenanzeigen beibehalten.

Der Spieler hat nämlich keine Lust, in einem 3D-Shooter seine Munition zählen zu müssen!

Und in einem Strategiespiel will ich nicht nur weiterhin meinen Kontostand im Funktionsbereich sehen, ich vermisse die Alternative gar nicht, zu einer 3D-Bank zu laufen und vom 3D-Kassierer einen realistisch aussehenden Kontostand abrufen zu müssen.

1.4.3.6.2 Was der Spieler wissen muss und was nicht

Nicht alles, was man dem Spieler mitteilen kann, muss man ihm auch mitteilen – in manchen Fällen wäre es sogar eher töricht. Das hängt allerdings von Spiel ab, genauer gesagt vom Genre.

In einem 3D-Shooter bzw. Adventure sind Spannung und Neugier gerade dem Umstand, dass der Spieler vieles *nicht* weiß, zu verdanken. Ebenso in einem Strategiespiel mit anfangs verborgener Karte bzw. *Fog of War.*

Dann gibt es Dinge, die der Spieler wissen könnte, wenn er sich die Mühe macht. Diese Dinge sollte man nicht vor ihm geheim zu halten versuchen, sondern im Gegenteil alles daransetzen, ihm diese Mühe zu ersparen.

In Strategiespielen ist das z. B. der ganze Berechnungskram und ggf. auch die zugrunde liegenden Berechnungsformeln. Da hat sich in den letzten Jahren einiges getan, aber immer noch lassen viele Handbücher Details im Dunkeln und das UI verschweigt Zahlen, und das ist nicht richtig. So bekommt der Spieler in CIVILIZATION 3 z. B. gelegentlich Meldungen, was dieser oder jener Gegner treibt, aber diese Information ist später nicht wieder abrufbar.

WICHTIG

Der Spieler will in einem Spiel spielen und nicht zählen bzw. rechnen. Ihm jedoch mit dieser Absicht Informationen vorzuenthalten, ist ein Designfehler.

Eine schöne Erfindung von DOOM war in QUAKE bereits nicht mehr enthalten: die Automap. Ich finde, zu Unrecht. Es ist zwar irgendwo realistisch, dass man nicht durch ein Dutzend verwinkelter Räume laufen und sie im Vorbeigehen vermessen kann, um einen Grundriss des Levels erstellen zu können, aber es wäre eine nette Hilfe für Spieler, die Probleme mit der 3D-Orientierung haben. Oder einfach nur, um zu wissen, wo man schon war und wo noch nicht. Wenn dieses Feature fehlt, kann sich der Spieler ja trotzdem auf Papier eine Levelkarte zeichnen und dafür ein paar Stunden Zeit verbraten, die man auch hätte sinnvoller nutzen können.

1.4.3.6.3 Orientierungshilfen

Ähnlich der Automap gibt es noch andere Arten von Orientierungshilfen, die erwähnenswert sind. So z. B. ein Kompass, der einem in der 3D-Landschaft sagt, in welche Himmelsrichtung man blickt.

Es gibt auch intelligente Kompasse, die einem sagen, in welcher Richtung das *nächste Ziel* ist. So z. B. in ONI, einem 3D-Shooter (in dem man aber weniger schießt als schlägt und tritt). Nun gut, üblicherweise soll man in derlei Spielen zwar selbst herausfinden, wo es lang geht, aber die Designer wollten sich am Tempo und Stil von Jackie-Chan-Filmen orientieren, und es wäre dieser Atmosphäre tatsächlich abträglich, wenn man Zeit mit solch banalen Dingen verbringen müsste, wie erst einmal *den Weg zu suchen.*

Rennspiele haben bisweilen blinkende Pfeile, die angeben, in welche Richtung man fahren/fliegen muss. Das ist nützlich, wenn der Spieler gerade wieder mal in den Abgrund gefallen ist oder sich überschlagen hat. Gut, solche Hilfen gibt es in der Realität vielleicht nicht, aber in der Realität hat man nach einem schweren Unfall auch andere Probleme als die Fahrtrichtung.

1.4.3.6.4 Nervige Dialogboxen

Es gibt zwei Arten von nervigen Dialogboxen. Die, die nerven, weil sie da sind, und die, die nerven, weil sie *nicht* da sind.

Zunächst einmal nerven Dialogboxen grundsätzlich, weil man sich mit ihnen beschäftigen muss. Man muss sie lesen, etwas eingeben und OK oder Abbrechen drücken, damit sie wieder dahin verschwinden, wo sie hergekommen sind. In dieser Zeit verdecken sie das Spiel bzw. halten es an, was als unangenehm empfunden wird. Noch schlimmer jedoch, wenn das Spiel zwar verdeckt wird, aber nicht anhält.

Nun sind Dialoge zuweilen notwendig, damit der Spieler etwas eingeben kann, das er nicht auf anderem Wege eingeben kann (sein Name, Grafik- und Soundeinstellungen etc.). Man kann sie also nicht einfach weglassen.

Dialoge, die keine Information vom Spieler verlangen, sollte man jedoch tunlichst darauf untersuchen, ob sie *wirklich notwendig* sind. Häufig trifft man in Spielen auf aufpoppende Fenster, die dem Spieler etwas mitteilen, aber selbst nichts wissen wollen (keine Eingabe benötigen). Häufig sind es Fehlermeldungen, manchmal die Ankündigung von Zufallsereignissen oder sonstigen Informationen. In manchen Spielen verschwinden diese Fenster nach einigen Sekunden von selbst, aber meistens muss man sie wegklicken. Das nervt. Und zwar umso deutlicher, je mehr solcher Pop-up-Fenster im Spiel enthalten sind bzw. je häufiger sie auftreten. Und auch, je überflüssiger sie sind.

In TRANSPORT TYCOON kommt es beim Verlegen von Schienen gelegentlich dazu, dass man versehentlich auf ein Feld klickt, wo bereits eine Schiene liegt. Sofort poppt ein Fenster auf und teilt einem mit, dass man hier nicht bauen kann, weil Schiene schon gebaut. Das ist nicht nur vollkommen uninteressant, es poppt auch noch genau da auf, wo man gerade baut. Verflucht! Gnädigerweise verschwindet das Fenster nach ca. zwei Sekunden von selber, aber es behindert den Spieler in seinem Tun, und zwei Sekunden können entsetzlich lang sein, wenn der Spieler nicht sehr geschickt mit der Maus umgeht und mehrfach das Feld nicht trifft, das er eigentlich anklicken will. Ein Warnton oder ein kleines »X« über dem Cursor wären hier wesentlich effizienter gewesen.

Genauso verhält es sich mit AQUANOX, wenn man sein U-Boot mit 12 Torpedos ausrüsten will. Bei Nr. 12 kommt ein völlig überflüssiges Fenster mit der Mitteilung, dass nicht mehr Torpedos aufgeladen werden können. Besonders überflüssig, weil in der Torpedo-Anzeige bereits 12/12 steht.

Wenn es schon unbedingt notwendig ist, dem Spieler eine Nachricht zukommen zu lassen, hat man alternative Möglichkeiten: Man kann sie in einer Statuszeile anzeigen wie RAILROAD TYCOON 2, oder in einem Newsticker wie TRANSPORT TYCOON und SIMCITY 3000. Wenn's den Spieler interessiert, guckt er da mal hin. Auch kann man den Mauszeiger verändern, oder, wenn etwas nicht geht, das Objekt unter dem Mauszeiger rot einfärben. Und schließlich und endlich kann man auch Geräusche und Sprachausgaben verwenden.

Man sollte sich also drei Dinge überlegen, bevor man eine Dialogbox einsetzt, die nur mitteilt, aber nichts wissen will:

1. Ist es wirklich notwendig, diese Nachricht auszugeben? Häufiger, als man meinen möchte, ist die Antwort nein.
2. Kann man sie über eine Statuszeile/Ticker/Sprachausgabe ausgeben? Das geht fast immer.
3. Wie oft kommt diese Nachricht vor? Je häufiger, desto mehr spricht *gegen* die Verwendung einer Dialogbox.

Dialoge, die etwas wissen wollen, sind manchmal ambivalent. So sind Sicherheitsabfragen á la »Wollen Sie das wirklich tun?« manchmal ein Segen. Ziemlich häufig kommt es nämlich vor, dass man versehentlich eine »gefährliche« Funktion anklickt, die man gar nicht haben wollte: Programm zu Ende, Spielstand überschrieben, Geld ausgegeben, Festplatte formatiert ...

Andersherum wird den Designer der tausendfache Todesfluch treffen, wenn er es wagt, solche Sicherheitsabfragen für häufig gebrauchte Funktionen einzusetzen (»Wollen Sie hier wirklich eine Straße bauen?« »Wollen Sie wirklich auf diesen Endgegner schießen?«).

1.4.3.6.5 *Online-Hilfe*

Spiele, die sich selbst erklären, gab es schon immer, insbesondere die Münzautomaten der 70er. Aber mit Online-Hilfe ist nicht gemeint, das Handbuch noch mal aus dem Spiel heraus lesen zu können, sondern die äußerst nützliche Eigenschaft, *kontextsensitive Hilfe* geben zu können. Also spezielle Hilfe für das, was man gerade tut oder tun will. In seiner primitivsten Form ist das mit einer Bubblehelp getan. Aber man kann auch weitergehen und bestenfalls (für Designer und Programmierer schlimmstenfalls) implementieren, dass z. B. ein Rechtsklick auf jedes Icon und jeden Button erklärt, was es damit auf sich hat. Eine ganz hervorragende solche Online-Hilfe hat MASTER OF MAGIC.

Es gibt kein Argument gegen eine Online-Hilfe, sie ist immer und grundsätzlich eine feine Sache. Das Problem damit ist jedoch, dass sie einiges an Arbeit erfordert, und wenn man am Spieldesign etwas ändert, wird meist vergessen, auch den Eintrag in der Hilfe zu ändern.

1.4.3.7 Helfer-KI

1.4.3.7.1 *Begriff und Funktion der Helfer-KI*

Die Helfer-KI hat nichts mit der KI zu tun, die für die Steuerung der Computergegner zuständig ist, dennoch ist der Ausdruck »Intelligenz« nicht ganz abwegig. Die Helfer-KI ist nämlich der Teil des UI, der dafür zuständig ist, zu interpretieren, was der Spieler gerade machen will. Ohne Helfer-KI sind Spiele wesentlich komplizierter zu bedienen, weil der Spieler sich dann um viel mehr Kleinigkeiten kümmern muss.

In AGE OF EMPIRES oder WARCRAFT kann ich einer Einheit, die ich ausgewählt habe, durch einen Rechtsklick sehr unterschiedliche Befehle erteilen, je nachdem was die Einheit kann und worauf ich klicke:

- Leere Landschaft: Gehe dahin.
- Gold: Wenn Arbeiter, dann gehe dahin und baue so viel Gold ab, wie du tragen kannst. Bringe es anschließend zum nächsten Rohstofflager und wiederhole das ganze, bis kein Gold mehr da ist.
- Steine, Bäume: wie Gold.

- Baustelle: Baue an diesem Gebäude
- Tier: Wenn Arbeiter, jage das Tier und hacke so viel Fleisch wie du tragen kannst. Bringe es anschließend zum nächsten Rohstofflager usw. Wenn Militäreinheit: Erschlage das Tier
- Gegnerische Einheit/Gebäude: Wenn Arbeiter oder Militäreinheit: Nähere dich dem Ziel so weit wie nötig und greife es dann an. Wenn Tribok: Nähere dich dem Ziel so weit wie nötig, baue dich dann auf und greife es dann an.
- Eigene Einheit/Gebäude: Wenn Arbeiter: Repariere es (sofern beschädigt).

Ebenfalls zur Helfer-KI gehört es, dass ein Arbeiter in AGE OF EMPIRES 2, wenn er ein Holzfällerlager/Bergwerk oder Mühle gebaut hat, er automatisch nach der Fertigstellung Holz/Gold/Steine/Beeren in der Nähe des Gebäudes einsammelt.

Aber auch, dass eine Militäreinheit automatisch eine gegnerische Einheit bzw. Gebäude angreift, wenn sie/es in Sichtweite kommt, ist Helfer-KI.

Auch, dass in CIVILIZATION beim Bau einer Stadt automatisch die »besten« Felder belegt werden.

Weiter oben erwähnte ich das Problem des Abreißens von MOBILITY. Nun, richtig wäre es gewesen, wenn es nur *einen einzigen Button* für den Abriss gäbe. Ob der Spieler nun ein Gebäude, einen Weg oder eine Haltestelle abreißen will, sollte das Programm doch bitte gefälligst selbst herausfinden. So schwer ist das nicht, immerhin muss der Spieler ja eh auf das Objekt zeigen, das er abreißen will.

Das ist so einfach, dass du den Namen Helfer-KI vielleicht zu hochtrabend findest. Na gut, wie wäre es dann mit folgendem Beispiel aus 3DTT:

Der Spieler will eine Straße bauen, klickt Anfangs- und Endpunkt in der 3D-Landschaft an.

- Das erste Drittel dieser Straße verläuft in der Erde. Es muss entschieden werden, ob ein Tunnel gebaut wird oder ein Geländeeinschnitt.
- Das mittlere Drittel kreuzt ein Gleis. Es muss entschieden werden, ob ein Bahnübergang oder eine Brücke oder ein Tunnel am sinnvollsten ist.
- Das letzte Drittel verläuft über der Erde. Eine Brücke ist erforderlich. Je nach Spannweite und Höhe muss entschieden werden, welcher Brückentyp hier am günstigsten ist.

Der Sinn einer Helfer-KI, ist es, dem »Ausarten in Arbeit« entgegen zu wirken (1.3.2.1), indem sie dem Spieler all die kleinen Entscheidungen abnimmt, bei denen es *keinen* oder nur *sehr wenig Sinn* macht, darüber nachzudenken.

1.4.3.7.2 Gute Automatismen, böse Automatismen

Auch in Sachen Automatisierung kann man zu viel des Guten tun. Hin und wieder nerven Helfer-KIs, indem sie Dinge machen, die der Spieler nicht wollte. So war es in AGE OF EMPIRES ausgesprochen grausam, dass wenn ich meine Soldaten unbeaufsichtigt ließ, ein einzelner gegnerischer Bogenschütze auftauchte, einen Schuss abgab und wieder weglief. Die Helfer-KI befahl meinen Leuten, diesen Bogenschützen zu verfolgen, und wenn ich wieder hinsah, war der Trupp bereits dem Gegner zu seiner Festung gefolgt, um dort abgeschlachtet zu werden. In AGE OF EMPIRES 2 kann man deshalb zur Vermeidung solcher Probleme den »Aggressionslevel« der Einheiten bestimmen: a) Gegner verfolgen, b) Gegner nur ein paar Meter weit verfolgen, c) stehen bleiben und d) nichts tun. Das einzige, was ich noch vermisse, ist, dass man diese Einstellungen schon in der Kaserne vornehmen kann, weil alle neuen Einheiten immer auf a) stehen.

Mein Microsoft Word, mit dem ich gerade schreibe, hat auch eine Helfer-KI. Es korrigiert erstaunlich viele Tippfehler, die ich mache. Leider Gottes nervt das, wenn ich ungewöhnliche Wörter oder Abkürzungen schreiben muss, und ich muss in diesem Buch eine Menge davon schreiben. Auch ist die Art und Weise, wie das Markieren von Text in diesem Programm funktioniert, in 90% der Fälle arbeitserleichternd, aber in 10% der Fälle geschehen Dinge, für die ich dem Programmierer körperliche Gewalt antun möchte. Ja, ich bin ein undankbarer Geselle, ich weiß. Noch undankbarer und intoleranter ist jedoch der durchschnittliche Spieler.

Lange Rede, kurzer Sinn, bereits in den 70er Jahren gab es ein Sprichwort:

WICHTIG

Die beste Automatik ist immer die, die man abschalten kann.

Man muss als Designer hier sehr vorsichtig die Lage abschätzen: Wie oft und warum kann es vorkommen, dass der Spieler nicht haben will, was meine Helfer-KI ihm anbietet? Und entsprechend muss man verschiedene Regulierungsstufen einführen:

1. Es ist völlig absurd, dass der Spieler sich jemals anders entscheiden will? Dann soll die Helfer-KI die Funktion voll und ganz übernehmen.
2. Unter gewissen Umständen kann es vorkommen, dass der Spieler sich anders entscheiden will? Dann soll er die Möglichkeit haben, die Entscheidung der Helfer-KI nachträglich abzuändern bzw. rückgängig zu machen.
3. Es kommt häufiger vor, dass der Spieler sich anders entscheiden will? Dann soll die Helfer-KI nur einen Vorschlag machen, den der Spieler annehmen oder ablehnen kann. Achtung: Gefahr der nervigen Dialogbox. Alternativ: Helfer-KI konfigurierbar machen (siehe oben Beispiel der Aggressionslevel in AGE OF EMPIRES 2 bzw. siehe unten Gouverneur in CIVILIZATION 3).
4. Die Entscheidung ist ein wesentlicher Bestandteil des Spiels? Dann soll die Helfer-KI überhaupt nicht aktiv werden! Man kann die Funktionalität jedoch als Gegner-KI gebrauchen.

In vielen Spielen kann man schon länger die Verwaltung von Städten bzw. Provinzen einem »Gouverneur« überlassen, aber man muss nicht. Und viele dieser Spiele bieten seit einigen Jahren die Möglichkeit an, dem Gouverneur Vorgaben zu machen, *wie* er die Stadt verwalten soll. In CIVILIZATION 3 findet das derzeit seinen Höhepunkt. So kann man einstellen, ob die Produktion von Nahrung, Schildern oder Geld maximiert werden soll, ob in der Stadt Weltwunder gebaut werden sollen und die Priorität von 15 Kategorien von Einheiten und Gebäuden ist einstellbar. Übrigens: Der Gouverneur trifft laut Handbuch seine Entscheidung basierend darauf, was der Spieler im Spiel üblicherweise entscheidet. Das wäre einer echten lernenden KI im Sinne der wissenschaftlichen Definition sehr nahe gekommen. War nur leider zu schön um wahr zu sein.

Zum Thema KI siehe auch 3.8.

Als Online-Hilfe bzw. Helfer-KI wäre es übrigens ein äußerst nützliches Feature, ein Helferlein á la Microsoft-Office-Assistent zu haben, das einerseits die Tutorials mit dem Spieler durchgeht, andererseits während des normalen Spiels kontextsensitive Hinweise zur Bedienung liefert, z. B. »Du hast jetzt mehrere Male hintereinander dieselben Einheiten mit der Maus markiert. Du kannst dir Gruppen von Einheiten auf Tastenkürzel legen ...«

1.4.3.8 Sound benutzen

Kein Gesetz der Welt schreibt vor, das UI auf Grafikausgabe zu beschränken. Wenn man sich manches Hobbyprojekte ansieht, möchte man jedoch meinen, dass es ein solches Gesetz gäbe.

Sound hat einige ganz immense Vorteile, die man beachten sollte:

Sound verdeckt nichts bzw. ist nicht im Weg, er eignet sich daher gut, um nervige Dialogboxen zu ersetzen bzw. wenn man für die Ausgabe von Informationen keinen rechten Platz hat.

Es kann zur Bestätigung von Mausklicks oder höheren Befehlen verwendet werden (Klickgeräusch, Rascheln, Sprachausgabe »Jawohl« etc.), da es ansonsten für den Spieler häufig nicht sicher ist, ob die Eingabe angenommen wurde.

Man muss es nicht lesen, es strengt daher nicht an und beansprucht die Konzentration des Spielers weniger.

Sound ist penetrant, man kann ihn nicht im Eifer des Gefechtes überhören bzw. er kann auch dann »angezeigt« werden, wenn man nicht hinsieht. Viele Echtzeitstrategiespiele machen Gebrauch davon, um die Fertigstellung von Einheiten und Gebäuden zu melden. AGE OF EMPIRES spielt ein Soundsample, in COMMAND & CONQUER spricht eine Frauenstimme.

Doch bei aller Begeisterung ein Wort zur Vorsicht: So wie eine nervige Dialogbox kann auch Sound nerven. Sei es, wenn zu häufig innerhalb kurzer Zeit dasselbe

Sample abgespielt wird oder der Spieler die Information schlichtweg nicht braucht. So z. B. in BALDUR'S GATE 2: Wenn man das Bewegungsziel auf den Kartenrand setzt, sagt eine Stimme: »Sie müssen ihre Gruppe erst sammeln, bevor Sie die Karte verlassen können«. Das ist zwar logisch, steht aber auch schon in der Statusleiste.

1.4.3.9 Undo-Funktion

Undo ist eine Funktion, welche die zuletzt gemachte Aktion ungeschehen macht. Dergleichen wird klassischerweise immer für Strategie- und Aufbauspiele gefordert.

Tja, nun ist es einfach, diese zu fordern, und für den Designer auch kein Problem, sie ins Designdokument zu schreiben – den schwarzen Peter hat hier in jedem Fall der arme Programmierer, denn Undo-Funktionalität ist absolut nicht trivial. Sie erfordert stets in irgendeiner Weise das Speichern des Ausgangszustandes, um ihn wieder herstellen zu können. Das ist fast immer enorm speicherfressend, und in manchen Fällen ist es bereits aus rein logischen Gründen schlichtweg unmöglich. Der Designer sollte deshalb immer das Programmierer-Team befragen, bevor eine solche Funktion »beschlossen« wird.

Ansonsten gibt es auch designtechnische Gründe gegen eine Undo-Funktion. Bei einem Multiplayer-Spiel muss ich das wohl nicht näher erläutern. Aber auch sonst ist es oft gerade der Reiz eines Spiels, dass eine Entscheidung den Rest des Verlaufs auf jeden Fall beeinflusst. Eine Undo-Funktion würde den Spieler eventuell sehr unvorsichtig werden lassen – und das Spiel ein wenig langweilig. Ähnlich der Quicksave/Quickload-Funktion in 3D-Shootern.

1.4.4 Sound

Der Sound ist fast so wesentlich wie jedes andere Element eines Computerspiels, das wird jedoch häufig übersehen. Der Grund dafür ist simpel: Es ist rein technisch möglich, ein funktionierendes Spiel ganz ohne Sound zu erstellen, nicht jedoch ohne jegliche Grafik oder ohne Userinterface.

Aus diesem Grund werden Spiele in der Regel erst mal grafisch entwickelt und der Sound irgendwann mal nachgeschoben. Oftmals Geräusche aus Bibliotheken und Musik von der Stange.

Dadurch werden häufig große Chancen vertan. Sound ist nämlich ein noch wichtigerer Faktor im Erzeugen einer Atmosphäre als Grafik. Sound wird im Gegensatz zur Grafik nämlich nicht bewusst wahrgenommen. Während Grafik vorwiegend die »linke Hirnhälfte« anspricht, also analytische Informationen für bewusste Entscheidungen des Spielers liefert, wirkt Sound auf das Unterbewusstsein ein, erzeugt bzw. verstärkt Gefühle und zieht den Spieler tief in das Geschehen.

Das kann man sich mal drastisch vor Augen führen, wenn man in einem Thriller oder Horrorfilm den Ton abdreht. Es wird sofort alles viel weniger spannend, um es vorsichtig auszudrücken. Sogar KRIEG DER STERNE hat seinerzeit das Testpublikum erst dann wirklich beeindruckt, nachdem die Musik fertiggestellt war.

Musik bzw. Musikwechsel wird in vielen Spielen verwendet, um auf die jeweilige Situation einzustimmen. In CIVILIZATION noch in recht harmloser Weise, indem jedes Volk seine eigene Melodie hat, ebenso bestimmte Arten von Ereignissen (Bürgerkrieg, Atomtest, Feier). In UNREAL wechselt die übliche Hintergrundmusik in speziellen, gefährlichen Situationen zu einem dramatischen Stück mit hohem Tempo und harten Gitarrenriffs. Und in ZELDA 64 gibt es eine spezielle »Gefahrenmusik«, eine Art Streichertremolo, das sich ganz unauffällig in den Vordergrund spielt, jedes Mal wenn man in den Aktionsbereich eines Gegners kommt.

Außer Musik können aber auch Geräusche aller Art zum Träger von Informationen bzw. Gefühlen sein. Besonders unheimlich ist es, wenn man Gegner hört, bevor man sie sieht. Eventuell noch nicht einmal direkt die Geräusche, die sie machen: In SILENT HILL 2 findet man z. B. im Spiel recht früh ein kleines Radio. Es scheint kaputt zu sein, aber später stellt sich heraus, dass statisches Rauschen das Herannahen von Monstern ankündigt. Wer noch nicht weiß, was echter Grusel ist, der kann es hier lernen.

1.4.5 Spielbalance

1.4.5.1 Die Bedeutung der Balance in Spielen

Spielbalance ist das Feintuning des Spiels und kommt einigermaßen zum Schluss eines Projektes dran. Der Sinn ist es, das Spiel so hinzubiegen, dass es nicht nur theoretisch abwechslungsreich ist, sondern der Abwechslungsreichtum auch ausgenutzt wird. Auch ist es eine Aufgabe des Balancings, dass das Spiel nicht zu leicht und nicht zu schwer ist. Wie so häufig ist der Sinn am besten klarzumachen, indem man Beispiele zeigt, wo es schiefgelaufen ist:

Eine typische Spielbalance-Problematik hatte STARCRAFT, wo man drei verschiedene Rassen kontrollieren kann, die sich grundlegend voneinander unterscheiden. Nun war es aber so, dass eine dieser Rassen (die Zerg) so viele Vorteile gegenüber den anderen hatte, dass in den Multiplayer-Spielen bald nur noch diese eine gewählt wurde. Der Hersteller (Blizzard) hat daraufhin einen Patch veröffentlicht, der diese Rasse deutlich unattraktiver machte und so die anderen Rassen wieder interessant wurden.

Nun soll dieses Beispiel keineswegs das Spiel oder den Entwickler kritisieren, immerhin ist Blizzard ein Entwickler, der sich rekordverdächtig viel Zeit mit seinen Produkten lässt, damit sie gut werden. Vielmehr zeigt dies, wie schwer und langwierig Spielbalance sein kann. Aber es ist wichtig, denn eine mangelhafte Balance kann ein noch so gutes Spielprinzip ziemlich beschädigen wenn nicht gar ruinieren.

Die gute Nachricht: Über Spielbalance muss man sich beim Spieldesign noch keine allzu großen Gedanken machen. Das hat Zeit, bis das Programm fertig ist und alle Features funktionieren.

Die schlechte Nachricht: Wenn man mit der Balancierung einmal begonnen hat, darf man nichts mehr am Programmcode verändern, es sei denn, man hat Lust, wieder von vorne zu beginnen.

Die allerschlechteste Nachricht: Die obigen beiden Punkte stimmen nur bedingt.

Eigentlich sollte man die Spielbalance eben doch schon während der Designphase behandeln, sonst implementiert man Features, die für den Spielverlauf entweder unerheblich oder zu stark beeinflussend sind. Erstere sind vielleicht nur verschwendete Energie, aber Letztere können die Spielbalancierung ungeheuer erschweren bzw. außer Kontrolle geraten lassen. Solche potenziellen Balancekiller sind Superwaffen, Unsichtbarkeit, Fliegen etc.

Außerdem kommt es nicht selten vor, dass das Ausbalancieren doch verlangt, dass man Programmcode ändert. Idealerweise sollte man zwar möglichst jede Variable, die später wichtig für das Finetuning ist, für die Leveldesigner nach außen freigeben, aber in der Praxis ist das nicht immer machbar bzw. es wird auch häufig aus Bequemlichkeit »vergessen«.

Spielbalance benötigt nicht nur Zeit, es benötigt auch viele Betatester, denn jeder Mensch spielt ein Spiel anders. Zu achten ist dabei auf zwei Alarmzeichen:

1. Der Spieler findet eine Strategie, das Spiel auf eine Weise zu gewinnen, die nicht vorgesehen ist. Ist manchmal nur ein Bug, aber in der Regel ein Balanceproblem.
2. Ein Spielfeature wird nie verwendet, weil es zu wenig Vorteile bringt (oder ein anderes zu viele).

1.4.5.2 Spielbalance in Zufallskarten

Man könnte meinen, dies sei ein Widerspruch in sich, da Zufallskarten nun mal zufällig sind und insofern nicht jedem Spieler die gleichen fairen Chancen bieten können. Da schon das Balancieren für den Designer nicht einfach ist, wie soll man das automatisieren?

Im Fall von CIVILIZATION (und seinen Klonen) trifft dies auch vollkommen zu: Je nachdem, ob ich das Spiel in einer fruchtbaren, grünen Flusslandschaft beginne und mein Gegner in der Wüste oder umgekehrt, einer von uns genießt einen ziemlich unfairen Vorteil und der Ausgang des Spiels ist praktisch vorbestimmt.

Dass es trotzdem möglich ist, eine einigermaßen ‚faire' Zufallskarte zu erzeugen, zeigt AGE OF EMPIRES. Alle Spieler haben bei Spielstart von allen im Spiel vorkommenden Ressourcen (Gold, Steine, Holz, Nahrung) eine gewisse Menge in nächster Umgebung. – Und ansonsten sind die Ressourcen relativ gleichmäßig über die Karte verteilt.

1.4.6 Story

1.4.6.1 Die Bedeutung der Story in Computerspielen

Wer sich mit Gamedesign beschäftigt, liest immer wieder und wieder von der Story. Ganze Abhandlungen befassen sich mit diesem Thema. Die Story muss gut sein, sie spannend sein, sie muss dieses und jenes sein. Insbesondere die Neueinsteiger gehen davon aus, dass man ein Spiel um die Story herum bauen soll, bzw. dass man es überhaupt kann. Dies ist ein ganz verheerender Kardinalfehler, ursächlich für viele Projekte, die über das »Internetstadium« nicht hinauskommen (siehe Kapitel Management).

Im Abschnitt über das Gameplay habe ich bereits angedeutet, dass in einem Spiel die Spielmechanik und der Spielfluss im Vordergrund stehen. *Ein Spiel ist eine Serie interessanter Entscheidungen*, wie schon in 1.3.1.1 hervorgehoben; kann eine Spielidee, die zunächst nur aus einer Story besteht, diesem Umstand gerecht werden? Nein, kann sie nicht.

Das große Problem ist nämlich, dass eine Geschichte, wie wir sie aus Büchern oder Filmen kennen, notwendigerweise einen vorbestimmten Ablauf besitzt. Vorbestimmt vom Autor der Geschichte. Das beißt sich mit dem Grundsatz, dass Verlauf und Ausgang eines Spiels vom Spieler gestaltet werden müssen. Der Spieler will spielen und nicht gespielt werden.

Und daher ist es wenig verwunderlich, dass der Löwenanteil der erfolgreichen Computerspiele mit einem Minimum an Story auskommt, wenn nicht gar gänzlich ohne (Tetris).

Andererseits ist es nahezu unmöglich und auch nicht erwünscht, ein Spiel ganz ohne jede Story zu erschaffen.

Um diesen Widerspruch aufzulösen, müssen wir unterscheiden zwischen der Hintergrundstory (1.4.6.2) und der Handlung (1.4.6.5). In literarischen Werken (Film, Roman etc.) sind diese nicht voneinander zu trennen, in einem Computerspiel *müssen* sie getrennt werden.

1.4.6.2 Die Hintergrundstory

1.4.6.2.1 Funktion

Die Hintergrundstory ist eine wesentliche Basis der so genannten Spielatmosphäre. Der Spieler ist zwar zufrieden, wenn er eine Aufgabe hat, aber noch schöner ist es, wenn das alles auch einen tieferen Sinn hat und die Details zueinander passen.

Wenn man dem Spieler die Hintergrundstory vorenthält, denkt er sich selbst eine aus. Wenn das Spiel z. B. die Aufgabe beinhaltet, Gegenstände in einem gefährlichen Dungeon zu finden und in einer Kiste zusammenzutragen, werden manche Spieler dies als Stehlen der Gegenstände interpretieren, manche hingegen als

Zurückbringen an den Ort, an den sie gehören, aber auf jeden Fall werden sich *alle* Spieler Gedanken darüber machen. Vielleicht haben einige es schon erraten, das Beispiel bezieht sich auf das alte Textadventure ZORK.

Wie der Name schon sagt, bildet die Hintergrundstory den Hintergrund des Spielgeschehens. Im Gegensatz zu einem Roman liegt der Schwerpunkt nicht auf einer Handlung und nicht auf Dialogen und Spannungsmomenten, sondern ganz schlicht auf Informationen und Erklärungen. Es werden folgende grundsätzliche Bereiche für den Spieler definiert:

- **Schauplatz**: Wo und wann passiert das, was ich spiele?
- **Vorgeschichte**: Was ist vorher passiert, wie bin ich in diese Situation gekommen?
- **Begründungen**: Warum ist das sinnvoll, was ich tue? Warum läuft das Spielgeschehen so ab, warum kann ich dieses tun, aber nicht jenes?

Entsprechend ist der Stil zahlreicher Hintergrundstorys auch eher der einer kulturhistorischen Dokumentation. Das hat zwei Vorteile: Erstens wird es der Funktion gerechter, zweitens hat man weniger zu schreiben. Das hält natürlich viele Leute nicht ab, regelrechte Begleitromane zum Spiel zu verfassen, gelegentlich sogar in Form eines zweiten Buchs neben dem Handbuch, nicht selten sogar dicker als selbiges. Es besteht auf diesem Gebiet ganz eindeutig eine Tendenz zum *Romanneid*. Eigentlich würden die Autoren gerne (lieber?) einen Roman schreiben und sehen in der Story eines Spiels, die große Chance, sich zu verwirklichen.

Aber ach, das ist so völlig sinnlos! Ein Spiel ist nun mal vom Wesen her kein Roman, und seine Hintergrundstory ist es auch nicht. Nichtsdestotrotz ist sie wichtig, denn Spiele, in denen der Spieler irgendwelche abstrakten Dinge tut, machen weniger Spaß, als wenn sie in irgendeinem größeren Zusammenhang stehen. Gut, Ehre der Ausnahme, abstrakte Primitivst-Spiele wie TETRIS kommen glänzend ohne jegliche Story aus.

Aber SPACE INVADERS schon wieder nicht. Man stelle sich vor, man hätte keine Aliens abzuschießen, sondern bewegliche Kegel mit Bowlingkugeln zu überrollen. Das wäre bereits um einiges weniger interessant, auch wenn es von der Mechanik her immer noch dasselbe Spiel wäre. Ebenso, wenn es völlig abstrakt wäre und man nur mit Dreiecken auf Vierecke schießen würde. Ganz zerstört werden kann der Spielspaß durch das Fehlen einer Story hier nicht, reine Actionspiele sind da einigermaßen unempfindlich, weil der Spieler zu sehr mit der Auge-Hand-Koordination beschäftigt ist, um sich über das Drumherum Gedanken zu machen.

Komplexere und weniger actionlastige Spiele leiden unter dem Verlust der Story wesentlich stärker. Um sich darüber klar zu werden, kann man einige Spiele betrachten, die ein identisches Gameplay, aber unterschiedliche H.s haben, oder aber identische H.s und ein unterschiedliches Gameplay. Na gut, es gibt natürlich nicht zwei Spiele, die wirklich ein haargenau identisches Gameplay oder identische Story aufweisen, aber manchmal sind die Ähnlichkeiten so groß, dass die Unterschiede vernachlässigbar sind.

1.4.6.2.2 Identisches Gameplay bei unterschiedlicher Hintergrundstory:

Praktisch alle 3D-Shooter haben dasselbe Gameplay: Laufe durch diverse Architekturen und schieße die Gegner zu Klump, bevor sie dich erwischen. Die Hintergrundstory erweist sich dabei als austauschbar.

Aber dennoch ist sie wichtig! QUAKE hat eine Story, und der Spieler braucht sie auch. So wie die Story in HALF-LIFE, UNREAL – und sogar in DOOM. Ohne einen Kontext wären das nur Aneinanderreihungen von irgendwelchen Leveln, und das ist ausgesprochen öde, sobald die Begeisterung für die Grafikengine aufgebraucht ist. Durch die Gegend laufen und Gegner abschießen ist unglaublich langweilig, wenn der Sinn fehlt. Erst die Hintergrundstory verleiht dem Spiel seinen individuellen Charakter.

In DOOM, QUAKE und HALF-LIFE bedrohen aufgrund missglückter wissenschaftlicher Experimente Monster aus einer anderen Dimension die Welt. Der Spieler muss sich seinen Weg freischießen, um zu überleben. Das ist doch was! In MAX PAYNE ist der Spieler in der tragischen Rolle eines New Yorker Polizisten, der gegen ein Drogenkartell kämpft. Und in WOLFENSTEIN ist man ein amerikanischer Agent mit diversen Anti-Nazi-Missionen. Man kann die Story nicht weglassen, ohne diese Spiele zu zerstören.

In Rollenspielen ist die Bedeutung der Story ebenfalls elementar. Wie bereits in der Genre-Übersicht erörtert (1.2.4.2), gibt es Regelsysteme wie z. B. AD&D, wo sich das Gameplay von einem Spiel zum anderen praktisch nicht unterscheidet. Der wesentliche Unterschied liegt in der Story.

CIVILIZATION und MASTER OF MAGIC sind ebenfalls praktisch dasselbe Spiel. Während man in Civilization jedoch der Anführer eines Volksstammes ist, der aus der Steinzeit in die Moderne zu bringen ist, und das ganze auf der Erde spielt (mehr oder weniger), ist man in MOM ein Zauberer, der in einer Herr-der-Ringe-artigen Zauberwelt die Alleinherrschaft anstrebt. Man hätte diese Spiele auch abstrakt wie Schach machen können – aber das ist halt extrem langweilig und fade.

Und in diesem Zusammenhang ist der Begriff des **Identifikationsmusters** wichtig. Abstrakte Spiele, also Spiele ohne H., haben von Haus aus keins. Das bedeutet, sie versetzen den Spieler nicht in eine bestimmte Welt mit bestimmten Charakteren. Es gibt nichts, zu dem er eine emotionale Bindung eingehen könnte.

Das genaue Gegenteil finden wir, wenn wir uns die 5 Titel der TOMB RAIDER Reihe betrachten: Was wäre denn das Spiel ohne die Kultfigur Lara Croft? Oder warum gibt es eigentlich Spiele, die im Fahrwasser großer Filme bzw. Fernsehserien schwimmen?

Weil das Dinge sind, die der Spieler kennt, die ihm vertraut sind und er sich in diesen Welten »wohl fühlt«. Und die Gesamtheit der vertrauten Dinge bildet das *Identifikationsmuster.*

Wie wichtig **Vertrautheit** ist, habe ich ja schon mal in 1.2.9 geschrieben. Das erstreckt sich auch auf die Hintergrundstory, die nun mal alles andere als unwichtig ist.

Spiele, die den Spieler in eine allzu fremdartige Welt schicken, sind aus diesem Grunde auch nicht gar so erfolgreich. So ein Spiel ist z. B. SACRIFICE, eine Art 3D-Echtzeitstrategiespiel, wo man praktisch nur mit insekten- und weichtierförmigen Monstern zu tun hat und diese irgendwelchen Göttern opfern muss, um Mana zu kriegen. Das Spiel an sich ist gut, aber es fehlt das Identifikationsmuster.

Es ist auch bezeichnend, dass in Spielen, in denen der Spieler sich eine Nationalität aussuchen kann (AGE OF EMPIRES, CIVILIZATION), er bevorzugt zu der eigenen greifen wird oder zu einer, mit der er sich gut identifizieren kann. Ich selbst habe als Europäer z. B. eine Hemmung, Chinese, Azteke oder Zulu zu sein; mit Engländern, Franzosen und sogar Amerikanern dagegen keine Probleme. Das Taktikspiel SHOGUN, eines der besten seiner Art, macht mir allein deshalb keinen Spaß, weil ich keine Beziehung zu japanischen Armeen habe.

Meine Güte, sogar SIMCITY hat eine Story. Du bist der Städteplaner einer neuen US-Stadt. Wenn wir die Handlung in den Weltraum oder ins Abstrakte verlegen, mindert das die Attraktivität sofort erheblich, während die Verlegung ins Europäische sie erhöht (hat). Und deshalb wollte auch keiner AFTERLIFE kaufen, eine Art SIMCITY, wo man zwei Städte managen muss, nämlich Himmel und Hölle, um die Seelen der Verstorbenen unterzubringen und ihrer gerechten Belohnung und Bestrafung zuzuführen. Die Gebäude sind dabei völlig fremdartige Einrichtungen/Maschinen (»Karma-Ankerpunkt«, »Kakophon« u.a. Späße), mit denen man sich nicht im Geringsten identifizieren kann.

1.4.6.2.3 Identische Hintergrundstory bei unterschiedlichem Gameplay:

Das kommt in der Regel bei Fortsetzungen und Klonen vor. So sind CIVILIZATION, CIVILIZATION III und CALL TO POWER mit derselben Hintergrundstory ausgestattet (siehe oben), spielen sich jedoch alle etwas anders. Na gut, immerhin sind sie alle vom gleichen Genre (Rundenbasiertes 4X, siehe 1.2.2.1).

Dieses Phänomen kann jedoch auch genreübergreifend sein: So gibt es von COMMAND & CONQUER, einem Echtzeitstrategiespiel, einen Ableger, der ein 3D-Shooter ist: C&C RENEGADE. Auch war lange Zeit ein Adventure in der Welt von WARCRAFT in Arbeit: WARCRAFT ADVENTURES. Es wurde leider aufgegeben.

Der Grund für dieses Vorgehen ist derselbe wie schon oben erwähnt: vertraute Identifikationsmuster. Die Hintergrundstorys sind bekannt und akzeptiert, also werden sie übergreifend ausgeschlachtet.

Das ist nicht zu verwechseln mit dem Phänomen der versteckten Anleihen. So basieren z. B. viele Spielcharaktere und Storys auf Figuren und Geschichten des Gruselautors H.P. Lovecraft, so z. B. QUAKE (Shub-Nigurrath) und X-COM, aber es wird nicht breitgetreten (`http://www.hplovecraft.com/popcult/games/computer.htm`).

1.4.6.2.4 Identische Story bei identischem Gameplay:

Was haben DOOM, QUAKE und HALF-LIFE noch gleich gemeinsam? Okay, das dürfte inzwischen klar sein. Dennoch behaupten viele Leute, die Story von HALF-LIFE sei viel besser als die von DOOM bzw., dass DOOM gar keine Story hatte. Das kann man zwar als Unsinn abtun, aber etwas ist trotzdem dran an diesen Aussagen. Dieses Etwas heißt Atmosphäre, und ich komme in 1.4.6.3 darauf zurück.

Was übrigens nur wenige wissen: QUAKE sollte ursprünglich ein mittelalterliches Action-RPG werden, mit einem Schwert als Waffe und einem Drachen als Endgegner.

1.4.6.2.5 Es muss passen

Um zu verstehen, was das bedeutet, ein Beispiel für eine unpassende Story: Im Uralt-Klassiker ARKANOID hat man einen Schläger und einen Ball, den man ähnlich wie in PONG mit dem Schläger reflektieren muss, damit er nicht über den unteren Bildschirmrand verschwindet. Im Level sind Klötzchen, die bei Berührung mit dem Ball platzen und ihn dabei ebenfalls zurückprallen lassen. Wenn alle Klötzchen abgeräumt sind, ist der Level gewonnen, aber wenn man den Ball verliert, verliert man ein Leben. Und nun die Story, sie ist sehr kurz, daher zitiere ich sie in voller Länge: »Ära und Zeit dieser Story sind unbekannt. Nachdem das Mutterschiff »Arkanoid« zerstört worden war, floh ein Raumschiff »Vaus« davon. Aber nur, um in die Falle zu geraten durch eine von jemandem erzeugte Raumzerrung.«

Das ist allerdings sehr weit an den Haaren herbeigezogen. Wo bitteschön ist da ein Raumschiff oder gar ein Weltraum?

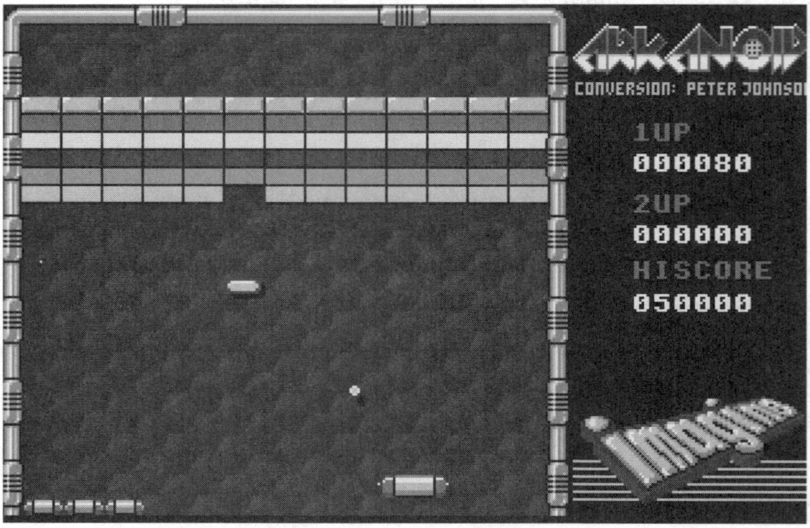

Abb. 1.98: Arkanoid (1984)

Das Spiel selbst ist trotzdem genial, aber es ist ja auch ein ‚unempfindliches Actionspiel'.

Na ja, was ich auf jeden Fall damit sagen will: Story, Gameplay und Grafik müssen eine harmonische Einheit bilden. Wenn ich eine Story mit Raumschiffen habe, will ich auch Raumschiffe sehen. Wenn es im Mittelalter spielt, will ich Ritter und Burgen sehen. Wenn Berge im Hintergrundbild sind, will ich in der Story nicht von Städten auf dem Meeresgrund lesen.

Dem Spieler die Hintergrundstory im Handbuch oder Intro bzw. in Zwischensequenzen aufzutischen ist eine Möglichkeit. Aber es gibt noch eine andere, und das sind **Storyfetzen im Spiel an sich**. Z. B. Inschriften an der Wand, Tagebücher, Dialoge und vieles mehr. Der Blutfleck an der Wand und der Abschiedsbrief auf dem Tisch sind tatsächlich nicht mehr und nicht weniger als dingliche Manifestationen der Hintergrundstory. Auch die Einrichtung: Ob sie rustikal, modern oder japanisch ist, ist Bestandteil der Hintergrundstory.

WICHTIG

Es ist für den Spieler wesentlich angenehmer (= weniger nervig), die Hintergrundstory des Spieles nicht in Zwischensequenzen oder Texten erzählt zu bekommen, sondern durch Gegenstände und Ereignisse im Spiel selbst.

Nicht im Widerspruch zum Spiel zu stehen, ist für die Hintergrundstory Pflicht, aber zur Kür reicht das noch nicht. Sowohl der Stil der Grafik als auch die Hintergrundmusik sollten dem Spieler beim ersten Anblick so viel wie möglich über den Spielinhalt vermitteln bzw. klar machen, in was für einer Umgebung er sich hier befindet.

Wenn es um Atmosphäre geht, sind die impliziten Botschaften, die uns die Einrichtung und Personen mitzuteilen haben, wesentlich wertvoller als der trockene Text, aber auch wertvoller als jedes noch so gut gemachte Intro bzw. Zwischensequenzen. Dies führt uns direkt zum nächsten Abschnitt.

1.4.6.3 Atmosphäre (Immersion)

Atmosphäre und Immersion sind das Gleiche, nur wird im deutschsprachigen Raum von Atmosphäre und im englischen von Immersion gesprochen: Es handelt sich um die Fähigkeit, den Spieler vergessen zu lassen, dass er vor einem Computermonitor sitzt und alles gar nicht echt ist, und in ihm Gefühle auszulösen. In Büchern und Filmen hat diese Kunst inzwischen eine lange Tradition, in Spielen ist sie noch verhältnismäßig neu.

Was Spiele mit Filmen verbindet, ist das direkte Ansprechen von Auge und Ohr des Zuschauers bzw. Spielers. Atmosphäre zu produzieren ist demnach Aufgabe der

Grafik und des Sounds. Allerdings geht nicht um deren Qualität und schon gar nicht um 2D oder 3D, sondern um Inhalte. So wie man auch in Zeichentrickfilmen zu Tränen gerührt werden kann, bedarf es keines Hyperrealismus um dem Spieler seine Umgebung erleben zu lassen. Interessant ist jedoch eines: Spiele fokussieren sich in der Regel auf die Erzeugung von zwei Gefühlen: Spannung und Furcht. Romantik, Tragik, Glück und Hass sind eigentlich eher selten.

Wie schon einmal erwähnt, haben DOOM, QUAKE und HALF-LIFE sowohl ein ähnliches Gameplay als auch eine ähnliche Story: Durch fehlgeleitete wissenschaftliche Experimente kommen Monster aus einer anderen Dimension und wollen die Weltherrschaft übernehmen, der Spieler kann als einziger die Menschheit retten und muss sich durch die Level schießen.

Im Gegensatz zu DOOM und QUAKE, wo die Story im Handbuch und in Text-Zwischensequenzen mitgeteilt wird, geht HALF-LIFE jedoch ganz anders vor: Das Spiel beginnt schon *vor* dem weltverändernden Ereignis als Arbeitsalltag eines Physikers in einer Forschungsstation in der Wüste irgendwo in den USA. Der Spieler muss Maschinen bedienen und erlebt die Katastrophe der Dimensionsöffnung hautnah mit, er ist an diesem Experiment nämlich direkt beteiligt. Das hat eine völlig andere Qualität als geschriebener Text – Ist natürlich auch um Potenzen schwieriger zu designen und zu programmieren.

Ebenfalls wichtig ist es, dass der Stil stimmt. D. h. wenn ein Level in einer Kirche spielt, sollte er auch so aussehen wie eine Kirche und nicht nur wie ein weiterer Level. In diesem Zusammenhang ist dem Grafiker bzw. Leveldesigner anzuraten, sich ein wenig mit Architektur und Stilkunde zu beschäftigen. Wenn ich an den Flugzeug-Level von NO ONE LIVES FOREVER denke, kommt mir immer noch das Grausen: So sieht kein Flugzeug von innen aus!

Details sind wichtig. Die Spinnweben in den Kellern von RETURN TO CASTLE WOLFENSTEIN zum Beispiel. Oder überhaupt, dass man einen Raum auf den ersten Blick erkennt, wenn man ihn betritt: Von der Decke hängende Ketten, ein Streckbett, ein Becken mit glühenden Kohlen: aha, die Folterkammer. Eine Liege, ein Glasschrank, ein Tisch mit Verbandmaterial und Spritzen: aha, ein ärztliches Behandlungszimmer. Mikroskop auf dem Tisch, Reagenzgläser: aha, ein Labor. Und so weiter.

Und auch menschliches »Inventar« ist wichtig. Wenn ich in einer Stadt bin, dann sollte es da von Menschen wimmeln – außer, es gibt eine verdammt gute Erklärung, warum sich da gerade niemand aufhält. Und wenn ich kurz in der Erfüllung meiner Spielaufgabe innehalte, dann ist es schön, wenn ich sehe, dass die Menschen bzw. Monster auch ohne mein Zutun ihren Geschäften nachgehen. Eins der ersten Spiele, die dieses implementierten, war QUAKE, wo manche Monster nicht nur herumstanden, sondern regelrecht durch die Gänge patrouillierten. Man konnte ihnen dabei zusehen, solange man nicht entdeckt wurde. Besonders schön war diesbezüglich HITMAN, ein 3D-Shooter-Adventure, bei dem man einen Profikiller in der 3rd-Person-Perspektive steuert. In allen Levels waren Menschen und Maschinen mit sinnvollen Tätigkeiten beschäftigt, man konnte mit ihnen interagieren, sie verfolgen, ihre Räume betreten und Notizen lesen. Wenn man z. B. zu lange in einem Hotelzimmer verweilte, in das man eingebrochen war, konnte es vorkommen, dass man von der Putzfrau überrascht wurde.

Was man in Wirklichkeit tun kann, soll man möglichst auch im Spiel tun können (siehe Brot backen in ULTIMA), und die Menschen oder Monster sollen sich auch natürlich verhalten. Er wird zu recht immer wieder darüber gemeckert, dass der Spieler in 3D-Shootern alle Leute in einem Raum erschießen kann, während im Nachbarraum keiner Notiz davon nimmt. Auch das ist in den letzten Jahren zunehmend besser geworden, insbesondere ist hier wieder HITMAN zu erwähnen.

Die Glaubwürdigkeit ist auch einer der Erfolgsursachen für die MMORPG (1.2.4.5). Da dort praktisch nur »echte« Menschen herumlaufen, verhalten sie sich auch realistisch.

Es gibt auch kleinere Stilbrüche, die vielleicht nicht jedem auffallen – aber wem sie auffallen, der schüttelt den Kopf. So sollte man z. B. in einem Fantasy-Abenteuer tunlichst gewisse Wörter und Namen vermeiden. Ein Priestermagier, der etwas von »Psychologie« versteht oder ein Dunkelelf mit Namen »Harry« wirken befremdlich. Zuweilen kann auch die Sprachausgabe ein Spiel ruinieren, wie der Ruhrpott-Dialekt in METRO-POLICE. Was mich nur immer wieder wundert, ist, wie vielen Leuten das gar nicht auffällt, den Spieleentwicklern inklusive.

Mit dem Thema der Glaubwürdigkeit beschäftigt sich auch noch mal der Abschnitt über Leveldesign meines Kollegen M.D. Eschner (1.7.2.4).

1.4.6.4 Die Handlung (Plot)

Also, die Hintergrundstory liefert den Hintergrund. Aber wer liefert die Handlung? Antwort: der Spieler.

Ups, jetzt habe ich einfach vorausgesetzt, dass ein Spiel überhaupt eine Handlung hätte. Aber es ist schon richtig. Und zwar ist der Spielverlauf die Handlung. Und den bestimmt der Spieler. Die einzige Ausnahme sind die rein linearen Spiele wie manche Adventures und der Interaktive Film, wo die Handlung vom Designer vorgegeben ist und man sich nur auf dieser Schiene vorwärts bewegen kann. Zwar ist die Handlung auch in 3D-Shootern letztlich linear, aber immerhin hat man die Möglichkeit, innerhalb eines Levels unterschiedlich vorzugehen.

CIVILIZATION ist ein gutes Beispiel für eine gespielte Story. Der Hintergrund ist der, dass man eine Art unsterblicher Herrscher ist, der die Geschicke einer Zivilisation auf der Erde lenkt. Aber wie die Welt aussieht, wo und wie viele Städte man baut, mit wem man Krieg führt und was erobert und wieder verliert, der Wettlauf um die

Weltwunder zuerst zu bauen – all das ist nicht mehr die Hintergrundstory, es ist das Spiel selbst, und es ist jedes Mal vollkommen anders!

Und es gibt auch eine Replay-Funktion nach Spielende, die jetzt bei CIVILIZATION 3 erfreulicherweise auch wieder drin ist, wo man die selbst gestaltete Weltgeschichte nach dem Ende nochmals genüsslich Revue passieren lassen kann. Und in der Civ3-Newsgroup habe ich jetzt auch schon einige Beiträge gesehen, die nichts anderes enthielten, als die epische Beschreibung eines gelaufenen Spieles – und diese Geschichten ernteten auch noch Beifall für ihren Unterhaltungswert.

Und hier schließt sich der Kreis, den ich am Anfang dieses Abschnitts geöffnet hatte: Während die Hintergrundstory essentiell ist, ist die Handlung etwas, bei dem sich der Gamedesigner meines Erachtens nach so weit zurückzunehmen hat, wie er nur kann. Ein Spiel ist Interaktivität und Interaktivität heißt, der Spieler greift ins Geschehen ein. Frustrierend, wenn er das Geschehen nicht berührt und trotzdem alles so abläuft, wie es der Designer wollte. Das Spiel muss die Handlungsmöglichkeiten vorgeben, nicht die Handlung. Das erledigt der Spieler dann selbst innerhalb dieses Rahmens.

1.4.6.5 Die parallele Story

Erwähnenswert ist noch die Hintergrundstory, die sich beim Spielen weiterentwickelt, ohne dass der Spieler damit direkt zu tun hätte. Das ist weiter verbreitet als man vielleicht denkt.

In HALF-LIFE installiert das Militär eine Alien-Forschungsabteilung und schickt einige Sonderkommandos nach Xen (Heimat der Aliens), während der Spieler noch im Labor herumirrt. Das ist übrigens eine gute Begründung für den Umstand, warum man auch bei den Aliens noch Munition für seine Waffen findet.

In COMMAND & CONQUER, WARCRAFT und BATTLE ISLE II laufen während des Spieles diverse Schlachten und Intrigen ab, die Einfluss auf des Spielers nächstes Einsatzziel und seine Ausrüstung haben. Er bekommt davon jedoch nur in Form von Zwischensequenzen und Text etwas mit.

1.4.6.6 Rückblenden

Die Möglichkeit, eine Story durch Rückblenden anders zu strukturieren, steht auch dem Spieldesigner offen. Hierfür kann man sich z. B. der Zwischensequenzen bedienen. Die Rückblenden sind dann Bestandteil der Hintergrundstory, die sich dem Spieler häppchenweise erschließt.

Es geht aber auch anders, so bietet TOMB RAIDER: CHRONICLES einen vollkommen entgegengesetzten Ansatz. Hier sind die Rückblenden das Spiel! Intro und Zwischensequenzen zeigen uns eine Gesellschaft, die nach dem Tode von Lara Croft zusammenkommt und sich gegenseitig Geschichten aus der guten alten Zeit erzählt. Und diese Episoden gilt es für den Spieler nachzuspielen.

1.4.6.7 Die Story ins Spiel einbauen – nicht umgekehrt

Das kann ich gar nicht oft genug betonen: Wer ein Spiel machen will, hat sich in allererster Linie um das Gameplay zu kümmern. Der Spieler will spielen und nicht lesen. Wenn das Spiel eine gute Story hat, ist das sicher nicht von Nachteil, aber es ist *nicht* der Ausgangspunkt des Designs!

Natürlich bestimmt ab einem gewissen Zeitpunkt die Story wieder das Design, insbesondere wenn es um ein levelbasierendes Spiel geht. Die beiden sind untrennbar miteinander verbunden – jedenfalls sollte das so sein, wenn man Qualität produzieren will.

Das heißt, wer die Story schreibt, muss sich auch die Gedanken darüber machen, welche Eigenschaften die Level, Szenarien bzw. die Spielwelt sowie die darin vorkommenden Objekte haben müssen. Er muss festlegen, welche Ereignisse wann getriggert werden, wie sie eventuell das Gameplay verändern – und natürlich, was der Spieler über die Hintergrundgeschichte erfahren soll und auf welche Weise: Briefing, Dialoge, herumliegende Zettel & Logbücher, Inschriften an der Wand ...

Das heißt nicht, dass dem Leveldesigner kein Raum mehr für eigene Kreativität bliebe. Aber er muss sich halt an diese Vorgaben halten. Die Checkliste sieht entsprechend aus und gilt pro Level:

1. Ort: Wo ist der Level/die Karte, welche für die Story wichtigen Besonderheiten weist er/sie auf?
2. Handlung: Was ist die Aufgabe des Spielers? Was muss eintreten, damit das Spielziel erreicht ist? Welche Möglichkeiten hat er zum Erreichen des Ziels?
3. Welche Informationen bekommt der Spieler und von wem/durch was bekommt er sie?

   Wenn man es gerne komplex hat, kommt noch hinzu:

4. Zusammenhänge mit vorigen Leveln: Welche Ereignisse vergangener Level haben welche Auswirkungen auf den Ablauf dieses Levels? Dieser Punkt ist nur dann relevant, wenn der Spieler die Freiheit hat, Level auf verschiedene Arten zu lösen. Ansonsten ist es Teil der Hintergrundstory bzw. eine parallele Story.

1.4.6.8 Wie viel Story braucht der Spieler?

Es gibt kaum ein Thema, an dem sich die Geister der Spiele-Entwickler so sehr scheiden wie das, ob und wie viel Story in ein Spiel gehört. Die Position, dass Spiele genau so wie Bücher und Filme der Container für große Storys sein können, wird dabei genau so leidenschaftlich vertreten, wie das Gegenteil, dass Storys in einem Spiel nichts zu suchen haben. Dabei kommt das Thema auch immer wieder auf die Art und Weise der Vermittlung, und auch hier reicht die Bandbreite von den Befürwortern der Zwischensequenzen bis zu deren absoluten Gegnern (siehe auch 1.4.7).

Die Befürworter der »großen Story« berufen sich zum Teil auf die Parallelen von Computerspielen zu Filmen und Büchern, die teilweise nicht zu leugnen sind. So haben Textadventures mit Romanen ebenso viel gemeinsam wie die aufwändigen Zwischensequenzen einiger 90er-Jahre-Titel mit Kinofilmen. Die Dialoge von Adventures und Rollenspielen entsprechen ohnehin dem klassischen Drama, also Theaterstücken. Die Befürworter der »großen Story« im Spiel glauben, dass das Problem mangelnder Akzeptanz vorwiegend das Problem mangelnder Interaktivität gewesen ist, und diese Zeiten mit den zunehmend verbreiteten gescripteten Ereignissen innerhalb der Spiele nun zu Ende gehen müssten.

Die Gegner jeglicher Story argumentieren, dass der Spieler von heute sich für Hintergrundgeschichten nicht interessiert, und das man das auch nicht erwarten könne, wenn noch nicht einmal mehr die Bereitschaft da sei, das Handbuch zu lesen. Für sie braucht ein gutes Spiel keine Story, im Gegenteil, sie störe bloß den Spielfluss.

Die »Wahrheit«, sofern man sie so nennen will, liegt wohl irgendwo in der Mitte.

Aus meiner Sicht lassen sich Filme und Bücher nicht ohne weiteres mit Spielen vergleichen. Jedenfalls nicht so, wie es üblicherweise getan wird. Bücher und Filme besitzen eine Handlung, die per se nicht interaktiv ist. Die Handlung eines Spieles ergibt sich wiederum aus dem, was der Spieler macht.

Wenn man z. B. ein Rollenspiel mit einem Theaterstück oder auch Film vergleichen wollte, so finden wir viele Elemente auf beiden Seiten: Die Bühne mit den Kulissen, das Orchester, die Schauspieler, ihre Kostüme und Texte. Nur eines würde im Falle des Spieles fehlen: das Drehbuch. Der Theaterbesucher zieht das Kostüm des Hauptdarstellers an, und was sich dann an Handlung entwickelt, ist hauptsächlich von ihm selbst abhängig.

Anleihen in der Dramaturgie von Filmen bzw. Büchern kann man nur in den Teilen des Ganzen machen, die nicht interaktiv sind.

Dies führt zum bereits erörterten Gegensatz: Eine vom Autor ausgearbeitete Handlung kann sich nur im nicht-interaktiven Teil eines Spieles vollziehen. Das Spiel selbst ist Interaktivität; es ist die Freiheit, als Spieler innerhalb der Regeln zu tun, was man will. Ein Spiel bietet nur den Rahmen, die Kulissen und Möglichkeiten.

Insofern ist Storytelling in Spielen nur in Form einer **Hybridisierung** möglich: Man fügt dem eigentlichen Spiel nicht-interaktive Sequenzen hinzu. Wobei man sich sowohl bei den Gegnern als auch Befürwortern der Story einig ist, dass diese Sequenzen umso besser ankommen, je weniger sie den Spieler in seiner Freiheit behindern (siehe 1.4.7). Es steht außer Frage, dass HALF-LIFE durch die gescripteten Ereignisse trotz ihrer Nicht-Interaktivität eine enorme Aufwertung erfahren hat.

Was folgt nun daraus?

Nun, man muss als Gamedesigner abwägen, wie viele nicht-interaktive Dinge man ins Spiel einbringen will. Ich denke, es ist ein wenig wie der Unterschied zwischen Salzen und Ver-salzen, wobei man es mal wieder nicht jedem Spieler recht machen kann. Wie bereits im Kapitel über Zielgruppen angedeutet, gibt es »den Spieler« nicht. Der eine mag mehr, der andere weniger Story haben wollen.

So ist es denn auch nur logisch, dass in der nie endenden Diskussion um das Thema schon früh die Idee der »abschaltbaren Story« aufgetaucht ist. D. h. bei der Installation oder dem Spielstart sei der Spieler zu fragen, ob er das Spiel mit oder ohne Story haben will. So gut sich das natürlich anhört, so problematisch ist die Umsetzung, wenn man zugleich die Story ins Spiel nahtlos integrieren will, so dass sie nicht wie ein Fremdkörper ins Auge fällt.

Die Lösung des einen Problems (Spieler soll selbst bestimmen, wie viel Story er will) ist wahrscheinlich auch die Lösung des anderen (Story soll sich unauffällig integrieren). In einer Spielwelt, in welcher der Spieler frei agieren kann, entscheidet er selbst, was er für Texte liest und welchen Hinweisen und Nebenwegen er nachgeht. Die sich hieraus ergebenden Herausforderungen an den Designer wurden bereits erwähnt.

Zusammenfassend lässt sich sagen, dass die Integration einer Story in ein Computerspiel mit zu den schwierigsten Designproblemen gehört und dass man als Anfänger vielleicht besser erst einmal Spiele ohne Story produziert, bevor man sich an diese harte Nuss heranwagt.

1.4.7 Intro, Zwischensequenzen und Co.

Es gibt inzwischen kaum noch ein Spiel, das ohne Intro startet. Ein Intro ist gewissermaßen ein Vorfilm, der auf das Spiel einstimmen soll. Es gibt dabei drei Hauptarten:

1. Video: Hier wird mit realen Schauspielern gedreht.
2. Renderfilm: Die 3D-Grafiker basteln virtuelle Welten zusammen.
3. Animationen innerhalb der Game-Engine.

Verwandt mit dem Intro sind die so genannten Zwischensequenzen. Das sind Filme, die der Spieler im Spiel zwischen den Leveln oder sogar innerhalb dieser zu sehen bekommt.

Es gab natürlich auch schon in früheren Jahren, bevor der PC Videos abspielen konnte, kleinere Präsentationen vor und zwischen den Levels: Titelbilder, Missionbriefings mit Text oder gar Sprachausgabe, und dass daraus bewegte Bilder wurden, sobald es die Technik erlaubte, war lediglich ein logischer Schritt.

Aber besonders populär wurden diese Elemente erst durch COMMAND & CONQUER (1995), wo bereits die Installation ein Erlebnis für sich war, die Missionbriefings und Zwischensequenzen aber alles in den Schatten stellten, was man bis dato in Spielen gesehen hatte. Es handelte sich dabei um eine Kombination aus Video und Renderfilm. Die Qualität war für damalige Verhältnisse revolutionär, sowohl technisch wie auch inhaltlich. Nach C&C gehörten derlei Filme zum Erkennungszeichen eines »guten« (sprich: professionell gemachten) Spiels, und die Spiele-Entwickler rissen sich ein Bein aus, um ebenfalls in dieser Liga mitmischen zu können.

Die Zeiten ändern sich allerdings, und inzwischen sind Intros und Zwischensequenzen in ihrer klassischen Form zunehmend verpönt. Sie sind kein Verkaufsargument mehr, und schlimmer noch: Immer mehr Spieler fühlen sich genervt und schalten die Filme ab, wenn sie denn können.

An der Qualität liegt es nicht allein. Auch ein High-Budget-Titel wie METAL GEAR SOLID kassierte für seine langen und zahlreichen nicht-abschaltbaren Zwischensequenzen erhebliche Kritik. Und viele Spieler schalten die Filme schon ab, bevor sie sie überhaupt gesehen haben.

Die Frage ist vor allem deswegen so brennend, weil es hier um sehr viel Geld geht, bzw. Arbeit, die man sich vielleicht ersparen könnte. Ein professionell gemachtes Intro kostet heutzutage schnell einige zehntausend Euro. Zwischensequenzen nicht weniger. Eines der berühmtesten deutschen Beispiele für rausgeworfenes Geld sind dabei die Filme, die zu BATTLE ISLE 3 gedreht worden sind (wobei man natürlich, wenn man diese Filme kennt, dies auf ihren Inhalt und ihre Aufmachung zurückführen könnte). Aber auch WING COMMANDER 3 hat – trotz aufwändigster Sci-Fi-Filmchen mit Mark Hamill in der Hauptrolle – lediglich eine gewisse akademische Anerkennung erfahren, sich aber nicht besser verkauft.

Zu der Zeit wurde in der englischsprachigen Literatur der Begriff des 'movie envy' geprägt, also 'Film-Neid'. Er beschreibt die Unterstellung, dass die meisten Spieleentwickler gerne Filmregisseure wären und deshalb ihre Mühen in nicht-interaktive Filmchen stecken, die in einem Spiel, dessen eigentlicher Existenzzweck ja die Interaktivität ist, fehl am Platze seien.

Man mag sich in der Tat fragen, ob aufwändige Zwischensequenzen heutzutage nicht eine Ressourcenverschwendung sind.

Es gibt immer noch viele Spieler, für die das Intro ein wichtiges Qualitätsmerkmal ist. Nichtsdestotrotz haben einige sehr erfolgreiche Spiele kein Intro und sind trotzdem beliebt. Einem Spiel ohne Intro haftet keineswegs mehr der Ruch des Unprofessionellen an, der Hype ist vorbei. In AGE OF EMPIRES II z. B. hat es völlig ausgereicht, dass die Kampagnen von vorgelesenen Textabschnitten zusammengehalten wurden. Auch taten die comicartigen Zwischenteile bei MAX PAYNE dem Spiel keinen Abbruch.

Der Niedergang ist teilweise darauf zurückzuführen, dass heutzutage nichts Aufsehen erregendes mehr an solchen Filmen ist, zum anderen wurden die Zwischensequenzen inzwischen zunehmend durch gescriptete Ereignisse innerhalb von 3D-Spielen verdrängt. Eine Vorreiter-Rolle spielten dabei die In-Game-Zwischensequenzen, welche erstmals in TOMB RAIDER 2 (1997) zu finden waren. Diese Zwischensequenzen wurden mit der 3D-Game-Engine dargestellt, unterbrachen jedoch den Spielfluss. Nur ein Jahr später kam jedoch HALF-LIFE (1998), und hier fanden sich erstmals Zwischensequenzen, die kaum mehr als solche zu erkennen waren, weil das Spiel nicht unterbrochen wurde. Insofern waren es eigentlich auch keine richtigen Zwischensequenzen mehr im Sinne der Definition, aber sie erfüllten denselben Zweck, nämlich die Story fortzuschreiben.

Interaktiv waren diese gescripteten Ereignisse allerdings nicht. Meine Güte, wie oft ich versucht habe, den Wissenschaftler zu retten, der vom Tentakel durch das Fenster gezogen wird, oder den Kerl mit dem Köfferchen abzuschießen.

In BLACK & WHITE und NO ONE LIVES FOREVER unterbrachen die Zwischensequenzen wieder den Spielfluss. Um kenntlich zu machen, dass es sich um eine Zwischensequenz handelt, erscheinen in beiden Fällen oben und unten schwarze Balken wie bei Kinofilmen im Fernsehen, was eine deutliche Reminiszenz an das ursprüngliche Vorbild darstellt.

1.4.8 Cheating

1.4.8.1 Sinn und Unsinn von Cheats

Spiele können bisweilen sehr frustrierend sein. Und oft wünscht man sich als Spieler, ein wenig schummeln zu können, um weiterzukommen. Wenn man doch nur diese eine Waffe schon hätte oder mehr Munition dafür. Wenn doch bloß dieser eine Gegner nicht wäre, an dem man nicht vorbeikommt ...

Begabte Spieler haben seit Anbeginn der PC-Spiele in den gespeicherten Spielständen gefummelt, um sich Vorteile zu erhacken, allerdings geht das heutzutage auch eleganter. Es gab nämlich schon immer »Geheimcodes« in Spielen, die dem Entwicklerteam dazu dienten, Teile des Spiels testen zu können, ohne es von Anfang bis Ende durchspielen zu müssen. Codes, um zwischen den Levels hin- und herzuspringen, alle Waffen zu haben oder alle Technologiefortschritte. Oder 1000 Goldstücke. Diese Codes bleiben bis in die Verkaufsversion des Spiels drin, und früher oder später (in der Regel zeitgleich mit dem Erscheinungsdatum) erfahren die Spieler davon, auch wenn sie im Handbuch nicht erwähnt werden.

Insbesondere die Spielemagazine drucken diese sog. Cheatcodes in ihren Tipp- und Trick-Rubriken massenhaft ab.

Es gibt da allerdings so ein kleines Problem: Wenn der Spieler durch diese Cheatcodes allmächtig wird, verliert das Spiel seinen Herausforderungscharakter. Es wird langweilig. Sicher, niemand zwingt den Spieler, Cheats einzugeben, aber wenn er sie kennt, wird er es früher oder später tun. Wie das Kind, das vor der Bescherung im ganzen Haus sucht, wo die Eltern die Weihnachtsgeschenke versteckt haben, um sich letztlich nur selbst die Freude am Ereignis zu verderben.

Ich habe gerade so viel Selbstdisziplin, dass ich die Cheatcodes in den Magazinen gar nicht erst aufschlage und Internet-Seiten, die darüber berichten, nicht aufsuche. Es gibt jedoch genügend Spiele, bei denen die Versuchung zu groß war, und ich danach nur noch unverwundbar durch alle Levels gelaufen bin, bis das Spiel ganz schnell und plötzlich zu Ende war.

Ganz schrecklich aber ist das in Multiplayer-Spielen, wenn der Gegner cheatet und den ehrlichen Spieler auf diese Weise besiegt. Das ist zuerst frustrierend und dann nur noch ärgerlich. In AGE OF EMPIRES 2 kann man Cheatcodes deshalb per Checkbox deaktivieren. Für die aktuellen Multiplayer-3D-Shooter wird sogar einiges an Aufwand betrieben, um cheatende Spieler vom Spiel auszuschließen (Punkbuster).

Einige Entwickler bieten in ihren Spielen gar keine Cheats an und verschlüsseln die Spielstände aufwändig, auf der anderen Seite wiederum gibt es Cheatprogramme, die nur zum Zweck haben, in Spielen, die es nicht vorgesehen haben, dennoch cheaten zu können.

CIVILIZATION 2 bietet im Menü ohne jedes Geheimnis einen »Mogelmodus« an. Wenn man den aktiviert, erweitert sich das Menü um einige Punkte, mit denen man nach Herzenslust allen möglichen Unfug treiben kann. Allerdings merkt sich das Spiel diesen Zustand und trägt am Ende in die Highscoreliste das Wörtchen »Mogelmodus« ein. Hierbei handelt es sich letztlich auch um den ins Spiel eingebetteten Szenario-Editor. D. h. es gibt die Möglichkeit, das Mogelspiel als Szenario zu speichern.

Das völlige Gegenteil ist ROLLERCOASTER TYCOON, wo das Spiel sich selbst zerstört und neu installiert werden muss, wenn es feststellt, dass jemand einen Spielstand manipuliert hat. Z. B., wenn man alle Technologien erforscht hat, was normalerweise nie möglich ist.

Das Problem ist, dass, obwohl Cheats eigentlich den Spielspaß killen, die Spieler sich daran gewöhnt haben, dass sie standardmäßig enthalten sind – und sie beschweren sich, wenn sie fehlen. Der Designer muss hier eine Entscheidung treffen, die ich ihm nicht abnehmen kann.

Allerhöchstens kann ich sagen, wie ich es am liebsten mache: Ich baue nur Cheats ein, die irgendeinen Spaß bzw. Blödsinn machen, nicht aber welche, mit denen man das Spiel besser gewinnen kann. Dafür biete ich – wenn möglich – mehrere Schwierigkeitsgrade an, so dass sich keiner beschweren kann, dass er das Spiel ohne Cheat gar nicht schafft. In Aufbauspielen einen »Sandkastenmodus«, wo man nicht verlieren kann, und einen Szenario-Editor, wo man sich zurechtbasteln kann, was vielleicht im Spiel nicht gelingt.

Zu guter Letzt sollte man noch ergänzen, dass Cheats auch eine Marketing-Maßnahme darstellen. Sobald die Welle von Tests und Spieleberichten abebbt, kann der Entwickler das Spiel noch mal ins Gespräch (in die Medien) bringen, indem er Cheats dazu bekannt gibt.

1.4.8.2 Über das Speichern von Spielständen

Das Speichern und Neuladen von Spielständen ist in gewisser Weise ein Cheat. Wenn man etwas falsch gemacht hat, kehrt man noch einmal zurück zu dem Zeitpunkt vor der Entscheidung und entscheidet sich anders (hoffentlich richtig). Auf diese Weise umgeht man Fallen, kennt die ganze Karte bzw. den Level von vorneherein, oder aber man genehmigt sich eine zweite, dritte, zwanzigste Chance, den Abgrund zu überspringen. Wie in Abschnitt bereits erwähnt, kann ein Spiel mit primitivem Zufallsgenerator außerdem so dazu gebracht werden, nur günstige Ergebnisse zu produzieren. Das ist alles andere als sinnvoll. Man kann dem Spieler natürlich nicht verübeln, wenn er jede Methode nützt, um sich Vorteile zu verschaffen, diese jedoch artet in Arbeit aus, da ständig neu geladen werden muss, insbesondere wenn das gewünschte Ergebnis relativ unwahrscheinlich ist. Der Spieler frustriert sich selbst innerhalb kurzer Zeit, das muss in der Tat unterbunden werden.

Dabei ist die Idee, einfach Laden und Speichern einzuschränken, nicht nur nahe liegend, sondern auch verführerisch einfach.

Dass man Spielstände jederzeit unterbrechen und speichern kann, ist eine typische Eigenschaft von PC-Spielen. Auf Konsolen ist es bis heute so, dass man – wenn überhaupt – nur zwischen den Levels die Gelegenheit bekommt, zu speichern. In ZELDA 64, das nicht levelbasiert ist, kann man zwar zu jedem Zeitpunkt speichern, aber gespeichert wird nur, was man besitzt und erledigt hat, beim Neuladen findet sich der Spieler stets im Heimatwald wieder, wo das Spiel begonnen hat.

Das Gegenteil ist der Fall in den 3D-Shootern der PC-Welt: So sagt das Handbuch von DOOM Anno 1993: »Save your game and save it often« (»Speichern Sie Ihr Spiel und speichern Sie es häufig«). Der Spieler wird also sogar noch aufgefordert, von diesen Spielfunktionen ausgiebig Gebrauch zu machen. Erleichternderweise gibt es in 3D-Shootern eine Quicksave/Quickload-Funktion, bei der man sich um Dialogboxen und Dateinamen keinerlei Gedanken mehr zu machen braucht. Ein Tastendruck und das Spiel ist gespeichert, ein weiterer und der Spielstand ist geladen. Das ist auch bitter nötig, wenn das Gamedesign dem Spieler keine Hinweise auf bevorstehende Ereignisse gibt, wie z. B. im Falle von SERIOUS SAM. Dort bringen es manche Spieler auf hunderte von Quicksave-Spielständen, während dieselben Spieler bei HALF-LIFE nur ein bis zwei Dutzend anlegen.

So, was ist denn nun besser? Speichern oder nicht?

Rein theoretisch ist es plausibel, dass eine Actionsequenz, die man in einem Stück durchspielen muss, spannender ist als eine, in der man jederzeit speichern und neu laden kann.

Theoretisch.

Die Praxis sieht anders aus. Ich kann nicht feststellen, dass die Möglichkeit zum Speichern und Neuladen dem Spiel die Würze nehmen würde, also dass Konsolenspiele oder PC-Spiele ohne Speichermöglichkeit spannender wären.

Wobei man hier noch differenzieren muss. Zu sterben/verlieren und einen Level bzw. ein Spiel wieder von vorne zu beginnen ist okay, wenn es sich um kleine Level bzw. ein nichtlineares Spiel handelt. Es ist jedoch eine mittlere Katastrophe, wenn man dadurch gezwungen wird, sich noch einmal durch Schauplätze zu arbeiten, die einen eigentlich nicht mehr interessieren (z. B. Adventures). Dann sind wir wieder beim Ausarten in Arbeit.

In der Regel sind Konsolenspiele actionlastig und von geringer Komplexität, und deshalb schadet das nur wenig ausgebaute Laden/Speichern-Feature nicht. PC-Spiele jedoch sind von genügender Komplexität, um bei einem Beschneiden des Ladens/Speicherns einen Aufschrei der Frustration und des Ärgers auszulösen. Besonders problematisch insbesondere, da, wenn man nicht speichern kann, man gezwungen ist, den Level zu Ende zu spielen, anstatt den Kasten ausmachen zu können und anderntags weiterzuzocken.

Bis jetzt haben die meisten PC-Entwickler, die es gewagt haben, ein Spiel ohne Save-Funktion anzubieten (oder die es in letzter Minute rausgenommen haben wie in MDK) es bereut und waren gezwungen, auf Druck der Kundschaft einen Save-Patch nachzuliefern.

WICHTIG

Eine fehlende Speicherfunktion ist ein schwerer Designfehler!

Auch die gut gemeinten Kompromiss-Ideen von Savepoints und Save-Kristallen sind unbefriedigend. Lasst es. Das bringt nichts.

Zu 100% auf Laden/Speichern zu setzen, um dem Spieler Fallen zu stellen, die er nicht vermeiden kann, ist allerdings auch übel. So z. B. im Adventure STUPID INVADERS. Eine falsche Antwort gegeben oder eine Tür geöffnet, und plötzlich ist »Game Over«. Kommentar der Designer: »Der Spieler hat doch Load/Save.« In der Tat, ich hatte schon nach 30 Minuten 15 Savegames.

Das ist wieder das andere Extrem, wo der Spieler ohne dauerndes Speichern nicht die Spur einer Chance hat. DOOM und die meisten 3D-Shooter und Adventures fallen gottlob nicht in dieses Extrem. Man kann vorausahnen, wann es brenzlig wird. Wenn z. B. ein Raum voller Munition und Medipacks ist, ist der Endgegner nicht weit. Oder wenn merkwürdige Geräusche von jenseits der Tür kommen ...

1.4.8.3 Cheatende KI

In praktisch allen mir bekannten Strategiespielen ist die Gegner-KI auch auf der höchsten Schwierigkeitsstufe ziemlich schwach. Um dem Spieler dennoch eine Herausforderung zu bieten, schummelt die KI:

- Sie kennt die gesamte Karte, die der Spieler erst erforschen muss.
- Sie startet mit einem Vorsprung an Ressourcen und/oder Einheiten.
- Das Bauen/Forschen kostet weniger und geht schneller.
- Negative Zufallsereignisse treten seltener bis gar nicht auf.
- Bestimmte Vorteile erscheinen aus dem Nichts.

Obgleich das beim heutigen Stand der »Spielewissenschaft« die einzige Möglichkeit ist, den Spieler zu fordern, ist es doch letztlich so ähnlich wie ein Multiplayer-Spiel mit einem dummen Gegner, der dafür cheatet.

Teilweise ist es, wie ich finde, auch nur eine Ausrede. Die KI von EARTH 2140 und EARTH 2150 schummelt meines Wissens nach nicht. Sie ist wirklich so gut.

Und ein schummelndes Schachprogramm habe ich auch noch nicht gesehen. Käme auch irgendwie nicht so gut beim Publikum an, glaube ich.

Ich bin nicht der Ansicht, dass man als Entwickler den »Standard« der cheatenden KI akzeptieren darf.

Eine KI hat eigentlich ohnehin einen entscheidenden Vorteil: Sie kann sich ihre Vorteile relativ mühelos errechnen, wofür der Spieler Stunden bräuchte. Und man kann höherwertige Strategien schon nach den ersten Betatests implementieren, wenn erste Erfahrungen mit dem Spiel und seinen Strategien vorliegen. Aber dazu mehr im Kapitel über Künstliche Intelligenz (3.8.4).

Manche sagen nun, dass für den Spieler nicht wichtig ist, was die KI intern tut, sondern wie es sich für den Spieler »anfühlt« – Vergleiche dazu das Kapitel über den Zufall (1.3.2.4). Das ist im Prinzip richtig. Nur stellt sich dann die nächste Frage, wie man die obigen Punkte, an denen man die cheatende KI erkennen kann, vertuschen soll.

1.5 Zwischen den Zeilen (PD)

1.5.1 Demographisches

Bei Befragungen bzw. Beobachtungen von Spielern zwischen fünf und 25 Jahren stellte sich heraus, dass Computerspiele für die meisten lediglich ein Unterhaltungsangebot von vielen sind, welches man vor allem dann nutzt, wenn man gerade nichts anderes zu tun hat. Auch wenn neue Spiele manchmal sehr intensiv gespielt werden, legt sich das Interesse nach einer gewissen Zeit wieder. Besorgte Eltern können also aufatmen.

Am meisten geschätzt an Computerspielen wird deren Interaktivität im Gegensatz zum passiven Konsum von Filmen und Musik (Bücher erwähn' ich nicht, die liest eh keiner mehr), aber auch die Befriedigung, wenn man neue Geschicklichkeiten erwirbt. Aggressive Inhalte spielen keine primäre Rolle, mit den Spielfiguren identifizieren sich die Kinder kaum, weil sie diese als fiktiv betrachten, die Gewalt wird nicht ernst genommen, weil man nicht glaubt, dass man wirklich jemanden beim Spielen Gewalt zufügt. Auch nicht bei den neuesten Spielen mit realistischeren Darstellungen.

Ein knappes Viertel aller von Kindern gespielten Software sind Kampfspiele, selbst wenn gute Grafik, realistische Handlung, viele Levels, der Sound oder die Möglichkeiten, gemeinsam zu spielen, bei einem Spiel als wichtigste Eigenschaften gelten.

Noch immer spielen mehr Männer als Frauen, allerdings wird der Abstand bei den Jüngeren bereits erheblich kleiner. Die Erwachsenen scheinen sich kaum Sorgen zu machen, dass die Kinder von Spielen, die für Erwachsene eingestuft wurden, beeinträchtigt werden könnten.

1.5.2 Gewalt in Computerspielen

»Ich liebe das Messer, es macht mich zum Manne« –
Kommentar eines Spielers von Day of Defeat

Keine Sorge, dies ist nicht der typische erhobene Zeigefinger, mit dem Moral und Anstand geheuchelt werden soll. Dennoch ist es nicht ganz unwesentlich, dieses Thema zu beleuchten, insbesondere, weil in letzter Zeit immer wieder Zusammenhänge zwischen Computerspielen und Gewalttaten behauptet worden sind. Nachdem ein 19-jähriger Ex-Schüler im April 2002 in Erfurt mit einer Pistole ein Blutbad in dem Gymnasium angerichtet hatte, von dem er kurz vor dem Abitur verwiesen worden war, wurde in seinem Nachlass u.a. COUNTERSTRIKE gefunden. Dies führte in der Folge zu einer vehementen Hetzkampagne gegen »Gewalt verherrlichende Computerspiele«, bei der auch bislang als eher seriös bekannte Medien wie die Frankfurter Allgemeine Zeitung nicht vor Tatsachenverfälschungen zurückschreckten, so wurde z. B. behauptet, in COUNTERSTRIKE gehe es darum, Schulmädchen abzuschießen, während die Tatsache, dass der Mörder gar keinen Internetanschluss besaß, wenig Beachtung fand. Und in weniger als vier Wochen wurden von Seiten der Politiker die Gesetze und Institutionen zum Schutze der Jugend entsprechend erweitert. Es ist wahrscheinlich überflüssig zu erwähnen, dass es sich hierbei um blinden Aktionismus vor anstehenden Wahlen handelte, und ich will hier auch gar nicht anfangen, die anderen Faktoren des Vorfalls, wie z. B. die Mitgliedschaft in drei Schützenvereinen, das legale Besitzen der Tatwaffe und die problematische psychosoziale Situation des Täters zu analysieren.

Zum Schutze der Jugend gibt es die BpJM (Bundesprüfstelle für Jugendgefährdende Medien), welche die Aufgabe hat, Dinge, die Kinder und Jugendliche nicht zu Gesicht bekommen dürfen, zu erfassen. Vor dem Erfurter Drama hieß die

Behörde noch Bundesprüfstelle für Jugendgefährdende Schriften und wurde nur auf Antrag tätig, nun kann sie auch selbständig handeln.

Die BpJM untersucht Spiele, Filme und Bücher auf ihren moralischen bzw. jugendverträglichen Inhalt und wenn der nicht gut ausfällt, kommt das Werk auf den so genannten Index, das ist nichts weiter als die lange Liste der jugendgefährdenden Produkte. Was auf dem Index steht, darf Personen unter 18 Jahren nicht zugänglich sein. Ebenfalls verboten ist öffentliche Werbung. Wer dagegen verstößt, kann bestraft werden.

Soweit zur Theorie. In der Praxis hält die Indizierung die Minderjährigen keineswegs davon ab, sich das verbotene Produkt irgendwie zu besorgen, es ist im Gegenteil für viele sogar noch ein Gütesiegel. Indiziert ist »cool«.

Das Werbeverbot wird inzwischen nicht mehr so radikal ausgeübt wie noch vor fünf bis sechs Jahren, als man in der Presse schon bei der Erwähnung von DOOM oder QUAKE riskierte, dass die Staatsanwalt die Auflage aus den Kiosken nehmen lässt. Die Mutigsten schrieben so lustige Namen wie Boom, D**m und Quaark im Wissen, dass eh alle Leser wussten, was gemeint war.

Heutzutage ist das kein Problem mehr, sofern es um neutrale Berichterstattung bzw. technische Aspekte geht. Die Magazine nutzen dies aus, um z. B. auch über Titel wie KINGPIN und HITMAN zu berichten, indem sie die darin enthaltene Gewalt augenscheinlich verdammen.

Ob gewalttätige Computerspiele überhaupt tatsächlich »zur Gewalt erziehen«, ist eine wichtige, wenn auch keineswegs einfache Frage. Es klingt plausibel, dass sie es tun, aber wissenschaftliche Studien widersprechen sich, und eine saubere Versuchsanordnung, die den Einfluss von Gewalt in Computerspielen auf das Verhalten im Allgemeinen und Gewaltbereitschaft im Besonderen messen könnte, ist sowieso undenkbar. Es existieren darüber hinaus auch andere »verdächtige« Faktoren, wie z. B. das Fernsehen, die soziale Umgebung – und nicht zuletzt die Erziehung durch Familie und Schule. In diesem komplexen Umfeld bilden die Spiele allerhöchstens einen Baustein von vielen.

WICHTIG

Die Medien verhalten sich ausgesprochen widersprüchlich. Gewalt wird zwar mit Worten abgelehnt, aber letztlich immer wieder als effektives Mittel dargestellt, um sich Vorteile zu verschaffen.

Allerdings wird man mit diesen Überlegungen den Amokläufern nicht gerecht, denn es handelt sich dabei eigentlich um erweiterte Selbstmorde. Der Amokläufer sieht für sich keine Zukunft und beendet sein Leben. Nicht jedoch, ohne zuvor seine langjährig unterdrückten Gefühle von Hass und erlittenem Unrecht in einem finalen Racheakt auszuleben.

Wie dem auch sei, man sollte zwischen Gewaltdarstellung und Gewaltverherrlichung unterscheiden. Reine Gewaltdarstellung führt eher zu Angstzuständen, Gewaltverherrlichung dagegen zum Akzeptieren von Gewalt. Eine Darstellung einer Schießerei, bei der die Menschen einfach nur tot umfallen, ist eine Gewaltverherrlichung, weil der Tod als sauber und unauffällig dargestellt wird, während die explizite Darstellung von Schmerz und Leid Gewalt eher als abstoßend und widerwärtig kennzeichnet. Allerdings ist es problematisch, wenn die explizite Darstellung von Gewalt verbunden ist mit der Notwendigkeit und Rechtfertigung, sie auszuüben. Wie z. B. in MORTAL KOMBAT, wo das Spielziel ist, seine Gegner zu vernichten, oder in HITMAN, wo man in die Rolle eines Auftragskillers schlüpft. Oder in einem Multiplayer-Shooter, in dem die Gegner auf besonders spektakuläre Weise sterben. Dass der Spieler diesen Gewaltdarstellungen gegenüber keine Ablehnung empfindet, ist logisch, sonst könnte/würde er diese Spiele ja nicht spielen. Aber inwieweit sich das auch reale Gewalt übertragen lässt, ist nicht bewiesen.

Bei der BPjS – pardon: BPjM – wird der Unterschied zwischen Gewaltdarstellung und Gewaltverherrlichung durchaus berücksichtigt. So wurde UNREAL nicht indiziert, weil man nicht undifferenziert alles Lebendige erschießen muss, sondern z. B. den Nalis helfen bzw. sie beschützen soll.

Die deutsche Fassung von RETURN TO CASTLE WOLFENSTEIN ist lange Zeit auch der Indizierung entgangen, da es dem Spieler nicht erlaubt ist, Unschuldige (Zivilisten) zu töten oder auch nur zu verletzen. Tut er es dennoch, wird der Level neu gestartet. Da soll noch einer sagen, die Designer würden nicht dazulernen! Dennoch wurde inzwischen ein Indizierungsverfahren eingeleitet.

COUNTERSTRIKE hat sein Indizierungsverfahren inzwischen hinter sich – und es ist am Ende trotz der Erfurter Hetzkampagne nicht indiziert worden. Auch wenn diese Entscheidung von Bundeskanzler Schröder persönlich als »falsches Signal« kritisiert worden ist.

Abzugrenzen ist die Indizierung vom Verbot, welches darauf abzielt, ein Produkt auch Erwachsenen nicht zugänglich zu machen. In diese Kategorie fällt das bereits erwähnte WOLFENSTEIN 3D mit seinen Hakenkreuzen. Nach §86 Strafgesetzbuch gibt es für die Verbreitung von Nazi-Symbolen in der Öffentlichkeit bis zu 3 Jahren Gefängnis.

Aber jetzt, 10 Jahre später, ist die Fortsetzung RETURN TO CASTLE WOLFENSTEIN offiziell in Deutschland erhältlich – wie geht denn das?

Der »Trick« an der Sache ist: In der deutschen Version sind alle Hakenkreuze und Bezüge auf das Dritte Reich entfernt worden (die Nazis sind jetzt irgendeine Sekte, die in ihren Kellern Monster züchtet). Die original US-Version darf in Deutschland weiterhin nicht vertrieben werden und wurde bei Importversuchen von der Zollbehörde massenhaft beschlagnahmt.

Wobei die Sache mit den Hakenkreuzen nicht ganz gerecht ist. In Filmen ist die Verwendung bekanntermaßen erlaubt, und zwar wegen der Sozialadäquanzklausel, dem dritten Absatz des §86, der eine Ausnahme macht für alles, was staatsbürgerlich aufklärend und der Kunst dienend ist.

Im Gegensatz zu Filmen gelten Computerspiele dummerweise nicht als Kunst, sondern als Spielzeug und werden so in einen Topf geworfen mit Plastikpanzern, auf die ein Hakenkreuz gedruckt ist. Dass es um die authentische Darstellung geht und nicht um eine Verherrlichung dieser Zeit, ist dabei irrelevant.

1.5.3 3D-Shooter und Gewalt

3D-Shooter sind bekanntermaßen die schwarzen Schafe der Branche. Technisch betrachtet ist das nahe liegend, denn so realistisch und detailgetreu wie hier kann man sonst keine Verstümmelungen und Tode inszenieren. Bedingt durch die Perspektive ist das auch keine abstrakte Handlung, sondern eine sehr realistische (aber nicht reale). Apropos Verstümmelung: Das gab es schon in PHOENIX (siehe 1.2.1.2), man konnte den Vögeln die Flügel abschießen.

Betrüblich nur, dass die meisten »Außenstehenden«, also Leute, die keine Computerspiele spielen, durch die unseriöse Berichterstattung in der Bild-Zeitung und anderen Boulevardmedien den Eindruck haben, die Welt der Computerspiele bestehe nur aus Gewalt verherrlichenden 3D-Shootern. Das ist mir neulich wieder klar geworden, als ich mit einem Menschen von der Industrie- und Handelskammer über die Gründung meiner eigenen Firma gesprochen habe. Auch der glaubte zunächst, ich wolle blutige Gewaltspiele machen. Wie sich im Gespräch herausstellte, waren ihm von seinen Kindern her auch Spiele wie SIMCITY bekannt, aber das war ihm beim Stichwort Computerspiele gar nicht eingefallen.

1.5.4 Rollenspiele und Gewalt

Die bei RPG übliche Vorgehensweise, in fremder Leute (bzw. Monster) Behausungen einzudringen, alles totzumachen und die Leichen der Gegner nach Wertsachen zu durchwühlen bzw. sich unterwegs alles in die Taschen zu stopfen, was nicht niet- und nagelfest ist, ist moralisch mehr als fragwürdig. Auch wenn es in Quests darum geht, Leuten zu helfen, ist die Motivation doch nur die, die Erfahrungspunkte des Charakters zu verbessern und an bessere Ausrüstung zu kommen.

Ich kann mir aber durchaus vorstellen, dass sich die RPG-Spieler selbst nicht so sehen, sondern als Helden, die das Land von bösen Monstern und Verbrechern reinigen. Es ist halt alles subjektiv.

Spiele, die unmoralische Handlungen (in den Rücken schießen, Unschuldige töten, Stehlen etc.) bestrafen, sind ausgesprochen selten. Wahrscheinlich fürchtet man Akzeptanzprobleme, denn so was wäre ja »uncool«. Zu unrecht, wie man an der Ultima Reihe (ab ULTIMA 4, 1985) sehen kann. Dieses Prinzip findet sich auch in vielen Polizei-Spielen, wo der Spieler keine Unschuldigen töten darf (z. B. METROPOLICE, 1998). Was ich sehr schade finde ist, dass MAX PAYNE kein solches Element enthält. Vielleicht wäre es der Indizierung auf diese Weise entgangen.

1.5.5 Strategiespiele und Gewalt

»... so ganz ohne Töten ist auf Dauer auch blöd.« –
Kommentar während einer Diskussion um Siedler und Anno im PCX-Forum

Gewalt und Menschenverachtung kann sich auch hier finden, es kommt nur subtiler daher, deswegen wird dem nicht so viel Beachtung geschenkt wie den Blutorgien der 3D-Shooter. Dafür allerdings ist die Zahl der virtuellen Todesopfer um ein vielfaches höher. Der Spieler verheizt in Kriegen ganze Armeen und schickt Menschen Zehnerpackweise in den Tod.

Die meisten Strategiespiele haben zum Ziel, den Gegner bis zum letzten Mann auszurotten. Es gibt zwar gelegentlich auch friedliche Lösungen, aber die meisten Strategien werden im Interesse des Gewinnens zu obigen Mitteln greifen.

In CIVILIZATION kann man das Spiel gewinnen, indem man alle anderen Zivilisationen ausrottet. Die Möglichkeit, durch das Raumschiff friedlich ans Spielziel zu kommen, ist zwar theoretisch da, aber in der Praxis ist das Spiel ohne Krieg nicht spielbar. Wenigstens gibt es keine Bonuspunkte für das Auslöschen von Gegnern wie in MASTER OF MAGIC. Politisch korrekter kommt SID MEIER'S COLONIZATION daher: ein Civilization-Klon (vom selben Autor), in dem man Amerika besiedeln muss und am Ende für jede niedergebrannte Indianersiedlung *Minuspunkte* bekommt. Ich muss allerdings zugeben, dass ich es nie geschafft habe, mit den Indianern im Spiel friedlich zurechtzukommen. Das Spiel hat mich genötigt, sie scharenweise auszurotten, weil sie mich immer angegriffen haben.

In AGE OF EMPIRES haben unsere Bürger (Dorfbewohner) nur eine einzige Lebensfunktion: zu produzieren. Da ihre »Züchtung« nicht allzu viel kostet, ist es auch nicht so tragisch, wenn ein paar von ihnen ins Gras beißen. Bei Wohnungsknappheit oder wenn die Einheit zum Gegner überzulaufen droht, kann man sie auch eigenhändig mit der Entf-Taste ins Jenseits befördern.

In POPULOUS und in BLACK & WHITE ist man ein Gott und kann mit ein paar Mausklicks ganze Landstriche einebnen – samt darauf lebender Bevölkerung.

Die Krönung des Sadismus stellt allerdings DUNGEON KEEPER dar, wo man als Herr der Unterwelt eine unterirdische Festung erbaut und mit Monstern bevölkert. Angelockte Helden werden in Fallen aufgespießt oder gefoltert. Das gleiche kann man auch bei eigenen Untertanen machen, um sie zu mehr Arbeit anzuspornen – oder auch nur so zum Spaß. Na gut, was soll's. Ist ja alles nicht echt, und eine leicht sadistische Ader haben die meisten von uns.

Neulich aber ging Peter Molyneux, der Autor aller drei vorgenannten Spiele, für meinen Geschmack zu weit. In einer Pressevorstellung von BLACK AND WHITE (ein etwas seltsamer POPULOUS-Nachfolger in 3D mit integrierter Tamagotchi-Figur) zeigte er, auf wie viele verschiedene Arten man als Gott hilflose Menschen töten kann, und eine Frau, die ihn anflehte, ihren verlorenen Bruder zu retten, schnippte er mit dem göttlichen Finger durch die Gegend, bis sie tot war. Dem Bruder brach, als er vom Tod der Schwester erfuhr, das Herz und so verschied er ebenfalls. Und alle Anwesenden im Vorführraum lachten dabei. Ich finde, dass eine solch explizite Darstellung menschlichen Elends inklusiver seiner Verhöhnung eine Grenze überschreitet, die man besser nicht überschreiten sollte. Aber das ist wahrscheinlich nur meine persönliche Meinung.

Es gibt übrigens eine Option in MASTER OF ORION 2, nach Eroberung eines Planeten die darauf lebende Bevölkerung auszurotten, um Platz für die eigene zu schaffen. Wenn man dieses Programm aktiviert, wird jede Runde ein Alien-Einwohner gekillt, bis es keine mehr auf dem Planeten gibt. Ich überlasse es dem Leser, diese Vorgehensweise zu werten und die passende Bezeichnung für den Vorgang zu finden.

Ach ja, noch etwas: Wer jetzt denkt, ich sei ein Moralapostel mit erhobenem Zeigefinger, der hat die Ironie in meinem Text nicht verstanden.

1.5.6 Sex

Na ja, wo sonst sollte ich auch hierüber ein paar Worte verlieren, immerhin ist auch die explizite Darstellung sexueller Handlungen indizierbar.

Sex im Sinne leicht bekleideter weiblicher Schönheiten ist natürlich allgegenwärtig, ganz besonders im Fantasy-Bereich. Nicht ganz ohne Grund, denn der überwiegende Teil der Spieler sind Männer, und nur Homosexuelle und Mönche werden vom Anblick gut gebauter Amazonen in knappen Blech-Bikinis nicht magisch angezogen. Das hat auch die PC-Action erkannt und präsentiert seit geraumer Zeit immer eine gut aussehende Frau auf der Titelseite.

Damit endet es aber auch ganz abrupt. Mehr Sexualität findet man üblicherweise nicht in Computerspielen. Na gut, es gibt einige Ausnahmen wie WET – THE SEXY EMPIRE, wo man ein Fotomodell-Studio gründen und zum Erfolg führen muss, oder die LEISURE-SUIT-LARRY-Serie, aber da ist das Thema bereits stark ins Lächerliche verzerrt. Sexuelle Darstellung zum Zwecke der sexuellen Erregung ist verpönt, wenn nicht gar geächtet.

Einige wenige pornographische Spiele finden sich im Untergrund – aber es ist ähnlich wie bei der Bild-Zeitung, die niemand liest, wenn man fragt. Im Gegensatz zur Bild-Zeitung besitzen die Sex-Spiele aber keinen relevanten Marktanteil. Teilweise, weil sie qualitativ ungeheuer miserabel sind, aber auch nicht zuletzt, weil wir derlei als peinlich und unrein empfinden. Nach der Phase großer sexueller Freizügigkeit in den 70er Jahren hat das Individuum von heute wieder mal erhebliche Probleme, sich zu seiner Sexualität zu bekennen. Und das, obwohl das industrielle Angebot an Sex- und Pornowaren so groß ist wie nie zuvor.

Ein Spiel, das Sex zum Thema hat und doch nicht ist SVEN BØMWØLLEN, wo man ein hochnotgeiles Schaf über die Wiesen steuert und in kurzer Zeit möglichst viele Schafdamen begatten muss. Hier haben wir wieder den Fall der »lustigen« Sexualität. Man sieht natürlich keine Details, an denen man sich »erregen« könnte.

Ihr solltet explizite sexuelle Darstellungen bzw. Geschlechtsteile daher besser meiden, wenn ihr ein Spiel macht. Ihr kommt damit zwar möglicherweise ins Gespräch, aber dieses Gespräch wird euch nicht gefallen. Unser Zeitalter ist für derlei im Moment ungeeignet. Das kann sich in 10-20 Jahren wieder ändern, aber hier und jetzt ist es so.

In eine ähnliche Kategorie fallen auch Darmgase und Exkremente, wenngleich hier eine »ernste« Funktion fehlt, d. h. sie dienen ausschließlich dem Zwecke der Lächerlichkeit. Und sie sind salonfähig! In Hollywood-Filmen kommen Rülpser und Fürze inzwischen ganz selbstverständlich vor, lediglich der direkte Anblick von Urin und Kot wird dem Rezipienten bislang nicht zugemutet. Nichtsdestotrotz hat BLACK & WHITE hier wieder den Vogel abgeschossen. Die aufzuziehende Kreatur produziert Kothaufen wie ein Weltmeister. Es gibt sogar einen Quest, der nur zu lösen ist, wenn man den Kot für irgendwas benutzt, ich weiß nicht mehr, was es war. Das hat nicht jedem Spieler gefallen ...

1.5.7 Kinder und Computerspiele

Als Fußnote in diesem Buch durchaus erwähnenswert, immerhin stellen Kinder einen nicht unwesentlichen Anteil der Kundschaft, auch, was die indizierten und verbotenen Titel angeht.

Computerspiele laufen den klassischen Spielen zunehmend den Rang ab. Das schlägt sich ganz deutlich in den Verkaufszahlen nieder. Als Hauptursache gilt Unterforderung. Kinder werden immer früher mit den elektronischen Medien vertraut, und ein Achtjähriger kann heute schon viel komplexere Vorgänge am Computer bewältigen, als das ein Brettspiel für sein Alter von ihm verlangt.

Ich persönlich finde nicht, dass die Kinder von heute klüger sind als die Kinder von vor 20 Jahren und denke eher, dass Computerspiele einfach bequemer sind (man muss nicht auspacken und aufbauen und erst recht nicht wieder aufräumen) und mehr Möglichkeiten bieten. Wenn ich in einem Brettspiel etwas kaputtschießen könnte, müsste ich mir ja ein neues kaufen.

Computerspiele sind nach Ansicht von Experten für Kinder und Jugendliche eine sinnvolle Freizeitbeschäftigung und fördern deren Entwicklung. Studienergebnissen zufolge fördern sie die Denkfähigkeit, das Begreifen von Zusammenhängen und schnelles Reaktionsvermögen. Und natürlich werden die Kinder ganz nebenbei mit den Funktionen eines Computers vertraut. Damit haben sie gute Voraussetzungen für das Berufsleben, das schon heute von Computern geprägt ist, und diese Tendenz wird eher noch zunehmen.

Besonders zu empfehlen sind nach Ansicht von Experten Strategiespiele wie SIMCITY oder die DIE SIEDLER. Kinder lernen dabei, Zusammenhänge zu erkennen. Aber auch Autorennen und Actionspiele haben positive Wirkung, dienen der Aggressionsabfuhr und fördern das Reaktionsvermögen. Puzzles fördern die Kombinationsfähigkeit. Nur für 3D-Shooter sieht man noch keine Verwendung, hehe.

Ein von den Spielemagazinen völlig ignorierter Bereich sind die speziell auf Kinder zugeschnittenen Spiele. Da versuchen die Hersteller gutgemeinterweise häufig auch Lerninhalte zu vermitteln. Insofern lässt sich die Grenze zur ausgesprochenen Lernsoftware nur schwer ziehen, außer vielleicht dass letztere keinen Spaß machen (dürfen?). Als Vater von zwei Kindern habe ich einige davon inzwischen näher kennen gelernt und bin entsetzt, wie schlecht sie sind. Nicht vom Inhalt her, sondern von der Bedienung, die nicht eindeutig genug ist, auch korrekte Eingaben nicht akzeptiert, wenn man zu lang oder zu kurz oder einen Pixel daneben klickt, und nicht deutlich macht, wohin man überhaupt klicken kann, um eine Reaktion zu erhalten. Ich glaube, hier ist der Begriff des Betatesters völlig unbekannt.

Dass es Kindern ohne Zwang und Mühe möglich ist, Dinge zu lernen, zeigt sich an POKÉMON. Wer das spielt, kennt schon nach kurzer Zeit die Namen der ganzen Tiere auswendig.

Ohne näher darauf eingehen zu wollen: Es gibt hunderte von Kinder-Computerspielen, aber mangels vernünftiger Spielemagazine in diesem Bereich ist es ziemlich schwer, diese zu beurteilen. Es ist dabei auffällig, dass insbesondere die altbekannten Spiel- und Spielzeugfirmen wie Ravensburger, Hasbro und sogar Lego mitmischen. Hobbyprojekte, die ein Computerspiel für Kinder machen wollen, gibt es dagegen so selten wie weiße Raben.

1.5.8 Frauen und Computerspiele

Oh, das ist bislang noch etwas sehr Exotisches. Die Zahl nimmt zwar beständig zu, aber absolut gesehen ist sie immer noch fast zu vernachlässigen. Die Gründe hierfür sind sehr vielschichtig und liegen größtenteils im Rollenverständnis der Geschlechter. Frauen sind die sozialen Wesen, Männer die technischen. Klar, wer von beiden somit näher am Computer steht.

Traditionell sind Computerspiele auch entsprechend auf männliche Bedürfnisse zugeschnitten: Männer lieben Gewalt und Blut, Aufbau und Zerstörung, Macht und Rätsel. Männer messen ihren Selbstwert an dem, was sie leisten und erreichen können.

Frauen sind anders. Frauen sind kommunikative Wesen. Macht üben sie, wenn überhaupt, lieber indirekt aus. Frauen achten mehr auf die Kleinigkeiten. Die Banalitäten des Alltags haben eine wesentlich größere Bedeutung.

Ein Computerspiel, das speziell für Frauen ansprechend sein soll, müsste eben diese Bedürfnisse bedienen. Keine oder nur minimale Gewalt, soziale Interaktion, viele Details, Alltäglichkeiten.

Dieses Schema passt auf DIE SIMS wie angegossen, und die Statistiken bestätigen es: Dieses Spiel wird von Frauen mit großer Begeisterung gespielt!

Ansonsten schaffen es in der Regel zumeist die gewaltfreien Aufbauspiele (SIEDLER, ANNO), von Frauen anerkannt zu werden.

Klar, es gibt auch Frauen, die COUNTERSTRIKE und AGE OF EMPIRES spielen, und das ist auch gut so! Aber sie sind Exoten, über die man sensationslüstern berichtet, um die männliche Leserschaft aufzugeilen, keinesfalls jedoch handelt es sich bei diesen so genannten »Zockerweibchen« um einen repräsentativen Durchschnitt.

Ich könnte hier noch einige sehr interessante Dinge schreiben, aber das würde den Rahmen eines Computerspielebuches sprengen, deswegen verweise ich lediglich auf folgendes Buch: »Warum Männer nicht zuhören und Frauen schlecht einparken« von Allan & Barbara Pease.

1.5.9 Humor in Computerspielen

Wie Bücher und Filme, so können auch Computerspiele durchaus vom Element des Komischen Gebrauch machen. Dabei ist es nicht unbedingt erforderlich, dass das ganze Spiel als »Comedy« ausgelegt ist wie z. B. die MONKEY-ISLAND-Serie oder DAY OF THE TENTACLE. Wie im echten Leben auch, kann hier und da mal etwas Witziges durch den Schleier aus Spannung, Schmerz und Tränen blitzen und dem Ganzen zusätzliche Würze verleihen.

Es gibt verschiedene Arten von Humor, und je nach Art des Spiels passen manche Arten besser und manche weniger:

- **Situationskomik**: Eine Person kommt unverschuldet in eine peinliche bzw. verkannte Situation.
- **Slapstick**: Der Kampf einer ungeschickten Person mit einem Gegenstand, daraus resultierende Schäden und Verwüstungen.
- **Satire**: Übertreibung eines realen Vorbildes.
- **Groteske**: Nicht zusammenpassende Elemente werden miteinander verbunden.
- **Kalauer**: Spiel mit Worten. Sprüche und Vergleiche werden unerwartet wörtlich genommen.
- **Implizite Information**: Die Pointe des Witzes ist typischerweise eine versteckte Information, die nicht ausgesprochen wird. Z. B: Warum muss ein albanisches U-Boot alle drei Minuten auftauchen? Damit die Ruderer Luft holen können. Die

Kerninformation lautet: Ein albanisches U-Boot hat Ruderer und keinen Sauerstoffvorrat. Diese Aussage ist jedoch nicht witzig, wenn man sie direkt ausspricht.

- **Schwarzer Humor**: Tabuthemen wie Sex, Tod, Krankheit, Körperflüssigkeiten werden zum Gegenstand.

Diese Aufzählung ist keinesfalls vollständig und dürfte auch sicher nicht jedermanns Zustimmung finden. Ich bin kein Humorforscher und erhebe keinen Anspruch auf Wissenschaftlichkeit. Was man jedoch sicher schnell sehen kann: Einige Humorformen sind für bestimmte Atmosphären bzw. Storykonzeptionen sehr gefährlich und können bei unbedachtem Einsatz den Gesamteindruck zerschießen.

Ein einigermaßen ungefährlicher Ort für Humor sind Dialoge. Wenn das Spiel davon sehr viel enthält, erwartet der Spieler es sogar in gewisser Weise, dass irgendwo auch mal etwas Witziges darunter ist.

Auch kann man den Humor in einem bestimmten Charakter des Spiels bündeln, und so das Spiel selbst ernst halten. Dieser Charakter lässt dann zuweilen witzige Sprüche ab oder sorgt für witzige Situationen.

1.6 Konzeption und Planung eines Spiels (PD)

1.6.1 Herangehensweise

Jeder hat da so seine eigenen Wege. Einer, der sich für mich persönlich gut bewährt hat, beginnt mit dem Aufschreiben aller Ideen, die mir in den Sinn kommen.

Dabei gehe ich keineswegs geordnet vor – wie denn auch, wenn die Ideen ja auch nicht geordnet kommen? Ich schreibe meine Ideen zu Hause in ein Heft und wenn ich unterwegs bin auf Zettel, notfalls auf Taschentücher, Servietten, Bierdeckel und Klopapier.

Jede Idee, die ich nicht aufschreibe, werde ich mit 99%-iger Wahrscheinlichkeit vergessen, sobald ich wieder zu Hause bin oder spätestens, wenn ich das Konzept schreiben will. Also schreibe ich. Ich schreibe auch Ideen für Projekte auf, die ich eventuell erst in 10 Jahren oder nie anfangen werde. Man weiß ja nie.

Allerdings schreibe ich nicht grundsätzlich *jede* Idee auf, die mir durch den Kopf schießt, denn dann wäre ich ja 24 Stunden am Tag nur mit Geschreibe beschäftigt. Ich schreibe mir nur das auf, von dem ich den Eindruck habe, dass es eine Idee oder eine Problemlösung ist, die ich nicht bei jeder nächstbesten Gelegenheit wieder aus dem Ärmel schütteln kann.

Diese Ideen stammen aus allen Bereichen der Spieleentwicklung: Grafik, Story, Gameplay etc. Da ich auch programmiere, kommen bei mir noch Ideen zu Datenstrukturen und Algorithmen dazu.

Ich kann mir gut vorstellen, dass es Menschen gibt, die sich hinsetzen und sich dann Schritt für Schritt ein Spiel ausdenken. Mein Respekt sei ihnen gewiss. So einer bin ich selbst nicht. Bei mir ist es eher so, dass ich eine vage Idee zu einem Spiel habe und das Projekt erst anfange, wenn ich genügend Ideen und Konzepte dazu gesammelt (aufgeschrieben) habe.

1.6.2 Das Grobkonzept

Damit sollte das Projekt beginnen. Wozu, so fragst du vielleicht. Nun, es ist das Grundgerüst deines Spiels. Wenn du dich zwingst, deine Ideen in dieser Form niederzuschreiben, setzt du dich mit deinem Spiel so intensiv auseinander, dass dir jetzt schon Schwachstellen auffallen können. Mit Sicherheit jedoch findest du eine Unzahl an Lücken in deiner Konzeption, an die du noch gar nicht gedacht hast.

Außerdem ist das Grobkonzept unabdingbar, wenn du das Spiel nicht ganz alleine entwickeln willst. Mit dem Grobkonzept stellst du das Spiel deinen potenziellen Mitstreitern vor. Und die sollen sich daraufhin ja entscheiden, ob sie mitmachen wollen oder nicht.

Oftmals wird bereits das Grobkonzept als Designdokument bezeichnet, insbesondere, wenn es um die Repräsentation des Projektes gegenüber potenziellen Geldgebern geht.

Im Grunde genommen ist man mit dem Grobkonzept auch schnell fertig, sofern man weiß, welche Fragen man (sich) stellen muss:

1.6.2.1 Welches Genre?

Niemand wird gerne in eine Schublade gesteckt, aber die Genres und Genremixe aus 1.2 sollten eigentlich 99,99% aller möglichen Ideen, die du hast, abdecken. Und wenn nicht, dann könnte es sein, dass deine Idee nichts taugt. Harte Worte, was? Klar, es ist auch möglich, dass du die absolute Superidee hattest, auf die noch keiner gekommen ist, aber das dürfte eher die Ausnahme sein.

Neben der allgemeinen Genreeinordnung muss natürlich auch festgehalten werden, was das Besondere an diesem Spiel ist. Natürlich nur, falls es etwas Besonderes gibt. Aber das gibt es fast immer.

1.6.2.2 Spielinhalt und Präsentation?

Hier solltest du Grafik und Gameplay darlegen. Da die beiden Themen voneinander ziemlich abhängig sind, solltest du gar nicht erst versuchen, sie getrennt zu beantworten. Wie das Spiel aussieht, und wie es sich spielt, ist eins.

Hier ist es schon von der ersten Stunde an sinnvoll, Skizzen anzufertigen, die das Spiel zeigen, wie es mal aussehen soll. Ein Bild sagt mehr als 1000 Worte.

Auch muss entschieden werden, in welcher Art von Welt das Spiel angesiedelt ist: Science-Fiction, Fantasy, Geschichte, abstrakt ... – daraus ergeben sich nämlich Möglichkeiten und Beschränkungen des Gameplay. In einer Fantasy-Welt kann man keine Laserkanonen aufsammeln – überhaupt sind Fernwaffen auf Bogen, Armbrust und Zauberei beschränkt, weshalb es viel mehr Nahkämpfe als Fernkämpfe gibt.

Das Genre legt ebenfalls sehr viel vom Gameplay fest, trotzdem sollten einige weitergehende Fragen beantwortet werden:

- Welche Handlungs-/Bewegungsmöglichkeiten hat der Spieler?
- Levelbasiertes Spiel? Linear, Nonlinear oder offen? (s. auch 1.4.2.3)
- Wie gewinnt man? Kann man überhaupt gewinnen oder ist es ein Endlosspiel? (s. auch 1.3.1.2 und 1.3.1.3)
- Grafische Besonderheiten? 2D oder 3D? Nur Grafik 3D oder auch Spiel 3D? (s. auch 1.4.1.2)
- Rundenbasiert oder Echtzeit?

1.6.2.3 Welche Technik und Zielplattform?

Das ist zwar Sache des Programmierers, wenn man so will, aber andererseits auch wieder nicht. Man sollte sich schon darüber im Klaren sein, ob man ein 2D- oder 3D-Spiel entwickelt, welche Technologien man verwenden will, und ob man das Ganze überhaupt für Windows, Linux oder Konsole macht – oder für alles zusammen. Die Zielplattform limitiert außerdem die technischen Möglichkeiten einerseits sowie das Zielpublikum andererseits:

Niedrige Hardwareanforderungen erschließen ein breites Publikum, schränken jedoch die technischen Möglichkeiten ein.

Hohe Hardwareanforderungen lassen mehr Gestaltungsspielraum, aber es gibt auch weniger Leute, die diese Hardware dann auch haben.

Wobei man noch unterscheiden muss zwischen minimaler und optimaler Hardwarekonfiguration. Das hat in erster Linie mit der Skalierbarkeit von Spielen zu tun. Manche Spiele laufen auf schnelleren Rechnern nicht nur flüssiger, sie sehen auch besser aus.

1.6.2.4 Zielpublikum und warum das Spiel Spaß machen wird

Das ist die unangenehmste Frage von allen, aber zugleich auch die wichtigste. Ihr müsst sie euch ernsthaft stellen und notfalls den Mut haben, euch einzugestehen, dass eure Idee vielleicht schlecht ist.

Auf jeden Fall kommt man nicht umhin, sich am Markt zu messen:

Frage dich stets: »Gibt es ein ähnliches Spiel, dem dieses Konkurrenz machen soll? Warum ist mein Spiel besser?«

Falls es ein ähnliches Spiel gibt (gibt es mit Sicherheit), musst du mindestens *einen* Punkt haben, warum dein Spiel besser ist. Andernfalls hat es keine Existenzberechtigung. Außer, du hast nur vor, programmieren zu lernen. Wundere dich allerdings nicht, wenn du dazu niemanden findest, der mitmacht.

Jede Besonderheit, die dein Spiel aufweist und andere Spiele nicht, heißt übrigens *Alleinstellungsmerkmal*. Diesen Begriff solltest du dir merken, für den Fall, dass du mal nach den Alleinstellungsmerkmalen deines Spiels gefragt wirst.

Sehr viele Spielideen entstehen spontan beim Spielen eines Spiels in Form eines einzelnen Verbesserungsvorschlages: »Das wäre doch toll, wenn man hier auch XY könnte.« Dabei wird leider sehr häufig außer Acht gelassen, dass dieses Feature Konsequenzen für den ganzen Aufbau und die Bedienung des Spieles haben kann, die das Spiel unspielbar machen würden. Oder aber, und das ist der weitaus häufigere Fall, dass das Feature niemanden wirklich interessiert (außer den, der die Idee hatte).

1.6.2.5 Die wichtigsten Spielelemente

Die ersten Ideen zu Levels, Monstern, Waffen und Gegenständen und ihre Zusammenhänge. Braucht nicht vollständig zu sein, kann es zum Erstellungszeitpunkt auch gar nicht sein. Wichtig ist vor allem die Information, dass bestimmte Arten von Elementen *überhaupt* im Spiel vorkommen sollen.

- Bei einem 3D-Shooter sind vor allem die Waffen und die Gegner wichtig. Darüber hinaus, auf welche Arten man sich bewegen kann.
- Bei einem Strategiespiel ist die Beschaffenheit der Karte wichtig, wie man sie ausbauen kann, was für Einheiten und Gebäude es gibt etc.
- Bei einem Adventure sind die Story und die Schauplätze wichtig. Auch die Rätsel, ja, aber die gehören schon eher zum Feinkonzept.
- Bei einem Rollenspiel ist das System von Erfahrungspunkten, Hitpoints, Kampfsystem etc. wichtig.

1.6.3 Das Feinkonzept (Designdokument)

Es passiert recht häufig, dass Menschen mit einem »Spielkonzept« zu mir kommen und allein anhand des Konzeptes unter Vertrag genommen werden wollen. Soweit ist das ja auch noch okay, aber wenn dieses »Spielkonzept« über eine halbe DIN-A4-Seite geht, dann weiß ich nicht, was diese Menschen sich vorstellen.
– David Markwart, Phantagram Interactive

1.6.3.1 Keine Fragen offen lassen

Je mehr Ideen du dir aufgeschrieben hast, desto leichter wird dir die Erstellung des Designdokuments fallen. Arbeit ist es allerdings so oder so.

Das ideale Designdokument ist so detailliert, dass wenn es ein Team aus Programmierern und Grafikern in die Hände bekommt, sie das Spiel genau so produzieren können, wie es sich der Designer vorgestellt hat. Auch wenn sie das Konzept vorher nicht kannten.

Wie so oft mit Idealen, muss man in der Realität leider Kompromisse schließen. Die Betonung liegt aber auf ‚leider'. Komm nur nicht auf die Idee, das als Entschuldigung für ein schlampiges bzw. unvollständiges Designdokument zu missbrauchen!

Vorneweg, damit wir uns nicht missverstehen: Das Designdokument ist keine in Stein gemeißelte Gesetzesvorlage. Während der Entwicklung wird es oftmals erforderlich sein, Änderungen vorzunehmen. Das ist gar nicht vermeidbar. Trotzdem sollte man bei der Niederschrift noch so tun, als ob man vorhat, sich zu 100% daran zu halten. Auf keinen Fall etwas hineinschreiben, das man von vorneherein nicht wirklich vorhat. Aber auch nicht absichtlich Wischi-Waschi schreiben, weil dir etwas nicht klar ist. Das macht die Arbeit später nur unnötig mühselig.

WICHTIG

Wenn etwas nicht klar ist, ist das Designdokument der Ort, an dem es klar zu machen ist.

Das mag sich zunächst wie Schikane anhören, aber sieh es mal von der Seite: Irgendwann willst du das Spiel ja auch implementieren. Spätestens dann kommst du nicht umhin, dich festzulegen. Und dann ist es möglicherweise zu spät, festzustellen, dass etwas vielleicht nicht funktioniert.

Und was auf den Schritt vom Designdokument zur Implementation zutrifft, trifft auch auf den Schritt vom Grobkonzept zum Designdokument zu: Wenn es sein muss, weicht das Designdokument vom ursprünglichen Grobkonzept ab, bzw. das Grobkonzept muss dann nachgebessert werden, denn es entspricht ja nicht mehr dem Stand der Dinge, und wir wollen es weiterhin als »Aushängeschild« des Projektes benutzen.

Das oberste Motto lautet: Keine Fragen offen lassen. Nicht mal die allerkleinste. Wenn man eine Spielfigur steuert, muss festgelegt werden, mit welchen Tasten/Mausbewegungen welcher Effekt erzielt wird. In Kämpfen muss festgelegt werden, was Verlauf und Ausgang des Kampfes bestimmt: Stärke, Rüstung, Waffe, Erfahrungslevel. Und wie das funktionieren soll! Z. B. so:

- Spielerfigur macht Attacke (grafische Animation). Angriffstärke minus Verteidigungsstärke gleich Zahl der Hitpoints, die der Angegriffene verliert.
- Hitpoints = 0 -> Der Angegriffene stirbt (grafische Animation)
- Hitpoints > 0 -> Der Angegriffene macht einen Gegenangriff, Ablauf wie oben.

Ab hier werden außerdem Zahlen und Formeln enorm wichtig. Monsterstärke, Gegnerstärke, Hitpoints, Kartengrößen – alles, was irgendwie in Zahlen und Formeln gefasst werden kann, *muss* auch so niedergeschrieben werden. Das führt unter

Umständen zu riesigen Tabellen, aber ich sagte ja schon zu Beginn des Kapitels: Design ist Arbeit.

1.6.3.2 Szenarien und Leveldesign

Wenn das Spiel levelbasiert ist, muss das Design der Level bzw. Szenarien ziemlich am Anfang stehen. Sie sind es nämlich, die das Spiel ausmachen.

Nur bei Spielen, die auch ohne Szenarien spielbar sind (Toys) ist das Szenario-Design bis zur letzten Sekunde verschiebbar. Ansonsten sind Level und Gameplay einfach nicht vernünftig voneinander zu trennen. Eine konkrete Vorstellung vom Spielfluss muss letztlich immer in einem konkreten Level angesiedelt sein. Irgendwo einleuchtend, oder?

Aus den Levels ergibt sich auch, was die Engine können muss und was ev. nicht wichtig ist. Ein häufiger Fehler ist es, die Game-Engine mit zu vielen Wünschen zu überladen, die dazu führen, dass am Ende nichts fertig wird.

Genau umgekehrt ist es bei der Implementation, da kommt die Levelerstellung ganz zum Schluss, wenn die komplette Spielengine mit allem drum und dran fertig ist. Aber in der Planungsphase kommt sie vorher.

Im Designdokument stehen die Szenarien natürlich üblicherweise am Ende, aber das hat nichts mit der Reihenfolge ihrer Entstehung zu tun.

1.6.3.3 Userinterface

Das kann mengenmäßig leicht 50 DIN-A4-Seiten und mehr beanspruchen. Warum? Nun, weil auch hier gilt: Details, Details, Details.

Jeder Screen, jedes einzelne Menü, jede Dialogbox, jeder Button und jede Scrollbar muss beschrieben werden. Und natürlich auch, was genau passiert, wenn man diesen oder jenen Button anklickt. Und das ist selbst bei kleineren Projekten erstaunlich viel. Man möchte es gar nicht glauben.

Des Weiteren gehören Steuerung von Kamera und Bewegung auch hier hinein. Sowie überhaupt alles, was man anklicken kann.

Und auch was man nicht anklicken kann, aber dem Spieler Informationen anzeigen soll (Funktionsbereich, s. 1.4.3.2).

1.6.3.4 Grafik

Dass du nicht vergessen wirst, die Grafikengine und ihre Fähigkeiten zu beschreiben, ist mir schon klar.

Was du aber auch noch machen solltest, ist für alle visuellen Objekte noch mal gesondert zu beschreiben, wie sie gerendert werden sollen. Beispiel: Du hast ein

Rollenspiel und willst, dass Ausrüstungsgegenstände direkt an der Spielfigur zu sehen sind: Helm, Schwert, etc. Das musst du dann auch schreiben.

Oder wenn du willst, dass Verletzungen bzw. Hitpoint-Abzüge in der Spielgrafik zu sehen sind. Schreib es auf. Und schreib auch auf, wie: als blutende Wunden oder als schrumpfender »Gesundheits-Balken«.

Ereignisgebundene Effekte müssen ggf. mehrfach beschrieben werden. Einmal bei den Fähigkeiten der Grafikengine allgemein, einmal bei der Beschreibung der Objekte und einmal bei der Beschreibung des Ereignisses.

Beispiel: In HEXEN II kann man Gegner mit einem Zauberstab einfrieren. Sie verwandeln sich dann in transparente Eisblöcke.

- Grafikengine allgemein: muss transparente Objekte bzw. Objekte transparent darstellen können.
- Objekt Monster 1/2/3...: Neben der normalen Darstellung muss es auch als transparenter Eisblock dargestellt werden können. Sofern die Grafikengine nicht das normale Monstermesh als Eis darstellen kann, muss der Grafiker für jedes Monster, das zu Eis verwandelt wurde, ein eigenes Mesh machen.
- Ereignis: Wenn eingefroren, erstarren die betroffenen Gegner in der Bewegung und werden zu blau-transparenten Objekten. Diese Objekte kann man wie Einrichtungsgegenstände zerschlagen.

1.6.3.5 Sound

Zum Sound kann man im Wesentlichen dasselbe schreiben wie zur Grafik.

Der Sound ist in Designdokumenten ein in der Regel etwas vernachlässigtes Thema, wir Menschen sind halt »Augentiere«.

1.6.4 Das Produktionsdokument

Uff, was? Noch ein Dokument?

Nein, nicht eins. Eigentlich ganz viele: Zeitpläne, Dateilisten, Implementationsalgorithmen, Programmarchitektur ...

Die Produktionsdokumente sind der Schritt vom Design(dokument) zum Programmcode und den Zusatzdateien (Grafiken, Sounds, etc.). Der Designer hat damit eigentlich nichts mehr zu tun, ab hier sind Projektleiter, Programmierer, Grafiker und Musiker am Werk.

Aber das ist für ein Hobbyprojekt nicht mehr erforderlich. Jedenfalls nicht in der üblichen professionellen Form. Bei so viel Planung und Verwaltung käme man gar nicht dazu, endlich mit dem Projekt selbst anzufangen. An dieser Stelle deshalb nicht mehr dazu. Im Kapitel über Management komme ich allerdings darauf noch einmal zurück.

1.7 Leveldesign

1.7.1 Einführung (MDE)

1.7.1.1 Worum es geht

Im Folgenden werden die wesentlichen Grundtechniken für gutes Leveldesign dargestellt. Die besonderen Merkmale dieses Modells sind die Systematik und das geschlossene Gesamtkonzept – im Gegensatz zu den üblichen Tipps und Tricks – und die klare Trennung zwischen dem technischen und dem künstlerischen Teil der Level-Erstellung.

Manchem werden die vorgestellten Techniken vielleicht zu aufwändig oder eher umständlich erscheinen. Ich werde an den entsprechenden Stellen die Gründe nennen, welche für diese Techniken sprechen. Letztlich sind die vorgestellten Methoden jedoch nicht die einzig möglichen Verfahren. Mein Vorschlag: Lies den Text und experimentiere. Jeder muss seinen eigenen Stil finden, der zu ihm passt und der ihm Spaß macht. Für Profis ist Leveldesign harte Arbeit, Amateure haben ein Spiel gekauft und wollen Fun – Fun ist gutem Leveldesign in jedem Fall förderlich.

1.7.1.2 Relevanz des Leveldesigns

Die meisten Spiele bestehen aus einer Spiel-Engine und Levels.

Die Spiel-Engine steuert die gesamte Spielmechanik, d. h. die Darstellung der Spielelemente auf dem Bildschirm (Grafik-Engine) und den Spielablauf entsprechend den Spielregeln (Regel-Engine).

Die Levels sind die Landschaften, welche von der Grafik-Engine dargestellt werden und in denen das Spiel stattfindet.

Die beste Spiel-Engine taugt nichts ohne interessante und herausfordernde Level. Ein Spiel mit einer guten Spiel-Engine kann durch schlechte Level-Gestaltung völlig versaut werden. Ein Spiel mit einer mittelmäßigen Spiel-Engine kann durch großartige Level dennoch ein wundervolles Spiel werden.

Immer mehr Spielefirmen gehen dazu über, ihrem Spiel einen Level-Editor mitzuliefern. Das geschieht nicht aus Mildtätigkeit, sondern resultiert aus knallharten und präzisen betriebswirtschaftlichen Entscheidungen. Je mehr gute Levels zu einem Spiel existieren und je häufiger neue Levels bereit gestellt werden, desto interessanter wird das Spiel, desto häufiger und desto länger wird es gespielt und verkauft. Die Spielefirma liefert mit dem Spiel einen Level-Grundstock, oft in Kampagnen zusammengefasst, dann wird ein Level-Editor verfügbar gemacht – und ambitionierte Fans erstellen regelmäßig und über Monate hinweg weitere Levels, die das Spiel eine lange Zeit lebendig und interessant erhalten.

1.7.1.3 Technische Voraussetzungen

Die erste und wichtigste Voraussetzung, um gute Levels machen zu können, ist: Kenne das Spiel. Man muss das Spiel, die Spielregeln, das Handbuch, Spielerrassen, Monster, Ressourcen etc. in- und auswendig kennen. Das bedeutet: Handbuch studieren und spielen, spielen, spielen.

Die zweite Voraussetzung ist: Kenne die Design-Palette. Die Design-Palette umfasst alle Spielelemente, die zum Erstellen eines Levels zur Verfügung stehen, vom einzelnen Strauch bis zum komplexen Ereignis. Man muss jedes Element mit all seinen Möglichkeiten kennen und außerdem die Möglichkeiten des Zusammenspiels der Elemente in den Fingern haben. Um dieses Ziel zu erreichen, muss man viele Übungs- und Testkarten erstellen.

Die dritte Voraussetzung ist: Kenne viele Levels und studiere sie sehr sorgfältig. Spiele jeden Level in verschiedenen Schwierigkeitsstufen. Studiere jeden Level im Level-Editor. Spiele mit den Levels herum, verändere Level und spiele die veränderten Levels.

Die vierte Voraussetzung ist: Kenne die KI (künstliche Intelligenz, der Computergegner). Wird die KI falsch eingeschätzt, wird der Spielprozess anders verlaufen als erwartet. Jeder Level mit Computergegnern muss sorgfältig auf das Verhalten der KI abgestimmt sein, da ansonsten die Computergegner zu stark oder zu schwach werden, Dinge tun, die sie nicht tun sollen oder Dinge nicht tun, die sie tun sollen. Um das Verhalten der KI studieren zu können, muss man gewöhnlich Cheat-Codes verwenden, die es erlauben, alle Geschehnisse im Level von Anfang an beobachten zu können.

Der fünfte Punkt ist optional, aber nützlich: Kenne ein gutes Forum. Egal ob als Problemhilfe, Feedback-Geber oder um neue Dinge kennen zu lernen. Es kommt einfach viel mehr dabei heraus, wenn Hunderte von Leuten sich über einen Editor Gedanken machen, als wenn man es alleine macht.

1.7.1.4 Persönliche Motivation

Warum kreiert man Level? Ein sehr wichtiger Punkt. Im Prinzip gibt es drei Möglichkeiten:

1. Man erstellt Level, weil man damit Geld verdient.
2. Man erstellt Level, weil es Spaß macht.
3. Man erstellt Level, weil man anderen Freude (Spielspaß) bereiten will.

Alle drei Möglichkeiten sind völlig zulässig – aber: Wenn man Level erstellt, nur, weil es einem selbst Spaß bereitet oder weil es dafür Geld gibt und ohne an den Spielspaß, insbesondere anderer Spieler, zu denken, dann werden diese Level vielleicht technisch perfekt sein, aber ihnen wird jenes spezifische Etwas fehlen, das großartige Level ausmacht.

Wenn jemand Level für andere Spieler bereit stellt, dann werden diese Level auch gespielt. Andere Menschen spielen Level, weil sie Spaß mit dem Spiel haben wollen. Wenn Level jedoch fehlerhaft, langweilig oder hässlich sind, werden diese Menschen den angestrebten Spaß nicht finden, sie werden verstimmt bis enttäuscht sein.

Eine großartiger Level, der Spielern »much fun« bereitet, ist kein Zufall, sondern das Ergebnis von Know-how, das Ergebnis von präziser Planung, durchdachtem Design, funktionaler Technik, dem Blick des Künstlers und ausgiebigem Testen. Alle diese Elemente werden in den folgenden Kapiteln ausführlich vorgestellt.

1.7.1.5 Kreativität und Leveldesign

Leveldesigner müssen kreativ sein. Aber Menschen sind kreativ oder nicht, da kann man nichts weiter zu sagen. Unkreative Menschen können eben keine guten Level machen.

Ist das wirklich so?

Nein! Die Kreativitätsforschung (ein Bereich der Psychologie) belehrt uns darüber, dass es nicht so ist. Kreativität ist nicht etwas, was Menschen einfach überkommt – und keiner weiß wie. Kein Mensch ist einfach so kreativ, sondern kreative Menschen sind in bestimmten Bereichen kreativ, in anderen nicht. Der kreative Maler kocht vielleicht sehr unkreativ, der kreative Ingenieur hat keine Idee zur Einrichtung seiner Wohnung.

Kreativität hat nichts mit verrückten Ideen zu tun. Auf verrückte Ideen kann man jeden Computer programmieren, z. B. mit gegeneinander verschiebbaren Wortlisten.

Kreativ sein bedeutet: Für ein bestimmtes Problem eine neue (bisher unbekannte) Lösung zu finden.

Kreativität ist immer auf einen bestimmten Bereich bezogen und eine Folge von intensiver Beschäftigung mit diesem Bereich. Je intensiver jemand ein Thema studiert, je mehr Tiefen- und Breitenerfahrungen er sammelt, desto größer sind seine Chancen auf Kreativität. Man muss eben erst einmal wissen, was nicht neu ist, um Neues finden zu können und man muss erst einmal die Parameter des Problemhintergrundes kennen, um zu wissen, was möglich sein könnte.

Auf der Basis intensiver und umfassender Kenntnisse, Fähigkeiten und Fertigkeiten im Problembereich kann dann ein Denkprozess einsetzen, der sich, indem das Problem durch Gespräche, Lesen, Träumen etc. immer wieder (Tag und Nacht) aktiv präsent gehalten wird, zu einer bisher unbekannten Problemlösung verdichtet. Man darf jedoch nicht verbissen an der Problemlösung arbeiten, sondern muss sich Zeiten der Erholung und Entspannung gönnen, damit neue Gedankenkombinationen wachsen und sich entwickeln können.

Fazit: Jeder kann kreativ sein, er muss den Problemraum nur intensiv und umfassend studieren, das Problem aktiv über längere Zeit präsent halten – und sich Zeiten der Erholung gönnen.

Daraus folgt: Jeder Mensch kann kreativ genug sein, um großartige Level zu machen. Voraussetzung ist, dass er sein Handwerk (Editor, Spielregeln) blind beherrscht und sich ausreichend Zeit für den kreativen Prozess gönnt.

Über den handwerklichen Teil werden wir im Folgenden miteinander reden, den Rest muss jeder für sich gestalten.

1.7.2 2D Level-Design (MDE)

Die Erstellung und Gestaltung von 2D-Levels wird in diesem Kapitel grundsätzlich erläutert und dann exemplarisch durch die Entwicklung eines zusätzlichen Levels für das Spiel HEROES OF MIGHT AND MAGIC 3 (HOMM3) veranschaulicht.

1.7.2.1 Wie funktionieren 2D-Spiele?

Die meisten 2D-Spiele, insbesondere solche mit Level-Editor, sind Tile-based-games. Das trifft insbesondere auf Strategiespiele mit Aufbaucharakter zu (z. B. CIVILIZATION). Ich werde mich deshalb primär mit dieser Art von 2D-Games beschäftigen und dort, wo Beispiele angeführt werden, auf das bekannte HEROES OF MIGHT AND MAGIC 3 zurückgreifen.

Tile-based-games sind Spiele mit einem Spielbrett, das in quadratische Felder unterteilt ist, wie das Spielfeld des Schachspiels. In den meisten Editoren für solche Spiele kann man ein Gitter einschalten, dann sieht man die Spielfelder. Genau genommen sind Tile-based-games nichts anderes als Brettspiele für den Computer. (Das gilt nicht immer für den Kampfbildschirm, aber mit dem hat der Level-Designer nichts zu tun.)

Der Grafik- und Programmierexperte Andi Hartwig beschreibt das wie folgt:

Tile heißt übersetzt Kachel oder Fliese, und genau wie im Badezimmer können verschieden bedruckte Fliesen zusammengelegt ein größeres Muster ergeben.

Für den Wohnungsbedarf gibt es so genannte Fliesen-Decors, das sind bunte Muster auf Plastikfolie, die man noch nachträglich auf die Kacheln kleben kann. Sie bedecken die Kachel nicht vollständig, sondern sind transparent. Genauso funktionieren alle Tile-based-games, sie haben einen Set von undurchsichtigen Grundkacheln, auf die einfach verschiedene Schichten (so genannte Layer) transparenter Kacheln aufgeschichtet werden, so dass der optische Effekt von Tiefe entsteht (Vergleiche Abschnitt 3.6 2D-Grafikprogrammierung).

Während die Basiskacheln normalerweise alle eine einheitliche Größe haben, können die in darüber liegenden Schichten befindlichen transparenten Kacheln durchaus verschiedene Größen haben, um den unterschiedlichen Größen von Einheiten,

Häusern, Bäumen etc. Rechnung zu tragen. Diese Kachelgrafik hat nicht nur den Vorteil, dass man mit relativ wenig verschiedenen Kacheln durch Kombination eine riesige Menge von unterschiedlichen Geländen erschaffen kann, sondern sie gehen auch sehr effektiv mit dem Computerspeicher um und lassen sich verhältnismäßig einfach programmieren.

Der Bildausschnitt, den der Spieler sieht, funktioniert dabei wie ein Diarahmen oder der Sucher einer Kamera, mit dem man über die Kacheln gleitet (scrollt), wobei immer der gleiche Abstand zu den Kacheln eingehalten wird. Deswegen können Tile-based-games auch nie eine echte Perspektive haben. Spiele, die mit dieser Kachelgrafik arbeiten, gibt es in mehreren Geschmacksrichtungen, die sich auf die Form der Kacheln bezieht. HoMM 3 ist ein so genanntes Square-Type-Spiel, d. h. die Kacheln sind alle quadratisch. Andere Spiele wie z. B. viele ältere Kriegsspiele setzen auf eine sechseckige Kachelform und werden deshalb Hex Games (von Hexagon) genannt. Die zur Zeit populärste Form von Kachelspielen sind so genannte Isometrische Spiele. Bei diesen sind die Kacheln wie Rauten geformt und die Sicht entspricht ungefähr der, die man hat, wenn man ein Schachbrett um 45 Grad dreht und von schräg oben auf es herabsieht. Diese Grafik bietet noch am ehesten die Illusion von dreidimensionaler Tiefe und ist vielen durch AGE OF EMPIRES, JAGGED ALLIANCE II, DIABLO u. a. bekannt. Das oben erläuterte Kachelprinzip funktioniert aber bei allen gleich.

Tile-based-games gibt es auch in echtem 3D. Als Beispiele wären das Uraltspiel POWER MONGER zu nennen, in dem man das Spielfeld frei drehen konnte, DUNGEON KEEPER und aus neuerer Zeit der Hit EMPIRE EARTH.

Beim Schachspiel werden die Spielfiguren direkt auf die Spielfelder gestellt, anders bei Tile-based-games. Hier werden auf die Spielfelder Grafiken, die Kacheln, gelegt. Jede Kachel bedeckt genau ein Feld. Wenn man den kleinsten Pinsel, die elektronische Ausgabe des Malerpinsels, zum Malen der Landschaft wählt, hat man genau die Größe einer Kachel. Die Aneinanderreihung der Kacheln ergibt Muster, die wir dann z. B. als Landschaft identifizieren können. Das ist der unterste Layer der Gestaltung.

Nun wird auf diese Kacheln eine zweite Schicht Kacheln gelegt, deren Größe jedoch sehr verschieden sein kann. Die Grundfläche dieser Kacheln des zweiten Layers, d. h. die Fläche, die mit den Kacheln des ersten Layers verbunden ist, entspricht zwar exakt einer oder mehreren Kacheln, aber die Gesamtfläche kann in sehr viele anliegende Kacheln hineinreichen und diese überdecken. Das ist etwa so, als nähme man ein großes Bild und klebte es auf eine kleinere Grundfläche auf.

Durch diese Gestaltung des zweiten Layers kann bei geschickter Anordnung Überlagerung erzielt werden. Der Vorteil des Verfahrens liegt darin, dass er eine abwechslungsreiche Gestaltung mit nur wenigen Elementen erlaubt. Auf dem zweiten Layer kann z. B. einer weitere Landschaftsebene implementiert werden, wodurch die Landschaft mehr optische Tiefe bekommt. Häufig werden auf dem zweiten Layer jedoch die Spielfiguren implementiert.

Der Unterschied zwischen Schach und Tile-based-games besteht im Wesentlichen darin, dass zwischen das eigentliche Spielbrett und den Spielfiguren eine oder mehrere Lagen bunter Kacheln gelegt werden. Ein 2D-Level ist nichts anderes als eine etwas buntere Abart des Schachbretts.

Dennoch wird durch diese Technik mehr erreicht als nur grafische Effekte. Wesentlich ist auch, dass Felder mit Steinen, Bäumen und Ähnlichem gesperrt werden können und den Spielfiguren nicht mehr zugänglich sind.

Nehmen wir außerdem noch die Möglichkeit, Felder und Levels frei zu gestalten, dann sehen wir, dass Tile-based-games eine Weiterentwicklung der Schachbrettarchitektur sind, die weniger abstrakt (bunte und realistische Grafik) als dieses ist, Variationen des Spielfeldes zulässt (Sperren von Feldern) und dadurch verschiedene Spielfelder (Levels) erlaubt.

Was ist mit dieser Perspektive gewonnen? Etwas ganz Entscheidendes! Wir lassen uns von den bunten Bildchen nicht mehr die Sicht auf den schachähnlichen strategisch-taktischen Charakter von 2D-Spielen verstellen. Interessante 2D-Level sind nicht nur bunt und haben nicht nur eine interessante Story, sondern stellen strategische und taktische Probleme.

1.7.2.2 Strategie und Taktik

Die Begriffe Strategie und Taktik werden in der Computerspielszene sehr unterschiedlich benutzt. Ich werde sie deshalb für die Zwecke des Level-Designs definieren.

Strategie ist der grobe Plan, die Missionsziele zu erfüllen. Eine Strategie wird im voraus geplant und besteht aus den groben, großen Entscheidungen. Ein Beispiel ist, ob ich den Feind aus dem Osten mit Panzern angreife oder aus dem Süden mit Hubschraubern. Der strategische Plan bestimmt oft strategische Punkte. Das sind Lokationen, welche erobert oder verteidigt werden sollen.

Taktik sind die kleinen Entscheidungen, die auf dem Schlachtfeld getroffen werden. Ein Beispiel ist, ob ich meine Einheit noch etwas kämpfen lasse oder zum Heilen zurückziehe. Letztlich sind Strategie und Taktik ähnliche Arten der Planung: Strategie im größeren und Taktik im kleineren Maßstab.

Beispiel: In der Eröffnungsphase von HoMM3 haben wir z. B. das strategische Ziel, die Versorgung mit Ressourcen zu sichern. Der Plan muss sein, die Umgebung zu erkunden, alle Rohstoffhäufchen einzusammeln und alle Minen in Besitz zu nehmen. Die taktische Durchführung des Plans besteht darin, einen Heroen als Scout anzuheuern und so zu manövrieren, dass er das Sichtfeld erweitert, Minen, Feinde (gegnerische Scouts und Monster) und Schätze lokalisiert und gegebenenfalls in Besitz nimmt, während ein anderer Heroe als General angeheuert wird, der die notwendigen Gefechte mit feindlichen Scouts oder Monstern führt.

Das ist eine allgemeine Strategie, wie sie jeder Spieler in der Eröffnungsphase vorsehen kann. Der Leveldesigner kann und muss das wissen. Er kann diese Strategie für den Spieler vorsehen oder auch nicht. Wenn er es aber nicht tut, muss er dennoch berücksichtigen, dass der Spieler genau mit dieser Strategie sein Spiel beginnen wird. Er muss ihm entweder entsprechende Hinweise geben oder den entstehenden Frust durch eine besondere Belohnung auffangen.

1.7.2.2.1 Ein Ziel, viele Wege

Der Designer arbeitet mit einem strategischen Top-Down-Modell. Zuerst wird die Strategie (Ziel und Plan) der Gesamtkarte festgelegt, danach Teilziele und die entsprechenden Pläne. Es spricht nichts dagegen, mehrere alternative Ziele und Pläne vorzusehen. Einfacher ist es jedoch, mit einem Ziel und einem Plan zu beginnen, später dann vielleicht noch alternative Pläne einzubauen. Alternative Ziele sind meist nur schwer glaubwürdig zu vermitteln und können den Spieler leicht verwirren.

Besonders problematisch sind alternative Ziele wie:

- erobere Stadt X oder
- besiege alle Gegner

Das letztgenannte Ziel setzt das erstgenannte Ziel voraus. Da Stadt X eine gegnerische Stadt sein muss, man soll sie ja erobern, ist das erste Ziel eine Teilmenge des zweiten Ziels. Der Spieler kann also den Plan verfolgen, unter Umgehung aller anderen Gegner direkt auf Stadt X vorzustoßen oder Stadt X vorerst zu umgehen, alle anderen Gegner zu besiegen und als letztes Stadt X zu erobern. Beide Pläne kann er aber auch verfolgen, wenn nur das erste Ziel eingestellt ist. Die Zielformulierung tut zwar so, als gäbe es zwei verschiedene Ziele, tatsächlich jedoch gibt es nur ein strategisches Ziel, aber zwei verschiedene strategische Pläne. Derartige Verwirrungen sollten möglichst vermieden werden.

Ein anderer Problemtyp ergibt sich aus alternativen Zielen des Typs:

- bringe Artefakt X zur Lokation Y oder
- besiege alle Gegner

Angenommen, die Story schildert, dass das erwähnte Artefakt zur Lokation Y gebracht werden soll, weil König Heinrich schwer erkrankt ist und – nach einer alten Prophezeiung – wieder gesunden wird, wenn dieses Artefakt an dem erwähnten Ort vergraben wird. Wenn der Spieler das nun nicht tut, stattdessen alle Gegner platt macht, wird König Heinrich trotzdem sterben. Damit ist das Ziel der Story nicht erfüllt, und es ist inkonsequent, wenn der Level dennoch gewonnen werden kann.

Nehmen wir andererseits an, dass die Story schildert, wie König Heinrich sich in einem schweren Abwehrkampf gegen seine Feinde befindet. Wenn der Spieler ihm Artefakt X übergibt, wird er diesen Kampf gewinnen, ansonsten verlieren. Man könnte meinen, dass es in diesem Fall sinnvoll sein könnte, dem Spieler beide Optionen zu geben, d. h. entweder das Artefakt zu übergeben und dadurch zu gewinnen oder die erwähnten Gegner selbst platt zu machen. Aber das ist nur auf den ersten Blick sinnvoll. Das erstgenannte Ziel, Artefakt überbringen, kann man nur mit entsprechenden Events zu einer interessanten Quest machen. Aber diese Events wären für das alternative Ziel, alle platt zu machen, nicht nur nutzlos, sondern schlicht falsch. Sie gehen ja von falschen Voraussetzungen aus, haben deshalb inadäquate Texte und initiieren dann auch inkonsequente Ereignisse.

Die meisten Level haben nur ein Ziel: Alle Gegner platt machen! Mit der Zeit wird das ein wenig langweilig. Studiere sorgfältig die verschiedenen Ziele, welche der Leveleditor erlaubt. Denke dir Storys für die verschiedenen Ziele aus. Vergiss nicht die Möglichkeit, ein Zeitlimit einstellen zu können. Aber Vorsicht: Das kann auch ins Auge gehen, denn meistens fehlt die Transparenz für den Spieler, wie gut er in der Zeit liegt, und ein kleiner Fehler kann ihn um zwei Stunden Arbeit bringen, weil er das Ziel in 2:01 h und nicht 2:00 h erreicht hat.

WICHTIG

Jeder gute Level hat ein einziges klares Ziel, es gibt nur sehr wenige Ausnahmen.

Man muss dabei erwähnen, dass sich in letzter Zeit Spiele mit Zwischenzielen häufen, bei denen das wirkliche Ziel gar nicht zu Beginn des Levels bekannt ist. Das Mission-Briefing ändert sich in diesem Fall dynamisch.

Alternative strategische Pläne sind eine ganz andere Sache: Sie geben dem Spieler die Illusion der Handlungsfreiheit. Betrachten wir drei Beispiele.

1. Der Spieler beginnt mit einer Stadt in der NW-Ecke des Levels. Ziel ist die Eroberung einer Stadt in der SO-Ecke Level. Der Level ist so gestaltet, dass ein einziger Weg von NW nach SO führt.
2. Der Spieler beginnt mit einer Stadt in der NW-Ecke des Levels. Ziel ist die Eroberung einer Stadt in der SO-Ecke des Level. Der Level ist offen gestaltet, d. h. es gibt keine unüberwindlichen Geländegrenzen auf dem Weg von Ost nach West.
3. Der Spieler beginnt mit einer Stadt in der NW-Ecke des Levels. Ziel ist die Eroberung einer Stadt in der SO-Ecke des Level. Der Level ist so gestaltet, dass drei alternative Wege von NW nach SO führen. Es gibt keine Verbindungen zwischen den Wegen.
   Der erste Weg, »Tal der Ratten« genannt, führt über Grünland und ist mit vielen, gen SO exponential wachsenden Stacks (Stack = Stapel, in Spielen gewöhnlich Monsterstapel) niedrigstufiger Monster gesichert. Als Belohnung erhält der Spieler einige Minen und kleinere Artefakte.
   Der zweite Weg, genannt »Drachenpass«, führt über bergiges Ödland und ist mit wenigen, gen SO immer stärker werdenden Stacks hochstufiger Monster

gesichert. Als Belohnung erhält der Spieler Schatzlokationen mit mehreren Häufchen Gold und Ressourcen sowie einige hochrangige Artefakte.
Der dritte Weg, genannt »Totenwüste«, führt durch eine Wüstenlandschaft, welche mit passenden Monstern gesichert ist. Auf dem Weg befindet sich eine Stadt, die der Spieler erobern kann. Zusätzlich gibt es noch einige Ressourcen, aber weniger als beim Drachenpass, und Minen, aber weniger als im Tal der Ratten.

Beispiel 1 bietet dem Spieler keine Alternativen, es gibt nur einen möglichen strategischen Plan, und ist, egal wie ansprechend sonst gestaltet, entsprechend langweilig.

Beispiel 2 lässt zwar verschiedene Wege und damit verschiedene strategische Pläne zu (auf direktem Wege durchbrechen, alles auf dem Weg absuchen und erobern), aber da die Landschaft offen ist, kann der Spieler seinen Weg kaum als Alternative zu anderen Wegen oder als Folge seiner Entscheidung erkennen. Außerdem ist es für den Spieler sehr schwierig, sich für einen Plan zu entscheiden. Er weiß ja nicht, ob der Designer vorgesehen hat, dass man nur mit den Erfahrungen, die man auf dem direkten Weg macht, den Endkampf gewinnen kann, oder ob alles abgesucht werden muss. Für den Designer ist es fast unmöglich, solch ein Level ausgewogen zu gestalten. Wer auf dem direkten Weg vorgeht, ist ja viel schwächer als derjenige, der alles abgesucht hat. Für den einen ist der Endkampf dann zu schwer, für den anderen zu leicht – Frust ist vorprogrammiert.

Beispiel 3 hingegen stellt den Spieler vor eine klare Entscheidung, die er selbst zu treffen hat, treffen darf und treffen muss. Diese Level kann man mit wachsendem Spielspaß dreimal spielen. Jeder der drei Wege bietet eine andere und sehr verschiedene Herausforderung. Drei Wege, die jeweils nur eine kleine Abwandlung der anderen Wege sind, wären langweilig. Alternativen müssen echte, merkbare Unterschiede aufweisen, d. h. es müssen relevante Alternativen gegeben sein. Denke bei Alternativen z. B. an verschiedene Spielstile, den Kämpfer, den Diplomaten, den Risiko-Spieler, den eher konservativ spielenden Typen usw. und schaffe Alternativen für diese.

Jeder gute Level bietet relevant verschiedene Pläne an und lässt den Spieler entscheiden, welchen Plan er wählt. Wobei es auch Spieler gibt, die sich darüber beschweren, dass sie so einen Teil des Levels verpassen, wenn sie ihn nicht mehrfach durchspielen. Auf einer AGE-OF-EMPIRES-2-Seite gab es für solche Level sogar Punktabzüge. Aber man kann es halt nicht jedem recht machen.

Die hier geschilderten Vorgehensweisen lassen sich auf jeden Level des strategischen und taktischen Designs übertragen. In Beispiel 3 sind die drei Wege drei verschiedene strategische Pläne. Strategische Pläne können wiederum strategische Unterziele mit den entsprechenden strategischen Unterplänen enthalten. Jeder der drei Wege bietet sich dafür an.

Zusätzlich kann man strategische Nebenziele und Nebenpläne vorsehen, d. h. Ziele, die zum Erreichen des Hauptziels nicht unbedingt erreicht werden müssen, aber z. B. erfahreneren Spielern eine weitere, größere Herausforderung bieten. Allerdings muss man dabei mit den Belohnungen sehr, sehr vorsichtig umgehen, damit der Spieler durch die zusätzliche Belohnung nicht zu stark wird und dadurch die Herausforderung des Endkampfes zur Lappalie verkommt.

Hier bietet es sich an, mit flexiblen Gegnerstärken zu arbeiten, sofern das Spiel diese Möglichkeit bietet. Je nachdem wie stark der Spieler ist, variiert die Stärke der Endgegner. Dies kann man den Spieler dadurch deutlich machen, dass er einfach mit der Zeit stärker wird. Ein etwas riskantere Methode ist es, auch dem Gegner einige Monsterstacks vor die Tür zu setzen, an denen sich der Gegner nach einiger Zeit automatisch vergreift und somit stärkt. So wird nicht nur der Spieler stärker, solange er etwas anderes macht, bevor er den Gegner angreift, sondern auch der Gegner.

1.7.2.2.2 Der Spannungsbogen: Strategische Punkte

Als erstes ist die Härte der Gefechte zu erwägen. Gefechte, von denen der Spieler schon im vorhinein weiß, »das gewinne ich locker«, sind langweilig. Da ist keine Herausforderung, es ist ein reines Abschlachten (wie jeder Kilrathi weiß: »There is no honour in slaughter«). Gefechte, von denen der Spieler nicht weiß, ob er sie gewinnen kann, erzeugen Spannung. Hier ist alle taktische Raffinesse des Spielers gefragt, und wenn er gewonnen hat, kann er sagen: »Wow, bin ich gut. Das war cool!«

Das ist zwar richtig, aber auch banal und – so einfach ist es leider nicht. Schwere Kämpfe sind mit Verlusten verbunden. Verluste schwächen die Armee und erfordern Nachschub. Für eine geschwächte Armee ist ein Kampf, der für die ungeschwächte Armee eine Lappalie gewesen wäre, vielleicht ein unüberwindliches Hindernis. Armeen werden mit der Zeit stärker und nach schweren Kämpfen wieder schwächer. Der Leveldesigner muss voraussehen können, wie stark die Armee eines Spielers an einer bestimmten Lokation sein wird, damit er passende Gegner aufstellen kann. Das ist natürlich – den Spielbeginn ausgenommen – , fast unmöglich. Hier spielt wieder das Testen eine enorm wichtige Rolle. Nur so lässt sich ein ausbalanciertes Spiel erzielen.

Ein zweiter Punkt ist, dass Spannung auch durch Abwechslung erzeugt werden kann. Immer nur schwere Kämpfe werden mit der Zeit genau so öde und frustig wie immer nur leichte Kämpfe. Abwechslung ist deshalb die Lösung für beide Probleme. Abwechslung bedeutet jedoch nicht, dass die Härte der Kämpfe wahllos verteilt wird, sondern unter Abwechslung haben wir strukturierte Abwechslung, Spannungsbogen genannt, zu verstehen.

Damit kommen wir auf den dritten Punkt: Je größer die Leistung ist, die der Spieler erbringt, desto größer muss die Belohnung sein, die er erhält. Diese Forderung wird durch das Konzept der strategischen Punkte erfüllt.

Spannungsbogen: Eine Reihe von Herausforderungen mit anfangs steigendem Schwierigkeitsgrad, der in einem strategischen Punkt, der größten Herausforderung mit der größten Belohnung, kulminiert. Nach dem strategischen Punkt sinkt der Schwierigkeitsgrad steiler, als er vorher angestiegen war, bis zum Beginn eines neuen Spannungsbogens. Die Zeit des sinkenden Schwierigkeitsgrads dient dem Spieler zur Regeneration seiner Armee und bietet einige schnelle Erfolgserlebnisse.

Das Ziel jedes Levels muss als der wichtigste strategische Punkt, als die ultimative Herausforderung des Levels, realisiert werden. Für diesen Endkampf kann es keine levelinterne Belohnung mehr geben, denn Belohnungen, die man nicht nutzen kann, sind keine Belohnungen. Die einzig angemessene Belohnung für das Bestehen des Endkampfes ist die Gewinnmeldung und die Anzeige der Punkte bzw. des Ranges, den der Spieler erworben hat. Natürlich, eine Endsequenz wäre fantastisch, aber das ist leider nicht bei allen Spielen möglich. Alternativ kann, wenn der Level Teil einer Kampagne ist, der Übergang in den nächsten Level erfolgen.

Erinnern wir uns an das oben genannte Beispiel 3 mit den drei verschiedenen strategischen Plänen. In der Totenwüste befindet sich eine Stadt. Diese Stadt ist als strategischer Punkt sehr geeignet, weil eine zusätzliche Stadt (nehmen wir mal an) immer ein großer Gewinn und damit eine große Belohnung ist. Um diese Stadt herum kann also ein Spannungsbogen gebaut werden. Der härteste Kampf muss die Eroberung der Stadt sein. Auf dem Weg zu der Stadt werden die Kämpfe ansteigend schwerer. Hinter der Stadt werden die Kämpfe wieder einfacher, jedoch nicht proportional zum Anstieg des Schwierigkeitsgrades auf dem Weg zur Stadt. Bedenke, dass die Armee des Spielers jetzt geschwächt ist.

1.7.2.2.3 *Wenige Manöver, viele Gefechte*

Manöver nennen wir die Bewegung von Truppen im Level. Es sind die Wege, die von Armeen zurückgelegt werden müssen, um ein Reiseziel, z. B. den Ort für ein Gefecht, zu erreichen. Wie viel Spaß macht es dem Spieler, stumpfsinnig tagelang irgendwelche Wege abzulaufen? Richtig, es macht ihm keinen Spaß!

Gut, bringen wir Abwechslung in die Reiseroute: hier ein kleines, von Monstern bewachtes Häufchen Ressourcen, dort das Gleiche mit einem Artefakt, dann eine Straßensperre aus Monstern etc. Jetzt hat der Spieler Abwechslung – aber leider nur bei der ersten Reise, danach nie wieder, denn er hat ja alles abgeräumt. Wir müssen also etwas raffinierter vorgehen.

Eine Möglichkeit besteht darin, dass direkt auf dem Weg und diesen sperrend einige schwächere Monsterstacks platziert werden, gerade so stark, dass der Spieler durchkommt, was eben die Belohnung ist. Neben dem Weg werden wechselnd stärkere bis sehr starke Monsterstacks mit den entsprechenden Belohnungen platziert. Jetzt ist der Spieler für mehrere Reisen beschäftigt, denn was er bei der ersten, zweiten oder dritten Reise nicht schafft, das sind die Herausforderungen für die vierte, fünfte und sechste Reise. Aber wenn es ein Weg ist, der sehr häufig abgeritten werden muss, haben die Monster irgendwann ein Ende und es tritt Langeweile auf.

Die nächste Möglichkeit besteht darin, den Weg schneller zu machen. Einige Spiele bieten dafür viele Möglichkeiten: Straßen, Pferde (Ställe), Ereignisse und Teleporter. Sie alle können wohl dosiert genutzt werden. Man kann z. B. einen Stall so stark bewachen, dass er erst genutzt werden kann, wenn alle Monster auf und an der Straße besiegt sind. Für mittlere Strecken mag es dann ausreichen, die Reise mit einem Stall, der dann direkt am Weg stehen muss, zu beschleunigen. Für sehr lange Strecken bieten sich Teleporter an.

1.7.2.2.4 *Das Grundgesetz der Strategie*

Das Grundgesetz der Strategie lautet:

Habe zur richtigen Zeit am richtigen Ort die stärkeren Kräfte.

Es ist wichtig sich zu vergegenwärtigen, dass der Spielerfolg nicht allein davon abhängt, ob ein Spieler mehr Ressourcen oder die stärkeren Armeen hat. Ressourcen müssen in Kampfkraft umgesetzt werden, aber die insgesamt größere Kampfkraft garantiert nicht den Sieg, sondern die Kampfkraft muss zur richtigen Zeit an der richtigen Stelle vorhanden sein.

Für den Level-Designer ist es wichtig, sich über die verschiedenen Funktionen der diversen Units klar zu sein. Eine grobe Unterteilung gibt etwa folgendes Bild:

1. Schwere Einheiten; d. h. sehr schwer zerstörbare (starke Panzerung, viele Hitpoints, Immunitäten) Einheiten mit hohen Schadenswerten, langsam und nur in wegsamen Gelände einsetzbar, z. B. schwere Panzer.
2. Mittlere Einheiten; gewöhnlich ein Kompromiss aus schweren und leichten Einheiten, d. h. schwerer zerstörbar als leichte Einheiten, aber schnellere Bewegung als schwere Einheiten. Dies sind gewöhnlich die Hauptkampftruppen.
3. Leichte Einheiten, d. h. leicht zerstörbare Einheiten mit niedrigen Schadenswerten, schnell, oft als Plänkler bezeichnet.
4. Aufklärungseinheiten, d. h. sehr leicht zerstörbare Einheiten, sehr niedrige Schadenswerte, aber sehr schnell und mit großer Sichtweite.
5. Guerillaeinheiten, d. h. leicht zerstörbare Einheiten, nicht unbedingt schnell aber sehr beweglich (z. B. fähig, Berge und Wasser zu durchqueren), nur schwer zu orten, aber mit einem gewissen Schadenspotenzial, z. B. um Nachschubwege stören oder unverteidigte Städte und Ressourcenplätze einnehmen zu können.
6. Superunits, d. h. sehr schwer zerstörbar, hohe Schadenswerte, dennoch schnell mit großer Sichtweite und schwer zu orten. In der Realität gewöhnlich Flugzeuge, die wegen ihrer Unerreichbarkeit (Flughöhe) nur schwer zerstörbar sind.

Weitere nützliche Unterscheidungen betreffen Nahkampf- und Fernkampfeinheiten, Unterstützungstruppen (heben z. B. die Moral oder bauen Brücken) und Land-, Wasser-, Lufteinheiten.

Man kann leicht sehen, wie die verschiedenen Einheitentypen dem Grundgesetz der Strategie dienen. So könnte man z. B. einen Level mit vielen kleinen Ressourcengeneratoren machen, bei dem die eine Seite eine starke (aber langsame) Armee aus schweren Einheiten, die andere eine schwächere (aber schnelle) Armee aus leichten Einheiten hat. Die schweren Einheiten werden eine harte Zeit haben, um zur richtigen Zeit am richtigen Ort zu sein.

1.7.2.2.5 Das Grundschema der Strategie

Das Grundschema der Strategie zeigt sich in einem bekannten Spielprinzip: CAPTURE THE FLAG. Die Ausgangslage dieses Spiels sind zwei Parteien, die je ein immobiles Objekt, meist eine Fahne, besitzen. Das Ziel besteht darin, die Fahne des Gegners zu erobern und die eigene Fahne zu behalten, d. h. Gewinner ist die Partei, die beide Fahnen hat.

Dieses Spiel erfordert einen klassischen Zweifrontenkampf mit hoher Priorität einer schnellen Aufklärung. Viele bekannte Spiele sind Varianten von CAPTURE THE FLAG (SCHACH, FUSSBALL, STRATEGO).

Es gibt andere, einfachere Schemata, z. B. SKAT lebt vom Ressourcen sammeln (Punkte), DAME vom Ressourcen vernichten (Steine schlagen). Man kann diese einfacheren Schemata in Levels nutzen, aber sie sind gewöhnlich nicht sehr herausfordernd.

Das CAPTURE-THE-FLAG-Schema ist vielfältiger und kennt viele Abwandlungen des Grundschemas, z. B.:

- Mit einer Flagge: Die Flagge gegen alle Angreifer verteidigen
- Mit zwei Flaggen: Die klassische Form
- Mit drei Flaggen: Die eigene Flagge verteidigen, eine neutrale Flagge erobern.
- Mit mehreren Flaggen: Die eigene Flagge verteidigen, so viele andere Flaggen wie möglich erobern.

Wenn man das Grundschema mit Ressourcenverwaltung koppelt, hat man die klassischen Aufbauspiele á la CIVILIZATION, HEROES OF MIGHT AND MAGIC usw.

1.7.2.3 Belohnungen

Belohnungen sind das A und O für jedes Spiel. Wer spielt, will nicht Frustrations- sondern Erfolgserlebnisse. Wenn der Spieler erfolgreich ist, muss er direktes und sofortiges Feedback über seinen Erfolg bekommen, ein Feedback, welches seinen Erfolg bestätigt und anerkennt. Deshalb muss sich jeder Erfolg in Belohnungen materialisieren.

WICHTIG

Kein Level ohne angemessene Belohnungen.

Was sind angemessene Belohnungen? Angenommen, ein Spieler hat 100 Einheiten Ressourcen (in HoMM z. B. Eisen) für den Städtebau, und alle seine Städte sind voll ausgebaut. Es ist klar, er wird diese Ressourcen in dem ganzen Spiel nie wieder benötigen. Nun nehmen wir an, dass der Spieler sich durch drei Horden von Drachen einen Weg zu einem kleinen Tal erkämpft hat. Erwartungsvoll reitet er in das Tal und findet dort – 30 Häufchen Städtebau-Ressourcen. Was wird der Spieler empfinden? Richtig! Frust!

Man mag einwenden, dass der Spieler diese Ressourcen auf dem Markplatz umtauschen kann (z. B. in HoMM) gegen irgend etwas, das er mehr benötigt. Aber, wenn er die Belohnung erst umwandeln muss, hat er nur eine indirekte Belohnung bekommen. Er wird den Wert dieser Ressource, weil es für ihn kein direkter (unmittelbarer) Wert ist, gewöhnlich erst später bemerken und schätzen. Dann aber ist es zu spät, die Ressource hat keinen Belohnungscharakter mehr.

Gedachte Belohnungen werden von Spielern nur dann als tatsächliche Belohnungen anerkannt, wenn sie einen Nutzen im Spiel haben, ihm einen relevanten Vorteil bringen und er diesen Vorteil sofort erkennen kann.

WICHTIG

Belohnungen müssen einen vom Spieler sofort erkennbaren Nutzen für seine Pläne und Ziele haben.

Nehmen wir den gleichen Fall, aber diesmal kommt der Spieler mit einer Armee von vielen Hoch-Level-Einheiten, muss gegen einen Monsterstack mit vielen Niedrig-Level-Einheiten kämpfen und findet danach ein Super-Artefakt (Super-Belohnung). Was wird der Spieler empfinden? Er wird sich zwar freuen, aber nicht das Gefühl haben, dass er sich dieses Artefakt verdient hat. Er wird es eher als Geschenk des Designers bewerten. Aber, was für einen Grund könnte der Designer haben, ihm so ein mächtiges Artefakt zu schenken? Der Grund kann offensichtlich nur sein, dass der Designer annahm, der Spieler bräuchte diese mächtige Hilfe. Nun, wenn dir jemand erklärt, wie man eine Stulle schmiert, obwohl du das schon tausendmal getan hast, kommst du dir vermutlich ein wenig veräppelt vor. Ähnlich wird bei unserem Spieler zumindest ein gewisses Gefühl des Unbehagens zurückbleiben.

WICHTIG

Belohnungen müssen der belohnten Tat angemessen sein.

Für eine Entscheidungsschlacht muss es eine spielentscheidende Belohnung geben. Für einen Nebenkampf am Wegesrand darf es nur eine kleine Belohnung geben. Je mehr Nutzen eine Belohnung dem Spieler gibt, desto härter muss der Kampf sein. Je geringer der Nutzen der Belohnung ist, desto leichter muss der Kampf sein.

Viele Level (denke an die typischen HoMM-Level) sind mit Schätzen überladen. Denke immer daran: Das 333ste Artefakt und der 666ste Haufen Ressourcen werden von niemandem mehr als Belohnung akzeptiert, sie lösen bei jedem Spieler höchstens noch ein gequältes Gähnen aus – denn ihr Nutzen tendiert gegen Null.

In HoMM ist z. B. eines der gefährlichsten Objekte der Design-Palette der Ertrinkende – dieses kleine Männchen, das im Wasser schwimmt und sich an einem Baumstamm festklammert. Für das Retten eines Ertrinkenden bekommt der Spieler ein Artefakt. In vielen Leveln schwimmen diese Ertrinkenden unbewacht und kontextlos auf dem Wasser umher, d. h. der Spieler bekommt einfach dadurch, dass er mit seinem Boot umherfährt, Artefakte geschenkt. Selbst in Levels, bei denen an Land jedes Artefakt sorgfältig bewacht wird, werden die Artefakte auf dem Wasser oft sorglos verschenkt.

WICHTIG

Verschenke nie eine Belohnung.

Aber für Wasserbelohnungen gilt das Gleiche wie für Landbelohnungen: Verschenke nie eine Belohung, nie, nie, nie und niemals. Man könnte z. B. einen Ertrinkenden nahe einer schwer bewachten Werft postieren. Das Artefakt des Ertrinkenden wäre dann eine Zusatzbelohnung für die Eroberung der Werft. Aber da ist ein weiteres Problem: Der Spieler erhält vom Ertrinkenden ein Zufallsartefakt, selbst die Klasse des Artefakts ist zufällig, der Designer hat darauf keinen Einfluss. Durch nachlässigem Umgang mit den Ertrinkenden kann das Spielgleichgewicht in HoMM deshalb völlig versaut werden.

Eine anderer Designfehler besteht darin, die Anfangseinheiten zu stark zu machen, z. B. den ersten Heroen mit Artefakten, zusätzlichen Zaubersprüchen etc. auszustatten. Dadurch werden Belohnungen und Gestaltungsmöglichkeiten aus der Hand gegeben. Wenn man meint, dass der Spieler am Anfang sofort bestimmte Vorteile haben soll, gibt es immer die Möglichkeit, dies im Spiel als Herausforderung und Belohnung zu gestalten.

Angenommen, deine Story sieht vor, dass der Held ein mächtiger Kämpfer ist, der mit dem berühmten Schwert des Urteils das Böse bekämpft. Klar, du kannst ihm das Schwert direkt mitgeben. Aber du könntest deine Story auch anpassen. Die Story könnte dann z. B. mitteilen, dass der Held des Kämpfens müde war (vielleicht war eine holde Maid im Spiel), das Schwert im Zauberwald versteckte und die Bäume es bewachen. Wenn du den Zauberwald nun sehr nahe der Anfangsstadt postierst, kannst du, z. B. durch Wahl einer entsprechenden Menge schwacher bis mittlerer Einheiten als Wache, sehr genau bestimmen, wann der Held dieses Schwert bekommen wird. Damit hast du eine zusätzliche Quest und eine sehr schöne zusätzliche Belohnung im Level. Der Level ist vielfältiger, interessanter und herausfordernder geworden.

1.7.2.4 Glaubwürdigkeit

Der Spieler begibt sich beim Spielen aus seiner Alltagswelt heraus in die fantastische Welt des jeweiligen Spiels. Der Spieler möchte sich in dieser fantastischen (nicht unbedingt Fantasy-) Welt verlieren, in ihr leben und handeln, sie muss für ihn zu einer realen Welt werden. Je realer diese Spielwelt für ihn wird, desto größer ist die emotionale Anteilnahme des Spielers – und damit sein Spielspaß. Für den Level-Designer bedeutet das: Level müssen für den Spieler glaubwürdig sein. Wenn ein Level für den Spieler unglaubwürdig wird, distanziert er sich emotional von den Geschehnissen auf dem Spielfeld und der Spielspaß ist dahin.

Keine Spielwelt ist pure Fantasy, viele sind eine Mischung realer, d. h. aus der Alltagswelt bekannter, und fantastischer, d. h. in der Alltagswelt unbekannter, Elemente, manche bestehen nur aus bekannten Dingen.

An die aus der Alltagswelt bekannten Elemente hat der Spieler bestimmte implizite Erwartungen: Sie müssen sich genau so verhalten, wie sie es auch in seiner Alltagswelt tun. In der Alltagswelt kann z. B. ein Lavastrom nicht durch einen Sumpf fließen (die Feuchtigkeit des Sumpfes würde verdampfen und es wäre kein Sumpf mehr vorhanden). Also darf dies auch in einem Level entweder nicht geschehen oder es muss eine für den Spieler plausible Begründung gegeben werden. Andernfalls wird der Level unglaubwürdig.

Man kann z. B. einen Schneefleck in die Wüste setzen, aber dann muss ein Ereignis auftreten, welches dem Spieler z. B. erklärt: »Hier ist die letzte Ruhestätte von Öril, dem Frostigen. Er war ein großer Eismagier, dessen letzte Tat darin bestand, das Land um sein Grab herum mit einem Frostzauber zu belegen.« Solch eine Erklärung macht den Level wieder glaubwürdig.

Aber selbst bei den fantastischen Elementen ist der Level-Designer nicht völlig frei in der Gestaltung, auch an diese hat der Spieler bestimmte Erwartungen, deren Nichterfüllung den Level unglaubwürdig werden lässt. Wenn man z. B. eine Zwergenstadt in einen Elfenwald setzt, hat man eine gute Chance, den Spieler permanent zu irritieren, was die Glaubwürdigkeit des Levels wirkungsvoll unterminiert. Natürlich kann man mit derartigen Stilbrüchen spielen (Verfremdungseffekt), aber dazu muss man sehr stilsicher sein. Das genannte Beispiel würde in jedem Fall eine Erklärung erfordern: »Diese Stadt lag einst in den felsigen Bergen von Moria. Da drei Bewohner der Stadt zum Kampf gegen Morgoth entscheidend beitrugen, versetzte er sie mit Hilfe der Macht der Ringgeister in diesen felslosen Wald.«

WICHTIG

Um die Glaubwürdigkeit zu wahren, muss man auf jedes Detail achten.

In HoMM 3 kann man z. B. eine Turmstadt auf eine Wiese stellen. Wenn man genau hinschaut, erkennt man, dass die Grafik der Turmstadt am unteren Rand Schnee zeigt. Diese Kombination ist unglaubwürdig. Aber man kann den Schnee z. B. mit Bäumen oder Bergen überdecken – und das Bild stimmt wieder.

Ein, wenngleich gut gemeinter, Fehler liegt auch vor, wenn der Level-Designer plakative Hinweisbildschirme einbaut, welche den Spieler mitteilen, was er zu tun hat, oder dass er sichern soll, bevor er weitergeht. Solche Hinweise erinnern den Spieler zwangsläufig daran, dass er nicht der große Held Astral ist, sondern ein Mensch am Computer. Wenn man allerdings einen großen weisen Mann, der in die Story passt, solche Tipps geben lässt, ist kein Bruch zu spüren.

Ganz besonders wichtig für die Stärkung der Glaubwürdigkeit sind die Tiefe, Bildhaftigkeit, Kohärenz, Konsistenz und Überzeugungskraft der Story. Die Story muss einfach sein, weil meist nur wenig Textraum verfügbar ist und die Spieler gewöhnlich lange Geschichten gar nicht erst lesen. Aber eine Story wie: »Jahrhunderte gab es Frieden. Plötzlich brechen die bösen Teufel aus der Unterwelt hervor«, ist kaum die Idee zu einer Story, geschweige denn eine Story.

Eine gute Story kann nur durch Ereignisse eingeführt, erzählt, verdeutlicht und fortgeführt werden. Zeichne die Story in groben Linien und gib dem Spieler über gut verteilte Ereignisse Informationen über seinen Helden, die Feinde und sonstige Personen und deren Interaktionen – verzichte auf fein ziselierte Details, kein Spieler würde sie beachten oder sogar erinnern – Strategiespiele sind keine Rollenspiele.

1.7.2.5 Schwierigkeitsgrad

Wie schwer soll ein Level gestaltet werden? Die Antwort auf diese Frage ist sehr einfach. Jeder Level muss

- so schwer sein, dass der Spieler sich des Sieges nicht sicher sein kann, aber
- so leicht, dass der Spieler gewinnen kann.

Welcher Spieler? Ach ja, natürlich der durchschnittliche Spieler.

Die praktische Abstimmung entsprechend den genannten Anforderungen kann nur aus der Erfahrung erfolgen und muss in ausführlichen Playtestings mit Spielern verschiedener Fertigkeitsgrade ausprobiert werden. Ausgangspunkt müssen gleichwertige Startsituationen für alle Spieler und gleiche Chancen im weiteren Spielverlauf sein. Änderungen des Schwierigkeitsgrades müssen dann entsprechend für alle Spieler vorgenommen werden.

Der Schwierigkeitsgrad hängt im Prinzip von vier Faktoren ab:

1. der Spielstärke des Spielers (seine allgemeinen und spielbezüglichen Kenntnisse, Fertigkeiten und Fähigkeiten)
2. der Ausgangssituation des Spielers (Level der Helden, Ressourcen)
3. der Stärke der Gegner (menschliche Spieler, AI-Spieler, unabhängige Monster)
4. der Schwierigkeit der Aufgaben (Quests, Puzzles)

Eine sehr wichtige Design-Entscheidung betrifft das Verhältnis zwischen »Stärke der Gegner« und »Schwierigkeit der Aufgaben«, denn beide Faktoren bestimmen den Schwierigkeitsgrad des Levels unabhängig voneinander. Wird der Schwierigkeitsgrad mehr durch die Gegnerstärke gesteigert, während die Aufgaben leicht bleiben oder sogar wegfallen, geht der Level in Richtung Hack'n Slay, im umgekehrten Fall eher in Richtung Puzzle. Das Problem ist, dass die meisten Spieler entweder Hacken oder Puzzlen bevorzugen, nicht aber beides. Die Mehrzahl der heutigen und heute erfolgreichen Spiele gehen in Richtung heftiges Hack'n Slay mit wenigen sehr leichten Aufgaben (z. B. DIABLO).

Will man als Level-Designer andere Schwerpunkte setzen, muss man sehr gut über die Zielgruppe nachdenken.

1.7.2.6 Spielgleichgewicht

Im letzten Kapitel stellten wir fest, dass eine Gleichbehandlung aller Spieler eine gute Ausgangsbasis sei. Die Gleichbehandlung ist jedoch eine sehr prekäre Design-Aufgabe. Zum einen reicht es nicht, dass jedem Spieler die gleiche Menge an Ressourcen gegeben wird, und zum anderen hat jedes Spiel seine Besonderheiten. Damit dieses Thema nicht fürchterlich theoretisch bleibt, werde ich Beispiels aus HoMM 3 zur Verdeutlichung wählen.

In HoMM 3 sind alle Stadtarten untereinander ausgeglichen und jede Stadtart hat bestimmte Vor- und Nachteile. Gleichbehandlung bedeutet, dass alle diese Vor- und Nachteile zur Geltung kommen.

So können z. B. Inferno-Städte einen Transmitter zum Sprung zwischen den eigenen Städten bauen, dieser Vorteil kommt aber nur zur Geltung, wenn ein Spieler mindestens zwei Inferno-Städte hat. Dungeon-Städte können Einheiten eigener Monstergeneratoren in der Stadt kaufen, was aber nur zur Geltung kommt, wenn es Monstergeneratoren auf dem Level gibt. Schloss-Städte können einen Stall bauen, aber wenn vor jeder Stadt ein Stall steht, ist dies kein Vorteil mehr. Wenn diese Eigenheiten der Städte nicht berücksichtigt werden, sind die Stadtarten untereinander nicht mehr ausgeglichen. Wer auf einem Level, der für jeden Spieler nur eine Stadt vorsieht, eine Inferno-Stadt spielt, ist allen anderen gegenüber schlicht benachteiligt. Will man dennoch solch einen Level erstellen und ein ausgeglichenes Spiel haben, dann muss man den Inferno-Städten einen anderen Vorteil geben.

Ein anderer Fehler, der in HoMM-Levels oft beobachtet werden kann, ist, dass Städten, die einen besonders hohen Bedarf an einem bestimmten Rohstoff haben, besonders viel von diesem Rohstoff gegeben wird. Das ist falsch. Wenn eine Stadt einen besonders hohen Bedarf an einem bestimmten Rohstoff hat, dann ist dies ein Nachteil, den diese Stadt hat und dieser Nachteil ist wichtig für das Gleichgewicht zwischen den verschiedenen Städten. Bekommt solch eine Stadt extra Portionen des entsprechenden Rohstoffs, ist dieser Nachteil nicht mehr vorhanden und die Stadt ist somit stärker als andere Städte. Außerdem können alle Städte selbst Ressourcengeneratoren für den knappen Rohstoff bauen, ein zusätzliches Mehrangebot dieses Rohstoffes würde das Gleichgewicht unter den Städten erheblich beeinträchtigen. Natürlich, man kann allen Städten die zusätzlichen Ressourcen für den knappen Rohstoff geben, aber damit gibt man viele Design-Möglichkeiten aus der Hand.

Jede Stadt hat einen eigenen Aufbaurhythmus. Die eine Stadt entwickelt ihre Stärken in der Eröffnungsphase, die andere erst im Endspiel. Gibt man am Anfang zu schnell zu viele Ressourcen, wird die Eröffnungsphase stark verkürzt und somit werden die Städte und Heroen, welche eher in der Eröffnungsphase stark sind, z. B. Festungen mit Barbaren, benachteiligt. Gleichermaßen kann man durch knappe Ressourcen die Eröffnungsphase verlängern und dadurch die Städte und Heroen, welche erst im Endspiel stark sind, das sind fast alle Magic-Heroentypen, insbesondere solche mit Primär-Stats von 0, 0, 2, 3, benachteiligen.

Eine besonders zu beachtende Frage ist: In welchen Landtyp setze ich einen Spieler? Sitzt ein Spieler im Sumpf, hat er erhebliche Bewegungseinschränkungen. Selbst wenn sonst alles ausgeglichen ist, hat der Sumpfspieler gravierende Nachteile, welche ausgeglichen werden müssen.

Das Spielgleichgewicht ist nicht nur von den statischen Anfangsbedingungen abhängig, sondern muss dynamisch über die verschiedenen Spielphasen bis in das Endspiel gesichert werden.

1.7.2.7 Multiplayer-Levels

Für Multiplayer-Karten gilt im Prinzip das Gleiche wie für alle anderen Level – bis auf einige kleine Unterschiede, die man beachten sollte. Das erste und wichtigste ist, dass man von Anfang an präzise festlegt, wer mit wem gegen wen spielt.

Die Möglichkeiten für Multiplayer-Karten sind:

- Turnier-Level: Mehrere menschliche Einzelspieler gegeneinander.
- Team-Level: Mehrere menschliche Teams (Team = mindestens 2 verbündete Spieler) gegeneinander.
- Kampf-Level: Mehrere menschliche Einzelspieler und/oder Gruppen gegeneinander und gegen einen oder mehrere Computerspieler.
- Koop-Level: Ein menschliches Team gegen einen oder mehrere Computerspieler.

In Levelbeschreibungen wird oft nur angegeben: Koop. Das ist jedoch nur sehr wenig informativ, denn es kann sich um einen Team-Level, einen Kampf-Level oder einen Koop-Level handeln – was offensichtlich sehr verschiedene Dinge sind.

Turnier-Level bieten eigentlich nur ein einziges Problem: Man muss für jeden Spieler die gleichen Chancen schaffen. Das Problem sind dabei nicht unbedingt die gleichen Chancen, dazu bräuchte man nur jedem Spieler das gleiche Land (natürlich in einer anderen Ecke), die gleichen Ressourcen und den gleichen Stadttyp oder die gleiche Rasse zu geben. Aber das wäre langweilig. Das Problem sind gleiche Chancen auf einem dennoch interessanten Level.

Der erste Schritt zur Verbesserung sind asymmetrische Länder mit verschiedenen Rassen- oder Städtetypen. Die dabei zu lösenden Probleme sind im Abschnitt Spielgleichgewicht behandelt worden. Der zweite Schritt, und erst damit wird der Level wirklich interessant, ist es, für jeden Spieler andere und für jeden Spieler mehrere strategische Ziele und Pläne in die Level einzubauen. Ein nahe liegender Ansatz könnte sein, die Verbindungen zwischen den Spielern durch Wasser-, Land- und Unterweltverbindungen bzw. Kombinationen dieser Verbindungen zu differenzieren. Auch die verschiedenen Landschaftsformen, soweit sie die Bewegungsrate einschränken, können differente Strategien bedingen.

Für Teamlevel kommt eine Entscheidung hinzu: Werden die verbündeten Spieler räumlich zusammenhängend oder durch feindliche Spieler getrennt platziert? In letzterem Fall muss man genau überlegen, wie man einen Vorteil der Kooperation einbauen kann. Kooperation ist nur sinnvoll, wenn es Möglichkeiten der Kooperation gibt, die über »wir-greifen-uns-nicht-an« hinausgehen. Im einfachsten Fall verteilt man die Ressourcen ungleichgewichtig, so dass die verbündeten Spieler, wollen sie weiterkommen, Ressourcen tauschen müssen. Dies kann z. B. durch die Anordnung der Landschaftstypen gerechtfertigt werden (wo kein Wald, da kein Sägewerk). Dies allein ist aber zu wenig und auch etwas künstlich. Die einzige Rechtfertigung für eine Kooperation liegt darin, die Level so zu gestalten, dass die strategischen Ziele nur kooperativ zu realisieren sind.

Wenn man z. B. in HoMM 3 bei einem Spieler einen Wachturm platziert, beim anderen Spieler das passende Schlüsselzelt und die Länder beider Spieler durch Feindland getrennt sind, ergeben sich interessante strategische Möglichkeiten der Kooperation.

Kampf-Level bieten keine zusätzlichen Besonderheiten, Koop-Levels hingegen sind eine echte Herausforderung. Zuerst gilt natürlich auch für diese Level alles bisher Gesagte, aber dann tritt ein neues Problem auf: Wie macht man den Computer zu einem echten Gegner, zu einer spannenden, nicht nur nervenden Herausforderung?

Das Erstellen eines guten Koop-Levels erfordert eine viel genauere Kenntnis der KI als jeder andere Leveltyp. Sobald menschliche Gegner auf dem Level sind, wird die KI fast unwichtig, die menschlichen Gegner sind gewöhnlich die größere Herausforderung, die KI spielt nur eine Nebenrolle. In Koop-Leveln ist die KI jedoch der einzige Gegner und spielt deshalb die Hauptrolle. Einzelspielerkarten sind, obwohl auch hier die KI der einzige Gegner ist, in dieser Hinsicht nicht ganz so kritisch, weil der einzige menschliche Spieler viel besser eingeschätzt werden kann als die Kooperation mehrerer Menschen, und die Abstimmung der Anzahl der Computer-Gegner ein größeres Problem darstellt als das KI-Verhalten.

Koop-Level tendieren dazu, am Anfang noch recht herausfordernd zu sein, gegen Ende jedoch immer leichter zu werden. Das Problem besteht bei fast allen Spielen darin, dass menschliche Spieler gewöhnlich einen sehr starken Helden oder eine sehr starke Armee aufbauen, während die KI Erfahrungen und Truppen viel mehr verteilt. Die Haupttruppe des menschlichen Spielers (Hauptheld oder Hauptarmee) ist, bei sonst gleichen Bedingungen, immer stärker als einzelne Helden/Armeen der KI. Wurde aber von der KI erst einmal eine Schlacht mit der Haupttruppe verloren, erreicht sie nie wieder die ursprüngliche relative Stärke und das Spiel besteht im Wesentlichen nur noch aus Aufräumarbeiten.

Für dieses Problem gibt es grundsätzlich zwei Lösungen: Entweder man zwingt die menschlichen Spieler mit verteilten Truppen, also ohne eine Haupttruppe, zu spielen, oder man sorgt dafür, dass der Computer stärkere Armeen hat.

Eine Lösung des ersten Typs besteht darin, dass zwischen menschlichen Spielern und Computerspielern mehrere z. B. durch Gebirgszüge voneinander getrennte Verbindungswege geschaffen werden. Bei geschickter Anordnung dieser Wege wird der menschliche Spieler gezwungen, mehrere Armeen zur Verteidigung zu haben, und insbesondere muss er, bevor er zum Angriff übergeht, mehrere Verteidiger-Armeen zurücklassen. Andernfalls würde er seine Ressourcen und eventuell sogar seine Hauptstadt verlieren. Diese Lösung tendiert allerdings dazu, für den menschlichen Spieler ziemlich nervig zu werden, weil der Computer mit Unmengen von kleinen Einheiten einreiten und abnerven kann. Man ist dann nur noch damit beschäftigt, seine Ressourcen zurückzuerobern und mit dem Computer Ringelreihen zu spielen.

Eine Lösung des zweiten Typs könnte z. B. in HoMM 3 darin bestehen, einen Computer-Heroen von Anfang an mit »Diplomatie meisterhaft« auszustatten. Die Armee dieses Helden wird dann zwangsläufig immer stärker. Der Nachteil dieses Verfahrens besteht darin, dass es völlig unberechenbar ist. Nehmen wir an, es gibt in der vierten Woche die »Woche der Oger«. Dann kann es gut geschehen, dass der Diplomatie-Heroe nach dieser Woche über 500 Oger mit sich führt – was dann für den menschlichen Spieler kaum noch zu bewältigen ist.

Eine andere Lösung sind Ereignisse, d. h. man stellt Ereignisse auf, die dem Computerspieler zusätzliche Truppen geben. Mit dieser Methode kann man, hat man einmal beobachtet, welche Wege die Armeen des Computers nehmen, dessen Armeen gezielt verstärken. Der Nachteil dieser Methode ist, dass man zwar bestimmen kann, welcher Spieler, nicht aber welche seiner Armeen die Zusatztruppen bekommt. Andererseits wird dann die Stärke der Scouts viel unberechenbarer, was auch ein interessantes Spielelement sein kann.

1.7.2.8 Pfuscher, Ingenieur, Künstler oder Designer?

Karten zusammenpfuschen kann jeder, Level designen ist eine Kunst. Design bezeichnet die Integration von Funktionalität und Ästhetik. Ein gut designter Level ist seinem Zweck nach, sei es die Lösung eines strategischen Problems oder einfach Spielspaß, entsprechend funktional (er funktioniert fehlerfrei und erwartungsgemäß) und ist außerdem noch ein ästhetisches Erlebnis.

Der Level-Ingenieur plant präzise nach einer ausgearbeiteten Idee und baut einen technisch perfekten Level, wenngleich dieser dann etwas trocken und öde aussehen mag. Es gibt halt keinen Grund dafür, Büsche zu platzieren, wenn diese innerhalb des Spielprozesses keine Funktion haben.

Der Level-Künstler malt seine Level intuitiv in ausgewogenen Farben und Strukturen, die das Auge höchstens erfreuen, jedoch kann man dann beim Spielen der Level oft sehr unangenehme Überraschungen erleben. Es ist eben wichtiger, dass man Zugang zu einer Insel hat, als dass sie gut aussieht.

Der König der Levelmacher ist der wahrhafte Leveldesigner. Er plant wie der Levelingenieur und malt wie der Levelkünstler. Das Ergebnis sind ästhetisch-atmosphärische Level die technisch perfekt sind und ein Höchstmaß an Spielspaß bieten.

1.7.2.8.1 Warum planen?

Ist es nicht viel zu mühsam, erst eine Papier-und-Bleistift-Version eines Levels zu erstellen, bevor man diesen im Editor realisiert? Nein, ganz im Gegenteil.

Zuerst ist natürlich zu fragen, welchen Anspruch man an seine Level stellt. Soll der Level wirklich eine Idee umsetzen? Soll der Level fehlerfrei sein? Soll der Level ein Maximum an Spielspaß bieten?

Wenn man diese Ziele anstrebt, wird man Fehler machen. Das Spielgleichgewicht wird nicht ausgewogen sein, die Gegner werden zu stark oder zu schwach sein, die Verteilung der Ressourcen wird nicht so sein, wie man es sich vorstellte, der Spielablauf wird Varianten zeigen, die nicht eingeplant waren usw.

Wer Skizzen und Beschreibungen anfertigt, durchdenkt seine Entwürfe viel sorgfältiger als jemand, der, sei es auch nach einer Idee, sofort in den Editor geht und draufloswerkelt. Durch Planung werden viele Fehler schon im Vorfeld berichtigt. Einen fertigen Level zu ändern, ist viel aufwändiger, als eine Skizze oder einen beschreibenden Text zu ändern. Deshalb ist es weniger aufwändig, mit Papier und Bleistift zu planen, als dies nicht zu tun. Jede Minute, die man am Planungsprozess spart, muss man später in zusätzlichen Stunden der Veränderung der Level im Editor zurückzahlen.

Fehler haben gewöhnlich Kontexte, d. h. sie stehen in Zusammenhängen mit anderen Teilen des Levels. Werden Fehler lokal beseitigt, hat man eine außerordentlich gute Chance, die Gesamtkarte zu versauen. Viele Fehler sind nicht nur technische Bugs, sondern Designfehler. Planung macht Kontexte klar und deutlich. Man begeht dann nicht mehr so leicht den Fehler, ein wenig Debugging durchzuziehen, sondern erkennt die Schwächen im Design und beginnt wirklich gute Level zu machen.

Was unterscheidet den Amateur vom Profi? Genau: Planung! Warum plant der Profi? Weil er effektiv arbeiten muss, denn er verdient mit dieser Arbeit sein Geld.

Effektiv arbeiten bedeutet, mit einem Minimum an Aufwand ein Höchstmaß an Ergebnis zu erzielen. Deshalb benutzen Profis Papier und Bleistift, bevor sie den Editor starten.

Außerdem gibt es noch eine wichtige Technik der Profis: Modularisierung – wir kommen später darauf zurück.

1.7.2.8.2 Der Level-Künstler – ein innovatives Level-Thema einführen

Das Level-Thema ist eine kurze schriftliche Aufzeichnung der zwei grundlegenden Ideen, die in jedem Level ausgeführt sein sollten: Story und Strategie (Spielprozess, Handlungsablauf).

Allgemeine Idee, z. B.: Viele Spieler kennen den Roman DER HERR DER RINGE und sind allgemein Tolkien-Fans. Ein Level mit einem Tolkien-Thema könnte deshalb für viele Spieler sehr reizvoll sein ...

Die Story wird kurz dargestellt, z. B.: Der Level spielt im HERR DER RINGE-Universum im Ersten Zeitalter. Sie geht von der Idee aus, dass es Fingolfin, dem König des Nordens, gelingt, sein Volk zum Präventivschlag gegen Morgoth zu überreden. Die Verbündeten von Fingolfin sind Angrod und Ägnor. Auf der Gegenseite steht Morgoth mit seinem Verbündeten Glaurung, dem Vater der Drachen ...

Die strategische Idee des Levels wird skizziert, z. B.: Es gibt zwischen den verfeindeten Parteien nur einen permanenten Berührungspunkt, über den geplante Angriffe vorgetragen werden können. Daneben gibt es Gelegenheiten zu Überfällen und Kommandounternehmen an unerwarteten Orten. Das wird so realisiert, dass ein Team seine Ländereien nur auf der Oberfläche hat, das andere die Unterwelt beherrscht, aber einen Durchgang zur Oberfläche auf einer Insel besitzt, die jedoch keine Werft hat. Auf beiden Ebenen werden mehrere Strudel verteilt, die Gelegenheit zu schnellen Vorstößen an zufällig gewählten Orten bieten. Dadurch besteht für die Unterweltler auch die Möglichkeit, ein Schiff zu der Insel auf der Oberfläche zu bringen und so ein gezieltes Unternehmen zu starten.

1.7.2.8.3 *Der Levelingenieur – funktionale Levels mit dem Funktionsdokument planen und erstellen*

Das Funktionsdokument beschreibt die Level im Detail, es geht so weit ins Detail, wie es überhaupt möglich ist. Wenn du dir nicht sicher bist, ob eine bestimmte Information aufgenommen werden sollte, nimm sie auf. Alles, was irgendwie in das Funktionsdokument aufgenommen werden kann, gehört hinein. Warum? Weil man über alles, was im Funktionsdokument steht, nachdenken muss. Allein der Zwang zur schriftlichen Formulierung zwingt zur Konkretisierung. Man kann so Inkonsequenzen erkennen und alles immer wieder durchdenken.

Der Aufbau des Funktions-Dokumentes könnte etwa wie folgt aussehen:

1 Allgemeine Beschreibung des Levels

1.1 Titel des Levels, z. B. »Morgoth – die Macht der Dunkelheit«

1.2 Kurzbeschreibung – dies sollte der Text sein, der später als Levelinformation angezeigt wird. Da nicht davon ausgegangen werden kann, dass jeder Spieler eine eventuell beigefügte Readme-Datei lesen wird, müssen alle relevanten Informationen in diesen Text gepackt werden. Beachte, dass der Spieler über deine Level nichts anderes weiß als den Titel und diese Kurzbeschreibung. Dieser Text muss deshalb nicht nur informativ sein, sondern dem Leser auch ein Gefühl von der Einzigartigkeit, dem Spaß und der Spannung deiner Level vermitteln.

Dummerweise ist in den meisten Spielen hierfür kein oder nur ein sehr kurzer Text vorgesehen, Kompromisse zwischen Information und Werbung sind also unumgänglich.

Beispiel: »Der Herr der Ringe: Die Völker des Ersten Zeitalters verbünden sich zur Vernichtung Morgoths. Ziel: Morgoth vernichten. Strategie: Massierte Angriffe sind nur an einer einzigen Verbindungsstelle der verfeindeten Reiche möglich, können aber von Kommandounternehmen an verschiedenen Orten flankiert werden. Art: Drei menschliche Spieler spielen kooperativ gegen zwei Computergegner, welche jedoch materiell überlegen sind. Der Level ist für erfahrene Spieler gedacht.«

1.3 Überblick – eine etwas detailliertere Beschreibung. Hier erstellst du eine grobe Handskizze des Levels, auf der die Verteilung der Landmassen erkennbar wird und die Standorte und Länder der Parteien gekennzeichnet sind. Es folgt eine Beschreibung des Spielverlaufs, d. h. wie man sich den Spielverlauf denkt. Aus dem Text muss hervorgehen, was diesen Level von anderen Leveln unterscheidet, was sie zu etwas Besonderem macht (das so genannte Alleinstellungsmerkmal).

Beispiel (die Handskizze erspare ich mir): In der Eröffnungsphase erkundet jeder Spieler für sich die Umgebung, sammelt Ressourcen und baut seine Stadt auf. Die Ressourcen sind so verteilt, dass die Spieler Mineralien austauschen müssen, um ihre Stadt angemessen schnell aufbauen zu können. Das Mittelspiel ist dadurch gekennzeichnet, dass die Spieler Helden und Armeen aufbauen und das Land des

Gegners erkunden. Zu diesem Zweck werden einige starke Monsterstacks mit Artefaktbelohnung bereitgestellt. In den Gegnerlanden werden tödliche Events eingebaut, welche nur auf menschliche Spieler wirken. Damit ist sicher gestellt, dass ein Angriff ohne Erkundung nicht funktionieren wird. Das Alleinstellungsmerkmal dieser Level ist der Zwang zum sorgfältigen Scouting. Die Endphase besteht dann aus einem sorgfältig koordinierten Angriff der Alliierten auf Morgoth. Siegbedingung ist die Vernichtung Morgoths.

2 Detaillierte Beschreibung des Levels

2.1 Basales Thema: Das allgemeine Thema des Levels, wie es im Kapitel »Das Level-Thema« eingeführt wurde, wird hier ausgearbeitet.

2.2 Hintergrund-Story: Erzähle die Geschichte, die zu der Situation führt, die in dem Level dargestellt wird. Schildere die Situation zur Zeit, in der der Level angesiedelt ist. Schildere, wie diese Situation sich während des Spiels entwickelt, in allen möglichen Varianten.

Beispiel: »In ferner Vergangenheit erhob sich Morgoth gegen die Götter ... Fingolfin ist ein großer König und erfahrener Heerführer mit nur geringen Zauberkenntnissen. Sein Volk lebt im hohen Norden und ist durch widrige Witterung (Kälte, Schnee und Eis) und karge Ressourcen hart geworden. Die Hauptstadt des Landes heißt Sionmur, sie liegt sicher in einem Gebirgstal. In der Nähe der Hauptstadt liegt ein Heiliger Hain, in dem das Großschwert der Elfen aufbewahrt wird ... Im Süden des Landes, durch hohe Bergketten getrennt und nur durch einem von Drachen bevölkerten Pass verbunden, liegt das Königreich von ...«

2.3 Ziele: Benenne die Ziele, die der/die Spieler zu erreichen haben. Übersetze die allgemeinen Zielformulierungen in Ziele, die im Level-Editor einstellbar sind.

2.4 Weltkarte (ohne Events und Monster): Fertige, in Übereinstimmung mit der Hintergrund-Story, eine detaillierte Beschreibung der Level an (inkl. Skizzen). Diese Beschreibung muss so genau sein, dass du sie einem Freund in die Hand geben könntest und er nach dieser Beschreibung genau die Level anfertigen würde, die du dir vorstellst.

2.4.1 Lege die Levelgröße fest. Der Level muss so groß sein, dass die angestrebten Strategien angewandt werden können, aber so klein, dass keine Längen im Spiel entstehen. Wenn strategisch oder taktisch wichtige Lokationen zu weit auseinander liegen, wird der Level langweilig (man hat tagelang nichts anderes zu tun, als seine Armeen zu bewegen und die Städte zu verwalten). Wenn man dies ausgleicht, indem man mehr Ressourcen und Artefakte verteilt, wird das Spiel leicht unausgeglichen (zu viele Ressourcen/Artefakte) – außerdem bleibt das Problem bestehen, denn nachdem alles abgeräumt ist, wird's wieder öde. Ist der Level zu klein, kann es schon in der Eröffnungsphase zu unerwünschten Kontakten kommen. Je kleiner der Level, desto dynamischer wird das Spiel, je größer der Level, desto epischer wird das Spiel.

2.4.2 Erstelle die Geländekarte: Das ist eine genaue Zeichnung der Landmassen mit Kennzeichnung der Geländearten (Sumpf, Schnee etc.). Nimm zu diesem Zweck kariertes Papier, zeichne einen Rahmen um genau so viele Karos, wie der Level groß ist und fülle dann jedes Karo aus z. B. mit einem S für Schnee, W für Wasser etc. (natürlich kann man auch Farben verwenden, aber wir brauchen später Kopien der Level ...)

2.4.3 Erstelle die Startpositionen: Lege die Orte der Anfangsstädte für jeden Spieler fest. Mache eine Kopie der Geländekarte und zeichne die Positionen einschließlich Art der Stadt oder Rasse ein. Du kannst das Zeichen für die Geländeart ausradieren und ein Stadtsymbol einzeichnen. Beachte, dass Stadttyp und Rassen oft für ein bestimmtes Terrain designt sind. Wenn du eine Stadt/Rasse in ein anderes Terrain setzt, muss man sorgfältig über die optische Anpassung nachdenken und außerdem berücksichtigen, dass der entsprechende Spieler dadurch Nachteile hat, weil seinen Truppen gerade am Anfang eventuell ein Terrainbonus fehlt.

2.4.4 Zeichne alle Städte in die Geländekarte ein.

2.4.5 Erstelle die Grenzkarte: Grenzen meint hier unüberwindliche Geländemerkmale (Wälder, Berge, Sträucher etc.) zwischen den Ländern der Spieler. Mache eine Kopie der vorhergehenden Zeichnung und zeichne nach den oben geschilderten Methoden (ausradieren, neues Symbol einzeichnen) das entsprechende Geländemerkmal ein.

2.4.6 Erstelle die Strukturkarte: Das bezieht sich auf die Binnengrenzen. Wiederum werden unüberwindliche Geländemerkmale in eine kopierte Level-Zeichnung eingezeichnet. Außengrenzen strukturieren die Welt (Gesamtkarte), Binnengrenzen strukturieren die Länder. Wenn die Strukturkarte fertig ist, solltest du keine größeren freien Flächen mehr auf Deiner Level haben: Natura abhorret vacuo.

2.4.7 Erstelle das Ressourcen-Diagramm: Das Ressourcen-Diagramm ist eines der wichtigsten Hilfsmittel, um ein ausgeglichenes und dennoch differenziertes Gameplay zu schaffen. Es handelt sich dabei um eine Kreuztabelle, welche in der oberen Reihe die Spieler und in der linken Spalte alle Ressourcen aufführt. Ressourcen sind z. B. in HoMM 3:

- Minen, Windmühlen und Wassermühlen
- Schätze (Goldhäufchen, Holzstapel, etc.),
- Monstergeneratoren
- Artefakte

Für jeden Spieler wird hier eingetragen, wie viele Minen der verschiedenen Minenarten, wie viele Rohstoffhäufchen, welche Artefakte etc. er bekommen soll. Ein ausgeglichenes Gameplay ist leicht zu erreichen, indem man jedem Spieler exakt das Gleiche wie jedem anderen Spieler gibt – aber das ist langweilig. Mit dem Ressourcen-Diagramm, insbesondere wenn es mit einer Tabellenkalkulation realisiert wird, kann man die Ressourcenverteilung auf einfache Art verschieden, aber dennoch ausgeglichen gestalten, den Mangel an einer Ressource (z. B. Rohstoffhäufchen) durch eine entsprechend gewichtete Erhöhung einer anderen Ressource (z. B. Monstergeneratoren) ausgleichen.

Erstelle die Ressourcen-Karte, d. h. zeichne die Lage aller Ressourcen auf.

Wow, wir haben jetzt sieben verschiedene Karten. Ist das nicht Overkill? Natürlich, du hättest alles in einer Zeichnung realisieren können. Aber der zusätzliche Arbeitsaufwand, um sieben Karten zu erhalten, bestand nur darin, eine Kopie zu erstellen. Der zusätzliche Arbeitsaufwand war also sehr gering. Was ist der Nutzen? Der Nutzen zeigt sich, wenn Fehler auftreten oder Alternativen eingeführt werden. Man muss dann nur bis zu der Karte zurückgehen, die den Fehler noch nicht enthält oder ab der die Alternative verzweigt, und diese bildet dann die Grundlage für die folgenden Karten. Hättest du nur eine Karte, müsstest du möglicherweise großflächig radieren – und würdest letztlich (Erfahrung!) doch zu wenig ändern. Das liegt einfach daran, dass jede Karte eine bestimmte Funktionalität beschreibt und alle diese Funktionalitäten in Wechselwirkung stehen. Diese Wechselwirkungen sind, hat man nur eine Gesamtkarte, nicht mehr deutlich zu differenzieren.

Das vorgestellte Verfahren wird hierarchische Strukturierung genannt. Jede Karte ist, abhängig von der vorhergehenden Karte und bestimmend für die folgende Karte. Ist eine Karte fehlerhaft, sind alle darauf aufbauenden Karten fehlerhaft, müssen also neu erstellt werden. Wegen der hierarchische Strukturierung ist dieser Vorgang einfach und übersichtlich.

2.5 Detaillierte Beschreibung des Spielprozesses: Beschreibe in Übereinstimmung mit der Hintergrund-Story genau, wie du dir den Spielablauf vorstellst. Diese Beschreibung muss so genau sein, dass du sie einem Freund geben könntest und er nach dieser Beschreibung alle Heroen, Monster, Texttafeln, Schilder und Events angemessen platzieren und gestalten könnte.

Das Verfahren ist prinzipiell das gleiche, das im 3D Gamestudio angewendet wird. Die Module sind allerdings nicht wie dort sequenziell, sondern parallel angeordnet.

Du erstellst z. B. eine Beschreibung der einzelnen Helden in Ausdrücken des Editors. Aus dem erfahrenen Heerführer Fingolfin wird ein Heroe namens Fingolfin mit vielleicht 10.000 Punkten Erfahrung, hohen Primärstats in Angriff und Verteidigung, niedrigen Stats in Zauberei und Wissen, dem Special Führung usw.

Dann erstellst du eine Tabelle der Monster und ihrer Standorte: Zufallsmonster, Level 7, wachsend, Standort: 6, 25. Genauso verfährst du mit Texttafeln, Schildern und Events.

1.7.2.9 Den Level im Editor erstellen

Jetzt ist der Editor dran. Man erstellt den Level genau in der Reihenfolge, wie die Zeichnungen erstellt wurden.

Zuerst wird die Geländekarte gemalt. Wenn diese fertig ist, entfernt man alle rechten Winkel, die das Gelände vielleicht bildet. Natürliches Gelände kennt keine rechten Winkel und deshalb wirkt der Level natürlicher, wenn er keine rechten Winkel enthält.

Wenn die Geländekarte fertig ist: Speichern! Speichern! Richtig, zwei Mal speichern – unter verschiedenen Dateinamen. Man könnte z. B. als »MyMap« und als »MyMap_1« speichern. »MyMap_1« bleibt während der gesamten Entwicklungszeit so, wie sie ist. Nur mit »MyMap« gehen wir zum nächsten Entwicklungsschritt über, der dann als »MyMap_2« und als »MyMap« abgespeichert wird.

Hier folgen wir wieder unserem Prinzip der hierarchischen Strukturierung. Jeder Entwicklungsschritt wird gesondert gespeichert und steht während der gesamten Entwicklungszeit zum Reload zur Verfügung. Änderungen sind so jederzeit in gleicher Art möglich wie bei den entsprechenden Abschnitten des Funktionsdokumentes.

Dann baut man in der oben genannten Reihenfolge der Planung alle weiteren Elemente ein und danach die unter »Spielprozess« (2.5) aufgeführten Elemente.

Die letzten beiden Schritte nenne ich formaler Sicherheits-Check.

Viele Editoren bieten Fehlerprüfungen an, diese sollten jetzt auf jeden Fall durchgeführt werden.

In HoMM 3 z. B. schalte in den Modus, der dir anzeigt, welche Felder begehbar sind und welche nicht. Prüfe genau, ob alle Stellen, die zugänglich sein sollen, auch zugänglich sind. Wenn das irgendwo nicht klar ist, dann stelle einen Helden in den Level und probiere im Spielmodus (nicht im Editor) aus, wie die Wege verlaufen. Dann wird die Fehlerprüfung eingeschaltet. Werden keine Fehler angezeigt, ist der technische Teil der Levelerstellung beendet.

Bei anderen Editoren verfährt man entsprechend.

1.7.2.10 Der Level-Künstler – die Level ästhetisch verfeinern

Der Level ist jetzt technisch fertig – aber nicht unbedingt schön.

Beim ersten Blick, den man jetzt dem Level widmet, achtet man einfach darauf, ob alle Anschlüsse und Übergänge stimmen.

- Haben Wege und Flüsse unnötige oder unschöne Schleifen?
- Haben alle Flüsse die richtigen Anschlussstücke zum Meer?
- Stehen alle Objekte auf einem passenden Untergrund?
- Gibt es irgendwo noch rechte Winkel im Level?

Der nächste Blick ist der Blick des Künstlers:

Man wird z. B. immer noch einige freie Flächen haben, welche gefüllt werden können. Hier ein Blümchen und dort ein kleiner Felsen können Wunder wirken.

Man wird Stellen finden, die langweilig, unstrukturiert, zu ordentlich oder einfach unpassend ausschauen. Kleine Verschiebungen weniger Details können oft große optische Wirkungen haben – manchmal hilft aber nur eine Änderung der Binnenstrukturen.

1.7.2.11 Der Level-Ingenieur – Play Testing

Noch mal: Sicherheits-Check

Obwohl wir uns jetzt dem Ende nähern, ist das Play Testing eher ein neuer Anfang als ein Ende.

Zuerst sollte man noch einmal den formalen Sicherheits-Check vornehmen: Sind alle Lokationen noch zugänglich, meldet der Editor Fehler? Man kann ja nie wissen, ob der Künstler es vielleicht aus rein ästhetischen Gründen für notwendig befand, einen Blumentopf vor den Eingang der Hauptstadt eines Heroen zu setzen. Da muss der Ingenieur dann einschreiten.

1.7.2.12 Testphasen – wir machen einen großartigen Level

Ist das getan, folgen drei Testphasen:

Funktions-Test: Ist der Level spielbar? Sind alle Lokationen erreichbar? Sind alle Fehler beseitigt?

Optimierungs-Test: Ist dieser Level die beste Lösung zur Umsetzung der Idee? Sind alle Elemente auf dem Level die beste Lösung für die angestrebte Wirkung? Arbeiten alle Elemente auf dem Level so zusammen, dass die Spielerfahrung entsteht, die angestrebt wurde?

Release-Test: Wie können das Spielgleichgewicht, die Spielspannung, der Spielspaß und die Präsentation (Grafik, Text) noch verbessert werden?

Viele Leveldesigner hören nach dem Funktionstest auf. Sie haben dann einen Level, der funktioniert – mehr nicht. Erst beim Optimierungstest scheiden sich die nur funktionierenden von den guten und sehr guten Level. Ein großartiger Level entsteht erst durch eine sorgfältige Optimierungs- und Release-Testphase.

Eine immer wieder gestellte Frage ist: Wie oft muss ich testen? Wie viele Testspiele und Tester müssen eingeplant werden? Die Antwort ist ganz einfach: So viele Tester wie irgend möglich und so viele Testspiele, bis die Antworten auf die Testfragen sicher und überzeugend positiv sind. Eine Zahl zu nennen ist unmöglich. Die Dauer und der Aufwand der Testphase ist umgekehrt proportional zu Dauer und

Aufwand der Planungsphase: Je sorgfältiger geplant wurde, desto weniger aufwändig sind die Tests.

1.7.2.12.1 Funktions-Test

Zuerst muss der Level-Designer seinen Level in allen Schwierigkeitsstufen und alternativen Spielmöglichkeiten mindestens einmal durchspielen. Wenn er keine Fehler mehr findet und alles so funktioniert, wie es funktionieren soll, werden andere Tester an die Level gesetzt.

Wichtig: Der Level-Designer darf selbst nicht dabei sein, wenn die anderen Tester den Level spielen. Wenn er anwesend ist, gibt er gewöhnlich Tipps über die seiner Ansicht nach richtige und falsche Art, den Level zu spielen. Selbst wenn solche Hinweise nicht explizit geäußert werden – jeder Mensch hat eine Körpersprache, die oft selbst dann wahrnehmbar ist, wenn man im Rücken anderer Menschen steht.

Wichtig aber auch: Man muss dabei sein, wenn die anderen Tester die Level spielen! Man muss beobachten, wie sie reagieren, ob die gedachten Erfolgserlebnisse wirklich Erfolgserlebnisse oder lahme Enten sind, ob Spannung aufkommt, ob Irritationen bezüglich der Glaubwürdigkeit auftreten usw.

Hm. Na ja, bei einigen Testern solltet ihr eben dabei sein, bei anderen solltest du dich fern halten. Beides ist wichtig!

Andere Spieler tun nie das, was sie tun sollen. Sie haben ihren eigenen Kopf. Sie finden Fehler, an die der Designer nie gedacht hat, aber die er nutzen kann, um seine Level auch für unvorhergesehene Spielweisen funktional zu machen.

Mit den Testern muss vereinbart werden, dass sie nach jedem Zug abspeichern. Wenn sie dann Fehler finden, geben sie den vorhergehenden Speicherstand zusammen mit einer (mündlichen oder noch besser schriftlichen) Beschreibung des Fehlers an den Designer.

WICHTIG

Der Auftrag an die Tester lautet: Probiere alles aus, egal wie verrückt es erscheinen mag!

1.7.2.12.2 Optimierungstest

Designer und Tester haben jetzt beide einige Erfahrung mit dem Level. Jetzt setzen sich beide zusammen und diskutieren die Erfahrungen, die sie mit dem Level gemacht haben. Dabei sollten besonders die Fragen beachtet werden, welche oben unter »Testphasen – Optimierungstestphase« genannt wurden.

WICHTIG

Ermuntert alle Beteiligten zu gnadenloser Kritik – aber seid wegen dieser Kritik nicht beleidigt, sie ist die beste Hilfe, die ihr bekommen könnt.

Aus dieser Diskussion ergeben sich gewöhnlich Ansatzpunkte zur Verbesserung des Levels. Dies können eindeutige Änderungsideen sein oder auch vage Hinweise, dass das Spielgefühl irgendwo nicht stimmt. In letzterem Fall müssen vielleicht bestimmte Stellen des Levels noch einmal unter der fraglichen Perspektive betrachtet oder gespielt werden. Vielleicht ergibt sich auch, dass der Level völlig anders gestaltet werden muss, um die Forderungen der Optimierungsfragen zu erfüllen.

Gewöhnlich erweist es sich als ertragreich, wenn der Designer und jeder Tester den Level noch einmal unter der Perspektive der Fragen zur Optimierungstestphase spielt.

Nachdem man alle Änderungen vorgenommen hat, ist wieder die Funktions-Testphase dran!

1.7.2.12.3 Gamma-Testphase

Das Vorgehen ist das gleiche wie bei der Optimierungs-Testphase – nur die Fragestellung ist eine andere (siehe oben).

1.7.2.13 Endlich – die Levels verfügbar machen

Wenn alles fertig und alle Tests erfolgreich abgeschlossen sind, kann man der Spielefirma oder der Gemeinschaft der Spieler einen weiteren großartigen Level zur Verfügung stellen und wird – hoffentlich – das gebührende Lob ernten. Einige Kleinigkeiten sollten aber noch beachtet werden.

1. Erstelle ein Readme-File, aber nenne es »Kartenfilename.txt« (wobei du für »Kartenfilename« den Namen deines Levelfiles einsetzt). Wenn du das File »Read.me« oder »Readme.txt« nennst, gibt es ein Problem: Gewöhnlich liegen alle Level in einem Verzeichnis. Wenn nun mehrere Level-Designer solch allgemeine Namen verwenden, werden diese Files bei jedem neuen Level überschrieben und sind dann eben nicht mehr verfügbar. Benennst du das File jedoch wie vorgeschlagen mit dem Namen deines Levels und dem Anhang «txt«, dann steht es im Verzeichnis direkt neben dem Levelfile, ist deshalb leicht zu finden und wird auch nicht beim Einspielen anderer Level überschrieben.

2. Das File Levelfilename.txt schreibt man mit einem einfachen Texteditor, z. B. Notepad, damit es von allen, auch denen, die nicht deine Lieblingstextverarbeitung haben, gelesen werden kann. In diesem File macht man folgende Angaben:
   - Name des Levels
   - Version: (Für das erste Release wählt man die Versions-Nr. 1.0.0. Die letzte Ziffer wird für Fehlerkorrekturen hochgezählt, die vorletzte für kleine inhaltliche Verbesserungen und die erste für Änderungen am Design des Levels. Nach der Versionsnummer wird das Datum angegeben.)
   - Autor: (dein Name)
   - E-Mail-Adresse
   - Größe des Levels: (S,M,L,XL)
   - Untergrund: (Ja/Nein, wie viele Ebenen)
   - Spieler: Gesamt:
   - Menschliche Spieler: (Max. und Min. angeben)
   - Computerspieler
   - Multiplayer: (Wie viele Spieler können teilnehmen?)
   - Koop: (hier gibt man an, welche Koop-Möglichkeiten vorgesehen sind)
   - Gewinnbedingung
   - Bedingungen, die zum Verlieren führen
   - Beschreibung des Levels: (Hier kann eine Kurzfassung der Story, einige Worte zur strategischen Problemstellung und sonstiges stehen, was man dem Spieler über den Level mitteilen will.)
   - Spieltester: (Nenne hier die Namen deiner Spieltester, sie haben es verdient. Frage sie aber vorher um Erlaubnis.)
   - Mitteilung des Autors: »Ich freue mich über jedes Feedback zu meinem Level. Maile mir einfach deine Erfahrungen, deine Kritik, deine Verbesserungsvorschläge und – hm – gegen Applaus und Begeisterungsschreie hätte ich natürlich auch nichts einzuwenden. Der Level wurde ausgiebig getestet und sollte fehlerfrei sein. Falls du jedoch einen Fehler findest, bitte ich dich, ihn mir umgehend zu mailen. Du wirst dann der erste sein, der die korrigierte Version erhält!«
   - Spoiler-Warnung! Weiterlesen birgt die Gefahr, sich den Spielspaß zu verderben. (Einige Leerzeilen, damit der Leser nicht ungewollt die Spoiler liest. Danach kannst du Hinweise zur Lösung des Levels geben.)
3. Als Nächstes packst du dein »Kartenfilename.xxx« und Dein »Kartenfilename.txt« in ein Zip-Archiv.
4. Falls der Level im Netz verfügbar gemacht werden soll: Besuche die von dir ausgewählten Fan-Sites und informiere dich, wie der jeweilige Administrator die Level haben will. Du findest gewöhnlich einen Text, der dich über die Regeln zum Upload von Levels informiert. Halte dich an diese Regeln!
5. Upload!

1.7.3 3D-Level-Design (MWO)

1.7.3.1 Einleitung

Wollte man eine Liste der Trends erstellen, die die Spieleszene in den letzten Jahren am nachhaltigsten beeinflusst haben, dann stünde ein Wort mit Sicherheit ganz oben: 3D. Dieser Boom, der vor ein paar Jahren durch Spiele wie DOOM und ULTIMA UNDERWORLD ausgelöst und durch das Erscheinen der 3D-Grafikkarten noch verstärkt wurde, hat in den letzten Jahren mehr und mehr von der Spieleindustrie Besitz ergriffen. Inzwischen gibt es kaum eine Spielegattung mehr, deren Vertreter ohne 3D auskommen – da hüpfen Mario und Rayman durch die dritte Dimension, Polygon-Fußballer kicken durch das 3D-Stadium, und Adventure-Charaktere wie Gabriel Knight rätseln sich durch komplett dreidimensionale Schauplätze, von Lara Crofts Abenteuern in TOMB RAIDER ganz zu schweigen. Sogar rundenbasierte Strategiespiele wie der altehrwürdige PANZER GENERAL schmücken sich inzwischen mit dem Zusatz 3D im Titel, und natürlich gibt es unzählige Rollenspiele, die, durch den Vorreiter ULTIMA UNDERWORLD inspiriert, komplett in Echtzeit-3D daherkommen.

Das Genre, das man aber wahrscheinlich am ehesten mit dem Schlagwort 3D in Verbindung bringt, ist die Gattung der First Person Shooter, und soll uns deshalb in diesem Kapitel auch am meisten beschäftigen. Hier wurde durch DOOM eine Welle an Spielen ausgelöst, die beim Publikum sehr populär sind und die noch lange nicht abzuebben scheint. QUAKE, HALF-LIFE und UNREAL sind nur einige Vertreter der letzten Jahre, und die Nachfolger dieser Spiele stehen schon in den Startlöchern, um die Qualität der Grafik und des Gameplays ein weiteres Stück nach oben zu schrauben.

Mit der wachsenden Popularität der Spiele, die mit detailliertem Echtzeit-3D glänzen, entstand auch die Notwendigkeit für ein Team von Leuten, die diese detaillierten Umgebungen erstellen. Konnte die Aufgabe des Level-Designs in den auf Kacheln basierten 2D-Action- und Geschicklichkeitsspielen noch von einer Person erledigt werden, die zudem oft noch der Game-Designer oder Programmierer war, wurde der Arbeitsaufwand in 3D Spielen viel zu groß, um ihn alleine zu bewältigen. Gefragt waren Leute, die nicht nur optisch eindrucksvolle Spielumgebungen bauen konnten, sondern sie auch mit genug unterhaltsamen Konfrontationen und Puzzles füllen konnte, um den Spieler für das gesamte Spiel bei Laune zu halten. Der Beruf des 3D-Level-Designers war geboren.

1.7.3.2 3D-Level-Design – Definition

3D-Level-Design ist eine Tätigkeit, die künstlerische Begabung mit handwerklichem Können verbindet. Die Entwicklung von 3D-Hardware und -Prozessoren geht in Riesenschritten voran, und eine moderne Grafik-Engine kann bereits eine beeindruckende Zahl an Polygonen in Echtzeit berechnen und auf den Schirm zaubern – aber bis zu der Polygonfülle einer vorgerenderten Grafik sind es immer noch gewaltige Unterschiede. Auch viele Grafiktricks und Techniken, die in Highend-Render-Software wie 3D Studio Max oder Maya zur Anwendung kommen, sind in Echtzeit-Engines noch nicht verfügbar. Diese Lücke wird sich in den kommenden Jahren immer weiter schließen, aber bis dahin heißt es für den Entwickler, mit vielen Ein- und Beschränkungen in seinen 3D-Umgebungen zu leben – und diese so geschickt wie möglich zu umgehen.

Ein guter Level-Designer versteht es, die Örtlichkeiten des Spieles künstlerisch ansprechend umzusetzen, ohne dabei die Grafik-Engine zu überlasten. Ein Spiel mag noch so toll aussehen und mit eindrucksvoller Level-Architektur protzen – wenn die im Markt vorherrschende Hardware nicht in der Lage ist, das Spiel mit einer annehmbaren Frame-Rate darzustellen, dann waren alle Bemühungen umsonst, und das Spiel wird wahrscheinlich ein kommerzieller Misserfolg. Ziel ist es, ein grafisches Optimum aus der verwendeten Technologie herauszuholen, ohne sie zu überlasten – und ein Großteil dieser Verantwortung liegt beim Level-Design-Team.

Der Level-Designer ist aber mehr als nur ein »digitaler Architekt«, der die einzelnen Abschnitte des Spieles aus dem virtuellen Boden stampft. Er betätigt sich auch als digitaler Unterhalter, der den Spieler neckt, motiviert, vor Probleme stellt, und ihm auf die Schulter klopft und belohnt, wenn eine knifflige Stelle im Spiel gemeistert wurde. Kurzum, ein guter Level-Designer ist derjenige, der den Spieler bei Laune hält. Dazu bedarf es natürlich guter Gamedesign-Künste. Der Level-Designer muss analysieren können, welche Elemente eines Genres motivieren und wie er sie am besten kombiniert einsetzt, um das eigene Spiel unterhaltsam zu machen.

Wenn das Spiel dann doch nicht den erhofften Spaß macht, wäre es aber falsch, dem Level-Designer die alleinige Schuld zu geben. Die meisten Spielelemente sind levelübergreifend und der Level-Designer versucht letztendlich nur, die vorhandenen Elemente zu nehmen und zu einem fesselnden Paket zu schnüren. Trotzdem liegt es während der Entwicklung neben dem Game-Designer hauptsächlich am Level-Designer, das vorhandene Spielkonzept regelmäßig zu überprüfen und Schwachstellen aufzuzeigen. Warum das so ist, soll der nächste Abschnitt zeigen, in dem es um die Qualifikationen und Aufgaben eines Level-Designers geht.

1.7.3.3 Qualifikationen und Aufgaben des Level-Designers

Da 3D-Level-Design eine spezialisierte Disziplin ist, die sich aus dem allgemeinen Game-Design- Bereich entwickelt hat, sollte in jedem guten Level-Designer auch ein guter Game-Designer stecken. Andere Mitglieder eines Teams, wie zum Beispiel die Künstler oder SoundFX-Leute, können es sich noch erlauben, Spiele nur zu »mögen« – in jedem Level-Designer sollte aber ein Hardcore Gamer stecken. Es ist kein Zufall, dass die bestem Deathmatch-Spieler einer Firma normalerweise auch die Level-Designer sind. Schließlich erstellen sie ja gerade die Arenen, die schon bald von anderen Hardcore Gamern gespielt werden sollen.

Das Talent, gutes Gameplay erkennen und entwickeln zu können, ist also eine Begabung, die jeder Level-Designer haben sollte; aber ein wirklich guter Level-Designer kennt sich zudem in vielen anderen Gebieten aus. Nachfolgend ist eine detaillierte Aufzählung der Talente, die ein qualifizierter Level-Designer haben sollte:

1.7.3.3.1 Künstlerische Begabung

3D-Spiele sollen natürlich so gut wie möglich aussehen, und eindrucksvolle Level-Architektur ist ein großer Schritt in die richtige Richtung. Die Level-Designer eines Projektes sollten in der Lage sein, die vom Spiel angestrebte Umgebung so eindrucksvoll wie möglich in Szene zu setzen. Die Fähigkeit, 3D-Umgebungen im Kopf zu visualisieren und eventuell auf Papier ausskizzieren zu können, ist dabei sehr hilfreich. Im Idealfall hat man die zu erstellende Szene bereits detailliert geplant, bevor sie dann schnell und effizient im Editor umgesetzt wird.

Wie der Abschnitt »Die Konzeptphase« zeigen wird, ist das Studium von Referenz- und Konzeptmaterial sehr hilfreich – um die hierdurch gewonnenen Anregungen erfolgreich ins Spiel zu übertragen, sollte ein guter Level-Designer die Szene so reduzieren können, dass sie so wenig wie möglich an visueller Qualität verliert, von der Grafik-Engine aber schnell genug berechnet werden kann. Ein wichtiges Werkzeug hierzu sind die im Spiel verwendeten Texturen: Richtig eingesetzt können sie eine Menge architektonischer Detail vorgaukeln, die nicht wirklich existieren, falsch eingesetzt kann eine Fläche aber sehr flach und unansehnlich wirken. Es liegt am Level-Designer, die Bereiche der Umgebung zu identifizieren, in denen am besten mit Texturen getrickst werden kann.

Abb. 1.99: In *THE WHEEL OF TIME* wird mit *Shadar Logoth* versucht, den Detailreichtum einer kompletten Stadt darzustellen. Dies wurde unter anderem durch den Einsatz von »Dummy«-Texturen für die leeren Fenster hoch oben in der Wand erreicht.

Die meisten Level-Designer erstellen ihre Texturen nicht selbst, sondern arbeiten mit einem Künstler zusammen, der die Texturen für sie erstellt. Das ist schon alleine deshalb so, weil eine Person normalerweise nicht die Zeit hat, zwei Fulltimejobs allein zu erledigen, und sich auf eine Aufgabe konzentrieren sollte. Dennoch ist es natürlich ein Vorteil, wenn ein Level-Designer in der Lage ist, seine eigenen Texturen zu erstellen, und seien es nur Variationen bereits bestehender Grafiken, die dem Level zu zusätzlichem Glanz verhelfen.

Gamedesign-Talent: Wie gesagt sind es die Level-Designer, die einen Großteil zum Unterhaltungswert eines Spieles beitragen. Selbst wenn das abstrakte Design des Spieles einige viel versprechenden Dynamiken enthält, gilt es ja immer noch, diese auch im Spiel umzusetzen. Also ist es für einen Level-Designer sehr wichtig, Gameplay-Elemente erkennen, analysieren und effektiv einsetzen zu können. Zwingt die Umgebung des Levels den Spieler künstlich in eine begrenzende Handlungsfolge oder hat er wirklich das Gefühl, seine Umgebung zu erkunden und eigene Entscheidungen zu treffen? Sind die Gegenstände und Waffen intelligent platziert oder liegen sie einfach nur direkt im Weg des Spielers herum? Und machen versteckte Orte wirklich Sinn und belohnen den Spieler für sein logisches Kombinieren oder können sie nur durch Zufall gefunden werden?

1.7.3.3.2 *Technisches Verständnis*

Kaum ein Genre wird so von der Technologie getrieben wie das FPS-Genre, (FPS = First Person Shooter), und dementsprechend zahlt es sich für den 3D-Level-Designer aus, ein solides Verständnis der Prinzipien zu haben, nach denen die Engine arbeitet. Besonders in zwei Bereichen nutzt dieses Wissen: die Rendering-Engine und die Künstlichen Intelligenz (KI).

Der Renderer ist der Teil der Engine, der die Spielwelt berechnet und auf den Bildschirm zaubert. Da dies alles in Echtzeit geschieht und zudem auch noch mindestens 20 mal pro Sekunde vonstatten gehen sollte, muss die Engine tricksen und Abkürzungen nehmen, wo es nur möglich ist. Verdeckte Objekte und Teile des Levels, die nicht sichtbar sind, sollten möglichst gar nicht erst berechnet werden. Um das zu bewerkstelligen, verwendet die Engine verschiedene Algorithmen und Tricks – und je besser der Level-Designer diese versteht, umso besser kann er seine Level diesbezüglich konstruieren und optimieren.

Die KI eines Spieles hat in den letzten Jahren immer mehr an Bedeutung gewonnen, inzwischen kann es sich kein Hersteller mehr leisten, nur dumme Zombies durch die Gänge seiner Kellergewölbe zu scheuchen, die zudem noch alle paar Sekunden an einer Wand hängen bleiben. Gegner moderner First Person Shooter sollten in der Umgebung intelligent navigieren und diese zu ihrem Vorteil nutzen können, sie sollten mit Gegenständen interagieren und insgesamt einfach einen intelligenten Eindruck machen. Ein Großteil dieser Aufgabe liegt bei dem Programmierer, der für die KI zuständig ist, aber auch hier gilt es für den Level-Designer, ein Grundverständnis der Techniken zu entwickeln, nach denen die NPCs funktionieren. Nur so kann er kann er seine Level mit Gegnern bevölkern, die wirklich intelligent wirken.

All das bedeutet nicht, dass ein Level-Designer profunde C++-Kenntnisse haben muss, um seine Arbeit ausüben zu können. In einem guten Team werden die Programmier versuchen, alle Aufgaben so weit wie möglich zu automatisieren und die Werkzeuge, die zum Erstellen der Level benutzt werden, so benutzerfreundlich wie möglich zu machen, damit sich die Designer voll auf den kreativen Teil ihres Jobs konzentrieren können. Wichtig ist nur, ein gutes Grundverständnis der Prinzipien zu haben, nach denen die verschiedenen Teile der Engine arbeiten. Einige Spiele haben allerdings eine komplette Scriptsprache, mit der die Vorkommnisse der Level gesteuert werden. SIN und FAKK2 von Ritual Entertainment sind zwei Beispiele – auch hier kann es nicht schaden, solide Programmierkenntnisse zu haben.

1.7.3.3.3 *Qualitätsbeurteilungsfähigkeiten*

Lange bevor der erste Betatester das Produkt prüft, wird es Dinge im Spiel geben, die nicht so funktionieren, wie sie sollen. Kleine Probleme kommen zum Vorschein, die das Programm nicht ganz so laufen lassen, wie es soll, und größere Bugs im Code können ganze Teile der Engine lahm legen. Hier ist es normalerweise der Level-Designer, der die volle Breitseite der Unannehmlichkeiten abbekommt. Während die Künstler ihren kreativen Drang größtenteils in externen Programmen freilassen und die Programmierer meistens nur Zeit haben, Änderungen des Codes und neue Features nur in kleinen Testräumen zu testen (den so genannten »Cubes of Death«) spielt der Level-Designer regelmäßig das komplette Spiel, um seine Karten auszutesten. Wenn dann etwas passiert, sollte er in der Lage sein, die zuständige Person schnell, sachlich und präzise über das Problem zu informieren.

Das Gleiche gilt auch für Probleme, die sich in die Spiellogik bzw. das Gameplay einschleichen. Wenn ein Teil des Spieles nicht so funktioniert, wie es sollte (da mag es zum Beispiel ein Monster geben, das so gut wie unbesiegbar ist und dessen Bekämpfung überhaupt keinen Spaß macht), dann sollte der Level-Designer das nicht nur melden, er sollte auch eine mögliche Lösung präsentieren können.

1.7.3.3.4 *Gute Kommunikationsfähigkeiten*

Die verschiedenen Teams, die an einem Spiel mitwirken, arbeiten für lange Zeit in einem Vakuum. Künstler erstellen zum Beispiel die Modelle der Waffen und Gegner in 3D Studio Max und geben sie dann an die Programmierer zur Integration weiter, ohne sie im Spiel zu sehen. Auch SoundFX werden außerhalb des Spieles entwickelt und dann von einer anderen Person in das Spiel eingebunden. Für eine lange Zeit der Produktion existieren die vielen Teile des Spieles getrennt voneinander; und niemand kann mit Gewissheit sagen, ob alle denn auch wirklich zusammenpassen.

Die Level des Spieles sind der Ort, an dem alles zusammenkommt. Die Monster laufen zum ersten Mal durch die Gegend und der Stil ihrer Skins beißt sich hoffentlich nicht mit dem der Wandtexturen, die Waffen können vom Spieler benutzt werden und machen beim Feuern hoffentlich die passenden Geräusche etc. Als Level-Designer ist man oft der erste, der die verschiedenen Teile des Spieles zusammen sieht, und als solcher sollte man in der Lage sein, konstruktives Feedback geben zu können, wenn etwas nicht so ganz funktioniert oder aussieht, wie es sollte. Jemanden so zu motivieren, dass er seine Arbeit verbessert, ohne sich auf die Füße getreten zu fühlen, ist nicht immer einfach, zahlt sich aber oft aus und hilft dem gesamten Spiel. Die Fähigkeit, diplomatisch mit Personen umgehen zu können, ist also auf jeden Fall nützlich.

1.7.3.4 Der technische Aspekt des Level-Designs

Bevor es um das eigentliche Designen des Levels geht, ist es angebracht, sich kurz mit einigen technischen Aspekten eines 3D-Spieles zu beschäftigen. Ein Verständnis der Grundprinzipien, nach denen die Engine arbeitet, ist besonders für Neulinge hilfreich. Drei Bereiche werden hier angesprochen: Geometrie, Licht und Occlusion (Verdeckung). Zwei weitere Abschnitte gehen zudem kurz auf den Level-Editor und die Künstliche Intelligenz ein.

1.7.3.4.1 Geometrie

Die Architektur eines 3D-Levels wird im Editor aus vielen einzelnen Bausteinen zusammengesetzt. Diese Bausteine werden **Brush** genannt. Man kann sie sich als virtuelle Lego®-Steine vorstellen, aus denen man seine Level konstruiert. In den meisten Engines (QUAKE zum Beispiel) repräsentieren alle Brushes ein positives (additives) Volumen. Wenn man damit beginnt, seinen Level zu bauen, ist die Welt komplett leer. Um einen rechteckigen Raum zu bauen, braucht man sechs Brushes, die den Raum umschließen: vier Brushes für die Wände sowie jeweils einen für den Boden und die Decke.

Andere Engines wie zum Beispiel UNREAL gehen den umgekehrten Weg, hier ist der gesamte Raum des Levels zu Anfang gefüllt. Neben den additiven Brushes gibt es zudem Brushes, die ein negatives (subtraktives) Volumen darstellen. Um einen Raum in UNREAL zu erstellen, braucht man deshalb nur einen einzigen subtraktiven Brush. Man kann sich das in etwa so vorstellen, als ob man mit einem großen Klumpen Ton arbeitet und die einzelnen Räume im Inneren aushöhlt.

Der nächste Schritt ist, die Brushes in ein Format umzuwandeln, das von der Engine effizienter gelesen werden kann, und zwar in das Format, das vom Editor benutzt wird. Hierzu benutzt man einen speziell für das Spiel geschriebenen Compiler. Dieser Compiler speichert die gesamte Architektur eines Levels in einer Datenstruktur, auf den die Rendering-Engine während des Spieles zurückgreift. Die momentan gängige Methode hierfür ist der BSP Tree – sowohl die QUAKE 3-

Engine als auch die UNREAL-Engine arbeiten nach diesem Prinzip. Beim Kompilieren des BSP-Baumes werden die einzelnen Polygone des Levels in kleinere Stücke unterteilt, die man als Nodes bezeichnet. Die Seiten eines Polygons, auf die man die Texturen aufträgt, werden normalerweise Face genannt. Ein Polygon besteht also wie ein zusammengesetztes Puzzle aus mehreren Nodes, und die einzelnen Flächen (wie zum Beispiel die Vorderseite mit dem Bild) sind die einzelnen Faces.

Einen Nachteil des BSP-Formates ist, dass es sehr statisch ist, da die Geometrie vorberechnet wird – dynamische Veränderungen des BSP-Baumes während des Spieles sind sehr langsam und stehen normalerweise außer Frage. Dementsprechend müssen alle Veränderungen der Geometrie, die sich während des Spieles ereignen sollen (Türen, einstürzende Wände etc.), schon vor Beginn des Kompilierungsprozesses feststehen und in den BSP-Baum einberechnet werden. In Zukunft ist aber zu erwarten, dass dem Level-Designer dynamischere Datenformate zur Verfügung stehen werden, in denen auch dynamische Veränderungen an der Geometrie möglich sein werden.

Abb. 1.100: Dieses Bild aus dem Spiel *WHEEL OF TIME* macht deutlich, wie unterschiedlich die Engine und der Spieler eine Szene sehen: auf der linken Seite die BSP-Ansicht, in der die einzelnen Nodes erkennbar sind. Auf der rechten Seite die komplett texturierte und beleuchtete Szene.

In welchem Datenformat die Level-Architektur gespeichert wird (und wie die Spiel-Engine auf diese Daten zugreift), ist deshalb für uns wichtig, da es großen Einfluss auf den Detaillierungsgrad einer Szene hat. Die 3D-Engine kann nur eine begrenzte Zahl an Nodes gleichzeitig auf den Schirm zeichnen, ohne dass die Frame-Rate zu langsam wird. Die Anzahl der sichtbaren Nodes einer Szene (Node-count genannt) ist der Maßstab, nach dem sich das Detail einer Szene richtet. Bei QUAKE war der Richtwert zum Beispiel 350 Nodes pro sichtbarer Szene, bei QUAKE 2 waren es bereits 600. Heutzutage stellen mehr als 1000 Nodes pro Szene kein Problem mehr da, obwohl diese Zahl je nach Engine variiert.

Es wurde bereits gesagt, dass die einzelnen Polygone eines Levels beim Kompilieren in kleinere Nodes zerschnitten werden. Diese Schnitte entstehen normalerweise dort, wo zwei Brushes direkt aneinander angrenzen. Diese Schnitte sollten so oft wie möglich vermieden werden – so ist es möglich, das Node-Limit einhalten und trotzdem hochdetaillierte Orte zu bauen. Die Tricks, mit denen man das erreicht, unterscheiden sich ebenfalls von Engine zu Engine. UNREAL hat für solche Fälle Semi-Solids. Das ist eine spezielle Art von additivem Brush, der die angrenzende Geometrie nicht durchschneidet. In QUAKE gibt es so etwas nicht – hier kann man tricksen, indem man Dinge wie Säulen und Regale einfach einen Pixel vor dem Boden enden lässt. Das fällt dem Spieler nicht weiter auf und verhindert BSP-Schnitte. HALF-LIFE und SIN machen ausgiebig von diesem Prinzip Gebrauch.

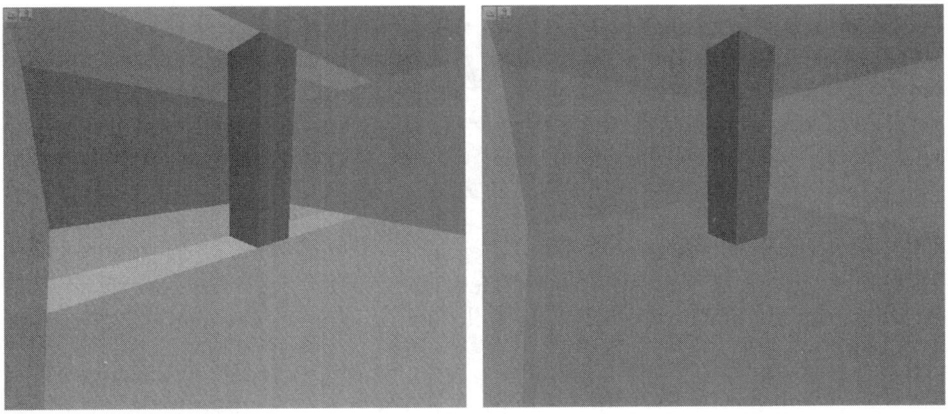

Abb. 1.101: Ein einfacher rechteckiger Raum besteht aus sechs Nodes, da die Polygone des Raumes nicht vom BSP-Prozess unterteilt werden. Eine Säule in die Mitte verursacht Schnitte im Boden und in der Decke (linkes Bild), die es zu vermeiden gilt. Dies kann zum Beispiel erreicht werden, indem man die Säule einen Pixel vor dem Boden und der Decke enden lässt (rechtes Bild).

1.7.3.4.2 *Licht*

Auch die komplexen Licht- und Schatteneffekte heutiger 3D-Spiele werden zum Großteil vorberechnet. Nachdem der BSP-Baum erstellt wurde, sucht der Editor alle Lichtquellen des Levels und berechnet aus den darin gespeicherten Informationen (Helligkeit, Radius und Farbe) die Lightmaps des Levels. Lightmaps sind einfache Texturen, die je nach Lichtstärke heller oder dunkler werden und über die Wandtexturen gelegt werden. So entsteht der Eindruck von Licht und Schatten – je dunkler die Lightmap ist, desto dunkler erscheint die Wandfläche, die von dieser Lightmap bedeckt wird.

Dynamische Lichtquellen wirken sich negativ auf die Frame-Rate aus, da ihr Licht kontinuierlich neu berechnet werden muss. Dementsprechend vorsichtig sollte man mit diesem Effekt umgehen, wenn man die Geschwindigkeit des Levels nicht zu sehr beeinträchtigen will. Dementsprechend selten flackern in heutigen Spielen die Fackeln, Feuer etc. Das würde zwar realistischer aussehen, kann wegen des Geschwindigkeitsverlustes aber oft nicht bewerkstelligt werden.

Wenn man ein Spiel mit dynamischen Lichtverhältnissen erschaffen will, zum Beispiel um einen Tag- und Nachtwechsel wie bei ULTIMA 9 zu simulieren, dann sollte man auf einfachere Lichtmodelle zurückgreifen. Zwei Optionen sind Vertex Lighting und Phong Shading, welche zwar nicht so gut aussehen, dafür aber um einiges schneller berechnet werden können.

1.7.3.4.3 *Occlusion-Technologien*

Ein Level besteht natürlich aus mehr Polygonen als nur denen, die eine sichtbare Szene ausmachen. Für den Level-Designer ist wichtig zu wissen, wie gut die Engine es beherrscht, nur die für eine Szene relevanten Informationen zu berechnen und alle restlichen Daten zu verwerfen. Dieser Prozess wird im allgemeinen als Occlusion(=Verdeckungs)-Prozess bezeichnet. Dieses Gebiet ist nicht nur recht kompliziert, sondern wird auch von jedem Spiel anders gehandhabt und deshalb nur in groben Zügen angesprochen. Als zwei Beispiele unterschiedlicher Techniken (und wie diese die Arbeit des MAPPERS beeinflussen) dienen wiederum die QUAKE- und UNREAL-Engine.

In Spielen mit der QUAKE-Engine werden alle Sichtbarkeitsinformationen vorberechnet. Beim Erstellen des BSP-Baumes unterteilt das QBSP-Tool den Level in viele kleine Abschnitte und speichert diese Informationen in einer externen Datei. Danach liest das VIS-Tool diese Datei und berechnet für jeden darin enthaltenen Abschnitt, welche anderen Abschnitte des Levels sichtbar sind. Die Resultate werden in eine Tabelle gespeichert, die QUAKE Potential Visible Set (PVS) nennt. Auf diese Tabelle greift die Engine während des Spieles zu – für jeden Abschnitt, in dem der Spieler steht, kann schnell herausgefunden werden, welche Nodes des Levels sichtbar sind. Der Vorteil des PVS ist, dass die Engine während des Spieles so gut wie keine Zeit damit verschwendet, überschüssige Polygone auszufiltern. Ein paar

Berechnungen müssen noch gemacht werden, aber der Großteil der Rechenarbeit wird bereits beim Vorkompilieren erledigt, so dass sich der Level-Designer keine Gedanken über verschwendete Rechenzeit während des Spiels machen muss. Diese Vorberechnungen können allerdings eine lange Zeit dauern, im Extremfall mehrere Tage – ganz sicherlich kein Zuckerschlecken, wenn es darum geht, den Level zu testen. Zudem ist das PVS ist nicht allzu genau und »schaut« recht oft um Ecken herum – oft denkt die Engine, dass sehr viel mehr Nodes sichtbar sind als die, die der Spieler tatsächlich sehen kann. Und beim Erstellen des Levels ist es schwieriger, Räume so abzugrenzen, dass diese Unart vermieden wird.

Die UNREAL-Engine geht da etwas anders vor und berechnet fast alle Informationen in Echtzeit. In jedem Frame überprüft die Engine per Spanbuffering und einiger anderer hochtechnischer Verfahren exakt, welche Polygone von sichtbaren Polygonen verdeckt werden. Dieses Verfahren ist genauer als das PVS und hat zudem den Vorteil, dass die Level nicht stundenlang vorkompiliert werden müssen. Der große Nachteil ist aber, dass der Level-Designer beim Erstellen einer Szene die Occlusion Time in seine Rechnung einbeziehen muss. Wenn man nicht aufpasst, können komplexe Szenen sehr langsam werden (besonders, wenn es viele kleine, fitzelige Details im Bild gibt). Dafür spart man aber Zeit und hat den Vorteil, einzelne Räume um einiges einfacher abgrenzen zu können. Zudem ermöglicht dieses Verfahren die großen Außenwelten, die UNREAL so bekannt gemacht haben

Abb. 1.102: Die Occlusion-Statistiken in Unreal geben genauen Aufschluss darüber, welche Berechnungen die Engine pro Szene durchführt, um verdeckte Polygone auszufiltern.

1.7.3.4.4 *Künstliche Intelligenz*

Die Monster und NPCs, die die Spielwelt bevölkern, verstehen es nicht von alleine, sich durch die Level zu bewegen. Sie sind vollkommen blind und taub, wenn es um die sie umgebene Architektur geht. Das Programm muss ihnen also Hinweise über den Level geben, nach denen sie sich richten können. Das Verfahren, nach dem das Programm die NPCs steuert, variiert gewaltig von Spiel zu Spiel. UNREAL TOURNAMENT setzt zum Beispiel auf ein internes Netzwerk von Wegpunkten, die vom Level-Designer in Ecken, Kurven und Kreuzungen von Gängen platziert werden und auf deren Pfaden sich die Bots bewegen. In VAMPIRE markiert der Level-Designer die Bodenflächen, auf denen sich die Monster bewegen können; das Programm erstellt daraus dann eine Karte. Und QUAKE 3 braucht überhaupt keine Hilfe vom Level-Designer: Ein spezielles Tool analysiert den gesamten Level und erstellt hieraus eine vereinfachte Karte des Levels, an der sich die Bots orientieren können. Das nimmt dem Designer zwar die zusätzliche Arbeit ab, Wegpunkte zu platzieren – aber auch die Freiheit, dem Bot spezielle Hinweise zu geben, wenn er sich mal etwas dumm verhält.

1.7.3.5 Der Editor

Der Editor ist das Werkzeug, mit dem der Level-Designer die Spielwelten erstellt. So gut wie jedes Spiel verwendet einen anderen Editor – einige Firmen entwickeln hierfür ein eigenes Programm, das genau auf die eigene Engine abgestimmt ist, während andere Firmen bestehende Modelling-Pakete wie 3D Studio Max benutzen. Wieder andere Firmen gehen einen dritten Weg und lizenzieren einen Editor, der eigentlich für ein anderes Spiel geschrieben wurde, und passen ihn an die eigenen Bedürfnisse an.

Da es derart viele unterschiedliche Programme gibt, die für den Bau eines Level verwendet werden, kann ich hier auch leider keine Bedienungsanleitung geben, zumal die Editoren teilweise auch noch nach unterschiedlichen Prinzipien arbeiten und alle etwas anders bedient werden. Für diejenigen, die einen Editor für ein bestehendes Spiel lernen wollen, empfiehlt sich ein Blick in den Abschnitt »Nützliche Internet-Adressen«, in dem Links zu den populären Hilfsseiten im Internet zu finden sind.

1.7.3.6 Die Konzeptphase

Wie in jedem kreativen Geschäft gibt es auch bei Spielen keine Industrierichtlinien, nach denen jeder Spielentwickler arbeitet. In jeder Firma geht der Produktionsablauf etwas anders vonstatten; teilweise ändern sich die Regeln sogar von Projekt zu Projekt. Und genauso ist es mit den Level-Designern – jeder arbeitet etwas anders, auch wenn er am Ende die gleichen Schritte durchgeführt hat. Im Endeffekt sollte es jedem Team darauf ankommen, das Spiel so effizient wie möglich auf die Beine zu stellen. Die folgenden Punkte beschreiben Praktiken, die sich im Produktionsalltag bewährt haben. Jeder Level-Designer mag sich die Teile rauspicken, die ihm selbst zusagen und sinnvoll erscheinen.

1.7.3.6.1 *Planung*

Der erste Schritt des Level-Designs hängt stark davon ab, wie detailliert das Game-Design-Dokument bereits auf die einzelnen Missionen eingeht. Je genauer der Game-Designer die einzelnen Szenarien des Spieles bereits ausgearbeitet hat, desto weniger Lücken muss der Level-Designer füllen – aber auch damit leben, dass ihm weniger Freiheiten beim Erstellen des Levels bleiben. In der Regel wird das Game-Design-Dokument nur eine kurze Beschreibung der einzelnen Missionen enthalten. In dieser Beschreibung werden folgende Punkte geklärt:

- Ort des Geschehens
- Bedeutung des Levels für das Spiel
- Missionsziele

Der Text kann auch weitere Details ansprechen, zum Beispiel, welche Monster den Level bevölkern oder welche neuen Waffen der Spieler finden wird.

Ausgehend von dieser Beschreibung sollte man sich nun zwei Dingen widmen:

- Der Spielverlauf des Levels sollte so genau wie möglich ausgearbeitet werden. Ob sich der Level-Designer dafür alleine ins stille Kämmerlein einschließt oder ein gruppenweites Brainstorming angesetzt wird, bleibt dem Team überlassen. Wichtig ist nur, dass sämtliche Ideen aufgeschrieben werden und Form eines Walkthrough (Durchmarsch)-Dokumentes ausformuliert werden. Darin werden alle geplanten Orte und Ereignisse des Levels zusammengetragen. Blaupausen und Pläne können ebenfalls helfen, sich einen ersten konkreten Eindruck des zu erstellenden Levels zu schaffen.
- Des Weiteren ist es wichtig, das Aussehen des Levels zu etablieren. Das Game-Design-Dokument wird zwar normalerweise den Ort des Geschehens grob umschreiben, dabei aber eine Menge Interpretationsfreiheit lassen. Wenn es zum Beispiel gilt, ein Raumschiff zu bauen, gibt es da mehrere Optionen: Soll dieses im sauberen Plastiklook daherkommen wie das Raumschiff Enterprise? Oder aber ein industrielles Aussehen haben wie die Nostromo aus dem Film Alien, in dem man förmlich das Öl von den Rohren tropfen sieht? Auch Örtlichkeiten aus dem Alltagsleben können sehr unterschiedlich interpretiert werden: Eine soeben stillgelegte Fabrik aus dem letzten Jahrzehnt wird ganz anders aussehen als ein uraltes Stahlwerk aus der Vorkriegszeit, bei dem inzwischen das Metall der Struktur durchgerostet ist.

Um diese und andere Fragen zu klären, setzt sich der verantwortliche Level-Designer am besten mit dem Künstler zusammen, der die Texturen für die Karte entwerfen wird. Zusammen sollten sie versuchen, soviel Referenzmaterial wie möglich aus Büchern und dem Internet zusammenzutragen, an dem man sich später orientieren kann. Ein Bild der Umgebung kann auch Außenstehenden helfen, sich eine Vorstellung über das genaue Aussehen des Raumes zu machen. Hilfreich sind zum Beispiel Fotos von vergleichbaren Orten, technische Zeichnungen und Bilder aus

Architekturbüchern. Wenn das Team einen guten Zeichner hat, ist zudem hilfreich, Konzeptzeichnungen zu Kernpunkten der Karte anzufertigen. Je detaillierter diese ausfallen, desto besser, aber hauptsächlich geht es darum, einen ersten Eindruck des fertigen Levels zu vermitteln.

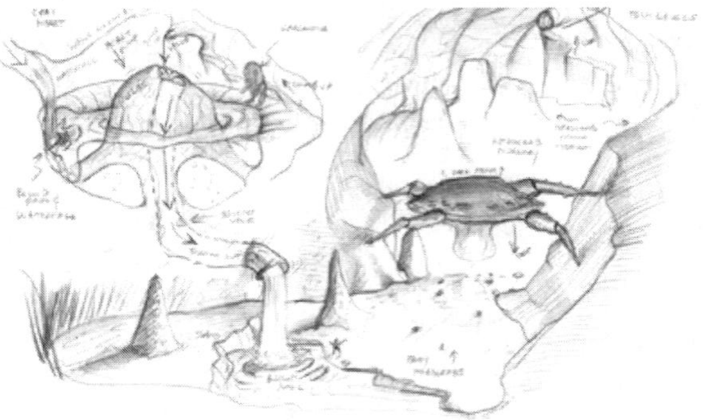

Abb. 1.103: Für Half-Life setzte sich eine Gruppe aus acht Leuten, das so genannte »Cabal« für fünf Monate zusammen und entwarf die erste Fassung des Spiel-Designs. Das Resultat waren unter anderem präzise Skizzen der Level, in denen alle wichtigen Ereignisse vermerkt waren.

1.7.3.6.2 Design-Reviews

Nachdem man sich ausgiebig mit der Mission beschäftigt hat, sollte das vorläufige Design dem gesamten Team vorgestellt werden. So kann man herausfinden, welche geplanten Spielelemente auf Begeisterung stoßen und bei welchen Bedenken bestehen. Auch Ideen, die zwar viel versprechend klangen, aber aus irgendeinen Grund nicht ins Design gelangten, können zur Sprache gebracht werden. Oft kommt es vor, dass ein Außenstehender den entscheidenden Denkanstoß gibt, der die verworfene Idee in eine neue, ausführbare Richtung lenkt.

Die Design-Reviews sollten möglichst in regelmäßigen Abständen während der Entwicklung weitergeführt werden (für Teams, die über das Internet arbeiten, bieten sich Bulletin Boards oder IRC-Treffen an, um sich nicht in endlosen E-Mail-Schlachten zu verlieren). So bleiben alle Mitglieder up to date und sind über alle Teilaspekte des Spieles informiert. Sobald die ersten Level spielbar sind, können Außenstehende geholt werden, die das Spiel unter Aufsicht des Level-Designers spielen. Diese Sessions können sich als extrem hilfreich erweisen; als Designer eines Spieles verliert man nämlich sehr schnell die Fähigkeit, sein Produkt richtig einzuschätzen – da man jede einzelne Spielstufe auswendig kennt, ist es schwierig zu sagen, ob die Level Spaß machen, ob die Puzzle lösbar sind etc. Auch dies ist eine Taktik, die Valve bei der Entwicklung von HALF-LIFE einsetzte. Die ersten Tester wurden frühzeitig an das Spiel herangeführt und nach ihrer Meinung gefragt. So blieb genug Zeit, auf das Feedback zu reagieren und die Elemente des Spieles zu ändern, die nicht auf die Gegenliebe der Tester stießen.

Auch Mapper, die einfach nur an Levels für bereits veröffentlichte Spiele basteln, sollten sich diesen Ratschlag zu Herzen nehmen: Man sollte immer so viel Feedback wie möglich einholen, bevor man einen Level veröffentlicht. Also frühzeitig viele Freunde als Betatester einsetzen und ihre Meinungen berücksichtigen! Beachtet jedoch auch die Gefahr des Ideenklaus.

1.7.3.6.3 *Test-Level*

Manchmal möchte man seinen Level auf einem Feature basieren lassen, das noch nicht existiert und nicht ohne einige Arbeit von der Engine unterstützt wird. Solche Pläne sind natürlich immer mit einem gewissen Risiko verbunden, denn wenn ein gesamtes Level von einer Idee abhängt, die sich nach ein paar Monaten als undurchführbar herausstellt, dann kann der Level verloren gehen oder es kostet einigen Aufwand, den Level so umzubauen, dass er auch ohne das Feature funktioniert. Andererseits sind es gerade diese Ideen, die dem Spiel einen innovativen Touch geben.

Technisch aufwändige Features sollten deshalb so früh wie möglich vom Team angesprochen werden. Man sollte erörtern, wie viel technischer Unterstützung diese Idee bedarf – und wann mit dieser Unterstützung zu rechnen ist. Falls man sich entscheidet, diese Idee auszuprobieren, sollte ein Prototyp des späteren Levels erstellt werden, in dem die Machbarkeit des angestrebten Features überprüft werden kann.

In HALF-LIFE gibt es ein Beispiel, in dem sich das eingegangene Risiko ausgezahlt hat: in dem Kapitel «On A Rail" fährt man mit einer Schienenbahn durch die Black-Mesa-Einrichtung und löst dabei verschiedene Aufgaben. Die QUAKE-Engine unterstützte diese Schienenbahn nicht ohne Weiteres, so dass eine Menge Arbeit in die technische Umsetzung dieser Idee floss. Und im Endeffekt hat sich die Mühe gelohnt – das Kapitel erhält durch die Schienenbahn seinen eigenen Flair und ist nicht nur innovativ, sondern auch unterhaltsam.

1.7.3.6.4 *Zirkus-Level*

Manchmal lohnt sich auch für Level mit recht konventionellem Design, zuerst einen kleinen Teil der Mission zu erstellen. Wenn dieser Abschnitt steht, kann man leichter sehen, wie das Endresultat aussehen wird, kann auf Stärken bauen und die Schwächen ausmerzen.

Valve ging sogar noch einen Schritt weiter und entwickelte für HALF-LIFE eine Art »Zirkus-Level«: nach etwa einem Jahr Entwicklungszeit durchforsteten die Designer das Spiel nach allen Spielelementen, die wirklich versprachen, Spaß zu machen und steckten alle Elemente in einen einzigen Test-Level. Dann spielte das Team den Level wieder und wieder und warf alle Elemente raus, die den hohen Anforderungen des Teams nicht gerecht wurden. Dieser Prozess verhalf Valve frühzeitig zum einem Level mit genau dem Gameplay, das das fertige HALF-LIFE so unterhaltsam macht. Und die Designer konnten während der verbleibenden Entwicklungszeit immer wieder auf den Zirkuslevel Bezug nehmen, was sich als große Hilfe herausstellte.

1.7.3.7 Produktion des Levels

Nach all der Planung soll es nun endlich darum gehen, den eigentlichen Level zu erschaffen. Wie man genau bei der Erstellung seiner Level vorgeht, bleibt jedem Level-Designer selbst überlassen – die Geschmäcker sind verschieden und jeder wird einen etwas anderen Arbeitsablauf haben, mit dem er am besten klar kommt. Aber auch hier gibt es einige essentielle Schritte, die jeder Designer befolgen wird.

1.7.3.7.1 Geometrie

Zuerst stellt sich eine wichtige Frage: Wo beginnt man? Ein Level ist groß und bietet viele Stellen, an denen man mit der Konstruktion beginnen könnte. Normalerweise wird man versuchen, einen wichtigen Hotspot des Levels zu identifizieren, der möglichst viele Charakteristika des Levels in sich vereint. In einem Kraftwerk kann dieser Bereich zum Beispiel der Reaktor sein, in einem Schloss der Thronraum etc. Dieser Bereich der Karte eignet sich auf jeden Fall gut, den Stil der Umgebung zu etablieren.

Nachdem man diesen Hotspot gefunden hat, kann man wirklich mit dem ersten Raum beginnen. Nachfolgend sind die wichtigsten Schritte, die man befolgen sollte:

1.7.3.7.2 Den Level auf Papier skizzieren

Dieser Schritt wird idealerweise schon während der Planungsphase stattgefunden haben, so dass man bereits ein recht gutes Bild der zu erschaffenden Umgebung im Kopf hat. Dieser Schritt ist nicht immer zwingend notwendig, und die Vorgabe muss auch nicht sklavisch befolgt werden, zumal es schon aus Zeitgründen nicht immer möglich ist, alle Räume auszuskizzieren. Oft kommen die besten Ideen, indem man einfach »drauflosbaut«. Ein guter Level-Designer wird eine gesunde Mischung aus beiden Methoden finden – Skizzen als Referenz für sich und andere Teammitglieder (oft ist es schwierig, eine Idee für ein Bauwerk nur mit Worten zu beschreiben) und spontane Kreativität, um dem Level das gewisse »Etwas« zu verleihen.

Abb. 1.104: Dieses Bild aus The Wheel of Time zeigt den Altarraum aus der Burg der Weißmäntel als Konzeptskizze.

1.7.3.7.3 Den Umriss der Räume etablieren

Im Editor versucht man nun, die Bildvorlage auf einfache geometrische Formen zu reduzieren und aus diesen Formen einen Raum zu erstellen, dessen Proportionen mit dem übereinstimmen, was man geplant hat. Zuerst baut man den Grundriss des Raumes und schiebt die Wände so lange hin und her, bis er die richtige Größe hat. Danach widmet man sich der Platzierung der Detailarchitektur (Säulen, Tische etc.). Wiederum stellt man geometrisch schlichte Bausteine in den Raum und schiebt diese hin und her, bis sie an ihrem Platz ist. Falls man bereits einige Gegner oder NPCs im Spiel hat, sollte man diese auf jeden Fall testweise im Level platzieren und sicherstellen, dass sie nicht zu klein oder zu groß in der Umgebung wirken. Gegebenenfalls gleicht man die Größe der Modelle oder der Architektur so an, dass alles richtig aussieht.

Mit diesem einfachen »Lego-Raum« hat man bereits etwas, das sich im Entwicklungsprozess als sehr wichtig erweisen kann: einen spielbaren Level. Auch wenn es noch ein weiter Weg bis zur Komplettierung des Levels ist, kann zum Beispiel die KI gleich in der Spielumgebung getestet werden, was sich oft als sehr viel zuverlässiger erweist als simple Test-Level. Zudem können sich andere Teammitglieder sehr früh ein Bild über die Größenverhältnisse des Raumes machen.

Abb. 1.105: Der fertiggestellte Altarraum aus Wheel of Time, wie er im Spiel erscheint

Wie es nun weitergeht, hängt von den Vorlieben des Level-Designers ab. Viele mögen es, jeden Raum so detailliert wie möglich auszuarbeiten, bevor sie mit der Erstellung des nächsten Teilabschnittes beginnen. Eventuell ist es allerdings ratsamer, nicht nur den einen Raum, sondern gleich den gesamten Level zuerst in Blockform zu erstellen – das dauert nicht allzu lange und hilft, schnell eine komplett spielbare (wenn auch hässliche) Mission zu haben. Besonders Deathmatch-Karten können hiervon profitieren, schon nach ein paar Stunden kann man einen Level haben, der vom Team getestet werden kann. Wenn der Level dann wirklich Spaß macht, kann man sich daran machen, dem Level auch zu optischem Glanz zu verhelfen.

Zum Detaillieren des Raumes nimmt man sich die einzelnen Elemente vor und verfeinert sie. Aus einem Block in der Mitte des Raumes wird zum Beispiel ein richtiger Tisch mit Tischplatte und vier Beinen, Säulen werden an den oberen und unteren Enden verziert etc. Gewissenhaftes Studium der Umgebung wird helfen, diesen Dingen das nötige Detail zu geben.

In 3D-Spielen muss man sich nicht mit tektonischen Regeln auseinander setzen, und man kann Dinge bauen, die im wirklichen Leben einfach in sich zusammenfallen würden. Trotzdem sollte man sich bemühen, der Architektur den Anschein zu geben, dass sie tatsächlich funktionieren könnte. Säulen, Verstärkungen und Dachbalken lassen die Umgebung nicht nur glaubhaft erscheinen, sie tragen auch dazu bei, dem Level ein detailliertes und cooles Aussehen zu verleihen.

Diese Denkweise sollte man sich grundsätzlich aneignen, wenn man einen Level glaubhaft erscheinen zu lassen will: Dinge sollten sowohl gut aussehen als auch den

Anschein geben, dass sie wirklich funktionieren. Lifte in einer mittelalterlichen Welt sollten nicht einfach magisch durch die Luft schweben, sondern durch einen erkennbaren Mechanismus von Ketten und Gegengewichten bewegt werden. Holztüren sollten auf- und zuschwingen und sich nicht wie in der Enterprise einfach in die Wand schieben. Recht einfache Regeln, die man in der wirklichen Welt als selbstverständlich erachtet – und die in erstaunlich vielen Spielen immer noch falsch laufen.

Ansonsten gilt die alte Regel, dass Übung (und Erfahrung) den Meister machen. Dem Anfänger sei geraten, gute Level anderer Originalspiele zu studieren und diese als Anhaltspunkt für seine eigenen Kreationen zu verwenden. So lernt man schnell, was »klappt« und was man vermeiden sollte. Wenn man erst einmal ein Gefühl für die Welt bekommen hat, wird es einfach fallen, von der vertrauten Formel abzuweichen und seinen eigenen Stil einzubringen.

1.7.3.7.4 *Texturen*

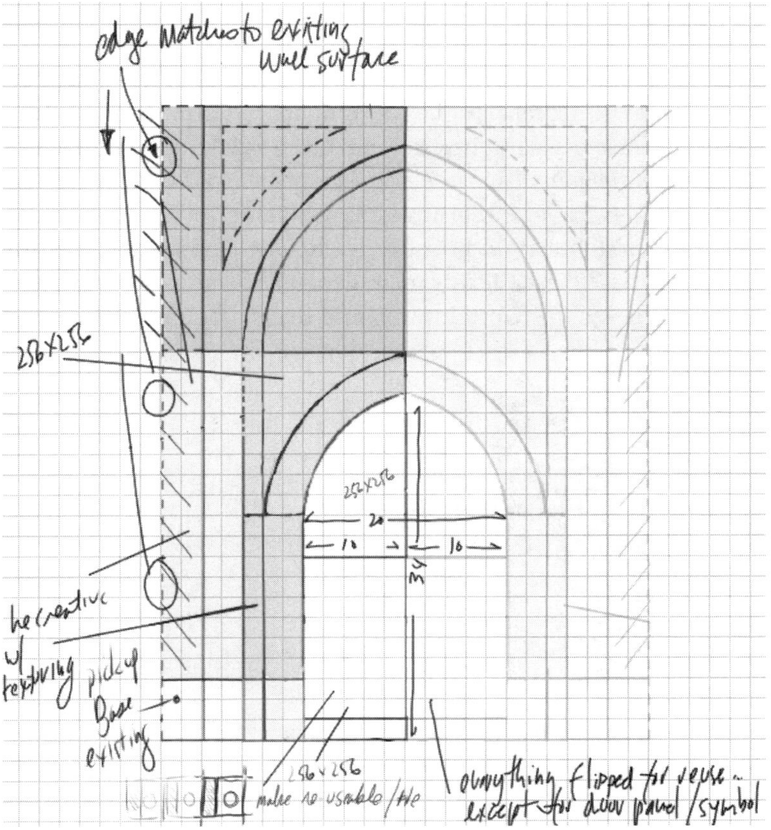

Abb. 1.106: In Wheel of Time arbeiteten Künstler und Level-Designer eng zusammen, wenn es darum ging, spezielle Stellen der Level zu texturieren. Hier ist eines der Diagramme für die komplexen Türumrahmungen zu sehen.

Als Nächstes geht es darum, der Umgebung ein Gesicht zu geben. Bisher sind alle Flächen des Levels ja noch blank und sehen nicht nach viel aus: Der Level muss texturiert werden. Texturen kann man sich wie Tapete vorstellen, die an die nackte Wand geklebt wird, um ihr ein schöneres Aussehen zu verleihen. Texturen stellen Details der Welt dar, die unmöglich als echte Geometrie gebaut werden können. Einer Wand aus Ziegelsteinen besteht nicht aus Hunderten von einzelnen Bausteinen, sondern aus einem Brush, auf den das 2D-Bild der Ziegelsteine gelegt wird.

Auch beim Texturieren sollte man erst einmal grob vorgehen und große Flächen probeweise mit einer bestimmten Textur versehen, um dann zu sehen, wie die einzelnen Farben und Materialien zusammenwirken. Dabei sollte man Situationen vermeiden, in denen verschiedene Materialien bunt durcheinander gewürfelt werden. Eine Wand sollte normalerweise nicht auf der einen Seite aus Ziegeln bestehen, während die andere Seite eine Holztextur bekommt. Das sieht nicht nur komisch aus, sondern wäre in der wirklichen Welt auch unmöglich zu bauen. Feedback vom Künstler kann unter Umständen helfen, sich über das genaue Aussehen des Raumes klar zu werden.

Danach kann man die einzelnen Bereiche präzise ausarbeiten. Es gibt ein Zauberwort, wenn es darum geht, Texturen so gut wie möglich auszunutzen: Texture Alignment. Das bedeutet, dass man die einzelnen Texturen auf den Polygonen hin- und herschieben kann, bis sie genau so passen, wie man sich das vorstellt. Außerdem ist es möglich, Texturen zu vergrößern und zu verkleinern. Wenn man also zum Beispiel einen Tisch erstellt hat und für die Tischplatte eine spezielle Textur hat, dann müssen die Umrisse dieser Textur nicht genau auf den Brush passen – man kann sie so lange skalieren, bis Umrahmung und Brush übereinstimmen.

Abb. 1.107: Die zwei Wände, die hier in einem rechten Winkel aufeinander stoßen, sind schlecht texturiert: Man kann klar erkennen, dass die Ziegel nicht zusammenpassen. Hier benutzt man das Alignment Tool, um die rechte Textur so weit nach oben zu schieben, bis beide Ziegelwände auf gleicher Höhe sind.

Wenn man an einem brandneuen Spiel arbeitet, wird man vor dem Problem stehen, dass Level-Designer und Künstler zur gleichen Zeit ihre Arbeit aufnehmen und es deshalb zu Beginn des Level-Baus noch keine Texturen gibt. Wenn man sich aber während der Planungsphase bereits mit dem zuständigen Künstler verständigt hat, stehen bald einige Texturen zur Verfügung, mit denen man die Wände tapezieren kann. Zur Not muss man halt für ein paar Tage im Vakuum arbeiten, bis die ersten Texturen eintrudeln. Die Wartezeit hat den Vorteil, dass der Künstler direkt auf den Level reagieren und dafür sorgen kann, dass die Texturen auch wirklich perfekt passen.

1.7.3.7.5 *Licht*

Die Atmosphäre eines Levels wird zu einem Großteil von der Beleuchtung bestimmt. Ein feuchter Dungeon wird erst dann richtig schummrig, wenn die Fackeln an der Wand flackern und die Ecken der Räume in Schatten gehüllt sind. Ein erfolgreich ausgeleuchteter Level wartet mit einem Licht- und Schattenspiel auf, das die Architektur betont und dramatisch aussieht, ohne dabei zu überzogen und unrealistisch zu wirken.

Wenn man die Geometrie eines Raumes erstellt, wird man hoffentlich von ganz alleine Lichtquellen in die Architektur einbauen. Diese Lichter sollten so über den Raum verteilt werden, dass sie den Eindruck machen, den Raum zu beleuchten. Ansonsten wirken die Schatten schnell unnatürlich und niemand wird glauben, dass eine einzige Kerze einen Flugzeughangar in Scheinwerferlicht tauchen kann. Licht sollte immer von einer sichtbaren Sichtquelle zu kommen scheinen; Lichter, die scheinbar in der Luft schweben, wirken unnatürlich – und Räume, die ohne eine sichtbare Lichtquelle (oder der erwähnten einsamen Kerze) hell erleuchtet werden, sehen umso komischer aus.

Auch in Situationen, in denen normale Lichtquellen schwer zu erklären sind, kann man oft eine kreative Lösung finden. In den Höhlensystemen von UNREAL findet man zum Beispiel Lichtkristalle an den Wänden, die die Höhle in ein blaues Licht tauchen. Wenn das Spiel auf einem fremden Planeten spielt, kann man eventuell eine einheimische Tierart erschaffen, die im Dunkeln leuchtet und an den Decken der Höhle hängt.

So gut wie keine Lichtquelle in der wirklichen Welt ist komplett weiß. Selbst grell leuchtende Neonröhren schimmern meistens leicht bläulich. Diese Tatsache sollte man sich beim Ausleuchten seines Levels immer vor Augen halten und versuchen, die Lichtfarben an die Realität anzupassen. Das Licht von Glühbirnen ist je nach Intensität mehr oder weniger gelb, bei Feuer gleitet der Farbton ins rötliche. Licht, das durch ein Fenster in einen Innenraum fällt, kann man einen leicht blauen Unterton geben.

Außenlandschaften werden normalerweise gleichmäßiger ausgeleuchtet als Innenräume. Tageslicht erreicht man durch die Kombination mehrerer Lichtquellen: Die

Sonne scheint als primäre Lichtquelle gelblich, während einige hellblaue Fülllichter den Himmel simulieren. Für nächtliche Szenen benutzt man blaues Licht.

Eine kleine Warnung soll noch gegeben werden: Auch wenn man die Farbe seiner Lichter immer ein wenig von Weiß variieren sollte, heißt das nicht, dass man es mit den Farben übertreiben sollte. Wenn die Farbe der Lichterquellen zu gesättigt ist, erzeugt man den Eindruck einer Bonbonwelt, die nicht mehr realistisch wirkt. Hier ist Zurückhaltung angesagt, weniger ist oft mehr.

1.7.3.7.6 Dekorationen

Dekorationen geben der Szene den letzten Schliff. Wie wichtig Dekorationen zur Komplettierung einer Szene sind, wird schnell deutlich, wenn man sich in seinen eigenen vier Wänden umsieht: Wie die Bezeichnung treffend sagt, besteht die Architektur eines normalen Raumes aus nicht viel mehr als einigen Wänden, der Rest sind Möblierung und Gegenstände, die über den Raum verstreut sind.

Diese Tatsache sollte man sich beim Level-Design zu Herzen nehmen und die Umgebungen entsprechend dekorieren: Eine Wohnung wirkt unnatürlich und steril, wenn keine Gebrauchsgegenstände und Verzierungen den Raum schmücken. Und in einem Büro wird erst dann das Gefühl aufkommen, dass dort auch wirklich gearbeitet wird, wenn neben Computer-Monitor und Tastatur auch Stifte, Notizblock und Büroklammern über die Tische verstreut sind. In den Straßen sollten Verkehrschilder, Abfall, Mülltonnen usw. herumstehen.

Dekorationen werden sehr oft in den verschiedenen Karten des Spieles verwendet und da wäre es höchst unpraktisch, jedes fitzelige Detail aufs Neue bauen zu müssen. In den meisten Spielen werden die Gegenstände nicht als Level-Geometrie konstruiert, sondern – wie die Monster und Spielgegenstände – in einem Modelling-Paket erstellt und als Mesh ins Spiel importiert. Das bedeutet zwar, dass sich die Dekorationen etwas von der Umgebung abheben (Meshes haben normalerweise keine Lightmaps), hat aber auch den Vorteil, dass man sie sehr viel detaillierter darstellen kann. Meshes können um einiges schneller gerendert werden als BSP-Geometrie, so dass man mit ihnen viel mehr Detail in einen Raum bringen kann. Außerdem ist es einfacher, Meshes zu bewegen, sie zu zerstören etc., was sich als große Hilfe für interaktive Elemente im Spiel erweist.

Einige Spiele gehen hier allerdings einen anderen Weg. In HALF-LIFE bestehen alle Kisten, Dokumente etc. tatsächlich aus Level-Geometrie. Das wurde unter anderem deshalb getan, um Decals auf die Dekorationen zeichnen zu können.

Abb. 1.108: Diese Szene aus Vampire: The Masquerade macht deutlich, welch wichtige Rolle Dekorationen zum Ausfüllen eines Raumes spielen.

1.7.3.7.7 *SoundFX*

Wie wichtig Soundeffekte für eine Szene sind, kann man in Filmen sehen. Hier wird so gut wie jede Szene nachvertont, jede Bewegung wird durch ein Geräusch unterstrichen. Genauso kann eine stimmungsvolle Geräuschkulisse enorm zur Atmosphäre eines Levels beitragen und sollte auf keinen Fall vernachlässigt werden.

Alles, was ein Geräusch machen könnte, sollte auch tatsächlich einen Ton von sich geben. Dementsprechend sollte Wasser rauschen oder plätschern, Türen sollten beim Öffnen knarren, Lichter leise vor sich hinbrummen etc.

Auch Ambient Sounds sind wichtig, das sind Geräusche, die nicht von einer direkt identifizierbaren Quelle kommen und dazu dienen, die allgemeine Stimmung anzureichern. Eine nächtliche Sommerlandschaft wird zum Beispiel richtig stimmig, wenn die Grillen zirpen und Eulen aus der Ferne rufen. Die Tiere wird der Spieler nie zu Gesicht bekommen, aber die Geräusche wirken natürlich und bereichern die Atmosphäre.

1.7.3.8 Singleplayer

Dieser Abschnitt beschäftigt sich mit dem Designen von Karten für Singleplayer-Spiele. In dem traditionellen Singleplayer-Spiel folgt der Spieler einer Geschichte, indem er einen oder mehrere Charaktere durch die Spielwelt bewegt. Wie gut ausgearbeitet diese Geschichte ist, ist dabei gar nicht weiter wichtig. Sogar simple Ballerspiele haben eine »Geschichte« – sie mag zwar sehr einfach sein, gibt dem Spieler aber doch die Motivation, die Spielstufen zu durchspielen.

Das Ziel eines Singleplayer-Spieles ist es, die Lösung einer zu Anfang mehr oder weniger genau definierten Aufgabe zu finden. Diese Aufgabe wiederum kann nur bewältigt werden, indem der Spieler viele kleine Probleme löst, die sich ihm auf seiner Suche in den Weg stellen. Beispiel für diese Probleme ist der Kampf gegen ein Monster oder ein komplexes Puzzle, zu dessen Lösung Gegenstände gefunden und richtig eingesetzt werden müssen.

In einem gut gestalteten Spiel hat der Spieler immer das nächste Ziel vor Augen und ist motiviert, es zu erreichen. Diese Tatsache sollte man sich beim Gestalten eines Levels immer vor Augen halten, zumal sie zu einer überraschenden Schlussfolgerung führt: Im Grunde möchte der Spieler gar nicht in dem Level sein, in dem er sich gerade befindet. Es geht ihm darum, das Spiel voranzutreiben und das nächste Ziel zu erreichen – und dazu muss er normalerweise den momentanen Level verlassen. Was macht man also mit einem Spieler, der dem derzeitigen Level nur so schnell wie möglich entkommen möchte? Ihn auf seinen Weg so gut wie möglich unterhalten. Und ihm auf seinem Weg das Gefühl geben, etwas erlebt und geleistet zu haben. Dieses Kapitel sollte einige Ratschläge geben, die helfen, diese Ziele zu erreichen.

1.7.3.8.1 Gescriptete Ereignisse (Scripted Sequences)

Ereignisse bezeichnen komplexe Vorkommnisse im Level, die sich ohne Zutun des Spielers ereignen (aber durchaus von ihm ausgelöst werden können). Im Grunde ist schon ein Monster, das zwischen zwei Punkten patrouilliert, ein Ereignis. Spiele wie SIN und HALF-LIFE gehen einen großen Schritt weiter und warten mit Szenen von erstaunlicher Komplexität auf: In SIN kann man Laborarbeiter beobachten, die komplizierte Experimente durchführen; und in HALF-LIFE trifft man hinter jeder Ecke auf NPC und Aliens, die etwas mit der Umgebung anstellen oder sich gegenseitig bekämpfen.

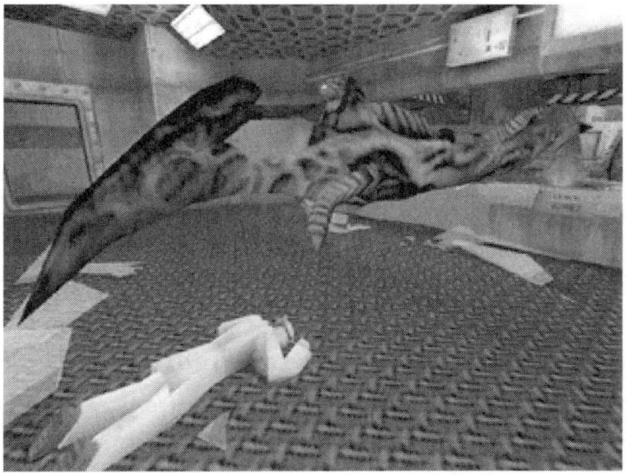

Abb. 1.109: Half-Life bedient sich in vielen Situationen gescripteter Sequenzen, um die Atmosphäre zu steigern und den Spieler auf Gefahren hinzuweisen.

Gescriptete Ereignisse erfüllen normalerweise eine oder mehrere der folgenden drei Aufgaben:

- Steigerung der Atmosphäre
- Warnung des Spielers
- Erklärung von Ereignissen

Im folgenden Abschnitt wollen wir diese drei Funktionen etwas genauer betrachten:

1.7.3.8.2 Atmosphäre

Gescriptete Ereignisse können sehr zur Atmosphäre eines Levels beitragen. Sie sehen cool aus, bringen Abwechslung in den Spielfluss und sie verstärken den Eindruck, dass die Spielwelt lebendig ist. Wenn man den Spieler voll in seine Spielwelt einbeziehen möchte, sollte man ihm immer das Gefühl geben, dass sich auch ohne sein Zutun etwas regt. So werden zum Beispiel Begegnungen mit Monstern schnell langweilig, wenn diese nur dumm in der Gegend herumstehen und angreifen, wenn der Spieler in Sichtweite kommt. Wenn ein Monster aber eine Betätigung ausübt (die idealerweise die Spielumgebung einbezieht) wird der Spieler nicht nur in ein Monster hineinstolpern, sondern auch den Eindruck bekommen, dass dieses mehr zu tun hat als nur dumm herumzustehen und auf den Spieler zu warten.

1.7.3.8.3 Spieler-Training

Gescriptete Ereignisse können dazu beitragen, das Spiel fairer und weniger frustrierend zu gestalten. Nichts ist nervtötender, als urplötzlich von etwas getötet zu werden, das man vorher nie gesehen hat oder das gar nicht so gefährlich aussah. Hier können Scripted Sequences helfen, den Spieler fair auf obskure Gefahren hinzuweisen.

Nehmen wir zum Beispiel an, dass unser 3D-Shooter auf einem fremden Planeten spielt, dessen einheimische Flora eine unangenehme Eigenschaft hat: Sie hängt friedlich und unauffällig an der Wand, bis sich eine Person nähert – dann schießt auf einmal ein Tentakel aus der Blüte, grabscht sich den Unglücksraben und zerquetscht ihn auf der Stelle. Wenn der Spieler diese Pflanze noch nie gesehen hat, wird er keine Ahnung haben, wie gefährlich sie ist und dass sie auf jeden Fall vermieden werden sollte. Hier kann ein gescriptetes Ereignis helfen, das Gameplay fair zu gestalten: Sobald sich der Spieler der ersten Monsterpflanze nähert, sieht er, wie ein NPC ahnungslos an der Pflanze vorbeischlendert und kurz darauf gepackt und getötet wird. Das sieht nicht nur cool aus, sondern verdeutlicht auch die Gefahr, die von der Pflanze ausgeht. Der Spieler ist gewarnt – wenn er in Zukunft von einer Pflanze getötet wird, so wird er sich selbst die Schuld zuschieben.

HALF-LIFE bietet eine Menge Beispiele für gut implementierte Ereignisse, in diesem Spiel müssen normalerweise die Wissenschaftler als Beispiel für Gefahren herhalten: Wenn das Militär in der Black-Mesa-Einrichtung eintrifft und sich der Spieler nicht sicher sein kann, ob er es mit Freund oder Feind zu tun hat, sieht man eine Sequenz, in der ein Wissenschaftler freudig einem Soldaten entgegenläuft – um kurz darauf von diesem erschossen zu werden.

1.7.3.8.4 Erklärung von Ereignissen

Oft gibt es Situationen im Spiel, in denen man nach einer glaubhaften Erklärung sucht, um die Umgebung direkt vor den Augen des Spielers zu manipulieren. Vielleicht möchte man den Spieler für eine bestimmte Zeit in einem Bereich des Levels einschließen, um mit dem Zwischenboss eines Levels zu kämpfen. Nachdem der Boss besiegt ist, sollten sich die Türen wieder öffnen, damit der Spieler seine Reise fortsetzen kann. Hier helfen Scripted Sequences, dass sich der Weg nicht einfach von Geisterhand wieder öffnet. Beispielsweise kann man Monster so einsetzen, dass sie sich durch die geschlossene Tür kämpfen, um nach dem Obermonster zu sehen. Oder ein Beben, das durch die Explosion einer eingeschlagenen Bombe ausgelöst wurde, kann Teile der Wand zerbröckeln lassen.

1.7.3.8.5 Probleme

Bei der Implementierung von Scripted Sequences kann man auf Schwierigkeiten stoßen. Problem Nummer eins: der Spieler. Er wird versuchen, die Sequenz durcheinander zu bringen – das ist ein ungeschriebenes Gesetz. Computerspiele erlauben es, Dinge zu tun, die im normalen Leben nicht so ohne Weiteres möglich sind, und so ziemlich jeder Spieler wird von dieser Möglichkeit Gebrauch machen wollen. Und sei es nur, um zu sehen, wie das Spiel auf sein Handeln reagiert. Nehmen wir zum Beispiel folgende Situation: Der Spieler wird in das Zimmer des Einsatzleiters gebeten, wo die nächste Mission erläutert werden soll. Während dieser versucht, den Schlachtplan zu erklären, wird zumindest die Hälfte aller Spieler versuchen, zuerst auf den Tisch und dann auf den Kopf des Kommandanten zu springen

– nur um zu sehen, wie dieser reagiert. Die andere Hälfte der Spieler wird wahrscheinlich nichts von solchem Schabernack halten und stattdessen direkt versuchen, den Einsatzleiter zu erschießen. Beide Fälle zerstören die Sequenz natürlich mehr oder weniger. Wenn der Spieler auf dem Kopf seines Gegenübers herumtanzt, mag das zwar arg komisch anmuten, aber zumindest erfährt er alle wichtigen Informationen und wird das Spiel fortsetzen können. Anders verhält es sich, wenn der Einsatzleiter tot am Boden liegt – hier hat man sich als Designer in eine dumme Situation gebracht, aus der es keinen einfachen Ausweg gibt, außer den Spieler dazu zu zwingen, die Sequenz zu wiederholen.

Lösungen für solche Situationen gibt es natürlich. Man kann sicherstellen, dass der NPC weit genug vom Tisch entfernt steht und ihm die Waffe wegnehmen, bevor er in die Besprechung geht. Im Idealfall wird das Spiel sogar intelligent auf die Aktion des Spielers reagieren, und sei es nur eine Bemerkung, in der der Kommandant auf das unmögliche Benehmen eingeht.

Der zuständige Level-Designer sollte sich bei der Entwicklung einer jeden neuen gescripteten Sequence immer bewusst sein, dass ein gewitzter Spieler Wege finden wird, Unheil anzurichten. Und er sollte gleich versuchen, alle diese Möglichkeiten zu unterbinden. Den Rest kann man dann dem Tester überlassen, der die gescriptete Sequenz auf Herz und Nieren überprüft.

1.7.3.8.6 Richtlinien

Bei allen Ereignissen ist dafür zu sorgen, dass die Szene nicht gestellt wirkt. Der Spieler ist der Star des Spieles, auf den alle Attraktionen abgestimmt werden. Das sollte er aber nicht merken. Wenn die beteiligten NPCs erst genau dann loslaufen, wenn der Spieler einen Raum betritt, wirkt die Situation unnatürlich. Der Spieler sollte das Gefühl bekommen, dass das Geschehen schon im vollen Gange war, bevor er dazu kam.

Das Gleiche gilt für die zugehörigen Sound-Effekte, sie sollten bereits von weitem hörbar sein und langsam lauter werden, wenn sich der Spieler der Szene nähert. Wenn sich die Polizei und einige Geiselnehmer ein Feuergefecht liefern (oder sich, wie in HALF-LIFE, einige Marines und Aliens in den Gängen bekriegen), dann ist es nur logisch, dass dieses Feuergefecht bereits seit ein paar Minuten im Gange ist, bevor der Spieler am Ort des Geschehens eintrifft. Wenn die Schüsse, Schreie etc. aber erst dann ausgelöst werden, wenn der Spieler die Tür öffnet, wirkt die Szene arg unnatürlich.

1.7.3.8.7 Weitere Design-Tipps

Virtuelle Welten sollten Sinn machen und den immer gleichen Regeln folgen, damit der Spieler in das Spiel eintauchen kann. In fremdartigen Umgebungen können diese Regeln durchaus ungewöhnlich sein, solange sie sich nicht ändern. Das bedeutet auch, dass wiederkehrende Spielelemente immer die gleichen Eigenschaften offenbaren sollten: Eine Tür mit einem großen Schloss sollte immer einen Schlüssel benötigen, ein Säurebecken sollte immer den gleichen Schaden anrichten, Kraftfelder sollten sich immer durch einen Knopf ausschalten lassen etc. Nur so kann sich der Spieler auf die Regeln der Welt einstellen und sich auf die Lösung der Probleme konzentrieren, anstatt sich über die Funktion der Dinge, denen er begegnet, zu wundern.

1.7.3.8.8 Die Qual der Wahl

Für Level-Designer ist es manchmal schwer, es allen Spielern recht zu machen. Wenn ein Level zu linear aufgebaut ist, dann werden Beschwerden laut, dass der Spieler nicht an der Hand herumgeführt werden will. Baut man aber alternative Wege durch den Level ein, hört man schnell das Gejammer, dass die Umgebung nun viel zu unübersichtlich und verworren sei – besonders dann, wenn das Spiel keine Automapping-Funktion hat.

Solange der Spieler das Gefühl hat, dass er bestimmt, wo es lang geht, kann man einen Level im Grunde genommen komplett linear gestalten. Wenn man zudem noch einige Schleifen einbaut, in denen der Spieler ein Hindernis aus dem Weg räumen muss um weiter zu gelangen (zum Beispiel ein elektrisches Tor öffnen), dann wird er den Levelverlauf anstandslos akzeptieren.

Missmut und Langeweile schleichen sich erst dann ein, wenn der Spieler einem Pfad nur deshalb folgt, weil ihm keine andere Wahl bleibt. Dieses Problem tritt normalerweise auf, wenn der Spieler kein bestimmtes Ziel mehr hat und nicht weiß, was er als Nächstes machen soll. Er beginnt, ziellos und ohne echte Motivation herumzuwandern und folgt dabei zwangsweise dem vom Level-Designer vorgegebenen Weg. Dabei fällt schnell auf, dass er auf den festgelegten Pfaden des Level-Designers wandern muss – und der Ruf nach mehr Freiheit wird laut.

1.7.3.8.9 Fairness

In jedem Spiel wird es Hindernisse geben, die den Spieler auf der Stelle töten. Diese Tatsache allein ist nicht schlecht und kann sogar für interessante Puzzles genutzt werden, bei denen es gilt, das Hindernis zu umgehen oder abzuschalten. Aber der Designer sollte darauf achten, dass alle Gefahren erkennbar sind. Ein gähnender Abgrund direkt vor dem Spieler wird ziemlich offensichtlich zum unweigerlichem Tode führen, und wenn der Spieler hinein fällt, wird er sich selbst an den Kopf fassen. Aber was ist zum Beispiel mit dem unscheinbaren (aber unter Hochspannung stehenden) Drahtzaun, der da den Weg versperrt? Hier sollten dem Spieler Hinweise gegeben werden, dass er es mit einer tödlichen Gefahr zu tun hat. Das kann zum Beispiel geschehen, indem man elektrische Blitze zwischen den einzelnen Drähten zucken lässt. Oder man erstellt eine kleine gescriptete Sequenz, in der ein NPC oder Tier vor den Augen des Spielers in den Zaun gerät und stirbt.

Ähnliche Richtlinien gelten für Fallen im Level: Es ist okay, den Spieler ab und zu in Lebensgefahr zu bringen – solange ihm eine faire Chance gegeben wird, dieser auch zu entkommen. Wenn der Spieler dennoch stirbt, wird er sich selbst die Schuld geben und hoffentlich motiviert zurückkehren, um das Problem diesmal zu lösen. Es ist natürlich nicht einfach, solche Situationen auszubalancieren. Wenn die Hinweise zu einfach sind, wird kein Spieler ein Problem haben, der Falle zu entkommen. Sind sie hingegen zu kryptisch, kann man den Spieler schnell frustrieren, da er mehrere Male stirbt, bis er die Stelle endlich überwunden hat (und selbst dann mag er nicht genau wissen, warum er es diesmal geschafft hat). Hier kann nur rigoroses Testen mit Personen aller Erfahrungsstufen helfen. Nach einer Weile wird man ein gutes Mittelmaß gefunden haben, das den meisten Spielern Spaß macht. Zudem kann man die Gefährlichkeit der Situation mit dem gewählten Schwierigkeitsgrad koppeln und so sicher stellen, dass jeder Spieler gemäß seiner Spielerfahrung gefordert wird.

1.7.3.8.10 Belohnungen

Neben der alles beherrschenden Handlung unterteilt ein gutes Spiel den Spielfluss in eine Reihe kleiner Ziele, an deren Ende es eine Belohnung gibt. Wie schon im Kapitel über 2D Level-Design erläutert, schafft dies kurzfristige Motivation in den einzelnen Spielstufen und belohnt den Forscherdrang des Spielers. Schwer erreichbare Stellen eines Levels sollten immer einen Gegenstand enthalten. Es macht keinen Spaß, für mehrere Minuten einem gut versteckten Pfad zu folgen, nur um herauszufinden, dass es sich um eine leere Sackgasse handelt. Eventuell ist der Spieler sogar ein Risiko eingegangen, um dort hinzugelangen (ein Sprung über einen Abgrund, der Gang über ein Säurebecken), in diesem Fall sollte das Risiko auf jeden Fall belohnt werden, wenn man den Spieler nicht frustrieren möchte.

1.7.3.9 Multiplayer-Level

Deathmatches und andere Multiplayer-Varianten haben in den letzten Jahren immer mehr an Popularität gewonnen, so dass es inzwischen Spiele gibt, die komplett auf Multiplayer ausgerichtet sind. QUAKE 3, UNREAL TOURNAMENT und TRIBES sind bekannte Vertreter dieser Spielegattung. Zudem erfreuen sich riesige Online-RPGs wie EVERQUEST und ASHERON'S CALL großer Beliebtheit. Diese MMOGs (Massively Multiplayer Online Games) wollen wir aber in diesem Artikel außen vor lassen, über das Design von Rollenspielkarten alleine könnte ein ganzes Buch geschrieben werden. Auch die Besprechung vieler Multiplayer-Varianten bekannter Spiele, die auf Teamarbeit setzen, würden den Rahmen dieses Buches sprengen. Dieser Abschnitt wird sich deshalb alleine mit der klassischen Mehrspielerkarte beschäftigen: Deathmatch (DM). Wenn man erst einmal die Prinzipien einer guten DM-Karte versteht, wird es recht einfach sein, Levels zu anderen Varianten zu erstellen.

1.7.3.9.1 *Unterschiede zum Singleplayer-Level*

Multiplayer-Level stellen die Designkonzepte für Singleplayer-Level praktisch auf den Kopf. Im Einzelspielermodus übt der Level-Designer die Rolle des Alleinunterhalters aus, es geht ihm allein darum, den Spieler so gut und lange wie möglich zu unterhalten und dabei eine Geschichte zu erzählen. Alles, was er vorbereitet, ist auf den Spieler abgestimmt.

Deathmatch-Level sind da von Natur aus grundverschieden. Hier gibt es keine Geschichte, Monster oder Scripted Events – die Spieler unterhalten sich selbst, dem Designer geht es nur darum, eine gute Arena bereit zu stellen. Deshalb ist die Erstellung einer Deathmatch-Karte auch unkomplizierter und dauert nicht so lange wie das Erschaffen eines kompletten Singleplayer-Levels. Dafür ist die Auslese aber auch um einiges größer, auch mit den besten Absichten werden immer wieder DM-Karten herauskommen, die aus irgendeinem Grund nicht so recht Spaß machen und vom Spieler gemieden werden. Das passiert Profis und Amateuren gleichermaßen. Für UNREAL TOURNAMENT wurden zum Beispiel fast doppelt so viele Karten erstellt wie die, die im fertigen Spiel erscheinen. Am Ende wählten die Designer dann die Karten, die den Entwicklern und Testern am besten gefielen. Die anderen Levels, die sich einfach nicht so gut spielten wie erhofft, wurden verworfen.

Einer der Gründe, warum einige DM-Levels ganz einfach »klappen«, während andere nicht richtig zu gefallen wissen, liegt wohl in der Zeit, die ein Spieler in der Umgebung verbringt. Im Gegensatz zu Singleplayer-Levels, die man normalerweise nur ein oder zwei Mal durchspielt und dann vergisst, wird ein guter DM-Level so oft gespielt, bis die Spieler jeden einzelnen Pixel der Karte persönlich kennen gelernt haben. Und da muss halt jedes Detail stimmen, das Spielgefühl muss sitzen und der Level sollte auch nach der hundertsten Spielstunde noch Spaß machen und neue Taktiken zulassen.

Das Design von Deathmatch-Karten ist auch deshalb trickreich, weil es so viele verschiedenen Spielertypen mit unterschiedlichen Vorlieben gibt: Der eine läuft gerne herum, der andere liebt es, an einer Stelle zu campen. Der eine mag Bereiche mit Lava, in denen man jeden Sprung vorsichtig abstimmen muss, der andere hasst Lava wie die Pest. Allen Spielern wird man es mit dem Design seiner Deathmatch-Karte also nie recht machen können – und wenn man erst einmal zu dieser Erkenntnis gelangt ist, dann wird auch schnell klar, dass das Design eines Levels allein durch die eigenen Vorlieben diktiert werden sollte.

Man schnappt sich die Spielelemente, die man am meisten mag, und erstellt seinen DM-Level danach. Wenn man sich noch an einige wenige Vorlagen hält, wird dabei mit Sicherheit ein Level herauskommen, der vielen Leuten gefällt.

1.7.3.9.2 *Spielfluss*

In einer typischen Deathmatch-Dynamik beschäftigen den Spieler stets zwei Dinge: andere Spieler zu finden (und zu fragen) sowie die Ausrüstung zu finden, die ihn zu dieser Aufgabe bemächtigt. Diese Ausrüstung teilt sich in vier verschiedene Ressourcen auf: Health (also Erste-Hilfe-Kästen), Armor (Rüstung), Waffen/ Munition sowie Powerups (zum Beispiel Unsichtbarkeit, Quad-Damage etc.). Während des Matches schwinden diese Ressourcen ständig und müssen erneuert werden – entweder, weil der Spieler sie verbraucht (zum Beispiel, indem er auf einen Gegner feuert), weil ein Gegner sie wegnimmt (wenn der Spieler beschossen wird) oder weil sie nur eine begrenzte Lebenszeit haben und nach einer festgesetzten Zeitspanne auslaufen (Powerups).

Auf dieser Feststellung baut man seinen kompletten Levelfluss auf und sorgt dafür, dass die Spieler in Bewegung bleiben: Gegenstände werden so über den Level verteilt, dass der Spieler sich nicht einfach in einem Teil der Arena verschanzen kann. Er sollte nach einer gewissen Zeit so viel Ausrüstung verlieren, dass er dazu gezwungen wird, andere Teile des Levels abzuklappern, um seine Vorräte aufzufrischen. Dabei wird er automatisch auf neue Gegner treffen.

Man kann den Spieler auch durch geschickt verteilte Munition dazu zwingen, in Bereiche zu laufen, die ansonsten recht wenig frequentiert werden. Bei wichtigen Waffen (zum Beispiel dem Raketenwerfer) sollte sich zum Beispiel fast nie weitere Munition in direkter Nachtbarschaft befinden. Stattdessen legt man eine Spur aus Munition, mit der man den Spieler wie mit der Karotte am Stock in eine Richtung lenkt. Wenn der Spieler die neue Waffe wirklich benutzen will, muss er der Munitionsspur folgen, nachdem er die Waffe aufgenommen hat.

Dieses Prinzip wendet man auch auf andere Bereiche des Deathmatch-Spieles an: Räume mit hohem Frag-Quotienten (Flagrate-Quotient; gibt Auskunft darüber, wie viele Gegner ein Spieler besiegt hat) sollten nicht allzu viele Healthpacks und Munition enthalten – wenn ein Spieler den Kampf mit den anderen anwesenden Spielern überlebt hat (oder sich schwer angeschlagen aus einem Gefecht zurückzieht), sollte er den Raum verlassen müssen, um seine Ressourcen wieder auf Vordermann zu bringen. Ansonsten motiviert man die Spieler tatsächlich dazu, einen Raum für die gesamte Spieldauer zu becampen.

Wenn man die Ressourcen geschickt über den Level verteilt hat, werden sich von ganz allein Pfade herausbilden, die die Spieler ablaufen. In einem guten Deathmatch-Level wird sich der Spieler nie denken »Hmm, wo kann ich denn jetzt mal hingehen?«, er wird immer einen bestimmten Punkt vor Augen haben, den er als nächstes besuchen muss, um nicht bald zu sterben. Während er zu diesem Punkt läuft, trifft er automatisch auf andere Spieler, und ein neues Gefecht wird entfacht.

Wenn man vielen Deathmatch-Spielern Glauben schenkt, gibt es nichts schlimmeres als Camper, also Leute, die sich an einem Punkt des Levels verschanzen und von dort versuchen, in Ruhe ihre Frags zu machen. Jeder Designer wird seine eigene Ansicht haben und mehr oder weniger versuchen, mit seinem Design etwas gegen Camper zu unternehmen. Wenn man sich an die bereits genannten Regeln hält, tut man von ganz alleine etwas gegen Camper, da man alle Spieler dazu zwingt, den Level regelmäßig zu durchlaufen. Zudem kann man versuchen, dunkle Ecken und schwer einsehbare Bereiche zu eliminieren, in denen sich Spieler leicht verstecken können.

1.7.3.9.3 Level-Aufbau

Im Gegensatz zu Singleplayer-Karten, die größtenteils linear verlaufen, baut man Deathmatch-Levels immer kreisförmig auf. In einer guten Deathmatch-Karte wird es keine Sackgassen geben, ein Raum hat immer mindestens zwei Ausgänge, damit der Spieler in Bewegung bleiben kann. Das hat natürlich auch mit der eben angesprochenen Design-Taktik zu tun, den Spieler dazu zu ermutigen, den Level regelmäßig abzulaufen. Wenn es doch einmal eine Sackgasse gibt, dann sollte in dieser ein sehr wertvoller Gegenstand sein, damit sich der Spieler zwei Mal überlegen muss, ob sich das Risiko auszahlt, in diese potenzielle Todesfalle zu laufen.

Ein guter DM-Level wird immer mehrere Ebenen haben. Heutige Engines beherrschen echtes 3D und Mouselook wird inzwischen von so gut wie allen Spielern praktiziert – diese Tatsachen sollte man beim Design seines Levels nutzen. Jeder Raum sollte zumindest eine Rampe oder einen Balkon haben, komplett flache Räume sind langweilig.

In der Regel gilt es, dass Spieler in den oberen Ebenen einen Vorteil gegenüber den anderen Spielern haben. Sie haben eine bessere Übersicht in der Situation und bieten eine kleinere Trefferfläche, da es keinen Splashdamage von Raketen und ähnlichen Waffen gibt, der sie gefährden kann. Ein kluger Designer wird sich diese Tatsachen natürlich zu Nutze machen, indem er die begehrenswerten Objekte auf die unteren Ebenen eines Raumes verteilt. Wenn der Spieler einen guten Gegenstand will, muss er es sich gut überlegen, ob er den Weg in die untere Ebene wagt und wie er so schnell wie möglich wieder nach oben gelangt.

Wasserbecken können für interessante Situationen genutzt werden, da sie vom Spieler einiges mehr an Geschicklichkeit verlangen als normale Räume: Weil die Spieler meistens in der Mitte des Raumes schweben, muss der Spieler sehr genau zielen – mit dem Raketenwerfer auf die Füße zu zielen und Splashdamage anzurichten, funktioniert nicht. So fördert man den Einsatz verschiedener Waffen, eine Dynamik, die man noch dadurch verstärken kann, dass man eine besonders im Wasser wirksame Waffe platziert (Maschinenpistolen bieten sich besonders an).

Eine weitere Eigenschaft des Wassers ist natürlich, dass der Spieler nicht für immer unten bleiben kann und deshalb immer wieder nach Luft schnappen muss, um nicht zu ertrinken. Das erzeugt eine zusätzliche Spannung bei Gefechten, da sich jeder Spieler nicht nur um den Gegner, sondern auch um seinen Luftvorrat sorgen muss. Zudem erzeugt Wasser einen Soundeffekt, wenn Spieler ein- und auftauchen. Strategisch platzierte Wasserflächen können Spielern helfen, den Standort anderer Mitstreiter auszumachen.

Auch Lava oder Säurebecken sind reizvoll, normalerweise basiert man einen ganzen Level um diese Thematik – DM2 und DM4 in QUAKE 1 sind zwei Beispiele. Da ein Fall in diese Becken normalerweise den sicheren Tod bedeutet, baut man Stege, auf denen der Spieler jeden seiner Schritte abschätzen muss. Auch Sprünge zwischen den Stegen und zu Powerups können spaßig sein. Man sollte allerdings immer die Tatsache bedenken, dass viele Matches über das Internet stattfinden und der Spieler nicht selten einen schlechten Ping haben wird, der genau getimte Sprünge unmöglich macht. Übertreiben sollte man es mit der geforderten Genauigkeit also nicht, wenn man es sich nicht mit einem Großteil der Spieler verscherzen will. Und wie bereits erwähnt, gibt es Spieler, die es generell nicht mögen, derart harsch für jeden Fehltritt bestraft zu werden.

Eine letzte Anregung sind Säulen und ähnliche Strukturen, die man in der Mitte eines Raumes platziert. Dadurch erlaubt man es den Spielern, Deckung zu finden, und wenn sich zwei Spieler treffen, kommt es zu einem netten Versteckspiel, bei dem beide Spieler versuchen, den anderen Duellanten aus der Deckung hervorzulocken.

1.7.3.9.4 *Sound-Effekte*

Sound spielt im Deathmatch eine extrem wichtige Rolle, da es dem Spieler erlaubt, den Standort anderer Mitstreiter zu orten und mitunter sogar herauszufinden, welchen Weg dieser gerade entlangläuft. Jedes Liftgeräusch, jeder Sprung über ein Hindernis und jede Tür, die sich öffnet und schließt, geben Aufschluss darüber, wo sich der andere Spieler gerade befindet. Diesen Umstand sollte man beim Design seines Levels ausnutzen und Stellen einbauen, die sehr charakteristische Geräusche verursachen. Eventuell kann man sogar einen kurzen Alarmsound spielen, wenn ein Spieler ein seltenes Powerup aufnimmt. Jeder Spieler wird wissen, wo dieses liegt und entweder versuchen, den Spieler abzufangen, oder das Weite suchen, weil sie momentan zu schwach sind, um es mit dem aufgemotzten Spieler aufzunehmen.

1.7.3.9.5 *Testen, Testen, Testen*

Während der Entwicklung seines DM-Levels sollte man sich immer wieder die Zeit nehmen, den Spielfluss zu testen. Dazu muss die Architektur nicht komplett sein, und auch die Beleuchtung kann noch fehlen. Wichtig ist nur, seine eigenen Bauwerke immer wieder kritisch unter die Lupe zu nehmen und sicherzustellen, dass alles nicht nur gut aussieht, sondern auch Spaß macht.

Moderne Spiele haben sehr intelligente Bots eingebaut, so dass man noch nicht einmal seine Bekannten zusammentrommeln muss, um einen guten Eindruck der Spielbarkeit eines Levels zu bekommen. Aber wenn man glaubt, mit seinem Level fertig zu sein, sollte man auf jeden Fall versuchen, ihn gegen menschliche Gegner zu spielen und Meinungen zu sammeln. Bots haben die Angewohnheit, immer nach sehr ähnlichen Mustern zu spielen. Nur mit menschlichen Spielern ist man in der Lage, zu beobachten, wie verschiedene Spielernaturen auf den Level reagieren. Und natürlich sind nur echte Mitspieler in der Lage, Feedback zum gespielten Level zu geben!

1.7.4 Internet-Ressourcen

Das Internet bietet eine Großzahl von Anlaufstellen für all diejenigen, die sich im Erstellen von Karten für erhältliche Spiele versuchen wollen. Die wichtigsten Seiten werden nachfolgend kurz vorgestellt:

Deutsche Seiten zu Age of Kings (Age of Empires 2)

URL: `http://www.nocheineaoe.de`
URL: `http://www.agearena.de`

Foren zu Empire Earth

URL: `http://www.EmpireEarth.de` (Deutsch)
URL: `http://www.heavengames.com` (Englisch, die EE-Unterseite)

RUST

DIE Anlaufstelle für jeden, der sich über Level-Design schlau machen will. Hat Informationen zum Modifizieren aller gängigen 3D-Spiele, Tutorials, Diskussionsforen und vieles mehr. Englisch sollte man können.

Erreichbarkeit
URL: `http://www.gamedesign.net`

UnrealEd.de

Wohl die ausführlichste deutsche Seite, die sich mit UNREALED beschäftigt.

Erreichbarkeit
URL: `http://www.unrealed.de`

Unreal@Technologie

Eine deutsche Seite mit über 15 Tutorials zu UNREALED.

Erreichbarkeit
URL: `http://www.unrealtechnologie.de`

QERadiant.com

Die englische Hauptseite zu QERADIANT, dem offiziellen QUAKE-Editor. Tutorials, Downloads und vieles mehr.

Erreichbarkeit
URL: `http://www.qeradiant.com`

SenfEi

Eine deutsche Seite mit Anleitungen zu QERADIANT.

Erreichbarkeit
URL: `http://www.senfei.de`

Worldcraft.com

Diese (englische) Seite beschäftigt sich ausschließlich mit WORLDCRAFT, dem Editor, den Valve zum Erstellen ihrer Spiele verwendet.

Erreichbarkeit
URL: `http://www.worldcraft.com`

The Wall

Umfangreiche deutsche Tutorials zu WORLDCRAFT.

Erreichbarkeit
URL: `http://www.thewall.de`

Viele weitere Links können auf Gamespyder in der Editing-Kategorie (`http://www.gamespyder.com/category/gp304.html`) gefunden werden.

1.7.5 Danksagung (PD)

Kapitel 1 wurde von mehreren kompetenten Personen »betagetestet«. Ich möchte mich hiermit bei allen bedanken, die sich die Mühe gemacht haben, die einzelnen Themen zu analysieren und mir ihre Kritik und Verbesserungsvorschläge zukommen zu lassen. Sie werden wahrscheinlich den einen oder anderen Gedanken, den sie eingebracht haben, wiedererkennen.

Mein Dank geht insbesondere an Thomas Weilguny, Thomas Kronenberg, Sven Schlosser, Stephan-Frank Henry, Patrick Sean Will Wellhausen, Mounir Badran, Matthias Buchetics, Marco Peroverde, Marc Kamradt, Manuel Sedlmeier, Georg Holzapfel, Friedrich Hanisch, Christoph Wurzer, Arno Scherhorn, André Weinhold und David Baroti.

Kapitel 2

Autorensysteme

2.1 Einleitung (RN)

Der Traum vom eigenen Computerspiel war schon immer da. Die meisten jedoch scheiterten schon bei dem Versuch, sich in eine Programmiersprache einzuarbeiten. Programmiersprachen gelten im Allgemeinen als zu kompliziert und zu komplex um »gute« Spiele damit im Alleingang zu erstellen. Es gab zwar immer wieder so genannte Construcion Kits, mit denen man ohne lange Einarbeitungszeit Spiele kreieren konnte, doch leider waren diese immer auf einen ganz bestimmten Spieletypus ausgelegt (z.B. Adventure Creator für Abenteuerspiele, Flight Simulator Creator für Flugsimulationen) und auch nicht gerade benutzerfreundlich, zumal man hierfür des Öfteren so genannte Scriptsprachen lernen musste.

In diesem Kapitel werden die Funktionsweisen der wichtigsten und beliebteren Spielebaukästen erläutert und durch einfache Beispiele verdeutlicht. Es soll dem Leser die Möglichkeit geben, die alle auf verschiedene Weise arbeitenden Programme zu verstehen. Zudem soll es eine Art Entscheidungshilfe für diejenigen darstellen, die gerade in die Welt der Spieleerstellung einsteigen und nicht wissen, ob sie mit Programmierumgebungen oder Autorensystemen beginnen wollen.

2.2 Die Click-Produkte (RN)

Ein universeller und dazu einfach zu handhabender Spielebaukasten erschien 1994 bei Europress: KLIK&PLAY von François Lionet und Yves Lamoureux, dem *Clickteam*.

In der Presse wurde Klik&Play mehr oder weniger zerrissen und konnte sich so nicht als ernsthaftes Autorensystem etablieren. Dazu kommt noch, dass jeder, war er auch noch so untalentiert, ein Spiel zusammen klicken konnte, und der Freeware-Markt geradezu von Klik&Play-Produkten überschwemmt wurde. 1996 erschien, diesmal im Vertrieb von Corel, die Nachfolgeversion CLICK&CREATE. Ein seriös klingender Name, ein seriöser Verkaufspreis (>350 €) und die vielen Verbesserungen gegenüber dem Vorgänger sollten Click&Create zum Besten in der einfachen Programmerstellung werden lassen. Für die nicht ganz so finanzkräftigen Spielemacher veröffentlichte Europress eine abgespeckte Version mit dem Namen THE GAMES FACTORY. Doch auch dieser Versuch floppte mehr oder weniger, was dazu führte, dass Corel den Vertrieb an Imsisoft abtrat. Nicht gerade gute Werbung für ein Produkt, für das man mit Floskeln wie »einzigartig« und »der einfachste

Gamecreator der Welt« geworben hatte. 1998 war dann das Jahr von MULTIMEDIA FUSION (Vertrieb durch Imsisoft, mittlerweile wieder durch das Clickteam), dem Nachfolger von Click&Create. Auch hier wurde das bewährte Click-Interface konsequent weiterentwickelt. Der Preis von ca. 200 DM war für den Normalverbraucher gerade noch erträglich, doch falscher Marketingstrategie und schlechtem Kundenservice waren es nun endgültig zu verdanken, dass sich MMF nicht durchsetzen konnte.

2.2.1 Wer braucht Klik&Play, Click&Create, The Games Factory oder Multimedia Fusion?

In erster Linie sind die Click-Produkte für Leute gedacht, die über keinerlei Programmierkenntnisse verfügen und schneller zum Ziel kommen wollen als echte Programmierer. Es ist für Leute gedacht, die sich nicht gerade ernsthaft für die Spieleentwicklung interessieren, sondern einfach Erfahrung im Spieledesign sammeln wollen. Dadurch dass die meisten Funktionen, wie die Grafikengine, Bewegungsarten (z.B. Ball-, Plattformbewegungen) und ein Soundsystem komplett implementiert sind, kann man sich voll und ganz auf die eigentliche Spieleentwicklung konzentrieren (Grafik, Design etc.). Aber das ist wohl auch der große Nachteil: Beispielsweise sind PAC-MAN-Clones zwar problemlos in weniger als 10 (!) Minuten fertig erstellt, aber das Spiel lässt dann einfach sehr zu wünschen übrig, da man beispielweise die vorgegebenen ungenauen Bewegungsarten benutzt, eine schlechte Kollisionsabfrage angewendet und künstliche Gegnerintelligenz erst gar nicht Einzug in das »Spiel« gefunden hat. Auch wird man bei dieser Art von Spiel auf eigene Grafiken und Sounds verzichten und sich entsprechender Bibliotheken bedienen. Dies hat eintönige Spiele zur Folge. Der berühmte Klik&Play-Schrott war geboren. Gibt man sich hingegen Mühe und besitzt auch ein gewisses Maß an Erfahrung und Zeit, so sind diesem Spieletyp eigentlich keine Grenze gesetzt. Abenteuerspiele wie Day of the TENTACLE oder BAPHOMETS FLUCH, Jump'n'Runs wie SUPER-MARIO oder RAY MAN, aber auch Echtzeitstrategiespiele wie COMMAND&CONQUER oder STARCRAFT sind damit machbar.

2.2.2 Der Ereignis-Editor

Das Herz eines jeden Click-Produktes ist der Ereignis-Editor (Event-Editor) neben Level- und Storyboard-Editor. Hier werden alle eigentlichen Funktionen wie Kollisionsabfrage, Steuerung und Scrolling festgelegt. Der Ereignis-Editor ist wohl am ehesten mit einer Script-Sprache zu vergleichen, bei der keinerlei Vorkenntnisse erforderlich sein müssen. Er wird hauptsächlich mit der Maus bedient (daher »Click«), nur ganz selten sind Tastatureingaben vonnöten.

Erläutern möchte ich das einmal an einem kleinen Beispiel. Nehmen wir an, wir wollen ein Jump'n'Run erstellen. Hierfür benötigen wir folgende Objekte:

- *Der Protagonist (»Gregor«)* – hüpft durch die bunte Jump'n'Run-Welt
- *Bonusobjekte (»Geld«)* – müssen von Gregor eingesammelt werden, damit er Punkte erhält. Zehn Punkte bedeuten ein Extraleben für Gregor.
- *Gegner (»Roboter«)* – ziehen Gregor bei Berührung ein Leben ab, es sei denn, Gregor springt auf die Roboter, um sie zu zerstören.

Das sollte für den Anfang völlig genügen. Wir beginnen im Storyboardeditor, in dem wir die Spielfeldgröße festlegen (1280x480 Pixel bei einer Auflösung von 640x480). Im Leveleditor basteln wir uns die Welt für Gregor zusammen.

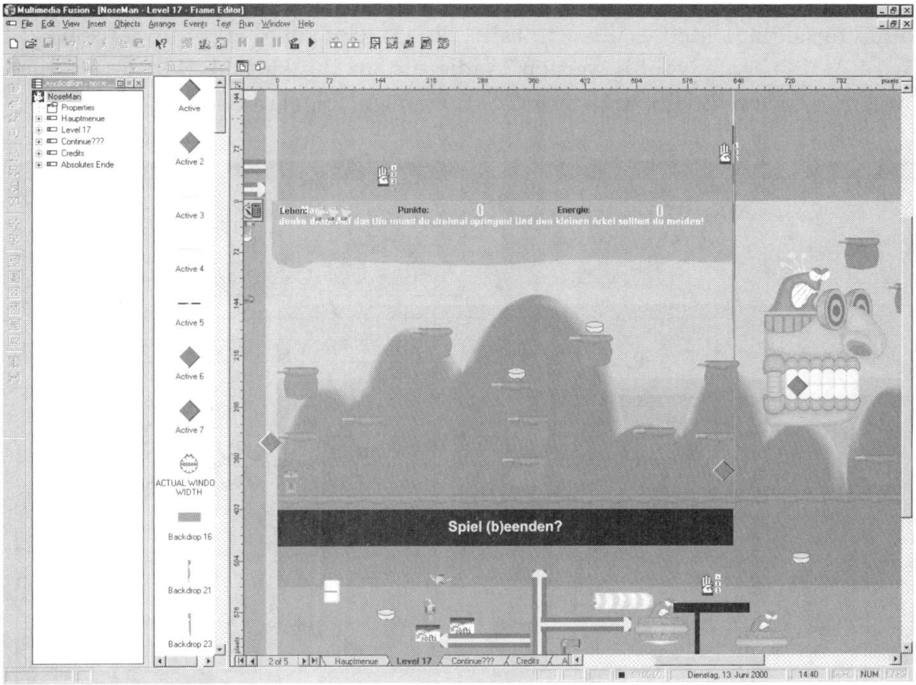

Abb. 2.1: Im Leveleditor entwirft man per Drag&Drop die Umgebung.

Diese kann vorher in einem Grafikeditor entworfen oder in Form von Tiles (Einzelgrafiken, aus denen ein homogenes Bild entsteht) im Leveleditor zusammengesetzt werden. Letzteres hat den Vorteil, dass immer geringfügige Änderungen wie beispielsweise das Wechseln von Bildebenen vorgenommen werden können. Um unsere Welt so einfach wie möglich zu halten, benutze ich vorgezeichnete Tiles und importiere sie als Hintergrundobjekte (Backdrob-Object). Vorsicht: Hintergrundobjekte bleiben wirklich wie es der Name vermuten lässt im Hintergrund und können nicht vor einem Aktivobjekt dargestellt werden (Active-Objects – das sind Objekte mit Animationen oder Bewegungen).

Damit sich Gregor später problemlos in seiner Welt fortbewegen kann, weisen wir allen Boden-Tiles das Hindernis (Obstacle)-Attribut zu. Nun widmen wir uns Gregor. Auch ihn kann man vorher im Bildeditor zeichnen und animieren. Ihm weisen wir die Plattform-Bewegung zu. Zu empfehlen ist diese nur (!) Anfängern, da man mit ihr doch sehr eingeschränkt ist. Erweiterte Sprungbewegungen, wie z.B. den Sprung auf ein Trampolin, kann man damit nicht realisieren – es sei denn mit Tricks, die alle ihre Nachteile haben. Dem Roboter verpassen wir eine Pfadbewegung, d.h. dass er sich auf vorgegebenen Strecken vorwärts bewegt. Das hat dann allerdings zur Folge, dass intelligente Reaktionen des Gegners auf die Aktionen des Spielers ausgeschlossen werden. Hier wird deutlich, dass gute Spiele niemals schnell machbar sind.

Der Ereignis-Editor (das ist der, der so einfach zu bedienen ist) funktioniert im Bedingungsaktions-Modus, d.h. tritt Fall A ein (Spieler kollidiert mit Bonusobjekt), so wird Aktion B ausgeführt werden (Addiere 1 zur Punktezahl). Für unser Spiel müssen wir unsere Bedingungen und Aktionen wie folgt aufteilen:

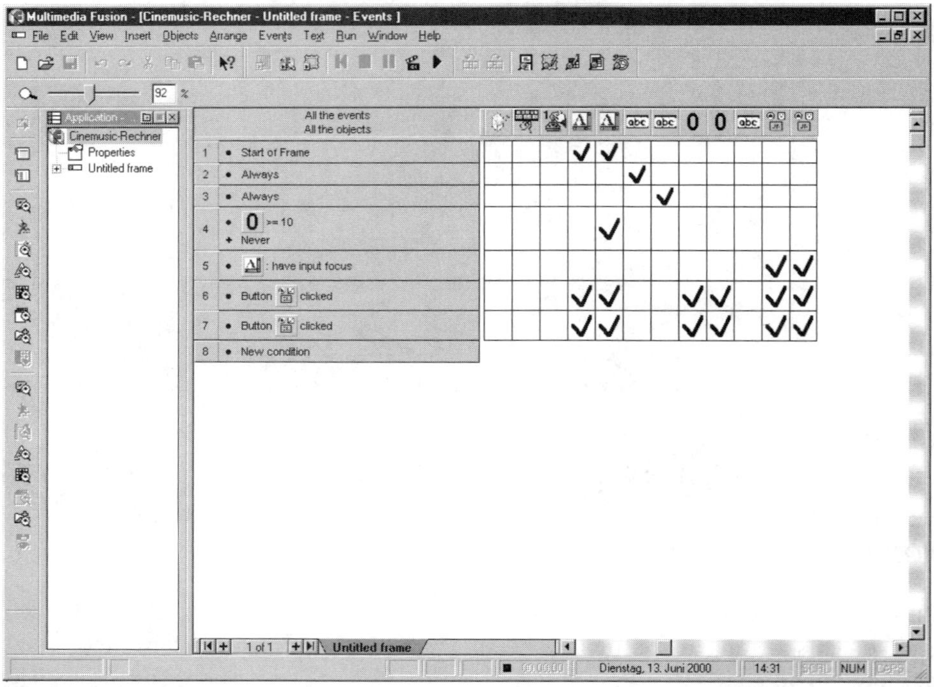

Abb. 2.2: Der Ereignis-Editor in Aktion

Folgendes soll am Levelanfang passieren:

- Start des Spiels → dann setze Lebensanzahl auf 5 UND spiele Musik »song.mid« 50x

Hier legen wir fest, dass sich »Gregor« in der Landschaft fortbewegen kann:

- »Gregor« kollidiert mit Hintergrundobjekt → dann stoppe Bewegung von »Gregor«

Sammelt »Gregor« ein Bonusobjekt ein, so erhält der Spieler einen Bonuspunkt:

- »Gregor« kollidiert mit »Geld« → dann addiere 1 zu Punkte

Nun kommen wir zur Gegnerkollision. Hierfür verwenden wir lediglich einen einfachen Mechanismus:

- »Gregor« kollidiert mit »Roboter« UND Animationssequenz von »Gregor« ist Springen (Jumping) → dann zerstöre »Roboter« UND addiere 2 zu Punkte
- »Gregor« kollidiert mit »Roboter« UND Animationssequenz von »Gregor« ist Laufen (Walking) → dann subtrahiere 1 von Leben UND starte Level neu

Hat der Spieler genügend Bonusobjekte eingesammelt, so wird der Spieler mit einem Extraleben belohnt:

- Punkteanzahl ist 10 → dann addiere 1 zu Leben UND setze Punkte (wieder) auf 0 UND spiele Sound »yes.wav«

Hat der Spieler alle Leben verloren, so soll der Game-Over-Bildschirm angezeigt werden:

- Lebensanzahl ist 0 → dann wechsle zu Level Nr. 3 »Game Over«

Darüber hinaus muss das Scrolling aktiviert werden (nur Click&Create, The Games Factory und Multimedia Fusion)

- Immer → dann fixiere Bildschirm auf Spielfigur

Mit diesem Spiel kann man sicherlich niemanden begeistern. Aber das war ja auch nur ein erster Schritt, um die Grundlagen näher zu erläutern, auf denen die vorgestellten Produkte basieren.

2.2.3 Möglichkeiten – Was ist machbar, was nicht?

Dieses Unterkapitel ist dem Leistungsumfang und somit der Erweiterung des Beispielprogramms gewidmet, das im Abschnitt »*Der Ereignis-Editor*« genau beschrieben wurde. Um es gleich zu sagen: Da alle vorher genannten Click-Produkte auf 2D-Engines basieren, gehören 3D-Spiele wie beispielsweise UNREAL oder HALF LIFE einem Ding der Unmöglichkeit an (mehr zu 3D-Spielebaukästen in den nächsten Kapiteln). Abhilfe direkt aus dem Hause Clickteam soll demnächst JAMAGIC schaffen, das allerdings nur mit einer Scriptsprache bedienbar ist.

Kommen wir aber nun wieder zu unserem Spiel. Da man in Klik&Play und Co normalerweise wenig mathematisch beschreiben kann, sollte man alles auf einer bildliche Ebene realisieren, so z.B. bei der Gegnerintelligenz. Der Programmierer würde beispielsweise abfragen, wie viele Pixel der Spieler vom Gegner entfernt ist und den Gegner dann auf den Spieler reagieren lassen, wenn dieser nahe genug ist (z.B. 100 Pixel entfernt).

Wir könnten dies zwar auch durch das Hilfsmittel eines externen Objekts (Direction Calculator) verwirklichen, aber wieso sollte man sich diese Mühe machen, wenn es auch anders realisierbar ist, z.B. durch einen unsichtbaren Kreis, der die ganze Zeit auf den Gegner fokussiert wird. Gut, im Grunde ist das nichts anderes als das, was der Programmierer in seinem Code mathematisch beschreibt. Es wird hier nur auf einfachere, nachvollziehbarere Weise durchgeführt. Befindet sich unser Protagonist nun in diesem Kreis, so ist die Bedingung erfüllt und der Gegner kann seinen Angriff starten. Der Effekt ist der gleiche wie in der Programmierung. Das ist es, was letztendlich zählt.

Auf dem gleichen Prinzip sollte die Gegnervernichtung basieren. Anstatt simpel abzufragen, welche Animationsphase gerade abgespielt wird (Laufen oder Springen), setzen wir einfach eine unsichtbare Grafik permanent etwas über den Kopf des Gegners. Bei einer Kollision mit dieser Grafik gilt der Gegner als zerstört. Um jetzt noch Super-Mario-Feeling aufkommen zu lassen (Spieler prallt trampolinartig vom Gegner ab), muss man selbst die ganze Figurenphysik in die Hand nehmen. Das hat den Vorteil, dass man zusätzliche Dinge wie z.B. Trampoline oder Schwerkraftsänderungen (hilfreich bei Weltraum- oder Unterwasserlevels, oder Flipper-Simulationen) einbauen kann. Der Nachteil dabei ist allerdings die Langwierigkeit bei der Erstellung derartiger physikalischer Eigenschaften. Aber darum kommen auch echte Programmierer nicht herum.

Ein wohl sehr beliebtes Genre, das viele zur Spieleerstellung animiert hat, ist das Adventure. Doch leider gehört es zu den am schwersten zu realisierenden Spielen, da wirklich die ganze Geschichte, alle Dialoge und jeder Gegenstand vor der Programmierung durchgeplant sein müssen. Steht einmal ein solches Spielekonzept, so kann mit der eigentlichen Entwicklung begonnen werden. Wichtig ist ein tadellos funktionierendes Inventar- und Dialogsystem. Realisierbar sind beide mit der INI-Funktion, mit der wir Daten in eine INI-Datei schreiben und wieder auslesen können. Die Bewegung der Figur (läuft an die angeklickte Stelle) lässt sich relativ einfach durch unsichtbare Objekte verwirklichen. Klickt der Spieler beispielsweise auf eine Stelle, so versetzen wir immer ein unsichtbares Objekt an diese Stelle. Die Figur »schaut« und bewegt sich nun in diese Richtung. Kollidiert sie mit einem Hintergrund, wie beispielsweise mit einem Stuhl, so sollte man einen Weg finden, wie die Figur diesen umgehen kann. Möglich hierbei wären vordefinierte Pfadbewegungen. Egal wie es gemacht wird, wichtig ist einzig und allein, dass der gewünschte Effekt erzielt wird, wie oben schon einmal erwähnt. Letztendlich sieht der Spieler nur das, was auf dem Bildschirm passiert, und das, was im Hintergrund geschieht, hat keinen außer den Spieleprogrammierer selbst zu interessieren.

Man sieht, dass man auf irgendeine Weise jede Art von 2D-Spielen kreieren kann. Dadurch, dass man sowohl externe Objekte (programmiert in C++) als auch Active-X, einbinden kann, sind dem Benutzer keine echte Grenze gesetzt.

Eine Frage, die man sich dann aber doch stellen muss, wäre: Wieso programmieren dann diejenigen, die 2D-Spiele machen wollen, überhaupt noch?

Die Antwort ist gar nicht so einfach: Für einen Programmierer, der ein Clickprodukt benutzen möchte, heißt es erst einmal: Umdenken. Obwohl bei diesen Spielebaukästen ein ähnliches Denken vorausgesetzt wird (Bedingungen, Aktionen, Gebrauch von Variablen), sind sie de facto noch ein großes Stückchen von den großen Brüdern C++ etc. entfernt. MMF ist bei weitem nicht so funktionell und kann beispielsweise auch nicht wie eine Level-Engine benutzt werden, wie es bei DIABLO offensichtlich der Fall ist. Der Spieler muss beispielsweise mal vor, mal hinter Mauerngrafiken dargestellt werden. In der Programmierung wird dies lediglich einmal (vernünftig) definiert. Ab dann kann sich der Protagonist hinter Mauern und Säulen verkriechen, wann er will. Das ist in dieser Art mit MMF nicht möglich. Man kann zwar jeden Level separat editieren und Aktionen (oder Ähnliches) definieren, welche die Bildebenen korrekt setzen, aber eine einzige Definition ist in einer befriedigenden Lösung nicht möglich. Entweder gibt es Darstellungsfehler oder man kommt um das separate, umständliche Editieren nicht herum.

Wie in der kleinen Einführung in die Click-Systeme ersichtlich geworden ist, so haben alle ihre Vor- und Nachteile: Es ist, hoffe ich, klar geworden, für wen sich die Click-Systeme eignen und wer sie umgehen sollte. Generell gesagt eignen sie sich hervorragend für den Spiele-Designer, für den (angehenden) Programmierer ganz und gar nicht, da dieser normalerweise doch lieber alles selbst in die Hand nimmt (z.B. die Engine, mit der das Spiel läuft) und sich dabei für alle Programmteile verantwortlich zeigt.

Übersehen werden sollte dennoch nicht, dass sogar Programmierer MMF der Entwicklungsumgebung von C++ den Vorzug geben, da mit selbigem einfache Programme meist mit viel weniger Zeitaufwand fertig »geklickt« werden.

2.2.4 Informationen

2.2.4.1 Clickteam

Die Hersteller selbst zeichnen sich durch eine ordentliche Internetpräsenz und hervorragendem Service aus. Angeboten werden mittlerweile wieder Klik&Play, The Games Factory und Multimedia Fusion. Natürlich kann man sich hier auch gleich über den neuesten Stand der zur Zeit in Entwicklung stehenden Produkte informieren.

URL: `http://www.clickteam.com`

2.2.4.2 Click Café

Das CLICK CAFÉ ist eine Art Spiele- und Programmsammlung der Click-Benutzer. Die Seite wird dynamisch aus einer Datenbank generiert, was höchste Aktualität verspricht.

URL: `http://www.3ee.com/cafe`

2.2.4.3 Clickzone

CLICKZONE ist eine deutsche Clickseite. Das Angebot ist verglichen mit den englischen Pendants mager, aber dennoch einen Blick wert.

URL: `http://www.clickzone.de`

Tutorials und Einstiegshilfen sind meist in den Link-Listen der oben genannten Seiten zu finden.

2.3 Game Creation System for Windows (GCSW) (AF)

Das GCSW ist momentan noch ein Beta-Programm, d.h. dass es noch nicht zu 100% fertiggestellt und noch zu kleinen Teilen fehlerhaft ist. Aber der Hersteller PIE IN THE SKY-Software arbeitet momentan noch an neuen Features und Patches, die man kostenlos auf deren Website (`www.pieskysoft.com`) downloaden kann. Das GCSW wird nur in Amerika direkt von der Herstellerfirma verkauft und existiert auch nur als Originalversion, wodurch Englischkenntnisse für die Bestellung selbst sowie für das Handbuch und das Programm vonnöten sind.

2.3.1 Für wen es geeignet ist

Das GCSW ist mit kleinen Ausnahmen eigentlich für alle User geeignet. Zur besseren Übersicht folgt an dieser Stelle eine Unterteilung in die drei einzelnen Benutzergruppen.

2.3.1.1 Anfänger

Selbst unerfahrene User können mit dem GCSW schon kleine Erfolge erzielen. Dank der Benutzeroberfläche, die sehr einfach zu verstehen ist, können auch Anfänger nach etwa einstündiger Eingewöhnungszeit mit dem Zusammensetzen leichter Levelkonstruktionen beginnen.

2.3.1.2 Fortgeschrittene

Fortgeschrittene User können die Features des GCSW schon größtenteils nutzen. Auch die UNIVERSE REGISTERS dürften einem fortgeschrittenen Benutzer kaum noch Probleme machen. Die verschiedenen Bodenbeläge, Wasser und auch mehrstöckige Gebäude dürften problemlos zu realisieren sein.

2.3.1.3 Erfahrene Benutzer

Der erfahrene Benutzer wird natürlich auch alles beherrschen, was ein fortgeschrittener kann. Allerdings dürfte ein User mit Erfahrung auch noch andere Änderungen wie z.B. die Einbindung von 3D-Objekten, Gegnern und Waffen realisieren können. Auch Animation können geändert und neue Waffen eingebunden werden.

2.3.2 Der erste Level

Dieses Tutorial beschreibt, wie ein Anfänger einen ersten Level im GCSW bauen und wie ein fortgeschrittener bzw. erfahrener Benutzer den Level ausbauen und/ oder verbessern kann. Nachdem das Programm gestartet wurde, fragt das GCSW nach dem Projektverzeichnis. Da es ein Probeverzeichnis ist, sollte es am besten TEST heißen. Das macht die Identifizierung bei mehr als einem Projekt leichter. Die folgende Frage (DAS VERZEICHNIS EXISTIERT NICHT, SOLL ES ERSTELLT WERDEN?) wird natürlich mit YES bestätigt. Nach diesem Schritt muss noch die Palette und die Grafikbibliothek ausgewählt werden. Für Anfänger sind die Palette $RP9A und die Grafikbibliothek BASICLIB am besten geeignet, da die Bibliothek nur mit dieser Palette funktioniert (mit ein bisschen mehr Erfahrung ist es dann auch möglich, mit eigenen Paletten und Grafiken zu arbeiten). Wenn das GCSW alle nötigen Informationen erhalten hat, erstellt es ein neues Verzeichnis. Nun muss nur noch der Name des ersten Levels eingegeben werden, das logischerweise LEVEL1 genannt wird. Nach diesem letzten Schritt kann man mit dem Design des ersten Levels beginnen. Die nachfolgenden Aktionen werden wegen der besseren Übersichtlichkeit stichpunktartig erklärt. Als erstes muss über den Wand-Button (Näheres zu den Buttons im GCSW Handbuch) die gewünschte Wandtextur ausgewählt werden. In diesem Beispiel wird mit der Datei AJB2A.VGR gearbeitet. Danach baut man einen einfachen Level.

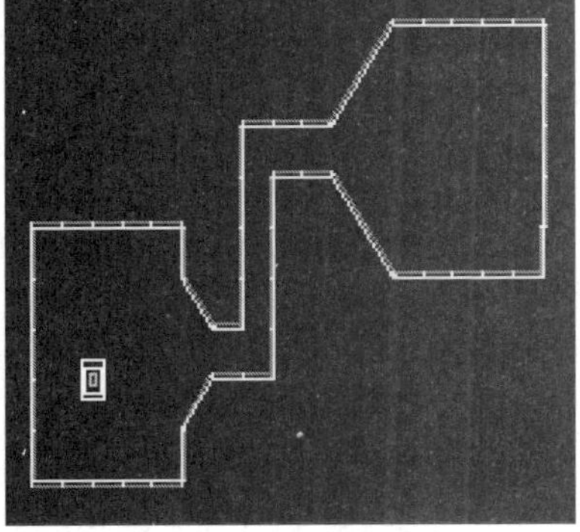

Abb. 2.3: Ein einfacher Level

In diesem Schritt werden Türen in den Level eingesetzt (dazu wird die Grafik BBOARD.VGR benutzt). Gleich am Ende des ersten und am Anfang des zweiten

Raums platziert man die Wand, so dass sie den Gang abschließt. Jetzt muss die erste Wand per Klick auf die linke Maustaste ausgewählt werden (den ausgewählten Zustand erkennt man am roten Kreuz auf dem Objekt). Über einen Klick auf den zuständigen Button für Türen, erreicht man das Einstellungsmenü. Außer SLIDE NORTH muss bei beiden Türen nichts aktiviert werden. Wenn alle Schritte korrekt ausgeführt wurden, sieht der Level wie auf folgendem Bild aus.

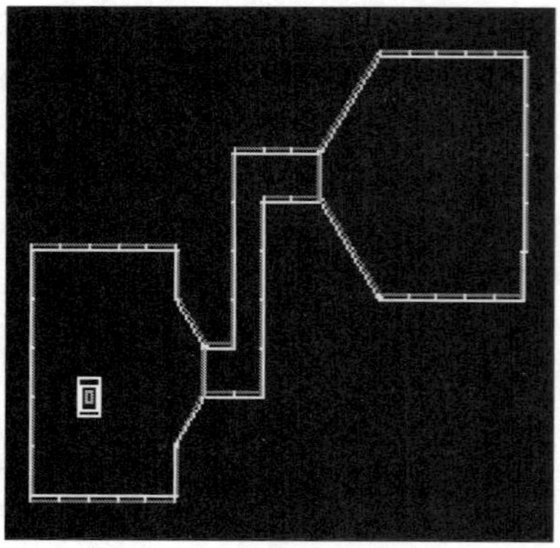

Abb. 2.4: Der gleiche Level mit Türen

Bevor man den Level das erste Mal testen kann, muss allerdings noch einiges eingestellt werden. Als erstes muss man unter FILE / CHANGE ACTIVE GUARD SET DEF_ENEM und unter FILE / CHANGE ACTIVE WEAPON SET DEF_WEAP wählen, damit das Spiel auch auf Objekte wie Gegner und Wachen zugreifen kann. Danach wählt man unter FILE / TEST LEVEL aus und gibt als Level Nummer 0 ein. Dann wird die FADING-COLOR gewählt. Das Spiel wird dann zu der ausgewählten Farbe blenden, sobald Objekte langsam aus dem Sichtfeld geraten. In einem geschlossenen Raum macht allerdings nur die Farbe Schwarz Sinn, also klickt man einmal auf eine der dunklen Graustufen, worauf das Programm die Einstellungen vornimmt. Nachdem man wieder im Level-Editor ist, kann man durch erneutes Auswählen von TEST LEVEL, die Beantwortung zweier Fragen und einem Klick auf TEST 3D WORLD die gebauten Räume in Aktion sehen. Falls noch eine Frage beim Starten des Windows-Programms erscheint, muss diese mit YES beantwortet werden. Nach dem ersten Test, bemerkt man, dass der Level ohne Boden und Decke noch leer wirkt. Beides ist aber schnell eingefügt. Dazu führt man nochmals die gleichen Schritte wie beim vorherigen Testen des Levels aus, nur dass man anstatt auf TEST 3D WORLD auf EDIT EXTRA DATA klickt.

Nun sieht man schon eine Floor (Boden)- und Ceiling (Decke)-Option. Am Anfang ist gleich die Floor-Option gewählt. Wenn man nun die Maus mit gedrückter linker Maustaste über die Wandelemente zieht, kann man den Boden legen. So verfährt man bis der Level im Floor- und Ceiling-Mode komplett weiß abgedeckt ist. Jetzt wählt man unter dem Menüpunkt TEST SHUT DOWN EDITOR und bestätigt die folgende Frage mit YES. Nun kann man über FILE / START LEVEL der Level das erste Mal mit Boden und Decke bewundern. Mit diesen Techniken kann ein Anfänger ohne weiteres einen größeren aber noch einfachen Level bauen.

2.3.3 Levelerweiterung für fortgeschrittene Benutzer

2.3.3.1 Farbiges Licht

Als erstes wird ein bunter Lichteffekt in den zweiten Raum eingefügt. Dazu erstellt man ein neues animiertes Objekt, das die UNIVERSE REGISTER 150, 151 und 152 auf die RGB-Werte der Farbe setzt. Genaueres zur Erstellung von animierten Objekten erfährt man am leichtesten aus dem GCSW Handbuch. Damit man auch einen guten Unterschied erkennt, wählt man als erstes eine Farbe, die nur einen RGB-Wert benutzt. In diesem Beispiel Rot. Dazu muss nach den RGB (Rot/Grün/Blau)-Werten das Register 150 auf 255 gesetzt werden. Um den gewünschten Effekt zu erreichen, verwendet man bei den animierten Objekten die ASSIGN VALUE TO REGISTER-Option. Dieses Objekt wird im Level an einer gewünschten Stelle platziert, wobei es allerdings unwichtig ist, wo genau, da es nur auf der Leveloberfläche sein muss und außerdem unsichtbar ist. Falls man immer genau sehen will, welches Objekt für welche Lichtquelle verantwortlich ist, kann man sie auch in der zuständigen Plattform erstellen. Danach muss eine unsichtbare Plattform erstellt und die Größe dem zweiten Raum angepasst werden. Das Attribut SET REG=VAL ist nötig, damit das Licht später funktioniert. Dabei muss ein Register von 194-223 auf die gewünschte Stärke der Lichtquelle gesetzt werden (Näheres dazu im Handbuch sowie den Hilfedokumenten bei den Upgrades). Da mit den Registern 150, 151 und 152 gearbeitet wird, muss der Plattform nachträglich noch durch Auswählen und danach über OBJECTS/EDIT ATTRIBUTES in das 4. rote Feld die Zahl 1024 eingetragen werden damit das GCSW weiß, auf welche Register es zugreifen muss. Jetzt ist die Lichtquelle fertig. Allerdings bekommt das Licht erst seine volle Kraft, wenn im Windows Editor unter SET LEVEL OPTIONS TRUE-LIGHT aktiviert ist. Diese Einstellung setzt aber voraus, dass der ganze Level noch zusätzlich beleuchtet wird, da mit true-light nur die Objekte erhellt werden, die aus eigener Kraft leuchten.

2.3.3.2 Gegner

2.3.3.2.1 Sprites

Die Gegner wurden eigentlich aus der alten GCS-DOS-Version übernommen und sind somit nur Sprites, also flache 2D Grafiken.

Sollte man sich als Anfänger noch nicht an 3D-Modelle wagen oder ein klassisches Spiel machen wollen, muss man natürlich wissen, mit was man es zu tun hat. Das wird in diesem Abschnitt erklärt.

Grafiknamen und –folgen (*.VGR)	Zustand des Gegners
3QRUN1-4	Gegner rennt nach rechts hinten
3QWALK1-4	Gegner geht nach rechts hinten
BKWALK1-4	Gegner vom Spieler weggehend
FTWALK1-4	Gegner, der sich dem Spieler nähert
GASSED1&2	Der von einer Gasgranate getroffene Gegner
KILLBK, 1&2	Der in den Rücken getroffene Gegner
KILLED	Der auf dem Boden liegende Gegner
KILLFR, 1&2	Der von vorn getroffene Gegner
KILLGOO1-3	Der von der Goo-Gun getroffene Gegner
KILLSD, 1&2	Der in die Seite getroffene Gegner
KOED	Der K.O. geschlagene Gegner
NAP	Ausgeraubter Gegner (nahezu unbenutzt)
QRUN1-4	Gegner rennt nacht rechts vorn
QWALK1-4	Gegner geht nach rechts vorn
SDWALK1-4	Gegner geht nach rechts
SHOOT1-5	Die Schuss-Animation
STAND1,5,6,7,8	Der stehende Gegner (alle Richtungen)

Nach dem Durchlesen dieser Tabelle kann man feststellen, dass alle Richtungen fehlen, bei denen der Gegner nach rechts geht/läuft. Das liegt daran, dass in der früheren DOS Version der Speicher knapp war und die Engine dadurch die Grafiken der Einfachheit halber die Animationenphasen einfach gespiegelt hat. Durch diese Spiegelung muss auch darauf geachtet werden, dass die linke und die rechte Seite gleich sind, da es sonst zu auffälligen Fehlern bei der Darstellung kommen kann. Falls man etwas an den Eigenschaften arbeiten will, kann man die Datei GUARDSRC.4TH unter die Lupe nehmen. Diese Dateien sind innen sehr gut beschrieben, so dass man sich ohne größere Beschreibung zurechtfinden kann.

2.3.3.2.2 3D Models

Seit einiger Zeit ist es Benutzern des GCSW auch möglich, 3D-Modelle als Gegner zu verwenden. Ein gut modelliertes Objekt kann ein Spiel sehr aufwerten. Die Erstellung und das Einbinden solcher Gegner und Objekte wird in den bei den Updates mitgelieferten Hilfsdateien so ausführlich erklärt, dass man dem nichts mehr hinzufügen kann.

2.3.4 Waffen und das GCSW

Natürlich nehmen Waffen des Spielers einen wichtigen Platz in einem 3D-Ego-Shooter ein. Dieser Teil zeigt am Beispiel des Raketenwerfers, welche Dateien für welche Änderung der Waffe zuständig ist.

2.3.4.1 Die Datei WEAPONS.TXT

Die Datei `WEAPONS.TXT` befindet sich einzeln bei jedem Projekt (Unterverzeichnisse von `\ENGINE`). Hier werden die folgenden Werte der Waffe festgehalten:

Attribute: Ist die Waffe tödlich oder nicht?

Handle: Die Animationsnummer der Waffe (in der Datei `WEAPDEF.TXT`).

Range: Die Reichweite der Waffe in cm.

Distoff: Wird zum Rechnen zur Reichweite addiert.

Rangedenom: Gibt an, ob und wie viel Durchschlagskraft verloren geht, je weiter das Projektil fliegt.

Luck: Die Trefferwahrscheinlichkeit bei Fernschüssen.

Force: Die maximale Durchschlagskraft der Waffe.

Maxhit: Die maximale Anzahl von Gesundheitspunkten, die beim Gegner abgezogen werden.

Aimacc: Gibt an, wie genau die Waffe auf ihr Ziel gerichtet sein muss, damit ein Schuss trifft.

Weapsnd: Geräusch der Waffe (0=kein Soundeffekt)

Weapinv: Gibt an, welches Bild beim Aufheben der Waffe gezeigt wird.

Picture name: Gibt an, welches Bild in der Statusanzeige erscheint, wenn die Waffe ausgewählt ist.

Das z.B. wäre die unveränderte Zeile für den Raketenwerfer:

```
0 3606 500 200 16000 1 0 1 3122 3 25 rockfat.vga; Rocket Launcher
```

Dank der oben beschriebenen Änderungen der Waffe kann man jetzt ganz leicht den Raketenwerfer bearbeiten.

2.3.4.2 Die Datei PARTICLE.TXT

Folgende Zeile ist für die Rauchpartikel der Rakete verantwortlich:

```
.Particle 1 255 3 16 3 -1 -1 -1 128 0 255 200 200 0 0 2 0 0 ;(0)
Rocket Projectile trail
```

In der Datei wird genau erklärt, was man mit einem bestimmten Eintrag bewirken kann. Über die Werte 255, 200, 200 lässt sich z.B. die Farbgebung der Rauchpartikel verändern. Und wenn man die 0 vor den RGB-Werten auf eine Zahl von 0-255 setzt, erscheint ein Licht in der angegebenen Partikelfarbe, sobald man die Waffe abgefeuert hat.

2.3.4.3 Die Datei WEAPPROJ.TXT

Der Dateiname steht für WEAPONS PROJECTILES also die Projektile, die nach jedem Schuss aus der Waffe abgefeuert werden. Hier kann man das Erscheinungsbild des Projektils sowie dessen Animation verändern.

Folgende Zeile ist für den Raketenwerfer zuständig:

```
.Projectile 1 2070 3610 0 150 300 50 25 0 -1; (6) Rocket
```

Der Wert 2070 definiert das Bild des Projektils in der Datei PICKUPS.TXT, das bei einem Raketenwerfer natürlich das Bild einer abgefeuerten Rakete ist. 3610 steht für die Animation, die bei der Kollision der Rakete mit einem festen Objekt abgespielt wird.

Mit diesem Wissen kann man die Waffe aufrüsten oder einfach nach Belieben verändern.

2.3.5 Vermeiden von Grafikfehlern

Natürlich kann es bei der Erstellung von Spielen immer zu Grafikfehlern kommen. Dieses Kapitel widmet sich den Problemen, die man mit dem GCSW am ehesten haben kann und einigen Ratschlägen, wie man sie vermeidet.

2.3.5.1 Fehler mit Türen

Fehler mit Türen treten auf, wenn sich Türen beim Öffnen in eine Wand schieben.

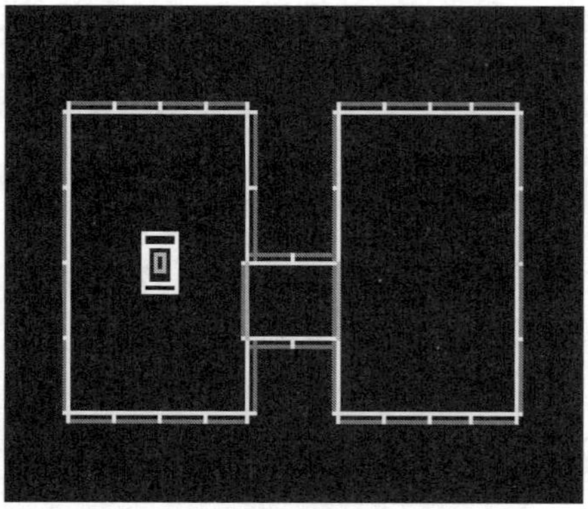

Abb. 2.5: Probleme mit Türen

Es gibt zwei Möglichkeiten, um diesen Fehler zu beheben.

Die Tür wird so eingestellt, dass sie sich nach oben oder unten öffnet:

Dieses ist wohl die bessere der zwei Möglichkeiten, da man dafür das Leveldesign nicht umstellen muss und das Vorhaben trotzdem sehr schnell realisiert werden kann. Damit sich die Tür nach oben oder unten öffnen kann, müssen die Attribute (unter OBJECTS/EDIT ATTRIBUTES) editiert und der Wert –32 in das dritte rote Kästchen eingegeben werden. Wurde eingestellt, dass sich die Tür nach Norden oder Osten öffnet, wird sie sich durch den Eintrag in den Attributen nach oben aus dem Bild schieben. Falls eingestellt wurde, dass sie sich nach Süden oder Westen öffnen soll, wird sie den Weg freigeben, indem sie nach unten fährt.

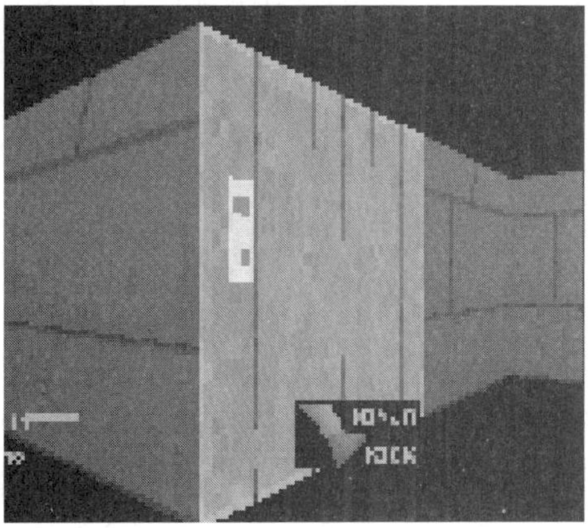

Abb. 2.6: Eine fehlerhafte Tür

Die Wände werden versetzt:

Diesen Fehler kann man aber auch vermeiden, indem man Wände oder Türen versetzt. Die Räume müssten wie folgt aussehen, damit sich die Tür nicht in eine Wand schiebt.

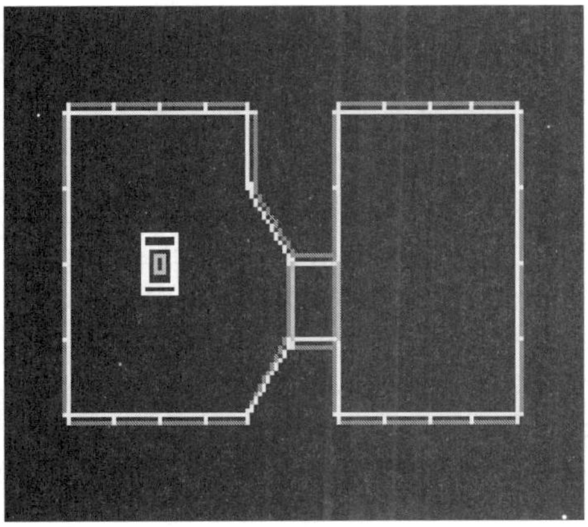

Abb. 2.7: Versetzte Wände

2.3.6 Generelle Grafikfehler

Das kann entweder an einer falschen Palette bei einer (oder mehrerer) der Texturen oder an einer falschen Projektpalette liegen. Dies kann man entweder durch das Löschen der betreffenden Texturen oder durch das Umstellen der Projektpalette beheben.

2.3.7 Darstellungsprobleme bei Sprite-Gegnern

Wie im Gegner-Abschnitt erklärt, benutzt das GCSW bei Sprites zur Speicherminimierung eine Spiegeltechnik der Grafiken. Falls Teile der Gegner flackern oder Ähnliches, kann es bei selbst entworfenen Gegnern daran liegen, dass beide Seiten nicht zu 100% gleich sind. Sollte dies der Fall sein, müssen die fehlerhaften Grafiken umdesignt werden.

2.4 Allgemeines über das 3D GameStudio (RJ)

2.4.1 Die Geschichte

Das 3D GameStudio erblickte 1995 in Form des Spiels SKAPHANDER das Licht der Welt. Die in SKAPHANDER benutzte ACKNEX-Engine wurde kurz darauf zusammen mit den Rechten am Spiel an Conitec verkauft. Diese Firma verwendet die Engine seitdem für das 3D GameStudio. Damals handelte es sich noch um einen Raycaster, vergleichbar mit der DOOM-Engine.

Seit Herbst 1999 gibt es jedoch eine deutlich leistungsfähigere Version im Stil der QUAKE-Engine. Diese Version wird seitdem ständig erweitert, um den Ansprüchen der Benutzer gerecht zu werden.

2.4.2 Was ist 3D GameStudio?

3D GameStudio ist ein Toolkit, das interessierten Leuten, die sich noch nie genauer mit Programmierung befasst haben, die Möglichkeit bietet, ein eigenes Spiel zu produzieren.

Im Lieferumfang sind die Acknex-Engine, die den Kern des Systems bildet, ein guter Leveleditor sowie ein brauchbarer Modelleditor enthalten. Damit auch Leuten, die sich bereits mit der Erstellung von Levels mit diversen Tools beschäftigt haben, die Umstellung nicht allzu schwer fällt, wurden bekannte Editoren lizenziert und an die Acknex-Engine angepasst. Leider wurde kein für die Skriptsprache optimierter Editor beigelegt, man muss auf einen einfachen Texteditor zurückgreifen.

2.4.3 Für wen ist es geeignet?

GameStudio ist generell für jeden geeignet, der ein eigenes Spiel auf die Beine stellen will. Für Grafiker ist der Toolkit ebenfalls eine feine Sache, denn diese können ihre Grafiken und 3D-Modelle ohne Programmierkenntnisse auf den Bildschirm bringen.

Allerdings sollte man sich von Anfang an im Klaren sein, dass die Sache kein Zuckerschlecken wird. Ein weitverbreiteter Irrglaube ist, dass man mit einem Autorensystem wie dem 3D GameStudio einfach nur ein paar Spielstufen baut, ein paar Waffen, Gegenstände und Monster reinsetzt und dann fertig ist.

So einfach ist die Sache nicht. Zumindest nicht, wenn man ein anständiges Spiel mit Tiefgang produzieren will. Ein Autorensystem bietet eine fertige Engine, garantiert aber noch lange kein fertiges Spiel.

Wer sich später allerdings auf Programmierung konzentrieren will, sollte die Finger von Acknex lassen. Klar, die Skriptsprache bietet einen gewissen Einstieg in die Programmierung, mehr aber auch nicht. In diesem Fall macht es mehr Sinn, eine richtige Programmiersprache zu erlernen. Wenn man die nächste Killerengine auf die Beine stellen will, sollte man sofort zum Kapitel über Programmierung weiter blättern und dort anfangen zu lesen.

Leute, die nicht genug Ehrgeiz und Motivation haben, ein Projekt durchzuziehen, werden auch mit einem Autorensystem scheitern und sollten das Spielebasteln besser lassen.

Wer sich nicht ganz sicher ist, ob er sich mit 3D GameStudio anfreunden kann, sollte einmal einen Blick auf die Acknex-Demo werfen, die auf der Buch-CD zu finden ist. Diese Demoversion von 3D GameStudio ist zwar ziemlich eingeschränkt, bietet sich aber dennoch zum Ausprobieren des Systems an.

2.4.4 Die Vor- und Nachteile des 3D GameStudio im Überblick

Acknex bietet viele Vorteile, die man von einer anständigen Engine erwartet:

- 3D GameStudio wird zusammen mit einem Level- und einem einfachen Modelleditor ausgeliefert. Man muss daher nicht so viel Geld für weitere Programme ausgeben. Alles was man (vorerst) noch benötigt, ist ein einfaches Grafikprogramm wie Paintshop Pro und einen Soundeditor. Zum Editieren der Skripte reicht Wordpad (notfalls auch Notepad) völlig aus.
- Der Anfänger kann auf zahlreiche vorgefertigte Prefabs zurückgreifen. Es wird ein Adventure-Spiel mitgeliefert, dessen Texturen, Skripte und Modelle man frei verwenden darf.
- Die neuesten Versionen der Engine und der Editoren sowie das aktuelle Handbuch und vorgefertigte Skripte können bequem zum Nulltarif von der Conitec-Homepage runtergeladen werden.

- Trotz der Skriptsprache bleibt das System erstaunlich flexibel und lässt viel Spielraum für Experimente.
- Die Skriptsprache ist, wenn auch nicht ganz ohne Tücken, deutlich einfacher als eine Programmiersprache und schneller zu erlernen. Anfänger, die noch nie Kontakt zu einer Programmiersprache hatten, oder auch Designer, die gar nicht programmieren wollen, haben mit 3D GameStudio die Möglichkeit, ihre Ideen zu verwirklichen.
- Es werden mehrere Version des 3D GameStudio angeboten, die sich in Preis und Features unterscheiden. Der Käufer kann damit die für ihn richtige Version wählen und Geld sparen.
- Der Support ist recht ordentlich. Oft werden Vorschläge und Wünsche der User bei neuen Updates integriert. Meine Fragen rund um 3D GameStudio wurden bis jetzt so gut wie immer beantwortet. Die Aussage, der Support wäre schlecht (wie es einige Leute behaupten) kann ich jedenfalls nicht unterstützen.

Es gibt allerdings auch einige Nachteile dieses Systems, die nicht unterschätzt werden sollten:

- Da die Levels aus Performancegründen vorberechnet werden, ergibt sich daraus eine starre Geometrie. Spiele, die verformbares Terrain erfordern, sind daher mit Acknex nicht möglich.
- Einige weitere Effekte wie Spiegeleffekte und volumetrischer Nebel sind (noch) nicht in Acknex integriert. Außerdem sollte jeder, der eine UNREAL- oder gar QUAKE III-Engine erwartet, schnell wieder auf den Boden der Tatsachen zurückkehren. Dies kann den einen oder anderen stören und sollte daher erwähnt werden.
- Nichts ist umsonst, auch 3D GameStudio nicht. Wer nur mit dem Toolkit herumspielen will, wird mit der erschwinglichen Standard-oder Extra-Version (ca. DM 80 bzw. 170) gut zurechtkommen, allerdings hat man dann keine Möglichkeit, auf die Unterstützung von 3D-Karten zurückzugreifen. Die Commercial-Version (ca. DM 400) bietet eine gute Basis für kleine Teams, die zusammen an einem Spiel arbeiten, kostet aber schon deutlich mehr. Immerhin werden die wichtigsten Funktionen unterstützt. Um ein richtiges professionelles Projekt auf die Beine zu stellen, wird kein Weg an der professionellen (ca. DM 2500) Version vorbei führen, die aber einen ziemlich saftigen Preis hat. Will man den Splash-Screen, der beim Spielstart kurz erscheint, loswerden, fallen weitere Gebühren an. Als ob das alles noch nicht genug kostet, wird einem für jedes größere Update noch einmal extra Geld abgeknöpft.
- In die Engine sowie in die Editoren haben sich einige, mitunter sehr ärgerliche Bugs eingeschlichen. Da 3D GameStudio aber ständig weiterentwickelt wird, kann man noch hoffen, dass diese Probleme bald beseitigt werden.
- Acknex läuft (unter anderem bedingt durch die Skriptsprache) um einiges langsamer als vergleichbare Engines. Vor allem mit Voodoo-Karten bricht die Geschwindigkeit deutlich ein.

- Eine Skriptsprache ist NIE so flexibel wie eine echte Programmiersprache. Dessen sollten Sie sich beim Kauf eines Autorensystems schon vorher bewusst sein. Im Gegensatz dafür bekommen Sie aber auch eine fertige Engine inklusive der Editoren.
- Absolute Anfänger werden zu Beginn einige Probleme haben, mit der Skriptsprache zurecht zukommen. Die Anleitung, die nur auf der CD im PDF-Format zu finden ist, hilft am Anfang gar nichts, und das Tutorial ist auch nur begrenzt hilfreich. So schön der Slogan »Ohne Programmierkenntnisse« auch klingt, er trifft nur teilweise zu.

Was bleibt übrig?

Ein anständiges Autorensystem, das dem Benutzer viel Spielraum lässt, aber auch einige Probleme in Sachen Geschwindigkeit hat. Zudem gestaltet sich das Vergnügen nicht ganz billig.

2.4.5 3D GameStudio-Tutorial

Sie wollen sich also etwas näher mit der Acknex-Engine und der WDL-Skriptsprache befassen. Wie mit dem System gearbeitet wird, soll anhand eines Tutorials, das mit den einfacheren Sachen anfängt und sich nach und nach immer komplexeren Aufgaben widmet, gezeigt werden.

2.4.5.1 MED – Der Modelleditor

Für eine virtuelle 3D-Welt benötigt man auch 3D-Akteure und Gegenstände. Diese können mit dem Modelleditor erstellt oder auch aus anderen Formaten importiert werden. Da der Editor selbst bereits mit einer Hilfe zu den Funktionen und einem Tutorial für ein einfaches Modell ausgestattet ist, möchte ich hier nicht allzu viel über MED erzählen, zumal die wirklich interessanten Dinge über das Erstellen von Modellen im entsprechenden Kapitel dieses Buches genauer betrachtet werden.

Nun gibt es noch einige Dinge zu beachten, da MED noch einige Tücken und Macken hat:

- Beim Anpassen der Textur an das Modell muss unbedingt beachtet werden, dass MDL STYLE SKIN aktiviert ist, ansonsten wird das Modell später im Spiel falsch dargestellt. Netterweise hat MED die Angewohnheit, immer wieder auf MD2 STYLE SKIN umzustellen, was man natürlich in den meisten Fällen erst dann bemerkt, wenn man das Mesh bereits vollständig angepasst hat...
- Will man ein Modell im Acknex-Format speichern, sollte man sich nicht wundern, wenn man im WED (Leveleditor) auf das soeben abgespeicherte *.AQM File nicht zugreifen kann. Man muss das Modell als *.MDL abspeichern, und diese Option wurde aus irgendeinem, mir nicht nachvollziehbaren Grund unter FILE / EXPORT versteckt.
- Häufig abspeichern, denn MED stürzt hin und wieder einmal ganz gerne ab.

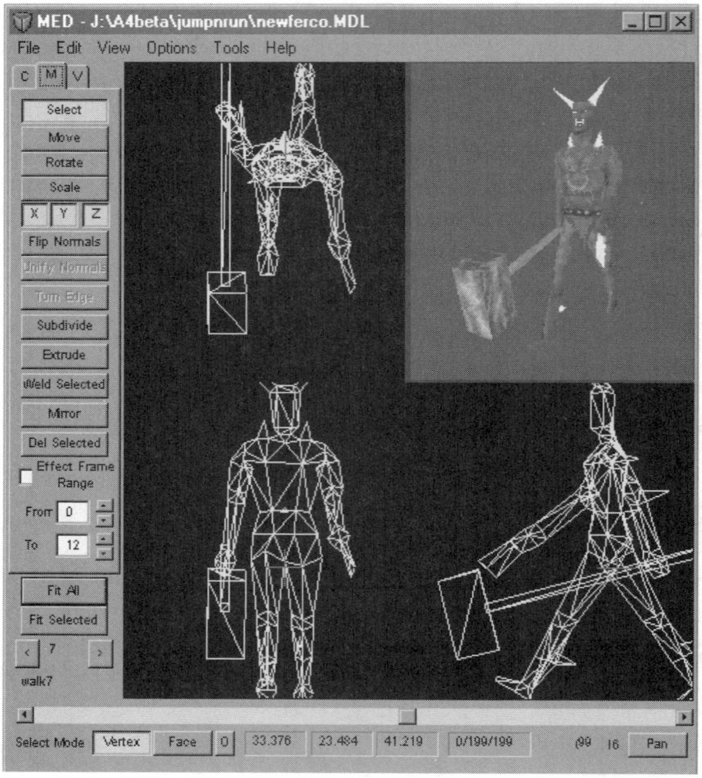

Abb. 2.8: Benutzeroberfläche des MED

Bevor wir den Modelleditor wieder schließen, werfen wir noch einen Blick auf das Modell, welches später als Spieler dienen wird. Zunächst muss eine andere Palette geladen werden. Wählen Sie FILE / CHOOSE PALETTE, wechseln Sie in das MINIGAME-Verzeichnis und laden Sie die Datei MINIPAL.PCX. Als Nächstes öffnen Sie mit FILE / OPEN das GUARD.MDL, das sich ebenfalls im MINIGAME-Verzeichnis befindet. Wählen Sie OPTIONS / 3D VIEW / TEXTURE MAPPED, falls nur ein Drahtgittermodell zu sehen ist.

Nun wollen Sie sich sicher das Modell genauer ansehen. Halten Sie die Umschalt-Taste gedrückt, klicken sie mit der linken Maustaste in das 3D-Fenster (oben rechts) und lassen Sie die Umschalt-Taste los. Nun können Sie das Modell in alle Richtungen drehen und begutachten. Mit Hilfe der rechten Maustaste können Sie das Modell heran- und wegzoomen, mit der mittleren Maustaste bewegen. Haben Sie dann schließlich genug gesehen, können Sie MED schließen, Sie werden dieses Programm vorerst nicht weiter benötigen.

2.4.5.2 WED – Virtuelle Welten leicht gemacht

3D GameStudio wird mit dem Leveleditor WED (World Editor) ausgeliefert, und dient dazu, die Spielumgebung zu erstellen und Objekte sowie Gegner zu platzieren. Da es sich dabei um eine modifizierte Version eines recht bekannten QUAKE-Tools handelt, sollte die Arbeit mit dem Editor relativ leicht fallen. Für alle, die noch nie einen Leveleditor benutzt haben, gibt es eine brauchbare deutsche Hilfe. Da man sich auf diese Weise gut mit dem Editor vertraut machen kann und die wichtigsten Dinge erwähnt werden, soll hier im Einzelnen nicht auf die Bedienung des Editors eingegangen werden.

Erstellen Sie zunächst einige Räume, die mit Durchgängen miteinander verbunden sind. Als Nächstes benötigen Sie zuerst ein paar Texturen, damit der Level nicht mehr so trist wirkt. Wir gehen mal davon aus, dass Sie keine Ahnung haben, wie man eine Textur erstellt, deshalb haben wir einige Texturen für Sie bereitgestellt, die Sie im Rahmen dieses Tutorials verwenden können. Wählen Sie TEXTURES / TEXTURE MANAGER / ADD WAD und dann die Datei TUTORIAL.WAD aus. Die Texturen sollten jetzt im Editor auf der rechten Seite zur Auswahl stehen.

Nachdem Ihr Level soweit fertig ist (bald werden wir ein paar mehr Effekte hineinbringen), speichern Sie es im MINIGAME-Verzeichnis unter TUTORIAL.WMP ab.

Sie wollen Ihre frisch erstellt Map nun sicher einmal erkunden. Kein Problem. Klicken Sie auf den BUILD-Knopf in der Iconleiste des Editors. Stellen Sie sicher, dass LEVEL MAP und Walkthrough markiert sind. Nach einem Klick auf OK wird der Level kompiliert und danach sofort gestartet.

Hinweis: Das Kompilieren eines Levels kann besonders bei größeren Gebilden sehr lange dauern.

Sicher sind Sie jetzt etwas enttäuscht, dass Sie nur mit der Kamera »herumfliegen« konnten. Aber keine Angst, wir werden noch dafür sorgen, dass man wie in einem anständigen 3D-Spiel herumlaufen kann.

2.4.5.3 Objekte machen die Welt erst echt

Zunächst wirkt Ihr Level wahrscheinlich noch ziemlich steril, es liegt also nahe, ein paar kleine Details hinzuzufügen. Dies wird normalerweise mit Objekten, auch Entities genannt, bewerkstelligt. Das Besondere an Acknex ist, dass es vier verschiedene Objekttypen gibt:

- *Sprites* sind im Prinzip nichts anderes als einfache Bitmaps, die mit einem Zeichenprogramm erstellt wurden. Sie können transparent oder auch undurchsichtig dargestellt werden, und sogar durch eine Abfolge mehrerer Bitmaps animiert werden. Ein großer Nachteil ist jedoch, dass Sprites nur zweidimensional sind und in einer dreidimensionalen Welt ungut auffallen können, wenn sie falsch eingesetzt werden. Mit Sprites werden normalerweise Plakate, Blutflecken oder auch Explosionen umgesetzt.

- *Map Entities* werden mit dem Leveleditor erstellt. Der Vorgang entspricht dem des Erstellen eines Levels. Beim Kompilieren wählen Sie allerdings diesmal ENTITY MAP anstatt LEVEL MAP. Die Vorteile von Map Entities liegen darin, dass einfachere Strukturen sehr leicht gebaut und texturiert werden können. Ein Nachteil von Map Entities ist, dass eine Animation unmöglich ist. Sie können zwar gedreht, bewegt und skaliert werden, aber ihre Form bleibt immer gleich. Map Entities werden z.B. für Plattformen, Türen oder Lifte eingesetzt.
- *Modelle* werden mit dem Modelleditor gebaut. Dies ist die schwierigste aber zugleich flexibelste Methode, ein Objekt zu erstellen. Die Vorteile liegen klar auf der Hand. Ein Modell kann animiert und dadurch auch deformiert werden und komplexere Gegenstände lassen sich auf diese Weise am leichtesten realisieren. Ein Nachteil ist die höhere Rechnerauslastung. In der Regel sind alle Spielfiguren, also Monster, Feinde usw. Modelle. Häufig werden Modelle auch für komplexere Objekte wie Pflanzen eingesetzt.
- *Prefabs* funktionieren ähnlich wie Map Entities, werden allerdings nicht kompiliert. Sie können als normale Leveldatei (.WMP) zum Level hinzugefügt werden. Da Prefabs beim Kompilieren des Levels ein Teil der Levelgeometrie werden und per Skript auch nicht auf sie zugegriffen werden kann, sind sie eigentlich keine richtigen Objekte. Als Anwendungsmöglichkeit bietet sich die Erstellung von Gebrauchsgegenständen an. Indem man diese als Prefabs vorliegen hat, muss man Tische, Stühle, Betten und Ähnliches nicht jedesmal neu bauen. Auf diese Weise können sogar ganze Gebäude oder gar komplette Levels in die aktuelle Map eingebaut werden. Der Nachteil ist, dass das Kompilieren sehr lange (mehrere Tage oder gar Wochen) dauern kann. Im Gegensatz zu Map Entities müssen die für das Prefab verwendeten Texturen auch in der WAD-Datei des Levels enthalten sein.

Um ein Objekt in den Level einzufügen, wählen Sie OBJECT / ADD MAP ENTITY bzw. ADD MODEL oder ADD SPRITE. Falls das Objekt in der erscheinenden Liste nicht aufgeführt ist (dies ist z.B. der Fall, wenn Sie das Objekt erst nach dem Starten des Leveleditors erstellt haben), benutzen Sie stattdessen LOAD ENTITY. Prefabs können per ADD PREFAB und LOAD PREFAB eingefügt werden. Gespeichert werden erstellte Prefabs mit der Option SAVE PREFAB im gleichen Menü.

Erstellen Sie zur Übung einen Würfel als Map Entity. Diesen werden wir schon bald benötigen.

2.4.5.4 Das erste WDL-Skript

WDL, was ist das überhaupt? Das ist eine Abkürzung und steht für World Definition Language, zu Deutsch Weltdefinitionssprache. Mit Hilfe von WDL lässt sich die Engine steuern. Man kann Objekte bewegen, ihnen mit etwas Geschick sogar künstliches Leben einhauchen, Anzeigen kontrollieren und vieles mehr.

Das Ganze gleicht ein wenig einer Programmiersprache, ist allerdings wesentlich einfacher erlernbar und enthält nur die notwendigsten Befehle.

Zuerst muss dafür gesorgt werden, dass ein im WED erstellter Level weiß, welches Skript es beim Starten der Engine ausführen soll. Dies ist recht einfach. Wählen Sie FILE / MAP PROPERTIES und klicken Sie bei SCRIPT auf NEW. Eine Datei namens TUTORIAL.WDL wurde in Ihrem Arbeitsverzeichnis erstellt.

Diese Datei kann mit einem beliebigen Text-Editor bearbeitet werden, Word sollte man allerdings vermeiden, weil sich Steuerbefehle einschleichen. Sobald die Datei geöffnet wurde, erscheint Folgendes (Auszug):

```
////////////////////////////////////////////////////
// A4 main wdl
////////////////////////////////////////////////////
// The PATH keyword gives directories where game
// files can be found,
// relative to the level directory
PATH "models"; // Path to model subdirectory
PATH "sounds"; // Path to sound subdirectory
PATH "bmaps";  // Path to graphics subdirectory
PATH "J:\\A4DEMO\\template"; //Path to WDL templates subdir
```

Löschen Sie den gesamten Text, denn wir wollen unser eigenes Skript schreiben.

Bevor man nun wild über den Text herfällt, sollten zuerst folgende Regeln beachtet werden:

- ...; am Ende jeder Anweisung muss ein Semikolon stehen
- {...} Geschweifte Klammern schließen Zuweisungen oder Anweisungslisten ein
- "..." Text wird immer zwischen Anführungszeichen angegeben
- <...> Dateinamen werden zwischen spitzen Klammern angegeben
- #... Kommentar bis zum Zeilenende
- //... Kommentar bis zum Zeilenende
- /*...*/ Kommentarblock, alles was dazwischen steht, wird ignoriert.

Das erste, was man lernen sollte, ist, Ordnung in den Skripten zu halten. Nicht umsonst kann man Kommentarblöcke einbauen um den Quellcode lesbarer zu machen. Beginnen wir mit dem »Kopf« unserer TUTORIAL.WDL:

```
//----------------------------------------
// 3D GameStudio Tutorial
// Level erstellt von Firoball
// 3/12/2000
//----------------------------------------

//----------------------------------------
// INCLUDE-Dateien
//----------------------------------------
PATH "..\\template"; //Pfad zum Verzeichnis der vorgefertigten Skripte
```

```
//
INCLUDE <movement.wdl>; //Standard Moveroutine
```

Keywords werden der Übersicht halber immer groß geschrieben, obwohl die Engine keinen Unterschied zwischen Groß- und Kleinschreibung kennt.

PATH ist ein solches Keyword. Es sagt der Engine, wo nach weiteren Dateien gesucht werden soll, falls sie sich nicht im Verzeichnis des Levels befinden. Die INCLUDE-Anweisung fügt an dieser Stelle einen weiteren Quellcode ein, der aus der angegebenen WDL-Datei entnommen wird. In diesem Fall benutzen wir ein vorgefertigtes Skript, das die Spielerbewegung enthält. Da diese nicht gerade einfach ist, wollen wir den Inhalt erst später unter die Lupe nehmen.

```
//-----------------------------------------
// Engine-Start
//-----------------------------------------


MAIN startup;
ACTION startup {
LOAD_LEVEL <tutorial.wmb>;
}
```

Nun muss die Engine beim Starten natürlich auch einen Level laden. Hierzu kann das Keyword MAIN benutzt werden. Beim Enginestart wird die dahinter angegebene Aktion ausgeführt. Diese Aktion macht nichts anderes, als den LOAD_LEVEL Befehl auszuführen, der einen Level lädt. Da man eine Datei angibt, wird der Name in spitze Klammern gesetzt. Zur Übersicht empfiehlt es sich außerdem, mit Hilfe des Tabulators Zeilen einzurücken.

```
//-----------------------------------------
// Auflösung und Farbtiefe
//-----------------------------------------


SKILL VIDEO_MODE {VAL 6;} //Auflösung 640x480
SKILL VIDEO_DEPTH {VAL 8;} //im 8Bit Modus starten
```

Hier kommt bereits ein weiteres wichtiges Element der WDL ins Spiel, die Skills. Ein solcher Skill enthält einen beliebigen Zahlenwert. Es gibt außerdem Vektorskills und normale Skills, aber um für den Anfang nicht zu viel Verwirrung zu stiften, beschränken wir uns zunächst auf normale Skills. Man muss weiter zwischen vorgefertigten und benutzerdefinierten Skills unterscheiden. Die Handhabung ist gleich, nur dass die Engine vorgefertigte Skills automatisch verwendet, während Ihre definierten Skills nur dann zur Verwendung kommen, wenn Sie das auch wollen. Im Codeauszug oben werden die Startauflösung und die Farbtiefe definiert. Zur Auseinanderhaltung benutzerdefinierter und vorgefertigter Skills empfiehlt es sich, letztere in Großbuchstaben zu schreiben.

Speichern Sie Ihre erste WDL zunächst ab. Bevor Sie einen weiteren Ausflug in Ihr Level unternehmen, müssen Sie zuerst noch ein paar Kleinigkeiten erledigen, damit Sie auch herumlaufen können.

Wählen Sie erneut im Leveleditor FILE / MAP PROPERTIES zum Festlegen der Eigenschaften des Levels. Es wird noch eine Palette für den 8 Bit Software-Modus benötigt (auch wenn man diesen später nicht benutzen will, ist dennoch eine Palette anzugeben). Eine Palette enthält die Farbwerte, mit denen die Engine das Bild darstellt. Wählen Sie die Datei MINIPAL.PCX aus dem Unterverzeichnis TEXTURES. Dann können Sie das Dialogfenster wieder schließen, da Sie die Skriptdatei bereits zu Beginn eingestellt haben.

Als Nächstes benötigen wir noch eine Spielfigur, mit der man sich später durch den Level bewegt. Klicken Sie im Editor auf OBJECT / LOAD ENTITY und wählen Sie im MINIGAME-Verzeichnis die Datei GUARD.MDL aus. Die Spielfigur wird als kleines Quadrat im Editor angezeigt. Nachdem Sie das Modell an den richtigen Platz im Level gesetzt haben, klicken Sie mit der rechten Maustaste auf das Quadrat und wählen PROPERTIES. Wählen Sie nun im erscheinenden Eigenschaftsfenster unter ACTION `PLAYER_WALK` aus. Dies ist eine der vorgefertigten Aktion aus der Skript-Datei MOVEMENT.WDL und lässt den Spieler in Ego-Perspektive durch den Level laufen. Vorerst wollen wir uns aber nicht weiter um deren Inhalt kümmern.

Sie können den Level jetzt noch einmal kompilieren, diesmal lassen Sie jedoch WALKTHROUGH unmarkiert. Wenn Sie nun FILE / RUN LEVEL (alle Optionen deaktivieren) auswählen, sollte der Level in einer Auflösung von 640x480 und einer Farbtiefe von 8 Bit dargestellt werden. Probieren Sie für `VIDEO_MODE` Werte von 1 bis 6 aus, und beachten Sie dabei, wie sich die Auflösung verhält. Einige Auflösungen wird Ihre Grafikkarte vermutlich nicht darstellen können. Sollten Sie eine 3D-Grafikkarte besitzen, scheuen Sie nicht davor zurück, `VIDEO_DEPTH` auf 16 zu setzen. Wenn alles klappt, sollte nun die 3D-Karte zum Einsatz kommen. (Möglicherweise müssen Sie noch -CRD2 als Parameter angeben, falls Sie eine Addon-Grafikkarte wie z.B. Voodoo benutzen.)

Falls Sie beim Starten der Engine eine Fehlermeldung bekommen haben, ist das kein Grund zur Panik. Häufig verbirgt sich dahinter nur ein vergessenes Semikolon oder ein Schreibfehler in der WDL. Überprüfen Sie den Quelltext noch einmal in Ruhe, Sie werden den Fehler sicher finden.

2.4.5.5 Die ersten WDL-Aktionen

Sie hatten bereits ersten, wenn auch nur sehr oberflächlichen Kontakt mit WDL. Es liegt nahe, Ihre noch kaum vorhandenen Kenntnisse weiter zu vertiefen, denn WDL ist das Herzstück der Acknex-Engine. Um wirklich gute Ergebnisse erzielen zu können, sollte man sich gut mit der Skriptsprache auskennen. Aller Anfang ist schwer, also wollen wir das Ganze langsam angehen und dann immer komplexere Probleme lösen.

2.4.5.5.1 *Ein rotierender Würfel*

Nachdem Sie Ihren Level ein wenig erkundet haben, ist ihnen bestimmt aufgefallen, dass sich nichts bewegt. Alles ist noch ziemlich trostlos und langweilig. Bringen wir doch etwas Bewegung in der Sache. Dies wollen wir mit zwei Würfeln machen, die aufeinander stehen, und sich in verschiedene Richtungen drehen. Das mag zwar nicht sonderlich sinnvoll erscheinen, ist aber leicht umsetzbar und zum Einarbeiten in die WDL gut geeignet.

Zunächst wollen wir unser WDL-Skript erweitern, und anschließend den Level entsprechend ergänzen.

Zuerst überlegen wir uns, was genau wir mit dem Skript bezwecken wollen. In diesem Fall ist das recht einfach. Wir benötigen eine Aktion, die ein Objekt immer dreht, bis das Spiel beendet wird. Dies ist am einfachsten mit einer `WHILE`-Schleife zu erreichen:

```
ACTION Xpan_cube_r {
  WHILE (1) {
   MY.PAN+=3*TIME;
    WAIT 1;
  }
}
```

Diese kleine Aktion enthält bereits eine Menge neuer Dinge und dreht ein Objekt kontinuierlich nach rechts. Zunächst einmal die `WHILE`-Schleife. Diese sorgt dafür, dass der Abschnitt zwischen den geschweiften Klammern hinter `WHILE` andauernd ausgeführt wird. Dies kann auch an eine Bedingung geknüpft werden.

```
WHILE (variable < 5) {...}
```

würde nur so lange ausgeführt werden, bis der Skill `variable` einen Wert größer oder gleich fünf annimmt. Da wir in diesem Fall die Schleife aber an keine Bedingung knüpfen wollen, ersetzen wir die Bedingung durch `1`, wodurch diese Schleife unendlich oft ausgeführt wird.

```
MY.PAN+=3*TIME;
```

Diese Zeile ist der eigentliche Kernpunkt der Aktion. Hier wird das Objekt entlang seiner Z-Achse gedreht. `MY` ist dabei ein Synonym für das Objekt, dem die Anweisung im Leveleditor zugewiesen wurde, `PAN` ist der Winkel dieses Objektes. Dieser wird jeden Tick (eine Sekunde ~ 16 Ticks) um `3*TIME` erhöht. Wir multiplizieren den eigentlichen Wert mit `TIME`, da ein Tick abhängig von der Geschwindigkeit ist, mit der das Spiel läuft. Der Würfel würde sich also auf schnelleren Rechnern schneller drehen. Um dies zu vermeiden, gibt es den vordefinierten TIME-Skill, der sich automatisch an die Geschwindigkeit der Rechner anpasst und daher auf langsamen Systemen größer, auf schnellen Systemen kleiner ist. Das darauf folgende WAIT 1; muss eingefügt werden, damit die Schleife kurz (einen Tick) unterbrochen wird und die Engine die restlichen Aktionen bearbeiten kann. Wird kein WAIT eingefügt, so stürzt Acknex ab.

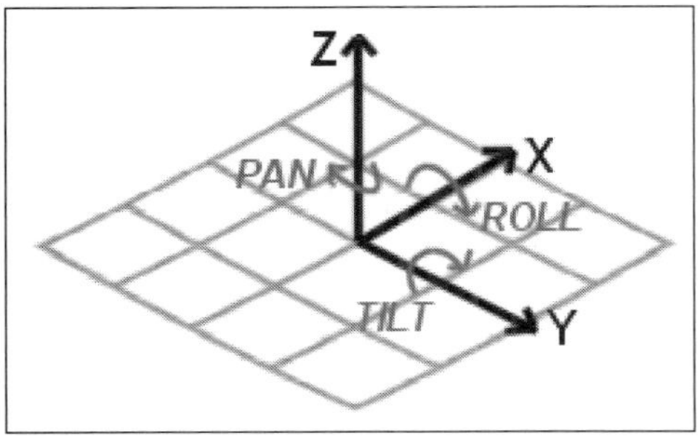

Abb. 2.9: Verwendung von PAN, TILT und ROLL

Jetzt haben wir also eine Aktion zum Drehen eines Objektes, wie z.B. einen Würfel. Was fehlt, ist eine weitere Aktion für ein Objekt, das sich in die andere Richtung dreht. Das ist kein Problem. Kopieren Sie die eben geschriebene Aktion und benennen Sie die Kopie z.B. Xpan_cube_1.

Danach noch eine Änderung der Zeile

```
MY.PAN+=3*TIME;
```

zu

```
MY.PAN-=3*TIME;
```

und schon dreht sich der Würfel in die andere Richtung.

Noch ein kleiner Hinweis zu den Aktionsnamen:

Ihnen ist sicher dieses X am Anfang des Namens aufgefallen. Es dient lediglich dazu, die Aktion als eine solche zu markieren, die ein Entity verändert, ohne dabei Einfluss auf das Spielgeschehen zu nehmen. Das trifft auf Schilder, Bäume, drehende Objekte usw. zu, und dient allein dazu, im Leveleditor die Auswahl von Aktionen übersichtlicher und einfacher zu gestalten.

Aktionen für einsammelbare Gegenstände könnten dann beispielsweise mit I (für "Item") beginnen, oder mit irgendeinem Buchstaben Ihrer Wahl. Sie können natürlich auch auf diese Kennzeichnung verzichten, werden dies aber womöglich bereuen, wenn das Projekt an Umfang gewinnt.

2.4.5.5.2 *Schilder und Plakate*

Nachdem wir bereits mit Map Entities und Modellen gearbeitet haben, wollen wir die Umgebung noch ein wenig mit Hilfe von Sprites verschönern. Sprites sind nichts anderes als herkömmliche zweidimensionale Grafiken und sollten in einem dreidimensionalen Spiel so eingesetzt werden, dass diese Eigenschaft nicht negativ auffällt.

Dazu bietet sich ein hübsches »No Smoking«-Schild an, das im MINIGAME-Verzeichnis als Grafik zur Verwendung bereitsteht. Da das Schild ein Plakat, also flach sein soll, und nicht automatisch dem Blickwinkel des Spielers angepasst werden soll, ist zuvor noch eine kleine Ergänzung am Skript notwendig:

```
ACTION Xoriented {
  SET MY.ORIENTED,ON;
}
```

Hier wird bei dem Objekt, dem diese Aktion zugewiesen wurde, das ORIENTED-Flag gesetzt. In diesem Fall wird dafür gesorgt, dass die Engine den Sprite nicht andauernd automatisch auf die Blickrichtung des Spielers ausrichtet.

Flags sind als eine Art Schalter zu verstehen, und können nur zwei Werte annehmen. Entweder sind sie aktiv (ON oder 1) oder inaktiv (OFF oder 0). Außerdem müssen Flags gesetzt werden, das heißt ganz einfach, dass, im Gegensatz zu Skills, die SET-Anweisung verwendet werden muss.

```
MY.ORIENTED = ON;
```

wird nicht richtig funktionieren und kann schlimmstenfalls zum Absturz führen, aber Sie können es ruhig mal ausprobieren.

Fügen Sie in Ihren Level ein Sprite ein, genau so wie Sie es bereits mit Modellen und Map Entities getan haben, und weisen Sie dem Sprite obige Aktion zu. Den Winkel können Sie im Leveleditor bei den Eigenschaften des Sprites einstellen.

FACING ist ein weiteres Flag für Sprites. Es bewirkt, dass ein Sprite grundsätzlich dem Winkel des Spielers angepasst wird und ist sinnvoll für Explosionseffekte, oder allgemein »runde« Sprites. Sind weder FACING noch ORIENTED gesetzt, wird der Sprite nur seitlich dem Winkel des Spielers (nur der PAN des Sprites wird verändert) angepasst und bleibt fest auf dem Boden stehen. Probieren Sie es am besten einmal selbst aus, dann wird der Unterschied sicher klar werden. FACING und ORIENTED schließen sich gegenseitig aus, können also nie gleichzeitig gesetzt sein.

2.4.5.5.3 *Animierte Sprites*

Sprites können auch animiert sein. Dazu benötigt man ein spezielles Bitmap, das alle Animationsphasen der Abfolge nach in einer waagrechten Reihe enthält.

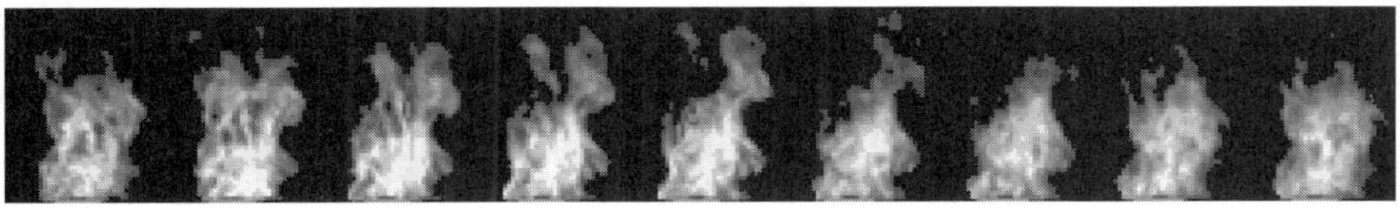

Abb. 2.10: Animiertes Flammen-Sprite

Alle einzelnen Bilder müssen die gleiche Größe haben, die Länge der Grafik muss also durch die Anzahl der Animationsphasen teilbar sein. Beim Abspeichern wird das Bitmap dann als NAME+X.BMP gespeichert, wobei X die Anzahl der Animationsphasen angibt. Der Sprite ist jetzt allerdings noch nicht animiert. Dazu benötigt man noch ein kurzes Skript, das dem Sprite zugewiesen wird.

```
ACTION Xanim {
WHILE (1) {
MY.FRAME += TIME;
IF (MY.FRAME > 9) {
MY.FRAME = 1;
}
WAIT 1;
}
}
```

In dieser Aktion finden sich bereits einige bekannte Dinge (`WHILE`, `TIME`, `WAIT`). Neu sind die `FRAME`-Eigenschaft eines Objektes und die `IF`-Abfrage. `FRAME` wird von der Engine immer automatisch gerundet und gibt die aktuelle Animationsphase an. Durch ständiges Ändern von `MY.FRAME` lässt sich also ein Sprite animieren. Der Wert wird wieder mit Hilfe des vordefinierten `TIME`-Skills verändert, so dass die Animation immer auf allen Systemen gleich schnell abgespielt wird. Bei sehr langsamen Rechnern werden auf diese Weise auch Animationsphasen ausgelassen, damit die Geschwindigkeit auf konstantem Niveau bleibt.

Nachdem die komplette Bilderfolge abgespielt wurde, muss die Animation wieder von vorne beginnen. Um dies zu bewerkstelligen, benötigen wir die `IF`-Abfrage. In den Klammern hinter `IF` steht die Bedingung, unter welcher der in geschweiften Klammern folgende Anweisungsblock ausgeführt wird. Dieses Beispiel bezieht sich auf eine Animation, die genau neun Einzelbilder umfasst, daher wird `MY.FRAME` auf eins zurückgesetzt wenn neun überschritten wird.

Es ist natürlich unpraktisch, wenn man für Animationen verschiedener Länge jedes Mal eine eigene Aktion schreiben muss. Es bietet sich daher an, das bereits vorhandene Skript etwas abzuändern und flexibler zu gestalten. Dazu müssen wir zunächst eine Zeile verändern:

```
IF (MY.FRAME > 9) {
```

zu

```
IF (MY.FRAME > MY.SKILL1) {
```

Sie werden sich jetzt sicher wundern, was `MY.SKILL1` bezwecken soll. `MY.SKILL1` ist ein besonderer Skill, der fest an das entsprechende Entity gebunden ist, und sich ideal zum Zwischenspeichern von Werten oder für Eigenschaften des Objektes (z.B. Lebensenergie, Waffenschaden, Munition) eignet. Im Leveleditor sind Ihnen bei den Eigenschaften eines Objekts sicher schon `die SKILL1-SKILL8` Eingabefelder aufgefallen. Diese können auch per WDL abgefragt werden, und genau das machen wir jetzt. Die Aktion ist nun wesentlich flexibler. Sie müssen jetzt nur noch jedem animierten Sprite die Aktion `Xanim` zuweisen und bei `SKILL1` die Anzahl der Einzelbilder angeben.

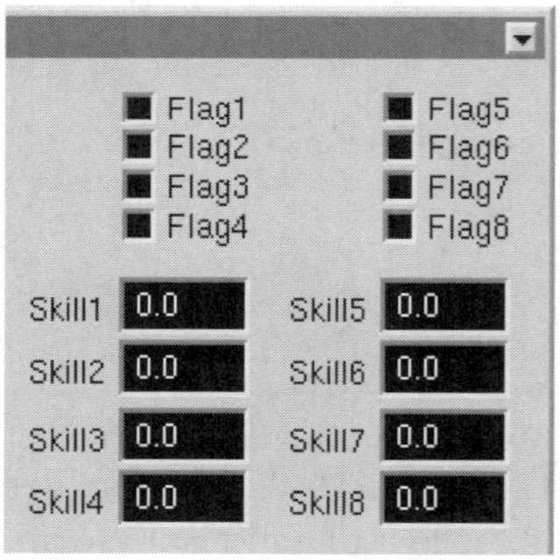

Abb. 2.11: Skill- und Flag-Eingabefelder im WED

Die `FLAG`s können auf ähnliche Weise abgefragt werden, nur dass diese eben nicht einen beliebigen Wert haben können, sondern entweder `ON` oder `OFF` sind.

2.4.5.5.4 Zoomfunktionen

Jetzt haben wir also schon ein wenig Bewegung in unsere kleine Welt gebracht. Aber der Spieler ist nach wie vor auf bloßes Herumgehen und -hüpfen beschränkt. Es liegt nahe, dem Spieler noch einige weitere Möglichkeiten anzubieten, wie etwa das Hin- und Wegzoomen. Mit den bisher gewonnenen WDL-Kenntnissen ist dies nicht weiter schwer. Der Zoomvorgang ist an eine `WHILE`-Schleife gebunden und nur so lange aktiv, wie eine bestimmte Taste gedrückt gehalten wird. Der Blickwinkel muss natürlich noch beschränkt werden, denn sonst kann es zu unschönen Darstellungsfehlern kommen. Dies wird wie bei der Spriteanimation mit einer `IF`-Abfrage geregelt. Außerdem benötigen wir zwei Aktionen, die entgegengesetzt arbeiten. Eine zum Hinzoomen und eine zum Wegzoomen. Als Skript sieht das Ganze dann wie folgt aus:

```
ACTION _zoom_in {
  WHILE (KEY_INS==1) {
    CAMERA.ARC -= 5*TIME;
    IF (CAMERA.ARC < 10) {
      CAMERA.ARC = 10;
    }
    WAIT 1;
  }
}
```

Die Aktion zum Wegzoomen sieht sehr ähnlich aus:

```
ACTION _zoom_out {
  WHILE (KEY_DEL==1) {
    CAMERA.ARC += 5*TIME;
    IF (CAMERA.ARC > 120) {
      CAMERA.ARC = 120;
    }
  WAIT 1;
  }
}
```

Solange also die Tasten EINFÜGEN und ENTFERNEN gedrückt sind, wird gezoomt. Allerdings müssen die Aktionen erst noch bei Druck auf eine der beiden Tasten aktiviert werden. Das ist einfach realisierbar:

```
ON_INS _zoom_in;
ON_DEL _zoom_out;
```

Wie Ihnen vielleicht aufgefallen ist, beginnen die Aktionsnamen mit _. Wann immer ein Name mit _ beginnt, wird er im Leveleditor bei den anderen Aktionen nicht aufgelistet. Dies macht hier Sinn, da die Zoomaktionen Objekten nicht zugewiesen werden.

2.4.5.6 WDL für Fortgeschrittene

Den einfacheren Teil der WDL haben Sie nun hinter sich gebracht. Hier sollen nun einige fortgeschrittene Möglichkeiten, die mit 3D GameStudio realisiert werden können, dargestellt werden. Dass Sie die bereits behandelten WDL-Befehle und Aktionen verstanden haben und anwenden können, wird vorausgesetzt.

2.4.5.6.1 *Teleporter*

Ein beliebtes Feature in 3D Spielen ist Teleporter. Auch solche sind mit WDL leicht realisierbar. Zum Teleportieren benötigen wir ein Entity, den Teleporter. Den Landeplatz wollen wir über die Entity-Skills wie schon bei der Sprite-Animation frei festlegbar machen. Um den Code lesbarer zu halten, wollen wir zunächst die Entity Skills in leichter merkbare Namen umdefinieren. Dies geschieht mit dem Keyword DEFINE. Im folgenden Code kann man nun direkt diese umdefinierten Namen verwenden oder nach wie vor auf die Originalnamen zurückgreifen.

```
DEFINE TELE_ANGLE,SKILL1;
DEFINE TELE_XPOS,SKILL2;
DEFINE TELE_YPOS,SKILL3;
DEFINE TELE_ZPOS,SKILL4;
```

Bevor wir das Teleporterskript fortsetzen, sollten Sie noch einen Teleporter als Map Entity basteln. Ob dieser futuristisch, fantastisch oder eher doch althergebracht aussieht, sei Ihnen überlassen.

Der Teleporter benötigt nun eine Aktion. Diese soll nur dann aktiviert werden, wenn der Spieler den Teleporter betritt. Hier kommen die so genannten EVENTs zum Einsatz. Wenn so ein EVENT eintritt, also wenn der Spieler den Teleporter betritt, dann wird eine weitere Aktion ausgelöst, in der das eigentliche Versetzen der Position des Spielers erfolgt.

```
ACTION Xteleport {
  SET MY.EVENT, _teleport_event;
  SET MY.ENABLE_SONAR,ON;
}
```

ENABLE_SONAR besagt, dass die bei MY.EVENT angegebene Aktion nur dann ausgelöst wird, wenn sich der Spieler über dem Objekt befindet. Dazu muss der Spieler selbst aber ein SONAR durchführen. Dies übernimmt im Moment noch die vorgefertigte Moveroutine.

```
ACTION _teleport_event {
  IF (EVENT_TYPE!=EVENT_SONAR) {END;}
  player.PAN = MY.TELE_ANGLE;
  player.X = MY.TELE_XPOS;
  player.Y = MY.TELE_YPOS;
  player.Z = MY.TELE_ZPOS;
}
```

Wie Ihnen vielleicht auffällt, wird hier der Spieler mit dem Synonym PLAYER angesprochen. Dies ist nicht automatisch so, sondern wird ebenfalls von der vorgefertigten Moveroutine für uns erledigt. Ein Synonym wird wie folgt definiert:

```
SYNONYM player {TYPE ENTITY;}
```

Es gibt verschiedene Arten von Synonymen; für den Spieler wird allerdings ein Entity-Synonym benötigt. Sie brauchen diese Definition nicht in Ihr Skript zu übernehmen, dafür sorgt bereits die vorgefertigte Moveroutine.

Jetzt müssen Sie nur noch die Zielkoordianten angeben. Bewegen Sie den Mauscursor im Editor an die gewünschte Stelle und lesen Sie am oberen Rand des Fensters die Koordinaten ab. Geben Sie diese zusammen mit der Blickrichtung an, in die der Spieler nach dem Teleportieren blicken soll (in Grad).

Der Teleporter ist nun funktionsbereit, aber Ihnen ist sicher aufgefallen, dass er etwas unscheinbar wirkt. Wir sollten ihn noch ein wenig vom Rest des Levels herausheben, damit der Spieler auch sofort auf den Teleporter aufmerksam wird. Eine bewährte Methode besteht darin, das Objekt einfach aufleuchten zu lassen und wieder abzudunkeln, so dass sich die Helligkeit des Objektes ständig ändert. Da dies sehr einfach umzusetzen ist, ergänzen wir unser Skript:

```
ACTION _add_ambient {
  WHILE (MY.AMBIENT<70) {
    MY.AMBIENT+=3*TIME;
    WAIT 1;
  }
  BRANCH _sub_ambient;
}
ACTION _sub_ambient {
  WHILE (MY.AMBIENT>0) {
    MY.AMBIENT-=3*TIME;
    WAIT 1;
  }
  BRANCH _add_ambient;
}
```

`AMBIENT` gibt die Helligkeit eines Objektes an, liegt standardmäßig bei 0, und kann Werte bis maximal 100 annehmen. Neu in diesen Aktionen ist das `BRANCH`-Keyword. Es lässt die Engine sofort die angegebene Aktion ausführen, wobei die aktuelle Aktion abgebrochen wird, das heißt, dass alles was hinter der `BRANCH`-Anweisung kommt, ignoriert wird. Dadurch kann direkt zu einer weiteren Aktion verzweigt werden, wobei die aktuelle Aktion nicht weiter ausgeführt, sondern sofort beendet wird.

Die Aktionen werden nun immer nach einiger Zeit gewechselt und wir erhalten den gewünschten Leuchteffekt. Jetzt müssen wir nur noch eine der Aktionen in `Xteleport` aufrufen, aber das ist kein Problem. Fügen Sie

```
BRANCH _add_ambient;
```

am Ende (!) von `Xteleport` hinzu und dann sei Ihnen erlaubt, Ihren Level nochmals unter die Lupe zu nehmen.

2.4.5.6.2 Steuerbare Videokamera

Unser nächstes Skript wird schon deutlich komplexer. Wir wollen eine Videokamera in der Level stellen, die der Spieler steuern kann. Die Kamera soll dabei in einem kleineren Fenster über dem eigentlichen Bild dargestellt werden. Zunächst wird die Kamera auf Tastendruck aktivierbar sein, später wollen wir ein Terminal in den Level stellen, von dem aus die Kamera gesteuert werden kann.

Als erstes benötigen wir ein neues Fenster, in WDL auch `VIEW` genannt. Um es über dem Standardfenster anzuzeigen, müssen wir die `LAYER`-Eigenschaft auf einen Wert größer als `0` setzen. Aus Sicherheitsgründen verwenden wir im Beispiel einen `LAYER` von `10`, aber theoretisch würde auch `LAYER 1` seinen Zweck erfüllen.

```
VIEW camview { LAYER 10;}
ACTION Xcamera {
  SET MY.PASSABLE,ON;
  SET MY.INVISIBLE,ON;
  SET camview.GENIUS,ME;
  camview.X = MY.X;
  camview.Y = MY.Y;
  camview.Z = MY.Z;
  camview.PAN = MY.PAN;
  camview.TILT = -23;
  camview.ARC = 85;
}
```

Zunächst benötigen wir eine Aktion, die einem beliebigen Entity den definierten `VIEW` zuweist. Das Entity selbst wird später im Spiel nicht zu sehen sein, daher können Sie ein beliebiges Objekt verwenden. Danach setzen wir noch einige Eigenschaften, die Ihnen inzwischen bekannt sein sollten (z.B. `PAN`, `MY.X`, `MY.Y`, `MY.Z`). Durch die Veränderung des `ARC` geben wir der Kamera ein größeres Blickfeld.

```
ACTION _activate_cam {
  SET camview.VISIBLE,1;
  SET ON_CUL, _rot_cam_l;
  SET ON_CUR, _rot_cam_r;
  SET ON_SPACE, _deactivate_cam;
  SET ON_MOUSE_RIGHT, _deactivate_cam;
  SET FREEZE_MODE,1;
}
ON_C _activate_cam;
```

Als Nächstes soll der `VIEW` beim Aktivieren der Kamera sichtbar gemacht, und die Tasten zum Drehen und Deaktivieren der Kamera belegt werden. Durch Setzen der `VISIBLE`-Eigenschaft des `VIEW` wird dieser schließlich dargestellt. Während der Kameramodus aktiv ist, soll das Spielgeschehen angehalten werden. Dies wird durch Setzen des vordefinierten FREEZE_MODE-Skills auf eins erreicht. Jetzt fehlen noch die Aktionen zum Drehen der Kamera:

```
ACTION _rot_cam_l {
  WHILE (KEY_CUL==1) {
    camview.PAN += 3*TIME;
    WAIT 1;
  }
}
ACTION _rot_cam_r {
  WHILE (KEY_CUR==1) {
    camview.PAN -= 3*TIME;
    WAIT 1;
  }
}
```

KEY_CUL und KEY_CUR geben den Zustand der linken und der rechten Cursortaste an. Bei einem Wert von eins ist die Taste gedrückt, bei einem Wert von null nicht. KEY_CUU und KEY_CUD stehen entsprechend für obere und untere Cursortaste.

Schließlich muss die Kamera auf Tastendruck noch deaktiviert werden:

```
ACTION _deactivate_cam {
  SET camview.VISIBLE,0;
  SET ON_CUL, NULL;
  SET ON_CUR, NULL;
  SET ON_SPACE, NULL
  SET ON_MOUSE_RIGHT, NULL;
  SET FREEZE_MODE,0;
}
```

Wir entlegen die zuvor benutzten Tasten zum Kontrollieren der Kamera, schalten den VIEW ab und lassen das Spiel wieder normal weiterlaufen.

Was jetzt noch fehlt, ist die automatische Einstellung der Größe und Position des VIEW, da unser Spiel ja in verschiedenen Auflösungen spielbar sein soll. Dies erledigen wir mit einer dauerhaft ablaufenden Aktion, die wir zu Beginn des Spiels aufrufen:

```
ACTION _set_cam {
  WHILE (1) {
    camview.POS_X = SCREEN_SIZE.X/4;
    camview.POS_Y = SCREEN_SIZE.Y/4;
    camview.SIZE_X = SCREEN_SIZE.X/2;
    camview.SIZE_Y = SCREEN_SIZE.Y/2;
    WAIT 1;
  }
}
```

Aus dem vordefinierten, auflösungsabhängigen Skill SCREEN_SIZE kann dabei die Breite und die Höhe des Fensters abgefragt werden. Bei SCREEN_SIZE handelt es sich um einen Vektorskill, das heißt, dass der Skill über .X, .Y und .Z Eigenschaften verfügt und somit drei Werte auf einmal beinhalten kann. Vor allem für Berechnungen im dreidimensionalen Raum ist dies sehr vorteilhaft.

Sie müssen die Aktion noch zu Beginn des Spiels starten. Fügen Sie folgende Zeile zu Ihrer startup-Aktion vor (!) der BRANCH-Anweisung hinzu:

```
CALL _set_cam;
```

Im Gegensatz zu BRANCH ruft CALL eine weitere Aktion auf, ohne dass die alte Aktion abgebrochen wird. Die Aktionen können somit parallel ablaufen.

Jetzt müssen Sie nur noch ein beliebiges Entity im Level platzieren, den Blickwinkel entsprechend einstellen und die Aktion Xcamera zuweisen. Die Kamera kann dann mit C aktiviert, mit SPACE (Leertaste) deaktiviert werden.

2.4.5.6.3 Steuer-Terminal

Nun wollen wir das versprochene Terminal hinzufügen. Nachdem Sie Ihr Map Entity nach Ihren Wünschen erstellt haben, weisen Sie folgende Aktion zu:

```
ACTION Xcam_control {
  SET MY.EVENT, _activate_cam;
  SET MY.ENABLE_SCAN,ON;
}
```

Jetzt wird _activate_cam nur dann aufgerufen, wenn unser Terminal gescannt wurde. Nachdem der Spieler auf Tastendruck noch einen SCAN ausgeführt hat kann er das Terminal benutzen:

```
SKILL temp {}
ACTION _use {
  temp.PAN = 30;
  temp.TILT = 45;
  temp.Z = 120;
  MY_ANGLE.PAN = player.PAN;
  MY_ANGLE.TILT = CAMERA.TILT;
  SCAN player.POS,MY_ANGLE,temp;
}
ON_SPACE _use;
ON_MOUSE_RIGHT _use;
```

Als erstes definieren wir einen neuen Skill temp und weisen diesem einige Werte für die SCAN-Anweisung zu. Der Z-Wert gibt die Reichweite an, während man mit PAN und TILT ein Kugelsegment aufspannen kann. Nur innerhalb dieses Bereichs wird gescannt.

MY_ANGLE ist ein vordefinierter Skill, den wir nur kurzzeitig als Zwischenspeicher nutzen können. Wir weisen ihm den PAN des Spielers und den TILT der Kamera zu, da das Spielermodell selbst nur gePANt, aber nicht geTILTet wird. Beim Auf- und Abschauen wird lediglich der CAMERA.TILT verändert.

Die SCAN-Anweisung selbst benötigt drei Skills als Parameter. Einmal die Position, von der aus gescannt werden soll, dann den Winkel in welche Richtung gescannt wird, und schließlich den Scanbereich. Nur eine kleine Änderung in der Aktion _deactivate_cam ist noch notwendig:

```
SET ON_SPACE, _use;
  SET ON_MOUSE_RIGHT, _use;
```

Die Zeile

```
ON_C _activate_cam;
```

wird nicht mehr benötigt und kann bedenkenlos gelöscht werden. Platzieren Sie das Terminal am besten im Sichtfeld der Kamera, so dass sich der Spieler, der gerade vor dem Terminal steht, sehen kann.

2.4.5.6.4 *Taschenlampe*

Ein letztes Feature wollen wir noch in Ihren kleinen Level implementieren: Eine Taschenlampe, die auf Knopfdruck aktiviert und deaktiviert werden kann. Sie haben doch sicher einige Stellen im Level dunkel gelassen, oder? Wenn nicht, dann sollten Sie dies noch nachholen.

Eine Taschenlampe wird simuliert durch ein dynamisches Licht, das nichts weiter ist als ein Entity, das seine Umgebung erhellt. Es soll eine bestimmte Maximalentfernung zum Spieler haben, und gleichzeitig nicht durch Wände gehen. Um dies zu erreichen, lässt sich die SHOOT-Anweisung missbrauchen, die eigentlich für Schussaktionen benötigt wird.

```
SYNONYM flashlight {TYPE ENTITY;}
ACTION _flashlight_on {
  SET ON_F, _flashlight_off;
  CREATE <minipal.pcx>, player.POS,      Xset_flashlight;
}
```

Zunächst definieren wir ein Synonym, damit wir später immer auf das dynamische Licht zugreifen können. Als Nächstes wird das dynamische Licht mit Hilfe der CREATE-Anweisung erstellt. Als Parameter werden der Dateiname des Entities, die Startposition und die Startaktion angegeben. Das Aussehen des Entities selbst spielt, wie bereits bei der steuerbaren Videokamera, keine Rolle, da es nicht sichtbar sein wird.

```
ACTION _flashlight_off {
  REMOVE flashlight;
  SET ON_F, _flashlight_on;
}
```

Wenn die Taschenlampe beim Drücken auf die F-Taste bereits aktiv ist, soll sie wieder ausgeschaltet werden. Dazu müssen wir nur das dynamische Licht mit Hilfe des REMOVE-Befehls aus dem Level entfernen. Wichtig ist, dass wir hier bereits mit dem zuvor definierten SYNONYM arbeiten. Dieses wird in der folgenden Aktion gesetzt:

```
ACTION Xset_flashlight {
  SET MY.PASSABLE,1;
  SET MY.INVISIBLE,1;

  MY.LIGHTRANGE = 200;
  MY.LIGHTRED = 255;
  MY.LIGHTGREEN = 255;
  MY.LIGHTBLUE = 255;
  SET flashlight, ME;

  WHILE (1) {
    temp.X=1000*COS(player.PAN)*COS(CAMERA.TILT)+player.X;
    temp.Y=1000*SIN(player.PAN)*COS(CAMERA.TILT)+player.Y;
    temp.Z=1000*SIN(CAMERA.TILT)+player.Z;

    SET player.PASSABLE,1;
    SHOOT player.POS,temp;
    SET player.PASSABLE,0;
    MY.LIGHTRANGE = 200;

    IF (RESULT !=0) {
      temp.X=(RESULT-25)*COS(player.PAN)*COS(CAMERA.TILT)+player.X;
      temp.Y=(RESULT-25)*SIN(player.PAN)*COS(CAMERA.TILT)+player.Y;
      temp.Z=(RESULT-25)*SIN(CAMERA.TILT)+player.Z;
      MY.LIGHTRANGE=100+RESULT/7;
    }
    SET flashlight.X,temp.X;
    SET flashlight.Y,temp.Y;
    SET flashlight.Z,temp.Z;
    WAIT 1;
  }
}

ON_F _flashlight_on;
```

Zunächst setzen wir die Eigenschaften und die Farbwerte des dynamischen Lichts, danach wird das Synonym dem Licht zugewiesen. In der folgenden Schleife berechnen wir die Position mit Hilfe der COS- und SIN-Funktionen. Wir gehen dabei von einer Entfernung von 1000 aus. Nun haben wir die Position, die das dynamische Licht einnehmen würde, wenn keine Wand den Lichtstrahl behindert. Daher überprüfen wir als nächstes mit Hilfe der SHOOT-Anweisung, ob eine Wand oder ein Objekt im Weg ist. SHOOT benötigt als Parameter die Position von der aus »geschossen« wird (Ausgangspunkt ist in diesem Fall der Spieler) und die Zielposition, die wir soeben berechnet haben.

Damit SHOOT richtig funktioniert, müssen wir dafür sorgen, dass der Spieler den Schießvorgang nicht behindert. Daher setzen wir `player.PASSABLE` kurz auf `eins`, und gleich danach wieder zurück auf `null`.

Wurde tatsächlich eine Wand oder ein Objekt getroffen, so enthält der vordefinierte Skill RESULT die Entfernung zur getroffenen Stelle, und TARGET gibt die exakten Koordinaten des Treffers zurück. Wurde nichts getroffen, erhält RESULT den Wert `null`.

Da es zu unschönen Fehlern kommen kann, wenn wir das Licht im Falle eines Treffers direkt an die getroffene Stelle setzen, berechnen wir die Position wie zuvor, nur dass wir diesmal `RESULT-25` verwenden. Damit das Ganze ein wenig realistischer erscheint, verkleinern wir die Reichweite des dynamischen Lichts, je kürzer die Entfernung zum Spieler ist. Jetzt müssen wir dem Licht nur noch die berechnete Position zuweisen. Diese enthält in jedem Fall der `temp-Skill`, da im Falle eines Hindernisses die Werte aktualisiert werden (vgl. IF-Abfrage).

2.4.5.6.5 Einbinden einer Debugging-Anzeige

Eine Debugging-Anzeige dient dazu, Werte anzuzeigen, deren Änderungen wir beobachten wollen. Dies kann hilfreich sein, wenn man irgendwelche seltsamen Vorgänge in einer Aktion beobachtet, die eigentlich anders ablaufen sollten. Durch die Möglichkeit, einen Skill zu überwachen, kann man oft wesentlich leichter den Fehler finden.

Da die Debugging-Anzeige im fertigen Spiel nicht auftauchen soll, lagern wir sie in eine externe Datei aus und binden sie per INCLUDE in unser Skript ein. Auf diese Weise ist es einfacher, das Skript später wieder zu entfernen.

Im folgenden Beispiel werden wir die Geschwindigkeit (Frame-Rate) des Spiels, die Spielerposition sowie die Blickrichtung des Spielers anzeigen. Erstellen Sie dazu eine Datei namens DEBUG.WDL.

```
//-----------------------------------------
// Bildschirmanzeige für Framerate und Spielerposition
//-----------------------------------------
FONT debug_font,<ackfont.pcx>,6,9;
SKILL frames { VAL 1; }
```

```
PANEL debug_pan {
  POS_X 0;
  POS_Y  16;
  DIGITS 0,0,3,debug_font,16,frames;
  DIGITS 24,0,4,debug_font,1,player.X;
  DIGITS 54,0,4,debug_font,1,player.Y;
  DIGITS 84,0,4,debug_font,1,player.Z;
  DIGITS 114,0,4,debug_font,1,player.PAN;
  DIGITS 144,0,4,debug_font,1,camera.TILT;
  FLAGS TRANSPARENT,REFRESH;
}

STRING debug_str,
  "fps x    y    z    pan  tilt";

TEXT debug_txt {
  POS_X  0;
  POS_Y  2;
  FONT  debug_font;
  STRING debug_str;
}
```

Als erstes definieren wir mit Hilfe des FONT-Keywords eine Schrift, mit der die Anzeige dargestellt werden soll. Die Grafik muss in der Höhe durch vier und in der Breite durch 32 teilbar sein. Daraus ergeben sich 128 Zeichen, die alle gleich groß sein müssen. Um herauszufinden, in welcher Reihenfolge die Zeichen angeordnet werden müssen, sollten Sie einmal einen Blick auf die Datei ACKFONT.PCX werfen. Diese befindet sich im TEMPLATE-Unterverzeichnis und kann mit jedem Grafikprogramm geöffnet werden.

Danach definieren wir das Panel, das nichts anderes als eine Anzeige ist. DIGITS dient zum Erstellen einer Zahlenanzeige und benötigt den X/Y-Abstand zum oberen linken Panelrand, die Anzahl der dargestellten Stellen, den verwendeten Font, einen Multiplikator und schließlich noch den anzuzeigenden Skill als Parameter. Da das Panel über der Spielgrafik angezeigt werden soll, muss es bei jedem Bildaufbau neu gezeichnet werden. Um dies zu erreichen, setzen wir das REFRESH-Flag.

Damit wir wissen, welche Skills wo angezeigt werden, sollten wir sie noch beschriften. Dazu definieren wir einen String. Dieser kann in einem TEXT angezeigt werden.

```
ACTION _set_debug {
  SET debug_pan.VISIBLE,ON;
  SET debug_txt.VISIBLE,ON;
  WHILE (1) {
    frames = 0.9*frames + 0.1*TIME_FAC;
```

```
    WAIT  1;
  }
}
```

Damit das Ganze sichtbar wird, müssen wir noch die VISIBLE-Flags des Panels und des Textes setzen. Da die Anzeige der Framerate sehr stark schwanken würde, und dadurch nicht erkennbar wäre, verlangsamen wir die Änderung des Skills mit Hilfe einer WHILE-Schleife. Allerdings erhalten wir so die Geschwindigkeit pro Tick, da die Framerate sich aber auf Sekunden bezieht, müssen wir den Skill bei der DIGITS-Anweisung noch mit 16 multiplizieren.

Fügen Sie am Anfang Ihres Skripts noch

```
INCLUDE <DEBUG.WDL>;
```

hinzu. Damit die Anzeige auch aktiviert wird, müssen Sie die startup-Aktion noch um ein CALL _set_debug; ergänzen. Wenn sie alles richtig gemacht haben, sollte sich beim nächsten Start des Spiels eine Anzeige in der oberen linken Ecke befinden.

2.4.5.6.6 Die Move-Routine

Die Move-Routine ist das letzte Skript, das hier etwas genauer vorgestellt werden soll. Obwohl die hier gezeigte Version deutlich kleiner als die in den Templates mitgelieferte Routine ist, zeigt sie doch, dass es nicht ganz einfach ist, eine ordentliche Spielerbewegung hinzubekommen.

Also packen wir die Sache an...

Erstellen Sie zunächst eine Datei namens MOVEMENT.WDL im MINIGAME-Verzeichnis. Als Nächstes benötigen wir das PLAYER-Synonym und einige Skills:

```
SYNONYM PLAYER {TYPE ENTITY;}
SKILL friction {}
SKILL distance {}
SKILL total_distance {}
SKILL speed {}
SKILL angspeed {}
SKILL force {}
SKILL angforce {}
SKILL temp {}
```

Die eigentliche Move-Routine besteht nur aus einer einzigen Aktion, diese hat es aber in sich. Um die Vorgänge besser erklären zu können, wird das Listing im Folgenden immer wieder durch kurze Textstellen unterbrochen, der komplette Quelltext aber stellt eine zusammenhängende Aktion dar.

```
ACTION player_walk {
  SET player,ME;
  SET CAMERA.GENIUS,ME;
  SET MY.NARROW,ON;
  SET MY.FAT,OFF;
  WAIT 1;
```

Wir beginnen mit dem Definieren der Spielereigenschaften. Das PLAYER-Synonym wird gesetzt, damit wir von anderen Skripten aus auf die Spielfigur zugreifen können. Als Nächstes weisen wir der CAMERA-View einen GENIUS zu. Dies bedeutet, es werden in der View nur die Objekte gezeigt, die der GENIUS (in diesem Fall der Spieler) selbst sehen kann, alle anderen Objekte werden nicht berücksichtigt. Auf diese Weise kann in komplexen Levels ein wenig Rechenzeit eingespart werden.

Die FAT- und NARROW-Flags dienen zur Kontrolle der Kollisionsabfrage. Wird NARROW gesetzt, kann der Spieler auch engere Stellen passieren.

Bevor wir den Spieler bewegen, müssen wir noch ein `WAIT 1;` einfügen, damit die Flags richtig gesetzt werden können.

```
  WHILE (1) {
    angforce.PAN = -9 * KEY_FORCE.X;
    angforce.TILT= 7*(KEY_PGUP-KEY_PGDN);
    ACCEL angspeed,angforce,0.7;
    MY.PAN += angspeed.X;
    CAMERA.TILT+=angspeed.Y;
    IF (CAMERA.TILT>90) {
      CAMERA.TILT=90;
    }
    IF (CAMERA.TILT<-90) {
      CAMERA.TILT=-90;
    }
```

Wir berechnen zunächst die Kräfte für das Auf- und Abschauen und die seitliche Drehung des Spielers. Mit Hilfe der ACCEL-Anweisung lässt sich eine Geschwindigkeit durch eine Kraft unter Berücksichtigung der Reibung berechnen. Die ACCEL-Anweisung berücksichtigt immer die X-, Y-, Z- bzw. PAN-, TILT-, ROLL-Werte eines Skills auf einmal, daher müssen wir für beide Drehungen nur einmal ACCEL aufrufen. Danach werden die Winkel des Spielers und der View entsprechend verändert. Das Auf- und Abschauen muss allerdings noch eingeschränkt werden, sonst wirkt es im Spiel nicht gerade realistisch.

```
    SONAR ME,3000;
    IF (RESULT > 4) {
      force.X=0;
      force.Y=0;
      force.Z = -8;
      friction = 0.05;
```

```
    } ELSE {
      force.X = 10 * KEY_FORCE.Y;
      force.Y = 10 * (KEY_COMMA-KEY_PERIOD);
      force.Z = -0.5 * RESULT;
      friction = 0.6;
    }
```

Als Nächstes wird der SONAR-Befehl ausgeführt. Dieser ist dazu gedacht, den Abstand zwischen Spieler und Boden zu ermitteln. Als Parameter wird die Weite des SONAR angegeben. Größere Entfernungen werden nicht erkannt.

Der vordefinierte RESULT-Skill enthält, nach dem Ausführen von SONAR, den genauen Abstand zwischen Boden und Spieler.

Auf diese Weise können wir überprüfen, ob sich der Spieler in der Luft oder in Bodennähe befindet. In der Luft gibt es nur eine geringe Reibung, der Spieler wird stark nach unten beschleunigt, und kann sich dabei nicht bewegen.

In Bodennähe hingegen ist die Reibung größer und der Spieler kann sich bewegen. Wir weisen dem Spieler nach wie vor eine negative force.Z zu, deren Größe abhängig vom Abstand zum Boden ist. Dadurch wirkt das Landen des Spielers etwas realistischer.

```
  ACCEL speed,force,friction;
  MOVE ME,speed,NULLSKILL;
```

Wieder berechnen wir die Geschwindigkeit in Abhängigkeit der Kräfte und der Reibung. Danach wird der Spieler mit der MOVE-Anweisung, die zwei Parameter benötigt, bewegt. Einmal die Geschwindigkeiten, die in Abhängigkeit vom Winkel des Spielers wirken, wie die Vorwärts- oder Seitwärtsbewegungen, dann die absoluten Geschwindigkeiten, die unabhängig vom Winkel des Spielers wirken. Diese sind meist äußere Einflüsse wie Wind oder Schwerkraft.

In unserer einfachen Move-Routine haben wir die Schwerkraft bereits im ersten Parameter abgedeckt, da der Spieler nur seitwärts gedreht werden kann und speed.Z demnach immer genau nach unten wirkt. Den zweiten Parameter müssen wir mit dem vordefinierten Skill NULLSKILL ersetzen.

```
  distance = SQRT(speed.X*speed.X + speed.Y*speed.Y);
  total_distance+=distance;
  CAMERA.X = player.X;
  CAMERA.Y = player.Y;
  CAMERA.Z = player.Z + player.MAX_Z-5+3.5 * SIN(2.5*total_distance);
  CAMERA.PAN=MY.PAN;
  WAIT 1;
  }
}
```

Jetzt muss nur noch die Kamera mit dem Spieler bewegt werden. Da normal der Kopf beim Gehen ein wenig auf- und abwippt, müssen wir `CAMERA.Z` periodisch verändern. Dazu wird zunächst die zurückgelegte Distanz berechnet. Mit Hilfe der `SIN`-Funktion erhalten wir schließlich die gewünschte periodische Auf- und Abbewegung. Sie werden die Werte noch mit bestimmten Faktoren multiplizieren müssen, bevor Sie die gewünschte Bewegung erhalten. Spielen Sie ruhig ein wenig mit den Zahlen herum, und beobachten die Resultate.

Die Move-Routine ist jetzt funktionstüchtig. Allerdings kann noch nicht mit der Maus gesteuert werden. Dies einzubauen soll Ihnen an dieser Stelle als Übungsaufgabe überlassen werden. Die Mausbewegung kann, ähnlich den Pfeiltasten, mit `MOUSE_FORCE.X` und `MOUSE_FORCE.Y` abgefragt werden.

Eine deutlich schwierigere Aufgabe ist das Einbauen einer Taste zum Springen. Sobald diese gedrückt wird, muss der Spieler nach oben beschleunigt werden.

Aber probieren Sie Ihre jetzige Move-Routine doch erst einmal aus, bevor Sie sich noch tiefer in die WDL stürzen...

2.4.5.7 Wie geht's weiter?

Das liegt eigentlich in Ihrer Hand. Da Sie inzwischen allerdings eine ganze Menge über WDL wissen, liegt es nahe, zuerst die bereits erstellten Skripte zu verbessern und zu erweitern.

Zunächst sollten Sie Ihren Level um ein paar Türen und Lifte erweitern. Beide Elemente wurden in diesem Tutorial nicht erwähnt, sollten aber leicht umzusetzen sein. Eine Tür ist nichts anderes als ein Map Entity, das um 90 gedreht wird, wenn der Spieler einen `SCAN` auslöst. Ein Lift ist ein Map Entity, das entlang seiner Z-Achse bewegt wird und auf das `SONAR` des Spielers reagiert.

Fügen Sie Anzeigen und Bildschirmtexte hinzu. Versuchen Sie, ein kleines Menü zum Auswählen von Optionen zu schreiben.

Verändern Sie das Bewegungsverhalten des Spielers. Schreiben Sie die Liftaktion so um, dass Sie einen sich dauerhaft bewegenden Lift, einen Paternoster, erhalten. Versuchen Sie, dem anderen Modell, welches im Tutorial-Level herumläuft, einfache künstliche Intelligenz zu geben, indem Sie mit Hilfe von `EVENT`s auswerten, ob es gegen eine Wand gelaufen ist. Bauen Sie eine Funktion ein, so dass man durch Druck auf die Leertaste mit dem Modell reden kann.

Nicht alle Türen sind immer offen. Versuchen Sie einmal, eine Aktion zu schreiben, bei der eine Tür mit einem Schlüssel aufgesperrt werden muss. Schreiben Sie andere, hier nicht erwähnte Aktionen.

Wenn Sie denken, Sie haben vorerst genug mit WDL gearbeitet, gehen Sie doch noch einmal durch Ihr Level. Wo könnte man es erweitern? Was sieht eindrucksvoll aus, was kommt weniger gut?

Vergrößern und verbessern Sie den Level, bis Sie schließlich zusammen mit den erweiterten Skripten ein kleines Spielchen erhalten. Bis es soweit ist, stehen allerdings noch viele Stunden Arbeit bevor. Also dann nichts wie los, von nun an sind Sie auf sich selbst gestellt...

2.4.6 Interview mit Johann Christian Lotter von Conitec

Einer der Hauptverantwortlichen für das 3D GameStudio, Johann Christian Lotter, erklärte sich freundlicherweise dazu bereit, sich einem kurzen Interview exklusiv für dieses Buch zu stellen.

Robert Jäger: Sie arbeiten ja nun schon eine ganze Weile bei Conitec an der Acknex Engine. Gab es dafür eigentlich spezielle Beweggründe?

JCL: *Ich arbeite zwar nicht nur an GameStudio, aber doch hauptsächlich. Da diese Software mittlerweile eines der »Standbeine« von Conitec ist, wird dies wohl noch eine Zeitlang so bleiben.*

Robert Jäger: Für welchen Usertyp ist Acknex geeignet? Wer sollte die Finger davon lassen? Diese Frage ist insofern interessant, weil viele Projekte angefangen werden, die dann innerhalb kürzester Zeit wieder im Jenseits verschwinden...

JCL: *Ich rate keinem, die Finger davon zu lassen. Im Gegenteil: Leute, arbeitet mit GameStudio!*

Es stimmt, dass viele Projekte nie auf den Markt kommen – das ist mir mit einem eigenen Game nicht anders ergangen. So ist das nun mal mit Spielen. Aber auch ein totes Projekt war nicht umsonst. Man hat immer daraus gelernt – wenn auch nur, was man beim nächsten Mal anders machen sollte. Und meistens hat es trotzdem einen Höllenspaß gemacht.

Der Fehler, den viele beim ersten Mal machen, ist der, dass sie den Aufwand unterschätzen, der in einem professionellen Spiel steckt. Auch GameStudio kann einem nicht die ganze Arbeit abnehmen.

Robert Jäger: Es buhlen derzeit zahlreiche weitere Autorensysteme (3DGCS, DARKBASIC, JAMAGIC,...) um die Gunst des Käufers. Was halten Sie von den anderen Systemen? Wo hat Acknex im Vergleich zu diesen Systemen seine Stärken, wo liegen die Schwächen?

JCL: *Jedes dieser Systeme hat seine Existenzberechtigung. GameStudio ist das einzige System mit einer richtigen Lighting Engine, die Schattenverläufe (Shadow Mapping) darstellen kann, so wie die »großen« kommerziellen Engines. Wenn jemand ein 3D-Game machen will, das »Atmosphäre« haben soll, so nimmt er in der Regel GameStudio als Autorensystem. Aber es gibt natürlich auch eine Menge Spielideen, für die man so fortgeschrittene Features gar nicht braucht. Letztlich ist es eine Geschmacksfrage.*

Robert Jäger: Was halten Sie von den Werken der Acknex-User? Sind sie beeindruckt? Oder sind die Spiele doch eher durchwachsen? Wie gut wird Acknex Ihrer Ansicht nach ausgenutzt?

JCL: *Ich bin immer wieder beeindruckt, wenn ich Ideen damit realisiert sehe, an die ich selbst beim Konzipieren noch gar nicht gedacht habe.*

Viele nutzen GameStudio aber nur zu einem geringen Teil aus, da sie vor dem Programmieren von WDL-Skripten Angst haben. Das finde ich schade, denn wenn man den Dreh mal raus hat, geht das WDL-Programmieren kinderleicht. Es ist viel einfacher, als ein Programm in Basic oder gar C oder Java zu schreiben! Auch wenn wir künftig immer mehr vorgefertigte Skripten mitliefern werden, finde ich Kunden-Spiele ohne eigenes Scripting und ohne selbst ausgedachte und programmierte Effekte langweilig.

Robert Jäger: Acknex wird ja ständig weiterentwickelt. Eine genaue Liste der kommenden Features wäre an dieser Stelle sicher zuviel verlangt und würde den Rahmen dieses Buches sprengen, aber welche großen Neuerungen werden auf die User zukommen? Wie sieht die Zukunft des Systems aus?

JCL: *Die Zukunft wird in Richtung intuitivere, standardisierte Bedienung gehen. Welt- und Modelleditor werden zusammen mit einem neuen Terraineditor zu einer einzigen Bedieneroberfläche verschmelzen. Mehr Standard-Dateiformate werden importiert werden können. Es wird vielleicht eine grafische Oberfläche zum Skriptschreiben geben. WDL wird mehr Objekte bekommen, externe C-Module können eingehängt werden. Eventuell wird eine Portierung auf andere Plattformen (Windows CE, Dreamcast) kommen.*

Robert Jäger: Wollen Sie dem Leser, der gerade beginnt, sich in Acknex/WDL zu vertiefen, noch etwas Spezielles mitteilen?

JCL: *Nur eins noch: Wenn Sie sich gerade eine Spielidee überlegen – versuchen Sie nicht, ein dreiundfünfzigstes* UNREAL *oder* HALFLIFE *herauszubringen. Halbherzig gemachte Ballerspiele sind alles andere als begeisternd. Denken Sie lieber noch etwas länger über Ihre Spielidee nach. Es lohnt sich.*

Kapitel 3

Programmierung

3.1 Vorteile und Fallstricke (PD)

Wenn man von der Begrenztheit der Autorensysteme die Nase voll hat oder sich damit gar nicht erst abgeben will, kann man versuchen, sein eigenes Spiel selbst zu programmieren. Das ist völlig okay. Wenn man feste Vorstellungen davon hat, was man will, kann man auch *nur auf diese Weise* seine Vorstellungen verwirklichen.

Es ist ein ziemlich steiniger Weg. Er wird trotzdem täglich von Hunderttausenden begangen, und das aus einem simplen Grund: Programmieren macht Spaß. Es kann sogar zur Sucht werden, wenn man nicht aufpasst. Aber gehen wir der Reihe nach:

Zunächst einmal wird man nicht umhinkommen, mindestens eine **Programmiersprache** zu beherrschen. Das ist nicht so wild, das kann man lernen. In wenigen Wochen, wenn man einen guten Kopf hat. Einige der geläufigeren Sprachen stelle ich in Abschnitt 3.2 vor.

Aber das reicht nicht!

Wer eine Programmiersprache kennt, kann noch lange nicht programmieren. So wie jemand, der eine Fremdsprache in der Schule gelernt hat, diese noch lange nicht wirklich sprechen oder verstehen kann. Dazu braucht es Übung. Der beste Weg ist das berühmte ‚**learning by doing**'. Programmieren lernt man am besten aus den Fehlern, die man beim Programmieren macht. Anders als bei einer Fremdsprache, sind Fehler sofort offensichtlich, korrigierbar, und der Lernerfolg unmittelbar.

Aber auch wer programmieren kann, ist noch lange nicht in der Lage, ein *Spiel* zu programmieren. Man kann mit Fug und Recht sagen, dass Computerspiele eine vollkommen andere Kategorie von Software darstellen, als sie sonst »üblich« ist. Mit üblich sind die so genannten *Anwendungs-Programme* gemeint: Textverarbeitung, Grafikprogramme, Internet-Browser usw. Bei Spielen ist einfach alles anders: die Ablaufsteuerung, die grafische Ausgabe, die Interaktion und die Schwerpunkte.

Und während Anwendungs-Software sich auf ein Thema konzentriert, findet sich in einem einzigen kommerziellen Spiel je nach Komplexität manchmal die Bandbreite eines halben Informatikstudiums wieder. Computerspiele verlangen vom Programmierer, sich in einer Unzahl von Software-Themengebieten auszukennen bzw. sich nötigenfalls binnen kurzer Zeit in diese Themen einzuarbeiten, um bestimmte Probleme in den Griff zu bekommen.

Und als sei dies nicht genug, ist ein Computerspiel nicht nur Technik, sondern auch **Kunst**. Platt ausgedrückt, es soll nicht nur funktionieren, es soll auch toll aussehen und sich toll anhören. Es soll Spaß machen und Atmosphäre verbreiten.

Das ist zugegebenermaßen ein bisschen viel auf einmal, aber das macht teilweise auch den Reiz aus. Als Programmierer für Bürosoftware oder Industriemaschinen hat man bei Weitem nicht so viel Abwechslung.

Der ideale Computerspiele-Programmierer ist ein Fanatiker, der stundenlang kryptische Anweisungen auf der Tastatur tippt, ohne müde zu werden. Es sind Zauberformeln, die in der Lage sind, Welten zu erschaffen. Für diesen Programmierer gibt es nichts schöneres, als den Anblick seiner selbst erschaffenen Welten.

Dieses Buch kann und will es nicht leisten, dir mal so nebenbei eine Programmiersprache aus dem Nichts beizubringen. Dazu müsste es nicht nur doppelt so dick sein wie jetzt, es wäre auch höchst unsinnig, denn es gibt dazu bereits Literatur wie Sand am Meer. Wenn man sich ein Kochbuch kauft, steht da ja auch keine Bedienungsanleitung für Elektroherd und Kühlschrank drin.

Nichtsdestotrotz, ein paar der 'Küchenmaschinen' müssen wir schon vorstellen, damit du einen Eindruck erhältst, was auf dich zukommt, wenn du anfangen willst, Programmieren zu lernen. Nochmal: Das Programmieren selbst lernst du in *diesem* Buch nicht!!

Wenn du bereits eine Programmiersprache kannst, sind die folgenden beiden Unterkapitel vielleicht nicht so interessant für dich, ich würde dir dann empfehlen, bei 3.4 weiterzulesen.

3.2 Grundlagen der Programmierung

3.2.1 Programmbegriff (PD)

Wat is ejentlich enne Programm? Da stelle ma uns mal janz dumm ...

Der Computer ist vergleichbar mit einem Koch, der ein Gericht zubereiten soll, aber vom Kochen nichts versteht. Das Programm ist das Rezept. Unser Koch versteht zwar nichts vom Kochen, aber er kann das Rezept lesen und die Anweisungen befolgen.

Und so kann auch ein Computer Instruktionen ausführen, und das schnell und präzise, aber was diese Instruktionen eigentlich bedeuten, das weiß er nicht. Computer sind also alles andere als »intelligent«, es sind lediglich superschnelle Befehlsausführer.

Wir müssen sehr sorgfältig darauf achten, was wir unserem Koch auftragen, er nimmt nämlich alles sehr genau und sehr wörtlich, und er macht sich nicht die geringsten Gedanken darüber, was sinnvoll ist und was nicht. Es gibt eine Reihe von Fehlern, die wir bei unserer Befehlszusammenstellung machen können. Im Jargon heißen diese »**Bugs**«.

WICHTIG

Der Name Bug kommt aus dem Englischen (»Käfer«). Ihm liegt die Geschichte zugrunde, dass ein Computer mal nicht das tat, was er sollte. Als Ursache hierfür fand sich in seinen Schaltkreisen eine Motte, die sich verfangen hatte und so den Ablauf durcheinander brachte.

3.2.1.1 Compilerfehler

Wenn wir bei unseren Befehlen Wörter benutzen, die der Koch/Computer nicht kennt, oder sie falsch schreiben (Eyer statt Eier), beschwert er sich, dass er das Wort nicht kennt und weigert sich, mit dem Ausführen der Befehle überhaupt erst anzufangen.

3.2.1.2 Laufzeitfehler

Wenn wir dem Koch/Computer befehlen, er soll den Teig in den Ofen schieben, aber nicht zuvor befehlen, dass er die Ofentür aufmachen soll, wird er mit der Befehlsausführung zwar beginnen, aber an diesem Punkt gegen die geschlossene Ofentür laufen. Da er nicht mehr weitermachen kann, meldet er, dass es ein Problem gibt und hört auf. Nein, auf die Idee, die Ofentür ohne ausdrückliche Anweisung zu öffnen, wird er nicht kommen.

3.2.1.3 Absturz

Wenn wir vergessen, zu befehlen, dass er die Ofentür wieder schließen soll, wenn er den Teig hineingeschoben hat, kann es sein, dass die ganze Küche abbrennt. Erfreulicherweise ist das Schlimmste, das uns beim Programmieren passieren kann, lediglich die lästige Notwendigkeit, den Computer neu zu starten. Zugegebenermaßen ein Grund für viele Menschen vor dem Monitor, urzeitliche Tiergeräusche von sich zu geben.

3.2.1.4 Sonstige Programmfehler

Wenn wir dem Koch/Computer sagen, dass er »Eier in den Teig tun« soll, wird er die Eier ohne weitere Nachfrage mit Schale in den Teig schmeißen wie der Roboter im Film Nummer 6 lebt. Das Rezept/Programm funktioniert zwar, aber es kommt nicht ganz das dabei heraus, was wir eigentlich wollten.

Erfreulicherweise können wir das Rezept korrigieren und nochmal von vorne beginnen. Und das, so oft wir wollen. Und diesen Vorgang meine ich, wenn ich sage, dass man Programmieren am besten aus den Fehlern lernt.

Ich habe absichtlich hier schon ein paar Fachbegriffe in Klammern eingestreut. Sie kommen etwas weiter hinten noch einmal vor.

3.2.2 Programmiersprachen, Dialekte und Compiler (PD)

3.2.2.1 Allgemeines und Historisches

»Den Computer« gibt es nicht. So, wie es französische, italienische und chinesische Köche gibt, die Rezepte nur in ihrer Landessprache lesen können, so können Computer auch nur das lesen und verstehen, was ihr Erbauer ihnen an Fähigkeiten mitgegeben hat. Und wie in der Welt der Menschen gibt es auch in der Welt der Computer eine babylonische Sprachvielfalt. Es gibt nicht nur völlig verschiedene Programmiersprachen, es gibt auch noch innerhalb derselben Programmiersprache Unterschiede. Entsprechend heißen diese »Dialekte«.

Die Entscheidung für eine Programmiersprache ist relativ leicht, wenn man schon programmieren kann, Anfänger jedoch sind hier in der Regel überfordert. Auf dem Markt tummeln sich ziemlich viele, und natürlich sagt jeder Programmierer von seiner Sprache, sie sei die beste, und hat ein Kilo Argumente parat. Das kann teilweise religiös-fundamentalistische Züge annehmen; und es ist bekanntlich ungesund, mit Fundamentalisten zu diskutieren.

Bei Thema »erster Computer der Welt« reden alle von Konrad Zuses Z3 (1941), doch gab es schon sehr lange zuvor automatische Klaviere, deren Programm auf einer Walze eingraviert war und noch viel früher den Jaquard-Webstuhl, der auf der analytischen Maschine von Charles Babbage basierte und mit Lochkarten programmiert wurde.

Bereits im 19.Jahrhundert entwickelte Charles Babbage die Difference-Engine und die Analytical-Engine. Seine Rechenmaschine sollte möglichst selbstständig nach Anweisung des Benutzers rechnen. Dazu erdachte er folgende Struktur: Die Maschine benötigt ein *Eingabewerk*, um die Rechenaufgabe einzugeben, ein *Rechenwerk*, einen *Speicher*, um Zwischenergebnisse festzuhalten, ein *Druckwerk*, das die Lösung ausgibt und ein *Steuerwerk*, um alle Vorgänge im richtigen zeitlichen Ablauf zu starten. Damit hat Babbage die Struktur des modernen Computers vorweggenommen.

Den entscheidenden Schritt in die Welt der maschinellen Datenverarbeitung legte der Deutsch-Amerikaner Herman Hollerith 1887 mit Erfindung des Elektrischen Tabelliersystems, das über Papp-Lochkarten elektrische Zähluhren steuerte und erstmalig in der USA-Volkszählung von 1890 eingesetzt wurde. Mit dem Ergebnis, dass die statistische Auswertung statt zwei Jahren nur sechs Wochen dauerte und 5 Millionen Dollar Kosten sparte. 1924 ging aus Holleriths Firma nach zwei Besitzerwechseln IBM hervor.

3.2.2.2 Programmiersprachen der 1. Generation

Das ist der vom Computer direkt verarbeitbare so genannte *Maschinencode*. Die Bedeutung eines Musters auf der Lochkarte bzw. die Interpretation eines binären Speicherinhalts ergeben einen **Maschinenbefehl**, die Menge aller möglichen Maschinenbefehle sind die **Maschinensprache**.

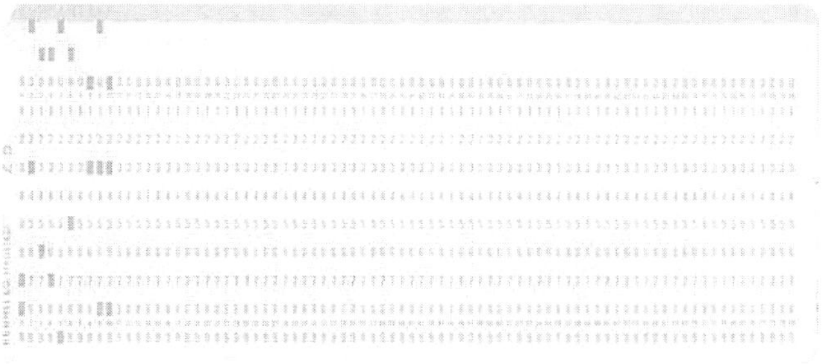

Abb. 3.1: Lochkarte

Die Lochkarte war die erste Programmiersprache! Sie war lange Zeit das prägende Symbol für die Datenverarbeitung und wurde in dem 1928 eingeführten 80-stelligen Standardformat von der Größe einer Dollarnote bis in die achtziger Jahre hinein verwendet, hatte dann jedoch gegen magnetische und optische Speichermedien keine Chance mehr.

```
00437833 A1AC9B4400
00437838 8B00
0043783A 8B15B49A4400
00437840 2B02
00437842 7105
00437844 E8CFB4FCFF
00437849 8945F8
```

Abb. 3.2: Maschinensprache eines heutigen Computers

Programmieren in Maschinensprache ist schrecklich! So etwas macht heutzutage auch kaum noch ein Mensch von Hand – jedenfalls nicht, wenn es nicht unbedingt sein muss. Das ist höchstens der Fall, wenn man eine neue Maschine bzw. einen neuen Prozessor erfindet. Ansonsten verwendet man Programmiersprachen der 2. oder 3. Generation.

Ich staune übrigens immer, mit welcher Leichtigkeit sich die Menschen in gewissen Science-Fiction-Filmen in den Codes und Computersystemen von Aliens zurechtfinden. So z. B. im Film Independence Day, wo ein Wissenschaftler mal so eben einen Computervirus in das Mutterschiff der bösen Außerirdischen einschleust.

3.2.2.3 Programmiersprachen der 2. Generation

Gemeint ist damit **Assembler**, oder auch kurz ASM. Praktisch gesehen ist das immer noch Maschinensprache, nur handelt es sich um eine für den Menschen besser lesbare (und schreibbare) Form. Dafür jedoch wird dieser Code nicht mehr direkt vom Computer verstanden und muss erst in Maschinencode umgewandelt werden.

Diese Arbeit übernimmt ein anderes Programm, das verwirrenderweise ebenfalls **Assembler** heißt. Die Übersetzung von Assemblercode in Maschinensprache nennt man **assemblieren**. – Und woher kommt dieses Programm? Nun ja, das allererste Programm muss natürlich in Maschinencode geschrieben werden.

Es gibt sehr viele Maschinensprachen bzw. Assembler, sie sind immer jeweils auf einen ganz bestimmten Prozessortyp zugeschnitten. Das bedeutet, nur baugleiche oder kompatible Hardware kann etwas mit dem Code anfangen, der für einen bestimmten Prozessor geschrieben wurde.

```
mov eax,[SYS_MouseY]
mov eax,[eax]
mov edx,[SYS_PrevMouseY]
sub eax,[edx]
jno +0x05
call -0x00034b31
mov [My],eax
```

Abb. 3.3: Assembler (derselbe Inhalt übrigens wie Abb. 3.2)

Im täglichen Sprachgebrauch werden Maschinensprache und Assembler häufig gleichgesetzt. Ich kenne sogar ein Assembler-Buch, das heißt: *Programmieren in Maschinensprache.*

3.2.2.4 Programmiersprachen der 3. Generation

Die eigentliche Abstraktion von der Hardware findet erst in den Sprachen der 3. Generation statt. Sie gestatten es, komplexere Vorgänge in fast menschlicher Sprache zu beschreiben. Die Prototypen dieser Sprachen sind **FORTRAN**, **Basic**, **C** und **Pascal**. Natürlich müssen auch sie für den Computer erst in Maschinensprache übersetzt werden. Die Übersetzung von Sprachen der 3. Generation nach Maschinensprache nennt man allerdings nicht mehr assemblieren, sondern compilieren, und das Übersetzungswerkzeug ist der **Compiler**. Der bedeutende Schritt ist der, dass diese Sprachen nicht mehr prozessorabhängig sind, und ein Programmcode der 3. Generation kann durch verschiedene Compiler in verschiedene Maschinensprachen für verschiedene Computer übersetzt werden.

```
My:=(SYS_MouseY-SYS_PrevMouseY);
```

Abb. 3.4: Derselbe Inhalt wie aus Abb. 3.2 und 3.3, in einer 3.-Generation-Sprache

Diese Abstraktion hat aber auch zwei Nachteile:

1. Was in dieser Sprache nicht definiert ist, kann man auch nicht machen. Insbesondere nicht gewisse Tricks, die nur auf einem speziellen Computertyp funktionieren.
2. Compiler sind nicht intelligent. Der Maschinencode, den sie erzeugen, ist grundsätzlich länger und langsamer als das, was ein guter Programmierer direkt in Assembler schreiben könnte.

Aus genau diesen Gründen war Assembler bis vor kurzem noch der letzte Schrei unter den Spieleprogrammierern. Nur mit Assembler kann man alles machen, was der Computer kann, Assemblercode ist am schnellsten, Assemblercode ist am kompaktesten.

In den letzten Jahren hat sich das gründlich geändert. Das hat nicht nur mit Windows zu tun, unter dem viele beliebte Assembler-Tricks aus DOS-Zeiten einfach nicht mehr funktionieren, es hat auch mit der allgemeinen Entwicklung der Rechenleistung zu tun. Spätestens seitdem auch der kleinste Rechner von Aldi mindestens 64 MB RAM und eine 20 GB Festplatte hat, achtet niemand mehr darauf, wie groß ein Programm ist, es ist ja eh genug Speicher da. Und sowohl für Grafik als auch für Sound stehen mit DirectX und OpenGL inzwischen vorgefertigte Schnittstellen mit ausreichend Leistung zur Verfügung, so dass keinerlei Notwendigkeit mehr besteht, das alles selbst programmieren zu wollen.

3.2.2.5 Spezielle Programmiersprachen für Spiele

Das ist eine prinzipiell nicht uninteressante Sache, wenn dir einerseits die Möglichkeiten der Autorensysteme nicht reichen, du aber andererseits auch keine allzu große intellektuelle Investition in eine »richtige« Programmiersprache tätigen willst und dich Dinge wie Grafikengine, Soundengine wenig interessieren, solange sie einfach nur tun, was sie sollen.

Ein Beispiel für eine solche Spezialsprache ist z. B. Blitz Basic, das speziell für 2D-Spiele entworfen wurde und auf DirectX7 aufbaut. Kostet ca. 50 € und ist damit ausgesprochen preisgünstig. Es gibt auch eine erweiterte Version, Blitz3D, das für 3D-Spiele gedacht ist.

Eine sehr gute Webseite, die sich den Spieleprogrammiersprachen widmet, ist `www.robsite.de`. Wenn du dich für das Thema interessierst, sollte dies dein erster Anlaufpunkt werden.

Dass wir in diesem Buch nicht tiefer auf diese Spezialsprachen eingehen, hat nichts damit zu tun, dass wir sie für minderwertig halten, im Gegenteil, derlei ist bisweilen äußerst vernünftig. Insbesondere, was Hobbyprojekte angeht, wo man sich vorwiegend mit dem Spiel und weniger mit irgendwelchen abstrakten Grundlagen, Schichtenmodellen und APIs herumschlagen will. Allerdings sind einem Buch wie diesem natürliche Grenzen gesetzt, was die Seitenzahl angeht, und daher müssen

Prioritäten gesetzt werden. – Ein weiterer Grund übrigens für die Verwendung von Pseudocode in Programmbeispielen.

3.2.3 Programmaufbau und -ablauf (PD)

Jedes Computerprogramm besteht in seinem Ablauf letztendlich aus drei simplen Elementen: Befehlssequenz, Bedingung und Sprung.

1. Die *Befehlssequenz* ist eine Folge von Anweisungen: Tue dies, tue das, dann jenes usw.
2. Eine *Bedingung* ist, wenn eine Anweisung nicht unter allen Umständen, sondern nur je nach Situation ausgeführt wird: Wenn Teig zu hart, dann gebe Wasser dazu.
3. Der *Sprung* ist eine besondere Anweisung, die besagt, dass es woanders weitergeht: »bitte in Zeile 37 weiterlesen«. Für sich betrachtet wenig sinnvoll, aber in Kombination mit der *Bedingung* sehr sinnvoll: »Wenn Käfer im Mehl, dann bitte in Zeile 37 weiterlesen«. Und dort steht dann: »Besorge 500g Mehl«.

3.2.4 Variablen (PD)

Der Begriff ist wahrscheinlich noch aus dem Mathematikunterricht bekannt. Wenn man so etwas hat wie $x+2=4$, ist x die Variable, und man kann ausrechnen, welchen Wert sie hat (hier 2).

In der Informatik ist das fast dasselbe, aber nur fast. Variablen sind hier keine Platzhalter für mathematische Formeln, sondern Aufbewahrungsgefäße, um Werte für spätere Verwendung zu speichern. Die Variable *x* ist eine Schachtel mit der Aufschrift *x*, und in der Schachtel liegt eine Zahl. Welche Zahl? Na, irgendeine, die wir vorher hineingetan haben.

In unserem Rezept könnte so etwas stehen:

```
x = Gewicht des Teiges in Kilo
Gebe an den Teig x mal 20 Rosinen.
```

Was tut der Koch, wenn er das liest? Nun, er liest zuerst »x = Gewicht des Teiges in Kilo«. Das ist für ihn die Anweisung, das Gewicht des Teiges auf einen Zettel zu schreiben und den Zettel in eine Schachtel mit der Aufschrift »x« zu tun.

Dann liest der Koch als nächstes: »Gebe an den Teig x mal 20 Rosinen«. Er nimmt nun den Zettel aus der x-Schachtel, liest die Zahl, multipliziert sie mit 20 und nun hat er die Anzahl der Rosinen, die er an den Teig tun muss.

Gut, man mag einwenden, dass dieser Umweg über die Schachtel doch gar nicht notwendig ist, wenn im Rezept einfach nur stünde:

```
Gebe an den Teig (Gewicht des Teiges in Kilo) mal 20 Rosinen
```

In der Tat, das geht wirklich. Zumindest bei den höheren Programmiersprachen – äh, ich meine den klügeren Köchen.

Nur, wenn dann später der Teig in einzelne Portionen aufgeteilt werden soll, braucht man das Gewicht wieder:

```
Teile den Teig in (Gewicht des Teiges in Kilo) mal 15 Portionen
```

Wenn unser Koch das liest, muss er den Teig nochmal wiegen, weil er nicht nur ein sehr schlechtes, sondern überhaupt kein Gedächtnis hat. Genauer gesagt, sein Gedächtnis sind die Schachteln mit den Zetteln.

Wurde das x jedoch zuvor schon einmal verwendet, braucht man jetzt nur noch zu schreiben:

```
Teile den Teig in x mal 15 Portionen
```

Schön, nicht? Übrigens kann man in der Schachtel mit x nicht nur Zahlen ablegen, sondern auch Buchstaben und ganze Wörter.

So, das sind die Grundlagen, die sind hoffentlich einigermaßen leicht zu begreifen. Erscheint alles sehr einfach. Ist es eigentlich auch. Die Schwierigkeit liegt im Inhalt von Programmen. Die deutsche Sprache kann ja auch jeder, der dieses Buch liest. Aber nicht jeder, der Deutsch kann, ist ein Goethe.

3.2.5 Einige der wichtigsten Programmiersprachen (PD & HJM)

3.2.5.1 BASIC

Das war mal die meistverbreitete und bekannteste Programmiersprache. Sie hat es auch auf die meisten Dialekte gebracht, die sich teilweise so sehr voneinander unterscheiden, dass es mir auf Anhieb wirklich schwer fällt, die Gemeinsamkeiten zusammenzustellen. Die modernste Variante ist das Visual Basic von Microsoft. Die großen Zeiten von BASIC sind allerdings vorbei. Im Bereich der Spieleprogrammierung sowieso. Nicht, weil BASIC so schlecht wäre, aber ich schrieb ja schon von den religiös-fundamentalistischen ... – na, egal.

3.2.5.1.1 print

Diese Anweisung lernt man in der Regel als erstes kennen. Sie gibt etwas auf dem Bildschirm aus:

`print "hallo"` schreibt den Text hallo auf den Bildschirm.

`print 2+3*5` schreibt das Ergebnis der Rechnung (17) auf den Bildschirm.

`print x` schreibt den Inhalt der Variable x auf den Bildschirm.

Ach ja, gleich vorneweg: BASIC interessiert die Groß- und Kleinschreibung nicht. Ich kann PRINT, print, Print oder PrInT schreiben, das ist alles dasselbe.

3.2.5.1.2 *input*

Diese Anweisung liest eine Eingabe von der Tastatur in eine Variable

`input x` hält das Programm an. Der Computer wartet darauf, dass der Mensch über die Tastatur eine Zahl eingibt, und packt diese Zahl in die Variable x. Dann erst geht es weiter.

So, mit diesen Kenntnissen können wir bereits ein kleines, schwachsinniges Programm schreiben, das zwei Zahlen multipliziert:

```
print "bitte geben Sie die erste Zahl ein"
input x
print "bitte geben Sie die zweite Zahl ein"
input y
print "das Ergebnis lautet"
print x*y
```

Kapiert, wie es geht? Man wird erst aufgefordert, die erste Zahl einzugeben, die kommt in die Variable x, dann die zweite Zahl, die kommt in Variable y, und in der letzten Zeile wird x mal y, also das Ergebnis, über die print-Anweisung ausgegeben.

Man beachte: Das Zeichen für Multiplikation ist das Sternchen. Das ist es ist in fast jeder Programmiersprache. Wahrscheinlich deshalb, weil es auf der Tastatur keinen Punkt in mittlerer Höhe gibt. Der Punkt unten ist vergeben für den Dezimalpunkt und das x ist nun mal x und kein »Mal«.

3.2.5.1.3 *if*

If ist englisch, heißt 'wenn', und damit konstruiert man eine Bedingung (s.o.)

```
if x=10 print "x ist also 10"
```

Die print-Anweisung wird nur dann ausgeführt, *wenn* der Ausdruck x=10 wahr ist. Sonst nicht.

In diesem Beispiel unterliegt nur die Anweisung der if-Bedingung, die in derselben Zeile steht. Bei manchen Basic-Dialekten überspringt der Computer auch die darauf folgenden Zeilen, bis er auf ein »endif« oder »end if« trifft. In diesem Falle müsste das Programm dann so aussehen.

```
if x=10
print "x ist also 10"
endif
```

3.2.5.1.4 *goto*

Das ist die Sprunganweisung. Ich sollte vielleicht erwähnen, dass die meisten älteren BASIC-Dialekte Zeilennummern hatten:

```
1 print "bitte geben Sie die erste Zahl ein"
2 input x
3 print "bitte geben Sie die zweite Zahl ein"
4 input y
5 print "das Ergebnis lautet"
6 print x*y
7 goto 1
```

Du solltest inzwischen auch von alleine dahinterkommen, was dieses Programm tut. Neu und interessant ist Zeile 7, da trifft das Programm nämlich auf die Anweisung, wieder bei Zeile 1 weiterzumachen, und das Frage-Rechnen-Spielchen fängt wieder von vorne an. Mit anderen Worten: Dieses Programm ist nie zu Ende.

Man kann das aber auch den Menschen entscheiden lassen, wenn man es mit einer IF-Anweisung kombiniert:

```
7 print "nochmal?"
8 input z$
9 if z$="ja" goto 1
```

Kurze Erklärung: Das Programm erwartet, dass der Mensch auf die Frage »nochmal« eine Antwort eingibt. Wenn die »ja« lautet, dann (und nur dann) wird in die Zeile 1 zurückgesprungen. In allen anderen Fällen ist das Programm nun zu Ende. Du fragst vielleicht, was passiert, wenn man »nein« eingibt. Nun: »nein« ist nicht »ja« – und was passiert, wenn man nicht »ja« eingibt, hatten wir schon. Und genauso gut könnten wir auch »blubb« oder »lala« eingeben.

Noch vielleicht eine kurze Erklärung, was das für ein komisches Dollarzeichen nach dem z ist: Variablen, in denen keine Zahlen gespeichert werden, sondern Buchstaben, heißen *String* und in BASIC müssen diese durch ein Dollarzeichen am Ende gekennzeichnet werden. Die Variable z und z$ sind also nicht dieselbe Schachtel. In die eine passen nur Zahlen, in die andere nur Buchstaben bzw. Wörter.

Neuere BASIC-Dialekte kennen allerdings keine Zeilennummern mehr. Wenn man in einem solchen Fall GOTO verwenden will, muss man eine Zeile als Sprungmarke definieren. Das ist so etwas wie eine Überschrift:

```
@Anfang
print "Dieses Programm läuft bis in alle Ewigkeit"
goto @Anfang
```

So, mehr wollte ich eigentlich gar nicht vorstellen. Na ja, doch, eine Konstruktion sollte man doch noch erwähnen:

3.2.5.1.5 for

Die for-Anweisung, (auch for-Schleife genannt) dient dazu, andere Anweisungen mehrfach zu wiederholen. Um die Anzahl der Wiederholungen festzulegen, nimmt man sich eine beliebige Variable, weist ihr einen Anfangswert zu, und der wird dann immer um 1 erhöht, bis sie einen Endwert erreicht hat. Das ganze funktioniert so:

```
for z=1 to 10
print "Blubb"
next z
print "fertig"
```

Dieses Miniprogramm schreibt genau zehn mal »Blubb« und zum Schluss einmal »fertig« auf den Bildschirm.

In der ersten Zeile haben wir besagte for-Anweisung, die der Variablen z den Wert 1 zuweist (`z=1`). Danach folgt unmittelbar `to 10`, es soll also bis 10 gezählt werden. In BASIC gehören `for` und `to` untrennbar zusammen, insofern kann man die beiden auch als eine einzige Anweisung betrachten. Also: Es wurde nun festgelegt, dass es eine Variable z gibt, die von 1 bis 10 hochgezählt werden soll.

Die `print`-Anweisung in der zweiten Zeile gibt nun »Blubb« auf dem Bildschirm aus.

Den Abschluss der for-Schleife bildet die `next`-Anweisung in der dritten Zeile. Es gilt dasselbe wie schon beim `to`: Keine `for`-Anweisung ohne `next` und umgekehrt. Das `next z` sagt dem Computer, er solle jetzt bitte zu z eins dazuzählen und wieder unmittelbar nach der dazugehörigen `for-to`-Anweisung weitermachen.

Und schon befinden wir uns wieder in der Zeile mit dem »Blubb«.

Und das passiert so lange, bis z 10 erreicht hat. Also zehnmal in diesem Beispiel. Und so kommt es, dass die print-Anweisung zehnmal ausgeführt wird.

Wenn z schließlich bei 11 ist, wird bei `next z` nicht mehr zurückgesprungen, stattdessen geht es endlich weiter. Die 4. Zeile wird ausgeführt (`print "fertig"`), und dann ist das Programm zu Ende.

Wer gut aufgepasst hat, wir nun kritisieren, dass ich doch geschrieben hätte, dass Programme doch nur aus Anweisungen, Bedingungen und Sprüngen bestehen würden, aber das mit dem `for-to-next` sei ja nun wieder was Neues.

Nein, nichts Neues. Es ist nur eine abgekürzte Schreibweise für diesen Vorgang:

```
z=1
@Schleifenanfang
print "Blubb"
z=z+1
if z<=10 goto @Schleifenanfang
print "fertig"
```

Kurze Analyse: Zunächst kriegt die Schachtel z den Inhalt 1. Dann kommt eine Sprungmarke, die nichts weiter macht. Danach wird »Blubb« ausgegeben.

Die Anweisung z=z+1 bewirkt, dass der Inhalt von z genommen wird, eins dazugezählt wird und das Ergebnis wieder in z landet.

Und schließlich eine if-Anweisung, die für den Fall, dass z kleiner oder gleich ist als 10 (nichts anderes bedeutet <=), zum Schleifenanfang gesprungen werden soll.

Man braucht nicht allzu viel Fantasie, um nachzuvollziehen, dass das genau zehnmal passieren wird, dann ist z=11 und es erfolgt kein Rücksprung mehr.

So, mehr will ich zum Thema BASIC aber nun nicht mehr schwafeln. Es ist eine sehr einfache und durchschaubare Sprache und eignet sich hervorragend zum Lernen, aber Spiele werden damit heutzutage kaum noch programmiert.

3.2.5.2 Pascal (Delphi)

Von der Struktur her BASIC nicht unähnlich ist Pascal, eine von einem Schweizer Informatikprofessor (Niklaus Wirth) erfundene Sprache, die als Turbo Pascal von der Firma Borland in der DOS-Welt lange Zeit äußerst populär gewesen ist. Die Windows-Version heißt inzwischen nicht mehr Pascal, sondern Delphi, und die Firma Borland hat sich umbenannt in Inprise, dann wieder zurück zu Borland, aber das ist jetzt eigentlich völlig irrelevant, kommen wir zur Sprache selbst:

Anders als in BASIC gibt es in Pascal keine unterschiedlichen Dialekte, allerdings unterscheidet sich der Sprachumfang von Hersteller zu Hersteller und von Version zu Version. Delphi ist zu einem Standard geworden, an dem sich alle anderen zu orientieren versuchen.

Pascal verlangt vom Programmierer, dass er vorher angibt, welche Variablen er benutzen will, die so genannte **Deklaration**. Wenn im Programm Variablen vorkommen, die vorher nicht deklariert worden sind, wird das Programm nicht compiliert. Diese Deklaration entspricht der Zutatenliste eines Rezeptes, der Pascal-Koch beschwert sich sonst: »Was für Eier soll ich da verrühren? In der Zutatenliste stand nichts von Eiern!« Da ich nicht vorhabe, hier ein komplettes Lehrbuch der Informatik zu schreiben, gehe ich darauf nicht näher ein.

Groß- und Kleinschreibung wird wie bei BASIC *nicht* beachtet.

Die Wertzuweisung einer Variable ist BASIC-ähnlich, nur wird hier statt des einfachen Gleichheitszeichens ein Doppelpunkt mit Gleichheitszeichen verwendet:

```
z:=z+1;
```

3.2.5.2.1 write

Diese Anweisung entspricht haargenau dem print aus BASIC.

`write('Hallo');` schreibt Hallo auf den Bildschirm

`write(2+3*5);` schreibt das Ergebnis der Rechnung (17) auf den Bildschirm

`write(x);` schreibt den Inhalt der Variable x auf den Bildschirm.

Was gleich auffällt, ist, dass hier Klammern um das stehen, was geschrieben werden soll. Auch sind die Anführungszeichen nur einfach statt doppelt. Und: Anweisungen werden durch ein Semikolon voneinander getrennt – in BASIC ergab sich das aus dem Zeilenende. (Wobei es auch BASIC-Dialekte gibt, die den Doppelpunkt verwenden, um Anweisungen zu trennen.)

Dafür hat das Zeilenende keine Bedeutung, man kann mehrere Anweisungen in eine Zeile schreiben oder eine Anweisung auf mehrere Zeilen verteilen:

```
write('Hallo'); write
(2+3*5); write(x);
```

3.2.5.2.2 read

Das entspricht dem `input` von Basic:

`read(x);` packt die Eingabe des Menschen in die Variable x.

3.2.5.2.3 if

Auch das gibt es in Pascal wie in Basic, nur dass hier noch ein `then` dazukommt:

```
if x=10 then write('x ist jetzt 10');
```

Endif's oder ähnliches gibt es nicht. Das if bezieht sich grundsätzlich nur auf die nächstfolgende Anweisung. Will man nicht schreiben

```
if x=10 then write('x ist jetzt 10');
if x=10 then write('x ist immer noch 10');
```

sondern mehrere Anweisungen unter ein und demselben if zusammenfassen, kann man schreiben:

```
if x=10 then begin
  write('x ist jetzt 10');
  write('x ist immer noch 10');
end
```

`Begin` und `end` fassen mehrere Anweisungen zu einem so genannten *Anweisungsblock* zusammen, der vom Compiler wie eine einzige Anweisung behandelt wird.

3.2.5.2.4 *for*

Noch ein Bekannter! Aber auch der funktioniert etwas anders:

```
for z:=1 to 10 do
  write('Blubb');
```

Vergleichen wir das mal mit dem entsprechenden BASIC-Beispielprogramm weiter oben. Wir sehen hier ein `do`, das in BASIC überflüssig ist, dafür fehlt das `next`. Das brauchen wir aber genauso wenig wie für das if ein endif. In Pascal bezieht sich auch die for-Anweisung nur auf den nächstfolgenden Befehl.

Auch hier hat kann man aber mit begin und end mehrere Anweisungen zu einem Block zusammenfassen:

```
for z:=1 to 10 do begin
  write('Blubb');
  write('Blubblubb');
end;
```

So, genug von Pascal. Kommen wir zu C.

3.2.5.3 C/C++

Die beliebteste Programmiersprache in der Spieleindustrie ist »C« bzw. »C++« (lies: »Zeh-plus-plus«). C++ basiert auf C und erweitert die Sprache um vorwiegend objektorientierte Konstrukte. Im Laufe der Entwicklung ist C++ jedoch recht eigenständig geworden, d. h. es gibt C-Programme, die ein C++-Compiler nicht verarbeiten kann. Insofern könnte man C und C++ schon fast als zwei verschiedene Sprachen betrachten. Na ja, vielleicht eher zwei Dialekte derselben Sprache.

Sowohl C als auch C++ sind von der Nationalen Amerikanischen Gesellschaft für Standards (ANSI) normiert worden. Das heißt, Dialekte kommen nicht vor, und jedes C- bzw. C++-Programm sollte auf jedem C- bzw. C++-Compiler gleichermaßen funktionieren. Sollte. Ist aber nicht so, weil ausgerechnet einer der größten Hersteller, Microsoft, sich mal wieder nicht an die Standards hält. Aber erfreulicherweise sind die Unterschiede marginal und Portabilität eine der Stärken von C. Keine Sprache ist weiter verbreitet, kaum ein Computer besitzt keinen C- bzw. C++-Compiler.

C ist von der Sprachstruktur ähnlich zu Pascal und BASIC, allerdings ist die Syntax sehr kompakt, d. h man kann mehr Informationen mit weniger Text ausdrücken. So werden Blöcke z. B. nicht mit `begin-end`, sondern mit geschweiften Klammern {} dargestellt, und für sehr häufig gebrauchte Anweisungen existieren Abkürzungen. Zwar gilt C-Code als schlechter lesbar und weniger verständlich, das ist mit großer Sicherheit aber auch eine Frage der Übung und Gewöhnung.

C und C++ unterscheiden zwischen Groß- und Kleinschreibung! Die Variable z ist nicht dieselbe wie Z, und für Anweisungen gilt dasselbe. Das wird recht häufig missbraucht, indem Variablen deklariert werden, die sich nur in der Groß- und Kleinschreibung unterscheiden. Üblicherweise verwendet man für Konstanten nur Grossbuchstaben, für Variablen nur Kleinbuchstaben, und für alles andere einen Mix aus groß und klein.

Anweisungen werden in C mit Semikolon abgeschlossen wie bei Pascal, und Variablen müssen auch in C deklariert werden, bevor man sie benutzen kann. Im Gegensatz zu Pascal ist dies in C++ an jeder beliebigen Stelle im Programm erlaubt, in C nur am Anfang eines Blocks.

Die Zuweisung von Werten an Variablen geschieht in C und C++ wieder nach BASIC-Manier über das simple Gleichheitszeichen:

```
z=z+1;
```

In C kann man die Erhöhung um 1 aber auch *so* schreiben:

```
z++;
```

eines von vielen Beispielen für die Kompaktheit der Sprache.

C++ bietet die Möglichkeit, Operatoren wie Plus, Minus, Zuweisung usw. umzudefinieren. Das nennt man »Operatoren Überladen«.

Dafür kennt C den Datentyp String nicht, den muss man sich selbst konstruieren. Die Standardbibliothek von C++, die STL, definiert jedoch einen Typ, der sich so einfach wie der String Typ aus Pascal verwenden lässt. Auch die STL ist von der ANSI normiert.

Die STL enthält noch mehr hilfreiche Dinge, z. B. Containerklassen wie Listen, Vektoren, Mengen, Karten und darauf anwendbare Algorithmen wie Sortieren. Außerdem sind Templates wie der Autopointer enthalten, die helfen, das Problem ungültiger Zeiger zu vermeiden. Bevor man anfängt, das Rad neu zu erfinden, sollte man prüfen, ob die STL nicht schon etwas passendes anbietet. Vor allem, wenn es um Datenstrukturen und Algorithmen geht, wird die STL fast jeden Anwendungsfall abdecken können.

In C entspricht die `printf()` Funktion ungefähr der print-Anweisung aus BASIC bzw. `write()` aus Pascal, ist aber deutlich mächtiger. Leider erfordert die Beschreibung aller Möglichkeiten von `printf()` allein schon mehrere Seiten Text, also belassen wir es hier bei drei simplen Beispielen:

```
printf("Hallo\n");      /* gibt Hallo gefolgt von einem Newline aus */
printf("%d\n", 2+3*5); /* gibt 17 gefolgt von einem Newline aus */
printf("%8d\n", x);    /* gibt x als Dezimalzahl aus, links mit Nullen auf
8 Stellen aufgefüllt */
```

In C++ gibt es das Konzept der Ströme (Streams) für Ein- und Ausgaben. `cout` ist der Standardausgabestrom und entspricht etwa einer `write` bzw. `print`-Anweisung.

```
cout << "Hallo";
cout << 2+3*5;
cout << x;
```

In C bedeutet der Operator << allerdings eine Bitverschiebung nach links.

Analoges gilt for den Eingabestrom `cin` und den >> Operator, was einer `input` bzw. `read`-Anweisung entspricht.

3.2.5.3.1 if

Ja, das if gibt es auch in C und C++:

```
if (x==10) cout << "x ist also jetzt 10";
```

Huch, was ist das? Zwei Gleichheitszeichen hintereinander? In der Tat, das ist richtig. Der Vergleich läuft in C über ==. Was ein wenig unangenehm ist: Wenn man sich verschreibt und ein Gleichheitszeichen vergisst. Dann steht da nämlich

```
if (x=10) cout << "x ist also jetzt 10";
```

und das wird vom Compiler nicht als Fehler bemängelt. Stattdessen passiert Folgendes: Da das einfache Gleichheitszeichen die Wertzuweisung an x bedeutet, kriegt x den Wert 10. Und der Ausdruck hat auch den Wert 10, und alles, was nicht 0 ist, bedeutet in C »wahr«. Mit anderen Worten, der Compiler interpretiert den Fehler, als hätte man geschrieben:

```
x=10;
cout << "x ist also jetzt 10";
```

Allerdings geben gute Compiler heutzutage eine Warnung aus, um den Programmierer auf das mögliche Problem hinzuweisen. Diese Warnung kann man unterdrücken, indem man schreibt:

```
if( (x=10) ) cout << "x ist also jetzt 10";
```

Die doppelte Klammerung macht deutlich, dass der Programmierer weiß, was er hier schreibt, und der Compiler ist friedlich. Man sollte Warnungen des Compilers nicht auf die leichte Schulter nehmen, sie sind oft wertvolle Hinweise auf Fehler!

Analog zu Pascal bezieht das if sich nur auf die nachfolgende Anweisung. Und analog zu Pascal kann man auch hier mehrere Anweisungen zu einem Block zusammenfassen. Allerdings nicht mit begin und end, sondern mit geschweiften Klammern:

```
if (x==10) {
  cout << "x ist jetzt 10";
```

```
  cout << "x ist immer noch 10";
}
```

Soviel zum if und den Tücken von C. Was gibt es sonst noch?

3.2.5.3.2 for

For-Schleifen gibt es auch in C. Und aussehen tun sie so:

```
for (z=1; z<=10; z++) {
  cout << "z hat jetzt den Wert:";
  cout << z;
}
```

Nach der `for`-Anweisung stehen in Klammern drei durch Semikola getrennte Informationen:

1. `z=1`: Das ist praktisch eine Zuweisung, der Zählervariable z wird der Startwert 1 zugewiesen.
2. `z<=10`: Der Anweisungsblock innerhalb der Schleife soll wiederholt werden, solange z<=10 ist.
3. Bei jeder Wiederholung soll z um eins erhöht werden.

So viel zu C bzw. C++. Es ist praktisch unmöglich in solcher Kürze, wie es dieses Kapitel erfordert, C oder gar C++ auch nur annähernd zu beschreiben. Vor allem C++ mit seiner umfangreichen Syntax und der STL als Standardbibliothek erfordert ganze Bücher für sich alleine.

3.2.5.4 Assembler (PD)

In 3.2.2.1 habe ich ja schon etwas über Assembler geschrieben.

Da Assembler nichts anderes ist als die übersichtlichere Darstellung von Maschinenbefehlen, gibt es keine einheitliche Assemblersprache. Die obige Abbildung zeigt, wie Assembler für einen Intel-Prozessor aussieht, für einen Macintosh oder eine Sun Workstation würde es wieder völlig anders aussehen.

Ich kenne tatsächlich zwei Leute, die haben, als sie Programmieren lernten, mit Assembler angefangen. Aber das ist zur Nachahmung nicht empfohlen. Zwar sind die modernen Assembler inzwischen äußerst komfortabel geworden, aber man legt sich damit zu sehr auf einen Prozessor fest.

Eine sehr willkommene Bereicherung in vielen Compilern ist die Möglichkeit, Assembler-Befehle mal so eben in den Code zu streuen. Auf diese Weise kann man die Möglichkeit nutzen, und für geschwindigkeitskritische Passagen die optimale Befehlsfolge per Hand einzugeben, hat aber jederzeit den Komfort einer Programmiersprache der 3. Generation.

3.2.5.5 Java (HJM)

Diese Sprache ist derzeit topaktuell. Java ist von der Syntax her C++ sehr ähnlich, jedoch beruht sie technisch auf einem völlig anderen Konzept. Im Gegensatz zu C++, das vom Compiler direkt in Maschinensprache übersetzt wird, wird Java in einen maschinenunabhängigen Bytecode umgewandelt.

Der Bytecode wird dann von einer virtuellen Maschine (VM) interpretiert. Durch diesen Ansatz können Java-Programme auf jedem Rechner laufen, für den es eine Java-VM gibt.

Der Nachteil des Konzepts ist die Interpretation des Bytecodes durch die VM. Dies ist fast zwangsläufig langsamer als die Ausführung von Maschinencode. Jedoch bestehen Ansätze, den Bytecode vor oder während der Ausführung in Maschinencode umzusetzen. Das Verfahren nennt sich »Just in time«- Compilierung und verspricht, sehr nahe an die Ausführungsgeschwindigkeit von reinem Maschinencode heranzukommen. Inzwischen gibt es auch Compiler, die Java direkt in Maschinensprache übersetzen; damit sollte die Debatte, ob Java langsamer ist als andere Programmiersprachen, weitgehend aus der Welt sein.

Dennoch bleiben Java- Programme langsamer als C++-Programme, da Java eine Menge Laufzeitprüfungen (z. B. für Arrayzugriffe, Parameterwerte usw.) durchführt. Dadurch sind Java-Programme aber auch schneller fehlerfrei zu bekommen, und oft spart man sich aufwendige Debug-Sitzungen.

Die Fehlerbehandlung ist in Java wesentlich besser als in C++, fast jeder Fehler wird vom Laufzeitsystem präzise mit der Zeilennummer im Sourcecode und der gesamten Aufrufhierarchie gemeldet. Zur Fehlermeldung und Behandlung implementiert Java das Konzept der Ausnahmen (Exceptions). Sowohl das Laufzeitsystem als auch das Programm selbst kann Ausnahmen auswerfen, und auch wieder auffangen. Damit sind im Programm selbst alle Arten von Fehlern inklusive Fehler des Laufzeitsystems abfang- und behandelbar. Das führt dazu, dass man in Java ungewöhnlich robuste Programme schreiben kann. C++ hat zwar ein ähnliches Konzept zur Verarbeitung von Ausnahmen, aber im Gegensatz zu Java können C++-Programme trotz des Abfangens aller Exceptions immer noch abstürzen – in Java kann man selbst einen Programmabsturz auffangen und das Programm am Laufen halten.

Ein weiterer Vorteil von Java ist die Speicherverwaltung; sie geschieht automatisch. Der Programmierer kann Speicher explizit anfordern und verwenden, aber das Laufzeitsystem erkennt unbenutzten Speicher und räumt ihn automatisch wieder auf. Damit ist eine der aus C und C++ bekannten Hauptfehlerquellen schon gar nicht erst vorhanden, nämlich, dass der Programmierer Fehler bei der Speicherfreigabe machen könnte.

Insgesamt führen diese Eigenschaften dazu, dass Programmentwicklung in Java sehr schnell vorangeht, und dass Fehler schnell erkannt und behoben werden können.

Ein weiterer Vorteil von Java sind die umfangreichen Bibliotheken, die im Sprachstandard enthalten sind. Diese machen z. B. die Netzwerkprogrammierung sehr einfach, und bieten auch für viele andere Probleme eine vorgefertigte Lösung an. Selbst die STL von C++ wirkt geradezu armselig neben den tausenden von Klassen, die im Java-2-Sprachstandard enthalten sind.

2D-Grafik ist in Java recht einfach zu programmieren, und es besteht auch eine 3D-API, die aber eine optionale Erweiterung der Sprache ist und nicht auf allen Plattformen zur Verfügung steht. Auf Windows-Plattformen benutzt Java DirectX zur Grafikausgabe und ist damit sehr effizient.

Sound ist etwas schlechter unterstützt als Grafik, aber auch für Soundausgabe existieren Bibliotheken.

Warum werden dann nicht alle Spiele in Java programmiert? Nun, leider sind Java-Programme in der Ausführung immer etwas langsamer als C- oder C++-Programme, aber insgesamt ist Java auch für die Spieleentwicklung sehr interessant. Insbesondere für die Genres der rundenbasierten Strategiespiele und nicht-echtzeitfähiger Netzwerkspiele bietet sich Java als Programmiersprache an. Besonders in sehr großen Projekten wird man die Möglichkeiten des einfachen Debuggings, der Fehlerbehandlung im Programm, der automatischen Speicherverwaltung und der Robustheit von Java Programmen nicht mehr missen wollen.

3.2.5.6 Sonstige Programmiersprachen

Es gibt noch eine unglaubliche Vielzahl davon, sie heißen Fortran, Lisp, Prolog, Cobol, Clipper und wie auch immer, aber sie spielen in der Welt der Spiele keine Rolle. Man findet sie vorwiegend in wissenschaftlichen Instituten, in Banken, Versicherungen, Verwaltungen. In der Regel sind sie auch gar nicht für die typischen Spieleplattformen zu bekommen. Mit anderen Worten: für uns völlig uninteressant.

3.2.6 Fazit

Wie also geht es weiter? Nun, solange du nicht programmieren kannst, geht es in diesem Buch nach Abschnitt 3.3 erst mal gar nicht weiter. Leg es beiseite, besorge dir einen Compiler und ein gutes Buch, und lerne eine Programmiersprache. Welche? Nun, ich würde sagen: C++ oder Java. Am besten erst mal C++, denn die meisten Spiele-Programme werden heutzutage in C++ geschrieben, ob für PC oder Konsole, und wer diese Sprache nicht kann, der ist vom Löwenanteil der Programmierer-Gemeinschaft isoliert. Die meisten Programmierer verwenden als Compiler Microsoft Visual C++, für den Einstieg eignet sich aber eventuell der C++-

Builder von Borland besser, denn damit kann man sehr schnell Programmgerüste erzeugen und sich in die Sprache einarbeiten, ohne zuvor ein Hochschulstudium für die Bedienung des Compilers zu absolvieren. Manche Dinge versteht man einfach besser, wenn man schon programmieren kann.

3.3 Hard- und Softwarevoraussetzungen (PD)

3.3.1 Der Spieleprogrammierer-PC

Alles nur vom Feinsten? Schnellster Prozessor? Größte Festplatte? Modernste Grafikkarte?

Nicht doch! Ein High-End-Computer kostet auch im 21. Jahrhundert immer noch zwischen 1500 und 2500 Euro und veraltet binnen weniger Monate. Und wozu eigentlich?

Die Hardware, die ein Spieleprogrammierer bei der Entwicklung benutzt, braucht nicht leistungsfähiger zu sein als die Hardware, die nachher der Spieler haben wird. Ja, es ist in gewisser Weise sogar schädlich, wenn der Programmierer einen *zu guten* Computer hat. Was beim Programmierer nämlich noch glatt und flüssig läuft, ruckelt und hängt dann beim Spieler mit der schwächeren Hardware. Wenn es schon beim Programmierer ruckelt, wird er sein Programm verbessern (s. Abschnitt Optimierung), wenn es glatt läuft, merkt er von einem Problem nichts.

Natürlich kann man aber auch nicht besondere Hardware programmieren, wenn man sie nicht hat. Solltest du z. B. vorhaben, Pixelshader-Effekte zu programmieren, wirst du um die Anschaffung einer Pixelshader-fähigen Grafikkarte (GeForce3, Radeon 8500, etc.) nicht herumkommen.

In der Regel hat jemand, der ein Spiel programmieren will, bereits einen Computer, auf dem er Spiele spielt. Und diese Spiele sind es, die ihn inspirieren, deswegen ist es in der Regel auch sehr passend, wenn er seine ersten Programme mit diesem Computer schreibt.

Wenn ich mir heute (20.5.2002) einen PC zum Spielen kaufen würde, hätte er einen AMD oder Intel Prozessor mit mindestens 1800 Mhz, eine GeForce3 (oder GeForce4) Grafikkarte und eine mindestens 80 GB große Festplatte. Eine 3D-Soundkarte und ein DVD-Laufwerk sind ebenfalls sinnvoll (die ersten Spiele, die es nur auf DVD gibt, sind bereits erschienen). Und ein 19" Monitor.

Vorerst programmiere ich aber noch auf einem Pentium III mit 450 Mhz, einer GeForce1 Grafikkarte und einer 10 GB-Festplatte. Und ich fühle mich sehr wohl damit. Da diese Leistung etwa dem entspricht, was gerade der Durchschnitt in Deutschland ist, läuft alles, was ich hierauf entwickle, problemlos auch auf den meisten anderen PCs. Ich denke zwar über die Anschaffung einer GeForce3 nach, aber nicht weil ich die Leistung bräuchte, sondern um Effekte zu programmieren.

Wichtig ist natürlich noch ein Internet-Anschluss, entweder über ISDN oder noch besser DSL, damit hat man den Draht in die große weite Welt und den darf man sich nicht entgehen lassen (siehe auch Abschnitt 6). Um es deutlich zu formulieren: Ohne Internet bist du auf einer einsamen Insel und bekommst nicht viel mit, was in der Welt vor sich geht.

Falls du zeitweise, jedoch nicht permanent, eine bestimmte Hardware brauchst (z.B. Digitalkamera), sieh dich mal in deiner Umgebung um, ob du sie nicht auch leihen bzw. mieten kannst. Das ist häufiger möglich, als du denkst.

Noch ein Tipp, bei dem viele nicht meiner Meinung sein werden. Aber dennoch: Bastele deinen PC nicht selbst zusammen! Kauf dir ein Komplettsystem mit Garantie. Die Wahrscheinlichkeit, dass man heutzutage defekte Komponenten bekommt oder beim Zusammenbau einen Fehler macht, der zu einem Defekt führt, ist so groß geworden, dass man wirklich die Finger davon lassen sollte. Händler versuchen sich im Falle von Reklamationen selbst bei eindeutigsten Verhältnissen ihrer Verantwortung zu entziehen.

Du kannst natürlich deinen PC später aufrüsten, aber da tauschst du nur *eine* Komponente aus und weißt, dass er *zuvor funktioniert* hat und bei Rückbau auch *hinterher* wieder funktioniert.

Und noch ein kleiner Sicherheitshinweis: Leg dir einen CD-Brenner oder eine Extra-Festplatte mit Wechselrahmen zu und mache regelmäßig Sicherheitskopien deiner Arbeit. So ein kleiner Platten-Lesefehler oder eine ungewollte Löschaktion hat schon so manche harte Arbeit ins Nirwana geschossen. Ab und an solltest du auch ein Image deiner gesamten Festplatte anlegen, denn dass man ab und zu das Betriebssystem neu installieren muss, ist so sicher wie das Amen in der Kirche. Und da dabei auch alle Installationen und Einstellungen den Bach runtergehen ... – Aber auch vor Hardware-Defekten solltest du dich nie zu sicher fühlen. Seit ein defektes Netzteil 1998 meinen ganzen Computer verschmoren ließ und die Arbeit von sechs Monaten zunichte machte, bin *ich* jedenfalls vorsichtig, und *du* solltest es auch sein.

3.3.2 Die passende Software

Tja, das ist so eine Sache. Was braucht man denn so an Software? Die Antwort ergibt sich in der Regel daraus, was man denn will. Und aus dem Geldbeutel. Es gibt einige Programme, die bei der Spiele-Entwicklung bevorzugt eingesetzt werden:

- Betriebssystem: Microsoft Windows
- 2D-Grafikprogramm: Adobe Photoshop
- 3D-Modeller: 3D Studio Max
- Compiler: Microsoft Visual C++

Das heißt nicht unbedingt, dass diese Programme um so vieles besser oder billiger wären als ihre Konkurrenten, aber es gibt nun einmal einen gewissen »Herden-Effekt«: Wenn ein Programm besonders verbreitet ist, sind auch viele Tipps und Tutorials und Zusatzpakete dafür zu haben, und das wiederum steigert ihre Popularität noch weiter. Die Verwendung von Raubkopien ist übrigens massiv verbreitet, teilweise sogar in richtigen Firmen, nichtsdestotrotz ist das illegal und darf auf keinen Fall hier empfohlen werden.

Muss es aber auch nicht: Die Ansprüche entwickeln sich mit der Zeit und man braucht zu Beginn nicht mehr als einen Compiler. Bilder kannst du vorerst auch mit Paint machen (in Windows enthalten) und Sounds mit dem WAV-Recorder aufnehmen. Bis du da höhere Ansprüche stellst, wird einige Zeit vergehen, dafür garantiere ich.

Bis auf Windows gibt es für den Einsteiger zu fast jedem Programm eine Billig- bzw. Freeware-Alternative. Hier eine (sehr subjektive) Auswahl:

- 2D-Grafikprogramm: Gimp (`www.gimp.org`)
- 3D-Modeller: Blender (`www.blender3d.com`)
- Compiler: Cygwin (`www.cygwin.com`)

Haltet eure Augen offen, das Angebot ist kaum überschaubar und es kommen ständig neue Programme hinzu.

Ansonsten gibt es in der Regel für die meisten »großen« Programme wie Visual C und 3D Studio Max »Schüler-Lizenzen«, durch die du dich für nur einen geringen Obolus ganz legal mit diesen Programmen beschäftigen kannst.

Noch ein Wort zu Microsoft Visual C: Obgleich 95% aller Spiele mit dem Ding compiliert werden, ist es alles, nur kein professioneller Compiler, egal in welcher Version. Das heißt nicht, dass du ihn meiden solltest (auch wenn es bessere Alternativen gibt, z. B. CodeWarrior für 599$), aber sei dir bewusst, dass das Programm sich teilweise nicht an den C++-Standard hält, ausgesprochen absturzfreudig ist und wenn es gerade Lust hat, fehlerhafte Programme erzeugt – in einem solchen Fall darfst du das ganze Projekt nochmal neu compilieren (dauert ein paar Minuten, denn besonders schnell ist der Compiler auch nicht). Und bei mehr als 300.000 Programmzeilen geht sowieso nichts mehr. Das sage ich nur deshalb, weil du diesen Bugs begegnen wirst und den Fehler zuerst bei dir selbst suchen, aber nicht finden wirst. Und dann erinnere dich an meine Worte.

Ein sehr guter Compiler war/ist Delphi 5 (6 nicht mehr). Leider ist das ein Pascal-Compiler und C/C++ ist nun mal *die* Programmiersprache für Spiele. Sämtliche Literatur und Hilfen aus dem Internet sind praktisch nur noch auf C gemünzt. Auch dieses Buch hat sich diesem Trend (schweren Herzens) angepasst.

3.3.3 Konsolen-Hard- und -Software

Nur der Vollständigkeit halber habe ich diese Überschrift in die Sammlung aufgenommen. In Wahrheit muss ich dir mit Händen und Füßen von derlei Wahnideen abraten, außer, du hast zu viel Geld und weißt nicht, wohin damit.

Im Prinzip unterscheidet sich die Entwicklung auf einer Konsole nicht wesentlich von der auf einem PC. Mehr noch: Man programmiert sie tatsächlich in der Regel auf einem PC, und zwar in C bzw. C++. Es gibt diverse Erweiterungen für die auch auf dem PC geläufigen C-Compiler, die Code für die proprietären Prozessoren von Konsolensystemen erzeugen, z. B. Microsoft Visual C. Dieser Code wird dann auf die Konsole übertragen, und da kann man dann sein Programm testen. Gewöhnungsbedürftig ist allerdings das Debugging, denn Konsolen haben bekanntlich keine Tastatur.

Vor den Erfolg haben die Götter jedoch das SDK gesetzt, und das kostet Geld. Viele viele tausend Dollar. Und du kannst auch nicht so mir nichts dir nichts dein Programm unter die Leute bringen, wenn es fertig ist, denn Sony, Nintendo und Co. haben strenge Qualitätskontrollen (ebenfalls kostenpflichtig), und zu guter Letzt wollen sie auch Prozente pro Spiel haben.

Lass dich auf Konsolen nur im Rahmen einer kommerziell ausgerichteten Firma ein.

3.4 Programmarchitektur (PD & HJM)

3.4.1 Einleitung

3.4.1.1 Worum es geht

Programmarchitektur bezeichnet den inneren Aufbau eines Programms. Nicht das, *was* es macht, sondern *wie* es das macht. Dasselbe Ergebnis ist immer über mehrere verschiedene Lösungsansätze zu erreichen, aber nicht alle sind gleich gut – vor allem in den Punkten Fehleranfälligkeit und Aufwand gibt es enorme Unterschiede.

Nach einem kurzen Überblick wird es vornehmlich darum gehen, wie man ein Programm von Anfang an so übersichtlich und kompakt aufbaut, dass man bei Fehlern bzw. Änderungen kein allzu großes Kopfzerbrechen hat und keine Fleißaufgaben abarbeiten muss.

3.4.1.2 Programmierparadigmen und -sprachen

Programmarchitektur beginnt schon bei der Wahl der Programmiersprache. Unter dem Paradigma versteht man das Prinzip, wie eine Programmiersprache aufgebaut ist. Dieses Prinzip bestimmt dann auch die Art der Benutzung.

Über dieses Thema gibt es dicke Bücher, geschrieben von Universitätsprofessoren, denen ich hier keineswegs Konkurrenz machen will. Das würde den Rahmen dieses Werkes sprengen, und das meiste davon würde euch auch gar nicht interessieren. Unser Fokus soll die Spieleprogrammierung sein. Keine Datenbanken, keine chemischen Steuerungsanlagen, keine Verschlüsselungsprogramme, keine Windkanalsimulationen, keine Texterkennung und was es sonst noch an mehr oder weniger interessanten Informatik-Problemen gibt. Deshalb sind nur zwei Paradigmen für uns interessant:

1. Algorithmisches (prozedurales) Paradigma
2. Objektorientiertes Paradigma.

Weiter unten erläutere ich, was damit gemeint ist. Wichtig ist für uns zunächst: Beide Paradigmen werden von den Sprachen C++ und Pascal zu 100% abgedeckt. Vor allem C++ hat sich als Standard im Bereich der Spieleprogrammierung durchgesetzt. Ich werde mich daher im Folgenden immer wieder auf diese Sprache beziehen.

3.4.1.3 Pseudocode

Wir werden in den gelegentlichen Beispiel-Listings so genannten *Pseudocode* verwenden. Er wird sich an die Syntax und Schlüsselworte von C++ anlehnen, jedoch tritt teilweise an die Stelle von compilierbarem, syntaktisch perfekten Programmcode kommentarartiger Text, der beschreibt, was dieser Programmabschnitt macht, ohne näher darauf einzugehen.

Diese Vorgehensweise hat zwei Gründe. Einer ist natürlich der, dass wir hier nicht genügend Platz haben, Listings von mehreren hundert oder gar tausend Zeilen abzudrucken. Aber selbst wenn das möglich wäre, bliebe es unübersichtlich und nur schwer nachzuvollziehen (zweiter Grund).

Es geht letztlich auch nicht darum, fertige Lösungen abzutippen oder zu kopieren, ohne sich nähere Gedanken dazu zu machen. Viel wichtiger ist es, das *Prinzip zu verstehen* und *eigenständig implementieren* zu können. Wer eine Programmiersprache beherrscht, kann den Pseudocode problemlos in echten Sourcecode verwandeln. Umgekehrt ist das sehr viel schwieriger. Wer schon einmal versucht hat, ein Programm zu verstehen, das jemand anders geschrieben hat, weiß, was gemeint ist.

3.4.2 Algorithmisch orientiertes (prozedurales) Paradigma

3.4.2.1 Definition

Prozedurale Programme sind das, was man sich unter einem »normalen« Programm vorstellt: eine Abfolge von Befehlen. C, Pascal, FORTRAN und BASIC gehören hierzu, und man nennt sie deswegen auch *imperative* Sprachen. Weitere

Sprachkonstrukte sind Verzweigungen und Schleifen. Das Wesen dieser Programme ist es also, die richtigen Befehle in der richtigen Reihenfolge zu verwenden, damit der Computer das macht, was er machen soll. Die Sprache stellt alle Konstrukte zur Verfügung, um einen Algorithmus zu formulieren, ausdenken muss man ihn sich allerdings selbst.

Der prozedurale Ansatz ist in gewisser Weise die Mutter aller Konzepte, weil die Maschinensprache, in die ja letztlich alles vom Compiler übersetzt werden muss, auch prozedural ist. Nur hier hat man die völlige Kontrolle darüber, was ein Programm wie und vor allem wann macht. Programmiersprachen mit anderen Paradigmen bauen hierauf auf, auch wenn sie diese Ebene vor dem Programmierer verbergen, und stattdessen fertige Prozeduren und Algorithmen zur Verfügung stellen.

3.4.2.2 Top Down

Klassischerweise wird die Gesamtaufgabe in kleinere Prozeduren zerlegt, diese wiederum in Unter-Unterprozeduren usw. Syntaktisch entspricht eine Prozedur einer Funktion bzw. einem Makro in C und C++. Der Sinn besteht in Übersicht, Code-Ökonomie und Wiederverwendbarkeit (s. unten).

Diese Aufgabenzerlegung nennt man das »Top-Down«-Verfahren. Es heißt deswegen so, weil der Quelltext von Prozeduren grundsätzlich vor dem Quelltext des Programmabschnitts steht, der sie nachher aufruft. Auf diese Weise kommt das, was von der Ausführung her am Anfang stehen müsste (also der Programmanfang) im Quelltext ganz an den Schluss.

3.4.2.2.1 Code-Ökonomie:

Man sollte als Programmierer möglichst nie den gleichen Code mehrfach schreiben müssen. Schon doppelt ist zu viel! Sobald es sich abzeichnet, dass ein Anweisungsblock dieselben Befehle in derselben Reihenfolge enthält wie ein bereits existierender, oder zumindest die Ähnlichkeit groß genug ist, sollte man aus beiden Anweisungsblöcken eine Prozedur machen. Zwar ist es dank Copy & Paste (Kopieren und Einfügen) sehr einfach, ein Dutzend Mal fast denselben Code zu schreiben, was oftmals wesentlich bequemer ist, als sich die Gemeinsamkeiten der Fälle zu überlegen und eine saubere Prozedur daraus zu machen, aber wehe, man findet später Fehler oder will nur mal was ändern. Dann darf man nämlich gleich das ganze Dutzend Kopien korrigieren bzw. ändern, und in 90% aller Fälle vergisst man irgendwo etwas und vertippt sich: noch mehr Probleme. Nein, nein! Was man zu Prozeduren zusammenfassen kann, soll man auch tun. Sofern aus Geschwindigkeitsgründen Funktionsaufrufe verpönt sind, besteht immer noch die Möglichkeit, Makros zu benutzen.

3.4.2.2.2 Übersicht:

Wenn man sich eine Prozedur anschaut, die nur einige wenige andere Prozeduren aufruft, die möglichst auch noch sinnvolle Namen haben, ist das allemal übersichtlicher, als wenn man sich durch einen Wust von Variablen, Schleifen und verschachtelten Anweisungen kämpfen muss.

Es kann deswegen auch gelegentlich sinnvoll sein, große Prozeduren in kleinere aufzuteilen, auch wenn diese Unterprozeduren nur ein einziges Mal im Programmcode aufgerufen werden. Manche Programmierer teilen ihre Prozeduren, sobald sie 30 Zeilen überschreiten. Ein sehr guter Grund zu Teilung ist auf jeden Fall, wenn eine Prozedur zwei unterschiedliche Aufgaben erfüllen muss.

3.4.2.2.3 Wiederverwendbarkeit:

Einige Prozeduren sind universell verwendbar, so dass sie von ganz unterschiedlichen Programmen immer wieder benutzt werden können. Z. B. Funktionen zum Vergleichen von zwei Strings. Deswegen finden sie sich zumeist in so genannten »Bibliotheken«. Das sind Sammlungen von Funktionen, die man immer wieder mal gebrauchen kann. So genannte Standardbibliotheken sind Bibliotheken mit international genormten Funktionen, die praktisch Bestandteil der jeweiligen Programmiersprache sind und mit den Compilern geliefert werden. So eine Standardbibliothek ist z.B. die STL von C++.

Wenn man mehr als nur gelegentlich programmiert, und das trifft für Spieleprogrammierer mit Sicherheit zu, dann sollte man sich seine eigene Bibliothek aus immer wieder benötigten Funktionen anlegen. Das spart schon beim zweiten Mal so unglaublich viel Zeit und Energie, dass es eigentlich an Masochismus und Selbstzerstörung grenzt, keine Bibliothek anzulegen.

3.4.2.3 Module und Bibliotheken

Ein Modul ist in C++ ein Datei-Paar von Header- und Implementationsdatei. Man kann Module vorcompilieren und zu Bibliotheken zusammenfassen. Dadurch verringert sich ihre Verarbeitungszeit.

Es ist ratsam, Programme aus mehreren Modulen aufzubauen und Module ab einer gewissen Größe in mehrere Module aufzuspalten. Man kann natürlich Programme schreiben, die aus einem einzigen, riesigen File bestehen, in dem der komplette Programmcode enthalten ist. Man kann natürlich Bibliotheken so verwalten, dass man sich bei Bedarf über die Kopieren-Einfügen-Funktion aus einem älteren Programm die benötigten Funktionen ins neue Programm übernimmt. – Es ist dann allerdings auch die Frage, ob man in solchen Riesenfiles je etwas wiederfindet, wenn man es mal suchen muss. Die Prinzipien von Code-Ökonomie, Übersichtlichkeit und Wiederverwendbarkeit gelten auch auf Dateiebene. Und spätestens, wenn mehrere Leute am Programm arbeiten, ist das gar nicht mehr ohne Modularisierung durchführbar. Siehe dazu auch Kapitel 5: Management

In C++ kommt außerdem noch die Compilierzeit hinzu. Größere Projekte von Grund auf neu zu compilieren kann mehrere Minuten bis Stunden in Anspruch nehmen. Deswegen sollte man so viel Code wie möglich, an dem man gerade nicht arbeitet, in vorcompilierten Zustand vorrätig halten.

3.4.2.4 Schichten

Nein, mein Thema ist nicht plötzlich Geologie, das Schichtenmodell bezeichnet ein Ordnungsprinzip des prozeduralen Paradigmas. Gerade haben wir das Top-Down-Verfahren kennen gelernt, die Gesamtaufgabe in Unter- und Unter-Unteraufgaben aufzuteilen. Die Schicht ist dabei das Maß, wie viele »unter«s man hat. D. h. die Hauptprozedur, die alle anderen aufruft, ist Schicht 0. Die Unterprozeduren bilden Schicht 1, Die Unter-Unter-Prozeduren Schicht 2 usw. Man kann das natürlich auch völlig anders nummerieren und den untersten Unterprozeduren die Nummer 0 geben. Das ist Geschmackssache. Allerdings hat sich der Begriff **low-level** für die Unterprozeduren und **high-level** für die – äh – Oberprozeduren eingebürgert. Hier eine Grafik:

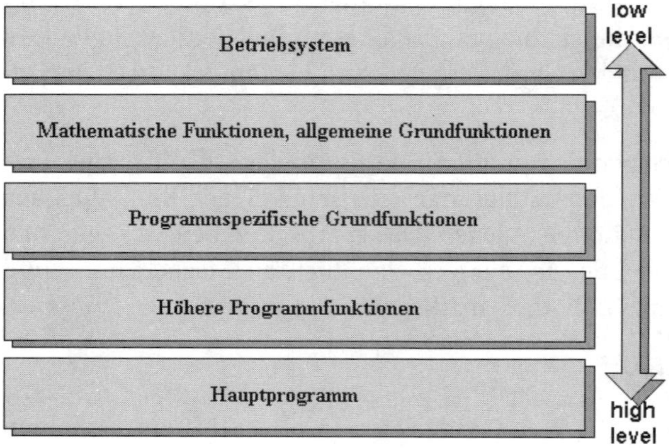

Abb. 3.5: Beispiel für Programmschichten

Wichtig ist nun Folgendes: High-Level-Prozeduren rufen Low-Level-Prozeduren auf. – Aber NIE umgekehrt!! Nicht, dass es nicht möglich wäre, sowohl C als auch Pascal haben Sprachkonstrukte, mit denen man das tun kann, aber man sollte es einfach nicht tun! Man brockt sich damit früher oder später Probleme ein.

Das mildeste davon ist noch der Verlust der Übersicht, welchen Verlauf das Programm nimmt. Das ist bei der Fehlersuche sehr lästig. Hat man hingegen alles in Schichten organisiert, kann im Fehlerfalle das Problem ja nur noch in den darunter liegenden Schichten sein.

Ebenfalls unangenehm ist, dass man sich ohne saubere Trennung die Wiederverwendbarkeit von Prozeduren bzw. ganzen Modulen sabotiert. Durch die kreuzweisen Abhängigkeiten der Prozeduren und Module sind sie untrennbar miteinander verbacken. Man kann sich dann nichts mehr herauspicken, weil alles nur noch im Verband funktioniert.

Und es kann zu guter Letzt auch noch sein, dass sich solche Prozeduren gegenseitig bis in alle Ewigkeit aufrufen – oder zumindest, bis der Stack ausgeht:

```
void pong(void)
{
  printf(«pong«);
  ping();
}
void ping(void)
{
  printf(«ping«);
  pong();
}
```

Wenn man eine der beiden Funktionen aufruft, wird auf dem Bildschirm zuerst millionenfach »Ping Pong« erscheinen, irgendwann schließlich stürzt das Programm mit einem Stacküberlauf ab. In diesem Fall ist das noch ganz offensichtlich, weil die zwei Funktionen direkt hintereinander stehen. Bei größeren Programmen, insbesondere, wenn man die Module nicht sauber nach Schichten getrennt hat, kann so was aber modulübergreifend auftreten, eventuell über ein Dutzend verschiedener Funktionen, die sich gegenseitig aufrufen. Und das zu finden, ist nicht immer einfach.

Man sollte sich auch Gedanken machen, in welche Schicht man eine Programmfunktion tut. Ein Mitarbeiter von mir wollte in einem gemeinsamen Projekt einmal das Feature für Mehrsprachenunterstützung direkt in das Modul einbauen, wo der Text grafisch ausgegeben wurde. Genauer gesagt, sollte die Funktion `TextOut(text,x,y)`, die einen String (`text`) an der Position x/y auf dem Bildschirm ausgibt, den String je nach Spracheinstellung Englisch oder Deutsch ausgeben. Ich wollte das nicht, konnte meinem Mitarbeiter jedoch zunächst keinen vernünftigen Grund angeben. Erst später, als es neben reinem Text auch an die Ausgabe von Zahlen und Debug-Werten ging, fiel mir das Gespräch wieder ein. Hätten wir `TextOut` den Parameter `text` übersetzen lassen, wie hätten wir dann noch Text ausgeben können, zu dem es keinen Eintrag in der Sprachdatei gab? Wesentlich praktikabler war es, eine Funktion zu kreieren, die einen String übersetzte. Auf diese Weise konnten wir `TextOut` mit übersetzen, nicht übersetzten (z. B. Zahlen) und gemischten Texten füttern («Sie haben 3278.23 Euro«).

3.4.2.5 Eine parametrisierte Prozedur oder mehrere Prozeduren?

Wovon ich rede? Nun, nehmen wir an, wir haben folgende zwei Procedures:

```
int F1(int x)
{
  return 10*x + 10;
}
int F2(int x)
{
  return 20*x + 20;
}
```

Hier drängt es sich ja geradezu auf, aus den beiden Funktionen eine einzige zu machen:

```
int Fy(int x,y)
{
  x = y*x+y;
}
```

Funktionieren tut beides. Und es wird sicher keiner widersprechen, wenn ich sage, dass die Version mit nur einer Funktion die stilistisch sauberere ist. Allerdings nur so lange, wie diese Ähnlichkeit kein Zufall ist. Wenn der Programmierer sich mal entschließen sollte, in F1 eine ganz andere Formel zu verwenden als in F2, muss er die beiden Funktionen wieder trennen.

Aber was sagen wir zu solch einem Konstrukt:

```
int Fy(int x,y)
{
  if y = 10 then return y*x+y;
  if y = 20 then return sin(x)/y;
}
```

Oh je, diese Funktion macht ja zwei völlig unterschiedliche Sachen! Das ist unübersichtlich und schreit wieder nach der Trennung in zwei Prozeduren (die ich jetzt nicht nochmal aufschreibe).

Aber was haben wir damit gewonnen? Vielleicht haben wir dafür die `ifs` jetzt im aufrufenden Programmteil:

```
if (y = 10) F1(x);
if (y = 20) F2(x);
```

Mist! Und falls diese ifs jetzt auch noch mehr als einmal in dieser Form im aufrufenden Programmteil vorkommen müssen, wird auch noch das Prinzip der Code-Ökonomie verletzt!

Man kann tatsächlich als Faustregel sagen, dass eine parametrisierte Funktion einer Serie von Einzelfunktionen überlegen ist. Es kommt aber auch sehr auf die Funktion an. Wenn weder Codeökonomie noch Übersicht es erfordern, ist von der Zusammenlegung zweier Funktionen, die einigermaßen verschiedene Dinge erledigen, dringend abzuraten. Nicht ohne Grund habe ich noch in keinem Programm eine Funktion gefunden, die je nach Parameter eine grafische Ausgabe macht, den Spielstand von Platte lädt oder eine Zufallszahl zurückliefert.

3.4.3 Objektorientiertes Paradigma

Die objektorientierte Programmierung (im folgenden nur noch OOP genannt) ist eine inzwischen sehr etablierte Alternative zur prozeduralen Programmierung – oder sagen wir besser: Ergänzung? Nun ja, das Wesentliche in OOP ist, dass man Datenstrukturen mit zugehörigen Schnittstellen definieren kann: Das sind die berühmten Objekte bzw. Klassen. Um den Unterschied kurz klar zu machen: eine Klasse ist ein Typ, und das Objekt ist eine Variable dieses Typs.

Auf die internen Datenstrukturen der Klassen bzw. Objekte soll nicht direkt zugegriffen werden, dafür sind die Schnittstellen zuständig. Wie eine Klasse intern funktioniert, ist ihre Privatangelegenheit. Hat man erst mal genügend Klassen, kann man daraus wie aus einem Baukasten-System sehr schnell und effizient Programme basteln. Soweit die Theorie.

Natürlich muss aber jemand diese Klassen erst mal erstellen bzw. ihre Schnittstellen programmieren. Insofern finden sich rein objektorientierte Sprachen praktisch nicht, ohne prozedurale Konstrukte könnte man die Klassen ja nicht mit Inhalt füllen. Nicht alle Sprachen sind in gleichem Maße objektorientiert. So ist man in C++ und Pascal nicht gezwungen, Klassen und Objekte zu benutzen, man kann seine Programme auch rein prozedural schreiben. Das geht mit Java *nicht* mehr.

Da nicht alle OOP kennen (oder verstehen?), hier eine geraffte Fassung:

Klassen sind Datenstrukturen, in denen nicht nur Variablen, sondern auch Funktionen zusammengefasst werden. Die eigenen Variablen heißen in der offiziellen Informatik *Felder* und die Funktionen der Klasse heißen *Methoden*. In der Praxis wird aber fast nur noch von *Member-Variablen* und *Member-Funktionen* gesprochen.

Hier eine Beispiel-Deklaration (man beachte, dass zur vollständigen Beschreibung einer Klasse auch die Implementierung ihrer Funktionen gehört):

```
class Klasse1
{
  int x,y;
  void machwas();
}
void Klasse1::machwas()
{
```

```
  y=2*x+10;
};
```

Das ist aber bislang nur die Definition der Datenstruktur. Um damit auch zu arbeiten, muss man eine Variable dieses Typs deklarieren. Diese Variable heißt im Fachjargon auch die *Instanz* der Klasse;

```
Klasse1 A;
```

Nachdem nun die Instanz `A` von `Klasse1` deklariert wurde, kann man sie im Programm benutzen:

```
A.x = 1;
A.machwas();
```

Weiter oben schrieb ich, dass man nicht auf die Felder einer Klasse direkt zugreifen soll, genau das mache ich hier aber, wenn ich `A.x` auf 1 setze. Programmtechnisch geht das auch, in der reinen Lehre der OOP müsste ich aber, um x auf 1 zu setzen, eine eigene Funktion schreiben, die das macht:

```
void A::setx(int newx);
{
  x=newx;
}
```

Und statt `A.x = 1` schreibe ich nun:

```
A.setx(1);
```

Diese auf den ersten Blick umständliche Lösung ist wie gesagt Teil der Philosophie von OOP, dass der innere Aufbau einer Klasse ihre Privatsache ist. Sie ist durchaus dienlich, um später in größeren Projekten die Übersicht zu behalten. Wir werden darauf noch mal in Abschnitt 3.4.5 zurückkommen.

Interessant ist nun, dass man neue Klassen von bereits bestehenden *ableiten* kann! Das bedeutet, man schreibt eine neue Klasse, aber man schreibt im Programmcode nur die *Änderungen* gegenüber einer schon existierenden Klasse. Diese so genannten *Nachfahren* verfügen neben den neu deklarierten Variablen und Funktionen auch automatisch über die des Vorfahren, auf dem sie basieren. Das nennt man sinnigerweise *Vererbung*.

```
class Klasse2 public Klasse1
{
  int z;
  void machmehr();
}

void Klasse2::machmehr()
```

```
{
  machwas();
  z = x*y;
}
```

Also, `Klasse2` soll auf `Klasse1` basieren, neu hinzukommen soll die Member-Variable `z` und die Member-Funktion `machmehr`. Jetzt nur noch eine Variable von diesem Typ deklarieren. Nennen wir sie B:

```
Klasse2 B;
```

`B` kann alles, was auch `A` kann, denn `Klasse2` hat von `Klasse1` die Felder `x` und `y` und die Methode `machwas` geerbt. Zusätzlich hat es noch das Feld `z` und die Methode `machmehr`.

Da `Klasse1` der Vorfahr von `Klasse2` ist, ist eine Zuweisung dieser Art möglich:

```
A = B;
```

Damit würden die Felder `x` und `y` in `A` auf die Werte von `B` gesetzt. Umgekehrt (`B = A`) ist das schon problematisch, weil `A` die Variable `z` nicht enthält, und dieser Wert in `B` undefiniert bleiben müsste. Die meisten Compiler compilieren das daher auch gar nicht.

Die nächste (und zugleich letzte) Besonderheit von OOP ist, dass Objekte Methoden ihrer Vorfahren `überschreiben` können. Dies tun sie, indem sie eine neue Funktion desselben Namens definieren:

```
class Klasse3 public Klasse2
{
  void machwas();
}

void Klasse3::machwas()
{
  y=cosinus(x);
}

Klasse3 C;
```

Also: `Klasse3` hat alles von `Klasse2` geerbt (und somit auch alles von `Klasse1`). Die geerbte Funktion `machwas` wurde aber neu definiert (überschrieben). Das heißt, ein Aufruf von `C.machwas` ruft im Programmcode die Funktion `Klasse3.machwas` auf, und nicht `Klasse1.machwas`! Und dieses Verhalten von Objekten, dass »dieselbe« Funktion sich unterschiedlich verhalten kann, nennt man *Polymorphie*.

Der Sinn erschließt sich besser an einem Beispiel, das ich hier einschieben muss: Stell dir vor, du wolltest ein Programm schreiben, das Punkte, Linien und Kreise in großen Mengen enthält. Alle drei wären als Klasse implementierbar und hätten eine Methode, mit der sie sich selbst zeichnen. Nun stell dir ferner vor, du hättest ein Array von Objekten, in dem alle drei Typen vorkommen, und du willst jetzt, dass sich alle Objekte im Array zeichnen. Eine `switch-case`-Anweisung ist erforderlich, um jeweils die richtigen Methode aufzurufen: `zeichnePunkt`, `zeichneLinie`, `zeichneKreis`. In OOP kannst du jedoch dank Polymorphie drei verschiedene Klassen definieren, die sich voneinander ableiten und alle eine gleichnamige Funktion `zeichne()` haben. Du rufst dann nur noch `zeichne()` für alle Objekte auf, und je nach dem, was für ein Objekt es ist, ist das Ergebnis mal ein Punkt, ein Kreis oder eine Linie auf dem Bildschirm. Das hat zwei hochinteressante Vorteile: Zum einen spart man sich die `switch-case`-Anweisung, die bei – sagen wir mehreren Dutzend – verschiedenen Objekttypen ein wenig lang werden würde, und zum anderen muss man, wenn man einen neuen Objekttyp hinzufügt, nichts am bestehenden Programmcode, wo diese Fallunterscheidung stattfindet, ändern! Man fügt eine neue Klasse hinzu und schon steht sie zur Verfügung. Das gleiche, wenn man einen Objekttyp wieder entfernt. Beispiel Ende.

Also, wir haben gesehen, dass `C.machwas` die gleichnamige Funktion in `Klasse3` aufruft. Und jetzt die Preisfrage: Was macht der Aufruf von `C.machmehr`?

Nun, dazu müssen wir in `Klasse2` nachsehen, von der `C` diese Funktion geerbt hat. Aha, da steht, es wird `machwas` aufgerufen. Na ja, mag man meinen, das wurde von `Klasse1` geerbt und deswegen wird hier `Klasse1.machwas` aufgerufen. – Das stimmt aber nicht! Wir sind immer noch in einem Funktionsaufruf der `Klasse3`, und `Klasse3` hat die Methode `machwas` überschrieben. Es wird deswegen auch gefälligst `Klasse3.machwas` aufgerufen!

Leider funktioniert die ganze Sache nicht, denn ich habe etwa Wichtiges vergessen.

Man kann in C++ eine Funktion nur dann überschreiben, wenn sie in der Basisklasse als `virtual` deklariert wurde. Dieses Schlüsselwort sagt nämlich, dass zum Zeitpunkt des Compilierens noch nicht feststeht, welche Funktion an dieser Stelle wirklich aufgerufen wird, das wird nachher dadurch entschieden, von welcher Klasse die Variable ist.

Also, das mit der Polymorphie funktioniert nur, wenn man `virtual` vor die Funktion in `Klasse1` geschrieben hat:

```
class Klasse1
{
  int x,y;
  virtual void machwas();
  void setx(int newx);
}
```

So, nun nochmal ein praktisches Beispiel für die Verwendung von Polymorphie: Wenn ich eine Reihe von Klassen habe, die alle von der Urklasse `Klasse1` abgeleitet sind, kann ich ein Array von `Klasse1`-Pointern haben und diese auf Objekte der `Klasse1`, aber auch `Klasse2` und `Klasse3` zeigen lassen:

```
Klasse1 *D[3]; // Array von Pointern auf Klasse1-Objekte

D[0]=new Klasse1;
D[1]=new Klasse2;
D[2]=new Klasse3;

for (int i=0; i<3; i++) // rufe machwas von allen 3 D's auf.
  D[i]->machwas;
```

Alle drei Objekte machen im Endeffekt etwas anderes, aber man kann einheitlich auf sie zugreifen! Jedes Objekt soll sein `machwas` machen, aber was das ist, hängt vom Objekt ab.

Das ist schlichtweg genial und eröffnet ungeahnte Möglichkeiten. Man kann auf diese Weise alle möglichen Objekte gruppieren. Am offensichtlichsten ist dieser Vorteil, wenn man eine Windows-artiges Userinterface schreiben will, in der jedes Element auf Mausklicks reagieren und sich selbst zeichnen können muss, ohne dass man als Programmierer im Voraus weiß, welche und wie viele Elemente später auf dem Bildschirm zu sehen sein werden. Aber man kann das auch verwenden, um Monster, Helden und Objekte in einem Spiel einheitlich anzusprechen. Alle sind zusammen in einem Array (oder einer Liste), zeichnen sich, können angeklickt werden, laufen herum, reagieren – nur eben jeder auf seine eigene Weise.

Wie man sieht, ist OOP eine andere Art, die Gesamtfunktion zu zerlegen. Man versucht, zusammengehörige Daten und Funktionen zu Objekten zu gruppieren, um sie besser handhaben zu können und den Zusammenhang klarer zu machen. Vererbung ist ein weiteres Strukturierungsmittel, um leicht abweichende Versionen von Objekten zu erzeugen und die mehrfache Programmierung ähnlicher Lösungen zu vermeiden. Polymorphie ermöglicht eine weitere Vereinheitlichung der Behandlung unterschiedlicher Objekte, da man nur auf gemeinsame Eigenschaften angewiesen ist und so »if ... else« Konstrukte vermeiden hilft.

3.4.4 Andere Paradigmen

Es geht auch ganz anders! Die Sprache Prolog z. B. gehört zu den sog. *deklarativen* Programmiersprachen. Da gibt es keine Befehle, nur Definitionen von Fakten und Regeln. Man kann dem Computer dann eine Frage stellen, die er versuchen wird, anhand seines »Wissens« logisch zu beantworten.

Funktionale Programmiersprachen haben keine Variablen, sie errechnen alles »in einem Rutsch« durch verschachtelte Funktionsaufrufe. Besonders gerne komplexe mathematische Formeln. Der Code sieht ein wenig prozedural aus, mangels Variablen gibt es jedoch keine Zustände.

Mit den *relationalen* Sprachelementen von SQL kann man Datenbanken erzeugen und abfragen.

Es gibt noch viel mehr, allerdings spielt dergleichen in der Welt der Spiele keine Rolle. Man kann zwar komplizierte Probleme damit lösen, aber keine »Action« machen. Und deswegen klappen wir die Akte über diese Exoten schnell wieder zu.

Falls jemand allerdings Ideen hat, wie man logische, relationale oder musterorientierte Paradigmen für die Programmierung von Spielen einsetzen kann, so sei er aufgerufen, mit mir Kontakt aufzunehmen. Das kann man dann vielleicht sogar in die dritte Auflage dieses Buches übernehmen.

3.4.5 Schnittstellen

3.4.5.1 Wesen und Vorteile

Eine Schnittstelle bzw. ein Interface ist eine genormte Ein-/Ausgabe. Wie schon erwähnt, soll man ja alles, was man an Code mehrfach schreiben müsste, in eine eigene Prozedur verlagern. Das spart Schreibarbeit, und wenn man etwas an diesem Code ändern will, muss man es nur in der einen Prozedur verändern. Neben den bereits bekannten Schlagworten Code-Ökonomie, Wiederverwendbarkeit und Übersicht tritt beim Thema Schnittstelle jedoch noch eine vierte Kategorie hinzu, und die heißt *Austauschbarkeit*. Oder auch Universalität, wenn's genehmer ist.

Egal ob objektorientiert oder prozedural: Programmprojekte haben die Eigenschaft, sich während der Entwicklungszeit zu verändern. Sowohl Datenstrukturen als auch Prozeduren. Wenn man es nun schafft, bei aller Veränderung die Aufrufsyntax der Prozedur beizubehalten, kann man sich eine Menge Schreibarbeit sparen.

Nehmen wir an, unser Programm braucht Eingaben in Form von Zahlen und Text. Nehmen wir des Weiteren an, dass diese Eingabe wahlweise aus einer Datei oder von Tastatur erfolgen kann. Normalerweise würde man hingehen und folgende Prozeduren schreiben:

```
int ReadInt();
string ReadString();
int ReadIntFromFile();
string ReadStringFromFile();
```

Damit hat man sich möglicherweise bereits seine eigene Grube gegraben. Und zwar dann, wenn es z. B. im Programm *umschaltbar* sein soll, ob von Tastatur oder Datei eingelesen werden soll. Dann kann man entweder if-Konstrukte bemühen ...

```
if von_file then x:=ReadInt else x:=ReadIntFromFile;
```

...was keineswegs lustig ist, wenn man das ein paar Dutzend Mal tun muss.

Oder man kann es sich einfach machen. Wobei es da gleich drei Möglichkeiten gibt. Eine davon kennen wir schon, sie heißt Prozeduren parametrisieren:

```
int ReadInt(bool von_file);
```

Dies würde das if-Konstrukt in die Prozedur verlagern. Allemal besser, als es mehrfach im Hauptprogramm verstreut zu haben, aber noch nicht sehr optimal, wenn man sich die Möglichkeit vorbehalten will, eventuell noch eine dritte oder vierte Einlese-Variante zu programmieren. Denn dann müssten diese Prozeduren jedes Mal um eine weitere if-Anweisung erweitert werden. Und vielleicht ist der Programmierer, der sie geschrieben hat, gerade in Urlaub und wir kommen nicht an den Code ran.

Für so was gibt es die zweite Lösung, nämlich OOP. Wir definieren eine Klasse, die so aussieht:

```
class Reader
{
  virtual int ReadInt();
  virtual string ReadString();
}
```

Diese Klasse kann allerdings noch nichts und wird auch nicht benutzt. Jedoch dient sie uns als Vorfahr für zwei andere Klassen:

```
class FileReader: public Reader
{
  virtual int ReadInt();
  virtual string ReadString();
}
class KeyReader: public Reader
{
  virtual int ReadInt();
  virtual string ReadString();
}
```

Und es ist wohl unschwer zu erraten, was die Methoden dieser Klassen machen.

Der Clou ist nun folgender: Wenn ich eine Zeiger-Variable `MyReader` vom Typ `Reader*` definiert habe, kann ich sie überall im Programm wie folgt benutzen:

```
x = MyReader->ReadInt();
```

Und je nach dem, ob ich am Programmanfang schreibe

```
MyReader = new FileReader();
```

oder

```
MyReader = new KeyReader();
```

Hat das Objekt dank Polymorphie eine völlig unterschiedliche Funktion.

Na, das ist doch sehr elegant, oder? Wenn man nun eine neue Einlese-Art definieren will, z. B. von Netzwerk, dann muss man nur eine neue Klasse von Reader ableiten, aber den bestehenden Code von `FileReader` und `KeyReader` kann man in Ruhe lassen.

Es gibt aber noch eine dritte Möglichkeit, nämlich mit Zeigern auf Prozeduren zu arbeiten. Im Prinzip dieselbe Technologie, die auch die Polymorphie verwendet, es geht aber auch ohne Objekte.

Dazu definiert man sich einen Zeiger auf einen bestimmten Funktionstyp und schreibt alle Lesefunktionen nach diesem Muster, d. h. Aufrufparameter und Rückgabewert müssen übereinstimmen. Hernach kann man die Adressen der Funktionen einer Variable zuweisen, deren Typ diesem Funktionstyp entspricht.

3.4.5.2 Strategiemuster

Man kann eine Lösungsstrategie auf verschiedenste Situationen anwenden, wenn man über eine saubere Schnittstellendefinition verfügt.

Nehmen wir als Beispiel das Sortieren von Listen. Das Sortieren benötigt im einfachsten Fall nur zwei Operationen: Vergleichen und Tauschen. D. h. man kann die Sortierung auf alle Datentypen anwenden, für die eine Vergleich- und eine Tauschoperation zur Verfügung steht. Wenn man dafür standardisierte Prozeduraufrufe hat, kann ein und derselbe Code alle Arten von Sortieren durchführen:

```
bool Vergleiche(void* index1,index2);
void Tausche(void* index1,index2);
```

Das Prinzip des Strategiemusters kennt aber auch den umgekehrten Weg, und zwar die Austauschbarkeit des Algorithmus bei gleich bleibenden Datenstrukturen. Leider ist die Verwirklichung dieser Idee in der Praxis nur durchführbar, wenn man im Voraus alle Algorithmen, die verwendet werden sollen, kennt und entsprechende Funktionen in der Schnittstelle bereit stellt. Den Sortieralgorithmus »Quicksort« könnte man mit den vorgenannten zwei Funktionen allein jedenfalls nicht bewerkstelligen, es wäre ein Nachrüsten erforderlich.

3.4.6 Programmierung von Interaktivität

3.4.6.1 Historisches Erbe und gemeinsame Basis

Computer wurden ursprünglich dazu erfunden, Probleme zu lösen. Vornehmlich aufwandsbedingte Rechen-Probleme. Dass sie heutzutage auch zu gänzlich anderen Aufgaben herangezogen werden können (Kommunikation, Unterhaltung, Steuerung) hat aber nichts am Grundkonzept verändert. Eine Interaktion mit einem Computer bzw. seinem Programm läuft in folgenden drei Schritten ab:

1. Eingabe
2. Verarbeitung
3. Ausgabe

Eingabe ist alles, was ein Mensch dem Computer von außen an Information zuführt. Z. B. Maus- und Tastatureingaben, aber auch alles, was über die Netzwerk- oder Telefonleitung hereinkommt. Man kann es auch historisch betrachten als die »Frage«, die man dem Computer stellt.

Verarbeitung ist die Berechnung der Antwort. Diese läuft im Inneren der Maschine ab.

Und *Ausgabe* schließlich ist die Ausgabe der Antwort. Das kann Text bzw. Grafik sein, oder Sound, oder ein gedrucktes Blatt Papier – und wiederum Daten über Netzwerk und Telefon.

Im Falle eines Ballerspiels ist die Eingabe das Drücken des Feuerknopfes; die Verarbeitung errechnet, dass ein Schuss abgegeben und der Gegner getroffen wird; die Ausgabe stellt dieses Ergebnis in Bild und Ton dar.

Im Falle eines Steuerprogramms für chemische Prozesse besteht die Eingabe aus irgendwelchen Messwerten; die Verarbeitung errechnet, was mit diesen Werten zu tun ist; die Ausgabe ist ein Vorgang, z. B. Verringerung der Sauerstoffzufuhr.

Man möchte nun meinen, eine selbstlaufende Demo aus der Demoszene hätte keine Eingabe. Doch, hat sie: die Eingabe ist das Schreiben des Programms.

Die Ausgabe des Computers kann übrigens als »Eingabe in den Menschen« betrachtet werden und umgekehrt. Es ergibt sich hieraus eine Rückkopplung; ein Informationskreislauf.

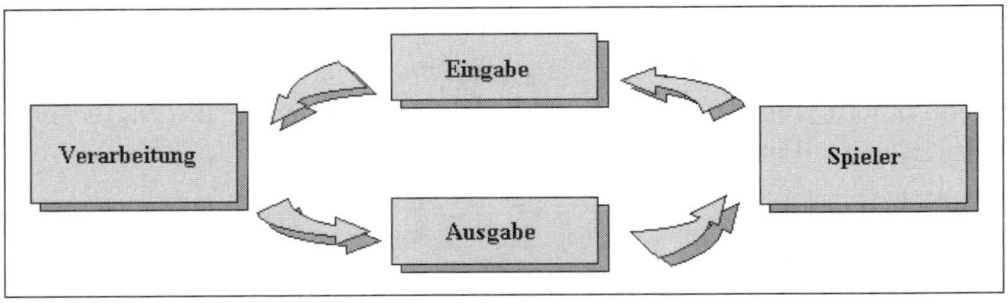

Abb. 3.6: Schema der Interaktion zwischen Spieler und Computer

Ein wesentliches Merkmal, das viele Spiele von so genannten Anwendungsprogrammen abgrenzt, ist, dass das Anwendungsprogramm nach der Ausgabe wieder in einen Ruhezustand übergeht und auf eine neue Eingabe wartet. Mit der Ausnahme einiger weniger Spielegenres wie z. B. rundenbasierten Spielen gibt es in Spielen keinen Ruhezustand, und wenn der Spieler nichts eingibt, dann wird trotzdem etwas gemacht. Aber gemeinsam ist sowohl Spielen als auch den meisten Anwendungsprogrammen, dass nach der Ausgabe nicht auch das *Programm* zu Ende ist.

In einem Action- oder Echtzeitstrategiespiel geht es um hunderttausende von Eingaben, und ebenso viele Antworten werden erwartet, und das am laufenden Band und noch möglichst schnell. Um diese Sequenz immer und immer wieder zu durchlaufen, müssen wir sie in einer Schleife platzieren. Und die heißt Main Loop.

3.4.6.2 Die Main Loop

Für Freunde der sterbenden deutschen Sprache kann ich auch »Hauptschleife« sagen. Also: Die Main Loop eines Programms ist die Schleife, in der die drei Elemente der Interaktion immer und immer wieder durchlaufen werden. Und so sieht sie aus:

```
do
  eingabe();
  verarbeitung();
  ausgabe();
while (programm_soll_weiterlaufen);
```

Das ist jetzt natürlich nur der Kernteil des Programms, nicht das ganze Programm. Vor der Hauptschleife gibt es noch einen Initialisierungsteil, in dem Datenstrukturen definiert, Variablen auf Anfangswerte gesetzt und Speicherbereiche allokiert werden, und nach der Hauptschleife gibt's in der Regel einen »Aufräumteil«, der den Speicher wieder freigibt und ggf. geladene DLL's wieder entfernt. Aber interessieren tut uns zunächst mal nur die Hauptschleife.

Der obige Pseudocode ist allerdings reine Theorie. Es wäre natürlich schön und sauber, für Eingabe, Verarbeitung und Ausgabe getrennte Prozeduren zu verwenden, in der Praxis kann man allerdings nur die Eingabe und die Ausgabe wirklich prozedural trennen. Die Verarbeitung hat keine scharf ziehbare Grenze zur Eingabe, sie beginnt nämlich schon bei der Eingabe, wenn wir einer Variablen den Wert einer gedrückten Taste zuweisen. Man kann natürlich willkürlich Grenzen ziehen, aber das macht wenig Sinn. Schauen wir stattdessen, wie die Main Loop eines realen Spiels aussehen könnte:

```
do
  behandle Tastatureingabe
  behandle Mauseingabe
```

```
    empfange und behandle Netzwerk/Modem-Daten
    bewege alles, was in Bewegung ist
    sende Netzwerk/Modem-Daten
    male die Spielwelt auf den Bildschirm
    mache Geräusche
while (programm_soll_weiterlaufen);
```

Implizit wird vorausgesetzt, dass die Datenstrukturen der Spielwelt allen Prozeduren zugänglich sind, die es angeht (egal ob nun als globale Variablen oder über Objektschnittstellen), und die Werte einerseits durch die verschiedenen Eingabevorgänge verändert werden, während andererseits die Grafik- und Soundausgabe lesend auf sie zugreift. Das heißt, Prozeduren für Eingabe und Ausgabe sind klar voneinander getrennt, aber sie greifen auf dieselben Variablen zu. Hieraus ergibt sich folgende Architektur:

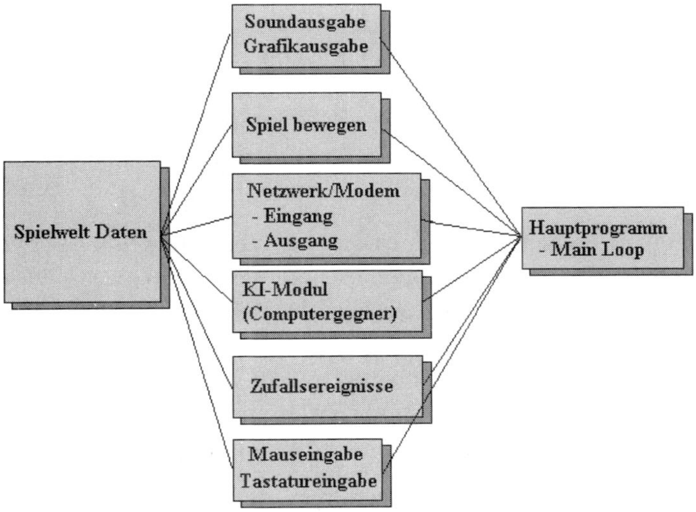

Abb. 3.7: Programmarchitektur eines Spiels

In welcher Reihenfolge dabei die einzelnen Programmabschnitte aufgerufen werden, ist übrigens völlig egal. Ich persönlich habe mir zwar angewöhnt, immer Grafik- und Soundausgabe an den Schluss zu setzen, weil ich dann weiß, dass das, was ich sehe/höre, das unmittelbare Ergebnis der Programmabschnitte zuvor ist, aber das ist eigentlich völlig willkürlich.

Diese Architektur gilt auch im Fall von OOP. Auch wenn die Variablen und die Prozeduren, die etwas mit den Variablen tun, im Quelltext anders gruppiert sind, als im algorithmischen Paradigma: Existenz und Verwendungszweck der Variablen und Prozeduren sind identisch.

3.4.6.3 Auch Echtzeit ist rundenbasiert – und umgekehrt

Diese Überschrift mag auf den ersten Blick seltsam erscheinen, doch was unterscheidet rundenbasierte Spiele von Echtzeitspielen eigentlich? Es ist gar nicht so viel wie man meinen mag:

Rundenbasierte Spiele warten geduldig, bis der Spieler das Signal gibt, dass er mit seinen Anweisungen fertig ist und die nächste Runde beginnen soll. Echtzeitspiele warten nicht.

Was die Programmarchitektur angeht, so beruht das bei den älteren Spielen auf einem winzigen Unterschied in der Main Loop: Den rundenbasierten Spielen fehlt schlicht die Zeile mit der Anweisung: »bewege alles, was in Bewegung ist«. Genauer gesagt findet sich diese Anweisung statt in der Main Loop irgendwo in der Eingabeverarbeitung: Wenn der Spieler signalisiert, dass er fertig ist, wird der neue Spielstand berechnet.

Bei neueren rundenbasierten Spielen ist es hingegen durchaus wahrscheinlich, die Zeile »bewege alles, was in Bewegung ist« in der Main Loop zu finden. Nur ist eben nicht immer alles in Bewegung. Lediglich einige Animationen, z. B. Wasserbewegung an den Küsten (CIVILIZATION), drehende Windmühlenflügel (AUFSCHWUNG OST) und weidende Pferde (MASTER OF MAGIC). *Spielstandsrelevante Daten* werden bei rundenbasierten Spielen natürlich nicht laufend verändert.

Betrachten wir uns CALL TO POWER näher, so finden wir hier eine weitere Verwischung der Grenzen zwischen Echtzeit und Rundenbasiert: Wenn man eine militärische Einheit auf den Weg schickt, beginnt diese, loszumarschieren. Während die Einheit noch läuft, kann man weitere Einheiten bewegen und wenn man schnell genug ist, sogar noch ein paar Anweisungen in den Städten geben. Wenn man die Runde beendet, sind die Computergegner dran, jedoch noch während diese sich bewegen, kann man schon wieder in den eigenen Städten neue Anweisungen geben.

Rundenbasierte Spiele der letzten Jahre sind von der Programmarchitektur her praktisch Echtzeitspiele, nur dass sie rundenweise »loslaufen« und wieder »anhalten«.

Andersherum verfügen die meisten Echtzeitspiele über ein *Pausen*-Feature, d. h. wenn man die Pause-Taste drückt, halten sie an – aber man kann immer noch über die Karte scrollen und Anweisungen geben. Auf diese Weise lässt sich ein rundenbasierter Ablauf erzwingen! Den Spieldesignern passt das aber meist gar nicht, deswegen sind häufig die Handlungsmöglichkeiten des Spielers während der Pause eingeschränkt oder völlig blockiert. AGE OF EMPIRES z. B. erlaubt Befehle während der Pause nur im Einzelspielermodus. In Multiplayer-Partien friert das Spiel in der Pause völlig ein, man kann nicht einmal mehr die Karte scrollen. In Transport Tycoon kann man die Karte scrollen sowie Fahrzeuge kaufen, aber nichts bauen und keine Fahrpläne zuweisen.

Wenn ich nun im Folgenden von einem **Zyklus** spreche, meine ich damit einen einzelnen Durchlauf der Main Loop, in dem der Spielstand verändert wird. Bei den rundenbasierten Spielen entspricht das auch genau einer Runde, bei den Echtzeitspielen ist es die kleinste Einheit einer Bewegung.

In Multiplayer-Spielen ist es nützlich, ja sogar notwendig, diese Zyklen zu zählen, um den gleichen Spielstand auf allen miteinander verbundenen Computern gewährleisten zu können, wie wir im Abschnitt über Multiplayer noch detailliert sehen werden.

Wenn wir schon bei diesem Thema sind: Wie lange eigentlich dauert in einem Echtzeitspiel so ein Zyklus?

Er *sollte* nicht länger als etwa 1/24 Sekunden dauern. Aber um das zu erklären, müssen wir uns erst mit dem Thema »Framerate« beschäftigen.

3.4.7 Die Framerate

3.4.7.1 Definition und Bedeutung

Von Animationen wird erwartet, mehrmals pro Sekunde das Bild neu aufzubauen, und zwar so rasch, dass das menschliche Auge keine Einzelbilder, sondern eine flüssige Bewegung wahrnimmt. Die Zahl der Bilder pro Sekunde wird auf Neudeutsch **Framerate** genannt. Ebenfalls üblich ist die Abkürzung FPS (FPS = frames per second = Bilder pro Sekunde).

Unterhalb von 24 FPS empfindet man Bewegungen bereits als uneben, unter 18 FPS als »ruckelig« und unter zehn FPS nervt es.

Mehr als 24 FPS hingegen sind Luxus, wenn nicht gar Verschwendung, weil das menschliche Auge nicht mehr Bilder als 24 pro Sekunde verarbeiten kann (Kinofilme laufen mit 24 FPS, das Fernsehen mit 25 FPS). Wenn der neueste 3D-Shooter mit 100 FPS protzen kann, ist das sicher verkaufsfördernd, aber auch völlig sinnlos. Diese Rechenzeit hätte man besser in eine klügere KI oder mehr grafische Details investieren können. (Quake 3 hat diesbezüglich interessante Ansätze, aber das ist ein anderes Kapitel.)

3.4.7.2 Spielgeschwindigkeit konstant halten

Da ein Zyklus auf unterschiedlich leistungsstarken Computern unterschiedlich lange dauert, wird das Spiel – sofern niemand etwas dagegen unternimmt – auf einem schnelleren Rechner auch schneller ablaufen. Einige sehr alte Spiele leiden unter diesem Problem, sie wurden für die damals langsamen Computer designt und sind auf heutigen Rechnern unspielbar.

Um das zu unterbinden, integriert man heutzutage standardmäßig in die Main Loop die Anweisung, am Schleifenende zu warten, bis eine feste Zeit seit Schleifenanfang verstrichen ist (z. B. 1/24 Sekunden). So wird sichergestellt, dass das Spiel auf jedem Computer mit der gleichen Geschwindigkeit läuft.

Was aber machen wir mit langsameren Computern, die die von uns Programmierer gewünschte FPS gar nicht schaffen?

Sollen wir, um unseren Kundenkreis auch auf langsame Rechner auszudehnen, etwa unser Programm auf zehn FPS eichen? Das kann es ja nicht sein, wozu kauft denn jemand einen schnellen PC, wenn dann das Spiel immer noch mit zehn FPS vor sich hin ruckelt, weil eben auf der Minimalkonfiguration nicht mehr als zehn FPS möglich waren?

Eine sehr verbreitete Lösung ist es, die Bewegungen der Spielobjekte zu vergröbern. Wenn der PC keine 30 FPS schafft, sondern nur zehn, muss sich das Auto pro Zyklus eben nicht um einen Meter, sondern um drei Meter vorwärts bewegen.

Diese Vorgehensweise hat allerdings zwei kleine Nachteile. Nein, eigentlich große Nachteile:

1. Im Programmcode ist für die Anpassung an unterschiedliche Ablaufzeiten an sehr vielen Stellen ein Multiplikator in die Berechnungen von Geschwindigkeit und Bewegung einzubauen, was kompliziert und fehleranfällig ist. Man muss nicht nur ziemlich viel darüber nachdenken, wo überall dieser Multiplikator rein muss, irgendwo wird er auch immer vergessen oder doppelt angewandt werden.
2. Dieser Punkt gilt nur für Multiplayer-Partien: Ein grafisch leistungsschwacher Rechner zwingt seine schnelleren Kollegen, genauso ruckelig abzulaufen, die Spiele müssen ja nun mal synchronisiert sein.

Na gut, es gibt ja noch eine andere Lösung, das **Frame-Skipping**. Hier werden die 25-30 (oder mehr) Zyklen pro Sekunde eingehalten, aber nicht in jedem Zyklus erfolgt auch eine grafische Ausgabe! Hierbei wird natürlich unterschwellig vorausgesetzt, dass die Grafikausgabe das Problem der Langsamkeit ist, aber das stimmt meistens auch. Selbst in 2D-Spielen frisst die Grafikausgabe bis zu 30% der Rechenleistung, bei 3D-Spielen sind 80-90% keineswegs unüblich.

Auch das Frame-Skipping hat leider Nachteile: bei nicht-ganzzahligen Verhältnissen von Zyklen zu Frames ergibt sich eine unregelmäßige Bewegung (30 Zyklen mit 20 Frames bewirken, dass manchmal 0 und manchmal 1 Frame übersprungen werden). Wenn außerdem nicht der Bildaufbau, sondern das Spiel an sich die Rechenleistung überfordert, nützt diese Vorgehensweise überhaupt nichts. Aber das ist ein Problem, dass auch in anderen Bereichen auftreten kann, und sowieso gelöst werden muss, dazu siehe auch die Abschnitte über Threads und partitionierte Prozeduren.

3.4.8 Das eventbasierte Programm

3.4.8.1 Alternative zur Main Loop

Eine Main Loop ist nicht der einzige Weg, wie man Interaktivität programmieren kann, es gibt auch einen anderen, und das ist der eventbasierte Weg, und der ist inzwischen bei fast 90% der Programmierer der bevorzugte. Allerdings beinhaltet dies in letzter Instanz auch eine Main Loop. Bevor ich diese rätselhaften Worte näher auflöse, muss ich noch ein paar wesentliche Informationen nachschieben:

3.4.8.2 Polling und Interrupt

Aus den uralten Tagen von MS-DOS erinnern sich manche vielleicht noch vage an diese Begriffe, insbesondere im Zusammenhang mit der hardwarenahen Programmierung externer Geräte wie der Maus oder der Soundkarte.

Polling ist, wenn man in einer Schleife dauernd abfragt, was mit dem Gerät los ist, ob sich etwas verändert hat. Also in der Main Loop.

```
do
  frage Mausposition ab
  schicke Daten an die Soundkarte
  Rest des Programms
while (programm_soll_weiterlaufen);
```

Der **Interrupt** ist ein Begriff, der dem Windows-Programmierer höchstens noch als IRQ-Nummer aus dem Geräte-Manager in der Systemsteuerung bekannt ist, und das auch nur, wenn's damit irgendwelche Probleme gibt.

Es handelt sich dabei um einen Mechanismus der *Hardware*, die laufende Arbeit des Prozessors (und damit den aktuellen Programmfluss) zu unterbrechen, wenn ein Gerät etwas zu »melden« hat.

Ein Beispiel, um das zu verdeutlichen: Wenn der Mensch eine Taste auf seiner Tastatur drückt, passiert Folgendes: Es wird ein Stromimpuls an den Computer gesendet, der den Prozessor dazu bringt, seine Arbeit zu unterbrechen, was auch immer diese gerade sein sollte. Stattdessen wird eine Prozedur gestartet, die dafür zuständig ist, die gedrückte Taste entgegenzunehmen und in einer Variable abzulegen (wo sie sich ein Programm dann abholen kann) oder sonst was damit anzustellen. Ist diese Prozedur fertig, macht der Prozessor genau da weiter, wo er aufgehört hat.

Wahrscheinlich ist euch schon einmal aufgefallen, dass sich der Mauszeiger immer noch bewegen lässt, wenn Windows schon abgestürzt ist. Das liegt daran, dass die Prozedur, die ihn bewegt, über einen Interrupt aufgerufen wird.

Mehr technische Details über Interrupts will ich hier gar nicht anführen, ich bin schon tief genug in den Hades der Hardware hinabgestiegen. Aber man stelle sich nun einmal vor, wie das wäre, ein Programm zu schreiben, das gar keine Main Loop mehr hat, weil alle Prozeduren über einen Interrupt aufgerufen würden! Der Spieler drückt eine Taste, und die Prozedur, die für Tastendrücke zuständig ist, wird aufgerufen. Der Spieler bewegt die Maus und die Maus-Bewege-Prozedur wird aufgerufen.

Und wenn man sich das vorstellt, hat man ungefähr das, was ein eventbasiertes Programm ist. Ein solches Programm agiert nicht mehr, es re-agiert nur noch. Es ist defaultmäßig inaktiv und wird nur aktiv, wenn es ein Ereignis (Event) zu beantworten hat. Danach fällt es wieder in den »Winterschlaf«.

»Ungefähr« schrieb ich deshalb, weil das wieder nur die Theorie ist. Wie die Praxis aussieht, werde ich anhand der Architektur von Windows-Programmen erläutern.

3.4.8.3 Windows-Programme

Ein Windows-Programm läuft so ab, dass es eine Funktion gibt, die bei Ereignissen automatisch aufgerufen wird. Was denn nun das Ereignis ist, steht in den übergebenen Parametern. In dieser Prozedur sollte daher eine umfangreiche `case`-Anweisung stehen, in welcher je nach Nachricht die zuständigen anderen Programmteile aufgerufen werden.

Diese Prozedur muss wegen der Parameter einen ganz bestimmten Header aufweisen, nämlich diesen:

```
LRESULT EreignisFunktion(
  HWND   hwnd;
  UINT   uMsg;
  WPARAM wParam;
  LPARAM lParam;)
```

`hwnd` ist dabei das Handle des Fensters, welches das Ereignis empfangen hat. Unter Windows kann ein Programm ja bekanntlich mehrere Fenster besitzen.

`uMsg` ist der Code der Nachricht (siehe Tabelle)

`wparam` und `lparam` sind zusätzliche Informationen, die nicht immer eine Bedeutung haben.

Nachricht	Wert	Beschreibung
WM_CREATE	1	Es wurde ein neues Fenster erzeugt
WM_DESTROY	2	Es wird ein Fenster geschlossen
WM_KEYDOWN	256	Es wurde eine Taste gedrückt. `wparam` enthält den Tastaturcode
WM_CHAR	258	Die gedrückte Taste ist ein Buchstabe/eine Zahl/ein Zeichen. `wparam` enthält den ASCII-Code
WM_LBUTTONDOWN	513	Die linke Maustaste wurde gedrückt. `lparam` enthält die Mauskoordinaten (x=loword, y=hiword)
WM_LBUTTONUP	514	Die linke Maustaste wurde losgelassen

Nachricht	Wert	Beschreibung
WM_RBUTTONDOWN	516	Die rechte Maustaste wurde gedrückt
WM_RBUTTONUP	517	Die rechte Maustaste wurde losgelassen
WM_MOUSEMOVE	512	Die Maus wurde bewegt
WM_TIMER	275	Eine Zeit ist abgelaufen. `wparam` enthält die Nummer des »Weckers«

Tabelle 3.1: Einige der wichtigsten Windows-Nachrichten

Wohlgemerkt, die Funktion schreibst du selbst und Windows ruft sie auf. Um diesen automatischen Mechanismus in Gang zu setzen, musst du zu Programmbeginn ein Fenster erzeugen und Windows die Adresse deiner Funktion übergeben:

```
Fensterklasse.lpfnWndProc = &EreignisFunktion;
RegisterClass(Fensterklasse);
Handle = CreateWindow(Fensterklasse...
```

Das klassische Windows-Programm geht dann in Wartestellung. Solange nichts passiert, wird der Programmcode auch nicht mehr durchlaufen. Erst, wenn der Anwender etwas macht, wird die Ereignisfunktion durch Windows aufgerufen, das Programm bearbeitet diese Eingabe und kehrt danach in den Winterschlaf zurück.

Diese Vorgehensweise mag nun vielleicht für Anwendungsprogramme wie Textverarbeitung oder Tabellenkalkulationen akzeptabel sein, aber für Spiele ist das nichts.

Es gibt jedoch zwei Möglichkeiten: Entweder einen Timer installieren oder sich in die (immer noch vorhandene) Main Loop einklinken.

Der Timer ist (zumindest aus der Sicht von Microsoft) die elegantere Lösung: Man teilt Windows mit, dass man die Fensterfunktion gerne in Intervallen von x Millisekunden aufgerufen hätte, und so geschieht es denn auch.

```
SetTimer(Handle,Intervall);
```

Leider ist der handelsübliche Timer von Windows extrem ungenau bzw. kann er gar keine Intervalle unter 50 ms erzeugen, das geht nur mit einem DirectX-Timer. Also schauen wir uns die andere Möglichkeit an.

3.4.8.4 Die Main Loop in Windows-Programmen

Der andere Ausweg ist, sich in die Main Loop des Programms einzuklinken. Sie existiert nämlich auch unter Windows noch, was ich bis jetzt verschwiegen habe, um euch nicht endgültig zu verwirren. Zu Recht würde man annehmen, dass ein klassisches Windows-Programm ganz ohne Hauptschleife auskommt, allerdings ist das nicht der Fall. Man frage nicht, warum.

Allerdings ist die Main Loop eines Windows-Programmes oft nicht aufzufinden, weil die moderneren Compiler sie automatisch erzeugen und vor dem Programmierer verbergen. Das gilt sowohl für Delphi wie auch für Borland C++ wie auch für Microsoft Visual-C++. Normalerweise sieht sie so aus:

```
do
{
  if PeekMessage(msg,0,0,0,PM_NOREMOVE)
  {
    GetMessage(msg,0,0,0);
    DispatchMessage(msg);
  }
}
while (programm_soll_weiterlaufen);
```

Mit `PeekMessage()` wird nachgesehen, ob eine neue Nachricht für das Programm vorliegt. Dann (und nur dann) wird diese Nachricht mit `GetMessage()` empfangen und in die lokale Variable `msg` übertragen, und `DispatchMessage()` schließlich schickt die Nachricht an unsere Ereignisfunktion.

Man könnte nun auf die Idee kommen, DispatchMessage und die Ereignisfunktion komplett wegzulassen und stattdessen gleich hier die Nachrichten zu bearbeiten. Die Variable msg enthält jedenfalls alle notwendigen Informationen, ihre Deklaration lautet:

```
typedef struct tagMSG {
    HWND   hwnd;
    UINT   message;
    WPARAM wParam;
    LPARAM lParam;
    DWORD  time;
    POINT  pt;
} MSG;
```

Aber leider, leider: Ohne Ereignisfunktion funktioniert das Programm nicht. In vielen Fällen wird sie nämlich *doch* direkt von Windows aufgerufen. Und wenn da nichts steht, gibt es zwar keinen Systemabsturz, aber das Programm funktioniert nicht. Die Ereignisfunktion muss unter allen Umständen existieren, sie muss auf die Nachricht reagieren und einen Wert zurückgeben.

Zur besseren Verdeutlichung sind auf der CD ein paar Beispielprogramme in Pascal und C (loop01 bis loop05). Sie tun nichts weiter, als ein Programm mit Fenster zu erzeugen und können als Ausgangsbasis für eigene Programme verwendet werden.

Die Sache ist nämlich die, dass Windows zwei Arten kennt, Nachrichten an ein Programm zu senden. Die eine Art reiht die Nachricht in eine Warteschlange ein, wo die Hauptschleife sie dann mit `PeekMessage()` und `GetMessage()` abrufen kann (Maus- und Tastaturaktionen). Die andere Art ruft unverzüglich die Ereignisfunktion auf (z. B. Entstehen oder Zerstören des Fensters).

3.4.8.5 Sich in die Hauptschleife einklinken

Das ist eigentlich ganz einfach, man packt einen zusätzlichen Aufruf der Ereignisfunktion in die Main Loop dazu:

```
do
{
  if PeekMessage(msg,0,0,0,PM_NOREMOVE) then begin
    GetMessage(msg,0,0,0);
    DispatchMessage(msg);
  }
  EreignisFunktion(eigene msg...);
}
while(programm_soll_weiterlaufen);
```

Ich muss dazu jedoch gleich sagen, dass das nur geht, wenn man das Hauptprogramm komplett selbst schreibt. Dazu muss man in der Regel auf viele interessante Features der Compiler verzichten. Für Anfänger kann ich das nicht empfehlen, denn der Weg ist steinig und der Nutzen nicht offensichtlich. Wenn man aber erst mal bemerkt hat, dass die VCL von Delphi und BC++ zu viel Eigenleben besitzt und die viel gerühmte Portabilität von C++ nur noch eine Worthülse ist, wenn man sich auf die MFC einlässt, der wird es zu schätzen wissen, dass es auch anders geht.

3.4.9 Parallele Verarbeitung

3.4.9.1 Das Zeitproblem

Im Abschnitt über die Framerate schrieb ich, dass ein Durchlauf der Main Loop nicht länger dauern sollte als 1/24 Sekunden, weil sonst keine FPS von 24 möglich ist.

Einige Berechnungen jedoch, das wird man als Programmierer sehr schnell merken, erfordern Rechenzeiten, die *sehr viel länger sind als erlaubt*, und es ist von vornherein völlig aussichtslos, sie kürzer zu bekommen. Das betrifft insbesondere Überlegungen der KI.

Ein spezielles Problem, das ich einmal selbst hatte war in einem 3D-Spiel, in dem es Städte gab, die je nach Situation ihre Einwohner vermehrten oder verringerten. Im ersten Fall müssen Häuser gebaut werden. Da das Spiel in echtem 3D abläuft, muss für ein neues Haus erst einmal ein geeigneter Platz gesucht werden, und das bedeutet ziemlich aufwändige vektorgeometrische Berechnungen in 3D, die bis zu fünf Sekunden dauern können. Das Bild würde also jedes Mal, wenn solch eine Berechnung ansteht, für fünf Sekunden einfrieren (und beim Spieler eine Absturzpanik verursachen). Undenkbar!

Probleme wie dieses legen die Verwendung von Threads nahe. Das ist jedoch nur in Ausnahmefällen sinnvoll. Ich will versuchen, die echten und vermeintlichen Vorteile zu erläutern sowie die schwerwiegenden Probleme begreiflich zu machen, die man sich damit einhandeln kann. Dazu muss ich erst mal erklären, was ein Thread ist.

3.4.9.2 Was ist ein Thread?

Ein Thread ist ein Programmteil, das parallel zu anderen Programmteilen abläuft. Stichwort Multitasking. Natürlich wissen wir, dass zwei Programme auf demselben Computer nicht wirklich gleichzeitig ablaufen. Ein Prozessor kann nur eine einzige Sache zur gleichen Zeit machen, und Multi-Prozessor-Maschinen werden noch für längere Zeit ein Exotendasein führen. Multitasking bzw. Threads kommen dadurch zustande, dass das Betriebssystem ein laufendes Programm unterbricht, ein bisschen das andere Programm laufen lässt und dann wieder zum ersten zurückschaltet. Stichwort Interrupt! Die betreffenden Programme bekommen davon nichts mit, dass sie unterbrochen werden.

Wenn man zwei Threads zur gleichen Zeit laufen lässt, laufen beide demnach nur noch halb so schnell. Ja, sogar etwas weniger als halb so schnell, weil das Hin- und Hergeschalte auch noch Zeit verbraucht. Im Falle von normalen Anwendungsprogrammen spielt das kaum eine Rolle, die langweilen sich zwischen zwei Tastenanschlägen des Anwenders sowieso zu Tode. Anders jedoch verhält es sich mit Echtzeitspielen, die auch ohne Zutun des Anwenders beschäftigt sind. Behalten wir das im Hinterkopf.

Und was nützt uns das nun bei obigem Problem? Nun, auch ein einzelnes Programm kann in mehreren Threads ablaufen. Sozusagen ein Multitasking der einzelnen Programmkomponenten. Windows unterstützt das, fast jeder Compiler hat auch entsprechende Beispielprogramme. Wie das aussieht? Nun, in obigem Beispiel wäre das so, dass die ganzen Programmabschnitte, die sonst streng nacheinander in der Main Loop aufgerufen werden, wie unabhängige Programme parallel laufen. Jeder Thread ändert etwas an den Spieldaten, wenn er an der Reihe ist, und die Grafikausgabe gibt immer das aus, was sie gerade an Spieldaten vorfindet.

Jeder Thread wäre als eigenständiges Programm natürlich mit einer eigenen Endlosschleife ausgestattet:

```
do
  Thread 1
while(programm_soll_weiterlaufen);

do
  Thread 2
while(programm_soll_weiterlaufen);

do
  Thread 3
while(programm_soll_weiterlaufen);
```

Der unbestreitbare Vorteil ist es, dass auch Vorgänge, die wesentlich länger dauern als die kritischen 1/24 Sekunden, den flüssigen Bildaufbau nicht behindern. Solange die langwierigen Berechnungen nicht fertig sind, werden sie von der grafischen Aktualisierung immer wieder unterbrochen und merken selbst gar nichts davon.

Es erscheint auch auf den zweiten Blick sinnvoll, Threads einzusetzen, weil ja in der Main Loop ganz offensichtlich egal ist, in welcher Reihenfolge die einzelnen Aufgaben abgearbeitet werden; Hauptsache, sie kommen alle dran.

Allerdings gibt es an der Sache dann doch einen Haken. Und der Haken ist der, dass die einzelnen Programmteile alle auf die gleichen Daten zugreifen und sie ändern. Und wenn solch ein Vorgang mitten in seiner Arbeit unterbrochen wird, können merkwürdige Dinge passieren.

3.4.9.3 Grafische Dissoziation

Nehmen wir an, wir haben im Spiel ein fahrendes Fahrzeug. Es besteht aus Rädern und einer Kabine. Die grafische Ausgabe malt die Räder und wird unterbrochen. Während dieser Unterbrechung wird die Position des Fahrzeuges verändert. Die Grafikengine, die von dieser Veränderung nichts mitbekommen hat, vollendet ihre Arbeit und malt die Kabine – aber die Position der Kabine passt nicht mehr zur Position der Räder!

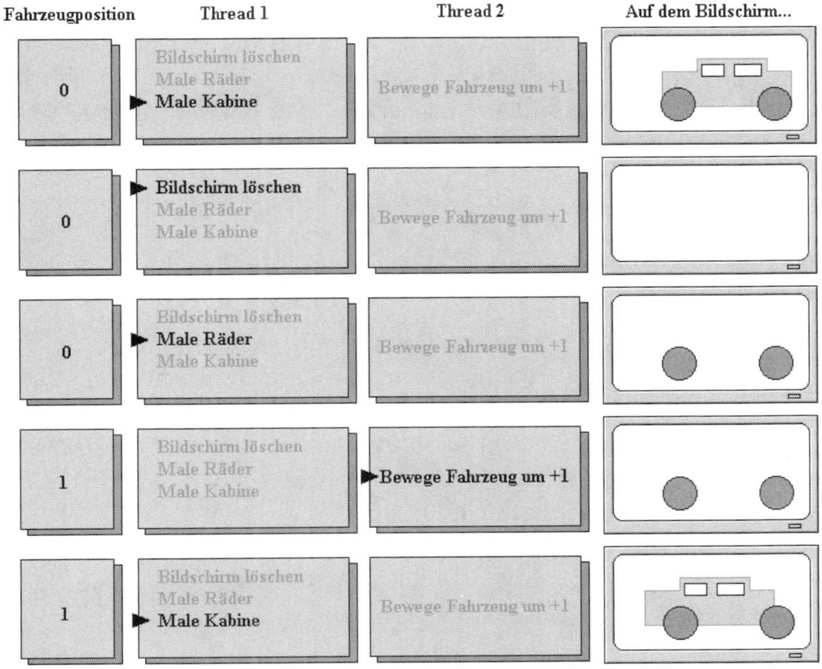

Abb. 3.8: Grafische Dissoziation am Beispiel eines bewegten Objektes. Thread 2 bewegt die Position mitten in der grafischen Ausgabe, wodurch ein Teil an der alten und ein Teil an der neuen Position dargestellt wird.

Das muss jetzt nicht nur ein Fahrzeug sein. Alles, was sich bewegt, kann dieses Schicksal erleiden. Monster, deren Beine ihrem Oberkörper einen Schritt voraus sind, Reiter, die hinter ihren Pferden her schweben, zerhackte Gebäude bei Kameraschwenks, sogar zerhackte Mauszeiger.

Alte DOS-Programmierer werden sich vielleicht daran erinnern, dass dieser grafische Zerhack-Effekt auch dadurch auftrat, dass der Bildaufbau durch das Programm nicht synchron mit dem Bildaufbau der Grafikkarte stattfand. Stichwort: Kathodenstrahl-Rücklauf abwarten. Das war exakt dasselbe Problem. Nur die Lösung war eine andere, da es nicht möglich war, die Arbeitsweise der Hardware zu beeinflussen. Hier konnte man nur mit dem Bildaufbau so lange warten, bis der Kathodenstrahl des Monitors die letzte Zeile erreicht hatte.

Dieses Problem ist nur dadurch lösbar, dass man die Bewegungsberechnungen und die grafische Darstellung *nicht trennt*. Sie müssen sich abwechseln, und das eine muss immer vollkommen fertig sein, bevor das andere anfängt.

WICHTIG

Auf keinen Fall dürfen Positionsaktualisierung und grafische Ausgabe in getrennte Threads.

Eine wichtige Konsequenz: Die Zeilen »bewege alles, was in Bewegung ist« und »male die Spielwelt auf den Bildschirm« gehören nicht nur in denselben Thread, sie müssen auch *beide* innerhalb dieser magischen 1/24 Sekunden fertig sein. Wenn das nicht so ist, hilft nur Optimieren des Codes, bis es schnell genug ist.

3.4.9.4 Synchronisations-Chaos

Das ist das größte Problem, das man mit Threads bekommen kann. Es ist nicht ganz einfach zu erklären, weil man es nicht so gut grafisch darstellen kann.

Wenn Threads sich einen gemeinsamen Datenbereich teilen, kann es zu so genannten Kollisionen kommen. Solange es nur um Lesezugriffe auf denselben Speicherbereich geht, besteht noch keine Gefahr. Kollisionen sind nur möglich, wenn ein Thread einen Schreibzugriff ausführt. Das ist dann für die anderen Threads nämlich so, als würden sich plötzlich Variablen zu beliebigen Zeiten beliebig verändern. Nehmen wir folgendes Code-Beispiel:

Thread 1 – Einheitenbewegung	Thread 2 – Spieler Bautätigkeit

`if (Brücke_vorhanden)`
`{`
`  fahre auf Brücke`
`  Brückenflag = betreten`
`}`
	`if (Brückenflag == leer)`
	`{`
	`  Brücke abreißen`
	`}`

In Thread 1 soll ein Panzer über die Brücke fahren. Es wird vorher getestet, ob da überhaupt eine Brücke ist. Wenn das der Fall ist, fährt der Panzer auf die Brücke und der Status der Brücke wird auf »betreten« gesetzt, damit der Spieler sie nicht versehentlich abreißen kann, solange der Panzer sich darauf aufhält.

Thread 2 regelt den Abriss der Brücke, nachdem der Spieler die Brücke angeklickt hat, mit der Absicht, sie abzureißen. Es wird erst getestet, ob sich auf der Brücke Einheiten befinden, denn wenn das der Fall ist, dann soll sie nicht abgerissen werden können.

Soweit, so gut. Der Code scheint gegen Fehler abgesichert zu sein. Doch was kann passieren, wenn das in verschiedenen Threads, also parallel abläuft?

Es ist denkbar, dass Thread 1 unterbrochen wird, *nachdem* der Panzer auf die Brücke gefahren ist, aber *bevor* die Brücke auf »betreten« geschaltet wurde. In Thread 2 wird nun getestet: Die Brücke gilt noch als leer, wird also abgerissen. Damit schwebt der Panzer, der gerade auf die Brücke gefahren ist, in der Luft, was schon mal schlecht ist.

Aber es kommt noch schlechter: Es wird wieder zum Thread 1 zurückgeschaltet, und da soll die Brücke, die schon aus dem Speicher entfernt wurde, den Status »betreten« bekommen. Ups! Das Programm beendet sich mit einer Schutzverletzung.

Das war jetzt ein relativ anschauliches Beispiel, trotzdem wäre dieser Fehler in der Praxis bereits schrecklich schwer zu finden. Sehr viel häufiger sind jedoch abstraktere Situationen wie diese hier:

```
if (pointer == gültig)
   pointer.wert1 = 399
```

Das ist vielleicht nicht ganz unbekannt, dass man Pointer vor der Verwendung darauf testet, ob sie überhaupt auf einen gültigen Speicherbereich zeigen. Wenn aber nun dieses Programm unterbrochen wird, nachdem es den Pointer getestet hat, und ein anderer Thread diesen Pointer ungültig macht, und das erste Programm wieder da weitermacht, wo es aufgehört hat – dann gibt das einen Programmabsturz, weil es auf einen Pointer zugreift, der auf einen ungültigen Speicherbereich zeigt.

Man mag einwenden, dass so etwas doch nur außergewöhnlich selten auftritt, aber auch wenn es in zehntausend Durchläufen nur einmal passiert, so ist das doch immerhin alle sieben Spielstunden (Die 24 Durchläufe pro Sekunde zugrunde gelegt). Und auch nur, wenn es die einzige Problemstelle im Programm ist, und das ist es meistens nicht.

3.4.9.5 Thread-Synchronisation (HJM)

Diese Probleme sind natürlich schon alte Hüte. Deswegen gibt es auch bewährte Konzepte dagegen. So kann man, um Kollisionen zu vermeiden, andere Threads einfach kurzerhand blockieren:

Semaphoren: Das sind Flags, die angeben, ob ein Thread Lese-/Schreibrechte in einem gemeinsamen Speicherbereich hat. Semaphore können Threads ganz allgemein synchronisieren. Ein Thread will z. B. drucken und belegt dafür das Drucker-Semaphor. Die anderen Threads können das Drucker-Semaphor jetzt nicht mehr belegen und müssen warten.

In der OOP entspricht den Semaphoren das Monitorkonzept. Ein Objekt blockiert seine Schnittstelle für andere Threads, solange es den Aufruf eines Threads bearbeitet.

Kritische Bereiche: Programmabschnitte, die durch ein Einschalt-Kommando eingeleitet werden und andere Threads blockieren (anhalten). Durch ein Ausschalt-Kommando wird die Blockade wieder aufgehoben. Ungefähr so:

```
Unterbrechung = verboten
if (pointer = gültig)
   pointer.wert1 = 399;
Unterbrechung = wieder erlaubt
```

Meist über Semaphore als Ein-/Ausschalter realisiert ...

Man kann die Blockade auch ausschließlich für Schreibzugriffe aktivieren. Den Möglichkeiten sind kaum Grenzen gesetzt.

Dennoch ist das in jedem Fall ein ziemliches Gefummel. Überdies müssen diese Blockaden möglichst sparsam eingesetzt werden, weil sonst der Vorteil der parallelen Verarbeitung wieder zunichte gemacht wird.

In einer Firma wurde ein Programm zur Suche und Anzeige von Archiv-Dokumenten entwickelt. Da die Suche nach den Unterlagen recht lange dauerte, kam man auf die Idee, die Suche in einen Thread zu verlegen, damit der Benutzer das Programm weiter bedienen (Blättern, Scrollen) kann, solange neue Dokumente gesucht werden. Natürlich wurde das Zoomen des Dokumentes auch ein eigener Thread, das Rendern eines Dokuments, das Laden der Bilder usw. Die Ergebnisse waren jedoch reichlich merkwürdig. Wenn jemand ein Dokument zoomte und gleich danach zu einem anderen Dokument wechselte, wurde kurz das neue Dokument angezeigt, dann war der Zoom-Thread fertig und klatschte die vergrößerte Variante des ersten Dokumentes über das zweite. In der Statusleiste wurde aber das zweite Dokument als das aktuelle angezeigt, da sie nichts von der Aktivität des Zoom-Thread wusste. Ein andermal war der Bilder-Laden-Thread noch mit dem

Laden alter Bilder beschäftigt, obwohl längst das Dokument gewechselt war. Oder eine zweite Suche überholte die erste und überschrieb die Trefferliste.

Wenn man keine Sprache wie Java mit einem eingebauten Monitor-Konzept hat, würde ich die Finger von Threads lassen.

Ich kenne nur eine wirklich sinnvolle Anwendung von Threads: Ein Computer hat mehrere Verarbeitungseinheiten, ganz allgemein CPU und Ein-/Ausgabe. Threads ermöglichen eine bessere Ausnutzung dieser Einheiten.

Wenn ein Programm z. B. eine Datei komprimieren will geht das in etwa so: Daten lesen, komprimieren, schreiben. Während des Lesens und Schreibens ist die CPU wenig genutzt, während des Komprimierens ist die I/O-Einheit ungenutzt.

Hier sind zwei Threads sinnvoll: Ein I/O-Thread und ein Kompressor-Thread. Sobald der I/O-Thread Daten gelesen hat, stellt er sie dem Kompressor-Thread zur Verfügung, der kann dann (während der I/O-Thread noch weiterliest) schon mal anfangen zu komprimieren. Da I/O-Gerät und CPU unabhängig sind, steigert das die Performance.

Tja, nun habe ich lang und breit über Threads und parallele Verarbeitung erzählt, vielleicht deutlich gemacht, dass man sich damit mehr Probleme einhandelt als man löst, doch das ursprüngliche Problem ist immer noch da: Was machen wir mit Prozeduren, die zu lange dauern? Nun, nicht verzagen, es gibt eine Lösung, und die kommt jetzt. Sie heißt:

3.4.9.6 Partitionierte Prozeduren (PD)

Um Threads zu erhalten, muss man nicht das Betriebssystem bemühen. Das kann man auch selbst organisieren. Zwar ist die Bezeichnung Thread dann nicht mehr korrekt, aber von der Funktion her sind die Anforderungen erfüllt und man hat mehr Übersicht und bessere Kontrolle darüber, wann eigentlich was passiert.

Das Problem, durch welches wir überhaupt auf Threads gekommen sind, war doch das, dass ein Durchlauf der Main Loop nur 1/24 Sekunden dauern darf, aber manche Berechnungen wesentlich länger dauern. Als Thread würden diese Berechnungen zerstückelt ausgeführt, also alle 1/24 Sekunden unterbrochen, damit zwischendurch die Spielstandaktualisierung und der Bildneuaufbau erfolgen können.

Das Problem ist, dass, wenn wir das Betriebssystem diese Unterbrechungen ausführen lassen, wir zwar keinen großen Aufwand damit haben, aber dafür trotz komplizierter Kollisionssperren nie so genau wissen, wann diese Unterbrechungen erfolgen. – Also müssen wir diese Unterbrechungen selbst erzeugen. Und das geht so:

Wir haben zunächst einmal diese Funktion:

```
void etwas(void);
{
  bool ok;
  finde(Dingsbums);
  ok = teste(Dingsbums);
  if (ok) verdrehe(Dingsbums);
}
```

Was hier genau passiert, ist völlig unwichtig. Wichtig ist nur eines: Diese Berechnungen dauern zu lange und können nicht verändert werden.

Also müssen wir diesen Block *zerhacken*!

Im Prinzip machen wir nichts anderes als das Betriebssystem mit Threads: Der Vorgang wird, wenn seine Zeit um ist, in seiner Arbeit unterbrochen und soll kurz darauf seine Arbeit wieder genau an derselben Stelle fortführen. Das hört sich schwieriger an, als es ist, denn schließlich sind *wir* es ja, die bestimmen, wo der Code unterbrochen werden darf.

Sagen wir mal, dass es in unserem Beispiel ausreichen würde, wenn man den Block in drei Teile zerlegen würde. Das würde etwa so aussehen: Wir definieren eine globale Variable x (Integer), in der wir uns merken, welche Anweisung dran ist. Auch die Variable ok muss global werden, weil sonst ihr Wert verloren geht.

```
int x;
bool ok;

void etwas(void)
{
switch x {
 case 1:
  finde(Dingsbums);
  x = 2;
  break;
 case 2:
  ok=teste(Dingsbums);
  x = 3;
  break;
 case 3:
  if (ok) verdrehe(Dingsbums);
  x = 0;
  }
}
```

Aus unserer Main Loop (bzw. Ereignisfunktion) rufen wir die Funktion `etwas()` nun ständig auf. Solange x = 0 ist, passiert nichts, wie man sieht. Um eine Berechnung zu starten, setzen wir im Programm x = 1.

Beim nächsten Aufruf wird deshalb `finde()` ausgeführt und x auf 2 gesetzt.

Beim nächsten Aufruf ist x = 2. Deswegen wird nun `teste()` ausgeführt und x auf 3 gesetzt.

Und beim nächsten Aufruf ist x = 3. Jetzt wird `if (ok) verdrehe()` ausgeführt und x auf 0 gesetzt. Na also. Ziel erreicht in drei Schritten.

Man beachte, dass wenn x = 0 ist, der Aufruf von `etwas()` nicht mehr ausgeführt wird. Solange, bis wir wieder x auf 1 setzen.

Gut, das war einfach. Darum gleich zum nächsten Beispiel: Nehmen wir mal an, wir hätten dieses Stück Code zu zerhacken:

```
finde erste Position
do
{
  teste Position
  wenn Position nicht OK, finde nächste Position
}
while (Position != OK)
```

Hier resultiert die Dauer nicht daraus, dass »teste Position« oder »finde nächste Position« so lange dauern würden. Diese Funktionen sind im Gegenteil äußerst schnell und effizient. Dieser Block dauert so lange, weil es eine Schleife ist und extrem häufig durchlaufen werden muss.

Es kommt noch erschwerend hinzu, dass die Anzahl der Schleifendurchläufe nie dieselbe ist. Mal wird sie zehnmal, dann wieder hundertmal, dann wieder nur zwanzigmal durchlaufen.

Nehmen wir an, dass 35 Durchläufe gerade noch in unseren Zeitrahmen passen würden. Was wir also erreichen müssen, ist, die Schleife nach spätestens 35 Durchläufen zu verlassen und beim nächsten Aufruf wieder an derselben Stelle fortzusetzen.

So schwer kann das doch gar nicht sein, oder? Was wir brauchen, ist wieder ein Zähler `x`. Die Variable `Position` muss auch global sein. Dann geht das auch. Wieder besteht der Startschuss darin, x auf 1 zu setzen.

```
if (x = 0) return;
if (x = 1)
  finde erste Position
do
{
  teste Position
  if Position nicht OK then
    finde nächste Position
  x++;
}
while ((Position != OK) && (x % 35 == 0));
```

Beim allerersten Aufruf ist x = 1, und deshalb wird »finde erste Position« ausgeführt. Danach ist x nie wieder 1. Und nun kommt auch schon die Schleife, in der x immer um 1 erhöht wird. Falls x durch 35 teilbar ist (35,70,105 usw.) wird die Schleife abgebrochen.

Und hier zeigt es sich, warum `Position` global sein muss. Als lokale Variable würde der Wert ja verloren gehen, wenn die Schleife abgebrochen und später wieder aufgenommen wird.

Als Faustregel gilt: Alle Werte, die eine Unterbrechung unbeschadet überstehen sollen, müssen global sein.

Für Feinde der globalen Variablen empfehle ich, solche partitionierten Prozeduren als Objektklassen anzulegen. Dann geht nichts verloren.

3.4.9.7 Noch eine letzte Warnung vor unvermeidlichen Kollisionen (PD)

Was bei den Threads gesagt wurde, gilt auch hier noch: Bei jedweder Unterbrechung von Prozessen kann sich zwischenzeitlich etwas an den gerade benutzten Variablen geändert haben! Siehe die obigen Beispiele mit dem Panzer und der Brücke und dem gelöschten Pointer.

Natürlich kann man kontrollieren, wann die Unterbrechung zugelassen wird, aber es gibt Fälle, in denen man keine Wahl hat. Nehmen wir das bereits erzählte Beispiel, in denen die KI für ein neues zu bauendes Haus eine Position sucht. Eine solche Position ist vielleicht nach 29030 Aufrufen schon gefunden, aber es werden noch weitere 30892 mögliche Positionen getestet, ob die nicht vielleicht noch optimaler sind. In dieser Zeit ist es durchaus möglich, dass die bereits gefundene Position durch jemand anderen (Spieler) verbaut wurde.

Natürlich kann man wieder die Palette der Sperrmechanismen herauskramen, aber der Spieler würde sich doch sehr wundern, wenn er die Meldung bekäme: »Kann hier nicht bauen, KI denkt nach«. Man muss die Möglichkeit, dass sich zwischenzeitlich etwas verändert, unter Umständen also in Kauf nehmen!

Deswegen ist es im Beispiel mit dem Haus wichtig, nach Abschluss der Suche noch einmal zu checken, ob der gefundene Platz *immer noch frei* ist, und wenn nicht, dann muss eben noch mal von vorne mit der Sucherei begonnen werden.

3.4.10 Datenstrukturen (PD & HJM)

3.4.10.1 Harter Code und parametrisierter Code

Was sich im Deutschen etwas sonderbar anhört, ist im Englischen sehr gebräuchlich: Wenn etwas »hardcoded« ist, dann ist das Verhalten des Programms an dieser Stelle vom Programmcode festgelegt und ohne Neucompilierung nicht änderbar. Währenddessen verwendet parametrisierter Code viele Variablen und kann je nach Inhalt dieser Variablen sehr unterschiedliche Ergebnisse liefern. Den Grundgedanken gab es schon im Abschnitt 3.4.2.4: Eine parametrisierte Prozedur oder mehrere Prozeduren? Der Schwerpunkt liegt hier jedoch nicht auf einzelnen Prozeduren, sondern auf den Datenstrukturen. Die lassen sich nicht so leicht verändern wie Prozeduren. Die weitere Erläuterung erfolgt an einem Beispiel.

Denken wir uns ein Spiel mit drei Monstern, die zusammen mit dem Spieler in einem Dungeon herumlaufen. Denken wir uns auch einen absoluten Programmier-Anfänger, der wird sehr wahrscheinlich folgende Prozeduren drauflosschreiben:

```
void zeichne_Spieler();
void zeichne_Dämon();
void zeichne_Skelett();
void zeichne_Spinne();
```

Das führt bei der Grafikausgabe dann zu folgendem Anweisungsblock:

```
zeichne_Spieler();
zeichne_Dämon();
zeichne_Skelett();
zeichne_Spinne();
```

Sehen wir uns nun die Implementation von `zeichne_Spieler()` an:

```
void zeichne_Spieler();
{
  rendere(Objekt1);
}
```

Das ist ein Beispiel für hardcoded data (Achtung, Pseudocode!) Das Aussehen der einzelnen Monster und des Spielers wird über den Programmcode definiert.

`zeichne_Dämon()` Die anderen Zeichenfunktionen schreibe ich mal nicht auf, die sehen nämlich fast genauso aus.

Da fehlt doch was, werden einige Leser vielleicht bemerken. In der Tat, so wäre das noch kein Spiel, sondern nur ein Standbild. Damit die Figuren sich bewegen können, brauchen wir doch zumindest für jede Figur eine Positionsangabe. (Sagen wir, für unser Beispiel reicht eine X- und Y-Koordinate.) Das merkt auch unser Anfänger und denkt sich geschwind folgende Variablen aus:

```
int spieler_x, spieler_y, dämon_x, dämon_y, skelett_x, skelett_y, spinne_x,
spinne_y;
```

Entsprechend ändert sich die Implementation wie folgt:

```
void zeichne_Spieler();
{
  rendere(Objekt1, spieler_x, spieler_y);
}
```

Na schön. Funktionieren tut das ja, aber ... du liebe Güte, wie sieht so ein Programm eigentlich aus, wenn wir nun nicht drei, sondern *hundert* verschiedene Monstertypen haben wollen? Und vor allem: Wenn wir zwei oder mehr Monster desselben Typs im Spiel haben wollen, ist das ja gar nicht möglich. Überhaupt, wie machen wir das, wenn ein Monster erschlagen wurde und nicht mehr erscheinen soll, etwa so?

```
if (spinne_lebendig) zeichne_Spinne();
```

Also noch mal eine neue Variable und eine if-Abfrage. Na gut, aber für jedes Monster? Also nein, das ist ja eine Grauen erregende Tipparbeit, und wenn man mal etwas Grundlegendes verändern will, muss man es mehrfach verändern.

Dabei ist es doch möglich, mit einer *einzigen Prozedur* zum Zeichnen der Figuren auszukommen! Eben mit einer parametrisierten Prozedur. Allerdings müssen da die Datenstrukturen entsprechend angelegt sein. Solange wir mit `spieler_x` und `spinne_lebendig` hantieren, geht das natürlich nicht. Ich verrate es schon im Voraus, so was läuft immer auf Arrays hinaus, die wir mit for-Schleifen abarbeiten können.

Wie man sieht, ist obiger Code durch die Verwendung der Positionsangaben schon ein bisschen parametrisiert. Um nun eine parametrisierte Zeichenprozedur zu finden, mit der man alle Figuren zeichnen kann, müssen wir nichts weiter tun, als mal darüber nachzugrübeln, was es denn ist, das allen Zeichenprozeduren und allen Figuren gemeinsam ist.

Für das gewählte Beispiel ist es denkbar einfach: Alle Figuren haben eine Position und alle Figuren haben ein Bild (oder Dreiecke). Also bitte, dann schreiben wir das doch:

```
int x[4], y[4];
object Objekt[4];
```

Mit diesen Datenstrukturen sind alle Figuren ausreichend beschrieben. Es gibt programmweit nur noch eine einzige gemeinsame Zeichenprozedur, der als Parameter übergeben wird, welche Figur gezeichnet werden soll.

```
void zeichne(int nr)
{
  rendere(Objekt[nr], x[nr], y[nr]);
}
```

Nun gut, fragt der Leser vielleicht, aber was ist dadurch eigentlich gewonnen? Irgendwo muss man ja doch die konkreten Daten eingeben:

```
load(0,«Spieler.3ds«);
load(1,«Dämon.3ds«);
...
```

Es ist zwar richtig, dass diese Methode es natürlich niemandem ersparen kann, Daten einzugeben, aber man darf nicht übersehen, dass wir statt vier Funktionen nun nur noch eine haben. Und das bedeutet, dass alles, was wir noch an Erweiterungen oder Ergänzungen einbauen, nur noch *einmal statt viermal* geschrieben werden muss. Wenn die Figuren z. B. nicht durch Wände gehen können sollen, braucht man nur eine einzige Prozedur für die Kollisionsabfrage. Oder nur eine einzige Prozedur für einen Balken, der die Gesundheit anzeigt.

Des Weiteren kann man die Daten der Monster und des Spielers aus Dateien laden, wodurch z. B. bei einem Team die Aufgaben von Programmieren und Grafik designen auf verschiedene Leute verteilt werden können. Für neue Monster ist nicht mal ein Neucompilieren erforderlich. Auf diese Weise kann man sogar dem Spieler die Möglichkeit geben, eigene Monster zu entwerfen.

Und zu guter Letzt haben wir eine fast unendliche Bandbreite der Variabilität. Nehmen wir an, die Spielerfigur soll verschiedene Waffen und Rüstungen aufnehmen können, und das soll grafisch auch sichtbar sein. Wie soll man das mit generischem Code machen? 500 Zeichenprozeduren für den Spieler schreiben, um jede mögliche Kombination abzudecken?

Das ist alles keine Frage des Programmcodes, sondern eine Frage der richtigen Wahl der Datenstrukturen. Datenstrukturen bestimmen, wie der Code aussieht, nicht umgekehrt. Es ist also klar, worauf sich unser Augenmerk richten muss und womit wir beim Programmieren beginnen müssen: Was soll im Programm vorkommen und wie bilden wir das auf die Datenstrukturen ab. Die ersten Programmzeilen sind demnach zweckmäßigerweise die Datenstrukturdefinitionen.

Auch wenn bislang alles sehr klar und logisch erscheint; diese Aufgabe ist mühselig, langwierig und erfordert trotz guter Planung immer wieder Änderungen. Hier kommen wir in einen Bereich der Programmierung, der mit Talent und Kreativität zu tun hat und deshalb schwer erklärbar ist. Jedenfalls glaube ich das; vielleicht kommt ja mal ein Autor und schafft es, die Problematik in klaren, einfachen Worten auszudrücken. Ich kann es nicht. Alles, was ich bieten kann, ist, das bisherige Beispiel fortzuführen.

3.4.10.2 Zusammengehörendes zu Objekten gruppieren

Obgleich obiges Beispiel funktioniert und die Datenstrukturen effizient sind, bin ich noch nicht ganz zufrieden damit, denn es laufen zu viele Einzelvariablen herum. Das ist unübersichtlich. Deshalb gruppiere ich sie jetzt in einen struct:

```
typedef struct
{
  int x, y;
  object Objekt;
} figur;

figur Figur[4];
```

Statt mehrerer Arrays habe ich jetzt nur noch eines. Die dazugehörige Zeichenprozedur sieht jetzt so aus:

```
void zeichne(int nr)
{
  rendere(Figur[nr].Objekt, Figur[nr].x, Figur[nr].y);
}
```

Na schön, es mag etwas komplizierter aussehen, aber es steht nur ein einziges Mal im ganzen Programm, und wir brauchen dafür nur noch eine Arrayvariable statt vieler.

Und wenn man schon Objekte hat, bietet es sich nun auch an, die Vorzüge von OOP zu nutzen, indem wir ein `class` statt eines `struct` definieren und hier auch gleich die Zeichenfunktion integrieren:

```
class figur
{
  int x, y;
  object Objekt;
  void zeichne();
}

void figur::zeichne()
{
  rendere(Objekt, x, y);
}
```

Auf diese Weise spart man sich doch einiges an Tipparbeit.

3.4.10.3 Sein oder Haben

Nein nein, ich werde jetzt nicht philosophisch, es geht darum, wie man seine *Daten gruppiert*. Unsere Datenstrukturen sind nämlich immer noch sehr suboptimal. Das wird besonders deutlich beim 3D-Beispiel. Jede Figur hat nämlich ihr eigenes 3D-Objekt. Dagegen ist auch nichts einzuwenden, solange jede Figur unterschiedlich aussieht. Aber was nun, wenn der Spieler in einem Level von zehn Skeletten attackiert werden soll? Es wäre die reinste Speicherplatzverschwendung, jedem Skelett ein eigenes Objekt zu geben, wo sie doch eh alle gleich aussehen.

Also lagern wir die Grafik in eine eigene Datenstruktur aus und verweisen von einer Figur nur noch darauf. Das ist der Schritt vom Sein zum Haben. Die Figur *ist* nicht mehr selbst die Grafikinformation, sondern sie *besitzt* eine.

```
object Objekt[4];
class figur
{
  int x, y;
```

```
  int figurtyp;
  void zeichne();
}

void figur::zeichne()
{
  rendere(Objekt[figurtyp], x, y);
}

figur Figur[100];
```

Ich hoffe, es ist einigermaßen verständlich, was hier vor sich geht. Die Grafik wurde ausgelagert in eine eigenständige Datenstruktur, das Array `Objekt[]`. Dieses Array repräsentiert nun nicht mehr eine konkrete Figur, sondern einen Figurentyp. Die `x`- und `y`-Koordinaten verbleiben in `figur`, wo der Figurentyp nur noch in Form der Zahl `figurtyp` existiert, die angibt, welche Grafik beim Zeichnen zu verwenden ist. Auf diese Weise können nun verschiedene Figuren auf dieselbe Grafik zurückgreifen, die nur ein einziges Mal im Speicher liegt.

C++-Programmierer lachen sich jetzt vielleicht ins Fäustchen, denn sie können das Schlüsselwort `static` vor eine Klassenvariable setzen. Das hat zur Folge, dass sie nur ein Mal angelegt wird und einen festen Speicherbereich hat. Diese Variable gibt es dann nicht mehr einmal pro Objekt, sondern nur noch einmal pro Objektklasse. Jedes Objekt dieser Klasse greift auf dieselbe Variable zu.

Allerdings ist das auch nicht das Gelbe vom Ei, denn die Variable gilt auch für alle Objekte von abgeleiteten Klassen. Die Spinne soll ja ein anderes Aussehen haben als das Skelett.

Das Auslagern von Datenstrukturen vom Sein ins Haben hat übrigens noch einen völlig anderen Vorteil. Mein Beispiel dazu weicht vom bisherigen Rollenspielschema ab, ist aber sehr erwähnenswert: In einem isometrischen Strategiespiel mit Straßen und Häusern kam man auf die Idee, ein Feld zu einem Objekt zu machen und die möglichen Bebauungsformen des Feldes als Nachfahren von diesem Objekt abzuleiten. Im Prinzip eine sehr nahe liegende Idee.

Der Haken kam dann, als Brücken und Tunnel implementiert werden sollten und sich herausstellte, dass auf einem Feld auch zwei oder drei Straßen sein konnten. Die ebenerdige, die auf einer Brücke und die im Tunnel. Man hätte natürlich einfach das zweidimensionale Array von Feldern in ein dreidimensionales Array umwandeln können. – Das allerdings wäre mit massivem Speicherverbrauch einhergegangen, also entschloss man sich, die Bebauungen aus den Feld-Objekten auszulagern und ermöglichte es so, dass ein Feld mehr als eine Bebauung haben konnte.

In einem Rollenspiel kann man z. B. aus der Klasse »Zauberer« die Zaubersprüche auslagern. Damit stehen sie auch anderen Figuren zur Verfügung. Oder die Waffen, die ein Krieger benutzen kann, kann auch ein Skelett benutzen. Eine direkte Vererbung ist hier hingegen kaum möglich.

Der Fachbegriff für die »besitzen«-Beziehung ist übrigens *Assoziation.*

Assoziationen sind also nützlich, wenn:

- Mehrere verschiedenartige Objekte sich dieselben Datenstrukturen teilen sollen.
- Einem Objekt mehrere solcher Datenstrukturen zugeordnet sein sollen.
- Die ausgelagerte Datenstruktur komplex genug ist, eine eigene Objektklasse zu formen.

3.4.10.4 Allgemeine und spezielle Objektdaten

Hört sich ein bisschen an wie allgemeine und spezielle Relativitätstheorie, ist aber einfacher. Ich variiere nur ein wenig das Thema von Sein und Haben.

Allgemeine Daten sind die Eigenschaften, die *allen Objekten gemeinsam* sind, die von diesem Typ sind. Obiges Auslagern der Grafikinformationen war bereits das erste Beispiel. `figurgrafik` war dabei die *allgemeine* und `figur` die *spezielle* Datenstruktur, um eine Figur zu gestalten. Doch damit sind die Möglichkeiten noch lange nicht ausgeschöpft. Man kann Eigenschaften wie Stärke, Panzerung und Verhaltensmuster auslagern. Eben das, was man plant, das allen Objekten eines Typs gemeinsam sein soll.

Diese allgemeinen Daten nennt man auch Klassendaten, aber weil der Begriff »Klasse« in der OOP schon als Schlüsselwort vergeben ist, will ich ihn nicht zu sehr verwenden. »Zauberer« oder »Krieger« werden z. B. Klassen genannt. Dem gegenüber steht ein *bestimmter Zauberer* oder in *bestimmter Krieger,* also Merlin oder Conan. Diese Datenstruktur benötigt **konkrete Daten** wie den Namen, die Stärke, die Position auf dem Spielfeld und die Liste aller gerade mitgeführten Waffen bzw. erlernten Zaubersprüche.

Um noch einmal auf das Spiel mit den Häusern und Straßen zurückzukommen. Es kommen auch Fahrzeuge darin vor. Und zwar sehr viele, aber nicht viele unterschiedliche. Es gibt daher eine Datenstruktur »Fahrzeugtyp«, in der stehen nicht nur solche Dinge wie das Aussehen, sondern auch Lebensdauer, Kaufpreis, Zuverlässigkeit, Höchstgeschwindigkeit, PS-Zahl.

Es ist in der Regel sinnvoll, die allgemeinen Daten den Objekten durch Assoziation zur Verfügung zu stellen. Dadurch ergibt sich neben einem Stammbaum der Objekte auch ein separater Stammbaum der allgemeinen Daten.

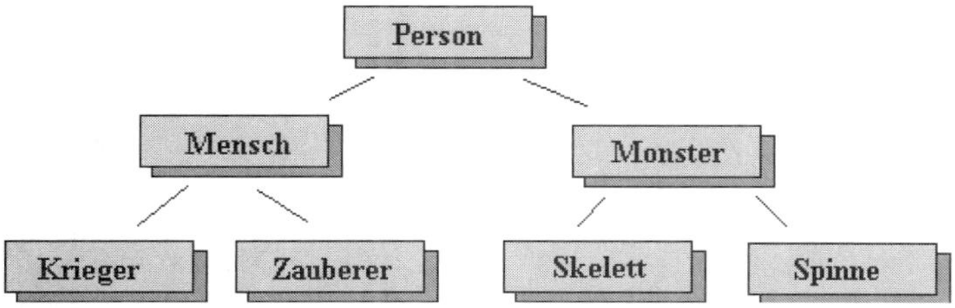

Abb. 3.9: Typischer Stammbaum von Charakteren.

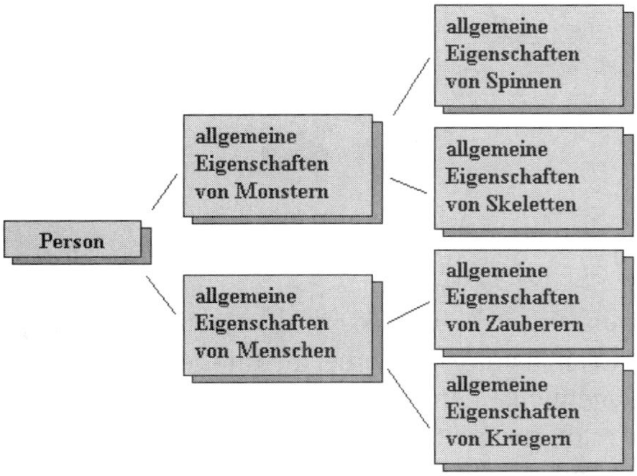

Abb. 3.10: Stammbaum von allgemeinen Eigenschaften

3.4.10.5 Vorgehensweise zum Finden von Datenstrukturen

Ich will jetzt nicht als großer weiser Guru auftreten, aber ich habe eine Methode, die sich bewährt hat, und die ich deshalb weiterempfehlen möchte:

Man beginnt nicht damit, Objekte zusammenzustellen und auch nicht mit der Implementation von Funktionen. Das erste ist, dass man sich genau überlegt, was das Spiel eigentlich können soll, man sich also das Spielprinzip und eine Featureliste zurechtlegt.

Daraus ergibt sich, was für Daten man eigentlich braucht. Ich rede noch nicht von Datenstrukturen, nur von Daten. Dieser Schritt vollzieht sich immer noch nicht am Computer, sondern am Schreibtisch. Ausgehend von der Featureliste muss man sich ausdenken, welche Daten gespeichert werden müssen, um sie zu unterstützen. Diese Arbeit ist (wenn man sie richtig macht) sehr fummelig und bisweilen auch langweilig, aber sie zahlt sich am Ende doppelt und dreifach aus.

Hat man seine Daten beieinander, ist zu überlegen, welche Daten man nur einmal braucht und welche man mehrfach braucht. Hier beginnt schon die Aufspaltung in allgemeine und spezielle Datenstrukturen.

Hilfreich kann es sein, sich einen »Beziehungsbaum« zu zeichnen:

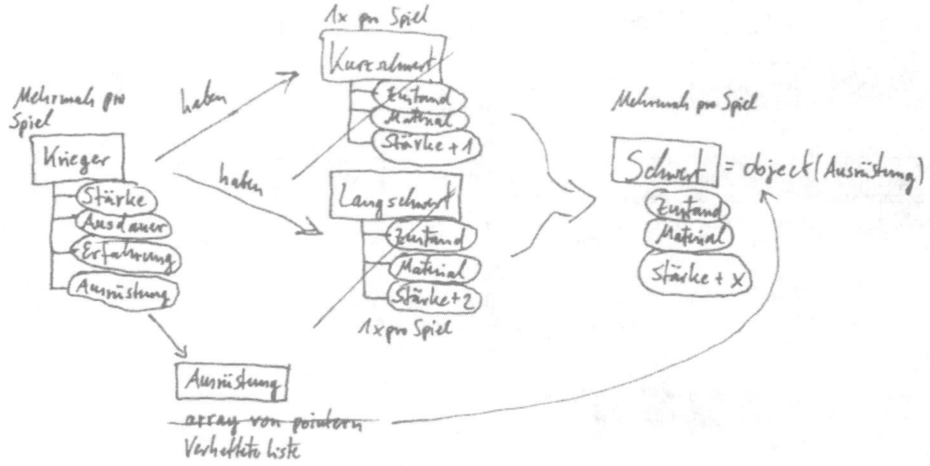

Abb. 3.11: Beziehungsbaum von Daten

Das ist ganz absichtlich keine sauber gestylte Grafik, sondern soll einen Vorgeschmack geben, wie so was in der Realität aussieht (Leute, die für diese Arbeit Photoshop verwenden, sollten bei Gelegenheit einen Arzt aufsuchen). Und es ist völlig natürlich, dass man, noch bevor man fertig ist, schon anfängt, Datenstrukturen umzugruppieren und Ideen durch andere Ideen zu ersetzen. Das ist kein Zeichen unüberlegten Drauflosschreibens, es ist Sinn der Sache. Man stelle sich vor, man müsste später alles das, was man auf dem Papier noch einfach durchstreichen und umschreiben konnte, im Programm umschreiben!

Zur Erläuterung: Die eckigen Kästen bezeichnen Objekte und die ovalen ihre Eigenschaften. Das ist in solchen Diagrammen inzwischen eine Art Standard geworden.

Als Nächstes ist zu überlegen, wie die Manipulation dieser Daten aussehen könnte, also welche Funktionen man zum Bearbeiten dieser Daten braucht. Auch hierzu eine »natürliche« Abbildung so eines Denkprozesses:

Und aus dem Gesamtbild (welches überaus komplex werden und eine Wand tapezieren kann) ergibt sich schließlich von ganz alleine, was man in Objekte zusammenfassen kann bzw. soll. Man braucht es nur noch abzulesen.

3.4.10.6 Spielstandsrelevante Daten

Wie schon einmal erwähnt, das sind die Daten, welche den Spielstand eines konkreten Spieles bezeichnen. Dazu gehören Daten wie Geld, Gesundheit, Position usw. Wenn man einen Spielstand speichert und wieder lädt, müssen diese Daten alle berücksichtigt werden. Nicht spielstandsrelevant sind dagegen Grafikdaten, Soundeinstellungen, Bildschirmauflösung und dergleichen, die keinen Einfluss auf das Spielgeschehen haben. Dazu gehören auch alle allgemeinen Daten, weil diese sich ja in einem Spiel nicht ändern.

Das ganze nicht-konkrete Zeug muss man natürlich auch speichern, aber nicht im Spielstand. Da bieten sich separate Dateien an, die idealerweise nur einmal bei Programmstart geladen werden.

Da man pro Programm wohl kaum je mehr als einen Spielstand hat, bieten sich als Datenstruktur globale Variablen an. Sie sind sehr effektiv, um programmübergreifende Daten zu speichern, bzw. wenn man mal eben schnell etwas testen oder erweitern will. Leider verliert man schnell die Übersicht über Globals. Und zwar dadurch, dass man sie gerne überall im Code verstreut herumliegen lässt und irgendwann nicht mehr weiß, dass man sie definiert hat, wo man sie definiert hat und warum man sie definiert hat.

Das ist alles natürlich alles nur eine Frage der Ordnung, Aber ich gebe zu, ich bin selbst ein sehr unordentlicher Mensch. Zur Strafe ist es mir selbst nun schon sehr häufig so gegangen, dass ich ein Spiel geschrieben habe, und als es dann an die Speicherung des Spielstandes ging, ich mir mühsam alle Variablen zusammensuchen musste, die zu speichern waren. Mehrere hundert Testläufe und Abstürze später hatte ich sie dann alle beieinander. Man sollte dieses Problem nicht unterschätzen.

Ordnung zu halten ist also wichtig. Und ein relativ einfacher Weg ist es, spielstandsrelevante Daten in einem eigenen Modul zu sammeln. Man kann globale Variablen in ein eigenes Modul packen, man kann sie sogar in einen großen `struct` tun. Da findet man sie immer wieder.

Übrigens: Ausnahmen bestätigen die Regel: Es gibt tatsächlich eine Verwendungsmöglichkeit für mehrere Spielstände gleichzeitig und zwar im Falle rundenbasierter Spiele, wenn man eine Undo-Funktion anbieten will.

Ich gruppiere jedenfalls seit meinem einschneidenden Erlebnis mit globalen Variablen reumütig meine Spieldaten in drei Blöcke:

- Spielstandsdaten (der Spielstand!)
- Optionsdaten (Einstellungen für Grafik, Sound etc.) und allgemeine Daten (gemeinsame Eigenschaften von Objekten etc.).
- Temporäre Variablen (Werden nicht gespeichert, nicht geladen. Meist Rechen-Zwischenergebnisse)

3.4.10.7 Arrays, Listen und Hashtables

Zur Speicherung mehrerer gleichartiger Objekte gibt es zunächst einmal zwei Wege: Arrays und verkettete Listen (also Objekte, die einen Zeiger auf ein »nächstes« Objekt besitzen). Es gibt keinen generell besseren Weg, beide haben ihre entscheidenden Vor- und Nachteile.

	Array	Liste
Datenzugriff	Schnell/direkt über Index	Langsam. Man muss sich, beim ersten Element beginnend, »durchhangeln«
Flexibilität	Größe bei Programmerstellung festgelegt, mit Trick spätestens zu Spielbeginn.	Größe erweitert sich mit Bedarf
Element einfügen/entfernen	Langsam. Alle nachfolgenden Elemente müssen verschoben werden.	Schnell

Listen sind flexibler in der Größe, jedoch schlecht bei der Zugriffszeit. Arrays sind schneller, aber von der Größe festgelegt.

Aber wir brauchen uns da nicht so starr festzulegen. Man kann z. B. sog. **Hashtables** anlegen, das sind Arrays mit Pointern, die das Suchen in einer Liste erleichtern. Nehmen wir z. B. an, wir hätten eine alphabetisch sortierte Liste von Namen. Wir könnten eine Hashtabelle anlegen, die sähe so aus:

```
void *Hash[a..z];
```

`Hash[f]` z. B. zeigt auf das erste Listenelement, das mit »f« anfängt. Wenn wir also nach einem Element mit »f« suchen, fangen wir nicht vorne an, sondern da, wo `Hash[f]` hinzeigt. Auf diese Weise ist das Suchen um etwa den Faktor 26 schneller.

Den gleichen Effekt würden wir mit 26 Listen erzielen, für jeden Buchstaben eine. Aber Hashtabellen sind da etwas flexibler, man muss ja nicht unbedingt stur nach Buchstaben unterteilen, man kann auch versuchen, die Liste einfach in 20 oder 30 gleich große Abschnitte zu unterteilen.

```
void *Hash[1..20];
```

Hash Nr. 5 würde dann vielleicht bei »Erg« anfangen und bis »Jod« gehen, ab da wäre Hash Nr. 6 zuständig.

Ich will hier nicht noch weiter ins Detail gehen, denn das sind wieder allgemeine Dinge, über die schon sehr viel Literatur existiert.

3.4.10.8 Bäume und rekursive Objekte

Es gibt auch so genannte Bäume, das sind verkettete Listen, bei denen ein Element mehr als einen Nachfolger haben kann. Die Suche ist meist effizient. Das Einfügen und Löschen ist mehr oder weniger schnell. Ein sehr schönes Einsatzgebiet für solche Bäume ist die Optimierung von 3D-Grafik, bei der man viel FPS sparen kann, wenn man Dinge, die ohnehin nicht zu sehen sind, gar nicht erst versucht zu zeichnen.

Denken wir uns eine quadratische 3D-Welt, die wird erst mal in vier kleinere Bereiche unterteilt, jeder Bereich wieder in vier Bereiche usw.

Beim Testen auf Sichtbarkeit testet man erst die größten Bereiche. Wenn man nun einen Bereich gar nicht oder komplett sehen kann, braucht man nichts mehr in diesem Bereich zu testen: Man weiß, dass alle Objekte in diesem Bereich zu sehen sind oder nicht. Nur wenn ein Bereich teilweise innerhalb und teilweise außerhalb des Sichtbereiches liegt, müssen die vier Unterbereiche getestet werden. Das geht dann nach demselben Schema wie zuvor.

Um so etwas zu realisieren, bedarf es einer besonderen Strukturierung der Daten. Ein Bereich verweist auf seine vier Unterbereiche und der unterste hat eine Liste von Objekten, die er beinhaltet.

Vielleicht so etwas?

```
typedef struct
{
  Liste objects; // irgendeine Liste der Objekte
  int x1,x2,y1,y2; // Koordinaten des Bereiches
} SubArea

typedef struct
{
  int x1,x2,y1,y2;
  SubArea SubAreas[4];
} CountryArea

typedef struct
{
  int x1,x2,y1,y2;
  CountryArea SubAreas[4];
} ContinentalArea;

typedef struct
{
  int x1,x2,y1,y2;
  ContinentalArea SubAreas[4];
} WorldArea;
```

Der oberste Bereich ist `WorldArea`, der hat vier Kontinente, ein Kontinent hat vier Länder und ein Land hat vier Unterbereiche. Wer einen Blick dafür hat, der ahnt schon: So kann das nicht bleiben. Diese Datenstrukturen sehen sich sehr ähnlich. Da muss man doch was zusammenfassen können.

Es wäre doch schön und flexibel, wenn man für alle diese Bereiche nur eine *einzige* Datenstruktur bräuchte. Ungefähr so:

```
typedef struct
{
  ObjectList objects;
  int x1,x2,y1,y2;
  Area SubAreas[4];
} Area;
```

Nur geht das leider nicht. Das ist ein *rekursives Objekt*, weil es sich selbst beinhaltet, deswegen hat es eine unendliche Speichergröße. Wir können das Problem allerdings mit Pointern lösen:

```
typedef struct
{
  ObjectList objects;
  int x1,x2,y1,y2;
  void *SubAreas[4];
} Area;
```

Natürlich haben wir nun zu viele Daten deklariert. Einerseits braucht der unterste Bereich keine `subareas`, andererseits alle anderen keine Objektliste.

Wir können allerdings aus der Not eine Tugend machen, zumindest teilweise. Es gibt nämlich mit Sicherheit Objekte, die größer sind als ein Bereich oder genau auf der Grenze von zwei (oder mehr) Bereichen stehen. Diese Objekte kann man entweder mehreren Bereichen zuordnen – oder noch besser: man ordnet sie dem übergeordneten Bereich zu. So bekommt auch dessen Objektliste eine Aufgabe.

Die Gesamtheit aller so in einer baumförmigen Liste angeordneten `Area`-Objekte nennt man übrigens **Quadtree** (ratet mal warum, hehe) und es ist ein Beispiel für einen so genannten **balancierten Baum**, nur um wieder mit Fachwörtern zu protzen. Das ist ein Baum, dessen Äste alle gleich groß sind, woraus wir messerscharf schließen dürfen, dass es auch *unbalancierte* Bäume gibt. Allerdings gibt es für diese kein praktisches Anwendungsbeispiel, weil man sie zu vermeiden versucht. Je unbalancierter, desto ähnlicher wird der Baum einer Liste, wodurch die Vorteile der Verzweigungen verloren gehen.

3.4.11 Bemerkungen zum Programmierstil (HJM & PD)

3.4.11.1 Was ist Programmierstil?

Nun, so etwas Ähnliches wie der Schreibstil. Man kann ja auch in Texten genau wie in Programmen den gleichen Sachverhalt auf unterschiedliche Weise ausdrücken.

Guter Programmierstil bezieht sich auf drei bestimmte Qualitätsmerkmale:

- Leicht verständlicher, übersichtlicher Code, den auch Außenstehende schnell verstehen, und auch man selbst, wenn man mal eine Weile Pause mit dem Programmieren gemacht hat.
- Einfach erweiterbarer bzw. korrigierbarer Code.
- Möglichkeit der Wiederverwendung von Code in späteren Projekten.

Oha, was ist denn das? Haben wir etwa schon wieder die aus 3.4.2 bekannten Prinzipien von Übersicht, Code-Ökonomie und Wiederverwendbarkeit auf dem Tisch? – Tatsächlich!

3.4.11.2 Variablennamen

Aus Schreibfaulheit werden Variablen gerne mit sehr kryptischen Namen versehen: `z`, `z2`, `xx`, `stfr` ... – später, wenn keiner mehr weiß, was sie zu bedeuten hatten, kommt dann die Reue. Es ist also sinnvoll, aussagekräftige Namen zu verwenden, und wenn man seinen Source der Öffentlichkeit zur Verfügung stellen will, muss man darauf doppelt Acht geben.

Wenn auch andere den eigenen Sourcecode lesen sollen, ist es auch nicht egal, in welcher Sprache man die Variablennamen anlegt. Deutsche Namen sind zwar okay, können aber nur von Deutschen gelesen werden. Wie das wirken kann, wurde mir bewusst, als ich mal brasilianische und polnische Sources aus dem Internet downgeloadet hatte und mit den Variablennamen praktisch nichts anfangen konnte. Auch wenn's schwer fällt: Man kommt international am Englischen nicht vorbei. Die Welt spricht Englisch.

Ein weiterer Aspekt von Variablen ist es, dass man es häufig gerne hätte, dass man ihnen ihre Zugehörigkeit und ihren Typ gleich ansieht. So hat sich in Pascal eingebürgert, dass Typen mit T und Zeiger mit P beginnen. In C++ nutzt man hingegen gerne die Groß- und Kleinschreibung, so sind Bezeichner, die durchgängig in GROSSBUCHSTABEN geschrieben sind, meistens Konstanten. Ein sehr bekanntes Beispiel für konsequente Variablennamen ist Microsofts ungarische Notation, wo Variablennamen ein Präfix bekommen. So ist `lpsz_name` ein Zeiger (lp=long pointer) auf einen String (sz=string, terminated by zero). Oder `dw_counter` eine 32-Bit-Zahl (dw=Dword). In Kapitel 7. findet sich eine Tabelle mit diesen Präfixen.

Eine gewisse Konsequenz in der Variablenbenennung hilft einem oft auch, etwas im Source wiederzufinden. Wo werden doch gleich meine Objekte gezählt und wie hieß das? Kein Problem, wenn man Zähler z. B. grundsätzlich `count` oder `counter` nennt (für eines sollte man sich aber schon entscheiden) und ansonsten nach der Variable benennt, die gezählt wird. Zum Beispiel:

```
long Attrib[100000];
dword dw_Attrib_Counter;
```

Während das für einen selbst nicht viel mehr als eine nützliche Gedächtnisstütze ist, (was natürlich auch schon viel wert sein kann), ist es im Teamwork geradezu unerlässlich. Da muss man sich nämlich ohne Unterlass mit dem Code anderer Leute auseinandersetzen, und eine konsequente Benennung hilft, viel Zeit und Frust zu sparen.

3.4.11.3 Kommentare

Kommentare sind wichtig, das sagt jeder, das schreibt jeder – und dennoch sind sie in den Sources selten. Und noch seltener werden sie – wenn überhaupt – sinnvoll eingesetzt.

Ein Kommentar ist nützlich, um die Arbeitsweise eines Algorithmus oder einer Funktion zu erläutern, ggf. auch die Bedeutung von Parametern und Rückgabewerten zu verdeutlichen. Also vor den Funktionsheader so etwas:

```
// Diese Funktion berechnet den Abstand des Punktes P von der
// durch die Punkte A und B gegebenen Geraden
double distance(Point a,b,p);
```

Kommentare rechts vom Source können noch mal den Sinn einzelner Programmzeilen herausheben, wobei

```
I++; // erhöhe I um 1
```

ein klassisches Beispiel für **Schwachsinn** ist. Das sehe ich selbst, dass I um 1 erhöht wird, das brauche ich nicht noch mal im Kommentar zu lesen! Hier ein vernünftiges Beispiel:

```
if (testdurchlaeufe>4) // aus Performancegründen auf 4 begrenzt
{
  darstellbar = false; // es wurde nicht fertiggerechnet,
  return;              // also nichts zeichnen
}
```

Eine Faustregel besagt: Man kann nie zu viel kommentieren. Eine natürliche Grenze wird immer die Schreibfaulheit des Programmierers sein.

Tödlich sind natürlich Kommentare, die nicht (mehr) zum Programm passen. Z. B. weil jemand der Code geändert hat, aber nicht den Kommentar:

```
#define MAX_DING = 256
```

Weiter unten im Programmcode steht dann dies:

```
ding[1..MAX_DING]; // wir verwalten maximal 100 Objekte
```

Dieser irreführende Kommentar ist schlechter als gar keiner. Also: Kommentare müssen zusammen mit dem Programm gewartet werden!

3.4.11.3.1 Vorschlag, als Richtlinie:

1.) Ein Kopfkommentar pro Datei oder Klasse

```
// * Diese Klasse beschreibt Gebäude
// *
// * @author Hj. Malthaner
// * @date 30.11.98
// * @see ding_t

class gebaeude_t = object
...
```

2.) Ein Kommentar pro Funktion / Methode / Attribut

```
// * Diese Methode sortiert die Liste aufsteigend. Sortierkriterium ist
// * dabei das Gewicht der Elemente
// * @author Hj. Malthaner
// * @param liste die zu sortierende Liste

void sort_list(list liste);
```

3.) sonstige Komentare im Code nur an Stellen, die nicht selbsterklärend sind

3.4.11.4 Goto

BASIC-Programmierern gut bekannt, allen anderen suspekt. Eine goldene Regel besagt, goto's wären schlechter Stil und wer goto's benutzt, wird schief angesehen.

Häufig zu Unrecht, denn goto's können manchmal den Code auch übersichtlicher gestalten. Hier allerdings erst mal ein Beispiel, wie man es *nicht machen* soll:

```
if (a>b) goto weiter;
c = sin(x)/y;
weiter:
```

So etwas ist natürlich grauenvoll. Die Zuweisung an `c` soll offensichtlich nicht ausgeführt werden, wenn `a>b` ist, das heißt, sie soll ausgeführt werden, wenn `a<=b` ist, warum also nicht gleich schreiben:

```
if (a<=b) c = sin(x)/y;
```

Sinn machen kann ein `goto` allerdings bei einigen komplizierten Algorithmen, bei denen man aus einer hochgradigen Verschachtelung wieder herauskommen muss, und das auch noch rückwärts und auch noch mehrfach:

```
start:
if (... && || or ...)
{
```

```
  for (...)
  {
    if (... && ...)
    {
      while (...)
      {
        if (es geht nicht)
        {
          finde nächsten startpunkt;
          goto start; // alles noch mal von vorne
        }
...
}
if (zu klein)
{
  finde nächsten Block und ersten Startpunkt im Block
  goto start;
};
```

Das kann man natürlich *auch* durch Schleifen und bedingte Ausdrücke auflösen. Aber das ist nicht *sinnvoll*. Was man kriegt, ist ein enorm aufgeblasenes verschachteltes Etwas. Hier sind die Goto's genau richtig.

In Java gibt es übrigens keine Goto's mehr. Damit hat die Diskussion dann ihr Ende.

3.4.11.5 Modularisierung

Modularisierung bedeutet, das Projekt in mehrere, möglichst unabhängige Dateien zu splitten. Der Sinn ist nicht nur der, dass man damit ein ganzes Team gleichzeitig an einem Projekt arbeiten lassen kann (siehe dazu deshalb auch Kapitel 5), sondern auch der, dass man Übersicht in das Projekt bringt. Allerdings kann sich der Effekt auch ins Gegenteil verkehren, wenn man seine Module nicht sinnvoll gruppiert. Ein Source ist nicht einfach mit dem Lineal in gleichmäßig große Stücke zu zerschneiden. Es empfiehlt sich z. B. eine Modularisierung nach den bereits in 3.4 erwähnten Schichten sowie noch eine weitere Unterteilung in Themengebiete, also

- Grafikausgabe
- Spiellogik
- Interface

Dies nur als Beispiel. Auf jeden Fall ist es wichtig, dass, wenn man mal eine Funktion sucht, man nicht wissen muss, wo sie ist, sondern es sich aus der Aufteilung der Module herleiten kann, wo sie zu suchen ist.

Und natürlich ist die Benennung der Module wichtig. Es gibt ja einige Leute, die halten sich für besonders schlau, wenn sie ihre Module `M00`, `M01`, `M02`... nennen und ihre Funktionen und Variablen dann mit den entsprechenden Präfixen versehen:

```
void M00_CreateWindow();
```

Das führt in der Praxis leider nur dazu, dass man auch noch vergisst, wie die Funktion, die ein Fenster öffnen soll, eigentlich hieß. War das `M01_CreateWindow`? Oder `M10_CreateWindow`? Ohne ein Dokumentationsprogramm, das den Sourcecode scannt und eine Liste aller Funktionen erstellt, ist man dann verloren. Aber auch, wenn man so ein Tool hat, ist das Leben mit derlei verschlüsselten Bezeichnern nicht leicht.

Ich werde noch mal in Abschnitt 5 auf die Modularisierung eingehen, da sie ein wesentlicher Bestandteil der Teamarbeit ist.

3.5 Debugging (PD & HJM)

3.5.1 Was ist Debugging?

Unter Debugging versteht man allgemein die Suche nach Programmfehlern (Bugs). Nicht die Fehler, die der Compiler schon bei der Übersetzung meldet, sondern die Fehler im bereits fertigen Programm.

So einfach, wie es sich der Einsteiger oder Außenstehende vorstellt, ist Debugging nicht. Im Prinzip gibt es vier Schritte:

1. Bug programmieren. Oder wie glaubst du, kommen Programmfehler zustande?
2. Bug fällt bei Programmausführung auf.
3. Bug reproduzieren.
4. Fehlerhafte Stelle im Programmcode finden.
5. Bug entfernen. Heißt im Jargon »fixen«, hat aber nichts mit Drogenkonsum zu tun.

Schritt 1 und 2 ergeben sich von selbst, darüber muss ich keine weiteren Worte verlieren.

3.5.1.1 Bug reproduzieren

Das ist die Schlüsselstelle des ganzen Debugging-Vorganges. Wenn du es schaffst, eine Situation herzustellen, in der du das Auftreten des Fehlers gezielt »heraufbeschwören« kannst, hast du die prinzipiell schwerste Aufgabe hinter dir. Du musst sozusagen den Moment einfangen, in dem noch alles richtig ist, und im darauf folgenden Augenblick nicht mehr. Der Bug kann nur zwischen diesen beiden Augenblicken liegen.

Beispiel: Du hast ein Rollenspiel, bei dem die Figur, die du steuerst, dorthin läuft, wohin der Spieler klickt. In manchen seltenen Fällen tut sie es jedoch nicht (sie läuft woanders hin oder macht gar nichts). Schlecht. Du hast als Programmierer kaum eine Chance, diesen Fehler zu finden und zu fixen, bevor du nicht ein Savegame hast, bei dem die Figur an einer Stelle steht, wo dieser Fehler mit Sicherheit auftritt. Normalerweise ist es die Aufgabe der Betatester, solche Savegames zu liefern oder den Fehler so genau zu beschreiben, dass der Programmierer ihn nachvollziehen kann.

3.5.1.2 Fehlerhafte Stelle im Programmcode finden

Dieser Vorgang ist ausschließlich dem Programmierer vorbehalten. Da Fehler in 100% aller Fälle mit falschen Variableninhalten einhergehen, wünscht man sich für eine effiziente Fehlersuche in erster Linie die Möglichkeit, das Programm an fehlerverdächtigen Stellen anhalten und die Variableninhalte einsehen zu können. Genau dieses leisten Debugger, aber es gibt auch noch andere Möglichkeiten, wie wir noch sehen werden.

Den Fehler im Programmcode bei einem reproduzierbaren Bug zu finden, ist zwar unter Umständen immer noch mit viel Arbeit verbunden, aber diese Arbeit ist systematisch erledigbar.

3.5.1.3 Bug fixen

Das ist in den meisten Fällen nicht mehr als die Änderung einer oder zweier Programmzeilen. Oft nur eines einzigen falschen Buchstabens oder einer falschen Zahl! Nur gelegentlich kommt es vor, dass man sich über diesen letzten Schritt tiefer gehende Gedanken machen muss.

3.5.2 Fehlerkategorien

Da kann man aus der Praxis grundsätzlich mehrere Arten unterscheiden. Zunächst einmal nach ihrer Auffindbarkeit:

- **Direkte Fehler**: Das sind Fehler, die eine sofortige Auswirkung haben. Wenn also der Programmierer `a=b/0` schreibt, wird das Programm aufgrund einer unerlaubten Division durch Null in genau dieser Zeile einen Absturz bzw. Exception produzieren. Ebenso in diese Kategorie fallen Funktionen, die eine Endlosschleife beinhalten oder durch rekursiven Aufruf zu einem Stack-Überlauf führen. In all diesen Fällen hält das Programm an den Fehlerquelle an bzw. lässt sich dort anhalten.
- **Indirekte Fehler**: Diese Fehler bringen das Programm nicht zum Absturz, jedenfalls nicht sofort. Ihre Auswirkungen werden erst an völlig anderen Stellen der Programmausführung offenbar.
  Besonders beliebt in dieser Kategorie sind freigegebene Pointer, die noch von irgendeiner Datenstruktur verwendet werden. Der eigentliche Fehler besteht im Freigeben bzw. der fehlenden Abmeldung von der Struktur, doch zu dem Zeit-

punkt passiert nichts Böses. Erst sehr viel später, wenn der Pointer benutzt wird, tritt das Problem in Form einer Schutzverletzung auf. Wenn man aber Pech hat, auch dann nicht, stattdessen werden Speicherbereiche überschrieben und jegliches rätselhafte Programmverhalten kann sich daraus ergeben.

Man kann Fehler auch nach ihrer Reproduzierbarkeit unterscheiden:

- **Reproduzierbare Fehler**: Das sind Fehler, die »immer« auftreten und daher leicht zu lokalisieren sind.
- **Sporadische Fehler**: Diese Fehler treten auf, wann sie wollen. Natürlich gibt es immer einen Grund dafür, warum sie mal auftreten und mal nicht, aber dieser Grund muss erst einmal gefunden werden. Es handelt sich dabei stets um eine so genannte »Verkettung unglücklicher Umstände«, das heißt, es müssen mehrere Bedingungen gleichzeitig zutreffen, damit dieser Fehler auftritt. Wenn man Pech hat, ist einer dieser Umstände die Hardware oder der Debugger.
  Ein Beispiel für einen solchen Fehler wäre ein Absturz, der nur dann auftritt, wenn der Spieler in einem Egoshooter den Blick um 32 Grad nach links dreht und dabei einen Gegenstand aufnimmt. Besonders schwer zu finden, wenn der Fehler darüber hinaus nur dann auftritt, wenn zuvor mindestens dreimal mit Quicksave gespeichert wurde (was heißt »gibt´s nicht«? Alles schon mal da gewesen!).

Und schließlich kann man noch Fehler nach ihrer Entstehungsursache einteilen:

- **Flüchtigkeitsfehler**: Hier handelt es sich fast immer um Tippfehler, die zum größten Teil schon durch den Compiler abgefangen werden, weil dadurch Variablennamen zustande kommen, die es gar nicht gibt (ein weiterer Grund, keine zu kurzen und kryptischen Variablennamen zu benutzen).
- **Logische Fehler**: Hier ist der Fehler im Algorithmus bzw. logischen Aufbau des Programms enthalten. Die Implementierung entspricht zwar dem, was sich der Programmierer ausgedacht hat – nur das Programm macht nicht, was man will, bzw. es macht etwas völlig Unerwartetes, weil man einen logischen Zusammenhang nicht beachtet hat oder der verwendete Algorithmus schlichtweg ungeeignet ist.
  Ein hochinteressantes Beispiel für so einen logischen Fehler ereignete sich bei der Entwicklung von BLACK & WHITE: Ein hungriges Riesenmonster kam zu einem Schweinestall mit fressenden Schweinen. Es nahm sich die Schweine, fraß eines nach dem anderen – und plötzlich war das Monster einfach verschwunden. Die Lösung ist äußerst verblüffend: Die Programmierer hatten in ihrem Realismuswahn die Schweine im Stall mit einem eigenen Fressverhalten ausgestattet. Und eines der Schweine war, als es vom Monster emporgehoben wurde, immer noch mit Fressen beschäftigt, und der nächstliegende organische Brocken war das Monster.

Um sich die Fehlersuche zu erleichtern bzw. in vielen Fällen überhaupt erst eine gezielte Fehlersuche durchzuführen, kann man die Hilfe eines Debuggers in Anspruch nehmen, oder so genannten instrumentierten Code schreiben. Oder beides kombinieren. Sehen wir uns im Detail an, worum es sich dabei handelt.

3.5.3 Debugger

Debugger sind Programme, die den Wunsch nach Einsichtnahme in die Tiefen eines laufenden Programms erfüllen sollen und noch mehr. Wenn man ein Programm unter der Kontrolle eines Debuggers laufen lässt, kann man ...

- das Programm jederzeit anhalten und wieder fortsetzen.
- vor der Programmausführung im Sourcecode Zeilen markieren, an denen das Programm automatisch anhalten soll (sog. **Breakpoints**).
- das Programm »schrittweise« ausführen, das heißt, man sieht den Sourcecode; die Zeile, in welcher die Programmausführung gerade stattfindet, ist markiert; und man kann die Programmabarbeitung Zeile für Zeile stattfinden lassen.
- wenn das Programm angehalten ist, die Variablen des Programms inspizieren.
- wenn das Programm angehalten ist, den Aufruf-Stack einsehen.
- die Werte inspizierter Variablen verändern.

Debugger können auch im Hintergrund abwarten, bis im Programmablauf ein Fehler auftritt, und dann dem Programmierer präzise die fehlerhafte Stelle mitteilen. Allerdings gilt das nur für ganz bestimmte Fehler, die das Programm mit einer Fehlermeldung beenden (Schutzverletzung, Division durch Null, Stacküberlauf etc.). Andere Fehler bleiben unbehelligt. Wie sollte sie der Computer auch von der Absicht des Programmierers unterscheiden?

Was man dummerweise auch nicht kann, ist, das Programm *schrittweise rückwärts* auszuführen, was manchmal überaus nützlich wäre! Wer einen solchen Debugger auf den Markt brächte, würde über Nacht ein reicher Mensch werden.

Die verschiedenen Debugger arbeiten häufig nur mit einer bestimmten Programmiersprache zusammen, auf die sie abgestimmt sind, und ihre Fähigkeiten weichen oft stark voneinander ab. Vom Kommandozeilenwerkzeug bis zum in den Compiler integrierten Debugger gibt es alle Varianten.

Man sollte schon beim Erwerb des Compilers darauf achten, dass ein guter Debugger dabei ist. Es muss nicht unbedingt ein integrierter sein. Die sind zwar enorm komfortabel, weil man zwischendurch immer wieder das Programm verändern und neu starten kann, ohne die Entwicklungsumgebung verlassen zu müssen, sie bieten aber häufig nicht so mächtige Features wie manche externen Programme.

Die schrittweise Abarbeitung des Programmcodes ist von unschätzbarem Wert, besonders zum Finden des Fehlerortes, wenn die Fehlermeldung des Systems mal wieder eine Fehleradresse angibt, die außerhalb des selbst geschriebenen Codes liegt.

Bedauerlicherweise stürzen Debugger bei manchen Programmfehlern gleich mit ab oder können aus anderen (nicht immer klaren) Gründen keine Informationen über die fehlerhafte Programmstelle mehr liefern. Es gibt auch Programmfehler, die bizarrerweise nicht mehr auftreten, wenn man sie mit einem Debugger untersuchen will. Und wenn man etwas schrittweise debuggen will, das mit Mausbewegungen und Mausklicks zu tun hat, hat man hier ganz schlechte Karten, da die Unterbrechung der Ausführung nie dann geschieht, wann man es möchte und der Taskwechsel Mausbewegungen produziert, die gar nicht stattgefunden haben.

Ebenso ist es höchst problematisch, wenn die Zeit eine Rolle spielt, also z. B. eine Prozedur in weniger als drei msec durchlaufen werden muss, um einen bestimmten Effekt zu erzielen. Oder wenn man feststellen will, warum etwas zu langsam läuft.

Manchmal kann man den Programmablauf auch gar nicht ungestraft unterbrechen, weil vielleicht die Grafikkarte von DirectX vereinnahmt ist und man während der Unterbrechung gar nichts auf dem Bildschirm sehen kann.

In all diesen Fällen kann einem allerdings instrumentierter Code weiterhelfen.

3.5.4 Instrumentierter Code

Das ist Programmcode, der zusätzlich zum eigentlichen Programm noch Code enthält, der ausschließlich zur Fehlersuche dient.

Instrumentierten Code kann man einsetzen zum Verfolgen des Programmablaufes und Verfolgen bestimmter Variablenwerte. Das kann man auf die folgenden Arten erreichen:

3.5.4.1 Debug-Ausgaben

Debug-Ausgaben sind (meist) Textausgaben, die entweder auf dem Bildschirm oder in eine Datei geschrieben werden und den Programmablauf protokollieren.

Z. B.:

```
void fehlerhaft()
{
  int a, b, c: Integer;
  a = 10;
  print("a hat jetzt den Wert:" + a);
  b := 0;
  print("b hat jetzt den Wert:" + b);
  c := a/b;
  print("Dieser Text wird nie ausgegeben!");
};
```

Wie man hier schön sehen kann, erzeugt das Programm ein paar Textausgaben, während es läuft, so dass man auf dem Bildschirm den Inhalt der Variablen sehen kann.

Nun muss man allerdings sagen, dass die Ausgabe auf den Bildschirm ein paar Haken hat:

Bildschirminhalte sind flüchtig. Insbesondere, wenn wir Debug-Ausgaben in die Main Loop eines Echtzeitspiels schreiben, werden diese Kommentare schneller an uns vorbeirauschen, als wir sie jemals lesen können.

Wir brauchen eine freie Fläche für unsere Textausgabe, gegebenenfalls ein anderes Programmfenster. Man kann ja schlecht mitten in die Spielgrafik schreiben (obwohl, manchmal geht das).

Wenn das Programm abstürzt, können wir wieder nichts lesen.

Es ist deshalb sinnvoll, die Ausgaben in eine **Textdatei** zu schreiben, auf die man auch später noch Zugriff hat, sogar nach einem Totalabsturz mit Systemneustart. Eine solche Datei kann man sich im Nachhinein in aller Ruhe ansehen.

Dabei sind allerdings zwei Dinge zu beachten: Erstens die Datei nicht zu groß werden lassen und zweitens die Datei nicht offen lassen.

Nicht offen lassen bedeutet: Wenn wir die Datei am Programmanfang zum Schreiben öffnen, fleißig reinschreiben und sie zum Programmende schließen, haben wir ein schönes Logfile. Aber nur, wenn das Programm absturzfrei durchläuft. Falls etwas dazwischenkommt – und genau damit rechnen wir ja –, wird die Datei nicht ordnungsgemäß geschlossen, und wir werden später ausgerechnet die letzten Einträge nicht mehr lesen können – falls danach überhaupt etwas in der Datei steht.

Darum empfiehlt es sich, diese Datei zum Programmanfang als leere Datei zu erzeugen und diese Datei für jede einzelne Debug-Ausgabe zu öffnen und gleich wieder zu schließen:

```
void Write_Debug(string s)
{
  OpenFile(DebugFile);
  AppendFile(DebugFile, s);
  CloseFile(DebugFile);
}
```

Nun noch zum anderen Problem: Wie schon gesagt, könnten wir möglicherweise die Debug-Ausgaben auf dem Bildschirm gar nicht lesen, so schnell würden sie an uns vorbeifliegen. Die Datei hingegen bekommt das Problem, dass sie, im Zentrum unserer Main Loop platziert, in Sekundenschnelle auf Größen im Megabyte-Bereich anschwellen kann. Dabei interessiert uns doch eigentlich nur das, was kurz vor dem Fehler passiert ist.

Die logische Folge: Die Datei muss immer mal wieder gelöscht werden. Am besten empfiehlt sich das als erste Anweisung innerhalb der Main Loop. Sollte das zu viel sein und man will zwei oder drei Loops zurückverfolgen können, ist es vielleicht besser, man schreibt immer gleichzeitig in zwei Dateien, löscht sie jedoch versetzt. D. h. die erste wird gelöscht, wenn die zweite schon wieder zwei oder mehr Durchläufe protokolliert hat und umgekehrt.

3.5.4.2 Aufruf-Stack sichtbar machen

Auch die Reihenfolge, in der sich die Prozeduren oder Methoden eines Programms aufrufen, kann mit entsprechend instrumentiertem Code verfolgt und selbst gewonnen werden. Dazu muss jeder Eintritt und jeder Ausgang aus einer Funktion protokolliert werden:

```
void tuwas()
{
  Enter("tuwas");
  tue hier etwas
  Leave("tuwas");
}
```

Die Funktionen ENTER und LEAVE protokollieren, welche Funktion gerade betreten oder verlassen wurde, indem sie den übergebenen String ausgeben:

```
void Enter(string s)
{
  Write_Debug(«entering «+s);
}
void Leave(string s)
{
  Write_Debug(«leaving «+s);
}
```

Das Prinzip kann man sich aber selbst zerschießen, wenn man mitten in der zu überwachenden Prozedur ein Exit (`return`) verwendet:

```
void tuwas()
{
  Enter("tuwas");
  tue hier etwas
  if (wasauchimmer) return;
  Leave("tuwas");
}
```

So kann man natürlich nicht mehr sagen, ob die Prozedur nun wegen eines Fehlers oder wegen des `return` nicht bis zum LEAVE gekommen ist.

3.5.4.3 Grafische Debug-Ausgaben

Ein Bild sagt oft mehr als 1000 Worte, und so ist es – insbesondere bei den Profis – nicht unüblich, Features in das Spiel einzubauen, die nicht zum Spiel gehören, sondern ausschließlich der Fehlersuche vorbehalten sind.

Man stelle sich zum Beispiel ein Männchen in einem Spiel vor, das auf seine Umgebung interaktiv reagiert. Das, woran es »denkt«, können verschiedene Zustände sein, die man sehr schön als »Denkblase« über seinem Kopf schweben lassen kann. So überwacht der Programmierer, ob in verschiedenen Situationen auch das Richtige gedacht wird.

Man kann auch auf Anklicken hin über Objekte ein Infofenster abrufen, in denen ihre zu überwachenden Daten stehen.

Auch andere unsichtbare Strukturen lassen sich sichtbar machen, z. B. kann man Rechen-Zwischenergebnisse bei 3D-Darstellungen als Linien oder Punkte darstellen. (z. B. die sonst unsichtbaren Normalenvektoren einer Fläche). Oder man macht im Falle von Pathfinding den gefundenen Weg als Linie sichtbar. Oder man zeigt die Umrisse von unsichtbaren, aber anklickbaren Flächen an. Oder man weist bestimmten Zuständen von Objekten bestimmte Farben zu. Den Möglichkeiten sind hier keine Grenzen gesetzt.

3.5.5 Einige typische Fehler und wie man sie (manchmal) findet

3.5.5.1 Tippfehler

Tippfehler können manchmal ganz unangenehme versteckte Fehler verursachen, die man auch dann nicht sieht, wenn man direkt davor steht. Manche davon quittiert der Compiler mit einem Fehler, z. B. wenn man eine Variable falsch geschrieben hat, aber oft auch nicht, wenn nämlich das falsch Geschriebene auch einen Sinn ergibt, wie hier:

```
u1=(B.x)-(A.x);
u2=(B.y)-(A.y);
u3=(B.z)-(A.z);
v1=(B.x)-(A.x);
v2=(C.y)-(A.y);
v3=(C.z)-(A.z);
w1=(C.x)-(B.x);
w2=(C.y)-(B.y);
w3=(C.z)-(B.z);
```

Entstanden sind die 9 Zeilen aus der ersten. Durch Kopieren, 8-maliges Einfügen und kleinen Ersetzungen einzelner Buchstaben. Dabei wurde in Zeile 4 eine Ersetzung schlicht übersehen, und es ist auch schwer zu sehen. Leichter täte man sich, wenn man die offensichtlichen Blöcke durch Leerzeilen trennen würde:

```
u1=(B.x)-(A.x);
u2=(B.y)-(A.y);
u3=(B.z)-(A.z);

v1=(B.x)-(A.x);
v2=(C.y)-(A.y);
v3=(C.z)-(A.z);

w1=(C.x)-(B.x);
w2=(C.y)-(B.y);
w3=(C.z)-(B.z);
```

Jetzt fällt einem das falsche B doch gleich mehr ins Auge, nicht wahr?

In C ist es ein beliebter Anfängerfehler, in Bedingungen eines der zwei Gleichheitszeichen zu vergessen:

```
if (x=3) {mache_was};
```

Das wird leider anstandslos compiliert und bewirkt, dass `x` der Wert 3 zugewiesen wird, und die `if`-Abfrage `true` ergibt. Allerdings geben Compiler heutzutage eine Warnung aus, wenn sie darauf stoßen. Es gibt nie einen Grund, so etwas absichtlich schreiben zu wollen.

Aber manche Freaks schreiben so etwas:

```
x=++x||!y&&--z;
```

Wer so etwas schreibt, ist an seinem Elend selbst schuld!

Doch wie soll man nun solche Fehler aufspüren? Nun, zunächst mal ist es wichtig, dass man sich bewusst ist, dass es sie gibt, aber letzten Endes findet man sie nur, wenn man das Programm schrittweise abarbeitet und dabei die Variableninhalte verfolgt.

Ich habe einmal fünfzehn Minuten vor ganzen *drei* Programmzeilen gesessen und einen Fehler gesucht, von dem ich genau wusste, dass er innerhalb dieser drei Zeilen sein musste. Ich habe ihn nicht gefunden – erst als ich das Programm schrittweise ausführte. Es fehlte ein Minuszeichen. Man sollte nach zwei Uhr morgens keine Fehler mehr suchen.

3.5.5.2 Nicht initialisierte Variablen

Das ist die häufigste Ursache indirekter sporadischer Fehler, dass man Variablen deklariert und benutzt, ohne ihnen einen bestimmten Wert zugewiesen zu haben. Diese können dann einen völlig beliebigen Wert haben, häufig passiert jedoch nichts, weil die Anfangswerte vieler Variablen 0 oder `NULL` sind, und die entsprechenden Speicherbereiche beim Programmstart passenderweise meistens mit Nullen gefüllt sind.

Neuere Compiler sind in der Lage, beim Compilieren Warnmeldungen über Variablen herauszugeben, die benutzt, jedoch nicht initialisiert werden. Leider gilt das nur für lokale Variablen.

Bauen wir uns mal so einen Bug. Nehmen wir dazu dieses Beispiel einer 3D-Spielfigur, die aus Dreiecken zusammengesetzt ist:

```
class figur
{
  int dreieckzahl;
  dreieck dreiecke[100];
  virtual void zeichne();
  virtual void erstelle();
}

void figur::zeichne()
{
  for (i=0; i<dreieckzahl; i++)
    zeichne_dreieck(dreiecke[i]);
}
```

In der Funktion `zeichne()` wird die Figur gezeichnet, und in `erstelle()` wird sie initialisiert. Letztere Funktion ist natürlich abstrakt, sie kommt nur in abgeleiteten Klassen zur Geltung, z. B. einem Monster:

```
void skelett:erstelle()
{
  dreieckzahl=2;
  erstelle_Dreieck(20,30,15);
  erstelle_Dreieck(1,120,4,41);
}
```

Ja ja, schlechter Stil, man soll keine hart gecodeten Datenstrukturen erzeugen. Aber dann wird das Beispiel zu komplex, also lasst mich weitermachen.

Soweit, so gut. Nun nehmen wir mal an, wir machen zwei Monate später eine kleine Erweiterung der Klasse `figur`, um auch Vierecke zu verwalten:

```
class figur
{
  int dreieckzahl, viereckzahl;
  dreieck dreiecke[100];
  viereck vierecke[100];
  virtual void zeichne();
  virtual void erstelle();
}
```

```
void figur::zeichne()
{
  for (i=0; i<dreieckzahl; i++)
    zeichne_dreieck(dreiecke[i]);
  for (i=0; i<viereckzahl; i++)
    zeichne_viereck(vierecke[i]);
}
```

Und wir machen auch gleich ein neues Monster, das unser neues Feature nutzt:

```
void drache.erstelle()
{
  dreieckzahl=2;
  erstelle_Dreieck(12,33,21);
  erstelle_Dreieck(1,10,14,4);
  viereckzahl=2;
  erstelle_Viereck(22,20,30,15);
  erstelle_Viereck(1,1,20,4,41);
};
```

Und irgendwann nach einigen Tests stürzt unser Programm ab. Nicht sofort, keineswegs. Aber früher oder später. Weil nämlich jetzt ein Bug drin ist!

Das Skelett nämlich. Wir haben ihm ganz unbemerkt die Datenstruktur `Vierecke` untergeschoben, ohne daran zu denken, dass bei skelett.erstelle Vierecke noch gar nicht bekannt waren und viereckszahl keinen definierten Wert hat. Wir müssen also in die skelett.erstelle-Procedure unbedingt ergänzen:

```
viereckzahl = 0;
```

Dadurch nämlich, dass wir das nicht geschrieben haben, startete das Programm zwar meistens mit dem Wert 0, aber manchmal eben nicht. Vielleicht steht dort ab und zu ein verrückter Wert, z. B. 65535. Und in der Zeichenprocedure ergibt das dann einen unzulässigen Zugriff im Array.

3.5.5.3 Seiteneffekte von Funktionen

Manche Funktionen sind ausgesprochen vielseitig und machen viel mehr als ihr Name vermuten ließe. Das nennt man Seiteneffekt. Hier ein krasses Beispiel, das in der Praxis wahrscheinlich nicht vorkommen dürfte, aber verdeutlicht, was ich meine:

```
int multipliziere(int a,b: integer)
{
  x = 22;
  return a * b;
};
```

Dieses x, wo kommt es her, was hat es zu bedeuten? Nun, der Programmierer wird es schon wissen, aber auf jeden Fall hat es nichts mit der Multiplikation zu tun. Und deswegen wird irgendwann mal vielleicht vergessen, dass in der Funktion noch mehr passiert als nur eine Multiplikation.

Wie gesagt, ist das nur ein erdachtes Beispiel. Ein Beispiel aus der Realität ist jedoch diese 3D-Funktion:

```
bool schneidet(gerade, dreieck)
{
  <Berechnungen>
  if (ok)
  {
    Schnittpunkt = vector;
    return true;
  };
  else return false;
}
```

Diese Funktion berechnet, ob eine Gerade ein Dreieck schneidet oder nicht. Wenn das der Fall ist, setzt sie darüber hinaus eine globale Variable `Schnittpunkt`, in welcher der Schnittpunkt-Koordinate enthalten ist. Diese globale Variable wird andernorts ausgelesen.

Andere Arten von Seiteneffekten sind grafische Ausgaben oder das Öffnen von Dateien und was es nicht alles gibt. Eine wunderbare potenzielle Fehlerquelle. Man sollte solche Seiteneffekte nach Möglichkeit vermeiden. In diesem speziellen Falle z. B. könnte man den Schnittpunkt als veränderlichen Parameter der Funktion übergeben.

Seiteneffekte sind auch unangenehm, wenn man sich darauf verlässt, dass sie eintreten, sie aber nicht eintreten, z. B. bei Short-Circuit-Auswertung von Bedingungen.

Im Interesse der Effizienz werden nämlich Ausdrücke, die mit logischem »und« bzw. »oder« verknüpft sind, in der Regel nicht vollständig ausgeführt. Im folgenden Beispiel

```
if (Bedingung1 && Bedingung2)
```

wird `Bedingung2` nicht mehr ausgewertet, wenn Bedingung1=false ist. Der Gesamtausdruck kann ja schließlich eh nicht mehr wahr werden, wozu also noch auswerten? Wenn `Bedingung2` eine Funktion ist, gilt zu beachten, dass diese Funktion nicht aufgerufen wird! Eventuelle Seiteneffekte passieren dann genau so wenig. Ebenso verhält es sich bei

```
if (Bedingung1 || Bedingung2)
```

wenn `Bedingung1` wahr ist. `Bedingung2` wird gar nicht mehr ausgewertet.

Nun kann man das häufig in den Compileroptionen einstellen, dass diese Zweitausdrücke auch dann ausgewertet werden, wenn sie das Ergebnis der Rechnung nicht beeinflussen. Allerdings ist das kein Allheilmittel, denn oft genug verlässt sich der Programmierer auf den Kurzschluss-Mechanismus, wenn er schreibt:

```
if (p != NULL && p->name == «bla«)
```

Eine Auswertung der zweiten Bedingung (`p->name==«bla«`) ist verheerend, wenn `p` gleich `NULL` sein sollte.

3.5.5.4 Doppelt deklarierte Variablen

Oh ja, das ist noch eine ganz besonders fiese Sache. Wenn man eine Variable deklariert, die schon einmal deklariert wurde, gibt es ja eigentlich eine Fehlermeldung – oder auch nicht, wenn die zweite Variable in einer anderen Ebene liegt!

So kann man eine lokale Variable in einer Funktion genau so nennen wie globale. Innerhalb der Funktion wird dann die globale Variable unsichtbar. Aber das ist nicht weiter schlimm. Etwas unübersichtlicher wird es, wenn man eine Variable aus einem anderen Modul importiert und zugleich noch im eigenen Modul deklariert hat. Diese Variable sind dann zwei Variablen, und wenn man sie in dem einen Modul ändert, interessiert das die im anderen Modul überhaupt nicht.

Zu so etwas kann es ziemlich schnell kommen, insbesondere, wenn man gerade etwas implementieren will, vom »Leben außerhalb der Programmierung« unterbrochen wird und sich später wieder dransetzt.

Ein ganz übler Fehler ist mir mal unterlaufen, als ich in einer Klasse eine neue Variable definierte, von der ich nicht wusste, dass die Klasse eine gleichnamige Variable bereits von ihrem Vorgänger geerbt hatte. Das war ein Zeiger. Ich implementierte eine Initialisierung im Konstruktor und ein Freigeben im Destruktor. Später habe ich meine Variable aus der Deklaration wieder entfernt, mich aber nicht weiter um die Funktionen gekümmert, in der sie benutzt wurde. Mir fiel überhaupt nicht auf, dass der Compiler über die nicht mehr deklarierte aber weiterhin benutzte Variable gar nicht meckerte. Er meckerte deshalb nicht, weil sich die Funktionen auf die gleichnamige geerbte Variable bezogen. Und die wurde jetzt im Destruktor freigegeben, was zu einem Programmabsturz führte.

Was ziemlich schlimm ist: Ich weiß nicht so recht, wie ich einen derartigen Fehler in der Zukunft vermeiden soll. Das könnte mir durchaus noch mal passieren. Das einzige, was dann anders sein wird: Ich werde wissen, dass ein solcher Fehler auch möglich ist.

Das ist überhaupt einer der wichtigsten Aspekte in Programmierung und Debugging: die Erfahrung. Die meisten Fehlertypen kennt man irgendwann. Je mehr Fehler man gemacht und behoben hat, umso besser ist man darin, sie aufzufinden.

3.5.5.5 Verschleppte Fehler

Manche Fehler sind äußerst sonderbar, und zu diesen gehören die verschleppten Fehler.

Ich hatte einmal in einem OpenGL-Programm folgendes Phänomen: Wenn ich in der 3D-Welt genau geradeaus blickte, stürzte das Programm mit einer Division durch Null ab – und zwar in einer Funktion namens `trunc()`, die eine Fließkommazahl in einen integer umwandelt, indem die Nachkommastelle abgeschnitten wird. Wenn ich `round()` verwendete, das prinzipiell fast dasselbe macht, passierte das nicht, dafür kam der Absturz Hunderte von Programmzeilen tiefer – wieder bei einem trunc-Aufruf. Wenn ich alle trunc's aus dem Programm schmiss, gab es keinen Absturz mehr. Ich vermutete also einen Fehler in trunc, auch wenn ich mir überhaupt nicht vorstellen konnte, welcher Zusammenhang zwischen dem Kamerawinkel und den Variablen dieser Funktion bestehen sollte.

Nur durch Zufall und einige Recherchen im Internet fand sich die Lösung des Rätsels: OpenGL erzeugte eine Fließkommadivision durch Null, was jedoch zu keinerlei Fehlermeldung oder gar Absturz führte, weil diese Fehlermeldung schlichtweg ausgeschaltet war. Nichtsdestotrotz »merkte« sich der Fließkomma-Prozessor den Fehler und erzeugte eine Fehlermeldung bei der nächsten Gelegenheit, wenn diese Fehlermeldung wieder eingeschaltet wurde. – Und das passierte in der völlig unschuldigen Funktion trunc.

Das Problem ließ sich lösen, indem ich nach OpenGL-Befehlen einen FINIT-Befehl in Assembler setzte. FINIT resettet den Koprozessor. Nun machte auch trunc keine Probleme mehr.

Aber auf so was muss man erst einmal kommen.

Kleiner Nachtrag: Ende Juni 2000 hatte ich nach einigen Programmänderungen einen Fließkommafehler. Wegen Mausbewegung und gedrückter Shift-Taste fand ich die Absturzstelle nur per instrumentiertem Code. Und ich staunte nicht schlecht. Es war schon wieder trunc ...

Das Problem lag diesmal zwar völlig woanders als beim letzten Mal, aber die Erfahrung mit OpenGL hat mir bei diesem Fehler ungefähr zwei Wochen Fehlersuche erspart.

3.5.5.6 Verbogene Exception

Bei bestimmten verbotenen Programmaktionen wie z. B. dem Versuch, einen Zeiger freizugeben, der schon freigegeben ist, oder das Schreiben in einen unerlaubten Speicherbereich, wird vom Prozessor höchstpersönlich eine so genannte Exception ausgelöst, das ist ein Interrupt, der die Programmausführung unterbricht und an einer anderen Stelle weiterführt – nämlich da, wo man als Programmierer seine

Fehlerbehandlungsfunktionen hat. Wenn man nichts angibt, generiert der Compiler vorgefertigte Reaktionen wie z. B. Dialogboxen mit »Division durch Null« oder »Schutzverletzung an Adresse 98798798«.

Ich hatte bei einem Programm mal die Bereichsüberprüfung für Arrays an, aber keine Fehlerbehandlungsroutine. Die Ausführung sprang deswegen zufällig immer dann, wenn ein Fehler passierte, an den Anfang der Main Loop. Und das führte zwar zu einem äußerst merkwürdigen Programmverhalten, aber es stürzte nicht ab.

Gefunden habe ich das letztlich nur durch die Schritt-für-Schritt-Programmabarbeitung, als an einer Stelle, wo gar kein Funktionsaufruf oder Sprungbefehl war, das Programm plötzlich an einer ganz anderen Stelle weitermachte. Das sind die Momente, in denen man zunächst meint, der Compiler oder der Debugger habe selbst eine Macke, weil das doch niemals sein kann.

Bitte merken: Es gibt beim Programmieren nichts, was es nicht gibt.

3.5.5.7 Rundungsfehler

Kennst du die Chaos-Theorie? Das beliebte Beispiel ist ja, dass der Flügelschlag eines Schmetterlings in China entscheiden kann, ob sechs Monate später in Berlin die Sonne scheint oder es stürmt.

Ganz konkretes Beispiel: Wir haben einen 3D-Würfel, den wir in 10 -Schritten um die Y-Achse rotieren lassen. Dabei berechnen wir die neuen Punktkoordinaten per Sinus und Kosinus von 10 relativ zu den alten Punktkoordinaten und überschreiben diese mit den neuen Werten.

Es ist ganz egal, mit wie vielen Stellen hinter dem Komma wir rechnen: Es kommt zu Rundungsfehlern. Nach 36 Schritten (also einer 360 -Umdrehung) sollten die Koordinaten der Eckpunkte wieder genau dieselben sein wie bei 0 . Sind sie aber nicht. Es gibt minimale Abweichungen, sagen wir in der 3. Stelle hinter dem Komma. Die fallen zunächst nicht ins Gewicht, genauer gesagt, wir sehen keinen Effekt. Aber das ist nur eine Frage der Zeit. Nach einer gewissen Zahl von Umdrehungen merken wir, dass mit dem Würfel etwas nicht stimmt. Er beginnt, größer zu werden oder kleiner oder sich zu verzerren. Die winzigen Rundungsfehler addieren sich in ihrer Menge zu einem großen Fehler.

Rundungsfehler lassen sich leider nicht vermeiden, man kann nur versuchen dafür zu sorgen, dass sie keine Probleme machen. In diesem Falle z. B. nicht die Eckpunkte des Würfels selbst verändern, sondern die Veränderungen in einer Kopie des Würfels zu speichern, die statt des Originals angezeigt wird. Auf diese Weise bleiben die Eckdaten des Originals unverändert und man kann den Würfel drehen bis in alle Ewigkeit.

Man muss aber auch aufpassen, wenn man if-Vergleiche mit Fließkommazahlen anstellt:

```
a = 1.0;
b = 1.5;
if (a + b == 2.5) ...
```

Wer sich darauf verlässt, dass 1.0 + 1.5 = 2.5 ist, wird hier sein blaues Wunder erleben. Was mathematisch vollkommen korrekt ist, sieht die Fließkommaeinheit vielleicht etwas anders. Vielleicht ist das Ergebnis 2.499999 oder 2.500001. Schrecklicherweise kann man die Rechengenauigkeit der Fließkommaeinheit einstellen, wovon DirectX Gebrauch macht, um die 3D-Berechnungen ein wenig auf Kosten der Genauigkeit zu beschleunigen.

3.5.5.8 Zugriff auf verschobene oder nicht (mehr) existente Daten

Eines der ewigen Kapitel in der Geschichte der Programmierung sind ungültige Pointer. Wenn es zu einer Schutzverletzung kommt, ist der Fehler sofort lokalisiert, manchmal jedoch zeigt ein ungültiger Pointer noch in einen »legalen« Speicherbereich, was dazu führt, dass sich Variableninhalte auf rätselhafte Weise verändern und man dies zunächst gar nicht bemerkt, erst, wenn es schon längst passiert ist.

Gottlob gibt es in Debuggern die Möglichkeit, die Programmausführung anzuhalten, wenn sich eine bestimmte Speicherstelle ändert, und so festzustellen, wer für die unerlaubte Änderung einer Variablen verantwortlich ist. Auch hier ist jedoch die Voraussetzung, dass der Fehler reproduzierbar ist.

Man möchte eigentlich meinen, solche Fehler zu vermeiden sei keine große Sache, denn es ist ja völlig klar, dass es sich nicht gehört, auf Daten zuzugreifen, die nicht mehr existieren. Wenn man also einen Speicherbereich per `delete` freigibt, darf man auch den Pointer, den man zuvor per `malloc` oder `new` erhalten hat, nicht mehr benutzen.

Das Problem allerdings ist, es gibt nicht *den* Pointer. Es gibt im Gegenteil in der Regel immer ganz viele Pointer, die auf denselben Speicher zeigen, und meistens fehlt dem Programmierer der Überblick, wo dieser Pointer überall auftaucht. Aber selbst wenn er ihn hat (den Überblick), so stellt sich doch die Frage, wann er denn nun eigentlich ein `delete` benutzen darf? Erst, wenn keiner der verwendeten Pointer mehr auf den benötigten Speicherbereich zeigt, darf er auch verworfen werden. Hierfür hat sich das Konzept der **Referenzzähler** bewährt. Das ist eine int-Variable, die besagt, wie viele Pointer auf einen Speicherbereich zeigen. Es ist natürlich deine Sache, diesen Zähler zu verwalten.

Der umgekehrte Fall ist, wenn ein Speicherbereich auf jeden Fall verworfen werden soll, weil im Spiel das Objekt, das diesen Speicher belegt, gerade zerstört wurde. In diesem Fall muss jeder Pointer, der auf dieses Objekt gezeigt hat, auch verworfen werden, und falls dadurch das übergeordnete Objekt »lebensunfähig« geworden ist, muss auch das zerstört werden. So etwas kann eine ganze Kaskade des Löschens nach sich ziehen. Auf jeden Fall sollte man eine Funktion schreiben, die bei der Zerstörung von Objekten aufgerufen wird, und in der alle abhängigen Pointer und Objekte behandelt werden. In der OOP sind solche Funktionen als *Destruktor* bekannt. Standardmäßig existieren sie jedoch nur für Klassen, nicht für kleineres Gewürm wie Arrays, Listen oder Structs.

Dieselbe Situation ergibt sich übrigens auch, wenn es nicht zum Zerstören, sondern nur zum Verändern von Datenstrukturen kommt. Als Beispiel sei das Phänomen des **Array-Index-Shifting** genannt, bei dem es ein Array mit Elementen gibt und einen Integer, der auf ein Element innerhalb dieses Arrays zeigt. Wird nun ein Element in diesem Array entfernt oder hinzugefügt, verschieben sich bekanntlich alle nachfolgenden Elemente um einen Eintrag nach oben oder unten. Und damit wird auch der Integer ungültig. Am häufigsten passiert so etwas im kleinen Maßstab, wenn z. B. innerhalb einer Schleife ein Array manipuliert wird, und es dabei zur Entfernung von Elementen kommt. Die Zählvariable der Schleife ist dann von diesem Phänomen betroffen und muss um 1 erniedrigt werden. Um zu verdeutlichen, was ich meine:

```
string blabla[10];

for (i=0;i<max;i++)
{
  if (blabla[i] fängt mit »D« an)
  {
    entferne blabla[i]
  }
}
```

In der Schleife sollen alle Elemente, die mit »D« anfangen, aus dem Array entfernt werden. Nehmen wir an, das 5. Element in blabla lautet »Dübel« und das 6. lautet »Dummkopf«. Wenn die Zählvariable i = 5 ist, wird »Dübel« entfernt. Dadurch wird nun »Dummkopf« zum 5. Element. Eigentlich müsste das auch entfernt werden, aber die Schleife macht ja weiter bei Element Nr. 6. – Hoppala! Richtig muss es also lauten:

```
string blabla[10];

for (i=0;i<max;i++)
{
  if (blabla[i] fängt mit »D« an)
  {
    entferne blabla[i]
    i--;
  }
}
```

Im großen Maßstab kann es sich um modulübergreifende Datenstrukturen handeln, und diese Fehler sind außerordentlich schwierig einzugrenzen, da sie nur manchmal zu einem fehlerhaften Verhalten führen und dadurch schwer reproduzierbar sein können.

3.5.5.9 Fehlern ihre Herkunft ansehen

Das hätte man natürlich gerne. Leider gibt es nur selten Fehler, die einem schon von ihrer Art her einen Hinweis geben, was schief laufen könnte.

Im Allgemeinen gilt die Faustregel:

> **Schuld ist, was man zuletzt gemacht hat.**

Das heißt, Fehler sind grundsätzlich da zu suchen, wo die neuesten Programmänderungen erfolgt sind. Das setzt natürlich voraus, dass man sein Geschriebenes auch häufig testet.

Division durch Null: der Name sagt schon alles, nur in seltenen Fällen (siehe verschleppter Fehler) kann das auch bitter in die Irre führen.

Ein **Stack-Überlauf** tritt praktisch nur dann auf, wenn man ein Problem mit lokalen Variablen hat. Das Programm nimmt sich nämlich den Speicher für selbige vom Stack, beim Überlauf ist das mehr, als ursprünglich reserviert wurde. Typischerweise verursacht derlei eine rekursive Funktion, also eine Funktion, die sich selbst aufruft und das unendlich mal. In selteneren Fällen kann auch ein Ping-Pong-Effekt dahinterstehen, das sind Funktionen, die sich gegenseitig aufrufen (s. 3.4.2.4). Auch eine mögliche Ursache ist eine zu große lokale Variable, die größer ist als der Stack.

Die **Schutzverletzung**, auch *Access Violation* oder *General Protection Fault* (*GPS*) genannt, ist der Zugriff auf einen verbotenen Speicher, egal ob lesend oder schreibend, und so gut wie immer ist ein falscher Zeiger oder eine Array-Bereichsüberschreitung schuld. Letzteres ist unter C häufiger anzutreffen als unter Pascal, da C keine Bereichsüberprüfung für Arrays kennt.

Fehler außerhalb des eigenen Quellcodes. Fehlermeldungen geben ja in der Regel über eine Adresse immer an, wo im Programm der Fehler aufgetreten ist. Über diese Adresse kann man die dazugehörige Stelle im Source schnell auffinden. Manchmal jedoch auch nicht, weil diese Stelle sich nicht auf einen Ort bezieht, den man selbst geschrieben hat, sondern innerhalb einer Funktionsbibliothek oder DLL, von der man keinen Source hat. Allerdings ist diese Art von Fehler, obwohl zunächst ärgerlich, letztlich sehr angenehm. Die einzige Schwierigkeit liegt darin, zu finden, welche externe Funktion man aufruft, bevor es zum Absturz kommt. Dazu muss man das Programm schrittweise abarbeiten, und das möglicherweise mehrmals. Zunächst ganz grob bis zum Absturz. Beim nächsten Mal muss man dann in die Funktion springen, bei der das Programm abgestürzt ist, bis man an einen Funktionsaufruf kommt, der nicht zu einer selbst geschriebenen Funktion gehört. Hier muss man dann die Parameter untersuchen, ob sie auch alle die richtigen Werte haben. Haben sie meistens nicht, und so hat man den Fehler schon eingekreist. Natürlich besteht immer die Möglichkeit, dass die DLL bzw. externe Funktion einen internen Bug hat. Aber zu 99,99% ist es der eigene Programmcode, der Probleme macht.

Variablen, die wie von Geisterhand ihren Inhalt verändern, weisen auf ein Überschreiben von Speicher hin. Diese Fehler sind manchmal einfach zu finden, wenn eine Variable damit zu tun hat, deren Deklaration in der Nähe der Deklaration der anderen zu finden ist. Ein anderer Weg, der Ursache auf die Schliche zu kommen, ist im Debugger Haltebedingungen anzugeben, so dass die Programmausführung anhält, wenn eine bestimmte Variable ihre Wert ändert. Dann sieht man auch sofort, wo das passiert ist.

3.6 Optimierung

3.6.1 Was ist Optimierung? (PD & HJM)

Unter Laufzeit-Optimierung versteht man alle Maßnahmen, die geeignet sind, um die Ausführung eines Programms bzw. Programmteils zu beschleunigen. Dabei stehen einem grundsätzlich zwei Ansätze zur Verfügung: Effizientere Algorithmen zu wählen oder die Implementierung eines Algorithmus so effizient wie möglich zu gestalten. Meist wird beides versucht; zuerst wird ein effizienter Algorithmus ausgewählt, und dieser dann bestmöglich implementiert.

Es gibt aber noch eine dritte Kategorie der Optimierung, nämlich die Vermeidung von Mehrfach-Berechnungen durch Zwischenspeicherung des Ergebnisses einer einzigen Berechnung.

3.6.1.1 Algorithmische Optimierung

Bei der Algorithmischen Optimierung versucht man, für eine Aufgabe das effizienteste Verfahren zu wählen. Dabei ist die Auswahl geeigneter Datenstrukturen mindestens ebenso wichtig wie die Auswahl eines effizienten Algorithmus.

Z. B. ist die Suche in einer unsortierten Liste nicht sehr effizient. Bei 1000 Elementen muss man pro Suche im Mittel 500 Elemente vergleichen, bis man das gesuchte gefunden hat. Sortiert man die Liste, dann kann man das Element in zehn Schritten finden (binäre Suche). Eine Steigerung um den Faktor 50!

Das Sortieren der Liste kostet auch wieder Zeit, aber eine Datenstruktur wie z. B. ein Binärbaum kann so konstruiert werden, dass sie automatisch sortiert ist. Auf einem Binärbaum ist das Suchen genauso effizient wie in der sortierten Liste, aber das Einfügen eines neuen Elements ist meist effizienter zu implementieren als bei einer sortierten Liste.

Für das Sortieren selbst ist sicher bekannt, dass es verschiedene Algorithmen gibt, die sich stark in ihrer Leistungsfähigkeit unterscheiden: Quicksort, Shellsort, Bubblesort ...

In 3D-Anwendungen wiederum ist es wichtig, die Polygonzahl klein zu halten, ohne ein schlechteres Bild in Kauf nehmen zu müssen. Um genau die Polygone wegzulassen, die man sowieso nicht sieht, existieren wieder ganz viele Algorithmen, die sich teilweise kombinieren lassen: Frustum Culling, Quadtrees, Backface Culling, Portale, BSP-Bäume, Level-of-Detail-Algorithmen usw. Mehr über diese Methoden findest du übrigens in Kapitel 7.2 (3D-Grafikprogrammierung).

Algorithmische Optimierung fängt bereits im Kleinen an. Z. B. kann man die Berechnung

```
r = x*a + x*b
```

mathematisch umformen in

```
r = x * (a+b)
```

was immerhin eine Multiplikation weniger benötigt.

Algorithmische Optimierungen bringen meist die größten Vorteile an Geschwindigkeit oder Speichereinsparungen, setzen aber die Kenntnis eines besseren Algorithmus voraus, und wenn es den nicht gibt, kommt als Nächstes die Code-Optimierung.

3.6.1.2 Code-Optimierung

Kann man den Algorithmus nicht (mehr) optimieren, und das Programm ist zu langsam, dann muss man versuchen, den Code zu optimieren. Dabei werden weniger effiziente Befehlsfolgen durch effizientere ersetzt.

Addition und Subtraktion sind beispielsweise verhältnismäßig schnelle Operationen, Multiplikation ist schon langsamer, und Divisionen sind ganz übel, sie sind manchmal um den Faktor 30 langsamer als eine Addition.

Trigonometrische Funktionen (Sinus, Kosinus etc.) hingegen können überraschend schnell sein, da die modernen FPUs sehr leistungsfähig geworden sind. Manchmal ist eine Division zweier Integer Werte 'teurer' als die Berechung eines Sinus.

Man muss nun allerdings dazu sagen, dass sich diese Verhältnisse in letzter Zeit mit den neuesten Prozessorgenerationen (Pentium IV, Athlon) relativ stark verändert haben, Im Zweifelsfalle sollte man derlei in einem Assembler-Handbuch nachschlagen (da steht drin, wie viele Taktzyklen verbraucht werden); oder aber man geht hin und misst selber.

Weitere Ansätze zur Codeoptimierung bieten die Speichertransfers. Speicherinhalte zu bewegen, ist leider auf modernen PC-Architekturen überraschend teuer. Es lohnt sich also mehr denn je, den Code so strukturieren, dass möglichst wenig Daten transferiert werden müssen. Das bedeutet auch möglichst wenige Zugriffe auf Variablen, besonders wenn es sich um Zeiger handelt.

Der CPU-Cache sollte bei der Optimierung von Speicherzugriffen ebenfalls mit in Betracht gezogen werden. Im Allgemeinen werden bei einem Speicherzugriff nämlich immer gleich 32 Byte in den Cache geladen. D. h., wenn der nächste Speicherzugriff innerhalb dieser 32 Bytes erfolgt, ist er besonders effizient. Wenn nicht, handelt man sich extrem langsame Speicherzugriffe ein. Das kann so weit gehen, das ein PII mit 350MHz nur noch 3MB Daten pro Sekunde aus dem Speicher lesen kann. Bei linearem Speicherzugriff waren auf dem gleichen System bis zu 160MB/s zu erreichen, bei zufällig verteilten Zugriffen sank die Transferrate sogar unter 3MB/s.

Wenn man zwei verschachtelte Schleifen hat, kann man sparen, wenn man die Anweisungen aus der inneren in die äußere Schleife verlagert:

```
for (x=0; x<100; x++)
  for (y=0;y<100;y++)
    c = sqrt(y)*sin(y)+x;
```

wird zu

```
for (x=0; x<100; x++)
{
  c = sqrt(y)*sin(y);
  for (y=0;y<100;y++)
    c = c+x;
}
```

Auf diese Weise werden die teuren `sqrt()`- und `sin()`-Aufrufe nur noch 100-mal aufgerufen statt 10000-mal, und das macht einen deutlichen Unterschied!

3.6.1.3 Tausche Speicher gegen Geschwindigkeit

Sehr oft kann man Geschwindigkeiten erhöhen, indem man häufig wiederkehrende Berechnungen nur einmal berechnet und das Ergebnis zwischenspeichert.

Weit verbreitet in 3D-Spielen waren früher trigonometrische Tabellen. Da die Berechnung von Sinus, Kosinus und Tangens zu lange dauerte, um ein paar Tausend Berechnungen dieser Art pro Bildaufbau durchzuführen, speicherte man möglichst viele dieser Werte in einer Tabelle bzw. einem Array, wodurch im Programm die Werte um das hundertfache schneller verfügbar waren, als wenn sie berechnet worden wären.

Auch wenn Sinus & Co. heutzutage fast schon schneller sind als Speicherzugriffe, so ist doch die Vorberechnung von Zahlen keineswegs ein alter Hut. Insbesondere was Matrix- und Vektorrechnungen in 3D betrifft.

Aber auch ein isometrisches Strategiespiel kann Bedarf an Vorberechnetem haben. Ich arbeitete 1994 an einem Civilization-ähnlichen Spiel, bei dem ich die Felder um eine Einheit herum abgedunkelt darstellte, wenn sie innerhalb des aktuellen Zuges nicht mehr erreichbar waren.

Um zu berechnen, welche Felder das waren und welche nicht, habe ich einen Pathfinding-Algorithmus eingesetzt. Da dieser Algorithmus nun bei jedem Bildaufbau für jedes sichtbare Feld aufgerufen werden musste, war die Framerate – und damit das Scrollen – auf der isometrischen Karte ein Geruckel ohne Ende. Es bot sich daher an, diese Berechnungen nur einmal auszuführen und die Ergebnisse zwischenzuspeichern, solange die Figur dran war. Das kostete allerdings bei 64.000 Feldern auch gleich 64 kByte Speicher, zu DOS-Zeiten eine furchtbar große Datenmenge.

Na gut, was sind heute schon 64 kByte? Aber wie sich die Computer vergrößerten, so vergrößerten sich auch die Spiele und damit die Probleme. 1999 hatte ich eine 3D-Landschaft aus 1000 x 1000 Feldern darzustellen. Eigentlich brauchte ich nur die Höhenwerte und den Landschaftstyp zu speichern, der Rest der Darstellung war aus diesen Informationen berechenbar, aber um der Framerate willen habe ich noch die Helligkeitswerte gespeichert, was mal so nebenbei 1 MB Speicher gefressen hat. Als nächstes waren die Farbwerte dran. Das hat noch einmal 30% Performance gebracht, verschlang aber gleich 3 MB.

3.6.2 Nicht alles optimieren – Profiler einsetzen (CD & PD)

Es ist allgemein anerkannt, dass in der Regel ca. 10% des Programmcodes 90% der Zeit verbrauchen. Dass es weniger sinnvoll ist, eine Funktion zu optimieren, die nur einmal zu Programmbeginn oder beim Laden eines Levels aufgerufen wird, als eine Funktion, die am Bildaufbau pro Sekunde beteiligt ist, sollte auch selbstverständlich sein. Natürlich können Ladezeiten von zwei Minuten nerven, aber eine ruckelige Framerate ist wesentlich übler.

Dabei sollte im Auge behalten werden, dass die Optimierung einer Funktion auf zehnfache Geschwindigkeit wenig bis gar nichts bringt, wenn sie nur zu 1% an der Gesamtzeit beteiligt ist. Sie benötigt dann zwar nur noch 0.1% der ursprünglichen Zeit, aber der Zeitverbrauch aller Funktionen zusammen liegt jetzt bei 99,1%, was somit eine Steigerung von nicht einmal 1% ausmacht. Wenn unser Programm also vorher 10 FPS hatte, so haben wir jetzt gerade mal 10,1 FPS.

Die Relationen aus der Praxis sehen häufig noch viel schlechter aus. Nicht wenige Programmierer basteln tagelang an einer Funktion, um sie um den Faktor drei oder vier schneller zu machen, und am Ende ist überhaupt nichts messbar schneller geworden.

Fairerweise sollte man allerdings auch erwähnen, dass in manchen Fällen nicht ein oder zwei einzelne Funktionen für schlechte Performance verantwortlich sind, sondern zehn, und dass obwohl die Optimierung jeder Funktion für sich vielleicht nicht der Rede wert ist, in der Summe doch aus 20 FPS 25 machbar sind.

Für die Optimierung gilt die Faustregel: Eine Funktion bzw. eine Befehlssequenz muss umso schneller sein, je häufiger sie pro Sekunde durchlaufen wird. Optimierungskandidaten sind daher vorwiegend Anweisungsblöcke innerhalb von Schleifen, dazu zählt im weitesten Sinne auch die Main Loop.

Wenn man sich nicht sicher ist, wo im ruckelnden Programm eigentlich die ganze Prozessorleistung verbraten wird, empfiehlt sich der Einsatz eines Profilers. Das sind Programme, die – den Debuggern sehr ähnlich – das Programm überwachen und dabei die Zeit messen, die für bestimmte Prozeduren oder Programmblöcke verbraucht wird. Ein solcher Profiler ist Vtune von Intel. Die Ergebnisse sind leider nicht immer zuverlässig. Manchmal kommst du nicht drumherum, selbst Zeitmessungen als instrumentierten Code in dein Programm einzubauen.

3.6.3 Gefahren der Optimierung (PD)

Zum Abschluss noch eine kleine Warnung: Mit Optimierung kann man sich das Aussehen und die Wartbarkeit des Source schrecklich versauen und unportabel machen. Darum sollte man das nur tun, wenn das Programm bereits läuft und keine Änderungen mehr zu erwarten sind. Na gut, fragt man sich, wann ist denn das je der Fall. Wir sind keine Götter und wir machen Fehler. Debugging in einem optimierten Code kann allerdings die Hölle sein.

Was ich früher gern gemacht habe, als ich noch einzelne Passagen meiner Grafikroutinen durch eingestreuten Assemblercode aufgepeppt habe: Ich habe den alten Code als Kommentar neben dem neuen, optimierten Code belassen und sehr ausführlich geschrieben, was und warum ich wo gemacht habe.

Übrigens sind die heutigen Compiler ganz gut geworden, was Optimierungen angeht. Selbst geschriebener Assemblercode muss keineswegs in jedem Fall schneller sein. Wenn man sich mit einigen Merkwürdigkeiten der heutigen CPUen nicht auskennt, kann er sogar wesentlich langsamer sein als das, was der Compiler erzeugt.

3.6.4 Den richtigen Algorithmus auswählen (CD)

Mit der Auswahl des richtigen Algorithmus fängt es schon an. Die erste Überlegung muss dahin gehend sein, dass man sich klar macht: Was will ich überhaupt? Wenn eine Funktion benötigt wird, um den höchsten Wert in einer Liste zu finden, so kann dafür natürlich ein Sortieralgorithmus verwendet werden, der die gesamte Liste steigend sortiert, und dann wird einfach das letzte Elemente der Liste als Ergebnis übergeben. Das funktioniert durchaus und wird sogar ab und zu eingesetzt, wenn die Sortierroutine schon existiert und man sie nur noch zu starten braucht. Wenn die Liste sogar sortiert sein muss, weil spätere Funktionen darauf zugreifen, dann ist diese Vorgehensweise sogar die »schnellste«. Denn dann bekommen wir unser Ergebnis quasi als »Abfallprodukt« einer anderen Funktion zum Nulltarif.

Dass es nur sinnvoll ist, Funktionen zu optimieren, die viel Zeit beanspruchen, habe ich oben schon erwähnt. Es ist daher notwendig, schon vor der Auswahl eines Algorithmus abzuklären, wie zeitbestimmend diese Funktion einmal sein wird. Eine Sortierfunktion, die in einem Dateidialog die Savegames nach ihrem Speicherdatum sortiert, kann deutlich langsamer implementiert sein als eine Sortierfunktion, die die Polygone für die Ausgabe vorsortiert, um einen schnelleren Bildaufbau zu erreichen. Für den ersten Fall würde z. B. ein Bubblesort reichen. Für die Polygon-Sortierroutine muss schon etwas tiefer in die Trickkiste gegriffen werden, um die notwendige Performance zu erzielen.

Aber nicht nur der Zeitaufwand muss beachtet werden, sondern auch der Einsatzzweck. Wenn die zu durchsuchende Liste meist nur aus zwei Elementen besteht, oder vielleicht sogar immer nur aus zweien, dann reicht auch ein einfacher Vergleich, der dann wieder schneller ist als der schnellste Suchalgorithmus.

So viel erst mal zu Such- und Sortieralgorithmen, ich werde später noch mal detaillierter auf die üblicherweise in der Literatur vermerkten Algorithmen eingehen. In einem Programm und insbesondere auch in einem Spiel gibt es aber nicht nur Verwendung für Such- und Sortieralgorithmen, sondern meist auch noch eine ganze Menge anderer Algorithmen. Teilweise sind diese Algorithmen in abstrakter Weise in einem passenden Buch zu finden, meistens findet man aber zu einem konkreten Problem nicht die passende Lösung. Da ist dann der Programmierer gefragt, der eine Lösung dafür findet, und hier wiederum kann man sehr viel Leistung verschwenden.

3.6.4.1 Ein Algorithmus für eine Pyramide

Ich möchte hier folgendes Problem vorstellen, das mir vor über 15 Jahren begegnete und sich wunderbar optimieren lässt, indem man den zugrunde liegenden Algorithmus ändert.

Wir stellen uns Würfel vor. Diese Würfel kann man stapeln, und so einen Turm aus Würfeln bauen. Wie jedes Kind, das mal mit Bauklötzen gespielt hat, weiß, stürzen solche Türme gerne wieder ein. Eine Möglichkeit, trotzdem einen hohen Turm zu bauen, der nicht so leicht einstürzt, ist, statt eines Turms eine Pyramide zu bauen. Es sollte jedem einleuchten, dass eine Pyramide mit dreieckigem Grundriss weniger Steine für die gleiche Höhe benötigt als eine viereckige. Gut, wie baut man nun so eine Pyramide? Eine Möglichkeit ist, mit einem Würfel anzufangen, und dann zwei weitere so anzulegen, dass ein Dreieck entsteht. Im Mittelpunkt der drei Würfel wird dann eine Ebene höher ein weiterer Würfel gesetzt:

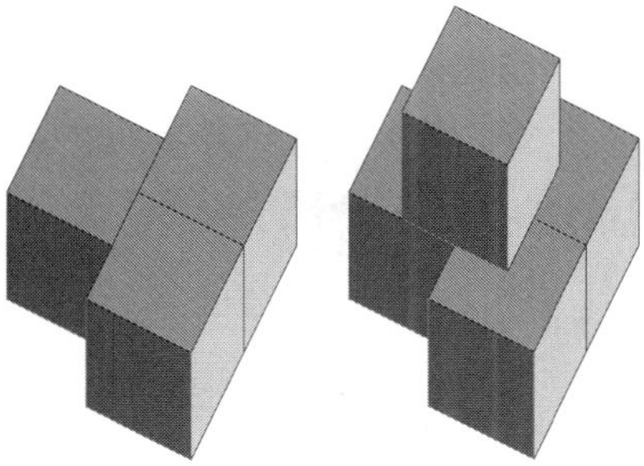

Wir haben somit vier Würfel gebraucht, um die Höhe 2 zu erreichen. Als nächstes legen wir drei weitere Würfel in der untersten Ebene an, dadurch können wir in Ebene 2 jetzt zwei weitere Würfel legen und in der Ebene 3 unseren ersten.

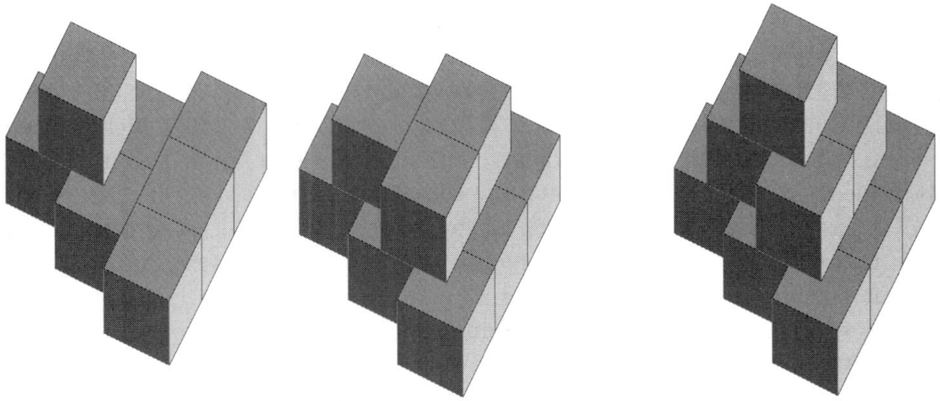

Wir haben somit sechs weitere Würfel benötigt, um eine Höhe von 3 zu erreichen. Ich denke, das Prinzip sollte nun klar sein, und wenn nicht, dann baue das einfach mal nach. Insgesamt wurden für eine Pyramide dieser Art zehn Würfel benötigt, um die Höhe 3 zu erreichen, für die Höhe 2 waren es nur vier, es scheint also so, dass, je höher wir die Pyramide bauen, desto mehr Würfel für jede weitere Ebene benötigt werden. Wie viele Würfel werden nun für eine Pyramide von 1024 Ebenen benötigt? Natürlich kann man dieses Problem von verschiedenen Seiten angehen. Wir fangen mal damit an, genau die gleiche Vorgehensweise zu implementieren, wie sie oben beschrieben ist. Wir benötigen dafür dann zwei `for` Schleifen. Die erste für die Ebene, die neu hinzukommt, und die zweite für die aktuelle Ebene, in der wir die Würfel anlegen:

```
void main(void)
{
    int AktHoehe, AktEbene, Summe;

    Summe = 0;

    // Erste For Schleife für jede neue Ebene
    for(AktHoehe=1; AktHoehe <= 1024; AktHoehe++)
    {
        // Zweite For Schleife die in jeder schon vorhandenen
        // Ebene die nötigen Würfel hinzufügt
        for(AktEbene = AktHoehe; AktEbene > 0; AktEbene--)
        {
            Summe += AktEbene;
        }
    }
    Summe = Summe;
}
```

In `Summe` steht nach Abarbeitung des Programms 179481600. Eine recht große Anzahl Würfel. Wenn wir das nur ein einziges Mal berechnen wollen, ist die obige Routine durchaus brauchbar. Aber auf langsamen Rechnern ist sie nicht gerade schnell. Als ich dies auf einem C64 laufen ließ, konnte man schon gemütlich eine Kleinigkeit essen, bevor das Ergebnis vorlag. Okay, damals mit interpretiertem BASIC geschrieben, aber das, was ich hier aufzeigen will, gilt auch heute noch. Das Programm ist vor allem deswegen langsam, weil es zwei verschachtelte `for`-Schleifen hat. Die innere Schleife benötigt immer länger, je weiter die äußere fortschreitet. Wenn die äußere bei zehn angekommen ist, muss die innere zehnmal abgearbeitet werden. Erreicht die äußere den Wert 1000, muss die innere 1000 mal abgearbeitet werden. Somit ist das **Laufzeitverhalten** dieses Algorithmus **quadratisch**. Das bedeutet, dass die doppelte Höhe der Pyramide die vierfache Anzahl an Berechnungen erfordert. Ein solches Verhalten ist bei kleinen Eingangsgrößen durchaus akzeptabel. Bei größeren Werten, wie hier die 1024, ist das eigentlich untragbar. Durch Auswahl eines anderen Algorithmus kann man dieses Verhalten verändern.

3.6.4.2 Der schnellere Algorithmus

Unser voriger Algorithmus baute darauf auf, wie man in der Realität baut, aber man kann sich auch folgende Bauweise vorstellen: Wir bauen die Pyramide nicht von unten nach oben, sondern von oben nach unten! In der Realität geht das vielleicht nicht, aber das ist ja gerade das Schöne am Computer, dass man Unmögliches machen kann.

Unsere erste Ebene besteht somit aus einem Würfel. Die 2. Ebene besteht aus drei Würfeln: einem in der ersten Reihe und zweien in der 2. Reihe. In der dritten Ebene sind es sechs. Wieder einen in der 1. Reihe, zwei in der 2. Reihe und drei in der neuen 3. Reihe ....

Aber halt! Die Berechnung für die Summe der ersten und zweiten Reihe haben wir doch schon eine Ebene höher durchgeführt, wieso machen wir das noch mal? Es würde doch reichen, diesen Wert zwischenzuspeichern und bei jeder neuen Ebene einfach die Anzahl neuer Würfel hinzuzuaddieren. Diese Anzahl ist auch noch 'zufälligerweise' genau die Nummer der Ebene. Toll, nicht wahr? Und siehe da, selbst die oberste und erste Ebene gehorcht diesem Zusammenhang, denn sie besteht aus den 0 Würfeln über ihr und dem einem Würfel für die erste Ebene. Das wäre doch mal ein Algorithmus, der es wert wäre, implementiert zu werden.

Ich fasse den neuen Algorithmus noch mal zusammen: Wir gehen jede Ebene von oben nach unten durch und berechnen die Anzahl der Würfel dieser Ebene, indem wir die Anzahl der vorangegangenen Ebene mit der Nummer der aktuellen Ebene addieren. Diese Anzahl an Würfeln addieren wir zu unserer Summe an Würfeln:

```
void main(void)
{
    int AktEbene, SummeDerEbene, Summe;

    Summe = 0;
    SummeDerEbene = 0;
    // For Schleife die alle Ebenen Durchgeht
    for(AktEbene=1; AktEbene <= 1024 ; AktEbene++)
    {
        SummeDerEbene += AktEbene;
        Summe += SummeDerEbene;
    }
    Summe = Summe;
}
```

Auch hier erhalten wir das korrekte Ergebnis für die Anzahl der Würfel. Was jedoch auffällt, ist, dass wir jetzt nur noch eine einzige `for`-Schleife haben. Die Werte innerhalb der Schleife mögen zwar mit zunehmender Anzahl an Ebenen größer werden, aber das stört den Computer nicht, er wird dadurch nicht langsamer. Dieser Algorithmus benötigt zwar ebenfalls mehr Zeit, wenn die Anzahl der zu berechnenden Ebenen steigt, aber der Zeitbedarf steigt nicht mehr *exponentiell* an, sondern nur noch **linear**. Er benötigt für eine Pyramide, die 2048 hoch ist, genau doppelt so lang wie für die 1024 hohe Pyramide. Unsere erste Implementierung benötigt dagegen etwa das Vierfache.

Allerdings ergibt sich auch ein Nachteil aus unserer neuen Implementierung: Ohne die Erklärung, wie er funktioniert, erschließt sich einem nicht gleich, was da überhaupt passiert. In der ersten Implementierung war das eindeutiger. Es ist leider meistens so, dass leistungsfähigere Algorithmen unübersichtlicher sind.

3.6.4.3 Ein weiterer Algorithmus

Das Erreichte ist schon sehr schön, aber wir sind noch nicht am Ende der Fahnenstange angekommen. Wir verschieben die Pyramide so, dass die 1. Reihe einer jeden Ebene genau aufeinander zu liegen kommt. Bei einer Pyramide, die sechs Ebenen hoch ist, befindet sich direkt unterhalb der Spitze jetzt immer die erste Reihe und diese besteht immer aus einem Würfel. Eine 'Treppenstufe' weiter unten befindet sich die 2. Reihe sie ist in der Pyramide fünfmal vertreten und jedes mal besteht diese 2. Reihe aus zwei Würfeln. Das setzt sich so lange fort, bis auf der untersten Ebene die einzige Reihe auftritt, die aus sechs Würfeln besteht. Die Summe aller Würfel ergibt sich somit aus folgender Berechnung:

6 x 1 Würfel + 5 x 2 Würfel + 4 x 3 Würfel + 3 x 4 Würfel + 2 x 5 Würfel + 1 x 6 Würfel = 56 Würfel

Das sieht doch interessant aus, oder? Von vorne wie von hinten gelesen ist die Reihenfolge der Zahlen identisch. Durch Umstellen und Zusammenfassen erhält man folgendes Produkt:

$(6 \times 1 + 5 \times 2 + 4 \times 3) \times 2 = 56$

Daraus ließe sich auch ein Algorithmus bauen, indem die Schleife nur halb so häufig durchlaufen werden muss, als die Pyramide hoch ist. Allerdings wird hierbei innerhalb der Schleife nicht addiert, sondern multipliziert werden, und das kann wiederum langsamer sein als eine Addition. Ich schreibe hier absichtlich *kann*. Denn heutige Prozessoren können Befehle »Out Of Order« ausführen und haben parallel arbeitende Pipelines, weshalb eine Multiplikation nicht zwangsweise mehr Zeit verbraucht als zwei Additionen. Aufgepasst werden muss bei dem letzten vorgestellten Algorithmus auch, was bei einer ungeraden Anzahl von Ebenen geschieht. Machen wir die Berechnung für eine Pyramide, die fünf Ebenen hoch ist:

5 x 1 Würfel + 4 x 2 Würfel + 3 x 3 Würfel + 2 x 4 Würfel + 1 x 5 Würfel = 35 Würfel

Wird hier nur die Hälfte der Pyramide verwendet, so ergibt dies 2.5, und eine Schleife kann schlecht ein halbes mal durchlaufen werden. Aber so schwierig ist das auch nicht, wir runden einfach ab, lassen die Schleife nur zweimal laufen und addieren anschließend das Quadrat des aufgerundeten Wertes.

Im Folgenden gebe ich noch das Listing für den letzten Algorithmus an:

```
void main(void)
{
    int AktReihe, HalbePyramide, Summe;
    int HoeheDerPyramide = 1024;
```

```
    Summe = 0;
    HalbePyramide = HoeheDerPyramide / 2;

    // For Schleife die alle Reihen durchgeht
    for(AktReihe=1; AktReihe <= HalbePyramide ; AktReihe++)
    {
        Summe += AktReihe * (HoeheDerPyramide-AktReihe+1);
    }
    Summe *= 2;
    if ((HalbePyramide*2) < HoeheDerPyramide)
        Summe += (HalbePyramide+1)*(HalbePyramide+1);
    Summe = Summe;
}
```

Womit ich diesen Abschnitt auch abschließen möchte. Ich hoffe, dass verständlich geworden ist, dass man Algorithmen verbessern kann und somit weniger Rechenleistung verbraucht wird. Auch sollte man sich verinnerlichen, dass ein besserer Algorithmus eine deutlichere Steigerung der Leistung bringen kann als alle in diesem Kapitel sonst erwähnten Techniken. Die anderen Techniken beschreiben eigentlich eher, welche Fehler man vermeiden sollte, um schnellen Code zu schreiben.

Im nächsten Abschnitt werde ich auf diese Implementierung des letzten Algorithmus noch mal zurückkommen. Der Algorithmus allerdings ist der erste und entscheidende Schritt. Allerdings fallen einem schnellere oder effizientere Algorithmen leider nicht in den Schoß und erfordern einiges an Überlegungen. Meist verrennt man sich dabei in eine Idee und ist somit blind für ganz andere Wege zur Lösung. Hier kann die Diskussion mit anderen Programmierern sehr fruchtbar sein, wenn sie mit dem Problem, aber nicht mit dem eigenen Algorithmus vertraut sind.

3.6.5 Vermeiden von unnötigen Zugriffen und Zuweisungen (CD)

Im letzen Abschnitt ging es um den Algorithmus als solchen; jetzt wenden wir uns seiner performanten Implementierung zu. Zwar sind die Beispiele in diesem Buch für C bzw. C++ geschrieben, aber die noch folgenden Abschnitte lassen sich auch auf andere Programmiersprachen anwenden. Einige der aufgeführten Techniken sind nicht mehr so effektiv, wie sie früher einmal waren, da aktuelle Compiler zum Teil solche Optimierungen selber durchführen. So werden unnötige Zugriffe und Zuweisungen, wie sie hier jetzt besprochen werden sollen, zum Teil gar nicht ausgeführt. Aber es kann nicht schaden, wenn der Programmierer schon dafür sorgt, dass sie nicht vorkommen. In einigen Fällen wird der Code dadurch leichter zu lesen, da weniger Variablen verwendet werden. Leider wird der Code aber auch in einigen Fällen deutlich schlechter lesbar, weshalb nicht alles bis zum Schluss optimiert werden sollte.

3.6.5.1 Was sind unnötige Zugriffe?

Das sind Variablen, die unnötigerweise gelesen werden, aber auch unnötig durchgeführte Berechnungen. Im letzten Code-Beispiel wird in der `for`-Schleife immer `HoeheDerPyramide - AktReihe + 1` berechnet. Würde `HoeheDerPyramide` vorher um 1 erhöht werden, könnte die Addition in der Schleife weggelassen werden. Das wird keinen riesigen Geschwindigkeitsvorteil bringen, aber eine Addition ist trotzdem gespart. Den Code kann man auch verlangsamen, indem jedes Produkt, bevor es addiert wird, mit 2 multipliziert wird, anstelle es außerhalb der Schleife zu tun.

Unnötige Zugriffe gibt es aber auch in größeren Funktionen, die immer wieder mal auf 'tiefe' Membervariablen zugreifen müssen. Schauen wir uns das folgende Beispiel an:

```
AFunction(int ObjectCounter, int VehicleNumber)
{
    Distance = Distance2D(TheVehicle[Vehiclenumber].VehicleObject.coord,
        TheBuilding.Buildingobject[ObjectCounter].coord);
    if (Distance > 10){...};
    if (Distance > 100){...};
    Direction = GierWinkel(TheVehicle[Vehiclenumber].VehicleObject.coord,
        TheBuilding.Buildingobject[ObjectCounter].coord);
    if (abs(Direction) < 0.5){...};
    if (abs(Direction) > 2){...};
}
```

Hier wird innerhalb einer Funktion zweimal, und das über ein größeres Stück hinweg, auf dieselben Variablen zugegriffen. Da die Adressen der beiden `Coord`-Werte aber innerhalb eines Arrays liegen und die Indexe dieses Arrays per Parameter an diese Funktion übergeben werden, kann der Compiler die Adresse nicht zur Compilierzeit berechnen, sondern muss Programmcode zur Berechnung der Adresse einfügen. Wenn aber, wie oben, jedes mal das gleiche Ergebnis dieser Adressberechnungen erhalten wird, so kann diese Adresse zwischengespeichert werden.

```
AFunction(int ObjectCounter, int VehicleNumber)
{
    Coord VehicleCoord = TheVehicle[Vehiclenumber].VehicleObject.coord;
    Coord BuildingCoord = TheBuilding.Buildingobject[ObjectCounter].coord;

    Distance = Distance2D(VehicleCoord, BuildingCoord);

    if (Distance > 10){...};
    if (Distance > 100){...};
    Direction = GierWinkel(VehicleCoord, BuildingCoord);

    if (abs(Direction) < 0.5){...};
    if (abs(Direction) > 2){...};
}
```

Bei nur zwei Zugriffen, die auch nur zwei Ebenen tief gehen, ist der Erfolg naturgemäß nicht groß; wenn der Zugriff aber über mehrere Ebenen geht und sehr häufig vorkommt (wie zum Beispiel in einer Schleife), wird die Ersparnis signifikant.

Eine weitere Optimier-Möglichkeit ergibt sich oben, wenn auf `Direction` nicht weiter zugegriffen wird: Hier könnte der Aufruf von `abs` einmal eingespart werden:

```
Direction = GierWinkel(VehicleCoord, BuildingCoord);
Direction = abs(Direction);
if (Direction < 0.5){...};
if (Direction > 2){...};
```

Was jetzt noch unnötigerweise ausgeführt wird, ist der zweite Vergleich, wenn der erste schon zutraf. Es kann ja nicht vorkommen, dass `Direction` zugleich < 0.5 und > 2 ist. Hier sollte man mit `else` arbeiten:

```
Direction = GierWinkel(VehicleCoord, BuildingCoord);
Direction = abs(Direction);
if (Direction < 0.5)
{...} else if (Direction > 2){...};
```

Als nächstes ist dort oben jetzt noch eine unnötige Zuweisung vorhanden. Zwar werden einige Compiler das Ergebnis der 1. Zeile nicht in der Variablen `Direction` speichern, aber wir können das auch gleich so programmieren, dass der Compiler gar nicht erst in Versuchung gerät, diese Zuweisung durchzuführen:

```
Direction = abs(GierWinkel(VehicleCoord, BuildingCoord));
if (Direction < 0.5)
{...} else If (Direction > 2){...};
```

Zuweisungen auf Variablen, die dann gleich wieder verändert werden, sind allerdings ganz nützlich, um den Zwischenwert beim Debuggen zu Gesicht zu bekommen. Dies kann man aber auch dadurch erreichen, dass man mit der Funktion: 'In Aufruf Springen' bei der Einzelschritt-Ausführung sich den Wert bei innerhalb von abs vor der Zuweisung an return ansieht.

3.6.5.2 Was sind unnötige Zuweisungen?

Die erste unnötige Zuweisung hatten wir eben schon, es ist das Speichern von Werten in Variablen, die, bevor sie verwendet werden, weiteren Veränderungen unterzogen werden. Dies lässt sich, wie gezeigt, leicht vermeiden. Schwieriger wird es, wenn die Variable eventuell gar nicht gebraucht wird. Wieso einer Variablen etwas zuweisen, wenn der Wert nicht gebraucht wird? Ja, so was gibt es, und sogar gleich zweifach. Der erste Fall ist innerhalb einer Funktion und einfach nur unnötig. Zumindest, wenn performant zu schreiben ist. Leider wird dadurch der Code fehleranfälliger und muss gut dokumentiert und getestet werden.

```
Int Erg = 15;
Int A = Parameter1*X+Z;
Int B = Parameter2*Y-Z;
{...}
If(C < 3)
{
    If (D > 4) Change(A,B);
    A += B * 3;
    If (B < 3) Erg = A else Erg = -A;
}
Return Erg;
```

Es ist zwar übersichtlich, die Variablen A und B bei Eintritt in die Funktion zu initialisieren, wenn sie aber garantiert nicht bis zur if-Bedingung verändert oder benötigt werden, ist dies überflüssig. Denn wenn die Bedingung nicht zutrifft, war die Zuweisung unnötig. Hier würde sich anbieten, die Variablen nur innerhalb der Bedingung zu benutzen.

```
Int Erg = 15;
{...}
If(C < 3)
{
    Int A = Parameter1*X+Z;
    Int B = Parameter2*Y-Z;

    If (D > 4) Change(A,B);
    A += B * 3;
    If (B < 3) Erg = A else Erg = -A;
}
Return Erg;
```

Für einen gänzlich anderen Fall von unnötiger Zuweisung muss ich etwas weiter ausholen.

Angenommen, wir haben ein Array von Structs, welches die Knoten von Verbindungen innerhalb einer Spielewelt darstellt. In jedem Struct ist gespeichert, welche anderen Array-Einträge direkt mit ihm verbunden sind. Es soll nun ein Pathfinding implementiert werden, indem angegeben wird, wo das Pathfinding startet und wo der Endpunkt liegt. Auf das eigentliche Pathfinding möchte ich hier gar nicht eingehen, weshalb ich das nicht weiter ausführe, wichtig ist nur, dass zum Pathfinding immer von einem Array-Eintrag zu einem anderen gegangen wird. Da ein Eintrag mehrere Nachbarn haben kann, kann es bei der Suche vorkommen, dass wir auf einen Eintrag treffen, wo wir schon mal waren. Das kann zu einer Endlosschleife führen. Aus diesem Grund wird in jedem Struct eine Variable mit dem Namen HierWarIchSchon angelegt. Sie ist vom Typ bool und wird beim Starten des Pathfindings mit `false` initialisiert. Jedes mal, wenn nun zu einem anderen Eintrag gesprungen wird, kann `HierWarIchSchon` abgefragt werden, und der Eintrag wird nur verwendet, wenn der Wert noch `false` ist, wobei er dann allerdings gleich auf `true` gesetzt wird.

Soweit, so einfach. In einem Spiel, an dem ich mitwirkte, waren die gefundenen Wege meist recht klein, und es wurden nur wenige Einträge überhaupt benötigt, um zum Zielpunkt zu gelangen. Das Pathfinding war nämlich schon auf algorithmischer Ebene optimiert worden, indem jeder Eintrag eine Richtung hatte und somit sehr häufig der Nachbar gewählt wurde, der auch die Suche in der richtigen Richtung voranbrachte. Die Wahrscheinlichkeit für die oben erwähnte Schleife war zwar gering, aber nicht auszuschließen, weshalb dieser `bool` trotzdem gebraucht wurde. Trotz der tollen Optimierung mit Richtungsvektoren war das Pathfinding als Ganzes aber ziemlich langsam. Nach dem Profilen (das später in diesem Kapitel noch besprochen wird) zeigte sich, dass die eigentliche Suche wie erwartet sehr schnell war, da meist nur wenige Einträge überhaupt beachtet wurden. Aber das Initialisieren von `HierWarIchSchon` verbrauchte mehr als zehnmal so viel Zeit als die anschließende Suche. Dabei muss bedacht werden, dass ca. 25000 Einträge in dem Array jedes Mal mit `false` überschrieben werden mussten, um dann nachher ein Pathfinding über vielleicht 100 Einträge durchzuführen.

Dieses Problem war auf unnötige Zuweisungen zurückzuführen, da im Schnitt ca. 24900 Einträge mit `false` überschrieben wurden, obwohl sie schon `false` waren. Hinzu kam, dass das Pathfinding etwa einmal pro Sekunde aufgerufen wurde, weshalb das Spiel unerträglich ruckelte. Eine Lösung des Problems konnte nur dadurch erreicht werden, dass diese unnötigen Zuweisungen beseitigt wurden.

Wir entschlossen uns, statt des `bool` ein `byte` zu verwenden. Bei Programmstart wurde das Array `HierWarIchSchon` mit Nullen gefüllt, und wenn das erste Mal ein Pathfinding aufgerufen wurde, wurde als Markierung für »schon da gewesen« die 1 verwendet. Beim 2. Aufruf des Pathfindings wurde als Marker dann die 2 verwendet, beim 3. Aufruf die 3 usw. Dadurch wurde es unnötig, das Array bei jedem Pathfinding mit irgendwelchen Werten zu füllen, denn es war egal, welchen Wert die Variable hatte, solange es nicht der Wert war, der gerade für die aktuelle Markierung benutzt wurde. Mit dem Wegfall der ständigen Initialisierung war auch der Ruckler beseitigt. Erst nach dem 255. Pathfinding musste wieder alles mit Null überschrieben werden. Dies kam aber nur ca. alle vier Minuten vor, was akzeptabel war.

Zum Abschluss noch etwas, das zwar eigentlich mit Verzweigungen zu tun hat, aber wegen unnötiger Zugriffe langsam ist. In Mehrfachverzweigungen (`switch`) sollten die einzelnen Möglichkeiten soweit möglich nach ihrer Wahrscheinlichkeit sortiert werden:

```
switch(i)
{
   Case 1:
        Do1;
        Break;
   Case 2:
        Do2;
        Break;
   Case 3:
        Do3:
        Break;
}
```

Der Compiler erzeugt daraus einen Code, der in etwa so aussieht:

```
If (i == 1)
{
   Do1;
}
Else
{
   If (i == 2)
   {
        Do2;
   }
   Else
   {
        If (i == 3)
        {
             Do3:
        }
   }
}
```

Wie zu erkennen ist, wird `i` zuerst mit 1 verglichen; wenn es nicht gleich ist, als nächstes mit 2 usw. Je früher die Bedingung zutrifft, desto weniger Vergleiche sind nötig, und um so schneller sind wir fertig. Sollte der Default-Wert gar der häufigste Fall sein, so sollte man versuchen, vor dem `switch` mit einem passenden `if` zu verhindern, dass der `switch` ausgeführt wird. Im obigen Beispiel könnte ein vorgeschaltetes `if ((i > 0) & (i < 4))` die `switch`-Anweisung ausklammern, wenn sowieso kein passender Eintrag vorhanden ist. Das rentiert sich noch nicht bei 3 case-Anweisungen, aber es soll ja auch `switch`-Anweisungen mit 20 und mehr cases geben.

3.6.6 Kleine rekursive Funktionen vermeiden (CD)

In Lehrbüchern wird immer gerne auf die Möglichkeit hingewiesen, dass bestimmte Algorithmen sich sehr gut eignen, rekursiv implementiert zu werden. Dies mag für den Aufwand und die Übersichtlichkeit durchaus zutreffen, für die Performance und den Speicherverbrauch nicht unbedingt. Denn eine rekursive Implementierung funktioniert ja dadurch, dass die Funktion sich häufig, meist sogar gar nicht abschätzbar, selbst aufruft. Das ist an sich noch nicht weiter schlimm, aber alle der Funktion übergebenen Parameter und alle lokalen Variablen werden bei einem Aufruf auf dem Stack abgelegt. Und leider ist es meist erforderlich, dass die Variablen per Value, also als Kopie der Original-Variablen, übergeben werden. Dies alles, zusammen mit dem Rückpointer (wohin die CPU am Ende jedes Aufrufs zurückkehren soll) wird also auf dem Stack abgelegt. Der Stack ist aber nichts anderes als ein Speicherbereich, der vom Compiler vorgesehen wird, um solche Dinge temporär zu speichern. Nun kann es bei rekursiven Funktionen zwar dazu kommen, dass der Stack überläuft, wenn zu viele Aufrufe erfolgen, aber diese Gefahr kann man reduzieren, indem man sehr sparsam mit Variablen und Parametern umgeht.

Wenn nun aber die Funktion an sich recht klein ist, wird der Selbstaufruf an sich zum Zeitproblem, da dazu ständig sog. Stackframes angelegt und wieder entfernt werden. Genauso wird beim Zugriff auf die lokalen Variablen jedes Mal auf einen anderen physikalischen Speicher zugegriffen, weil der Stack ja alle lokalen Variablen jedes Aufrufs speichern muss. Schreibt man dagegen die Funktion so um, dass sie ohne Rekursion auskommt, was sehr häufig machbar ist, dann wird zum einen nicht eine unbestimmte Menge an Speicher auf dem Stack benötigt, und zum anderen liegen alle lokalen Variablen immer auf der gleichen physikalischen Adresse. Diese lokalen Variablen können somit bis zum Ende der Funktion im Cache der CPU verbleiben und sind so schneller zugreifbar als über den Hauptspeicher. Der Geschwindigkeitsgewinn als solcher ist stark von der Größe und dem Speicherverbrauch der ursprünglichen rekursiven Funktion abhängig. Er ist gerade bei kleinen rekursiven Funktionen bedeutend.

3.6.7 Assembler-Routinen (CD)

Früher, als richtige Programmierer noch jede Speicheradresse der Grafikkarte auswendig wussten, konnte man ohne Assembler keine tolle Grafikausgabe programmieren. Zum einen waren manche Aufrufe der Hardware gar nicht anders möglich, zum anderen musste alles schnell gehen, was die damaligen Hochsprachen einfach nicht schafften.

Heute in Zeiten von DirectX, Windows und Compilern mit vernünftigen Optimierungsoptionen, muss der Sinn von Assembler-Routinen teilweise angezweifelt werden. Ich vertrete die Meinung, dass man durch die Kenntnisse der Assembler-Programmierung in die Lage versetzt wird, schnelleren Code in einer Hochsprache zu schreiben. Somit kann ich jedem nur empfehlen, sich mit Assembler zu beschäftigen, allein schon deshalb, um den vom Compiler erstellten Code zu verstehen.

Im letzten Computerspiel, bei dem ich mitwirkte, wurde sehr viel 2D- und 3D-Mathematik verwendet. Dazu zählten auch Funktionen, die mit Vektoren rechneten, um sie zum Beispiel zu verschieben und zu skalieren (siehe Kapitel 7.2, Lineare Algebra). Hierbei war der Compiler allerdings nicht intelligent genug, zu erkennen, in welcher Reihenfolge er die Ausgangswerte auf den FPU-Stack laden sollte, um so wenig wie möglich auf den Hauptspeicher zugreifen zu müssen. Dies konnte im Maschinencode, den der Compiler produzierte, erkannt werden, da er mehrmals auf die gleiche Speicherstelle zugriff, um Werte zu laden. Auch speicherte er einige Zwischenwerte auf dem Stack, um sie später wieder einzuladen, obwohl noch nicht alle FPU-Register ausgelastet waren. Eine solche Situation lässt sich manchmal durch Umstellen des Codes erreichen, aber nicht immer. Da es sich um Funktionen handelte, die extrem häufig verwendet wurden, und auch im Profiler sich zeigte, dass allein eine dieser Funktionen 15% der gesamten Rechenleistung verbrauchte, wurde diese dann in Assembler umgeschrieben. Dabei wurde auf unnötige Speicherzugriffe verzichtet und die FPU mit ihren acht Registern voll ausgeschöpft. Der Zeitbedarf konnte damit auf 8% gesenkt werden.

Ich kann hiermit eigentlich nur die Empfehlung geben, sich zwar mit Assembler zu beschäftigen, aber keine Wunder mehr zu erwarten. Heutige Compiler sind schon recht gut, und der erzeugte Code lässt sich kaum noch verbessern. Das Verständnis des erzeugten Codes ermöglicht aber zum einen auf unterster Ebene zu debuggen, und zum anderen meist einen effektiveren Hochsprachencode zu schreiben, weil im Hinterkopf verstanden wird, was die CPU leisten muss, um den Code abzuarbeiten. Eine einfache Zuweisung zweier Variablen von mehreren MB Größe sieht in C halt genauso aus wie die von zwei `int`-Werten. In Assembler sieht man den Unterschied, da hier eine Schleife bemüht werden muss, die ein DWord nach dem anderen kopiert.

3.6.8 Nachschlagetabellen verwenden (CD)

Eine recht alte Methode, um aufwändige Berechnungen zu beschleunigen, ist, diese nur einmal durchzuführen und in einer so genannten Nachschlagetabelle zu speichern. Zu Zeiten, als der PC noch nicht standardmäßig über einen Coprozessor verfügte, wurde dies meist für die Winkelfunktionen Sinus und Kosinus gebraucht. Hierzu wurde das Programm so compiliert, dass es auch auf einem Rechner ohne FPU lauffähig war. Der Compiler linkte dort dann meist eine Bibliothek mit ein die eine FPU per Software auf der CPU emulierte. Eine solche Emulation verbraucht natürlich sehr viel Zeit, weshalb meist zum Programmstart ein Array mit vorberechneten Werten angelegt wurde.

Bei heutigen CPUen ist kaum noch ein Geschwindigkeitsgewinn durch Anlage solcher Arrays für in Hardware gegossene Funktionen zu erwarten. Allerdings kann es durchaus vorkommen, dass deutlich kompliziertere Berechnungen durchgeführt werden müssen. Denkbar wären zum Beispiel Werte, die sich nur jeden Frame ändern. Hier würden dann zu Beginn des Frames die Werte vorberechnet und in einem Array zwischengespeichert werden. Innerhalb dieses Frames sind diese Werte dann schneller zugreifbar. Aus diesem Grund erkläre ich hier die Vorgehensweise für die Sinus-/Kosinus-Funktion, auch wenn diese heute praktisch nicht mehr verwendet wird.

Um einen schnelleren Zugriff auf die Einträge eines solchen Arrays zu haben, ist es sinnvoll, wenn die Anzahl der Einträge 2x entspricht. Das sieht zwar nicht immer hübsch aus, spart aber die Abfrage, ob über die zulässige Grenze zugegriffen wird, da eine einfache AND-Verknüpfung den Rest ausblendet. Wir nehmen an, dass es für unser Spiel reicht, den Sinus alle ca. 3 Grad zu besitzen. Abweichende Werte werden auf den nächsten verfügbaren Wert gerundet. Des Weiteren legen wir fest, dass keine negativen Winkelwerte vorkommen dürfen. Folgender Quellcode könnte dann zum Füllen des Arrays benutzt werden:

```
float HelpArray[128];

void FillHelpArray(void)
{
    for (int i=0; i < 128; i++)
    {
        HelpArray[i] = float(sin(i*360.0/128.0*3.1415/180));
    }
}
```

In der Klammer werden 128 Winkel, die immer 360/128 Grad auseinander liegen, berechnet. Da die Sinus-Funktion den Winkel im Bogenmaß benötigt (360 = 2 * PI), wird anschließend noch mit PI multipliziert und dann durch 180 geteilt. Das Ganze kann so geschrieben werden, denn fast alle Compiler rechnen den Ausdruck 360/128*3.1415/180 aus und reduzieren somit das Ganze auf eine Multiplikation mit ca. 0,0491. Der Wert im fiktiven Array-Eintrag 128 ist identisch mit dem Wert, der mit dem Eintrag 0 gespeichert wird. Denn 128 * 360 /128 = 360, und der Winkel von 360 ist identisch dessen von 0 .

```
float GetSinus(int Angle)
{
    return HelpArray [int(Angle/ 360.0*128.0) & 127];
}
```

Zuerst wird der übergebene Winkel (von 0–360) auf einen passenden Eintrag im Hilfsarray umgerechnet. Dies geschieht umgekehrt zur Berechnung der Werte, nämlich jetzt durch 360 dividierend und mit 128 multiplizierend. Anschließend wird der erhaltene Wert bitweise mit 127 verknüpft. Dies verhindert, dass es keine Zugriffe gibt, die außerhalb der definierten Array-Grenzen stattfinden. Durch diesen Filter können nur Werte auftreten, die zwischen 0 und 127 liegen, denn 127 ist binär 01111111b und blendet somit die höherwertigen Bits aus. Beim Teilen des übergebenen Winkels werden aber die niederwertigen Bits einfach gelöscht, somit wird aus einem Winkel von 8 einer von 5,6 . Wir wollten aber eine Rundung zum nächstgelegenen Wert im `HelpArray` haben, dieses wäre aber der Wert von 8,4 . Dies lässt sich aber leicht implementieren, indem der Ausgangswert einfach um 1,4 erhöht wird. Mancher wird sich fragen, wieso ausgerechnet 1.4, aber dies ist ganz einfach. Die Winkel, die wir berechnen, liegen 2,8 auseinander (360/128). Erhöhen wir nun den Ausgangswinkel um die Hälfte, so wird aus 8 9,4 . Dieser Wert wird nach dem Teilen auf den nächstkleineren Wert gerundet, und der ist der gewünschte Eintrag bei 8,4. Unsere Berechnungsformel muss somit nur um eine Addition erweitert werden.

```
float GetSinus(int Angle)
{
    return HelpArray[int((Angle+1.41)/ 360.0*128.0) & 127];
}
```

Durch die Addition könnte jetzt aber der Ausgangswinkel oberhalb von 360 liegen, was dann außerhalb des definierten Arrays läge. Angenommen, der übergebene Winkel wäre 359 , dann ergäbe die Berechnung des Index 128. Dieser Eintrag liegt aber schon außerhalb des definierten Arrays. Binär betrachtet ist aber 128 10000000b, und dies mit 127 1111111b AND-verknüpft ergibt 0. Der Eintrag 0 ist aber definiert und ja auch identisch zum gesuchten Eintrag bei 128. Somit haben wir damit keine Probleme.

Die Berechnung des Kosinus lässt sich auf die gleiche Weise implementieren. Da der Kosinus lediglich die Sinus-Funktion um 90 nach vorne verschoben darstellt, reicht es aus, vom übergebenen Winkel 90 abzuziehen. Leider kann es dadurch vorkommen, dass, wenn der Winkel < 90 betrug, wir nun einen negativen Wert für unseren Arrayzugriff bekommen, und der ist ja nicht definiert. Aber die Sinus-Funktion ist eine periodische Funktion, was hier bedeutet, dass sie alle 360 dasselbe Funktionsergebnis liefert. Somit können wir auch statt 90 abzuziehen 270 hinzuaddieren. Das Ergebnis ist dasselbe. Und nach der Erklärung von oben, können wir dank der binären AND-Verknüpfung einfach irgendwelche Werte hinzuaddieren. Die Kosinus-Funktion sieht dann wie folgt aus.

```
float GetCoSinus(int Angle)
{
    return HelpArray[int((Angle+1.41+270)/ 360.0*128.0) & 127];
}
```

Man erkennt, dass dies doch recht aufwändig ist, und beim Vorhandensein einer FPU sollte auf diese Vorgehensweise verzichtet werden. Aber wie eingangs erwähnt, könnten kompliziertere Werte als die der Sinus-Funktion durchaus sinnvoll mit so einem System zwischengespeichert werden.

Abschließend noch zwei Bemerkungen: Die Funktion zum Auslesen eines Wertes aus dem Array ist meist recht klein und kann durchaus als inline-Funktion deklariert werden, um den Funktionsaufruf und die Parameterübergabe zu sparen. Und außerdem sollten Werte, mit denen im Programm gerechnet wird, in einem maschinennahen Format gespeichert werden. Ein ständiges Hin- und Herrechnen zwischen Grad (0 bis 360) und Bogenmaß (0 bis 2 PI) kostet auch unnötig Zeit, und die ist gar nicht mal so gering, auch wenn es beim Debuggen etwas umständlicher ist, mit einer vielleicht nicht so geläufigen Einheit zu rechnen.

3.6.9 Schiebebefehle verwenden (CD)

Schiebebefehle sind was ganz Feines. Sie erleichtern dem Computer die Arbeit. Aber es gibt leider zu viele Programmierer, die diese Befehle gar nicht oder doch nur sehr selten verwenden, weil sie den Vorteil, den sie bieten können, nicht richtig sehen. Was kann man denn nun mit diesen Schiebebefehlen überhaupt anfangen? Kurz gesagt: multiplizieren! Aber viel schneller als mit dem normalen Multiplizier-Befehl. Einer Variablen soll zum Beispiel das Vierfache einer anderen Variablen zugewiesen werden. Dazu könnte man viermal die gleiche Variable addieren:

```
Int A = 5;

E = A + A + A +A;
```

Na ja, wenn der Compiler hier nicht merkt, dass immer das gleiche A aus dem Speicher gelesen wird, kommt er vielleicht noch auf die Idee, wirklich vier mal den Wert aus dem Speicher zu laden, da hilft auch kein CPU-Cache mehr, das ist einfach nur überflüssig. Na gut, sinnvoller wäre da schon eine Multiplikation mit 4:

```
Int A = 5;

E = A * 4;
```

Hier wird der Wert A nur einmal aus dem Speicher gelesen und mit 4 multipliziert. Aber die CPU muss hier auch wirklich multiplizieren, und das dauert selbst auf heutigen CPUen immer noch länger als ein Schiebebefehl. Mit Schiebebefehl würde die Programmzeile wie folgt aussehen:

```
Int A = 5;

E = A << 2;
```

Aber was macht diese Programmzeile eigentlich? Dies lässt sich am besten auf binärer Ebene darstellen. Die Zahl 5 in binärer Darstellung entspricht 101b. Das überprüfen wir aber erstmal. In binärer Darstellung wird zur Basis 2 anstelle zur Basis 10 gerechnet. Somit ergibt sich für 000101b folgende Berechnung:

```
0 * 25 =  0
0 * 24 =  0
0 * 23 =  0
1 * 22 =  4
0 * 21 =  0
1 * 20 =  1
b         5
```

Der Schiebebefehl nach links (<<) verschiebt binär nun diese Zahl nach links, und zwar um die danach angegebene Anzahl an Stellen. In unserem Beispiel also um zwei Stellen. Die neuen Stellen werden mit Nullen initialisiert.

```
00000101b = 5
00010100b = 20 // um 2 Stellen nach links verschoben
```

Somit ergibt sich nun die Zahl 10100b, was dezimal ausgedrückt 20 und somit 5*4 entspricht.

```
0 * 25 =  0
1 * 24 = 16
0 * 23 =  0
1 * 22 =  4
0 * 21 =  0
0 * 20 =  0
b        20
```

Für den Computer sind solche Verschiebereien viel einfacher zu bewerkstelligen als richtige Multiplikationen, weshalb davon nach Möglichkeit großer Gebrauch gemacht werden sollte.

Das Ganze funktioniert auch andersherum:

```
Int A = 20;

E = A >> 2;
```

Hier wird nicht nach links, sondern nach rechts verschoben. Was dann einer Division entspräche. Bei der Division werden links auf die freien Stellen dann ebenfalls wie bei der Multiplikation Nullen eingefügt. Allerdings kann es hier vorkommen, dass rechts Einsen 'herausgeschoben' werden, diese 'fehlen' dann im Ergebnis. Somit würde es auch keinen Unterschied machen, wenn A = 23 wäre:

```
00010111b = 23
00000101b =  5
```

Beim Verschieben nach rechts wird somit immer abgerundet. Sollte das mal nicht gewünscht sein, so kann man die Hälfte des Divisors vorher hinzuaddieren:

```
00010111b = 23
00000010b = +2
00011001b = 25
00000110b =  6 (um 2 nach rechts verschoben)


Int A = 23;

E = (A+2) >> 2;
```

Leider haben die beiden Schiebebefehle auch einige Nachteile, die ihre Einsatzfähigkeit einschränken. So sind sie leider auf ein Vielfaches von 2 beschränkt, da 2 halt die Basis des binären Systems ist. Früher wurde dieses Problem dadurch umgangen, dass mehrere Verschiebe- und Addier-Befehle kombiniert wurden, so kann eine Multiplikation mit 6 in eine Addition der beiden Produkte aus einer Multiplikation mit 4 und 2 zerlegt werden. Bei heutigen CPUen ist dieser Aufwand aber kontraproduktiv, da dadurch der Befehlscode unnötig größer wird, was Transferleistung zum Hauptspeicher verbraucht. Dem gegenüber steht außerdem die Geschwindigkeit, mit der die heutigen CPUen multiplizieren können, was von den Herstellern doch ziemlich optimiert wurde. Bei einer Multiplikation mit 6 ist es zur Zeit wohl schneller, wirklich eine Multiplikation auszuführen, als eine Zerlegung in mehrere Verschiebebefehle zu avancieren. Der andere Nachteil der Schiebebefehle ist, dass diese nur mit Integer-Werten funktionieren, Fließkomma-Werte bleiben leider außen vor, denn die FPU, auf welcher ja normalerweise die Fließkomma-Werte verarbeitet werden, funktioniert ganz anders.

3.6.10 Mehrdimensionale Arrays (CD)

Mehrdimensionale Arrays gibt es eigentlich gar nicht. Zumindest nicht auf einem Standard-PC, der Speicher ist hier linear angeordnet und hat somit immer die Dimension Eins. Aber so ein Compiler kann auch ein mehrdimensionales Array bereit stellen. Dazu wird, und das ist bisher immer so, das Array von rechts nach links linear im Speicher abgebildet. Ein Beispiel macht dies deutlicher:

```
int A[2][3];

A[0][0] = 1;
A[0][1] = 2;
A[0][2] = 3;
A[1][0] = 4;
A[1][1] = 5;
A[1][2] = 6;
```

Hier haben wir nun ein zweidimensionales Array, wobei die erste Dimension eine Größe von 2 und die zweite Dimension eine von 3 hat. Insgesamt lassen sich darin 2 * 3 = 6 Werte speichern. Aber was passiert im Computer? Da der Speicher linear angeordnet ist, werden alle Werte nacheinander gespeichert, und zwar in der Reihenfolge, wie auch zufälligerweise die Zuweisung oben erfolgt. Es werden also zuerst die drei Werte von `A[0]` gespeichert, und dann die drei Werte von `A[1]`. Im Speicher steht dann hintereinander 1, 2, 3, 4, 5, 6. Dies hat nichts mit der Reihenfolge der Zuweisung zu tun! Der Compiler organisiert den Speicher immer so, wenn er ein mehrdimensionales Array anlegen soll. Sollten noch mehr Dimensionen ins Spiel kommen, so wird dann einfach der bisherige rechte Block so oft kopiert, wie die links davon stehende Dimension angibt. Fügen wir links noch eine Dimension hinzu:

```
int A[2][2][3];

A[0][0][0] = 1;
A[0][0][1] = 2;
A[0][0][2] = 3;
A[0][1][0] = 4;
A[0][1][1] = 5;
A[0][1][2] = 6;
```

Auch jetzt steht im Speicher direkt hintereinander 1, 2, 3, 4, 5, 6 (die darauf folgenden Integerwerte sind uninitialisiert). Würde stattdessen die neue Dimension *rechts* angefügt werden, ergäbe sich im Speicher ein ganz anderes Bild:

```
int A[2][3][2];

A[0][0][0] = 1;
A[0][1][0] = 2;
A[0][2][0] = 3;
A[1][0][0] = 4;
A[1][1][0] = 5;
A[1][2][0] = 6;
```

Ich verwende X für nicht initialisiert, dann hätten wir: 1, X, 2, X, 3, X, 4, X, 5, X, 6, X. Dies ist zumindest das Ergebnis der aktuell gebräuchlichen Compiler für C und Pascal.

Warum nun dieser ausführliche Ausflug in mehrdimensionale Arrays in einem Kapitel über Performance Optimizing? Ganz einfach. Die Art, wie man auf solche mehrdimensionale Arrays zugreift, kann sehr viel Performance verbrauchen. Stellen wir uns ein Spielfeld von 600 x 600 Feldern vor, und wollen einfach nur mal wissen: Wie viele Felder sind davon gerade frei? Das Feld ist vom Typ Integer, und ein freies Feld ist dadurch gekennzeichnet, dass in ihm der Wert 0 steht. Eine mögliche Umsetzung wäre folgende:

```
int Feld[600][600];

void main(void)
{
    int freie = 0;

    for(int y=0; y<600; y++)
        for(int x=0; x<600; x++)
            if(!Feld[x][y]) freie++;
}
```

Das ganze funktioniert zwar, ist aber mit einem sehr großen Aufwand für den Computer verbunden, denn die CPU greift nicht direkt auf den Hauptspeicher zu, sondern nur über seine Caches. Betrachten wir hier nur mal den First Level Cache, da auf ihn die CPU am schnellsten zugreifen kann, und in der Regel auch jeder Speicherzugriff dazu führt, dass eine Cacheline gefüllt wird.

Der Pentium 3 besitzt einen First Level Cache von 16384 Byte. Diese sind zu so genannten Cachelines von je 32 Byte organisiert, was bedeutet, dass insgesamt 512 Cachelines für Daten vorhanden sind. Der Befehlscode wird in einem anderen First Level Cache zwischengespeichert.

Wenn das obige Programm gestartet wird, so werden beide `for`-Schleifen mit 0 initialisiert, und der erste Speicherzugriff erfolgt bei `Feld[0][0]`. Dazu wird dann einer der Cachelines mit insgesamt 32 Byte gefüllt. Bei 32-Bit Programmierung ist ein Integer auch 32 Bit groß, was ja nun mal 4 Byte sind. Wir benötigen für den allerersten Zugriff eine Datentransferleistung von 32 Byte, um 4 Byte abzuarbeiten.

Im zweiten Durchlauf (Y weiterhin 0; X jetzt 1) wird ein Wert benötigt, der 600 Speicherstellen weit entfernt liegt. Denn zwischen den beiden Werten liegen ja noch die (im Moment noch nicht benötigten) Werte von `Feld[0][1]` bis `Feld[0][599]`. Somit muss wieder eine Cacheline mit 32 Byte aus dem Hauptspeicher gefüllt werden, um auf diesen Integer zuzugreifen. Und beim nächsten Zugriff genauso. Nach spätestens 512 Zugriffen sind alle vorhandenen Cachelines einmal benutzt worden, und es wird begonnen, die schon mal geladenen wieder zu überschreiben. Das ganze zieht sich dann durch, bis alle 360.000 Werte abgearbeitet sind. Unser Feld hat eine Größe von 1.440.000 Byte, da aber für jeden Vergleich von nur 4 Byte eine komplette Cacheline von 32 Byte geladen werden musste ,wurde insgesamt ein Speicher-Traffic von 11.520.000 Byte verursacht.

Werden die `for`-Schleifen für `x` und `y` einfach vertauscht, erfolgt der Zugriff ganz anders.

```
int Feld[600][600];

void main(void)
```

```
{
    int freie = 0;

    for(int x=0; x<600; x++)
        for(int y=0; y<600; y++)
            if(!Feld[x][y]) freie++;
}
```

Beim allerersten Zugriff ändert sich noch nichts. Auch hier muss zuerst eine Cacheline gefüllt werden. Der zweite Zugriff auf den Hauptspeicher allerdings ist dann ein so genannter '**Cache Hit**', denn der Wert von `Feld[0][1]` befindet sich ja schon im Cache, und es wird kein Zugriff auf den Hauptspeicher benötigt. Auch der nächste Zugriff ist wieder ein 'Cache Hit', und so weiter, bis die ersten 8 Werte abgearbeitet worden sind, erst dann muss wieder eine neue Cacheline gelesen werden. Hier werden dann nur die wirklich benötigten 1,4 MB aus dem Hauptspeicher gelesen, was 8 mal weniger ist, als vor dem Vertauschen.

Das alles hört sich nach nicht so viel an, aber angenommen, wir wollen ein Spiel haben, das mit 25 FPS läuft, und diese Aufaddierung muss pro Frame gemacht werden, dann reden wir schon von 36 MB/s oder 288 MB/s. Da kommt kaum ein Hauptspeicher mehr mit, und dabei sah das Progrämmchen doch so harmlos aus ...

3.6.11 Initialisieren von Elementen eines Arrays (CD)

Nachdem wir im letzten Kapitel gesehen haben, dass die Reihenfolge beim Zugriff auf ein Array schon sehr viel Zeit vergeuden kann, kommen wir jetzt zu der Frage, wie man die `for`-Schleifen weglassen kann. In Abwandlung des letzten Programms wollen wir jetzt nicht wissen, wie viele Felder noch 0 sind, sondern diese Felder erstmal mit lauter Nullen füllen:

```
int Feld[600][600];

void main(void)
{
    for(int x=0; x<600; x++)
        for(int y=0; y<600; y++)
            Feld[x][y] = 0;
}
```

Das Programm funktioniert natürlich im gedachten Sinne, aber ist es auch sinnvoll? Uns interessieren doch gar nicht `x` und `y`, wir wollen doch nur mal eben alles auf 0 setzen. Aber dafür gibt es in C einen viel besseren Weg, nämlich den Befehl `Memset`. Ihm wird einfach die Variable, das Füllzeichen und die Anzahl der Wiederholungen übergeben:

```
int Feld[400][400];

void main(void)
{
    memset(Feld,0,sizeof(Feld));
}
```

Der Operator `sizeof` liefert sogar die Größe der Variablen zurück, so dass hier kein Fehler passieren kann. `Memset` verwendet selbst aber keine `for`-Schleife zur Initialisierung, sondern den in der CPU für solche Dinge schon implementierten Stringbefehl '`rep stosd`'. Und der ist nun mal schneller als eine oder gar zwei `for`-Schleifen.

3.6.12 Initialisieren von Objekten (CD)

So wie man ein Array initialisiert, ist es natürlich auch möglich, ein Objekt oder eine Instanz einer Klasse zu initialisieren. In vielen Fällen wird dies sogar nötig bzw. sinnvoll sein. Aber nicht immer.

Angenommen, wir haben eine 3D-Engine, die eine Ausgaberoutine für im Speicher befindliche Meshes besitzt. In dem Mesh sind alle notwendigen Daten gespeichert, die ein 3D-Objekt halt so hat, auch sämtliche Vertices (die Eckpunkte des Objektes, siehe Kapitel 7.2). Auch ist darin gespeichert, wie viele Vertices der API zum Zeichnen übergeben werden müssen. Soweit alles kein Problem. Es stellt sich später heraus, dass wir einige wenige und kleine Objekte auch algorithmisch erstellen und ausgeben wollen. Um den Aufwand für die Implementierung so klein wie möglich zu halten, verwenden wir einfach das vorhandene Meshformat und geben es mit der schon lange vorhandenen Ausgaberoutine aus. Alles schön einfach, und praktisch schon fertig; was noch fehlt, ist der Aufbau des algorithmischen Mesh, und in der ersten Zeile Code dazu initialisieren wir die gesamte Datenstruktur erstmal mit 0. Dafür ist `memset` ja da, oder?

Nein, dafür nicht!

In unserem Spiel haben wir vielleicht Meshes mit bis zu 600 Vertices, und dementsprechend wurde eine Datenstruktur angelegt, die 600 Vertices aufnehmen kann. So ein Vertex kann schon 32 Byte groß oder noch größer sein. Wenn wir annehmen, dass wir insgesamt zehn Objekte ausgeben wollen, und das wieder mit 25 FPS, dann würde `Memset` 600 Vertices * 32 Byte * 10 Objekten * 25 FPS an Nullen schreiben. Das sind immerhin 4,7 MB/s. Dabei ist das eigentlich unnütz, denn wir werden nur ganz wenige Vertices benutzen, und die müssen dann eh noch mal in den Speicher geschrieben werden, denn in den wenigsten Einträgen dürfte die 0 sinnvoll sein. Aber erst mal eine abgespeckte Version der Datenstruktur inkl. ihrer Initialisierung:

```
struct Tvertex
{
    char Daten[32];
};

struct Tmesh
{
    int VertexCounter;
    TVertex Vertices[600];
};

void main(void)
{
    TMesh TempMesh;

    memset(&TempMesh,0,sizeof(TempMesh));
}
```

Da der API sowieso mitgeteilt werden muss, wie viele Vertices das Objekt hat, und wir ja nur die Vertices füllen wollen, die dann nachher auch ausgegeben werden, können wir die Variable `VertexCounter` dafür verwenden um zu speichern, wie viele Vertices überhaupt initialisiert sind. Für die Initialisierung der Variablen `TempMesh` reicht es jetzt aus, diesen Counter auf 0 zu setzen. Das lässt sich aber mit dem normalen `Memset` so nicht bewerkstelligen. Wenn wir aber, wie geschehen, die Vertices ans Ende der Struktur setzen, können wir `memset` doch verwenden, indem wir einfach die Anzahl der Byte aller Vertices von der Gesamtsumme abziehen.

```
struct Tvertex
{
    char Daten[32];
};

struct Tmesh
{
    int VertexCounter;
    TVertex Vertices[600];
};

void main(void)
{
    TMesh TempMesh;

    memset(&TempMesh,0,sizeof(TempMesh)-sizeof(TempMesh.Vertices));
}
```

Das ist zwar nicht besonders hübsch, erfüllt aber seinen Zweck. Immerhin wird hier nur eine Struktur referenziert, was den Vorteil hat, dass eine Änderung an `TMesh` hier entweder einen Compilerfehler liefert oder automatisch die richtige Größe angenommen wird. Sollte aber der Struktur `TMesh` später ein weiteres Array hinzugefügt werden, das ebenso wie die Vertices nicht mit `memset` initialisiert werden braucht, muss leider der gesamte Quellcode nach diesem Konstrukt durchsucht werden, um dort überall die passenden Änderungen vorzunehmen. Besser ist es dann schon, anstelle eines Structs gleich eine Klasse anzulegen, der dann entweder im Konstruktor eine passende Initialisierung verpasst wird, oder aber eine eigene Initialisierungsmethode.

3.6.13 Parameterübergabe an Funktionen (CD)

Bei der Parameter-Übergabe an eine andere Funktion kann man auch sehr viel Leistung verschenken, ohne dass dies sofort auffällt. Standardmäßig gibt es zwei Möglichkeiten, Parameter einer Funktion zu übergeben.

Die erste ist die syntaktisch einfachste Methode, sie wird **Call By Value** genannt, weil hier der Wert der Variablen als Kopie übergeben wird.

```
void MachWas(TBigStruct A)
{
    ...
    A.Ebene.Wert = 50;
    ...
    if (A.Ebene.Wert > 30)
        {
        ...
        }
}

void main(void)
{
    TBigStruct MyStruct;

    Machwas(MyStruct);
}
```

Hier wird in der Funktion `Machwas` eine Kopie des übergebenen Parameters angelegt. Die Zuweisung von 50 an `A.Ebene.Wert` ist ohne Probleme möglich, allerdings wird nicht der ursprüngliche Parameter geändert, sondern nur die lokale Kopie. Ab und zu macht so etwas Sinn, aber schön ist es eigentlich nicht, denn nach Rücksprung aus dieser Funktion hat sich `A` nicht verändert, obwohl in der Funktion eine Zuweisung vorhanden ist.

Der Hauptnachteil dieser Art von Funktionsaufruf ist aber, dass bei jedem Aufruf der Funktion erstmal die komplette Parameter-Variable in die Variable `A` kopiert werden muss. Wenn diese recht groß ist (wie hier anzunehmen ist), dann bedeutet dies auch einen gewissen Zeitverbrauch.

Die zweite Möglichkeit der Parameter-Übergabe wäre, dass anstelle der Kopie die Original-Variable verwendet wird. Hierzu wird der Funktion nur ein Zeiger auf die Original-Variable übergeben. Dies nennt man dann **Call by Reference**.

```
void MachWas(BigStruct *A)
{
    ...
    (*A).Ebene.Wert = 50;
    ...
    if ((*A).Ebene.Wert > 30)
        {
        ...
        }
}

void main(void)
{
    TBigStruct MyStruct;

    Machwas(&MyStruct);
}
```

In `main` wird nun die Adresse der Struktur der Funktion übergeben. Dort wird nun auch nur ein Zeiger erwartet. Der Hauptunterschied ist aber, dass bei der Zuweisung von 50 an `Wert` auch in der Variablen `MyStruct` jetzt die 50 drin steht. Es existiert ja keine lokale Kopie dieser Variablen mehr, sondern es wird immer auf die ursprüngliche Variable zugegriffen. Dies kann in vielen Fällen sinnvoll sein, z. B. wenn mehrere Rückgabewerte einer Funktion benötigt werden, aber es muss immer beachtet werden, ob dies auch gewollt ist.

Etwas unschön ist das Ganze mit den Sternchen, die bei jedem Zugriff auf die übergebene Variable nötig sind, dies lässt sich aber ändern, indem man anstelle von Zeigern so genannte Referenzen übergibt:

```
void MachWas(BigStruct &A)
{
    ...
    A.Ebene.Wert = 50;
    ...
    if (A.Ebene.Wert > 30)
        {
        ...
```

```
        }
}

void main(void)
{
    TBigStruct MyStruct;

    Machwas(MyStruct);
}
```

Bis auf den Funktionskopf könnte man jetzt annehmen, dass es sich nicht um einen Call by Reference, sondern um einen Call By Value handelt und dass er die Veränderung von A MyStruct unbehelligt lässt. Dies ist der größte und nicht zu unterschätzende Nachteil dieser Schreibweise. Aber wir können Wertzuweisungen an A blockieren, indem wir dem Compiler explizit angeben, dass es nicht erlaubt ist. Dies würde so aussehen:

```
void MachWas(const BigStruct &A)
{
    ...
    A.Ebene.Wert = 50;
    ...
    if (A.Ebene.Wert > 30)
        {
        ...
        }
}

void main(void)
{
    TBigStruct MyStruct;

    Machwas(MyStruct);
}
```

Und schon compiliert der Compiler dies nicht mehr, da wir versuchen, A den Wert 50 zuzuweisen. Kommentieren wir die Zuweisung allerdings aus, so ist ein compilieren wieder möglich, und auch die Abfrage auf größer 30 funktioniert.

Das Resümee dieses Abschnitts sollte somit sein, dass bei größeren Variablen nach Möglichkeit immer ein Call by Reference verwendet werden sollte, denn es spart das Anlegen und Kopieren der übergebenen Variablen. Und wo eine Veränderung des Original-Wertes nicht beabsichtigt ist, sollte immer das Schlüsselwort const vorangestellt werden, damit dies auch nicht aus Versehen passiert.

3.6.14 Wie lege ich Performance-bestimmende Daten ab (CD)

Über einen Aspekt habe ich schon etwas früher geschrieben, nämlich dass die Daten im Speicher und in den meisten Funktionen immer in dem Format gespeichert werden sollten, wie sie auch verarbeitet werden. Es macht nun mal keinen Sinn, z. B. die Ausrichtung eines Objekts im 3D-Raum in Grad (0–360) anstelle im Bogenmaß (0–PI) zu speichern. Denn bei fast jeder Berechnung, die mit dem Objekt durchgeführt wird, muss zuerst ins Bogenmaß umgerechnet werden, da die Winkelfunktionen der FPU nur mit Bogenmaß rechnen können. Abgesehen davon muss das Ergebnis eventuell auch noch wieder zurückgerechnet werden, um es in der Variablen zu speichern. So etwas ist aber nicht nur überflüssig und kostet Performance, es ist sogar fehlerträchtig, da es in verschachtelten Funktionen dann eventuell nicht mehr klar ist, in welchem Format der Wert gerade vorzuliegen hat.

Für ein Projekt sollte somit immer gelten, dass für alle (oder doch die meisten) Variablen, die die gleiche physikalische Größe speichern, auch die gleiche Einheit zu verwenden ist. Diese Einheit kann je nach Gegebenheit auch recht ungewöhnlich sein, so wurden bei einem 3D-Spiel mit riesigem Außenlevel die Entfernungen in Dezimeter gemessen, weil so durch Abschneiden des Nachkommateils Integerwerte mit noch akzeptabler Genauigkeit vorlagen. Zentimeter wäre zwar genauer gewesen, aber dann wären die Zwischenwerte bei bestimmten Berechnungen größer geworden, als sie in einem 32-Bit-Integer hineinpassen. Nachdem dies geklärt war, wurde alles im Spiel in Dezimetern gemessen, und es spielte dann keine Rolle mehr, ob der Abstand zweier Städte gemeint war, der durchaus mehrere km betragen konnte, oder die Höhe einer Blume auf der Wiese.

Ach ja, wenn ich schon bei `floats` und `integers` bin: Wie ich schon bei den Schiebebefehlen angesprochen habe, sind die meisten Berechnungen mit `integers` schneller als mit `floats`. Somit sollte versucht werden, `floats` so weit wie möglich zu vermeiden. Natürlich dürfte dies für Mensch-Ärgere-Dich-Nicht einfacher und sinnvoller sein als für einen 3D-Weltraumshooter, aber an einigen Stellen wird es trotzdem gehen und sinnvoll sein. Allerdings sollte dies auch nicht mit Gewalt gemacht werden, wie es noch zu Zeiten ohne FPU gang und gäbe war. Dort wurde z. B. einfach angenommen, dass einige Bits im Integer für den Nachkommateil zuständig waren (sog. Festkomma-Format). Wenn nun, entgegen dem oben Erwähnten, Variablen mit unterschiedlichen Einheiten verrechnet werden mussten, dann musste zuerst der eine Parameter auf den anderen angepasst werden. Das kostet natürlich auch Zeit, macht programmtechnisch viel Arbeit und ist fehlerträchtig. Ich halte es heute für nicht mehr sinnvoll, sich mit so etwas rumzuschlagen, denn das kann auch der FPU überlassen werden.

Es sollte versucht werden, einen Kompromiss zu finden bei der Überlegung, ob diese Variable nun float oder Integer sein sollte. In einer Landschaftsengine z. B. wurde die Steigung des Geländes vorberechnet und im Speicher gespeichert, um sie nicht bei jeder Ausgabe neu zu berechnen. Extrem viele verschiedene Steigungen gab es im Spiel nicht, und kleinere Unstimmigkeiten fielen auch nicht auf. So wurde dann nach der Berechnung der Steilheit der Wert gekürzt, um ihn in einem `unsigned char` zu speichern. Das sparte 3 MB an Speicher, da ein `float` ja aus 32 Bit, das `char` aber nur aus 8 Bit bestand, und über eine Million dieser Werte gespeichert werden musste. Die eigentliche Ausgaberoutine hat dann je nach Entfernung zum Betrachter auch nicht alle Werte ausgelesen, somit wurden deutlich weniger Speicherzugriffe benötigt, als wenn die Steilheit als `floats` gespeichert worden wäre. Dass bei anderen Berechnungen, insbesondere nach einem Ändern des Geländes, diese Werte wieder umgerechnet werden mussten, fiel nicht weiter ins Gewicht, denn dies passierte viel seltener als die Ausgabe auf den Bildschirm.

Es ist also wichtig, abzuschätzen, wie oft mit diesen Variablen gearbeitet wird und welches Format dort für die schnellste Verarbeitung am sinnvollsten ist. Dies ist nicht immer einfach, und deshalb kann es durchaus angebracht sein, mehrere Möglichkeiten versuchsweise zu implementieren, um die schnellste Variante zu finden.

Es gibt aber auch noch einen anderen Faktor, der betrachtet werden kann, nämlich in welcher Reihenfolge die Daten im Speicher liegen. Wie bei den mehrdimensionalen Arrays können auch hier die Daten so weit auseinander liegen, dass unnötige Speicher-Zugriffe auftreten. Bleiben wir mal beim oben angesprochenen Landschaftsengine. Wir haben in einem Array gespeichert, wie hoch das Feld ist, in einem anderen, welche Textur verwendet werden soll, wieder in einem anderen die Steilheit des Feldes zur Sonne, und zu guter Letzt in einem vierten die Höhe von eventuell vorhandenem Wasser. Für jedes Feld, das zu zeichnen ist, müssen immer alle vier Werte aus dem Speicher gelesen werden. Beim allerersten Feld werden die Cachelines mit den jeweils passenden Bereichen des Speichers gefüllt. Beim nächsten Feld kann man Glück haben, die passenden Werte sind schon im Cache, aber das muss nicht so sein, je nachdem in welche Richtung gerade die Kamera blickt. Eine andere Möglichkeit der Aufteilung der Daten wäre, wenn anstelle von vier Arrays nur eines verwendet würde, indem in einem `struct` pro Feld alle vier Parameter vorhanden sind. Hier wird zwar seltener ein 'Cache Hit' vorkommen, weil pro Cacheline weniger Felder abgedeckt werden, aber weil nur ein kleiner Anteil der vorhandenen Felder überhaupt ausgegeben wird, wird insgesamt weniger auf den Speicher zugegriffen, da weniger nicht benötigte Daten in den Cache wandern.

Ein anderes Beispiel wäre die Speicherung der Daten eines Spielers in einer Wirtschaftssimulation mit Fahrzeugen (z. B. Transport Tycoon oder Industriegigant). Hier könnte ein riesiger `struct` definiert werden, indem alle Daten eines Spielers gespeichert sind. Dann wird ein Array von diesem `struct` angelegt, es sind ja mehrere Spieler. Das funktioniert natürlich. Jetzt kann es aber sein, dass alle Spieler bei jeder Bewegung des Spiels etwas für die Bewegung ihrer Fahrzeuge bezahlen müssen (Treibstoffkosten). Es wird somit für alle Spieler ständig auf ein einzelnen `float` des `struct` zugegriffen. Angenommen, wir haben acht Spieler, somit werden allein für dieses `float` acht Cachelines benötigt, weil sie mehr als 32 Byte auseinander liegen. Die anderen Variablen in diesem `struct` werden bei den Bewegungen der

Fahrzeuge nicht gebraucht, aber dennoch immer mitgeladen. Würde man nun diesem einem `float` ein eigenes Array spendieren, so würde sich die Anzahl der benötigten Cachelines auf eins reduzieren, da 8 Spieler * 4 Byte = 32 Byte wären. Die Wahrscheinlichkeit, dass die entsprechende Cacheline noch geladen ist auch viel höher als bei 8, denn die CPU schmeisst immer zuerst die Cachelines raus, die am längsten nicht gebraucht wurden. Somit muss viel seltener aus dem Hauptspeicher gelesen werden. Aber auch viel seltener geschrieben. Denn wenn eine Cacheline aus dem Cache gelöscht werden soll, muss sie in den Hauptspeicher zurückgeschrieben werden, sofern sie verändert wurde. Dieses Ereignis tritt nun aber auch viel seltener auf, da die Cacheline mit den Finanzdaten nun alle 8 Spieler auf einmal abdeckt, und sie somit in ständiger Benutzung ist.

3.6.15 Das Alignment (CD)

Bisher war beim Ablegen der Daten immer die Rede davon, in welcher Reihenfolge sie liegen. Auch haben wir gesehen, dass der Abstand der Zugriffe die Leistungsfähigkeit des Cache negativ beeinflussen kann. Dabei sind wir immer davon ausgegangen, dass die Variablen am Beginn der Adresse einer Cacheline liegen. Dies ist aber von Natur aus gar nicht nötig. Alle CPUen können auf jede beliebige Adresse zugreifen. Wenn der Compiler angewiesen wird so wenig Speicher für Variablen wie möglich zu verwenden, so packt er sie, zumindest innerhalb eines `struct`, auch wirklich hintereinander. Dies mag zwar Platz sparen (und somit Bandbreite zum Hauptspeicher), verbraucht aber eventuell zusätzliche Zugriffe, was das ganze wieder viel langsamer macht. Sehen wir uns folgenden Struct an.

```
struct TdemoStruct
{
    int     ErsterInt;
    char      ErsterChar;
    int     ZweiterInt;
    char      ZweiterChar;
    int     DritterInt;
    char      DritterChar;
    int     VierterInt;
    char      VierterChar;
};
```

Dies ist durchaus eine zulässige Deklaration, aber der Compiler erkennt die Datenstruktur intern in der Regel nicht so an. Das sieht vielmehr so aus:

```
struct TdemoStruct
{
    int     ErsterInt;
    char      ErsterChar;
    char     A1,A2,A3;
    int     ZweiterInt;
```

```
    char      ZweiterChar;
    char     B1,B2,B3;
    int     DritterInt;
    char      DritterChar;
    char     C1,C2,C3;
    int     VierterInt;
    char      VierterChar;
    char     D1,D2,D3;
};
```

Der Compiler fügt nach jedem einzelnen `char` (Byte) 3 unsichtbare Bytes ein, damit der nächste (4 Bytes große) Wert wieder auf einer Adresse liegt, die durch 4 teilbar ist. Denn dadurch können die aktuellen 32 Bit CPUen schneller auf einen 32-Bit-Wert zugreifen. Durch Definition dieses `struct` werden vom Compiler aber nicht wie erwartet 20 Bytes reserviert, sondern 32. Dies kostet somit unnötig Speicherplatz, erhöht aber die Zugriffsgeschwindigkeit auf die Integer ab `ZweiterInt`. Man kann den Compiler anweisen, dies zu unterlassen. Beim Microsoft Visual C++ Compiler lässt sich dies durch den Compilerschalter `/Zp1` oder in den Projekteinstellungen unter *C/C++ / Code generation / Struct-Element Ausrichtung / 1 Byte* erreichen. Wird nun aber auf `ZweiterInt` zugegriffen, dann muss die CPU den Zugriff aufteilen. Zuerst werden die unteren 24 Bit in das entsprechende Register geladen, im 2. Zugriff dann die restlichen 8 Bit aus dem nächsten DWord hinzugefügt.

Eine dritte Möglichkeit, weder 12 Byte zu verschenken (in einem Array aus 1024 Elementen sind das schon 12 KB) noch den Nachteil des geteilten Zugriffs in Kauf zu nehmen, besteht darin, das wir das `struct` umsortieren:

```
struct TdemoStruct
{
    int     ErsterInt;
    int     ZweiterInt;
    int     DritterInt;
    int     VierterInt;
    char      ErsterChar;
    char      ZweiterChar;
    char      DritterChar;
    char      VierterChar;
};
```

Hier werden nur 20 Byte verwendet, und trotzdem sind alle DWords auf 32-Bit-Grenzen ausgerichtet. So etwas macht der Compiler aber nicht von selbst, hier war der Programmierer gefordert. Warum das der Compiler nicht von selbst macht? Nun, woher soll er denn wissen, ob die Reihenfolge nicht wichtig ist? Eventuell wird der Struct für einen Typecast verwendet, wie z. B. den Header einer Bmp-Datei.

Für den Fall, dass der Compiler für manche Structs Füllbytes einfügt und für andere nicht, gibt es den Präprozessor-Befehl `pragma pack`. Ihm übergibt man, wie die Ausrichtung ab jetzt sein soll. Ein Zurückstellen auf den in den Compileroptionen angegebenen Wert sollte nicht ausbleiben, was mit dem Befehlspaar `Push` und `Pop` des Microsoft-spezifischen `pragma`-Befehls aber leicht möglich ist.

3.6.16 Wie man sein Programm profilen kann (CD)

Unter Profilen wird im Allgemeinen das Erforschen verstanden, wie lang das Programm in bestimmten Codeabschnitten verweilt. Der Sinn und Zweck dieses Vorgehens ist, die Teile des Programms zu finden, in denen sich das Optimieren lohnt. Das sind die Stellen, wo sehr viel Zeit verbraucht wird.

Wie schon gesagt, werden in der Regel in weniger als 10% des Codes mehr als 90% der Zeit verbraucht. Diese 10% zu finden ist aber nicht so einfach wie es anfangs den Anschein hat. Teilweise kann man darauf durch Überlegen kommen – meist ist es die Grafikausgabe und das Voranbringen des Spiels pro Frame. Aber das ist viel zu ungenau, um eine sinnvolle Optimierung zu beginnen. Mindestens die Hälfte des langsamen Codes erkennt man nicht auf den ersten oder zweiten Blick, dazu zählen meist Low-Level-Funktionen, die für sich betrachtet kaum Zeit verbrauchen und auch nur aus wenigen Programmzeilen bestehen, aber sie werden eventuell von zahlreichen höheren Funktionen immer wieder aufgerufen, so dass sie in der Summe betrachtet doch wieder sehr viel Zeit verbrauchen.

Aber wie findet man nun die Funktionen des Programms, die sehr viel Zeit verbrauchen? Dafür gibt es mehrere Hilfsmittel, die sich in Genauigkeit, Benutzerfreundlichkeit und Preis sehr stark unterscheiden. So gibt es professionelle Profiler von denselben Software-Firmen, die auch Compiler herstellen. Diese basieren meist darauf, dass sie messen, wie lange die CPU in jeder Programmzeile bei der Programmausführung verblieben ist. Dies gibt einem die Möglichkeit, die entsprechenden Zeilen bzw. Funktionen zu finden, die während eines Profilerlaufs viel Zeit verbraucht haben.

Die Hersteller von CPUen vertreiben ebenfalls Profiler. Sie können nicht nur die Zeiten für die Programmzeilen messen, sondern auch noch den generierten Maschinencode auf Effizienz hin analysieren. Sie bieten die Möglichkeit, die einzelnen Takte, die ein Befehl verbrauchen würde, zu berechnen, und geben meist ebenfalls an, wenn die Abarbeitung eines Befehls länger dauert als unbedingt notwendig. Aktuelle CPUen haben mehrere Pipelines, die parallel arbeiten können (und dies auch ab und zu tun). Leider kann es vorkommen, dass ein Befehl das Ergebnis eines anderen Befehls benötigt, der aber in einer anderen Pipeline gerade erst bearbeitet wird. Somit muss die Pipeline anhalten und auf das Ergebnis der anderen warten; das ist natürlich nicht so schnell, als wenn durch Umorganisation des Maschinencodes das Ergebnis erst später gebraucht werden würde.

Auch in der Shareware-/Freeware-Ecke gibt es Profiler, die durchaus einsetzbar sind. Sie erleichtern meist das Setzen der Punkte, die für die eigentliche Profilierung interessant sind. Auch bieten sie teilweise Auswertungswerkzeuge an, die alles übersichtlicher gestalten.

Es geht aber auch komplett ohne zusätzliche Software, und für so manches schnelle Profiling ist es auch sinnvoll, da das Ergebnis viel schneller vorliegt, als erst ein anderes Programm zu starten und zu konfigurieren. Das Profiling basiert darauf, herauszufinden, welche Funktionen wie viel Zeit verbrauchen. Dieser Zeitverbrauch wird dann in Relation zur gesamten Ausführungszeit gesetzt und gibt dann Aufschluss darüber, ob hier Optimierungspotenzial vorhanden ist. Wir werden jetzt mal ein Programm zusammen profilen, das dürfte es am leichtesten verständlich machen.

Zuerst einmal benötigen wir eine Profilerklasse, die unsere Werte aufnimmt. Ohne zusätzlichen Code für die Ausgabe und ohne Fehlerabfrage könnte diese wie folgt aussehen:

```
class profiler
{
public:
    int Messwerte[10];
    int Summe;
    profiler();
    virtual ~profiler();
    void Add(char Where);

private:
    int LastAddTime;
};

profiler::profiler()
{
    memset(&Messwerte,0,sizeof(Messwerte));
    memset(&Summe,0,sizeof(Summe));
    LastAddTime = GetTickCount();
}

profiler::~profiler()
{
}

void profiler::Add(char Where)
{
    int ActTime = GetTickCount();
    int Diff = ActTime - LastAddTime;
```

```
    Messwerte[Where] += Diff;
    Summe += Diff;
    LastAddTime = ActTime;
}
```

Beim Anlegen der Klasse wird die aktuelle Systemzeit mit `GetTickCount()` zwischengespeichert und alle Werte auf Null gesetzt. In der Membervariablen `Messwerte` werden die Zeiten gespeichert, die seit dem letzten Aufruf von `Add()` vergangen sind. Die Gesamtsumme aller aufaddierten Werte wird in der Membervariablen `Summe` abgespeichert. Doch wie verwendet man diese Klasse? Gehen wir davon aus, wir haben in dem zu untersuchenden Spiel eine Main Loop, die alle Funktionen, die ständig laufen müssen, der Reihe nach durchgeht.

```
Void Mainloop(void)
{
    BewegeFiguren();
    DenkeKI();
    ZeichneAufBildschirm();
}
```

Wir wissen über unser Programm bisher sehr wenig, weshalb wir hier ansetzen und erst einmal wissen wollen, wie viel Zeit diese Hauptfunktionen benötigen. Dazu ändern wir die Funktion `MainLoop()` wie folgt ab:

```
Profiler MainLoopProfiler;

Void Mainloop(void)
{

    MainLoopProfiler.Add(0);
    BewegeFiguren();
    MainLoopProfiler.Add(1);
    DenkeKI();
    MainLoopProfiler.Add(2);
    ZeichneAufBildschirm();
    MainLoopProfiler.Add(3);
}
```

Wenn wir nun unser Programm mit dem Debugger starten und eine Zeit lang normal benutzen, dann werden die Zeiten, die die einzelnen Teile verbrauchen, aufaddiert. Nach einiger Zeit halten wir das Programm an (nicht beenden!) und schauen uns den Inhalt der Variablen `MainLoopProfiler` an. Die uns interessierenden Variablen könnten dann z. B. folgende Werte beinhalten:

```
Summe         = 6578
Messwerte[0] = 1346
Messwerte[1] =   56
Messwerte[2] = 1587
Messwerte[3] = 3589
```

Doch was sagen uns diese Werte? Sie sagen sehr viel. Im Einzelnen:

Summe:

Hier steht die Summe aller Zeiten drin, gemessen wird in sog. Ticks (daher der Name `GetTickCount`), was nichts anderes als Millisekunden bedeutet. Das Programm scheint somit ca. 6.5 Sekunden gelaufen zu sein.

Messwerte[0]:

Das erste, was in `MainLoop` aufgerufen wird, ist ein `Add(0)`. Die bis dahin aufgelaufene Zeit wird somit dem Zähler 0 zugewiesen. Gemessen wird hier die Zeit, die das Programm benötigt hat, um überhaupt bis zur Main Loop zu kommen. Dazu zählt die Initialisierung des Spiels, sowie alles andere außer diesen drei Hauptfunktionen. Der Aufruf schafft somit erstmal Ordnung und initialisiert die Variable `LastAddTime` für den darauf folgenden Aufruf von `BewegeFiguren()`.

Messwerte[1]:

Hier steht nun die Gesamt-Zeit, die zwischen dem Aufruf von `Add(0)` und `Add(1)` vergangen ist. Da sich dazwischen der Aufruf von BewegeFiguren befindet, ist in dieser Variablen der Zeitbedarf für diese Funktion zu finden.

Messwerte[2] und Messwerte[3]:

Hier befinden sich die beiden anderen Zeiten für die anderen Funktionen, vergleichbar mit Messwerte[1].

Wir können sehr schön sehen, dass `Messwerte[3]` mehr als doppelt so viel Zeit wie `Messwerte[2]` aufaddiert hat. `Messwerte[1]` kann man offenbar vernachlässigen, denn es macht nur ca. 1% der Zeit der anderen beiden aus. `Messwerte[0]` muss hier ignoriert werden, denn es ist nicht ersichtlich, ob die Initialisierung des Programms oder etwas anderes außerhalb der Main Loop diese Zeit verbraucht hat. Aber uns interessiert ja eh erst einmal nur das Innere der Main Loop. Und hier ist es `ZeichneAufBildschirm()`, das 69% der Zeit verbrauchte. (Selbst aufs gesamte Programm bezogen sind das immer noch 55%.) Aber auch `DenkeKI()` überlegt sehr lange; zwar sind die Werte deutlich kleiner, aber immerhin.

Jetzt, da wir wissen, wo wir suchen müssen, könnte `ZeichneAufBildschirm()` mit Aufrufen von `Add()` bestückt werden, um die darin vorhandenen Vorgänge zu analysieren. So kann man sich Stück für Stück von oben nach unten im Programm durcharbeiten, um die Performance-fressenden Funktionen zu finden. Auch ist es möglich, eine neu implementierte Funktion, von der nicht bekannt ist, wie sie sich performancemäßig zum restlichen Programm verhält, einfach zu vermessen. Hierzu reicht es, am Beginn und am Ende der Funktion ein `Add ()` einzufügen.

Eins noch zum Abschluss: Sollte die Initialisierung des Programms einen deutlichen Zeitbedarf stellen, und ist das Spiel schon so weit gediehen, dass ein vernünftiger Startpunkt vorhanden ist, dann können z. B. nach dem Laden eines Spielstandes alle Messwerte nochmal auf 0 gesetzt werden, damit dieser Programmteil nicht mit in der Summe auftaucht.

3.6.17 Wenn es einfach nicht schneller geht (CD)

Optimierung hat ihre Grenzen. Manchmal ist es nicht möglich, einen Vorgang zu beschleunigen, weder algorithmisch noch durch Umstrukturierung oder all die anderen bisher beschriebenen Tricks. Trotzdem muss man sich nicht mit einer niedrigen Framerate abfinden. Hier ist aber erstmal zu klären, was denn nun zu langsam ist und wie es sich bemerkbar macht.

Wenn die Framerate zu gering ist, dann kann dies hauptsächlich zwei Ursachen haben:

1. Die Grafikausgabe (und was damit zusammenhängt), ist zu langsam. Hier besteht, wenn keine weitere Optimierung möglich ist, wenig Spielraum. Notfalls muss man die Ausgabequalität herunterschrauben (weniger Objekte, weniger Polygone, kleinere Texturen etc.).
2. Die Leistung wird im »unsichtbaren« Teil des Programms verheizt. Hier besteht nach Ausschöpfen aller Optimierungsmöglichkeiten noch Hoffnung. Es kann versucht werden, die Berechnungen in kleinere Stücke aufzuteilen.

Für ein Aufbau-Stategie-Spiel ist es mit Sicherheit nicht notwendig, dass die KI 50 mal in der Sekunde die gesamte Karte analysiert und angemessen darauf reagiert. Der Spieler soll ja schließlich auch noch eine Chance haben. Vor allen Dingen ist es aber auch gar nicht möglich. Im letzten Spiel, an dem ich beteiligt war, gab es mehrere solcher »Großen Berechnungsroutinen«, von denen sehr viele über zehn Sekunden für ein Ergebnis benötigten, manche sogar weit über eine Minute.

So lange kann natürlich der Spielfluss nicht unterbrochen werden, denn da käme jeder Spieler auf die Idee, dass der Computer abgestürzt ist.

Zur Lösung dieses Problems wurden sog. **Partitionierte Prozeduren** (PPs) benutzt. Der Name trifft den Kern der Sache ziemlich gut. Denn es wurden ursprüngliche Prozeduren (so nennt man Funktionen und Anweisungsblöcke) in kleinere Portionen zerteilt, und pro Frame wird nur eine Portion abgearbeitet. Und genau diese Vorgehensweise wollte ich hier vorstellen.

Es ist deutlich einfacher, eine Funktion gleich als PP zu implementieren als sie nachher umzuschreiben. Aus diesem Grund sollte schon vorher überlegt werden, ob hier eine PP sinnvoll angebracht ist. Typische Kandidaten für PPs sind Prozesse, die im Hintergrund laufen, und von denen keine genau festgelegte Reaktionszeit erwartet werden muss. Als Beispiel sei hier wieder mal die KI genannt, die sich in einem Echtzeitspiel Gedanken macht, wo der eine Panzer als Nächstes hinfahren sollte. Wir gehen davon aus, dass der Panzer im Moment ziemlich weit im Hinterland ist und jetzt erst das erste mal eingesetzt werden soll. Eine komplette Analyse der aktuellen Schlacht würde einfach zu lange dauern, weshalb die KI als PP implementiert ist. Von der Datenstruktur ist eine PP eigentlich nichts anderes als eine Instanz einer Klasse, deren Hauptfunktion von der Main Loop einmal pro Zyklus aufgerufen wird. Diese Klasse könnte wie folgt aussehen:

```
class TPPTest
{
public:
    TPPTest{};
    ~PPTest();
    PPReset(void);
    PPLoad(void);
    PPSave(void);
    PPCall(void);
    APanzerIsDeleted(int PanzerNummer);
    AZielIsDeleted(int ZielNummer);
private:
    int PPStep;
    int PPActPanzer;
    int PPActZiel;
}
```

Wichtig ist hierbei, dass alle Variablen, die benötigt oder benutzt werden, privat sind, damit niemand daran Veränderungen vornehmen kann. Aufgerufen von der Main Loop wird bei jedem Zyklus die Methode `PPCall`. Sie verzweigt in einem `switch` anhand der Variablen `PPStep`, die angibt, welcher Schritt als Nächstes bearbeitet werden soll.

```
void TPPTest::PPCall(void)
{
    Switch(PPStep)
    {
      case 0:
        Initialisiere alles;
        PPStep++;
        break;
      case 1:
        Suche nächsten aktiven Panzer;
        PPActPanzer=Ergebnis;
        PPStep++;
        break;
```

```
    case 2:
        Suche ein Ziel für PPActPanzer;
        PPActZiel=Ergebnis;
        PPStep++;
        break;
    case 3: // überprüfe ob das Ziel gut ist
        ...
    }
}
```

Beim ersten Aufruf wird Step 0 ausgeführt, hier können Initialisierungen durchgeführt werden. Anschließend wird `PPStep` um eins erhöht und die Funktion verlassen. Beim nächsten Aufruf wird Step 1 abgearbeitet. Hier wird der nächste Panzer, mit dem etwas gemacht werden soll, ermittelt, und – das ist wichtig – das Ergebnis in `PPActPanzer` gespeichert. Denn beim nächsten Aufruf geht es weiter mit Step 2, und da wird `PPActPanzer` gebraucht, um nun ein Ziel für den Panzer zu finden.

Die eigentlichen Vorgänge innerhalb der Steps sind natürlich etwas komplexer. Wird z. B. in Step 1 kein Panzer gefunden, sollte `PPStep` nicht erhöht werden (um beim nächsten Aufruf weiterzusuchen) oder vielleicht sogar zu 0 werden (um wieder bei der Initialisierung anzufangen). Es ist durch diesen Aufbau möglich, einzelne Steps zu überspringen oder über mehrere zurückzuspringen, das hängt ganz von der benötigten Programmlogik ab. Das Ganze erinnert etwas an das gute alte `goto`, und es sind genauso sehr unübersichtliche Konstruktionen möglich, weshalb eine solche PP gut dokumentiert werden sollte. In unserem Beispiel würde es sich ganz gut machen, wenn zumindest in jedem Step beschrieben werden würde, welche Membervariablen in dem Step verändert werden.

Aufgrund der Aufteilung in einzelne Aufgaben und dem Beenden der Methode nach dem Abarbeiten einer einzelnen Aufgabe benötigt die PP pro Aufruf nur einen Bruchteil der Gesamtlaufzeit. Wichtig ist hier, dass versucht werden sollte, dass jeder Aufruf in etwa gleich viel Rechenzeit benötigt, somit werden kleinere Ruckler auch noch vermieden. Sollte ein Step aufgrund einer vorhandenen Schleife immer noch zu viel Zeit benötigen so lässt sich dies dadurch lösen, dass die Schleifenvariable ebenfalls zu einer Membervariablen gemacht und dann der entsprechende Step mehrmals aufgerufen wird. So könnte anstelle einer Schleife mit 100 Durchläufen das Ganze auf zehn Aufrufe mit jeweils zehn Schleifendurchläufen aufgeteilt werden. Aber hier kann man keinen allgemeinen Ansatz beschreiben, denn es hängt immer von der aktuellen Situation ab, was dann wie gelöst und umgesetzt werden kann. Ein bisschen zu experimentieren kann hier nicht schaden.

Jetzt kann es aber vorkommen, dass nach Abarbeiten von Step 1 der Panzer in einem anderen Teil des Programms zerstört wird. Wenn die PP nun weiterhin aufgerufen wird, gibt es ein Problem. Es ist nicht nur sinnlos, nach einem Ziel für den nicht mehr vorhandenen Panzer zu suchen, sondern auch hochgradig absturzgefährlich, wenn das Ergebnis dem nicht mehr existenten Panzer zugewiesen werden soll. Die PP verlässt sich im Step 2 ja darauf, dass der Eintrag in `PPActPanzer` auf einen vorhandenen Panzer zeigt.

Für genau diesen Fall ist die Benachrichtigungsmethode `ApanzerIsDeleted()` gedacht. Sie wird aufgerufen, wenn ein Panzer gelöscht wird. Die Methode überprüft dann, ob die PP damit ein Problem haben könnte, und reagiert passend darauf. Eine mögliche Implementierung für unsere PP wäre zum Beispiel:

```
void TPPTest::APanzerIsDeleted(int PanzerNummer)
{
    If((PPStep > 1) && (PanzerNummer = PPActPanzer)PPstep = 1;
}
```

Falls die PP nicht gerade beim Initialisieren oder beim Suchen nach dem nächsten Panzer ist und der gelöschte Panzer der ist, der gerade bearbeitet wird, dann wird beim nächsten Aufruf der PP mit dem Suchen nach einem anderen Panzer begonnen. Dies geschieht ja im Step 1. Step 1 muss nun nur so geschrieben sein, dass nicht auf den in `PPActPanzer` gespeicherten Wert zugegriffen wird. Dies sollte aber recht einfach zu machen sein, den immerhin soll der Step ja den nächsten Panzer finden und den Eintrag nur als Startpunkt für die Suche verwenden.

Für das Löschen der möglichen Ziele gilt dasselbe, auch hier muss eine Benachrichtigungsmethode implementiert werden, die beim Löschen des gerade in Bearbeitung befindlichen Ziels entsprechend reagiert.

Die PP muss ab und zu auch in einen Startzustand zurückgesetzt werden. Hauptsächlich ist dies nötig, wenn ein neues Spiel begonnen wird. Hierfür existiert die Methode PPReset, die genau diese Aufgabe ausführt. Für unsere kleine PP reicht es, `PPStep` auf 0 zu setzen, denn im Step 0 wird dann die restliche Initialisierung vorgenommen. In größeren PPs kann es aber vorkommen, dass mehr initialisiert werden muss. Sinnvollerweise kann man im Konstruktor der Klasse gleich einen Aufruf von `PPReset` einbauen, dann wird es nicht vergessen.

Im Prinzip zählt der Inhalt einer PP zu den spielstandsrelevanten Daten (siehe 3.4.10.6) Ganz besonders, wenn die PP längere Zeit benötigt, um einen kompletten Durchlauf durchzuführen, sollte der aktuelle Stand der Berechnung beim Speichern des Spielstandes mit abgespeichert werden, um nach dem Laden wieder an der gleichen Stelle weiterzurechnen. Andernfalls würde ein Speichern und Laden eines Spiels eine Verhaltensänderung des Spielablaufs bewirken, im schlimmsten Falle käme die PP vielleicht *nie* zum Ende. Hierzu dienen die beiden Methoden `PPLoad` und `PPSave`. In ihnen muss nichts anderes getan werden als alle Membervariablen zu speichern, denn nur sie sind es, in denen der aktuelle Berechnungsstand gespeichert ist.

Somit wäre die Einführung in die PPs beendet. Es ließe sich noch viel dazu schreiben, aber dies wäre nicht so hilfreich, weil jedes Problem anders angegangen werden muss. Wichtig ist, dass es mit den PPs möglich ist, eine Funktion aufzuteilen, so dass das Spiel nicht ruckelt. Es ist somit eine Möglichkeit, quasi parallel zum eigentlichen Programm eine Berechnung laufen zu lassen, ohne die Einschränkungen eines eigenen Threads zu haben. Denn auch dies wäre eine Möglichkeit, die Windows unterstützt, aber die Synchronisation zweier eigenständiger Threads ist nicht gerade einfach und kann eventuell auch mehr Leistung verbrauchen, als das Ganze dann bringt. Somit sind PPs eigentlich eine elegante und einfach zu implementierende Alternative zu Threads.

3.7 Multiplayer

3.7.1 Was heißt eigentlich Multiplayer? (MI)

Da wir im Zeitalter der Weltsprache Englisch leben, wird wohl jeder wissen, dass dies auf deutsch Mehrspieler heißt; damit ist kein fanatischer Zocker gemeint, der immer mehr spielen will als die anderen, sondern die Möglichkeit, dass man ein Spiel mit anderen zusammen spielen kann.

Je nach Spieltyp gibt es hier eigentlich die drei typischen Möglichkeiten, ein Spiel multiplayerfähig zu machen:

- **Hot Chair**, heißer Stuhl, das heißt, dass alle Spieler auf demselben Stuhl sitzen, nicht alle gleichzeitig aufeinander, sondern abwechselnd. Dieses System wird sehr oft bei rundenbasierten Strategiespielen wie zum Beispiel Heroes of Might and Magic, eingesetzt, ist allerdings nicht die sauberste Lösung, weil die Mitspieler einem dabei stets direkt im Genick hocken, um zu spionieren, was man denn gerade macht, und wenn dann der nächste Spieler dran ist, gibt's immer das größte Gedränge, es ist also wirklich nur eine Notlösung.
- **Split-Screen**, geteilter Bildschirm. Diese Lösung ist schon etwas sauberer, dabei wird der Spielbildschirm in normalerweise zwei Teile, meistens oben und unten, geteilt und man kann gleichzeitig spielen. Dies wird meistens bei Rennspielen eingesetzt und macht trotz des geteilten Bildschirms sehr viel Spaß, zumindest solange man auf die richtige Bildschirmhälfte guckt. Hier spielt normalerweise ein Spieler mit der Tastatur und der andere mit einem Joystick bzw. Gamepad. Bei Die Siedler gab es den Split-Screen links/rechts und man konnte mit zwei Mäusen spielen! Manchmal ist dieses Feature natürlich relativ sinnlos, bei Schach wäre es zwar noch möglich, aber welchen Sinn macht es, oben und unten den gleichen Bildschirm zu haben? Ein Rennspiel sollte dieses Feature allerdings unter allen Umständen besitzen.
- **Connection**, Verbindung, d. h., dass man nicht an ein und demselben PC sitzt, sondern dass jeder Mitspieler seinen eigenen hat, was wohl heutzutage der Normalfall ist. Hierbei verbindet man sich über ein Kabel miteinander und tauscht darüber die nötigen Daten aus. Die typischen Varianten zur Zeit sind ein LAN (Local Area Network), das Internet, auch ein Network, allerdings ein »bisschen«

großflächiger, oder ein einfaches Nullmodem-Kabel, das man an den seriellen Ports beider PCs anschließt und darüber die Daten austauscht.

Das Multiplayer-Feature ist in letzter Zeit immer unverzichtbarer geworden, überall hört man von so genannten LAN-Parties, zu denen die Spieler in Scharen strömen, um sich gegenseitig die Stirn zu bieten, so genannten Clans and Gilden, zu denen sich die erfahreneren Spieler zusammenschließen, um gegen andere Clans und Gilden anzutreten, mittlerweile gibt es sogar Spiele, die eigentlich nur noch im Multiplayer-Modus Sinn machen und bei denen der Single-Player-Modus eigentlich einzig dem Training dient, um bei einem Match gegen menschliche Widersacher nicht als Verlierer oder Schwächling abgeschrieben zu werden.

3.7.1.1 Und was bringt das Ganze jetzt dem Programmierer eines Computerspiels?

Na ja, man programmiert ja ein Spiel nicht unbedingt für sich selber, sondern für andere, und am Ende kommt es sowieso nur noch auf die Verkaufszahlen an.

Sollen diese nicht zu niedrig ausfallen, ist das Multiplayer-Feature ein absolutes Muss, denn gerade durch dieses Feature wird das Spiel für einen Großteil der Käufer interessant und wenn man dann noch so einfallsreich wie Westwood ist und das Spiel zwar kopierbar macht, aber dafür sorgt, dass man mit einer dieser kilometerlangen und beinahe unknackbaren Seriennummern auf maximal drei PCs gleichzeitig spielen kann, ist die Chance nicht gerade gering, dass sich der Vierte das Spiel dann auch noch kauft, um mitspielen zu können. Wer sich jetzt fragt, warum sie die Nummer denn nicht nur auf einem PC erlauben, dem kann ich eine relativ simple Antwort geben: Weil der vierte Spieler sonst nicht heiß darauf wird, auch mitzuspielen und weil das Spiel auf Netzwerkparties so unpopulär würde, dass es anschließend gar keiner mehr haben möchte.

Das heißt im Klartext, ein Spiel ohne Multiplayer-Feature kann zwar auch Spaß machen, da der Mensch aber nun mal dazu neigt, dass er den anderen immer zeigen will, dass er der Bessere und Stärkere ist, muss man ihm diese Möglichkeit auch bieten. Selbst wenn es ihm nicht um den Sieg geht, zusammen mit Freunden macht ein Spiel einfach mehr Spaß, als wenn man gegen stupide KI-Gegner kämpft, die oftmals nicht besser kämpfen als eine geistig unterentwickelte Werdackel-Züchtung. Multiplayer-Partien sind der Reiz der Spiele der Zukunft.

3.7.1.2 Wie kann man also nun ein Multiplayer-Spiel verwirklichen?

Das ist natürlich je nach Multiplayer-Spieltyp unterschiedlich. Wenn man einen HotChair-Multiplayer-Modus programmiert, ist es eigentlich extrem simpel: Man lässt einfach einen weiteren Spieler das steuern, was sonst ein Computergegner tun würde, und jedes rundenbasierte Single-Player-Strategiespiel ist wahrscheinlich im Handumdrehen in ein HotChair-Spiel verwandelbar. Allerdings sind HotChair-Spiele wohl die primitivste Möglichkeit eines Multiplayer-Spiels und machen in meinen Augen auch nicht besonders viel Spaß.

Beim Split-Screen fängt der Spaß allerdings so langsam an, und es ist auch relativ einfach zu realisieren. Man stellt einfach zwei Spielbildschirme auf dem Monitor dar, das heißt, man teilt ihn zum Beispiel in zwei gleich große Teile, einen oben und einen unten, und dadurch können zwei Spieler z. B. im gleichen Rennen gegeneinander antreten, da jeder ja seinen eigenen »Bildschirm« hat. Am besten spielt jeweils ein Spieler mit einem Joystick oder Gamepad und der andere mit der Tastatur. Aber wo weniger Platz ist, sieht man natürlich auch weniger und stellenweise irritiert der Screen des anderen auch sehr, weil man ihn ja immer noch gleichzeitig im Blickfeld hat. Aber trotz allem, in einem Rennspiel kann man auf das SplitScreen-Feature auf keinen Fall verzichten, da es wirklich sehr beliebt ist und es ein Zeichen niedriger Qualität wäre, wenn man dieses nicht bieten würde.

Jetzt kommen wir zum wichtigsten Multiplayer-Spieltyp, die Vernetzung mehrerer PCs. Es gibt mehrere Vernetzungsmöglichkeiten, die ich im nächsten Kapitel noch näher beschreiben werden, die bekanntesten sind LAN (Local Area Network), Internet, Modem-Modem und Nullmodem-Kabel, aber alle haben ein und dieselbe Funktion, Daten von einem zum anderen PC zu übertragen. Und zwar die Daten, die dazu nötig sind, dass sich auf allen am Spiel beteiligten PCs stets dieselben Spieldaten befinden. Wie man das realisiert und wie es funktionieren soll, wird in den folgenden Kapiteln noch näher erläutert.

Bevor es ins nächste Kapitel weitergeht, werde ich hier erst einmal ein paar Fachbegriffe erläutern, die im Bereich Multiplayer häufig auftauchen.

- **Synchrones Multiplayerspiel** – Bei einem synchronen Multiplayer-Spiel befinden sich auf allen PCs immer dieselben Daten, das Top-Beispiel hierfür ist Warcraft 2.
- **Asynchrones Multiplayerspiel** – Bei einem asynchronen Multiplayer-Spiel befinden sich auf den einzelnen PCs unterschiedliche Spieldaten. Wer sich jetzt fragt, ob das denn dann noch realistisch sei: Nein, ist es dann natürlich nicht mehr, aber es ist auch stets eine Frage, ob das Ganze denn überhaupt realistisch sein muss oder nicht. Descent ist z. B. ein asynchrones Multiplayer-Spiel, dadurch zwar sehr schnell, aber man kann z. B. mit etwas Geschick mit mehreren Leuten gleichzeitig ein und dieselbe Waffe einsammeln; ist zwar unrealistisch, stört aber keinen und darauf kommt es ja an.
- **Peers** – Das sind die Computer, mit denen man im Spiel verbunden ist, man könnte auch Mitspieler sagen.
- **Nodes** – Sind die einzelnen am Spiel beteiligten Computer
- **IP** – Eine Art ID, die aus vier Zahlen im Bereich von 0 bis 255 besteht, sie wird im Internet und Intranet dafür verwendet, jedem Computer seine eigene eindeutige Nummer zu geben, also wie ein Name, der auf der ganzen Welt bzw. im eigenen Intranet nur einmal vorkommt. Man benötigt eine IP um sich mit einem anderen Computer zu verbinden, wie man Straße und Hausnummer braucht, um irgendwo die Post, in unserem Fall, um die Daten hinschicken zu können.

- **Port** – Eine Art fünfte Zahl der IP, deren Zahlenbereich zwischen 0 und 65535 liegt. Mit einem Port wird angegeben, mit welchem Service bzw. mit welchem Programm des Computers/Servers man sich verbinden will.
- **Bandbreite** – Zur Verfügung stehende Übertragungsgeschwindigkeit.
- **Pingrate** – Zeit, die benötigt wird, um 1 Byte von einem zum anderen PC und wieder zurückzuschicken. Wer sich jetzt fragt, was für einen Sinn es macht, nur 1 Byte zu schicken ... na ja, die Daten sind halt nicht sofort an ihrem Ziel, beim Internet erst recht nicht, mein Rekord war mal eine Pingrate von ganzen drei Sekunden, was ein Spiel völlig unspielbar macht. Man darf eben nicht mit Leuten aus Tokyo spielen ;-).
- **Latenz**: Zeit von einem PC zum anderen (ohne zurück)
- **TCP/IP-Protokoll** – Das TCP/IP-Protokoll ist ein Protokoll, also ein »Service« z. B. von Windows, mit dem man Daten sowohl im lokalen Netzwerk, sofern es installiert wurde, als auch im Internet zwischen Computern hin- und herschicken kann, und ist daher das wohl beliebteste.
- **LAN** (Local Area Network) – Ein lokales Computer-Netzwerk
- **Host** – Ein Computer, der eine Partie anbietet und mit dem man sich verbinden kann
- **Dedicated Server** – Ein Computer, auf dem nicht gespielt wird, sondern der nur ein Spiel hostet. Dadurch wird das Spiel auf den anderen Computer wirklich weitaus schneller, da dieser ja dann meistens eine Prozessorauslastung von beinahe 0% hat und dadurch noch alle Resourcen dafür frei hat, die Berechnungen für das Spiel durchzuführen
- **Lobby** – Ein Bereich, in dem man sich vor dem Beginn eines Spieles noch unterhalten kann.

3.7.2 Verbindungsmöglichkeiten (MI)

Wenn man ein Multiplayer-Spiel programmieren will, bei dem mit mehreren PCs gespielt wird, muss man diese ja auch verbinden, nur wie und womit?

Das Womit ist die Frage dieses Abschnitts, das Wie folgt im nächsten. Die vier typischsten Verbindungstypen sind:

- LAN (Local Area Network)
- Internet via TCP/IP-Protokoll
- Modem-Modem
- Nullmodem-Kabel

Jede dieser Möglichkeiten birgt natürlich Vor- und Nachteile, sonst gäbe es ja keine vier verschiedenen, und diese werde ich in diesem Kapitel für jede Möglichkeit versuchen darzustellen:

3.7.2.1 LAN – Local Area Network

Das Local-Area Network ist wohl die optimalste Lösung von allen, mit der extrem hohen Bandbreite und der gegen Null gehenden Pingrate kann sich der Spiel-Genuss vollstens entfalten und man ist bei der Anzahl der Spieler beinahe völlig unbeschränkt. Die Übertragungsrate (Bandbreite) im LAN liegt bei zehn bzw. 100 MBit, wodurch man schon fast die Bewegung jeder einzelnen Mücke im Spiel einzeln übertragen könnte. Der einzige Nachteil, den das LAN hat, ist eigentlich der, dass man die PCs irgendwie nah zusammenbekommt, was in den meisten Fällen Schlepparbeit und kaputte Festplatten bedeutet, weil man mal wieder zu dusselig war, den PC vorsichtig auf den Boden zu stellen. Aber das LAN hat abgesehen von der hohen Geschwindigkeit noch andere Vorteile, nämlich vor allen Dingen den, dass man zusammensitzt, sich bei Strategiespielen schnell absprechen und schnell reagieren kann und Ähnliches, was natürlich den Spielspaß steigert.

Bandbreite: 10.000.000 Bit/s bzw. 100.000.000 Bit/s

Pingrate: ca. 50 ms

Nachteile:

- PCs müssen nah zusammen stehen, nah bedeutet ca. 10 m Maximalabstand
- Teuer, unter 80 Euro bekommt man kein vernünftiges und stets sauber laufendes Netzwerk zusammen.

Vorteile:

- Sehr sehr große Bandbreite
- Sehr sehr niedrige Pingrate, also sehr geringe Verzögerung
- Beinahe unbegrenzte Spieleranzahl

3.7.2.2 Internet

Das Internet ist der neue Trend in der Spieleindustrie und hat dafür gesorgt, dass es mittlerweile sogar schon viele Spiele gibt, die nur im Internet laufen.

Das wunderbare am Internet ist, dass es völlig egal ist, wie weit ein Mitspieler entfernt ist. Spielen kann man trotzdem mit ihm und das führt natürlich auch gleichzeitig dazu, dass man im Internet eigentlich immer jemanden findet, mit dem man spielen kann, und das sieben Tage die Woche und 24 Stunden am Tag – was begehrt des Spielers Herz mehr?

So schön das Internet auch einerseits sein mag, so schlecht ist es aber auch gleichzeitig wieder, denn die Daten werden durch das Internet ja nicht gebeamt, sondern müssen auch eine Strecke zurücklegen. Dies geschieht zwar extrem schnell, aber trotzdem immer noch nicht schnell genug. Bis Brasilien brauchen die Daten zum Beispiel ca. eine halbe Sekunde. Jetzt mag man sich fragen: »Na und, was ist denn schon eine halbe Sekunde?« Na ja, hehe, wenn man ein E-Mail verschickt, ist das natürlich wunderbar, dass es schon so schnell da ist, bei einem Computer-Spiel müssen aber ziemlich oft und ziemlich schnell solche Datenpakete verschickt werden und zwar im Optimalfall ca. zehnmal pro Sekunde. Bei einer Pingrate von einer halben Sekunde geht das aber nicht so ganz, man kann zwar auch zehnmal pro Sekunde Daten an den anderen Computer schicken, das Problem dabei ist aber, dass das Ganze um diese halbe Sekunde verzögert ist. Beispiel 3D-Action-Shooter:

Man schießt auf seinen Gegner zum Beispiel mit der Shotgun. So, dann schickt PC1 an PC2, dass er geschossen hat. So, wo liegt hier jetzt das Problem? Es ist ja Tatsache, das die Daten, die PC1 besitzt, bereits eine halbe Sekunde in der Vergangenheit liegen, rennt der Gegner also zum Beispiel gerade vor einem her, ist er in Wirklichkeit schon eine halbe Sekunde lang weiter gerannt, was ja schon einiges ausmacht. Jetzt schießt man auf diesen Gegner, der in Wirklichkeit schon weiter gerannt ist. Nach einer weiteren halben Sekunde kommt dies bei PC2 an, der überprüfen muss, ob er getroffen wurde oder nicht. Wurde er natürlich nicht, denn in der Zeit, in der das Schieß-Event von PC1 nach PC2 übertragen wurde, ist der Spieler an PC2 ja schon wieder eine halbe Sekunde weiter gerannt und mittlerweile überall, nur nicht vor dem eigenen Visier, und wird also nicht getroffen, es sei denn, er rennt exakt gerade vom Spieler an PC1 weg, so dass er nicht aus dem Zielbereich läuft.

Leider gibt es zur Zeit noch sehr viele Spiele dieser Sorte, ich selber kralle mir dann immer einen Raketenwerfer und schieße damit um mich wie ein Irrer, so dass ich den Gegner dann doch irgendwann mal erwische, aber Spielspaß kann man das dann auch nicht nennen, weil das dann kein Können mehr ist, sondern nur noch Glück und man darauf hoffen muss, dass der Gegner zu dumm ist um auszuweichen. Als Alternative kann man natürlich auch dann schon schießen, wenn er noch gar nicht im Visier ist, vielleicht rennt er ja in der nächsten Sekunde hinein.

Viele Spiele lösen dies mittlerweile so, dass sie ständig die Pingrate zwischen den einzelnen PCs feststellen und für die letzten ca. 10 Sekunden speichern, wo sich der eigene Spieler zu diesem Zeitpunkt befunden hat. Das ist dann stellenweise auch wieder anödend, denn dann kommen oft die Sprüche »Hey, ich war doch schon längst vorbei«. Na ja, hoffen wir einfach mal, dass das Internet irgendwann doch noch mal schneller wird, im Moment ist es höchstens möglich, mit jemandem aus der Nähe zu spielen, der am besten noch den gleichen Provider benutzt, so dass der ganze Datensalat erst gar nicht durchs Internet muss, sondern lediglich direkt wieder umgeleitet wird.

Innerhalb Deutschlands hat man oft Pingrates von 200ms, diese sind noch akzeptabel, fließend ist es allerdings leider oftmals immer noch nicht, bei Strategiespielen schon, aber alles, was mit 3D-Action zu tun hat, ist oft sehr grausam für die Nerven.

Daher ein abschließender Satz:

Das Internet ist für Strategiespiele gut geeignet, bei 3D-Action wird's jedoch problematisch, es ist sogar möglich, dass alles fließend ist, aber durch die Verzögerung haben die meisten 3D-Spiele oftmals einen irrealen Touch und dagegen kann man leider auch nichts machen, daher bei solchen Spielen besser zur LAN-Party als ins Internet, das spart Nerven.

Trotz allem, anbieten sollte man dieses Feature trotzdem, wenn man das TCP/IP-Protokoll benutzt, hat man sowieso gleich die Lösung für LAN und Internet gleichzeitig und braucht das Ganze nur einmal zu programmieren.

Bandbreite: ca. 32.000 Bit/s bei 56k-Modem, ca. 60.000 Bit/s bei ISDN-Karte, ca. 120.000 Bit/s bei ISDN-Kanalbündelung

Pingrate: ca. 250-700ms (viel zu hoch)

Nachteile:

- Sehr geringe Bandbreite
- Sehr hohe Pingrate

Vorteile:

- Viele viele Spieler, mit denen man spielen kann.
- Die PCs müssen nicht zusammenstehen, sondern können sich überall auf der Welt befinden.

3.7.2.3 Modem-Modem

Es ist auch möglich, dass sich zwei Modems bzw. ISDN-Karten gegenseitig anrufen. Allerdings ist es meinen Informationen nach nicht möglich, dass ein Modem eine ISDN-Karte bzw. eine ISDN-Karte ein Modem anruft. Durch das Internet ist diese Möglichkeit in letzter Zeit aber immer unpopulärer geworden. Mag sein, weil es schlichtweg cooler ist, übers Internet zu spielen, dadurch viel Geschwindigkeit zu verlieren und eine hohe Pingrate zu bekommen und gleichzeitig noch mehr zu bezahlen, als übers gute alte Modem direkt per Anruf zu spielen, da kann man sich dann nämlich die Kosten teilen und es ist nur noch halb so teuer wie das Internet, zumindest nach 21 Uhr :-) Außerdem hat man dadurch eine weitaus niedrigere Pingrate und das Ganze ist gleichzeitig auch noch schneller, so was wie Server-Traffic gibt es dann nämlich nicht.

Natürlich hat das Ganze im Gegensatz zum Internet auch Nachteile. Der Hauptnachteil ist wohl der, dass man nur mit zwei Leuten spielen kann, mit ISDN-Karten könnte man theoretisch gesehen Ketten bilden und mit unendlich vielen Leuten gleichzeitig spielen. Aber dies wird von keinem Spiel, das ich kenne, unterstützt, und es wird wahrscheinlich auch nie so ein Spiel geben, weil es schlichtweg zu viel Arbeit wäre. Der andere Nachteil ist der, dass man nur mit Freunden aus der eigenen bzw. aus nahe gelegenen Städten spielen kann, weil sonst das Internet irgendwann wieder günstiger ist :-) Wer aber wirklich fließend spielen will, sollte trotzdem anrufen, ab 21 Uhr kostet es sowieso kaum noch was, innerhalb Deutschlands zu telefonieren.

Bandbreite: ca. 32.000 Bit/s bei 56k-Modem, ca. 60.000 Bit/s bei ISDN-Karte, ca. 120.000 Bit/s bei ISDN-Kanalbündelung

Pingrate: ca. 50-150ms, je nach Häuserabstand

Nachteile:

- nur 2 Spieler möglich
- bei größerer Distanz zu teuer

Vorteile:

- schneller als das Internet
- niedrigere Pingrate als im Internet
- bei naher Distanz günstiger als das Internet

3.7.2.4 Nullmodem-Kabel

Das Nullmodem-Kabel ist in letzter Zeit so ziemlich ausgestorben und wird wahrscheinlich nur noch von sehr wenigen Leuten benutzt. Wer nicht weiß, was ein Nullmodem-Kabel ist: Ein Nullmodem Kabel kann an die seriellen Ports zweier PCs angeschlossen werden und diese so verbinden. Es ist relativ schnell und hat eine extrem niedrige Pingrate, da bei einem Nullmodem-Kabel allerdings nicht gebuffert werden kann. Außerdem ist es meistens ziemlich kurz und die PCs müssen beinahe direkt nebeneinander stehen. Es hat eigentlich nur zwei besondere Vorteile im Gegensatz zum Netzwerk:

- es kostet fast nichts (5 € im nächsten Supermarkt um die Ecke)
- man muss keine Karte in seinen PC einbauen und spart dadurch einen Slot

Ich weiß nicht, wie viele Leute heutzutage noch ein Nullmodem-Kabel anstatt eines Netzwerks benutzen, aber extra für das Nullmodem-Kabel sollte man nichts programmieren. Wenn man allerdings Modems unterstützt, ist auch im Handumdrehen der Nullmodem-Support geschaffen. Wenn man für den Multiplayer-Support DirectX benutzt, ist dieser Support sowieso automatisch vorhanden.

Bandbreite: 115.000 Bit/s

Pingrate: Nicht messbar, sagen wir einfach mal 0ms

Nachteile:

- maximal 2 Spieler
- hohe Prozessor-Auslastung
- oft sehr kurze Kabel

Vorteile:

- sehr günstig in der Anschaffung
- relativ schnell
- geringste mögliche Pingrate
- man benötigt keine Karte

3.7.3 Wie man eine Verbindung erstellt (MI)

So, im letzten Abschnitt habe ich die ganze Zeit davon erzählt, was es denn so alles für Möglichkeiten gibt, aber wie macht man das denn jetzt eigentlich?

Tja, gute Frage, nächste Frage, nein, kleiner Scherz, natürlich werde ich jetzt hier zeigen, wie man das machen kann, und zwar am Beispiel von TCP/IP, dem Protokoll, das man sowohl fürs Internet als auch fürs Netzwerk benutzen kann, um mit mehreren PCs zu kommunizieren.

Wie funktioniert TCP/IP? Beim TCP-Protokoll hat jeder PC eine ganz bestimmte Nummer, die IP genannt wird. Eine IP ist allerdings keine einzelne Zahl, sondern besteht aus vier Zahlen im Bereich von 0 bis 255, die durch einen Punkt voneinander abgetrennt sind, also z. B. 196.132.187.29. Was bedeutet diese Zahl nun? Diese Zahl ist wie eine Identifikationsnummer, die im ganzen Internet, Intranet bzw. Netzwerk nur einmal vorkommt. Üblicherweise bekommt man von seinem Internet-Provider bei jedem neuen Einwahlversuch eine neue IP zugewiesen. Es gibt Spezial-Angebote, bei denen sie sich nicht ändert, aber im Normalfall schon. Im Netzwerk funktioniert das Ganze relativ ähnlich, dort ist der Server, der IP-Nummern vergibt, allerdings immer ein eigener Computer. Alternativ besitzt jeder Rechner im LAN feste Adressen. Zusätzlich zu der IP braucht man immer noch einen so genannten Port, den man sich wie eine fünfte Zahl der IP vorstellen kann, dessen Zahlenbereich allerdings nicht nur bis 255, sondern bis 65535 geht. Will man sich mit einem anderen Computer verbinden, muss dieser erst mal einen Port freigegeben haben, auf ihn »hören«.

Tut er dies nicht, gibt's auch die nette DNS-Meldung (DNS- Domain Name Server), weil er ihn dann auch gar nicht erst findet. Einige Ports sind schon fest reserviert, z. B. 80 für http, 110 für Pop3. Man sollte daher bei seinen Verbindungen am besten immer Ports > 500 benutzen, kann zwar dann immer noch sein, dass dieser bereits benutzt wird, z. B. von anderen Programmen, aber dann hat man halt Pech gehabt, bekommt eine Fehlermeldung und nimmt einfach den nächsten Port.

Und wie läuft eine Verbindungsprozedur nun ab?

- Schritt 1: Einen Port auf dem Server (Computer, mit dem man sich verbinden will) freigeben
- Schritt 2: Der Host (Computer, der sich mit einem anderen verbinden will) muss nun versuchen, sich mit der entsprechenden IP und dem entsprechenden Port zu verbinden.
- Schritt 3: Der Server wird gefragt, ob er die Verbindung annehmen möchte und nimmt ihn per Accept an.
- Schritt 4: Der Host bekommt zwei Events gesendet, Connected und Data needed, die PCs sind also nun miteinander verbunden und Daten können ausgetauscht werden.

Und wie programmiert man es?

Um die oberen Schritte zu realisieren, benötigt man unter Windows die WinSock-Library, für die eigentlich jede Programmiersprache eine Unit/Library zur Nutzung zur Verfügung stellt, in Delphi ist dies die Unit Winsock.

Diese stellt alle Prozeduren und Funktionen zur Verfügung, die wir für unsere TCP/IP-Connection benötigen. Ich erkläre es am besten mal anhand eines Delphi-Sourcecodes:

```
VAR handle  : THandle; {Fenster-Handle}
    addr    : TSockAddr; {Input-Adresse}
    Fsocket : TSocket; {Winsock-Handle}
    Res     : Integer; {Zum Abfragen des Results der Funktionsaufrufe}
Procedure OnSockMessage(Var Message : TMessage);
BEGIN
    {kommt später}
END;
BEGIN
    handle:=AllocateHWnd(OnSockMessage); {Handle initialisieren und als
        Message-Handling-Prozedur die Prozedur OnSockMessage angeben}
    {Nun müssen wir die Input-Adresse definieren}
    FillChar(Addr, SizeOf(Addr), #0);
        {Den Speicherbereich der Variable addr säubern}
    Addr.SIn_Family := AF_INET; {Internet / Intranet}
    Addr.SIn_Port := HToNS(1234); {Port, mit dem später gearbeitet werden
        soll angeben, für unser Beispiel benutzen wir mal den Port 1234.}
    Addr.SIn_Addr.S_Addr := HToNL(INADDR_ANY); {Ip-Adresse, INADDR_ANY be-
        deutet in diesem Fall,dass er auf allen IPs des PCs listenen soll.}
    FSocket := WinSock.Socket(AF_INET, SOCK_STREAM, IPPROTO_IP);
        {Socket-Handle für die TCP/IP-Nutzung initialisieren}
    WSAAsyncSelect(FSocket, Handle, WM_SOCK, FD_ACCEPT);
        {Synchronisierungeinstellen, in diesem Fall ASynchron}
    Res := Bind(FSocket, Addr, SizeOf(Addr)); {Den Port reservieren}
    If Res<>0 Then ShowMessage('Error - Couldn't bind socket!')
    Res := Listen(FSocket, 5);
        {Auf die Verbindungsanfrage eines anderen Computers warten.}
    If Res<>0 Then Showmessage('Error - Couldn't listen on socket!')
END;
```

So, bis hierhin sind wir fertig, wie sieht das Ganze nun für den Client aus?

Hier die Antwort:

```
VAR handle  : THandle; {Fenster-Handle}
    addr    : TSockAddr; {Input-Adresse}
    Fsocket : TSocket; {Winsock-Handle}
    Res     : Integer; {Zum Abfragen des Results der Funktionsaufrufe}
    Phost   : PHostEnt; {Zum Abfragen der IP durch den DNS-Server}
    OtherIp : String; {IP-Adresse des Servers}
    ev      : u_long; {Zur Speicherung der Bitmaske}
Type PLongInt = ^LongInt;
    {Pointer auf eine Longint (4 Byte - Integer) - Variable}
Procedure OnSockMessage(Var Message : TMessage);
BEGIN
    {kommt später}
END;
BEGIN
    OtherIp:='127.0.0.0'
        {muss durch die IP/den Namen des Servers ersetzt werden!}
    handle:=AllocateHWnd(OnSockMessage); {Handle initialisieren und als
        Message-Handling-Prozedur die Prozedur OnSockMessage angeben}
    {Nun müssen wir die Input-Adresse definieren:}
    FillChar(Addr, SizeOf(Addr), #0);
        {Den Speicherbereich der Variable addr säubern}
    PHost := GetHostByName(PChar(OtherIP));
        {Gibt die IP-Adresse des anderen Computers zurück}
    Addr.SIn_Family := AF_INET; {Internet / Intranet}
    Addr.SIn_Port := HToNS(1234); {Port, mit dem später gearbeitet werden
        soll angeben, für unser Beispiel benutzen wir mal den Port 1234.}
    Addr.SIn_Addr.S_Addr := LongInt(PLongInt(PHost^.H_Addr_List^)^);
        {Ip, mit der verbunden werden soll}
    FSocket := WinSock.Socket(AF_INET, SOCK_STREAM, IPPROTO_IP);
        {Socket-Handle für die TCP/IP-Nutzung initialisieren}
    Ev := FD_READ Or FD_CLOSE Or FD_CONNECT Or FD_WRITE Or FD_READ;
        {Einstellen, welche Events erlaubt sein sollen}
    WSAAsyncSelect(FSocket, Handle, WM_SOCK, Ev);
        {Diese Einstellungen auswählen}
    Res := Connect(FSocket, Addr, SizeOf(TSockAddrIn));
        {Verbindung initialisieren}
END;
```

So weit, so gut, aber was muss jetzt in der Prozedur `OnSockMessage` stehen?

Folgendes:

```
Procedure OnSockMessage(Var Message : TMessage);
Var Event : Word;
    Error : Word;
    Res   : Integer;
Begin
    // Message-Handling
    Event := WinSock.WSAGetSelectEvent(Message.LParam);
    Error := WinSock.WSAGetSelectError(Message.LParam);
    If Error > WSABASEERR Then
        exit
    Else
        Case Event Of
            FD_CONNECT : Begin
                {Verbindung mit anderem Computer ist zustande gekommen}
            End;
            FD_CLOSE   : Begin
                {Verbindung zum anderen Computer wurde getrennt.}
            End;
            FD_ACCEPT  : Begin
                {Ein anderer Computer will sich mit diesem verbinden}
            End;
            FD_READ    : Begin
                {Daten von einem anderen Computer sind eingegangen}
            End;
            FD_WRITE   : Begin
                {Daten wurden zum anderen Computer gesendet.}
            End;
        else
            Message.Result := DefWindowProc(Handle, Message.Msg,
                message.Wparam, Message.Lparam);
   end;
End;
```

Wie man wohl gut sehen kann, wird in dieser Prozedur, so wie sie oben steht, noch nicht viel gemacht. Das hat schlichtweg damit zu tun, dass dies von Programm zu Programm verschieden ist. Allerdings will ich hier noch einige Anwendungsbeispiele geben:

Eine vom anderen Computer angefragte Verbindung annehmen:

```
VAR Addr  : TSockAddrIn;
    AddrL : Integer;
    AcSck : TSocket;
BEGIN
    AddrL := SizeOf(Addr);
```

```
    FillChar(Addr, SizeOf(Addr), #0);
    AcSck := Accept(FSocket, @Addr, @AddrL);
END;
```

Hierdurch wird die Verbindung akzeptiert und kommt zustande. Die Variable `AcSck` enthält ein neues WinSock-Handle, mit dem man Daten zwischen den beiden Computern austauschen kann.

Um eine Verbindung oder einen Listen-Vorgang abzubrechen, muss man die Prozedur `CloseSocket` mit dem entsprechenden TSocket-Handle als Parameter aufrufen.

Daten senden und empfangen:

```
Daten senden: Send(TSocket-Handle, Pointer auf Daten, Menge der Daten, 0) :
Erfolgreich gesendete Bytes;
Daten empfangen: Recv(TSocket-Handle, Pointer auf Zielbuffer, Größe des
Zielbuffers, 0) : Erfolreich empfangene Bytes;
```

Fertig, viel Spaß beim Experimentieren, weitere Informationen darüber kann man unter `http://internet.bleeze.de` finden, zum Beispiel wie man sich mit wenig Arbeit seine eigene Chat-Lobby für sein Spiel einrichtet. Eine komplette Unit für den WinSock-Support in Delphi befindet sich mit dem Namen `MySock.pas` auf der dem Buch beiliegenden CD. Als Delphi-Programmierer kann man immer auch mal bei `www.torry.ru` vorbeischauen, dort findet man etliche WinSock-Units und man spart sich wirklich viel Arbeit. Für Nicht-Delphi-Programmierer: Einfach mal im Internet nach »socket« suchen.

3.7.4 Verbindungsmodelle (PD & HJM)

Allen Netzwerkspielen ist gemeinsam, dass jeder Spieler das Spiel sehen und ins Spielgeschehen eingreifen können muss. Es ist allerdings sehr variabel, auf welchem Computer sich das Spiel überhaupt befindet, und daraus ergeben sich unterschiedliche Modelle für die Informationsübertragung:

3.7.4.1 Der zentralistische Ansatz

Das eigentliche Spiel läuft nur auf einem einzigen Rechner, dem so genannten Zentralrechner bzw. Server, alle anderen angeschlossenen Computer sind die Clients und fungieren als »dumme Terminals«. Das bedeutet, auf den Clients passieren keinerlei Berechnungen zum Spielgeschehen, die Spieldaten werden nur dargestellt. Der Server schickt laufend die aktuellen Spieldaten an die Clients, und die stellen sie dar. Im Gegenzug schicken die Clients die Eingaben der Spieler weiter an den Server.

Vorteile: Einfach zu implementieren und kaum fehleranfällig bzw. Fehler korrigieren sich von selbst, da die »richtigen« Daten immer komplett neu geliefert werden.

Nachteil: Stößt schnell an die Grenzen von Bandbreite und Pingrate, da relativ große Datenmengen übertragen werden müssen.

3.7.4.2 Der halbzentralistische Ansatz

Das Wesentliche dieser Variante des zentralistischen Ansatzes ist es, nur die Spielstandsänderungen zu übertragen. Dadurch schrumpft die zu übertragende Datenmenge gewaltig, allerdings dürfen keine Fehler mehr auftreten, weil die nicht mehr automatisch von den richtigen Daten überschrieben werden. Es kommt natürlich auch auf die Art der Änderung an. Wenn ich immer absolute Werte übertrage, wie z. B. »Position von X bewegt sich zu Punkt 23/232/809«, dann wird ein falscher Wert gelegentlich wieder durch den richtigen überschrieben, nicht jedoch, wenn ich relative Werte übertrage wie »Höhe von X erhöht sich um 25«.

3.7.4.3 Der verteilte Ansatz

Auf allen Rechnern läuft eine vollständige Kopie des Spiels, und es werden nur die Informationen ausgetauscht, welcher Spieler wann etwas gemacht hat. Die zu übertragenden Datenmengen sind geradezu verschwindend gering, damit können auch komplexeste Spiele über das Internet gespielt werden. Die Fehleranfälligkeit ist allerdings hoch, und Fehler sind nicht korrigierbar. Fehler verursachen eine so genannte Dissoziation, das bedeutet, dass plötzlich jeder Spieler ein völlig anderes Spiel spielt. Etwas, worunter der Multiplayer-Modus von TRANSPORT TYCOON sehr gelitten hat. Man muss auch unbedingt vermeiden, Zufallszahlen und die Zeit in die Berechnungen einzubeziehen, denn die sind ja schon von sich aus auf jedem Rechner anders. Rein theoretisch kann bereits ein abweichendes Prozessordesign zu Unstimmigkeiten führen. Man erinnere sich an den Divisionsfehler der ersten Pentiums und überlege sich nun, was passiert, wenn die vierte Nachkommastelle erst eine kleine Entscheidung beeinflusst, die kleine Entscheidung dann eine große, und schwupps, schon haben wir die Dissoziation.

Über dieses Thema kann man wissenschaftliche Abhandlungen schreiben (tut man auch, das nennt sich Chaosforschung), aber ich will es mal dabei bewenden lassen, dass es dieses Problem überhaupt gibt.

3.7.5 Synchronisation von Multiplayer-Spielen (PD)

3.7.5.1 Das Problem von Bandbreite und Latenz im Internet

Wie schon in einem früheren Abschnitt beschrieben, hat für Actionspiele die Latenz (Pingrate) eine herausragende Bedeutung. Wenn das, was man sieht, auf dem anderen Computer eigentlich schon vor einer halben Sekunde passiert ist und man auf dieses Abbild der Vergangenheit schießt und diese Information auch noch mal eine halbe Sekunde braucht, dann ist das schon eine ganze Sekunde. Bei Spielen mit schnellen Bewegungen kann in dieser Sekunde schon eine Menge passiert sein. Das Ziel ist schon längst aus dem Schussfeld. Entweder man trifft es deswegen nicht und ärgert sich, oder man trifft es doch, weil die Programmierer das ausgeglichen haben, dann ärgert sich der andere, dass er getroffen wird, obwohl er doch schon in Deckung war.

Gar nicht zu sprechen davon, dass man ein kleines Zeitparadoxon bekommt: Nicht nur der andere erscheint mir eine halbe Sekunde verzögert, ich erscheine ihm auch eine halbe Sekunde verzögert. Wenn nun beide gleichzeitig auf dieselbe Stelle laufen, was passiert dann eigentlich? Wer kriegt z. B. das dort liegende Upgrade? Wer darf da stehen und wer nicht?

Egal, was man sich an Tricks einfallen lässt, dieses Problem kann man nicht befriedigend lösen. Jedenfalls nicht in Actionspielen. Die Physik lässt sich nicht überlisten. Wenn eine Information eine halbe Sekunde braucht, dann braucht sie eben eine halbe Sekunde. Belustigt lese ich, dass einige Multiplayer-Spieler sogar kurzzeitige Verbindungsstörungen überbrücken zu können behaupten, indem das Programm zu erraten versucht, was der Spieler als Nächstes gemacht hätte. Sehr schön. Nur was, wenn der Spieler etwas völlig anderes gemacht hat und bei Wiederherstellen der Verbindung alle Konsequenzen wieder rückgängig gemacht werden müssen?

Das Ideal im Multiplayer-Spiel ist es, auf allen beteiligten Computern denselben Spielstand zu haben. Das nennt man ein synchrones Spiel. Und siehe da, das kann man auch verwirklichen. Nur wie gesagt, die Internet-Actionspieler werden sich darüber nicht freuen, denn man muss dazu die Reaktionszeit des Spieles drastisch herabsetzen (siehe Abschnitt 3.7.5.3).

3.7.5.2 Asynchrones Spiel

Damit kann man bis zu einem gewissen Grade leben. Es ist zwar nicht perfekt, aber es ist auch kein großer Spaßkiller, wenn man wegen einer Latenz von einer halben Sekunde etwas asynchrone Spielstände hat. Es ist natürlich kein Zufall, dass Actionspiele sich auf LAN-Parties einer höheren Beliebtheit erfreuen als im Internet, weil da diese Probleme gar nicht erst auftauchen, aber es ist nicht so wild.

X-WING, DESCENT und viele weitere Actionspiele scheren sich wenig um Synchronisation und machen trotzdem Spaß. Wenn mal zwei Leute dasselbe Upgrade einsammeln können, das eigentlich weg sein sollte, nachdem einer es eingesammelt hat – nicht so wesentlich.

Positionsänderungen? Wenn die Position des Gegners auf dem heimischen Rechner sehr von dem abweicht, was der andere Rechner als Positionsinformation schickt, wird es eben korrigiert. Wobei X-WING auch noch einen »weichen« Korrekturalgorithmus hatte, um Sprünge in der Bewegung zu vermeiden.

3.7.5.3 Synchronisationsbedarf

So ein »geordnetes Chaos« ist für Strategie- und Aufbauspiele allerdings tödlich. Die müssen unbedingt synchron laufen, denn da spielen Zahlen eine extrem wichtige Rolle und sind sichtbar spielentscheidend. Und man kann es auch nicht mehr korrigieren, wenn man schon etwas gebaut hat und kurz darauf die Meldung kommt, dass man da gar nicht mehr bauen konnte.

3.7.5.4 Die absolute Synchronistation

In WARCRAFT 2 ist der Spielstand auf allen beteiligten Computern exakt gleich. Dies wird dadurch erreicht, dass die Aktionen der Spieler nicht sofort ausgeführt werden. Jedenfalls nicht die spielstandsrelevanten Aktionen. Sofort ausgeführt wird auf dem lokalen Rechner natürlich das Scrollen, die Sprachausgabe beim Anklicken einer Einheit und alles, was den Spielstand nicht beeinflusst.

Wenn der Spieler einer Einheit jedoch einen Marschbefehl erteilt, passiert Folgendes: der Befehl ereignet sich zu einem bestimmten Zyklus (siehe Abschnitt 3.4: auch Echtzeit ist rundenbasiert) und man weiß, dass die Übertragung der Information zehn Zyklen braucht. Der Befehl kriegt daher den Zusatz: »Ausführen im Zyklus 6382738+10«. Dieser Befehl wird verschickt und kommt auf dem eigenen Computer in eine Warteschlange. Erst wenn der Zyklus dran ist, in dem der Befehl ausgeführt werden soll, wird er auch ausgeführt. Inzwischen ist er auch beim Empfänger angekommen und wird nun dort ebenfalls ausgeführt.

Bei mehr als zwei Rechnern dauert das Ganze doppelt so lange, weil da ein zentraler Rechner existieren muss, der die Befehle von allen Rechnern entgegennimmt und wieder an alle Rechner zurückschickt. Also 2x10 Zyklen in unserem Beispiel.

Der Spieler merkt diese Verzögerung natürlich: Wenn er den Marschbefehl erteilt, die Figur zwar sagt: »Jawohl«, es aber bis zu einer Sekunde und länger dauern kann, bis sie sich auch wirklich in Bewegung setzt. Er merkt es allerdings nur, wenn er darauf achtet. Ansonsten ist das durch die prompte Sprachausgabe recht gut kaschiert. Und überhaupt, wenn man einen Befehl erteilt und mit der Ausführung schon innerhalb einer Sekunde begonnen wird, ist das immer noch sehr fix.

Anders ist das bei Action-Spielen, wo man nicht befiehlt, sondern selbst derjenige ist, der die Bewegung ausführen will. Da sind solche Verzögerungen ganz und gar nicht in Ordnung, zumal Geschick und Schnelligkeit spielentscheidende Bedeutung haben.

Auf die Frage übrigens, was passiert, wenn mal eine Information länger braucht oder verloren geht, lautet die Antwort: Dann muss das Spiel anhalten, bis die Information ankommt oder neu gesendet wurde. Und wie unterscheidet der Computer verloren gegangene Daten von Aktionslosigkeit? Nun, indem auch dann, wenn nichts los ist, dauernd Nachrichten verschickt werden. Da steht dann drin: »Keine Aktion«, und wenn keine Nachricht kommt, weiß man, dass etwas nicht stimmt.

3.8 KI – Künstliche Intelligenz

3.8.1 Grundlagen (MDE)

3.8.1.1 KI in Forschung und Wissenschaft

Das hervorragendste Kennzeichen gegenwärtiger KI-Forschung und Anwendung ist Verwirrung. Eine Fülle von Konzepten und Forschungsansätzen mit je eigenem Vokabular zeigen ein erst am Anfang stehendes Forschungsgebiet mit wenig Neigung zur Praxis. Konsequenterweise ist die Praxis der Game-KI von den Konzepten der KI-Forschung so gut wie unberührt geblieben.

Befragt man die Designer/Programmierer erfolgreicher Spiele nach Ratschlägen zur KI-Entwicklung, so bekommt man im besten Fall einige heuristische Regeln zu hören: Entwickle iterativ, beginne einfach, mach das KI-Design flexibel, schau die Lösungen der Natur ab, die KI soll realistisch (wie ein menschlicher Gegner) handeln, lass den Computer nicht viel rechnen, sondern verwende Lookup Tables, um eine schnellere KI zu bauen, versuche verschiedene Annäherungen – oft vernimmt man aber auch nur Banalitäten á la »Übung macht den Meister«.

Ich werde im Folgenden nicht versuchen, die Geheimnisse der wissenschaftlichen KI-Forschung zu entwirren, es würde auch kaum gelingen, will aber dennoch über amateurhafte Heuristiken hinausgehen und Games-KI ein wenig strukturieren.

Die KI ist ein Forschungsgebiet, das versucht, die natürliche Intelligenz zu verstehen und intelligente Systeme zu bauen – das ist eine gängige Umschreibung der KI. Als Ziele werden angegeben:

- Schaffung von Maschinen für eine oder mehrere Aufgaben
- Erforschung der Grundlagen der Intelligenz
- Nachbildung gewisser Verhaltensweisen natürlicher Systeme.

Nach vielen gescheiterten Versuchen, Intelligenz zu definieren, geht man heute davon aus, dass sich Intelligenz im Verhalten zeigt. Man experimentiert deshalb mit mobilen Robotern, deren Verhalten beobachtbar ist. Diese »autonomen Agenten« sind mit Sensoren, z. B. optischen Sensoren wie Kameras, und Effektoren, z. B. Arme mit mehreren Freiheitsgraden (Bewegungsachsen), ausgestattet um Veränderungen der Umwelt wahrnehmen und darauf reagieren zu können.

Da bleibt natürlich immer noch die Frage offen, ob das, was man dabei beobachtet, Intelligenz ist. Aber diese Frage müssen wir für die Zwecke dieses Beitrages glücklicherweise nicht entscheiden.

3.8.1.2 Autonome Charaktere

Ein autonomer Charakter (AC), oftmals auch **Agent** genannt, ist eine Spielfigur, die ihr Verhalten selbst bestimmt, d. h. autonom entscheidet, was sie als Nächstes tut und dies dann durchführt. Zur Realisierung eines AC bieten sich Objekt-orientierte Programmiersprachen an, d. h., es wird eine Klasse autonomer Charakter

```
class autonomousCharacter {}
```

entworfen. Werden alle Handlungen der Spielfigur in dieser Klasse entschieden, ist die Figur im Sinne der Definition autonom.

AC können Computer-Player (CP) oder Computer-Charaktere (CC) sein. Letztere werden oft in Non-Player-Charaktere (NPC) und Monster unterteilt. CP sind Spieler wie der Human-Player (HP), welche jedoch nicht von einem Menschen, sondern von einer KI gesteuert werden. CC sind von einer KI, jedoch nicht von einem CP, gesteuerte Figuren auf dem Spielfeld. Charaktere, welche von einem CP gesteuert werden, sind keine AC und deshalb vom KI-Standpunkt aus uninteressant.

Damit ein Charakter autonom entscheiden kann, braucht er ein Modell der Welt, in der er agiert.

3.8.1.3 Ein Modell der Spielwelt

Jede KI besitzt ein kognitives Modell der Welt, in der sie »lebt«. Dieses Modell impliziert

- Eine Repräsentation der Umwelt. Im einfachsten Fall einige Variablen, welche den gegenwärtigen Zustand der Spielwelt beschreiben.
- Die verfügbaren Verhaltensmöglichkeiten.
- Ein Regel-Set, welches Veränderungen oder Veränderungsmöglichkeiten in der Umwelt beschreibt: Wenn man in Situation x (Voraussetzung) die Handlung y ausführt (Ursache), wird Situation z resultieren (Wirkung).

Betrachten wir einen einfachen Fall als Beispiel:

Die Repräsentation der Umwelt einer Figur in einem Labyrinth besteht aus einer 2D-Koordinate (dem gegenwärtigen Aufenthaltsort)

```
class coord{int x;int y;}
```

und booleschen Variablen, die angeben, ob das entsprechende angrenzende Feld offen (begehbar) oder gesperrt (Wand) ist. Wir nehmen ein Spielfeld aus Quadraten an, daher acht Möglichkeiten:

```
bool north, northEast, east, southEast, south, southWest, west, northWest;
```

Die Verhaltensmöglichkeiten dieser Spielfigur bestehen aus einer Methode

```
coord go(int richtung)
```

der eine Int-Zahl von eins bis vier (diagonale Bewegung also ausgeschlossen) übergeben wird, welche die Bewegungsrichtung angibt. Die Methode führt die Bewegung aus und liefert die neue Koordinate zurück.

Der Regel-Set besteht aus einer weiteren Methode

```
bool canGo(int richtung)
```

die prüft, ob die Figur in die angegebene Richtung gehen kann und entsprechend »true« oder »false« zurückliefert.

3.8.1.4 Ziele

Jeder Mensch hat Ziele, sonst wüsste er nicht, was er tun soll. Für eine KI bzw. einen AC gilt das Gleiche.

Ziele sind einfach Mengen von Werten für bestimmte zielrelevante Variablen. Der gegenwärtige Wert des Variablen-Sets (Ist-Wert) kann mit dem Zielwert (Soll-Wert) verglichen werden und daraus kann bestimmt werden, ob das Ziel erreicht ist, bzw. wie groß die Abweichung ist.

In vorstehendem Beispiel kann das Erreichen des Ziels in einer Methode

```
boolean testGoal(coord now, coord goal)
```

durch Vergleich der gegenwärtigen mit der Zielkoordinate geprüft werden; »true« (Ziel erreicht) oder »false« wird zurückgegeben.

3.8.1.5 Entscheidungen

Entscheidungen betreffen das Problem der »richtigen« Wahl. Aus einem Set von alternativen Verhaltensmöglichkeiten muss ein bestimmtes Verhalten ausgewählt werden. Es gibt mehrere Möglichkeiten:

1. Deterministische Wahl, d. h., die Entscheidung ist im Programmcode in Abhängigkeit von bestimmten Variablen als Verhaltensregel festgesetzt.
2. Zufällige Wahl, d. h., die Entscheidung wird zufällig, z. B. durch eine Zufallszahl, aus den Verhaltensmöglichkeiten ausgewählt.
3. Zielorientierte Wahl, d. h., es wird geprüft, welche der Alternativen dem Erreichen der Ziele förderlich ist, und die in diesem Sinne effektivste Verhaltensweise wird ausgewählt.

Durch Verhaltensregeln bestimmte deterministische Verhaltensweisen sind tendenziell langweilig, weil die Aktionen der Spielfigur schon bald vorhersagbar sind und keine Herausfordeurng mehr bieten. Zufälliges Verhalten der AC ist in jedem Spiel nutzlos.

Wenn ein spannendes Spiel zustande kommen soll, müssen AC ihr Verhalten aufgabenspezifisch und situationsabhängig wählen. Es muss ihnen möglich sein, zwischen Handlungen mit erwünschten und Handlungen mit unerwünschten Wirkungen zu unterscheiden und sich für erstere zu entscheiden. Dies ist nur möglich, wenn sie autonom sind, über ein Modell der Welt mit Verhaltensmöglichkeiten, Repräsentation und Regel-Set verfügen und ein oder mehrere Ziele haben.

Andererseits ist deterministisches Verhalten schnell in der Ausführung, der Programmierer hat ja schon alle Entscheidungsarbeit geleistet, während die Rechenzeit für zielorientiertes Verhalten sehr viel länger dauern kann, denn der AC hat eine Menge Arbeit selbst zu tun, die dem Programmierer erspart bleibt.

Wie so oft wird man einen Kompromiss finden müssen:

- So viel vordefinierte Regeln wie möglich, um Rechenzeit zu sparen.
- So viel zielorientiertes Verhalten wie nötig, um die Vorhersehbarkeit des Verhaltens des AC zu mindern.
- Und ein wenig Zufall für Überraschungseffekte.

In der Praxis scheint es effektiv zu sein, die KI inkrementell zu entwickeln: Von einem Prototyp, der primär zielorientiert programmiert ist, wird die KI durch Minimierung der Zielorientiertheit und Einführung von Verhaltensregeln immer weiter verfeinert bis zum Produktionscode, welcher primär – aber nicht nur – Verhaltensregeln nutzt.

Insbesondere das Low-Level-Verhalten kann vollständig regelbasiert programmiert werden, während das zielorientierte Verhalten den High-Level-Entscheidungen vorbehalten bleibt. Eine Mittler-Methode kann entscheiden, was High- oder Low-Level-Verhalten ist und die entsprechenden Methoden aufrufen.

3.8.1.6 Wissenserwerb

Wissenserwerb bedeutet, Fakten zu sammeln und Regeln zu generieren. Aus Fakten und Regeln ist das Modell der Welt aufgebaut. Fakten werden durch Wahrnehmung erworben, Regeln durch Lernen. Regeln sind Interpretationen des Zusammenhangs einer Menge von Wahrnehmungen. Mengen kohärenter und konsistenter Regeln nennt man Theorien. Auf der nächsten Ebene gibt es dann Bewertungen, die von Zielen abhängig sind:

- Tatsachen oder Fakten sind Daten, die durch Wahrnehmung entstehen. Beispiel: Fritz geht um 8.00 Uhr die Straße entlang in Richtung Bäcker.
- Interpretationen sind hypothetische Zusammenhänge von Fakten (Regeln). Beispiel: Fritz geht zum Bäcker, um die Morgenbrötchen für seine Mutter zu holen.
- Bewertungen sind zielabhängige Grade der Richtigkeit (Ethik), Schönheit (Ästhetik) oder Effizienz (Pragmatik). Beipiel: Fritz ist ein netter Junge, weil er die Morgenbrötchen für die Familie holt (damit tut er der Familie etwas Gutes und es ist nett, anderen etwas Gutes zu tun).

Es ist sicher faszinierend, einen AC zu programmieren, der die Regeln seiner Umwelt durch wiederholte Wahrnehmung ähnlicher Situationsmuster lernen kann, aber im Interesse einer halbwegs akzeptablen Rechenzeit wird man einem AC alle bekannten Regeln der Welt, in der er agiert, fest einprogrammieren.

Das Design und die Programmierung der Wahrnehmung eines AC ist eine der verpflichtendsten und schwierigsten Aufgaben jeglicher KI-Entwicklung. Je umfassender die Umwelt wahrgenommen werden kann, d. h., je mehr Umweltvariablen der AC berücksichtigt, desto präziser kann er auf Ereignisse reagieren – und desto langsamer läuft das Programm.

Wenn wir an die bekannten Strategiespiele mit Erforschung und »Fog of War« denken, dann werden die Probleme leicht deutlich. Müssen AC Level erkunden oder haben sie gleich Zugriff auf alle Daten? Gilt der »Fog of War« nur für HP oder auch für CP?

Was für den menschlichen Spieler eine spannende Steigerung des Spielspaßes ist, eben nicht gleich alles zu wissen, ist für den AC ein großes, rechenzeitintensives Problem.

Andererseits gibt es Fakten, die ein AC nicht wissen muss, z. B. muss er oft nicht die Natur bestimmter Hindernisse kennen (Baum oder Felsbrocken), sondern nur wissen: Da ist ein Hindernis. Alle funktional hinreichend ähnlichen Strukturen können für den Computer unter die gleiche Kategorie fallen.

Der AC wird nur das wissen, was wir als wissenswert für ihn auswählen. Aspekte der Welt, die in seinem kognitiven Modell nicht beinhaltet sind, kann er nicht wahrnehmen. Außerdem werden für den AC manche Aspekte seiner Umwelt anders repräsentiert werden als im Rest des Programms. So wird das Modell der Welt des AC vielleicht Hindernisse enthalten, während der Rest des Programms, z. B. wegen der Grafik, zwischen Baum- und Felshindernissen unterscheidet, welche aber für den AC nicht existieren – was sein Funktionieren nicht im Geringsten beeinträchtigt.

3.8.1.7 Das »wahre« Modell der Welt

Wie präzise sollte das Modell der Welt sein? Können wir einem AC ein vollkommenes Modell seiner Welt geben?

Die Spiele-Engine konstituiert eine Welt. Diese Welt besteht aus einem Anfangszustand und Transformationsregeln. Die Transformationsregeln werden auf den Anfangszustand angewandt und das Ergebnis ist ein Folgezustand, auf den wiederum die Transformationsregeln angewandt werden, ad infinitum oder bis das Programm beendet wird. Das ist die wahre Welt, in der unser AC agiert.

Wollten wir dem AC ein wahres Modell der Welt geben, bräuchten wir ihm nur eine Kopie der durch das Programm konstituierten wahren Welt zu implementieren. Der AC könnte dann den Lauf der Ereignisse durch eine Vorwärts-Simulation vorhersehen. Tatsächlich werden wir das jedoch fast nie ernsthaft wollen. Es gibt Gründe, die dagegen sprechen, einem AC ein wahres Modell der Welt zu implementieren:

- Rechenzeit: Normalerweise wird der AC einige Alternativen prüfen, bevor er eine Entscheidung trifft. Wenn er zu diesem Zweck jedesmal eine Vorwärts-Simulation des wahren Modells der Welt über mehrere Züge und Verzweigungen vornehmen müsste, würde das Spiel unsäglich langsam werden. Ein gutes Beispiel für dieses Problem sind Schachprogramme – aber Schach lässt in jeder gegebenen Stellung viel weniger mögliche Züge zu als selbst einfachste Computerspiele.
- Unrealistisches Verhalten: AC mit Zugang zum wahren Modell der Welt sind faktisch perfekte Hellseher. Beispiel: Ein Maschinengewehr schießt Dauerfeuer auf den AC. Hat dieser ein wahres Modell der Welt, wird er immer genau wissen, wo jeder Schuss einschlägt und sich mit traumwandlerischer Sicherheit zwischen den Kugeln hindurchschlängeln, ohne je getroffen zu werden. Sicherlich kein Verhalten, welches wir in der realen Welt erwarten würden.

Man wird also dem AC im Allgemeinen kein wahres Modell der Welt implementieren, sondern nur eine notwendige Teilmenge der Wahrheit und einige Heuristiken für die nicht durch Wahrheit abgedeckten Fälle – also ein grundlegend vereinfachtes Modell der Welt. Bei Menschen ist es ähnlich. Wir wissen (Wahrheit!) zwar, *dass* jeder Gegenstand auf die Erde oder den Fußboden fällt – falls ihn nichts davon abhält –, haben aber kaum die Formeln und die Rechenkapazität bereit, um auszurechnen, *wann* dieser Gegenstand auf dem Boden aufschlägt.

Von all dem abgesehen ist die Implementierung eines wahren Modells der Welt unmöglich, wenn gegen Menschen gespielt wird. Menschliches Verhalten ist nicht vorhersagbar.

Das Modell der Welt sei so wahr wie nötig und so einfach wie möglich. Die Konstruktion des Modells der Welt des AC ist der Kern jeder KI-Entwicklung und eine der kritischsten Aufgaben der Erstellung einer effektiven KI.

3.8.1.8 KI und Rechenzeit

Eine gute KI ist rechenzeitintensiv, faktisch stehen für die KI jedoch (so wird geschätzt) nur etwa 5% der Rechenzeit zur Verfügung, der Rest geht an Grafik, User-Interface, etc. Folgt daraus nicht faktisch, dass man höchstens einige wenige sehr schnelle und hochoptimierte Pseudo-KI-Routinen schreiben kann und mit schlechter KI leben muss?

Ich denke nicht, dass das notwendigerweise so sein muss. Es gibt eine alte Programmiererregel, die besagt, dass man sein Programm zuerst nach allen Regeln guter Programmierung (Strukturiertheit, Übersichtlichkeit, Wartbarkeit etc.) erstellen und debuggen soll. Wenn das Programm fertig ist, und dann festgestellt wird, dass es zu langsam ist, wird die Geschwindigkeit optimiert – aber erst jetzt, nicht schon während des Entwicklungsprozesses. Diese Optimierung der Geschwindigkeit besteht nun aber auch nicht darin, dass man wild beliebige Routinen optimiert, sondern zuerst wird analysiert, welche Routinen genau den Hauptteil der Zeit fressen, nur diese Routinen müssen optimiert werden.

Für den KI-Programmierer folgt daraus, dass er erstmal die KI schreibt, die er für optimal hält. Wenn das (Gesamt-)Programm dann zu langsam ist, hat die Entscheidung, wo optimiert wird, der Analyse des Zeitverbrauchs zu folgen. Dann wird sich zeigen, ob die KI wirklich einen so erheblichen Anteil an der Gesamtzeit hat, dass sich eine Optimierung lohnt. Falls dem so sein sollte, muss der Zeitverbrauch der einzelnen Methoden der KI analysiert und entschieden werden, wo optimiert werden muss.

Ein praktischer Vorteil dieser Methode ist, dass die Verantwortlichen, weil eben eine uneingeschränkte KI vorliegt, klar erkennen können, welche Verschlechterung der KI – und damit des Spielspaßes – man für den Rechenzeitgewinn in Kauf nimmt. Die Grafikprogrammierer verfahren im Wesentlichen gleich: Erst erstellen sie die Super-Grafik-Engine, welche die tollsten Dinge darstellt, und wenn diese dann zu langsam ist und optimiert wird, sieht jeder, was alles verloren gegangen ist. Dann wird oft pauschal an der KI gekürzt, von der man ja eh noch nix gesehen hat, um noch ein wenig Zeit für eine bessere Grafik zu gewinnen – mit Ergebnissen in der Grafik, die eh kein User mehr sieht und einer so schlechten KI, dass keiner mehr versteht, was diese komischen CP denn für idiotisches Zeug treiben.

3.8.1.9 Diskretisierung

Diskretisierung bedeutet, ein kontinuierliches Phänomen in eine gröbkörnigere Version zu transformieren. So sind z. B. Temperatur und Zeit kontinuierliche Phänomene, welche in Grade und Stunden diskretisiert wurden.

Diskretisierung ist eine wichtige Vereinfachungstechnik der KI. Ein Beispiel sind Bewegungsalgorithmen. Die grafische Darstellung der Bewegung eines Objektes von einer Position zu einer anderen Position soll ohne Sprünge geschehen, also optisch kontinuierlich sein. Ein wirklich kontinuierliches Modell der Welt passt natürlich in keinen Speicher, aber auch ein pixelbasiertes Modell nicht. Man wählt also im Allgemeinen ein diskretisiertes Modell in Form eines Gitternetzes aus aneinandergrenzenden Feldern. Die bekannten Rechteck/Rauten/Hexfeld-Karten (Tile-based-games) sind ein einschlägiges Beispiel für solche geografischen Gitternetze. Aber auch die KI von Spielen, denen kein optisch sichtbares Gitternetz aus Hexagon- oder Quadratfeldern zugrunde liegt, muss ein derartiges Netz im Modell der Welt der AC implementieren.

Die Grundidee ist einfach genug: Nur wenn ein Objekt sich in der wirklichen Spielwelt so weit bewegt hat, dass es in einem anderen Feld platziert wird, wird im Modell der Spielwelt eine Bewegung registriert. Die dadurch bedingte Entlastung von Speicher und CPU ist enorm – aber man handelt sich auch einige Probleme ein.

- Wenn die Felder zu groß sind, kann der AC wichtige Bewegungen nicht erkennen. Der AC wird dadurch ständig von Ereignissen überrascht, die er hätte vorhersehen müssen, und wirkt ziemlich dümmlich.
- Sind die Felder jedoch zu klein, reagiert der AC auf zu viele unwichtige Bewegungen. Der Vorteil der Diskretisierung wird verschenkt, Rechenzeit und Speicherbedarf explodieren.

Die Festlegung der richtigen Feldgröße erfordert gewöhnlich ein längeres Trial-and-error-Verfahren. Hilfreich ist ein hierarchisch verfeinertes Gitternetz, d. h. ein Gitternetz über dem Gitternetz, z. B. einfache Quadrate oder Felder auf der untersten Ebene, Multi-Quadrate oder Regionen aus mehreren einfachen Quadraten auf der nächsthöheren Ebene und Super-Quadrate oder Bereiche aus mehreren Multi-Quadraten auf der höchsten Ebene. Felder, Regionen und Bereiche können gewichtet werden, z. B. kann eine Wichtung aus der Menge der Ressourcen und der im Besitz des AC befindlichen Ressourcen errechnet werden. In einem solchen Modell kann der AC sehr fein auf Bewegungen reagieren, ohne Rechenzeit und Speicher zu sehr zu belasten. Ein weiterer Vorteil eines hierarchischen Gitternetzes besteht darin, dass der AC damit eine taktische (Regionen) und strategische (Bereiche) Perspektive in seinem Modell der Welt eingebaut hat.

Für die tatsächliche Spielwelt muss diese Diskretisierung in das kontinuierliche Modell der wirklichen Welt rückübersetzt werden. Diese geschieht einfach durch ein vordefiniertes Low-Level-Verhalten, von dem das Modell der Welt nichts weiß.

3.8.1.10 Unsicherheit

Ein vereinfachtes Modell der Welt, im Gegensatz zum wahren Modell der Welt, resultiert in einer partiell unvorhersagbaren Welt. Wenn das Modell der Welt *zu* einfach ist, wird die Welt so unvorhersehbar, dass kein zielgerichtetes Verhalten mehr möglich ist. Man muss also eine vernünftige Annäherung finden. Aber egal wie gut die Annäherung ist: Wenn das Modell der Welt nicht identisch mit der wirklichen Welt (des Spiels) ist, werden alle Vorhersagen um so ungenauer, je länger die Sequenz der Handlungen und Wirkungen ist, die der AC vorberechnet.

Da das Modell der Welt vereinfacht ist, kann der AC weder alle Wirkungen noch alle Nebenwirkungen vorhersagen. Nehmen wir an, seine Vorhersagen haben eine Genauigkeit von 90%, d. h. in 90% aller Fälle ist die Wirkung einer Handlung die vorhergesagte Wirkung. Will der AC nun Handlungssequenzen vorhersagen – und das wird er, ein ausreichend komplexes Spiel vorausgesetzt, tun müssen, – dann summieren sich die Ungenauigkeiten. Beträgt die Genauigkeit der Vorhersage für das erste Glied der Sequenz noch 90%, so für das zweite nur noch 81%, danach 73%, 66%, 59% usw.

In einer gegebenen Situation erwägt der AC eine bestimmte Handlung. Diese Handlung zu erwägen, bedeutet, sich über die möglichen Wirkungen der Handlung klar zu werden, d. h. diese Wirkungen vorherzusagen. Handlungen können auf Objekte, also auf Gegenstände, die keiner autonomen Reaktion fähig sind, oder auf andere AC bzw. den HP gerichtet sein. Die Vorhersage der Handlungswirkung auf Objekte ist relativ einfach, aber die Vorhersage der Wirkung auf AC oder HP bedeutet, vorherzusagen, wie diese als Reaktion auf die eigene Handlung handeln werden – und die Unsicherheit bei einer derartigen Vorhersage ist sehr hoch.

Man kann dieses Problem umgehen, indem man nicht fragt, wie dieser spezielle Spieler reagieren würde, sondern herauszufinden versucht, was die optimale Reaktion wäre (Schachspieler sind darin geschult). Dies geht von der Annahme aus, dass suboptimale Reaktionen nicht berücksichtigt werden müssen, weil sie dem Handelnden ja nur zum Vorteil gereichen können. Schachspieler bemühen sich immer, nur die Varianten für den besten Gegenzug zu berechnen und brechen die Berechnung einer Variante sofort ab, wenn sie erkennen, dass dieser Gegenzug entweder zu einer Verschlechterung der Stellung des Gegners führt oder mindestens schlechter ist als ein ein anderer Zug.

Natürlich, das ist nicht nur ein Problem der KI, sondern wir alle sind diesem Problem unterworfen. Was tun wir? Wir handeln und schauen, was passiert. Ist die Wirkung der Handlung nicht die gewünschte, überlegen intelligente Menschen sich eine neue Handlung, um die Wirkung zu korrigieren – nicht ganz so intelligente Menschen schimpfen auf die Umstände und versuchen das Gleiche noch mal ...

Viele KIs sind so programmiert, dass der AC auf eine bestimmte Situation mit einem festgelegten Handlungs-Set reagiert und auf die daraus entstehende Situation wieder reagiert, ohne aber zu bemerken, dass diese Folgesituation durch seine vorherige Handlung bedingt ist. Solche ACs wiederholen stumpfsinnig immer die gleichen Fehler, welche der HP natürlich ausnutzt – und das Spiel wird mangels Gegner langweilig.

Ungewissheit, notwendig gegeben durch ein vereinfachtes Modell der Welt, fordert zwingend sensorisches Feedback (Wahrnehmung), wenn ein AC nicht nur K, sondern auch I sein soll.

3.8.1.11 Die Hierarchie der Welt und der Teilmodelle

Die hier vorgestellte Hierarchisierung basiert auf Konzepten für 3D-Spiele mit 3D-Charakteren. Für andere Arten von Spielen müssen andere Hierarchien entworfen werden – aber die Vorteile von Hierarchien im Aufbau der Welt sollten auf jeden Fall genutzt werden.

Die Welt eines Spiels ist auf der untersten Ebene eine geometrische Welt. Eine geometrische Welt ist einfach eine Welt aus geometrischen Formen und deren Relationen. So ist ein Hexagon eine geometrische Form, und die Lage aller Hexagone zueinander wird durch geometrischen Relationen beschrieben. Arme und Beine von Spielfiguren sind geometrische Formen. Dass der Kopf auf dem Hals sitzt, die Arme an den Schultern hängen und die Schultern am höher am Körper sind als die Beine – alles geometrische Relationen.

Die Relevanz dieser geometrischen Relationen wird deutlich, wenn wir uns vorstellen, wie eine 3D-Figur sich bewegt. Normalerweise ist der Kopf der höchste Punkt einer Figur, aber wenn diese sich bückt oder einen Kopfstand macht, sollte das anders sein. Dennoch müssen bestimmte Grenzen eingehalten werden. So sollte der Kopf eines Menschen sich z. B. nicht um 180 Grad drehen lassen. Die geometrische Welt sorgt dafür, dass bestimmte geometrische Relationen erlaubt, andere erzwungen und wieder andere nicht zulässig sind.

Auf der geometrischen Welt basiert die physikalische Welt, welche Konzepte wie Masse, Gravitation, Geschwindigkeit, Reibung etc. einführt. Die physikalische Welt bestimmt z. B., welche Bewegungen in welcher Geschwindigkeit möglich sind und wie viel Kraft aufzuwenden ist, um bestimmte Objekte zu bewegen.

Physikalische Gesetze vorausgesetzt, kann die biomechanische Welt entworfen werden. Die Gesetze der Physik sind notwendig, um passive Objekte zu animieren, Steine, die vom Himmel fallen und aufeinanderprallende Objekte. Die Gesetze der Biomechanik sind notwendig, um aktive, lebendige Objekte, deren Bewegung durch die Betätigung von Muskeln erfolgt, zu animieren: laufen, auf Bäume klettern und Schwerter schwingen.

Die Verhaltens-Welt umfasst alle möglichen Handlungen lebendiger Objekte, welche über einfache Bewegungen (laufen, hinsetzen) hinausgehen. Es ist wichtig, Verhaltensweisen in Low-Level- und High-Level-Verhalten zu unterteilen, weil Low-Level aus Gründen des Ressourcenverbrauchs (Speicher, Rechenzeit) Verhalten immer als Stimulus-Response-Regel implementiert werden sollte, während für High-Level-Verhalten Zielgerichtetheit und Lernfähigkeit vorgesehen wird.

Die nächste Stufe ist die kognitive Welt und dies ist das Modell der Welt eines jeden AC. In der kognitiven Welt wird entschieden, welches Verhalten aus der Verhaltenswelt ausgeführt wird, welche Erfolgserwartung bestimmte Verhaltensweisen in bestimmten Situationen haben, Ereignissequenzen – wenn ich A tue, dann tut der andere B oder C, worauf ich mit D antworten könnte – werden berechnet, Ziele aktiv angestrebt etc. Die kognitive Welt enthält vereinfachte Versionen der wirklichen Welten der Geometrie, der Physik und der Biomechanik.

3.8.2 Vertiefungen (MDE)

3.8.2.1 Die Minimax-Methode

Die Minimax-Methode ist eine klassische Methode der Game-KI, um die jeweilige Situation zu analysieren und die nach dieser Analyse effektivste Handlung festzustellen.

Was tut ein Mensch, wenn er entscheiden will, welche Handlung in einer gegebenen Situation die effektivste ist? Er überlegt, welche Handlungen in Frage kommen, was das Ergebnis jeder dieser Handlungen wäre, welche Gegenhandlung ein eventueller Widersacher unternehmen könnte, was er darauf für eine Handlung durchführen könnte und was Ergebnis dieser Handlungsketten sein könnte. Daraus gewinnt er dann eine Einschätzung der Erfolgsaussichten jeder der in Betracht gezogenen Handlungen.

Er könnte nun eine Liste mit den möglichen Handlungen aufstellen und für die erwartete Wirkung eine Wertung vergeben. Ist die Wirkung eine relativ zum Ziel verbesserte Situation, gibt er eine positive Wertung, ist die Situation schlechter, eine negative Wertung. Dann ergänzt er die Liste mit den effektivsten Gegenzügen und bewertet wiederum die entstehende Situation usw. Schließlich führt er die Handlung mit der besten Bewertung aus.

Betrachten wir ein Beispiel. Zur Vereinfachung trenne ich nicht zwischen Handlungen und daraus folgenden Situationen, sondern setze beide gleich, in () stehen die Bewertungen von +10 bis –10.

1. Gegenwärtige Situation: S0(0)
2. Mögliche eigene Handlungen: EH11(4), EH12(3), EH13(7)
3. Mögliche gegnerische Reaktionen auf EH11: R111(-5), R112(6), R113(0)
4. Mögliche gegnerische Reaktionen auf EH12: R121(0)
5. Mögliche gegnerische Reaktionen auf EH13: R131(10), R132(-6)
6. Mögliche eigene Handlungen auf R111: EH1111(-9), EH1112(2)
7. Mögliche eigene Handlungen auf R112: EH1121(-7), EH1122(4), EH1123(6)
8. Mögliche eigene Handlungen auf R113: EH1131(3)
9. Mögliche eigene Handlungen auf R121: EH1211(5)
10. ...

Was sagt uns das?

Angenommen, ich führte EH11 aus, dann erwiderte mein Gegenspieler:

1. R111, worauf ich mit EH1112 kontern könnte und damit eine Stellung mit der Bewertung 2 erreichen würde.
2. R112, worauf ich mit EH1123 kontern könnte und damit eine Stellung mit der Bewertung 6 erreichen würde.
3. R113, worauf ich mit EH1131 kontern könnte und damit eine Stellung mit der Bewertung 3 erreichen würde.

Angenommen, ich führte EH12 aus, dann erwiderte mein Gegenspieler:

1. R121, worauf ich mit EH1211 kontern könnte und damit eine Stellung mit der Bewertung 5 erreichen würde.

Bei bestem Gegenspiel ist also der maximal erreichbare Wert bei EH11 eine 2 und bei EH12 eine 5. Demzufolge ist EH12 ein besserer Zug als EH11.

Wir können jetzt sehen, woher die Bezeichnung Minimax-Methode kommt. Um den besten Zug zu bestimmen, braucht man immer nur den eigenen Zug mit der höchsten Bewertung (max) – wir wollen die eigene Stellung verbessern – und den gegnerischen Zug mit dem schlechtesten Wert (min) – der Gegner will unsere Stellung verschlechtern – heraussuchen. Dann vergleicht man die Ergebnisse der verschiedenen Zweige und erhält den optimalen Zug.

Diese Methode ist jedoch sehr rechenzeitintensiv. Beim Schach z. B. sind im Mittel etwa 35 Züge möglich und auf jeden Zug gibt es entsprechend 35 mögliche Antworten. Bei 2 Halbzügen gibt das 35 mal 35 gleich 1225, bei drei Halbzügen 42875 und bei vier Halbzügen schon 1.5000.625 Millionen Möglichkeiten.

Der Baum der Stellungen muss also drastisch reduziert werden. Eine Methode, dies zu erreichen, ist der so genannte »Alpha-Beta Cutoff«. Dabei werden nur die Zweige mit der besten Bewertung vertieft und die Analyse wird sofort abgebrochen, wenn in einem Zweig eine schlechtere Bewertung als die bisher beste erscheint.

In obigem Beispiel wissen wir, nachdem EH11 und EH12 analysiert sind, dass wir bei bestem Gegenspiel mindestens eine 5 (EH12) erreichen können. Demzufolge wird nur noch EH12 weiter berechnet und alle anderen Zweige mit schlechteren Ergebnissen, z. B. EH11, werden abgebrochen. Nun ist aber EH13 noch offen und wir müssen unsere Antworten auf R131 und R132 bedenken. Angenommen, wir haben drei mögliche Gegenzüge und der beste davon führt zu einer Bewertung von 4 (weniger als 5), brechen wir die Berechnung von EH13 sofort ab und betrachten die anderen Gegenzüge nicht mehr, denn der Gegner kann so spielen, dass wir nur eine 4 erreichen, während wir eine 5 ja schon sicher haben.

Der Knackpunkt bei derartigen Methoden ist natürlich eine schnelle und präzise Bewertungsfunktion und es gibt keinerlei Regeln, nach denen man Bewertungsfunktionen aufstellen könnte – einzig der Erfolg entscheidet!

3.8.2.2 Situationen und Handlungen

Die Spielwelt ist eine sich verändernde Welt, und AC sollen sich in dieser Welt behaupten können. Dazu müssen AC über Situationen, Handlungen und den Zusammenhang zwischen Situationen und Handlungen nachdenken können.

Ich will an einem Beispiel aufzeigen, wie man die Zusammenhänge zwischen Situationen, dargestellt durch Eigenschaften und deren Wert in der Spielwelt, und Handlungen analysieren und darstellen kann.

Welten haben statische und variable Eigenschaften. Alle Eigenschaften der Spielwelt, welche sich während des Spiels ändern können, sind variable Eigenschaften, alle anderen sind statische Eigenschaften.

Eine Situation ist ein Schnappschuss des Zustandes der Spielwelt, der Werte der Eigenschaften der Welt. Eine Handlung ist ein Instrument, um eine gegebene Situation, d. h. bestimmte variable Eigenschaften der Welt, zu verändern. Eine aus einer Handlung h in Situation s resultierende Situation s‘ wird beschrieben durch eine Methode s‘ = do(h, s).

Wir benutzen folgendes Beispiel:

Gegeben seien zwei AC, genannt Jim und Sunny, welche in einer Spielwelt agieren. Jim hat ein Gewehr und will Sunny töten. In der Anfangssituation lebt Sunny, und das Gewehr ist nicht geladen.

In unserem Beispiel haben wir folgende variablen Eigenschaften:

```
VElebt(s) = Sunny lebt in Situation s.
VEzielt(s) = Das Gewehr zielt auf Sunny in Situation s.
VEgeladen(s) = Das Gewehr ist in Situation s geladen.
```

Die Ausgangssituation S ist folgende:

```
VElebt(S) = Sunny lebt.
NOT VEzielt(S) = Das Gewehr ist nicht auf Sunny gerichtet.
NOT VEgeladen(S) = Das Gewehr ist nicht geladen.
```

Weiterhin verfügen wir über folgende Handlungen:

```
Hladen = Das Gewehr wird geladen.
Hzielen = Das Gewehr wird auf Sunny gerichtet.
Hschießen = Das Gewehr abfeuern.
```

Die Möglichkeit, eine Handlung h in einer Situation s durchzuführen, wird durch ein Prädikat »MÖGLICH(h, s)« eingeführt. Bedingungen, welche spezifizieren, welcher Zustand der Welt gegeben sein muss, damit eine Handlung durchgeführt werden kann, nennen wir Vorbedingungs-Axiome.

```
MÖGLICH(Hladen, s) = Es ist immer möglich das Gewehr zu laden.
MÖGLICH(Hzielen,s) = Es ist immer möglich auf Sunny zu zielen.
MÖGLICH(Hschießen, s) => VEgeladen(s) = Das Gewehr kann nur schießen wenn
es geladen ist (Vorbedingungs-Axiom)
```

Wirkungs-Axiome geben die notwendigen Bedingungen an, damit eine variable Eigenschaft nach einer Handlung einen bestimmten Wert annehmen kann.

```
VEgeladen(do(Hladen, s)) = Das Gewehr ist geladen, nachdem es geladen
wurde.
VEzielt(do(Hzielen, s)) = Das Gewehr zielt auf Sunny, nachdem es auf ihn
gerichtet wurde.
MÖGLICH(Hschießen, s) AND VEzielt(s) => NOT VElebt(do(Hschießen, s)) = Wenn
das Gewehr auf Sunny gerichtet ist und es ist möglich zu schießen, dann ist
Sunny tot, nachdem geschossen wurde.
```

Ein Wirkungs-Axiom, welches gewichtig verkündet, dass ein Gewehr geladen ist, nachdem es geladen wurde, hört sich für unser Alltagsohr sicherlich etwas albern an – aber dem Computer muss man das explizit mitteilen, sonst hat er keine Ahnung, wie er von einem ungeladenen zu einem geladenen Gewehr kommt.

Die Wirkungs-Axiome müssen alle Möglichkeiten, den Zustand der Welt zu verändern, auflisten, d. h. für jeden möglichen Wert einer variablen Eigenschaft muss es ein Wirkungsaxiom geben oder dieser Wert kann nie erreicht werden. Was sich nach einer Handlung ändert und was gleich bleibt, entscheidet sich aus den Wirkungsaxiomen: Alle variablen Eigenschaften, die nicht explizit durch ein Wirkungs-Axiom verändert werden, bleiben gleich.

3.8.2.3 Persönlichkeit

Ein viel gewünschtes Feature sind CP mit eigenen Persönlichkeiten, individuellen Zielen, Vorlieben und Emotionen. Das Problem ist, dass man über Persönlichkeiten erst nachdenken kann, nachdem eine KI implementiert wurde, die es erlaubt, den AC ernst zu nehmen. Die blinden Hühner, als die sich AC meist herausstellen, sind als Persönlichkeiten nur Lachnummern. Wir setzen in diesem Abschnitt also voraus, dass ein AC, der vom HP ernst genommen wird, vorhanden ist.

Natürlich, man kann versuchen, eine individuelle Persönlichkeit zu implementieren, indem man einfach ein paar Variablen einbaut, die nach irgendwelchen Regeln hoch- oder runtergezählt werden und dann abhängig von den Variablenwerten bestimmte Aktionen auslösen. Das Hauptproblem der individuellen Persönlichkeit sind genau diese Aktionen, die den persönlichen Eigenschaften erst Leben geben – das so genannte Ausdrucksverhalten.

Wie bewirkt man den Anschein von Individualität bei einem AC? Bedenken wir, dass Logik Menschen zu gemeinsamen Lösungen verhilft, Logik ist allgemeingültig. Emotionen sind das genaue Gegenteil von Logik, sie bewirken Individualität. Ein AC mit einer eigenen Persönlichkeit braucht folglich Emotionen bzw. emotionale Verhaltensweisen und Ausdrucksformen.

Ian Wilson (Gamasutra 7.5.99) schlägt vor, verschiedene Levels von Emotionen zu implementieren. Auf dem ersten Level gibt es kurzfristige Emotionen, welche von gegenwärtigen Ereignissen herrühren. Auf dem nächsten Level gibt es mittelfristige Stimmungen, welche von den kurzfristigen Emotionen beeinflusst werden und Varianten des dritten Levels der Persönlichkeit sind.

Eine Person mag allgemein eher freundliche Gefühle für andere Menschen hegen. Angenommen, dass häufige Enttäuschungen mit kurzfristigen negativen Emotionen geschehen, so wird seine Stimmung misstrauisch bis argwöhnisch werden. Wenn dann allerdings längere Zeit keine Enttäuschungen mehr auftreten, wird sich sein sonniges Gemüt wieder durchsetzen.

Solch ein Modell kann recht einfach mittels einiger zusätzlicher Variablen implementiert werden und dennoch eine sehr differenzierte Emotionalität zulassen. Das Hauptproblem sind nicht diese Persönlichkeitsvariablen und ihre Manipulation, sondern die Wirkungen der verschiedenen Zustände dieser Variablen. Emotionen und Persönlichkeit werden nur durch Ausdrucksverhalten, d. h. durch ein Verhalten, welches die Emotionen wahrnehmbar ausdrückt, glaubwürdig. Dieser Ausdruck geschieht eher durch Gesichtsausdruck, Stimmlage und Wortwahl denn durch abstrakte Entscheidungen – aber das ist ein Problem der Grafik, nicht der KI.

In die KI müssten Verhaltensregeln eingebaut werden, die vorgeben, dass der AC in der gleichen Situation je nach emotionalem Befinden verschieden agiert, d. h. man bräuchte für jede Handlung eine große Menge zusätzlicher Vorbedingungs-Axiome:

```
MÖGLICH(Hschießen, s) => VEgeladen(s) AND Vemiesdrauf(s) = Das Gewehr kann
nur schießen, wenn es geladen und Jim mies drauf ist.
```

Werden die Emotionen zu undifferenziert eingebaut, z. B. ein Normalverhalten, eins für besonders schlecht drauf und eins für besonders gut drauf, dann erhalten wir einen holzschnittartigen Charakter mit Comic-Qualitäten. Je differenzierter aber das Verhalten sein soll, desto größer wird die Menge der zusätzlichen Regeln, welche implementiert werden müssen.

Ein wichtiges und relativ leicht zu implementierendes Element, um AC Persönlichkeit zu geben, ist Gedächtnis. Ein AC, der von einem Zug zum anderen »vergisst«, dass man ihn gerade beleidigt oder eine wichtige Ressource abgenommen hat, ist nicht sehr glaubwürdig. In Strategiespielen ist es üblich, dass der CP sich nicht im Geringsten darum kümmert, wenn man ihm eine Stadt abnimmt. Aus einer rein strategischen Perspektive mag es oft richtig sein, eine andere, vielleicht leichter zu erobernde Stadt anzugreifen. Aber Menschen versuchen gewöhnlich auch wieder, das Verlorene zurückzuerobern.

Primär, das kann man an Spielen wie JAGGED ALLIANCE gut beobachten, hat Persönlichkeit weniger mit KI als mit Grafik, Sound und Hintergrundgeschichte zu tun. Die KI muss die Voraussetzungen dafür schaffen, dass der AC so intelligent handelt, dass er als Persönlichkeit überhaupt akzeptiert werden kann. Auf dieser Basis kann dem AC eine Geschichte und ein Hintergrund gegeben werden, können Grafik und Sound dem AC Leben geben. Erst wenn dies alles gegeben ist, können Persönlichkeitsvariablen, Emotionen und emotionale Handlungen Sinn machen.

3.8.2.4 Evolutionäre Algorithmen

Evolutionäre Algorithmen sind ein faszinierendes Feld der KI-Forschung und können für Spiele nutzbringend eingesetzt werden. Sie eignen sich wegen ihres immensen Ressourcenverbrauchs nicht für die KI einer Verkaufsversion, sind aber oft unschlagbar, um während der Entwicklungsphase effektive KI-Regeln herauszufinden, die dann mittels Lookup-Tables in der Verkaufsversion implementiert werden können.

Der Begriff »Evolutionäre Algorithmen« bezeichnet computerbasierte Problemlösungssysteme, welche auf den Modellen natürlicher Problemlösungsmechanismen der Evolution basieren. Die verschiedenen Annäherungen laufen unter den Namen: Genetische Algorithmen, Evolutionäres Programmieren, Evolutionäre Strategien,

Klassifizierte Systeme und Genetisches Programmieren. Allen gemeinsam ist die Simulation einer Population individueller Strukturen durch die Prozesse von Mutation, Selektion und Reproduktion. Der Erfolg wird bestimmt durch die Angepasstheit oder Fitness individueller Strukturen an eine bestimmte Umwelt.

»Fitness« bedeutet in diesem Kontext einfach nur, dass die individuellen Strukturen die gewünschten Ergebnisse erzeugen. Was Fitness im speziellen Fall bedeutet, das kann sehr verschieden sein.

Der evolutionäre Algorithmus funktioniert wie folgt:

```
PSEUDO CODE
Evolutionärer Algorithmus
// Setze Anfangszeit
t = 0;
// Initialisiere eine zufällige Population von Individuen
anfangsPopulation P (t);
// Bewerte die Angepasstheit aller Individuen
bewerte P (t);
// Teste auf Beendigungskriterium (gewünschte Fitness)
while not done
// Erhöhe den Zeitzähler
t = t + 1;
// Wähle Eltern für die Produktion von Nachkommen
E = wähleEltern P (t);
// Kombiniere die (Gene der) Eltern zu Paaren
kombiniereEltern E (t);
// Kreuze die Gene zufällig
K = mutiere E (t);
// bewerte die Fitness der Nachkommen
bewerte K (t);
// Selektion der Überlebenden entsprechend der Fitness
P = ueberleben P,K (t);
do
end EA.
```

Zuerst wird die Fitness aller Individuen in einer Population bewertet. Dann wird durch Kreuzen der Gene der bestehenden Population, manchmal unter Hinzufügen zufälliger Veränderungen, eine neue Population erzeugt. Deren Fitness wird wiederum bewertet und wieder eine neue Generation erzeugt. Jeder Durchgang durch die Schleife ist eine Generation.

Evolutionäre Algorithmen werden auf multidimensionale Optimierungsprobleme angewandt und eine KI für ein Spiel fällt genau unter diese Kategorie. In einer CP-Multiplayer-Umgebung kann es technisch leicht umgesetzt werden. Die Probleme liegen eher im Detail, z. B. in der alles entscheidenden Frage, wie die Chromosome repräsentiert werden können.

In genetischen Algorithmen werden die Chromosome gewöhnlich durch Bit- oder Zeichen-Arrays als Strings mit fester Länge repräsentiert. Durch Bit-Manipulation können Kreuzung und Mutation leicht realisiert werden. Die Lösung erhalten wir dann auch als String und müssen sie entsprechend übersetzen.

Im einfachsten Fall wird man ein Set von Regeln und Variablen – die ihren Wert während eines individuellen Lebens nicht ändern – implementieren und diese in einem normalem String vom Typ `char` abbilden. Jede Stelle des Strings wird einer bestimmten Regel oder einer Variable zugeordnet und gibt an, ob die Regel angewandt wird bzw. welchen Welt die Variable hat.

Der Erfolg eines solchen Unternehmens ist natürlich sehr stark von der Auswahl der Variablen und der Regeln abhängig, denn solch eine einfache Implementierung kann keine neue Regeln finden, nur optimale Zusammenstellungen und Gewichtungen vorgegebener Regeln.

Hier bietet es sich an, iterativ vorzugehen, d. h. irgendeine sehr einfache KI zu erstellen, dann zu spielen und immer dann, wenn man als menschlicher Spieler irgend etwas anders machen würde als der CP, eine entsprechende Methode möglichst in verschiedenen Fassungen – obwohl sich das fast automatisch ergibt – zu implementieren. Nach einiger Zeit erhält man so eine große Sammlung verschiedenster Methoden, die für eine Optimierung mittels eines evolutionären Algorithmus geeignet sind.

Eine andere Herangehensweise zerlegt einen Set von KI-Regeln in ihre »wenn«- (Bedingung) und »dann«- (Handlung) Teile und lässt diese unabhängig voneinander mutieren. Da man dabei die merkwürdigsten Verbindungen von Bedingung und Handlung erhält, ist das eine auf den ersten Blick völlig verrückte Technik – welche dennoch meist bessere Ergebnisse hat, als wenn man Bedingung und Handlung fest verbindet. Möglichwerweise liegt das daran, dass diese verrückte Methode der Evolution in der Natur viel näher ist als eine ordentliche Methode, welche nur vollständige Regel-Sets permutiert.

Wer sich für evolutionäre Algorithmen interessiert, sei auf die Newsgroup comp.ai.genetic verwiesen. Hier werden fast alle Fragen und Probleme zum Thema sehr kompetent behandelt.

3.8.3 Pathfinding (PD)

3.8.3.1 Was ist Pathfinding?

Pathfinding ist das am häufigsten vorkommende KI-Problem in einem Computerspiel. Genauer gesagt kommt es praktisch in so gut wie jedem Spiel vor, sei es Strategie, Egoshooter oder RPG. Es handelt sich dabei um das simple Problem, ein Objekt (meistens eine Figur oder ein Fahrzeug) von einem Punkt in der Spiel-Welt zu einem anderen Punkt zu bewegen. Die Spiele-Welt ist in aller Regel in Felder eingeteilt, und das Objekt kann sich von Feld zu Feld bewegen. Das muss nicht unbedingt so sein, die Alternative ist aber in der Spieleprogrammierung nicht genügend verbreitet, um hier tiefer darauf einzugehen.

Überhaupt einen Weg zu finden ist bereits besser als nichts, immerhin gibt es nicht wenige Spiele, die bereits an dieser Aufgabe scheitern (was den Spieler dann doch ziemlich ärgert, wenn seine Einheiten irgendwo hängen geblieben sind), aber noch schöner ist es, wenn der gefundene Weg auch noch der kürzestmögliche ist und der ganze Vorgang möglichst wenig Rechenzeit und Speicher verbraucht. Besonders Letzteres wird gerne unterschätzt.

Ich werde im Folgenden einige Grundlagen anreißen und dabei auch den Standard-Pathfinding-Algorithmus, A* (»A-Star«) vorstellen. Als weiterführende Literatur seien dem interessierten Leser die Pathfinding-Kapitel in »Game Programming Gems« empfohlen (dt. Ausgabe »Spieleprogrammierung – Gems1«).

3.8.3.2 Die Beschaffenheit der Spiel-Welt

Die Spiel-Welt, in welcher die üblichen Pathfinding-Algorithmen stattfinden, ist diskretisiert, d. h. in Felder eingeteilt, die miteinander verbunden sind. Manche Felder können betreten werden, manche nicht (Hindernis), und die, die betreten werden können, können meist nicht alle gleich problemlos betreten werden. Z. B. enthält die Spiel-Welt vielleicht Straßen durch eine Graslandschaft; von Straßenfeld zu Straßenfeld kommt ein Fahrzeug einfacher voran als von Grasfeld zu Grasfeld.

Es ist keineswegs erforderlich, dass diese Felder alle gleich groß sind oder die gleiche Form haben, aber es ist wichtig, dass ein Feld eindeutig entweder betretbar ist oder nicht. Das heißt, eine Spiel-Welt-Repräsentation, in der ein Feld zwar prinzipiell betretbar ist, aber in der Mitte des Feldes ein Hindernis steht, durch das man nicht hindurch kann, ist für unsere Zwecke unbrauchbar. Entweder oder. Sonst wäre es ja einfach, und man bräuchte für die ganze Spiel-Welt nur ein einziges Feld.

Und wenn ein Feld betreten wird, wird sein Mittelpunkt betreten. Das heißt, eine Figur kann nicht von einem Feld zum anderen auf mehr als einer geraden Linie reisen.

In Tile-Based-games ist die Sache einfach, die Felder sind ja bereits vorgegeben. In 3D-Spielen mit freien Levels muss dem Mesh der Landschaft oder des Gebäudes eine unsichtbare Felderstruktur unterlegt werden. Das kann unter Umständen die Levelgeometrie selbst sein, aber häufig gibt es auch ein so genanntes **Navigations-Mesh**. Muss der Leveldesigner bauen. Gelegentlich ist dieses Navigationsmesh sehr beschränkt, wodurch die Charaktere nur auf fest vorgegebenen »Schienen« herumlaufen können.

3.8.3.3 Von Feldern und Ameisen

Der folgende Algorithmus wird in der Regel von Neueinsteigern, die sich eigene Gedanken machen, gefunden. Er findet garantiert einen Weg (wenn es einen gibt) und es ist auch garantiert der kürzestmögliche:

Stell dir vor, du hast einen Haufen Ameisen. Von deinem Startfeld aus lässt du in jede mögliche Richtung Ameisen zu den Nachbarfeldern laufen.

Trifft eine Ameise auf ein leeres Feld, besetzt sie es. Sie merkt sich, wie weit vom Startfeld aus bis hierher zu laufen war. Des Weiteren merkt sie sich, von welchem Feld aus sie dieses Feld betreten hatte. Von diesem Feld aus starten wieder neue Ameisen zu den Nachbarfeldern.

Trifft eine Ameise auf ein Feld, auf dem bereits eine andere Ameise ist, müssen sie sich unterhalten, wer von ihnen den kürzeren Weg hierher gehabt hat. Diese Ameise darf dieses Feld dann nämlich besetzen, die andere muss nach Hause. Ist es die neue Ameise, die hierbleiben darf, starten von diesem Feld aus wieder neue Ameisen, als wäre dieses Feld vorher leer gewesen.

Irgendwann sind alle vom Startfeld erreichbaren Felder besetzt. Nun ist die Frage: Ist das Zielfeld auch dabei? Wenn nein, gibt es keinen Weg. Wenn ja, dann muss nur noch der Weg konstruiert werden. Ausgehend vom Zielfeld wird geguckt, von welchem Feld aus es betreten wurde (das haben sich die Ameisen ja gemerkt), und von welchem Feld aus dieses betreten wurde, usw.

Implementieren lässt sich dieser Algorithmus auf vielfältige Weise. Am nahe liegendsten ist eine rekursive Implementation, allerdings ist das aus einer Reihe von Gründen nicht sehr performant und frisst Speicher ohne Ende. Wesentlich effizienter ist es, eine Liste mit den aktuell betretenen Feldern zu führen; genauer gesagt, müssen es zwei Listen sein, aber sieh selbst:

```
PSEUDO CODE AMEISEN-ALGORITHMUS

list aktuelle_liste, neu_liste;

// Initialisierung
setze Kosten aller Felder auf unendlich // = nicht betreten
memset(aktuelle_liste,0);
startfeld.kosten = 0;
tue startfeld in aktuelle_liste

// Schleife
while (aktuelle_liste nicht leer)
{
  memset(neu_liste,0);
  for (feld_nr=0; alle Felder in aktuelle_liste; feld_nr++)
```

```
    {
      akt_feld = aktuelle_liste[feld_nr];
      for (alle Nachbarfelder von akt_feld)
      {
        k1 = kosten(akt_feld bis nachbarfeld);
        k2 = akt_feld.kosten;
        if (nachbarfeld.kosten > k1 + k2)
        {
          nachbarfeld.kosten = k1 + k2;
          nachbarfeld.von_wo = akt_feld;
          tue nachbarfeld in neu_liste;
        }
      }
    }
    aktuelle_liste = neu_liste;
}

// konstruiere Weg
if (zielfeld.kosten < unendlich)
{
    nr = 0;
    weg[0] = zielfeld;
    while (weg[nr] <> startfeld)
    {
      nr++;
      weg[nr]=weg[nr-1].von_wo;
    }
}
```

3.8.3.4 Der A* Algorithmus

Auch A* arbeitet mit einer Liste, vergleicht die Feldkosten zu den Nachbarfeldern und baut zum Schluss den Weg aus der von_wo-Information der Felder auf. Auf den ersten Blick betrachtet, ist A* dem Ameisen-Algorithmus äußerst ähnlich, es gibt jedoch zwei wesentliche Unterschiede:

1. A* geht die aktuelle Liste mit den Feldern nicht stur von Anfang bis Ende durch, sondern pickt sich immer nur das »vielversprechendste« Feld heraus. Bei der Frage, was »viel verspechend« ist, berücksichtigt A* nicht nur die Kosten vom Start bis zum aktuellen Feld, sondern auch die Kosten vom aktuellen Feld bis zum Ziel. Da dieser Wert logischerweise gar nicht vorliegen kann, solange das Pathfinding nicht abgeschlossen ist, bedient sich A* einer »Schätzfunktion«, auch *heuristische Funktion* oder ganz kurz *Heuristik* genannt. Diese Funktion musst du dir selbst ausdenken. Je nach dem, wie du sie schreibst, kommen bezüglich der Performance sehr unterschiedliche Ergebnisse heraus. (Keine Sorge, ich lass dich damit nicht allein.)

2. A* hört sofort auf, sobald der Algorithmus auf das Zielfeld stößt. Das bedeutet, dass unter Umständen *nicht* der kürzeste Weg gefunden wird. Das hängt wieder sehr davon ab, wie die Heuristikfunktion arbeitet.

Aber statt vieler Worte hier wieder ein kleines Listing:

```
PSEUDOCODE A*-ALGORITHMUS

list aktuelle_liste;

// Initialisierung
setze Kosten aller Felder auf unendlich // = nicht betreten
memset(aktuelle_liste,0);
startfeld.kosten = 0;
startfeld.zielkosten = Heuristik(Startfeld,Zielfeld);
tue startfeld in aktuelle_liste

// Schleife
while (aktuelle_liste nicht leer)
{
  akt_feld = feld aus aktuelle_liste mit niedrigsten (kosten+zielkosten)
  if (akt_feld == zielfeld)
  {
    Schleife abbrechen!
  }
  else
  {
    for (alle Nachbarfelder von akt_feld)
    {
      k1 = kosten(akt_feld bis nachbarfeld);
      k2 = akt_feld.kosten;
      if (nachbarfeld.kosten > k1 + k2)
      {
        nachbarfeld.von_wo = feld;
        nachbarfeld.kosten = k1 + k2;
        nachbarfeld.zielkosten = Heuristik(nachbarfeld,Zielfeld);
        tue nachbarfeld in aktuelle_liste
      }
    }
  }
}

// Konstruiere Weg
... (siehe Ameisen-Algorithmus)
```

So, nun noch ein Wort zur rätselhaften `Heuristik`-Funktion. Die Aufgabe dieser Funktion ist, zu schätzen, wie weit es von diesem Feld noch bis zum Zielfeld sein dürfte. Wenn der Rückgabewert eine Konstante ist, also keine Information liefert, wird zwar der kürzeste Weg gefunden, aber die Suche wird sich wie beim Ameisen-Algorithmus kreisförmig um das Startfeld ausbreiten, und das ist suboptimal. Wenn wir nämlich stattdessen einen Wert zurückgeben, der proportional zur Luftlinie zwischen Feld und Zielfeld ist, hat das zur Folge, dass sich die Suche bevorzugt in Richtung des Zieles ausbreitet. Das spart gewaltig Rechenzeit, weil viel weniger Felder untersucht werden müssen.

Je größer der Wert der Heuristik-Funktion, desto geradliniger läuft A* auf das Ziel zu. Allerdings gibt es einen Punkt, ab dem die Ersparnis auf Kosten der Genauigkeit geht. Wenn die Heuristik die Entfernung zum Ziel überschätzt, wird möglicherweise nicht der beste Weg gefunden (eher der erstbeste). Am besten bewährt hat sich als Rückgabewert die Luftlinie mal den geringstmöglichen Bewegungskosten pro Feld.

3.8.4 KI für Computergegner (PD)

3.8.4.1 Auch der Computergegner ist ein Spieler

Diese etwas merkwürdig anmutende Feststellung ist durchaus ernst gemeint. Egal, über welche Art von Spiel wir sprechen: Der Computergegner besitzt prinzipiell dieselben Handlungsmöglichkeiten wie ein menschlicher Spieler: In einem Strategiespiel kann er Einheiten befehlen, in einem 3D-Shooter kann er laufen, schießen und verwundet werden.

Von der Programmarchitektur her ist es daher sinnvoll, auch dem Computergegner ein Userinterface bereit zu stellen, idealerweise dasselbe, das auch dem menschlichen Spieler zur Verfügung steht. Nein, ich bin nicht verrückt geworden! Natürlich soll die KI keine Maus bedienen und Buttons anklicken, es geht vielmehr darum, dass das Anklicken eines bestimmten Buttons eine bestimmte Funktion aufruft – und genau diese Funktion muss auch der Computergegner aufrufen können. Ebenso wie all die anderen Funktionen, die der Spieler aufrufen kann.

Na ja, fast alle. Die KI wird mit einigen Funktionen möglicherweise herzlich wenig anfangen können, dazu gehört z. B. alles, was Grafik- und Soundausgaben betrifft. Sofern diese Funktionen dem Spieler Informationen vermitteln, muss für die KI eine Funktion bereitgestellt werden, die diese Information direkt der »Erinnerung« der KI eintrichtert. Dazu muss die KI natürlich auch den entsprechenden Speicherslot für diese Information besitzen.

Es steht dir natürlich frei, bestimmte Funktionen nur für den Spieler zu reservieren und dafür der KI Funktionen bereitzustellen, auf die der Spieler keinen Zugriff hat. Aber diese Entscheidung muss im Design getroffen werden.

Der Computergegner gehört aus diesem Grund auch zuletzt implementiert. Das heißt, das Spiel sollte bereits über alle Funktionen der Endversion verfügen. Andernfalls ist es etwas problematisch, die KI zu testen.

3.8.4.2 Hilfsfunktionen

Wenn der erste Schritt getan ist, nämlich dem Computergegner sein Userinterface zu geben, besitzt er eine Palette von Low-Level-Handlungsmöglichkeiten. Im Falle eines Strategiespiels wäre eine solche Low-Level-Handlung z. B. der Bau einer Kaserne an einer bestimmten Koordinate.

Welche Koordinate jedoch? Man kann auf der Karte sicherlich nicht an einer beliebigen Stelle eine Kaserne errichten, und nicht jede Stelle, die möglich ist, ist auch sinnvoll. Das heißt, es gibt eine Funktion zu schreiben, die einen sinnvollen Bauplatz für eine Kaserne sucht. Was sinnvoll ist, bestimmt dabei im Prinzip der Designer, aber es kann sein, dass ihn die Formulierung der Regel intellektuell überfordert und die Aufgabe dem Programmierer überlassen bleibt.

Ein sehr einfaches Beispiel für eine solche Regel könnte z. B. sein, schneckenförmig vom Basiszentrum ausgehend einen freien Platz zu suchen. Besonders reizvoll wäre es natürlich, die Funktion zu parametrisieren, so dass die Suche um einen beliebigen Punkt stattfindet. Auf diese Weise wäre die Funktion geeignet, eine Kaserne in einem zweiten Stützpunkt zu errichten, oder neben einer Goldmine, um sie zu bewachen.

3.8.4.3 Makros

Wenn auch die Hilfsfunktionen bereit stehen, um die UI-Funktionen mit »sinnvollen« Werten aufrufen zu können, ist es an der Zeit, einige High-Level-Handlungsmöglichkeiten zu definieren, auch **KI-Makros** genannt. Z. B. wäre so etwas die Handlungskette, die zur Produktion von Infanterie führt:

1. Freien Bauplatz für Kaserne suchen. (Hilfsfunktion)
2. Kaserne bauen. (UI-Funktion)
3. Infanterie in Auftrag geben. (UI-Funktion)

Punkt 3 erweist sich hierbei als etwas problematisch, denn eigentlich ist die Sache nicht mit dem Bau einer einzigen Infanterieeinheit abgeschlossen. Das müssen viel mehr sein, und mit Sicherheit wird es auch die Möglichkeit geben, Infanterien zu jedem beliebigen anderen Zeitpunkt zu erschaffen. Insofern könnte man Punkt 3 aus diesem Makro genauso gut auch weglassen – oder das Makro parametrisieren, indem angegeben wird, wie viele Infanterieeinheiten beim Bau der Kaserne auf jeden Fall in Auftrag gegeben werden sollen. Dann benötigen wir allerdings eine Hilfsfunktion, die uns eine »sinnvolle« Anzahl an zu erschaffenden Einheiten liefert.

Wenn das System erweiterbar sein soll, empfiehlt es sich übrigens, Makros nicht hartzucodieren.

3.8.4.4 Kurzzeitgedächtnis

Der Sinn und die Notwendigkeit erschließen sich aus dem obigen Beispiel. Angenommen, die KI beschließt, in einer Kaserne eine Armee aus zehn Infanterieeinheiten zusammenzustellen. Da dies nicht sofort, sondern nur nacheinander geht, muss irgendwo festgehalten werden, wie viele Einheiten noch in der Warteschlange stehen.

Zugegebenermaßen kann man solch eine Warteschlange auch in der Kaserne selbst integrieren, aber vielleicht hat die KI zum Entscheidungszeitpunkt nicht das nötige Kleingeld, um alle Einheiten zugleich in Auftrag zu geben. Letzten Endes ist es auch egal, wo diese Information gespeichert wird, Hauptsache sie wird *irgendwo* gespeichert.

3.8.4.5 Reaktionstabellen

Als nächstes ist das Regelwerk dran, das entscheidet, wann der Computergegner aktiv wird und was er nun eigentlich tut.

Auch das ist eigentlich eine Frage des Designs und weniger der Programmierung. Im Wesentlichen geht es darum, eine Art Tabelle zusammenzustellen, bei der einem Zustand bzw. einem Ereignis, *Trigger* genannt, eine oder mehrere mögliche Reaktionen des Computergegners gegenübergestellt werden. Hier ein kleines Beispiel:

Trigger	Reaktion
Neue Goldvorkommen entdeckt	Goldmine im Umkreis von 3 Feldern bauen; 5 Arbeiter produzieren und hinschicken; 5 Infanterie zur Bewachung produzieren und hinschicken.
Feind greift Hauptgebäude an	Alle Truppen im Umkreis von 20 Feldern zum Schutz rufen
Holzvorrat < 200	Holzfällerlager in der Nähe bei Bäumen bauen; 5 Arbeiter produzieren und hinschicken.

Auch diese Trigger/Reaktionstabelle ist im Idealfall nicht hartcodiert, dann lassen sich nämlich evolutionäre Algorithmen einbauen (lernende KI). Aber das ist ohne ein Scripting-System praktisch nicht zu realisieren. Für den Anfang wäre es auch schon interessant, nur die hier auftauchenden Zahlen zu variieren.

3.8.4.6 Bausteine für die künstliche Persönlichkeit

Intelligenz allein ist nicht alles. Natürlich ist es wichtig, dass die KI für den Spieler eine gewisse Herausforderung darstellt, aber so richtig stimmungsvoll wird das Spiel erst, wenn sie sich auch menschlich verhält.

Es ist zum Beispiel hochinteressant, für einen Computergegner sog. *Individualparameter* vorzusehen, wie z. B.:

- Baugeschwindigkeit
- Geiz (behält wie viel % seines Goldeinkommens als Reserve)
- Bauvorlieben (baut mehr wirtschaftliche oder mehr militärische Gebäude)
- Militärische Vorlieben (baut mehr Infanterie oder mehr Kavallerie)
- Aggressivität (greift Spieler früh/spät an mit wenig/viel Truppen)
- Eigenbrötlertum (Bereitschaft, Bündnisse und Verträge einzugehen)
- Rachsucht (greift eher einen Spieler an, der ihn bereits angegriffen hat)

Des Weiteren gibt es einige Dinge, die eigentlich selbstverständlich sind, z. B. dass die Handlung der Situation angemessen sein muss. So ist es sehr begrüßenswert, dass z. B. in Unreal manche schwer verwundeten Gegner lieber abhauen, als weiter auf den Spieler einzudringen. Nervig hingegen ist es, wenn in Civilization 1-3 der hoffnungslos unterlegene Gegner provozierende Truppen in meinem Land einmarschieren lässt oder in den Verhandlungen maßlose Forderungen stellt.

»Menschlich« bedeutet aber nicht nur, dass die KI intelligent *handeln* soll, sondern sie muss auch – fast genau so wichtig – intelligent mit dem Spieler *reden*. Es gibt kaum etwas Langweiligeres, wenn der Computergegner in jeder Situation immer wieder dieselben Phrasen drischt. Es ist doch eigentlich gar nicht schwer, irgendetwas der Situation Angemessenes zu sagen (»Ich bin mir meiner Unterlegenheit bewusst, dennoch fordere ich ...«), oder etwas, das sich auf aufgezeichnete vergangene Ereignisse bezieht (»Du hast zwar meine Hauptstadt eingenommen, aber ich werde dennoch weiterkämpfen.«)

3.8.4.7 Offene Architektur

Eine Sache, die viel zu wenig Beachtung findet, ist die Möglichkeit, die KI eines Spiels in eine DLL auszulagern und das Interface als Open Source freizugeben. Auf diese Weise kann jeder Interessierte seine eigene KI schreiben. Es ist sogar möglich, auf diese Weise KI-Meisterschaften auszutragen, indem in einem Spiel eine KI gegen die KI eines anderen Programmierers antritt.

In diesem Zusammenhang möchte ich unbedingt auf das Projekt CIVEVOLUTION von Steffen Gerlach hinweisen. Es handelt sich dabei um einen CIVILIZATION-Klon mit einigen Eigenarten, bei dem dieses offene Konzept realisiert worden ist. Das komplette Projekt ist Open Source. Die verwendete Programmiersprache ist Delphi 4, aber es gibt keinen Grund, eine KI-DLL nicht in jeder beliebigen Programmiersprache zu schreiben.

URL: `http://c-evo.org`

3.9 Systemunabhängige Programmierung (HJM)

Oft ist es gewünscht, dass ein Programm von möglichst vielen Anwendern genutzt werden kann, denn je mehr Leute das Programm benutzen können, desto mehr Kopien kann man davon verkaufen. Nun hat leider nicht jeder Windows installiert, es gibt auch Linux, MacOS und eine ganze Reihe anderer Betriebssysteme. Außerdem gibt es ein ganze Palette verschiedener, inkompatibler Prozessoren wie den Intel Pentium, den PowerPC, den StrongARM, Sparc, HPPA, Motorola 68k und viele mehr.

In PCs sind praktisch nur Intel und kompatible Prozessoren zu finden, der Apple MacIntosh basiert heutzutage ausschließlich auf PowerPC-Prozessoren, aber in der Welt der Spielekonsolen, Handhelds, Workstations etc. ist die Vielfalt wesentlich größer.

Die Kombination von Betriebssystem und Hardware, z. B. Linux/Intel oder Linux/PowerPC fasst man unter dem Begriff Plattform zusammen. Manchmal lässt man die Hardwarebezeichnung weg. Bei Windows z. B. ist es ganz klar dass die Harware Intel oder kompatibel zu Intel sein muss. In dem Falle ist es unnötig von Windows/Intel zu sprechen und man lässt den Zusatz 'Intel' dann üblicherweise ganz weg.

Um möglichst viele Anwender zu erreichen, muss ein Programm also auf möglichst vielen Plattformen verfügbar sein. Das ist umso leichter zu erreichen, je portabler ein Programm ist.

3.9.1 Portabilität

Unter Portabilität versteht man die Übertragbarkeit eines Programmes von einer Plattform auf eine andere. Letztendlich ist jedes Programm portabel, man kann es z. B. für jede Plattform neu schreiben.

Allerdings versteht man unter Portabilität üblicherweise die möglichst einfache Übertragbarkeit eines Programmes von einer Plattform auf eine andere.

Die Absicht dieses Kapitels ist, Methoden und Vorgehensweisen vorzustellen, wie man den Aufwand für eine Portierung gering halten kann.

Der Kernpunkt dabei ist es, die Abhängigkeiten eines Programms von der Plattform, auf der es laufen soll, so gering wie möglich zu halten, und die unvermeidlichen Abhängigkeiten so zu gestalten, dass sie leicht für andere Plattformen umzuformen sind.

Nicht zu vernachlässigen ist dabei auch die Programmiersprache selbst. Gibt es für die Zielplattform keinen Compiler oder Interpreter für die Sprache, in der das Programm geschrieben ist, dann bleibt wirklich nur die Neuprogrammierung. D. h. wenn man vorhat, ein Programm für möglichst viele Plattformen anzubieten, muss man bereits bei der Auswahl der Programmiersprache darauf achten, dass sie auf möglichst vielen Plattformen zur Verfügung steht.

Delphi z. B. gibt es lediglich für Windows und Linux. C existiert für praktisch jede bekannte Plattform, C++ steht C in der Verbreitung nur wenig nach. Java ist zumindest für Windows, Linux und MacOS erhältlich, und in mehr oder weniger abgespeckten Varianten für eine ganze Anzahl weiterer Plattformen.

Die nächsten Abschnitte werden zunächst darlegen, welche Abhängigkeiten üblicherweise zu erwarten sind und wie man versuchen kann, diese zu umgehen oder wenigstens zu minimieren.

3.9.2 Häufige Plattformabhängigkeiten

Je nach der verwendeten Programmiersprache gibt es mehr oder weniger starke Abhängigkeiten von der Plattform. Die folgenden Punkte haben sich oft als sehr stark systemabhängig herausgestellt:

- Grafik
- Sound/Musik
- Zeit
- Datenformate
- Dateisystem
- User-Interface
- Zeichensätze

Leider sind zumindest die ersten drei Punkte für Spiele von zentraler Bedeutung und auch die Datenformate und das Dateisystem können ein ernsthafter Stolperstein für portable Spiele sein, z. B. wenn Spielstände oder Szenarios zwischen Spielern ausgetauscht werden sollen und die Spieler verschiedene Plattformen benutzen.

Einige Betriebssysteme bringen bereits APIs mit, die dem Programmierer wenigstens die Zugriffe auf unterschiedliche Grafikkarten, Soundkarten usw. einheitlich präsentieren. Allerdings sind diese APIs wie z. B. Microsofts DirectX meist nur für ein Betriebssystem verfügbar, so dass der Programmierer plattformunabhängiger Software immer noch für jedes Betriebssystem eine eigene Lösung programmieren muss.

3.9.3 Strategien zur Vermeidung von Abhängigkeiten

Die einfachste Strategie dürfte sein, das Programm so zu schreiben, dass es keine systemabhängigen Funktionen oder Daten benutzt. In Java ist das gar nicht so schwer, da z. B. Grafik, Sound und Zeitfunktionen im Sprachstandard enthalten und somit genormt auf jeder Plattform zur Verfügung stehen. Bei den Zeichensätzen ist aber auch Java auf das angewiesen, was das System zur Verfügung stellt – hier endet dann auch die viel gerühmte Plattformunabhängigkeit von Java.

In C oder C++ sieht die Lage viel düsterer aus. Weder Grafik noch Sound sind im Sprachstandard enthalten. Zeitfunktionen stehen standardisiert nur mit einer

Genauigkeit von einer Sekunde zur Verfügung, was für die meisten Spiele viel zu grob sein dürfte. Der Begriff eines Zeichensatzes ist in C oder C++ völlig unbekannt. D. h., will man in C oder C++ systemunabhängige Programme schreiben, muss man entweder auf Grafik und Sound verzichten und mit dem groben Zeitmaß auskommen, oder versuchen, die nicht-genormten Funktionalitäten systemunabhängig nachzubilden. Der nächste Abschnitt wird sich eingehender mit der Nachbildung nicht-genormter Funktionalitäten befassen.

Es gibt Spiele wie z. B. NETHACK und ANGBAND, die in C programmiert sind und auf Grafik und Sound völlig verzichten. NETHACK und ANGBAND sind daher für eine Vielzahl von Plattformen erhältlich, neben Windows, MacOS und AmigaDOS sind es eine Unzahl von Unix-Derivaten und im Privatbereich weniger verbreiteten Betriebssystemen wie VMS. Erstaunlicherweise machen diese Spiele aber auch ohne Grafik und Sound sehr viel Spaß und können den Spieler ungwöhnlich lange motivieren.

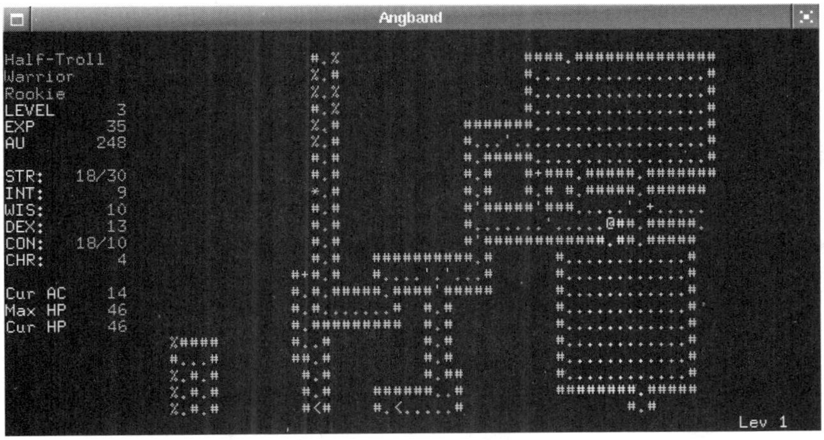

Abb. 3.12: Angband Screenshot

Allerdings wird heute kaum mehr jemand Spiele nur mit Textausgabe programmieren wollen. Der Verzicht auf Grafik und Sound ist somit keine generelle Lösung. Vielmehr muss das Ziel sein, mit möglichst wenig Aufwand möglichst viele Funktionen auf möglichst vielen Plattformen benutzen zu können.

3.9.4 Minimierung des Portierungsaufwandes

Wenn wir also Grafik, Sound usw. verwenden und dennoch portable Programme schreiben wollen, dann muss unser Ziel sein, den Aufwand für die Portierung möglichst gering zu halten. Im Folgenden werde ich ein Konzept vorstellen, das es ermöglicht, den Großteil eines Programmes völlig systemunabhängig zu implementieren. Das hat den Vorteil, dass dieser Teil bei Portierungen nicht verändert werden muss und Tests bzw. Fehlerkorrekturen in diesem Teil gleichzeitig für alle

Plattformen funktionieren. Nach der Beschreibung des Konzeptes werde ich in zwei Abschnitten Beispiele vorstellen, wie dieses Konzept in C und C++ (prozedural und objektorientiert) umgesetzt werden kann.

3.9.5 Die Systemabstraktionsschicht

Die grundlegende Idee, wie man portable Programme schreiben kann, ist, möglichst wenig systemabhängigen Code zu haben, und diesen wenigen Code möglichst einfach zu halten, so dass er mit geringem Aufwand an eine andere Plattform angepasst werden kann.

Zuerst jedoch ein Überblick, wie Programm und Betriebssystem normalerweise miteinander verzahnt sind:

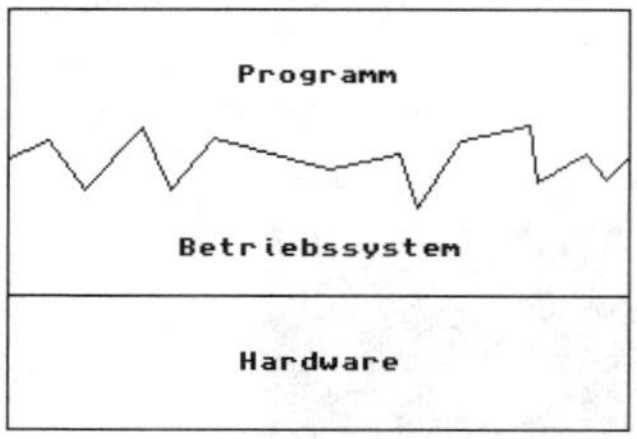

Abb. 3.13: Schichtenmodell 1

Man sieht, die Schnittstelle zwischen dem Programm und dem Betriebssystem ist eine stark strukturierte Schnittstelle. Ein anderes Betriebssystem bietet eine andere Schnittstelle an, und das Programm 'passt' nicht mehr, wie die folgende Abbildung zeigt:

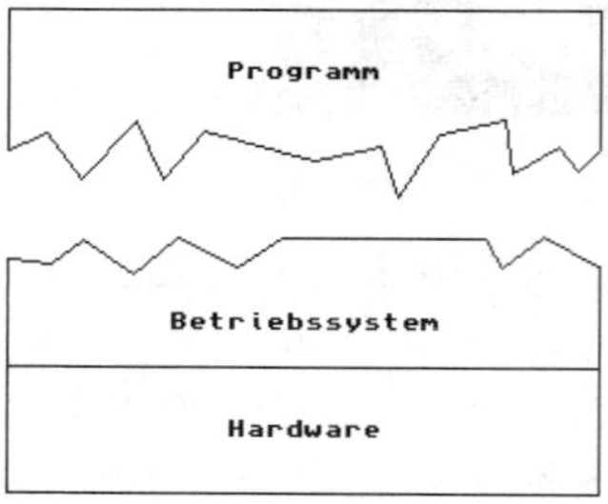

Abb. 3.14: Schichtenmodell 2

Will man das Programm an das neue Betriebssystem anpassen, dann muss praktisch das gesamte Programm geändert werden, zumindest jede Stelle, die einen Betriebssystemaufruf durchführt. Falls keine 1:1-Entsprechung für einen Aufruf existiert, bedeutet eine solche Anpassung relativ großen Aufwand, und vor allem hat man am Ende zwei Programmversionen, die unabhängig voneinander weiterentwickelt werden müssen. D. h. man hat nicht nur den hohen Anpassungsaufwand, sondern danach auch noch einen erhöhten Entwicklungsaufwand, weil jede

Erweiterung, jeder Test und jede Fehlerkorrektur für jede Variante durchgeführt werden muss.

Eine Lösung diesen Aufwand zu verringern, ist, zwischen Betriebssystem und Programm eine Zwischenschicht einzuziehen, die dem Programm immer die gleiche Schnittstelle bietet und die Schnittstelle des Betriebssystems verbirgt:

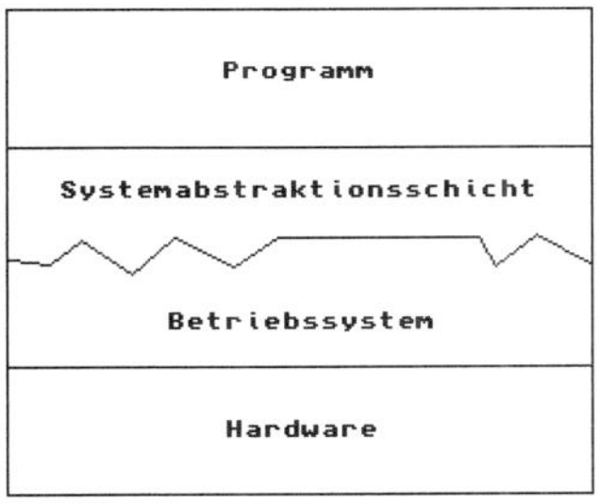

Abb. 3.15: Schichtenmodell 3

Die Systemabstraktionsschicht bietet dem Programm im Prinzip eine genormte Schnittstelle an, die für jedes Zielsystem aus Sicht des Programmes gleich ist. Somit muss das Programm selbst bei einer Portierung überhaupt nicht angepasst werden, nur das 'untere' Ende der Systemabstraktionsschicht muss verändert werden. Sprachen wie Java oder Smalltalk übernehmen weitgehend die Rolle einer Systemabstraktionsschicht. Dort wird der Programmierer kaum in die Verlegenheit kommen, selbst eine Systemabstraktionsschicht schreiben zu müssen. Für portable C- und C++-Programme, die Grafik, Sound und andere, im Sprachstandard nicht enthaltene Funktionen benutzen, ist eine mehr oder weniger ausgeprägte Systemabstraktionsschicht jedoch der Normalfall.

Diese Systemabstraktionsschicht ist im Allgemeinen sehr viel weniger umfangreich als das Programm selbst, oft weniger als 5% des Programmcodes. Durch den geringeren Umfang, und weil sie normalerweise keinerlei verarbeitende Funktionen enthält, ist sie sehr viel einfacher an ein neues Betriebssystem anzupassen als das gesamte Programm.

Hat man erst einmal Systemabstraktionsschichten für mehrere Betriebssysteme geschrieben, dann ist der Aufwand für die Portierung neuer Programmversionen zwischen den Betriebssystemen gleich Null, und lediglich bei der Migration auf ein völlig neues Betriebssystem fällt wieder der (geringe) Aufwand an, eine neue Systemabstraktionsschicht zu implementieren.

Die folgende Abbildung illustriert den Fall eines systemunabhängigen Programmes und zweier Abstraktionsschichten für zwei Betriebssysteme.

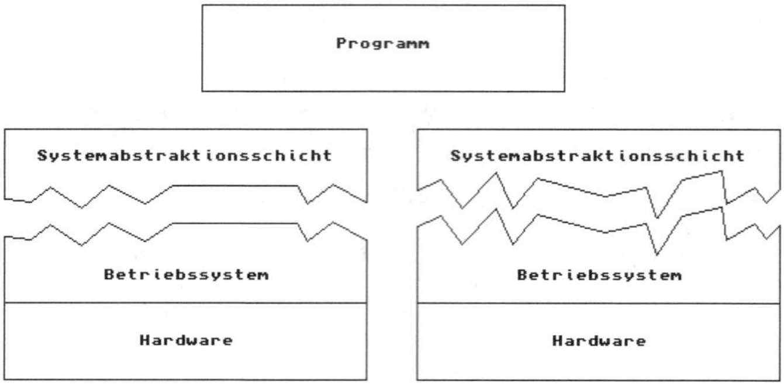

Abb. 3.16: Schichtenmodell 4

Der Vorteil hierbei ist, dass der eigentliche Programmcode für beide Betriebssysteme vollständig identisch ist, d. h. das Programm wird sich auf beiden Systemen gleichartig verhalten, und ein Fehler, der behoben wird, ist gleichzeitig für alle Plattformen behoben.

Ein weiterer Vorteil der Systemabstraktionsschicht ist, dass man sie wiederverwendbar gestalten kann, d. h. wenn man eine Abstraktionsschicht für einige Plattformen hat, dann kann man in Zukunft ohne zusätzlichen Aufwand weitere Programme für diese Plattformen schreiben, indem man die Abstraktionsschicht einfach wiederverwendet.

Die Systemabstraktionsschicht kann die Laufzeitperformance beeinträchtigen, da jeder Aufruf zunächst an die Abstraktionsschicht geht und diese dann den eigentlichen Betriebssystemsaufruf durchführt. Oft ist dabei auch keine 1:1-Entsprechung zwischen Aufruf an die Abstraktionschicht und dem Betriebssystem gegeben, so dass Umwandlungen notwendig werden, die auch wieder Zeit kosten. Der Perfomanceaspekt steht oft auch im Widerspruch zu der Forderung die Abstraktionsschicht kompakt zu halten. Je mehr unterschiedliche Funktionalität die Abstraktionsschicht zwischen dem Betriebssystem und dem Programm vermittelt, desto effizienter kann das Betriebssystem genutzt werden. Leider vergrößert jede zusätzliche Funktion die Abstraktionsschicht, und erhöht damit den Aufwand einer Portierung.

Ein weiterer Nachteil ist, dass die Systemabstraktionsschicht im Prinzip immer nur den kleinsten gemeinsamen Nenner aller geplanten Zielsysteme darstellen kann – eine Funktion die auf einem Zielsystem nicht nachgebildet werden kann, kann auch auf den anderen nicht genutzt werden. Das ist kein großes Problem, erfordert aber gute Kenntnisse aller Zielplattformen schon beim Entwurf des Programmes.

In manchen Fällen ist es möglich, den kleinsten gemeinsamen Nenner um optionale Funktionen zu erweitern, die nur auf einigen Plattformen zur Verfügung stehen. Z. B. könnte man Soundausgabe als optional betrachten, das Spiel selbst läuft auch ohne Sound, und der Spieler braucht zunächst nur die Grafik, um das Spiel zu spielen. Sound ist aber nicht generell optional – in einigen 3D-Shootern ist Sound sehr wichtig für den Spieler, weil er einen Gegner hören kann, noch bevor er ihn sieht. Generell ist es möglich, Teile der Systemabstraktionsschicht optional zu halten und sie nur auf den Plattformen zu implementieren, die diese Funktionalität auch bereit stellen. Jedoch muss man dann bei der Entwicklung des Spieles sehr vorsichtig sein, um nicht einen optionalen Teil der Funktionalität für den Spieler lebenswichtig wichtig werden zu lassen. Sonst läuft das Spiel zwar auf vielen Plattformen, *spielbar* ist es dann aber nur auf wenigen.

3.9.6 Datenkonvertierung

Der letzte Abschnitt hat die Systemabstraktionsschicht als abstrakte Schnittstelle zum Betriebssystem vorgestellt. Daneben muss die Systemabstraktionsschicht oft auch noch weitere Aufgaben übernehmen, wie z. B. die Umwandlung von Daten beim Lesen und Schreiben von Dateien, sowie Anpassungen von Dateinamen und Zugriffspfaden auf die für das jeweilige Dateisystem geltenden Konventionen.

Häufige Umwandlungen sind dabei:

- 16 und 32 bit Datentypen zwischen 'Big endian' und 'Little endian' Darstellung
- Wandlung von Gleitkommazahlen – hier gibt es zum Glück den IEEE Standard, der auf vielen Systemen zur Verfügung steht.
- Dateipfadtrenner wie '\' für Windows und '/' für Unix
- Laufwerkskennzeichen wie 'C:' für Windows und 'dfo:' auf AmigaDOS, die unter UNIX gar keine direkte Entsprechung haben.

Die Systemabstraktionsschicht muss also alle Eigenheiten der Plattform in eine einheitliche, vom Programm verwendbare Form bringen, und im Gegenzug auch alle Ausgaben des Programms wieder zurück in die plattformeigenen Formate konvertieren.

3.9.7 Prozedurale Systemabstraktion

Prozedural gesehen ist eine Systemabstraktionsschicht lediglich eine Sammlung von Prozeduren, die die benötigte Funktionalität implementieren.

Praktischerweise legt man die Systemabstraktionsschicht als eigenes Modul an, um sie einfach austauschbar zu machen, und um auch in der Dateistruktur eine saubere Trennung von plattformabhängigem und plattformunabhängigem Programmcode zu haben.

In C besteht ein Modul aus zwei Dateien, der so gennanten Header-Datei, die die Schnittstelle spezifiziert, und der Source-Datei, die die Implementierung, d. h. den Programmcode enthält.

Im Falle unserer Systemabstraktionsschicht ist es wichtig, dass die Header-Datei plattformunabhängig ist. Wir wollen schließlich die Abstraktionsschicht austauschbar machen, das geht am einfachsten, wenn alle Implementierungen zu 100% die gleiche Schittstelle anbieten, d. h. die gleiche Header-Datei verwenden.

Das folgende Beispiel wird eine sehr einfache Systemabstraktionsschicht beschreiben.

Was soll unsere Beispiel-Systemschnittstelle enthalten?

1. Fensterfunktionen, d. h. Öffnen und Schließen von Fenstern
2. Zeichenfunktionen zur Ausgabe von Grafik
3. Zeitabfrage, d. h. Anzahl Millisekunden seit Programmstart

Die Header-Datei des Beispiels sieht folgendermaßen aus:

```
/* abs_system.h
 *
 * Systemabstraktionsschicht
 */

typedef int winhandle_t;

/* Ein Fenster öffnen */
winhandle_t win_open(int width, int height);

/* Ein Fenster schliessen */
void win_close(winhandle_t window);

/* Einen Punkt zeichnen */
void put_pixel(winhandle_t window, int xpos, int ypos);

/* Zeichenfarbe setzen, RGB wert */
void use_color(winhandle_t window, int R, int G, int B);

/* Zeit abfragen */
unsigned long get_time();
```

Das ist die Schnittstelle unserer Systemabstraktionsschicht.

In den vorigen Abschnitten wurde erwähnt, dass es eine Abwägung gibt zwischen Performance und Größe der Schnittstelle. Die einzige hier angebotene Grafikroutine ist `put_pixel()`, die einen Punkt zeichnet. Einen Punkt zu zeichnen ist die Grundlage aller Grafikoperationen, also im Prinzip völlig ausreichend als Schnittstelle. Allerdings können viele Grafikfunktionen wie das Zeichnen von Kreisen, Rechtecken oder texturierten Polygonen von einigen Plattformen sehr effizient ausgeführt werden, viel effizienter, als wenn man diese Operationen selbst implementiert und auf das Zeichnen von Punkten zurückführt.

Allerdings vergrößert jede neue Operation den Aufwand, den man in die Implementierung der Systemabstraktionsschicht stecken muss. Deshalb muss man einen Kompromiss finden zwischen der Anzahl und Mächtigkeit der unterstützten Operationen und der Größe der Abstraktionsschicht, die letztendlich so klein als möglich sein sollte, um eine einfache Anpassung an andere Plattformen zu ermöglichen.

Nachdem die Schnittstelle nun festgelegt ist, benutzt man im Programm lediglich die in `abs_system.h` definierten Operationen und greift niemals direkt auf das Betriebssystem zu – damit hält man das Programm systemunabhängig.

Das folgende Beispielprogramm demonstriert dies, indem es ein Fenster öffnet, eine Linie zeichnet, misst, wie lange das Zeichnen dauert, und schließlich das Fenster wieder schließt:

```
/* main.c
 *
 * Ein Bespiel zur Benutzung der Systemabstraktionsschicht
 */
#include <stdio.h>
#include "abs_system.h"

int main(int argc, char **argv)
{
   int xpos;
   unsigned long T0, T1;

   /* Fenster öffnen */
   winhandle_t window = win_open(640, 480);

   /* Farbe auf rot setzen */
   use_color(window, 255, 0, 0);

   /* Zeit merken */
   T0 = get_time();

   /* Linie zeichnen */
   for(xpos=100; xpos<540; xpos++) {
      put_pixel(window, xpos, 240);
   }

   /* Zeit merken */
   T1 = get_time();

   /* Gemessene zeit ausgeben, printf() ist standard C */
   printf("Linie brauchte %ld ms zum Zeichnen", T1-T0);

   /* Fenster schliessen */
   win_close(window);

   /* und fertig */
   return 0;
}
```

Die in `abs_system.h` beschriebenen Operationen müssen jetzt für jede Zielplattform implementiert werden. Dazu wird für jede Plattform eine Datei angelegt, beispielsweise für Windows:

```
/* windows_system.h
 *
 * Windows-Abstraktionsschicht
 */

#include "abs_system.h"

/* hier folgt die Implementierung ... */
```

Hat man die Systemabstraktionsschicht für Windows und andere Betriebssysteme implementiert, dann genügt es beim Linken des Programmes, die entsprechende Implementierung dazuzubinden. Man kann `main.c` ohne jeglichen Portierungsaufwand für alle Systeme übersetzen, für die Implementierungen der Systemabstraktionsschicht zur Verfügung stehen.

In diesem Beispiel wird der Vorteil einer Systemabstraktionsschicht noch nicht richtig deutlich. Wenn man sich jedoch vorstellt, dass ein ausgewachsenes Spiel leicht 100.000 Zeilen Code enthält, wovon lediglich 1.000 bis 2.000 auf die Systemabstraktionsschicht entfallen, dann wird der Vorteil deutlich: Mehr als 98% des Programmes sind einheitlich für alle Plattformen, und jede zusätzliche Plattform benötigt eine im Vergleich zu den 100.000 Zeilen des Hauptprogrammes winzige Systemabstraktionsschicht. Fehlerkorrekturen im Hauptprogramm korrigieren den Fehler gleichzeitig auf allen Plattformen, und man muss sich in 98% des Programmcodes nicht um plattformspezifische Probleme kümmern. Zudem kann man die Schnittstelle der Systemabstraktionsschicht so wählen, dass sie optimal für die Programmentwicklung ist – das behebt dann gleich den Ärger mit unverständlichen, fehlerhaften oder umständlich zu benutzenden Betriebssystemaufrufen.

3.9.8 Objektorientierte Systemabstraktion

Der vorige Abschnitt hat schon deutlich gemacht, wie wichtig die Trennung von Schnittstelle und Implementierung für die Systemabstraktionsschicht ist. In C++ kann man dies objektorientiert noch sehr viel eleganter implementieren. Wer den vorigen Abschnitt nicht gelesen hat, sollte das jetzt tun, da in diesem Abschnitt nur die Unterschiede zu der prozeduralen Implementierung hervorgehoben werden – die Eigenschaften und Vorteile der Systemabstraktionsschicht werden hier als bekannt vorausgesetzt.

Das folgende Beispiel bietet wieder die gleiche Schnittstelle wie im vorangegangen Abschnitt, aber diesmal objektorientiert implementiert:

```
/* abs_system.h
 *
 * Abstrakte Klasse für den Betriebssystemzugriff
 */
class abs_system
{
   /* Ein Fenster öffnen */
   virtual void abs_window win_open(int width,
                                    int height) = 0;

   /* Zeit abfragen */
   virtual unsigned long get_time() = 0;
};


/* abs_window.h
 *
 * Eine Abtrakte Klasse für Fenster
 */

class abs_window
{
   /* Destrukor - Fenster schliessen */
   virtual ~abs_window();

   /* Einen Punkt zeichnen */
   virtual void put_pixel(int xpos, int ypos) = 0;

   /* Zeichenfarbe setzen, RGB wert */
   virtual void use_color(int R, int G, int B) = 0;
};
```

In diesem Beispiel sind System und Fenster getrennt – das System ist nur noch für das Anlegen der Fenster und die Zeitabfrage zuständig, das Schließen und die Zeichenoperationen sind Teil der Funktionalität der Fenster selbst. Beide Klassen sind abstrakt, d. h. sie bestehen nur aus rein virtuellen Methoden – sie definieren eine Schnittstelle, aber sie stellen keine Implementierung dieser Schnittstelle bereit.

Für jede zu unterstützende Plattform müssen nun von `abs_system` und `abs_window` konkrete Klassen abgeleitet werden, z. B. für X-Windows:

```
/* x11_system.h
 *
 * Systemabstraktion für X-Windows
 */

#include "abs_system.h"
```

```
class x11_system : public abs_system
{
   /* Ein Fenster öffnen */
   virtual void abs_window win_open(int width,
                                    int height);

   /* Zeit abfragen */
   virtual unsigned long get_time();
};

/* x11_window.h
 *
 * Fensterabstraktion für X-Windows
 */

#include "abs_window.h"

class x11_window
{
   /* Destrukor - Fenster schliessen */
   virtual ~x11_window();

   /* Einen Punkt zeichnen */
   virtual void put_pixel(int xpos, int ypos);

   /* Zeichenfarbe setzen, RGB wert */
   virtual void use_color(int R, int G, int B);
};
```

Leider ist die Implementierung von `x11_system` und `x11_window` zu umfangreich, um sie hier wiederzugeben.

Nehmen wir für das folgende Beipiel an, wir hätten Implementierungen von `abs_system` und `abs_window` für X-Windows (X11) und Windows. Es ist wieder das gleiche Beispiel wie im vorangegangenen Abschnitt, ein Fenster öffnen, eine Linie zeichnen, messen, wie lange das Zeichnen dauert und das Fenster letztendlich wieder schließen:

```
/* main.c
 *
 * Ein Beispiel zur Benutzung der Systemabstraktionsschicht
 */

#include <stdio.h>

#ifdef __linux__
```

```
#include "x11_system.h"
#else
#include "windows_system.h"
#endif

int main(int argc, char **argv)
{
   int xpos;
   unsigned long T0, T1;
   abs_system system;
   abs_window window;

   /* Zugriff auf das System */
#ifdef __linux__
   system = new x11_system();
#else
   system = new windows_system();
#endif

   /* Fenster öffnen */
   window = system->win_open(640, 480);

   /* Farbe auf rot setzen */
   window->use_color(255, 0, 0);

   /* Zeit merken */
   T0 = system->get_time();

   /* Linie zeichnen */
   for(xpos=100; xpos<540; xpos++) {
      window->put_pixel(xpos, 240);
   }

   /* Zeit merken */
   T1 = system->get_time();

   /* Gemessene Zeit ausgeben, printf() ist standard C */
   printf("Linie brauchte %ld ms zum Zeichnen", T1-T0);

   /* Fenster schliessen */
   delete window;

   /* und fertig */
   return 0;
}
```

Man kann sich nun darüber streiten, ob die prozedurale oder die objektorientierte Implementierung der Systemschnittstelle besser ist. Die prozedurale ist vom Ansatz her einfacher, aber die objektorientierte zeigt die Strukturen und Abhängigkeiten besser.

In beiden Fällen ist es möglich den größten Teil des Programmes systemunabhängig zu implementieren, mit einem Knackpunkt: Irgendwo muss der Programmcode für die jeweilige Plattform ausgewählt werden. Im prozeduralen Fall wurde das außerhalb des Programmes gemacht, beim Linken der Module.

Im objektorentierten Beispiel wurde bedingte Übersetzung per `#ifdef` genutzt.

Die Auslagerung der Abhängigkeiten an den Linker verschönert zwar das Hauptprogramm, aber letztendlich hat man den Ärger nur an einer anderen Stelle. Die `#ifdef`s im Programm sind zwar unschön, treten aber lediglich an zwei Stellen auf, bei den `#include`s und bei der Instanziierung des Systemobjekts selbst. Ich denke fast, dass die `#ifdef`s vorzuziehen sind, da sie die Abhängigkeiten schön an einer Stelle konzentrieren und im Programm sichtbar machen. Aber ganz deutlich gesagt: `#ifdef`s nur an den beiden gezeigten Stellen – *nirgends* sonst im Programm, sonst hat man wieder keine Systemunabhängigkeit.

3.9.9 Systemabstraktionsschicht – wiederverwenden oder neu entwickeln?

Die Idee der Systemabstraktionsschicht ist nicht neu, sie hat eine recht lange Tradition. Zu den Zeiten der Atari- und Commodore-Heimcomputer, als zwei völlig inkompatible Systeme den Markt beherrschten, ist sie etwas in Vergessenheit geraten, aber jetzt, da eine Vielfalt von Betriebssystemem (Windows, Linux, BeOS und andere) für die PC-Hardware verfügbar ist, eine ganze Reihe von Spielekonsolen am Markt ist und auch die Apple-Macintosh-Plattform für Spiele einige Bedeutung hat, gewinnt sie wieder an Bedeutung. In Zukunft könnte ihre Bedeutung sogar noch zunehmen, da tragbare Computer, PDAs, Mobiltelefone und anderes als Spieleplattformen dazukommen werden, die eine Vielfalt von Hardware und Betriebssystemen benutzen.

Im Internet findet man eine recht große Anzahl von Systemabstraktionsschichten, meist allerdings unter der Bezeichnung »plattformübergreifende Multimedia-/Grafik- oder GUI-Bibliotheken«. Es ist also nicht notwendig, hier das Rad neu zu erfinden, man kann auch auf frei verfügbare Bibliotheken zurückgreifen, um Arbeit zu sparen. Oft sind die Bibliotheken für eine sehr große Anzahl von Plattformen verfügbar. Es ist jedoch wie immer: Nichts passt besser zu den eigenen Bedürfnissen als die Eigenentwicklung. Man muss also auch hier wieder abwägen, ob man lieber eine Komponente nutzt, die frei und sofort verfügbar ist, aber nicht 100%ig passt, oder ob man lieber selbst die Arbeit investiert und eine Systemabstraktionsschicht schreibt, die genau die benötigte Schnittstelle anbietet.

Einen Vorteil haben die Bibliotheken auf jeden Fall: Sie werden von einer Vielzahl von Programmierern genutzt, so dass Fehler sehr schnell bekannt und behoben werden. Neue Plattformen werden meist sehr schnell unterstützt, falls die Hardware für die Bibliotheksentwickler von Interesse (und vor allem verfügbar) ist. Bei einer Eigenentwicklung muss man alle Fehler selbst entdecken und korrigieren, und oft hat man auch nicht das Geld, alle benötigten Zielplattformen anzuschaffen, um alle selbst testen zu können.

3.10 Laden und Speichern eines Spielstandes (CD)

Das Laden und Speichern von Spielständen kann trivial sein, generell jedoch wird das Thema unterschätzt. Es gibt eine Vielzahl Spiele, die mit ganz unterschiedlichen Datenstrukturen hantieren. Aber auch die Komplexität eines Spiels hat starken Einfluss darauf, was wie gespeichert werden muss.

Es sollte jedem einleuchten, dass das Speichern einer Schachpartie im Prinzip sehr einfach ist. Man braucht nur die Positionen der einzelnen Spielfiguren zu speichern, sowie wer als nächstes am Zuge ist. Eventuell noch die Namen der Spieler. Das Ganze kann man, nachdem das Spiel fertig ist, schnell hinzufügen, und fertig ist die ganze Sache.

Vielleicht jedoch treten noch weitere Wünsche während der Programm-Entwicklung auf. Und hier können die Probleme schon anfangen. Möglicherweise soll auch eine Historyliste aller bisherigen Züge der Partie gespeichert werden, und dummerweise stellt man später fest, dass man auch anzeigen möchte, wie lange der jeweilige Spieler über den nächsten Zug nachdachte. Natürlich kann man die Speicherfunktion jedes Mal anpassen, aber dann werden sämtliche alten Savegames inkompatibel, und man kann sie nicht mehr laden.

Nun kann man anmerken, dass das für ein simples Schachspiel doch sehr konstruiert ist. Im Falle eines »richtigen Spiels«, das Szenarien bzw. Level hat, ist das problematischer. Vielleicht hat schon ein Leveldesigner einige Szenarios gebaut. Soll man die wegwerfen, nur weil sich ein paar Variablen geändert haben (oder auch nur eine einzige)? Dieser Zustand ist einfach untragbar!

Auch das spätere Herausbringen von Patches kann solche Inkompatibilitäten nach sich ziehen. Besonders berüchtigt sind die Patches von QUAKE und QUAKE 2 gewesen: Nach jedem Patch konnte der Spieler von vorne beginnen, weil das Dateiformat des Spielstandes sich geändert hatte.

Ein weiterer nicht zu unterschätzender Aspekt sind aber auch Programmierfehler und Übertragungsfehler, die eine ordentliche Laderoutine erkennen und dem Benutzer, also dem Spieler, mitteilen sollte. Sonst würde das Spiel einfach mit falschen Daten starten, um dann im nächsten Moment abzustürzen. Die Schuld wird dann aufs Programm geschoben, obwohl vielleicht nur eine Diskette einen Fehler aufwies. Auch kann so während der Entwicklung erkannt werden, ob ein gespeichertes Objekt sich verändert hat und die Anpassung der Laderoutine vergessen wurde. Besonders schön wäre es, das schon beim Compilieren zu erkennen, und nicht erst beim Laden eines Spielstandes.

3.10.1 Eine mögliche Lösung

Die meisten angesprochenen Probleme lassen sich durch eine Versionsverwaltung, in der eine Typenüberprüfung für die verwendeten Variablentypen integriert ist, umgehen. Zusätzlich zur Versionsverwaltung mit Typenprüfung benötigt man noch eine Prüfsumme über den Spielstand, oder einen Speicherblock, der Aufschluss darüber gibt, ob nicht einzelne Bits oder Bytes 'gekippt' sind. Dies kommt leider häufiger vor als man denkt, insbesondere, wenn die Savegames über Netzwerke kopiert werden oder die Festplatte schon etwas älter ist.

Im Folgenden werde ich das von mir entwickelte System nach und nach vorstellen, und eine allgemein verwendbare Klasse dafür erarbeiten. Der Abschluss dieses Kapitels gibt dann noch einen Ausblick, wie man die Größe des Savegames reduzieren bzw. die Daten darin verschlüsseln kann.

3.10.2 Wie organisiere ich, was gespeichert werden soll?

Es gibt verschiedene Ansätze, wie die fürs Savegame wichtigen Variablen zusammengetragen werden können. Jeder dieser Ansätze hat seine Vorteile, aber auch seine Nachteile, weshalb nur die richtige Mischung den Überblick behalten lässt. Auch der hier vorgestellte Ansatz ist mit Sicherheit nicht der Weisheit letzter Schluss, aber er funktioniert und passt sich harmonisch in die Versionsverwaltung und Fehlererkennung ein.

3.10.2.1 Globale Variablen

Sie widersprechen zwar dem objektorientierten Ansatz, machen aber meist das Programmieren leichter. Da diese Variablen von verschiedenen Modulen benötigt werden, macht es Sinn, sie gleich in einer separaten Quellcode-Datei zu deklarieren. In der zugehörigen `*.cpp` Datei lässt sich dann auch gleich eine Lade- und eine Speicher-Routine für sie definieren, die dann exportiert wird. Somit sind bei notwendigen Änderungen diese nur an einer Datei auszuführen. Die Lade- und die Speicher-Routine sollten aber nicht selbst eine Datei öffnen, sondern vielmehr auf eine schon geöffnete Datei anwendbar sein und nach außen hin exportiert werden. Doch dazu im nächsten Abschnitt mehr, wenn es konkreter wird.

3.10.2.2 Halb-globale Variablen

Was soll denn das sein, wird sich so mancher Leser fragen. Ich zähle hierunter Variablen, die nur innerhalb eines einzigen Moduls benötigt, eventuell noch nicht einmal formal exportiert werden; oder lokale Variablen, die als `static` deklariert wurden. Auch bei dieser Art Variablen kann es sein, das sie im Savegame nicht vergessen werden dürfen. Hier empfiehlt es sich, eine exportierte Lade- und eine Speicher-Funktion für das Modul zu schreiben. Somit ist bei einer Änderung alles am selben Platz, bzw. innerhalb des Moduls.

3.10.2.3 Klassenvariablen

Hier kann für jede Klasse, die gespeichert werden muss, eine Lade- und eine Speicher-Methode implementiert werden. Bei abgeleiteten Klassen muss sicherstellt werden, dass auch die Lade- bzw. Speicher-Methode der Eltern-Klasse aufgerufen wird, sonst fehlen nachher einige Membervariablen der Klasse. Ansonsten kann man innerhalb der Methoden genauso vorgehen wie bei den globalen Variablen.

3.10.2.4 Häufig benutzte Structs

Natürlich kann man jedes Element einzeln abspeichern. Aber das ist unschön, erst recht, falls sich der `struct` mal ändert. Als Beispiel soll hier mal ein Vektor herhalten, der lediglich aus 3 `float`-Werten besteht. Klar kann man einen Vektor auch gleich als Klasse definieren. Aber wenn nicht, dann kann man Funktionen schreiben, die einen übergebenen Vektor laden bzw. speichern. Falls sich herausstellt, dass man aufgrund von Ungenauigkeiten doch lieber `double` anstelle von `float` verwenden möchte, dann reicht es, diese beiden Funktionen anzupassen. Wurden stattdessen überall die `floats` einzeln gespeichert, fängt das lustige Suchen an ;-). Außer, es wurde die noch später beschriebene Fehlerabfrage implementiert, dann beschwert sich nämlich schon der Compiler an allen verwendeten Stellen. Aber warum eventuell zig Module ändern, wenn durch das simple Implementieren zweier Funktionen das Problem gar nicht erst entsteht?

3.10.3 Wie speichere und lade ich denn nun eine Datei?

3.10.3.1 Die Speicherroutine

Diese Funktion ist der Ausgangspunkt. Aufgerufen wird sie durch ein schön ausgestaltetes Dialogfenster oder die Autosave-Funktion oder ein Quicksave auf Tastendruck. Als Parameter muss ihr der Dateiname übergeben werden.

Als Rückgabewert sollte die Funktion darüber informieren, ob das Speichern erfolgreich war oder nicht, denn darüber sollte der Spieler schon unterrichtet werden (um z. B. ggf. seine Festplatte aufzuräumen). Diese Benachrichtigung sollte aber nicht durch die Funktion geschehen, sondern vom Aufrufer aus erfolgen. Denn woher soll z. B. unsere Speicherroutine wissen, in welcher Sprache und in welcher Form die Fehlermeldung ausgegeben werden soll? Klar könnte sie sich diese und andere Informationen aus dem Programm zusammensuchen, aber dies bedingt, dass Header-Dateien included werden müssen, die eigentlich zum Speichern und Laden nicht benötigt werden. Auch schränkt es die Portabilität ein. Nein, so etwas sollte man von Anfang an vermeiden und den Modulen nur die Informationen zur Verfügung stellen, die auch wirklich dort benötigt werden.

Lange Rede – kurzer Sinn: Die Speicher-Funktion versucht, alles Notwendige auf der Festplatte zu speichern und gibt das Ergebnis an den Aufrufer zurück; der muss sich dann um alles Weitere kümmern.

```
bool SaveFile(char *Filename)
{
    bool NoError = true; // wird false wenn ein Fehler auftrat

    // Versuch die Datei zum Speichern zu Öffnen
    if(!FileHandlingOpenFileSave(Filename)) return false;

    // Speichere Alles
    if (NoError) NoError = SaveGlobalVars;
    if (NoError) NoError = SaveMap;
    ...

    // Schliesse das File
    if(!FileHandlingCloseFile) return false;
    return NoError;
}
```

Diese Funktion öffnet eine Datei zum Speichern, wozu sie eine weitere Funktion in einem anderen Modul aufruft. Was dort zu implementieren ist, kommt später. Nachdem die Datei erfolgreich geöffnet werden konnte, werden der Reihe nach alle einzelnen Speicherroutine aufgerufen. Sollte es dabei an irgendeiner Stelle zu einem Fehler kommen (z. B. Platte voll), wird nicht weiter versucht, Daten zu speichern. Am Ende wird die Datei geschlossen und zurückgegeben, ob das Speichern erfolgreich war.

Wie zu sehen ist, kann diese Funktion an drei Stellen verlassen werden. Zum einen, wenn das Öffnen der Datei fehlschlägt. Es muss sichergestellt sein, dass, wenn es beim Öffnen schon zu einem Fehler kam, die Datei trotzdem wieder geschlossen wird, damit das Datei-Handle ordnungsgemäß freigegeben wird. Zum anderen kann die Funktion verlassen werden, wenn das Schließen der Datei fehlschlägt, und am Ende der Funktion. In den beiden letzten Fällen, und nur dann, wird die Funktion `FileHandlingCloseFile` aufgerufen.

3.10.3.2 Wie ein File zum Speichern geöffnet und geschlossen wird

Im obigen Beispiel wird zum Öffnen der Datei die Funktion

```
bool FileHandlingOpenFileSave(char *Filename);
```

verwendet. Sie sollte, wie auch die anderen noch folgenden Low-Level-Funktionen, in einem seperaten Modul implementiert werden. Die Implementation könnte zum Beispiel so aussehen:

```
FILE ActFileHandle; // Der Handle auf das offene File
bool FileIsOpenForSave; // Ist das File zum Speichern geöffnet worden

bool FileHandlingOpenFileSave(char *Filename)
{
    ActFileHandle = fopen(FileName,«wb«);
    if (ActFileHandle == NULL)
    {
        return FALSE;
    }
    else
    {
        FileIsOpenForSave = True;
        return TRUE;
    }
}
```

`ActFileHandle` und `FileIsOpenForSave` sind beide Module global, so dass sie von allen hier noch zu implementierenden Funktionen direkt ausgelesen werden können. In `ActFileHandle` ist, wie der Name schon sagt, das aktuelle FileHandle untergebracht. Die Funktion `fopen`, die im übrigen wie alle hier verwendeten Funktionen in `stdio.h` definiert ist, öffnet eine Datei. Ihr wird der Filename und Mode-Flags übergeben. Wir verwenden hier «wb«, was bedeutet, dass die Datei zum Schreiben im Binär-Modus geöffnet werden soll.

Anstelle zweier verschiedener Funktionen kann auch eine Klasse erstellt werden, die fürs Laden und Speichern zuständig ist. Ihr werden dann alle notwendigen Methoden spendiert. Im Konstruktor werden einige Initialisierungen durchgeführt und Speicher für einen Puffer allokiert. Geöffnet wird ein File dann über eine passende Methode. Das Ganze ist zwar im ersten Moment etwas aufwändiger, aber dafür lassen sich mehrere Instanzen dieser Klasse erstellen, was ganz nützlich sein kann. Z. B. könnten die Eigenschaften eines Fahrzeugs in einer separaten Datei gespeichert sein. Im Savegame wird dann an dieser Stelle nur der Dateiname dieser Datei gespeichert. Für das Laden und Speichern solcher externen Dateien kann dann derselbe Programmcode verwendet werden wie für das eigentliche Savegame. Man sollte dies nach Möglichkeit auch wirklich so implementieren, da auch hier eine Versionsverwaltung und Fehlererkennung von Vorteil ist. Denn Änderungen sind hier genauso möglich und häufig wie beim Savegame selbst. Praktisch würde die eigentliche Savegame-Datei geöffnet werden, und wenn dann der Dateiname für die Helferdatei kommt, wird einfach eine weitere Instanz der `LoadSave` Klasse angelegt und damit dann gleich die Helferdatei geladen. Sollte diese Helferdatei ebenfalls weitere Helferdateien benötigen (z. B. das Mesh des Fahrzeuges), dann wird halt noch eine Instanz der Klasse angelegt. Im Weiteren werde ich nur noch die Implementierung der Speicherklasse beschreiben.

Unsere Lade/Speicherklasse könnte fürs Erste so aussehen:

```
enum TLoadSave_Filemode{ LSF_FILENOTOPEN, LSF_FILEOPENFORSAVE,
    LSF_FILEOPENFORLOAD };

class CLoadSave
{
private:
    FILE *m_Filehandle;                 // das Filehandle
    char m_FileName[_MAX_PATH];         // der Name der geöffneten Datei
    TLoadSave_Filemode m_ActFileMode;   // Wie die Datei offen ist
public:
    CLoadSave();
    ~CLoadSave();
    bool OpenFileSave(char *FileName);
    bool CloseFile(void);
    bool IsFileOpenForSave(void);
};
```

Nach außen werden lediglich die Zugriffsfunktionen gegeben, und alles, was man so zum Speichern braucht, ist `private`.

Eins muss ich aber noch erklären, bevor es weitergeht, warum ich den `enum TLoadSave_Filemode` definiert habe:

Das Laden und das Speichern einer eigenen Klasse oder der Variablen eines Moduls sind fast identisch. Es müssen immer die einzelnen Elemente in der gleichen Reihenfolge geladen werden, wie sie vorher gespeichert worden sind. Leider können wir nicht den *vollkommen* identischen Code zum Laden und Speichern verwenden, aber wir können dafür sorgen, dass der Programmcode an *vielen* Stellen identisch ist, was massiv Schreibarbeit spart, da der Code später nur zu kopieren ist. Um dies zu erreichen, werden wir alle Lade-/Speicher-Methoden so aufbauen, dass sie vom Aufruf her fürs Laden und Speichern identisch sind. Da aber fast alle Funktionen wissen müssen, ob sie zum Laden oder Speichern geöffnet wurden, gibt es eine Memberfunktion, die darüber Auskunft gibt. Diese Memberfunktion ist recht einfach gestrickt, da sie ja nur die entsprechende Membervariable auslesen muss.

```
bool CLoadSave::IsFileOpenForSave(void)
{
    return(m_ActFileMode == LSF_FILEOPENFORSAVE);
}
```

Unsere obige Hauptfunktion zum Speichern müsste dann wie folgt verändert werden:

```
bool SaveFile(char *Filename)
{
    bool NoError = true;    // wird false wenn ein Fehler auftrat
    CLoadSave MainFile;     // Eine Instanze der SpeicherKlasse

    // Versuch die Datei zum Speichern zu Öffnen
    if(!MainFile.OpenFileSave(Filename)) return false;

    // Speichere Alles
    if (NoError) NoError = LoadSaveGlobalVars(MainFile);
    if (NoError) NoError = LoadSaveMap(MainFile);
    ...

    // Schliesse das File
    if(!MainFile.CloseFile) return false;
    return NoError;
}
```

Wie zu erkennen ist, hat sich nicht allzu viel geändert. Es wird zu Beginn eine Instanz der Klasse angelegt und die entsprechenden Memberfunktionen verwendet. Hier sind es nur die beiden Methoden zum Öffnen und Schließen der Datei. Zusätzlich müssen wir aber beim Aufruf der Funktionen, die die eigentlichen Daten speichern, einen Pointer auf die Instanz der LoadSave Klasse übergeben, denn nur so können diese Funktionen auf die entsprechenden Memberfunktionen zugreifen. Doch dazu komme ich gleich, vorher noch kurz zum aktuellen Stand der restlichen Memberfunktionen.

Im Konstruktor setzen wir lediglich den Filemode auf `NotOpen` und löschen den String für den Filenamen.

```
CLoadSave::CLoadSave
{
    m_ActFileMode = LSF_FILENOTOPEN;
    m_FileName[0] = 0;
}
```

Im Destruktor der Klasse brauchen wir im Moment noch gar nichts zu tun. Somit bleibt der erstmal leer.

Das Öffnen der Datei zum Speichern sieht nicht viel anders aus als bei der vorher angegebenen Implementierung für den prozeduralen Ansatz. Wir kopieren nur hier noch den Dateinamen in die Membervariable.

```
bool  CLoadSave::OpenFileSave(char *Filename)
{
    m_Filehandle = fopen(Filename,«wb«);
    if (m_Filehandle == NULL)
```

```
    {
        return false;
    }
    else
    {
        m_ActFileMode = LSF_FILEOPENFORSAVE;
        strcpy(m_FileName, Filename);
        return true;
    }
}
```

In der Klasse wird der Name der Datei gespeichert – warum eigentlich? Dies hat zwei Gründe.

1. Zum Einen kann man so beim Debuggen herausfinden, welche Datei gerade angesprochen wird. Wie oben erklärt, macht es ja durchaus Sinn, mehrere Instanzen dieser Klasse gleichzeitig offen zu haben, und da kann man schon mal den Überblick verlieren.
2. Zum Anderen kann der Name bei der Ausgabe von Fehlermeldungen nützlich sein. Wie vielleicht schon aufgefallen, beschränke ich mich im Moment auf das Setzen eines Booleans, dies ist aber nur dann ausreichend, wenn dem Spieler nur mitgeteilt werden soll, ob es zu einem Fehler kam, denn es können verschiedene Situationen auftreten die das Laden oder Speichern verhindern. Für das Entwickeln des Programms ist es aber meist notwendig, nicht nur zu wissen, *ob* das Laden/Speichern geklappt hat, sondern auch, *warum* es nicht geklappt hat. Und wenn man dann schon weiß, dass die aktuelle Datei einen Fehler hat, so ist es auch nützlich zu wissen, welche Datei diesen Fehler verursachte. In den meisten Programmen existiert eine Art Logdatei, die Besonderheiten notiert; dies kann eine eigene Funktion sein oder eine überschriebene Version von `assert`. In beiden Fällen macht es Sinn, nicht nur auf eine bestimmte Bedingung zu überprüfen, und auszugeben, dass diese nicht erfüllt ist, sondern auch in welcher Datei der Fehler auftrat. Und genau dafür wird dann der Filename gebraucht. Zum Einbau von Fehlerabfragen komme ich aber erst im nächsten Kapitel, da hier sonst die Übersicht zu stark leidet.

Was jetzt noch fehlt, ist die Implementation der Methode `CloseFile`, die zunächst wenig mehr macht, als das geöffnete File zu schließen, den Filenamen zu löschen und die Membervariable für den FileMode zurückzusetzen.

```
bool CLoadSave::CloseFile(void)
{
m_ActFileMode = LSF_FILENOTOPEN;
    m_FileName[0] = 0;
    return (fclose(m_Filehandle) == 0);
}
```

3.10.3.3 Das Speichern eines einzelnen Bytes

Bisher können wir nur die Datei öffnen und schließen. Als Nächstes wollen wir eine globale Variable des Types `char` speichern. Dies ist mit den Befehlen `fread` und `fwrite` kein allzu großer Aufwand. Aber wir wollen hier auch gleich die Grundsteine für die später folgende Typenprüfung und Versionsverwaltung legen. Deshalb folgt nun etwas mehr Code, um ein kleines Demo-Programm zu beginnen, das unsere Lade-/Speicher-Klasse verwendet. Im Folgenden werden nur noch die Änderungen an diesem Programm abgedruckt werden.

LoadSaveTest.cpp:

```
#include "stdio.h"
#include "stdlib.h"
#include "LoadSave.h"

char    GlobChar;
int    GlobInt;

bool LoadSaveGlobalVars(CLoadSave &TheFile)
{
    bool NoError = true;     // wird false wenn ein Fehler auftrat

    if (NoError) NoError = TheFile.LSByte(GlobChar);

    return NoError;
}

bool LoadSaveMainFile(char *Filename, bool ForSave)
{
    CLoadSave MainFile;          // Eine Instanze der SpeicherKlasse
    bool NoError = true;

    if(!ForSave) // Laden einen Spielstands
    {
        // Versuch die Datei zum Laden zu Öffnen
        if(!MainFile.OpenFileLoad(Filename)) return false;

            // Speichere Alles
        if (NoError) NoError = LoadSaveGlobalVars(MainFile);
        //    if (NoError) NoError = LoadSaveMap(MainFile);
        //    ...

            // Schliesse das File
        if(!MainFile.CloseFile()) return false;

    }
```

```
    else // Speicheren eines Spielstands
    {
        // Versuch die Datei zum Speichern zu Öffnen
        if(!MainFile.OpenFileSave(Filename)) return false;

            // Speichere Alles
        if (NoError) NoError = LoadSaveGlobalVars(MainFile);
        //    if (NoError) NoError = LoadSaveMap(MainFile);
        //    ...

            // Schliesse das File
        if(!MainFile.CloseFile()) return false;
    }
    return NoError;
}

int main(void)
{
    GlobChar = 50;
    GlobInt = 0x12345678;

       char Filename[] = "Test.sav";

    LoadSaveMainFile(Filename,true);

     GlobChar = 0;
    GlobInt = 0;

    LoadSaveMainFile(Filename,false);

    return 0;
}
```

Die beiden globalen Variablen werden wir als Erstes speichern und laden.

LoadSave.h:

```
enum TLoadSave_Filemode{ LSF_FILENOTOPEN, LSF_FILEOPENFORSAVE,
LSF_FILEOPENFORLOAD };

class CLoadSave
{
private:
    FILE *m_Filehandle;                  // das Filehandle
    char m_FileName[_MAX_PATH];          // der Name der geöffneten Datei
    TLoadSave_Filemode m_ActFileMode;    // Wie die Datei offen ist
public:
```

```
    bool OpenFileLoad(char *FileName);
    bool LSByte(char &TheByte);
    CLoadSave();
    ~CLoadSave();
    bool OpenFileSave(char *FileName);
    bool CloseFile(void);
    bool IsFileOpenForSave(void);
};
```

LoadSave.cpp:

```
#include "stdio.h"
#include "stdlib.h"
#include "LoadSave.h"
#include "string.h"

CLoadSave::CLoadSave()
{
    m_ActFileMode = LSF_FILENOTOPEN;
    m_FileName[0] = 0;
}

CLoadSave::~CLoadSave()
{

}

bool CLoadSave::IsFileOpenForSave(void)
{
    return (m_ActFileMode == LSF_FILEOPENFORSAVE);
}

bool CLoadSave::OpenFileSave(char *FileName)
{
    m_Filehandle = fopen(FileName,"wb");
    if (m_Filehandle == NULL)
    {
        return false;
    }
    else
    {
        m_ActFileMode = LSF_FILEOPENFORSAVE;
        strcpy(m_FileName, FileName);
        return true;
    }
}
```

```
bool CLoadSave::CloseFile(void)
{
    m_ActFileMode = LSF_FILENOTOPEN;
    m_FileName[0] = 0;
    return (fclose(m_Filehandle) == 0);
}

bool CLoadSave::LSByte(char &TheByte)
{
    bool NoError = true;

    if(!IsFileOpenForSave())
    {
        fread(TheByte,1,1,m_Filehandle);
    }
    else
    {
        fwrite(TheByte,1,1,m_Filehandle);
    }
    return true;
}

bool CLoadSave::OpenFileLoad(char *FileName)
{
    m_Filehandle = fopen(FileName,"rb");
    if (m_Filehandle == NULL)
    {
        return false;
    }
    else
    {
        m_ActFileMode = LSF_FILEOPENFORLOAD;
        strcpy(m_FileName, FileName);
        return true;
    }
}
```

Zum Laden und Speichern von `GlobChar` wurde die Methode `LSByte` hinzugefügt. Sie kann selbst erkennen, ob das übergebene Byte gelesen oder geschrieben werden soll, da sie dies über die Memberfunktion `IsFileOpenForSave` in Erfahrung bringen kann. Diese Funktion ist im Übrigen typensicher. Wird ihr anstelle von `GlobChar` die Variable `GlobInt` übergeben, so kommt es zu einem Compiler-Fehler. Eine Änderung des Typs von `GlobChar` führt somit in der Lade/Speicher-Routine zu einem Compilerfehler, so dass auf eine solche Änderung angemessen reagiert werden kann. Wie, wird dann bei der Versionsverwaltung gezeigt werden.

Die Funktion `LoadSaveFile` wurde um den Parameter `ForSave` erweitert, so dass auch sie weiß, ob das File zum Schreiben oder Lesen geöffnet werden soll. Natürlich wäre es auch möglich, dies auf zwei verschiedene Funktionen aufzuteilen, wie sich aber später bei der Versionsverwaltung zeigen wird, ist es so übersichtlicher.

Die Funktion `LoadSaveGlobalVars` benötigt zur Zeit noch gar keine Unterscheidung, ob geladen oder gespeichert wird, sie ist für beide Fälle noch identisch. Später, bei den verschiedenen Variablentypen, wird allerdings eine Unterscheidung notwendig werden.

Doch bleiben wir zunächst bei unserem Bytes. Mit dem obigen Programm ist es zwar möglich, einzelne Bytes zu speichern, dies ist aber aufgrund der verwendeten Blockgrößen sehr ineffizent. Zwar verhindert Windows mit seinen Buffern selbstständig das Laden oder Speichern einzelner Bytes und allokiert dafür einen Transferbuffer, aber auf diesen Buffer haben wir keinen Einfluss. Da wir aber später das File noch gegen Datenübertragungsfehler absichern wollen, benötigen wir einen Zugriff auf diesen Transferbuffer, weshalb wir unseren eigenen schaffen. Hierfür legen wir einen Speicherbereich und zwei private Memberfunktionen an, um die Daten noch vor Windows selbst zwischenzuspeichern.

Zuerst einmal benötigen wir Pufferspeicher. Dieser muss mit '`new`' besorgt werden. Nicht als Membervariable deklarieren! Der Speicherplatz einer Membervariablen liegt nämlich, zumindest wenn wir die Klasse als lokale Variable ausführen, wie wir es hier tun, auf dem Stack, und dieser ist nicht sonderlich groß, weshalb er von so großen Variablen verschont werden sollte. Für den Anfang verwenden wir 64 KB als Buffer, die sich mit '`new`' und '`delete`' im Konstruktor und Destruktor sehr leicht verwalten lässt.

Wir erweitern unsere Klasse im `private` Teil um drei Variablen: einen Zeiger auf den allokierten Speicherbereich und je einen Zeiger auf den aktuellen Eintrag im Buffer sowie das Ende des Buffers:

```
class CLoadSave
{
private:
    int m_InOutBufferPointer;        // interner Zeiger auf den Buffer
    int m_InOutBufferEnd;            // Das Ende des Buffers
    unsigned char *m_InOutBuffer;    // Pointer auf den Ein AusgabeBuffer

In der CPP-Datei definieren wir uns dann eine Konstante die Aussage über
die Größe des Bufferspeichers liefert, und erweitern den Konstructor und
Destructor unserer Klasse.

const int BUFFERSIZE = 64*1024;

CLoadSave::CLoadSave()
{
```

```
    [...]
    // Buffer initialisierung
    m_InOutBuffer = new unsigned char[BUFFERSIZE];
    m_InOutBufferPointer = 0;
     m_InOutBufferEnd = 0;
}

CLoadSave::~CLoadSave()
{
    // Buffer DeInitialisierung
    delete m_InOutBuffer;
}
```

Damit wird unser Buffer ordnungsgemäß angelegt und wieder freigegeben. Diesen Buffer werden wir byteweise nutzen und dafür eine Lade- und eine Speicher-Methode implementieren, über die dann der gesamte Datenaustausch stattfindet. Des Weiteren benötigen wir noch zwei Methoden, die einen kompletten Buffer laden und speichern. Da diese Low-Level-Methoden nur der Klasse zur Verfügung stehen sollten, werden sie als `private` deklariert.

```
bool CLoadSave::LowByteRead(char &TheByte)
{
    bool NoError = true;

    if (m_InOutBufferPointer == m_InOutBufferEnd) NoError = LowBuffer-
Read();
    if (NoError) TheByte = char (m_InOutBuffer[m_InOutBufferPointer++]);
    return NoError;
}

bool CLoadSave::LowBufferRead()
{
    m_InOutBufferEnd = fread(m_InOutBuffer,1,BUFFERSIZE,m_Filehandle);
    m_InOutBufferPointer = 0;
    return (m_InOutBufferEnd > 0);
}

bool CLoadSave::LowByteWrite(char &TheByte)
{
    bool NoError = true;

    m_InOutBuffer[m_InOutBufferPointer++] = unsigned char (TheByte);
    if(m_InOutBufferPointer == BUFFERSIZE) NoError = LowBufferWrite();
    return NoError;
}
```

```
bool CLoadSave::LowBufferWrite()
{
    bool NoError;

    m_InOutBufferEnd =
fwrite(m_InOutBuffer,1,m_InOutBufferPointer,m_Filehandle);
    NoError = m_InOutBufferEnd == m_InOutBufferPointer;
    m_InOutBufferPointer = 0;
    return NoError;
}
```

Als Nächstes müssen wir diese neuen Methoden auch benutzen, dazu modifizieren wir die schon vorhandene Methode `LSByte`, so dass sie jetzt über die Low-Level-Methoden läuft. Des Weiteren müssen auch die Methoden zum Öffnen und Schließen eines Files angepasst werden, damit die Buffer initialisiert und finalisiert werden.

```
bool CLoadSave::LSByte(char &TheByte)
{
    bool NoError = true;

    if(!IsFileOpenForSave())
    {
        NoError = LowByteRead(TheByte);
    }
    else
    {
        NoError = LowByteWrite(TheByte);
    }
    return NoError;
}

bool CLoadSave::OpenFileSave(char *FileName)
{
    m_Filehandle = fopen(FileName,"wb");
    if (m_Filehandle == NULL)
    {
        return false;
    }
    else
    {
        m_ActFileMode = LSF_FILEOPENFORSAVE;
        strcpy(m_FileName, FileName);
        m_InOutBufferPointer = 0;
        return true;
    }
}
```

```
bool CLoadSave::OpenFileLoad(char *FileName)
{
    m_Filehandle = fopen(FileName,"rb");
    if (m_Filehandle == NULL)
    {
        return false;
    }
    else
    {
        m_ActFileMode = LSF_FILEOPENFORLOAD;
        strcpy(m_FileName, FileName);
        m_InOutBufferEnd = 0;
        return true;
    }
}

bool CLoadSave::CloseFile(void)
{
    bool NoError;

    if(!IsFileOpenForSave())
    {
        NoError = (fclose(m_Filehandle) == 0);
    }
    else
    {
        NoError = LowBufferWrite();
        fclose(m_Filehandle);
    }

    m_ActFileMode = LSF_FILENOTOPEN;
    m_FileName[0] = 0;
    return NoError
}
```

3.10.3.4 Das Speichern anderer grundlegender Variablen und Typen

Das Speichern anderer grundlegender Variablen kann nun auf den vorhandenen Low-Level-Methoden basieren, da fast alle Variablen auf Bytes aufbauen. Die in unserem Demo-Programm schon definierte Variable `GlobInt` könnte mit folgender Methode verarbeitet werden:

```
bool CLoadSave::LSInt(int &TheInt)
{
    bool NoError = true;

    if(!IsFileOpenForSave())
    {
        for(int i=0; i<4; i++) if (NoError) NoError = LowByte-
Read((char&)*((char*)&TheInt+i));
    }
    else
    {
        for(int i=0; i<4; i++) if (NoError) NoError = LowByte-
Write((char&)*((char*)&TheInt+i));
    }
    return NoError;
}
```

Aufgerufen wird diese Methode, indem in der Funktion `LoadSaveGlobalVars` die letzte Zeile hinzugefügt wird:

```
    if (NoError) NoError = TheFile.LSByte(GlobChar);
    if (NoError) NoError = TheFile.LSInt(GlobInt);
```

Ähnlich kann auch ein `float` gespeichert und geladen werden:

```
bool CLoadSave::LSFloat(float &TheFloat)
{
    bool NoError = true;

    if(!IsFileOpenForSave())
    {
        for(int i=0; i<4; i++) if (NoError) NoError = LowByte-
Read((char&)*((char*)&TheFloat+i));
    }
    else
    {
        for(int i=0; i<4; i++) if (NoError) NoError = LowByte-
Write((char&)*((char*)&TheFloat+i));
    }
    return NoError;
}
```

Oder ein Bool:

```
bool CLoadSave::LSBool(bool &TheBool)
{
    bool NoError = true;

    if(!IsFileOpenForSave())
```

```
    {
        NoError = LowByteRead((char&)TheBool);
    }
    else
    {
        NoError = LowByteWrite((char&)TheBool);
    }
    return NoError;
}
```

Bei den letzten drei verwendeten Datentypen muss aber die wahre Größe beachtet werden, denn es handelt sich um eine Definitions-Sache, wie groß der Datentyp wirklich ist. Im Microsoft Visual C++ Compiler der Version 4.2 war ein `bool` zum Beispiel 4 Bytes groß und nicht, wie hier jetzt angenommen, nur 1 Byte. Dies hat Microsoft mit dem Release der Version 5.0 geändert.

Eine Verwendung von `SizeOf` zur Bestimmung der tatsächlichen Größe darf hier allerdings nicht erfolgen! Denn sonst würde sich das Programm bei Verwendung verschiedener Compiler unterscheiden und die Savegames wären nicht mehr austauschbar. Solche Änderungen müssen entweder durch einen selbst definierten Typen abgefangen werden, oder es muss die gesamte Variable zur Initialisierung mit 0 überschrieben und nur das entscheidende Byte geladen werden. Dadurch verbleibt im Savegame nur die relevante Information und nicht die unnötigen 3 zusätzlichen Bytes. Allerdings muss dieses Vorgehen allen Programmierern bewusst sein. Denn es war leider früher auch üblich, mehr Informationen in einem `bool` zu speichern als nur `true` oder `false`. Solche zusätzlichen Informationen würden dann beim Speichern verloren gehen. Es zeugt allerdings von schlechtem Programmstil, Variablen dermaßen zweckzuentfremden.

Aber `bool` ist nicht der einzige Typ, der sich von Compiler zu Compiler unterscheiden kann. Auch `int` oder `float` sind durchaus nicht auf 4 Byte festgelegt, hier kann es mit Einführung der 64-Bit-Prozessoren wieder zu Änderungen kommen, weshalb die Größe der Variablen hardcodiert und beim Wechsel des Compilers oder der Einstellungen überprüft werden muss. Oder es muss ganz auf die vordefinierten Typen verzichtet und stattdessen nur eigene Typen verwendet werden, die in einem seperaten Modul mit besonderen Compiler-Schaltern definiert sind, so dass sie sich nicht automatisch ändern. Wenn alle Programmierer mit demselben Compiler arbeiten, kann eine Größen-Anpassung beim Wechsel des Compilers oder der Einstellungen mit der Versionsverwaltung erledigt werden, indem eine neue Versionsnummer gebildet wird, doch dazu später mehr.

Das Speichern von Strings, sofern dafür nicht eine höhere Klasse verwendet wird, stellt sich auch recht einfach dar. Das Stringende ist mit einem Null-Byte abgeschlossen. Somit muss nur Byte für Byte gespeichert bzw. geladen werden, bis dieses Null-Byte auftritt. Da ein String ein Array of `char` ist, kann hier nicht die Referenz, sondern nur der Zeiger auf den beginnenden Speicherbereich übergeben werden, das macht aber überhaupt nichts, lediglich die Implementation in der Klasse sieht etwas anders aus. Aufgerufen wird die Methode genauso wie die anderen auch:

```
bool CLoadSave::LSString(char *TheString)
{
    bool NoError = true;

    if(!IsFileOpenForSave())
    {
        int i = 0;
        do
        {
            if (NoError) NoError = LowByteRead(TheString[i]);
        }while((TheString[i++] > 0) && NoError);
    }
    else
    {
        int i = 0;
        do
        {
            if (NoError) NoError = LowByteWrite(TheString[i]);
        }while((TheString[i++] > 0) && NoError);
    }

    return NoError;
}
```

`enums` sind insofern etwas Besonderes, als sie keine konkrete Variable darstellen, sondern nur eine andere Interpretation des Variablen-Wertes darstellen. Solange noch auf eine Versionsverwaltung verzichtet wird, reicht es hier, die Variable entsprechend 'getypecastet' an unsere Speicherklasse zu übergeben. Bei der Versionsverwaltung werden wir dann sehen, dass es mehr Sinn macht, hierfür eine eigene Lade-Speicher-Funktion zu schreiben. Das Laden und Speichern eines `enums` kann mit folgender recht einfachen Zeile vorerst bewerkstelligt werden:

```
if (NoError) NoError = TheFile.LSInt((int&)GlobEnum);
```

Denn ein `enum` ist in `Visual C++` 6.0 von Microsoft standardmäßig 4 Byte lang.

Als letztes möchte noch eine neue Klasse einführen, die ebenfalls gespeichert wird. Um nicht zu viele Buchseiten zu verbrauchen, wähle ich eine möglichst kleine Klasse:

```
class CVector
{
public:
    bool LoadSave(CLoadSave &TheFile);
    CVector();
    virtual ~CVector();
```

```
    float x,y,z;

};

CVector::CVector()
{

}

CVector::~CVector()
{

}

bool CVector::LoadSave(CLoadSave &TheFile)
{
    bool NoError = true;

    if(NoError) NoError = TheFile.LSFloat(x);
    if(NoError) NoError = TheFile.LSFloat(y);
    if(NoError) NoError = TheFile.LSFloat(z);

    return NoError;
}
```

Wie zu erkennen ist, wird einfach von den vorhandenen Lade-Speicher-Methoden unserer Klasse Gebrauch gemacht. So sollte im Übrigen auch bei `structs` vorgegangen werden. Es besteht natürlich auch die Möglichkeit, eine solche Lade-/Speicher-Methode auch in die Lade/Speicher-Klasse aufzunehmen, davon sollte jedoch Abstand genommen werden, da die Klasse sonst sehr groß wird und weniger leicht in andere Projekte integriert werden kann. Auch bildet unsere Lade-/Speicher-Klasse so kein zentrales Codestück, das ständig an sich ändernde Klassen angepasst werden muss.

3.10.4 Wie baue ich Fehlerabfragen ein?

Es gibt zwei grundlegend verschiedene Fehler, die hier auftreten können:

1. Fehler im Zusammenhang mit dem Datenträger
2. Programmierfehler.

Datenträgerfehler stören kaum beim Programmieren des Spiels, sondern vielmehr später beim Spielen. Bei den Programmierfehlern ist dies eher umgekehrt, sie treten vermehrt während der Entwicklung auf und sollten nach Möglichkeit später beim Spielen nicht mehr vorhanden sein. Ich werde auf die erste Kategorie nur kurz eingehen, da auch 'professionelle' Spiele hier teilweise starke Defizite haben und wir mit unserem Bool-Rückgabewert schon ein Minimal-System haben. Im zweiten Teil wird es dann ausführlicher, und wir werden unsere Klasse um Funktionalität erweitern, um Programmierfehler frühzeitig abzufangen und besser einkreisen zu können.

3.10.4.1 Datenträgerfehler abfangen

Im Zusammenhang mit Datenträgern gibt es eine ganze Reihe von Fehlern, die auftreten können. So kann es beim Öffnen einer Datei vorkommen, dass sie nicht existiert oder beim Lesen vorzeitig zu Ende ist. In beiden Fällen wird das Scheitern schon jetzt durch einen Rückgabewert von `false` dem Aufrufer signalisiert. Durch kaskadierende Abfragen im Stile '`if(NoError) NoError =`' wird damit das weitere Laden des Files abgebrochen und die Datei wieder geschlossen.

Beim Schreiben in eine Datei kann es dazu kommen, dass die Datei schon existiert. Dies sollte vorher abgefangen werden, sofern der Spieler die Gelegenheit bekommen soll, ein Überschreiben des Spielstandes zu bestätigen. Bei einem Quicksave wird eine solche Abfrage eher unerwünscht sein. Die andere Fehlermöglichkeit besteht darin, dass die Datei schreibgeschützt ist. Hier würde das Schreiben (bereits das Öffnen) fehlschlagen, was wir ebenfalls durch den Rückgabewert `false` signalisieren. Auch, dass der Datenträger voll ist, wird durch ein `false` signalisiert. Wem es nun reicht, dem Spieler mitzuteilen, ob die letzte Aktion erfolgreich war oder nicht, der braucht nur diesen `bool` nach dem Laden oder Speichern abzufragen. Eine Aufschlüsselung in die einzelnen Fehlermöglichkeiten besteht natürlich auch, hierzu könnte dann anstelle des `bool` ein `enum` treten, in welchem der aktuelle Fehlertyp gespeichert ist.

3.10.4.2 Programmierfehler abfangen

Wird das Savegame bei der Entwicklung erweitert, z. B. durch einen `int`, so können alte Spielstände nicht mehr geladen werden. Dies wird von unserem Programm zwar dadurch erkannt, dass zu wenig Bytes vorhanden sind, aber wenn gleichzeitig ein `float` gelöscht wird, so ändert sich die Länge nicht und das Laden funktioniert »ohne Fehler«. In Wirklichkeit wurden natürlich viele Variablen mit falschen Werten geladen, und das große Suchen nach dem Fehler kann beginnen. Dieses Suchen kann aufwändig sein, denn es muss die Stelle gefunden werden, ab der die Variablen nicht mehr den richtigen Inhalt zugewiesen bekommen.

Das lässt sich vermeiden, wenn wir vor dem eigentlichen Variablenwert eine Kennung speichern, für welchen Variablentyp der folgende Wert gedacht ist. Wir können sie beim Laden überprüfen und so Typenverschiebungen, das Löschen oder Hinzufügen von Variablen detektieren. Denn in der Regel werden nicht lange Ketten gleicher Variablen gespeichert, es sei denn, es handelt sich um ein Array, aber auch hier erleichtert das Speichern des Typs das Auffinden von Fehlern, da dann im oder nach dem Array der Fehler auftritt.

Wenn nun ein Fehler in der Typen-Überprüfung auftritt, so sollte dies in der Debug-Version nicht nur dazu führen, dass `false` zurückgegeben wird, sondern nach Möglichkeit sollte eine sinnvolle Fehlermeldung ausgegeben und das Programm unterbrochen werden. Aber wie kann so was realisiert werden? Dazu gibt es mehrere Ansätze. Da wir hier aber eine allgemein verwendbare Klasse erstellen wollen, spendieren wir unserer Klasse diese Funktionalität in einer Methode. Es wäre auch möglich, diese Möglichkeit für das gesamte Programm zur Verfügung zu stellen, aber das würde es jetzt hier zu unübersichtlich machen.

Wir benötigen für unsere Debug-Funktion nun insgesamt drei verschiedene Teile. Der erste wird den meisten noch bekannt sein. Es besteht die Möglichkeit, mit der Compiler-Direktive `#define` einen Bezeichner zu definieren, der mit dem Paar `#if defined` Bezeichner `#endif` wieder abgefragt wird. Standardmäßig definiert Microsoft in den Debugversionen eines Programms den Bezeichner `_DEBUG`. Dies geschieht aber nicht über einen Define im Quellcode, sondern über den Compilerschalter /D in den Optionen, weshalb `_DEBUG` im gesamten Programm definiert ist. Auf ihn können wir an geeigneter Stelle zugreifen und so feststellen, ob eine Debug- oder eine Release-Version compiliert wird.

Als Nächstes sollten wir irgendwie die Fehlermeldung ausgeben. Natürlich wäre dies nicht unbedingt nötig, da im Aufruf-Stack ebenfalls die Fehlermeldung als Parameter auftritt, es ist aber hübscher, wenn die Fehlermeldung stehen bleibt und nach einem Rücksprung aus der Debug-Funktion noch leserlich auf dem Bildschirm ist. Dies lässt sich auch relativ leicht erreichen, indem die Funktion `OutputDebugString` aus der `windows.h` Datei aufgerufen wird. Der ihr übergebene String erscheint bei Microsoft im normalerweise unten dargestellten Ausgabefenster »Debug«.

Zu guter Letzt wollen wir das Programm anhalten, wenn die Meldung ausgegeben wurde. Dies lässt sich am schnellsten mit einer Zeile Assembler erledigen. Ein Aufruf des `int 3` führt dazu, dass das Programm angehalten und die Kontrolle an die Programmierumgebung übergeben wird. Ist allerdings keine Programmierumgebung offen, bzw. das Programm wurde nicht aus ihr gestartet, kommt es zu einer Access Violation. Aber die ist meist nicht weiter schlimm, und in einer Release-Version wird dieser Teil des Programmcodes ohnehin nicht mitcompiliert.

Unsere Debug-Methode hätte damit folgendes Aussehen:

```
#if defined _DEBUG
void CLoadSave::DebugBreak(char *TheErrorMsg)
{
    OutputDebugString(TheErrorMsg);
    __asm int 3
}
#endif
```

Die Deklaration der Methode muss ebenfalls mit `#if defined` geklammert werden, sonst lässt sich eine Release-Version nicht compilieren. Ein Aufruf dieser Methode könnte dann wie folgt aussehen:

```
#if defined _DEBUG
DebugBreak("Break while File can not be open!");
#endif
```

Auch hier das Klammern nicht vergessen. Warum wird hier überhaupt geklammert, wird sich der eine oder andere fragen. Immerhin wäre es ja möglich, nur in der Methode selbst zu klammern und somit einfach die Aufrufe »ins Leere« laufen zu lassen. Dies hätte aber den Nachteil, dass die ganzen Fehler-Strings in die Release-Version wandern, obwohl sie nie ausgegeben werden.

Für alle in unserer Klasse vorhandenen Methoden zum Laden und Speichern von Variablen legen wir nun in einem `enum` einen eindeutigen Bezeichner fest, diesen werden wir dann bei jedem Typen vorher speichern bzw. laden und überprüfen. Da nicht davon auszugehen ist, dass mehr als 255 verschiedene Typen in dieser Klasse vorkommen, und höhere Strukturen wie `struct` und `class` keinen solchen Bezeichner erhalten werden, reicht es aus, wenn von diesem `enum` nur das unterste Byte gespeichert wird. Dies lässt sich relativ einfach bewerkstelligen, da bei der 80x86er-Architektur größere Integer-Werte im so genannten **Little-Endian-Format** im Speicher abgelegt werden. Dieses Format besagt, dass immer zuerst der niederwertige Teil eines Zahlenwerts gespeichert wird. Ein Typecast auf ein Char liefert somit den Int-Wert modulo 256 zurück. Solange die Werte des `enum` kleiner 256 bleiben, werden damit einfach die überschüssigen Bits ausgeblendet. Trotz dieser Reduzierung von 4 auf 1 Byte verbraucht eine solche Typenprüfung immer noch recht viel Speicherplatz auf dem Datenträger, weshalb in der Release-Version diese Typenprüfung ausgeschaltet sein sollte. Dies erledigen wir wieder mit dem _DEBUG Symbol. Da aber unsere Savegames in beiden Versionen ladbar sein sollten, muss im Savegame gespeichert sein, ob eine Typenprüfung beim Laden durchgeführt werden soll. Wir werden also ganz zu Beginn unseres Savegames in einem Byte speichern, ob dieses Savegame Typeninformationen enthält.

Modifizieren wir somit zuerst unsere Methode, die ein File zum Speichern öffnet. Dazu deklarieren wir einen `enum`, in dem wir die Bitmaske für den Typecheck definieren. Später können hier weitere Masken folgen, in denen zum Beispiel angezeigt wird, dass das Savegame verschlüsselt oder komprimiert ist. Jede dieser Masken setzt genau ein Bit in dem zu speichernden Char. Sollte ein Char irgendwann einmal nicht mehr reichen, so kann durch das letzte Bit angegeben werden, dass ein weiteres Char folgt; nötig war dies in meiner Praxis aber bisher nie.

```
enum FILEDESCRIPTIONFLAGS{FDF_TYPECHECK = 0x01};
```

Um beim Laden und Speichern schneller erkennen zu können, ob gerade mit oder ohne Typenüberprüfung gearbeitet wird, speichern wir diesen Zustand zusätzlich in einer privaten Membervariable des Types `bool`. Ich habe sie hier mal `m_FileHasTypeCheck` genannt. Die Methode `OpenFileSave` wurde durch die Variable `ActFileDescription` erweitert, so dass es später einfach möglich sein sollte, weitere Eigenschaften des Files in diesem Char zu speichern.

```
bool CLoadSave::OpenFileSave(char *FileName)
{
    m_Filehandle = fopen(FileName,"wb");
    if (m_Filehandle == NULL)
    {
        return false;
    }
    else
    {
        m_ActFileMode = LSF_FILEOPENFORSAVE;
        strcpy(m_FileName, FileName);
        m_InOutBufferPointer = 0;

        char ActFileDescription = 0;
m_FileHasTypeCheck = false;
#if defined _DEBUG
        ActFileDescription |= FDF_FDF_TYPECHECK;
        m_FileHasTypeCheck = true;
#endif
        return (LowByteWrite(ActFileDescription));
    }
}
```

Die Laderoutine muss natürlich auch angepasst werden. Hier darf allerdings nicht zwischen Debug- und Release-Version unterschieden werden, denn es sollen ja beide Versionen geladen werden können.

```
bool CLoadSave::OpenFileLoad(char *FileName)
{
    m_Filehandle = fopen(FileName,"rb");
    if (m_Filehandle == NULL)
    {
        return false;
    }
    else
    {
        m_ActFileMode = LSF_FILEOPENFORLOAD;
        strcpy(m_FileName, FileName);
        m_InOutBufferEnd = 0;

        char ActFileDescription;

        bool NoError = LowByteRead(ActFileDescription);

        if(NoError)
        {
```

```
            m_FileHasTypeCheck = (ActFileDescription & FDF_TYPECHECK) != 0;
        }
        return NoError;
    }
}
```

Als Nächstes definieren wir uns den `enum`, in dem die Codes für unsere definierten Typen vorhanden sind. Wir beginnen aber den `enum` nicht bei 0, sondern erst bei 1, weil die 0 einfach zu häufig in einem Savegame vorkommt.

```
enum TYPECHECKCODES{TCC_BOOL = 1, TCC_BYTE, TCC_FLOAT, TCC_INT, TCC_STRING}
```

Als Nächstes erweitern wir die Methode `LSByte` so, dass sie den Typecheck, wenn nötig, vornimmt und die Zusatz-Information ins File aufnimmt, wenn dies gewünscht wird.

```
bool CLoadSave::LSByte(char &TheByte)
{
    char TypeCheck;
    bool NoError = true;

    if(!IsFileOpenForSave())
    {
        if(m_FileHasTypeCheck)
        {
            NoError = LowByteRead(TypeCheck);
            if(NoError) NoError = TypeCheck == TCC_BYTE;
#if defined _DEBUG
            if(!NoError) DebugBreak("This is no char!");
#endif
        }
        if(NoError) NoError = LowByteRead(TheByte);
    }
    else
    {
        TypeCheck = TCC_BYTE;
        if(m_FileHasTypeCheck) NoError = LowByteWrite(TypeCheck);
        if(NoError) NoError = LowByteWrite(TheByte);
    }
    return NoError;
}
```

Wie zu erkennen ist, wurde lediglich Code vor dem Speichern des eigentlichen Bytes eingefügt. Beim Laden wird nun zunächst abgefragt, ob eine Typen-Information vorhanden ist. Wenn nicht, wird wie bisher einfach das Byte geladen und die Methode verlassen. Wenn aber Typeninformationen vorhanden sind, dann wird diese Information in die Variable TypeCheck geladen und anschließend überprüft, ob es der gewünschte Typ ist; wenn nicht, wird NoError auf false gesetzt und somit das Laden des eigentlichen Bytes übersprungen. Sollte es sich um eine Debug-Version des Programms handeln, so wird vorher allerdings unsere Debug-Methode angesprungen, damit die Fehlerstelle sichtbar ist.

Auch für die anderen Methoden kann auf diese Weise die Typenprüfung eingebaut werden. Exemplarisch dafür ist hier die Methode LSFloat aufgeführt:

```
bool CLoadSave::LSFloat(float &TheFloat)
{
    char TypeCheck;
    bool NoError = true;

    if(!IsFileOpenForSave())
    {
        if(m_FileHasTypeCheck)
        {
            NoError = LowByteRead(TypeCheck);
            if(NoError) NoError = TypeCheck == TCC_FLOAT;
#if defined _DEBUG
            if(!NoError) DebugBreak("This is no float!");
#endif
        }
        for(int i=0; i<4; i++) if (NoError) NoError = LowByte-
Read((char&)*((char*)&TheFloat+i));
    }
    else
    {
        TypeCheck = TCC_FLOAT;
        if(m_FileHasTypeCheck) NoError = LowByteWrite(TypeCheck);
        for(int i=0; i<4; i++) if (NoError) NoError = LowByte-
Write((char&)*((char*)&TheFloat+i));
    }
    return NoError;
}
```

Wie schon eingangs erwähnt, sollte dies nur in der Klasse CLoadSave gemacht werden, und hier sollten auch nur die wirklichen Low-Level-Typen vertreten sein. Die größeren Strukturen und Klassen, die dann ja außerhalb dieser Klasse zu finden sind, sind für einen eindeutigen Bezeichner zu verstreut im Quellcode, auch würde dadurch das Wiederverwenden von Quellcode oder das Erweitern mit weiteren Klassen einen unzumutbaren Aufwand bedeuten. In der Praxis hat sich gezeigt, dass allein diese Typenüberprüfung mehr als 99% aller Fehler erkennt, und das ist schon ein deutlicher Fortschritt gegenüber der sonst üblichen einfachen Aneinanderreihung von Bytes.

3.11 Eine eigene Versionsverwaltung

Der Sinn einer Versionsverwaltung liegt darin, dass eine Änderung an den Daten im Savegame nicht dazu führt, dass das Savegame nicht mehr ladbar ist. Dazu ist es notwendig, mehrere Lade-Routinen im Quellcode bereit zu halten, damit auch ältere Spielstände geladen werden können. Gespeichert wird hingegen immer nur eine, und zwar die jeweils neueste Version.

Zur Unterscheidung, welche Version gerade geladen wird, speichern wir die Versionsnummer mit im Savegame. Dies ist aber keine globale Versionsnummer, die bei jeder Änderung um eins erhöht wird, sondern sie beschreibt lediglich die Version für den aktuellen Block. Dies hat den entscheidenden Vorteil, dass nicht in verschiedenen Modulen etwas geändert werden muss. Außerdem ist so eine viel übersichtlichere Nummernvergabe möglich. Da auch die Nummern nur langsam steigen, reicht es, sie als `char` zu speichern.

Sollte es ausnahmsweise dazu kommen, dass mehr als 255 verschiedene Versionen angelegt wurden, dann kann wieder von vorne begonnen werden, denn bis dahin hat man Version 1 (hoffentlich) schon längst wieder aus dem Quellcode geworfen. Es sollte *nicht* versucht werden, bis in alle Ewigkeiten alte Spielstände zu laden, sonst wird der Quellcode nicht nur riesig, sondern auch schwer wartbar. In der professionellen Spiele-Entwicklung hat sich gezeigt, dass es reicht, alte Spielstände vier Wochen lang zu supporten. Sollte ein Spielstand länger benötigt werden, sollte man sie alle vier Wochen einmal laden und als aktuelle Version wieder speichern, so halten Sie dann weitere vier Wochen. Im Hobbybereich, wo weniger Code pro Zeit verfasst wird, kann die Zeit natürlich deutlich länger sein. Das hängt stark von der Häufigkeit der Änderungen und den schon vorhandenen Savegames ab. Allerdings sollte jeder im Team über die Haltbarkeit informiert werden, damit er nicht überrascht wird, wenn mit der neuesten Version auf einmal seine alten Savegames nicht mehr gehen.

Die Umsetzung der Versionsverwaltung bedingt, dass jede Änderung im Programm, die eine Änderung der Interpretation des Savegames nach sich zieht, algorithmisch behoben werden kann. Das bedeutet, dass neu hinzugefügte Variablen mit einem sinnvollen Startwert initialisiert werden, Verlinkungen von Objekten untereinander hergestellt werden oder Werte aufeinander angepasst werden müssen. Hierzu ist es teilweise nötig, eigene Funktionen zu schreiben, die solche Anpassungen vornehmen, und auch, weil solche Anpassungen über mehrere Stufen einer Versionsverwaltung recht komplex werden können, sollte irgendwann der Support für ältere Versionen eingestellt werden.

Die Umsetzung der eigentlichen Versionsverwaltung ist hingegen recht trivial. Wir speichern in jeder Funktion, die etwas ins Savegame speichert, eine Versionsnummer. In der Klasse selbst allerdings nicht, denn hier sind sowieso nur die grundlegenden Datentypen vorhanden, und die ändern sich nun einmal nicht so häufig.

Beim Laden wird dann diese Versionsnummer wieder geladen und in einem Switch ausgewertet, wo dann für jede Version ein eigener Ladeteil vorhanden ist. Bisher haben wir hier überhaupt nicht zwischen Laden und Speichern unterschieden, weshalb hier auch die meisten Änderungen vorzunehmen sind. In unserem bisherigen Demo-Programm existiert die Funktion `LoadSaveMainFile` wie folgt:

```
bool LoadSaveMainFile(char *Filename, bool ForSave)
{
    CLoadSave MainFile;         // Eine Instanze der SpeicherKlasse
    bool NoError = true;

    if(!ForSave) // Laden einen Spielstands
    {
        // Versuch die Datei zum Laden zu Öffnen
        if(!MainFile.OpenFileLoad(Filename)) return false;

        // Lade Alles
        if(NoError) NoError = LoadSaveGlobalVars(MainFile);
        //    if(NoError) NoError = LoadSaveMap(MainFile);
        //    ...

        // Schliese das File
        if(!MainFile.CloseFile()) return false;

    }
    else // Speicheren eines Spielstands
    {
        // Versuch die Datei zum Speichern zu Öffnen
        if(!MainFile.OpenFileSave(Filename)) return false;

        // Speichere Alles
        if(NoError) NoError = LoadSaveGlobalVars(MainFile);
        //    if(NoError) NoError = LoadSaveMap(MainFile);
        //    ...

        // Schliese das File
        if(!MainFile.CloseFile()) return false;
    }
    return NoError;
}
```

Hier fügen wir jetzt die Variable `ActuallVersion` hinzu, welche die aktuelle Versionnummer aufnehmen wird. Im `switch` verwenden wir dann wieder unsere `DebugBreak`-Methode, wenn eine Version geladen werden soll, die nicht implementiert ist. Dies kann zum Einen dann passieren, wenn ältere Versionen gelöscht wurden, oder wenn mit einer älteren Exe ein neueres Savegame geladen werden soll.

```
bool LoadSaveMainFile(char *Filename, bool ForSave)
{
    CLoadSave MainFile;        // Eine Instanze der SpeicherKlasse
    char ActuallVersion;
    bool NoError = true;

    if(!ForSave) // Laden einen Spielstands
    {
        // Versuch die Datei zum Laden zu Öffnen
        if(!MainFile.OpenFileLoad(Filename)) return false;

        MainFile.LSByte(ActuallVersion); // laden der Versionsnummer

        switch(ActuallVersion)
        {
        case 1: // 15.05.2002
            // Lade Alles
            if(NoError) NoError = LoadSaveGlobalVars(MainFile);
            //    if(NoError) NoError = LoadSaveMap(MainFile);
            //    ...
            break;
        default:
            NoError = false;
#if defined _DEBUG
            MainFile.DebugBreak("Unsupportet Version of MainFile");
#endif
        }

        // Schliesse das File
        if(!MainFile.CloseFile()) return false;

    }
    else // Speicheren eines Spielstands
    {
        // Versuch die Datei zum Speichern zu Öffnen
        if(!MainFile.OpenFileSave(Filename)) return false;

        // speichere Versionsnummer
        if(NoError) NoError = MainFile.LSByte(ActuallVersion = 1);

        // Speichere Alles
        if(NoError) NoError = LoadSaveGlobalVars(MainFile);
        //    if(NoError) NoError = LoadSaveMap(MainFile);
        //    ...

        // Schliese das File
```

```
        if(!MainFile.CloseFile()) return false;
```

3.12 Virtual File Systems (JB)

Größere Projekte wie z. B. Computerspiele haben nicht selten eine enorme Menge an Daten. Meistens ist diese in zahllose Dateien aufgeteilt, wie zum Beispiel in Bilddateien, Sounddateien, Textfiles etc. Ein großes Projekt kann da problemlos an die 1000 Dateien anhäufen.

Doch das muss nicht sein. Es gibt eine Alternative: Alle Dateien zu nehmen und in eine einzige große Datei zu stecken (in diesem Artikel als **Pak-File** bezeichnet). Die Verwaltung eines solchen Pak-files ist jedoch weitaus komplexer als das Benutzen »gewöhnlicher« Dateien über fopen/fread/etc. Die Unterstützung von temporären Dateien im Arbeitsspeicher, von Dateien auf einem FTP-Server usw. verkompliziert die Lage erheblich. Abhilfe: Ein VFS (Virtual File System). Es funktioniert genau wie ein »normales« File System, wie z. B. das des Betriebssystems, mit dem Unterschied, dass es auch andere Dinge als die »normalen« Dateien unterstützt. Ein VFS ist in der Lage, Dateien aus unterschiedlichsten Quellen zu verwalten, und das auf transparente Art und Weise, d. h., der Programmierer hat möglichst wenig mit den Mechanismen dahinter zu tun.

3.12.1 Allgemeines

Ein VFS muss folgende Kriterien erfüllen:

- Modularer Aufbau: Es soll problemlos möglich sein, weitere Systeme hinzuzufügen (z. B. Unterstützung von ZIP-files).
- Transparenz: Der Programmierer soll sich nicht mit den Mechanismen herumplagen müssen.
- Quellenunabhängigkeit: Die Dateiverwaltung sollte möglichst unabhängig von der Quelle sein.

Das Unix-Modell ist für ein VFS ideal. Hier einige Beispiele:

/file/C:/data/pics/tex1.jpg	Eine Datei tex1.jpg, in C:/data/pics gespeichert
/pak/pak1.pak/snd/sound1.wav	Eine Sounddatei sound1.wav, in der Pak-file pak1.pak gespeichert
/mem/temp1.tmp	Temporäre Datei, im Arbeitsspeicher abgelegt
/ftp/ftp.host.edu/data/e1.txt	e1.txt, in einem FTP-Server abgelegt

All diese Dateien sind dank VFS durch ein und dieselbe Funktion bzw. Methode abrufbar. Die Verwaltung ist vollkommen transparent, e1.txt unterscheidet sich für den Programmierer nicht von tex1.jpg, was deren Verwaltung angeht. (Eine kleine Ausnahme gibt es bei Pak-files, die später erläutert wird.)

3.12.2 Das Konzept

3.12.2.1 Grundlegendes

Das klingt ja alles schön und gut, aber wie umsetzen? Ich benutze in diesem Artikel C++ für die Beispielcodes. Aber jede andere Sprache mit OOP-Unterstützung sollte auch geeignet sein. Wichtig ist jedoch die OOP-Unterstützung, die die Realisierung enorm erleichtert.

Das VFS ist in drei Abschnitte eingeteilt: Dateien, IO-Systeme und ein zentrales Verwaltungsobjekt (im Artikel »Hub« genannt).

Ein IO-System können dabei ein FTP-Server, die OS-Funktionen zur Ein-/Ausgabe oder auch Funktionen zur Ein-/Ausgabe vom Speicher oder eines Pak-files sein. IO-Systeme sind als root-directory vorhanden. Das rootdirectory »/ftp« z.B. wäre für die Verwaltung der Ein-/Ausgabe von einem FTP-Server zuständig.

Wie öffnet man nun eine Datei? Man ruft die Methode »open« des Hubs auf. Das Hub schaut nun nach, welches IO-System zuständig ist und übergibt diesem die Parameter (Dateiname, Flags etc.) Das IO-System öffnet nun die Datei.

Hier ein Beispiel:

- Die Datei »/file/C:/text01.txt« soll geöffnet werden.
- Der Programmierer ruft Hub.open(»/file/C:/text01.txt«) auf.
- Der Hub sucht nun ein IO-System namens »file«, und findet diesen.
- Diesem IO-System wird der Dateiname »C:/text01.txt« übergeben.
- Nun öffnet das IO-System diese Datei. Was genau es dabei macht, ist seine Sache und bleibt dem Programmierer verborgen (den es auch meistens nicht interessiert).

Es klingt komplexer, als es ist. Für den Programmierer ist die Sache sehr einfach: Er muss nur Hub.open aufrufen, und alles ist getan. Dies ist einfacher umzusetzen, als man denkt.

3.12.2.2 Zugriff auf die Dateien

Allerdings stellt sich eine Frage: Nun ist die Datei offen – was nun? Wie kriegt man Zugang?

Eine einfache und effektive Methode ist, mit der open-Methode ein Objekt als Rückgabewert geben zu lassen. Über dieses Objekt kann man nun lesen und/oder schreiben und die Datei schließen.

Diese Idee ist sehr elegant, z. B. erfolgt das Lesen von einer Datei einfach über ein file.read(). Das Problem ist nun, die Zugriffsanfragen an das IO-System zu übermitteln, das diese Datei geöffnet hat. Eine mögliche Lösung ist, dem IO-System solche E/A-Methoden hinzuzufügen, das File-Objekt leitet somit die Anfragen nur weiter.

In der Praxis umgesetzt hat sich diese Methode als sehr effektiv erwiesen, auch wenn man in der Implementation ein paar Tricks einbauen muss (hierzu später mehr).

3.12.3 Implementation

3.12.3.1 Das »Hub«

```
class FileSystem
{
protected :
    std::vector <iIOSystem *> m_IOSystems;
public :
    File* open(const char *FileName,const char *mode);
    void registerIOSystem(iIOSystem *system);
    void removeIOSystem(iIOSystem *system);
    void removeIOSystem(const char *rootname);
};
```

Unser »Hub« ist die Klasse FileSystem, die eine Liste aller IO-Systeme beherbergt (hier umgesetzt mit dem STL-Vector). Wie man sieht, ist die Klasse sehr klein. Die Methode open() durchsucht Liste »m_IOSystems« nach dem richtigen IO-System und übergibt diesem die Verwaltung des Öffnens der Datei.

3.12.3.2 Die File-Klasse

```
class File
{
    friend class IOSystem;
protected :
    void *m_InternalData;
    IOSystem *m_IOSystem;
    unsigned long m_Flags;

public :

    File();
    virtual ~File();

    void bindIOSystem(IOSystem *System) { m_IOSystem=System; }
    unsigned long getFlags() { return m_Flags; }
    void close();
    void seek(long Position,iePositionDir Dir);
    long tell();
    long getSize();
    long write(void *Src,long size);
    long read(void *Dest,long size);
};
```

Dies ist nun die Klasse, mit der man die Files ansprechen kann. `close()`, `seek()`, `tell()`, `getSize()`, `write()` und `read()` rufen die jeweiligen IOSystem-Funktionen auf (z. B. ruft `read()` `m_IOSystem->read()` auf). Dies ist notwendig, da z. B. der Datentransfer von/zu einer Datei auf der lokalen Festplatte anders erfolgt als bei einer Datei in einem Pak-file.

Die Flags geben bestimmte Eigenschaften der Datei an, ob z. B. die Datei nur lesbar ist oder ob nur blockweise Zugriff möglich ist (siehe dazu Pak-files).

Alle IO-Systeme brauchen spezifische Daten pro Datei. Z. B. muss über Dateien im Speicher deren Größe und Position im Speicher bekannt sein. Da diese benötigten Extrainformationen von IOSystem zu IOSystem verschieden sind, werden diese als »interne Daten« im File-Objekt notiert (mittels eines Pointers). Beim Beispiel der Datei im Speicher würde der Pointer zu den internen Daten auf ein Struct zeigen, das alle benötigten Informationen enthält (Größe und Position im Speicher).

Es gibt dabei jedoch einen Haken: Das IOSystem muss irgendwie den Pointer »m_InternalData« dafür auf diese internen Informationen zeigen lassen. Der Pointer ist jedoch protected, d. h., IOSystem darf darauf nicht zugreifen. Man könnte nun eine Elementarzugriffsmethode einbauen, aber dann hätte jeder auf diesen Pointer Zugriff – genau das darf eben nicht sein. Daher wird IOSystem als »friend class« gesetzt; keine gern gesehene Maßnahme, aber in diesem Fall legitim.

3.12.3.3 Das IOSystem

```
class IOSystem
{
protected :
    const char *m_RootName;
    void setIData(File *file,void *IData) { file->m_InternalData=IData;}
    void *getIData(File *file) { return file->m_InternalData; }

public :

    const char *getRootName() { return m_RootName; }
    iIOSystem();
    virtual ~iIOSystem();

    virtual File* open(const char *FileName,const char *mode)=0;
    virtual void seek(File *file,long Position,int direction)=0;
    virtual long tell(File *file)=0;
    virtual long getSize(File *file)=0;
    virtual long write(File *file,void *Src,long size)=0;
    virtual long read(File *file,void *Dest,long size)=0;
    virtual void close(File *file)=0;
};
```

Dies ist das Herz des Filesystems. Über diese Klasse erfolgt die Ein-/Ausgabe von- und zu Dateien sowie deren Öffnung/Schließung. Die Ein/Ausgabe erfolgt über die virtuellen Methoden `read()`, `write()`, `seek()`, `tell()` etc., also genau die, die von File angesprochen werden. Ebenfalls virtuell ist `open()`, die Methode, die die Dateien schlussendlich öffnet. Der Rootname ist der Name, der dieses IO-System im root des Filesystems hat (also z. B. bei Zugriff zu einer Datei »test« mittels eines IOSystems mit »tmp« als Rootname würde man »/tmp/test« angeben).

Die Methoden `setIData()` und `getIData()` sind notwendig, da nur IOSystem eine friend class von File ist – von IOSystem abgeleitete Klassen sind das nicht. Daher muss man auf den Pointer zu den internen Daten über diese Methoden zugreifen – um zu gewährleisten, dass auch abgeleitete Klassen Zugang zu diesem haben.

3.12.3.4 Einsatz des VFS

Doch wie kann man nun mit dieser Architektur Quellenunabhängigkeit erreichen? Ganz einfach: Alles, was man tun muss, ist eine von IOSystem abgeleitete Klasse kreieren, alle virtuellen Methoden überschreiben und dem neuen IOSystem einen Rootnamen verpassen. Dann muss man noch ein Objekt von diesem IOSystem bei FileSystem registrieren – und das wars, schon kann man es benutzen.

Hierzu ein Beispiel: ein IOSystem, das System-Ein-/Ausgabe zu Dateien auf der lokalen Festplatte ermöglicht:

```
class FileIO : public IOSystem
{
public :

    FileIO();
    File* open(const char *FileName,const char *mode);
    void seek(File *file,long Position,int direction);
    long tell(File *file);
    long getSize(File *file);
    long write(File *file,void *Src,long size);
    long read(File *file,void *Dest,long size);
    void close(File *file);
};

FileIO::FileIO()
{
    m_RootName = "file";
}

iFile* FileIO::open(const char *FileName,const char *mode)
{
    iFile* file = new iFile;
```

```
    file->bindIOSystem(this);
    FILE* f = fopen(FileName,mode);
    setIData(file,(void*)f);
    return file;
}

void FileIO::close(File *file)
{
    if (!getIData(file)) return;
    fclose((FILE*)getIData(file));
    setIData(file,0);
}

void FileIO::seek(File *file,long Position,int direction)
{
    fseek((FILE*)getIData(file),Position,direction);
}

long FileIO::tell(File *file)
{
    return ftell((FILE*)getIData(file));
}
long FileIO::getSize(File *file)
{
    return 0;
}
long FileIO::write(File *file,void *Src,long size)
{
    return fwrite(Src,size,1,(FILE*)getIData(file));
}
long FileIO::read(File *file,void *Dest,long size)
{
    return fread(Dest,size,1,(FILE*)getIData(file));
}
```

Das ist bereits ein vollwertiges IOSystem, mit dem man auf »normale« Dateien zugreifen kann. Um es benutzen zu können, muss man es noch registrieren:

```
void main()
{
    FileSystem filesys;
    FileIO fileio;

    filesys.registerIOSystem(&fileio);
```

Und ab hier kann man ganz normal zugreifen:

```
    File *f=filesys.open("/file/data1.dat","rb");
    char buffer[200];
    f->read(buffer,200);
    f->close();
    delete f;
}
```

Doch der echte Nutzen ist vorhanden, wenn man mehr als ein IOSystem registriert hat.

Hat man z. B. die IOSysteme »file«, »mem« und »ftp« registriert, so kann man als Dateinamen »/ftp/data1.dat«, »/file/C:/text.txt«, »/mem/temp01« usw. angeben. Für den Programmierer bleibt das transparent, denn er benutzt nur filesys.open() und die Zugriffsmethoden von File.

3.12.4 PAK-Files

Diese verdienen ein eigenes Kurzkapitel, da sie so manches verkomplizieren. PAK-Files sind per Definition Dateien, die aus mehreren kleineren Dateien bestehen, die zu einer Datei (dem PAK-File) zusammengetan wurden. Oft wird bei PAK-Files Kompression angewandt (z. B. bei ZIP- oder RAR-Files). Hier hat man ein Problem: der Ein-/Ausgabe-Zugriff, den man von »gewöhnlichen« Dateien gewohnt ist, ist hier dank Kompression erschwert. Eine Patentlösung gibt es hier nicht; zwar kann man gewohnte Ein-/Ausgabe realisieren, doch schnell ist das nicht. Eine bessere Methode ist, hier das Block Lesen/Schreiben einzuführen; hierbei wird das Lesen/Schreiben darauf beschränkt, dass man nur die ganze Datei ansprechen kann. Somit hätte die Größenangabe bei read() keine Wirkung, da in jedem Fall die ganze Datei gelesen wird. Das mag zwar unhandlich und unflexibel klingen, allerdings sollte man bedenken, dass in 90% aller Fälle man sowieso die ganze gepackte Datei ansprechen muss. Weiter liefern viele Kompressionsbibliotheken nur Funktionen zum Entpacken ganzer Dateien (wie z. B. UnRar).

3.12.5 Erweiterungen

Nun funktioniert das VFS zwar ganz gut so, und es genügt z. B. für Spiele vollauf. Allerdings fehlen noch einige Extras. Beispiele dafür wären: Auflistung des Inhalts, Verschlüsselung und Zugriffsrechte. Des Weiteren kann das hier vorgestellte Konzept sicherlich verbessert werden.

Kapitel 4

Game-Art

Unter GameArt versteht man benötigte Grafiken, Sounds, Zwischensequenzen usw. Diese Dinge werden bei der Programmentwicklung immer unterschätzt, dabei machen Sie zumindest mengenmäßig den Löwenanteil aus. Ein modernes durchschnittliches Spiel, das auf der Festplatte etwa 300 MB einnimmt, braucht für die eigentlichen Programmdateien (*.exe und *.dll) nur etwa 2-3 MB. Programme von 10 MB Größe sind schon groß. Meine Installation von Half-Life hat z.B. 5 MB Programmdateien – bei einer Gesamtgröße von 637 MB!

Es ist ziemlich egal, welche Art von Spiel man schreibt, man braucht solche Zusatzdateien immer. Wenn man mal von extrem seltenen Ausnahmen – wie z.B. einem Textadventure – absieht, dann braucht man mindestens Bilder.

Und man benötigt das Zeug schon sehr früh. Man könnte sagen, von Anfang an. Denn wie will man eine Spiele-Engine entwickeln, wenn man gar nichts zum Anzeigen hat?

Es ist irgendwie immer derselbe Ablauf: die ersten Grafiken malt der Programmierer. Das sind in der Regel alles andere als Kunstwerke, aber sie sind als solche gar nicht gedacht. Sie dienen nur als Testobjekte, um die Engine schon mal aufbauen und testen zu können. Der Programmierer macht sich auch alle anderen Zusatzdateien selber. In manchen Fällen »macht« er auch nichts, sondern nimmt sich bereits fertige Bilder und Sounds von seiner Festplatte oder aus dem Internet zum Testen.

Später oder zeitgleich (je nach Organisation) machen die Grafiker, Leveldesigner und Musiker dann die Dateien, die eigentlich verwendet werden sollen. Und hier gibt es einen wichtigen Punkt: Viele Hobbyprogrammierer denken zu spät daran, dass nicht nur der Programmcode entscheidend ist oder sie nehmen das nicht so wichtig und malen selbst – entsprechend furchtbar sieht das dann auch aus.

Was noch extrem wichtig ist und ebenfalls verkannt: Programmierer und Grafiker müssen zusammenarbeiten. Noch genauer gesagt: der Grafiker muss sich in seinem Tun nach dem Programmierer richten. Es ist keineswegs so, dass der Grafiker in völliger Eigenständigkeit ein paar tolle Bildchen macht, die der Programmierer dann schon irgendwie einbindet. Je nach dem, wie die Engine die Bilder braucht, müssen diese in passender Form vorliegen. Ein sehr gutes Beispiel ist z.B., dass Texturen nur in bestimmten Formaten verwendbar sind. Länge und Breite müssen eine Potenz von 2 sein, sonst werden sie nicht dargestellt – weder in OpenGL noch in DirectX. Und Voodoo-Grafikkarten vertragen keine Texturen, die größer sind als

256 Pixel. Es gibt aber noch – je nach Projekt – eine unglaubliche Anzahl von Dingen, die der Grafiker beachten muss. Und die muss man ihm natürlich mitteilen, woher soll er es sonst wissen.

Wir werden im Folgenden auf einige Details eingehen, wobei der Schwerpunkt auf der 2D-Grafik liegen wird. Das ist nämlich auch die Grundlage für 3D-Grafik und man kann mehr Fehler machen.

4.1 2-D Grafik (TS)

4.1.1 Sprites

4.1.1.1 Einführung

Ein Sprite ist ein kleines Bild. Es stellt ein Spielelement dar, zum Beispiel ein kleines Raumschiff. Sprites werden auf dem Monitor bewegt, sei es eine programmierte Bewegung oder durch den Spieler selbst. Sprites können nur ihre X- und Y-Koordinate ändern. Sie sind auf den zweidimensionalen Raum beschränkt. Ältere Spiele bestehen fast ausschließlich aus Sprites. Trotzdem wirkt alles nicht so flach, wie man eigentlich denken könnte.

Es gibt verschiedene Möglichkeiten, ein Sprite zu erstellen. Man benutzt ein Zeichenprogramm und zeichnet drauf los. Schwer wird es, wenn das Sprite animiert werden soll. Hier müssen dann verschiedene Bewegungsabläufe gezeichnet werden. Bild für Bild. Heutige Zeichenprogramme stellen dem Benutzer ein Ebenensystem zur Verfügung. Der Grafiker kann somit die Bilder übereinander legen und wahlweise umschalten. Das ist das gleiche Prinzip, das bei der Herstellung von Zeichentrickfilmen verwendet wird.

Die zweite Methode ist weit weniger anstrengend, oder doch nicht? Das hängt von den Fähigkeiten des Grafikers ab. Konstruiert man das gewünschte Objekt als 3D Modell, so kann es ohne Probleme aus jeder Perspektive gerendert werden. Dem Grafiker bleibt eine Menge Arbeit erspart.

4.1.1.2 Die Animation

Wie sieht eine solche Animation dann wohl aus? Hier ist die Animation eines gerenderten Raumschiffs, das sich nach rechts dreht. Für eine flüssige Animation sind jedoch deutlich mehr Bilder nötig.

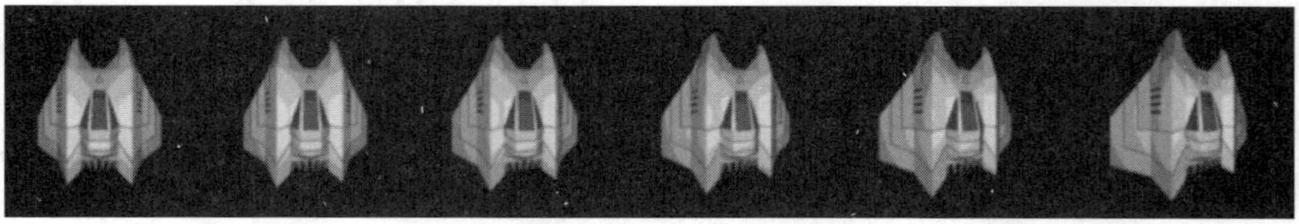

Abb. 4.1: Rechtsdrehung

Ist das Programm schnell genug, können die Sprites in Echtzeit gedreht werden. Das kostet wohl Rechenzeit, spart aber zugleich wertvollen Hauptspeicher.

4.1.1.3 Tiles

Tiles sind ebenfalls Sprites, nur dass sie das Spielfeld darstellen. Sie bilden den Untergrund auf dem sich der Spieler bewegt. Tiles sind nur selten animiert. Tiles können wie auch Sprites mit einem Zeichenprogramm erstellt oder aber auch gerendert werden. Ist das Sprite gerendert, so sollten auch die restlichen Elemente gerendert sein. Mischt man verschiedene Techniken, so wirkt die Grafik unharmonisch. Ein Beispiel für gerenderte Tiles: Plattformen für ein Jump and Run-Spiel. Die Plattformen wurden aus geraden Flächen der gerenderten Landschaft entnommen.

Abb. 4.2: Gerenderte Landschaft

Abb. 4.3: Gerenderte Tiles im Spiel

4.1.2 Texturen

4.1.2.1 Einführung

Texturen finden vielfache Verwendung beim Spieledesign. Sie bilden die Grundlage unterschiedlicher grafischer Elemente wie bei Schaltflächen, Bedienungselementen, grafischen Schriftsätzen oder auch 3D-Modellen.

Wir unterscheiden zwei Arten von Texturen:

- Texturen für Schaltflächen, Panels und sonstiger grafischer Elemente
- Texturen einer 3D-Welt

Ohne Texturen ist ein 3D-Spiel nur eine eintönige geometrische Landschaft. Die Aufgabe von Texturen ist es, den dreidimensionalen Raum zum Leben zu erwecken. Texturen sind zweidimensionale Bitmaps, die sämtliche Flächen unseres dreidimensionalen Raums bedecken. Sie versuchen, dem Spieler den Eindruck einer realistischen Welt zu vermitteln. Atmosphäre heißt das Zauberwort. Eine geniale Levelarchitektur oder ein gutes Spielprinzip reichen nicht aus, um die gewünschte Atmosphäre zu vermitteln. Viele 3D-Engines sind in der Wahl der Farbtiefe von Texturen auf 256 Farben beschränkt. Neuere Vertreter erlauben jeder Textur eine eigene Palette. Einige wenige Ausnahmen unterstützten bereits Texturen mit 16 Bit Farbtiefe. Eine weitere Einschränkung von 3D-Spielen liegt in der Größe der Texturen. Ihre Größe ist auf Grund von Hardwarespezifikationen auf ein Vielfaches von 16 beschränkt.

Bevor wir mit der genaueren Betrachtung einzelner Texturen beginnen, einige Regeln, die Sie unbedingt beachten sollten:

Fügen Sie niemals eigene Lichteffekte hinzu. Diese Aufgabe ist dem Leveldesigner bei der Positionierung seiner Lichter vorbehalten. Eine Lichtquelle macht eine Textur wesentlich ansehnlicher, lassen Sie aber die Finger davon. Überlassen Sie diesen Part der Grafikengine. Dies gilt nur solange Sie die Textur für eine 3D-Anwendung benötigen. Verwenden Sie die Textur hingegen für Panels oder Schaltflächen, so ist es durchaus angebracht, eigene definierte Lichtquellen einzufügen oder zu simulieren.

Vermeiden Sie auffällige Eigenheiten. Große, markante Flächen sind unerwünscht. Solche Merkmale prägen sich dem Spieler leicht ein, und er erkennt die ständige Wiederholung ihrer Textur.

Erstellen Sie Varianten von ihrer Textur. Erstellen Sie eine »Basis«-Textur, welche Sie als Grundlage für weitere Texturen verwenden.

4.1.2.2 Die Vorbereitung

Unsere ersten Gedanken gelten dem Arbeitsspeicher. Solange man sich auf Texturen beschränkt, sollten 64 MB RAM ausreichen. Diese werden weniger durch die Texturen belastet, als vielmehr von den Grafikprogrammen selbst.

Auch wenn Texturen nur selten das Format von 256x256 Pixel überschreiten, ist eine hohe Auflösung zu empfehlen. Werkzeuge und Panels der Grafikprogramme nehmen zusätzlichen Platz ein, so dass bei einer Darstellung der Textur von 200 Prozent diese einen großen Teil der Bildschirmfläche beanspruchen. Bei einer Ansicht von 100 Prozent lässt sich die Textur nur sehr ungenau bearbeiten. Bei einem Zoom von 200% nimmt eine 256x256 Textur ebensoviel Platz auf dem Bildschirm ein wie eine Textur der Größe 512x512, bei einer Ansicht von 100%. Bei einer Bildschirmauflösung von 800x600 Pixel ist somit ein Teil der Textur nicht mehr sichtbar, da Symbol-, Statusleisten und diverse Fensterrahmen ebenfalls einen Teil der Bildschirmvertikalen einnehmen. Eine True Color-Auflösung von mindestens 1024x768 Pixel sollte genügen.

Auch bei der Erstellung von Texturen sollte man sich zuvor einige Gedanken machen. In diesem Kapitel gehen wir davon aus, dass unsere Texturen in einer 3D-Anwendung ihren Platz finden. Wer sich entschließt, ein Spiel zu entwickeln, sollte zunächst mit einem Designkonzept beginnen, in welchem Spielprinzip, Handlung, Ort und Zeit festgelegt sind. Ist ein Spiel in unterschiedliche Levels unterteilt, so ändert sich meist eines der zuvor genannten Elemente im Konzept. Aufgabe des Designer ist es, dem Grafiker seine Vorstellung des Handlungsortes so präzise wie möglich zu vermitteln. Jetzt ist der Grafiker an der Reihe, weitere Überlegungen anzustellen, bevor er mit seiner Arbeit beginnt. Nicht selten hat er die Aufgabe, einen kompletten Satz von Texturen für eine bestimmte Art von Levels zu erstellen. Für ein mittelalterliches Level werden zum Beispiel verschiedene Arten von altem Gemäuer, Holzbalken und Pflastersteinen benötigt, während für ein futuristisches Ambiente besonders metallische Texturen gefragt sind.

4.1.2.3 Die erste Textur

Wir beginnen mit unserer ersten Textur. Das Ziel ist es, diese Textur so vielseitig wie möglich zu machen, da wir sie als Basis für weitere Texturen verwenden wollen. Sie darf daher nur eine Grundstruktur beinhalten und keine auffälligen Merkmale besitzen. Die Grundstruktur sollte nicht zu grobkörnig sein, aber auch nicht unscharf. Auch sollte sie geringe Helligkeitsunterschiede enthalten, großflächig verteilt. Die Schwierigkeit besteht darin, genau die richtige Dosierung zu finden. Die Farbwahl ist der erste Schritt. Es empfiehlt sich ein helles Grau, Braun oder Beige. Die Farbe sollte nicht zu kräftig sein. Als zweite Farbe sollte man abwechselnd eine etwas hellere und eine etwas dunklere Farbnuance wählen und großflächig auf unsere noch leere Textur auftragen. Damit wir einen stufenlosen Farbübergang zwischen den einzelnen Farben erreichen, hilft nur kräftiges Weichzeichnen. Diese Arbeit nimmt uns der *Gausssche Weichzeichner* ab. Einige Grafikprogramme wie zum Beispiel Photoshop bieten den Filter *Wolken*.

Abb. 4.4: Das Ergebnis richtiger Filternutzung

Abb. 4.5: Die richtige Farbmischung ist wichtig

Die Grobstruktur der Textur ist jetzt fertig. Als nächstes kommen wir zur Feinstruktur. Mit Filtern wie Körnung oder Rauschen erstellen wir eine feinere Struktur. Es empfiehlt sich auch, zuvor noch eine etwas gröber Struktur zu erstellen, indem man noch kleinere dunkle und helle Farbbereiche hinzufügt. Ist die Textur noch zu körnig, muss manuell mit dem Weichzeichner nachgeholfen werden. Ist sie zu unscharf, ist der Scharfzeichner zu wählen. Es ist viel Experimentieren nötig, bis man die gewünschte Struktur erreicht.

Abb. 4.6: Eine Basistextur

Nachdem wir jetzt eine Basistextur besitzen, wenden wir uns anspruchsvolleren Aufgaben zu.

4.1.2.4 Steinmauer

Eine Mauer setzt sich aus vielen Steinen zusammen, welche jeweils versetzt aufeinander aufgesetzt sind.

Abb. 4.7: Mauerstruktur

Eine Mauer besteht aus Ritzen, mit Höhen, Tiefen und Einkerbungen. Bei einer Steinmauer gehen wir davon aus, dass es sich um einen grobkörnigen Stein einer Außenmauer handelt. Unsere Basistextur dient uns als Vorlage für den Stein. Viele Grafikprogramme bieten die Möglichkeit, einem bestehenden Bild eine Struktur zu verpassen. Mit dieser Funktion wird das Muster der Basistextur gröber.

Abb. 4.8: Veränderte Basistextur

Unsere Steine sind leicht gewölbt. Wir denken uns einfach eine imaginäre Lichtquelle. Ihre Position ist vom Mittelpunkt unseres Steins aus nach links oben verschoben. Das bedeutet, dass der linke sowie der obere Randbereich unseres Steins heller sein müssen als der eigentliche Stein. Da unser Stein leicht gewölbt ist, ist der rechte und der untere Randbereich dunkler als der restliche Stein, da diese Randbereiche im Schatten liegen.

Abb. 4.9: Licht-Schatten-Verhältnis

Wie oben abgebildet, muss das oben angesprochene Licht-Schatten-Verhältnis nicht immer gelten. Als Faustregel gilt vielmehr: der Lichtquelle zugeneigte und erhöhte Flächen sind heller als dem Licht abgeneigte und niedrige Flächen.

Das Mauermuster zeichnet man besser nicht mit einem Linientool. Zeichnet man freihand, entstehen schöne Unregelmäßigkeiten, die unsere Mauer natürlicher wirken lassen. Wir verwenden ausschließlich weiche Werkzeugspitzen um einen gleichmäßigen Farbverlauf zu gewährleisten. Die Kombination aus veränderter Basistextur und einem entsprechenden Mauermuster unter Berücksichtigung von Licht und Schatten könnte folgendermaßen aussehen.

Abb. 4.10: Steinmauer

4.1.2.5 Holz

Holz ist allgegenwärtig, nicht nur in der Realität. Die neuesten Spiele versuchen, der Realität so nahe wie möglich zu kommen und bedienen sich daher ebenfalls dieses Materials. Unser Ziel ist eine Holzwand, die aus mehreren vertikal nebeneinander angeordneten Brettern besteht.

Die Basistextur dient wieder als Grundlage. Zuerst erfolgt die Einteilung der Balken.

Abb. 4.11: Einteilung der Textur

Einige dunkle Bereiche machen die Textur abwechslungsreicher. An den Trennlinien entlang wird der Abschnitt zur rechten Seite hin heller und zur linken Seite hin dunkler. Die harten Hell-Dunkel Übergänge lassen eine Kante entstehen. Die Textur sieht aber noch nicht nach Holz aus.

Effekte wie *Motion Blur* oder ein *Wind-Effekt* in vertikaler Richtung lassen erste Ansätze einer Holzmaserung erkennen. Mit ihnen ist sparsam umzugehen, andernfalls verwischt die vorhandene Struktur völlig. Einige Störungen dürfen anschließend wieder hinzugefügt werden.

Abb. 4.12: Hinzufügen von Störungen

Einige Farbkorrekturen sind unvermeidbar, denn derart blasses Holz wirkt unnatürlich, wenngleich es solches Holz gibt. Um in einer 3D-Welt die Illusion von echtem Holz zu vermitteln, muss der Grafiker der menschlichen Idealvorstellung von Holz nahe kommen. Diese liegt aber nur sehr selten bei hellem, sehr künstlich wirkendem Holz.

Abb. 4.13: Farbkorrektur

Eine grobe Maserung ist immer noch nicht erkennbar. Einige helle und dunkle vertikale Schlieren schaffen hier Abhilfe. Die Zwischenräume kann man etwas verstärken. Mit einem weichen schwarzen Pinsel lässt sich auch mal ein Zwischenraum schaffen.

Abb. 4.14: Fertig!

4.1.2.6 Texturen für Fortgeschrittene 1

Widmen wir uns jetzt einer komplizierteren Textur. Wir fügen zu unserer Basistextur einige Elemente hinzu. Doch damit nicht genug. Unsere Basistextur erhält Wölbungen und eine schräge Fläche.

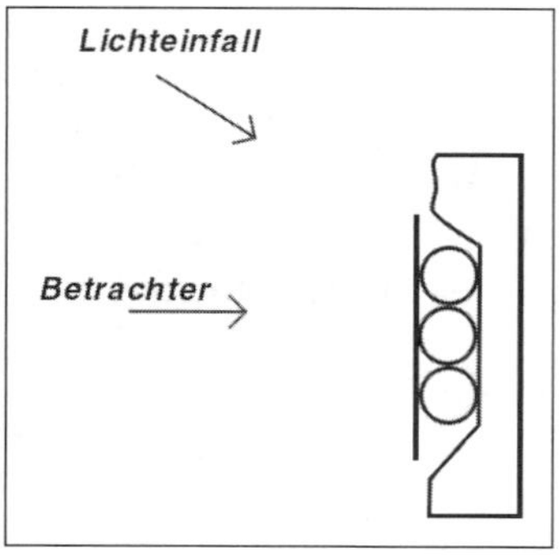

Abb. 4.15: Querschnitt der Textur

Mit Hilfe eines Strukturierungsfilters bekommt die Basistextur eine leicht veränderte Struktur.

Dann fügen wir unsere Basistextur ein neues Element hinzu: ein Gestänge aus rostigem Metall. Die Textur für das rostige Metall entnehmen wir wieder unserer Basistextur, indem wir einfach einige kleine Farbkorrekturen an ihr vornehmen, um den gewünschten Farbton zu erhalten. Das Metallgestänge wirft einen Schatten auf die Basistextur und reflektiert zugleich an den der Lichtquelle zugewendeten Seiten das Licht.

Abb. 4.16: Basistextur mit rostigem Metallgestänge

Der innere Bereich des Gestänges wird vertikal in drei gleich große Flächen aufgeteilt. Diese Flächen sind Rohre, die von dem Metallgestänge an der Wand gehalten werden. Rohre sind nur sehr stark gewölbte Flächen. Dunkle Flächen zu beiden Seiten hin. Die dem Licht zugewandte Fläche enthält einen harten Schatten, welcher unmittelbar in den reflektierenden Teil des Rohres übergeht. Die dem Licht abgewandten Fläche enthält einen Schatten, der weich in die Grundstruktur des Rohres fließt.

Abb. 4.17: Rohre

Für die schräge Fläche wird der Schatten am unteren Teil des Metallgestänges einfach kräftig verstärkt. An der Stelle, wo unsere Textur einen Knick macht und wieder senkrecht verläuft, setzen wir vertikal eine helle Fläche mit einem weichen Übergang zu beiden Seiten.

Tipp: Ein neues Objekt / eine neue Ebene erstellen. Mit dem Linientool eine breite weiße Linie zeichnen. Anschließend mit dem Gaussschen Weichzeichner einen weichen Farbverlauf herstellen.

Abb. 4.18: Weiße Kante

Die leichten Wölbungen im oberen Teil der Textur erreicht man leicht, indem man einem beleuchteten Abschnitt einen dunkleren Abschnitt folgen lässt. Man muss dabei berücksichtigen, dass die Übergänge von Hell zu Dunkel weich verlaufen. Ein harter Hell-Dunkel-Verlauf erzeugt den hier unerwünschten Effekt einer Kante.

Abb. 4.19: Fertig!

Die Textur ist ein wenig blass ausgefallen, also drehen wir noch ein wenig am Kontrastregler. Vertikale Vertiefungen lassen die Textur interessanter erscheinen. Die Vertiefungen sind auf der lichtabgewandten Seite dunkel und gegenüber, auf der lichtzugewandten Seite heller als die Grundtextur.

Fazit: Eine Textur wie sie durchaus auch in einem kommerziellen Spiel vorkommen kann. Licht und Schatten der Wölbungen sind in diesem Beispiel unregelmäßig dargestellt. Eine horizontale Aneinanderreihung der Textur ist nicht möglich, ohne dass ein deutlicher Rand sichtbar wird. Es entsteht der Eindruck, als würden die Lichtverhältnisse zu den Rändern hin abnehmen.

4.1.2.7 Texturen für Fortgeschrittene 2

Eine der gängigsten Texturen der 3D-Welt fehlt noch in diesem Kapitel: Metall. Eine gute kachelbare Metalltextur wird sich in fast keinem Spiel finden. Reines Metall ist lediglich grau und es reflektiert Licht, eine Eigenschaft, die nur von wenigen 3D-Engines dargestellt werden kann. Reflektionen kann der Grafiker nur schwerlichst hinzufügen, da es ja wieder unnatürlich wirkt. Ihm bleibt aber nichts anderes übrig, will er dem Spieler den Eindruck von glänzendem Metall vermitteln.

Von einer großen Fläche sollte man absehen. Ganze Wände aus Metall wirken steril und uninteressant. Sie entsprechen auch nicht der Realität, die wir kopieren wollen. Kleine metallene Flächen mit etwas Rost wirken da schon wesentlich interessanter und auch realistischer.

Wir beginnen wieder mit der Basistextur. Setzt man die Farbsättigung herunter, so wird unsere Textur grau. *Motion Blur* oder ein *Wind-Effekt* sorgen für die nötige Oberflächenstruktur. Auch hier sollte man nachträglich noch ein paar Störungen hinzufügen und an einigen wenigen Stellen wieder scharfzeichnen.

Abb. 4.20: Grundstruktur

Das noch rohe Metall wird jetzt weiterverarbeitet. Es soll als Ornament an unserer Holzwand dienen. Die Grundregeln über Lichteinfall und Schatten gelten immer noch. Die Metallstrebe ist hier jedoch sehr klein, so dass man jede Pixelreihe einzeln bearbeiten muss. Die einfachste Methode besteht darin, die Reihen einzeln zu markieren und jeweils deren Helligkeit zu verändern.

Abb. 4.21: Metallstrebe

Um die Strebe etwas interessanter zu gestalten, fügen wir zwei Metallkugeln an. In gleichem Abstand zueinander, versteht sich.

Abb. 4.22: Metallstrebe mit Metallkugeln

Die Kugel besitzt links oben eine Reflektion und nimmt in die entgegengesetzte Richtung in ihrer Helligkeit ab. Wer das Bild jedoch genau betrachtet, wird feststellen, dass am äußeren Rand der Kugel ein heller Streif hervorleuchtet. Jeder gedachten Lichtquelle zum Trotz, denn erlaubt ist, was gut aussieht. Ein nach hinten dunkler werdender Verlauf sieht nicht sonderlich spektakulär aus. Kein Spieler wird sich in einem Spiel einen Gedanken über den hellen Streifen machen. Der Grafiker könnte das als eine fremde Reflektion, oder als eine Spiegelung abtun. Ein kleiner Schatten macht die Kugel komplett. Wem sie zu glatt wirkt, der darf gerne einige störende Pixel einstreuen. Ein weiterer Schatten unterhalb der Metallstrebe hebt diese etwas von unserer Holztextur ab.

Abb. 4.23: Realistischere Metallkugel

Abb. 4.24: Das Ergebnis

Zuletzt noch ein Effekt, den ich hier nicht genauer erklären möchte, da er in jedem Bildbearbeitungsprogramm anders implementiert oder überhaupt nicht vorhanden ist. Die Rede ist hier von Bumpmapping. Als neueres 3D-Feature ist es längst im Gespräch. Was 3D-Grafikkarten der neuesten Generation in Echtzeit darstellen können, kann der Grafiker schon längst.

Abb. 4.25: Bumpmap

Die Hardware berechnet das Bumpmapping bezüglich der im Spiel vorhandenen Lichtquellen. Auf diese Informationen kann der Grafiker jedoch nicht zurückgreifen. Trotzdem setzt er es gezielt ein, um eine unregelmäßige Oberfläche zu erzeugen. Hierzu erstellt er eine Struktur aus Grautönen mit weichen Verläufen als Alpha-Kanal. Durch eine gleichmäßige Beleuchtung unter Berücksichtigung des Alpha-Kanals entstehen solch räumlich wirkende Strukturen.

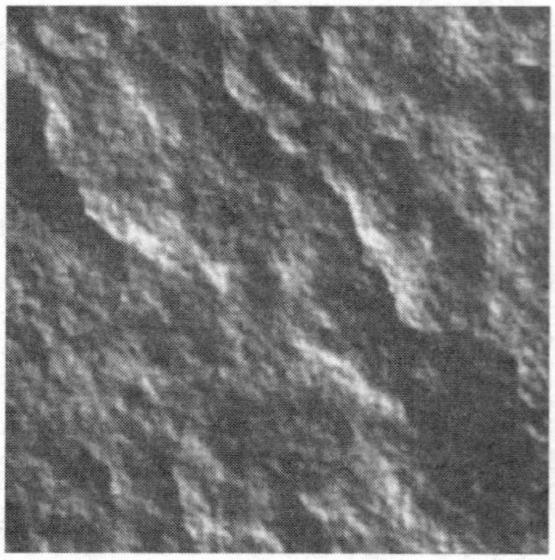

Abb. 4.26: Textur mit Bumpmapping

4.1.2.8 Nahtlose Übergänge 1

Das Kapitel »Texturen« ist leider noch nicht abgeschlossen. Unsere Texturen sind noch nicht ganz fertig. Legt man zwei Texturen nebeneinander, so ist deutlich zu erkennen, an welcher Stelle die Texturen aneinander stoßen.

Die Ränder kann man nicht bearbeiten, daher teilen wir die Textur in zwei Hälften und vertauschen beide Seiten. Der störende Rand liegt nun in der Mitte unserer Textur und kann bearbeitet werden.

Abb. 4.27: Zweiteilung der Textur

Abb. 4.28: Vertauschte Seiten

Die einfachste Methode ist, den unerwünschten Rand einfach zu verdecken. Mit einem runden Holzbalken zum Beispiel.

Abb. 4.29: Mauer mit Holzbalken

Wer den Holzbalken nicht in der Mitte der Textur wünscht, kann diese wieder Zweiteilen und beide Seiten miteinander vertauschen.

Abb. 4.30: Holzbalken an den Seiten

4.1.2.9 Nahtlose Übergänge 2

Wer nicht jede Textur mit Holzbalken oder ähnlichen Dingen verzieren will, der muss auf eine andere Methode zurückgreifen. Doch zuerst teilen wir die Textur wieder in zwei Hälften und vertauschen diese.

Viele Grafikprogramme bieten die Option, eine bestimmte Stelle des Bildes zu markieren und diese dann mit dem Cursor an einer anderen Stelle zu duplizieren. Ein solches *Klone-Hilfsmittel* gehört zum Standardrepertoire eines Bildbearbeitungsprogramms. Man beginnt also einen dem Rand naheliegenden Bereich am Rand selbst zu klonen. Möglichst nicht mit voller Deckkraft, da sonst daneben wieder ein neuer Rand entsteht. Klappt es mal nicht so richtig, kann mit dem Weichzeichner ein wenig nachgeholfen werden. Wichtig ist, dass man immer nur kleine Stücke bearbeitet, damit man nachher wirklich keinen Rand mehr erkennen kann.

Abb. 4.31: Oben mit Rand, unten ohne Rand

Abb. 4.32: Können Sie noch eine Schnittstelle erkennen?

Texturen muss man nicht unbedingt künstlich erstellen. Aus guten Fotos lassen sich ebenso Texturen gewinnen. Trotz aller Bemühungen sind die abfotografierten Wände aber meist nicht gerade und erfordern ein Höchstmaß an Geduld bei der Nachbearbeitung. Ein *Klone-Werkzeug* ist hier unverzichtbar.

4.1.3 Titelbild und Bedienelemente

Der Bereich Grafik besteht nicht nur aus Sprites und Texturen. Jedes Spiel neueren Datums hat ein grafisch ansprechendes Menü, tolle Bedienelemente und auch bei Bildern während eines Ladevorgangs wird mit der Grafik nicht gegeizt.

4.1.3.1 Das Titelbild

Welche Möglichkeiten kommen für ein Titelbild in Frage? Eine Möglichkeit wäre eine Illustration einer Spielfigur. Illustrationen fallen unter die Kategorie »Zeichnen am PC«. Ohne ein Grafiktablett ist dies aber nur schwerlichst zu bewältigen. Auch wer es sein Eigen nennt, avanciert dadurch nicht sofort zum Künstler.

Bei Titelbildern sollte man vielleicht auf grafisch aufgepeppte Screenshots aus dem Spiel zurückgreifen. Ein gerendertes Bild sollte allen Ansprüchen genügen. Für ein Cover oder Titelbild kommt durchaus auch eine Collage aus allen zuvor genannten Elementen in Frage.

4.1.3.2 Buttons

Wer den Abschnitt über Texturen aufmerksam gelesen hat, dem sollte es nicht sonderlich schwer fallen, grafisch ansprechende Bedienelemente wie Knöpfe oder Statusleisten zu machen. Als Grundlage dient wie immer eine Textur. Licht- und Schattenverläufe verhalten sich hier genauso wie bei den Texturen.

Runde Buttons sind auch nicht besonders schwer herzustellen. Hier ein Beispiel:

Als Textur verwenden wir unser langweilig anmutendes Metall. Diesmal wird die Textur im Bildbearbeitungsprogramm künstlich beleuchtet. Ein farbiges Licht bringt die Textur auf neuen Hochglanz. Die Lichtquelle ist am linken oberen Bildrand und leuchtet nur einen Teil der Textur aus. Dafür haben wird einen schönen Farbverlauf. Diesen machen wir uns zunutze, indem wir einen Kreis aus dem Verlauf ausschneiden. Den Rest der Textur können wir löschen.

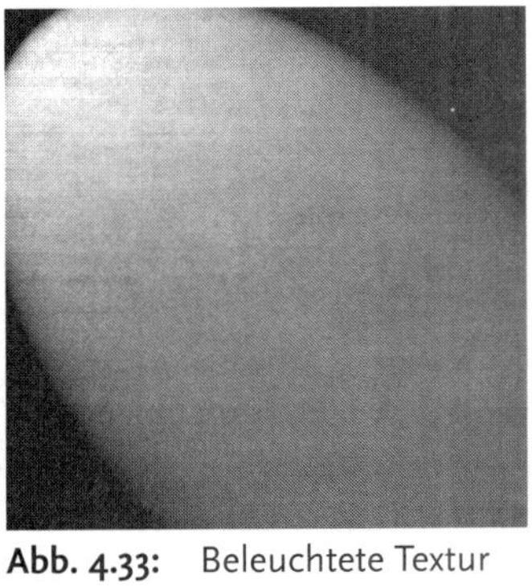

Abb. 4.33: Beleuchtete Textur

Abb. 4.34: Grundform

Um die entgegengesetzten Lichtverhältnisse zu bekommen schneidet man einfach einen Kreis mit einem kleineren Radius aus dem großen Kreis heraus und dreht ihn um 180 Grad. Der Abschnitt gegenüber weißt nun exakt die Lichtverhältnisse auf, die wir benötigen.

Der Button sieht aus, als hätte ihn jemand gedrückt. Um den Button in einen nicht-gedrückten Zustand zu versetzen verfahren wir wie zuvor. Ein noch kleinerer Kreis wird herausgeschnitten und um 180 Grad gedreht.

Die braunen Schlieren erzeugt man durch einfache vertikale Striche mit brauner Farbe. Ein wenig Weichzeichnen und ein paar Störungen sollten genügen. Mit einer geringen Änderung von Farbton und Kontrast kann man daraus Rost machen. Ein wenig Scharfzeichnen ist dann auch noch angebracht.

Wichtig: alle herausgeschnittenen Kreise besitzen den gleichen Mittelpunkt wie der große Kreis!

Abb. 4.35: Fertig!

4.1.4 Bildbearbeitungsprogramme

Bildbearbeitungsprogramme gibt es viele, doch welches ist das richtige? Um die Entscheidung zu erleichtern werden die bekanntesten Vertreter kurz vorgestellt.

4.1.4.1 Adobe Photoshop

Photoshop hat sich als weltweiter Standard für Bildbearbeitung etabliert. Für Photoshop sind zahlreiche kommerzielle, aber auch Freeware und Shareware Plugins erhältlich. Individuell einstellbare Malwerkzeuge und der hervorragende Umgang mit Masken sind nur einige der herausragenden Merkmale. Die Unterstützung verschiedener Ebenen und Bildformate, sowie zahlreiche Filter und Effekte machen Photoshop zum derzeit besten Bildbearbeitungsprogramm auf dem Markt. Unglücklicherweise ist auch der Preis in einer höheren Ebene angesiedelt. Als Trostpflaster gibt es Photoshop in einer abgespeckten Lightversion mit der Bezeichnung Photoshop LE, welches meist als Bundle zusammen mit Hardware, wie Grafik- und Videokarten, ohne besonderen Aufpreis angeboten wird. Eine Demo ist unter `http://www.adobe.com` erhältlich.

Hinweis: Sämtliche Beispiele in diesem Kapitel wurden mit Adobe Photoshop erstellt.

4.1.4.2 Corel Photopaint

Photopaint ist auch extra im Handel erhältlich. Wer nur ein gutes Bildbearbeitungsprogramm sucht und nicht die komplette Corel Draw Suite erstehen will, liegt mit diesem Kauf richtig. Photopaint bietet dem Benutzer alles, was von einem guten Bildbearbeitungsprogramm erwartet wird. Ab Version 8 wurde die Objektfunktion erweitert und orientiert sich nunmehr an dem Ebenensystem von Photoshop. Auch wird nun das Photoshop-Format PSD unterstützt. Natürliche Malwerkzeuge wie Füller, Bleistift, Kreide, Filzstift, Aquarell und viele mehr sind zahlreich vorhanden. Auch werden sämtliche Standard-Photoshop-PlugIns unterstützt. Die Übersicht und die Benutzerfreundlichkeit von Photoshop erreicht Photopaint jedoch nicht ganz. Die Unterstützung nahezu aller bekannter Bildformate sowie der niedrige Preis machen das Programm zu einem reizvollen Angebot mit dem besten Preis/Leistungsverhältnis. Eine CD mit 1000 TrueType Schriftarten, sowie 1500 hochauflösende Bilder runden das Angebot ab. Weiter Informationen sind unter `http://www.corel.de` verfügbar.

4.1.4.3 Paint Shop Pro

Seit Version 5.0 enthält Paint Shop Pro ebenfalls ein Ebenen-System. Konfigurierbare Werkzeuge und die Unterstützung von Photoshop Plugins sind die auffälligsten Merkmale des Programms. Das Programm ist Shareware. Einzige Einschränkung ist die auf 30 Tage beschränkte Nutzung. An Photoshop kommt Paint Shop Pro jedoch nicht ganz heran. Tools und Filter sind aber in ähnlicher Zahl wie bei Photoshop vorhanden, jedoch zu einem weitaus günstigeren Preis. Mehr Informationen zu Paint Shop Pro gibt es unter `http://www.jasc.com`.

4.1.4.4 Corel Painter

Das wohl beste Programm wenn es ums Zeichnen geht. Die natürlichen Malwerkzeuge vermitteln dem Grafiker das Gefühl auf echter Leinwand zu malen. Das Sortiment ist reichhaltig: Kreide, Kohle, Öl und Aquarell, um nur einige zu nennen. Für alles andere ist es gänzlich ungeeignet. Painter 6 besitzt leider keine Ebenen-System und auch sonst lässt es einige nützliche Tools vermissen. Wer künstlerisch tätig werden will, liegt mit diesem Programm genau richtig. Alles Weitere erfahren sie im Internet unter `http://www.corel.de`.

4.1.4.5 Wally

Wally fällt ein wenig aus dem Rahmen. Es ist ein reines Texturprogramm. Es entwickelte sich vom reinen Konvertierungsprogramm zu einem kompakten Texturprogramm. Wally unterstützt eine Reihe von Formaten, darunter auch exotische Formate einiger 3D Spiele. Eine ganze Reihe von Werkzeugen erleichtert die Erstellung von Texturen erheblich. Das Programm ist einfach zu bedienen und benötigt wenig Platz auf der Festplatte. Das Programm ist Freeware und steht unter `http://www.telefragged.com/wally` zum Herunterladen bereit.

4.1.4.6 Universe

Universe ist nur eine Ergänzung. Realistische Weltraumfotos sind mit nur wenigen Mausklicks erstellt. Kein Programm bietet realistischere Lensflares als Universe. Uniserve ist Shareware und kann unter `http://www.diardsoftware.com` heruntergeladen werden.

4.1.4.7 Reptile 2

Reptile 2 von Sausage Software ist das ideale Werkzeug um organische Texturen herzustellen. Wasser, Lava oder eine grüne Giftbrühe sind im Handumdrehen erstellt. Etwas Übung ist nötig, um auf Anhieb die gewünschte Struktur zu erreichen. Die Zeit dazu sollte man sich jedoch nehmen. Das Programm ist Freeware und bei `http://www.sausage.com` erhältlich.

4.2 3D-Grafik

4.2.1 Allgemeines

3D-Grafiker heißen eigentlich nicht Grafiker, sondern Modeller. Sie sind sozusagen weniger Maler als Bildhauer.

Wir müssen in der Welt der 3D-Grafik unterscheiden zwischen gerenderten und in Echtzeit berechneten 3D-Grafiken.

4.2.1.1 Echtzeit-3D-Grafik

3D-Modelle, die im Programm in Echtzeit dargestellt werden müssen, sind mit dem Programmcode noch viel stärker verwoben als 2D-Grafiken. Das beginnt schon beim Dateiformat, welches sehr viel häufiger eine eigene Entwicklung ist als im 2D-Bereich. Natürlich gibt es auch vordefinierte Dateiformate, wie wir im nächsten Abschnitt sehen werden.

Aus dem Kapitel über 3D-Programmierung ist euch ja schon bekannt, dass 3D-Daten überwiegend »Eckdaten« sind. Das heißt, dass sich die Informationen auf die Eckpunkte von Dreiecken, auch Vertices genannt (Einzahl = Vertex; manche sagen für den Plural auch eingedeutscht »Vertexe«) konzentrieren. Die Eckpunkte, also Vertices, enthalten die x/y/z-Koordinaten (ist ja klar), Farbwerte, Normalenvektoren, u/v-Koordinaten und noch so manches mehr. Der Rest des Dreieckes wird aus diesen Eckdaten von der 3D-Engine berechnet.

Eine Ausnahme bilden Voxel-Engines, bei denen alles aus Punkten besteht, nicht nur die Eckpunkte von irgendwelchen Dreiecken, sondern auch die Fläche dazwischen. Damit das einigermaßen gut aussieht, müssen das natürlich entsetzlich viele Punkte sein, weshalb Voxel-Engines sehr speicherhungrig sind. Auch Dreiecke fressen schon unglaubliche Mengen an Speicher, aber Voxel übertreffen sie locker um das hundertfache. Es gibt nur wenige Spiele, die mit Voxeln arbeiten, und dummerweise unterstützt die 3D-Hardware von heute gar keine Voxel, nur die Dreieck-Engines. Darüber hinaus kenne ich keine Voxel-Editoren, die Grafiken für OUTCAST sind wahrscheinlich mit einem eigens dafür entworfenen Zeichenprogramm gemacht worden. Lassen wir das Thema also, bis die Zeiten sich mal ändern.

Die zweite Komponente der 3D-Grafik sind neben den Vertices die Texturen. Und das sind 2D-Grafiken. Es gibt zwar auch 3D-Texturen, aber die sind selten, langsam und ich habe keine Ahnung, wie man sie malen sollte. Man malt sie auch nicht, alle mir bekannten 3D-Texturen sind prozedural berechnete Muster, die Marmor oder Holz darstellen sollen.

So, nun zu den Dingen, die der 3D-Modeller beachten soll, wenn er ein 3D-Echtzeit-Modell für ein Spiel macht:

4.2.1.1.1 Speicher und Geschwindigkeit

Dass Modelle aus mehreren hunderttausend Dreiecken aus jedem schnellen Rechner eine lahme Krücke machen, ist wohl eine Binsenweisheit. Allerdings ist es oft gar nicht so einfach, Objekte zu basteln, die aus nur sehr wenig Dreiecken bestehen und dennoch gut aussehen. Genauer gesagt, ist es schwierig, den Mittelweg zu finden. Dabei spielt häufig eine Rolle, wie nahe der Spieler an ein solches Objekt herankommt. Ein Bus, den man nur aus der Vogelperspektive sieht, kann ruhig ein »texturierter Ziegelstein« sein. Objekte, die relativ dünn sind, wie z.B. Plakatwände am Straßenrand können aus einem einzigen Viereck (bestehend aus 2 Dreiecken) bestehen. Oft ist es so, dass auch Bäume nur solche papierdünnen Plakatwände sind, aber vom Programm immer so gedreht werden, dass ihre »Breitseite« dem Spieler zugewandt ist.

Auch kann man bei sich wiederholenden Mustern von der Kachelbarkeit von Texturen Gebrauch machen. Die Fassade eines Bürogebäudes mit tausend Fenstern eignet sich dafür sehr gut. Man macht nur ein einziges Viereck und klebt darauf eine Fenstertextur, die sich tausendmal wiederholt.

Es gibt aber noch andere Fallstricke, an die man nicht sofort denkt.

Auch ohne Voxel ist der Speicherbedarf von 3D-Grafik kräftig. Man bedenke: Ein Vertex braucht drei Fließkommazahlen für die Koordinate, weitere zwei für die Texturkoordinaten und eventuell nochmal drei bis vier Ganzzahlwerte für Farbe und Alpha-Kanal. Und nochmal drei Fließkommazahlen für den Normalenvektor. Drei davon ergeben ein Dreieck. Und ein Dreieck ist noch nichts. Manche Figuren in 3D-Spielen bestehen aus mehreren hundert Dreiecken. Da läppert sich schnell was zusammen. Noch mehr Speicher aber fressen häufig die Texturen. So ein Bild von 256x256 Pixel in 24-Bit Farbtiefe ist ca. 193 Kilobyte groß. Wenn das nur dazu verwendet wird, den Griff des Schwertes des Ritters zu texturieren, hat man ein leichtes Problem.

Außer einem hohen Speicherverbrauch führen große Texturen zu Geschwindigkeitsproblemen. Die 3D-Grafikkarten sind nämlich nur so lange sehr schnell wie die ganzen Texturen im Texturspeicher gelagert sind. Wird dieser Speicher überschritten, muss sich die Grafikkarte den Rest, der nicht mehr in sie reinpasst, aus dem RAM des Computers holen – und das dauert.

Man kommt daher nicht herum, Texturen sowohl in Anzahl als auch Größe klein zu halten; ein guter Trick ist dabei, ein- und dieselbe Textur für mehrere verschiedene Objekte zu verwenden, anstatt für jedes Objekt eine eigene zu machen. Besonders geeignet für derartiges »Recycling« sind bestimmte 08/15-Texturen wie Mauerwerk oder Metalloberflächen. Und das ist die Aufgabe des Grafikers, sich hierüber Gedanken zu machen.

4.2.1.1.2 Texture switching

Die 3D-Hardware von heute hat – aus welchem Grunde auch immer – Probleme, die aktuelle Textur zu wechseln. Will sagen, wenn ich ein Dreieck male, das mit einem Holzmuster beklebt ist, übergebe ich der Grafikkarte die Holztextur und drei Vertices. Wenn ich weitere »Holzdreiecke« zeichnen will, muss ich nur noch Vertices übergeben, und das geht alles sehr schnell. Wenn jedoch als Nächstes ein Dreieck mit einer Marmortextur kommen soll, dann muss die aktuelle Textur gewechselt werden. Und das dauert! In vielen Programmen werden deshalb die Dreiecke erst nach Texturen sortiert, bevor sie gezeichnet werden.

Und was hat das mit dem 3D-Grafiker zu tun? Nun, er soll natürlich zusehen, dass die Texturen seiner Modelle aus möglichst wenigen Einzelbildern bestehen.

4.2.1.2 Gerenderte 3D-Grafik

Das sind 3D-Modelle, die durch ein so genanntes Raytracing-Programm laufen, welches fotorealistische Standbilder berechnet. Die Zeit, um solch ein einzelnes Bild zu berechnen, spielt praktisch keine Rolle, Hauptsache, es sieht gut aus. Das Bild wird natürlich auch nicht während des Spiels berechnet, sondern das passiert bereits beim Spieleentwickler. Mehrere solcher Einzelbilder kann man auch zu einem Film kombinieren. Das wird dann gerne im Intro-Video verwendet. Die Filmindustrie macht in letzter Zeit viele Spezialeffekte und auch ganze Kinofilme damit (ANTZ, TOY STORY, BUGS).

Eine noch ganz andere Anwendung von gerenderten 3D-Grafiken sind isometrische 2D-Spiele, die gut aussehen sollen. Schon komisch, nicht? Da nimmt man ein 3D-Tool, um ein 2D-Spiel zu verschönern.

Grafiker mögen es natürlich lieber, gerenderte Bilder zu machen, denn alles, was in Echtzeit-Grafik bäh ist, ist hier eine Tugend. Kaum einer bemängelt, dass die Grafikausgabe zu langsam ist – obwohl die Produktion eines ganzen Kinofilms mit dieser Technik locker ein Jahr dauern kann – bei ca. 100 gleichzeitig arbeitenden Computern. Solche Ansammlungen nennt man übrigens »Renderfarmen«.

Hier kann der Grafiker auch so viele Polygone und Texturen verwenden wie er will.

Vor einigen Jahren gab es mal eine Welle von Render-Spielen. Das waren Grafik-Adventures, die zum überwiegenden Teil aus Standbildern bestanden, die gerendert waren. Der Pionier und Klassiker dieser Art Spiele ist MYST, eines der meistverkauften Spiele aller Zeiten. Die Luft ist inzwischen aus den Renderbildchen-Abenteuern raus, obwohl die Grafik nach wie vor besser aussieht als jeder beliebige 3D-Shooter – sie bewegt sich nun mal leider nicht.

4.2.2 Dateiformate

Standardmäßig gibt es DXF, das vom Uralt-Programm AutoCAD erfundene Format. Es unterstützt keine Texturen, deswegen verwendet es kaum noch jemand.

Von 3D-Studio gibt es MAX und 3DS-Dateien als eigenes Standardformat, aber man kann sich interessanterweise sein eigenes Dateiformat definieren und es 3D-Studio beibringen.

4.2.3 Videos für Intro, Extro, Zwischensequenzen

Ich persönlich gehöre zu den Leuten, die sich ein Video einmal ansehen und dann nie wieder. Auf gar keinen Fall würde ich außerdem Hobbyprogrammierern dazu raten, sich mit so was zu beschäftigen. Das lohnt weder Zeit noch Aufwand, verbessert lieber euer Spiel.

Etwas anders sieht es allerdings aus, wenn man es mit einem Publisher zu tun hat, der das Spiel groß rausbringen will. Diese Leute lassen sich in der Regel von Gameplay-Feratures und Engine-Technologie wenig beeindrucken, dafür aber umso mehr von gut gemachten Videos, weshalb professionelle Software-Entwickler häufig gezwungen sind, einen Großteil ihrer Ressourcen in die Produktion dieser eigentlich völlig überflüssigen Intros und Zwischensequenzen zu stecken.

Aber auch der Durchschnittsspieler will Videos und meint, ein Spiel würde davon erst toll werden. Wenn ihr euch auf die kommerzielle Schiene begebt, werdet ihr also Videos machen, ob es euch passt oder nicht.

Vor noch gar nicht allzu langer Zeit waren Videos echte Filme, in denen Schauspieler herumliefen (BATTLE ISLE 3, WING COMMANDER 4 mit Mark Hamill alias Luke Skywalker aus Krieg der Sterne!). Wenig später kamen gerenderte Videos in Mode und heutzutage werden die Videos zunehmend als 3D-Echtzeit-Szenen von der 3D-Engine des Spiels dargestellt. Die letztere Möglichkeit ist die billigste und am wenigsten aufwendige, was wohl auch der Grund für ihre Beliebtheit sein dürfte. Natürlich muss man auch sagen, dass wenn sich die Zwischensequenz in der Game-Engine abspielt, man einen nahtlosen Übergang von Video und Spiel hat, was wegen der besser rüberkommenden Atmosphäre auch nicht zu verachten ist.

4.3 Soundeffekte selbst gemacht (DL)

4.3.1 Einleitung

Was wäre ein Computer-Spiel ohne Sound? Nur der halbe Spaß – soviel steht fest. Selbst die ersten Telespiele hatten Soundeffekte, wenn auch nur sehr einfache. Dafür waren diese quasi das Erkennungszeichen der jeweiligen Spiele.

Diese Sounds haben dem Spiel die nötige Atmosphäre – den richtigen Pfiff gegeben und für zusätzlichen Spielspaß gesorgt. Heutige Computerspiele wären ohne Sound und Musik völlig undenkbar!

4.3.2 Soundformate

Von den damaligen simplen »Telespiel-Piepsern« gehen wir nun einmal über zu den heutigen, modernen Sounds am Computer.

Dort existieren die verschiedensten Soundformate. Jedoch haben sich davon nur einige durchgesetzt, während andere nur für spezielle Zwecke gedacht, bzw. entwickelt worden sind. Das gebräuchlichste Format z.B. ist das (Windows-) WAV-Format. Es wird bei sehr vielen Anwendungen / Spielen verwendet und deshalb werden wir uns in diesem Kapitel auch hauptsächlich diesem Format widmen.

Zuvor jedoch noch Mal ein kleiner Überblick über die wichtigsten, mehr oder weniger gebräuchlichen Soundformate.

- AIF(F) – Audio Interchange File Format (1-16 Bit, Mono/Stereo)
- AU – Sun/Next Audio File (8/16 Bit, Mono)
- IFF – Interchange File Format (8 Bit, Mono/Stereo)
- RAW – Signed Raw Sound File (1-16 Bit, Mono/Stereo)
- SMP – Adlib Sample (8/12/16 Bit, Mono/Stereo)
- SMP – Samplevision File (16 Bit, Mono)
- SND – Unsigned Raw Sound File (1-16 Bit, Mono/Stereo)
- SVX – Amiga (8) SVX (8 Bit, Mono/Stereo)
- VOC – Creative Labs Sound File Format (8 Bit, Mono)
- WAV – Microsoft Windows (RIFF)-Wave File Format (1-16 Bit, Mono/Stereo)

Diese Soundformate gehören mit zu den wichtigsten und am weitesten verbreiteten auf der Welt. Jedes dieser Formate hat seine eigenen Vor- und Nachteile doch dieses soll uns jetzt erst einmal nicht weiter stören.

Wir wollen uns jetzt mal nur auf das WAV-Format beschränken und erst Mal nicht weiter auf andere Formate eingehen, da, wie bereits eingangs erwähnt, das WAV-Format mit das am meisten verwendete ist.

4.3.2.1 WAV-Format

Das Microsoft Windows RIFF-WAV-File-Format (Endung WAV) wird in sehr vielen Anwendungen und Spielen verwendet, nicht zuletzt, weil es in der Bit-Auflösung variabel ist, sondern weil es auch komprimiert werden kann und somit Speicherplatz spart.

4.3.2.2 VOC-Format

Das Soundformat VOC von der Firma Creative Labs, ist schon etwas betagter, findet aber dennoch oft in einfachen Spielen oder Anwendungen Verwendung.

Ein besonderes Merkmal dieses Formates (wie auch beim WAV-Format) ist der irgendwo im Sound einsetzbare Wiederhol-Punkt (Loop-Point), womit sich automatische Wiederholungen und Ähnliches generieren lassen. Diese Möglichkeit wird jedoch nur selten verwendet, da sie oft einfach nicht gebraucht wird.

4.3.3 Soundeffekte

Kommen wir nun zu dem interessantesten Anwendungsgebiet für Sounds. Der Verwendung von sogenannten Soundeffekten (kurz SFX) in Spielen. Wer kennt es nicht, das obligatorische Schussgeräusch, das aus dem Lautsprecher ertönt, wenn der Held eines Actionspiels eine Pistolensalve abfeuert. Oder der röhrende Motor eines Sportwagens, der gerade auf 180 beschleunigt. Soundeffekte sind also praktisch das »Salz in der Suppe« – ohne solche wäre kein einziges Spiel spannend und auf Dauer motivierend.

4.3.3.1 Soundeffekte selbst machen

Wie bereits oben erwähnt, nennt man Sounds, die in Spielen verwendet werden, im allgemeinen »Soundeffekte«. Und genau darum geht es jetzt auch in diesem Kapitel. Nämlich um das Erstellen eigener Soundeffekte für Spiele. Und dafür gibt es auch einige gute Programme, wie z.B. das Programm CoolEdit96 von der Firma Syntrillium. Es eignet sich hervorragend für die Bearbeitung von Klangdateien. Deshalb werden wir es auch für einige Beispiele heranziehen.

Am besten, Sie laden sich das Programm in der kostenlosen Testversion schon mal von der Webseite der Firma Syntrillium herunter (`http://www.syntrillium.com`). Das folgende Bild zeigt den Start-Bildschirm von CoolEdit96 mit einem geladenen Sound-Sample (auch Wellenform genannt).

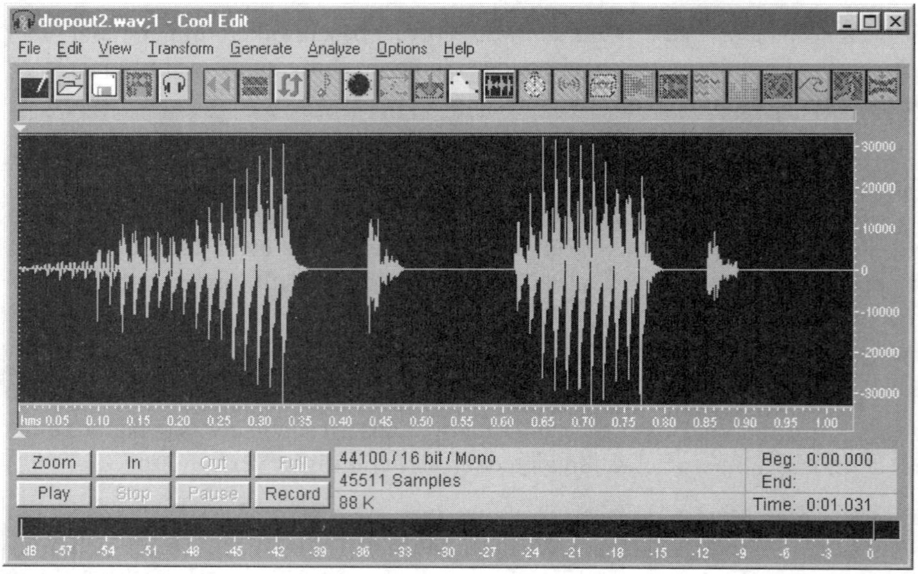

Abb. 4.36: CoolEdit 96 mit geladenem Sound-Sample

4.3.3.2 Woher Sounds nehmen?

Diese Frage lässt sich gar nicht so einfach beantworten. Grundsätzlich sollte sich jeder erst einmal überlegen, welche Sounds er eigentlich braucht, und ob es sinnvoll ist, diese selbst zu produzieren – oder sie sich von professionellen Sound-Effekt-CDs (die es im Handel gibt) zu nehmen.

Wer Sounds selbst erstellen möchte, für den gibt es eigentlich nur einen Weg, dies zu tun (wenn auch ein etwas kostenintensiver). Sie legen sich ein Mikrofon und einen tragbaren DAT- oder Minidisc-Recorder (bzw. Kassettenrecorder) mit Pegelanzeige zu, und damit können Sie sich dann (einige) der benötigten Geräusche mit den vorhandenen Mitteln einfach selbst herstellen.

Beispielsweise können Sie mit einem Kochtopf und einem Löffel verblüffende, sich metallisch anhörende Fußgeräusche erzeugen! Oder benötigen Sie Natur-Geräusche? Sobald Sie sich mit Ihrem tragbaren Recorder nach draußen begeben, werden Sie feststellen, das es hier einiges gibt, was sich wunderbar in Spielen verwenden lässt. Vogelzwitschern; das Brummen von Motoren; Wind u.v.m. Achten Sie jedoch generell bei Aufnahmen immer darauf, dass der Pegel nicht zu hoch ausgesteuert ist, da es sonst zu Verzerrungen kommt, die sich nach der Aufnahme nicht mehr beseitigen lassen. Und dann stehen Sie möglicherweise zu Hause da, und können die ganzen Aufnahmen noch einmal machen, weil Sie dies nicht beachtet haben!

Der einfachste Weg an Soundeffekte zu kommen ist der, sich von diversen Internet-Seiten mit freien Sounds die passenden einfach herunter zu laden – oder sich, wie bereits oben erwähnt, eine der diversen im Handel erhältlichen Sound-Effekt-CDs zu kaufen. Allerdings sollten Sie, wenn Sie die erste Methode bevorzugen, später in Ihrem fertigen Spiel nicht vergessen, darauf hin zu weisen, das man die Sounds von der Internet-Seite/Firma »xyz-sowieso« für seine Zwecke verwendet hat – sprich, diese in den »Credits« erwähnen. (Somit ist ausgeschlossen, dass es evtl. Ärger von einem solchen Soundproduzenten gibt).

Einige Anlaufstellen für freie Sounds im Netz

URL: `http://www.partnersinrhyme.com`
URL: `http://www.soundrangers.com`
URL: `http://boogieback.com/index.html`
URL: `http://www.musicloops.com`
URL: `http://www.solitaircity.com/soundfx.htm`

4.3.3.3 Bearbeitung von Sound

Grundsätzlich sollten Sie sich, was die Bearbeitung von Sounds angeht, erst einmal überlegen: Wofür brauche ich die Sounds? Nach was soll es sich anhören? Welche Qualität nehme ich? Nehmen wir einmal an, Sie haben ein dumpfes Klopfgeräusch und wollen es innerhalb eines großen Raumes in einem 3D-Spiel verwenden. Es sollte sich mächtig anhören. Darum kommen wir jetzt mal zu einem Praxis-Beispiel. Ich zeige Ihnen anhand des Programms COOLEDIT96, wie sie einen Sound passend für Ihre Zwecke bearbeiten.

Starten Sie also das Programm und laden Sie Ihren gewünschten Soundeffekt hinein. Nachdem Sie das getan haben, klicken Sie innerhalb der Wellenform ganz rechts am Rand mit der Maus. Wählen Sie nun aus dem Menü `Generate` die Funktion Silence. Es erscheint ein Requester. Geben Sie die Zahl 5 ein und bestätigen Sie mit OK. Danach sollten Sie einen ziemlich großen weissen Bereich auf Ihrem Bildschirm sehen. Dieser Bereich dient als Platzhalter für den jetzt folgenden Hall-Effekt. Doppelklicken Sie dazu in der Mitte der Wellenform, um Sie komplett zu markieren. Wählen Sie nun aus dem Menü Transform die Funktion Reverb. (Hinweis: In der unregistrierten Version von *CoolEdit96* erscheint nach dem Start immer ein Auswahl-Fenster, in dem Sie zwei Funktions-Gruppen auswählen können, die Sie nachfolgend verwenden wollen.)

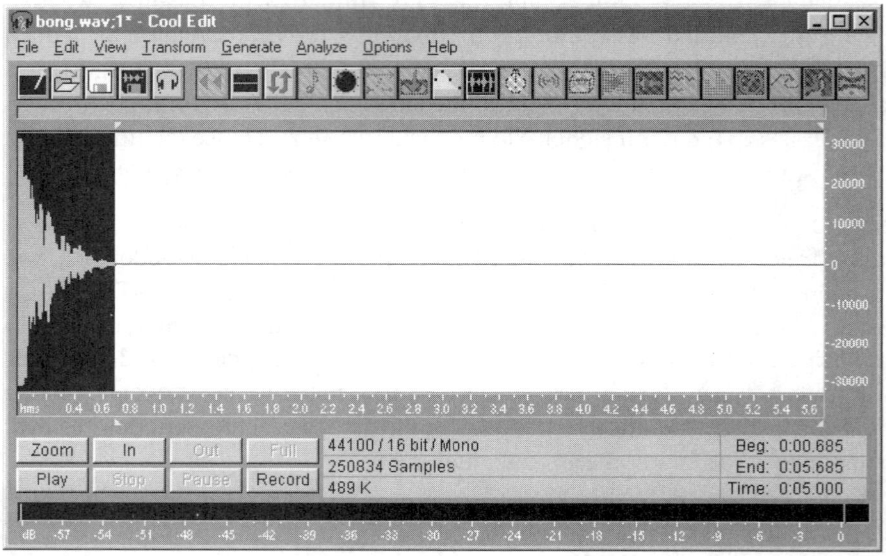

Abb. 4.37: Generierte Stille per Silence-Funktion

Wählen Sie nun das vorgefertigte Preset Large Empty Hall. Nach einer kurzen Berechnungszeit sollte die Wellenform wesentlich länger geworden sein. Hören Sie sich den Sound einfach mal durch Drücken des Play-Knopfs (oder durch drücken der Space-Taste) an. Sie merken einen deutlichen Nachhall im Sound!

Da das Sample mittlerweile viel zu lang geworden ist (der Hall klingt gerade mal ca. bis zur Mitte des Sounds) schneiden Sie einfach ab der Mitte der Welleform den Rest weg. Markieren Sie hierzu den zu löschenden Bereich und drücken Sie danach auf Ihrer Tastatur die beiden Tasten STRG und X gleichzeitig. Der markierte Bereich verschwindet.

Vergessen Sie jetzt aber bitte nicht, Ihre Arbeit zu sichern! Nichts ist schlimmer, als wenn Sie eine halbe Ewigkeit an einem Sound arbeiten, ihn endlich perfekt haben, und dann auf einmal der Rechner abstürzt und Ihre ganze Arbeit umsonst war.

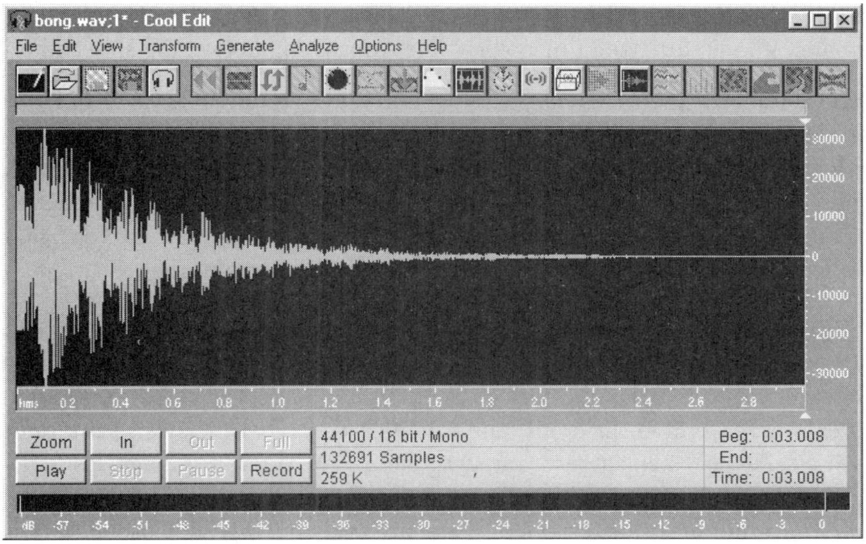

Abb. 4.38: Ein durch Hall bearbeitetes Sample

Sie merken schon, dass Sie mit solchen von Programmen generierten Effekten auf sehr vielfältige Weise an Ihren Sounds »herumschrauben« können! Probieren Sie doch einfach auch mal die anderen internen Funktionen und Effekte aus. Sie werden feststellen, die Möglichkeiten sind (fast) unbegrenzt!

Kommen wir nun aber zu einer weiteren, ebenfalls sehr wichtigen Sache. Genauer gesagt geht es um die Qualität / das Format der Sounds – diese müssen oft angepasst werden. Wie Sie aus den vorangegangenen Bildern entnehmen konnten, war der Sound im WAV-Format (16 Bit / 44 Khz / Mono) aufgenommen. Dies ist das Optimum. Es garantiert rauschfreie Samples in CD-Qualität. Oft ist es aber auch notwendig, die Frequenzen anzupassen. Einige Programme/Spiele-Baukästen/ Autorensystem und Engines unterstützen eventuell nur bestimmte Formate. Sollten Sie also beim Einbinden von Sounds Fehlermeldungen erhalten, überprüfen Sie zunächst das Format des Sounds, der den Fehler verursacht hat. Im folgenden Beispiel sehen Sie, wie man unterschiedliche Formate anpasst/konvertiert.

4.3.3.3.1 Formate anpassen

Wie Sie ja bereits wissen, gibt es viele verschiedene Sound-Formate. Wir gehen jetzt wie üblich von dem WAV-Format aus, und wollen die Frequenz an unseren Geschmack anpassen. Wählen Sie dazu aus dem *CoolEdit96*-Menü die Funktion `Convert Sample Type`. Daraufhin erscheint ein Auswahlfenster, wo Sie die Sample Rate, die Anzahl der Kanale und die Auflösung des Samples einstellen können. Wenn Sie nun beispielsweise einen Spielebaukasten haben, der Sounds nur in 8 Bit unterstützt, wählen Sie einfach unter `Resolution 8 Bit` aus, und bestätigen Sie wie üblich mit `OK`. Nachdem das File konvertiert wurde, brauchen Sie es bloß noch zu speichern, und schon ist es verwendbar. Gehen Sie ebenso einfach auch mit anderen Formaten und Frequenzen um, sofern eine Anpassung notwendig sein sollte.

Sie sehen schon, Soundeffekte zu bearbeiten und zu verfremden ist nicht so kompliziert, wie es auf den ersten Blick aussieht. Nach einer gewissen Einarbeitungszeit werden Sie merken, dass ihnen das alles ganz leicht von der Hand geht. Das A und O ist nämlich hauptsächlich, zu wissen, was genau man eigentlich machen bzw. am Sound gerne verändern möchte. Hat man das einmal im Hinterkopf, fällt es einem relativ leicht, die gewünschten Veränderungen vorzunehmen.

4.3.4 MIDI

Das Musical Instrument Digital Interface ist ein mittlerweile weit verbreiteter Standard unter Musik-Geräten. Er dient hauptsächlich dazu, beispielsweise mit dem Computer ein Keyboard zu steuern und umgekehrt. Auf dem PC gibt es das MID-Format (*.MID), welches von MIDI-Geräten empfangene / oder direkt eingegebene (programmierte) Informationen speichert und an angeschlossene MIDI-Sounderzeuger sendet (meistens die Soundkarte). Es lässt sich ein bisschen mit dem guten alten MOD-Tracker-Format vergleichen, mit dem einzigen Unterschied, dass das MOD-Format lediglich 4 Kanäle beinhalten kann, während es beim MID-Format bis zu 64 sein können.

4.3.4.1 Grundsätzliches

Das MID-Format erfreut sich großer Beliebtheit, da es nur sehr wenig Speicherplatz belegt. Aus diesem Grund wird es auch sehr häufig für Hintergrundmusik auf Web-seiten verwendet. Es gibt zahlreiche Seiten im Netz, auf denen riesige Mengen von kommerziellen Musikstücken als MIDs für den heimischen PC angeboten werden! Aber auch (und gerade) bei Computerspielen war das MID-Format lange Zeit die Nummer Eins. Es wird nur langsam aber sicher durch andere Formate ersetzt. Heutige Spiele verwenden meistens nur noch CD-Musik, da diese qualitativ viel hochwertiger ist, und man damit auch mehr Möglichkeiten hat, als mit reiner MIDI-Musik.

4.3.4.2 General MIDI (GM)

Damit MIDI-Musik auf allen Rechnern, allen Systemen und allen Keyboards auch gleich klingt, haben sich die Hersteller auf einen Standard geeinigt – den General MIDI-Standard (GM). Das heißt im Klartext, dass ein MIDI-kompatibles Gerät immer 128 Standard-Klänge im Repertoire haben muss, die von einfachen Piano- und String-Sounds bis hin zu speziellen Synthesizer-Flächen und Effekten reichen. Diese Sounds können auch leicht abgewandelt sein, müssen aber immer thematisch zum Konzept passen. MID-Files sind zwar meistens nach GM-Standard erstellt, jedoch muss das nicht immer der Fall sein. Es gibt auch MID-Files die für spezielle Keyboards / Klangerzeuger kreiert worden sind, um beispielsweise neue Betriebssystemdaten auf das Keyboard herunter zu laden u.v.m. – doch dieses sei hier nur der Vollständigkeit halber erwähnt und soll uns jetzt nicht weiter interessieren.

4.3.4.3 MIDI-Sequencing

Auf diese Art und Weise werden normalerweise MID-Files erstellt. Man hat ein Keyboard an den Computer angeschlossen, eine spezielle MIDI-Sequencing-Software gestartet, und kann nun den Computer als eine Art »virtuellen Recorder« bezeichnen. Noten, die man auf dem Keyboard spielt, werden von der Software aufgezeichnet und in einzelnen Spuren abgelegt. Diesen gesamten Vorgang nennt man »Sequencing«. Hinterher kann man dann das Lied nochmal verändern (Lautstärken, Noten, Tempo usw.). Mit das bekannteste Sequencing-Programm ist CUBASE von STEINBERG. (Für Einsteiger allerdings nicht allzu empfehlenswert, da es mit Funktionen und Möglichkeiten ziemlich »überladen« ist und somit auch schnell undurchschaubar wird). Für Fortgeschrittene, die ein MIDI-Keyboard ihr Eigen nennen, ist dieses Programm natürlich dennoch zu empfehlen.

Ich gehe jetzt mal davon aus, dass Sie ein MIDI-Einspielkeyboard besitzen. Sollte dieses nicht der Fall sein, gibt es eigentlich nur zwei Möglichkeiten. 1. Sie kaufen sich ein einfaches kleines MIDI-Keyboard oder Sie verwenden ein Sequencing-Programm, das die Eingabe von Noten über die Tastatur nach dem guten alten Tracker-Prinzip erlaubt. Der Vorteil solcher Programme ist, dass man sich die Musik in aller Ruhe »programmieren« kann.

Einige Sequencerprogramme mit Tracker-Prinzip:

- Fast Tracker
- Impulse Tracker
- Mad-Tracker
- MED-Soundstudio

Eine gute Anlaufstelle für Musikprogramme aller Art ist `http://www.maz-sound.com`. Dort finden Sie alles rund um Musik am Computer (und auch einige Links zu den oben genannten Trackern).

4.3.4.4 MIDI-Programme

Da es sehr viele verschiedene Sequencer-Programme gibt, ist es unmöglich, auf alle einzugehen. Um nur ein paar Programme zu nennen:

- Cubase Score
- Emagic Notator
- MasterTracksPRO4

All diese Programme haben ihre eigenen Vor- und Nachteile. Man kann insofern also keines empfehlen, da eigentlich alle die wichtigsten Möglichkeiten zur Nachbearbeitung von MIDI-Musik bieten. Aber natürlich sind sie alle unterschiedlich, in erster Linie natürlich schon im Hinblick auf den Preis. Die CUBASE-Serie von Steinberg schlägt schon sehr zu Buche, richtet sich auch eher an Profis. Das Programm MASTERTRACKSPRO4 von Passport ist zwar schon relativ alt, aber dafür natürlich auch (gebraucht) sehr günstig zu bekommen. Aus diesem Grund werde ich es in folgenden Beispielen verwenden. Welche Programme Sie letztendlich verwenden, hängt natürlich in erster Linie von Ihrem Wissensstand und Ihrem Geldbeutel ab. Es gibt auch einige gute Freeware-Programme – sich im Netz nach solchen umzuschauen lohnt auf jeden Fall!

Im folgenden Unterkapitel zeige ich ihnen einmal anhand des Programms MASTERTRACKSPRO4 von der Firma Passport (welches zwar schon etwas betagt, aber ideal für Einsteiger ist), wie Sie in Verbindung mit einem MIDI-Keyboard ein einfaches Musikstück am PC aufnehmen und bearbeiten können. Das Prinzip ist eigentlich bei allen Programmen das gleiche, d.h. wenn Sie dieses Kapitel aufmerksam verfolgen, werden Sie sich danach auch bei allen anderen Sequencing-Programmen (nach kurzer Eingewöhnungszeit) schnell zurecht finden.

4.3.4.5 Achtung: Aufnahme!

Starten Sie also (nachdem Sie das Keyboard via MIDI-Kabel mit Ihrer Soundkarte verbunden haben) das Programm *MasterTracksPRO4*. Daraufhin erscheint der Startbildschirm.

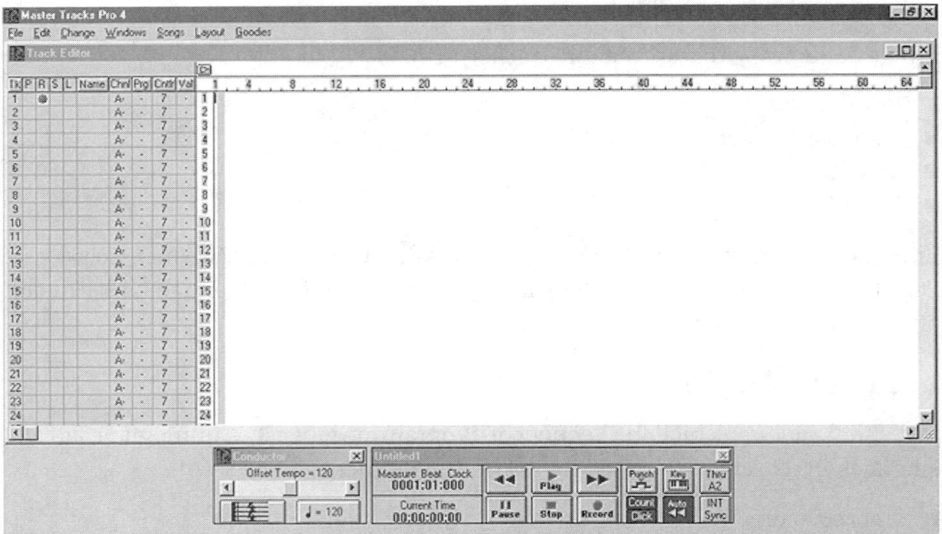

Abb. 4.39: MasterTracksPRO4 Oberfläche

Bevor Sie jedoch überhaupt etwas aufnehmen können, vergewissern Sie sich, dass Ihr Keyboard auch auf allen Kanälen Daten empfangen kann, und das »Local« ausgeschaltet ist (der interne Tonerzeuger – sofern vorhanden).

Wählen Sie nun im Menü Goodies den Punkt MIDI Setup aus.

Es erscheint ein Auswahl-Requester.

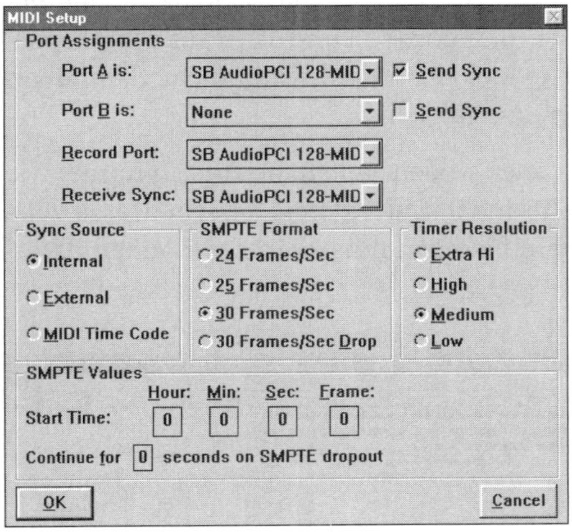

Abb. 4.40: MIDI-Setup-Screen

Wählen Sie jetzt im Feld Port A Ihr MIDI-Ausgangs-Device aus (MIDI-OUT).

Das ist normalerweise immer ein Device, in dem irgendwo das Wörtchen OUT auftaucht. Andere sollten Sie nicht verwenden – sonst kann es sein, dass es nicht funktioniert. Im Feld Record Port wählen Sie das MIDI-Eingangs-Device (MIDI-IN) aus. Normalerweise sind die Voreinstellungen schon korrekt, nur sollte man dort nur zur Sicherheit immer erstmal reinschauen, ob dem auch wirklich so ist.

Da Sie nun die wichtigsten Voreinstellungen getroffen haben, können Sie mit OK bestätigen. (Die anderen Einstellungen sollen uns erstmal nicht weiter interessieren).

Als Nächstes wählen Sie die Geschwindigkeit des Liedes aus. Die Voreinstellung mit 120 bpm (= beats per minute) hat sich in den meisten Fällen für Lieder mit Schlagzeug als gut erwiesen. Für ruhige Musikstücke können Sie das Tempo natürlich entsprechend drosseln.

Jetzt wollen Sie sicher endlich mal eine Spur aufnehmen!

Klicken Sie dazu erst einmal im Transport-Feld auf Thru A2. Als Nächstes müssen Sie rechts im Hauptbildschirm auswählen, auf welcher Spur Sie aufzeichnen wollen. Rechts sehen Sie einen roten Knopf in der R-Leiste (R = Record). Klicken Sie dort auf die Spur Nr. 1. Nun wählen Sie den Aufnahme-Port. Klicken Sie hierzu in der gewünschten Spur unter der Chnl-Leiste auf das Feld A-. Ein Fenster öffnet sich

– wählen Sie hier den Port A, und bestätigen Sie mit OK. Jetzt wird es Zeit, einen Klang auswählen – nehmen Sie für unser Beispiel einfach mal einen Piano-Sound. (Immer Klangnummer 0, bzw. 1).

Wenn Sie nun den Record-Knopf betätigen, hören Sie vier vorgezählte Taktschläge, dann beginnt die eigentliche Aufnahme. Spielen Sie ein paar Noten auf dem Keyboard. Wenn Sie meinen, dass es genügt, drücken Sie einfach die Stopptaste, und die Aufnahme wird angehalten. Um sich nun die eingespielte Melodie anzuhören, klicken Sie einfach zuerst auf den Zurückspulknopf (<<) und dann auf den Abspielknopf (PLAY). Sie sollten Ihre eingespielte Melodie hören. Wenn nicht, dann überprüfen Sie ob alle Voreinstellungen korrekt erfolgt sind.

Wenn Sie nun weitere Melodien aufzeichnen wollen, gehen Sie einfach immer wie oben beschrieben vor – und es kann nichts mehr schief gehen. Sie sehen, es ist relativ einfach, MIDIs selbst zu erstellen (ein bisschen musikalisches Können natürlich vorrausgesetzt).

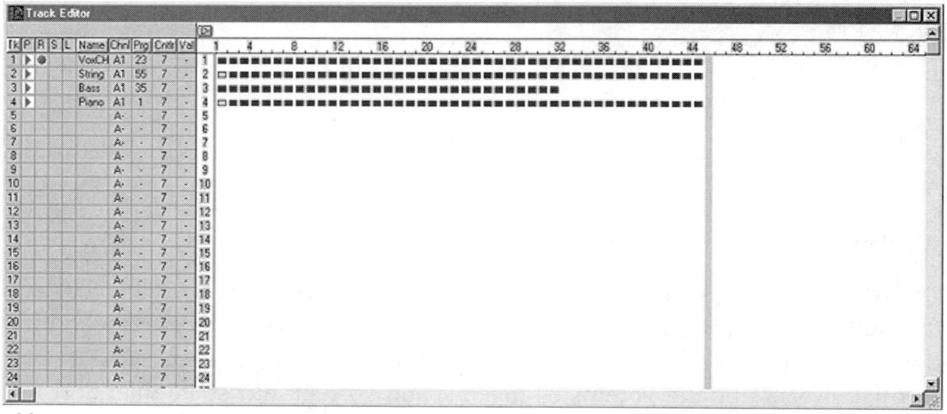

Abb. 4.41: Komplettes Arrangement

4.3.5 Sound und Musik im Spiel

Vermutlich haben Sie sicher schon viele fertige Sounds und Musikstücke, welche auf Ihrer Festplatte herumliegen und darauf warten, verwendet zu werden. Stellt sich natürlich nur noch die Frage, wie nutze ich diese Dateien nun am besten?

Man kann leider nicht generell sagen »Der Sound muss hier rein – diese Musik passt nur hier« – letztendlich muss das jeder für sich und nach seinen Geschmack selbst entscheiden, wann welche Musik und welcher Sound am besten verwendet werden. Grundsätzlich kann man aber sagen, dass zu einem düsteren Role-Playing-Game logischerweise keine fröhliche Zirkusmelodie passt. Hier sollte man doch beispielsweise eine schauerliche und geheimnisvolle Musik zur Anwendung bringen. Eine harte rockige Heavy-Metal-Musik bei Knobelspielen ist auch nicht unbedingt das Richtige. Aber wie gesagt, es kommt immer auch auf die persönliche Vorliebe an.

4.3.5.1 Gezielte Verwendung

Und wie sieht es mit Soundeffekten aus? Da ist es eigentlich das Gleiche. Obligatorische »Roger-Beep«-Sounds haben sich im Allgemeinen bei Bestätigen von irgendwelchen Aktionen im Spiel als nützlich erwiesen. Oder »Piep«-Geräusche, die ertönen, wenn man mit dem Mauspfeil über eine Menüauswahl fährt, oder in einem Jump and Run-Game einen Gegenstand aufgesammelt hat. All dies sind die typischen Anwendungsgebiete für Soundeffekte. Grundsätzlich sei hier aber auch gesagt, dass übermäßiges und/oder falsches Anbringen von Sound und Musik dem Spieler auch schnell lästig werden kann. Beispielsweise sollten Sie eine Hintergrundmusik nicht endlos wiederholen lassen – machen Sie es interessanter, indem Sie mehrere Musikstücke per Zufall auswählen lassen. Dieses kommt mit Sicherheit beim Spieler besser an, als fortlaufend ein und dasselbe nervtötende »Gedudel«.

Diese Methode sollte man auch für Sounds wahrnehmen. Stellen Sie sich vor, Sie haben ein Action-Spiel, in dem Sie eine Pistole in der Hand haben, und versuchen müssen, eine Zielscheibe zu treffen. Und jetzt ist alles, was Sie in Punkto Audio hören immer ein und dasselbe Schuss-Geräusch. Das ist auf Dauer einfach nervig! Hier könnte man es auf einfachste Weise auflockern, indem man z.B. mehrere leicht unterschiedlich klingende Schuss-Geräusche verwendet – und zusätzlich zudem noch ein »Munitions-Abprall«-Geräusch erklingen lässt. Die klangliche Atmosphäre ist sofort verdichtet, und das Spiel hinterlässt einen besseren Eindruck beim Spieler!

4.3.5.2 Musik erzeugt Spannung

Kommen wir noch einmal auf die Musik im Spiel zurück. Sie kennen das doch sicher auch aus vielen Filmen, in denen die Musik plötzlich inne hält, und nur noch ein hoher Streicher-Ton zu hören ist, oder ein dumpfes Brummen, das einem signalisiert, das gleich etwas passieren wird. Genau das sollten Sie auch einmal in Ihrem Spiel versuchen!

Probieren Sie doch mal, die Musik im Spiel so anzubringen, dass sie Spannung erzeugt. Gehen wir z.B. mal von einem 3D-Shooter aus. Sie haben also dort den dunklen Raum, wo der Spieler hindurch muss. Die Musik spielt noch ganz normal im Hintergrund. Sobald er jedoch im Raum angelangt ist, schließt sich plötzlich wie von Geisterhand hinter ihm die Tür, und er ist eingesperrt. »Zack!« – genau das ist der Punkt um die Musik in den Vordergrund zu schieben! Bringen Sie nun beispielsweise den oben beschriebenen hohen Streicher-Ton als Musik an. Was meinen Sie, was das für eine Spannung beim Spieler erzeugt!

4.3.6 Tipps & Tricks

Zum Abschluss noch einige ergänzende Hinweise:

- Sie können viel Speicherplatz sparen, wenn Sie sich darüber im Klaren werden, ob bestimmte Sounds in einer hohen oder niedrigen Qualität benötigt werden. Wenn Sie beispielsweise Sounds haben, deren Ausgangsformat sehr niedrig ist, brauchen Sie solche nicht (sofern es nicht wirklich erforderlich ist) in ein qualitativ höheres Format zu konvertieren. Die Qualität des Sounds kann nämlich nur so gut sein wie die des Ausgangssounds selbst.
- Apropos Speicherplatz: Dumpf klingende Sounds (ohne hochfrequente Anteile) können Sie im Allgemeinen immer in einer sehr niedrigen Frequenz, also 11 oder 22 Khz (Kilohertz) sichern, da dies dafür völlig ausreichend ist.
- Durch doppeltes abspielen des gleichen Sounds mit kurzer Verzögerung können Sie schnell und auf einfachste Weise Echoeffekte direkt im Spiel erzeugen!
- Wenn Sie zwischen zwei Musikstücken wechseln, blenden Sie die Lautstärken sanft in einander über (bzw. erst aus und dann ein). Dies erzeugt einen sanfteren Wechsel.
- Geben Sie Musikmuffeln eine Chance, und bringen Sie in Ihren Spieleinstellungen Laustärkeregler für alle wichtigen Soundquellen an.

4.4 Professioneller Sound und Musik (PVCF)

4.4.1 Bedeutung des Sounds in Computerspielen

Ich glaube, den Wenigsten ist klar, dass ca. 40% der Informationen, die ein Mensch aufnimmt, akustischer Art sind. Weitere 40% sind visueller Natur, der Rest wird durch Wind, Gerüche, Reibung etc. aufgenommen, aber das soll uns hier mal nicht weiter interessieren. Uns interessiert nur der Sound.

Erstaunlicherweise wurden in Spielen zwischen ca. 1995 und 2000 lediglich grafisch/technische Aspekte in den Vordergrund gerückt, das Thema Sound eher stiefmütterlich behandelt. Interessant ist, dass dies von ca. 1986-1992 aber absolut anders war. In dieser Zeit wurden sogar die Namen der Musiker als verkaufsfördernde Argumente auf die Spielepackungen gedruckt, wie heute bei Filmen üblich. Wie oder woher kam dieser Bruch? Die Erklärung ist schnell gefunden: in besagten Jahren lief der PC mehr und mehr den Homecomputern (Atari/C64/Amiga) den Rang ab, bot aber an Soundmöglichkeiten nicht mehr als einen Speaker (das ist das Ding, das beim Einschalten des Rechners Piep macht). Dem konnte man zwar auch mehr oder weniger Musik bzw. Geräusche entlocken, aber der Klang war ziemlich grauenhaft. Ca. 94/95 kamen die ersten brauchbaren Soundkarten auf den Markt, natürlich alle mit unterschiedlichen Standards, die alle individuell angesprochen werden wollten.

Nun, jetzt haben wir in der Spielecomputerszene Windows, mit einem einheitlichen Treibermodell und Soundschnittstellen: Mittlerweile ist das Thema Sound auch bei den Spieleherstellern wieder ein wichtigeres Kriterium. Das Budget für Sound ist in Europa (im Gegensatz zu den USA wo es ca. viermal höher ist) zwar nur ein Bruchteil dessen für Grafik, aber die Tendenz ist sehr stark ansteigend. Vor allem die Qualität, die gefordert wird, ist erschreckend hoch, und für Anfänger extrem demotivierend.

Wenn ich zu einem Gespräch (Briefing) über den zu entwickelnden Soundtrack in der Firma zu Besuch bin, habe ich meist vorher eine Liste von Filmsoundtracks abgearbeitet (durchhören, Stil lernen), mit denen sich der Auftraggeber am meisten identifiziert hat, und dieser sich idealerweise in seinem Spiel vorstellen könnte. Genauer gesagt, will er es erstens mindestens genauso, und zweitens noch flexibler in der Komposition (in einem Film weiß der Komponist, an welcher Stelle was passiert und kann die Musik entsprechend planen, ein Spielemusiker weiß es nicht.) Hinzu kommen beim Musikercasting (wenn sich eine Firma einen Musiker raussucht, indem sie ihre Karteien mit der Firma bekannten Musikern, durchgeht und anmailt), Sprüche wie:

»Da hat sich jemand aus Osteuropa beworben ...« (= der ist bestimmt billiger als du)

»... der auf ein komplettes Orchester Zugriff hat.« (= ich will, dass du in der Qualität eines echten Orchesters produzierst)

Klingt entmutigend? Ist es aber nicht unbedingt. Immerhin hat man als Einheimischer gewisse Vorteile, jedenfalls wenn man das Musikmachen ernst nimmt, und dies aus dem Portfolio (Referenz der schon produzierten Stücke) ersichtlich ist. Diese Vorteile würde ich benennen mit:

1. Zuverlässigkeit
2. Ständige Erreichbarkeit
3. Keine Verständigungsschwierigkeiten
4. Sehr viel einfachere Abrechnung und Bezahlung
5. Zuverlässigere Onlineanbindung
6. Stabiles politisches Arbeitsklima.

Aber noch mal zurück zum Kernthema dieses Abschnitts: Warum ist also ein guter Klangteppich für ein Spiel so wichtig? Ganz einfach: Ein schlechter Klangteppich versaut ein Spiel dermaßen, dass es arg verkaufsschädigend sein kann, da sich Tester subjektiv von der Atmosphäre eines Spiels beeinflussen lassen. Und eben diese Atmosphäre wird nun mal mit dem Sound entscheidend mitbeeinflusst! Man stelle sich einfach mal das Geräusch einer warmen, bunten Sommerwiese vor, mit zirpenden Grillen, tschilpenden Vögeln und dem Rauschen der Blätter. Schön, nicht? Angenehme Empfindung? Tja, und jetzt stellt euch vor, es gibt doch tatsächlich Spiele, wo man eben diese Landschaft sieht und *nichts* hört! Setzen, Sechs Minus! Oder das Schussgeräusch einer Waffe: Wenn es da nicht richtig rummst und der

Gegner mit einem markigem Sound zerfetzt wird, ist die ganze Stimmung für die Katz, völlig egal, welche Grafik geboten wird. Selbst wenn sie absolut realitätsnah wäre. Es wäre wie ein Auto, das wie eine Straßenbahn klingt: einfach nur doof.

Mittlerweile wird im Übrigen fast nur noch situationsabhängige Musik produziert und in den Spielen an den entsprechenden Stellen abgespielt. Wie das passiert und welche Methoden es da gibt, erläutere ich in einem späteren Abschnitt noch genauer.

4.4.2 Welche Musik für welche Spiele und Situationen?

Als Erstes muss man natürlich wissen, was für eine Art das Spiel ist, um was es in dem Spiel geht (Epoche bzw. Zeitalter), und welche Zielgruppe (Alter und nationale musikalische Vorlieben der Käufer) bedient werden soll.

4.4.2.1 Strategiespiele (2D- oder 3D-Perspektive, Echtzeit oder Rundenbasierend)

Hier ist die Spielweise meist langwierig, man sitzt ruhig da und bewegt mit der Maus Einheiten, kümmert sich um Ressourcenabbau und Basisaufbau. Die Musik sollte also bei solcherlei Parts eher ruhig und im Hintergrund plätschern, sehr unaufdringlich sein. Wenn man die Möglichkeit hat, kann und sollte sie während der Kämpfe ruhig das Motiv zu »kampfbetont« ändern. Als Musikrichtungen würde ich hier die klassisch-orchestrierte Variante empfehlen. Das klingt neutral und nervt bei geeigneter Spielweise nicht so sehr. Wenn es allerdings ein Spiel ist, das im Weltraum stattfindet, können es ruhig sphärische Synthesizerklänge sein. Es ist zu empfehlen, sich an das zeitliche Szenario zu halten, dadurch kann sich der Spieler besser mit seinen Truppentypus identifizieren. Z. B.: Bei einem römisch-altertümlichen Szenario wird man viel mit Hörnern und Bläsern arbeiten können, bei einem indianischem Szenario eher mit Shakalutes (Flötenart).

4.4.2.2 Actionspiele (3D Ich-Perspektive oder Schulterblick, Rennspiele)

Bei Egoshootern ist meist Action angesagt, vermischt mit spannenden Abschnitten, in denen man das Level entdeckt. Bei den spannenden Abschnitten sollten Ambientmotive, Orchestral oder Synthesizer die richtige Wahl sein. Die actionbetonten Teile können je nach Geschmack und Alter der Zielgruppe sehr variieren. Man muss sich vor allem klar darüber sein, dass z. B. Techno in Europa sehr viel besser ankommt als z. B. in den USA oder in Japan. Hier ist vorher eine genaue Marktanalyse vonnöten, in welchen Ländern die Kaufgruppe dieses Spiels am größten ist und was in vergleichbaren Referenztiteln gut funktioniert hat. Allgemein kann man sagen: In Europa kann's Techno sein, in USA eher Rock, über japanischen Musikgeschmack möchte ich nichts sagen, der wird einem Europäer wohl i.d.R. ein Buch mit sieben Siegeln bleiben. Orchestral funktioniert in allen drei Bereichen.

4.4.3 Wie erzeugt man die richtige Stimmung durch Musik?

Zuerst möchte ich erwähnen, dass die Instrumentenwahl von immenser Bedeutung ist, ich werde bei jedem Beispiel ein paar passende Kombinationen erwähnen. So, aber zurück zur Auswahl der richtigen Stimmungen der Musik. Dies ist eigentlich einfacher als man denkt; und zwar geht man hier am besten von hinten an die Sache heran: Welche Musik und Stimmung würde auf keinen Fall passen? Nehmen wir uns als Beispiel mal ein paar Stimmungen vor und bleiben bei unserer Blümchenwiese.

Zuerst definieren wir mal die Gefühle, die das Bild der Wiese in uns auslöst: romantisch, beschaulich, sommerlich warm, lau, (hier könnte man noch die Tageszeit, Wetter und Situation des vergangenen und kommenden Geschehens heranziehen, machen wir auch gleich), all das sind Attribute, die hier sofort den Charakter der Musik beschreiben.

Als erstes hätten wir also *Romantisch*. Was passt dazu schon mal gar nicht? Ganz wichtig: Welche Instrumentierung fällt hier auch aus dem Rahmen? Das kann man leicht über den Energiegehalt von Instrumenten und deren Spielweisen ausschließen: Eine Heavy-Metal-Gitarre würde hier also das Bild eher stören, fliegt also raus. Sie ist vom Klang her zu hart und aggressiv. Also scheidet auch jede energiegeladene Liedstruktur aus. Also kein Rock, kein Techno, keine Marschmusik, keine Rumba und Samba.

Was klingt also seicht, (sommerlich-)warm? Flächige, sanft gespielte Instrumente, vielleicht mit einer verhaltenen Melodie eines Soloinstruments (Klassisch hier: Flöte) veredelt. Das Ganze ruhig, emotional positiv gespielt, z. B. Chordfolgen in D-Dur. Nicht groß in Moll verfallen, offene Septen nach Dur bewirken eine Spannung, da dass menschliche Gehör Chords immer(!) abgeschlossen haben möchte, und richtiggehend wartet, damit das auch passiert bzw. eintritt! Offene Chords erzeugen Spannung. Also in romantischen Passagen die Harmonien schön komplett ausformulieren, und zwar so simpel und durchsichtig, dass es für den Zuhörer sehr einfach ist, der Musikstruktur zu folgen, das hilft zu entspannen und die Situation richtig zu vermitteln.

Eigentlich ganz einfach? Nicht ganz, denn wir haben ja im Idealfall noch den Klangteppich der Soundeffekte, der berücksichtigt werden muss. Z. B. das ständige Gezwitscher der Vögel, welches sich klar in einem sehr hohen und eigentlich nervenden Frequenzbereich abspielt. Da darf oder sollte man in der Musik bei der Auswahl der Instrumente ein wenig vorsichtig sein und diesen Frequenzbereich eher spärlich besetzen. Dann: Ist Wind zu hören? Wie laut oder »dicht« kann man die Musik gestalten, damit diese den Wind nicht verdeckt oder übertönt? Um das herauszufinden ist es wichtig, sich die Soundgeräusche der Szene beim Komponieren drunterzulegen, dummerweise werden die Geräusche (ich nenne sie ab jetzt SFX (Soundeffekte)) aber in der Regel erst *nach* der Musik gemacht, und dann noch manchmal von einem Anderen. Es ist also sinnvoll, sich hier eine kleine Sammlung von Standardsounds zuzulegen, welche man zum Austesten benutzen kann. Wenn der SFX-ler nur einen miesen, sich dauernd wiederholenden Wind hat, der schon nach der dritten Wiederholung nervt, hat man verloren. In dem Falle sofort dem Art-Director oder dem Projektleiter Entsprechendes mitteilen.

Was gäbe es noch an Stimmungen, die auch in unser Wiesenszenario passen?

Traurig, melancholisch, aufbrechend/stimmungsvoll, unheimlich (Stichwort: Eine Seuche wütet unsichtbar im Wiesengebiet) und und und ...

So, man sieht hier: In einem Spiel kann all dies jederzeit durch den Spieler, abhängig von der Spielsituation, ausgelöst werden. Tja, als Musiker hat man da jetzt natürlich ein echtes Problem. Wie müsste man zuerst *Traurig* angehen? Chordfolgen in Moll; die Möglichkeiten der Instrumentierung sind hier reichhaltiger, es reicht von schweren und dichten Streicherpassagen bis hin zum einsamen Trompeter, je nach Spielszenario. Von synthetischen Instrumenten würde ich heutzutage ganz abraten, das klingt (wie in Filmen) nur eine sehr begrenzte Zeit gut, nämlich dann, wenn es gerade Mode ist, und auch das gefällt nur einem bestimmten Bruchteil der Kundschaft. Allerdings muss man hier auch klar die Zielgruppe und Marktlage im Auge behalten. Alles in allem vermittelt eine synthetisch klingende Musik eine Art B-Movie-Gefühl. Sie wirkt eben auch synthetisch, und dadurch billig. Wie man relativ preiswert an teuer klingende Orchestrierung kommt, erkläre ich noch in einem späteren Kapitel.

Dann hätten wir *melancholisch*. Was ist das Hauptgefühl von Melancholie? Einsamkeit, verloren sein, dunkle Stimmung. Musikalisch interpretiert: Einzelne melodieführende Instrumente, die sich in tiefen Mollfolgen verlieren, und zwar indem sie sehr unkomplexe Melodien spielen. Interessante und »schmissige« Melodien würden hier eine schöneres Liedgefühl erzeugen und wirken auf den Stimmungstransport folglich negativ, weil sie positiv wirken ;)

Aufbrechende Stimmung: Nun, das würde man mit positiven Stimmungsbildern gleichsetzen, es ist ein dichter, warmer, instrumentalisch hochfrequenter Dur-Klang mit offenen Septen denkbar; da bei einem fröhlichem Menschen der Puls höher liegt, ist hier demzufolge auch die Spielgeschwindigkeit der Instrumente höher, man orientiert sich hier einfach an der erstrebten Herzfrequenz. Man kann mit bestimmten Rhythmusgruppen in der Musik die Atemfrequenz und damit den Blutdruck und damit die Stimmung von Menschen sehr leicht manipulieren, hier sind natürlich während der Komposition Selbstversuche gefragt. Als Instrumente würde ich hier hohe Geigen, Violinen, Bläser und Cymbals etc. ansetzen, damit übertönt man dann natürlich die SFX, vor allem den Wind, aber das ist auch gewollt, da der wieder entspannend wirken würde.

Unheimliche Stimmung: Man fühlt sich allein (Stichwort Nebel), es ist kalt, ich habe Angst, es ist dunkel.

Das geht in Richtung Melancholie, nur ohne gespielte Melodien, keine ausformulierten Chords, die Einsamkeit interpretiert man mit einzelnen Instrumenten, die frequenztechnisch ruhig als Kontrast herausragen können (Akte-X, Die Vögel, die berühmten Geigen in der Duschszene von Psycho).

Die *Kälte* erzeugt man mit einer Symbiose von sehr synthetischen, metallisch klingenden Effektsounds, die sich sehr lange und langsam (tieffrequent) ziehen sollten. Die Dunkelheit bekommt man mit schönen tiefen Cellis gespielt, aber die langsam in Moll. Tiefe Streicher sind hier im Allgemeinen richtig, aber sie dürfen keine konsistente und gleichförmige Untermalung bilden, sondern müssen öfter offen unterbrochen werden, damit sich das Gehör nicht daran gewöhnt und Spannung erhalten bleibt. Gern auch mal mit einem einsamen hochfrequenten Instrument mit dissonanten Chordfolgen unterbrechen, das gibt Gänsehaut. Denn merke: Eine schöne auflösende Szene erfordert einen vorhergehenden, ungewöhnlich das Gehör strapazierenden Widerpart, dann wirkt eine emotionale Auflösung doppelt so gut!

Wie interpretiere ich jetzt das Ganze mit den verschieden Kombinationen wie Tagesanfang/Sonnenaufgang, Tagesende/Sonnenuntergang ? Bei Ersterem müsste man die Sache mit einer »emotionalen Frische« angehen, es ist eine Aufbruchsstimmung, allerdings kann die von »verhalten« (der erste singende Vogel) bis hin zu »pompös« (Aufbruch einer neuen Welt, Mahlers Sinfonien) variieren. Der Tagesausklang hingegen ist emotional auch positiv gelegen, allerdings wirkt er ruhig, schläfrig, seicht. Die letzten Vögel singen ihr Schlummerlied – leicht einzufangen mit Holzblasinstrumenten.

Stimmung *Action*: Kampf, Aggressionen. Adrenalin wird ausgestoßen, der Puls rast, Jagdfieber. Die Instrumentalisierung kann hier ein sehr breites Spektrum abdecken. Ennio Morricone z. B. hat in seinen Spaghetti-Western (Spiel mir das Lied vom Tod, Für eine Handvoll Dollar) bevorzugt mit aggressiven Männer- und Frauen-Chorgruppen gearbeitet und Shouts eingesetzt (Ha! Ho! Hu!), das ganze gecrosst mit schnellem Gitarrenspiel und aufregenden Trompetenstakkatos.

John Williams hingegen setzt in Star Wars auf Trompeten, Fanfaren und Pauken (Stichwort: Hymnen) etc., Hanns Zimmer mischt Choräle mit Blechbläsern, denkbar sind auch Heavy Metal oder rockigere Musikrichtungen bis hin zu Techno, hier hängt das Spektrum klar vom Spiel ab, welche Zielgruppe es hat und welchen Handlungsrahmen. Leider auch natürlich vom Alter und bevorzugtem Geschmack des Auftraggebers ;)

4.4.4 Die richtigen Soundeffekte zur richtigen Zeit

Kommen wir nun zum Salz in der Suppe, den Soundeffekten. Oft wirken sie unterschwellig, man nimmt sie nicht bewusst wahr, aber wenn sie fehlen, wirkt auf einmal alles leblos. Ein schönes Beispiel ist hier ein einfaches Menü, in dem jeder Tastendruck mit einem »Klick« untermalt wird, oder ein Schrittgeräusch des Protagonisten im Spiel. So simpel und einfach ein solches Geräusch erscheint, es ist manchmal schwieriger zu designen als eine Laserwumme. Warum? Weil ein Schrittgeräusch *immer* zu hören ist! Der Grat zwischen nervendem und fehlendem Sound ist hier verdammt schmal.

Um das zu verstehen, ist ein kleiner Exkurs in menschliche Hörweise und Auswirkung auf die Psyche nötig:

Das menschliche Gehör nimmt je nach Alter der Person einen Frequenzbereich von ca. 40 Hz bis 18 kHz wahr. Das Gehör ist aber mitsamt dem Gehirn dahin gehend programmiert, auf die Natur zu achten und entsprechend bestimmter Signale zu reagieren. So wirken bestimmte Frequenzen anders, Stichwort Alarmsirene: Frequenzgang sehr hoch, ca. 5000-10000 Hz, aufregende, nervöse Wirkung, wirkt alarmierend, der Puls steigt, Adrenalinausschüttung. Stichwort tiefes Brummen: Raubtierverhalten. Wirkt auf Menschen eher beruhigend (Beschützerinstinkt von tiefer männlicher Stimmlage, wirkt vor allem bei Frauen sehr ausgeprägt) bis bedrohlich (grollendes Knurren eines Raubtieres auf Fleischsuche, Mensch als Beutetier = Urangst), je nach Frequenzgang: 40-200 Hz eher beruhigend, 300-1000 Hz eher Richtung knurrend.

1500-4000 Hz kommt in der Natur (außer in unserer Sprache) wenig vor und wirkt auf das menschliche Gehör in einer linearen Mischung prägnant und aufdringlich, daher auch unangenehm. Das Geräusch eines fliegenden TIE-Fighters aus StarWars klingt z. B. sehr bedrohlich. Nach mehreren Stunden Probieren wusste ich, warum: der Sounddesigner hatte einen Löwengroller genommen, dort eine glatte Stelle geloopt, time-gestreched und das Fluggeräusch beim Vorbeifliegen mit einem Phaser-Effekt (Abart von Flanger) erzeugt.

Kommen wir wieder zu unserem Schrittgeräusch: Damit es auf Dauer nicht nervt, darf es also nicht im mittleren Frequenzbereich liegen (1500-4000 Hz) und auf keinen Fall zu schmalbandig von den benutzten Frequenzen sein. Am angenehmsten klingen Vollspektren, also Klangteppiche, die von ganz unten bis ganz oben alles in einer ausgewogenen Lautstärke anbieten.

Hier hilft nur ewiges Probieren, da das Schrittgeräusch ja noch vom Untergrund abhängig ist (Schnee- oder Metallboden). Dann muss der Sound aber bei allen anderen Aktionen in den Hintergrund treten, d.h. man muss sämtliche SFX parallel designen und immer wieder alles mit allem querhören und sehen, wie sie zusammen wirken und interagieren, dass ist am zeitraubendsten und verdreifacht die eigentliche Zeit der SFX-Produktion. Wichtig ist, dass man sich bei der Produktion an das gegebene Szenario hält und die Rangfolge der Waffen/Items/etc beachtet, so hat der niedrigste Rang logischerweise den unspektakulärsten Sound, der auch in der Frequenzbreite beschränkt sein sollte. Je dünner, desto schwächer wirkt er auf das menschliche Gehör, da wir einen volleren Klang (eine Raubtierstimme) automatisch mit einem größeren Brustkasten und so mit einem größerem Tier und demzufolge mit einer größeren Gefahr identifizieren.

Ein wichtiger Bestandteil sind auch Interaktionssounds, wie das Geräusch einer Tür, das beim Öffnen entsteht. Die ganze Struktur der Tür, wie Gewicht, Massivität, Schlosssystem, Alter – all dies liegt im Sound dieser einen Tür. (Stichworte: Holzschranktür contra massives Stahlportal contra massivem Stahlsafe). Entsteht beim Hören des Sounds nicht *sofort* das komplette Bild der Tür im Kopf, ist er falsch und muss nachdesignt werden.

Wie man sieht, identifiziert man hier die physikalische Schwere eines Gegenstandes mit dem Frequenzbereich des Sounds: Je tieffrequenter, desto gewichtiger, schwerer wirkt er. Hat man einen scheinbar perfekten Sound für z. B. eine Waffe designt und wirkt sie gut mit allen anderen Sounds zusammen, wird man merken, dass sie sich bei Dauerbenutzung durchaus schnell sehr mies anhört, weil sie zu oft hintereinander angespielt wird. Hier gibt's ein paar Möglichkeiten, z. B. den Sound bei jedem Abspielen via eines Zufallsgenerators ganz leicht in der Abspielfrequenz zu ändern, dasselbe mit der Lautstärke bis hin zu mehreren, ganz leicht veränderten Versionen desselben Sounds einzubauen. Hier muss man sich sehr eng mit dem Programmierer zusammensetzen und ihm klar machen, wie wichtig diese kleine Zufallsroutine ist. Es kostet ihn höchstens 1-3 Stunden Arbeit, aber es wird ihm unwichtig erscheinen, und demzufolge gering ist seine Motivation, sich überhaupt an die Routine ranzusetzen. Hier sollte man unbedingt unnachgiebig sein.

4.4.5 Die Synchronsprecher

Diese bekommt man i.d.R. komplett aus einem Studio, und man sollte tunlichst dafür sorgen, dass man sie in die Finger bekommt, um sie der Spielatmosphäre anzupassen. Der Hintergrund ist folgender: Wir alle wissen, wie aufdringlich und »dicht« ein Radiomoderator klingt. Das erreicht man mit einem Kompressor, der die leisen Stellen in einem Audiosignal stark anhebt, dadurch erreicht man eine stimmliche Omnipräsenz, welche für sich beeindruckend und teuer klingt, nur leider für Spiele wie für Filme ungeeignet ist. Das ist aber den Synchronstudios nicht abzugewöhnen, schließlich sind die teuren Kompressoren der Stolz eines jeden Studios und der eine Tontechniker, der die Dinger da bedienen kann, kostet ja auch sein Geld. Meine Anfragen an die entsprechenden Studios, ob sie bitte auf ihren tollen Multibandkompressor verzichten könnten, grenzten für die jedes Mal an Beleidigung. Im Übrigen ein in Deutschland sehr einheitliches Bild. Wer mal die Chance hat, einen deutsch synchronisierten Film mit der Originalfassung zu vergleichen, wird feststellen, dass die Originalstimmen in der natürlichen Umgebung teilweise schwer verständlich und kaum hörbar aufgenommen sind, hingegen in der deutschen Version die Sprecher immer(!) sehr präsent und akustisch perfekt »ausgeleuchtet« auftreten. Multibandkompressoren und ihre fanatischen Toningenieure ;)

Was man also zuerst wieder machen muss: Die per Kompressor auf Maximalpegel angehobenen Mittelfrequenzen per Equalizer wieder absenken, damit klingt die Stimme sofort angenehmer und tritt in den Hintergrund zurück. Zusammen mit einem Halleffekt, den durchaus die Ingame-Soundengine je nach Situation beisteuern kann, fügt sich dann auch eine solche Stimme in das Gesamtbild eines Games. Aber hier auch wieder die Abhängigkeiten: Wie verhält sich das alles mit der Musik, mit den Soundeffekten? Idealerweise kann man alles parallel bearbeiten. Auch sollte man wissen, welche Frequenzen der Hall in seiner Routine benutzt und welche er filtert.

4.4.6 Hall

Der Hall (engl. Reverb) ist das Echo von Tönen, anhand deren Laufzeiten das menschliche Gehirn automatisch die Größenverhältnisse und Raumbeschaffenheit errechnet, und uns dies mittels Gefühlen interpretiert. (Stichwort Keller: Einmal ein leerer und feuchter Steinkeller und einmal ein mit Sperrmüll vollgerümpelter Holzkeller). Gerade Anfänger versuchen, mangelnde »Dichtheit« ihrer Musik mit einem Hall zu verschönern. Auch Anfänger, die schon zehn oder mehr Jahre Musik machen.

Was ich immer wieder allen eintrichtere: Zuerst macht man die Musik so, dass sie *ohne* Effekte gut und dicht klingt. *Dann*, und nur dann, wenn es absolut und unbedingt nötig ist, macht man einen Hall drauf. Nicht vorher. Wenn das Lied ohne Hall schlecht klingt, ist es halt noch nicht fertig. Dann fehlen schlicht und ergreifend wichtige Frequenzbereiche, bzw. sind instrumentalisch zu dünn besetzt. Hier sollte man regelmäßig eine grafische Frequenzanalyse seiner Musik machen, da sieht man sehr schnell, an welchen Stellen der Pegel einbricht. Aber zurück zum Hall: Wenn es denn einer sein muss: Soll der Hall nicht auch im Spiel benutzt werden? Und wenn ich jetzt schon einen Hall auf die Musik lege, wie wirkt das dann mit dem Hall der Sounds im Spiel? Ganz einfach: Es kann Hallmatsch geben. Das Gehör hat dann Schwierigkeiten mit der Ortung, mit der Identifizierung der räumlichen Gegebenheiten und ist schlichtweg überlastet.

Im Übrigen trägt die Art des Halls entscheidend zur räumlichen Atmosphäre bei. Je nach Frequenzhöhe der zurückgeworfenen Töne bestimmen wir die **emphatische Temperatur**. Je höher die ge-echoten Frequenzen, desto kälter, feuchter und höher erscheint uns ein Raum. Wenn nur tiefe Signale zurückgeworfen werden, klingt es muffig, dunkel, eventuell trocken.

Das ist leicht mit dem Frequenzgang von Tönen zu erklären: Töne haben Wellenform, deren einzelne Schwingungen je nach Frequenz unterschiedlich lang sind. So haben tiefe Bässe sehr lange Wellentäler, die deswegen leicht über den Boden durch Mauerwerk übertragen werden, und durch die teilweise meterlangen Schwingungen für das Gehör positionell nicht ortbar sind (weil die Wellenlänge länger als der Abstand unserer Ohren ist und das Gehirn so keine Laufzeitunterschiede verarbeiten kann), und sehr hohe Frequenzen wie Vogelgezwitscher eine sehr dichte Schwingungsfolge, die im Millimeterbereich liegt, und die wir mit unseren Stereo-Ohren extrem gut orten können, bis auf zig Meter Entfernung genau. Diese hochfrequenten Schwingungen werden aber natürlich von bestimmten Materialien und deren Oberflächenbeschaffenheit anders reflektiert als ein tiefes Bassgeräusch. Und genau durch dieses von Kindheit an trainierte Wissen des Gehörs interpretieren wir Schallquellen mit bestimmten Räumlichkeiten. (Stichwort Bahnhof, Stichwort Bibliothek).

Also, kurz und knapp gesagt: Mit dem Spektrum der vom Hall zurückgeworfenen Frequenzen definiert man die Raumbeschaffenheit, mit der Länge der Hallfahne die Größe des Raumes. Hier ist jahrelanges Probieren angesagt. Empfehlenswert unter den rechnerbasierenden Hallplugins ist der Trueverb von Waves.

4.4.7 Soundformate und ihre Verwendung im Programm

Die momentan gebräuchlichsten Arten der in Spielen benutzten Musik sind Formate wie MP3, WAV und AUDIO-CD. Es gibt noch weitere, wie mod, xm, wma, it und midi (*.mid)

4.4.7.1 MP3

Gepackte Wav-Files, Packratio ca. 1:11,

Vorteile:

Kleine Dateigröße, Fast originalgetreuer Klang, weltweit extrem verbreitet. Mittlerweile vernachlässigbarer CPU-Verbrauch beim Decoden (ca. 1-4% bei 1-GHz-CPU).

Nachteile:

Lizenzierungspflichtig (beim Fraunhofer Institut). Die meisten MP3-Decoder sind nicht unbedingt dafür ausgelegt, mehrere MP3-Streams gleichzeitig wiedergeben zu können, nahtlos zu loopen (wiederholen) oder vor/zurück zu »spulen«.

4.4.7.2 WAV

Das ist das Format, das bei einer normalen Studioproduktion hinten rauskommt und in der Windowswelt als Sounddatei Standard ist. 44.1 kHz bei 16 Bit in Stereo ist die Qualität, welche dann auch auf Audio-CDs kommt. Ein qualitativ ebenbürtiges MP3 ist ca. 10-11mal kleiner. Ein WAV in CD-Qualität braucht pro Minute zehn MB.

Vorteile:

Standard-Format. Extrem leichtes Handling, originalgetreue Qualität, braucht quasi kaum Rechenzeit zum Abspielen.

Nachteile:

Sehr platzfressend.

4.4.7.3 Audio-CD

Red-Book formatierte CDs.

Vorteile:

Mit jedem CD-Spieler abspielbar.

Nachteile:

Sehr platzfressend (siehe wav). Wenn von einer Mixed-Mode-CD (z. B. orange Bok) Audio-CD-Tracks abgespielt werden, kann man vom Datenteil der CD nicht laden, ohne dass es zu gravierenden Problemen mit der Wiedergabe und oder mit dem Laufwerk kommt.

Die Tracks sind maximal-leicht raubkopierbar.

4.4.7.4 mod, xm, it

Das sind so genannte *Modules*. Die Idee: Man speichert die Noten in Tracks (ein patternbasierendes Musiksystem, siehe später auch unter Tracker), diese Noten spielen dann Sounds aus einem Instrumentenpool ab, der in dem File mit enthalten ist. Diese Formate spielen heute keine Rolle mehr.

Vorteile:

Sehr geringer Platzbedarf, da ja die Tracks mit Notenanschlägen beliebig oft auf die immer wieder neu zusammenzusetzenden Instrumente zurückgreifen können. So kann in einem 1 MB großen mod beliebig lang dauernde Musik stecken.

Nachteile:

Durch die immer gleich klingenden Instrumente klingt´s schlicht synthetisch und »billig«. In den 90er Jahren wurde z. B. Techno fast ausschließlich mit solchen Trackern gemacht.

4.4.7.5 Midi (*.mid)

Midi-Files sind vom Prinzip her nur die blanken aufgezeichneten Noten eines Liedes in Dateiform, zusammen mit Nummern für definierte Instrumentenbänke, mit denen dann die verschiedenen Notenspuren im Lied abgespielt werden sollen. Darum gibt es einen einheitlichen Instrumentenpool, der auf jedem Rechner vorhanden ist. Dieser nennt sich General Midi (GM). Es gibt soundtechnisch verbesserte Versionen von Roland (GS) und von Yamaha (XG).

Diese haben dann noch einen Filter und besser klingende Instrumente und Effekte. Mid-Dateien spielen so bei Spielen keine Rolle mehr. Musiker verwenden mid-Dateien logischerweise, da sie ja ihre Instrumente damit ansteuern, die sehr viel besser klingen. Das Resultat wird dann schlichtweg aufgenommen und als wav-file abgespeichert.

Vorteile:

Im Prinzip kann sie jeder Rechner abspielen und man erkennt das Lied auch wieder. Extrem geringe Dateigröße.

Nachteile:

Die GM-Instrumente klingen eigentlich immer sehr synthetisch, und es ist für einen Musiker eine Zumutung, damit Musik machen zu müssen und sich auf den GM-Instrumentenfundus zu beschränken.

4.4.7.6 WMA

Ein von Microsoft versuchter Konkurrenzfeldzug zu MP3.

Vorteile:

Keine Lizenzierungspflicht wie bei MP3

Windows hat wma-Codecs standardmäßig mit dem Mediaplayer mitgeliefert.

Nachteile:

Leicht schlechtere Qualität in hohen Bitraten als MP3. Möglichkeit zur Benutzersperrung. Ein amerikanischer Auftraggeber ließ mir mal eine WMA-Datei mit einem Beispieltrack zukommen, die ich mit der »Fehlermeldung: Nicht lizenzierter Besitzer dieser Audio-Datei« nicht anhören konnte.

4.4.8 Fertige Soundengines

4.4.8.1 MusyX

Lizenzgeber Nintendo, Kosten um die $750, Soundsystem für GBA, Gamecube, N64.

Vorteile:

Recht verbreitet. Gut durchdachtes SFX-Handling. Beliebig viele Lieder in ein MUSYX-Pack einbaubar, da er *.mid-Dateien importiert und diese mit einer vom Musiker selbst zu erstellenden wav-Intrumenten-Library abspielt. Die SFX können idealerweise auch auf den selben Wavpool zugreifen. Die wav's haben zudem eine Instrumenten-Makrodefinition, die beliebig oft angelegt und verändert werden kann und dann als eigentliches zu spielendes Instrument dient. SFX können verschieden hohe Abspielprioritäten zugewiesen werden.

Nachteile:

Extrem hoher Rechenzeitverbrauch. Benutzerunfreundlicher Instrumenten-Makro-Editor. Sehr viele Bugs.

Bezugsquelle:

`www.factor5.com`

4.4.8.2 Shinen-Soundsystem

Nicht lizenzierbares System für GBA. Verbraucht nur ca. 30% der Rechenzeit von MusyX. Man kann nur komplette Lieder von Shinen samt Player kaufen. Selbst hartnäckigste Anfragen bleiben absolut erfolglos, da Shinen ein Musikstudio ist, das vom Verkauf seiner Musiken lebt.

Kontakt:

`www.shinen.com`

4.4.8.3 Sonix

Ein GBA-Player und Editor. Vergleichbar mit MusyX, doch habe ich beim Design der Benutzerschnittstelle sehr viel Wert auf Benutzerfreundlichkeit gelegt. Das Handling seitens der Engine für den Programmierer ist das gleiche wie bei MusyX. Der Rechenzeitverbrauch entspricht ca. 20% dessen von MusyX.

Ein Preis steht noch nicht fest. Es soll aber MusyX Konkurrenz machen.

Vorteile:

Sehr geringer Rechenzeitverbrauch. Gleicher Funktionsumfang wie MusyX. Gutes Bedieninterface.

Nachteile:

Midi-Dateien werden beim Importieren verändert, es werden für den Player nutzlose Datenstreams extrahiert und verworfen (um Rechenzeit zu sparen).

Bezugsquellen:

`www.cosmigo.com`
`www.reflex-studio.de/pvcf/products/`

4.4.8.4 Miles-Soundsystem

System PC, DOS/Windows oder Macintosh, kann folgende Formate abspielen: xmid, mid, mid&dls instrumente, mp3, ADPCM (gepackte wav-Formate, Packratio 4:1 bis 2:1), wav CD-Audio Red Book.

Lizenz für ein Singleprodukt: Pro Plattform $4000.

Firmen-Lizenz für eine Plattform: $12000.

Firmen-Lizenz für drei Plattformen (Dos, Windows, Macintosh): $22000.

Vorteile:

MP3-Lizenz enthalten, sehr benutzerfreundlich, weitgehend bugfrei, Unterstützung von 3D-Raumklang-Effekten wie Hall und Soundpositionierung im freiem Raum.

Nachteile:

Bei vielen maschinengewehrförmigen Sounds, die von vielen Quellen gleichzeitig wiedergegeben werden, addiert die Engine gnadenlos alles zusammen, dadurch kommt es zu massivem Rechenzeitverbrauch und kurzzeitigem Einbruch der Systemperformance. Das ist vom Sounddesigner beim Erstellen der SFX zu berücksichtigen. Sehr hohe Kosten!

Kontakt:

`www.radgametools.com/miles.htm`

4.4.9 Computerspiele und GEMA

Die GEMA ist eine Vereinigung, die eigentlich dafür sorgen soll, dass ein Musiker für ein von ihm erstelltes Werk, das in Radio/Disco/TV/CD/Veranstaltung gespielt wird, Tantiemen bekommt, wenn er denn der GEMA beigetreten ist.

Ist er einmal Mitglied, unterliegen ab dann *alle* Werke, an denen er beteiligt ist, dem Schutzrecht der GEMA, auf *jeden* seiner Titel muss bei Wiedergabe eine Gebühr an die GEMA entrichtet werden, die dann nach Jahresende anteilig an den Musiker ausgezahlt wird. In der Spieleindustrie hat das folgende Auswirkung: Ist auf einer Spiele-CD auch nur ein Titel eines GEMA-Mitglieds, muss man für *jede* verkaufte CD eine Abgabe an die GEMA entrichten. Versucht man dies zu umgehen, und von der GEMA eingesetzte Kontrolleure finden das heraus (was zu ca. 50% wahrscheinlich ist), zahlt man den doppelten Betrag als Strafe. Rückwirkend für jede verkaufte CD.

Es ist somit für einen Spieleproducer essentiell wichtig, sich vom Musiker vorher bestätigen und versichern zu lassen, dass er *nicht* GEMA-Mitglied ist.

Ist das Spiel fertig und auf CD, muss ein Formular ausgefüllt werden, in dem der Name des Musikers steht, und an die GEMA geschickt werden. Diese würde im Falle eines GEMA-Mitglieds eine Nummer für die CD schicken, die dann auf die CD aufgedruckt wird, und von Radio/TV etc. mitsamt Playlisten der gespielten Lieder eingeschickt wird. Die GEMA stellt dann je nach Abverkauf oder Quartal Rechnungen, die von der Firma/TV/Radiostation/Veranstalter zu begleichen sind. Dies wird dann anteilig an die GEMA-Mitglieder nach Jahresende ausgeschüttet.

Wichtig: In Deutschland kann eine Urheberschaft auf eine Musik *niemals* abgetreten werden. Der GEMA-Schutz bezieht sich auf die Urheberschaft. In den USA können Urheberschaften abgetreten werden.

4.4.10 Wie Musik entsteht

Das ist einfach: Man braucht eine geeignete Software, um Noten (in welcher Form auch immer) im Computer aufzuzeichnen und nachzubearbeiten, und Soft- oder Hardware um diese Noten in Töne umzusetzen. Normalerweise hat man dann so genannte Rompler oder Synthesizer, erstere sind Kästen im 19-Zoll-Rackformat, die eine Soundbibliothek haben, die via Midi-Noten-Impulsen über den Audioausgang des Romplers wiedergegeben werden. Diese Audiosignale von verschiedenen Romplern führt man mit einem Mischpult zusammen und nimmt es als wav-Datei auf. Ein Synthesizer erstellt die Töne mittels LFO und Filter in Echtzeit. Die LFOs erzeugen also Wellenformen, (Rechteck, Sägezahn oder Sinuswelle). Diese werden dann mittels eines nachgeschalteten LFO moduliert und mit Parametern für Einschwingverhalten und Releasezeiten versehen. Ganz grob beschrieben :)

Man setzt sich also an eine Software zur Notenverwaltung, z. B. Sequencer (CUBASE, CAKEWALK, PROTOOLS NUENDO) oder Tracker (MODTRACKER, FASTRACKER, IMPULSETRACKER), spielt oder tippt Noten ein, und fertig. Mehr oder weniger.

Ich lass mir immer zuerst das Konzept des Spiels geben, in dem meist die genaue Art der Musik definiert ist, lese mir die Handlung und Spielmechanik durch, bespreche mit dem Projektleiter die Stile und Qualität, abhängig vom benötigten Platz, Budget und Lizenzen, die Art und das Format der Musik.

Dann setze ich mich an den Sequencer, lege die Hände auf die Klaviertastatur (welche hinten via Kabel die Noten als Midi-Impulse an den Rechner schickt) und lasse der Inspiration freien Lauf.

Ist ein Film zu vertonen, lege ich mir den auf einen separaten Monitor, der vom Musikprogramm mit angesteuert wird, damit man ihn richtig timen kann, also die richtige musikalische Untermalung zu rechten Zeit.

Für spezielle Arten der Musik gibt es spezielle Arten der Soundmodule, egal ob Soft- oder Hardware (Rompler im Rackformat). Möchte man ein halbwegs brauchbar klingendes orchestrales Arrangement erzeugen, muss man in etwa 600 € als absolutes Minimum für die Sounds veranschlagen, um damit einen Softwaresampler wie z. B. GIGASTUDIO zu füttern. Ein Sampler ist etwas, das Samples laden und abspielen kann, ein Sample ist schlicht eine Audiodatei in einem bestimmten Format.

Kauft man nur die Sounds für einen bestimmten Sampler, muss man sich diesen natürlich auch noch kaufen. Hardwaresampler sind heutzutage absolut nicht mehr zu empfehlen, da diese vom Speicherausbau sehr beschränkt sind und dieser zudem unverschämt teuer ist. Ca. zehnmal teurer, als wenn man einen Rechner mit derselben Menge RAM bestücken würde. Den Speicher braucht der Sampler aber, um die Samples von seiner internen Festplatte laden zu können. Das heutige Mittel der Wahl stellen Softwaresampler dar, diese können auf den Speicher des Computers zugreifen, tun dies aber nicht mal, sondern spielen die Samples direkt von der Festplatte ab (sie »streamen«). Außerdem ist so ein Softwaresampler ab 400 € schon wesentlich billiger als ein Hardwaresampler.

Kauft man sich aber Rompler mit orchestralen Sounds, müssen diese dann via Mischpult zusammengeführt werden, es sei denn, man leistet sich gleich eine Multi-I/O-Soundkarte, die über mehrere Eingänge (in der Regel acht) verfügt, und benutzt dann das Softwaremischpult seines Soundprogrammes. Das ist absolut zu empfehlen, da eine solche Soundkarte schon ab 400 € zu haben ist; ein Mischpult kostet zweifellos wesentlich mehr und hat, wenn es nicht ein »Digitalmischpult« ist, einen wesentlichen Nachteil: Man kann die Einstellungen der Kanalzüge, Equalizer (Filter) etc. nicht speichern. Man muss sich dann mit Stift und Papier die »Szenen« des gerade in Arbeit befindlichen Liedes aufschreiben. Das nervt gewaltig. Digitalmischpulte haben Motorfader (da sind also kleine Motoren in den Kanalzügen), die ihre Daten auf eine interne Festplatte ablegen und dort als Session speicherbar sind. Klingt teuer? Ist es auch. So ab ca.2000 € Minimum für ein eher mittelprächtiges Mischpult. Meine Empfehlung geht hier ganz klar zu einer lieber etwas teureren Soundkarte mit mehreren Eingängen, wenn man denn externes Equipment hat.

Man sieht hier: Als Musiker hat man die brutalsten Anschaffungskosten zu leisten. Aber neben orchestralen Musiken gibt's ja auch noch die Synthi- und Pop-Fraktion, Techno, Dance, Hip-Hop, Funk und eigentlich so ziemlich alles außer Gitarrenmusik, die kann man nicht mit kaufbarem Soundequipment erzeugen. Hier braucht man jemanden, der Gitarre spielen kann, und eine Möglichkeit, dies aufzunehmen. Da gibt's zum Einen das berühmte Mikrofon und zum Anderen Tonabnehmer, die auf den Resonanzboden der Gitarre geklebt werden. Beim Mikrofon sollte man im Übrigen nicht mit Sparen anfangen. Sicherlich gibt es Mikros für fünf €, aber man sollte das ca. zehnfache veranschlagen, als Einsteigerlösung.

Aber noch ein paar Worte zu meiner Arbeit. Als Beispiel beschreibe ich mal, wie die Arbeit am momentan in Entwicklung befindlichem AQUANOX-Addon von Massive Development/JoWood aussieht:

Nachdem in AQUANOX eine Cross-Over-Musik mit Techno-Anlehnungen war (Beispiele finden sich auf meiner Site `http://www.reflex-studio.de/pvcf`), die in Europa extrem gut ankam, läge es natürlich nahe, wieder genau so einen Soundtrack zu machen. Allerdings mussten wir bei der nachträglichen Analyse feststellen, dass in Amerika der Soundtrack nur zu genau 50% Anklang gefunden hat. In den USA gilt Techno als »gay«, genauso wie z. B. Fußball.

Also möchten wir diesmal ein Experiment wagen (wie auch in AQUANOX): Es soll eine eher rockigere Geschichte werden, also mit brutalen Gitarrenriffs. Der Art-Director setzte sich mit einem Stapel CDs nach seinem Geschmack zu mir und meinte so und so sollte er klingen, kriegst du das hin? Was würde das kosten? Der Kostenvoranschlag enthält dann auch die Sachen wie zu vertonende Renderfilme, Bearbeitung der Synchronsprecher (bei AQUANOX waren pro Lokalisation 3 CDs knallvoll) und die Soundeffekte.

Ich bekomme dann eine Deadline genannt, bis zu der alles fertig sein muss, rechne mir aus, wie viele Monate ich in etwa daran arbeiten werde bzw. wie viele Mitarbeiter von Reflex-Studio wie viele Mannmonate investieren werden, überlege mir, wie viel Euro ich gern pro Monat sehen will (abhängig vom Publisher, Hersteller, anvisierten Abverkäufen etc. – eine genaueste Kenntnis des Marktes ist da absolut unentbehrlich). Manchmal spielt noch die Konkurrenz mit rein: Denn es ist nicht immer so, dass bestimmte Aufträge nur mir angeboten werden, auch andere Studios bekommen die Anfrage, und die müssen dann irgendwie ausgestochen werden, das klappt dann nur mit dem Verhältnis von Preis/Qualität/Zuverlässigkeit. Klingt beschissen? Ist es auch.

So, in der Regel kriege ich den Auftrag. Beim AQUANOX-Addon engagierte ich einen Gitarrenspieler, dessen Erfahrung und Fähigkeiten ich mir schon seit Langem auf seiner Website ein gutes Bild machen konnte. Aus der Resonanz seiner E-Mails konnte ich schon eine gewisse Zuverlässigkeit ableiten.

Tja, dann arbeitete ich erst mal erste Beats aus, damit ist gemeint, dass man den Rhythmus macht. Den macht man mit einem Drumkit (dt. Trommeln). Damit »simuliert« man faktisch einen Schlagzeuger mit dem Computer. Damit's groovt (also nicht nach stupiden »bum-ts bum-ts bum-ts« klingt), muss man per Hand die Trommelschläge ein bissl ungerade und ungenau machen, so wie ein Mensch auch spielen würde. Das zusammen mit einem guten Rhythmus gibt dann mit ein bissl Glück einen Groove: Etwas, zu dem man automatisch mit den Fuß wippt, wenn man es hört.

Dann richte ich einen FTP-Server ein, auf dem wir unsere Audiodaten austauschen können, lade ihm (dem Gitarrespieler) die Beats und die provisorisch eingespielten Harmonien hoch und er jammt dann zu Hause auf seiner Gitarre. Nimmt dies auf, versieht das mit Effekten und lädt es auf den FTP-Server.

Aus den Gitarrentracks bastele ich dann die Tracks. Pro Titel muss hier eine Zeit von ca. einem Monat veranschlagt werden. Ich erwähnte weiter oben, dass heutzutage eher situationsabhängige Musik verlangt wird. So auch hier. In den Nicht-Action-Passagen sollen ruhige orchestrale Ambientstücke laufen. Die Gitarrentracks sollen dann aber nahtlos eingespielt werden können. So muss ich zuallererst die Harmonien der Ambienttracks ausarbeiten und mich bei den Gitarrentracks vom normalen Liedaufbauschema trennen (also intro, lead, break, refrain, solo, lead, refrain, outro ...). Denn wenn die Action losgeht, kann nicht erst ein Lied »aufgebaut« werden, es muss sofort losrattern. Hier benutzen wir die Miles Soundengine, mit dieser werden dann ständig zwei MP3-Streams offen gehalten, es wird dann immer ein Part in den anderen übergefadet (geblendet), damit keine Nahtstellen entstehen. Natürlich muss ich dann hier aufpassen, dass ich damit immer in den richtigen Harmonien bleibe, damit nichts schief klingt im Spiel.

Außerdem muss noch berücksichtigt werden, dass der im AQUANOX-Soundtrack benutzte Rap in den Liedern sich mit den Funkgesprächen im Spiel während der Kampfszenen gebissen hat. Also kein Gesang oder Gerappe. Auch muss ich die Mischung der Musik an die Soundeffekte anpassen, damit eins nicht das andere überlagert, es muss beides gleichzeitig saugut klingen. Das ist ziemlich schwierig, und man kann dies nur in jahrelanger Erfahrung, also Learning by doing, erlernen. Oder man studiert Tontechnik.

Ein weiterer, nicht zu vernachlässigender Faktor: Ich mache die Lieder für ein Spiel über einen relativ großen Zeitraum von ca. fünf bis sechs Monaten, da liegt es in der Natur der Sache, dass jeder Track auch qualitativ und stimmungstechnisch anders klingt. Im Spiel muss aber alles wie aus einem Guss klingen und zusammenpassen. Da ist dann nochmal teilweise böse Nacharbeit angesagt, auch wenn man glaubt, der Soundtrack sei eigentlich fertig. (erinnert euch an die Stelle über Mischpulte und Einstellungen derselben pro Lied!) Richtig böse wird es, wenn ein Publisher oder Lizenzgeber Schwierigkeiten macht, indem er anfängt am fertigen Soundtrack rumzukritteln.

Ein herrliches Ding ist mir letztes Jahr passiert: Newkidco hatte von HensonCompany die Muppetshow-Lizenz für ein Flipperspiel auf GBA erworben. Digital Eclypse (DESI) sollte das Spiel entwickeln und gab den Auftrag an Cosmigo, die wiederum mich als Musiker anmieteten. Es hatte doch tatsächlich jede der vier Companies bei jedem Lied was zu sagen; wenn's dreien gefiel, passte es dem Vierten nicht. Ich hab den Soundtrack im Endeffekt dreimal komplett produziert, plus fünf Musiken für geplante und fertig gestellte Minigames, welche freigespielt werden konnten, die aber auf Anweisung vom Publisher aus unerklärlichen Gründen entfernt werden mussten. Natürlich sah mein Vertrag nur das Budget für den einmalig zu produzierenden Soundtrack vor. Da hab ich schön Miese gemacht. Statt der geplanten drei Monate hab ich so ca. von April bis November dran gesessen. Hier sollte man natürlich versuchen, sich vor Vertragsabschluss abzusichern, dass solcherlei Arbeit extra abgegolten wird, aber darauf wird sich kaum einer einlassen. Ein richtiger Profi kann schließlich den Soundtrack sofort passend hinzaubern, nicht wahr?

4.4.11 Wie wird man Musiker für Computergames?

Sobald du ein absolutes Gehör hast, studierst du schnell Musik, wo du komponieren lernst, und heuerst dann in einer Firma an ... – Keine Angst, so muss es nicht sein ;)

Also, man macht einfach den ganzen Tag lang Musik, das ein paar Jahre (!!) lang, irgendwann ist die Musik dann so, dass man sie anderen vorspielen kann, ohne dass sie nur aus Mitleid im Zimmer bleiben und krampfhaft ernst gucken oder dich mit verkrampften Händen motivierend anlächeln. Dann machst du noch ein-zwei Jahre zur Übung, um Routine zu bekommen und einen Stil herauszuarbeiten und zu festigen. Glaub nicht, man könne das überspringen.

Wenn du denkst, deine Musik klingt so, wie es deine Vorbilder machen, höre sie dir vermischt mit deinen Vorbildern an, am besten, wenn Leute bei dir sind, die deine Musiken nicht kennen. Wenn sie *nicht* aufhören, mit den Füßen zu wippen und nicht das Gesicht verziehen, dann kannst du anfangen, die Musiken auf CD zu brennen und rumzuschicken. Ich habe damit so lange gewartet, bis mich jeder gefragt hat, was das für Musik sei und mich angebettelt hat, sich diese kopieren zu dürfen. *Dann* ist man für diese Interessengruppe brauchbar. *Dann* ist man so gut wie andere auch. Mehr nicht.

Heutzutage gibt es keinen Unterschied mehr zu Musiken für Computergames oder Werbetrailer oder Hollywoodfilme, im Idealfall ist sie gleich gut. Wenn´s nicht so ist, will keiner was von dir wissen, es sei denn, du hast Vitamin B oder die »Firma« kann sich keinen erfahrenen Musiker (mit nach Hollywood klingendem Equipment) leisten, ist also eigentlich keine Firma.

Kläre folgende Punkte:

- Wie wirkt welche Musik an welchen Stellen?
- Wie verhält sie sich mit Soundeffekten und Synchronsprechern?
- Wie arbeitet man mit Programmierern (die Musik läuft doch, lass mich in Ruhe mit Ingame-Volumeregler/Musikselektor) und Grafikern zusammen?
- Wie erkämpft man sich mehr Rechenzeit und Speicherplatz?
- Wie kann man mit Kritik umgehen (gaaanz wichtig)? Es ist wichtig, beim geringsten Hauch einer Kritik sofort ins Telefon zu brüllen (Wer am lautesten ist, hat Recht), mit Trillerpfeife reinzupusten (DIR BLAS ICH DEIN GEHÖR DURCH!) und alles zu tun, damit man ein strammes Selbstbewusstsein an den Tag legt, das imponiert deinem Arbeitgeber ;). Ich hab gestandene Musiker heulen sehn, als ihnen jemand gesagt hat, dass das scheiße klingt, was sie machen. Kannst du mit solcherlei Kritik umgehen, *ohne* auszurasten und es als persönliche Beleidigung zu nehmen?
- Hast du ein Portfolio, so dass der Chef sieht, dass du auch ein größeres Projekt in gleich bleibend guter Qualität bis zum Ende in der Zeit durchziehen kannst?
- Kannst du wirklich Deadlines einhalten? Was machst du nebenher?
- Bist du immer irgendwie erreichbar, auch am Sonntag Abend, um schnell Demosounds für eine unerwartete Präsentation zu machen? Und ist das dann gut?
- Hast du Erfahrung im Soundmachen, vor allem Offline (d. h., du siehst nicht, wofür) Kannst du mehrere Varianten machen (das kostet Zeit, die man nicht bezahlt bekommt!)
- Kannst du Musik in allen benötigten Stilen machen, oder kannst du nur eine Schiene? Und klingen da noch die restlichen drei Minuten wie die ersten 30 sec (gähn)?
- Beherrscht man es, Spannungsbögen oder Empfindungen rüberzubringen, die das Leveldesign/Filmszene unterstreichen? Kann man das auch sinnvoll ins Arrangement einbinden (allein das zu lernen, dauert Jahre) ?
- Hört sich jemand Beliebiges einen Track von dir freiwillig ein zweites Mal komplett an?

4.4.11.1 Wie kommt man denn nun an solche Jobs ran?

Glück? Beziehungen? Lotto spielen? Gar nicht?

Mach den ganzen Tag nichts anderes, als dich zu bewerben, und das locker 10-20 Monate lang. Das ist lustig, vor allem, wenn du obige Punkte nicht klipp und klar beweisen kannst. Wenn du verdammt viel Glück hast, bekommst du eine Message á la: »Wir werden sie beim kommenden Projekt evtl. mit in der Auswahlliste berücksichtigen«. Das wird zwei Jahre dauern. Den Job wird jemand anderes bekommen. (Weil er mehr Erfahrung darin haben wird, einen vernünftigen Preis zu machen).

Man bedenke: Teams *haben* in der Regel einen Musiker. Sie wissen, was sie von ihm wie und wann für wie viel bekommen. Warum also sollten sie ihn kicken und dich (damit meine ich den geneigten und interessierten Leser) nehmen? Mit was kannst du sie überzeugen? Bist du wirklich in allen Punkten besser, zuverlässiger, billiger, schneller, kompetenter, qualitativ überlegen, sympathischer ?

So sieht das aus. Das ist die harte Realität der freien Marktwirtschaft.

Nichtsdestotrotz: Man muss aus Spaß an der Sache Composen. Macht man das nicht, hört man das den Liedern an. Niemand will so was haben. (Wobei ich da bei aktuellen GBA-Titeln aus Japan sehr sehr starke Zweifel habe). Wenn du wirklich gut bist, dann mache eine Website, stell das Zeug drauf, es werden sich Leute melden. Nimm jeden Drecksjob an. Es werden sich *nicht* große Firmen melden, die benutzen Websiten nur, um sich über den schon in der inneren Auswahl befindlichen Musiker zu informieren. Sammle ein Portfolio. Das dauert in der Regel mehrere Jahre. Sei dir bewusst, das es in Deutschland ca. 20 Musikstudios gibt, die sich untereinander um die Aufträge reißen. Sie alle sind erfahren, *haben* ein Portfolio und Kontakte. Du nicht.

Wenn jetzt alle demotiviert sind, ist mein Job hier erledigt :]

4.4.12 Software-Empfehlungen

Jetzt noch ein paar persönliche Empfehlungen für Software, die sich aber aus rein subjektiven Gesichtspunkten heraus gestalten.

Zur **Soundeffektbearbeitung** braucht man ein Sample-Bearbeitungsprogramm, am idealsten ist hier zur Zeit WAVELAB von Steinberg (480 €), da man hier verschiedene Effektplugins in Reihe hintereinander benutzen und vorhören kann. Die zweite Wahl, die aber noch für die Soundeffekte extrem wichtige Funktionen wie Pitchshiften und Pitchbenden hat, ist SOUNDFORGE von Sonic Foundry (399 €), außerdem lässt sich damit schneller und effektiver arbeiten.

Beide haben einen Batchprozessor, um größere Soundmengen mit einer beliebigen Reihenfolge von Plugins zu bearbeiten. Bei SOUNDFORGE ist der Batchprozessor aber separat dazuzukaufen.

Dann braucht man noch ein Programm, um verschiedene **Sounds zu mischen**, hierzu sind brauchbar COOLEDITPRO von Syntrillium (460 €), Sounic Foundry ACID PRO 4.0 (360 €) oder Sonic Foundry VEGAS 2.0 (530 €), wobei Letzteres noch hervorragend zur Filmvertonung geeignet ist. Weiterhin gibt es noch SAMPLITUDE, was sich aber durch die absolut nervige Bedienung disqualifiziert, CUBASE von Steinberg ebenso. Ich empfehle als Super-Allroundprogramm VEGAS 2.0 oder höher. Das ist wirklich extrem gut durchdacht und verdammt gut zu bedienen.

Wavelab und Sonic-Foundry-Produkte liefern bereits eine sehr brauchbare Grundausstattung an Effekt-Plugins mit.

Zum Musikmachen braucht's dann natürlich nochmal andere Programme:

Hat man ein Keyboard und möchte seine Musik selber einspielen, benötigt man ein **Sequencerprogramm**. Da gibt es z. B.:

CUBASE von Steinberg (399 €)

CAKEWALK SONAR von Twelf Tone Systems (440 €)

Hat man kein Keyboard, ist ein **Tracker** angebracht, diese sind meist Free- oder Shareware. Für eine sinnvolle Produktberatung begebe man sich auf `http://mazsound.com` und klicke Trackers an. Die Preise liegen zwischen zehn und 100 €.

An **Soundkarten** kann man nur bedingt Empfehlungen geben, da die benötigte Soundkarte stark von der Arbeitsweise abhängt, also Anzahl der Eingänge, ob analoge oder digitale Eingänge, welche Treiber sie mitbringt, etc. Für bestimmte Softwaresampler und Sequencer, so sollte sie zum Beispiel ASIO2.0- und GSIF-Treiber für das bevorzugte Betriebssystem haben. ASIO für Cubase und Nuendo und GSIF für GIGASAMPLER von Nemesys.

Softwaresampler: Da gibt es massig, von Plugin-artigen, die man nur im Verbund mit bestimmten Sequencern benutzen kann, wie z. B. HALION oder VOLKSZAMPLER, bis hin zu von mir empfohlenen Stand-Alone-Softwaresamplern wie GIGASAMPLER von Nemesys (600 bis 750 €).

Professionelle **Soundlibrarys** für Soundeffekte aller Art und Instrumente aller Art und Preislage (von 20 bis 3000 €) gibt es bei `http://www.bestservice.de`, dort bekommt man dann auch spezielles Futter für seinen Sampler, egal ob Soft- oder Hardwaresampler.

Hardware kann man sehr gut samt Produktbeschreibung auf `http://www.netzmarkt.de/thomann/` kaufen, Software auch.

4.5 Selbst erstellte Editoren und Tools (PD)

4.5.1 Was ist das, wozu braucht man das?

Neben dem Programmcode und dem Non-Code-Stuff gibt es noch eine dritte Kategorie von selbst zu produzierendem Material, und das sind Programme zum Erstellen und Bearbeiten von Non-Code-Komponenten, die es nicht zu kaufen gibt, weil sie zu projektspezifisch sind. Wir unterscheiden *Editoren*, mit denen echte Non-Code-Komponenten gebaut werden, die also Bestandteil des fertigen Spiels sind (z. B. Szenarien). Die andere Kategorie sind *Tools*, die in irgendeiner Weise dem Projekt weiterhelfen, aber nichts erstellen, was man im fertigen Spiel vorfindet (z. B. Projektpläne, automatische Sourcecode-Dokumentation etc.).

4.5.2 Editoren

Auch wenn man inzwischen mächtige Zeichenprogramme wie PHOTOSHOP oder 3D-STUDIO MAX hat oder Soundbearbeitungsprogramme vom Feinsten, so gibt es doch immer wieder Dateien, für die es kein vorgefertigtes Werkzeug zu kaufen gibt. Ich war bislang an keinem größeren Projekt beteiligt, zu dem nicht mindestens ein solches Zusatzprogramm erforderlich gewesen wäre.

Allen voran sind Karten- und Leveleditoren. Sofern sie nicht im Hauptprogramm integriert sind, sind es Extra-Programme. Diese Editoren sind natürlich vorwiegend für die Leveldesigner entwickelt, aber sehr häufig sind sie auch als Extra dem Spiel beigelegt. Und das ist auch sehr vernünftig, immerhin ist das ein zusätzliches Feature, mit dem man aufwarten kann, ohne sich dafür sonderlich krumm legen zu müssen – Editoren müssen ja eh programmiert werden. Es zieht auch nicht das Argument, dass Editoren in der Regel schnell zusammengeschustert und daher grausam zu bedienen sind und dass man einen erheblichen Aufwand treiben müsste, um sie dem Spieler anbieten zu können. Editoren müssen auch dem Entwicklerteam gegenüber eine gute Benutzerfreundlichkeit besitzen, sonst macht man sich der Tierquälerei schuldig. ;) – Nein, ganz im Ernst: Die Editoren müssen gut sein, sonst verlangsamt das die Entwicklung der Non-Code-Objekte ganz erheblich!

WICHTIG

Wer in seinem Projekt an den Editoren spart, wird mit Mehrarbeit, Verzögerungen und Frust bestraft.

Das Einzige, das man in Editoren ungestraft einsparen kann, sind tolle Grafiken für das Userinterface, Sound, Tutorial und Story.

4.5.2.1 Wozu braucht man eigene Editoren?

Außer den Leveleditoren gibt es in der Regel auch Editoren für alle Arten von Objekten, die im Spiel vorkommen können: Einheiten, Gebäude, Fahrzeuge, Monster, Waffen und was weiß ich noch alles. Ach, du meinst, du kannst ein Monster auch mit 3D-STUDIO MAX bauen? Klar, das Polygonmodell ganz sicher, aber auf keinen Fall Eigenschaften wie Stärke, Panzerung, Aggressivität und ähnliche Späße. Dazu brauchst du etwas Eigenes.

Was sagst du da? Hartcodieren? Argh! Auf den Scheiterhaufen mit dem Ketzer! Sofern die Architektur des Hauptprogramms es zulässt (und das ist dringendst empfohlen), kann sowohl der Leveldesigner als auch später der Spieler eigene Einheiten, Gebäude, Fahrzeuge, Monster, Waffen und was weiß ich noch alles selber designen.

Diese Möglichkeiten sind übrigens zu unterscheiden von den so genannten Mods. Bei einem Mod wurde ein Teil des Quellcodes des Spiels veröffentlicht, so dass Hobbyprogrammierer (oder auch Profis) quasi ihr eigenes Spiel daraus machen können, eben das Mod. Das war der Fall z. B. bei QUAKE und HALF-LIFE, siehe auch Kapitel 1.2.1.3.1. Der Unterschied zu Editoren ist, dass man den Quellcode des Programms braucht (zumindest teilweise) und programmieren können muss. Dafür ist man natürlich auch wesentlich freier in der Gestaltung und kann sich neue Programmeigenschaften ausdenken. Bei mitgelieferten Editoren kann man nur machen, was die Spieldesigner vorgesehen haben. Wobei das mit dem richtigen Konzept unter Umständen auch sehr beeindruckend sein kann, wie in Kapitel 2 bezüglich der sogenannten Autorensysteme nachzuschlagen ist.

Eventuell gäbe es vielleicht einen Grund, Editoren *nicht* dem Spiel beizulegen: In letzter Zeit sind viele Spiele mit Editoren herausgekommen, und das hatte nicht nur eine Inflation von frei downloadbaren Schrottlevels im Internet zur Folge, es beeinträchtigte auch den Erfolg einer Add-On-CD zum Spiel, auf der man neue Level anbieten wollte. Da fährt man vielleicht etwas besser, wenn man diese Editoren nur an ausgewählte Leute weitergibt, oder – wenn man kommerziell ist – für sie Geld verlangt. Aber ich schweife ab.

4.5.2.2 Nicht für alles einen Editor

Manche Dinge sind zu primitiv, um ihnen einen eigenen Editor zu spendieren, sie werden deshalb einfach als Textdateien gespeichert. So z. B. eine Liste aller Objekte, die bei Spielstart geladen werden müssen, oder eine Datei mit den Strings der im Spiel vorkommenden Namen, Beschriftungen und Texte.

Ein wenig Nachdenken kann viel Arbeit sparen. Manche Dinge scheinen auf den ersten Blick die Programmierung eines Editors notwendig zu machen, was sich aber als Irrtum erweist. So ist z. B. das Erzeugen isometrischer Grafiken aus »flachen« Bildern, für das es in SIMCITY 3000 einen eigenen Editor gab, zwar eine interessante und tolle Sache – aber das kann man auch genauso gut (wenn nicht noch besser) in einem 3D-Programm erledigen und dann mit isometrischer Kamera rendern.

Was ich festgestellt habe: Relativ häufig kann man sich Arbeit sparen, indem man solche Editoren aus der Game-Engine heraus entwickelt, also die Modularisierung und das Schichtenmodell so klar hält, dass sowohl Hauptprogramm als auch Editor auf dieselben Funktionen zugreifen können. Auf diese Weise spart man sich sehr viel Programmieraufwand und beide Programme sind bei Veränderungen stets auf demselben Stand.

4.5.3 Tools

Ein Tool ist etwas, das eine Arbeit erleichtert, die man auch ohne Tool bewältigen könnte. – Aus dieser Weisheit ergibt sich, dass man den Programmieraufwand des Tools kurz gegen die zu erwartende Arbeitsersparnis abwägen sollte.

Gelegentlich fallen Arbeiten an, die unglaublich öde sind, aber dennoch nicht mit herkömmlichen Mitteln automatisierbar. So ein Fall liegt z. B. vor, wenn mehrere 100 Dateien in einer bestimmten Art und Weise umzubenennen oder zu verschlüsseln oder in ein anderes Format zu bringen sind. Aber auch solch »weltliche« Dinge wie ein Programm, mit dem man Netzdiagramme und Projektablaufpläne erstellen kann (s. 5), oder eine Sourcecode-Versionsverwaltung ist nicht immer in der gewünschten Form im Handel erhältlich (oder bezahlbar).

Für die Notwendigkeit von Tools gilt dasselbe wie für Editoren: Bevor eines programmiert wird, sollte untersucht werden, ob man es wirklich braucht, und wenn ja, ob man auf dem Freeware/Shareware-Markt nicht bereits etwas Brauchbares findet.

4.5.4 Ein Beispiel

Wie gesagt, sind Editoren und Tools sehr projektspezifisch, deshalb ist es sehr schwierig, etwas Allgemeines über sie zu schreiben. Abschließend daher ein Beispiel aus der Realität. 3DTT war eine 3D-Transport- und Wirtschaftssimulation, und es haben sich die folgenden Editoren und Zusatztools ergeben:

- Szenarioeditor: Zusatzfunktionen zum Verändern von Landschaften, Setzen von Städten, Gebäuden, der Jahreszahl etc. Im Hauptprogramm integriert, per Cheat aktivierbar.
- Gebäudeeditor: Erstellen von eigenen Gebäuden, Festlegen ihrer Einwohnerzahl, Typ, Funktion etc.
- Fahrzeugeditor: Erstellen von eigenen Fahrzeugtypen, Antriebstyp, PS-Zahl, Geschwindigkeit, Animation etc.
- Mesheditor: Erstellen, Testen und Nachbearbeiten von 3D-Objekten und Animationen. Sollte ursprünglich ein besseres 3D-STUDIO MAX werden, heute würde ich so etwas nicht mehr in Auftrag geben. Allerdings ist ein Tool, das eine exportierte Datei in einer 3D-Vorschau anzeigen und auf Fehler testen kann, unverzichtbar.

- Wirtschaftseditor: Erstellen von Wirtschaftssystemen mit Warentypen, Produktionsketten, Industrien. Zuordnung der Industrien zu Gebäuden. Wurde später in den Szenario-Editor integriert.
- Script-Compiler (in Gebäude- und Fahrzeugeditor integriert): zum Steuern komplexerer Animationen und Funktionsabläufe.
- Exporter: Zum Speichern von 3D-Objekten und Animationen aus 3D-STUDIO MAX im eigenen Dateiformat.
- Texturschrumpfer: zum Erstellen von mittelgroßen und kleinen Texturen aus den großen Originalen. Würde ich heute nicht mehr machen, stattdessen die Funktionalität in den Texturloader des Hauptprogramms integrieren.
- Landkarten-Konverter: Erzeugt aus Bitmaps Karten für Szenarien.
- Zeichensatz-Editor: Zum Erstellen und Ändern von Schriftarten.
- Signator: Zum Markieren von Beta- und Demoversionen, damit sie nach Ablauf einer bestimmten Zeit nicht mehr funktionieren.
- Filepacker: Packt alle Zusatzdateien in eine einzige große Datei und verschlüsselt sie.
- Sprachen-Manager: Wenn das Hauptprogramm einen nicht definierten String fand, konnte man ihn eingeben und dieses Programm fügte es zur richtigen Sprachdatei hinzu.

Hieran sieht man zweierlei:

1. Es wurden ziemlich viele Zusatzprogramme erstellt.
2. Nicht alles, was programmiert wurde, war auch wirklich sinnvoll.

Und nun viel Spaß ...

Kapitel 5

Management

5.1 Allgemeines (PD)

Dieses Kapitel beschäftigt sich weniger mit der Programmierung als vielmehr mit der Verwaltung eines Spielentwicklungsprojektes. Das hat jedoch durchaus Querverbindungen zum Programmieren und dem Erstellen von Zusatzdateien, wie du noch sehen wirst.

Auch wenn hier schwerpunktmäßig davon die Rede sein wird, wie man ein Team koordiniert, so hoffen wir doch, auch nützliche Anregungen für den »einsamen« Spieleprogrammierer zu liefern.

Wie schon an anderer Stelle erwähnt, ist eine vorausgehende Planung von Design und Programmarchitektur eine Sache, die man nicht »nur so nebenbei« erledigen kann (oder sollte ich schreiben: soll?). Eine weitere vorausgehende Planung umfasst die Frage, wie man sich die Zeit einteilen will und was man eigentlich mit dem fertigen Spiel anfängt. Ist es für den Eigenbedarf, wird es Freeware, soll was richtig Professionelles draus werden, oder oder oder.

Für die ganz Hartgesottenen gibt's auch ein paar Informationen aus der Welt der Profis, wo die Leute zwar auch nur mit Wasser kochen, aber grundsätzlich ein ganz anderer Wind weht, und zwar der Wind des Geldes.

5.2 Das vorzeitige Projektende (PD)

Gleich ein dramatischer Einstieg: Mindestens 95% aller angefangenen Spieleprojekte werden nie fertig. Jedenfalls die Projekte der Hobbyentwickler, an die sich dieses Buch richtet. In der Softwareindustrie sieht das etwas anders aus, aber da liegen auch andere Prinzipien zugrunde: Geld, Verträge und Vollzeitjobs binden die Beteiligten stärker, als es der Spaß an der Sache alleine kann.

Von dieser großen Zahl an Rohrkrepierern kann sich jeder ein Bild machen, der ein wenig im Internet stöbert und mal die ganz beachtliche Zahl an Teams zusammenzählt, die an mehr oder weniger interessanten Spielen 'arbeiten' und dieser Zahl gegenüber stellt, wie viele Spiele am Ende wirklich dabei herauskommen. Überspitzt ausgedrückt: Es scheint ganz normal zu sein, dass nichts dabei herauskommt. Da muss man sich doch fragen: Was läuft schief?

5.2.1 Der Weg ist das Ziel

Ich kannte mal einen, der neben dem etwas eigentümlichen Hobby Wasserpfeifen zu konstruieren, auch gerne Spiele programmierte. Er fing über ein Dutzend Projekte an, und nie wurde etwas fertig. Einmal schien es ihm bitterernst zu sein, und er schloss sogar einen richtigen Vertrag mit einem Grafiker – aber auch das wurde nie etwas. Er hat einen Anwalt gebraucht, um wieder aus dem Vertrag zu kommen.

Ich habe ihn darauf angesprochen, dass ich seine Art und Weise etwas seltsam fand, und dass er es auf diese Weise nie zu einem fertigen Projekt bringen würde. Er erklärte mir daraufhin, dass er gar kein Interesse habe, etwas fertig zu machen. Wenn er etwas anfängt, dann nur deswegen, weil er wissen will, wie es geht. Solange er bei der Sache Neues lernen kann, bleibt er auch am Ball. Aber in dem Moment, wo er nichts mehr lernt und die Aufgabe zur Routine wird, verliert er blitzartig das Interesse.

Nun denn, auch das ist eine Arbeitsauffassung, und sie ist auch okay, solange man alleine ist bzw. die Freunde ebenfalls nur lernen wollen. In dem Augenblick, wo man jedoch in einem Team ist und das offizielle Ziel die Fertigstellung eines Projektes, hat man eine Verpflichtung, die man erfüllen muss. Es zwingt einen ja keiner, sich an so einem Projekt zu beteiligen, aber wenn man es einmal getan hat und dann einen Rückzieher macht, dann ist man – pardon den Ausdruck – ein Arschloch. So wie der Wasserpfeifen-Typ, der sogar einen schriftlichen Vertrag geschlossen hat, den er nie einzuhalten gedachte.

Ich werde im Folgenden stillschweigend davon ausgehen, dass du dein Projekt auch durchziehen willst. Über alles andere lohnt es sich nämlich nicht, ein Buch zu schreiben.

5.2.2 Kein Konzept

Mit Konzept ist in erster Linie das Spiel-Design gemeint, das bereits in Kapitel 1 ausführlich behandelt worden ist. Wie wichtig es ist, erst das Spiel-Design festzulegen, bevor man sich ans Werk macht, wurde dort auch schon besprochen. Es kann zwar nicht oft genug gesagt werden, aber ich will hier auf eine Wiederholung der Details verzichten.

Ein feststehendes Konzept heißt keineswegs, dass nicht noch nachträglich etwas verändert oder ergänzt werden darf; es heißt aber, dass man das Spiel bereits in allen Details durchdacht hat und keine Lücken im Plan sind.

Dieses Konzept *muss* aufgeschrieben werden! Es muss nicht Papier sein, es darf auch ein HTML- oder Word-Dokument sein, aber man muss es fixieren. Dieses Dokument dient später zum Nachschlagen. Auch wenn man noch nicht zur »Alzheimer-Fraktion« gehört, sollte man sich davor hüten, sein Gedächtnis zu überschätzen. Ideen sind flüchtiger, als man meinen möchte.

Und ganz besonders im Team, wo der eine die Idee des anderen vielleicht noch gar nicht kennt, ist es nützlich, dass hier jeder nachschlagen kann, wenn etwas unklar ist.

Wer nicht so recht weiß, was hier aufzuschreiben ist, der soll einfach mal versuchen, die Spielanleitung zu schreiben. Ungefähr das, was später da hinein kommt, muss auch hier hinein.

Die schriftliche Fixierung der Gedanken hilft auch, Gedankenfehler zu erkennen und Ideen ggf. neu zu überdenken. Solange alles nur im Kopf existiert, *meint* man nur, es sei an alles gedacht. Das stimmt aber überhaupt nicht. Du wirst erstaunt sein, wie viele logische Fehler und ungelöste Probleme in deinem Konzept stecken, wenn du anfängst es aufzuschreiben.

Das Konzept soll kein Festlegen auf ein Schema sein, das man dann durchziehen muss, ob man will oder nicht. Änderungen sind durchaus möglich und werden sogar mit ziemlicher Sicherheit unvermeidlich sein, nur dass eben keine weißen Flecken existieren dürfen.

WICHTIG

In den Lücken eines unvollständigen Konzepts lauern Chaos und Verderben.

Zum Konzept im weiteren Sinne gehört auch, die Aufgaben von Programmierern, Grafikern und Musikern einzuteilen und – wenn möglich – schon mal einen groben Zeitplan zu erstellen. Dieser Zeitplan bedeutet nicht, dass man sich zum Ziel setzt: »Bis zum 31.12.2002 sind wir fertig«, das ist Mumpitz.

Zu aller Anfang ist es wichtig, das Projekt in kleine Einzelaufgaben zu unterteilen und die Abhängigkeiten dieser Einzelaufgaben voneinander zu analysieren. Also klar zu stellen, welche Programmteile auf welchen anderen Programmteilen aufbauen. Wobei ich unter Programmteile auch Grafiken, Sounds und den ganzen anderen Non-Code-Stoff verstehe. Das bestimmt nämlich die Reihenfolge. Wenn Teammitglieder fragen: »Was soll ich denn nun eigentlich machen?« oder »Wann kann ich denn endlich anfangen, XY zu machen?«, dann hat man schon einen Fehler in genau dieser Art von Planung.

Wer ohne klares Konzept daherkommt, wird bereits Probleme haben, gute Mitarbeiter zu finden oder sie bei der Stange zu halten. Niemand interessiert sich für jemanden, der ein Rollenspiel programmieren will und nicht viel mehr als die Hintergrund-Story und ein paar Handzeichnungen parat hat. Ja, selbst wenn schon ein paar toll aussehende Screenshots existieren, ist es nicht einfach, denn wer an einem Projekt mitarbeiten soll, will wissen, worauf alles hinausläuft.

Im Übrigen: Mitarbeiter, die keine klaren Aufgaben bekommen, machen nur Unfug oder – noch wahrscheinlicher – gar nichts. (Siehe auch Abschnitt »Projekt schmackhaft machen«)

5.2.3 Selbstüberschätzung

Das ist nicht abwertend gemeint, jeder Programmierer einschließlich mir selbst neigt dazu, sich zu überschätzen. In der Regel sind das Fehleinschätzungen der benötigten Arbeitszeit. Aber die meisten Hobby-Spieleprogrammierer überschätzen ihre Fähigkeiten in einer Weise, die völlig jenseits von Gut und Böse liegt. Das Extrembeispiel ist der 16-jährige, der noch nie eine Zeile programmiert hat und nun ein 3D-Rollenspiel machen will, das man über das Internet spielen kann. Na ja, was heißt Extrembeispiel, ich glaube, so selten ist das gar nicht.

Das böse Erwachen kommt hier allerdings sehr schnell, so dass es nicht so tragisch ist. Schlimmer sind Projekte, die erst nach einigen Monaten oder Jahren harter Arbeit versanden.

In vorhergehenden Kapiteln sind bereits viele Worte zum Thema Programmierung zu finden. Wichtig davon ist an dieser Stelle, dass man Programmieren zwar relativ schnell lernen kann, aber *gut* programmieren ist eine Kunst, in die man hineinwachsen muss. Erfahrung ist alles. Ich behaupte, dass man einen Algorithmus erst dann wirklich versteht, wenn man ihn mal selbst implementiert hat, und erst dann einen Überblick über seine eigenen Fähigkeiten hat, wenn man schon an mehreren Projekten gearbeitet hat.

Insofern ist es angesagt, erst mal klein anzufangen. Mit kleinen, überschaubaren Programmen. Ein Computerspiel durchschnittlicher Größenordnung besteht aus über zehntausend Einzelproblemen, die alle gelöst sein wollen. Daher vielleicht lieber nicht gleich ein 3D-Adventure im Stile von ULTIMA 9. Aber auch schon PACMAN ist komplexer, als es auf den ersten Blick aussieht.

Ich für meinen Teil denke, dass die ersten Programme des absoluten Anfängers sich mit so simplen Dingen beschäftigen sollten wie einem Kasten, der seine Farbe ändert, wenn man ihn anklickt. Ausgehend von solchen Minimalprogrammen kann man dann durch Zufügen immer neuer Features das Programm und sich selbst weiterentwickeln. Ich will damit ein Gefühl dafür wecken, dass man sich nicht etwas vornehmen sollte, von dem man nicht genaue Vorstellungen hat, wie man es auch realisiert.

Für die, die keine Geduld haben, die Kunst des Programmierens zu erlernen, bleiben natürlich immer noch die Autorensysteme aus Kapitel 2 – allerdings sollte man bedenken, dass auch die erst dann schöne Ergebnisse liefern, wenn man mit ihnen einigermaßen vertraut ist.

5.2.4 Unterschätzen der Arbeit

Ein Spiel zu programmieren besteht nicht nur aus Wissen, Erfahrung und Spaß. Es ist auch Geduld, Disziplin und viel Sitzfleisch nötig. Das gilt nicht nur für Spiele, sondern überhaupt für alle Arten von Arbeit, sonst müsste man sie nicht bezahlen, hehe.

Ganz im Ernst: Bis zu einem gewissen Punkt ist Programmieren purer Spaß, ab diesem gewissen Punkt erscheinen zunehmend Phasen von unglaublich öden Fleißaufgaben, und irgendwann ist es Arbeit, echte, anstrengende und nervige Arbeit! Wenn man keine Motivation hat, über diesen Punkt hinaus weiterzumachen, ist das Projekt mausetot! Doch woraus schöpft sich diese Motivation?

Die 'Profis' coden, malen und designen offiziell 40 Stunden pro Woche. Manchmal (inoffiziell) sogar noch wesentlich mehr. Die können das, weil sie dafür bezahlt werden. Alle anderen, die im realen Leben eine andere Beschäftigung haben, können sich nur eine Scheibe von ihrer Freizeit abschneiden. Und das muss eine *große Scheibe* sein, sonst kommt man nicht wirklich vorwärts. Ein Spiel programmiert keiner mal so nebenbei. Das Bild des blassen Freaks, der mit dunklen Rändern unter den Augen vor dem Bildschirm sitzt und neben dem sich die leeren Pizzapackungen stapeln, ist so falsch gar nicht. Nur trifft es weniger auf den Computerspieler als auf den Computerspiele-Programmierer zu.

Für den Projektfortschritt gilt üblicherweise das Pareto-Prinzip, das besagt: 80% des Endergebnisses stellt man in 20% der Zeit zusammen, für die restlichen 20% braucht man dann 80% der Zeit. Konkret bedeutet das: Die Grafik-Engine und erste Spielelemente sind schnell zusammengebastelt. Allerdings ist das Programm dann noch voller Fehler, ungeheuer umständlich zu bedienen, und es sieht potthässlich aus. Und von Spielbalance wollen wir gar nicht reden ...

Wirklich gut aussehende Grafiken in ausreichenden Mengen zu produzieren, ist dann eine grausame Fleißarbeit, ich rede aus Erfahrung. Eine Unmenge an Nerven und Zeit kostet es dann, ein komfortables Userinterface zu implementieren. Spätestens nach dem 50. Button hat man keine Lust mehr, aber man hat keine Wahl. Das Spiel dann schließlich auszubalancieren, ist anfangs wieder Spaß, wird aber auch schnell langweilig. Einen Level zum 20. Mal zu starten und die Einheiten anzupassen, grenzt an Folter.

Und zwischendurch bringen einen die Bugs um den Verstand. Manche sind schnell beseitigt, manche brauchen mehrere Stunden, bis man sie gefunden hat.

Und so ist es üblich, Projekte abzubrechen, wenn man keinen Spaß mehr daran hat oder die Arbeit einen zu sehr vereinnahmt.

Meine Empfehlung? Ich habe keine. Das muss jeder für sich selbst entscheiden, ob er es mal versucht oder nicht. Allerhöchstens kann ich empfehlen, wenn man schon mal ein Projekt aus solch einem Grunde abgebrochen hat, kein neues anzufangen. Es wird genauso enden. Entweder man hat die Motivation oder man hat sie nicht. Dass man beim nächsten Mal mehr Motivation haben wird, weil es das letzte Mal nicht das ‚richtige' Projekt war, ist Selbstbetrug. Aber auch das muss jeder für sich selbst entscheiden.

Die Motivation eines Hobby-Programmierers, der *nicht* aufhört, schöpft sich aus der Vorstellung, eines nicht allzu fernen Tages fertig zu sein und Spaß daran zu haben, dass man etwas erschaffen hat, das funktioniert und andere beeindruckt. Die Belohnung ist das funktionierende Programm sowie die Ahs und Ohs derjenigen, denen man es vorführt.

Leute, die es auf die Reihe kriegen, ein größeres Projekt mit dieser Motivation durchzuziehen, sind Elite – und in der Spieleindustrie gefragt. Diese Leute machen nämlich mehr, als sie müssen und sie machen es schöner und gründlicher als sie müssen. Auch professionellen Produkten sieht man an, ob die Beteiligten Spaß am Projekt hatten oder nur ihre Pflicht erfüllt haben.

5.2.5 Featuritis

Das Wort wurde von Microsoft-Kritikern geprägt und bezeichnet das massenhafte Hinzufügen von Features und technischen Spielereien, die von den meisten Usern gar nicht benötigt werden.

Im Zusammenhang mit Programmen, die nicht fertig werden, bedeutet es das ständige Hinzufügen neuer Ideen während der Programmierphase, so dass man vor lauter Änderungen am Bestehenden nicht mehr dazu kommt, das eigentliche Spiel zu vollenden.

Ein Featuritis-Anfall beginnt immer mit dem Gedanken bzw. Satz: »Es wäre doch toll, wenn wir auch noch ...«

Projekte mit Featuritis dauern in der Regel lange. Manchmal sogar länger als ein Projekt, das fertig wird. Enden tun sie in der Regel durch Ermüdung, wenn die Programmierer nach Monaten oder gar Jahren frustriert erkennen, dass sie irgendwie nicht weiter kommen. Zwar haben sie tolle 3D-Menüs, Partikeleffekte und animierte Mauszeiger mit Stereo-Surround-Sound – aber es ist keine Funktionalität hinter der Fassade, und schon gar kein Spiel.

WICHTIG

Features, die das Spiel hübscher machen, aber keinerlei tiefer gehende Bedeutung haben, nennt man in der Fachsprache **Chrome**. Z. B., dass man in AGE OF EMPIRES je nach gewähltem Volksstamm unterschiedliche Hintergrundgrafiken zu Gesicht bekommt. Oder dass in FANTASY EMPIRES die Figur des Meisters immer auf den Mauszeiger blickt.

Es liegt im Wesen der Featuritis-Leute, mit dem Chrome anzufangen, bevor das eigentliche Programm funktioniert. Die Tragik ist die, dass es sich um Perfektionisten handelt, wie sie die Spieleindustrie eigentlich gerne haben möchte, aber ihr eigener Perfektionismus verhindert, dass sie zum Ziel gelangen.

Unter Featuritis fällt auch, wenn man zu früh mit dem Optimieren des Programm-Codes beginnt und nicht aufhören kann. Und 'zu früh' bedeutet, wenn man noch nicht die volle Funktionalität implementiert hat. Und viele Optimierungen sind auch völlig überflüssig, weil sie keinerlei Zeitgewinn bringen.

Es gibt übrigens noch eine andere, dramatischere Möglichkeit, wie Featuritis-Projekte innerhalb eines Nachmittags sterben können: Man hat mal wieder den Code umgeschrieben, optimiert und Neues hinzugefügt – und kriegt das ganze Programm nicht mehr zum Laufen ...

WICHTIG

Der erste Fall von Featuritis in der Geschichte war der Erfinder der Computer, Charles Babbage: ein leidenschaftlicher Bastler, der niemals etwas fertig stellte. Die Konstruktionszeichner, Handwerker und Arbeiter von Babbage konnten kein einziges wichtiges Teil seiner berühmten DIFFERENZMASCHINE fertig stellen, weil er stets neue Ideen hatte und die Pläne veränderte. In den zehn Jahren nach seinem ersten Forschungszuschuss verbrauchte er 17000 Pfund Regierungsgelder und noch mal so viel an eigenen Geldern. Schließlich stellte die Regierung die Unterstützung ein und seine Angestellten verließen ihn. Zu dieser Zeit hatte Babbage aber auch schon wieder die Idee für eine neue und bessere Maschine, die er ANALYTISCHE MASCHINE nannte.

Eigentlich sind Featuritisten keine schlechten Teammitglieder, sie dürfen nur nie eine leitende Position bekommen. Sie brauchen immer jemanden, der ihnen sagt, wo es lang geht, sonst verzetteln sie sich.

5.3 Wie man ein Projekt organisiert (PD)

Ich habe bereits etwas von der Arbeit erzählt, die auf einen zukommt und die man nicht unterschätzen sollte. Selbstdisziplin und Durchhaltevermögen sind da aber noch nicht alles. Spieleprogrammierung der gehobenen Klasse übersteigt schnell auch die Möglichkeiten jedes noch so hartgesottenen Freaks. Allein kommt man nicht weit.

Früher, als Computer nur 64-KByte-Speicher (oder weniger) hatten und die Grafikauflösung bei 180 x 200 x 4 lag, stammten die meisten Spiele aus der Hand einzelner Personen und waren dennoch Kassenknüller.

Heute ist das in der Spieleindustrie undenkbar! Es gibt Spiele, an denen stricken 15 Mann und mehr – und brauchen trotzdem zwei Jahre, bis sie fertig sind. Die Leute spezialisieren sich auch zunehmend. Und damit meine ich eine viel tiefer gehende Spezialisierung als nur in die drei Hauptgruppen Programmierer, Grafiker und Musiker. Es gibt inzwischen 'Fachprogrammierer' für 3D, für KI, für Datenstrukturen und Datenbanken, für Netzwerk und Online usw. Auch unter den Grafikern gibt es Designer für 3D, für Texturen, für Icons und Buttons – es gibt sogar die Spezialisierung auf Landschaften, Personen und Raumschiffe. Und Musiker sind ohnehin von Hause aus spezialisiert, hehe.

Im Amateurbereich ist der »Ein-Personen-Betrieb« hingegen noch ziemlich verbreitet. Entsprechend unprofessionell sehen diese Spiele auch aus, falls sie überhaupt je fertig werden. Auch das ist nicht abwertend gemeint, ich empfinde es nur als schade, wenn talentierte Menschen ihre Kräfte in Einzelprojekten vergeuden, wo sie doch gemeinsam viel mehr erreichen könnten.

Auf jeden Fall kann ich nur davon abraten, Spiele, die an Komplexität ein TETRIS oder SPACE INVADERS übersteigen sollen, im Alleingang zu programmieren. Entweder ist die Arbeit nicht zu bewältigen oder das Endergebnis hinkt dem Stand der Technik zu sehr hinterher. Ich merke ja an mir selbst, dass ich viele Spiele, die sechs Jahre und älter sind, und die ich früher mit heißer Begeisterung gespielt habe, heute nicht mehr ansehen mag, weil sie für heutige Begriffe einfach hässlich sind. Auch bieten sie teilweise wegen damals kleinerer Speicher zu wenig Optionen und zu kleine Levels.

Teambildung ist also angesagt, um schöne Spiele zu produzieren.

Es ist dabei nicht ungewöhnlich, wenn man schon als »Zwei-Mann-Team« beginnt, also zwei Freunde gemeinsam ein Konzept ausgearbeitet haben. Von dieser Art Beziehung ist nicht die Rede, Management-technisch betrachtet sind diese zwei Freunde mit ihrer gemeinsamen Idee *ein* Projektleiter. Die Frage ist jetzt, wie gewinnt man Teammitglieder? Vor allem: Wie gewinnt man fähige Teammitglieder?

5.3.1 Mitstreiter finden und auswählen

Das ist gar nicht so einfach. Klar, man kann sich im Freundeskreis umhören, über das Internet anfragen oder gar in der Zeitung annoncieren (so hab ich auch mal jemanden kennen gelernt). Die Herstellung des Kontaktes ist wirklich das kleinste Problem von allen. Wohl aber ist es nicht einfach, die richtigen Leute für die richtigen Aufgaben zu finden. Das Ganze hat dabei zwei Seiten: Einerseits muss man potenziellen Mitarbeitern das Projekt irgendwie schmackhaft machen, damit sie sich überhaupt bewerben, andererseits darf man auf keinen Fall jeden erstbesten Bewerber in sein Team aufnehmen.

5.3.1.1 Das Projekt schmackhaft machen

Denkt bloß nicht, es reicht, irgendwo »Grafiker für Rollenspiel gesucht« hinzuschreiben und auf den Ansturm der Interessenten zu warten. Der wird nämlich sehr kümmerlich ausfallen. Die Leute, die man eigentlich sucht, werden von solchen unspezifischen Aufrufen nicht angezogen. Nichtsdestotrotz sind die meisten »Jobangebote« im Internet von genau diesem Kaliber. Null Info über das Projekt und darüber, was man denn nun eigentlich machen soll. Und gerade habe ich einen Artikel gelesen, in dem sich jemand darüber beklagt, dass auf die ach so vielen Suchanfragen so selten jemand antwortet. Für mich ist es sonnenklar, warum das so ist.

Sehr häufig ist die mangelnde Information über Projekte auf ein nicht vorhandenes Konzept zurückzuführen (s.o.). Wer selbst nicht weiß, was er will, wird es auch schwerlich erklären können.

Es hilft nichts, man muss ein Konzept machen, und man muss es machen, bevor man anfängt, ein Team zu bilden. Und dieses Konzept gehört als Anlage zur »Stellenanzeige« dazu. Wenn jemand dieses Konzept liest, kann er seine Rolle darin bereits erkennen. Das erhöht den Anreiz zur Kontaktaufnahme ganz erheblich – und zwar bei den richtigen Leuten, während es diejenigen, die sich für diese Aufgabe gar nicht interessieren, fern hält.

Schreibt also auf und zeigt, was ihr schon für das Projekt vorbereitet habt, und das sollte so viel wie möglich sein. Macht deutlich, dass es euch ernst ist mit dem Projekt und ihr nicht vorhabt, alles stehen und liegen zu lassen, wenn ihr keine Lust mehr habt. Wer nicht glaubt, dass es euch ernst ist, der wird seine Zeit mit euch auch nicht verschwenden wollen.

Da ihr eurem Team kein Geld bieten könnt, müsst ihr außer Projektleiter auch selbst Programmierer, Grafiker oder Musiker sein. Jemandem, der sich selbst die Hände nicht schmutzig machen will (oder kann), dem glaubt man nicht.

5.3.1.2 Nicht jeden reinlassen

Das ist schwer einzuhalten, wenn sich erst nach vielen Wochen endlich der erste Bewerber meldet, hehe. Na gut, in einem solchen Fall würde ich mir erst mal dringend Gedanken um das Konzept bzw. dessen Präsentation machen, denn so wenig Interesse ist ein schlechtes Omen.

Üblicherweise kriegt man durchaus Anfragen. Sogar dann, wenn man gar keine will. Irgendwelche Hansel wollen immer mitmachen. Zumindest schreiben sie einem das. Aber was man dann von denen erwarten kann, steht auf einem anderen Blatt. Meistens nichts. Neunzehn von zwanzig Bewerbern sind Nieten. Nicht im Sinne von dumm, sondern im Sinne von »kein Gewinn für das Projekt«. Ich spreche aus bitterer Erfahrung. Es gibt zwei Möglichkeiten, eine Niete zu ziehen: Entweder der Bewerber kann nichts oder er ist nicht bereit, die gleichen Opfer für das Spiel zu bringen wie du.

Aber aus Fehlern lernt man ja, und so habe ich mir inzwischen angewöhnt, meine Teammitglieder sehr genau unter die Lupe zu nehmen, bevor ich ihnen irgendeine Aufgabe am Projekt zuweise.

Eigentlich ist es ganz einfach, man muss sich nur mal demonstrieren lassen, was sie können und wie lange es dauert, bis man es von ihnen bekommt. Wenn also jemand gesucht wird, der Einheitengrafiken zeichnen soll, dann soll er das probehalber einfach mal tun. Wie auch sonst, reicht es nicht zu sagen, »mal mir einen Panzer«, man muss schon angeben, wie viele Pixel das Bild groß sein soll, ob und wie der isometrische Untergrund beschaffen ist, und gegebenenfalls sogar, aus welcher Richtung das Licht kommt.

Macht euch keine Sorgen, wenn die ersten hundertfünfzig Kandidaten danach nie wieder was von sich hören lassen. Das ist hundertfünfzig mal Ärger, den man sich erspart hat! Und das meine ich ganz ehrlich. Es wäre völlig verkehrt zu glauben, es sei besser, ein schlechtes Teammitglied zu haben als gar keines. Das Endergebnis für das Projekt ist nämlich dasselbe, nur hat man mit einer inkompetenten Person noch zusätzlich Stress.

Nur derjenige, der einen solchen Eignungstest besteht, also die Aufgabe in ihren Einzelheiten erfüllt und dafür auch nicht drei Wochen, sondern nur höchstens drei Tage braucht, hat wirklich die notwendige Besessenheit, sich für das Projekt in ausreichendem Maße zu engagieren. Und mit weniger sollte man sich als Projektleiter nicht zufrieden geben, sonst wird man von der Trägheit der Mitarbeiter selbst heruntergezogen.

Man kann die Aufgabe des Eignungstests auch gleich neben das Jobangebot stellen. Wer am Projekt mitmachen will, muss zuerst diese Aufgabe lösen, damit darf er dann den Projektleiter kontaktieren. Das hat neben dem Vorteil, dass man die »Aufnahmeprüfung« automatisiert hat, auch den, dass jeder die gleiche Chance bekommt und man die Bewerber vergleichen kann. Ich hatte seinerzeit großen Erfolg damit, als ich nach Texturkünstlern für Gebäudefassaden suchte: Ich habe ein Foto eines Hauses auf die Webseite gestellt und exakt benannt, wie die Texturen beschaffen sein müssten. Viele waren berufen, doch nur wenige waren auserwählt. Ich hatte die Aufgabe eigentlich ursprünglich für einfach gehalten, denn zuvor hatte ich, der ich weiß Gott kein Grafiker bin, diese Bilder mühsam selbst zusammengeschustert. Ich kann's also nur immer wieder betonen: Die meisten Leute können nichts außer vollmundige Versprechungen machen.

Achte im übrigen auf die Antwortzeiten. Wenn jemand zur Beantwortung einer E-Mail grundsätzlich mehr als 6 Stunden braucht, solltest du dir gut überlegen, ob er für dein Projekt der richtige ist. Bei über 12 Stunden ist er es ganz sicher nicht. Ich spreche nicht davon, dass er mal in Urlaub fahren kann oder wegen eines wichtigen

Termins einen Tag lang »ausgesetzt« hat, sondern wie seine Antwortzeiten allgemein sind. Wer langsam antwortet, arbeitet auch langsam, oder er hat zu wenig freie Zeit, die er ins Projekt investieren kann/will.

Achte in diesem Zusammenhang aber auch auf deine eigenen Antwortzeiten ...

5.3.1.3 Selbst den ersten Schritt tun

Man kann und soll natürlich auch versuchen, Mitarbeiter direkt zu kontaktieren. Da du wahrscheinlich einen Internet-Anschluss hast (wenn nicht, dann mache ich mir ernste Sorgen um dich), hast du sicher festgestellt, dass es vor Homepages von Hobby-Programmierern und Grafikern wimmelt, die ihre Werke auf ihren Seiten ausstellen. Das ist fast wie in einem Katalog zu blättern. Wenn dir was gefällt, ist der E-Mail-Hyperlink nicht weit.

Auch solltest du vom IRC-Chat Gebrauch machen. Man lernt da immer wieder interessante Leute kennen. Allerdings sind da die englischsprachigen Channels meist etwas brauchbarer. In den deutschen (z. B.: #coders.ger) geht es meist nur um pubertären Quatsch und wie man missliebige Gesprächspartner aus der Runde ausschließt.

Sei bereit, eine Menge Zeit und Geduld für die Team-Zusammenstellung aufzubringen, es zahlt sich später aus. So wie sich überhastete Entscheidungen negativ auswirken.

Und nicht frustriert sein, wenn man die ideale Person gefunden hat, jedoch einen Korb bekommt. Fähige Leute sind nun mal häufig bereits in andere oder gar eigene Projekte verstrickt.

5.3.1.4 Teamgröße begrenzen

Ja ja, ich weiß, man prahlt gerne damit, wie groß das Team ist. So, wie Banken und Industrien in Deutschland mit ihren Mitarbeiterzahlen angeben. Aber das hat nichts mit Effizienz zu tun, im Gegenteil: Je größer ein Team ist, desto schwerfälliger ist es zu verwalten und desto mehr Stress kriegt der Projektleiter ab. Und es steigt die Wahrscheinlichkeit, dass Mitarbeiter wegen Unterbeschäftigung, Langeweile bzw. mangelnder Beachtung wieder abspringen. Schlecht, wenn sie dabei die Geheimnisse einiger Programmteile mitnehmen.

Ab wann die kritische Masse erreicht ist, muss jeder für sich selbst herausfinden. Ich bin der Ansicht, dass man als nichtprofessionelles Team mit drei Programmierern, drei Grafikern und einem Musiker groß genug ist.

5.3.1.5 Klare Aufgabenteilung

Für eine reibungslose Zusammenarbeit ist es unabdingbar, dass jeder im Team seine Aufgaben und Kompetenzen kennt. Bedauerlicherweise drücken sich viele

Projektleiter um klare Definitionen. So ist z. B. die Rolle des Spiele-Designers eine begehrte Position, und viele Projektleiter verteilen diese Aufgabe auf mehrere Personen (schlimmstenfalls alle), um Enttäuschungen zu vermeiden. Zwar mag dies kurzfristig motivieren, doch mittel- und langfristig führt es zu Streitigkeiten, sobald zwei Designer entgegengesetzte Vorstellungen haben.

Manchmal kommt es auch zu Streitigkeiten zwischen denen, welche die »Macht« haben, Design-Einfälle in das Programm einzubauen (meist die Programmierer, seltener die Grafiker), und dem Designer. Das ist nicht immer verhinderbar, aber zumindest kann der Projektleiter das Problem im Vorfeld entschärfen, indem er den Programmierern keine Mitsprache in der Grafik und den Grafikern keine Mitsprache an den Programmfeatures einräumt.

Vor allem aber solltest du nie das letzte Wort in jeder Sache aus der Hand geben. Dadurch gibt es bei Streitigkeiten im Team immer jemanden, der eine abschließende Entscheidung treffen kann.

5.3.1.6 Benimmregeln

Ein respektvoller Umgang miteinander ist äußerst wichtig, auch für den Fall, dass man sich insgeheim gegenseitig für Idioten hält. Klare Worte fördern, besonders im Falle von Kritik, keinesfalls eine produktive Atmosphäre. Sie hemmen sie.

Auch Menschen, die behaupten, mit Kritik umgehen können, können es in der Regel nicht. Und dass Kritik geübt werden muss, bzw. man nicht immer mit den Ideen der anderen einverstanden ist, bleibt nicht aus.

Es ist die Aufgabe des Projektleiters, im Vorfeld die Regel aufzustellen, dass Fäkalausdrücke, Beleidigungen sowie Bemerkungen über die Person oder die Intelligenz anderer Teammitglieder tabu sind. Dann werden sich die potenziellen Probleme im Team nicht halbieren, sie werden sich zehnteln.

5.3.2 Modularisierung des Projektes

5.3.2.1 Wozu modularisieren?

In Kapitel 3 ist das Thema bereits mehrfach angerissen worden, nun kommen wir zu den Details, denn im Zusammenhang mit dem Teammanagement spielen sie die größte Rolle.

Stellen wir uns dazu den Programm-Code zunächst als ein einziges, großes File vor. Das mag vielleicht noch angehen, wenn das Team während der ganzen Zeit nur einen einzigen Programmierer hat, es ist aber entsetzlich ineffektiv, wenn mehrere Leute ins Spiel kommen. Eine einzige Datei bedeutet nämlich: Während ein Programmierer am Code arbeitet, sind seine Kollegen derweil zum Nichtstun verdammt.

Das ist ein wenig so, wie wenn man für ein Gemälde zwei Maler bestellt hat, damit es schneller fertig wird. Es kann aber immer nur abwechselnd einer am Bild malen, also wird hier *gar nichts* schneller fertig. Vielleicht sogar im Gegenteil, wenn sich die Künstler nicht über Stil und Farbwahl einigen können, und immer, wenn einer an die Reihe kommt, erst mal bereits fertige Bildbereiche seines Vorgängers übermalt, weil sie ihm nicht gefallen.

Programmierer würden dazu analog den Code verändern, den der jeweils andere geschrieben hat – dazu kommt, dass sie den Code des anderen vielleicht gar nicht verstehen. Das Ergebnis ist ein Chaos ohnegleichen. Nicht von ungefähr gibt es das Sprichwort »Viele Köche verderben den Brei«.

Wie immer mal wieder zu hören ist, bestand der Sourcecode von DIE SIEDLER 3 aus zwei großen Files. Wenn das wahr ist und keine »urban legend«, ist es ein Wunder, dass die Entwickler das überhaupt fertigbekommen haben. Aber es ist keineswegs unvorstellbar. Auch die großen Firmen bestehen aus Menschen wie du und ich, und Menschen machen nicht immer alles richtig. Manchmal machen sie richtiggehend Unfug.

Das Programm muss, wenn mehrere Programmierer am Werke sind, in mehrere Dateien (sog. Module) aufgeteilt werden. Und zwar mindestens so viele Module wie Leute. Mindestens. Lieber etwas mehr, dann ist man bei der Vergabe der Zuständigkeiten etwas flexibler. Wenn wir beim Vergleich mit dem Gemälde bleiben, so würde das bedeuten, die Leinwand in mehrere Teile zu zerschneiden, jedem Maler ein paar Stücke zu geben und wenn sie alle fertig sind, werden die Fetzen wieder zu einem großen Bild zusammengeklebt.

Das führt dann allerdings gleich zum nächsten Problem: Wenn die Leute völlig unabhängig voneinander arbeiten, werden am Ende die Teile beim Versuch, sie zu einem Ganzen zusammenzufügen, absolut nicht zusammenpassen. Damit einem das aber nicht passiert, muss das Zerschneiden und Zusammenfügen bestimmten Regeln folgen. Und das nennt sich – welch lustiger Zufall – *Schnittstellenproblematik*.

5.3.2.2 Aufteilung und Schnittstellen

Ich will hier nicht allzu viel Selbstverständliches schreiben, denn jeder, der programmiert, hat wohl schon Bekanntschaft mit Modulen gemacht und weiß, dass diese aus zwei Teilen bestehen: der *Schnittstelle* und dem *Implementationsteil*. In C sind das sogar zwei getrennte Dateien (z. B. *.h und *.cpp), während es in Pascal nur eine Datei ist, die aber aus zwei Abschnitten besteht (`interface` und `implementation`).

Die Schnittstelle sind die Variablen und Funktionen, die man den anderen Programmierern zur Benutzung zur Verfügung stellt.

Wenn man nun ein Projekt aufteilt, so tut man dieses am besten, noch *bevor* man mit dem Schreiben angefangen hat. Dabei müssen sich die Programmierer einig werden, wer sich mit welchem Funktionsbereich beschäftigen möchte. Das sollte nicht schwierig sein.

Das Ideal-Ziel, das wir erreichen wollen, ist, dass jeder Programmierer auf seinem eigenen Computer alle Module hat, um das Gesamtprogramm zu compilieren und zu starten. Jedoch darf er nur die Module verändern, die ihm »gehören«. Und so fügt jeder Programmierer innerhalb seiner eigenen Module Feature für Feature hinzu und stellt seine neuen Versionen immer mal wieder auch den anderen zur Verfügung. Dabei ergibt es sich ganz von selbst, dass er die Schnittstellen seiner Module nicht verändert, denn wenn er es täte, ließe sich das Programm ja nicht mehr compilieren. Und irgendwann ist das Projekt fertig und alle leben glücklich bis an ihr Ende.

Der letzte Satz deutet es schon sarkastisch an: Dieses Ideal – so paradiesisch es sich auch anhört – ist ein **Märchen**. So geht das nicht. Eine derartige Vorgehensweise würde erfordern, dass alle Schnittstellen schon im Voraus bekannt sind, und das kriegt man nicht hin, nicht einmal bei noch so detaillierter Vorausplanung. Wir sind nun mal keine Götter und wissen zu Beginn der Implementation noch nicht, *wie* wir es machen werden, und deshalb wissen wir auch nicht, welche Funktionen wir schreiben werden, wie ihre Header aussehen müssen und welche Daten aus unserem Zuständigkeitsbereich wir den Kollegen zur Verfügung stellen müssen. Und darüber hinaus findet sich immer etwas, das die unbedingte Veränderung globaler Datenstrukturen und Schnittstellen erforderlich macht.

Veränderungen an den Schnittstellen betreffen praktisch immer alle Programmierer gleichzeitig, und daher müssen sie unbedingt abgesprochen sein. Kommunikation ist gefordert. Hört sich trivial an, aber ich weiß aus Erfahrung, dass Programmierer maulfaul sind und dazu neigen, solche Dinge unter den Teppich zu kehren.

Um nun ein wenig konkreter zu werden: Denken wir uns ein möglichst simples Spieleprojekt. Ein isometrisches Action-Rollenspiel im Stil von DIABLO, nur viel einfacher. Ein Programmierer macht die Grafik, ein anderer das Userinterface (Kontrollelemente, Buttons und die Steuerung der Spielerfigur) und ein dritter die Monster-KI. Viel mehr soll im Programm auch nicht vorkommen.

Dennoch ist da noch etwas Grundlegendes, wofür noch keiner zuständig ist, obwohl das auch von jemandem gemacht werden muss, und zwar als allererstes, und das sind die **Datenstrukturen**!

Es werden Datenstrukturen benötigt für Spielfigur, Monster, Dungeon-Wände und Gegenstände, je nach Feature-Liste des Spiels. Diese Datenstrukturen müssen unbedingt und auf jeden Fall gemeinsam entworfen werden, da jeder der drei Programmierer auf sie als gemeinsame Grundlage zugreifen wird. Ebenso muss die **Main Loop** des Programms gemeinsam geplant werden, in der die Funktionen der drei Programmierer in einer bestimmten Reihenfolge mit bestimmten Parameterlisten (Schnittstelle!!) aufgerufen werden.

Wenn schon nicht gemeinsam geplant, so müssen Datenstrukturen und Main Loop zumindest als erstes von allen Programmteilen implementiert worden sein. Erst wenn sie existieren, und damit der **Programmrumpf**, dann erst kann jeder Programmierer in sein stilles Kämmerlein gehen und losprogrammieren.

Der Grafikprogrammierer wird die Datenstrukturen der Spielwelt grafisch abbilden, der KI-Programmierer sich überlegen, wie sich die Monster am intelligentesten durch die Spielwelt bewegen.

Der Interface-Programmierer will anfangen, die Maus abzufragen und die Spielerfigur entsprechend zu bewegen. Vom Design her steht geschrieben, dass der Spieler eine Fußbodenkachel anklickt, und die Spielerfigur soll dann dorthin laufen. – Und schon stellt der Interface-Programmierer fest, dass diese Aufgabe untrennbar mit der Grafik verbunden ist. Denn das, worauf die Maus zeigt, ist abhängig davon, was die Grafikausgabe dort hingezeichnet hat.

Es ist also erforderlich, dass der Grafikprogrammierer eine Schnittstelle für den Interface-Programmierer bereit stellt. Nach einer kurzen Absprache stehen zwei Funktionen zur Verfügung: die eine liefert die Mauszeigerposition auf dem Bildschirm, die andere liefert das Objekt bzw. die Nummer der Fußbodenkachel, auf die die Maus zeigt.

Auch der KI-Programmierer stellt dem Interface-Programmierer eine Funktion zur Verfügung, nämlich einen Pathfinding-Algorithmus, der den kürzesten Weg zwischen zwei Punkten unter Umgehung von Hindernissen berechnet.

Der Interface-Programmierer kann nun die Spielfigur auf Mausklick hin bewegen bzw. kämpfen lassen, wenn ein Monster angeklickt wurde bzw. die Spielfigur Objekte aufnehmen lassen, wenn ein Objekt angeklickt wurde. Er macht ein paar Kontrollelemente, mit denen man die Bildschirmauflösung einstellen kann – die Ausführung dieser Funktion wiederum betrifft jedoch den Grafiker, der dafür wiederum eine Schnittstelle implementiert.

5.3.2.3 Hierarchische und demokratische Modularisierung

Was vielleicht ein wenig auffällt: Der Interface-Programmierer hat im obigen Beispiel den anderen beiden nie eine Funktion bereit gestellt, nutzt hingegen die von den anderen bereit gestellten Funktionen. Das bringt uns zur Erkenntnis, dass Module eine Hierarchie besitzen können. Es ist sogar keine besonders neue Erkenntnis, wenn man sich an das Schichtenmodell aus dem 3. Kapitel erinnert. Das Userinterface steht dabei in der Hierarchie immer sehr weit oben. Kein Wunder, stellt es doch die Schnittstelle zwischen dem Spiel und dem Spieler dar – und dass der Spieler die Hierarchiespitze darstellt, sollte außer Frage sein.

Nun gibt es auch Konzepte, in der Module in einer Art Gleichberechtigung entwickelt werden und sich gegenseitig aufrufen können. Ein Beispiel dafür wäre z. B. so etwas wie CIVILIZATION, wo es einen Bildschirm für die Weltkarte gibt, einen Stadtbildschirm, einen Forschungsbildschirm, einen Palastausbau-Bildschirm ... Man könnte nun pro Bildschirm einen Programmierer dransetzen. Ist in der Industrie durchaus nicht unüblich.

Man beachte allerdings eines: Wie man es auch dreht und wendet: Diese Programmteile müssen auf gemeinsame Datenstrukturen zurückgreifen. Wo Städte auf der Karte sind, wie sie ausgebaut sind, wie weit die Technologie des Spielers fortgeschritten ist usw. Darüber hinaus wäre es ziemlich hirnverbrannt, wenn jeder Screen-Programmierer seine eigenen Low-Level-Grafik- und Mausfunktionen schreiben würde. Sinnvoll, wenn es neben Design und Spiellogik bereits eine vordefinierte Grafik-Engine gibt. Ein Programmierer bzw. Programmteil muss offensichtlich immer für irgendwelche allgemeinen Funktionen Grafik zuständig sein, und sei es auch nur als Grundlage in Form einer Funktionsbibliothek. 100% »demokratische« Programmierung gibt es daher nicht.

5.3.2.4 Quellcode-Verwaltung

Disziplin ist keine menschliche Stärke. Man neigt beim Programmieren häufig dazu, hier und da mal eben was zu verändern – auch, wenn man es nicht darf. Sprich: Wenn einem das Modul nicht ‚gehört'. Vornehmlich zu diesem Zweck wurden Quellcodeverwaltungsprogramme erfunden. Das meistverbreitete ist SOURCESAFE von Microsoft, mit dem ich bislang sehr gute Erfahrungen gemacht habe.

SOURCESAFE verwaltet den Quellcode in einer Weise, dass auf einem Server immer der komplette Quellcode des Projektes ist, und zwar in einer Datenbank. Wenn man etwas davon bearbeitet, so muss man es »auschecken«, wodurch man das alleinige Schreibrecht für diese Datei erhält. Das heißt, andere Programmierer können sich die jeweils neueste Version der Datei auf ihren lokalen Rechner holen, jedoch sind ihnen Schreibzugriffe verwehrt. Um bösen Überraschungen vorzubeugen, wird immer angezeigt, wer gerade welche Datei ausgecheckt hat.

Man kann eine ausgecheckte Datei wieder freigeben, indem man sie »eincheckt«. Bei diesem Vorgang wird automatisch die neueste Version auf den Server kopiert.

SOURCESAFE behält übrigens auch alle alten Dateiversionen im Gedächtnis. Für den Fall, dass man Mist gebaut hat oder wissen will, wie es mal früher ausgesehen hat, kann man diese alten Versionen abrufen. Ein wichtiges Feature kann das Programm trotz dieser Archivierung leider nicht, und das ist, den Stand des gesamten Projektes zu einem bestimmten Zeitpunkt anzuzeigen.

Wer nicht das Geld hat, um es für so ein Programm auszugeben, der kann eventuell so ein System mit einem Linux-Rechner nachbilden, dort kann man nämlich einzelnen Dateien getrennt Lese- und Schreibzugriffe pro Person erlauben.

Aus der Linux- bzw. Open-Source-Küche kommt ein anderes Versionsverwaltungsprogramm, CVS. Das funktioniert etwas anders, es gibt nämlich kein Auschecken. Das Ganze geht nach dem Prinzip: »wer zuerst kommt, mahlt zuerst«. Jeder kann an allen Dateien beliebige Änderungen vornehmen und die geänderten Dateien in die Datenbank zurückschreiben. Falls aber nun der Fall vorkommen sollte, dass jemand anders zwischenzeitlich eine Datei verändert hat, verweigert CVS das »Einchecken«. Man muss sich erst wieder die aktuelle Datei holen und an dieser dann seine Änderungen nochmal machen. Hoffentlich ändert derweil nicht wieder jemand diese Datei ...

Ansonsten bleibt eben doch nur Disziplin, und man muss versuchen, sich daran zu halten, dass eine Datei jemandem anders gehört und man hier nicht herumpfuschen soll. Das Problem ist nur, dass viele Programmierer dieses auch gar nicht beherzigen *wollen*, weil sie z. B. für ein schnelleres Testen ihrer eigenen Module gerne mal Funktionen aus fremden Modulen abändern oder auskommentieren. Und wenn sie dann versehentlich beim Aktualisieren der Dateien auch die mitschicken, die ihnen nicht gehörten, kann es schnell zu Chaos und sogar zu Datenverlust kommen. Ich hole mir die Dateien des anderen ab, kopiere sie in mein Verzeichnis, und plötzlich sind meine eigenen Dateien auch überschrieben.

Für dieses Problem wurde bislang noch keine schnelle, billige und effiziente Lösung gefunden.

Ein weiteres ungelöstes Problem: Eine Schnittstelle wird verändert und alle Dateien, die diese benutzen. Zur gleichen Zeit wird eine andere Datei, die diese Schnittstelle bisher nicht benutzte, so geändert, dass sie sie nun benutzt – aber natürlich noch die alte Version. Die Folge: Beide Programmierer haben lokal keine Probleme, aber nachdem sie alles eingecheckt haben, lässt sich das Projekt nicht mehr compilieren.

5.3.2.5 Dokumentation

Mangelnde Dokumentation ist das mit Abstand meistunterschätzte Problem, das in Projekten zustande kommt. Mit Sourcecode-Dokumentation beschäftigte sich ja schon mal Abschnitt 3.4.11. Dass Programmierer ihren Sourcecode sinnvoll und in ausreichender Menge kommentieren ist ja schon ein nahezu unerreichbarer Wunschtraum, aber damit ist es auch noch nicht getan.

Ein Projekt muss nicht nur über ein Design-Dokument verfügen (1.6.3), sondern auch über so genannte Produktionsdokumente (1.6.4), in denen jeder nachlesen kann, wie grundlegende Datenstrukturen, Schnittstellen, Dateiformate und Funktionsprinzipien aufgebaut sind und wie der Zeitplan und die Abhängigkeiten aussehen (5.6.3 ff.). Sogar die geplanten Dateinamen gehören schriftlich fixiert.

Das erleichtert die Zusammenarbeit erheblich. Zum einen entfallen immer wiederkehrende lästige Nachfragen der Mitarbeiter, noch wichtiger aber, dass die, die sowieso nie nachfragen, eine Grundlage haben und nicht ihr eigenes Süppchen kochen.

Zu guter Letzt muss ich auch noch betonen, dass, wenn ein Projekt sich längere Zeit hinzieht, auch der begnadeteste Gedächtniskünstler irgendwann nicht mehr weiß, was mal vor acht Monaten besprochen wurde. Gut, wenn er es nachlesen kann.

5.3.3 Kommunikation

5.3.3.1 Verzahnung der Programmteile

Wie wichtig es ist, miteinander zu reden, ist wohl selbstverständlich. Aber nicht nur, bevor sich jeder an seinen Teil der Arbeit macht, sondern auch zwischendurch immer wieder.

Wie schon etwas weiter oben beschrieben: Es gibt Datenstrukturen und Low-Level-Funktionen, über die man als allererstes reden muss, damit ein Basis-Programmrumpf geschrieben werden kann.

Was manchen Programmierern häufig nicht ganz klar zu sein scheint: Schnittstellen sind kein Selbstzweck. Es handelt sich nicht um steinerne Gesetzestafeln oder kulturhistorisch wertvolle Dokumente, sondern um Funktionen, die innerhalb eines Programms benutzt werden sollen. Das bedeutet, dass man nicht Zeit und Energie darauf verschwenden soll, eine Universal-Schnittstelle zu machen, die alles kann und deren Funktionen vom Kollegen nur zu etwa 20% benutzt werden. Es bedeutet auch, dass eigentlich derjenige, der die Schnittstelle *benutzt*, bestimmen muss, wie sie aussehen soll, und nicht der, der sie implementiert. Mangels Kommunikation kommt es allerdings immer wieder vor, dass die Programmierer von Low-Level-Funktionen am Bedarf »vorbeiproduzieren«. Sie implementieren komplexe Klassenhierarchien und Fensterverwaltungen mit Callback-Funktionen und ellenlangen Parameterlisten, statt für ein sehr häufig gebrauchtes Feature (z. B. die Erstellung eines Buttons) eine kleine Funktion mit maximal drei Parametern zu schreiben.

Schuld daran ist aber auch der Programmierer, der nicht sagt, dass er solche einfachen, speziellen Funktionen benötigt. Ich habe es schon häufig gesehen, dass in einem Projekt Dinge doppelt und dreifach implementiert wurden, weil niemand eine Ahnung hatte, was die anderen eigentlich so machen.

Diese Verschlossenheit und das einsame Arbeiten sind für Programmierer eigentlich recht typische Wesensarten. Programmieren ist nun einmal eine geistige Arbeit, bei der man sich sehr konzentrieren muss und bei der es sehr häufig einfacher ist, ein Problem schnell mal selber zu lösen als es jemandem anders zu beschreiben.

5.3.3.2 Verzahnung zwischen Code und Non-Code

Auch die Zusammenarbeit von Grafikern, Musikern und Programmierern ist sehr wichtig, denn die Zusatzdateien müssen nicht nur das richtige Dateiformat, sondern auch in einem ganz anderen Sinne das richtige Format haben. So müssen z. B. Texturen für 3D-Programme in der Regel eine Kantenlänge von 2^x Pixeln haben; also 2, 4, 8, 16 usw. Und bei isometrischer Grafik legt der Programmcode die Größe der Kacheln fest bzw. umgekehrt.

Sprachausgabe muss zu den Lippenbewegungen von Köpfen passen. Bestimmte Farben werden als transparent dargestellt und dürfen nur in diesem Sinne verwendet werden. Solche Beispiele gibt es noch sehr viele. Ihnen allen ist gemeinsam, dass man sich über Standards einig werden muss, sonst passen Programm und Zusatzdateien nicht zusammen.

Eine Sache, die mir mal schweres Kopfzerbrechen bereitet hat, war, dass die Grafikengine nur 3D-Modelle bis zu 255 Polygonen verwalten konnte, die Grafiker aber immer wieder diese Zahl überschritten. Wenn die nötige Disziplin nicht auf normalem Wege zu erreichen ist, muss man Prüfprogramme schreiben, die die Einhaltung der Standards automatisch kontrollieren.

Ganz wichtig ist auch, dass der Projektleiter die Dateinamen bzw. Dateinamen-Regeln für jede einzelne Datei vorgibt. Als ich noch jung und unerfahren war, habe ich gesehen, zu was für einem Grauen erregenden und durch keine Macht der Welt entwirrbaren Chaos es sonst kommt, wenn 13 und mehr Leute an etwas arbeiten und jeder seine eigene Art und Weise hat, Objekte zu benennen.

5.3.3.3 Kommunikation nach innen

Es gibt zwei relativ unterschiedliche Situationen: Die eine liegt vor, wenn das Team sich täglich in einem Büro trifft, die andere (weit häufigere), wenn die Mitglieder weder Zeit noch Ort haben, um zusammenzukommen. Gelegentlich sind die Mitglieder noch nicht einmal in derselben Stadt oder im selben Land ansässig und kennen sich nur über das Internet.

Dennoch ist es möglich, ein gemeinsames Projekt durchzuziehen. Dass man sich die Dateien gegenseitig per E-Mail zuschicken kann, dürfte klar sein, weniger klar jedoch, wie man sich bespricht.

Auch hier ist das Internet eine große Hilfe. Zunächst einmal kann man eine Mailing-Liste einrichten. Das heißt, wenn man was zu sagen hat, dann schickt man eine E-Mail an alle. Und wer darauf antwortet, der schickt seine Antwort ebenfalls an alle. So kann man dann diskutieren.

Man kann natürlich auch ein Forum auf einer Webseite einrichten und dort diskutieren. Ich habe mit beiden Systemen gute und schlechte Erfahrungen, wenn mich einer fragt, welches ich vorziehen würde: Ich weiß es nicht. Die Mailing-Liste ist einfacher eingerichtet und nicht so störanfällig, dafür ist das Forum übersichtlicher und komfortabler.

Die Projektdateien sollten für alle Beteiligten frei verfügbar sein, deswegen ist es schön, wenn man sie sich nicht nur per E-Mail zuschickt, sondern auf einer Webseite zum Download lagert. Diese Webseite ist natürlich geheim und die Dateien gegebenenfalls auch verschlüsselt (siehe Kapitel: Internet-Präsentation). Auch hier gibt es zwei Möglichkeiten, entweder gehört der Server allen und jeder kann seine eigenen

Dateien uploaden, wann und wie er will, oder eines der Mitglieder ist zuständig für die Aktualisierung der Dateien und bekommt von allen anderen das Zeug zugeschickt.

Was die Projektdokumentation angeht, also die Designdokumente, so sollten sie ebenfalls auf dieser Webseite gelagert werden. Hier ist es jedoch unerlässlich, dass einer den »Schriftführer« spielt. In der Regel sind die Mails aus der Mailing-Liste voller Ideen, und sobald man sich darüber einig ist, ob und welche Idee von allen akzeptiert wurde, sollte sie so bald wie möglich in die »offiziellen« Designdokumente eingebaut werden. Wie ich schon erwähnte: Wenn man das nicht tut, dann wird diese Idee vergessen werden. Und auch wenn man sich denkt, dass man ja alle E-Mails gespeichert hat und sie jederzeit lesen kann: Wenn da erst mal ein paar tausend Mails innerhalb von 12 Monaten zusammengekommen sind, wünsche ich viel Spaß beim Suchen.

Bei mir haben sich jedenfalls zwischen 1998-2002 für ein Projekt etwa 14000 Mails angesammelt, davon etwa die Hälfte im Postausgang. Es ist nur dann möglich, etwas darin wiederzufinden, wenn man genau weiß, welche Worte benutzt worden sind – und auch dann dauert es lange. Leider haben wir mit der »richtigen« Dokumentation sehr spät angefangen, und es musste extrem viel nachbereitet werden. Der Prozess ist bis heute noch nicht vollständig abgeschlossen. Eine Höllenarbeit, die man sich hätte sparen können, wenn man es von Anfang an richtig gemacht hätte.

Eine regelmäßige Kommunikation ist für das Projekt lebensnotwendig. Viele Projekte verlaufen im Sande, weil die Teammitglieder ihren eigenen Weg gehen, ohne die anderen über ihre Aufgaben und Fortschritte zu informieren. Über das verschlossene Wesen von Programmierern habe ich ja schon was geschrieben. Aber dies ist nicht nur eine Bringschuld, es ist auch eine Holschuld.. Du musst dafür sorgen, dass diese regelmäßige Kommunikation nicht abreißt. Am besten ist es, in irgendeiner Form das gesamte Team einzuberufen, dafür eignet sich der IRC-Chat ganz hervorragend.

Was besprochen wird, sollte übrigens schriftlich festgehalten werden, sonst geht der Schuss vielleicht nach hinten los. Du würdest dich wundern, an was man sich alles erinnern kann, was nie stattgefunden hat und umgekehrt. Es ist daher wichtig, Chats zu loggen und bei mündlichen Besprechungen jemanden mit der Führung eines Protokolls zu beauftragen, in dem festgehalten wird, was besprochen wurde und worauf man sich geeinigt hat. Oder dass man sich nicht geeinigt hat. Das ist immens wichtig, wenn es später mal zu Meinungsverschiedenheiten kommt, denn dazu kommt es so gut wie immer.

5.3.3.4 Kommunikation nach außen

Gelegentlich kommt es vor, dass man bei komplizierten Problemen innerhalb des Teams nicht mehr weiter weiß und »Experten« fragen muss. Dies kann auf zwei Arten geschehen: einmal per **E-Mail**, wenn man auf die Webseiten interessanter Leute gestoßen ist, zum anderen über die **Newsgroups**.

Gleich zu Anfang eine Warnung: Auf die wirklich schweren Fragen, bei denen das ganze Programmier-Team nicht weiter weiß, kriegt man auch nur schwer eine Antwort, und manchmal auch gar nicht. Das liegt nicht nur daran, dass es andere Leute auch nicht wissen, sondern dass die wenigen, die es wissen, einen Teufel tun werden, es jedem dahergelaufenen Fremden zu verraten.

Mehr zu diesem Thema findet sich in Kapitel 6.

5.3.4 Wenn Teammitglieder das Team verlassen

5.3.4.1 Warum Mitglieder gehen

Es gibt zwei Kategorien: die, die von selbst abspringen, und die, die gegangen werden.

Freiwillig gehen viele, weil sie keine Lust mehr haben, die näheren Gründe sollen hier nicht beleuchtet werden; ebenso nicht die Motive derjenigen, die gehen, weil sie sich ungerecht behandelt fühlen oder meinen, ihre Kreativität nicht voll entfalten zu können.

Es gibt auch welche, die man aus dem Team ausschließen muss, weil sie sich destruktiv verhalten. Das ist immer etwas problematisch, weil wir ja alle ach so lieb und nett sein wollen, aber bei manchen Personen ist das unumgänglich.

Noch schwieriger ist es, wenn man sich überlegen muss, Teammitglieder auszuschließen, weil sie schlicht und ergreifend nichts beitragen. Das, muss ich übrigens zugeben, habe ich selbst noch nie zustande gebracht, auch wenn es in vielen Fällen dringend notwendig gewesen wäre. Es stimmt nicht ganz, dass sie durch Nichtstun keinen Schaden anrichten können. Einerseits sind sie ein schlechtes Vorbild für die anderen, die dann glauben, man müsse nichts machen – oder noch schlimmer, wenn sich Unzufriedenheit über die Verteilung der Arbeit breit macht. Das sogar ganz besonders, wenn Geld ins Spiel kommt (siehe 5.3.8).

Aber es hilft nichts, unproduktive Mitglieder sind der Tod des Projektes, und das ist ja das Letzte, was wir wollen, das Projekt versanden zu lassen.

5.3.4.2 Was man danach mit ihnen macht

Kurz gesagt: nichts. Jedenfalls nicht, wenn es nicht unbedingt notwendig ist. In dem meisten Fällen gilt: aus den Augen, aus dem Sinn. Nur in den seltensten Fällen wird man von Ex-Teammitgliedern noch belästigt, nachdem alles gesagt worden ist. Es gibt da keine generellen Regeln, man kann natürlich Ex-Mitglieder wieder aufnehmen oder weiterhin in freundschaftlichem Kontakt mit ihnen bleiben. Das ist vom Einzelfall abhängig. Falls kein Kontakt gewünscht ist, man aber keine Ruhe vor ihnen hat, dann sollte man ruhig bleiben und sie ignorieren. Man schreibt, dass man keine E-Mails mehr beantworten wird und beantwortet sie auch nicht.

Und wenn sie wirklich aggressiv werden, indem sie Telefonterror machen oder versuchen, den Server zu hacken oder Mailbomben verschicken, dann sollte man auch nicht zimperlich sein und rechtliche Schritte einleiten. Das klingt sehr hart, aber es ist unbedingt erforderlich, sonst hat man niemals Ruhe.

Das Projekt ist andererseits auch kein Racheinstrument. Ausgeschiedene Mitglieder sollten auf jeden Fall in den Credits auftauchen, auch wenn man sich im Streit getrennt haben sollte. Es sei denn natürlich, sie wünschen ausdrücklich ihre Nichterwähnung. Und man sollte selbstverständlich auch nichts Beleidigendes schreiben wie:

Franz Mustermann: Einige sehr schlechte Grafiken

Dominik Mustermann: Rumschwallen und Wichtigtun

Rudolf Mustermann: Idiot vom Dienst

Damit stellt man nur sich selbst ein Armutszeugnis aus. Den Benutzer des fertigen Programms interessieren die internen Streitereien des Entwicklungsteams nicht.

5.3.4.3 Schlüsselpersonen

Großes Kopfzerbrechen kann es bereiten, wenn ein Mitglied geht und niemand seine Arbeit fortsetzen kann. Das wird bei Grafikern seltener der Fall sein, ich spreche davon, dass ein Programmierer seinen Sourcecode mitnimmt, d.h. er hat immer nur vorcompilierte Module eingeschickt, und wenn er weg ist, kann man sie nicht mehr verändern.

Nicht ganz so tödlich, aber immer noch schlecht ist, wenn das Team zwar seinen Sourcecode hat, ihn aber keiner versteht. Man muss dazu sagen, dass es in der Industrie sehr häufig vorkommt, dass Mitarbeiter das mit Absicht so einrichten. Sie verwenden verwirrende Variablennamen, schreiben irreführende Kommentare, bauen Seiteneffekte in Funktionen ein, die keinen Sinn haben und nur weitere Verwirrung schaffen.

Solche Personen sind unersetzlich und sichern sich damit ihren Arbeitsplatz. Diese Leute heißen im amerikanischen **Mavericks**. Sie sind diejenigen, die ein zentrales Stück Code haben und ein großes Geheimnis daraus machen, und immer, wenn es Probleme gibt, führt kein Weg an ihnen vorbei. Sie regeln das dann, aber ohne etwas zu erklären. Diese Machtstellung wird gerne ausgenutzt, um sich Privilegien zu verschaffen.

So weit darf man es in einem Projekt nicht kommen lassen. Deshalb ist es unbedingt erforderlich, dass der Sourcecode aller Programmierer allen anderen zugänglich ist und dass gewisse Konventionen eingehalten werden, was Schnittstellen und Kommentare angeht. Es kann dem Projektleiter nicht erspart werden, immer wieder zu überprüfen, was für Code die Programmierer schreiben und gegebenenfalls Unübersichtlichkeit, mangelnde Kommentare usw. anzumahnen. Welche Mittel dabei verwendet werden, um dem Wunsch Nachdruck zu verleihen, überlasse ich eurer Fantasie.

5.3.5 Es kann nicht jeder den Ton angeben

Eine Sache, die sehr wichtig ist: Wer das Projekt begonnen hat, ist der Projektleiter und hat das letzte Wort in Entscheidungsfragen. Alle die, die später dazukamen, dürfen etwas beitragen, aber sie sind nicht befugt, das Projekt gegen den Willen des Projektleiters umzugestalten. Wer damit nicht einverstanden ist, der kann (und muss) wieder gehen bzw. braucht gar nicht ins Team einzutreten.

In aller Regel wird das von den anderen Teammitgliedern nicht nur akzeptiert, sondern sogar *erwartet*. Also nur keine falsche Bescheidenheit.

Ein guter Projektleiter hat natürlich die Gabe, seine Ideen immer wie die seiner Mitarbeiter aussehen zu lassen, kleinere Ideen seiner Mitarbeiter, die im Projekt verwirklicht werden, als große Sache darzustellen, und Ideen, die nicht verwirklicht werden, mit Sachzwängen zu begründen, z. B. »Sehr gute Idee, aber leider ist das mit den Headern dieser DLL nicht kompatibel, und das alles umzuschreiben, wäre eine zu große Arbeit. Vielleicht kommen wir zum Schluss noch mal darauf zurück«.

Auf jeden Fall sind Mitglieder mit »Machtansprüchen« rechtzeitig in ihre Schranken zu verweisen und eventuell aus dem Projekt auszuschließen. Dabei darf man sich auch nicht durch vermeintlich technische Argumente weichklopfen lassen. Sehr häufig kommt es vor, dass neue Teammitglieder dir eine E-Mail schreiben oder dich über das Forum kontaktieren, und anbieten, dass sie dieses und jenes für das Projekt machen wollen. Sie zeigen dir, was sie können, es gefällt dir, und du nimmst sie auf. Wenig später stellst du fest, dass sie ihren eigenen Kopf haben und zum Herumdiskutieren neigen. Z. B. ein Grafiker, der plötzlich »entscheidet«, dass eine Feldergröße von 64 x 32 Pixeln nicht ausreicht und ihn zu sehr eingrenzt. Und dann macht er nur noch Grafiken mit 72 x 36 Größe. Oder ein Programmierer, der »entscheidet«, bestimmte Windows-Funktionen zu benutzen, obwohl du das Projekt gerne Linux-kompatibel halten möchtest. Und eh du dich versiehst, wurden Fakten geschaffen, und du hast die Wahl, es zu akzeptieren oder sowohl den Menschen als auch sein Werk aus dem Projekt wieder »herauszuschneiden«. Da Letzteres mühselig ist, wirst du vielleicht lieber um des Friedens willen und um nicht einmal Fertiges wieder aufgeben zu müssen, dem Druck nachgeben. Wundere dich aber nicht, wenn du ab da immer weniger zu sagen hast.

Manche Managerschulen vertreten die Ansicht, dass der Projektleiter nicht zu gut Freund mit den Teammitgliedern werden sollte, weil diese sonst den Respekt vor ihm verlieren. Nach meinen bisherigen Erfahrungen kann ich sagen, dass das ein guter Rat für diejenigen ist, die noch keine Erfahrung haben.

5.3.6 Bei Geld hört die Freundschaft auf

5.3.6.1 Streitgrund

So lange es sich nur um ein Projekt handelt, aus dem man gar nicht die Absicht hat, Kapital zu schlagen, ist das kein Thema. Es ist jedoch ganz schnell eines, sobald geplant ist, das fertige Spiel in irgendeiner Weise zu verkaufen und daraus Geld zu machen. Das kann in vielfacher Form geschehen, siehe Abschnitt 5.7.

Das Problem ist, dass in der Regel jeder seinen Anteil am Projekt weit überschätzt und die Gesamtforderungen schließlich die 100%-Grenze überschreiten. Wie man hier Gerechtigkeit und Zufriedenheit unter einen Hut bringt, kann ich nicht sagen. Sehr wahrscheinlich geht das gar nicht. Der einzige Weg, solche Situationen zu meistern, ist es, sie gar nicht erst entstehen zu lassen.

5.3.6.2 Verträge

Natürlich kann man mit den Teammitgliedern formelle Verträge abschließen, jedoch gibt es hier einige versteckte Fallen.

So wird ein Vertrag viele Leute erst einmal abschrecken. Ein Vertrag wirkt ernst und bedrohlich. Da kommt man ja aus der Unverbindlichkeit heraus und kriegt echte Verpflichtungen! Menschen haben eine unterschwellige Angst vor verbindlichen Vereinbarungen. Das hat evolutionsbiologische Gründe: Es fehlt der »Notausgang« aus der Höhle.

Man kann sich natürlich auf den Standpunkt stellen, dass diese Angst ein gutes Mittel ist, unzuverlässige Leute im Vorfeld auszusieben, aber leider besteht zwischen (Un-)Zuverlässigkeit und Vertragsscheu kein direkter Zusammenhang. Auch hier habe ich schon die unglaublichsten Geschichten miterlebt. Besonders unfassbar ist, dass viele Leute lieber schriftliche Verträge brechen und die Konsequenzen in Kauf nehmen als etwas zu tun, wozu sie keine Lust haben. Mit anderen Worten: Wer auf Verträgen besteht, siebt unter Umständen die falschen Leute aus.

Na gut, wenn das Team keine Verträge abschließen will, dann muss man sich anders behelfen. Und zwar, indem man **vorher die Bedingungen klar stellt**. Voraussetzung ist natürlich, dass man sie sich selbst schon überlegt hat. Wer dann ins Projekt einsteigt, hat ganz implizit einen Vertrag geschlossen, auch ohne Unterschrift. Zwar haben viele Internet-Dinge, darunter auch E-Mails, in Deutschland bislang noch keine große rechtliche Relevanz, aber man ist ja nicht an E-Mails gebunden. Man kann z. B. die »Vertragsbedingungen« auf die Homepage stellen, so dass sie öffentlich einsehbar sind. Und man kann dem Teammitglied auch einen Brief schicken, in dem das noch mal drinsteht, nur damit es nicht sagen kann, es hätte das nie gelesen. Sollte es nun immer noch zu einer Zusammenarbeit kommen, so hat das Mitglied seine Zustimmung zum Vertrag durch »tatsächliches Tun« gegeben. Hat Bestand vor jedem Gericht, sollte es mal wirklich hart auf hart kommen.

5.3.6.3 Prozente und Motivation

Das ist ein zweischneidiges Schwert. Einerseits ist es motivierend, wenn jemandem eine prozentuelle Beteiligung am Gewinn versprochen wird, aber es gibt genug Leute, die einen im Stich lassen, wenn sie keine Lust mehr haben. Schlimmstenfalls beanspruchen sie ihren vollen Anteil immer noch, wenn das Projekt auch ohne sie fertig geworden ist.

Des Weiteren kommen viele Leute mitten im Projekt auf die Idee, dass sie doch eigentlich so viel Arbeit in das Projekt gesteckt haben, dass sie mehr Prozente kriegen müssten. Und wenn das nicht geht, korrigieren sie das Missverhältnis dadurch, dass sie weniger tun. Das ist nicht immer klug, denn wenn das Projekt gefährdet wird, sind x% von nichts immer noch nichts, egal wie hoch x ist. Es gibt leider viele, die so denken, und dummerweise sagen sie dir nicht vorher, dass sie so denken.

Ein anderes, ganz merkwürdiges Phänomen von Prozenten ist, dass man nur eine begrenzte Zahl von ihnen vergeben kann. Nehmen wir an, du hast drei Teamkollegen, und ihr habt 25% für jeden von euch vieren abgemacht. Wie soll dann noch ein fünfter oder sechster dazu kommen?

Und was, wenn einer geht? Behält er seine Prozente? Das ist ungerecht, wenn doch seine Mitarbeit nicht mehr zur Verfügung steht. Aber wenn sie verfallen, ist das auch ungerecht, denn vielleicht hat er bis dahin gute Arbeit geleistet, auf die weiter aufgebaut werden wird.

Was sich meiner Ansicht nach gut bewährt hat ist die Methode, nach **Leistung** zu entlohnen. Wobei das nicht ganz unkompliziert ist.

Leistung bedeutet zum Beispiel, dass die Beteiligung der Programmierer nach Zeilenzahlen oder Kilobytes bemessen wird. Leider verführt das dazu, dass der Programmierer seinen Source mit romanlangen Kommentaren zumüllt oder einen überflüssig-umständlichen Programmierstil praktiziert. Nun, wie ich ja schon mal sagte: der Code sollte vom Projektleiter immer wieder überprüft werden, und wenn ihm solche Praktiken auffallen, dann muss er das ansprechen.

Für fantasievolle Projektleiter ist es möglich, sich Vertragsklauseln auszudenken, nach welchen der Programmierer verpflichtet ist, ressourcensparend und effizient zu programmieren, Kommentare nur halb zählen und für jede Programmzeile, um die man seinen Code nachher verkleinern kann, ohne die Funktionalität zu ändern, ihm zwei Zeilen abgezogen werden. Wenn man also der Ansicht ist, dass der Programmierer zu viel schreibt, also mehr als eigentlich für die Funktionalität erforderlich ist, dann hat man eine Keule, der er nicht dadurch ausweichen kann, indem er behauptet, dass er das nicht anders schreiben konnte.

Wenn man natürlich Pech hat, dann hat er Recht, und wir haben es nicht mit Gier, sondern mit Unfähigkeit zu tun. Aber solche Leute soll man ja erkennen und filtern, bevor sie ins Team kommen. Siehe oben.

5.3.6.4 An später denken

Auch wenn es extrem unwahrscheinlich ist, sollte man immer im Hinterkopf haben, dass sich vielleicht professionelle Leute (Publisher) für das Projekt zu interessieren beginnen, und für diesen Fall sollte man sich schon vorher überlegt haben, was man haben will und wie man es unter den Teammitgliedern aufteilt. Sonst kommt vielleicht der große Moment, und man stottert dem Publisher gegenüber nur Schwachsinn zusammen.

5.4 Internet-Präsentation

5.4.1 Wozu?

Ja, wozu soll man sich eigentlich im Internet präsentieren? Viele Projekte, die man dort antrifft, stehen da aus reiner Eitelkeit. Man ist stolz darauf, zeigen zu können, dass man da ist und auch was kann. Und man möchte gerne gelobt werden.

Ein anderer Grund ist der Wunsch nach sachlichem Feedback. Man möchte gerne mit anderen Leuten ins Gespräch über solche Dinge kommen, weil man vielleicht sonst niemanden kennt, mit dem man sich über bestimmte Fragestellungen und Probleme unterhalten kann.

Es gibt aber auch nützliche Gründe. So kann man zukünftige Mitarbeiter kennen lernen, schon mal im Voraus Fans sammeln und schließlich und endlich besteht die Möglichkeit, dass die Spieleindustrie auf einen aufmerksam wird und eine Zusammenarbeit anbietet.

5.4.2 Gestaltung der Website

Ist wohl Geschmackssache. Ich persönlich mag übersichtliche Seiten, die zum größten Teil aus Text bestehen. Grafik, die ewig lädt, ist mir ein Gräuel, besonders, wenn es sich um Inhaltsverzeichnisse handelt, von denen ich sowieso sofort weiter zum eigentlichen Ziel will. Immer mehr Webseiten zwingen mich dazu, das Laden aller Grafiken abzuwarten, bevor ich die Beschriftung der Hyperlinks lesen kann. Noch schlimmer sind die so genannten Splashscreens, die überhaupt keinen Inhalt haben, und die Krönung des Bullshit sind irgendwelche Macromedia-Spielereien, die mir total die Kontrolle entziehen, wie ich surfen will.

Aufpoppende Fenster und automatischer Download merkwürdiger Dateien sind sowieso die Pest, weshalb ich in letzter Zeit beim Surfen mehr und mehr dazu übergehe, Javascript zu deaktivieren. Hach, ist das entspannend! Da fällt mir dann wieder auf, wie abhängig viele Seiten von dieser Pest inzwischen sind und ohne sie gar nicht richtig funktionieren. Keine Ahnung, warum z. B. manche Hyperlinks nicht einfach Hyperlinks sind, sondern über Javascript ein neues (unerwünschtes) Browser-Fenster öffnen müssen oder umgekehrt als Button implementiert sind und ich so nicht die Möglichkeit habe, durch Rechtsklick die neue Seite in einem neuen Browserfenster zu öffnen.

Stattdessen geht der Gebrauch von Frames zurück: Auf extrem vielen Seiten ist die Navigationsleiste und der Inhalt der Seite ein- und dasselbe HTML-Dokument, und wenn ich einen Hyperlink anklicke, wird auch immer gleich die Navigationsleiste neu geladen – inklusive der 25 Millionen Minigrafiken darauf.

Aber Vorsicht: Mehr Schein als Sein hat auch im Internet seine Rolle, und so kann ich eigentlich niemandem guten Gewissens empfehlen, eine zu schlichte Webseite zu erstellen. Auch wenn ich persönlich Leute verachte, die sich von Werbung beeinflussen lassen und von Schnickschnack überladene Webseiten geil finden, ist das doch in der heutigen Zeit der einzige Weg, um von genügend Leuten beachtet zu werden.

Ein äußerst gelungenes Webdesign findet sich übrigens hier: `www.rustedfaith.com`. Wer solche Seiten erstellen kann, dem gehört die Welt.

Eines jedoch sollten wir nicht aus den Augen verlieren: Im Mittelpunkt steht das Projekt, das Projekt und nochmals das Projekt! Und man sollte so viel Information wie nur möglich auf der Webseite unterbringen. Dazu gehören auch Screenshots, und zwar möglichst viele und möglichst kommentierte (»Hier sehen wir eine gepanzerte Einheit, wie sie einen Hügel hochfährt« – »Diese Einheit wurde getroffen« – »In diesem Gebäude können beschädigte Einheiten repariert werden«).

Das sollte eigentlich selbstverständlich sein, aber ich begegne immer wieder Webseiten mit unkommentierten, nur sehr wenigen oder gar keinen Screenshots! Nur ein Zipfile zum Downloaden. Das ist absolut tödlich! Da hab ich ja gleich keine Lust mehr, weiterzulesen, auch wenn ansonsten noch so viel beschreibender Text auf der Seite ist (ist aber meist ebenfalls nicht).

5.4.3 Feedback

5.4.3.1 Mit den Fans in Kontakt sein

Auch wenn viele Spieleprojekte in der Absicht beginnen, mal ein Spiel zu schreiben, das vor allem einem selber gefällt, so wird diese Linie doch zumeist nicht knallhart bis zum Schluss verfolgt. Vielmehr ist es so, dass man es ja dann doch gerne hätte, dass es nicht nur einem selber gefällt, sondern auch anderen. Und darum fängt man sich irgendwann an, für die Meinung anderer zu interessieren.

Die Frage ist jedoch, wie man an die Meinung der anderen herankommt. Das Projekt – so setzen wir es mal voraus – ist im Internet auf der eigenen Homepage ausgestellt, mit Beschreibung, Screenshots und vielleicht sogar einem downloadbaren Programm. Dann hat man folgende Optionen, die übrigens alle als kostenlose Instant-Lösungen von irgendwoher zu bekommen sind:

5.4.3.2 E-Mail-Adresse

Die simpelste Methode ist, die eigene E-Mail-Adresse auf die Homepage zu pappen und zu hoffen, dass man E-Mails bekommt. Das Problem ist nur, dass viele Menschen Hemmungen haben, E-Mails zu schreiben, Werbefritzen jedoch umso weniger. Mit anderen Worten: Statt Feedback kriegt man säckeweise Spam.

Aber selbst, wenn uns nur die »Richtigen« schreiben, kann das unter Umständen sehr viel werden. Und wollen wir wirklich jede E-Mail, die bei uns eintrifft, beantworten? Die Höflichkeit gebietet es, aber das kann schnell in Arbeit ausarten. Wesentlich vorteilhafter ist da schon ein Gästebuch.

5.4.3.3 Gästebuch

Ein Gästebuch ist eine gute Möglichkeit, Besucher der eigenen Webseite ihre Meinung schreiben zu lassen, ohne das diese aus ihrer Anonymität heraustreten müssen. Diese Meinung ist außerdem für alle anderen Besucher auch sichtbar und regt häufig dazu an, den eigenen Senf hinzuzufügen.

Es kommt nun gelegentlich vor, dass Gästebucheinträge sich auf andere Einträge beziehen oder ihnen sogar antworten. In manchen Fällen können daraus Diskussionen entstehen. Das wird jedoch schnell unübersichtlich. Wenn man schon im Voraus absehen kann, dass es sich so entwickeln wird, dann sollte man besser gleich ein Diskussionsforum installieren.

5.4.3.4 Diskussionsforum

Sozusagen die »höchste Stufe« der Kommunikation mit den Anwendern. Hier kann man nämlich mehrere Themen gleichzeitig haben, die auch noch sortiert sind, und man ist frei, als Inhaber der Webseite auch mal selbst was zu antworten, ohne gleich in der Pflicht zu sein, auf jeden Beitrag einzeln einzugehen. Solche Diskussionsforen können, wenn man sie richtig angeheizt hat, eine gewisse Eigendynamik entwickeln, und die Besucher der Webseite diskutieren dann auch ohne unser Zutun und erfinden neue Themen. Aber es ist immer gut, gelegentlich selbst was zu schreiben, sonst kommt schnell der Verdacht auf, wir würden das alles gar nicht mehr lesen – und wer nicht glaubt, dass es gelesen wird, was er schreibt, der schreibt auch nichts.

Noch ein Wort zu Gästebuch und Diskussionsforum: Es empfiehlt sich ganz dringend, die Beiträge regelmäßig abzurufen und gegebenenfalls unpassende Einträge zu löschen. Hört sich wie Zensur an, ist es in gewisser Weise auch, aber es hat seinen Sinn. Ich habe nämlich schon sehr viele Diskussionsforen gesehen, in denen irgendein Verrückter irgendeinen Schwachsinn schrieb, worüber sich dann massenweise Leute aufregten und plötzlich war der Diskussionsschwerpunkt der Schwachsinn des Verrückten, und über das, wozu das Diskussionsforum eigentlich diente, wurde fast gar nicht mehr geredet. Einige Beiträge enthielten dann Aufrufe, Beiträge mit offensichtlich provokativem oder unsinnigem Inhalt doch einfach zu ignorieren, aber am effektivsten ist es, wenn man das einfach löscht, und wenn darauf schon jemand geantwortet hat, die Antwort gnadenlos mitlöscht.

Fairerweise sollte man das schon vorher in der »Bedienungsanleitung« des Forums ankündigen, wann man warum Beiträge löscht.

5.4.3.5 Newsgroup

Im Grunde genommen ist das dasselbe wie ein Diskussionsforum, nur »globaler«.

Eine eigene Newsgroup zu bekommen ist nicht so schwer, wie man eigentlich denkt. Man muss nur eine gewisse Zahl von Postings auf dem Diskussionsforum zusammenkriegen und dann ein paar Anträge stellen. Allerdings muss ich sagen, dass ein gut gepflegtes Diskussionsforum einer Newsgroup völlig gleichwertig ist, wenn nicht gar überlegen, denn in der Newsgroup kann man nicht nach Belieben unliebsame Einträge löschen. Und während das Diskussionsforum jedem zugänglich ist, ist es die Newsgroup nur denen, deren Provider sie im Sortiment führt. Meine beiden führen z. B. bis heute nicht alt.games.3dtt in ihrem Programm. Ich komme in meine eigene Group nicht rein, Hilfe!

5.4.3.6 Alpha-Test, Beta-Test

Der Alpha-Test hat keine ganz feste Bedeutung. Üblicherweise bezeichnet er das Testen des Programms auf Fehler und Designschwächen durch das Entwicklerteam, während der Beta-Test von auswärtigen Personen durchgeführt wird. Der Alpha-Test kann aber auch bedeuten, dass man das Programm schon im halb fertigen Zustand von auswärtigen Personen testen, und viele Details von den Testern quasi mit-entwickeln lässt.

Feststehend ist eigentlich nur der Begriff des Beta-Tests, wenn man bereits ein fertiges Programm vorzuweisen hat und nun sehen will, ob da noch Macken drin sind und es deshalb einem ausgewählten Publikum zugänglich macht.

Es ist beachtlich, was in der Beta-Phase noch alles für Fehler im vermeintlich bugfreien Programm gefunden werden – ein Betatest ist etwas, das nur Verrückte nicht machen.

Es gibt keine fehlerfreie Software. Höchstens Programme, die nur 20 Zeilen lang sind in denen ein Mathematikprofessor einen akademischen Beweis geführt hat. In der Praxis ist fehlerfreie Software eine Illusion. Bei der Größe und Komplexität heutiger Programme werden zuweilen sogar ganz grundlegende und schwerwiegende Fehler nicht von den Entwicklern entdeckt, sondern vom Endbenutzer. Fehler bei denen man sich als Entwickler selber fragt, wie man die nur übersehen konnte, wo sie doch so offensichtlich sind.

Das liegt daran, dass Entwickler anders testen als die Benutzer. Die Entwickler wissen, was sie entwickelt haben, und drücken deshalb beim Testen zielgerichtet nur die wenigen Knöpfe, die ihnen die zu testende Funktion vorführen sollen. Benutzer sind da ganz anders. Sie drücken und klicken herum in einer Art und Weise, dass man ihnen Maus und Tastatur am liebsten sofort aus der Hand reißen würde. – Aber gerade dadurch entdecken sie viele Fehler, die der Entwickler nicht entdeckt.

Und noch eine andere Geschichte ist die pure Zahl der Benutzer. Entwickler gibt es vielleicht ein Dutzend, wenn's hochkommt. Benutzer gibt es später hunderte, wenn nicht gar hunderttausende. Das Programm wird durch die Verwendung bei so vielen Personen einem Test unterzogen, der gründlicher nicht sein kann. Es ist natürlich schlechter Stil, den Kunden zum Betatester zu machen, die ärgern sich nämlich über jeden Fehler, den sie finden. Die Betatester hingegen freuen sich eher, denn das ist ja ihre Aufgabe. Und 50-100 Betatester anzuheuern ist in der Regel kein Problem. Sie kosten nämlich nichts. Zwar ist Testen Arbeit, aber im Falle von Spielen reißen sich die Leute geradezu um diese Arbeit, manche würden sogar noch dafür bezahlen.

Es gibt nur ein winzig kleines Problem mit Betatestern: Unter ihnen befinden sich immer wieder schwarze Schafe, die die Testversionen unzulässigerweise veröffentlichen. Deshalb findet man bei großen Titeln recht häufig die gecrackte Version im Internet, noch vor dem Erscheinen im Laden.

Eine Möglichkeit ist, jedem Betatester seine eigene, unverwechselbare Programmversion zu geben. Dann kann man den Übeltäter später identifizieren. Allerdings ist dann der Schaden schon da, und so eine Versionsverwaltung macht mehr Arbeit, als einem lieb ist. Ganz zu schweigen von den Fehlern, die man bei der Verteilung machen kann. Schlechte Lösung.

Ich persönlich finde es viel interessanter, die Beta-Versionen in ihrer Funktionalität zu verstümmeln und niemals einem Betatester ein komplettes Programm zur Verfügung zu stellen. Auf diese Weise kann auch nie ein komplettes Programm vorzeitig an die Öffentlichkeit gelangen. Das hat nur einen Nachteil, nämlich den, dass manche Dinge dann unter Umständen schwer bis gar nicht testbar sind, weil vielleicht das Zusammenspiel von Features eine Rolle spielt, die aber nie beide gleichzeitig vorhanden sind. Aber das ist ein vergleichsweise geringes Problem, und wenn man ein ganzes Spiel schreiben kann, dann findet man hierfür erst recht eine Lösung.

5.4.3.7 Noch Zeit für das Projekt übrig lassen

Ein Problem, das kaum je zur Sprache kommt, ist, dass man auch zu viel kommunizieren kann. Ein bisschen Webseite machen, ein bisschen im Forum Fragen beantworten, E-Mails lesen und beantworten – und schon ist der halbe Tag rum.

Umgekehrt, wenn sich die Fans an schnelle Antworten gewöhnt haben, braucht man sich nur mal 24 Stunden zum Programmieren zurückzuziehen, und schon findet man bei seiner Rückkehr im Forum ein Dutzend Beiträge, die fragen, ob man das Interesse verloren hat etc.

Die Internet-Präsenz kann sich zu einem Full-Time-Job entwickeln, lasst das nicht einreißen. Notfalls muss abwechselnd einer aus dem Team »zuständig« sein.

5.4.4 Vorsicht, Ideenklauer unterwegs

Im Internet gibt es kein Copyright, bzw. es gibt wohl eins, nur schert sich darum keiner. Seid ja nicht zu vertrauensselig! Wenn ihr eine gute Idee habt oder ein Stück Programmcode, und ihr lasst die ganze Welt an eurem Wissen teilhaben, kann es sein, dass eure Ideen und Arbeit sich plötzlich in anderen Spielen wiederfinden, allerdings ohne dass ihr etwas davon hättet. Nachweisen könnt ihr Ideenklau sowieso fast nie jemandem, und selbst wenn: Wenn ihr keine Patente angemeldet habt (kompliziert und teuer), dann hilft euch auch das Rechtssystem nicht.

Patentieren bzw. schützen lassen kann man sich in Deutschland per Patentanwalt und Notar Namen, Logos und technische Konzepte. Nicht jedoch Software und Ideen, das gibt es nur in Amerika und ist unglaublich teuer. – Was aber auch gut ist, denn sonst wärt ihr die Ersten, die davon betroffen wären und schon bei den harmlosesten Hobbyprojekten Briefchen mit abstrusen Geldforderungen von irgendwelchen Anwälten erhalten würden.

Es ist daher nicht empfehlenswert, zu viele intime Details über euer Projekt auf der Webseite auszuplaudern, bevor ihr sie nicht implementiert habt. Siehe auch den Abschnitt »Publisher«.

Achtet auch darauf, selbst nicht zum Ideenklauer zu werden. Firmen sehen es gar nicht gerne, wenn ihr ihre Namen und Logos verwendet. Ein wenig in der Grauzone befinden sich dabei Dinge aus dem öffentlichen Straßenbild. Solltet ihr eine Stadt simulieren, dürft ihr echte Gebäude darin aufstellen, ohne befürchten zu müssen, dass ihr wegen Markenrechtsverletzung angeprangert wird. Fahrzeuge und Plakate sind dabei schon ein wenig problematisch. Rechtssprechung richtet sich nach dem Usus und ist auch immer ein wenig russisches Roulette, bei dem kein noch so guter Anwalt genau sagen kann, wie eine Entscheidung ausfallen würde, wenn es denn zu einem Prozess käme.

In RAILROAD TYCOON 2 gab es z. B. keine Probleme, auf den Lokomotiven auch deren Original-Logos und Farbschemata ohne Erlaubnis, Vertrag und Gebühren zu verwenden. Bei den Add-Ons zum MICROSOFT TRAIN-SIMULATOR ist es jedoch (ohne dass irgendwelche Prozesse geführt worden wären) gebräuchlich, Verträge mit den Eisenbahngesellschaften zu schließen, in denen sie ihre Erlaubnis zur Verwendung ihrer Fahrzeuge erteilen, insbesondere, was die Lackierungen angeht.

Für den Begriff »Bundesliga« muss man ohnehin schrecklich viel Geld bezahlen, und auch einige Autohersteller sind sehr eifersüchtig, weshalb es vielleicht bald keine Rennspiele mehr geben wird, in denen ein Mercedes gegen einen Ferrari antreten kann.

5.5 Das Spiel ist fertig – was nun?

5.5.1 Wird's denn fertig?

In dem Moment, in dem du diese Zeilen liest, ist dein Projekt unter Garantie noch nicht fertig, möglicherweise hast du es noch nicht mal angefangen, aber das macht nichts.

Sehr wahrscheinlich wirst du dieses Buch schon wieder vergessen haben, bis es so weit ist, deswegen betrachte dieses mehr als Ausblick in die Zukunft denn als konkrete Anleitung.

5.5.2 Freeware

Man kann tun, was die meisten Programmierer von kleinen Hobbyprojekten auch tun, nämlich das fertige Produkt zum Download auf die Homepage stellen, gegebenenfalls noch in ein paar Newsgroups schreiben, dass man fertig ist, und sich dann zurücklehnen.

Daran ist eigentlich auch nichts auszusetzen, jedenfalls solange es sich wirklich nur um Kleinigkeiten handelt. Ich habe jedoch ein etwas zwiespältiges Verhältnis dazu, die Arbeit mehrerer Monate oder gar Jahre einfach so zum freien Download bereit zu stellen. Gut, einerseits sollte man besser nicht darauf hoffen, dass irgendjemand Geld für das eigenfabrizierte Programm ausgeben wird, andererseits ist die Belohnung für all die Mühen im Falle von Freeware aus meiner Sicht irgendwie mager.

Aber das muss jeder selbst wissen. Es gibt eine Menge Programmierer, die ihre Werke ständig kostenlos anbieten und kein Leeregefühl entwickeln, weil ein paar anerkennende E-Mails ihnen als Belohnung völlig ausreichen.

Ein kleines Problem ist nur, dass die meisten Menschen etwas, wofür sie nicht bezahlen müssen, für minderwertig halten. – Und in der Regel stimmt das auch. Der Freeware-Autor muss also Mittel und Wege finden, auf sich aufmerksam zu machen. Das versuchen die Produzenten guter Programme allerdings genauso wie die von Schrott, es ist insofern nicht ganz einfach. Aber das ist ein völlig anderes Thema.

5.5.3 Donationware

Dies ist eine Variante der Freeware, bei der man den Anwender um eine freiwillige Spende bittet, wenn ihm das Programm gefällt. In 99% der Fälle wird der Anwender natürlich nichts zahlen, (warum soll man schließlich für etwas bezahlen, was man auch umsonst haben kann) aber hin und wieder passiert es doch, und ich persönlich empfinde eine weit größere Genugtuung, wenn mir jemand zu seinem Lobesbrief fünf oder zehn Euro beilegt, als von noch so vielen begeisterten E-Mails. Wohlgemerkt, nicht des Geldes wegen, sondern weil ich weiß, mein Werk ist es jemandem wert gewesen.

5.5.4 Shareware

Shareware zeichnet sich dadurch aus, dass man für die Benutzung des Programms nicht zahlen *darf*, sondern *soll*! Allerdings darf man es, um sich von seinem Nutzen zu überzeugen, für eine begrenzte Zeit kostenlos installieren und benutzen. Danach soll man entweder zahlen oder es wieder von der Festplatte löschen.

Es sollte sofort ins Auge springen, dass das in der Praxis mit Donationware identisch ist. Wer kann schon überprüfen, welche 1000 oder 10.000 Leute weltweit sich das Programm downgeloadet haben und regelmäßig benutzen?

Deswegen erstellen Programmierer von Shareware gerne zwei Versionen: Die sogenannte **Vollversion**, die das vollständige Programm mit allen Funktionen enthält, ist dabei *nicht* frei downloadbar. Downloadbar ist hingegen die Version, in der entweder etwas fehlt (Funktionen, Levels) oder Ärger-Features eingebaut sind, z. B. eine Zeitbeschränkung oder Einblendungen von Fenstern, die besagen, dass das nur Shareware ist und man doch bitte dafür bezahlen soll.

Unvollständige Shareware-Programmversionen werden auch als so genannte **Crippleware** (Krüppelware) bezeichnet und die meisten Shareware-CD-Hersteller weigern sich, so was auf ihre CDs zu packen. Teilweise zu Recht, denn wenn man z. B. in einem Malprogramm die Hälfte der Werkzeugpalette nicht zur Verfügung hat oder in einem 3D-Shooter nur ein Raum mit einem Gegner und einer Waffe vorkommt, kann man sich vom Programm wahrlich kein Bild machen. Andererseits muss dem Programmierer das Recht zugestanden werden, seine Vollversion nur an die herauszurücken, die auch bezahlen wollen.

Es ist nicht ganz einfach, die Grenze zu ziehen zwischen »vollständig« und »unvollständig«. DOOM und QUAKE, die auch als Shareware angefangen haben, waren in der Demoversion voll funktionell, aber es gab nur ein Drittel aller Levels. Das ist, wie ich finde, okay.

Insofern übrigens sind die meisten kommerziellen Spiele, von denen es Demos im Internet bzw. auf Magazin-CDs gibt, Shareware. Das finde ich auch sehr gut. Ich kaufe meine Spiele fast nur auf Demo-Basis. Ich habe mir ebenso viele gekauft, weil ich das Demo gut fand und weiterspielen wollte, wie ich auch Spiele nicht gekauft habe, weil ich eben nicht begeistert war.

Eher schade finde ich, dass Demos zunehmend als Vorschauversion erscheinen, d.h. der Entwicklungsprozess ist noch nicht abgeschlossen und der Hersteller verspricht, für die Verkaufsversion noch Bugs zu beseitigen und Features hinzuzufügen. Oft genug ist das allerdings nur Werbe-Gewäsch, denn die meisten Demos werden erst erstellt, nachdem die Vollversion fertig ist. Was ja okay ist, so soll es sein.

Für mich persönlich ist Shareware mit eingeschränkter Funktionalität eigentlich die Lieblingslösung für fertige Projekte, allerdings sollte man sich gut überlegen, was man für eine Einschränkung einbaut, denn nicht alle sind gleich gut.

Ein aufpoppendes Fenster, das daran erinnert, dass dies nicht die Vollversion ist, ist schon mal gar nicht schlecht, aber es ist einerseits nervtötend und macht einen schlechten Eindruck, andererseits hindert es einen entschlossenen Spieler nicht daran, weiterzumachen. Eine »Zeitbombe«, die das Spiel nach Ablauf der Testzeit unspielbar macht, ist auch lustig, aber man kriegt schnell heraus, wie man z. B. durch Zurückstellen des Datums oder Neuinstallation das Ding wieder zum Laufen kriegt.

Fehlende Features hingegen sind problematisch, weil der Anwender sie nicht in Aktion erlebt und daher häufig keine Vorstellung davon hat, was er eigentlich verpasst. Außer, es sind gewisse Standardfunktionen wie z. B. Speichern des Spielstandes. Bei RAILROAD TYCOON 2 fand ich es sehr clever, den Szenario-Editor der Demo beizulegen, damit jeder mal sehen konnte, wie das funktioniert – aber die Speichermöglichkeit zu deaktivieren. Ebenso konnte man keine Szenarien aus dem Internet in der Demo-Version spielen. Ansonsten war die Demo voll funktionell und bot alles, was die Verkaufsversion auch bot – ich hätte vielleicht noch die Speicherfunktion des Spielstandes weggelassen.

AGE OF EMPIRES hatte auch eine Demoversion, in der man nur ein paar Levels spielen konnte. Ich fand es zwar etwas unklug, den Multiplayer-Modus über das Internet auch in der Demoversion zu unterstützen, aber verkauft hat sich das Teil trotzdem wie verrückt.

IMPERIALISMUS hatte eine Rundenbegrenzung von 20 Runden in der Demoversion, wodurch man einen Vorgeschmack auf das Spiel bekam, es aber nicht wirklich spielen konnte. Was soll ich sagen – ich hab's mir gekauft.

In ASCENDANCY, einem rundenbasierten Weltraum-Strategiespiel von 1996, gab es eine Begrenzung von 255 Runden, allerdings haben die Entwickler einen kleinen Fehler gemacht: Ich konnte nämlich meinen Spielstand speichern und die Rundenzahl in der Datei mit einem Hex-Editor ansehen und editieren. Ich musste zwar das Spiel alle 254 Runden speichern und editieren, aber ich konnte es durchspielen, denn es war absolut alles in der Demo drin, was auch in der Verkaufsversion drin war. Ich hab mir das Spiel später allerdings trotzdem gekauft, als Anerkennung der Leistung der Programmierer und weil die Demo nur in Englisch war.

Damit kommen wir noch zu einem wichtigen Punkt: Wenn du deine Demo in ihrer Funktion beschränken willst, sieh zu, dass die fehlenden Teile *überhaupt nicht mehr drin sind,* damit nicht irgendwelche Hacker die Möglichkeit haben, sie wieder freizuschalten.

5.5.5 Publisher

Ein Publisher ist so etwas wie ein Verlag, der das fertige Spiel in die Läden bringt und für Werbung sorgt. Für diese kostenintensive Arbeit streicht er in der Regel auch den Löwenanteil des Gewinns ein. In manchen Fällen existiert auch noch eine so genannte Qualitätskontrolle, bei der das Spiel immer wieder auf mögliche Problempunkte getestet wird, bis der Entwickler auch das letzte kleine Problem beseitigt hat. Der Publisher kann sogar einen ganzen Betatest organisieren. Offiziell gibt es Qualitätskontrolle bei jedem Publisher, aber bei ziemlich vielen ist sie leider nur eine Worthülse.

Dem Entwicklerteam bleiben, sofern nach Verkaufszahlen abgerechnet wird, zwischen zwei und zehn Euro, je nach Verkaufspreis und Prominenz des Entwicklerteams. Orientiere dich lieber an der zwei als an der zehn, außer, du heißt Sid Meier, John Carmack oder Richard Garriott.

Ebenfalls häufig ist die Variante, dir das Projekt abzukaufen. Bezahlt werden hierbei Beträge zwischen 500 und 1000.000 Euro, auch hier solltest du dich nicht an der höheren Zahl orientieren, aber du solltest dich auch nicht über den Tisch ziehen lassen.

Gepublisht zu werden, ist für die meisten Hobbyprogrammierer die höchste Stufe der Erleuchtung, um es mal theatralisch auszudrücken, aber es wird nur Wenigen vergönnt sein, denn dazu muss man schon wirklich etwas Herausragendes machen.

Du, lieber Leser, gehörst leider noch nicht in diese Liga, sonst hättest du dir dieses Buch nicht gekauft, sondern hättest es geschrieben. Aber was nicht ist, das kann ja noch werden.

Manchmal werden Publisher auf toll aussehende Projekte von selbst aufmerksam. Voraussetzung ist natürlich, dass man sie im Internet ausstellt und möglichst viele Screenshots und Beschreibungen dazu. Ebenso eine downloadbare Demo der Engine. Falls ihr tatsächlich darauf hinauswollt, das Spiel später mal zu verkaufen, dann solltet ihr allerdings wegen der Ideenklau-Gefahr während der Entwicklungszeit nur eine abgespeckte Version zum Download anbieten, welche die Fähigkeiten eurer Spiele-Engine zeigt, aber nicht das Spiel an sich.

Sollten die Publisher nicht von selbst auf dich aufmerksam werden, ist dein Projekt möglicherweise nicht interessant genug für den kommerziellen Markt. Solltest du das anders sehen, kannst du natürlich die großen Firmen auch mal anschreiben – wundere dich allerdings nicht, wenn du nicht mal eine Antwort bekommst. Das ist völlig normal.

5.6 Professionelles Projektmanagement (CD)

5.6.1 Was ist eigentlich Projektmanagement?

Kurz gesagt, das Management von Projekten. Wo wir auch gleich auf die nächste Frage kommen, was denn nun Projekte sind. Unter Projekt wird eine Arbeit/Aufgabe verstanden, die eine gewisse Einmaligkeit und Innovativität besitzt und innerhalb eines gewissen Zeitrahmens abgeschlossen ist. All dies trifft auf die Entwicklung von Computerspielen zu. Jeder, der ein Computerspiel entwickelt, behauptet ja, dass sein Spiel das Innovativste ist, was je als Computerspiel umgesetzt wurde, und von seiner Einmaligkeit ist er sowieso überzeugt.

Wenn aus diesem Spiel wirklich etwas werden soll, so muss auch ein gewisser Zeitrahmen eingehalten werden. Und hier fängt das Problem auch schon an, denn nicht jeder sieht ein, dass schon zum Projektstart ein Termin festgesetzt werden soll, zu dem dieses Spiel fertig sein soll. Dies ist aber absolut notwendig, und sei es nur für die erste Version, denn nur, wenn ein Ziel gesetzt ist, kann auch auf dieses Ziel hingearbeitet werden. Leider sind viele Spiele nie fertig geworden, weil sie vom Start her schon keinen sinnvollen Zeitrahmen hatten, und deshalb immer wieder ein neues Feature eingebaut wurde, ohne dass andere essentielle Teile jemals fertig wurden. Und dies ist auch eine der wichtigsten Aufgaben des Projektmanagements, nämlich das Projekt erst einmal zu planen und dann die Einhaltung des Plans zu überwachen und zu gewährleisten.

5.6.1.1 Wer sollte der »Manager« sein?

Meist wird es wohl der Initiator des Projekts sein, dies ist aber keinesfalls zwingend, den es geht hier nicht darum, zu bestimmen, **was** gemacht werden soll, sondern **wann**. Somit ist es durchaus denkbar, dass nicht der Initiator des Projekts diese Aufgabe übernimmt, sondern jemand, der sich mit der Organisation eines Projekts besser auskennt. Trotzdem wird diese Aufgabe meist vom Initiator bewerkstelligt, weil er ja zum einen die Teammitglieder ausgesucht hat, und zum anderen meist die engste Verbindung zum Projekt hat. Eine sinnvolle Planung ist auch nicht weiter schwierig, wenn einige grundlegende Verfahren angewandt werden, deshalb sollte sich keiner scheuen, den »Manager« zu spielen.

5.6.1.2 Gibt es so etwas wie Projektmanagement nicht auch in der Wirtschaft?

Aber klar! Projektmanagement setzt sich in der Industrie und auch in anderen Bereichen der Wirtschaft immer mehr durch. Gerade in der Software-Entwicklung gibt es Firmen, die nur noch mit Projekten arbeiten. Weshalb es zu diesem Thema eine Menge Bücher und auch Lehrgänge gibt. Im Rahmen dieses Buches kann nicht detailliert auf den ganzen Komplex eingegangen werden, braucht es auch nicht. Aber einige der dort angewendeten Verfahren erleichtern die Planung ungemein, weshalb sie hier erwähnt werden.

5.6.1.3 Welche Vorteile bietet mir diese zusätzliche Arbeit?

In dieser Frage steckt schon ein Fehler: Es handelt sich nicht um *zusätzliche* Arbeit, sondern um *notwendige* Arbeit, ohne die das Spiel mit hoher Wahrscheinlichkeit nichts werden wird.

In den 80ern, als jeder alleine an seinem C64 ein vollwertiges Spiel schreiben konnte, war das nicht unbedingt notwendig. Wenn auch die wichtigsten Ziele des Projektmanagements trotzdem in irgendeiner Art und Weise beachtet wurden. Heutzutage, wo meist mehrere Programmierer, ein paar Grafiker, ein Musiker, ein Leveldesigner usw. für ein komplettes Spiel benötigt werden, ist eine Planung des Projekts unerlässlich. Nur so lässt sich der Zeitbedarf abschätzen und die einzelnen Arbeiten viel einfacher aufteilen und zuweisen. Zu Beginn der Planung für ein neues Spiel finden sich meist schnell ein paar Leute, die daran in irgendeiner Weise mitwirken wollen, dies führt aber leider meist dazu, dass jeder wild vor sich hin werkelt und das Ergebnis später verworfen werden muss, weil es so keiner haben wollte. Dies führt zwangsläufig zu Frust und die Leute springen wieder ab, weil das, was sie beigetragen haben, ja dann doch keiner wollte. Dies gilt es genauso zu vermeiden, wie dass das ganze Projekt auf einmal eine größere Pause machen muss, weil auf eine wichtige Komponente gewartet wird, von der derjenige, der sie beitragen wollte, gar nicht wusste, wie wichtig sie ist.

Im Einzelnen hat das Projektmanagement folgende Ziele:

- Das Spiel so weit zu **konkretisieren**, dass für jeden ersichtlich ist, was alles für das Spiel gebraucht wird, und so auch zu vermeiden, dass das Spiel nie fertig wird, weil ständig Änderungen vorgenommen werden.
- Aufteilung aller Arbeiten in einzelne sog. **Arbeitspakete**, die dann von einem einzelnen Mitarbeiter bearbeitet werden können.
- Das Auflösen von **Abhängigkeiten**, so dass ersichtlich wird, in welcher Reihenfolge bestimmte Vorarbeiten geleistet werden müssen.
- Eine **Abschätzung**, wie lange es dauert, bis ein bestimmtes Arbeitspaket fertig bzw. ein Zwischenziel erreicht ist.

Im Folgenden werden die einzelnen Schritte kurz erläutert, so dass einer erfolgreichen Planung nichts mehr im Wege stehen sollte.

5.6.2 Das Spiel konkretisieren

Meist geistern einem die tollsten Vorstellungen vom neuem Spiel durch den Kopf, und von den anderen Projektbeteiligten werden auch noch tolle Ideen eingebracht. Meist wird dann darüber diskutiert, wie toll es wäre, all dies umzusetzen, und dass es doch gar kein Problem wäre, dies und das auch noch zu implementieren. Die Programmierer machen dann meist auch noch den Vorschlag, dass das Programm so allgemein wie möglich gehalten sein, und sowieso eine Skriptsprache verarbeiten können wird, so dass jetzt noch gar nicht darüber abgestimmt werden braucht, ob dieses oder jenes Feature eingebaut werden soll.

Dies ist aber der falsche Weg, denn so wird zwar versucht, ein tolles Spiel zu schreiben, aber es wird scheitern. Denn je allgemeiner etwas gehalten wird, desto langsamer wird es abgearbeitet werden, und desto größer und komplizierter wird das Programm aussehen (und auch sein). Es spricht nichts dagegen, diverse Änderungen an einer Planung vorzunehmen, wenn sich später noch tolle Ideen ergeben. Aber im Allgemeinen sollte das Spiel schon zu Beginn designt sein und das Design nicht verändert werden. Sinnvoller ist es, solche Ideen zu sammeln und sie erst für den ersten Patch oder gar für die nächste Version umzusetzen. Sonst wird das Spiel nie fertig, weil ständig nachgebessert wird.

5.6.2.1 Wie konkretisiere ich jetzt aber meine Idee?

Am produktivsten ist, dass alle, die am Projekt beteiligt sein wollen, sich zusammensetzen und über die Elemente des Spiels reden. Einer der Anwesenden schreibt dabei die Ergebnisse mit. Es ist auch möglich, dies per E-Mail zu machen, was aber nicht so effektiv ist und natürlich deutlich länger dauert. Sofern es noch kein Projektteam gibt, ist es natürlich auch möglich, dies im Alleingang zu bewerkstelligen, um dann mit dem Ergebnis Mitarbeiter zu werben. Denn durch die Konkretisierung kann jeder Interessent am Spiel erkennen, um was es in diesem Projekt geht. Um im Folgenden einige Hinweise zu geben, wie so was konkret aussieht, nehmen wir als Beispiel die allseits beliebten Egoshooter, denn hier dürften die meisten zumindest wissen, um was es geht.

5.6.2.2 Was muss alles konkretisiert werden?

Vom Prinzip her alles, was das Design des Spiels betrifft, sowie teilweise auch schon dessen Implementation. Wenn ein Design-Dokument schon existiert, so ist ein Großteil der Arbeit hier schon erledigt. Wenn nicht, so kann es aus der Diskussion später abgeleitet werden. Für den Egoshooter wäre es z. B. notwendig, die Anzahl der unterschiedlichen Gegner zu definieren. Für jeden dieser Gegner kann dann festgelegt werden, welche besonderen Eigenschaften er hat. Hier wäre z. B. interessant, ob es Gegner geben soll, die fliegen können, oder nicht, da dies eine ziemliche Auswirkung auf die Programmierung und das Leveldesign hat. Auch die Anzahl und Art der Waffen ist festzulegen, genauso wie alle, die es geben soll. Wie die Level aussehen sollen, ist auch hier schon grob festzulegen, da Außenlevels meist anders zu programmieren sind als Innenlevels. Welche Steuerung Verwendung findet und wie die Kamera das ganze darstellen soll, gehört auch noch zu den Dingen, die der Spieler nachher benutzen soll und ist hier schon –zumindest in einer ersten Version – festzulegen.

Festgelegt werden müssen aber auch andere grundlegende Daten, wie z. B. auf welchem Rechner das Ganze laufen soll, welche besonderen Features aus Performance-Gründen abschaltbar sein sollen usw. Hierzu zählt dann auch schon die verwendete Grafikschnittstelle (z. B. OpenGL oder DirectX) oder die zu verwendende Grafikengine. Selbst welche Programmiersprache verwendet wird, ist festzulegen, weil es leider nicht immer möglich ist, auf eine neue Version upzugraden, ohne dass Anpassungen nötig sind.

Aber auch für die Nicht-Programmierer des Teams gibt es viel festzulegen. So ist die Art und das grobe Format, in denen die Levels gespeichert werden sollen, genauso wichtig, wie dies für die 3D-Modelle, den Sound und die Musik notwendig ist. Des Weiteren muss für jedes Objekt im Spiel auch festgelegt werden, welche Sounds es überhaupt haben soll, welche Bewegungsfähigkeit die 3D-Objekte bekommen sollen usw. Vom Prinzip her sollte so viel wie möglich festgelegt werden, da darauf dann die nächste Stufe der Planung aufbaut. Dadurch, dass z. B. entschieden wird, dass ein eigenes Format für die Levels benötigt wird (was ja wohl meist der Fall sein wird), ergibt sich zwangsläufig auch, dass ein Level-Editor zu programmieren ist. So kommt dann eins zum anderen, und das Projekt nimmt langsam Gestalt an.

5.6.2.3 Wie geht es dann weiter?

Der nächste Schritt lässt sich vom vorangehenden eigentlich nicht richtig trennen, denn jetzt geht es darum, die ganzen Ergebnisse zusammenzufassen und eine Art Liste zu erstellen, was alles zu machen ist. Dort steht dann z. B. drin, dass es insgesamt fünf verschiedene Gegner geben soll, von denen die Nummer 1 ein einfacher Gegner ist, der nur beißen kann, sich bewegt wie ein Zombie und insgesamt drei Sounds besitzt. Der 1. Sound ist, wenn er läuft, der 2. Sound ist, wenn er beißt, und ab und zu wird ein 3. Sound gespielt, wenn er nichts macht – so eine Art Pausen-Sound, wo man ihn nur atmen hört. Dies wird natürlich auch für die anderen oben erwähnten Dinge aufgestellt, wobei diese Aufzählung auf keinem Fall den Anspruch auf Vollständigkeit erhebt, sondern nur einen wirklich kleinen Ausschnitt darstellt. Für den Leveleditor z. B., der vielleicht schon als notwendig erkannt ist, wird festgelegt, was dort alles einzugeben ist: wie groß die maximale Fläche für einen Level sein darf, wie hoch usw.

Als Ergebnis ergibt sich dann, dass für alle notwendig Komponenten des Spiels definiert ist, was gemacht werden soll, wie es aussieht, wie es klingt, und teilweise auch schon, mit welcher Methode es programmiert werden soll.

5.6.3 Die Milestones

Es wäre sehr aufwändig, unnötig und somit sinnlos, das gesamte Spiel jetzt durchzuplanen und jedem Beteiligten seine Aufgaben zuzuweisen. Zum einen können einzelne Beteiligte abspringen oder andere hinzukommen, oder der mögliche Zeiteinsatz ändert sich usw. Auch ergeben sich immer wieder Änderungen, da bei der Planung zwangsläufig immer etwas vergessen wird, oder weil sich während der Entwicklung zeigt, dass bestimmte Dinge anderes umgesetzt werden müssen, da sie so nicht zu gebrauchen sind. Als Lösung für dieses Problem hat sich ergeben, dass nicht das gesamte Spiel auf einmal angegangen wird, sondern es werden nicht fertige Zwischenversionen definiert. Auf diese Zwischenversionen wird dann jeweils hingearbeitet und erst wenn sie fertig sind, wird mit der nächste Etappe begonnen. Ein englischer Ausdruck, der sich für diesen Punkt durchgesetzt hat, ist **Milestone**. Ein Milestone definiert demnach eine lauffähige Version des Spiels indem wieder irgend etwas neues funktioniert, und zwar so, das es sogar richtig getestet werden kann. Früher waren solche Versionen meist mit Alpha 1, Alpha 2 usw. betitelt. Auch sollen die Milestones dafür genutzt werden, eine Review durchzuführen. Darunter ist zu verstehen, dass sich die Projektbeteiligten treffen und über Erfahrungen seit dem letzten Milestone berichten. Hierunter zählen z. B. vorher nicht erkannte Probleme und wie sie doch gelöst wurden, wie die Zeiteinteilung war und was demnach für den nächsten Milestone anderes eingeplant werden muss und so weiter.

5.6.3.1 Was kann ich aber mit so einer Milestone-Version anfangen?

Eine solche Version, die durch das Erreichen eines Milestones entstanden ist, eignet sich für viele Dinge. Zum einen kann sie an die restlichen Projektmitglieder, die nicht unbedingt immer die neuste Entwicklerversion brauchen, weitergegeben werden. Sie haben damit nicht nur ein Feedback über den Projektfortschritt, sondern können damit z. B. selbst arbeiten, indem sie selbst Sounds oder Grafiken austauschen und testen. Auch lässt sich diese Version an Alpha-/Beta-Tester weitergeben, und die in diesen Versionen gefundenen Fehler werden auch beseitigt! Um es noch mal auf den Punkt zu bringen, bei einer Milestone Version handelt es sich um das Spiel in zwar nicht fertigem Zustand aber in einer Art, dass man damit etwas anfangen kann. Es ist total normal, dass bestimmte Funktionen oder Buttons nicht funktionieren, aber die laut Milestoneplan schon implementiert sein sollten, die sollten auch fehlerfrei funktionieren. Eine Milestoneversion sorgt somit auch dafür, dass Fehler durch zusätzliches Testen früher gefunden werden und nicht nach hinten verschoben werden, weil das Spiel eh noch nicht fertig ist.

Eine Milestoneversion sollte weitgehend fehlerfrei sein!

Und die doch gefundenen Fehler sind vor der nächsten Milestoneversion zu beseitigen. Sie dürfen auf keinen Fall weiter nach hinten verschoben werden, da sich eventuell Folgefehler ergeben.

5.6.3.2 Wie definiere ich nun aber Milestones?

Das ist nicht weiter schwer, wenn einige Grundregeln beachtet werden. So sollte für den nächsten Milestone, oder bei Beginn des Projekts für den ersten Milestone, nicht zu viel und auch nicht zu wenig hineingepackt werden. Bei der professionellen Spiele-Entwicklung liegt der Zeitbereich meist bei etwa einem Monat, im Hobby-Bereich wird der Zeitrahmen wohl größer liegen müssen, aber es kommt vielmehr darauf an, dass sichtbare bzw. testbare Funktionalität hinzugekommen ist. So könnte für den Egoshooter ein erster Milestone sein, das die 3D-Engine läuft und ein rechteckiger Raum zu sehen ist, und die Kamera sollte schon schwenkbar sein. Im nächsten Milestone könnte dann die Bewegung der Kamera, ohne Kollisionserkennung, implementiert sein, genauso wie ein erster, wenn auch einfacher Level. Im dritten Milestone könnte dann schon der erste Gegner zu sehen sein, der sich, wenn auch primitiv, bewegt und Geräusche macht. Um es noch mal deutlich zu sagen, es geht darum, dass jeder Milestone das Spiel sichtbar weiter bringt und dass neue Funktionen vorhanden sind. Allerdings sollten die Milestones immer so ausgelegt sein, dass nicht zu viel auf einmal angegangen wird, da dann die Vorteile wie frühes Fehlerfinden und abgeschlossene funktionsfähige Funktionen nicht mehr vorhanden sind.

5.6.3.3 Was bringt mir ein Milestoneplan?

Erstmal, was ist ein solcher Plan überhaupt? Es ist der Plan in dem die einzelnen Milestones vom Beginn an bis zum fertigen Spiel verzeichnet sind. Es ist somit eine Aufteilung des gesamten Projekts in lauter kleine Teilprojekte. Aus dem am Anfang nicht überschaubaren Projekt der Erstellung eines Spiels werden Teilprojekte die, jeweils für sich betrachtet besser überschaubar sind. Nach einiger Erfahrung oder auch nachdem das Projekt schon gewisse Zeit läuft und ein paar Milestones erreicht wurden, ist der Fortschritt des Spiels ablesbar und einschätzbar. Es besteht so z. B. die Möglichkeit zu erkennen wie lange die Entwicklung des Spiels wohl noch dauern wird, da es nicht mehr diese unübersehbare Masse an noch zu implementierenden Features gibt, sondern nur eine begrenzte Anzahl von Milestones. Auch kann erkannt werden, ob das Spiel überhaupt fertig werden kann und ob nicht einige nicht so wichtige Features auf die zwei. Version verlegt werden sollten, weil sie einfach zu viel Zeit benötigen.

Dadurch, dass im Milestoneplan das ganze Spiel in übersichtlicher Art und Weise definiert ist, ergeben sich noch eine Reihe von Vorteilen. Als Erstes sei hier die Glaubwürdigkeit des Projektes genannt. Wenn ein Milestoneplan und ein Design-Dokument vorliegt, ist erkennbar, dass man sich über das Spiel Gedanken gemacht hat. Es ist nicht mehr das Hirngespinst ein paar Computer-Verrückter, das sowieso nichts wird, sondern die Beteiligten wollen wirklich ein Spiel auf die Beine stellen, und sie streben auch den Abschluss des Projekts an. Dies kann von Vorteil sein, wenn wirklich gute Mitwirkende für das Projekt noch hinzugezogen werden sollen. Denn die können sich vor Angeboten kaum retten und wollen natürlich nicht an Projekten teilhaben, die dann bloß im Sand verlaufen, weil die zu bewältigende Arbeit voll unterschätzt wurde. Des Weiteren kann ihnen so viel leichter mitgeteilt werden, für was sie im Projekt gebraucht werden, und wie viel Arbeit sie in etwa erwartet. Auch falls Interesse einer professionellen Spielefirma besteht, wird diese nicht nur mehr Interesse an dem Spiel zeigen, wenn beide Dokumente vorhanden sind, sondern eventuell auch andere Konditionen offerieren. Denn die Erstellung eines Milestoneplans lässt die Firma die zu erwartenden Kosten besser abschätzen, und Erstellung würde der Firma zusätzliches Geld kosten.

Als weiteren nicht zu unterschätzenden Vorteil kann mit einem Milestoneplan grob abgeschätzt werden, wann welche Mitwirkende benötigt werden und wie viele. Das erspart das nervige Nachfragen des Leveldesigners, wann er denn endlich anfangen kann, genauso wie das zu lange Warten auf für den nächsten Milestone benötigte Programmroutinen oder Grafiken. Denn wenn sich zeigt, dass hier und dort doch sehr viel zu tun ist, kann rechtzeitig versucht werden, weitere Mitstreiter zu gewinnen.

5.6.4 Die Arbeitspakete

Ein Arbeitspaket ist nichts anderes als eine Art Arbeitsauftrag, der konkret beschreibt, was gefordert ist. Für unseren ersten Gegner von eben ergeben sich gleich mehrere solcher Pakete. Es wird z. B. das 3D-Modell benötigt, die drei genannten Sounds, ein implementiertes Bewegungsschema nebst der Möglichkeit, sie im Leveleditor zu setzen, usw. Arbeitspakete werden nun aber nicht für das ganze Spiel festgelegt, sondern immer nur für den nächsten Milestone. Für den oben beispielhaft skizzierten Milestoneplan wäre, nachdem der zweite Milestone erreicht ist, bis zum nächsten Milestone der erste Gegner zu implementieren. Daraus ergeben sich ein Arbeitspaket an den Grafiker, der diesen Gegner designen soll, sowie drei an den Musiker, der die benötigten Sounds bereit stellt, und eins an einen Programmierer, der eine geeignete Laderoutine für das Programm schreibt, um das Format des Objekts einzuladen, genauso eins für den Programmierer, dass eine Soundroutine benötigt wird, die die drei Sounds laden und abspielen kann. Auch wird ein Paket für das Design des Demolevels benötigt, eins für die erste primitive Umsetzung des Leveleditors usw.

Dass ein eigentliches Hauptprogramm natürlich auch noch gebraucht wird, habe ich bewusst hier weggelassen, um es nicht zu unübersichtlich zu gestalten, es soll ja nur das prinzipielle Vorgehen erläutert werden. Für einen ersten Meilenstein dürfte das gesetzte Ziel sogar schon zu weit sein, hier sollten vor diesem weitere Meilensteine noch eingefügt werden.

5.6.4.1 Was steht in so einem Arbeitspaket?

Zuerst einmal, um was es überhaupt geht: z. B. der erste Sound, der zu hören ist, wenn der Gegner läuft. Dann ist anzugeben, wie er aussehen soll. Hier könnte es z. B. lauten: »11 Khz, gesampelt in Mono, max. 6 Sekunden lang, loopfähig, im Format *.wav«. Auch sollte bei solchen Aufträgen der Dateiname angegeben werden, da es sonst zu merkwürdigen und nur schwer nachvollziehbaren Namen kommen kann. Hier wäre z. B. möglich »Gegner_1_1.wav«, so ist klar, was gemeint ist. Des Weiteren steht in so einem Arbeitspaket, was der Bearbeiter als Voraussetzung für seine Umsetzung braucht. Hier wäre es z. B. das 3D-Modell, damit der Musiker einen Eindruck von dem Gegner bekommen kann. Auch wird vermerkt, in welchem Zeitrahmen mit der Arbeit dieses Pakets begonnen werden kann und wie lange an ihm gearbeitet werden darf. Dazu später mehr.

5.6.4.2 Woher weiß ich, was die Voraussetzung für ein bestimmtes Arbeitspaket ist?

Dies sollte eigentlich derjenige, der das Paket bearbeiten soll, wissen. Glücklicherweise sind bei der Erstellung der Arbeitspakete ja noch alle Teammitglieder anwesend, so dass man das diskutieren kann.

In unserem Beispiel würde es Sinn machen, dass, nachdem der erste Gegner modelliert ist, keine weiteren modelliert werden, solange nicht das erste Modell über den Importfilter auch wirklich im Spiel gelandet ist. Denn möglicherweise treten unerwartete Probleme auf, was dieses Modell betrifft. Somit sollte erst, nachdem das erste Modell fertig im Spiel ist, weiter modelliert werden. Für den Sound gilt dasselbe. Aber bevor dieser erste Gegner im Level zu sehen ist und sich bewegt, muss erst einmal der Level erstellt und eingeladen werden. Und so weiter. Ich denke, es ist klar, wie solche Abhängigkeiten entstehen.

5.6.4.3 Wer bearbeitet die Arbeitspakete?

Jeder, der sich berufen fühlt. Die Arbeitspakete sind so anzulegen, dass jedes für sich eine abgeschlossene Arbeit darstellt. So können z. B. mehrere Programmierer relativ unabhängig voneinander arbeiten, da die Hauptabhängigkeiten ja schon in die Arbeitspakete eingeflossen sind. Somit kann ein Arbeitspaket angefangen und auch fertig gestellt werden, wenn alle notwendigen vorausgesetzten Arbeitspakete abgeschlossen sind.

Sollte – was leider immer mal wieder vorkommt – jemand zwar mit einem Arbeitspaket anfangen, es aber nicht fertig stellen können oder wollen, so ist dies jetzt auch nicht mehr so tragisch, da dann einfach ein anderer dieses Arbeitspaket neu anfangen kann. Auch sollte der, der ein Paket anfängt, abschätzen, ob er es in der vorgesehen Zeit schaffen kann, da sonst das Projekt unnötig verzögert wird.

5.6.4.4 Wann ist ein Arbeitspaket fertig?

Es ist dann fertig, wenn der, der es bearbeitet, es für fertig erklärt, und wenn der Projektleiter überprüft hat, ob es auch wirklich fertig ist. Er kontrolliert, ob die Arbeit als solche erledigt ist, was anhand der Angaben im Arbeitspaket ja nicht schwer ist. Wobei er aber nicht den künstlerischen Wert zu beurteilen hat! Nur, wenn die gegebenen Spezifikationen nicht eingehalten worden sind, kann das Paket zurückgewiesen werden.

Beim Programmcode z. B. kann ein Arbeitspaket zurückgewiesen werden, wenn der Programmierstil oder sonstige Randbedingungen nicht eingehalten worden sind (bereits unkommentierter Code oder die Verwendung von kryptischen Variablennamen können ein Projekt im späteren Verlauf massiv behindern).

Auch macht es kein Sinn, ein 3D-Objekt, das später auf dem Bildschirm die Größe von 10 mal 10 Pixeln haben wird, aus 1000 Dreiecken zu modellieren, denn so was kostet nur unnötig Speicherplatz und Rechenleistung und kann deshalb zurückgewiesen werden. Dass dem Projektleiter (oder wer auch immer die Pakete kontrolliert) das Objekt nicht gefällt, ist hingegen kein Grund zur Zurückweisung, hier zählt also nur, dass es der Spezifikation des Pakets entspricht. Später kann dann darüber abgestimmt werden, ob es verworfen werden soll, das Recht hierzu behält sich der Initiator bzw. Rechteinhaber vor.

5.6.4.5 Mit welchem Arbeitspaket fängt man an, welches ist das nächste Paket?

Aus dem bisherigen lässt sich dies nicht beantworten, denn bisher haben wir nur einen unübersichtlichen Haufen von Arbeitspaketen, in denen steht, von welchen anderen Paketen sie abhängig sind. Diesem Missstand kann aber abgeholfen werden, indem ein sog. **Netzplan** erstellt wird. Dies ist recht einfach, denn die zugrunde liegende Idee ist, die Arbeitspakete auf einer Fläche anzuordnen und die Abhängigkeiten mit Linien darzustellen. Damit dies nicht in einem Chaos endet, geht man hier chronologisch von links nach rechts vor, so dass ein mehr oder minder breites »Ablaufband« entsteht. In der folgenden Abbildung ist ein sehr kurzer Ausschnitt eines solchen Netzplans dargestellt.

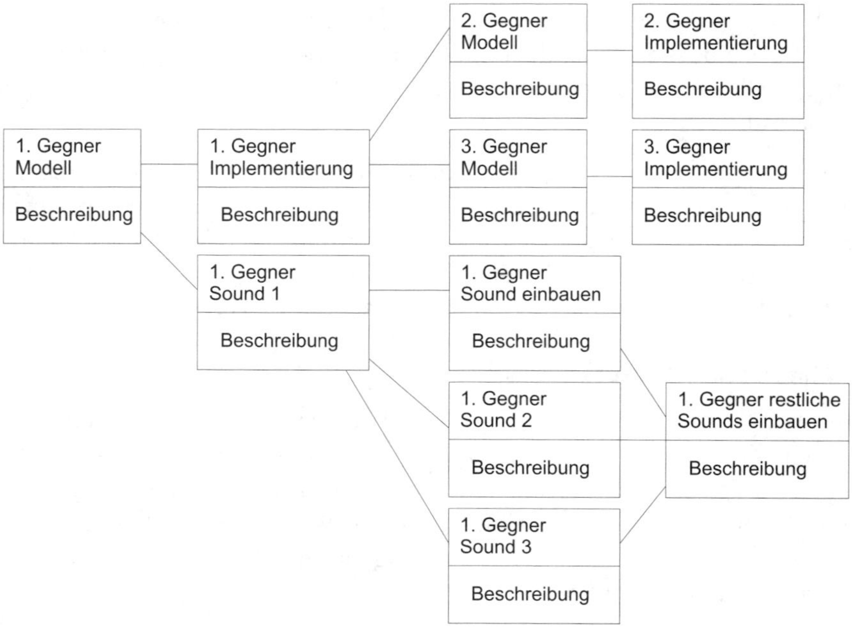

Abb. 5.1: Netzplan mit aufgelösten Abhängigkeiten

Hier ist nun viel leichter zu erkennen, dass zuerst das Modell des Gegners 1 fertig sein soll, bevor ein Programmierer es implementiert, und bevor ein Musiker den 1. Sound erstellt. Erst nachdem das erste Modell erfolgreich ins Spiel eingebunden ist, können die anderen Modelle angefangen werden. Zu erkennen ist auch, dass Modell 2 und Modell 3 *nicht* voneinander abhängig sind und somit parallel von zwei verschiedenen Grafikern in Angriff genommen werden können.

Da Sounds normalerweise ein standardisiertes Format besitzen, braucht der Musiker hier nicht auf die Implementierung zu warten, allerdings sollen die anderen Sounds erst angefangen werden, wenn der erste fertig ist. Dies hat den Grund darin, dass die Programmierer schon mal einen fertigen Sound haben, um sich um die Implementierung zu kümmern.

Theoretisch wäre es zwar auch möglich, einen sog. Dummy-Sound zu verwenden, um eine erste Soundausgabe zu implementieren, und der Programmierer wird eventuell sich trotzdem so einen machen um damit zu üben. Ein Dummy-Sound ist ein Sound, der zwar ganz anders klingt als der spätere, aber schon das passende Format besitzt wie die richtigen Sounds später. Aber genau dort liegt auch die Gefahr solcher Dummys, denn der Musiker verwendet vielleicht ein besonderes Unterformat, von dem er gar nichts weiß, oder eine andere Dateilänge, als der Programmierer je dachte. Die Möglichkeiten von Abweichungen zwischen dem Dummy und den richtigen Dateien können vielfältig sein. Und aus diesem Grund ist es immer besser, gleich mit den richtigen Dateien zu arbeiten. Mir ist es bei Texturen im BMP-Format mal passiert, dass mit eigenen erstellten Texturen die Laderoutine einwandfrei funktionierte; die Dateien die, dann vom Grafiker kamen, ließen sich nicht laden. Nun sollte man denken, dass ein so altes Format wie BMP doch eigentlich keine Probleme mehr machen sollte, aber weit gefehlt. Das kleine Paint-Programm, das bei Windows dabei ist, speichert die Dateien etwas anders als das deutlich umfangreichere Paintshop. Da der Grafiker mit eben diesem Paintshop arbeitete und der Exporter ein paar Bytes im Kopf der BMP-Datei anders verwendet als Paint, ließen sich diese BMP-Dateien dann nicht laden.

5.6.4.6 Ist das schon alles?

Für Hobby-Projekte, bei denen es keinen festen Zeitrahmen und keinen Abgabetermin gibt, würde dies schon reichen. Wir haben jetzt das Spiel konkretisiert, es ist in einzelne Arbeitspakete aufgeteilt, und es existiert ein Netzplan, aus dem ersichtlich ist, welche einzelne Pakete voneinander abhängig sind und was somit als Nächstes zu erledigen ist, um dem Ziel eines fertigen Spiels näher zu kommen.

Es ist übersichtlich zu sehen, was für den nächsten Milestone noch alles zu machen ist. Und in diesen Ablaufplan kann auch eingetragen werden, wer gerade an welchem Paket arbeitet bzw. arbeiten möchte.

Zum Schluss noch etwas: An mehr als einem Paket sollte normalerweise keiner gleichzeitig arbeiten, denn sonst wird es wieder schwieriger, den Fortschritt zu erkennen, und den anderen am Projekt Beteiligten werden die Fortschritte länger vorenthalten. Denn nur, wenn die einzelnen Pakete nach ihrer Fertigstellung so bald wie möglich ins Projekt einfließen, können unvorhergesehene Abhängigkeiten frühzeitig erkannt und behoben werden. Nichts ist schlimmer als mehrere verschiedene Versionen eines Programms, die nicht ohne Weiteres zu einem großen Ganzen zusammengesetzt werden können.

Mehrere Versionen entstehen schneller als man annimmt, vom Prinzip her entstehen sie z. B. ständig wenn einer irgendwo etwas im Code ändert. Solange niemand Bezug auf diese Änderung nimmt, verschwinden die mehreren Versionen beim nächsten Abgleich des Programmcodes wieder. Ändert aber ein Programmierer den Kopf einer Funktion, und ein anderer Programmierer verwendet die alte Version weiter, weil zwischenzeitlich die Codes nicht abgeglichen worden sind, dann lässt sich das Programm nach dem Abgleich nicht wieder compilieren. Dies lässt sich zwar wieder beheben, aber je länger der Austausch der Code-Dateien verschleppt wird weil gleich mehrere Pakete in Angriff genommen worden sind, desto höher ist die Wahrscheinlichkeit, dass solche Abhängigkeiten entstehen. Das Gleiche gilt auch für gleiche Namen von Funktionen und Variablen, die auftreten können.

Aber auch außerhalb des Programmcodes kann es zu unschönen Szenen kommen, wenn z. B. ein Monster eine andere Größe oder Waffe bekommt und sich deshalb im Level nicht mehr dahin bewegen kann, wohin es eigentlich sollte, weil es hängen bleibt. Deshalb sollten Arbeitspakete auch wirklich erst dann begonnen werden, wenn die vorhergehenden abgeschlossenen sind.

5.6.5 Die Zeitplanung

Im professionellen Umfeld reicht ein solcher Netzplan noch nicht, es ist zusätzlich noch erforderlich zu wissen, von wann bis wann wie viele Programmierer, Grafiker etc. benötigt werden. Denn nur so ist absehbar, ob die Anzahl an Mitarbeitern ausreicht, und ab wann für andere Projekte wieder welche frei werden. Auch kann nur durch eine Zeitplanung erkannt werden, wie teuer das Projekt wird, ob noch weitere Mitarbeiter eingestellt werden müssen, um z. B. bis zum nächsten Weihnachtsgeschäft das Spiel in den Regalen zu haben.

5.6.5.1 Wie wird eine solche Zeitplanung erstellt?

Das ist relativ einfach und eigentlich reine Fleißarbeit. Zuerst wird für jedes Paket abgeschätzt, wie lange es dauert bzw. dauern darf, bis dieses Paket fertig ist. Als Nächstes wird von links nach rechts anhand der Abhängigkeiten der so genannte *früheste Starttermin* und *früheste Endtermin* bestimmt. Für das kleine Beispiel könnten sich folgende Werte ergeben, wobei zuerst der Starttermin, dann die Dauer und abschließend der Endtermin angegeben sind:

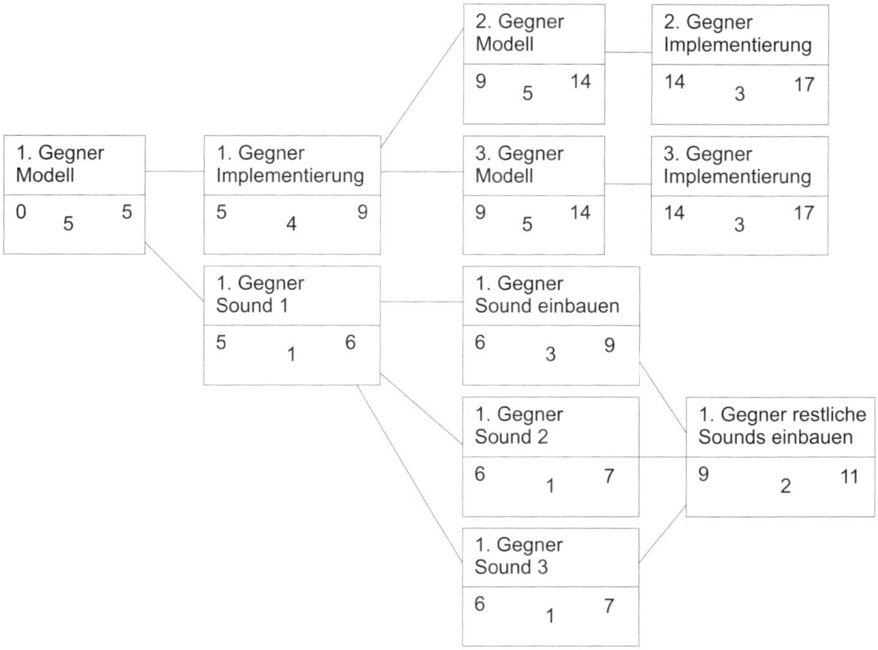

Abb. 5.2: Netzplan nur mit frühsten Terminen

Wie zu erkennen ist, sind alle Pakete nach dem 17. Tag beendet, wenn genügend Arbeiter vorhanden sind und es zu keinerlei Verzögerungen kommt. Somit würde es auch reichen, wenn die restlichen Sounds am 17. Tag fertig sind, wozu sie am 15. Tag begonnen werden müssten. Dazu bräuchte der Programmierer ja auch erst zum 15. Tag die ganzen Sounds. Somit lässt sich also rückwärts von rechts nach links ebenfalls ein Termin festlegen, nämlich der *späteste Endtermin* und der *späteste Starttermin*. Beide sind im folgenden Bild unter den jeweils frühesten Terminen zusätzlich angegeben.

Daraus lassen sich jetzt zwei Dinge ablesen. Den oberen Aktivitätenstrang (englisch Path) mit den Modellen nennt man den **kritischen Weg oder kritischen Path**, denn hier sind die frühsten und spätesten Termine identisch. Eine Verzögerung in diesem Path führt zu einer Verzögerung des Fertigstellungstermins. Im unteren Path hingegen gibt es eine so genannte **Pufferzeit**, die sich definiert aus der Differenz der frühesten und der spätesten Termine.

Für den 1. Sound z. B. beträgt diese Pufferzeit sechs Tage, und es spielt keine Rolle für die Fertigstellung aller Arbeitspakete, ob der Musiker am fünften Tag mit der Arbeit beginnt oder erst am siebten Genauso spielt es keine Rolle, ob er sein Paket an einem Tag oder in zweien fertig stellt. Dafür ist genug Zeit. Auch kann der Musiker sich für die anderen beiden Sounds insgesamt drei Tage Zeit nehmen, da für diesen Teilbereich der Programmierer derjenige ist, der den Zeitrahmen vorgibt.

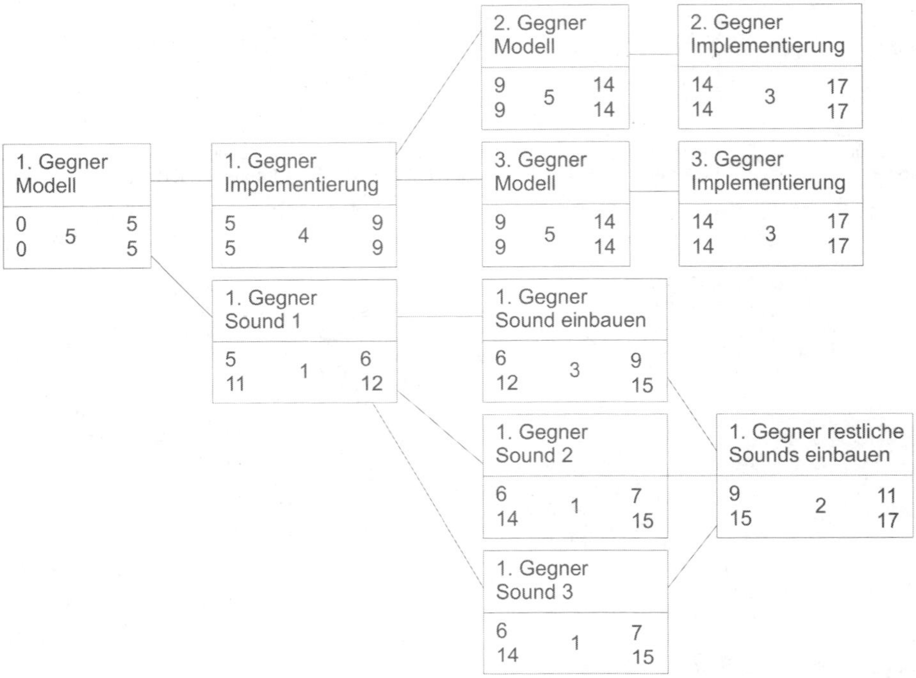

Abb. 5.3: Netzplan mit allen Terminen und Pufferzeiten

5.6.5.2 Was ist dabei noch zu beachten?

Jede Planung ist nur so gut, wie sie auch realistisch ist! Es bringt nichts, hier von Natur aus schon eine Reservezeit einzubauen, denn das verleitet nur dazu, langsam zu arbeiten und die Zeit zu verplempern. Genauso sollte der Zeitbedarf für ein Arbeitspaket nicht zu klein gewählt werden, da so nur unnötig Zeitdruck entsteht, was schnell auf die Qualität durchschlagen kann und somit im Endeffekt mehr Zeit kostet, als wenn langsamer gearbeitet worden wäre, weil nachgearbeitet oder gar das ganze Paket neu angegangen werden muss.

HINWEIS

Auf der Buch-CD befindet sich ein Text zur Geschichte eines Werdegangs in der Computerspielebranche. Außerdem ein Interview mit Peter Thierolf, einem Urgestein der deutschen Spieleentwicklerszene.

Kapitel 6

Hilfe aus dem Internet

6.1 Das Internet als Ressourcen- und Hilfsquelle (DM)

Bis vor wenigen Jahren waren Spieleentwickler im deutschsprachigen Raum auf sich allein gestellt, denn es gab weder Web-Sites wie die Deutschen Untergrund Spiele (auf welche ich später genauer eingehen werde) noch Foren, Newsgroups oder IRCs (Internet Relay Chats). Noch dazu erfreute sich das Internet bei Weitem nicht einer derartigen Beliebtheit wie heutzutage.

Doch diese Zeiten sind vorbei und mittlerweile stellt das Internet die wichtigste Informationsquelle für so gut wie alle Themenbereiche, auch die Spieleentwicklung, dar. Zu wissen, wo Ressourcen und Hilfestellungen angeboten werden, ist inzwischen ebenso Bestandteil der Entwicklung eines Spiels. Aus diesem Grund werde ich in diesem Kapitel auf die wichtigsten Web-Sites, Foren, Newsgroups, IRCs und Mailinglisten eingehen und bedingt auch deren Funktionsweise erklären.

6.2 Web-Sites und Foren (DM)

Web-Sites und dazugehörige Foren stellen sicherlich die bekanntesten und am meisten genutzten Plattformen und Treffpunkte für angehende oder bereits erfolgreiche Spieleentwickler dar. Ich möchte im Folgenden die wichtigsten Vertreter dieser »Gattungen« kurz vorstellen.

6.2.1 Die Deutschen Untergrund Spiele

6.2.1.1 Geschichtliches

Die »Deutschen Untergrund Spiele« (oder auch »DUS«, wie sie oft abgekürzt werden), wurden von Manuel Kempf gegründet. Dieser formulierte am 27.11.1998 in einer Mail an einige ausgesuchte Personen seine Idee zu einem Treffpunkt für kleinere Spieleentwickler aus dem deutschsprachigen Raum, der außerdem dazu dienen soll, die Projekte der Mitglieder der Öffentlichkeit zu präsentieren. Genau einen Monat später ging auch schon die erste Version der Web-Site online, doch diese hatte in den ersten Monaten mit schlechten Besucherzahlen und mangelndem Interesse seitens der Zielgruppe, den Spieleentwicklern, zu kämpfen.

Doch die Dinge entwickelten sich und heute ist die Deutschen Untergrund Spiele die »älteste« und bekannteste Anlaufstelle für (kleinere) Spieleentwickler aus dem deutschsprachigen Raum.

Abb. 6.1: Die Deutschen Untergrund Spiele

6.2.1.2 Ziele und Möglichkeiten für Mitglieder

Hauptziel der DUS ist es, den Kontakt zwischen den einzelnen Mitgliedern zu fördern, deren Popularität zu erhöhen und es ihnen zu erleichtern, ihre Projekte zu realisieren. Entwickler erhalten u.a. die Möglichkeit, ihre Projekte selbst vorzustellen, News zu veröffentlichen oder Screenshots als Bild des Tages vorzuschlagen.

Seit 1999 wird einmal jährlich ein großes Mitgliedertreffen, DUSmania genannt, organisiert, bei dem sich alle anwesenden Teams präsentieren und nebenbei auch viele neue Kontakte geknüpft werden können.

6.2.1.3 Erreichbarkeit

URL: `http://www.untergrund-spiele.de`

6.2.2 games-net

6.2.2.1 Hintergründe

games-net entstand im August 1999 als Versuch, Informationen für Spieleentwickler zu sammeln und diesen anzubieten. Schon nach wenigen Wochen wurde dem Gründer Jochen Joosten klar, welche Lawine er losgetreten hatte, und es folgten viele neue Tutorials und auch eine eigene Domain. Die Anzahl der Besucher und Artikel stieg, games-net fusionierte teilweise mit den DUS und ist mittlerweile aus der Szene nicht mehr wegzudenken.

Abb. 6.2: games-net

6.2.2.2 Angebot

Der Schwerpunkt von games-net liegt eindeutig bei den mehr als reichlich vorhandenen Tutorials, die so gut wie alle Bereiche der Spieleentwicklung abdecken. So erhält man u.a. verschiedene Einführungen in die wichtigsten Programmiersprachen, praxisnahe Beispiele, Design-Theorien bekannter Entwickler (zum Teil ins Deutsche übersetzt) und Tipps zum Erstellen von Grafiken und Sounds. In einigen Fällen werden diese Tutorials sogar durch Beispiele belegt.

Erwähnenswert ist zudem die Rubrik »Bücher«: Dort wird besonderes empfehlenswerte Literatur zum Thema vorgestellt und kritisch rezensiert. Durch eine Partnerschaft mit Amazon.de ist es des Weiteren möglich, alle getesteten Bücher direkt zu bestellen.

6.2.2.3 Erreichbarkeit

URL: `http://www.games-net.de`

6.2.3 GameDev.net

6.2.3.1 Stellung und Besonderheiten

GameDev.net kann ohne jeden Zweifel als DIE Website für Spieleentwickler bezeichnet werden. Äußerst aktuelle und informative Neuigkeiten, eine Vielzahl von bekannten Entwicklern geschriebene Artikel und weitere nützliche Features wie z.B. die Game Development Search Engine und das Game Dictionary bescherten dieser Web-Site ihren Status.

6.2.3.2 Nutzen

Ein Satz beschreibt das Angebot von GameDev.net wohl am besten: Es gibt nichts, was es nicht gibt. Dabei spielt es keine Rolle, ob man sich über aktuelle Geschehnisse in der Branche oder die Programmierung eines Schachprogramms informieren will, denn mit täglichen Updates und mehr als 600 Artikeln werden fast alle Themenbereiche abgedeckt. In den meisten Fällen finden Designer, Programmierer, Grafiker und Musiker genau das, was sie suchen – wenn auch auf Englisch.

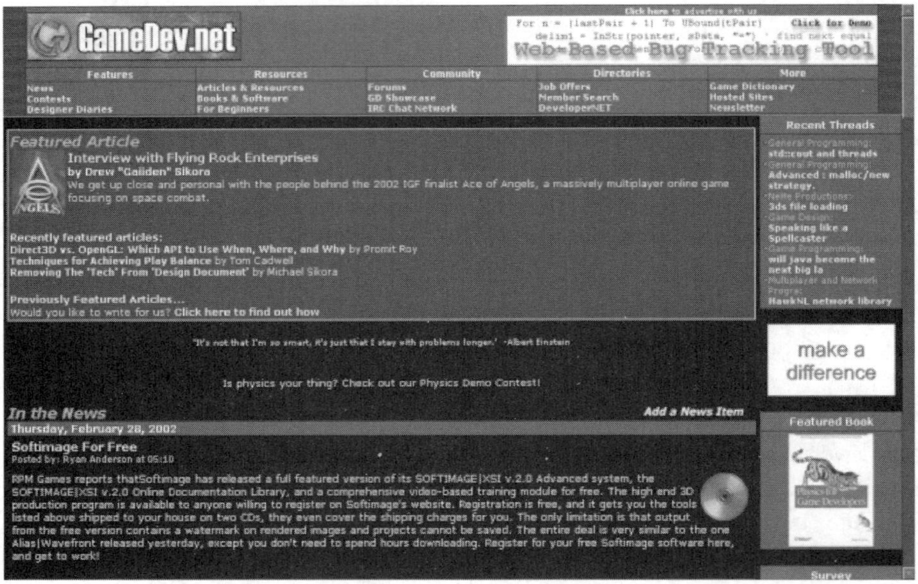

Abb. 6.3: GameDev.net

Ein wichtiger Aspekt von GameDev.net ist das Forum, das von mehr als 5000 Personen aktiv genutzt wird. Auch hier werden durch viele unterschiedliche Sektionen alle Themenbereiche der Spieleentwicklung abgedeckt.

GameDev.net richtet sich hauptsächlich an erfahrenere Spieleentwickler, und so wird man auch Neuigkeiten von kleineren Entwicklerteams vergeblich suchen. Doch zu diesem Zweck gibt es andere Web-Sites, wie z. B. die Deutschen Untergrund Spiele.

GameDev.net ist eine englischsprachige Web-Site.

6.2.3.3 Erreichbarkeit

URL: `http://www.gamedev.net`

6.2.4 Gamasutra

6.2.4.1 Features

Gamasutra ist eine englischsprachige Web-Site. Ähnlich wie GameDev.net stellt auch sie Spieleentwicklern viele Artikel zu allen erdenklichen Themen zur Auswahl, darunter oft vernachlässigte Gebiete wie die Produktion und Vermarktung von Computerspielen. Ebenso wenig vernachlässigt wird die News-Sektion, die sich durch aktuelle Meldungen auszeichnet.

Doch dies ist noch nicht alles, denn das große und intensiv genutzte Forum bietet Mitgliedern von Gamasutra die Möglichkeit, Kontakte zu knüpfen und den Profis Fragen zu stellen.

Abb. 6.4: Gamasutra

Abgerundet wird das umfangreiche Angebot durch eine Jobsuche, die für kleinere Spieleentwickler aus unseren Breiten zwar nicht unbedingt von Bedeutung ist, aber dennoch lesenswerte Beiträge zu bieten hat.

6.2.4.2 Erreichbarkeit

URL: `http://www.gamasutra.com`

6.2.5 flipCode

6.2.5.1 Features

Der Name lässt es schon erahnen: flipCode ist in erster Linie für Programmierer da. Egal ob 3D-, Netzwerk- oder KI-Programmierung – bei flipCode finden sowohl Anfänger als auch Fortgeschrittene und Profis alles, was das Programmiererherz begehrt. Ergänzend sind auch unzählige Artikel zur Erstellung von Grafiken, Sounds oder realistischen physikalischen Vorgängen im Spiel vorhanden.

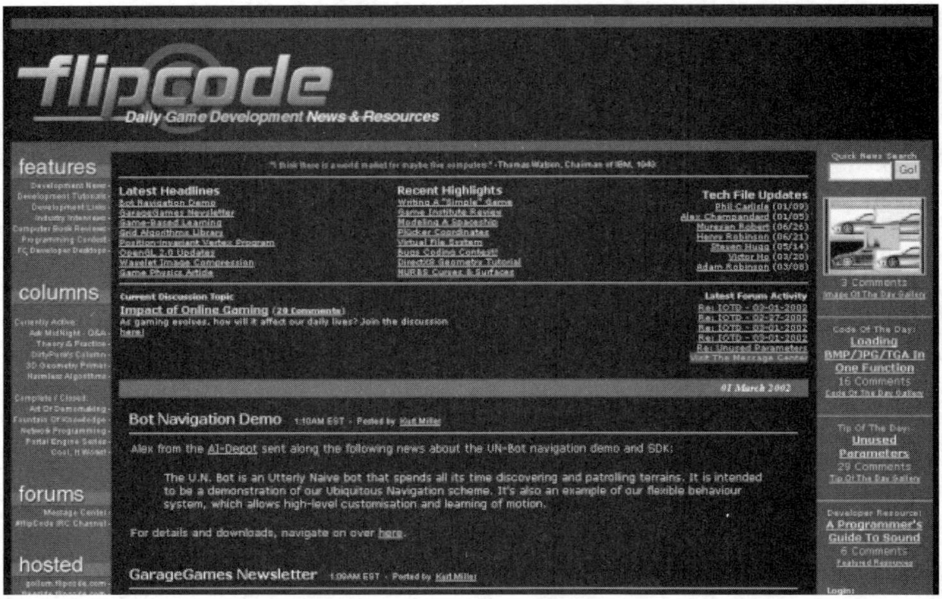

Abb. 6.5: flipCode

Weitere Features von flipCode sind u.a. aktuelle und informative News, ein Programmierwettbewerb, Interviews mit mehr oder weniger bekannten Entwicklern und nützliche Buchrezensionen.

flipCode ist eine englischsprachige Web-Site.

6.2.5.2 Erreichbarkeit

URL: `http://www.flipcode.com`

6.2.6 Das Deutsche Spieleentwickler Board

6.2.6.1 Entstehung

Nach der teilweisen Fusion der Deutschen Untergrund Spiele mit games-net im 2. Quartal 2000 sollte ein gemeinsames Forum für alle Hobby-Spieleentwickler aus dem deutschsprachigen Raum eingerichtet werden. Am 16.04.2000 wurde das DSB in Betrieb genommen.

6.2.6.2 Funktion

Wie jedes Forum soll auch das Deutsche Spieleentwickler Board den Kontakt zwischen den Benutzern fördern und der Szene dabei behilflich sein, enger zusammenzuwachsen. In verschiedenen Sektionen können Mitglieder über Programmierung, Autorensysteme, Design, Grafik und Sound und die Szene diskutieren, Jobangebote posten oder einfach nur ein bisschen plaudern.

Abb. 6.6: Das Deutsche Spieleentwickler Board

6.2.6.3 Erreichbarkeit

URL: `http://www.spieleentwickler-board.de`

6.2.7 Das Unterhaltungssoftwareforum

6.2.7.1 Entstehung und Ziele

Das USF ist eine Gruppierung der meisten größeren deutschen Spieleentwickler und ging aus dem ersten deutschen Entwicklertreffen am 19. September 1998 hervor. Die Ziele des USF sind »Informations- und Erfahrungsaustausch zur effektiven und professionellen Entwicklung von international konkurrenzfähigen Produkten«.

Erreicht werden soll dies vor allem durch das Forum, in dem sich Spieleentwickler treffen und über alle zu diesem Bereich gehörenden Themen diskutieren können. Eine Jobbörse hilft dabei, Anstellungen bei Entwicklerteams aus dem deutschen Sprachraum zu bekommen. Außerdem werden alle Mitglieder des USF kurz vorgestellt.

6.2.7.2 Erreichbarkeit

URL: `http://www.usf.de`

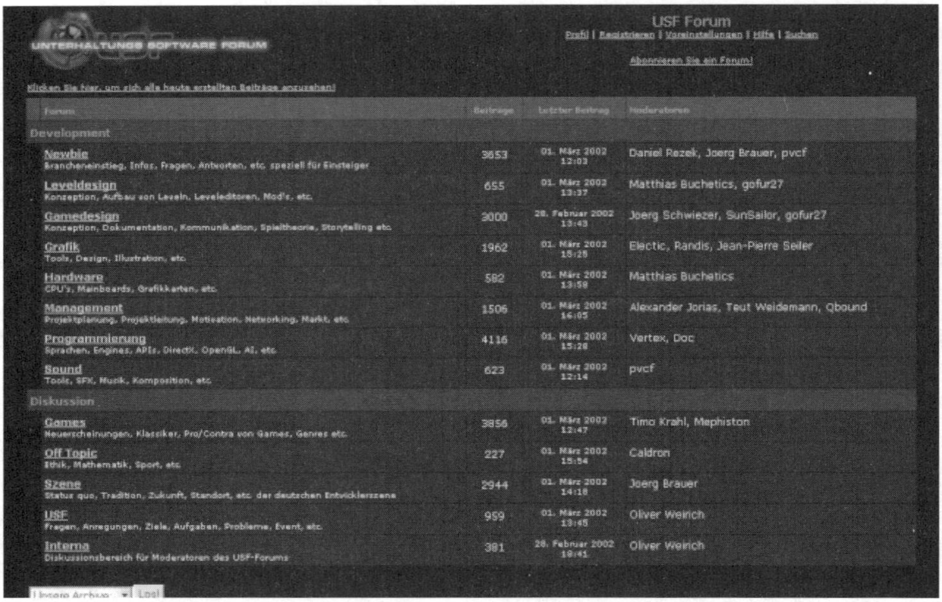

Abb. 6.7: Das Unterhaltungssoftwareforum

6.3 Weitere Informations- und Kommunikationsmöglichkeiten (DM)

Simultan zu Web-Sites und Foren setzen sich auch noch andere Kommunikationsmittel im Internet durch, die die volle Funktionalität des Internet aufzeigen.

6.3.1 ICQ

6.3.1.1 Nutzungsmöglichkeiten

Viele können sich das Internet ohne ICQ nicht mehr vorstellen, würden sie doch die vielfältigen und vor allem einfach zu benutzenden Kommunikationsmöglichkeiten vermissen. Wichtigster Bestandteil des Messengers ist die Contact List, auf der alle Personen, die man mit Hilfe ihrer UIN (einer Identifikationsnummer) zu dieser Liste hinzugefügt hat, aufgelistet sind. Durch einen Klick auf den Namen der betreffenden Person kann man dieser blitzschnell eine Nachricht, Datei oder Sprachnachricht zukommen lassen oder sie zu einem Chat auffordern. Die Suche nach bestimmten Benutzern wird durch eine umfassende Suchfunktion ermöglicht, mit der man Gesprächspartner mit speziellen Interessen oder Merkmalen finden kann. Eine Liste der ICQ-Nummern vieler deutscher Spieleentwicklerteams ist übrigens bei den Deutschen Untergrund Spielen (siehe oben) abrufbar.

Neben ICQ gibt es noch eine Reihe weiterer ähnlicher Programme, wie z. B. den Microsoft- oder AOL-Messenger. Tools wie z.B. Trillian (`http://www.trillian.cc`) vereinen zudem alle Funktionen der meisten erhältlichen Messenger.

6.3.2 Mailinglists

6.3.2.1 Funktionen

Eine Mailingliste kann am besten als eine Art Mailverteiler bezeichnet werden, der alle Nachrichten, die an eine bestimmte Adresse geschickt werden, an alle eingetragenen Mitglieder der Liste weiterleitet. Dadurch ergibt sich natürlich eine sehr gute Möglichkeit zu Diskussionen per Mail. Alle neuen Beiträge können bequem im jeweiligen E-Mail-Programm betrachtet und beantwortet werden. Das Aufsuchen verschiedener Foren im WWW entfällt.

6.3.2.2 Mailinglists für Spieleentwickler

Die wichtigste deutsche Mailinglist für Spieleentwickler ist die DSM, ein Gemeinschaftsprojekt von games-net, Mainstream Entertainment und Not´A´Tric. Seit September 1999 wurden mehr als 2500 neue Beiträge und Antworten an den Mailserver geschickt. Erreichbar ist die Deutsche-Spieleentwickler-Mailinglist unter `http://www.egroups.com/group/d-s-m/`

6.3.3 Internet Relay Chats

6.3.3.1 Bedeutung

So vielfältig die Funktionen von Foren und Mailinglists inzwischen auch sind – sie ermöglichen im Gegensatz zu Chats keine Live-Diskussionen. Und die einzigen Alternativen zu IRCs, gewöhnliche Java-Chats oder die ICQ-Chat-Funktion, sind zu unzuverlässig.

Um in die Welt der Internet Relay Chats eintauchen zu können, wird ein spezielles Programm, IRC Client genannt, benötigt, das die Verbindung zu einem der vielen IRC-Server weltweit aufnimmt und die Kommunikation mit Benutzern des gleichen Servers ermöglicht. Die Einteilung nach unterschiedlichen Interessen erfolgt in Channels, also separat betretbaren Räumen.

6.3.3.2 IRCs für Spieleentwickler

Der Channel #gamedev.ger auf dem irc.euirc.net-Server entwickelte sich in den vergangenen Monaten zu dem Standard-Chat für Spieleentwickler aus dem deutschsprachigen Raum und ist besonders wegen der periodisch stattfindenden großen Chats empfehlenswert.

Alternativ existiert auch ein großer englischsprachiger IRC Channel, der von GameDev.net geleitet wird. Dieser ist direkt über `http://www.gamedev.net` erreichbar.

6.3.4 Newsgroups

6.3.4.1 Schattendasein

In den letzten Jahren geriet das Usenet, das Gegenteil zum auf grafische Darstellung ausgelegten World Wide Web, immer mehr in Vergessenheit. Nachvollziehbar ist diese Entwicklung auf jeden Fall, bieten doch einige der oben angesprochenen Kommunikationsmöglichkeiten wie Mailinglists und Foren ähnliche Möglichkeiten.

Newsgroups werden über so genannte Newsserver abonniert und dann bei jedem Start des entsprechenden Programms (z.B. Outlook Express) aktualisiert. Wie bei Mailinglists besteht die Möglichkeit, auf Beiträge anderer zu antworten und somit an einer Diskussion teilzunehmen, mit dem Unterschied, dass hier jeder Mensch auf der Welt mit Internetanschluss mitlesen und Antworten schreiben kann.

6.3.4.2 Newsgroups für Spieleentwickler

Hier eine Liste einiger (englischer) Newsgroups zu diesem Thema:

```
comp.games.development
comp.games.development.art
comp.games.development.audio
comp.games.development.design
comp.games.development.industry
comp.games.development.programming.
comp.games.development.programming.algorithms
comp.games.development.programming.misc
```

Weitere Newsgroups können mit der Suchfunktion im betreffenden Newsreader (das Programm, das den Zugang zum Usenet ermöglicht, z.B. Outlook Express) schnell und unkompliziert gefunden werden.

6.4 Ausblick (DM)

Die Entwicklung des Internet schreitet rasend schnell voran, man spricht von einem regelrechten Internet-Boom, und ein Ende ist noch lange nicht in Sicht. Das »Netz der Netze« hält Einzug in unser Leben und so auch in das der Spieleentwickler, für die sich auf diesem Wege ungeahnte Möglichkeiten der Kommunikation und des Erfahrungsaustausches bieten. Die Zeiten, in denen Programmierer ihr Wissen mühsam zusammentragen mussten, sind vorbei – schon heute können diese ihre Kollegen überall auf der Welt um Rat fragen.

Eine Sache, die momentan noch mit Problemen verbunden ist, die Teamarbeit über das Internet, wird mehr und mehr an Selbstverständlichkeit gewinnen, wobei sich natürlich auch die Frage stellt, ob wir dies wirklich wollen. Doch ich schätze, dass sich das Internet ohnehin nur in die richtige und von uns gewünschte Richtung entwickeln und diese Problematik dadurch umgangen wird. Abschließend, am Ende dieses Kapitels und Buches, noch eine zeitgemäße Aufforderung: Treffen wir uns im Net!

Kapitel 7

Grafik-Programmierung

Grafik war schon immer ein Kapitel für sich. Computerspiele sind nun mal ein vorwiegend visuelles Medium. Die einzige Ausnahme bilden die Textadventures bzw. ihre Multiplayer-Verwandten, die MUDs. Ansonsten war es schon immer zentraler Bestandteil von Spielen, irgend etwas über den Bildschirm zu scheuchen. Die Grafik ist es, welche die meiste Rechenleistung frisst und die Hardware-Mindestanforderungen bestimmt.

Bei der Grafik treten die ansonsten goldenen Regeln der Programmierung wie Code-Ökonomie, Wartungsfähigkeit etc. zurück zugunsten von Effekten und Performance. Kein Trick ist zu schmutzig, um diesen beiden gerecht zu werden.

Die Welt der Computergrafik teilt sich heutzutage streng in 2D und 3D. Die bestimmenden Unterschiede wurden bereits in Kapitel 1.4.1.2 vorgestellt. Programmtechnisch kann man sagen, dass die beiden Welten nichts gemeinsam haben.

7.1 2D-Grafikprogrammierung (PD)

2D stirbt in den kommerziellen Spielen allmählich aus. Es hat jedoch, was die Programmierung angeht, den großen Vorteil, Performance-schonend und nicht gar so komplex zu sein. Deswegen sind 2D-Spiele

- schnell implementiert,
- praktisch frei von Performance-Problemen,
- überaus portabel.

Für Hobby- und vor allem Erstlingsprojekte sind 2D-Spiele meiner Ansicht nach wesentlich besser geeignet als alles andere. Immerhin lässt sich nicht verleugnen, dass Spielspaß und Suchtpotential nur zu einem geringen Teil von der Grafik abhängen.

7.1.1 Pixel

Der Grundbaustein jeder Grafik, die wir auf dem Bildschirm sehen, ist der Pixel, ein Kunstwort für »Picture Element«. Ein Pixel ist das kleinste Element eines digitalen Bildes, ein Bildpunkt mit festgelegten Koordinaten und einer bestimmten Farbe. Es gibt einige wissenswerte Dinge über Pixel.

Laut Konvention besitzt jeder Pixel eine X- und eine Y-Koordinate, wobei der Pixel (0/0) sich in der linken oberen Ecke des Bildschirmes befindet. Welche Koordinate der Pixel rechts unten besitzt, hängt direkt von der Bildschirmauflösung ab – allerdings ist es bei einer Bildschirmauflösung von 1024 x 768 nicht der Pixel (1024/768), sondern der Pixel (1023/767). Das liegt daran, dass wir bei 0 und nicht bei 1 anfangen zu zählen.

Der Bildschirminhalt ist übrigens eine mehr oder weniger direkte Abbildung des Grafikkartenspeichers. Er beginnt bei (0/0) und verläuft nach rechts bis zum Ende der Bildschirmzeile. Weiter geht es dann bei Pixel (0/1) und so weiter.

Ein Pixel hat auch eine Farbe. Und die hängt davon ab, was an der Speicherstelle steht, die dem Pixel zugeordnet ist. Doch halt, jetzt fängt es an, etwas komplizierter zu werden!

Wenn du eine Bildschirmauflösung von 256 Farben eingestellt hast, ist jedem Pixel genau ein Byte zugeordnet. Aber du kannst ja heutzutage auch »HiColor« einstellen, das sind 65536 Farben oder auch »16 Bit«. Dies bedeutet in der Tat, dass ein Pixel durch zwei aufeinanderfolgende Bytes dargestellt wird. Und richtig, eine Farbtiefe von »32 Bit« bedeutet, dass ein Pixel durch 4 aufeinanderfolgende Bytes dargestellt wird.

Umgekehrt stellt im Falle von 16 Farben ein Byte zwei Pixel zu je 4 Bit dar. Und »Monochrom«, also Schwarzweiß, bedeutet, dass ein Byte sage und schreibe acht Pixel auf dem Bildschirm darstellt. Jedes nur 1 Bit tief.

Wenn mehr als ein Bit für ein Pixel vorhanden ist, kann man den verschiedenen Werten verschiedene Farben zuordnen. Tut man auch. Allerdings ist das teilweise etwas verwirrend.

Der einfachste Fall ist die 24-Bit-Farbtiefe. Da gibt es pro Pixel drei Bytes, und jedes einzelne Byte repräsentiert die Helligkeit von Rot, Grün und Blau. Ein sogenannter **RGB-Farbwert**. Du weißt ja, dass, wenn du ganz nah an den Monitor oder den Fernseher gehst, alles aus winzigen Punkten in diesen drei Farben besteht. Unser Auge mischt diese Farben, wenn die Punkte zu klein sind, um sie als einzelne Punkte zu erkennen. Genauer gesagt, mischt sie unser Gehirn, denn das Auge besitzt nur drei Arten von Sehzellen, nämlich solche für die Farben Rot, Grün und Blau. Hier ein paar Beispiele für RGB-Farbwerte:

(0/0/0): Alle drei Farben haben Null Helligkeit. Das ist Schwarz.

(255/255/255): Alle drei Farben haben die maximale Helligkeit. Das ist Weiß.

(255/0/0): Rot hat maximale Helligkeit, Grün und Blau jedoch Null. Das ist Rot.

(0/255/0): Grün.

(0/0/255): Blau.

(0/255/255): Türkis.

(128/64/0): Dunkelbraun.

Natürlich ist auch (127/65/2) »Dunkelbraun«, aber ein *etwas anderes* Dunkelbraun. Insgesamt sind bei 24 Bit Farbtiefe ca. 16 Millionen Farben möglich. Die können nicht alle einen eigenen Namen haben.

Bei 16 Bit Farbtiefe haben wir nur 2 Bytes zur Verfügung, also nur 65536 Farben. (Das hört sich immer noch nach sehr viel an, aber der Unterschied ist in der Regel deutlich sichtbar, besonders, wenn es sich um Fotos handelt.) Nun sind 16 Bit nicht durch 3 teilbar. Man könnte sagen, jede Grundfarbe bekommt 5 Bit. Aber wer kriegt das »übrigbleibende« Bit? Antwort: kommt drauf an, was der Grafikkartenhersteller sich ausgedacht hat. Am häufigsten kriegt Grün sein 6. Bit, aber die meisten heutigen Grafikkarten lassen sich einstellen.

Etwas abstrus wird es bei 256 Farben (1 Pixel = 1 Byte), denn da funktioniert alles völlig anders. Die Bits repräsentieren nicht direkt den Farbwert, sondern der Zahlenwert des Pixels ist der Eintrag in einem Array von 256 Elementen mit 24-Bit-Farbwerten. Diese Datenstruktur ist demzufolge 768 Bytes groß und heißt **Palette**. Wenn also ein Pixel den Wert 199 hat, schaut die Grafikkarte in der Palette nach, welcher Farbwert an der Stelle 199 steht und stellt das Pixel dann in dieser Farbe dar. So eine Palette existiert auch für die 16-Bit-Farbitefe, wobei – sofern du nichts verstellst – diese Palette auf dem PC standardisiert ist.

Ein wenig merkwürdig ist die 32-Bit-Farbtiefe, denn die ist praktisch immer eigentlich nur eine 24-Bit-Farbtiefe, und das 4. Byte ist unbenutzt. Du magst dich über diese Verschwendung wundern, denn nichts anderes ist es, aber es hat einen technischen Sinn. So können z.B. die heutigen 32-Bit-Prozessoren besser (sprich: schneller) mit Speicherinhalten umgehen, die an Adressen stehen, die durch 4 teilbar sind. Außerdem ist das Extra-Byte relativ praktisch für das Blitten, aber dazu kommen wir gleich noch.

Man nennt die Art und Weise, wie ein Pixel eine Farbe repräsentiert, **Pixelformat**.

7.1.2 Sprites

Sprites sind das Herzstück von 2D-Engines. Ein Sprite ist im Prinzip nichts anderes als ein Bild, das an einer beliebigen Position auf dem Bildschirm ausgegeben werden kann. Dieses Bild ist von absolut beliebiger Größe und beliebigem Inhalt.

Allerdings ist zumindest die Form nicht beliebig. Ein Sprite ist, so wie der ganze Bildschirm, stets rechteckig und besteht aus Pixeln. Natürlich kann es, indem manche Pixel transparent sind, jede Erscheinungsform annehmen: ein Kopf, ein Raumschiff, ein Auto, ein Huhn...

Ein typisches 2D-Ballerspiel aus alten Zeiten z.B. bestand aus einem Haufen umherfliegender Sprites: Das Raumschiff des Spielers, die Aliens und die Geschosse – alles Sprites. Wobei ein Spiel-Objekt, das sein Aussehen ändert, also mit den Antennen wackelt oder explodiert, nicht ein Sprite ist, sondern mehrere Sprites.

Das Sprite ist also ein rechteckiges, aus Pixeln bestehendes Bild, das eine Breite und eine Höhe besitzt. Ganz analog zum Bildschirm befindet sich dabei das Pixel (0/0) in der oberen linken Ecke. Man kann ein Sprite demzufolge als ein zweidimensionales Array aus Pixeln darstellen:

```
typedef {RGBValue Pixel[x][y]} Sprite;
```

Man bezeichnet diese Datenstruktur übrigens auch als **Bitmap**. Auch wenn Microsoft diesen Ausdruck inzwischen für sein BMP-Dateiformat beansprucht, ist das die historisch korrekte Bezeichnung. Technisch ist der Ausdruck Bitmap hingegen weniger zeitgemäß, da es sich bei dieser Datenstruktur nicht um ein Array von Bits handelt, das stammt noch aus der Zeit, wo es keine Farbe gab und ein Pixel nur aus einem Bit bestand.

Um so eine Bitmap nun auf den Bildschirm zu zeichnen, benötigen wir eine Zeichenfunktion. Nennen wir sie `Blit`, denn der Vorgang des Zeichnens eines Sprites auf dem Bildschirm heißt **blitten**. Blitten bedeutet im ursprünglichen Sinne, den Speicherinhalt der Bitmap einfach in den Bildschirmspeicher zu kopieren:

```
void Blit(int x; int y; Sprite TheSprite);
```

Die Parameter x und y dürften jedem einleuchten, da wir ja das Sprite an eine beliebige Stelle des Bildschirms blitten wollen.

Die Implementation dieser Funktion muss ich leider schuldig bleiben, denn es existiert keine standardmäßige Art und Weise, wie es zu tun ist, und es ist auch gar nicht deine Aufgabe. Du *kannst* das selbst tun, auf Hardware-Ebene, aber viel wahrscheinlicher ist, dass du eine vordefinierte Blitt-Funktion benutzen wirst, z.B. die GDI-Funktion `BitBlt()` von Windows oder `BltFast()` DirectDraw – es ist sogar möglich, die 3D-Funktionen von DirectX und OpenGL für eine solche Funktion zu missb... – äh – gebrauchen (siehe 7.2.4.21, 2D-Grafik mit OpenGL).

Wichtig ist dabei noch eines: So wie die Bildschirmauflösung eine Farbtiefe bzw. ein Pixelformat hat, hat auch ein Sprite ein Pixelformat. Und wenn die beiden nicht identisch sind, klappt es nicht mit »einfach mal in den Bildschirmspeicher kopieren«. Es muss dann bei der grafischen Ausgabe eine Umrechnung erfolgen. In diesem Augenblick allerdings ist die Performance im Eimer. Mit anderen Worten: es führt kein Weg daran vorbei, dass sowohl Sprite als auch Bildschirmauflösung dasselbe Pixelformat verwenden. Dies muss schon beim Laden bzw. der Initialisierung des Spiels gewährleistet werden. Aber es gibt auch eine gute Nachricht: in den meisten Fällen musst du dich nicht darum kümmern, außer du programmierst auf Hardware-Ebene. Aber wer tut das heute noch?

7.1.3 Transparenz

Ohne die Möglichkeit, Sprites teilweise durchsichtig zu gestalten, um ihnen einen unregelmäßigen Umriss zu geben, könnten wir nur langweilige (wenn auch durchaus bunte) Vierecke auf den Bildschirm blitten. Es gibt grundsätzlich zwei Ansätze, wie diese Durchsichtigkeit zu erzielen ist: Color-Keying und Alphablending.

7.1.3.1 Color-Keying

Bei dieser Methode wird eine Farbe als transparent definiert. Pixel mit dieser Farbe werden nicht gesetzt, an diesen Stellen hat das Sprite also »Löcher«. Früher war die beliebteste Transparenzfarbe Schwarz, denn der Vergleich mit Null besaß Performance-Vorteile gegenüber Vergleichen mit anderen Zahlen. Heutzutage verwendet man als Transparentfarbe lieber Magenta (255/0/255), da diese ekelhafte Farbe so gut wie nie in einem normalen Sprite auftaucht, noch nicht einmal versehentlich, im Gegensatz zu Schwarz.

7.1.3.2 Alphablending

Bei dieser Methode kommt zum RGB-Wert des Pixels noch eine vierte Komponente hinzu, der Alpha-Wert. Der Pixel wird somit erweitert von RGB auf RGBA. Der Alpha-Wert bezeichnet die Durchsichtigkeit des Pixels. 0 steht dabei für unsichtbar und 255 für sichtbar. Hm, aber wofür stehen die ganze Werte dazwischen?

Gibt es vielleicht halbdurchsichtige Pixel?

Ja, gibt es. Das wird erreicht durch einen Trick. Wenn ein 24-Bit-Pixel mit dem Alpha-Wert 100 gezeichnet werden sollte, geschieht Folgendes:

1. Nehme Pixel, das gezeichnet werden soll.
2. Multipliziere alle Farbkomponenten mit 100 und teile sie durch 255.
3. Nehme Pixel, das schon im Bildschirmspeicher ist.
4. Multipliziere alle Farbkomponenten mit (255 – 100) und teile sie durch 255.
5. Addiere die beiden Ergebnisse. Das ist der RGB-Wert des Pixels, der jetzt in den Bildschirmspeicher geschrieben wird.

Dieses »Rezept« nennt man Alphablending. Mit diesem Verfahren lassen sich Transparenzeffekte erzeugen, also »Sprites aus Glas«. Es dient ebenso dem Antialiasing, d.h. zum optischen Glätten von »Treppenstufen« in diagonalen Linien und Kreisen.

7.1.4 Gekachelte Welten

7.1.4.1 Definition von Kachel (Tile) und Karte (Map).

99% aller 2D-Spiele sind sogenannte Tile-based-games, was nichts anderes bedeutet, als dass sich das Spielgeschehen in einer Umgebung abspielt, die in **Felder** eingeteilt ist. Diese Felder nennt man auch **Kacheln** (tiles), weil sie sich wie solche aneinander schmiegen. Die Gesamtheit der Kacheln bildet die **Karte** (Map). Es gibt drei verbreitete Grundformen: Das Quadrat, das Sechseck und die Raute. Siehe zu diesem Thema auch Kapitel 1.7.2.1.

Die 2D-Spielwelt besteht programmtechnisch aus einem zweidimensionalen Array von Feldern. So ein Feld enthält diverse Informationen, die für das Spiel spezifisch sind. Ein CIVILIZATION-Feld enthält die Information, welches Gelände, welche Verbesserung (Straße, Bergwerk, Bewässerung etc.) und welche Stadt sich auf diesem Feld befindet. Ein SIMCITY-Feld hingegen enthält die Information, welche Höhe das Feld hat, welches Gebäude darauf steht und welchen Grundstückswert das Feld hat. Ein Feld in AGE OF EMPIRES muss beinhalten, welcher Geländetyp und welches Gebäude (oder Baum). All diese Strukturen haben jedoch eins gemeinsam: dem Feld sind eine oder mehrere Sprites zugeordnet. Jedes Feld ist eine Kachel.

Wir definieren uns nun eine Beispiel-Karte aus 100 x 100 Feldern. Der Einfachheit halber reduzieren wir in diesem Beispiel den Inhalt eines Feldes auf ein einziges Sprite:

```
Sprite tile[100][100];
```

Des weiteren legen wir die Breite einer Kachel auf 72 Pixel fest und die Höhe auf 36 Pixel. Und nun geht´s los.

7.1.4.2 Die rechteckige bzw. quadratische Kachel

Dies ist der einfachste aller Kacheltypen, deswegen werden wir damit auch sehr schnell fertig sein.

Die rechteckige Kachel besitzt eine Breite und eine Höhe und »passt« genau in ein Sprite von dieser Größe. Die quadratische Kachel ist eine Sonderform, bei der Breite und Höhe identisch sind.

Die Darstellung auf dem Bildschirm ist denkbar einfach:

```
w=72; // Kachelbreite in Pixeln
h=36; // Kachelhöhe in Pixeln
for (x=0;x<100;x++) for (y=0;y<100;y++)
{
  xpos = w*x;
  ypos = h*y;
  Blit(xpos, ypos, tile[x][y]);
}
```

Einfach? Ich habe es ja gesagt. Wie du sicher selbst erkennen kannst, kommt die linke obere Kachel an die Position (0/0). Das bedeutet, dass das linke obere Pixel der Kachel das linke obere Pixel des Bildschirms ist.

Die Kachel rechts davon, also die Nummer (1/0), kommt pixelmäßig an die Position (72/0), und die darunter (0/1) an die Position (0/36). Ich denke, das Prinzip sollte klar sein.

Die Mausabfrage, also auf welches Feld der Mauszeiger zeigt, ist mathematisch die Umkehrfunktion des Algorithmus:

```
int x = mousex/w;
int y = mousey/h;
```

Die Nachkommastellen, die sich bei der Division ergeben, gehören natürlich abgeschnitten.

Kommen wir nun zu einem etwas komplexeren Thema.

7.1.4.3 Die isometrische Kachel

Die isometrische Kachel ist aus Sicht des Spielers eine quadratische Kachel, auf die man von schräg oben herabblickt.

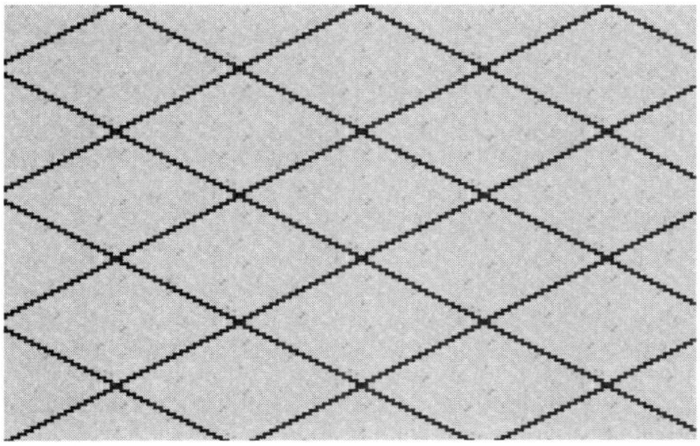

Abb. 7.1: Isometrische Kacheln. Zur besseren Sichtbarkeit sind die »Fugen« schwarz.

Technisch, also zweidimensional, gesehen ist die isometrische Kachel nichts weiter als eine simple Raute. Innerhalb eines rechteckigen Sprite ist dies nur möglich, wenn die Sprites sich überlappen und ihre Ecken transparent ausgestaltet sind. Diese transparenten Flächen sind leider »tote Flächen«, so dass ziemlich genau 50% der Pixel einer isometrischen Kachel für das »Nichts« verschwendet werden. Aber dagegen kann man nichts machen.

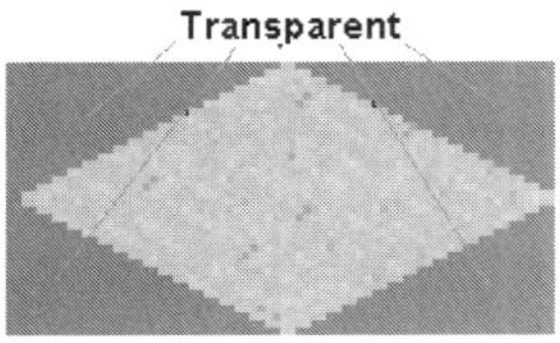

Abb. 7.2: Sprite einer isometrischen Kachel.

Im Englischen heißen diese Rauten übrigens Diamonds (=Diamanten). Die Raute ist da nämlich ein Symbol für diese Edelsteine.

Das Verhältnis von Höhe und Breite der Raute ist eigentlich beliebig, jedenfalls aus technischer Sicht. Sie sollten allerdings breiter sein als hoch, sonst sieht es seltsam aus. In den meisten Spielen (und unserem Beispiel) ist das Verhältnis 2:1. Eine Ausnahme bildet z.B. DER VERKEHRSGIGANT mit einem Verhältnis von 3:2.

Auf so eine Raute lassen sich allerlei Dinge darstellen, aber vor allem kann man, da sich alles überlappt, Kacheln produzieren, deren Inhalt über die Raute hinausragt.

Abb. 7.3: Kachel-Sprite mit einem Haus darauf

Dir fällt sicher auf, dass das Sprite mit dem Haus um etliche Pixel höher ist als das Sprite mit der Raute allein. Die zugrundeliegende Kachel ist jedoch nicht größer. Wir können das Sprite problemlos mit den anderen Sprites kombinieren:

Abb. 7.4: Vier Häuser auf der Karte

Auf diese Weise erzielt man den Eindruck von 3D, obwohl nach wie vor nur die Koordinaten x und y existieren und die Bilder simple Bitmaps sind. Da es im Gegensatz zu echtem 3D keine perspektivische Verzerrung gibt (s. 1.4.1.2.1), also Kacheln hinten nicht kleiner sind als Kacheln vorne, also alle Kacheln gleich groß, heißt das ganze isometrisch (gr. iso = gleich, metrisch = messend; es lebe die humanistische Allgemeinbildung).

7.1.4.4 Die isometrische Karte

Ich hätte den Titel vielleicht besser im Plural geschrieben, denn es gibt zwei Variationen, die Raute und den Flatterrand. Sie heißen im Englischen angled und layered isometric grid und kommen beide etwa gleich häufig vor. Bei der Raute ergibt die Gesamtheit aller rautenförmigen Kacheln eine große Raute, beim Flatterrand ist die Anordnung – äh... schau halt auf das Bild!

Abb. 7.5: Rauten-Karte und Flatterrand-Karte, jeweils 5 x 5 Felder groß

Eine Rautenkarte findet sich bei Age of Empires und Railroad Tycoon 2, ein Flatterrand bei C&C3 sowie Civ2 und seinen Nachfolgern.

7.1.4.4.1 Implementation der Rautenkarte

Die Anordnung sieht wie folgt aus:

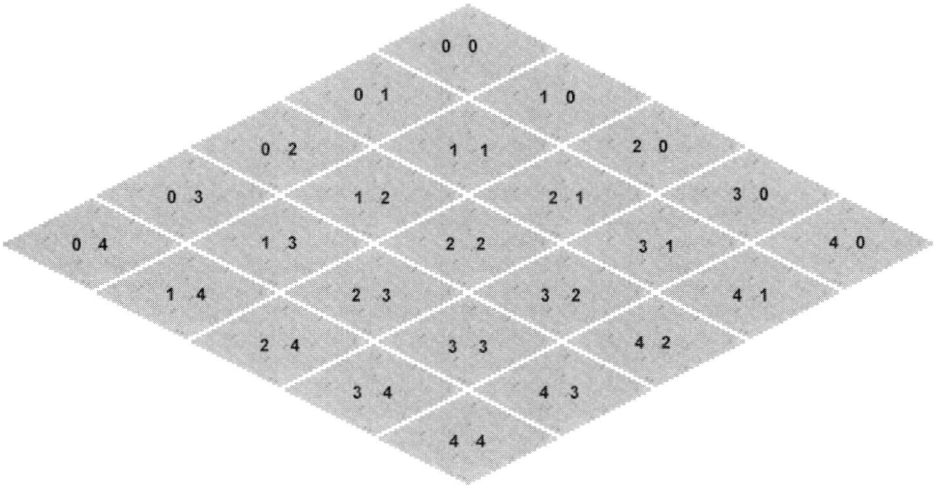

Abb. 7.6: Anordnung der Kacheln in der Rautenkarte

Das ist schon etwas komplexer als die rechteckige Karte, wo xpos nur von x und ypos nur von y abhing. Hier sind sowohl xpos als auch ypos von x und y zugleich abhängig. Aber man kann durch ein wenig Überlegen auf die Lösung kommen:

Die obere Ecke der Standardkachel `tile[0][0]` soll auf die Bildschirmposition (0/0) kommen. Diese Ecke befindet sich in der Grafik oben in der Mitte der Breite, also müssen wir die halbe Breite abziehen:

```
w2=w/2; // die halbe Breite
xpos = -w2;
```

Nun weiter: für jedes `x`, das wir hoch zählen, erhöht sich `xpos` um die halbe Breite, also `w2*x`. Das macht insgesamt:

```
xpos = -w2 + w2*x;
```

Zugleich *vermindert* sich für jedes `y`, das wir hoch zählen, `xpos` um die halbe Breite, also `-w2*y`. Damit ist die Formel für `xpos` komplett:

```
xpos=-w2 + w2*x-w2*y;
```

Und durch ein wenig mathematisches Umformen sparen wir uns eine Multiplikation:

```
xpos=w2*(x-y)-w2;
```

Und nun leiten wir noch `ypos` ab: für jedes `x`, das wir hoch zählen, erhöht sich `ypos` um die halbe Höhe, also `h2*x`. Und für jedes `y`, das wir hoch zählen, erhöht sich `ypos` noch mal um die halbe Höhe, also `h2*y`. Das ergibt

```
h2=h/2; // die halbe Höhe
ypos = h2*x + h2*y
```

bzw.

```
ypos = h2*(x+y);
```

Der Anweisungsblock, um unsere Karte zu zeichnen, sieht nun folgendermaßen aus:

```
w=72; // Kachelbreite in Pixeln
h=36; // Kachelhöhe in Pixeln
w2=w/2; // die halbe Breite
h2=h/2; // die halbe Höhe
for (x=0;x<100;x++) for (y=0;y<100;y++)
{
  xpos=w2*(x-y)-w2;
  ypos=h2*(x+y);
  Blit(xpos, ypos, tile[x][y]);
}
```

Anmerkung: zur doppelten `for`-Schleife: Es ist im Gegensatz zur Rechteck-Karte nicht egal, in welcher Reihenfolge die Kacheln gezeichnet werden. Wenn du dir nochmals die Anordnung der Kacheln ansiehst, sollte klar werden, warum: erst müssen die Tiles gezeichnet werden, die hinten liegen, weil sie von denen, die weiter vorne liegen, verdeckt werden können.

Na, war das schwer? Aber wir sind noch nicht am Ende. Die unterschiedlichen Höhen der Sprites machen noch ein Problem. Wenn wir an obigem Code für die Grafikausgabe nicht noch eine Kleinigkeit ändern, bekommen wir folgenden Fehler (Zur Verdeutlichung ist der Umriss der Grafik als grauer Rahmen zu sehen):

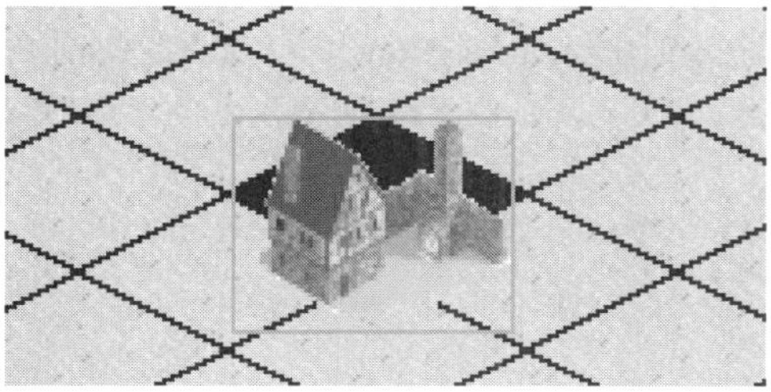

Abb. 7.7: Das sieht irgendwie falsch aus ...

Die Kleinigkeit, die wir verändern müssen, betrifft – wie sofort ersichtlich ist – `ypos`. Da muss noch was addiert bzw. subtrahiert werden, damit das Haus an die richtige Stelle kommt. Genauer gesagt müssen wir die Höhe des Bildes subtrahieren und die Höhe der Standardkachel addieren (das werde ich jetzt aber nicht auch noch herleiten, ein wenig selber Denken schadet nicht):

```
ypos = h2*(x+y)-tile[x][y].height+h;
```

Das Ergebnis sollte nun so aussehen:

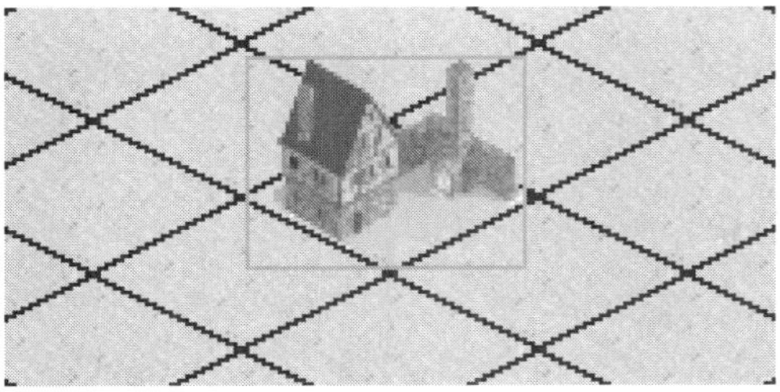

Abb. 7.8: Schon besser!

Falls du das beim Lesen nebenbei schon programmiert habt, bist du wirklich gut, aber du hast dann sicher bereits festgestellt, dass du nur das obere rechte Viertel der Karte auf dem Bildschirm siehst. Das ist aber völlig normal, zum Spielen musst du sowieso noch eine Scroll-Funktion einbauen. Allerdings ist das jetzt nicht der Sinn der Übung.

Nun, nachdem die Karte sich auf dem Bildschirm darstellt, ist die nächste Frage: wie findet man heraus, auf welches Feld die Maus eigentlich zeigt?

Da gibt es zwei grundverschiedene Ansätze. Der eine berechnet es über die Umkehrformel der grafischen Ausgabe, das kriegt man durch Auflösen der Gleichungen nach x und y heraus:

```
int x = (mousex/w + mousey/h);
int y = (mousey/h - mousex/w);
```

Diese Formel hat den Vorteil, dass sie sehr einfach und sehr schnell ist, hat aber den Nachteil, dass ihr Gültigkeitsbereich innerhalb der Grenzen der Standardkacheln beschränkt ist. Das heißt, das Programm kann nicht wissen, dass ich, wenn ich mit der Maus auf das Dach des Hauses oder den Schornstein zeige, die Kachel meine, auf der das Haus steht.

Abb. 7.9: Die Maus zeigt nicht auf das Haus, sondern die Kachel dahinter!

Um dem Problem abzuhelfen, reicht allerdings eine Formel nicht. Hier muss man schon bei der grafischen Ausgabe Bild für Bild testen, ob sich die Maus im Bildrechteck befindet. Wenn ja, wird das zum angezeigten Bild erklärt, bis die Testbedingung wieder auf ein anderes Bild zutrifft. Da wir ja von hinten nach vorne zeichnen, ist die zuletzt gefundene Grafik, auf die der Test zutrifft, auch die richtige (der neu hinzukommende Code ist fettgedruckt).

```
for (x=0;x<100;x++) for (y=0;y<100;y++)
{
  xpos=w2*(x-y)-w2;
  ypos = h2*(x+y)-tile[x][y].height+h;
  Blit(xpos, ypos, tile[x][y]);
  if (mousex >= xpos && mousex <= xpos+w &&
                   mousey >= ypos && mousey <= ypos+tile[x][y].height)
  {
    foundx = x;
    foundy = y;
  }
}
```

Der Test findet in der `for-for`-Schleife der grafischen Ausgabe statt. Es ist diese lange `if`-Anweisung, die testet, ob der Mauszeiger innerhalb der Grenzen des gezeichneten Bildes liegt. Wenn ja, ist in `x` und `y` die Kachelkoordinate, auf die die Maus zeigt, und das wird in `foundx` und `foundy` gespeichert.

Leider funktioniert das immer noch nicht, denn wir testen ja nur die *Koordinaten der rechteckigen Grafik*, aber wir berücksichtigen nicht, ob ein Pixel durchsichtig ist oder nicht!

Gut, wir wissen ja aufgrund die Koordinaten, auf welches Pixel die Maus zeigt. Also reicht es, dieses eine Pixel abzufragen. Wenn es nicht transparent ist, dann zeigt die Maus auf das Bild. Andernfalls zeigen wir durch das Bild hindurch auf das Bild dahinter. Codemäßig sieht das so aus (neuer Code fett):

```
if (mousex >= xpos && mousex <= xpos+w &&
                      mousey >= ypos && mousey <= ypos+tile[x][y].height)
{
  pixelx=mousex-xpos;
  pixely=mousey-ypos;
  if (tile[x][y].pixel[pixelx][pixely] != TRANSPARENTFARBE)
  {
    foundx = x;
    foundy = y;
  }
}
```

Wie man sieht, ist die angezeigte Pixelkoordinate des Bildes durch einfache Subtraktion zu bekommen, die Abfrage selbst ist natürlich wieder Pseudo-Code: Nicht abschreiben, sondern verstehen!

Das war es dann auch zur Rautenkarte.

7.1.4.4.2 Die 'Flatterrand'-Karte (layered isometric map)

Diese Karte hat den großen Vorteil, dass ihr rechter und linker Rand aneinander passen und auf diese Weise Weltkarten möglich sind wie bei CIVILIZATION, bei denen man wieder links anfängt, wenn man den rechten Rand überschreitet.

Der Nachteil ist der, dass sie kompliziert zu implementieren ist. Hier die übliche Feldernummerierung:

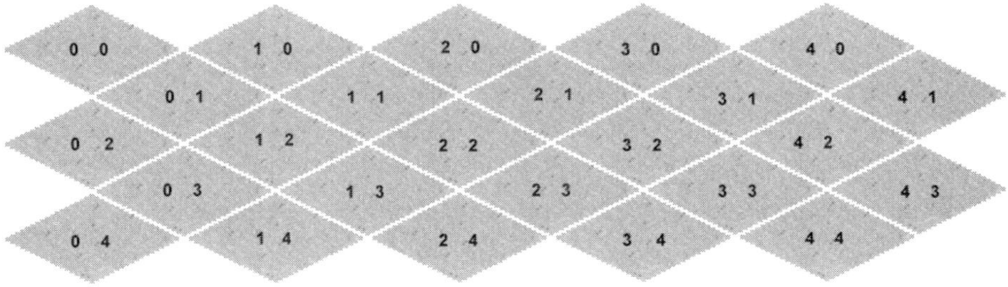

Abb. 7.10: Anordnung der Kacheln in derFlatterrand-Karte

Hier sieht man schon: es gibt zwar ein regelmäßiges Muster, aber es ist nicht so einfach, dazu die passende Formel zu finden. Natürlich habe ich dieses Muster gewählt, weil es noch verhältnismäßig einfach ist, hierzu eine Formel zu finden! Der Trick ist einfach der, dass gerade und ungerade Zeilen explizit per `if` unterschieden werden müssen:

```
for (y=0;y<100;y++) for (x=0;x<100;x++)
{
  if (y % 2 == 0) xpos  = -w2 + w*x;
  else xpos  = w*x;
  ypos = y*h2 -tile[x][y].height+h;
  Blit(xpos, ypos, tile[x][y]);
}
```

Der Trick hat seinen Preis: auf die Rückrechnungsformel ist nicht ohne heftiges Kopfrauchen zu kommen. Aber ich drücke mich davor, sie hier hinzuschreiben, denn du sollst sie nicht benutzen. Benutze lieber den pixelbasierten Algorithmus, benutze immer den pixelbasierten Algorithmus.

7.1.4.5 Hexfelder

Ja, ich vergesse nicht die Hexfeld-Freunde. Besonders nicht, weil Hexfelder so schrecklich einfach zu machen sind. Man braucht nämlich nur eine Isometrie-Engine zu nehmen und die Kacheln ein wenig umzuformen. Mit anderen Worten: Der Code bleibt derselbe, die Änderungen sind die Aufgabe des Grafikers. Verblüfft? Ungläubig? Dann sieh dieses Bild:

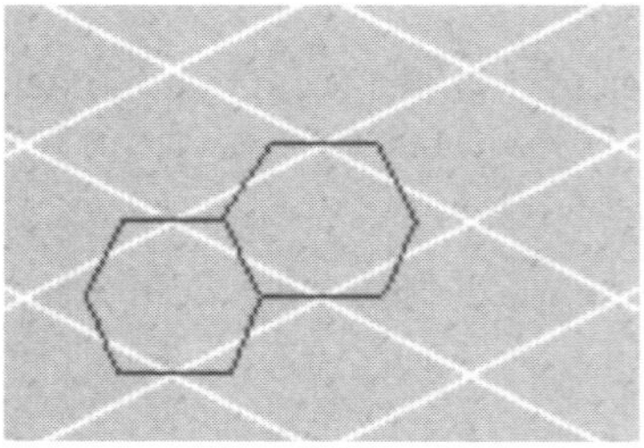

Abb. 7.11: Hex-Felder mit der Iso-Engine

Mit ein- und demselben Programm-Code kann man wahlweise isometrische Kacheln oder Hexfelder ausgeben. Das nenne ich Universalität!

Und wenn man nun auch die Hexfelder kippen will, um quasi seitlich drauf zu blicken, reicht die Änderung der Höhe-Breite-Relation von 2:1 auf 4:1.

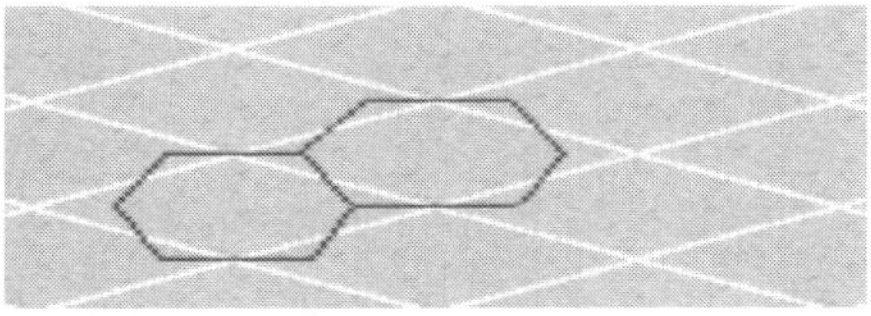

Abb. 7.12: Gekippte Hex-Felder

Ich wünsche viel Spaß bei der Erstellung eigener Welten.

7.2 3D Grafik-Programmierung

7.2.1 Einleitung (JB & PD)

7.2.1.1 Inhalt und Absicht dieses Kapitels

Bis etwa gegen Ende der 90er Jahre war die Programmierung von 3D-Anwendungen in Echtzeit einer kleinen, elitären Gruppe von Programmierern vorbehalten. Dies hat sich durch die Verbreitung von 3D-Grafikkarten und standardisierten APIs geändert. Dank OpenGL und Direct3D steht die 3. Dimension dem Hobby-Programmierer inzwischen auch ohne die Kenntnis von Assembler und geheimen Tricks offen. Natürlich sind die Profis inzwischen auch längst einen Schritt weiter. Nachdem die Darstellung einfacher 3D-Objekte auf dem Bildschirm zum Kinderspiel geworden ist, besteht das »Geheimwissen« nun aus der Darstellung beeindruckender Licht-, Schatten- und Nebeleffekte, gepaart mit realistischen Bewegungsabläufen belebter und unbelebter Objekte.

Der Einstieg in das Thema ist allerdings nach wie vor nicht einfach, und genau das soll dieses Kapitel in erster Linie erleichtern, indem es das Basiswissen vermittelt, auf welchem sowohl Technologie als auch Programmierung aufbauen. Natürlich kommen wir auch auf einige Tricks und etwas »Geheimwissen« zu sprechen.

Abb. 7.13: Halo von Bungie Studios

3D-Programmierung besteht zum Leidwesen der meisten Programmierer zu über 90% aus Mathematik, genauer gesagt, der Linearen Algebra, auch Vektorrechnung genannt. Weil dieses Wissen zu den absoluten Grundlagen zählt, haben wir uns dazu entschlossen, diesen Part vorweg zu nehmen. Später gehen wir dann auf die praktische Anwendung des Gelernten ein, zunächst über OpenGL und dann über Direct3D 8. Abschließend werden sehr viele Verfahren erklärt, die in modernen 3D-Engines Anwendung finden. In vielen anderen Büchern werden Verfahren der Verständlichkeit wegen so erklärt, wie man es eigentlich nicht machen sollte. Wir möchten den Leser das Wissen vermitteln, das wir haben. Stellenweise ist diese Thematik relativ anspruchsvoll, aber wir hoffen, dass dieses Kapitel trotzdem verständlich geblieben ist.

Was nach dem Durcharbeiten dieses Kapitels noch fehlt, ist die praktische Anwendung, aber das können wir euch nicht abnehmen.

Abb. 7.14: Black & White von den Lionhead Studios

7.2.1.2 Die verwendete Notation

Wir haben uns bemüht, einen einheitlichen Programmierstil zu wahren und auf die Regeln der objektorientierten Programmierung (OOP) zu achten, wobei dies vermutlich nicht in allen Fällen optimal gelungen ist. Die in diesem Kapitel verwendete Notation ist eine abgewandelte Form der Ungarischen Notation, welche seinerzeit von einem ungarischen Microsoft-Mitarbeiter erfunden wurde.

7.2.1.2.1 Symbolische Konstanten:

Diese werden in Großbuchstaben geschrieben und es sind Unterstriche erlaubt.

```
#define _DEBUG
#undef _DEBUG
#define NUM_OBJECTS 80
```

7.2.1.2.2 Funktionen:

Funktionsnamen bestehen überwiegend aus Kleinbuchstaben, beginnen jedoch immer mit einem Großbuchstaben, und verwenden auch vereinzelte Großbuchstaben innerhalb des Namens, wenn dieser aus mehreren Wörtern zusammengesetzt ist:

```
void DoSomething()
void LoadFromFile()
```

7.2.1.2.3 Klassen:

Die Namen aller Klassen beginnen mit einem »C«. Verwendete Template-Klassen beginnen mit einem »T«.

```
class CPoint { };
template <typename T> class TMyTemplate { };
```

Anmerkung: Bei unserer anstehenden 3D-Engine-Entwicklung werden wir mit sog. Namespaces arbeiten, um Konflikte mit anderen existierenden Klassen zu vermeiden.

7.2.1.2.4 Aufzählungstypen (Enums):

Der Name eines Enums beginnt mit einem »E«, wobei für ihn die gleichen Regeln gelten wie für Funktionsnamen, und für die Werte darin die gleichen Regeln, wie für symbolische Konstanten.

```
enum EdoYouAgree
{
    E_AGREE,
    E_DISAGREE
};
```

7.2.1.2.5 Variablen:

Bei Variablen, die ansonsten den Regeln der Funktionsnamen folgen, werden Präfixe benutzt, um den Typ einer Variablen klar ersichtlich zu machen sowie, um den Gültigkeitsbereich anzuzeigen. Dabei gelten folgende Regeln:

`m_`	Eine Member-Variable einer Klasse
`g_`	Eine globale Variable
`s_`	Eine statische Variable
`c`	Char
`uc`	Unsigned char
`s`	Short
`us`	Unsigned short
`i`	Int
`ui`	Unsigned int
`dw`	DWORD
`f`	Float
`d`	Double
`Str`	Std::string
`in_`	Funktionsargument
`out_`	Rückgabewert einer Funktion
`r`	Referenz
`p`	Zeiger

`m_p` Member-Variable, die ein Zeiger ist
`g_i` Ein globaler int
usw.

Dies mag zunächst sehr umständlich klingen, aber wenn man sich daran gewöhnt hat, wird man es nicht mehr missen wollen, einer Variable bereits am Namen Typ und Herkunft anzusehen.

```
int m_dwNumObjects
static double gs_dTime
std::string& in_rStrFilename
```

7.2.1.2.6 Kommentare:

Innerhalb von Funktionen werden Kommentare mit »//« verwendet, wobei davor und danach eine Leerzeile gelassen wird. Außerhalb der Funktionen werden lediglich Kommentare mit »/*« und »*/« verwendet.

Beispiele :

```
/**
 * Nur ein Beispiel
 */
void DoSomething()
{

    // Gibt etwas auf dem Bildschirm aus

    printf(»Hello World«);
}
```

Natürlich ist diese Notation nicht der Weisheit letzter Schluss, allerdings hat sie sich in vergangenen Projekten sehr bewährt.

7.2.1.3 Internet-Support

Im Laufe der Zeit wird es weitere Artikel und Beispielprogramme zu diesem Kapitel auf `http://www.design-und-programmierung.de` geben. Gleichzeitig sollte man auch einen Blick auf die nicht-öffentliche Area werfen, welche unter `http://www.design-und-programmierung.de/topsecret` erreichbar ist. Bitte beachte, dass das Material, auch wenn es öffentlich und frei verfügbar ist, dem Urheberrecht untersteht.

7.2.2 Von der 3D-Koordinate zur Bildschirmausgabe (JB & PD)

7.2.2.1 Was ist 3D-Grafik?

3D-Grafik ist nicht 2D-Grafik mit einer zusätzlichen Dimension (was auch immer das dann sein möge). 3D-Grafik ist grundsätzlich anders. Ein 3D-Objekt besteht nicht aus einem »gemalten« Bild, sondern aus *Zahlen*. Das Bild des Objektes, das wir letztlich auf dem Bildschirm sehen, wird vom Computer aus diesen Zahlen laufend neu erzeugt. In Kapitel 1 gab es einen Vorgriff auf dieses Thema (1.4.1.2.1: »2D-Grafik, 3D-Grafik«), das hier nun detailliert beleuchtet wird.

Gleich vorneweg: Die heutige 3D-Hardware unterstützt nur die Darstellung von Dreiecken, entsprechend bestehen 3D-Objekte heutiger Spiele auch nur aus Dreiecken. Es gibt keine Kugeln, keine Wolken – noch nicht einmal Vierecke. Um rund aussehende Objekte darzustellen, muss man halt sehr viele sehr kleine Dreiecke verwenden und ein wenig mit der Beleuchtung tricksen, aber es bleiben dennoch Dreiecke.

Das Rendern (=Malen) eines Dreiecks erledigt die Grafikkarte automatisch, sobald du ihr die Koordinaten der drei Eckpunkte mitgeteilt hast. So weit, so einfach. Aber ganz so einfach nun auch wieder nicht. Deshalb werden wir als nächstes ein wenig über 3D-Koordinaten erzählen.

7.2.2.2 Punkte im 3D-Raum

Die Position eines Punktes im dreidimensionalen Raum wird eindeutig bestimmt durch seine x-, y- und z-Koordinate. Mit anderen Worten, ein Punkt besteht aus drei Zahlen.

Koordinatensysteme sollten dir noch aus dem Mathematik-Unterricht bekannt sein: Wir haben eine x- und eine y-Achse – und in 3D natürlich auch eine z-Achse! Da, wo die drei Achsen sich treffen, ist der Nullpunkt bzw. der Ursprung. Man kann den Kreis als Null oder als »Oh« interpretieren (O für Origin = Ursprung). Wo der Ursprung innerhalb unserer 3D-Szene liegt, ist zunächst einmal völlig egal: Das kann der Mittelpunkt eines Planetens sein, die Zehenspitze eines Ritters oder irgendwo über den Wolken, wichtig ist nur eines: alle Punkte, die wir dem Computer von nun an angeben werden, sind relativ zum Ursprung.

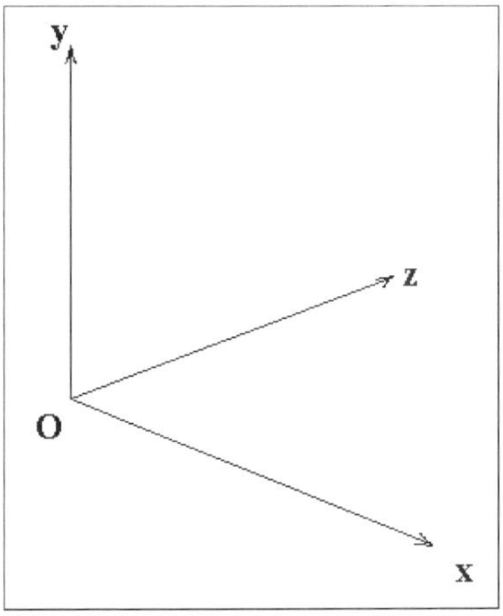

Abb. 7.15: Koordinatensystem

Denken wir uns nun einfach mal einen Punkt aus: Es sei x = 3, y = 2 und z = 5. Und nun sehen wir uns an, wo dieser Punkt zu liegen kommt: Wir beginnen am Nullpunkt (Ursprung). Wir gehen 3 Schritte nach rechts (x), 2 nach oben (y) und 5 nach hinten (z). Und da ist dann der Punkt. Das und nichts anderes bedeuten die 3 Zahlen.

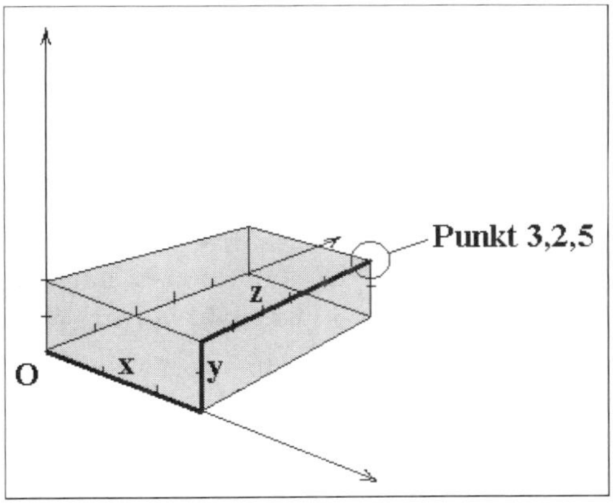

Abb. 7.16: Der Punkt (3,2,5)

Gleich die nächste Frage: wie viel ist eigentlich ein »Schritt«? Antwort: das ist dem Computer völlig egal, um diese Frage müssen wir uns selber kümmern. Das kann ein Meter sein, ein Millimeter, ein Kilometer oder zweieinhalb Fuß. Der Computer kennt Maßeinheiten sowieso nicht, für ihn sind das alles Zahlen.

Der erste Punkt ist also bereits gesetzt. Noch zwei weitere davon, und wir haben unser erstes Dreieck:

Punkt 2: Es seien x = 1, y = 3 und z = 2.

Punkt 3: Nehmen wir einfach den Nullpunkt.

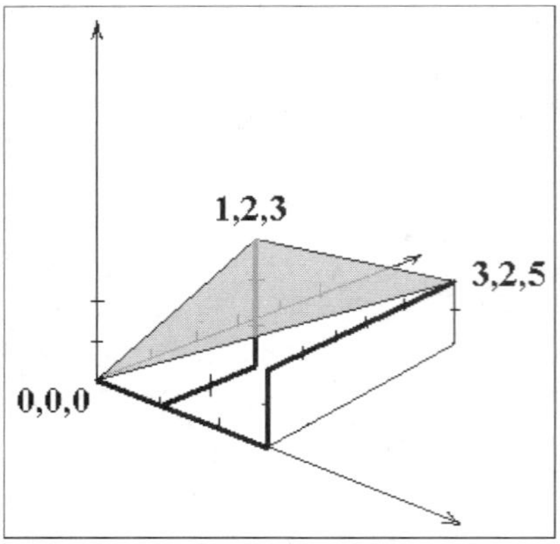

Abb. 7.17: Ein erstes Dreieck

Wenn wir nun dem Computer sagen könnten, dass er aus diesen drei Punkten ein Dreieck zeichnen soll, dann würde er das auch machen. – Aber was heißt »könnten«! Natürlich können wir das:

```
glBegin(GL_TRIANGLES);
glVertex3f(3.0,2.0,5.0);
glVertex3f(1.0,3.0,2.0);
glVertex3f(0.0,0.0,0.0);
glEnd;
```

Das war OpenGL. Mehr darüber im gleichnamigen Abschnitt.

Wir lernen jetzt außerdem noch ein neues Wort: **Vertex** (lateinisch bzw. englisch = »Spitze«). So heißen die Eckpunkte von Dreiecken nämlich auf Fachchinesisch, und deswegen heißt dieser eine Befehl auch glVertex3f. Also: ein Dreieck hat drei Spitzen = ein Dreieck hat drei Vertexe. Pardon, die Mehrzahl ist nicht Vertexe sondern Vertices.

Das war doch nun wirklich einfach, oder? Kein Wunder, dass heutzutage jeder 3D programmieren kann. Aber ein Dreieck ist natürlich noch kein Spiel. Wir haben noch einen langen Weg vor uns.

7.2.2.3 Projektion und Frustum

So einleuchtend die drei Koordinaten für einen Punkt und die drei Punkte für ein Dreieck sein mögen: der gute alte Monitor deines Computers hat nach wie vor nur eine zweidimensionale Bilddarstellung. Ein Pixel hat bekanntermaßen eine x- und eine y-Koordinate, aber eine z-Koordinate hat er nicht.

Bevor die Grafikkarte also dein Dreieck auf den Bildschirm bringt, muss aus dem dreidimensionalen Dreieck ein zweidimensionales werden. Die Umrechnung erfolgt intern und ist für dich nicht zugänglich, aber du kannst (musst) vorher angeben, wie du es gern hättest. Genauer gesagt, musst du den Sichtbereich definieren. Siehe dazu die folgende Abbildung:

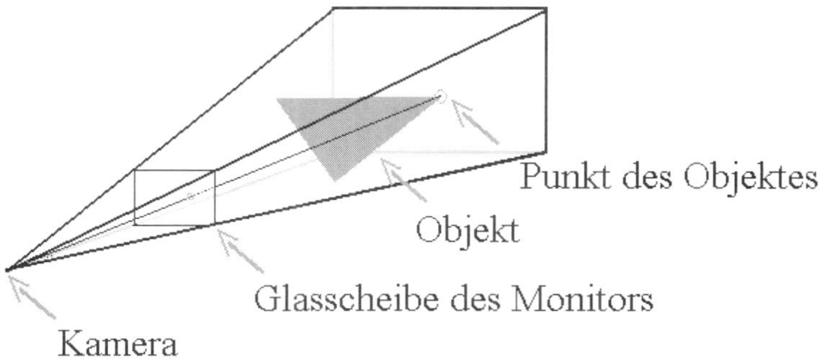

Abb. 7.18: Projektion eines 3D-Punktes auf den Monitor

Die Abbildung zeigt ein Objekt (Dreieck) im Sichtbereich der Kamera. Die Kamera ist der Punkt, von dem aus du guckst, dein Auge. Aber es wird in der Literatur fast nie vom »Auge« gesprochen, es heißt immer »Kamera«. Es gibt je einen Winkel für die Sehbreite und Sehhöhe: Großer Winkel = weites Sehfeld, kleiner Winkel = Tunnelblick.

Wenn man sich nun eine Linie zwischen einem Punkt und der Kamera denkt, wird der Punkt da auf der Glasscheibe des Monitors dargestellt werden, wo die Linie sie schneidet.

Wie die Abbildung zeigt, geht der sichtbare Bereich der 3D-Welt vom Auge bzw. der Kamera aus und hat die Form einer Pyramide. Was außerhalb der vier Seiten dieser Pyramide liegt, liegt auch außerhalb der vier Seiten des Computerbildschirms (und ist somit nicht sichtbar).

Nun hat der Sichtbereich von 3D-Computergrafik noch zwei zusätzliche Begrenzungen: das *Near-Clipping-Plane* und das *Far-Clipping-Plane*. Das Near Clipping Plane stellt man sich dabei am besten vor als die Glasscheibe des Monitors. Was näher am Auge liegt, wird einfach nicht dargestellt. Das Far-Clipping-Plane dagegen bildet die maximale Sichtweite, d.h. weiter als bis zu dieser Ebene kann man nicht gucken. Es ist auf den ersten Blick nicht ganz einleuchtend, warum es diese beiden Begrenzungen gibt, aber es gibt sie. Wir werden ihren Sinn im Abschnitt mit dem Z-Buffer erklären.

Auf jeden Fall ist der Sichtbereich damit von sechs Seiten begrenzt: links, rechts, oben, unten, vorn und hinten. Was übrig bleibt, ist ein Pyramidenstumpf, der *Frustum* heißt. Das hat nichts mit Frust zu tun, es ist das Volumen, innerhalb dessen Punkte auf den Bildschirm abgebildet werden.

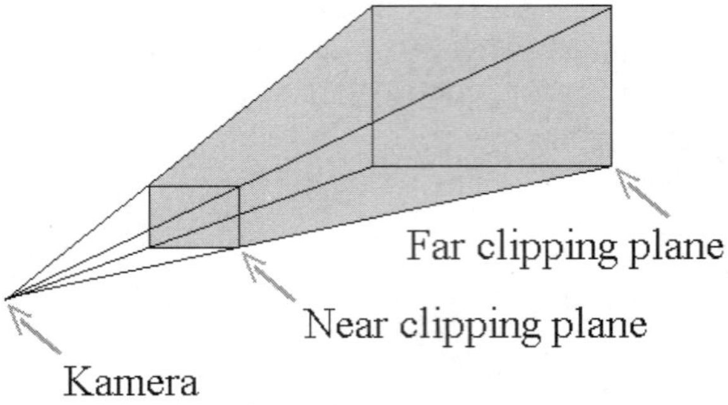

Abb. 7.19: Das Frustum

7.2.2.4 Der Z-Buffer

Gerade haben wir gesagt, ein Pixel auf dem Bildschirm hat keine z-Koordinate. Das war gelogen. Auch wenn wir diesen Wert nicht direkt sehen können (ein Pixel mit dem Z-Wert 1 sieht auf deinem Monitor nun mal genauso aus wie ein Pixel mit dem Z-Wert 100), so wird der Wert dennoch in der Grafikkarte gespeichert. Und die Gesamtheit aller z-Koordinaten der Pixel auf dem Bildschirm ist der sogenannte Z-Buffer alias Depth-Buffer (Tiefenpuffer). Und wozu braucht man den?

Nun, stell dir vor, du hast zwei Dreiecke in etwa an derselben Position, aber eines ist näher an der Kamera und das andere weiter weg. Völlig klar, dass das nähere Dreieck das fernere verdeckt. Nur: wenn du zuerst das nähere Dreieck zeichnest, dann wird das fernere dieses übermalen. Das heißt, du musst dir Gedanken darüber machen, welches Dreieck näher ist, und sie dann streng von hinten nach vorne sortiert zeichnen. Das kann man durchaus so machen, aber dummerweise verbraucht das Sortieren sehr viel Rechenleistung und es gibt Spezialfälle, in der es eine richtige Reihenfolge gar nicht erst gibt, z.B. wenn die Dreiecke einander durchdringen oder sich zyklisch überlappen.

Der Z-Buffer löst dieses Problem, indem er den Z-Wert jedes Pixels speichert. Soll ein Pixel gezeichnet werden, prüft die Grafikkarte, ob da nicht schon ein Pixel ist, das näher an der Kamera dran ist. Und wenn ja, dann wird das neue Pixel halt nicht gezeichnet.

Nun hat der Z-Buffer bedauerlicherweise eine begrenzte Genauigkeit, wodurch es zu Rundungsfehlern kommt, wenn zwei Pixel sehr nahe beieinander sind. Meistens stehen für den Z-Buffer 16 Bit zur Verfügung, also 65536 unterschiedlich Werte. Hier kommen nun das Near Clipping Plane und das Far Clipping Plane ins Spiel: Pixel, die auf dem Near Clipping Plane liegen, bekommen den niedrigstmöglichen Z-Wert, und Pixel auf dem Far Clipping Plane den größtmöglichen. Deswegen macht eine Sichtweite von »unendlich« keinen Sinn, denn wenn wir 65536 Z-Werte auf eine unendliche Distanz verteilen, dann wird der Z-Buffer unbrauchbar. Verteilen wir diese Werte auf »nur« 65 Kilometer, dann hat der Z-Buffer eine

Genauigkeit von einem Meter pro Pixel. Für die Darstellung von Landschaft und riesigen Gebäuden vielleicht gerade noch akzeptabel, aber nicht mehr für Menschen und Tiere.

Wohl dem, der eine Grafikkarte mit einem 32-Bit-Z-Buffer hat...

7.2.2.5 Vertex-Farben

Man kann einem Vertex auch eine Farbe zuweisen und so die Farbe des Dreiecks bestimmen. Es steht übrigens nirgends geschrieben, dass die drei Vertices eines Dreiecks alle dieselbe Farbe haben müssen: Wenn sie unterschiedlich sind, erzeugt die 3D-Hardware schön anzusehende Farbverläufe:

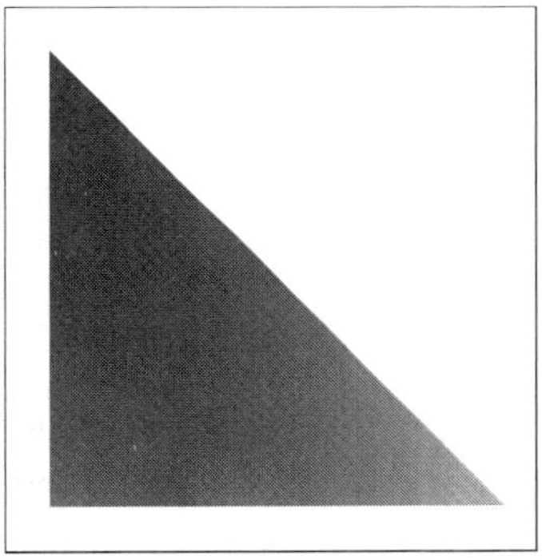

Abb. 7.20: Ein untexturiertes Dreieck mit einem roten, grünen und blauen Vertex (das Bild ist im Original farbig, sieh es dir auf der beiliegenden CD an)

Diese Farbverläufe spielen eine Schlüsselrolle bei der Darstellung von gekrümmten Oberflächen. Genauer gesagt, bei deren Vortäuschung, denn es gibt ja gar keine gekrümmten Oberflächen in der 3D-Technologie, nur Dreiecke. Der Effekt nennt sich Goraud-Shading. Dazu eine kleine Abbildung:

Abb. 7.21: Goraud-Shading: Die Zylinder sind zehn-eckig, was links gut zu sehen ist. Wenn man allerdings mit den Vertex-Farben trickst, wirken sie plötzlich rund.

7.2.2.6 Texturen

Eine Textur ist im Prinzip nichts anderes als ein 2D-Bild, das auf ein Dreieck »geklebt« werden kann. Jedes, aber auch wirklich jedes 2D-Bild kann als Textur dienen. So zum Beispiel dieses hier:

Abb. 7.22: Ein Haus...?

Wenn wir nun die Dreiecke eines Hauses damit überziehen, erhalten wir ein stattliches dreigeschossiges Gebäude aus der Gründerzeit:

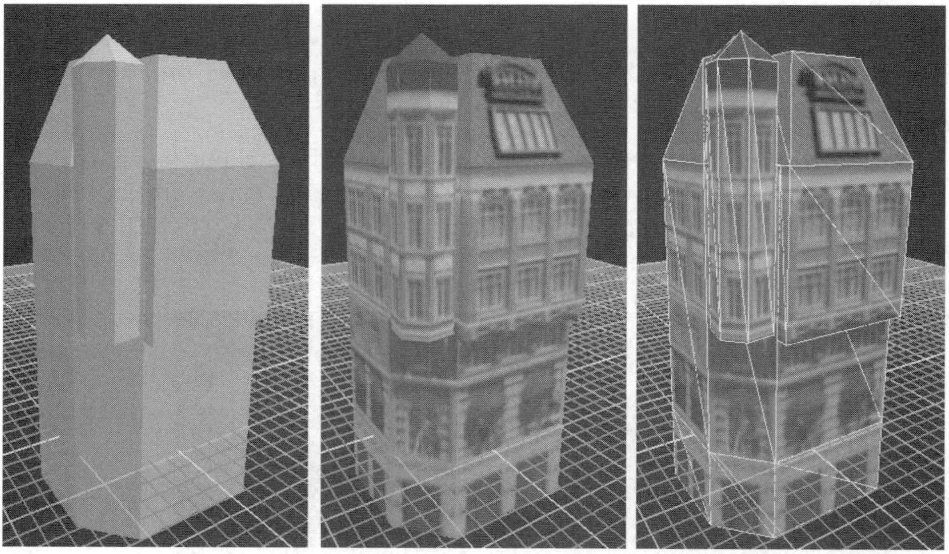

Abb. 7.23: Ja, ein Haus. Links ohne Texturen, in der Mitte mit Texturen, rechts Darstellung der einzelnen Dreiecke.

Wie du siehst, kann man mit einer Textur eine Oberfläche vortäuschen, die sonst nur durch eine Hundertschaft von zusätzlichen Dreiecken zu erzielen wäre. Das Geheimnis liegt auch hier in den Vertices, denen man außer den bereits genannten Raum-Koordinaten noch ganz andere, zusätzliche Eigenschaften zuweisen kann.

Zum Beispiel Textur-Koordinaten. Betrachten wir noch einmal das 2D-Bild, das wir zur Textur ernannt haben. Es besitzt sein eigenes Koordinatensystem, die x- und y-Achse werden jedoch mit u und v bezeichnet, um Verwechslungen mit den Raumkoordinaten auszuschließen:

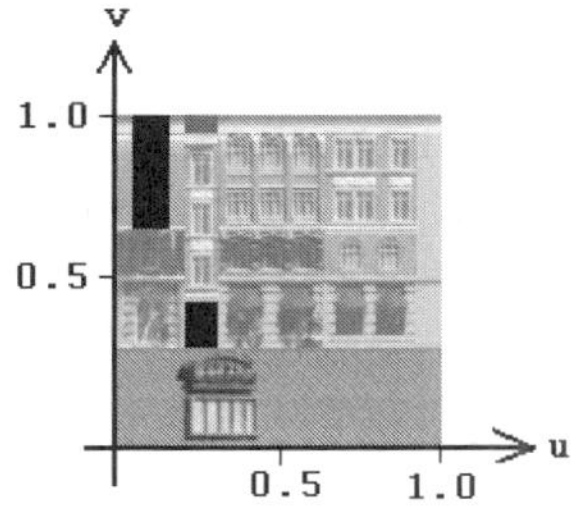

Abb. 7.24: UV-Koordinaten

Wir haben im Prinzip nichts weiter zu tun, als jedem Vertex eines Dreiecks jeweils eine UV-Koordinate zuzuweisen. Das Dreieck wird dann mit dem so angegebenen Texturausschnitt gerendert. Direct3D und OpenGL bzw. die Grafikkarte erledigen das automatisch und verzerren den Texturausschnitt so, dass sie genau auf das Dreieck passt. Wie das genau geht, wird in den jeweiligen Abschnitten noch ausgiebig zur Sprache kommen.

7.2.2.7 Bilineares Filtering

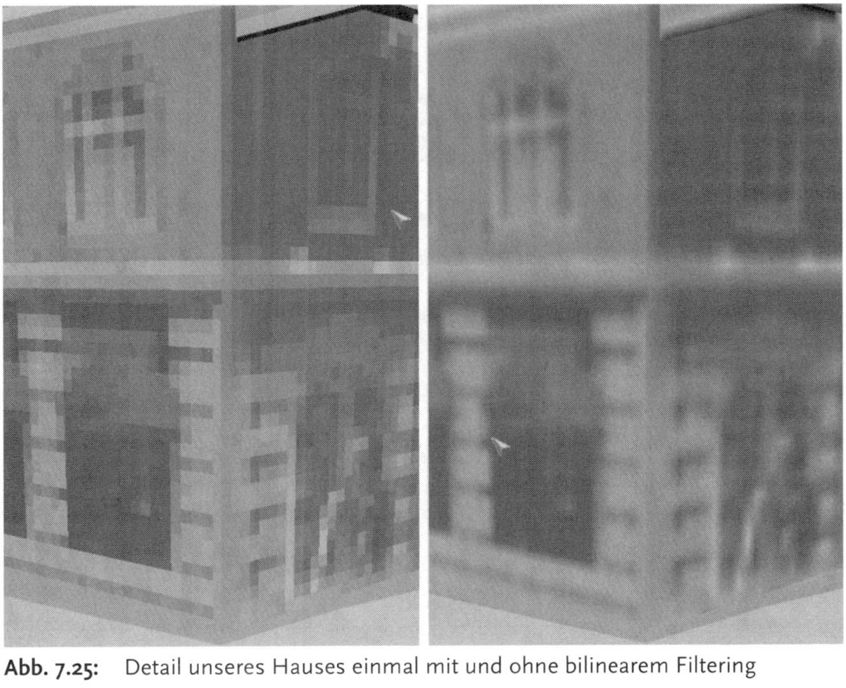

Abb. 7.25: Detail unseres Hauses einmal mit und ohne bilinearem Filtering

So eine Textur besteht üblicherweise aus quadratischen Pixeln, die auch Texel genannt werden, um sie von den Pixeln des Bildschirmspeichers zu unterscheiden. Wenn man eine Textur auf ein Dreieck klebt, und sich dieses Dreieck aus der Nähe ansieht, kann man die Texel gut erkennen. Weil das nicht sehr hübsch aussieht, gibt es das bilineare Filtering, welches die Texel-Grenzen mittels einer künstlichen Unschärfe verschwimmen lässt.

Gefilterte Texturen sind unwesentlich langsamer, sorgen allerdings für eine wesentlich bessere Bildqualität, weshalb heutzutage niemand man auf die Idee kommen sollte, ungefilterte Texturen zu benutzen.

7.2.2.8 Mip-Mapping

Beim Mip-Mapping wird ein und dieselbe Textur in verschiedenen Größen in einer so genannten *Mip-Map-Chain* gespeichert (s. Abbildung). Der Grafikkartentreiber wählt beim Rendern dann eine umso kleinere Textur, je weiter weg sich das Dreieck von der Kamera befindet. Der Sinn? Nun, stell dir eine Textur von 1024x1024 vor, aber das Dreieck auf dem Bildschirm ist nur etwa 10 x 10 Pixel groß. Das ist eine ungeheure Verschwendung von Performance. Außerdem kommt es trotz bilinearen Filterns zu widerlichen Flacker- und Flimmererscheinungen, wenn man dieses Dreieck bzw. die Kamera bewegt. Das nennt sich Moiré-Effekt und sieht grausam aus.

Abb. 7.26: Moiré-Effekt: Obere Reihe: Die Dachziegel des Hauses sind sehr detailliert, was ja auch aus der Nähe betrachtet sehr gut aussieht. In der Entfernung führt dies jedoch bei zu seltsam häßlichen Flackereffekten. Untere Reihe: Wenn wir für die Darstellung in der Ferne eine viel gröbere Textur nehmen, verschwindet dieser Effekt.

Abb. 7.27: Eine Mip-Map-Chain von 3 Texturen

7.2.2.9 Nebel

In Spielen scheint Nebel zwei Aufgaben zu erfüllen :

- Er sorgt für eine gute Atmosphäre, wenn es richtig eingesetzt wird.
- Man versucht, Performance-Probleme zu vertuschen, indem man die Sichtweite sehr stark begrenzt. Besonders dieser Aspekt fällt immer sehr negativ auf, weshalb man es mit dem Nebel nicht übertreiben sollte.

Abb. 7.28: Sehr dezent eingesetzter Nebel, welcher einen positiven Effekt auf die Wirkung der Szenerie hat

Nebel ist nichts weiter als die Einfärbung eines Vertex. Und zwar wird er umso stärker mit der »Nebelfarbe« eingefärbt, je weiter er weg ist (je höher sein Z-Wert ist), deshalb wird die Vernebelung einer Szene auch als *Depth Cueing* bezeichnet.

Die Nebelfarbe muss keineswegs unbedingt grau sein, es kann jede beliebige Farbe sein. Auf diese Weise kann man nicht nur Londoner Nebel damit darstellen, sondern auch trübes Wasser in einem U-Boot-Spiel (blaugrüner Nebel), Dunkelheit (schwarzer Nebel) oder das Verschwimmen ferner Objekte am Horizont (himmelblauer Nebel).

Dass der Nebel mit dem Z-Wert des Vertex zusammen hängt, führt übrigens zu einem kleinen Grafikfehler, und zwar hat man als Spieler immer eine gerade Nebelwand vor sich, die sich mit dreht, wenn man nach links, rechts oder oben schaut. Modernere Grafik-Engines pfeifen deshalb auf den Standardnebel, den man nur einzuschalten braucht und machen von der Möglichkeit Gebrauch, den Nebelwert pro Vertex »von Hand« zu setzen.

7.2.2.10 Blending oder die Kunst der Transparenz

Wie – so hast du dich sicher schon mal gefragt – funktionieren eigentlich durchsichtige Dreiecke? Nun, auch das ist eine Funktion, die du nicht programmieren musst, du musst lediglich die gewünschten Werte einstellen. Die Funktion heißt *Blending* und bewirkt, dass, wenn ein Pixel gezeichnet wird, er nicht einfach den bereits bestehenden Farbwert auf dem Bildschirm übermalt, sondern sich mit ihm »vermischt« (siehe auch 7.1.3.2).

Das Mischen der Farbwerte beruht auf mathematischen Formeln, deren Parameter sich einstellen lassen. Eine wichtige Rolle spielt dabei der Alpha-Kanal des zu zeichnenden Pixels, das ist neben den normalen Farbkomponenten Rot, Grün und Blau eine vierte Farbkomponente, welche die »Durchsichtigkeit« des Pixels angibt. Je kleiner dieser Alpha-Wert ist, desto durchsichtiger. Bei 0 ist das Pixel faktisch unsichtbar.

Es gilt zu beachten, dass bei transparenten Objekten der Z-Buffer weitestgehend nutzlos wird. Warum? Nun, stelle dir vor, du renderst ein Gebäude, durch dessen Fenster du von draußen in ein Zimmer schauen kannst. Wenn du zuerst die Fensterscheibe malst, wird der Z-Buffer bewirken, dass von der später gezeichneten Inneneinrichtung des Zimmers nichts zu sehen sein wird. Da nützt es auch nichts, dass das Fenster ja doch »transparent« ist. Erstens speichert die Grafikkarte keine Alpha-Werte in den einmal gezeichneten Pixeln, und zweitens müssten für eine korrekte Darstellung der Szene zwei Z-Werte pro Pixel gespeichert werden. Und falls du drei Glasscheiben hintereinander hast, müssten es vier Z-Werte sein. Dieses Problem wird auch als *Tiefenkomplexität* bezeichnet.

Die Lösung im Prinzip einfach: *zuerst* das Zimmerinnere und *dann* die Fensterscheibe zeichnen. Überhaupt gilt bei Verwendung von Transparenz: immer erst alles Nicht-Transparente zeichnen, und dann alles Transparente – und zwar der Tiefe nach sortiert! Na ja, und über die Probleme der Tiefensortierung haben wir ja schon ein paar Worte verloren... – Jetzt kannst du dir vorstellen, warum mit Transparenzeffekten in 3D-Spielen so sparsam umgegangen wird.

7.2.2.11 Der Stencil-Buffer

Das ist ein zusätzlicher Speicherbereich auf der Grafikkarte, der ähnlich dem Z-Buffer jedem Pixel auf dem Bildschirm einen Wert zuordnet, anhand dessen entschieden wird, ob hier ein Pixel gezeichnet werden darf oder nicht. Den Stencil-Buffer kann man sich am besten als eine Art Zeichenmaske vorstellen. Man stelle sich zum Beispiel ein Schachbrett vor, auf dem unter den weißen Feldern eine animierte 3D-Szene durchscheint. Nun könnte man natürlich einfach zuerst die 3D-Szene rendern und dann ein paar schwarze Quadrate darüber malen, aber genauso gut könnte man zuerst die Quadrate in den Stencil-Buffer schreiben und dann die 3D-Szene rendern.

Mit dem Stencil-Buffer lassen sich viele nützliche Effekte programmieren, wie z.B. volumetrische Schatten, Spiegelungen und Constructive Solid Geometry. Wir werden später noch darauf eingehen, wollten den Stencil-Buffer aber schon mal erwähnt haben.

7.2.2.12 Vertex-Shader und Pixel-Shader

Noch relativ neu (erst seit der GEFORCE 3) aber schon der letzte Schrei in der High-End-Grafik-Engine-Programmierung.

Vertex-Shader sind kleine Assembler-Programme, die direkt auf der Grafikkarte ausgeführt werden, sie heißen in OpenGL deshalb auch Vertex Programs. Ihnen ist ein eigenes Kapitel gewidmet.

Pixel-Shader sind ebenfalls solche kleinen Assembler-Programme, aber sie werden je zu setzendem Pixel ausgeführt! Auf diese Weise lassen sich extrem detaillierte Oberflächen und Oberflächen-Effekte darstellen.

7.2.2.13 Bump-Mapping

Eine Bump-Map ist so etwas ähnliches wie eine Textur (technisch gesehen *ist* es eine Textur), allerdings enthält sie keine Farben, sondern Normalenvektoren für die Lichtberechnung pro Pixel (s. Abschnitt über Normalenvektoren in Kapitel über Lineare Algebra). Ein mit einer Bump-Map beklebtes Dreieck wirkt rauh und buckelig. Das geht zugegebenermaßen auch mit einer Textur, aber diese verändert sich nicht, wenn sich das Dreieck im Verhältnis zur Lichtquelle bewegt. Bei der Bump-Map hingegen sieht man, wie die Schatten der Grübchen sich zum Licht ausrichten, was sehr realistisch wirkt.

7.2.2.14 Partikel-Effekte

Es gibt eine Vielzahl von grafischen Dingen, die aus sehr vielen kleinen »Einzelteilen« (Partikeln) bestehen, deren genaue Form nicht so sehr ins Gewicht fällt. Dazu gehören z.B. Regen und Schnee. Man wird selbstverständlich nicht hingehen und für ein »Sauwetter« in einem Level einzelne sechseckige Schneeflocken modellieren oder Regentropfen. Eine Vielzahl grauer bzw. weißer Punkte, die irgendwie vom Himmel fallen und wieder verschwinden, ist völlig ausreichend. Solche Partikel sind Rauch, aufgewirbelte Staubwolken, Explosionen, sprühende Funken usw. Ihnen allen gemeinsam ist, dass es sich um kleine Objekte (meist Punkte) handelt, die aus dem Nichts entstehen, eine bestimmte Bewegungsbahn beschreiben, sich eventuell auf dieser Bahn in ihrer Farbe verändern und schließlich nach einer begrenzten Lebensdauer wieder im Nichts verschwinden.

Wie man solche Partikel-Effekte allgemein und erweiterbar implementiert, wird in dem Kapitel »Ein allgemeines Partikel-System« näher erläutert.

7.2.2.15 Physik-Engine

Strenggenommen kein Grafikthema, aber in der Regel fester Bestandteil von 3D-Engines sind Funktionen, das Objekten ein realistisches »Verhalten« verleiht, das den Gesetzen der Physik folgt – oder ihnen trotzt. Dazu gehören:

- Kollisionserkennung: Wann überlappen bzw. durchdringen sich Objekte? Wichtig zur Klärung der Frage, wenn Fahrzeuge zusammenstoßen, eine Rakete ihr Ziel trifft oder der Spieler nicht durch Wände laufen können soll.
- Bewegung: Dazu gehören Schwerkraft, Beschleunigungs- und Bremsverhalten von Fahrzeugen, elastischer Abprall von Bällen an Wänden, Seitenwind und Strömung, Verformung von Objekten bei Zusammenstößen etc.
- Sound: Wenn Objekte Geräusche von sich geben, sollten diese auch aus der richtigen Richtung kommen und mit zunehmender Entfernung leiser werden. Eine Wand sollte dahinter liegende Geräuschquellen dämpfen etc.

Eher selten hingegen sind Simulationen von Elektrizität, Statik und Wärme, aber sag niemals nie: PONTIFEX z.B. ist ein Spiel, bei dem man aus einer begrenzten Anzahl von Stahlstreben eine Eisenbahnbrücke bauen muss, die nicht unter ihrem eigenen Gewicht zusammenbricht und auch noch einen darüber fahrenden Zug aushält.

7.2.3 Lineare Algebra (JB & PD)

In der 3D-Grafikprogrammierung gibt es wohl kaum etwas Wichtigeres als die Kenntnis der linearen Algebra bzw. analytischen Geometrie. Es gibt einige Themen, die man beherrschen *muss*, wie z.B. den Umgang mit Vektoren, Kugeln, Ebenen, etc. Es gibt Themen, die optional sind, dazu gehören unserer Meinung nach Quaternione und ähnliche »Exoten«, die überdies auch noch einiges an geistiger Leistungsfähigkeit verlangen. Aber eins nach dem anderen.

Mathematik ist oftmals trocken und ohne praxisnahen Bezug noch sehr viel trockener. Aus diesem Grund möchten wir dir als Leser zwei Möglichkeiten bieten:

- Du kannst dieses Kapitel über Lineare Algebra direkt durcharbeiten, bevor du mit der 3D-Programmierung anfängst.
- Du kannst dieses Kapitel überspringen und zu einem späteren Zeitpunkt lesen, wenn das theoretische Wissen in der Praxis benötigt wird.

7.2.3.1 Von Vektoren und Punkten

Die Frage, was ein Vektor ist, ist gar nicht so einfach zu beantworten. Am ehesten kann man ihn sich als **Pfeil** vorstellen: ein Pfeil, der in eine bestimmte *Richtung* zeigt und eine bestimmte *Länge* besitzt. Im dreidimensionalen Raum kann man einen Vektor mit drei Zahlen ausdrücken. Er besitzt eine x-, y- und eine z-Komponente.

Mathematisch gesehen besteht eine gewisse Verwandtschaft zwischen einem Vektor und einem Punkt im Raum: beide haben eine x-, eine y- und eine z-Komponente. Aber sie sind trotzdem nicht dasselbe. Am besten, du stellst dir einen beliebigen Punkt im Raum vor. Das ist ein Punkt. Und nun stell dir einen Pfeil vor, der am Ursprung beginnt und an diesem vorgestellten Punkt endet. Das ist ein Vektor. Sowohl Punkt als auch Vektor haben dieselben x, y und z-Werte, aber das eine ist ein Punkt, und das andere ein Pfeil. Der wesentliche Unterschied ist: der Punkt hat eine feste Position, der Pfeil nicht. Stell dir vor, der Pfeil wäre die Nadel in einem Kompaß. Du nimmst jetzt den Kompaß und bringst ihn in die Küche. Du hast die Position verändert, aber der Pfeil zeigt immer noch in dieselbe Richtung und hat dieselbe Länge. Das ist ein Vektor.

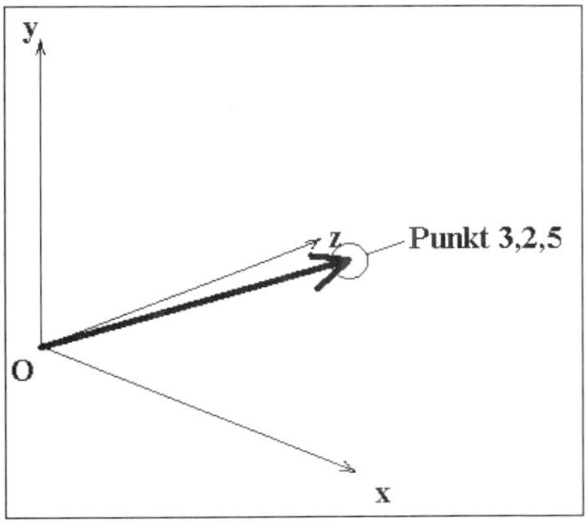

Abb. 7.29: Vektor und Punkt (3,2,5)

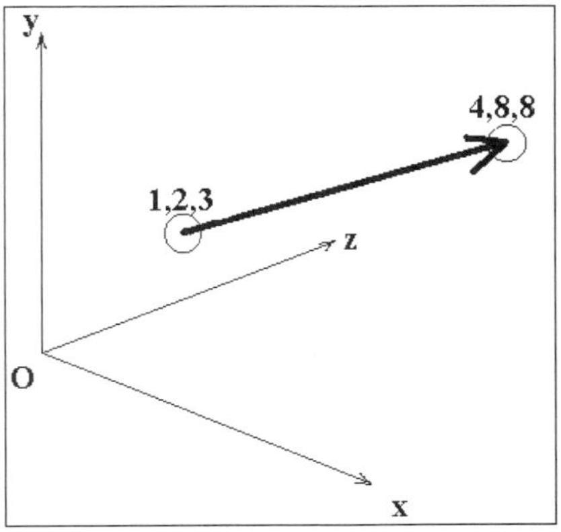

Abb. 7.30: Derselbe Vektor muss nicht am Ursprung (0,0,0) beginnen! Er könnte genauso z.B. an Punkt (1,2,3) beginnen. Allerdings würde er dann auch an Punkt (4,4,8) enden.

Die Unterschiede machen sich auch bemerkbar in der Schreibweise und dem Sprachgebrauch. So spricht man bei einem Punkt von *Koordinaten*, bei einem Vektor jedoch von *Komponenten*. Außerdem wird ein Vektor spaltenförmig notiert und ein Punkt zeilenförmig:

$(3 \mid 5 \mid 2)$ Notation des Punktes: Koordinaten

$\begin{pmatrix} 3 \\ 2 \\ 5 \end{pmatrix}$ Notation des Vektors: Komponenten

Im Programmcode aber, wo es derlei Spitzfindigkeiten nicht gibt, sind sowohl Vektor als auch Punkt dasselbe: eine Zusammenfassung von drei Zahlen in einer Struktur:

```
typedef struct { float x, y, z } vector;
```

So, nachdem wir dir den Unterschied zwischen einem Vektor und einem Punkt verdeutlicht haben, teilen wir dir feierlich mit, dass es für die meisten mathematischen Operationen, die wir im Folgenden vorstellen werden, keine Rolle spielt, ob du mit Punkten oder Vektoren rechnest. Die Formeln funktionieren stets für beide. Deshalb macht es Sinn, im Programmcode auch Punkte als «Vektoren" zu deklarieren – es sei denn, du findest es aufregend, für dieselbe Funktion zwei Quellcodes zu schreiben...

7.2.3.2 Translation

Nein, kein Druckfehler, es geht nicht plötzlich um Übersetzungsprogramme. Translation bedeutet hier Verschiebung. Und zwar können Vektoren benutzt werden, um Objekte im Raum zu verschieben. Stell dir vor, du hast ein Auto, das der Einfachheit halber nur aus einem Dreieck besteht, und das soll sich nun mit der Geschwindigkeit von einem Meter pro Sekunde parallel zur x-Achse bewegen. Die Richtung und Geschwindigkeit können wir somit durch den Vektor (1,0,0) darstellen. Soweit klar? Gut. Jetzt verschieben wir einmal pro Sekunde alle Vertices des Dreiecks. Und das tun wir, indem wir zu den Koordinaten der Vertices (also der Eckpunkte des Dreiecks) die entsprechende Komponente des Vektors addieren.

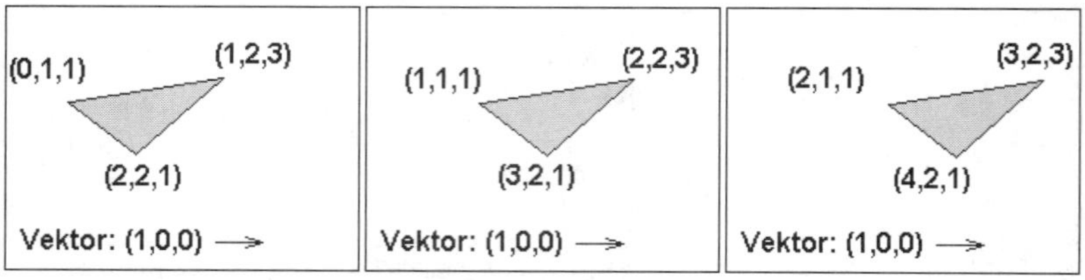

Abb. 7.31: Verschiebung der Vertices eines Dreiecks um jeweils (1,0,0)

Die Formel für die Verschiebung lautet also:

$$(p.x \mid p.y \mid p.z) + \begin{pmatrix} v.x \\ v.y \\ v.z \end{pmatrix} = (p.x + v.x \mid p.y + v.y \mid p.z + v.z)$$

Abb. 7.32: Formel für die Translation. Alter Punkt (p) plus Verschiebungsvektor (v) gleich neuer, verschobener Punkt

7.2.3.3 Vektorsumme

Die Summe zweier Vektoren ist definiert als die Summe der einzelnen Komponenten dieser Vektoren. Demnach werden einfach die x-, die y- und die z-Komponenten addiert:

$$\begin{pmatrix} v1.x \\ v1.y \\ v1.z \end{pmatrix} + \begin{pmatrix} v2.x \\ v2.y \\ v2.z \end{pmatrix} = \begin{pmatrix} v1.x + v2.x \\ v1.y + v2.y \\ v1.z + v2.z \end{pmatrix}$$

Abb. 7.33: Die Summe zweier Vektoren v1 und v2 ergibt einen neuen Vektor (mathematisch identisch mit der Formel für Translation).

Mathematisch ist dieser Vorgang absolut identisch mit der Translation eines Punktes durch einen Verschiebungsvektor. Allerdings wird hier kein Vektor auf einen Punkt addiert, sondern zwei Vektoren aufeinander, und das Ergebnis ist kein Punkt, sondern wieder ein Vektor! Vorstellen kann man sich den Sinn dieser Operation, indem man sich die drei Pfeile aufmalt:

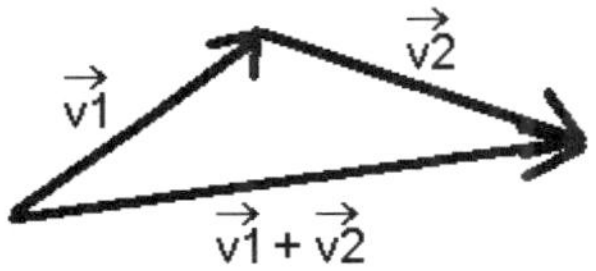

Abb. 7.34: Summe zweier Vektoren, grafisch

Angenommen, wir wollen ein Objekt doppelt verschieben, sowohl mit dem Vektor v1 als auch mit dem Vektor v2 (das Auto kriegt vielleicht Seitenwind ab). Anstelle jedesmal zwei einzelne Verschiebungen durchzuführen, können gleich um die Summe von v1 und v2 verschieben, das Endergebnis ist dasselbe.

Hierzu noch ein kurzer Quelltext, der den + Operator für Vektoren überlädt:

```
CVector3D operator + (CVector3D& in_rA, CVector3D& in_rB)
{
    return CVector3D(in_rA.GetX() + in_rB.GetX(),
        in_rA.GetY() + in_rB.GetY(),
        in_rA.GetZ() + in_rB.GetZ());
}
```

7.2.3.4 Vektordifferenz

Genauso wie man zwei Vektoren addieren kann, kann man auch die Vektordifferenz bilden :

$$\begin{pmatrix} v1.x \\ v1.y \\ v1.z \end{pmatrix} - \begin{pmatrix} v2.x \\ v2.y \\ v2.z \end{pmatrix} = \begin{pmatrix} v1.x - v2.x \\ v1.y - v2.y \\ v1.z - v2.z \end{pmatrix}$$

Abb. 7.35: Die Differenz zweier Vektoren

Und was stellt das dar? Nun, das zeigt am besten diese Abbildung:

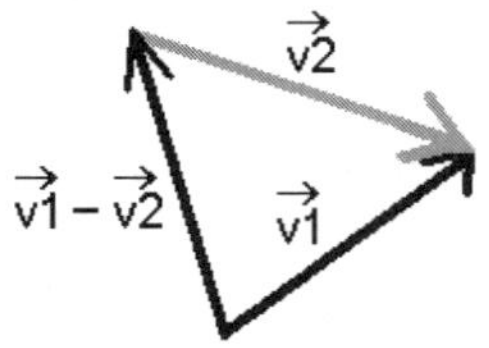

Abb. 7.36: Differenz zweier Vektoren, grafisch.

Das ist also ähnlich der Vektorsumme, nur »in die andere Richtung«. Damit kann man zum Beispiel eine Translation rückgängig machen. Aber noch viel wichtiger ist, dass man damit den Vektor berechnen kann, der von Punkt A nach Punkt B zeigt:

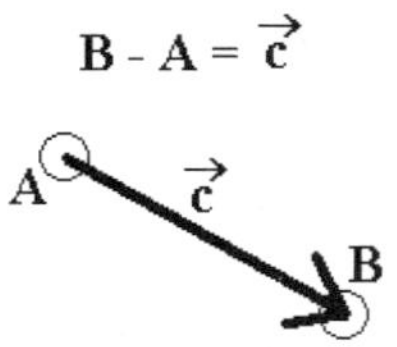

Abb. 7.37: Berechnung des Vektors von Punkt A nach B

Spitzfindige Leser werden jetzt anmahnen, dass A und B gar keine Vektoren sondern Punkte sind. Na gut, das stimmt. Zwar haben wir schon mal gesagt, dass die Mathematik für Punkte genauso funktioniert, aber wenn es dich beruhigt, dann nimm einen Bleistift und vervollständige die Abbildung: Male irgendwohin den Ursprung ein (egal wohin) und male dann einen Pfeil vom Ursprung zu Punkt A und einen weiteren Pfeil vom Ursprung zu Punkt B. Diese neuen Pfeile nennst du **a** und **b** (kleingeschrieben). Nun gilt: **b** – **a** = **c**. Zufrieden?

WICHTIG

In Abbildungen werden Punkte üblicherweise mit Grossbuchstaben bezeichnet (A, B, C etc.), Vektoren hingegen mit Kleinbuchstaben und einem kleinen Pfeil darüber. Da der Schriftsatz für dieses Buch keine kleinen Pfeile über den Buchstaben zuläßt, benutzen wir im Text für Vektoren **fette** Kleinbuchstaben.

Abschließend erneut ein kleiner Quelltext, diesmal für den – Operator:

```
CVector3D operator - (CVector3D& in_rA, CVector3D& in_rB)
{
    return CVector3D(in_rA.GetX() - in_rB.GetX(),
        in_rA.GetY() - in_rB.GetY(),
        in_rA.GetZ() - in_rB.GetZ());
}
```

7.2.3.5 Dehnen / Stauchen: Skalieren von Vektoren

In der Welt der Zahlen ist die Multiplikation definiert als mehrfache Addition. Also 3 * 2 = 2 + 2+ 2. Das funktioniert auch für Vektoren:

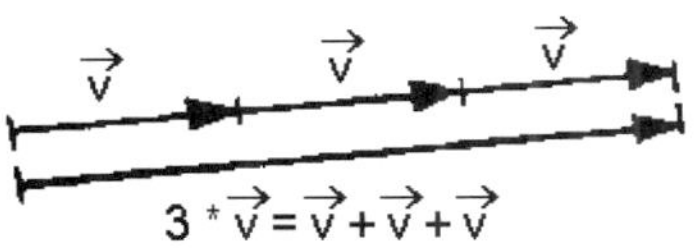

Abb. 7.38: Die Multiplikation als mehrfache Addition eines Vektors

Auf diese Weise kann ein Vektor vergrößert oder auch verkleinert werden (sofern man ihn mit einer Zahl multipliziert, die kleiner ist als 1). Diesen Vorgang nennt man Skalierung :

$$a * \begin{pmatrix} x \\ y \\ z \end{pmatrix} = \begin{pmatrix} a * x \\ a * y \\ a * z \end{pmatrix}$$

Abb. 7.39: Vektormultiplikation

Um einen Vektor in genau entgegen gesetzter Richtung zu erhalten, multipliziert man ihn einfach mit -1.

Was für Vektoren gut ist, funktioniert auch wieder einmal für Punkte. Wenn wir z.B. alle Vertices eines Objektes mit 2 multiplizieren, erhalten wir ein Objekt, das genauso aussieht, aber doppelt so groß ist.

7.2.3.6 Die Länge eines Vektors

Dass der Vektor (4 | 0 | 0) eine Länge von 4 besitzt, dürfte einleuchten. Aber wie lang ist eigentlich der Vektor (1 | 2 | 3)? Mit dem Lineal nachmessen ist für 3D-Spiele vielleicht nicht gerade die beste Methode, aber die Länge lässt sich gottlob auch berechnen, und zwar mit dem noch aus der Schule bekannten Satz des Pythgoras, der auch in 3D funktioniert. Wir ersparen uns jedoch die Herleitung und kommen gleich zur Formel: Die Länge eines Vektors ist definiert als die Wurzel der Summe der Quadrate seiner Komponenten. Klingt kompliziert, ist ganz einfach:

$$\left| \begin{pmatrix} x \\ y \\ z \end{pmatrix} \right| = \sqrt{x^2 + y^2 + z^2}$$

Abb. 7.40: Der Betrag (die Länge) eines Vektors

Die Länge wird auch der *Betrag* des Vektors genannt, deswegen die Darstellung mit diesen zwei senkrechten Strichen (die wiederum aus dem Mathematikunterricht bekannt sein sollten).

Und wieder ein kleiner Quelltext:

```
float CVector3D::GetLength()
{
    return sqrtf(m_fX * m_fX + m_fY * m_fY + m_fZ * m_fZ);
}
```

Die Länge des Vektors (1 | 2 | 3) beträgt also gemäß dieser Formel 3.74 und ein paar Zerquetschte.

7.2.3.7 Einheitsvektoren

In der Praxis ist es für Berechnungen oft nützlich, wenn ein Vektor genau die Länge 1 hat. Vektoren mit der Länge 1 heißen Einheitsvektoren bzw. normalisierte Vektoren. Um einen Vektor zu solch einem Einheitsvektor zu machen, ihn also zu normalisieren, dividiert man einfach alle Komponenten durch die Länge des Vektors.

```
float CVector3D::Normalize()
{
    float fLen = GetLength()
    if (fLen != 0.0f)
    {
        m_fX /= fLen;
        m_fY /= fLen;
        m_fZ /= fLen;
    }
}
```

Da eine Division durch 0 nicht definiert ist, sollte man das nicht mit dem Vektor (0 | 0 | 0) versuchen, da dessen Länge 0 ist. Es ist übrigens der einzige Vektor, der keine Richtung hat.

7.2.3.8 Skalarprodukt

Das Skalarprodukt werden wir noch des öfteren benötigen, und zwar immer dann, wenn der Winkel zwischen zwei Vektoren von Bedeutung ist. Und das ist wahrlich häufig der Fall.

Zunächst einmal zur Definition : Beim Skalarprodukt handelt es sich um eine Zahl, welche herauskommt, wenn man zwei Vektoren miteinander multipliziert:

$$\begin{pmatrix} v1.x \\ v1.y \\ v1.z \end{pmatrix} * \begin{pmatrix} v2.x \\ v2.y \\ v2.z \end{pmatrix} = v1.x * v2.x + v1.y * v2.y + v1.z * v2.z$$

Abb. 7.41: Das Skalarprodukt

Hierbei handelt es sich natürlich nicht um eine Multiplikation, wie wir sie von den reellen Zahlen her kennen, aber es hat sich nun mal das Multiplikationszeichen für diese Verknüpfung eingebürgert. Im Englischen heißt diese Operation übrigens »Dot Product«.

Aber was bedeutet diese Zahl, die da herauskommt, eigentlich? Nun, wie schon gesagt, hat sie etwas mit dem Winkel zwischen den beiden Vektoren zu tun. Genauer gesagt, mit dem Cosinus:

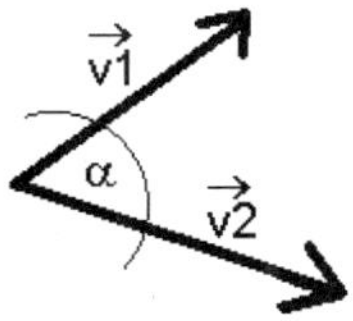

$$\vec{v1} * \vec{v2} = |\vec{v1}| * |\vec{v2}| * \cos(\alpha)$$

Abb. 7.42: Das Skalarprodukt ist die Länge von Vektor 1 mal die Länge von Vektor 2 mal der Cosinus des Winkels, den die Vektoren einschliessen.

Wenn **v1** und **v2** Einheitsvektoren sind, ist ihr Skalarprodukt genau gleich dem Cosinus. Aber auch wenn nicht, keine Panik, wir kommen trotzdem an den Cosinus, wir müssen die Gleichung nur ein wenig umstellen:

$$\cos(\alpha) = \frac{\vec{v1} * \vec{v2}}{|\vec{v1}| * |\vec{v2}|}$$

Abb. 7.43: Der Cosinus des Winkels zwischen zwei Vektoren.

An den Winkel selbst kommt man natürlich auch:

$$\alpha = \arccos\left(\frac{\vec{v1} * \vec{v2}}{|\vec{v1}| * |\vec{v2}|}\right)$$

Abb. 7.44: Der Winkel zwischen zwei Vektoren

Und auch hierzu ein Quelltext:

```
float CVector3D::DotProduct(CVector3D& in_rV)
{
    return (m_fX * in_rV.GetX() + m_fY * in_rV.GetY() * m_fZ +
in_rV.GetZ());
}
```

Das Skalarprodukt kann aber noch mehr. Wenn es nur darauf ankommt, ob ein Winkel größer oder kleiner als 90° ist, muss man lediglich auf das Vorzeichen schauen. Zeigen die Vektoren nämlich auseinander, dann ist das Skalarprodukt eine negative Zahl. Und wenn sie genau senkrecht aufeinander stehen, ist es genau Null:

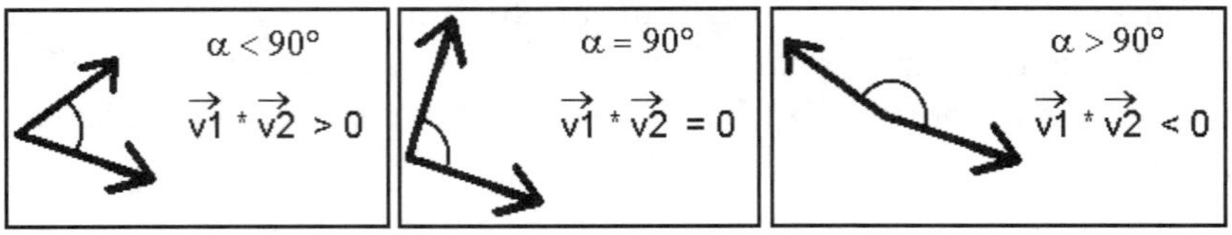

Abb. 7.45: Grösser oder kleiner null –> kleiner oder grösser 90°

7.2.3.9 Eine Gerade

Im R3 (dem dreidimensionalen Raum) eine Gerade zu beschreiben, ist relativ einfach. Man wählt einen Punkt auf der Geraden, der als *Ortsvektor* bezeichnet wird, und die Richtung wird dargestellt durch einen so genannten *Richtungsvektor*. Und schon ist die Gerade eindeutig definiert:

$$P = O + \lambda * \mathbf{r}$$

O ist der Ortsvektor und **r** der Richtungsvektor. Die Formel besagt, dass wir für λ (lambda) jede beliebige Zahl einsetzen können (auch negative Zahlen), und es wird immer als Ergebnis P ein Punkt auf der Geraden herauskommen. Punktrechnung hat übrigens auch in der linearen Algebra Vorrang vor Strichrechnung, d.h. λ multipliziert zuerst den Richtungsvektor, und dann wird der Ortsvektor hinzuaddiert. Diese Formel wird auch die *Parameterdarstellung* einer Geraden genannt. λ ist dabei der Parameter.

7.2.3.10 Zwei Geraden

Für zwei Geraden gibt es genau drei Möglichkeiten, wie sie zueinander stehen können:

1. Sie schneiden sich.
2. Sie sind parallel.
3. Sie sind windschief (d.h., dass sie sich weder schneiden noch parallel sind).

Wie kriegt man raus, ob sich zwei Geraden schneiden? Nun, zunächst einmal haben wir zwei Geradengleichungen der obigen Sorte:

$P_1 = O_1 + \lambda_1 * \mathbf{r}_1$ für die eine Gerade

$P_2 = O_2 + \lambda_2 * \mathbf{r}_2$ für die zweite Gerade

Wenn die beiden sich schneiden, dann haben sie einen Punkt gemeinsam, das heißt $P_1 = P_2$, und das bedeutet:

$$O_1 + \lambda_1 * \mathbf{r}_1 = O_2 + \lambda_2 * \mathbf{r}_2$$

Jetzt muss man nur noch herausrechnen, für welches λ_1 und λ_2 das zutrifft. Dies ist eine etwas rechenintensive (langsame) Prozedur, welche man auch auf sehr viel einfachere Weise lösen kann, nämlich mittels des Plücker Space. Der wird am Ende dieses Kapitels erläutert werden, trotzdem solltest du die obige Vorgehensweise verstanden haben.

7.2.3.11 Ebenen

Auch eine Ebene lässt sich in einer Parameterform beschreiben, im Vergleich zur Geraden brauchen wir jedoch zusätzlich einen zweiten Richtungsvektor und somit auch einen zweiten Parameter (aber zumindest keinen zweiten Ortsvektor):

$P = O + \mu * \mathbf{r}_1 + \nu * \mathbf{r}_2$

Für jedes μ (müü) und ν (nüü) ergibt diese Formel einen Punkt auf der Ebene.

Man kann eine Ebene allerdings auch ganz anders darstellen, und zwar in der *Normalenform*. Die Normalenform hat ihren Namen daher, dass für diese Darstellung ein *Normalenvektor* benutzt wird. Damit ist verwirrenderweise *nicht* ein Vektor der Länge 1 gemeint, sondern ein Vektor, der auf irgendetwas senkrecht steht, also im Winkel von 90°.

Für die Normalenform brauchen wir einen Punkt in der Ebene (Ortsvektor) und einen Vektor, der senkrecht auf der Ebene steht, also den Normalenvektor. Der Normalenvektor definiert gewissermassen die »Richtung« der Ebene, und der Ortsvektor schiebt sie an die richtige Stelle. Die Gleichung allerdings ist nicht so anschaulich wie die Parameterform:

$P * \mathbf{n} = O * \mathbf{n}$

Hm, Skalarprodukte. **n** ist der Normalenvektor. Man kann diese Gleichung ein wenig umformen, dann kann man sich etwas mehr darunter vorstellen:

$(P - O) * \mathbf{n} = 0$

Was heisst das? Nun, es heisst, dass jeder Punkt P der Ebene mit dem Ortsvektor O (der ja auch in der Ebene liegt) einen Vektor bildet (über Vektordifferenz, siehe oben), der auch in der Ebene liegt (logisch). Dieser Vektor (P – O) steht zum Normalenvektor senkrecht (sonst wäre es kein Normalenvektor), deswegen ist ihr Skalarprodukt gleich Null.

7.2.3.11.1 Hessesche Normalenform

Bei der Hesseschen Normalenform (kurz: Hesseform) handelt es sich um eine kleine Modifikation der Normalenform (nein, sie kommt nicht aus Hessen, ihr Entdecker hieß Ludwig Otto Hesse). Und zwar wird bei dieser Form ein normalisierter Normalenvektor (also ein Normaleneinheitsvektor) benutzt. Um kenntlich zu machen, dass es ein Einheitsvektor ist, nennen wir ihn $\mathbf{e}_n$:

$P * \mathbf{e}_n = O * \mathbf{e}_n$ bzw. $(P - O) * \mathbf{e}_n = 0$

Das hat zur Folge, dass wenn die Orientierung von $\mathbf{e}_n$ so gewählt ist, dass $O * \mathbf{e}_n \geq 0$ ist, $O * \mathbf{e}_n$ den Abstand der Ebene zum Nullpunkt angibt!

Dadurch ist es auch möglich, direkt den Abstand d eines Punktes X zur Ebene zu berechnen:

$$d = | (X - O) * \mathbf{e}_n |$$

Betragszeichen deswegen, weil, wenn $\mathbf{e}_n$ doch mal in die falsche Richtung zeigt, d negativ wird. Wer ganz geschickt ist, kann das Vorzeichen jedoch benutzen, um festzustellen, auf welcher Seite der Ebene der Punkt liegt.

7.2.3.12 Kugeln

Eine Kugel darzustellen ist sehr einfach: Man definiert einen Mittelpunkt und den Radius. Hat ein Punkt exakt den Radius als Abstand zu diesem Mittelpunkt, so liegt er auf dieser Kugel. Wenn der Abstand des Punktes zum Mittelpunkt geringer ist als der Radius, so liegt er innerhalb, andernfalls liegt er außerhalb:

$$| P - M | = r \quad \text{bzw.} \quad (P - M)\bullet = r\bullet$$

Der Ortsvektor M ist der Mittelpunkt (wer hätte das gedacht?), und r ist hier der Radius und kein Vektor (nicht fett). Ansonsten, wenn du dich fragst, wie man den Vektor (P – M) »quadrieren« soll: das ist nichts anderes als das Skalarprodukt des Vektors mit sich selbst (siehe Berechnung der Länge des Vektors: das ist nichts anderes als die Wurzel des Skalarproduktes).

Hat man sich diesen Sachverhalt einmal verdeutlicht, lässt sich sehr einfach überprüfen, ob zwei Kugeln sich schneiden. Hierzu berechnet man einfach den Abstand zwischen beiden Mittelpunkten und überprüft, ob dieser Wert kleiner ist als die Summe der Radien.

Gerade wurde außerdem erklärt, wie sich der Abstand eines Punktes von einer Ebene berechnen lässt. Wollen wir nun den Abstand der Kugel von der Ebene wissen, müssen wir lediglich den Abstand des Mittelpunktes von dieser Ebene berechnen und überprüfen, ob dieser kleiner ist als der Radius.

Manch einem mögen diese Vorgehensweisen von vornherein sehr einleuchtend erscheinen, anderen bereiten solche Aufgabenstellungen ganz erhebliche Probleme. Das ist allerdings ganz normal. Was in vielen Fällen hilft, ist, sich den Aufbau aufzumalen, um so anhand von Geraden, Normalenvektoren oder Parallelebenen einen Lösungsweg zu finden.

7.2.3.13 Das Kreuzprodukt

Das Kreuzprodukt, auch Vektorprodukt oder Vektorkreuzprodukt genannt, verknüpft zwei Vektoren miteinander zu einem neuen Vektor, der senkrecht auf den beiden steht. Auf diese Weise kann man z.B. einen Normalenvektor einer Ebene berechnen, wenn man zwei Richtungsvektoren gegeben hat.

Das Kreuzprodukt ist so definiert:

$$\begin{pmatrix} x1 \\ y1 \\ z1 \end{pmatrix} \times \begin{pmatrix} x2 \\ y2 \\ z2 \end{pmatrix} = \begin{pmatrix} y1 * z2 - z1 * y2 \\ z1 * x2 - x1 * z2 \\ x1 * y2 - y1 * x2 \end{pmatrix}$$

Abb. 7.46: Das Vektorkreuzprodukt

Die Länge des neuen Vektors ist übrigens die Länge des ersten Vektors mal die Länge des zweiten Vektors mal dem Sinus des Winkels, der von beiden Vektoren eingeschlossen wird:

$$| \mathbf{v}_1 \times \mathbf{v}_2 | = | \mathbf{v}_1 | * | \mathbf{v}_2 | * \sin(\alpha)$$

Anhand des Kreuzproduktes lässt sich daher sehr leicht überprüfen, ob zwei Vektoren parallel sind. Das ist der Fall, wenn gilt:

$$\mathbf{v}_1 \times \mathbf{v}_2 = (0 \mid 0 \mid 0)$$

Es ist übrigens nicht egal, welcher Vektor an erster und welcher an zweiter Stelle steht, d.h. $\mathbf{v}_1 \times \mathbf{v}_2$ ergibt etwas völlig anderes als $\mathbf{v}_2 \times \mathbf{v}_1$. Das Kreuzprodukt bildet ein sogenanntes »Rechtssystem«. Hat nichts mit Gesetzen zu tun, sondern mit der rechten Hand:

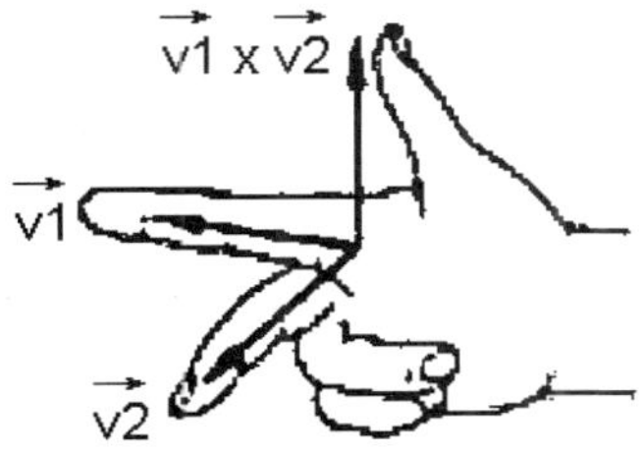

Abb. 7.47: Rechte-Hand-Regel für das Kreuzprodukt

Aus der Abbildung kann man es schon herleiten: Wenn $\mathbf{v}_1$ und $\mathbf{v}_2$ vertauscht werden, zeigt der resultierende Vektor in die entgegengesetzte Richtung. Mathematisch ausgedrückt:

$$\mathbf{v}_1 \times \mathbf{v}_2 = - (\mathbf{v}_2 \times \mathbf{v}_1)$$

7.2.3.14 Rotation

Man kann Punkte nicht nur verschieben, man kann sie auch drehen. Vektoren natürlich auch. Die Formeln dafür sind relativ einfach. Allerdings gibt es mehrere davon, denn Rotation ist nicht gleich Rotation. Wie ihr euch denken könnt, braucht man zum Drehen eine Achse, um die man drehen kann, sowie einen Winkel. Ach ja, und noch die Richtung, ob rechts- oder linksherum.

Beginnen wir mit der Drehung um die Y-Achse. Wir drehen einen Punkt um den Winkel α um die Y-Achse im Uhrzeigersinn – und erhalten einen neuen Punkt:

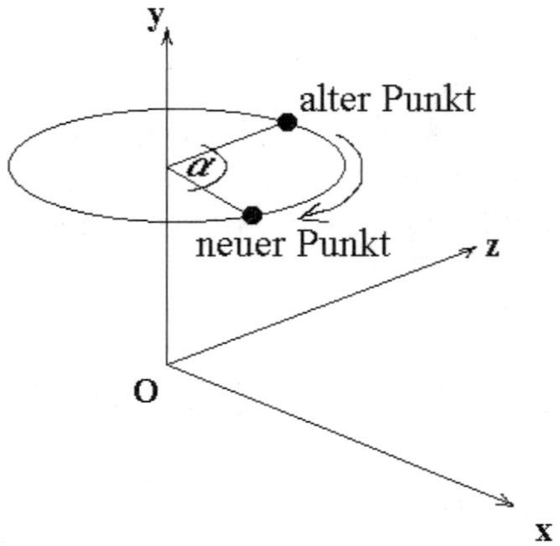

Abb. 7.48: Drehung eines Punktes um die Y-Achse um den Winkel α

Mathematisch sieht das so aus:

```
neu.x = alt.x*cos(a) - alt.z*sin(a);
neu.y = alt.y;
neu.z = alt.x*sin(a) + alt.z*cos(a);
```

Beachte: y bleibt gleich. Es spielt in dieser Rechnung nicht mal eine Rolle. Was auch logisch ist, wenn man sich das Bild ansieht.

Die Drehung um die X-Achse ist im Prinzip sehr ähnlich, nur tauschen x und y ihre Rollen, entsprechend ist es diesmal x, das keine Rolle in der Rechnung spielt:

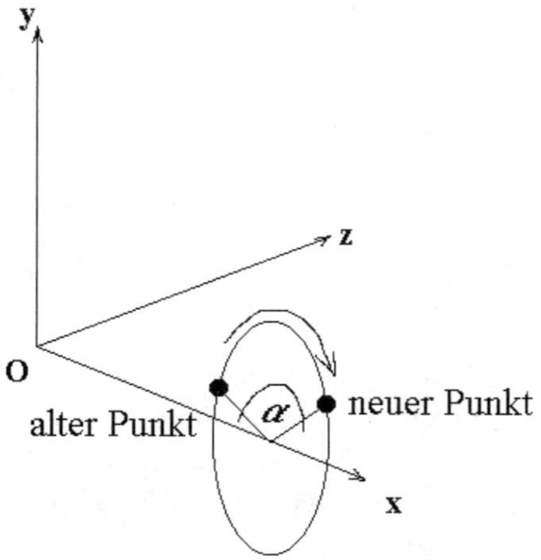

Abb. 7.49: Drehung eines Punktes um die X-Achse

```
neu.x = alt.x;
neu.y = alt.y cos(a) + alt.z*sin(a);
neu.z = alt.z*cos(a) - alt.y*sin(a);
```

Der Vollständigkeit halber hier noch die Drehung um die Z-Achse:

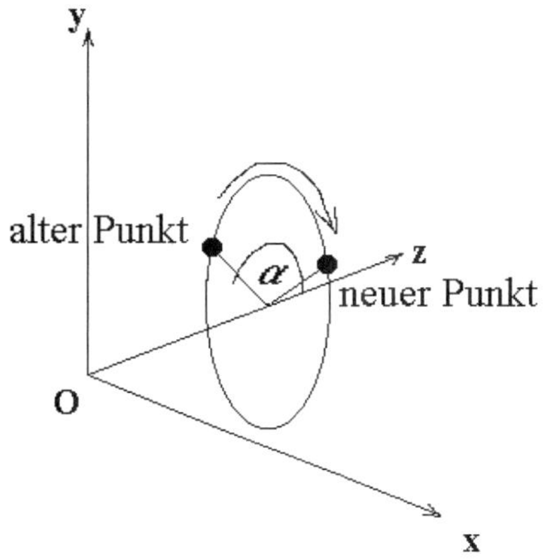

Abb. 7.50: Drehung eines Punktes um die Z-Achse.

```
neu.x = alt.y cos(a) + alt.x*sin(a);
neu.y = alt.x*cos(a) - alt.y*sin(a);
neu.z = alt.z;
```

Ach übrigens: Wenn man als Winkel eine negative Zahl angibt, dann drehen sich die Rotationen in die jeweils entgegengesetzte Richtung.

Vorsicht: man kommt mit links und rechts und im Uhrzeigersinn und gegen Uhrzeigersinn und plus und minus schneller durcheinander als man denkt! Ein winziger Tipp- oder Denkfehler, und schon kommt etwas ganz anderes heraus als erwartet, und die Fehlersuche ist ungeheuer schwierig.

Desweiteren musst du wissen, dass Rotationen nicht kommutativ sind. Das heisst, wenn du mehrere Rotationen ausführst, ist es nicht egal, in welcher Reihenfolge du dies tust (in Gegensatz zur Translation). Und es ist auch nicht egal, ob du zuerst verschiebst und dann drehst oder umgekehrt. Siehe Abbildung:

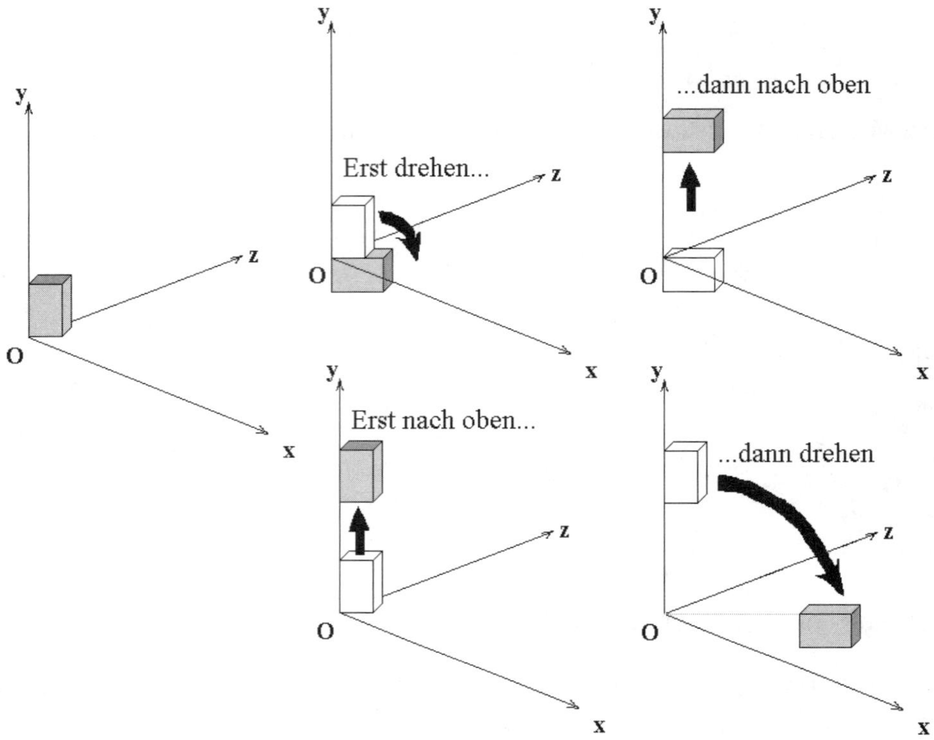

Abb. 7.51: Die Reihenfolge von Translation und Rotation ist wichtig.

7.2.3.15 Matrizen

»Keiner weiss genau, was die Matrix ist« – Morpheus

Wenn wir schon bei Rotationen sind, können wir auch gleich den Begriff der Matrix ins Spiel bringen. Hierbei handelt es sich nicht ganz um das, was ihr vielleicht aus dem Mathematikunterricht kennt. Da ging es nämlich um eine vereinfachte Schreibweise für lineare Gleichungssysteme. Matrizen in der Welt der 3D-Grafik sind jedoch etwas völlig anderes, auch wenn sie von der Schreibweise her praktisch genauso aussehen. Und zwar handelt es sich um Zahlengebilde, die Translationen bzw. Rotationen beschreiben, kurz: Transformationen von Punkten bzw. Vektoren. Hier eine 3×3-Matrix, die mit einem Vektor multipliziert wird, und dabei einen neuen Vektor ergibt:

$$\begin{pmatrix} x1 & x2 & x3 \\ y1 & y2 & y3 \\ z1 & z2 & z3 \end{pmatrix} * \begin{pmatrix} x \\ y \\ z \end{pmatrix} = \begin{pmatrix} x1*x + x2*y + x3*z \\ y1*x + y2*y + y3*z \\ z1*x + z2*y + z3*z \end{pmatrix}$$

Wenn du dir diese Formel anschaust, erkennst du leicht, nach welcher Regel die Matrix-Vektor-Multiplikation abläuft: jede Zeile der Matrix wird wie beim Skalarprodukt mit dem Vektor multipliziert. Das ergibt dann die jeweilige Komponente des Ergebnisvektors.

Transformationen im 3D-Raum werden in OpenGL und Direct3D allerdings als 4×4-Matrizen dargestellt. Die drei Raumkoordinaten der Punkte x, y und z werden dabei um eine vierte Dimension erweitert: w. Wobei w in einem 3D-Punkt/Vektor immer den Wert 1 hat, und auch in den üblichen Matrizen nur aus der Reihe 0 0 0 1 besteht:

$$\begin{pmatrix} x1 & x2 & x3 & x4 \\ y1 & y2 & y3 & y4 \\ z1 & z2 & z3 & z4 \\ 0 & 0 & 0 & 1 \end{pmatrix} * \begin{pmatrix} x \\ y \\ z \\ 1 \end{pmatrix} = \begin{pmatrix} x1*x + x2*y + x3*z + x4 \\ y1*x + y2*y + y3*z + y4 \\ z1*x + z2*y + z3*z + z4 \\ 1 \end{pmatrix}$$

Durch diesem Trick ist es möglich, jede Transformation im dreidimensionalen Raum durch eine Matrix-Vektor-Multiplikation darzustellen. Wie, das zeigen wir jetzt:

Nehmen wir eine Verschiebung (Translation) um den Vektor (tx | ty | tz); die entsprechende Matrix und die Multiplikation mit dem Vektor sehen so aus:

$$\begin{pmatrix} 1 & 0 & 0 & tx \\ 0 & 1 & 0 & ty \\ 0 & 0 & 1 & tz \\ 0 & 0 & 0 & 1 \end{pmatrix} * \begin{pmatrix} x \\ y \\ z \\ 1 \end{pmatrix} = \begin{pmatrix} x + tx \\ y + ty \\ z + tz \\ 1 \end{pmatrix}$$

Oder wie wäre es mit einer Rotation um die Y-Achse? Hier die Matrix:

$$\begin{pmatrix} \cos(\alpha) & 0 & -\sin(\alpha) & 0 \\ 0 & 1 & 0 & 0 \\ \sin(\alpha) & 0 & \cos(\alpha) & 0 \\ 0 & 0 & 0 & 1 \end{pmatrix} * \begin{pmatrix} x \\ y \\ z \\ 1 \end{pmatrix} = \begin{pmatrix} \cos(\alpha)*x - \sin(\alpha)*z \\ 1 \\ \sin(\alpha)*x + \cos(\alpha)*z \\ 1 \end{pmatrix}$$

Kommt dir das Ergebnis bekannt vor? Wenn nicht, schau noch mal in den Abschnitt »Rotationen« ins entsprechende Programmlisting.

Und was soll das alles? Nun, die Antwort lautet: Geschwindigkeit. Was wir nämlich noch nicht gesagt haben: wenn wir zwei Matrizen miteinander multiplizieren, erhalten wir eine neue Matrix, welche beide Transformationen gleichzeitig beinhaltet. Multiplizieren wir sie mit einer dritten Matrix, erhalten wir eine, die nun alle drei Transformationen in einem Rutsch durchführt. Egal wie oft wir also ein Objekt mit vielen Vertices drehen und verschieben müssen, es gibt immer eine Matrix, die alle Transformationen zugleich erledigen kann.

Jetzt musst du natürlich nur noch wissen, wie man Matrizen miteinander multipliziert. Nun, das ist genauso wie die Matrix-Vektor-Multiplikation. Du musst dabei lediglich die rechte Matrix und das Ergebnis als 4 Vektoren betrachten, die nebeneinander aufgestellt sind. um x1 der neuen Matrix zu erhalten, musst du das Skalarprodukt der ersten Zeile der linken Matrix mit der ersten Spalte der rechten Matrix bilden. Für y1 die zweite Zeile mit der ersten Spalte, usw. Und für x2 die erste Zeile mit der zweiten Spalte usw.

7.2.3.16 Point in a Poly

Es gibt etliche Ansätze, um zu überprüfen, ob ein Punkt P innerhalb eines durch n Punkte definierten konvexen Polygons liegt. Ein Ansatz, der praktisch nichts enthält, was nicht schon in den vorherigen Abschnitten vorgestellt worden wäre, ist die Argumentation anhand der Winkelsumme. Zunächst muss einmal festgestellt werden, ob der Punkt überhaupt in der Ebene des Polygons liegt, was keinerlei Probleme mehr bereiten sollte, da lediglich der Abstand des Punktes zu dieser Ebene festgestellt werden muss. Im Kapitel »Skalarprodukt« wurde eine Methode erläutert, anhand derer man den Winkel zwischen zwei Vektoren berechnen kann. Berechnet man nun für jeden Punkt des Polygons den Winkel zwischen dem Vektor von diesem Punkt zu P und dem nächsten Punkt zu P und addiert diese Winkel, so muss die Winkelsumme 360 ergeben, wenn der Punkt innerhalb des Polygons liegt. Am besten lässt sich dies wohl anhand einer kleinen Grafik verdeutlichen:

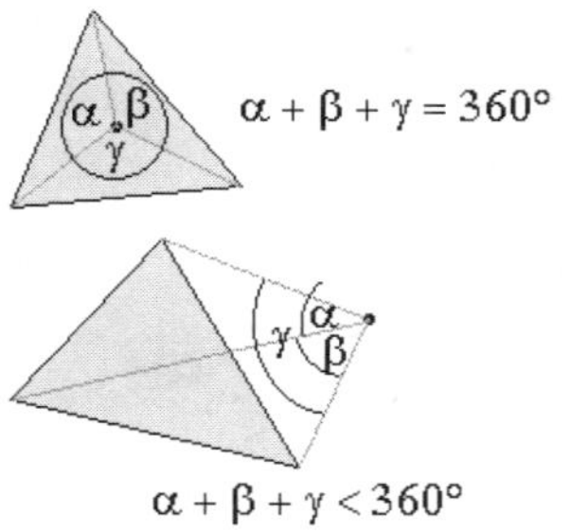

Abb. 7.52: Punkt einmal innerhalb – einmal außerhalb

7.2.3.17 Plückerform von Geraden

Noch vor kurzem war der Plücker Space (wobei Space am besten mit »Koordinatensystem« übersetzt wird) niemandem ein Begriff, inzwischen erfreut dieses Thema sich aber großer Beliebtheit. Im Plücker Space lassen sich beispielsweise sehr einfach Geraden in einem homogenen 6D-Koordinatensystem darstellen, um Schnitte zwischen Geraden und Polygonen und ähnlichem zu überprüfen. Bevor es jedoch zu abgehoben wird, bleiben wir lieber im 3D-Raum.

Eine Gerade in der sogenannten Plückerform ist nichts anderes als eine veränderte Form der bereits bekannten parametrischen Form mit Richtungsvektor, allerdings wird anstelle eines Ortsvektors das Kreuzprodukt zwischen Ortsvektor und Richtungsvektor angegeben:

P sei der Ortsvektor der Geraden G.

r sei der Richtungsvektor der Geraden G.

Die Plückerform lautet daher:

$G = \{ \mathbf{r}, \mathbf{r} \times P \}$

$\mathbf{r} \times P$ ergeben einen Vektor, den wir **v** nennen:

$G = \{ \mathbf{r}, \mathbf{v} \}$

Nun gibt es einige Sachen, die man mit Geraden in der Plückerform anstellen kann. Zunächst liegen zwei Geraden aufeinander, wenn für einen Wert s gilt:

$\mathbf{r}_1 = \mathbf{r}_2 * s$ und $\mathbf{v}_1 = \mathbf{v}_2 * s$

Wenn $s < 0$ ist, dann zeigen die Richtungsvektoren der Geraden in entgegengesetzte Richtungen.

Die wohl wichtigste Eigenschaft der Plückerform ist, dass sich sehr einfach feststellen lässt, ob zwei Geraden sich schneiden oder in welcher Form sie aneinander vorbeigehen. Dazu diese Formel:

$d = \mathbf{r}_1 * \mathbf{v}_1 + \mathbf{r}_2 * \mathbf{v}_2$

Ist d gleich 0, so schneiden sich die beiden Geraden. Ist d größer als 0, so gehen die Geraden im Uhrzeigersinn (Clockwise / CW) aneinander vorbei. Ist d negativ, dann verpassen sie sich gegen den Uhrzeigersinn (Counterclockwise / CCW).

Anhand dieser Erkenntnis lässt sich nun auf sehr einfache Art und Weise ein Test durchführen, ob ein konvexes Polygon von einer Geraden geschnitten wird oder nicht. Hierzu müssen zunächst die Edges (die Kanten) des Polygons als Geraden im Plücker Space dargestellt werden, um dann für jede Kante zu überprüfen, ob die Gerade CW oder CCW an dieser vorbeigeht. Ist das Ergebnis in jedem Fall identisch, also immer CW oder immer CCW, dann liegt ein Schnitt der Geraden mit dem Polygon vor.

Falls du das mit CW und CCW jetzt nicht verstanden haben solltest, hier ein Bild:

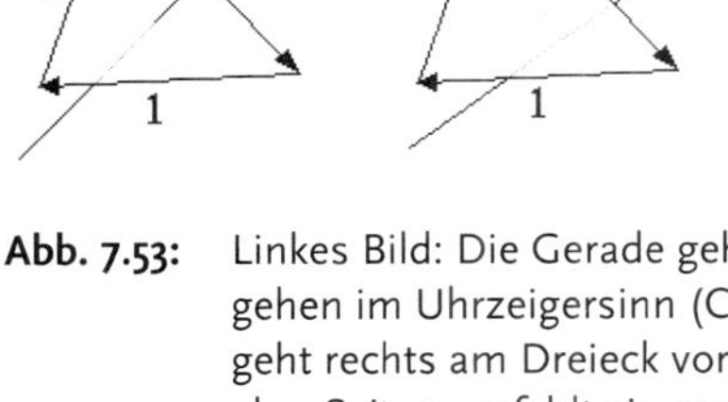

Abb. 7.53: Linkes Bild: Die Gerade geht mitten durch das Dreieck. Alle drei Seiten (Kanten) gehen im Uhrzeigersinn (CW) an der Geraden vorbei. Rechtes Bild: Die Gerade geht rechts am Dreieck vorbei. Seite 1 und 2 gehen im Uhrzeigersinn an ihr vorbei, aber Seite 3 verfehlt sie gegen den Uhrzeigersinn (CCW).

7.2.3.18 Noch mehr lineare Algebra

Dieses Thema ist so umfangreich, dass wir eine strenge Auswahl treffen mussten, was wir in diesem Buch behandeln und was nicht. Das Feld der Vektorrechnung ist unglaublich weitläufig, und die zahlreichen Zusammenhänge und Möglichkeiten erschließen sich nicht auf den ersten Blick – oder ist dir völlig klar, wieso das Skalarprodukt etwas mit dem Cosinus und das Vektorprodukt mit dem Sinus zu tun hat? Oder wieso man durch Matrixmultiplikation beliebig viele Transformationen in eine einzige Matrix packen kann? Und es gibt noch viel mehr solcher mysteriösen Zusammenhänge, mit deren Hilfe man manch komplizierte Aufgabe verblüffend einfach lösen kann.

Die Fachliteratur zum Thema ist so weitläufig wie das Thema selbst. Eine spezielle Buchempfehlung können wir an dieser Stelle nicht geben, aber wenn du dich für lineare Algebra interessierst, empfehlen wir zum Einstieg ein Mathematik-Lehrbuch für Gymnasien. Wenn du bei amazon.de nach den Begriffen »Mathematik« + »Sekundarstufe« + »lineare Algebra« suchen lässt, kriegst du ein Dutzend Empfehlungen.

Wenn man sich mit dem Thema tagein tagaus beschäftigt, kann man leicht auf den Gedanken kommen, Vektoren und Koordinatensysteme seien ein Abbild der Realität. Sind sie aber nicht. Die Realität besitzt kein Koordinatensystem, und die Planeten müssen keine Differentialgleichungen lösen, um sich um die Sonne zu bewegen. Man sollte deswegen gar nicht erst versuchen, das Universum im Computer naturgetreu nachbilden zu wollen. Wichtig ist nur, was der Spieler am Ende zu Gesicht bekommt. Mit welchen Tricks man das erreicht hat, interessiert ihn nicht.

7.2.4 OpenGL (JB & PD)

7.2.4.1 Was ist OpenGL und warum fangen wir damit an?

OpenGL ist wie Direct3D eine 3D-Grafik-API, also eine Sammlung von Funktionen zur 3D-Grafikausgabe.

Von vielen Menschen wird OpenGL als einfacher als Direct3D empfunden. Das hat teilweise historische Gründe, Direct3D war in seiner ersten Version (3) grässlich kompliziert, wurde aber dann mehrfach grundlegend abgeändert, inzwischen kann man damit ganz gut arbeiten. Wenn es darum geht, einige Dreiecke auf den Bildschirm zu zaubern, ist OpenGL nach wie vor in seiner Einfachheit ungeschlagen. Wenn es allerdings um komplexere Themen geht, insbesondere was Performance angeht, nähern sich OpenGL und Direct3D im Schwierigkeitsgrad doch sehr einander an.

Ein Vorteil und zugleich Problem von OpenGL ist, dass es sehr tolerant gegenüber unsinnigen Einstellungen ist, d.h. es erlaubt, Dinge zu tun, die man aus Performance-Gründen lieber vermeiden sollte. Direct3D zwingt hingegen zur richtigen Anwendung.

In diesem Kapitel wird praktisch alles Erwähnung finden, was im praktischen Umgang mit OpenGL benötigt wird, eingestiegen wird bei einfachen Dreiecken und später landen wir bei Multi-Texturing und Stencil-Buffers.

Wir hoffen, dass die allgemeine Windows Programmierung euch einigermaßen bekannt ist, also wie man ein Fenster erstellt, Windows-Nachrichten verarbeitet etc. Das ist die absolute Basis der Multimedia-Programmierung und muss einfach vorausgesetzt werden. Wer mehr über die Tiefen der Windows-Programmierung erfahren möchte, dem empfehlen wir das Buch »Windows Programmierung« von Charles Petzold, quasi die Bibel der Windows-Programmierer.

Für den Anfang starten wir einmal mit einem kleinen Programm, welches letztendlich »nur« ein farbiges Dreieck auf den Bildschirm zeichnet, zusammen mit der Initialisierung von OpenGL unter Windows sollte dies aber schon einige Seiten ausfüllen.

7.2.4.2 Die Initialisierung von OpenGL

Bevor wir ein Dreieck auf den Bildschirm malen können, müssen wir erst einmal den »Grafikmodus« einschalten bzw. auswählen.

7.2.4.2.1 Wechseln der Bildschirmauflösung

Das ist optional, aber wenn du mit einer bestimmten Bildschirmauflösung arbeiten willst, kommt deren Einstellung an erster Stelle.

Der folgende Beispiel-Code benutzt den Windows-Befehl `ChangeDisplaySettings()`, um die Bildschirmauflösung auf 640x480 zu setzen. Eine alternative Möglichkeit dazu ist der Einsatz von DirectX, aber das heben wir uns für den Abschnitt über Direct3D auf:

```
void ChangeDisplayMode()
{
    DEVMODE deviceMode;
    memset(&deviceMode, 0, sizeof(DEVMODE));
    deviceMode.dmSize = sizeof(DEVMODE);
    deviceMode.dmPelsWidth  = 640;
    deviceMode.dmPelsHeight = 480;
    deviceMode.dmFields = DM_PELSWIDTH | DM_PELSHEIGHT;
    ChangeDisplaySettings(&deviceMode, CDS_FULLSCREEN);
}
```

Um die Auflösung nach der Beendigung des Programms wieder zu ändern, muss erneut `ChangeDisplaySettings()` aufgerufen werden, diesmal allerdings ohne Argumente:

```
void RestoreDisplayMode()
{
    ChangeDisplaySettings(0, 0);
}
```

7.2.4.2.2 Setzen des Pixel-Formats

Um OpenGL in einem Windows-Fenster benutzen zu können, muss über die Funktion `SetPixelFormat()` ein spezielles Pixel-Format gesetzt werden. Zunächst muss aber mittels `ChoosePixelFormat()` ein für die gewählten Eigenschaften zutreffendes Format ermittelt werden.

Um das Pixel-Format zu wechseln, muss man eine `PIXELFORMATDESCRIPTOR`-Struktur mit den geeigneten Werten füllen. Besonders relevant sind hierbei die Flags, welche als drittes Argument akzeptiert werden:

```
void SetDCPixelFormat(HDC in_hDC)
{
    int iPixelFormat = 0;
    static PIXELFORMATDESCRIPTOR pfd =
    {
        sizeof(PIXELFORMATDESCRIPTOR),
        1,
        PFD_DRAW_TO_WINDOW |
        PFD_SUPPORT_OPENGL |
        PFD_DOUBLEBUFFER,
        PFD_TYPE_RGBA,
        GetDeviceCaps(hDC, BITSPIXEL),
        0, 0, 0, 0, 0, 0,
        0, 0,
        0, 0, 0, 0, 0,
        16,
        0,
        0,
        PFD_MAIN_PLANE,
        0,
        0, 0, 0
    };

    iPixelFormat = ChoosePixelFormat(in_hDC, &pfd);
    SetPixelFormat(in_hDC, iPixelFormat, &pfd);
}
```

`PFD_SUPPORT_OPENGL` gibt an, dass es OpenGL ermöglicht sein soll, das Rendering in dem Fenster darzustellen. Wie bereits im vorherigen Kapitel erwähnt, sollte man auf Double-Buffering setzen, eine Technik, bei der in einen nicht sichtbaren Speicherbereich gezeichnet wird, welcher dann mit einem Schlag auf den Bildschirm gebracht wird. Hierfür ist das Flag `PFD_SUPPORT_DOUBLEBUFFER` zu setzen.

Ja, du hast Recht, es sieht unnötig kompliziert aus. Aber – und das ist die gute Nachricht – diese Funktion gehört zu denen, die man nur einmal in seinem Leben schreibt, und dann auf ewig benutzen kann.

7.2.4.2.3 Starten wir OpenGL

Ähnlich wie den Device Context für den Umgang mit Windows-Grafik- und Druckerfunktionen gibt es für den Umgang mit OpenGL einen Handle vom Typ `HGLRC` (ein **H**andle of **GL** **R**endering **C**ontext), welcher eingesetzt werden muss. Dieser wird zunächst erstellt und dann als aktuelles Grafikausgabegerät ausgewählt (OpenGL unterstützt mehrere Rendering-Oberflächen gleichzeitig).

```
HGLRC hRC;
hRC = wglCreateContext(hDC);
wglMakeCurrent(hDC, hRC);
```

So viel (oder wenig) zur Initialisierung von OpenGL unter Windows. Das ganze wird einmal bei Programmstart ausgeführt.

7.2.4.3 Vor jedem Frame

Was macht man als erstes, bevor man auf den Bildschirm zeichnet? Richtig, man löscht ihn. Dazu gibt es den Befehl `glClear()`, wobei über die Parameter angegeben wird, was genau gelöscht werden soll. Wie schon in der Einleitung des Kapitels angedeutet, besteht der »Bildschirm« aus mehreren unterschiedlichen Speicherbereichen, den sogenannten Buffers:

- Color-Buffer: Der Buffer, in dem die Farbwerte der Pixel zu finden sind.
- Z-Buffer (siehe Abschnitt »Was ist 3D-Grafik«)
- Stencil-Buffer (siehe Abschnitt »Was ist 3D-Grafik«)
- Man kann die drei mit `glClear()` gleichzeitig, aber auch einzeln löschen. In unserem ersten Beispiel genügt es, lediglich den Color-Buffer zu löschen, da lediglich ein Polygon auf dem Bildschirm erscheint, der Z-Buffer hat daher nichts zu tun. Und über extravagante Techniken wie den Stencil-Buffer brauchen wir uns momentan sowieso noch keine Gedanken zu machen, das kommt zu einem späteren Zeitpunkt.

```
glClear(GL_COLOR_BUFFER_BIT);
```

- Um den Hintergrund mit einem speziellen Farbwert zu löschen, wird die Funktion `glClearColor()` benutzt, die 4 float-Werte für die RGBA-Komponenten akzeptiert. Setzen wir also einfach mal den Hintergrund auf rot :

```
glClearColor(1.0f, 0.0f, 0.0f, 0.0f);
```

- Der nächste wichtige Punkt ist das Setzen der *Projektionsmatrix*; mit anderen Worten, es gilt das Blickfeld festzulegen. Hierfür bietet sich die Funktion `gluPerspective()` an, die als Argumente den vertikalen Winkel des Sichtfeldes, das Verhältnis von horizontaler zu vertikaler Sichtfeld-Größe, sowie den Abstand der Near- und der Far-Plane akzeptiert (s. Abschnitt »Projektion und Frustum« weiter oben). Falls du dir unter Projektionsmatrix nichts vorstellen kannst, ist das nicht schlimm, es wird im Abschnitt »Die Matrizen von OpenGL« erklärt werden.

```
glMatrixMode(GL_PROJECTION);
glLoadIdentity();
gluPerspective(60.0f, 1.5f, 0.1f, 1000.0f);
```

Erläuterung: Wir müssen zunächst mit `glMatrixMode()` angeben, dass die folgenden Befehle sich auf die Projektionsmatrix beziehen werden. OpenGL unterstützt nämlich drei verschiedene Matrizen, die Projektions- (`GL_PROJECTION`), die Objekt- (`GL_MODELVIEW`) und die Textur-Matrix (`GL_TEXTURE`). Mit `glLoadIdentity()` laden wir dann die Einheitsmatrix (siehe Lineare Algebra / Matrizen) als Projektionsmatrix, führen also gewissermaßen eine Art Reset der Projektionsmatrix durch. Das ist deshalb notwendig, weil `gluPerspective()` keine neue Matrix erzeugt, sondern nur eine bereits bestehende verändert. Im obigen Beispiel erstellen wir ein Frustum mit einem vertikalen Sichtwinkel von 60 , einem Breiten/Höhen-Verhältnis von 1,5. Das Near-Clipping-Plane ist 0,1 Einheiten von der Kamera entfernt, das Far-Clipping-Plane 1000 Einheiten.

Als nächstes sollten wir auch noch ein Reset der Objektmatrix vornehmen:

```
glMatrixMode(GL_MODELVIEW);
glLoadIdentity();
```

Auf den weiteren Umgang mit der Objektmatrix werden wir im nächsten Kapitel näher eingehen.

7.2.4.4 Wir zeichnen

Was jetzt noch fehlt, ist eben das Dreieck, welches in leuchtenden Farben auf dem Bildschirm erscheinen soll. Und das geht so:

```
glBegin(GL_TRIANGLES);
  glVertex3f(0.0f, 0.5f, -2.0f);
  glVertex3f(-0.5f, -0.5f, -2.0f);
  glVertex3f(0.5f, -0.5f, -2.0f);
glEnd();
```

Der Vorgang wird eingeleitet mit `glBegin()`. Der Befehl besagt, dass wir etwas zeichnen wollen. Was das ist, gibt das Argument `GL_TRIANGLES` an. Wir wollen Dreiecke zeichnen. Was braucht ein Dreieck? Vertices. Was sind Vertices? Punkte im Raum. Und genau dafür ist die Funktion glVertex3f da. Sie akzeptiert 3 Fliesskommazahlen und bedeutet: »Achtung, jetzt kommt ein Vertex mit diesen Koordinaten.«

Wenn wir damit fertig sind, Vertices anzugeben, schließen wir den Vorgang mit `glEnd()` ab. Erst jetzt zeichnet OpenGL auch etwas. Bevor nicht `glEnd()` kommt, wartet OpenGL ab, um zu sehen, was wir eigentlich wollen. Wir haben drei Vertices angegeben, also ist das Endergebnis ein Dreieck. Wir hätten auch sechs Vertices angeben können, dann wären zwei Dreiecke gezeichnet worden. Falls wir fünf Vertices angegeben hätten, wäre das ein Fehler gewesen. OpenGL ist aber tolerant und hätte wenigstens das erste Dreieck noch gezeichnet.

Dieses Dreieck ist langweilig einfarbig weiß. Um so ein schön buntes Dreieck zu erhalten wie in der Abbildung zum Abschnitt »Vertex-Farben«, brauchen wir nichts weiter zu tun, als die Zeichenfarbe während der Dreieckserzeugung umzuschalten. Dies geht mit `glColor3f()`:

```
glBegin(GL_TRIANGLES);
  glColor3f(1.0f, 0.0f, 0.0f);
  glVertex3f(0.0f, 0.5f, -2.0f);
  glColor3f(0.0f, 1.0f, 0.0f);
  glVertex3f(-0.5f, -0.5f, -2.0f);
  glColor3f(0.0f, 0.0f, 1.0f);
  glVertex3f(0.5f, -0.5f, -2.0f);
glEnd();
```

Beachte, dass `glColor3f()` *vor* dem jeweiligen `glVertex3f()` aufgerufen wird, da die Farbumschaltung sich ja nur auf nachfolgende Befehle beziehen kann (irgendwie logisch, oder?).

Wie ihr seht, interpoliert die Grafikkarte automatisch zwischen den verschiedenen Farbwerten der Vertices, somit erhält man einen sehr schönen Farbverlauf. Das war nun auch schon das erste kleine Beispielprogramm.

Wir hoffen, dass es noch nicht allzu kompliziert für dich war, denn es wird noch einiges dazu kommen.

7.2.4.5 Die Matrizen von OpenGL

Wie bereits bei der Erläuterung von `glMatrixMode()` erwähnt, gibt es in OpenGL 3 Matrizen:

- die Projektionsmatrix (`GL_PROJECTION`)
- die Objektmatrix (`GL_MODELVIEW`)
- die Textur-Matrix. (`GL_TEXTURE`).

Die Textur-Matrix lassen wir zunächst mal in Ruhe, aber die ersten beiden sind interessant: Denn jeder Vertex, den du OpenGL übergibst, wird zuerst von der Objektmatrix und dann noch mal von der Projektionsmatrix transformiert.

7.2.4.5.1 Die Projektionsmatrix

Im Abschnitt »Projektion und Frustum« haben wir bereits über das Viewing-Frustum berichtet, den Pyramidenstumpf, welcher den für das Auge sichtbaren Teil der 3D-Welt über 6 Ebenen beschreibt.

Um nun aus den 3D-Koordinaten der Vertices 2D-Koordinaten für den Bildschirm zu machen (und nebenbei auch noch den Z-Wert für den Z-Buffer zu berechnen), verwendet OpenGL eine spezielle Matrix, die sogenannte *Projektionsmatrix*. Wie sie genau aufgebaut ist, braucht man nicht unbedingt zu wissen (der Anblick könnte deinen Verstand kosten), du musst nur wissen, dass es sie gibt. Jeder Vertex wird von ihr transformiert, bevor OpenGL dir irgendetwas auf den Bildschirm zeichnet. Den Befehl `gluPerspective()` hast du bereits kennen gelernt, um ein Viewing-Frustum einzustellen. Alternativ dazu gibt es noch `glFrustum()`, was letztlich dasselbe tut, nur mit anderen Parametern. Du kannst jedoch auch Parallelprojektion einstellen und damit z.B. eine isometrische Ansicht nachbilden. Dazu dient `gluOrtho()` bzw. `glOrtho()`. Siehe dazu auch den Abschnitt »2D-Grafik mit OpenGL«.

7.2.4.5.2 Die Objektmatrix (Modelview-Matrix)

Die Objektmatrix enthält – wie der Name sagt – Transformationen, welche die 3D-Objekte einer von dir zusammengestellten Szene betreffen. Zugleich auch die Information über Kameraposition und –ausrichtung. Um den Sinn etwas zu verdeutlichen: nehmen wir an, du hast ein Raumschiff, das aus tausend Dreiecken besteht, und es macht einen Looping. Das heißt: Änderung der Position und der Verdrehung im Raum. Du kannst jetzt hingehen, und pro Frame die Vertices aller tausend Dreiecke transformieren – oder aber du änderst nur die Objektmatrix. Das Ergebnis auf dem Bildschirm ist dasselbe. Aha!

Oder wie wäre es mit einem Level in einem 3D-Shooter, bestehend aus hunderttausenden von Dreiecken? Wenn der Spieler durch die Gänge läuft, ändert sich laufend die Position und Ausrichtung der Kamera. Natürlich ändert sich in Wirklichkeit nicht die Position des Spielers vor dem Bildschirm oder die Position des Monitors auf dem Tisch, sondern die Position des Levels, der auf den Bildschirm projiziert wird. Aber deswegen willst du doch nicht hunderttausende von Vertices pro Frame transformieren, oder?

Also. Deshalb gibt es die Objektmatrix.

7.2.4.5.3 Wie OpenGL mit einem Vertex umgeht

OpenGL transformiert jeden Vertex, den du ihm übergibst, einmal mit der Objektmatrix und einmal mit der Projektionsmatrix. Eigentlich könnte man beide Vorgänge auch in einer Matrix durchführen, aber die Designer von OpenGL haben sich dazu entschieden, diese beiden Vorgänge für den Programmierer getrennt anzubieten.

7.2.4.6 Transformationen in OpenGL

In OpenGL muss man sich zwecks Transformationen keine Sekunde lang mit Matrizenrechnung beschäftigen, wenn man nicht will. Zwar gibt es die Möglichkeit, über den Befehl `glLoadMatrix()` die drei Matrizen von OpenGL direkt zu setzen, allerdings sind für den Anfänger die folgenden 3 Befehle viel bequemer:

Rotation	`glRotatef()`
Skalierung	`glScalef()`
Translation	`glTranslatef()`

Diese Befehle werden üblicherweise auf die Objektmatrix angewandt, um Vertices vor der Ausgabe in die gewünschte Position zu rotieren, zu strecken bzw. zu verschieben. Man kann sie natürlich auch auf die anderen Matrizen anwenden, aber das würde den Rahmen unserer Abhandlung sprengen.

7.2.4.6.1 Rotation mit glRotatef()

Der Befehl erwartet einen Winkel und die Achse(n), um die rotiert werden soll:

```
glRotatef(float Winkel, float X, float Y, float Z)
```

Für Programmiersprachen völlig unüblich, wird der Winkel nicht im Bogenmaß, sondern in *Grad* angegeben. Die folgenden 3 Werte definieren dann Faktoren für die verschiedenen Achsen. Verdeutlichen wir den Vorgang einmal an einigen wenigen Beispielen :

`glRotatef(45.0f, 1.0f, 0.0f, 0.0f);`	Die Vertices werden um 45 um die X-Achse rotiert.
`glRotatef(45.0f, 1.0f, 0.0f, 1.0f);`	Vertices werden um 45 sowohl um die X- als auch Z-Achse rotiert.
`glRotatef(45.0f, 0.5f, 1.0f, 0.0f);`	Vertices werden um 27.5° auf der X-Achse und um 45° auf der Z-Achse rotiert.

Es ist nicht empfehlenswert, in ein und demselben Befehl um mehr als eine Achse gleichzeitig zu rotieren, da man sonst keine rechte Kontrolle über die Reihenfolge der Rotationen hat – und wir haben ja bereits erwähnt, dass die Reihenfolge nicht kommutativ ist.

7.2.4.6.2 Skalieren mit glScalef()

Das ist sehr einfach, man gibt einfach an, entlang welcher Achse um das Wievielfache gestreckt werden soll.

```
glScalef(float X, float Y, float Z)
```

Das entspricht einer Multiplikation der X- Y- und Z-Komponenten der Vertices um den jeweiligen Wert. Will man Objekte vergrößern oder verkleinern, sollten alle drei Parameter identisch sein, andernfalls bekommt man verzerrte Objekte.

7.2.4.6.3 Verschieben mit glTranslatef()

Hier beschreiben die drei Parameter einfach den Verschiebungsvektor:

```
glTranslatef(float X, float Y, float Z)
```

7.2.4.6.4 Alles andersherum

Wenn man die Kamera bewegen will, so dreht und verschiebt man ebenfalls die Objektmatrix. Und zwar kommen ERST die Rotationen, dann die Verschiebung, und die Verschiebung erfolgt in *Gegenrichtung* zur gewünschten Kameraposition:

```
glRotatef(-winkel, ...)
glTranslatef(-x,-y,-z);
```

Das also dreht die Kamera und verschiebt sie an die Position x,y,z.

Wenn man aber nun ein Objekt hat, das man an diesen Punkt verschieben und verdrehen möchte, so sind sowohl Aufrufreihenfolge als auch Vorzeichen exakt umgekehrt:

```
glTranslatef(x,y,z);
glRotatef(winkel, ...)
```

Und wenn ihr jetzt mal selber ein wenig nachdenkt, und euch die Situation aufmalt, werdet ihr feststellen, dass das vollkommen unlogisch ist! Die Reihenfolge müsste nämlich in beiden Fällen exakt umgekehrt sein. Wenn du die Kamera bewegst, musst du selbstverständlich die Welt erst verschieben und dann drehen, und wenn du ein Objekt positionieren willst, musst du es erst drehen und dann verschieben.

In der Tat verändern `glTranslatef()` und `glRotatef()` die Matrix andersherum als es die Abfolge der Befehle vermuten lässt. Das heißt, die Transformationen eines Vertex erfolgen in umgekehrter Reihenfolge wie die Befehle. Was wiederum einen Rückschluss zulässt, wie OpenGL intern die Matrizenmultiplikation erledigt. Aber dies zu erklären, würde hier zu weit führen und ist auch nicht relevant. Wenn du versuchen willst, es nachzuvollziehen, rufe dir ins Gedächtnis, dass Matrixmultiplikationen nicht kommutativ sind.

Sehr wichtig ist der praktische Einsatz. Auch wenn man stundenlang die Theorie durcharbeitet, wird man erst in der Praxis die benötigte Erfahrungen sammeln können, um diese Transformationen richtig einzusetzen. Wir bitten deshalb darum, einfach mit diesen Funktionen herumzuspielen.

7.2.4.7 Die Primitiven von OpenGL

OpenGL bietet noch andere Möglichkeiten, als einfach nur Dreieck für Dreieck darzustellen. Nicht, dass dies etwas an der eingangs beschriebenen Tatsache ändert, dass die aktuelle 3D-Hardware nur Dreiecke unterstützt. Aber die API bietet einem Alternativen an. Man nennt sie Primitives. Ihr findet sie in der folgenden Tabelle, wobei wir empfehlen, alle diese Typen einmal auszuprobieren. Hierzu bietet sich der Programm-Code aus dem Kapitel »Ein erstes Polygon« an, den man ohne sehr viel Aufwand so modifizieren kann, dass er die verschiedenen von OpenGL unterstützten Primitive-Typen nutzt. Hierzu ändert man einfach den an `glBegin()` übergebenen Parameter – und natürlich die übergebenen Vertices.

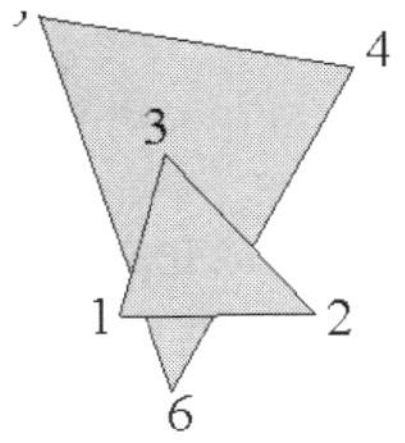

`GL_TRIANGLES`: Dieses Beispiel kennen wir bereits: Je drei `glVertex3f()`-Befehle geben die Eckpunkte eines Dreiecks an. OpenGL füllt die Dreiecke eigenständig mit der aktuellen Malfarbe bzw. der aktuellen Textur aus. Man kann beliebig viele Vertices zwischen `glBegin(GL_TRIANGLES)` und `glEnd()` angeben.

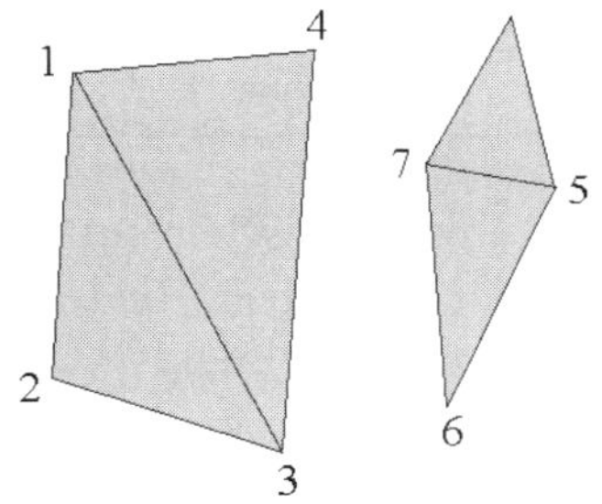

`GL_QUADS`: Je vier `glVertex3f()` geben die Eckpunkte eines Vierecks an. OpenGL füllt die Vierecke aus. Man kann beliebig viele Vertices zwischen `glBegin(GL_QUADS)` und `glEnd()` ausgeben. Die 4 Eckpunkte müssen übrigens nicht in einer Ebene liegen (intern ist jedes Viereck zwei Dreiecke), allerdings kann man nicht vorhersagen, *wie* das Viereck zerschnitten wird.

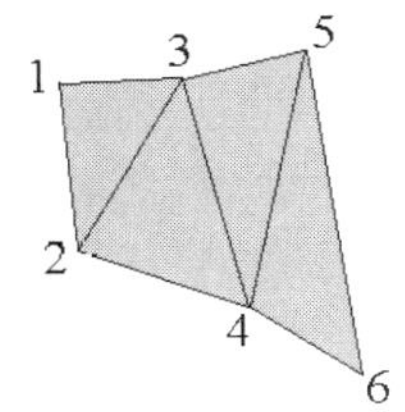

`GL_TRIANGLE_STRIP`: Das ergibt ein zusammenhängendes Gebilde. Die ersten 3 Vertices bilden ein Dreieck. Jeder weitere Vertex erzeugt ein weiteres Dreieck, wie in der Abbildung zu sehen ist. `GL_TRIANGLE_STRIP` ist in Spielen sehr beliebt, weil man damit die meisten Dreiecke mit den wenigsten Vertices und wenigsten Funktionsaufrufen hinkriegt.

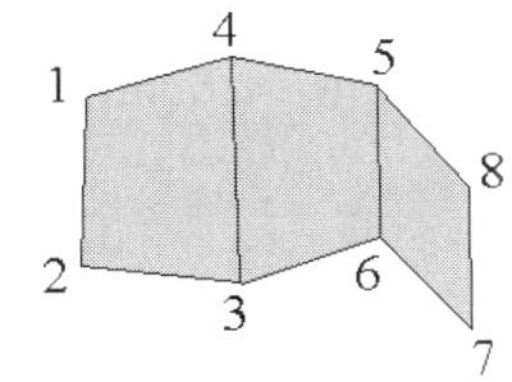

`GL_QUAD_STRIP`: So einen Strip gibt es auch mit Vierecken. Wird so gut wie nie verwendet.

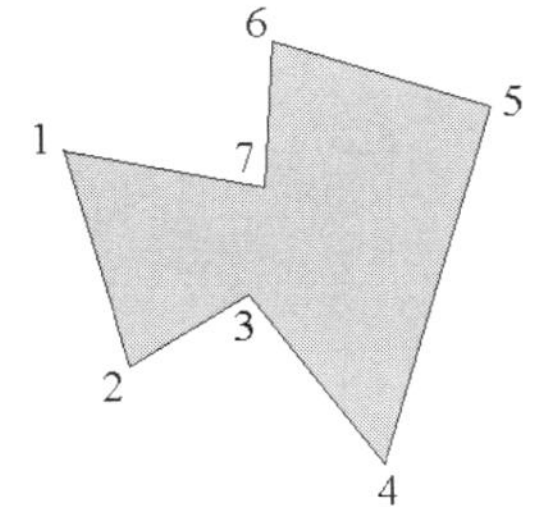

`GL_POLYGON`: Das zeichnet ein einziges Vieleck mit so vielen Ecken, wie man Vertices angibt. Wenn man nur drei oder vier Vertices angibt, kann man diese Funktion natürlich auch für Dreiecke und Vierecke «missbrauchen".

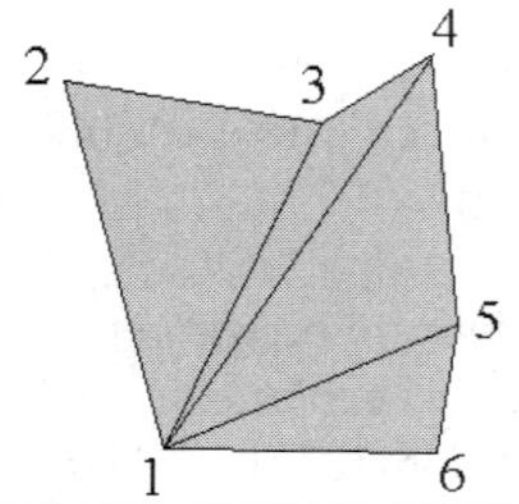

`GL_TRIANGLE_FAN`: Das ergibt einen Fächer aus Dreiecken. Der erste Vertex ist die Wurzel des Fächers, danach kommen noch mindestens zwei Vertices für das erste Dreieck, und dann fügt jeder weitere Vertex dem Fächer ein Dreieck hinzu.

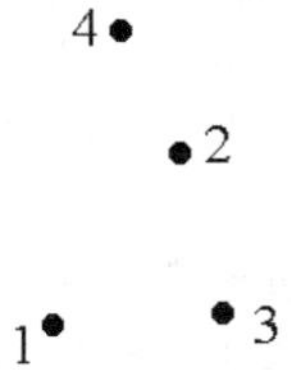

`GL_POINTS`: An jedem Vertex wird ein einzelner Punkt gezeichnet. In der Regel ein einsamer Pixel, aber die Größe der Punkte lässt sich mittels `glPointSize()` verändern.

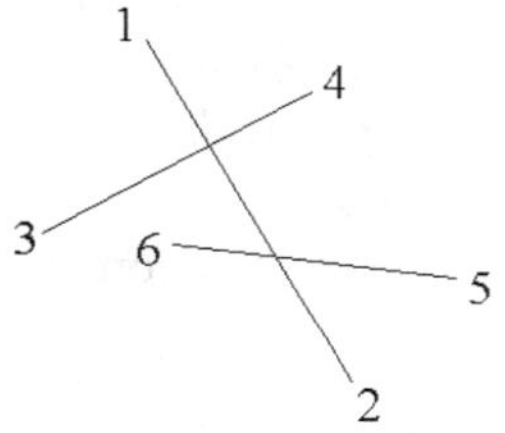

`GL_LINES`: Je zwei Vertices bilden eine Linie. Man kann beliebig viele Punkte zwischen `glBegin(GL_LINES)` und `glEnd()` angeben, und so beliebig viele Linien auf einmal zeichnen.

Die Dicke der Linien lässt sich mittles `glLineWidth()` verändern.

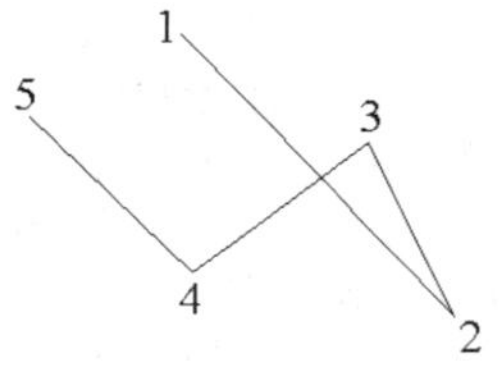

`GL_LINE_STRIP`: Einen Strip aus Linien gibt es ebenso.

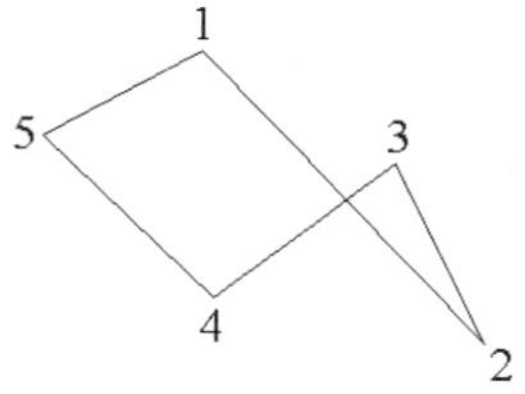

`GL_LINE_LOOP`: Im Prinzip wie `GL_LINE_STRIP`. Hier werden aber zusätzlich nach dem `glEnd()` noch der erste und letzte Punkt miteinander verbunden.

Einige Primitives bieten eine bessere Performance, andere eine schlechtere. Für Echtzeit-Anwendungen sollte man immer versuchen, `GL_TRIANGLE_STRIP` zu benutzen, und wenn dies nicht möglich ist, `GL_TRIANGLES`. Dies ist jetzt bloß eine kurze Notiz am Rande, in späteren Kapiteln werden wir noch näher auf Vor- und Nachteile verschiedener Geometrie-Formate eingehen.

7.2.4.8 Der Z-Buffer in OpenGL

Im Abschnitt »Vor jedem Frame« wurde `glClear(GL_COLOR_BUFFER_BIT)` benutzt, um den Bildschirm zu löschen. Um auch den Inhalt des Z-Buffers zu löschen, fügt man nun einfach noch das Argument `GL_DEPTH_BUFFER_BIT` hinzu:

```
glClear(GL_COLOR_BUFFER_BIT | GL_DEPTH_BUFFER_BIT);
```

Ausser der »fabrikmässigen Voreinstellung« kann man mit dem Z-Buffer noch einige weitere Dinge anstellen. Darunter fällt zum Beispiel die so genannte Tiefenfunktion `glDepthFunc()`, mittels der man einstellen kann, in welchem Fall ein Pixel gezeichnet werden soll oder nicht. Die Funktion akzeptiert einen Parameter, und das sind die möglichen Werte:

Funktion	Beschreibung
GL_NEVER	Der Pixel wird in keinem Fall gezeichnet.
GL_LESS	Der Pixel wird gezeichnet, wenn seine Z-Koordinate kleiner ist als die gespeicherte Z-Koordinate. Dies ist die Voreinstellung.
GL_EQUAL	Der Pixel wird gezeichnet, wenn seine Z-Koordinate gleich der gespeicherten Z-Koordinate ist.
GL_LEQUAL	Der Pixel wird dann gezeichnet, wenn seine Z-Koordinate kleiner oder gleich der alten Z-Koordinate ist.
GL_GREATER	Der Pixel wird gezeichnet, wenn seine Z-Koordinate größer als die gespeicherte Z-Koordinate ist.
GL_NOTEQUAL	Der Pixel wird gezeichnet, wenn seine Z-Koordinate ungleich der gespeicherten ist.
GL_GEQUAL	Der Pixel wird gezeichnet, wenn seine Z-Koordinate größer oder gleich der alten Z-Koordinate ist.
GL_ALWAYS	Der Pixel wird in jedem Fall gezeichnet.

Bevor der Z-Buffer überhaupt aktiv ist, muss er über `glEnable(GL_DEPTH_TEST)` eingeschaltet werden. Ausschalten lässt er sich mittels `glDisable(GL_DEPTH_TEST)`. Weiterhin gibt es die Möglichkeit, das Schreiben in den Depth-Buffer zu unterbinden, ohne das Lesen auszuschalten:

`glDepthMask(GL_FALSE)` unterbindet nur das Schreiben in den Z-Buffer.

`glDepthMask(GL_TRUE)` erlaubt wieder das Schreiben in den Depth-Buffer.

Dieses Feature wird vor allem im Zusammenhang mit Transparenz-Effekten interessant, und wir werden im Abschnitt über Partikel-Systeme noch genauer darauf eingehen, da es dann auch zum praktischen Einsatz dieses Befehls kommen wird.

7.2.4.9 Texturen in OpenGL

Wie bereits im allgemeinen Abschnitt über Texturen erläutert, haben wir nichts weiter zu tun, als jedem Vertex eines Dreiecks jeweils eine UV-Koordinate zuzuweisen, das Dreieck wird dann automatisch mit dem so angegebenen Texturausschnitt gerendert, wobei der Texturausschnitt so verzerrt wird, dass er auf das Dreieck passt. Heutige Grafik-Hardware nimmt einem praktisch die gesamte Arbeit ab.

Kommen wir zur Implementation unter OpenGL. Das ist im Prinzip recht einfach. Nachdem man ein Bild in den Speicher geladen hat, sagt man OpenGL über die Funktion `glTexImage2D()`, dass man das jetzt in Zukunft als Textur verwenden möchte. Der Zugriff erfolgt über eine Nummer, die man der Textur selbst zugewiesen hat, der sogenannten Textur-ID (verwirrenderweise von OpenGL selbst »name« genannt).

Dazu muss man vorher natürlich das Bild erst mal im Speicher haben. Leider stellt OpenGL (anders als Direct3D) keine Funktionen bereit, um BMP- JPG- oder sonstige Grafikdateien zu laden, dies musst du selbst programmieren. Wenn dir das nicht liegt, kannst du auf verschiedene Bibliotheken zurückgreifen, die einem auch diese Arbeit komplett abnehmen.

Hier nun der Sourcecode zum Erschaffen einer Textur, sobald man das Bild geladen hat (wozu wir später kommen) :

```
glGenTextures(1, &uiTextureID);
glBindTexture(GL_TEXTURE_2D, uiTextureID);
glPixelStorei(GL_UNPACK_ALIGNMENT, 1);
glTexParameteri(GL_TEXTURE_2D, GL_TEXTURE_MAG_FILTER, GL_LINEAR);
glTexParameteri(GL_TEXTURE_2D, GL_TEXTURE_MIN_FILTER, GL_LINEAR);
glTexImage2D(GL_TEXTURE_2D, 0, GL_RGB, uiWidth, uiHeight, 0, GL_RGB,
GL_UNSIGNED_BYTE, pucData);
```

Zunächst wird `glGenTextures()` aufgerufen, um eine Textur-ID zu generieren (oder auch mehrere, welche dann in einem Array gespeichert werden, das erste Argument gibt die Anzahl der zu generierenden ID's an). Dieser Befehl ist meistens nicht zwingend notwendig, 99,9% aller OpenGL-Varianten akzeptieren jede beliebige Zahl als Textur-ID.

Mit `glBindTexture()` teilen wir OpenGL mit, mit welcher Textur nun gearbeitet werden soll. Die Funktion wird auch später immer wieder verwendet werden, um beim Rendern eine Textur auszuwählen. Der erste Parameter – `GL_TEXTURE_2D` – gibt dabei an, dass es sich um eine zweidimensionale Textur handelt. Man möchte meinen, dass sich das von selbst versteht, aber es gibt tatsächlich auch eindimensionale und dreidimensionale Texturen.

Durch glPixelStorei() wird OpenGL mitgeteilt, wie die Daten gespeichert werden; die 1 bedeutet in diesem Fall »byteweise«. Nicht weiter darüber nachdenken bitte, sondern einfach verwenden.

Mit der Funktion glTexParameteri() können verschiedene Eigenschaften der Textur festgelegt werden. Der erste Parameter ist wieder GL_TEXTURE_2D, der zweite gibt an, welche Eigenschaft eigentlich festgelegt werden soll, und der dritte ist letztendlich der Wert, den die Eigenschaft annehmen soll. Im obigen Beispiel sorgen die 2 Aufrufe für das bilineare Filtering.

Textur-Parameter	Mögliche Werte	Beschreibung
GL_TEXTURE_MIN_FILTER	GL_NEAREST GL_LINEAR GL_NEAREST_MIPMAP_NEAREST GL_LINEAR_MIPMAP_NEAREST GL_NEAREST_MIPMAP_LINEAR GL_LINEAR_MIPMAP_LINEAR	Wenn beim Rendern auf ein Pixel mehrere Texel kommen, wird zur Ermittlung des Pixel-Farbwertes dieser sogenannte *Minification-Parameter* benutzt. Siehe nächste Tabelle.
GL_TEXTURE_MAG_FILTER	GL_NEAREST GL_LINEAR GL_NEAREST_MIPMAP_NEAREST GL_LINEAR_MIPMAP_NEAREST GL_NEAREST_MIPMAP_LINEAR GL_LINEAR_MIPMAP_LINEAR	Das Gegenstück zum vorherigen Parameter. Dieser sogenannte *Magnification-Parameter* wird benutzt, wenn ein Texel grösser ist als ein Pixel. Siehe nächste Tabelle.
GL_TEXTURE_WRAP_S GL_TEXTURE_WRAP_T	GL_REPEAT GL_CLAMP	Wichtig, wenn die Texturkoordinate eines Vertex < 0 oder > 1 ist. GL_REPEAT: Textur wiederholen (kacheln). GL_CLAMP: Es gilt der Farbwert des Randpixels der Textur.
GL_TEXTURE_BORDER_COLOR	Alle Werte von 0 bis 1	Von OpenGL werden Rahmen (Borders) um eine Textur herum unterstützt (siehe Aufruf von glTexImage2D()). Dieser Parameter setzt die Farbe des Rahmens.
GL_TEXTURE_PRIORITY	Alle Werte von 0 bis 1	Über diesen Parameter lässt sich festlegen, wie wichtig es ist, dass die Textur im Video-RAM platziert wird.

Interessant wird der Parameter GL_TEXTURE_PRIORITY vor allem dann, wenn man so viele Texturen hat, dass nicht alle in den Speicher auf der Grafikkarte passen. Dies bedeutet nämlich, dass Texturen zwischen Arbeitsspeicher und Grafikkarte verschoben werden müssen, was (trotz AGP 4x) sehr langsam ist. Braucht man Texturen relativ oft, so kann es durchaus sinnvoll sein, OpenGL anzuweisen, diese so lange wie möglich im Grafikkarten-Speicher zu halten und bei Platzmangel erst mal andere Texturen rauszuschmeissen. Dies ist zwar nur ein Vorschlag für den Treiber, an den er sich nicht halten muss, bringt aber in vielen Fällen das erhoffte Ergebnis.

Kommen wir noch mal zu den möglichen Werten von GL_TEXTURE_MIN_FILTER und GL_TEXTURE_MAG_FILTER:

Wert	Beschreibung
GL_LINEAR	Für ein Bildschirm-Pixel werden Durchschnittswerte der umliegenden Texel-Farbwerte gebildet, so dass ein sanfter Übergang zwischen den verschiedenen Farbwerten einer Textur entsteht. Ergebnis: bilineares Filtering.
GL_NEAREST	Dieses Argument sorgt dafür, dass nicht interpoliert, sondern exakt der zum Pixel gehörende Texel als Farbwert gewählt wird.
GL_NEAREST_MIPMAP_NEAREST GL_NEAREST_MIPMAP_LINEAR GL_LINEAR_MIPMAP_LINEAR GL_LINEAR_MIPMAP_NEAREST	Beim Mipmapping (s. entsprechenden Abschnitt) werden zwei Texturen zusammengerechnet und diese Flags beschreiben, wie dabei vorgegangen werden soll. GL_LINEAR_MIPMAP_LINEAR ist dabei die Methode mit den visuell besten Resultaten, während GL_NEAREST_MIPMAP_NEAREST am schnellsten ist.

Abschließend steht nun noch die Erklärung der Funktion glTexImage2D() aus, mit welcher die Textur-Daten an OpenGL übergeben werden.

```
void glTexImage2D(
    GLenum target,
    GLint level,
    GLint internalFormat,
    GLsizei width,
    GLsizei height,
    GLint border
    GLenum format,
    GLenum type,
    const GLvoid* pixels
);
```

`GLenum target`: Hat entweder `GL_TEXTURE_2D` oder `GL_PROXY_TEXTURE_2D` zu sein, wobei bei einer ganz normalen Textur nur der erste Wert interessant ist. `GL_PROXY_TEXTURE_2D` wird verwendet, wenn man versucht herauszufinden, ob es *möglich* ist, eine Textur mit diesen Parametern zu erschaffen.

`GLint level`: Wenn man Mipmapping benutzen will, gibt dieser Parameter den Level bzw. Stage in der Mip-Map-Chain an. Zur speziellen Bedeutung dieses Arguments siehe den Abschnitt »Mip-Mapping in OpenGL«. Für eine ganz einfache Textur sollte einfach 0 übergeben werden.

`GLint internalFormat`: Dieser Parameter gibt das gewünschte Pixel-Format der zu erzeugenden Textur an. OpenGL unterstützt hier sehr viele Variationen (welche allerdings nicht alle von der Grafik-Hardware unterstützt werden). Am geläufigsten sind `GL_RGB` (3 Byte, je eins für Rot, Grün und Blau) und `GL_RGBA` (4 Bytes, der vierte ist der Alpha-Wert). Zusätzlich gibt es eben noch weitere recht exotische Formate wie jeweils 10 Bit für die RGB-Werte und 2 Bit für den Alpha-Kanal und ähnliches, solche Formate finden in der Praxis allerdings kaum Anwendung.

`GLsizei width`: An dieser Stelle wird einfach die Breite der Textur übergeben (wie viele Pixel), wobei beachtet werden muss, dass eine Textur immer die Größe 2^x haben sollte, also 2, 4, 8, 16, 32, etc. Das ist eine der Restriktionen der heutigen Grafik-Hardware. Zusätzlich unterstützen manche älteren Grafikkarten nur Texturen bis zu einer Maximalgröße von 256 x 256 Pixeln.

`GLsizei height`: Die Höhe der Textur. Hierfür gilt das gleiche wie für »width«. Auch hier gilt es wieder aufzupassen, denn es gibt manche Grafikkarten, die nur mit quadratischen Texturen umgehen können. Generell geht das Gerücht um, dass quadratische Texturen eine bessere Performance bieten.

`GLint border`: Normalerweise wird hier 0 angegeben. 1 bedeutet, dass du einen Rahmen um die Textur herum wünschst. Warum du das wünschen solltest, ist deine Sache, allerdings solltest du wissen, dass dieses Feature nur in den seltensten Fällen auch funktioniert.

`GLenum format` : Dieses Argument ist ähnlich zu betrachten wie »internalFormat«, nur geht es hierbei um das Pixel-Format, welches du selbst beim Laden der Grafik in den Arbeitsspeicher erzeugt hat und nun an OpenGL übergibst. Auch hier sind wieder `GL_RGB` und `GL_RGBA` die verbreitetsten Argumente.

`GLenum type`: Eine Ergänzung zum vorherigen Parameter, der OpenGL mitteilt, in welcher Zahlenform die Farbkomponenten vorliegen. Meistens wird hierfür `GL_UNSIGNED_BYTE` verwendet, es können allerdings auch Fließkommazahlen (`GL_FLOAT`) und andere Werte benutzt werden.

`const GLvoid* pixels`: Zu guter letzt der Zeiger auf den Speicherbereich, in dem deine Bild-Daten zu finden sind.

7.2.4.10 Laden von Texturen aus einer Datei

7.2.4.10.1 TGA-Dateien

Das TGA-Dateiformat ist sehr beliebt, weil es von den meisten Malprogrammen unterstützt wird und sehr einfach zu lesen ist. Aus genau diesem Grund verwende ich diese auch in diesem Kapitel. In einer TGA-Bilddatei sind die RGB-Daten genauso gespeichert, wie sie nachher an OpenGL übergeben werden, allerdings in der Reihenfolge BGR. Was geschehen muss, ist das Auslesen des Headers, um die Breite, Höhe, Farbtiefe und das Format der Bilddatei zu ermitteln, und abschließend das Auslesen der RGB (BGR) -Daten. Das TGA-Format unterstützt unter anderem RLE-Kompression, Huffman-Kompression, 32- oder 24-Bit Daten, aber in diesem Kapitel konzentrieren wir uns der Einfachheit halber auf unkomprimierte 24-Bit Dateien. Die Struktur des Headers sieht folgendermaßen aus:

```
class CtgaHeader
{
public :

    unsigned char m_ucID;
    unsigned char m_ucColorMapType;
    unsigned char m_ucImageType;
    unsigned char m_ucColorMapSpec[5];
    unsigned char m_ucOrigX[2];
    unsigned char m_ucOrigY[2];
    unsigned char m_ucWidth[2];
    unsigned char m_ucHeight[2];
    unsigned char m_ucBpp;
    unsigned char m_ucImageDesc;
};
```

Nun folgt die Erläuterung der einzelnen Member-Variablen:

`m_ucID`: Dieses Byte gibt an, auf welche Art und Weise die Daten gespeichert sind. Beinhaltet diese Variable den Wert 2, so handelt es sich um unkomprimierte RGB- oder RGBA-Daten.

`m_ucColorMapType`: Dieses Feld gibt an, ob eine Colormap verwendet wird, kann aber getrost ignoriert werden, da wir lediglich 24-Bit Daten betrachten und bei diesen die Verwendung einer Palette überflüssig ist.

`m_ucImageType`: Dieses Feld muss den Wert 2 beinhalten.

`m_ucColorMapSpec`: Dieses Feld wird ignoriert, da keine Palette verwendet wird. Andernfalls sind hier die Informationen über Farbpaletten-Einträge und ähnliches zu finden, was in diesem Fall allerdings keine Rolle spielt.

`m_ucOrigX` & `m_ucOrigY`: In diesen Variablen ist die X- bzw. Y-Position der unteren linken Ecke des Bildes zu finden. Diese können allerdings genauso ignoriert werden wie beispielsweise die Paletten-Informationen, da sie für das Auslesen der Bilddaten keine Rolle spielen.

`m_ucWidth` & `m_ucHeight`: In diesen Variablen stehen die Breite bzw. die Höhe der Bilddatei. Das genaue Format lässt sich wie folgt berechnen:

`uiWidth = m_ucWidth[0] + m_ucWidth[1] * 256 berechnen.`

`m_ucBpp`: Die Anzahl an Bits, welche pro Pixel verwendet werden.

`m_ucImageDesc`: In diesem Byte können verschiedene Bits gesetzt sein, welche unter anderem angeben, in welcher Art und Weise die Bilddaten gespeichert sind.

Nun sind uns praktisch alle benötigten Informationen bekannt. Die Höhe, die Breite, die Farbtiefe. Nun liest man abschließend nur noch die Farbdaten aus der Datei, konvertiert diese von BGR in RGB und man hat seinen ersten Image-Loader geschrieben. Auch wenn es kompliziert geklungen hat, an sich war es doch ganz einfach, oder?

Wer sich tiefergehend für das TGA-Format interessiert und mehr erfahren möchte, sollte einen Blick auf `http://www.wotsit.org` werfen, wo es (neben vielem anderen) eine sehr gute Dokumentation dieses Formats zum Download gibt.

7.2.4.10.2 Listing

Dies ist jetzt eine sehr spartanische Implementation, in der auf jegliche Fehlerabfragen verzichtet wurde.

```
class Ctexture
{
    unsigned int m_uiTextureID;

public :

    void Bind();
    void Load(const char* in_pszFilename);
    void Release();
};

void CTexture::Bind()
{
    glEnable(GL_TEXTURE_2D);
    glBindTexture(GL_TEXTURE_2D, m_uiTextureID);
}

void CTexture::Load(const char* in_pszFilename)
{
    FILE* pFile = NULL;
```

```
    CTgaHeader tgaHeader;

    pFile = fopen(name, "r+bt");

    fread((void*)&tgaHeader, sizeof(CTgaHeader), 1, pFile);

    unsigned int uiWidth =
    tgaHeader.m_ucWidth[0] + tgaHeader.m_ucWidth[1] * 256;

    unsigned int uiHeight =
    tgaHeader.m_ucHeight[0] + tgaHeader.m_ucHeight[1] * 256;

    unsigned char* pucData =
    new unsigned char [uiWidth * uiHeight * 3];

    fread ((void*)pucData, sizeof (unsigned char),
    uiWidth * uiHeight * 3, pFile);

    for (int i=0; i<(m_uiHeight * m_uiWidth * 3); i+=3)
    {
        unsigned char ucTemp = pucData[i];
        pucData[i] = pucData[i + 2];
        pucData[i + 2] = ucTemp;
    }

    glGenTextures(1, &m_uiTextureID);
    glBindTexture(GL_TEXTURE_2D, m_uiTextureID);
    glPixelStorei(GL_UNPACK_ALIGNMENT, 1);
    glTexParameteri(GL_TEXTURE_2D, GL_TEXTURE_MAG_FILTER, GL_LINEAR);
    glTexParameteri(GL_TEXTURE_2D, GL_TEXTURE_MIN_FILTER, GL_LINEAR);
    glTexImage2D(GL_TEXTURE_2D, 0, GL_RGB, uiWidth, uiHeight, 0, GL_RGB,
GL_UNSIGNED_BYTE, pucData);

delete [] pucData;
}

void CTexture::Release()
{
    glDeleteTextures(1, &m_uiTextureID);
}
```

7.2.4.11 Mip-Mapping in OpenGL

Eine Mipmap ist, wie bereits im Abschnitt über Mipmapping erläutert, nichts weiter als eine Serie von Texturen mit gleichem Inhalt, aber unterschiedlicher Größe. Es gibt zwei Wege, eine solche Mipmap zu erzeugen. Die einfache Weise ist die Verwendung von `gluBuild2Dmipmaps()` anstelle von `glTexImage2D()`:

```
int gluBuild2DMipmaps(
    GLenum target,
    Glint components,
    Glint width,
    Glint height,
    Glenum format,
    Glenum typ,
    void* data
);
```

An dieser Stelle nur kurz die Unterschiede zu `glTexImage2D()`, da die meisten Argumente identisch sind:

`GLint components`: Entspricht dem bekannten »internalFormat«, wobei praktisch keinerlei Unterschiede existieren.

Man sieht, dass außerdem die Parameter `level` und `border` fehlen. Da hier eh eine ganze Serie von Texturen gebildet wird, erübrigt sich die Angabe des Mip-Levels, und Border wird halt nicht unterstützt.

`gluBuild2Dmipmaps()` benötigt nur eine geladene Textur, und generiert daraus eigenständig durch schrittweise Verkleinerung eine komplette Mipmap-Chain. Wer mehr Kontrolle über das Endergebnis braucht, der kann sich der anderen Vorgehensweise über mehrere `glTexImage2D()`-Aufrufe bedienen: Hier darfst (musst) du die einzelnen Texturen selbst generieren bzw. laden. Und jetzt zeigt sich, was der zweite Parameter, `level`, eigentlich bedeutet:

```
glGenTextures(1, &uiTextureID);
glBindTexture(GL_TEXTURE_2D, uiTextureID);
glPixelStorei(GL_UNPACK_ALIGNMENT, 1);
glTexParameteri(GL_TEXTURE_2D, GL_TEXTURE_MAG_FILTER,
GL_LINEAR_MIPMAP_LINEAR);
glTexParameteri(GL_TEXTURE_2D, GL_TEXTURE_MIN_FILTER,
GL_LINEAR_MIPMAP_LINEAR);
glTexImage2D(GL_TEXTURE_2D, 0, 3, 32, 32, 0, GL_RGB, GL_UNSIGNED_BYTE,
pucTex32);
glTexImage2D(GL_TEXTURE_2D, 1, 3, 16, 16, 0, GL_RGB, GL_UNSIGNED_BYTE,
pucTex16);
glTexImage2D(GL_TEXTURE_2D, 2, 3, 8, 8, 0, GL_RGB, GL_UNSIGNED_BYTE,
pucTex8);
glTexImage2D(GL_TEXTURE_2D, 3, 3, 4, 4, 0, GL_RGB, GL_UNSIGNED_BYTE,
pucTex4);
glTexImage2D(GL_TEXTURE_2D, 4, 3, 2, 2, 0, GL_RGB, GL_UNSIGNED_BYTE,
pucTex2);
glTexImage2D(GL_TEXTURE_2D, 5, 3, 1, 1, 0, GL_RGB, GL_UNSIGNED_BYTE,
pucTex1);
```

7.2.4.12 Sphere-Mapping

Beim Sphere-Mapping handelt es sich um ein Verfahren, bei dem eine Textur kugelförmig (sphärisch) auf ein Objekt gelegt wird. Es eignet sich hervorragend, um dem Betrachter eine spiegelnd glänzende Oberfläche vorzugaukeln, während eigentlich nur ein bisschen mit den Textur-Koordinaten eines Objektes herumgespielt wird. OpenGL bietet hierfür eine Unterstützung:

```
glEnable(GL_TEXTURE_GEN_S);
glEnable(GL_TEXTURE_GEN_T);
```

Mittels dieser beiden Zeilen wird OpenGL mitgeteilt, dass die Textur-Koordinaten automatisch generiert werden sollen. Hierbei gibt es verschiedene Verfahren zur Auswahl, in diesem Fall wollen wir uns allerdings auf Sphere-Mapping konzentrieren, was dem Treiber über die Funktion `glTexGeni()` mitgeteilt werden muss:

```
glTexGeni(GL_S, GL_TEXTURE_GEN_MODE, GL_SPHERE_MAP);
glTexGeni(GL_T, GL_TEXTURE_GEN_MODE, GL_SPHERE_MAP);
```

Wie das Verfahren die Koordinaten exakt berechnet, spielt momentan keine Rolle, dieser Punkt wird allerdings im Kapitel über Vertex Shader anhand eines Beispieles geklärt, also keine Angst, dass hier irgendetwas unter den Teppich gekehrt wird.

7.2.4.13 Transparenz und Blending in OpenGL

Heutige 3D-Grafikkarten bieten sehr viele Arten, Pixel übereinander zu blenden. Dabei ist es möglich, dass die Farbwerte einfach addiert werden, dass der Alpha-Wert des Ziel-Pixels für die Farbintensität verantwortlich ist und Ähnliches. Glücklicherweise reichen zwei Zeilen Programmcode aus, um diese Funktionalität nutzen zu können. Zunächst muss das Blending eingeschaltet werden, und zwar über `glEnable(GL_BLEND)`. Analog dazu kann das Blending über `glDisable(GL_BLEND)` wieder ausgeschaltet werden.

Mathematisch lässt sich dieser Vorgang folgendermaßen erklären : Es werden die RGB-Komponenten des Quell-Farbwertes Q (der zu zeichnende Pixel) und des Ziel-Farbwertes Z (der schon vorhandene Pixel) mit jeweils einem Faktor multipliziert und dann addiert, um den endgültigen Farbwert zu erhalten:

```
R = sfactor * Q.R + dfactor * Z.R
G = sfactor * Q.G + dfactor * Z.G
B = sfactor * Q.B + dfactor * Z.B
```

Das Geheimnis liegt also in `sfactor` und `dfactor`. Und um diese beiden anzugeben, gibt es die Funktion `glBlendFunc()`:

```
void glBlendFunc(GLenum sfactor, GLenum dfactor);
```

Man gibt allerdings nicht direkt `sfactor` und `dfactor` an, sondern die Verfahrensweisen, nach denen diese Faktoren berechnet werden sollen. Die folgende Tabelle soll über die Möglichkeiten Auskunft geben:

Wert	Resultierendes Ergebnis
GL_ZERO	sfactor/dfactor = 0
GL_ONE	sfactor/dfactor = 1
GL_DST_COLOR	Der Ziel-Farbwert wird verwendet
GL_SRC_COLOR	Der Quell-Farbwert wird verwendet
GL_ONE_MINUS_DST_COLOR	Der Farbwert {1–Z.R, 1–Z.G, 1–Z.B} wird verwendet.
GL_ONE_MINUS_SRC_COLOR	Der Farbwert {1–Q.R, 1–Q.G, 1–Q.B} wird verwendet.
GL_SRC_ALPHA	sfactor/dfactor = Q.A
GL_ONE_MINUS_SRC_ALPHA	sfactor/dfactor = 1–Q.A
GL_DST_ALPHA	sfactor/dfactor = Z.A
GL_ONE_MINUS_DST_ALPHA	sfactor/dfactor = 1-Z.A
GL_ALPHA_SATURATE	f = min (Q.A, 1 – Z.A) Der Farbwert { f, f, f } wird verwendet

Alle möglichen Kombinationen jetzt einmal durchzugehen, wäre vermutlich etwas zu viel des Guten, zumal auch nicht alles einen Sinn ergibt. Die Parameter, die sich z.B. auf den Alpha-Wert des Ziel-Pixels beziehen (Z.A), sind völlig sinnlos, da die heutige 3D-Hardware gar keine Alpha-Werte im Color-Buffer speichert.

Es folgen einige Beispiele. Als Quell-Farbwert wählen wir für alle Beispiele Q = { 1, 0, 0, 1 }, als Ziel-Farbwert Z = { 1, 0.5, 1 } (nochmal: Z hat kein Alpha!).

7.2.4.13.1 Beispiel 1

```
glBlendFunc(GL_ONE, GL_ZERO)
```

Nach den in der Tabelle beschriebenen Formeln erhalten wir :

Farbe = 1 * Q + 0 * Z = Q

Dieses Setting für die Blending-Operationen ergibt also genau das gleiche Ergebnis, als wäre Blending ausgeschaltet, ist also reichlich sinnlos.

7.2.4.13.2 Beispiel 2

```
glBlendFunc(GL_ONE, GL_ONE)
```

Es ergibt sich also:

Farbe = 1 * Q + 1 * Z

Das bedeutet im einzelnen:

```
R  =  1 * 1  +  1 *   1  =    2
G  =  1 * 0  +  1 * 0.5  =  0.5
B  =  1 * 0  +  1 *   1  =    1
```

Da ein Rot-Wert von >1 nicht möglich ist, ist das Endergebnis {1, 0.5, 1}

Diese Methode wird als additives Blending bezeichnet, da die einzelnen Komponenten der Pixel einfach addiert werden.

7.2.4.13.3 Beispiel 3

```
glBlencFunc(GL_SRC_ALPHA, GL_ONE_MINUS_SRC_ALPHA)
```

Es ergibt sich also:

F = Q * Q.A + Z * (1-Q.A)

Das ist die klassische Formel für Fensterscheiben. Auch hier werden die beiden Farbwerte addiert, jedoch mit der Gewichtung nach dem Alpha-Wert des Quellpixels. Je niedriger der Alpha-Wert (je transparenter), desto weniger fließt der Wert des Quellpixels in das Endergebnis ein, und je höher der Alpha-Wert, desto weniges fließt der Wert des Zielpixels in das Endergebnis ein. Außerdem ist das Ergebnis nicht heller als die zwei Einzelpixel.

Man kann erstaunlich viele interessante Effekte mit dem Blending erzielen. Zu Anfang wirst du wahrscheinlich etwas hilflos herumprobieren, sobald man sich aber länger mit der Thematik beschäftigt hat, weiß man von selbst, welche Operationen man wählen muss, um welches Ergebnis zu erhalten.

7.2.4.14 Beleuchtung mit OpenGL

Beleuchtung erfolgt in der Regel entweder auf Vertex-Basis (Vertex Lighting) oder auf Pixel-Basis. Für letzteres sind Light-Maps, Bump-Maps und Pixel-Shader zuständig.

Das Vertex-Lighting ist im Prinzip nichts weiter als eine geschickte Farbwertzuweisung an die Vertices. Ein voll beleuchtetes Dreieck hat weiße Vertices, ein Dreieck im Dunkeln schwarze, und ein »etwas beleuchtetes« Dreieck graue. Um glatte Rundungen vorzutäuschen, kann man den Vertex-Farben eines Dreiecks unterschiedliche Grauwerte zuweisen, und wie bereits im Abschnitt über Vertex-Farben erwähnt, produziert die 3D-Hardware fliessende Farbverläufe bzw. hier dann fliessende Helligkeitsverläufe.

Im Gegensatz zu früher muss man Vertex Lighting nicht mehr selbst berechnen, sondern kann dies vollständig von der Grafikkarte übernehmen lassen. Vor einiger Zeit noch wurde dieser Vorgang in Software berechnet, seit dem Erscheinen der GeForce-Grafikkarten von NVidia allerdings sind fast nur noch Grafikkarten auf dem Markt erhältlich, welche diese – teils ausgesprochen komplexen – Berechnungen direkt auf dem Grafikchip durchführen.

Um diese Berechnungen durchzuführen, benötigen Vertices nun zusätzlich zu ihren Koordinaten auch *Normalenvektoren*, die ihre Ausrichtung zum Licht angeben. Du magst fragen, wie ein *Punkt* einen Normalenvektor haben kann. Mathematisch-physikalisch ist das sicherlich etwas fragwürdig. Aber das macht nichts. Es geht schliesslich nur um das Endergebnis, und das ist ein Farbwert für den Vertex in Abhängigkeit von der Lichtquelle.

7.2.4.14.1 *Licht-Faktoren*

Auch Licht besteht – zumindest im Computer – aus simplen RGB-Werten. Allerdings wird zur Simulation der Realität auf mehrere Lichtmodelle gleichzeitig zurückgegriffen:

Ambient

Der Ambient Faktor ist so etwas wie die »Grundbeleuchtung« der Szene. Du kannst dich mal in deinem Zimmer umsehen und fragen, warum die Bereiche, die nicht direkt von der Sonne bzw. der Lampe angestrahlt werden, in schwarze Finsternis getaucht sind. Die Antwort liegt darin, dass alle nicht-schwarzen Objekte etwas Licht reflektieren, und so das sogenannte diffuse Licht ergeben. Vorsicht, dass du das nicht mit dem Diffuse-Faktor verwechselst, der im nächsten Abschnitt erläutert wird.

Diffuses Licht physikalisch korrekt nachzubilden, ist möglich, kostet aber so viel Rechenzeit, dass es nur für vorgerenderte Standbilder in Frage kommt. Die »Billiglösung«, welche annähernd genau so gut aussieht, ist eben das ambiente Licht, das jeden Vertex in der Szene in voller Stärke beleuchtet.

Diffuse

Der Diffuse Faktor berücksichtigt die Richtung und die Entfernung der Lichtquelle, es lässt sich also ein starker Unterschied erkennen, je nachdem in welchem Winkel die Lichtquelle und der Vertex-Normalenvektor aufeinanderstehen, und wie weit sie voneinander entfernt sind.

Specular

Unter dem Specular-Faktor kann man sich das Glänzen auf einer Oberfläche vorstellen. Ein Stück Treibholz besitzt so etwas gar nicht, während es bei einer glattpolierten Kugel sehr ausgeprägt ist.

7.2.4.14.2 *Materialien*

Ein Material verfügt ebenso wie das Licht über Werte für Diffuse, Ambient und Specular. Man stelle sich einmal folgendes Beispiel vor: Ein rotes Objekt wird von einer roten oder weissen Lichtquelle beleuchtet. Das Objekt erscheint rot auf dem Bildschirm. Ist die Lichtquelle jedoch grün, so erscheint das Objekt schwarz auf dem Bildschirm, weil es nur rotes Licht reflektieren kann, aber kein rotes Licht da ist.

Zusätzlich besitzt ein Material den sogenannten Emissions-Faktor, welcher das Licht, das von einem Objekt ausgeht, simulieren soll. Z.B. glühendes Eisen oder

Lava. Dieser Faktor wird im Lighting-Modell von OpenGL unabhängig von den eintreffenden Lichtquellen behandelt. Leider hat dieser Faktor nur Auswirkungen auf das Objekt selbst, und es wird kein zusätzliches Licht in die Szene ausgestrahlt.

7.2.4.14.3 Lichtquellen in OpenGL

Abgesehen von den Funktion `glEnable()` und `glDisable()` zum An- und Ausschalten der verschiedenen Lichter, muss man lediglich mit der Funktion `glLightf()` bzw. `glLightfv()` arbeiten, um die Parameter der verschiedenen Lichtquellen zu setzen.

OpenGL unterstützt von Haus aus bis zu 8 Lichtquellen, welche über `GL_LIGHT0` bis `GL_LIGHT7` angesprochen werden. Hier ein Beispiel, das den ambienten Faktor von Licht Nr. 0 auf Weiß setzt:

```
float pfRGBA = {1.0f, 1.0f, 1.0f, 1.0f };
glLightfv(GL_LIGHT0, GL_AMBIENT, pfRGBA);
```

Die »werkseitig voreingestellten« Werte von OpenGL für die Lichtfarben sind diese:

GL_AMBIENT	{ 0.0, 0.0, 0.0, 1.0 }
GL_DIFFUSE	{ 1.0, 1.0, 1.0, 1.0 }
GL_SPECULAR	{ 1.0, 1.0, 1.0, 1.0 }

7.2.4.14.4 Die Position des Lichtes

Zunächst wird bei Lichtquellen unterschieden, ob sie sich in unendlicher Ferne zum Objekt befinden, und daher lediglich durch die Richtungsangabe definiert werden (z.B. Sonnenlicht), oder ob sie auch über eine Position verfügen müssen (Lampen, Scheinwerfer etc.). Erstere werden *Directional Lights* genannt, während letztere *Positional* heißen.

Die Position eines Lichtes wird mit folgendem Funktionsaufruf festgelegt :

```
float pfPosition = {1.0f, 1.0f, 1.0f, 1.0f };
glLightfv(GL_LIGHT0, GL_POSITION, pfPosition);
```

Die ersten drei Komponenten der Position sind natürlich x, y und z. Die vierte Komponente gibt an, ob es überhaupt ein Positional Light ist. Ist der Wert 0, ist es ein Directional Light, ist er 1.0, ist es ein Positional Light. Die werkseitige Voreinstellung ist:

GL_POSITION	{ 0.0, 0.0, 1.0, 0.0 }

7.2.4.14.5 *Attenuation: ferne Lichter leuchten schwächer*

Die Wirkungsstärke einer Lichtquelle auf ein Objekt ist abhängig von seinen so genannten Attenuations-Faktoren. Attenuation = Abschwächung. Im Klartext: Je weiter ein Objekt von einer Lichtquelle entfernt ist, desto schwächer wird die Einwirkung der Lichtquelle. Wie dir sicher direkt auffällt, gilt diese Regel lediglich für Lichter, welche auch eine Position haben, weshalb die Attenuations-Faktoren für Directional Lights nicht beachtet werden müssen. Für ein Positional Light allerdings sind diese Faktoren zu definieren und werden nach folgender Formel bearbeitet:

$$a = 1 / (d^2 * A_Q + d * A_L + A_C)$$

d sei die Distanz zwischen der Lichtquelle und dem Vertex,

A_c sei der konstante Attenuations-Faktor,

A_L sei der lineare Attenuations-Faktor,

A_Q sei der quadratische Attenuations-Faktor.

Die resultierende Attenuation a wird letztendlich als Multiplikator verwendet, um die Intensität des Lichtes abhängig von der Distanz zum Vertex zu berechnen. Um die Attenutations-Faktoren zu setzen, bedarf es der folgenden (hoffentlich selbsterklärenden) Funktionsaufrufe:

```
glLightf(GL_LIGHT0, GL_CONSTANT_ATTENUATION, 5.0f);
glLightf(GL_LIGHT0, GL_LINEAR_ATTENUATION, 2.0f);
glLightf(GL_LIGHT0, GL_QUADRATIC_ATTENUATION, 0.5f);
```

Die »werkseitig voreingestellten« Werte von OpenGL für die Attenuation sind diese:

GL_CONSTANT_ATTENUATION	1.0
GL_LINEAR_ATTENUATION	0.0
GL_QUADRATIC_ATTENUATION	0.0

7.2.4.14.6 *Punktlichter und Spot-Lights*

Der einfachste Typ des Positional Lights ist das Punktlicht, welches nur über eine Position verfügt und gleichmäßig in alle Richtungen Licht ausstrahlt. Bei Spot-Lights handelt es sich um Lichtquellen, welche *nicht* in alle Richtungen strahlen, sondern nur einen *Lichtkegel* werfen. Dieser wird definiert durch die Position, die Richtung und den *CutOff-Parameter,* welcher den Winkel der Ausdehnung im Gradmaß angibt. Hierzu folgende Darstellung :

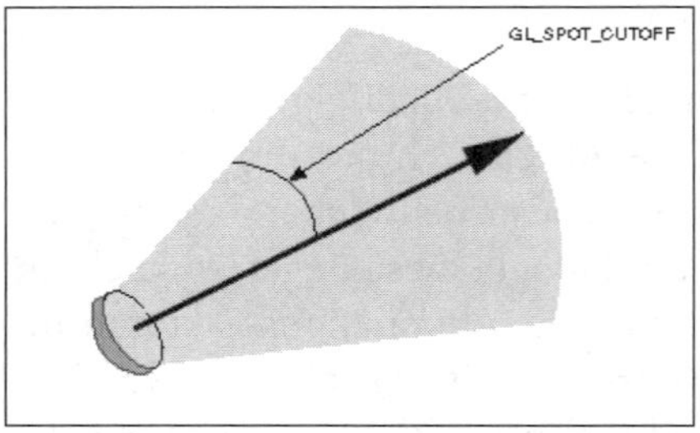

Abb. 7.54: Ein Spotlight und sein Cutoff-Parameter

Ein Punktlicht ist diesbezüglich nichts anderes als ein Spot-Light mit einem Cutoff-Parameter von 180 . Wobei man in OpenGL seltsamerweise keine Winkel zwischen 90 und 180 setzen kann. Er muss entweder zwischen 0 und 90 liegen oder genau 180 sein.

Außer dem CutOff-Parameter wird für Spot-Lights auch noch ein *Exponent* definiert, welcher die Verteilung des Lichtes im Kegel beeinflusst. So lässt sich bewerkstelligen, dass die Lichtquelle im Zentrum des Kegels am stärksten wirkt. Je höher dieser Wert ist, desto mehr ist die Wirkung der Lichtquelle auf das Zentrum des Konus beschränkt, beim Wert 0.0 ist die Distribution gleichmäßig.

Kommen wir nun zur Implementation mittels OpenGL:

```
float pfSpotDirection = { 1.0f, 0.0f, 1.0f, 0.0f };
glLightfv(GL_LIGHT0, GL_SPOT_DIRECTION, pfSpotDirection);
glLightfv(GL_LIGHT0, GL_SPOT_CUTOFF, 45.0f);
glLightfv(GL_LIGHT0, GL_SPOT_EXPONENT, 0.1f);
```

Hier wieder die Default-Werte von OpenGL:

GL_SPOT_DIRECTION	{ 0.0, 0.0, -1.0, 0.0 }
GL_SPOT_EXPONENT	0.0
GL_SPOT_CUTOFF	180.0

7.2.4.14.7 Directional Lights

Wie schon vorher erwähnt, verfügen Directional Lights über keine Position, weshalb es ausreichend ist, neben den Farbwerten nur noch die Richtung des Lichtes anzugeben. Dies geschieht zwar genauso wie bei Positional Lights über das Flag GL_POSITION, nur halt mit dem Wert 0.0 für das letzte Argument, wie schon vorher erwähnt wurde.

```
float pfDirection = { 0.0f, 1.0f, 1.0f, 0.0f };
glLightfv(GL_LIGHT0, GL_POSITION, pfDirection);
```

Was abschließend noch zu sagen bleibt: Vergesst nicht, die Normalenvektoren für die Vertices zu setzen! Das passiert anfangs relativ vielen Leuten, die sich dann wundern, weshalb die Beleuchtung keinerlei Auswirkungen auf die Vertex-Farben hat. Ein anderer wichtiger Punkt ist, dass das entsprechende Licht nach einer Veränderung seiner Parameter erneut eingeschaltet werden muss, ansonsten werden keine Änderungen sichtbar.

Natürlich kann man solche Lichtberechnungen auch selbst durchführen, und genau das wird auch noch geschehen, und zwar im Kapitel über Vertex Shader, da wird dann erklärt, wie man OpenGL die Arbeit komplett abnimmt.

7.2.4.15 Nebel (Fogging) in OpenGL

- Unterstützt werden drei Arten des Foggings, `GL_LINEAR`, `GL_EXP` und `GL_EXP2`. Diese Arten unterscheiden sich in der »Dicke« des Nebels in Abhängigkeit zur Entfernung eines Vertex vom Betrachter. An dieser Stelle werde ich kurz die Formeln erläutern, anhand derer die Intensität des Nebels bei einer gegebenen Entfernung zur Kamera berechnet wird.

7.2.4.15.1 *GL_LINEAR*

Wie der Name schon sagt, nimmt hier die Intensität der Nebelfarbe linear mit wachsender Distanz zu. Hier die Formel:

$$f = \frac{fEnd - fDist}{fEnd - fStart}$$

- *fStart* ist die Distanz, bei welcher der Nebel anfängt.
- *fEnd* ist die Distanz, bei welcher die Intensität des Nebels maximal ist.
- *fDist* ist die Distanz des Vertex von der Kamera.

7.2.4.15.2 *GL_EXP*

Dies wählst du, wenn dein Nebel exponentiell dicker werden soll.

$$f = \frac{1}{e^{fDist * fDensity}}$$

- *e* ist die Eulersche Zahl (ca. 2.7183).
- *fDensity* ist ein beliebig wählbarer »Intensitätsfaktor« zwischen 0 und 1.

7.2.4.15.3 *GL_EXP2*

Eine Variante des exponentiellen Nebels:

$$f = \frac{1}{e^{(fDist * fDensity)^2}}$$

- Der Farbwert, der letztendlich verwendet wird, wird mittels *f* über folgende Gleichung errechnet:
- Farbe = f * $\text{Farbe}_{\text{Vertex}}$ + (1 – f) * $\text{Farbe}_{\text{Nebel}}$

7.2.4.15.4 Einsatz mittels OpenGL

- Bevor das Fogging in Erscheinung tritt, muss es über `glEnable(GL_FOG)` angeschaltet werden. Analog dazu wird der Nebel über `glDisable(GL_FOG)` wieder ausgeschaltet. Der Rest wird mit den `glFog*`-Funktionen eingestellt. Die Parameter fordern etwas Fingerspitzengefühl, aber mit etwas Übung hat man den Dreh schnell raus. Was hierbei zählt, ist ähnlich wie beim Blending die Erfahrung in der Praxis.

```
glFogi(GL_FOG_MODE, iParam)
```

- `GL_FOG_MODE` dient dazu, OpenGL mitzuteilen, für welche Art des Foggings man sich entschieden hat. Als Parameter kommen die zuvor angesprochenen Modi `GL_LINEAR`, `GL_EXP` und `GL_EXP2` in Frage. Der Default-Wert ist in der Regel `GL_EXP`, worauf man sich allerdings nicht verlassen sollte.

```
glFogf(GL_FOG_START, fStart)
```

- Mit `GL_FOG_START` wird die Distanz, bei welchem der Nebel anfangen soll, gesetzt. Der Funktionsaufruf ist nur bei der Benutzung von linearem Nebel sinnvoll.

```
glFogf(GL_FOG_END, fEnd)
```

- Mit `GL_FOG_END` wird die Distanz, ab der der Nebel maximal sein soll, gesetzt. Trotz des irreführenden Namens ist der Nebel jenseits dieser Distanz keineswegs zu Ende.

```
glFogf(GL_FOG_DENSITY, fDensity)
```

- Wird exponentieller Nebel verwendet, so muss man mit `GL_FOG_DENSITY` einen Wert zwischen 0 und 1 für die Intensität des Foggings setzen.

```
glFogfv(GL_FOG_COLOR, pfRGBA)
```

- Natürlich kann man den Nebel in jeder beliebigen Farbe wählen. Aus diesem Grund gibt es den Parameter `GL_FOG_COLOR`, mit welchem ein Pointer auf ein Array von 4 Floating-Point-Werten übergeben werden muss, welche den RGBA-Farbwert angeben. Inwieweit ein Alpha-Wert für den Nebel sinnvoll ist, muss man die Erfinder von OpenGL fragen.

7.2.4.16 Extensions

OpenGL wurde ursprünglich für die Zukunft geplant und unterstützte manches Feature bereits lange, bevor die 3D-Hardware es tat. Dennoch ist vollkommen klar, dass man vor 10 Jahren nicht alles, was heutzutage von Grafikkarten unterstützt wird, voraussehen konnte. Zwar ist der OpenGL-Standard immer wieder erweitert worden, aber da dieser der rasanten technischen Entwicklung immer hinterher hinkt, gibt es die sogenannten Extensions, mittels welcher man immer die neuesten Features der Grafikkarten ansprechen kann (und sollte). Manche mögen in den Extensions einen Segen sehen, manche ein unstrukturiertes Chaos. Beispielsweise sind alleine NVIDIAS Extension Spezifikationen mit 500 Seiten wesentlich länger als der komplette OpenGL Standard.

Extensions sind ein Thema für sich und in meinen Augen sowohl einer der großen Nachteile als auch einer der großen Vorteile von OpenGL. Auf der einen Seiten ermöglichen sie einem, die neuesten Features einen Grafikkarte auszunutzen, sobald der Treiber sie unterstützt, andererseits sorgen sie für ein riesiges Chaos, sobald man versucht, alles zu unterstützen. Ein besonderer Krampf wird es dann, wenn verschiedene Hersteller für die gleiche Funktionalität verschiedene Extensions verwenden und man denselben Code drei oder vier Mal schreiben muss, um auf allen Grafikkarten eine akzeptable Performance zu erhalten.

Um Extensions-Funktionen zu verwenden, muss man sie sich selbst aus der jeweiligen Treiber-DLL holen. Hierfür ist die Funktion `wglGetProcAdress()` zu benutzen, welcher man den entsprechenden Funktionsnamen übergibt, um die Funktionsadresse zu erhalten. Hierzu an dieser Stelle nur ein kurzes Beispiel, der Einsatz der speziellen Extensions wird in den dazugehörigen Kapiteln wie z.B. »Multi-Texturing« erklärt.

```
PFNGLMULTITEXCOORD2FARBPROC glMultiTexCoord2fARB = NULL;
glMultiTexCoord2fARB = (PFNGLMULTITEXCOORD2FARBPROC)wglGetPro-
cAddress("glMultiTexCoord2fARB");
```

Eine andere Möglichkeit, um zu testen, ob Extensions von einem Treiber unterstützt werden, ist, sich den Extension-String mit allen unterstützten Extensions zu holen und nach bestimmten Einträgen zu suchen. Einen Zeiger auf diesen kompletten Extension-String erhält man mittels der Funktion `glGetString()`.

```
char* p = (char*)glGetString(GL_EXTENSIONS);
```

Die Extension-Strings unterscheiden sich allerdings von den Funktionsnamen, welche an `wglGetProcAddress()` übergeben werden. Wie die Strings lauten, werde ich auch in den einzelnen speziellen Kapiteln ansprechen, Hersteller wie NVIDIA bieten zudem hervorragenden Support und jede Menge Informationen zum Thema, weshalb man sich deren Developer Relations-Seiten, welche momentan unter `http://developer.nvidia.com` zu finden sind, nicht entgehen lassen sollte.

7.2.4.17 Vertex-Arrays

Bisher haben wir Vertices immer mit `glVertex3f`, `glTexCoord2f`, etc. an die Grafikkarte übergeben, und ich habe auch zu Beginn schon erwähnt, dass die Performance weit vom Optimum entfernt ist. Stattdessen sollte man lieber auf sogenannte **Vertex Arrays** ausweichen, welche einem in Kombination mit verschiedenen Extensions wesentlich bessere Performance bieten.

Prinzipiell gibt es folgende beiden Möglichkeiten, Vertex Arrays zu zeichnen :

1. Man speichert die Vertices mit ihren Koordinaten, Textur-Koordinaten, Normalenvektoren etc. in Arrays, die dann Eintrag für Eintrag gezeichnet werden.
2. Man speichert die Vertices in Arrays und spricht die einzelnen Einträge über ein zweites Array an, in welchem steht, welche Vertices aus dem ersten Array gezeichnet werden sollen.

Was allen Methoden eigen ist, ist die Tatsache, dass man zunächst ein Array anzulegen hat, und diesen dann füllen und abschließend OpenGL die Anfangsadresse der Daten mitteilen muss. Daneben muss Unterstützung für die spezielle Information wie z.B. Vertex Colors über `glEnableClientState()` und `glDisableClientState()` an- und ausgeschaltet werden. Hier eine Tabelle, welche Parameter akzeptiert werden:

Vertex-Array-Unterstützung für...	Parameter
Vertexkoordinaten	GL_VERTEX_ARRAY
Normalenvektoren	GL_NORMAL_ARRAY
Vertex-Farben	GL_COLOR_ARRAY
Texturkoordinaten	GL_TEXTURE_COORD_ARRAY

Kommen wir nun zu besagten Daten-Pointern, welche mittels der folgenden Funktionen übergeben werden:

Pointer übergeben auf Array mit...	Funktion
Vertexkoordinaten	`glVertexPointer()`
Normalenvektoren	`glNormalPointer()`
Vertex-Farben	`glColorPointer()`
Texturkoordinaten	`glTexCoordPointer()`

An diese Funktionen wird (mit Ausnahme von `glNormalPointer()`) zunächst die Anzahl der Komponenten eines Elements, dann der Datentyp, dann der Abstand eines Elements zum nächsten, und abschließend der Zeiger auf das erste Element übergeben.

Wir allokieren erst mal Speicher für unsere Arrays:

```
float* pVertex = new float[iNumVertices * 3];
float* pNormal = new float[iNumNormals * 3];
float* pColor = new float[iNumColors * 4];
float* pTexCoord = new float[iNumTexCoords * 2];
```

Und so übergeben wir diese Arrays:

```
glVertexPointer(3, GL_FLOAT, 0, pVertex);
glNormalPointer(GL_FLOAT, 0, pNormal);
glColorPointer(4, GL_FLOAT, 0, pColor);
glTexCoordPointer(2, GL_FLOAT, 0, pTexCoord);
```

Bei `glNormalPointer()` fehlt der erste Parameter, weil Normalenvektoren immer drei Komponenten besitzen – wozu es also noch angeben?

Der dritte Parameter, der im obigen Beispiel immer 0 ist, gibt üblicherweise die Größe eines Array-Elements in Bytes an. Wenn er 0 ist, berechnet OpenGL den Wert selber aus dem ersten und zweiten Parameter (z.B. 3 Float-Werte = 12 Bytes). Man kann allerdings Vertices auch als komplexen `struct` deklarieren, der Ortsvektor, Normalenvektor, Texturkoordinate etc. in einem einzigen Objekt enthält. Man kann ein Array mit solchen komplexen Vertices anlegen, und allen `gl*Pointer`-Funktionen dieses eine Array übergeben. In diesem Falle muss man für den dritten Parameter die Grösse der Struktur angeben.

So, damit ist aber noch nichts gerendert. Dazu kommen wir jetzt. Wird die erste Methode verwendet (siehe oben), so wird jeder Eintrag in dem Array (den Arrays) abgearbeitet und dargestellt. Dies geschieht über die Funktion `glDrawArrays()`.

```
glDrawArrays(GL_TRIANGLES, 0, iNumVertices);
```

Das erste Argument ist beliebig gegen die anderen bereits besprochenen Primitive-Typen austauschbar. Das zweite Funktionsargument gibt die Nummer des ersten Elements an, ab dem das Rendering beginnen soll, an, während das dritte die Anzahl der zu bearbeitenden Vertices angibt. Im Hinblick auf die in Direct3D verwendeten Vertex-Buffer möchte ich gleich den Hinweis geben, dass D3D die Anzahl der zu zeichnenden Primitives erwartet, während hier mit der Anzahl der Vertices gearbeitet wird. Die Erfahrung hat gezeigt, dass es an dieser Stelle leicht zu Verwechslungen kommen kann.

Das war jetzt relativ einfach. Aber wie bereits angesprochen, soll nun auch die zweite Methode zum Einsatz kommen, nämlich die zu rendernden Vertices über ein zweites Array, den *Index-Buffer* anzugeben. Der Vorteil dieser Methode liegt darin, dass Vertices mit identischem Inhalt nicht mehrfach im Speicher liegen müssen. Ein solcher Fall wären z.B. zwei Dreiecke, die sich eine gemeinsame Kante teilen. Ein Vertex mit Farbe, Normalenvektor und Texturkoordinaten beansprucht schnell mal 44 Bytes an Speicher. Wenn ein Vertex mehrfach benutzt wird, dann liegt es schnell mal 5 mal im Speicher, dann sind es schon 220 Bytes.

Der nächste Punkt, der für Index-Buffers spricht, ist eher etwas für fortgeschrittenere, technisch versiertere Programmierer: Auf den heutigen Transform & Lighting-fähigen Grafikkarten gibt es einen so genannten Post-TnL-Cache, in dem die jeweils zuletzt verwendeten, bereits transformierten Vertices zwischengespeichert werden, um unnötige Mehrfachberechnungen zu vermeiden. Dieser Cache ist leider relativ klein, und er wird auch nur dann unterstützt, wenn Index-Buffers benutzt werden. Von daher kann es eine bessere Performance bringen, wenn man versucht, einen Vertex, der mehrfach benutzt wird, möglichst oft hintereinander zu benutzen. Damit erspart man dem Grafikchip unnötige Transformationen.

Zurück zur Implementation von Index-Buffers: Hierfür muss anstelle von `glDrawArrays()` die Funktion `glDrawElements()` aufgerufen werden, die einen Pointer auf ein Index-Array akzeptiert. Hier ein Beispiel:

```
glDrawElements(GL_TRIANGLES, iNumVertices, GL_UNSIGNED_INT, puiIndices);
```

Das erste Argument gibt den Primitive-Typen an, der wie üblich variabel ist. Als zweites Argument folgt die Anzahl der Vertices, welche bearbeitet werden sollen. Das dritte Argument gibt den Datentypen des Index-Array an. Als letztes Argument wird dann ein Zeiger auf das Index-Array übernommen.

Zusätzlich zu dieser Funktion, mit der man ein ganzes Array von Indizes zeichnen kann, ist es auch möglich, einzelne Einträge eines Vertex-Arrays an OpenGL zu übergeben. Aus diesem Grund wurde die Funktion `glArrayElement()` ins Leben gerufen, welche lediglich einen Eintrag im Vertex Array akzeptiert. Drei Aufrufe dieser Funktion könnten somit dafür sorgen, dass ein Dreieck gerendert wird.

```
glBegin(GL_TRIANGLES);
glArrayElement(3);
glArrayElement(6);
glArrayElement(4);
glEnd();
```

Abschließend bleibt zu Vertex Arrays folgendes zu sagen: Ich benutze sie praktisch immer, weil sie einfach handzuhaben sind und eine relativ gute Performance bieten. Einzelne Hersteller wie NVIDIA oder ATI bieten noch eigene Extensions an, um Vertex Arrays noch schneller zu machen, indem sie beispielsweise im AGP-Speicher platziert werden und ähnliches, Informationen dazu findet man auf den Seiten der einzelnen Hersteller.

7.2.4.18 Multi-Texturing

Was macht Multi-Texturing? Nun, es werden nicht eine, sondern gleich mehrere Texturen auf ein Dreieck geklebt. Das kann man zwar auch dadurch erreichen, indem man das Dreieck mehrmals und transparent mit verschiedenen Texturen rendert, aber das kostet abartig viel Performance. Multi-Texturing ist die Lösung.

In der mangelnden standardmäßigen Unterstützung für Multi-Texturing sehe ich einen der größten Nachteile von OpenGL, da auch hierfür aufwendig auf die Extensions zurückgegriffen werden muss, und der gesamte Vorgang wesentlich komplizierter ist als bei Direct3D. Speziell, wenn später eigene Blending-Verfahren verwendet werden sollen, entwickelt sich das Thema so langsam zu einem wirklichen Krampf. Inzwischen gehört die Multitexturing-Extension, die auf den Namen `ARB_multitexture` hört, zwar auch schon zum offiziellen Standard in OpenGL ab Version 1.2.1, aber viel geändert hat sich dadurch eigentlich nicht.

Nun zur Implementation. Der Extension-String für Multi-Texturing lautet `GL_ARB_multitexture` und die Funktionen, welche man benötigt, hören auf die Namen `glClientActiveTextureARB()`, `glActiveTextureARB()` und `glMultiTexCoord2ARBf()`.

Diese Extensions werden, wie bekannt sein sollte, folgendermaßen initialisiert:

```
glClientActiveTextureARB = (PFNGLCLIENTACTIVETEXTUREARBPROC)wglGetPro-
cAddress("glClientActiveTextureARB");
glActiveTextureARB = (PFNGLACTIVETEXTUREARBPROC)wglGetProcAddress("glActi-
veTextureARB");
glMultiTexCoord2fARB = (PFNGLMULTITEXCOORD2FARBPROC)wglGetProcA-
dress(»glMultiTexCoord2fARB«);
```

Auf die verschiedenen Texturen wird über die Parameter `GL_TEXTURE0_ARB`, `GL_TEXTURE1_ARB`, etc. Bezug genommen. Für jede Textur sind eigene U-V-Koordinaten anzugeben. Damit Außenstehende nicht alles verstehen, wird anstelle von Texturen häufig von Stages (Stufen) gesprochen. Dabei ist Stage 0 nichts anderes als die erste Textur (Nr. 0) bei einem Multi-Texturing-Vorgang.

Wann man welche Funktion benutzen sollte, ist nicht ganz einfach zu verstehen. Wenn man Vertex Arrays benutzt, ist es notwendig, `glClientActiveTextureARB()` zu benutzen. Anders ist es, wenn man nicht die Vertex-Daten des Stages selbst, sondern womöglich die Textur-Matrix oder Texture-States modifizieren möchte.

Die Funktion `glMultiTexCoord2fARB()` dagegen benutzt man ebenso wie `glTexCoord2f()`, abgesehen davon, dass als erstes Argument das benutzte Texture-Stage angegeben wird. Erst danach folgen die Textur-Koordinaten selbst, aber das sollte keinerlei Probleme bereiten.

Abschließend hierzu noch ein kurzer Programmcode, der ein Dreieck mit 2 Texturen rendert:

```
glBegin(GL_TRIANGLES);
glMultiTexCoord2f(GL_TEXTURE0_ARB, 0.0f, 0.0f);
glMultiTexCoor2f(GL_TEXTURE1_ARB, 1.0f, 1.0f);
glVertex3f(0.0f, 0.0f);
glMultiTexCoord2f(GL_TEXTURE0_ARB, 1.0f, 1.0f);
glMultiTexCoor2f(GL_TEXTURE1_ARB, 0.0f, 0.0f);
glVertex3f(1.0f, 1.0f);
glMultiTexCoord2f(GL_TEXTURE0_ARB, 1.0f, 0.0f);
glMultiTexCoor2f(GL_TEXTURE1_ARB, 0.0f, 1.0f);
glVertex3f(1.0f, 0.0f);
glEnd();
```

Vorher müssen noch die Texturen für die einzelnen Stages gesetzt werden, hierzu genügt ein Aufruf von `glActiveTextureARB()`. Allgemein bitte ich darum, dass du dir die dazugehörigen Programmbeispiele anschaust, die dürften den Umgang mit dieser Extension vermutlich besser verdeutlichen, als es einige Code-Schnipsel können.

7.2.4.19 Der Stencil-Buffer in OpenGL

Los geht es zunächst einmal mit dem Löschen des Stencil-Buffers, was über das Hinzufügen des Flags `GL_STENCIL_BUFFER_BIT` beim Aufruf von `glClear()` geschieht. Analog zu den anderen Buffern lässt sich der Wert, mit dem der Stencil-Buffer gelöscht werden soll, steuern, und zwar über die Funktion `glClearStencil()`.

Im Gegensatz zum Z-Buffer stehen im Stencil-Buffer übrigens keine Fließkomma-, sondern Integer-Werte.

Ob ein Pixel gesetzt werden darf oder nicht, entscheidet der Stencil-Test. Dabei kann man sowohl den Referenzwert als auch die Vergleichsoperation einstellen, mit welcher der Stencil-Wert des Pixels gestestet werden soll. Und man kann auch noch einstellen, was in Abhängigkeit vom Testergebnis passieren soll. Für diese ganzen Einstellungen gibt es die Funktionen `glStencilFunc()` und `glStencilOp()`.

```
void glStencilFunc(GLenum func, GLint ref, GLuint mask)
```

Die möglichen Werte für `func` sind exakt dieselben, die auch an `glDepthFunc()` übergeben werden können, und genauso verhalten sie sich auch. Das Argument `ref` gibt den Referenzwert an, mit dem der Inhalt des Stencil-Buffers verglichen werden soll. Bei `mask` muss man ein wenig um die Ecke denken: Sowohl Referenzwert als auch der Wert im Stencil-Buffer werden damit zunächst bitweise über AND verknüpft, bevor die Vergleichsoperationen stattfindet.

Um zu definieren, wie bei welchem Resultat verfahren werden soll, verwendet man `glStencilOp()`:

```
void glStencilOp(GLenum fail, GLenum zfail, GLenum zpass)
```

Die Funktion für `fail` wird verwendet, wenn der Stencil-Test scheitert. Wenn der Pixel am Depth-Test (Z-Buffer) scheitert, so wird `zfail` angewandt und wenn der Pixel durch den Depth-Test kommt (oder der Z-Buffer ausgeschaltet ist), wird `zpass` verwendet.

Alle drei Argumente können die Werte `GL_KEEP`, `GL_ZERO`, `GL_REPLACE`, `GL_INCR`, `GL_DECR` oder `GL_INVERT` annehmen. Die Default-Werte für alle drei Operationen sind `GL_KEEP`. Die folgende Tabelle erläutert, was da passiert:

GL_KEEP	Stencil-Wert beibehalten
GL_ZERO	Stencil-Wert auf Null setzen

GL_REPLACE	Stencil Wert ersetzen durch Referenzwert
GL_INCR	Stencil-Wert um 1 erhöhen
GL_DECR	Stencil-Wert um 1 erniedrigen
GL_INVERT	Stencil-Wert bitweise invertieren

Abschließend bleibt noch zu erwähnen, dass der Stencil-Buffer über `glEnable(GL_STENCIL_TEST)` an- und über `glDisable(GL_STENCIL_TEST)` wieder ausgeschaltet wird.

Für ein konkretes Anwendungsbeispiel siehe das Kapitel »Volumetrische Schatten mit dem Stencil-Buffer«.

7.2.4.20 Occlusion-Testing

NVIDIA unterstützt mit den neuesten Treibern für ihre GeForce3-Grafikkarten auch endlich die Extension zum Occlusion-Testing. Damit lässt sich sehr einfach überprüfen, ob ein Objekt sichtbar ist oder man sich das Rendern sparen kann. Bisher ist diese Extension zwar leider kaum verbreitet, aber mit etwas Glück wird sie es in Zukunft sein, so dass sie uns viel Arbeit und Zeit ersparen kann.

Die neuerdings unterstützte Extension hört auf den String `GL_HP_occlusion_test`. Dieser String muss im Extension-String vorhanden sein, damit man diese Extension benutzen kann. Ist dies der Fall, so hat man folgendermaßen vorzugehen.

1. Man schaltet das Rendering in den Color- und den Depth-Buffer aus, damit der Test keine sichtbaren Spuren in der zu renderndern Szene hinterlässt.
2. Das Occlusion-Testing muss eingeschaltet werden.
3. Man rendert das Bounding-Volume des zu testenden Objektes, beispielsweise eine Bounding-Sphere, welche das gesamte Objekt umfasst. Sollte auch nur ein einziges Pixel davon durch den Depth-Test kommen, wird das Endergebnis »sichtbar« lauten.
4. Das Occlusion-Testing wird nun wieder abgeschaltet, Schreibvorgänge in den Color- und den Depth-Buffer werden wieder erlaubt.
5. Das Ergebnis des Occlusion-Tests wird abgefragt.

Klingt jetzt recht theoretisch, da die benutzten Extensions noch nicht bekannt sind. Anders als in komplizierteren Fällen aber ist es nicht notwendig, extra Funktionen zu diesem Thema zu initialisieren, man muss lediglich einige neue Konstanten verwenden. Diese sind definiert als:

```
#define GL_OCCLUSION_TEST_HP 0x8165
#define GL_OCCLUSION_TEST_RESULT_HP 0x8166
```

Damit wäre auch das geklärt, womit wir zur Implementation dieses Verfahrens kommen:

```
glDepthMask(GL_FALSE);
glColorMask(GL_FALSE, GL_FALSE, GL_FALSE, GL_FALSE);
glEnable(GL_OCCLUSION_TEST_HP);
DrawBoundingVolume();
glDepthMask(GL_TRUE);
glColorMask(GL_TRUE, GL_TRUE, GL_TRUE, GL_TRUE);
glDisable(GL_OCCLUSION_TEST_HP);
glGetBooleanv(GL_OCCLUSION_TEST_RESULT_HP, &bResult);
```

Die Information, ob ein Objekt sichtbar ist, ist nun in `bResult` zu finden. Verglichen mit dem Aufwand, den man früher für solche Tests betreiben musste, ist das wirklich einfach.

7.2.4.21 2D-Grafik mit OpenGL

In Kapitel 7.1 wurden bereits die Grundlagen der 2D-Grafikprogrammierung erläutert. Hier möchte ich kurzerhand erklären, wie sich diese Verfahren mittels OpenGL realisieren lassen, um sich die Hardwarebeschleunigung zunutze zu machen.

Bisher hatten wir immer mit einer perspektivischen Projektion zu tun, allerdings kann man auch eine Parallel-Projektionsmatrix setzen, was sich für 2D-Grafik natürlich anbietet. Zu diesem Zweck gibt es die beiden Funktionen `glOrtho()` und `gluOrtho2D()`, die an sich beide den gleichen Effekt erzielen:

```
void gluOrtho2D(
double left,
double right,
double bottom,
double top
);
```

Diese Funktion setzt eine orthogonale Projektionsmatrix auf mit den für `left`, `right`, `bottom` und `top` angegebenen Koordinaten für die Eckpunkte des sichtbaren Bereichs.

Bei einer Auflösung von 640 x 480 empfiehlt es sich, wie folgt vorzugehen, damit eine Einheit genau einem Pixel entspricht:

```
glMatrixMode(GL_PROJECTION);
glLoadIdentity();
gluOrtho2D(0.0f, 640.0f, 480.0f, 0.0f);
```

Wenn man diese Projektion aufgesetzt hat, kann man mit dem Rendering genau so fortfahren wie bisher bekannt ist, davon abgesehen, dass man keine Z-Koordinaten mehr spezifizieren muss. Man kann also einfach statt der Funktion `glVertex3f()` die Funktion `glVertex2f()` benutzen. Ebenso verhält es sich bei der Benutzung von

Vertex Arrays, wo lediglich noch zwei Koordinaten pro Vertex benötigt werden. Statt eine Bitmap auf den Bildschirm zu blitten, kann man nun einfach einen texturierten Quad zeichnen:

```
glBegin(GL_QUADS);
glTexCoord2f(0.0f, 0.0f);
glVertex2f(0.0f, 0.0f);
glTexCoord2f(1.0f, 0.0f);
glVertex2f(1.5f, 0.0f);
glTexCoord2f(1.0f, 1.0f);
glVertex2f(1.5f, 1.0f);
glTexCoord2f(0.0f, 1.0f);
glVertex2f(0.0f, 1.0f);
glEnd();
```

Diese Information sollte zum Thema 2D-Darstellung mittels OpenGL ausreichend sein, komplizierter ist es wirklich nicht. Man sollte allerdings auch bei der 2D-Programmierung mittels OpenGL die allgemein geltenden Performance-Grundregeln beachten, wie z.B. dass Texturen so selten wie möglich gewechselt werden sollten, denn sonst wird man auch bei 2D-Engines schnell in Probleme geraten.

7.2.5 Direct3D (JB)

In diesem Kapitel geht es über die 3D Grafik-Programmierung mittels Direct3D, bei der – wie ihr merken werdet – einiges ähnlich und einiges anders ist als bei OpenGL. Für die Beispiele benutze ich das Common Framework, welches dem DirectX SDK beiliegt. Der Vorteil dieses Frameworks liegt auf der Hand: Es funktioniert und wurde exzessiv getestet und debugged. Trotzdem werde ich natürlich auch auf die Initialisierung und die Enumeration unter Direct3D eingehen.

Auf einen Blick in das Inhaltsverzeichnis fällt vermutlich auf, dass dieses Kapitel wesentlich länger ist als das vorherige. Das hat nicht unbedingt zu bedeuten, dass Direct3D komplizierter ist, sondern damit, dass die bereitgestellte Funktionalität wesentlich umfangreicher ist, denn man bekommt ein komplettes Geometrie-Framework zur Verfügung gestellt, Funktionen für Progressive Meshes, etc. Gleichzeitig existiert allerdings auch das Problem, dass auf keinen Fall jegliche Funktionalität von Direct3D hier besprochen werden kann. Die offizielle Direct3D-Dokumentation verfügt schon über 1.000 Seiten, welche man natürlich stark komprimieren könnte, aber dennoch ist es unmöglich, alle Informationen auf diesen wenigen Seiten unterzubringen. Von daher ist es hilfreich, wenn man die in diesem Kapitel erhaltenen Informationen mittels der DX-Dokumentation noch weiter vertieft.

Ich wünsche auf jeden Fall viel Spaß mit diesem Kapitel.

7.2.5.1 Initialisierung von D3D8

Ziel dieses Kapitels ist es, ein einfaches Polygon mittels Direct3D auf den Bildschirm zu bringen. Die hier verwendeten Routinen befinden sich noch auf einem relativ einfachen Level, es wird zum Beispiel darauf verzichtet, Vollbild-Darstellungen und so weiter zu verwenden, wofür eine Abfrage der unterstützten Bildschirmmodi notwendig wäre. Stattdessen wählen wir für den Anfang den Bildschirmmodus, in dem Windows sich eh gerade befindet, was die Sache wesentlich erleichtert.

Als erstes wird ein `IDirect3D8` Objekt erstellt, über welches man den aktuell gesetzten Display-Modus abfragt:

```
LPDIRECT3D8 g_pD3D;
LPDIRECT3DDEVICE8 g_pD3DDevice;
g_pD3D = Direct3DCreate8(D3D_SDK_VERSION);
D3DDISPLAYMODE d3ddm;
g_pD3D->GetAdapterDisplayMode(D3DADAPTER_DEFAULT, &d3ddm);
```

Die Daten werden benötigt, um ein Objekt vom Typ `IDirect3DDevice8` zu erstellen, über welches das gesamte Rendering abgewickelt wird. Um dieses Device zu erstellen, muss eine Struktur vom Typ `D3DPRESENT_PARAMETERS` mit Informationen gefüllt werden:

```
D3DPRESENT_PARAMETERS d3dpp;
ZeroMemory(&d3dpp, sizeof(d3dpp));
d3dpp.Windowed = TRUE;
d3dpp.SwapEffect = D3DSWAPEFFECT_DISCARD;
d3dpp.BackBufferFormat = d3ddm.Format;
```

Hier eine kurze Erläuterung dessen, was das bedeutet:

- `Windowed` setzen wir auf `TRUE`, weil wir in einem Fenster rendern wollen.
- `BackBufferFormat` setzen wir auf den zuvor mittels `IDirect3D8::GetAdapterDisplayMode()` ausgelesenen Wert.
- `SwapEffect` setzen wir auf `D3DSWAPEFFECT_DISCARD`. Das bewirkt, dass ein Buffer, nachdem er auf den Screen gebracht wurde, verworfen wird (sein Inhalt ist danach also nicht mehr definiert). Andere Möglichkeiten wären `D3DSWAPEFFECT_FLIP`, `D3DSWAPEFFECT_COPY` und `D3DSWAPEFFECT_COPY_VSYNC`. Hier eine Tabelle der Bedeutungen:

`D3DSWAPEFFECT_FLIP`	Bewirkt sogenanntes Page-Flipping, d.h. es werden zwei Surfaces[a] für das Rendering erstellt, zwischen denen dann automatisch umgeschaltet wird, ohne dass Kopiervorgänge der Bilddaten stattfinden.
`D3DSWAPEFFECT_COPY`	Anders als beim Page-Flipping wird bei diesem Flag der Inhalt des Backbuffers in das Primary Surface kopiert.

D3DSWAPEFFECT_COPY_VSYNC	Ähnlich wie D3DSWAPEFFECT_COPY, allerdings wird beim Kopiervorgang auf den Vertical-Refresh gewartet, der Vorgang ist also an die Bildwiederholrate des Monitors gekoppelt.
D3DSWAPEFFECT_DISCARD	Zusätzlich zum oben Genannten gibt es noch weitere Dinge, welche bei diesem Flag zu beachten sind: Zum einen sollte es im Fenstermodus immer gesetzt werden, um die optimale Performance zu garantieren. Außerdem ist dies das einzige Flag, welches den Einsatz von Multisampling zur Verbesserung der Bildqualität erlaubt.

a) Surface heißen in Direct3D Speicherbereiche mit Bilddaten. Der Primary Surface ist dabei der Bildschirmspeicher.

So, damit können wir nun endlich das Rendering-Device über die Funktion `IDirect3D8::CreateDevice()` erstellen:

```
HRESULT CreateDevice(
  UINT Adapter,
  D3DDEVTYPE DeviceType,
  HWND hFocusWindow,
  DWORD BehaviorFlag,
  D3DPRESENT_PARAMETERS* pPresentationParameters,
  IDirect3DDevice8** ppReturnedDeviceInterface
);
```

Okay, schon wieder neue Variablen. Hier ihre Bedeutung:

- `UINT Adapter`: gibt an, welche Grafikkarte benutzt wird. Steckt lediglich eine Grafikkarte im Computer, kann man einfach den Wert `D3DADAPTER_DEFAULT` angeben. Sollen mehrere Grafikkarten unterstützt werden, muss man die etwas kompliziertere Enumeration durchführen, was im folgenden Kapitel erklärt werden wird. Für dieses erste Polygon reicht erst mal der Default-Adapter.
- `D3DDEVTYPE DeviceType`: Mögliche Werte für dieses Argument sind:
  - `D3DDEVTYPE_HAL`: HAL = Hardware-Accelerated-Layer, d.h. es soll die 3D-Hardwarebeschleunigung benutzt werden.
  - `D3DDEVTYPE_REF` benutzt hingegen den Referenz-Rasterizer, eine Software-Implementation. Die ist zwar unerträglich langsam, aber das Ergebnis ist unabhängig von Fehlern im Grafikkarten-Treiber oder gar der Hardware selbst. Wenn dein Programm also falsche Ergebnisse liefert, obwohl der Programmcode richtig zu sein scheint, kann es nützlich sein, den Referenz-Rasterizer als Diagnose-Tool zu benutzen.
  - `D3DDEVTYPE_SW`: Wird nicht unterstützt.
- `HWND hFocusWindow`: Das Window-Handle des Fensters, in welches das Device rendern soll.

- `DWORD BehaviorFlag`: Für dieses Argument sind folgende Werte die meist verbreitetsten Möglichkeiten:
  - `D3DCREATE_HARDWARE_VERTEXPROCESSING`: Alle Vertex-Berechnungen sollen auf der Grafikkarte selbst ausgeführt werden.
  - `D3DCREATE_MIXED_VERTEXPROCESSING`: Die Vertex-Berechnungen sollen sowohl auf der CPU als auch auf der GPU (Graphics Processing Unit) ausgeführt werden.
  - `D3DCREATE_SOFTWARE_VERTEXPROCESSING`: Alle einen Vertex betreffenden Berechnungen (Transformationen, Beleuchtung, etc.) werden auf der CPU ausgeführt – bei älteren Grafikkarten (ohne T&L) geht es gar nicht anders.
  - `D3DCREATE_PURE_DEVICE`: Ein »Pure Device« unterstützt weder Emulationsmodi für Vertex-Berechnungen noch ist es möglich, Renderstates abzufragen. Zusätzlich kann die Performance eines Pure Devices auch noch schlechter sein, weshalb davon abgeraten wird, dieses Flag zu setzen.
- `D3DPRESENT_PARAMETERS* pPresentationParameters`: An dieser Stelle wird einfach ein Zeiger auf unsere bereits initialisierte Struktur `d3dpp` übergeben.
- `IDirect3DDevice8** ppReturnedDeviceInterface`: Hier wird ein Zeiger auf die Adresse des zu erzeugenden Direct3D-Devices übergeben.

7.2.5.2 Das erste Polygon

Nun gibt es mehrere Möglichkeiten, Dreiecke auf den Bildschirm zu zaubern. Die einfachste Möglichkeit ist `DrawPrimitiveUP()`, was du in »echten« Programmen hoffentlich niemals tun wirst, denn die Performance ist einfach miserabel. Die weitaus bessere Alternative ist die Benutzung von Vertex-Buffern. Aber eins nach dem anderen. Für Anschauungszwecke ist `DrawPrimitiveUP()` bestens geeignet. Keine Angst, Vertex-Buffer kommen auch noch dran.

```
HRESULT DrawPrimitiveUP(
  D3DPRIMITIVETYPE PrimitiveType,
  UINT PrimitiveCount,
  CONST void* pVertexStreamZeroData,
  UINT VertexStreamZeroStride
);
```

`PrimitiveType` gibt an, welches Primitive verwendet werden soll (siehe auch die Primitive-Tabelle in OpenGL), PrimitiveCount die Anzahl derselben. Der Zeiger `pVertexStreamZeroData` schließlich zeigt auf die Vertexdaten.

7.2.5.3 Rendern beginnen und beenden

So weit, so gut. Was noch fehlt, sind einige Funktionsaufrufe zu Beginn und zum Ende des Renderings; dazu gehören das Löschen des Bildschirms (genauer gesagt des Backbuffers), und der Inhalt des Backbuffers muss auf den Bildschirm gebracht werden.

Los geht es mit dem Löschen der benutzten Buffer :

```
HRESULT Clear(
  DWORD Count,
  CONST D3DRECT* pRects,
  DWORD Flags,
  D3DCOLOR Color,
  Float Z,
  DWORD Stencil
);
```

Da auch das nicht sehr selbsterklärend ist...:

- `DWORD Count`: Mittels `Clear()` ist es nicht bloß möglich, den gesamten Buffer zu löschen, sondern es lässt sich auch ein Zeiger auf ein Array von `D3DRECT`-Strukturen übergeben, also rechteckige Bereiche, die dann einzeln gelöscht werden. `Count` gibt die Anzahl der `D3DRECT`-Strukturen in dem Array an und muss 0 sein, wenn der gesamte Screen gelöscht werden soll.
- `CONST D3DRECT* pRects`: Hier kann ein Zeiger auf das Array der Rechtecke, welche gelöscht werden sollen, übergeben werden. Wenn der gesamte Screen gelöscht werden soll, wird `NULL` übergeben.
- `DWORD Flags`: Über dieses Argument wird angeben, welche Buffer gelöscht werden sollen. Möglichkeiten hierfür sind `D3DCLEAR_TARGET` (Color-Buffer), `D3DCLEAR_ZBUFFER` (Depth-Buffer) und `D3DCLEAR_STENCIL` (Stencil-Buffer).
- `D3DCOLOR Color`: Dies ist ein 32-Bit ARGB Farbwert, mit dem der Color-Buffer gelöscht werden soll.
- `Float Z`: Mit diesem Wert zwischen 0 und 1 wird der Z-Buffer gefüllt.
- `DWORD Stencil`: Mit diesem Wert zwischen 0 und $(2^n - 1)$ wird der Stencil-Buffer gefüllt (n ist die Anzahl der Bits des Stencil-Buffers).

Und nun schließlich kommen wir zu Abschluss des Renderings mittels der `IDirect3DDevice8::Present()`-Routine. Diese bringt den Inhalt den Backbuffers, in den wir bisher gezeichnet haben, auf den Bildschirm (Primary-Surface):

```
HRESULT Present(
  CONST RECT* pSourceRect,
  CONST RECT* pDestRect,
  HWND hDestWindowOverride,
  CONST RGNDATA* pDirtyRegion
);
```

- `CONST RECT* pSourceRect`: Mittels dieses Arguments wird angegeben, welcher Bereich aus dem Backbuffer in das Primary-Surface kopiert werden soll. Es kann nur dann benutzt werden, wenn `D3DSWAPEFFECT_COPY` oder `D3DSWAPEFFECT_COPY_VSYNC` gesetzt wurden, andernfalls muss `NULL` übergeben werden.
- `CONST RECT* pDestRect`: Mit diesem Argument verhältlich es sich ähnlich wie mit `pSourceRect`, nur dass hier das Rechteck, in welches der Inhalt kopiert werden soll, angegeben wird.

- `HWND hDestWindowOverride`: Dieser Parameter gibt an, in welchem Ziel-Fenster der Inhalt dargestellt werden soll. Wird `NULL` übergeben, so wird auf den Standard Window-Handle zurückgegriffen.

Zusammengefasst ergibt dies folgenden Pseudo-Code für unser erstes D3D8-Programm:

```
g_pD3DDevice->Clear(0, NULL, D3DCLEAR_TARGET, D3DCOLOR_XRGB(0, 0, 0), 1.0f,
0);
g_pD3DDevice->BeginScene();
// Hier findet das Rendering statt
g_pD3DDevice->EndScene();
g_pD3DDevice->Present(NULL, NULL, NULL, NULL);
```

7.2.5.4 D3D8 beenden

Bei Programmende müssen alle Objekte, mit denen gearbeitet wurde, wieder freigegeben werden. In unserem Fall sind das `g_pD3D` und `g_pD3DDevice`. Man muss dabei beachten, dass sie genau in umgekehrter Reihenfolge wieder freigegeben werden müssen, wie sie erstellt wurden. Dies hängt mit der internen Architektur von Direct3D zusammen; wenn man also eine Textur auf Basis eines Devices erstellt, so muss zunächst die Textur gelöscht werden und dann erst das Device. In der Theorie werden zwar alle Objekte, welche mittels eines Parent-Objektes erstellt wurden, automatisch wieder gelöscht, in der Praxis bringt dies allerdings manchmal recht unerwartete Ergebnisse mit sich.

```
if (g_pD3DDevice != NULL)
g_pD3DDevice->Release();
if (g_pD3D != NULL)
g_pD3D->Release();
```

Dies war vermutlich wesentlich schwerer nachzuvollziehen als das erste Polygon mit OpenGL, so ist es anfänglich meistens, mit der Zeit verschwindet das Gefühl allerdings. Immerhin existiert nun schon ein wenig Basiswissen, auf dem sich aufbauen lässt, also packen wir's an und versuchen gleich einmal, mehrere Grafik-Adapter zu unterstützen.

7.2.5.5 Enumeration

Die Enumeration ist bei Direct3D ein immens wichtiges Thema, denn mittels dieser lassen sich alle unterstützten Devices, Bildschirmmodi und so weiter auflisten. Man sollte also vor jedem Programmstart alle unterstützten Modi enumerieren und dann dementsprechend wählen. Oder gar den User wählen lassen. Die Konstellation mehrerer Grafikkarten in einem PC mag heute seltener vorkommen, zu Zeiten der VOODOO1 und VOODOO2 war es der Normalfall, und wenn man da das Standard-Device wählte, hatte man vieles, nur keine 3D-Beschleunigung. Heutzutage ist es allerdings immer noch wichtig, den User verschiedene Auflösungen wählen lassen zu können, oder zumindest selbige zu setzen. Dazu jedoch muss erst einmal abgefragt werden, welche Möglichkeiten die Grafikkarte bietet.

7.2.5.5.1 Die Architektur

In einem Rechner können mehrere Grafikkarten stecken, welche üblicherweise als *Adapter* bezeichnet werden. Jeder Adapter unterstützt bestimmt *Bildschirmmodi*, die demnach pro Adapter ermittelt werden. Zusätzlich unterstützt ein Adapter verschiedene *Devices*, wobei für jedes Device jedes Adapters überprüft werden muss, ob es die verschiedenen Bildschirmmodi unterstützt. Ja, es klingt nach einem ziemlichen Krampf, und genau das ist es auch. Aber seid beruhigt, früher war es noch wesentlich schlimmer.

7.2.5.5.2 Die Datenstrukturen

Zunächst definieren wir unsere Struktur für den Adapter. Die Deklaration sieht folgendermaßen aus:

```
class CEnumAdapter
{
public :
    D3DADAPTER_IDENTIFIER8 m_Identifier;
    std::vector<CEnumDevices> m_Devices;
};
```

Die Benutzung der STL bietet sich hier an, denn wie sonst könnte man flexibel eine (theoretisch) unbeschränkte Anzahl von Devices unterstützen, wenn man die Zahl an Devices erst zu einem späteren Zeitpunkt erfährt und nicht unbedingt mit sehr üblen Code-Hacks aufwarten möchte? Die von Direct3D8 bereitgestellte Struktur für Adapter beinhaltet solch schöne Informationen wie die Treiber-Version, den Namen des Treibers, den für das Device benutzte GUID, etc. Diese Informationen können und werden später beim Auswählen des Devices sehr hilfreich sein.

Kommen wir nun zur Struktur für die einzelnen Devices, denn auch diese will mit Bedacht gewählt sein. Zunächst einmal das Code-Listing:

```
class CEnumDevice
{
public :
    D3DCAPS8 m_Caps;
    std::string m_StrName;
    std::vector<CEnumDisplayMode> m_DisplayModes;
    D3DDEVTYPE m_DevType;
    D3DMULTISAMPLE_TYPE m_MultisampleType;
};
```

`D3DCAPS8 m_Caps`: Bei »Caps« handelt es sich um eine Abkürzung für »Capabilities«, das heißt, in dieser Struktur stehen Informationen zu den Fähigkeiten des Device.

Einige Felder, welche an dieser Stelle beispielhaft genannt werden könnten, wären Informationen über die maximale Texturgröße, oder ob nicht-quadratische Texturen unterstützt werden. In einer gefüllten `D3DCAPS8`-Struktur stehen noch wesentlich mehr Informationen, auf diese werde ich aber zum entsprechenden Zeitpunkt zu sprechen kommen, nämlich dann, wenn diese Features auch wirklich genutzt werden.

`std::string m_StrName`: Jedes Device hat einen Namen, und dieser Name wird in einem String zwischengespeichert.

`std::vector<CEnumDisplayMode> m_DisplayModes`: Dieser Vektor soll alle von dem Device unterstützten Display-Modi speichern. Es dürfte für die Performance zwar besser sein, stattdessen eine verkettete Liste zu benutzen, für einen Vektor spricht allerdings, dass man sehr einfach über eines Array-Index auf die einzelnen Elemente zugreifen kann, weshalb ich mich für diesen Datentyp entschieden habe.

`D3DDEVTYPE m_DevType`: Dieses Enum beinhaltet vier mögliche Werte, von denen allerdings nur zwei wirklich benutzt werden können. Direct3D beinhaltet, wie schon erwähnt, den Referenz-Rasterizer, in dem alles genau so abläuft, wie es eigentlich ablaufen sollte. Dies ist ein Software-Renderer mit entsprechend bescheidener Performance, ist aber nützlich, um Treiber-Bugs zu identifizieren. Die zweite existierende Möglichkeit ist der Hardware-Rasterizer. Es existiert zwar noch ein Flag für einen »Software-Rasterizer«, dieses wird jedoch nicht unterstützt.

Flag	Bedeutung
D3DDEVTYPE_HAL	Hardware-Rasterizer
D3DDEVTYPE_REF	Referenz-Rasterizer
D3DDEVTYPE_SW	Software-Rasterizer, nicht unterstützt

`D3DMULTISAMPLE_TYPE m_MultisampleType`: Seit Direct3D8 wird *Fullscene-Antialiasing* unterstützt, das ist eine auf den gesamten Bildschirminhalt angewandte Kantenglättung, wodurch der Treppenstufeneffekt schräger Linien minimiert wird und das ganze Bild weniger pixelig aussieht. Welche Form von Multisampling das Device unterstützt, steht in dieser Variablen. Diese Technik soll uns vorläufig nicht weiter interessieren, zu einem späteren Zeitpunkt findet sie allerdings Verwendung.

Am einleuchtendsten wird wohl die Struktur für die einzelnen Display-Modi sein, hier dürfte dir der Inhalt der meisten Felder einigermaßen vertraut vorkommen:

```
class CEnumDisplayMode
{
public :
    unsigned int m_uiWidth;
```

```
    unsigned int m_uiHeight;
    D3DFORMAT m_eFormat;
    DWORD m_dwProperties;
    D3DFORMAT m_eDepthFormat;
};
```

`unsigned int m_uiWidth`: Horizontale Bildauflösung in Pixeln.

`unsigned int m_uiHeight`: Vertikalele Bildauflösung in Pixeln.

`D3DFORMAT m_eFormat`: Es gibt für jeden Display Modus eine ganze Reihe von möglichen Pixel-Formaten, sie an dieser Stelle allesamt aufzulisten, würde vermutlich den Rahmen des Buches sprengen. Es geht los mit verschiedenen 32-Bit Formaten wie ARGB oder RGBA, dann gibt es verschiedenste 16-Bit-Formate, palletierte Bildschirmmodi und weitere. Eine vollständige Liste lässt sich der DX-Dokumentation entnehmen.

`DWORD m_dwProperties`: In dieser Variablen wird gespeichert, welche Art von *Vertex Processing* das Device unterstützt. Möglich sind Hardware Vertex Processing, bei dem die Vertices komplett auf der Hardware bearbeitet werden, Software Vertex Processing, bei dem die gesamte Arbeit von der CPU übernommen wird und Mixed Vertex Processing, welche beide Verfahren kombiniert.

`D3DFORMAT m_eDepthFormat`: Dies ist das Format der Z-Buffers; Es ist unabhängig vom Pixel-Format zu betrachten, es ist beispielsweise möglich, einen 16-Bit Z-Buffer für einen 32-Bit-Farbmodus zu benutzen und umgekehrt.

7.2.5.5.3 Die Implementation

An dieser Stelle werde ich nicht die komplette Verfahrenweise erläutern, mit allen Klammern und Kommata, sondern auf die prinzipielle Vorgehensweise und die dafür benutzten Direct3D-Funktionen eingehen.

Bevor die Enumeration starten kann, muss zunächst das `IDIRECT3D8`-Objekt initialisiert werden. Von diesem erhält man über den Aufruf der Funktion `IDirect3D8::GetAdapterCount()` die Anzahl an Grafikkarten im Computer. Einen sogenannten *Adapter-Identifier* erhält man mit der Funktion `IDirect3D8::GetAdapterIdentifier()`, wobei das erste Argument die Nummer der Grafikkarte ist: Die erste Grafikkarte hat die Nummer 0, die zweite die Nummer 1, usw. Die Anzahl an unterstützten Display-Modi der jeweiligen Grafikkarte erhält man über `IDirect3D8::GetAdapterModeCount()`. Damit erhalten wir folgenden Code:

```
unsigned int uiAdapterCount = m_pD3D->GetAdapterCount();
CEnumAdapter* pAdapters = new CEnumAdapter[uiAdapterCount] ;
for (int i=0; i<uiAdapterCount; i++)
{
    m_pD3D->GetAdapterIdentifier(i, 0, &pAdapters[i].m_Identifier);
    unsigned int uiModeCount = m_pD3D->GetAdapterModeCount(i);
```

Nun müssen alle unterstützten Display-Modi durchlaufen werden. Der Aufruf der Funktion `IDirect3D8::EnumAdapterModes()` erfordert sowohl die Nummer der Grafikkarte als auch die des Display-Mode.

```
for (int j=0; j<uiModeCount; j++)
{
    D3DDISPLAYMODE DisplayMode;
    m_pD3D->EnumAdapterModes(i, j, &DisplayMode);
```

Nun müsste man noch überprüfen, ob der entsprechende Display-Modus bereits existiert und ihn, falls dies nicht der Fall ist, einer temporären Liste hinzufügen. Dies ist jedoch relativ trivial.

Als Nächstes müssen für die beiden Devices eines Adapters – erinnert euch, es sind der Hardware- und der Reference-Rasterizer – die Capabilities abgefragt werden. Natürlich gibt es auch hierfür eine vorgefertigte Funktion, nämlich `IDirect3D8::GetDeviceCaps()`, welche als Argumente den Index des gewählten Adapters, den gewählten Rasterizer und einen Zeiger auf eine D3DCAPS8-Struktur akzeptiert.

Zum jetzigen Zeitpunkt haben wir alle Adapter mit allen Display-Modi und Devices enumeriert, das reicht allerdings noch nicht aus, da es möglich ist, dass ein Adapter einen bestimmten Display-Modus nur in Zusammenhang mit einem bestimmten Device kennt. Also muss noch für jedes Device überprüft werden, ob es die enumerierten Display-Modi unterstützt. Die Arbeit nimmt einem erneut eine D3D8-Funktion ab, nämlich `IDirect3D8::CheckDeviceType()`. Wird ein Format unterstützt, wird daraufhin ein passendes Z-Buffer-Stencil-Buffer-Format gesucht, was über `IDirect3D8::FindDepthStencilFormat()` geschieht.

Done. Die Liste mit allen Adaptern, Devices und unterstützen Display-Modi ist komplett, so dass man frei auswählen kann. Bei einem genauen Blick auf die Implementation müsste einem auffallen, dass die Enumeration nach einem sehr komischen Code-Hack aussieht. Sie ist auch nicht ohne Grund einer der unbeliebtesten Punkte, was Direct3D betrifft, aber dennoch muss sie vorhanden sein.

7.2.5.6 Projektion und Koordinatensysteme in D3D8

Die Direct3D Helper Bibliothek D3DX verfügt über jede Menge Funktionen zum Arbeiten mit Matrizen, somit natürlich auch über einige, welche einem die gewünschten Projektionsmatrizen generieren. Am häufigsten dürften `D3DXMatrixPerspectiveFovLH` für das linkshändige bzw. `D3DXMatrixPerspectiveFovRH` für das rechtshändige Koordinatensystem sein. Diese akzeptieren ähnlich wie `gluPerspective()` als Argumente zunächst den vertikalen Sichtwinkel, das Verhältnis von horizontalem zum vertikalem Sichtfeld sowie die Distanz des Near- und des Far-Clipping-Planes. Anders als bei OpenGL wird der Winkel allerdings im Bogenmaß angegeben. Ein Aufruf könnte also folgendermaßen aussehen:

```
D3DXMATRIX matProj;
D3DXMatrixPerspectiveFovLH(&matProj, D3DX_PI / 4.0f, 1.0f, 1.0f, 100.0f );
```

Die Matrix wurde damit zwar berechnet, ist aber nicht aktiv. Das wird sie erst durch die Funktion `IDirect3DDevice8::SetTransform()`. Diese wird auch benutzt, um andere Matrizen zu setzen, beispielsweise die World-Matrix, weshalb als erstes Argument angegeben werden muss, welche Matrix überhaupt gemeint ist.

```
pD3DDevice->SetTransform(D3DTS_PROJECTION, &matProj);
```

Kommen wir nun zum mathematischen Background, auf dem die beiden D3DX Funktionen basieren. Wie üblich sind Projektionsmatrizen auch bei Direct3D 4x4 Matrizen, welche folgendermaßen berechnet werden:

7.2.5.6.1 Linkshändige Projektions-Matrix

```
D3DXMATRIX* D3DXMatrixPerspectiveFovLH(
  D3DXMATRIX* pOut,
  FLOAT fovy,
  FLOAT Aspect,
  FLOAT zn,
  FLOAT zf
);
```

$$h = \frac{\cos\left(\frac{fov}{2}\right)}{\sin\left(\frac{fov}{2}\right)}$$

$$w = \frac{h}{aspect}$$

$$m = \begin{bmatrix} \frac{2*zn}{w} & 0 & 0 & 0 \\ 0 & \frac{2*zn}{h} & 0 & 0 \\ 0 & 0 & \frac{zf}{zf-zn} & 1 \\ 0 & 0 & \frac{zn*zf}{zn-zf} & 0 \end{bmatrix}$$

7.2.5.6.2 Rechtshändige Projektions-Matrix

$$h = \frac{\cos\left(\frac{fov}{2}\right)}{\sin\left(\frac{fov}{2}\right)}$$

$$w = \frac{h}{aspect}$$

$$m = \begin{bmatrix} \frac{2*zn}{w} & 0 & 0 & 0 \\ 0 & \frac{2*zn}{h} & 0 & 0 \\ 0 & 0 & \frac{zf}{zn-zf} & -1 \\ 0 & 0 & \frac{zn*zf}{zn-zf} & 0 \end{bmatrix}$$

7.2.5.7 Transformationen in D3D8

Auch für die Transformationen gibt es jede Menge Helper Funktionen. Was bei den Transformationen unter Direct3D auffallen dürfte, ist, dass im Gegensatz zu OpenGL mit einer *World*- und einer *View-Matrix* gearbeitet wird.

Die World-Matrix wird genutzt, um Vertices vom Object-Space in den World-Space transformieren. Koordinaten befinden sich im World-Space, wenn sie in Relation zu einem Ursprung betrachtet werden. Die World-Matrix wird also benutzt, um ein Objekt im Raum zu platzieren. Davon unabhängig gibt es die View-Matrix, welche ähnlich wie die Modelview-Matrix bei OpenGL betrachtet werden kann. Diese gibt die Position des Betrachters (der Kamera) an. Ein Objekt kann also anders als bei OpenGL unabhängig vom Betrachter verschoben werden, indem die World-Matrix geändert wird, während die View-Matrix unverändert bleibt. Mir ist klar, dass diese ganze Theorie momentan sehr trocken klingt, aber das ist Grundlagenwissen, auf dem der gesamte interessante Teil aufbaut.

Um die World- und die View-Matrix für ein Device zu setzen, wird genauso wie bei Projektionsmatrizen `IDirect3DDevice8::SetTransform()` benutzt, wobei natürlich für beide Matrix-Modi andere Flags existieren.

```
pD3DDevice->SetTransform(D3DTS_WORLD, &matWorld);
pD3DDevice->SetTransform(D3DTS_VIEW, &matView);
```

Ansonsten ändert sich bei den Transformationen nicht besonders viel, vom Aufruf anderer Funktionen mal ganz abgesehen. Die wichtigsten Funktionen erwähne ich an dieser Stelle kurz, natürlich mit den Formeln für die im Hintergrund ablaufende Mathematik. Dass ich erwähne, wie man diese Matrix-Operationen selbst berechnen kann, ist natürlich kein Zufall, denn man wird oftmals in Situationen kommen, wo man nicht auf bereits existierende Bibliotheken zurückgreifen kann und seine Objekte selbst transformieren muss. Dies ist der primäre Grund für die aufwendigen Formeln.

7.2.5.7.1 *D3DXMatrixIdentity*

Der Aufruf dieser Funktion produziert die so genannte *Identity-Matrix*. Eine Matrix, welche die Welt in ihrem Grundzustand belässt und keinerlei Veränderung bewirkt. Eine Identity-Matrix wird als Ursprungs-Matrix benutzt, bevor Rotationen oder Translationen eingesetzt werden. Von daher sollte jede Matrix zunächst als Identity-Matrix initialisiert werden.

```
D3DXMATRIX* D3DXMatrixIdentity(
  D3DXMATRIX* pOut
);
```

$$pOut = \begin{bmatrix} 1 & 0 & 0 & 0 \\ 0 & 1 & 0 & 0 \\ 0 & 0 & 1 & 0 \\ 0 & 0 & 0 & 1 \end{bmatrix}$$

7.2.5.7.2 *D3XMatrixRotationX*

Mittels dieser Funktion wird eine Rotationsmatrix um die X-Achse generiert. Eine Rotation um die X-Achse bedeutet, dass die X-Koordinate unverändert bleibt, während sich lediglich die Y- und die Z-Koordinaten ändern. Wie bei Direct3D üblich, werden alle Winkel im Bogenmaß angegeben und nicht wie bei OpenGL im Gradmaß.

```
D3DXMATRIX* D3DXMatrixRotationX(
  D3DXMATRIX* pOut,
  FLOAT Angle
);
```

$$pOut = \begin{bmatrix} 1 & 0 & 0 & 0 \\ 0 & \cos\alpha & \sin\alpha & 0 \\ 0 & -\sin\alpha & \cos\alpha & 0 \\ 0 & 0 & 0 & 1 \end{bmatrix}$$

7.2.5.7.3 *D3DXMatrixRotationY*

Genauso, wie eine Rotationsmatrix für die X-Achse erstellt werden kann, kann man natürlich auch um die Y-Achse rotieren.

```
D3DXMATRIX* D3DXMatrixRotationX(
  D3DXMATRIX* pOut,
```

```
  FLOAT Angle
);
```

$$pOut = \begin{bmatrix} \cos\alpha & 0 & -\sin\alpha & 0 \\ 0 & 1 & 0 & 0 \\ \sin\alpha & 0 & \cos\alpha & 0 \\ 0 & 0 & 0 & 1 \end{bmatrix}$$

7.2.5.7.4 D3DMatrixRotationZ

Und nun das gleiche Spiel noch einmal für eine Rotation um die Z-Achse.

```
D3DXMATRIX* D3DXMatrixRotationX(
  D3DXMATRIX* pOut,
  FLOAT Angle
);
```

$$pOut = \begin{bmatrix} \cos\alpha & \sin\alpha & 0 & 0 \\ -\sin\alpha & \cos\alpha & 0 & 0 \\ 0 & 0 & 1 & 0 \\ 0 & 0 & 0 & 1 \end{bmatrix}$$

7.2.5.7.5 D3DXMatrixTranslation

Eine Translation (Verschiebung) zu bewerkstelligen, ist sehr einfach, denn hierfür müssen lediglich die ersten drei Spalten der untersten Zeile mit dem entsprechenden Vektor gefüllt werden.

```
D3DXMATRIX* D3DXMatrixTranslation(
  D3DXMATRIX* pOut,
  FLOAT x,
  FLOAT y,
  FLOAT z,
);
```

$$pOut = \begin{bmatrix} 1 & 0 & 0 & 0 \\ 0 & 1 & 0 & 0 \\ 0 & 0 & 1 & 0 \\ x & y & z & 1 \end{bmatrix}$$

7.2.5.7.6 D3DXMatrixScaling

Eine Skalierung ist fast noch einfacher als eine Translation, denn hierfür werden die ersten drei ıen einer Identity-Matrix durch die entsprechenden x-, y- und z-Werte ersetzt.

```
D3DXMATRIX* D3DXMatrixScaling(
  D3DXMATRIX* pOut,
  FLOAT x,
  FLOAT y,
  FLOAT z,
);
```

$$pOut = \begin{bmatrix} x & 0 & 0 & 0 \\ 0 & y & 0 & 0 \\ 0 & 0 & z & 0 \\ 0 & 0 & 0 & 1 \end{bmatrix}$$

7.2.5.7.7 *D3DXMatrixMultiply*

Um zwei Matrizen zu einer zu kombinieren, ist es notwendig, sie miteinander zu multiplizieren. Durch eine Matrix-Multiplikation generiert man sich aus den verschiedenen Translations-, Skalierungs- und Rotationsmatrizen eine einzige Matrix, welche alle Operationen beinhaltet. Wie schon aus den Abschnitten über lineare Algebra und OpenGL bekannt sein sollte, ist es durchaus relevant, in welcher Reihenfolge die Matrizen miteinander verknüpft werden. Eine Rotation um die x-Achse mit nachfolgender Translation ergibt ein anderes Ergebnis als eine Translation mit einer Rotation. Diesen Punkt sollte man niemals aus den Augen verlieren.

```
D3DXMATRIX* D3DXMatrixMultiply(
  D3DXMATRIX* pOut,
  CONST D3DXMATRIX* pM1,
  CONST D3DXMATRIX* pM2
);
```

Zu den mathematischen Grundlagen siehe 7.2.3.15.

7.2.5.7.8 *Auf einen Vektor angewandt*

Wenn wir eine 4x4 Matrix auf einen Vektor anwenden möchten, um diesen eigenhändig zu transformieren, müssen wir folgendermaßen vorgehen:

$$x' = (x * M_{11}) + (y * M_{21}) + (z * M_{31}) + (1 * M_{41})$$
$$y' = (x * M_{12}) + (y * M_{22}) + (z * M_{32}) + (1 * M_{42})$$
$$z' = (x * M_{13}) + (y * M_{23}) + (z * M_{33}) + (1 * M_{43})$$

7.2.5.8 Vertex-Buffer und das Flexible Vertex Format

Vertex Buffer bei Direct3D sind mit den bei OpenGL verwendeten Vertex Arrays zu vergleichen. Um genau zu sein, unterscheiden sie sich bis auf einige Details in der Implementation kaum. So gilt auch hier: Auf jeden Fall benutzen, sonst wirst du niemals eine gute Performance erzielen. Heutige 3D-Hardware kann Unmengen an Polygonen zeichnen, aber nur, wenn man es richtig anstellt – und Vertex Buffer sind definitiv der richtige Weg.

Bevor wir die Details erklären, erst einmal ein Beispiel-Code:

1. Schritt: gewünschtes Vertex-Format definieren:

```
const DWORD MY_FVF = (D3DFVF_XYZ | D3DFVF_DIFFUSE |
                      D3DFVF_SPECULAR | D3DFVF_TEX1);


struct myVertex
{
    FLOAT    x,y,z;
    D3DCOLOR specular,diffuse;
    FLOAT    tu,tv;
};
```

2. Schritt: Vertex-Buffer erzeugen (hier einer mit 600 Vertices):

```
g_pD3DDevice->CreateVertexBuffer(
                 600*sizeof(myVertex),
                 VertexFVF,
                 D3DUSAGE_WRITEONLY,
                 D3DPOOL_DEFAULT,
                 &pMyVertexBuffer);
```

3. Schritt: Daten in den Vertex-Buffer schreiben:

```
myVertex * v;

pMyVertexBuffer->Lock(0,0,(BYTE**)&v,0);

v[0].x = 21.0f;
v[0].y = 12.0f;
v[0].z = 10.0f;
v[0].diffuse  = 0xffff0000;
v[0].specular = 0xff00ff00;
v[0].tu = 0.3f;
v[0].tv = 0.7f;

...
```

```
v[599].x = 55.0f;
v[599].y = 45.0f;
v[599].z = 19.0f;
v[599].diffuse  = 0xff00ff00;
v[599].specular = 0xff00ffff;
v[599].tu = 1.0f;
v[599].tv = 0.2f;

pMyVertexBuffer->Unlock();
```

4. Schritt: Rendern von 200 Dreiecken:

```
g_pD3DDevice->SetVertexShader(MY_FVF);
g_pD3DDevice->SetStreamSource(0,pMyVertexBuffer,4*sizeof(MyVertex));
g_pD3DDevice->DrawPrimitive(D3DPT_TRIANGLELIST,0,200);
```

So, einiges mag vielleicht sofort einleuchten, das meiste bedarf jedoch einer detaillierteren Erklärung.

7.2.5.8.1 Das Flexible Vertex Format (FVF)

Über das FVF haben wir die Möglichkeit, uns eine eigene Datenstruktur für unsere Vertices auszudenken und dieses Format Direct3D mitzuteilen. Innerhalb gewisser Regeln, versteht sich. Wir geben an, welche Informationen wir zu einem Vertex bereitstellen wollen, und wie diese verarbeitet werden sollen. Programmtechnisch ist das FVF ein `DWORD`, das sich aus der OR-Verknüpfung von Flags ergibt:

```
const DWORD MY_FVF (flag1 | flag2 ...)
```

Die gebräuchlichsten Flags sind dabei diese:

FVF Flag	**Bedeutung**
D3DFVF_DIFFUSE	Das Vertex beinhaltet einen diffusen Farbwert.
D3DFVF_NORMAL	Es wird ein Normalenvektor verwendet. Darf nicht zusammen mit D3DFVF_XYZRHW verwendet werden.
D3DFVF_PSIZE	Der Vertex enthält einen Faktor, mit dem seine Koordinaten skaliert werden (keine sinnvolle Anwendung bekannt).
D3DFVF_SPECULAR	Das Vertex beinhaltet einen Specular-Farbwert.
D3DFVF_XYZ	Die Vertex-Koordinate ist noch untransformiert. Darf nicht zusammen mit D3DFVF_XYZRHW verwendet werden.
D3DFVF_XYZRHW	Die Vertex-Koordinate ist bereits transformiert. Darf nicht zusammen mit D3DFVF_XYZ bzw. D3DFVF_NORMAL verwendet werden.

FVF Flag	Bedeutung
D3DFVF_XYZB1 bis D3DFVF_XYZB5	Dieses Flag gibt die Anzahl von Blending-Weight-Werten pro Vertex an (für uns vorerst irrelevant).
D3DFVF_TEX1 bis D3DFVF_TEX8	Dieses Flag gibt die *Anzahl* der Texturkoordinaten-Paare pro Vertex an (deswegen auch nicht 0 bis 7).
D3DFVF_VERTEX	Dasselbe wie D3DFVF_XYZ | D3DFVF_NORMAL | D3DFVF_TEX1

Natürlich muss deine Vertex-Definition dann auch zu diesen Informationen passen!

Zur Veranschaulichung hier ein Beispiel: Du willst ein Vertex Format erstellen, welches lediglich Position, Normalenvektor und 1 Texturkoordinaten-Paar beinhaltet. Dazu suchst du dir zunächst aus der Tabelle die entsprechenden Flags heraus:

```
const DWORD MY_FVF (D3DFVF_XYZ | D3DFVF_NORMAL | D3DFVF_TEX1)
```

Wie dir übrigens sicher aufgefallen ist, schließen einige Flags einander aus (z.B. ob ein Vertex nun transformiert oder untransformiert übergeben wird).

Danach erstellst du die dazu passende Struktur:

```
struct myVertex
{
  D3DXVECTOR3 pos;
  D3DXVECTOR3 normal;
  float u, v;
};
```

Ein Array dieser Struktur bildet dann den Vertex-Buffer, in den du deine Vertex-Daten schreiben kannst. Anders als bei den OpenGL Vertex Arrays sind die Daten hier immer in einem einzigen Array (Interleaved Format) zu finden, sie sind also nicht in verschiedene einzelne Arrays separiert.

Ach ja, noch etwas: Du bist zwar frei zu definieren, welche Daten in deinem Vertex erscheinen sollen und welche nicht, aber was die *Reihenfolge* angeht, musst du dich an die Vorgabe in dieser Tabelle halten:

Komponente	Besteht aus...
Vertexkoordinate	3 Floats
Blending Weights	1 bis 3 Floats
Vertexnormalenvektor	3 Floats
Vertex Point Size	1 Float
Diffuse Color	1 DWORD
Specular Color	1 DWORD

Komponente	Besteht aus...
Texturkoordinaten No. 1	2 Floats
...	
Texturkoordinaten No. 8	2 Floats

Bisher wurde noch nicht alle Dinge besprochen wie z.B. die Point Size oder Blending Weights, aber keine Angst, die finden noch früh genug Erwähnung.

7.2.5.8.2 Die Initialisierung – CreateVertexBuffer()

Vertex Buffer werden über die Funktion `IDirect3DDevice8::CreateVertexBuffer()` initialisiert:

```
HRESULT CreateVertexBuffer(
    UINT Length,
    DWORD Usage,
    DWORD FVF,
    D3DPOOL Pool,
    IDirect3DVertexBuffer8** ppVertexBuffer
);
```

Hier die Erläuterung der Argumente:

- `Length`: Dieses Argument gibt die Größe der Vertex-Daten in Bytes an. Die Größe der benutzten Struktur sollte also zunächst mittels `sizeof()` ermittelt und dann mit der Anzahl an Vertices multipliziert werden. Das Minimum ist die Größe eines einzelnen Vertex, größere Angaben müssen aber nicht unbedingt ein Vielfaches der Vertex-Größe sein.
- `Usage`: Eine Kombination von Flags, um festzulegen, von welcher Natur die Daten sind und ob sie in Software oder in Hardware bearbeitet werden sollen. Hierzu zunächst eine kurze Tabelle an möglichen Werten:
  - `D3DUSAGE_SOFTWAREPROCESSING`: Wenn dieses Flag gesetzt ist, werden die Vertices in dem Vertex Buffer in Software bearbeitet. Es gibt kein Flag, welches anzeigt, dass dies in Hardware geschehen soll, denn dies ist automatisch der Fall, wenn Software-Vertex-Processing nicht explizit benutzt werden soll.
  - `D3DUSAGE_WRITEONLY`: Dieses Flag gilt primär der Geschwindigkeitsoptimierung, und zwar verbietet es Lesezugriffe aus dem VB. Dadurch ist es dem Treiber überlassen, den VB an einer für Schreibzugriffe optimierten Speicherstelle zu positionieren.
  - `D3DUSAGE_DONOTCLIP`: Dieses Flag besagt, dass der Inhalt des Vertex Buffers nicht geclippt werden muss, dass also der komplette Inhalt auf dem Bildschirm sichtbar ist. Dies wird vermutlich sehr selten der Fall sein, wenn es jedoch zutreffend ist, bringt es ebenfalls Geschwindigkeitsvorteile mit sich.

  - `D3DUSAGE_RTPATCHES`: Bei RT-Patches handelt es sich um sogenannte High-Order-Primitives, welche direkt von D3D unterstützt werden. Dieses Flag muss benutzt werden, wenn der VB zum Zeichnen solcher RT-Patches herhalten muss.
  - `D3DUSAGE_NPATCHES`: Eine andere Form von Patches sind die so genannten N-Patches, welche bisher vor allem auf Hardware von ATI Verwendung gefunden haben. Wenn ein VB zum Zeichnen von N-Patches benutzt werden soll, muss dieses Flag auf jeden Fall gesetzt sein.
  - `D3DUSAGE_POINTS`: Direct3D und die neueste 3D-Hardware bieten Unterstützung für Point-Sprites, bei denen einfach eine Koordinate und eine Größe übergeben werden, und dann der Rest des Renderings automatisch übernommen werden. Wird ein VB für Point Sprites benutzt, so muss dieses Flag benutzt werden.
  - `D3DUSAGE_DYNAMIC`: Statische Vertex Buffer werden üblicherweise wenn möglich im Video-RAM einer Grafikkarte platziert, während dynamische VB's ihren Platz eher im AGP-Memory finden. Dieses Flag dient also auch der Performance-Optimierung. Ein explizites Gegenstück zu diesem Flag gibt es nicht, wenn ein VB nicht dynamisch ist, ist er automatisch statisch.
  - Bei diesen Flags gilt folgende Faustregel: Je mehr man dem Treiber über den Vertex Buffer mitteilt, desto besser kann dieser für das entsprechende Szenario optimieren. Man sollte dem Treiber also möglichst alle Informationen, die vorliegen, übergeben.
- `FVF`: Die Zusammensetzung des Flexible Vertex Formats wurde bereits besprochen.
- `Pool`: Dieses Argument beschreibt, in welchem Memory Pool der Speicher für die Vertex Daten alloziert werden soll. Folgende Werte sind möglich:
  - `D3DPOOL_DEFAULT`: Bei diesem Flag wird die Position der Vertex-Daten automatisch gewählt, dies ist üblicherweise entweder der Videospeicher oder der AGP-Speicher.
  - `D3DPOOL_MANAGED`: Das Management wird selbsständig übernommen, außerdem existiert eine Kopie der Daten im Systemspeicher. Beim Zugriff werden die Daten im Systemspeicher verändert und gegebenenfalls in den für die Grafikkarte zugänglichen Speicher rüberkopiert.
  - `D3DPOOL_SYSTEMMEM`: Ist dieses Flag gesetzt, so werden die Daten explizit im Systemspeicher, wo die Grafikkarte auf sie nicht zugreifen kann, erstellt.
- `ppVertexBuffer`: In diesem Funktionsargument kriegst du ein Zeiger auf die Adresse eines Vertex-Buffer-Objekts (oder besser: Interfaces) zurück. Das ist noch nicht der Zeiger auf die Vertexdaten, den kriegen wir erst einen Schritt später:

7.2.5.8.3 Rein mit den Daten – Lock() und Unlock()

In einen Vertex-Buffer kann man offenbar nicht einfach so reinschreiben, erst mal musst du ihn mittels `IDirect3DVertexBuffer8::Lock()` gegen Benutzung durch die Grafikkarte sperren. Die Funktion liefert dir auch gleich den Zeiger auf die Vertex-Daten, anhand dessen du (endlich) in den Vertex Buffer schreiben kannst:

```
HRESULT Lock(
  UINT OffsetToLock,
  UINT SizeToLock,
  BYTE** ppbData,
  DWORD Flags
);
```

- `UINT OffsetToLock`: Es ist möglich, den Vertex-Buffer nur zum Teil zu locken. Dieser Parameter gibt an, ab dem wievielten Byte das geschehen soll.
- `UINT SizeToLock`: Und dieser Parameter gibt an, wie viele Bytes ab dem Offset-Wert gelockt werden sollen. Soll der gesamte Vertex Buffer gelockt werden, sind für die ersten beiden Argumente jeweils 0 anzugeben.
- `BYTE** ppbData`: Dieser Zeiger beinhaltet nach dem Aufruf von `Lock` die Startadresse der gelockten Vertex-Daten.
- `DWORD Flags`: Mögliche Argumente sind:
  - `D3DLOCK_DISCARD`: Bei diesem Flag wird der gesamte vorherige Inhalt des Vertex Buffers gelöscht und direkt ein neuer Speicherbereich benutzt. Dies verhindert Stalls (Datenstaus) in der Pipeline.
  - `D3DLOCK_NOOVERWRITE`: Ist dieses Flag gesetzt, so dürfen keine Vertices, die seit dem Beginn des Frames benutzt wurden, überschrieben werden.
  - `D3DLOCK_NOSYSLOCK`: Dieses Flag sorgt dafür, dass dem System, auch während ein Vertex Buffer gelockt ist, noch genügend Ressourcen für andere Tasks zur Verfügung stehen. Dies macht das System sicherer, frisst aber Performance.
  - `D3DLOCK_READONLY`: Dieses Flag erlaubt nur Lese-Vorgänge aus dem Vertex Buffer, es dürfen keinerlei Daten überschrieben werden. Wobei man generell Lesevorgänge aus einem Vertex Buffer vermeiden sollte, weil das Zeug sich in der Grafikkarte befindet und Bus-Transfers relativ langsam sind und das gesamte System zum Kriechen bringen können. Bei Vertex-Daten im Systemspeicher ist es hingegen völlig legitim.

Nachdem du deine Daten in den gelockten Vertex-Buffer geschrieben hast, musst du ihn mit `IDirect3DVertexBuffer8::Unlock()` wieder freigeben, damit die Grafikkarte weiterarbeiten kann. Vergisst du dies, wird sich auf dem Bildschirm nichts mehr abspielen, und du musst neu booten.

7.2.5.8.4 Den Vertex-Buffer bei D3D8 anmelden

Bevor gerendert werden kann, ist es notwendig, dem Direct3D Device mitzuteilen, welcher Vertex-Buffer und welches Flexible Vertex Format für das Rendering benutzt werden sollen. Man kann ja deren mehrere anlegen. Aus diesem Grund gibt es die Funktionen `IDirect3DDevice8::SetStreamSource()` und `IDirect3DDevice::SetVertexShader()`.

Momentan wird noch komplett ohne die Flexible Pipeline von Direct3D gearbeitet, alles bezieht sich noch auf die Fixed Pipeline, ohne auf Vertex- oder Pixel-Shader zurückzugreifen. Funktionen können unterschiedliche Bedeutungen haben, je nachdem ob die Fixed oder die Flexible Pipeline verwendet wird. Dies ist auch hier der Fall, und es könnte anfangs möglicherweise für einige Verwirrung sorgen. Beginnen wir nun zunächst einmal mit `SetStreamSource()`:

```
HRESULT SetStreamSource(
  UINT StreamNumber,
  IDirect3DVertexBuffer8* pStreamData,
  UINT Stride
);
```

- `StreamNumber`: Direct3D unterstützt in der Flexible Pipeline mehrere Streams, aus denen die Vertex-Daten kommen können. Die ist in der Fixed Pipeline, welche hier noch benutzt wird, nicht der Fall, weshalb dieses Argument 0 sein muss.
- `pStreamData`: Der Pointer auf den Vertex Buffer, dessen Inhalt gerendert werden soll.
- `Stride`: Die Größe der benutzten Vertex-Struktur. Am sinnvollsten ist es, hierfür `sizeof(myVertex)` zu benutzen.

Die Funktion `SetVertexShader()` wird bei der Fixed Pipeline benutzt, um dem Direct3D Device das FVF, welches der Vertex-Buffer benutzt, mitzuteilen:

```
HRESULT SetVertexShader(
  DWORD Fvf
);
```

7.2.5.8.5 Das Rendering – DrawPrimitive()

Nun kommen wir zur eigentlich entscheidenden Funktion, nämlich `DrawPrimitive()`:

```
HRESULT DrawPrimitive(
  D3DPRIMITIVETYPE PrimitiveType,
  UINT StartVertex,
  UINT PrimitiveCount
);
```

- `D3DPRIMITIVETYPE PrimitiveType`: Direct3D unterstützt genauso wie OpenGL mehrere Primitive-Typen, wenn auch bei weitem nicht so viele (siehe die Abbildungen aus dem OpenGL-Kapitel zu dieser Tabelle):

D3DPT_POINTLIST	Eine Liste von einzelnen Punkten
D3DPT_LINELIST	Eine Liste von Linien, jede für sich definiert durch zwei Punkte
D3DPT_LINESTRIP	Eine Zickzack-Linie, bei dem jeder Punkt mit dem vorherigen Punkt verbunden wird

D3DPT_TRIANGLELIST	Eine Liste von einzelnen Dreiecken
D3DPT_TRIANGLESTRIP	Ein Strip von Dreiecken
D3DPT_TRIANGLEFAN	Ein Dreiecks-Fächer

- `UINT StartVertex`: Gibt das Vertex an, ab dem das Rendering begonnen werden soll. Wenn direkt am Anfang des Vertex Buffers begonnen werden soll, muss der Wert 0 sein.
- `UINT PrimitiveCount`: Auch wenn ich es schon im Kapitel über Vertex Arrays in der OpenGL-Programmierung erwähnt habe, tue ich es hier noch einmal. Zu beachten ist, dass `DrawPrimitive()` als letztes Argument nicht die Anzahl der Vertices, die dargestellt werden sollen, annimmt, sondern die Anzahl der zu zeichnenden Primitives.

Ich weiß, dass ich mich wiederhole, aber eigentlich kann man es nicht oft genug sagen: Benutzt Vertex Buffer! Ich habe Applikationen gesehen, die auf einer GEFORCE3 nicht mehr als 250.000 Dreiecke pro Sekunde auf den Schirm gebracht haben, weil sie den Render-Vorgang von vornherein komplett falsch angegangen sind. Macht diesen Fehler nicht und übt stattdessen besser den Umgang mit den Strukturen, welche eine wirklich gute Performance bieten.

7.2.5.9 Index-Buffer

Anstatt dass D3D den Vertex-Buffer direkt abarbeitet, kann man auch ein **zweites Array** ins Spiel bringen, in dem die Nummern der Vertices drin stehen, die D3D aus dem Vertex-Buffer rendern soll. Und dieses zweite Array ist der Index-Buffer.

Das hört sich zunächst unnötig kompliziert an, aber stell dir folgendes vor: Man generiert sich einen Zylinder aus Dreiecken mit einem Flexible Vertex Format, welches die Koordinaten, Vertex-Normalen und zwei Sets an Textur-Koordinaten beinhaltet (Multitexturing!). Jeder Vertex braucht in diesem Fall 40 Bytes Speicher. Nun gibt es überall da, wo die Dreiecke aneinander grenzen, mehrere Vertices, die absolut identisch sind. Es liesse sich erheblich Speicher sparen, wenn man jeden Vertex nur einmal im Vertex-Buffer hätte und mehrfach verwenden könnte. – Und das leistet der Index-Buffer. So werden für ein vier mal benutztes Vertex anstelle von 160 Bytes lediglich 56 bzw. 48 Bytes beansprucht (je nachdem, ob `DWORD`s oder `WORD`s für die Indizes benutzt werden).

Einige weitere Punkte sollten den Programmierer noch dazu bewegen, Index-Buffer zu benutzen: So entlasten die geringeren Datenmengen den Bus-Transfer zwischen Grafikkarte und Hauptspeicher, was auch bzw. gerade bei aktuellen Computern ein Performance-Flaschenhals ist.

Ein anderer Punkt ist der Post-TnL-Cache auf neueren Grafikkarten, welche über eine TnL-Unit verfügen (Transformationen und Beleuchtung hardwaremäßig beschleunigen). Bei einem einfachen Vertex-Buffer werden alle Vertices transformiert, selbst wenn es vier mal die gleichen sind, was relativ viel Zeit kostet. Man kann aber auch auf den Post-TnL-Cache zurückgreifen, wobei es sich um einen FIFO-Stack (First In – First Out) handelt, in welchem die letzten 12-20 transformierten Vertices gespeichert werden (dies variiert von Grafikkarte zu Grafikkarte). Durch richtige Ausnutzung dieses Cache lässt sich die Performance noch mal wesentlich verbessern.

7.2.5.9.1 Die Initialisierung – CreateIndexBuffer()

Ein Index-Buffer muss zunächst als solcher initialisiert werden, wobei das der Initialisierung eines Vertex-Buffers extrem ähnlich sieht:

```
HRESULT CreateIndexBuffer(
  UINT Length,
  DWORD Usage,
  D3DFORMAT Format,
  D3DPOOL Pool,
  IDirect3DIndexBuffer8** ppIndexBuffer
);
```

- `UINT Length`: Dieses Argument gibt die Gesamtgröße des Index-Buffers in Bytes an. Je nach dem, ob man `WORD` oder `DWORD` verwendet (siehe Parameter `Format`), ist das 2*Anzahl oder 4*Anzahl der Indices.
- `DWORD Usage`: Wird genauso benutzt wie beim Vertex-Buffer (s. Tabelle dort), also was für spezielle Eigenschaften beim Rendern verwendet werden sollen.
- `D3DFORMAT Format`: Gibt an, was für ein Zahlentyp für die Indices verwendet wird. Mögliche Werte sind:
  - `D3DFMT_INDEX16`: Zahlentyp WORD, also maximal 65536 Indices.
  - `D3DFMT_INDEX32`: Zahlentyp DWORD, also maximal 4294967296. Indices. Nicht alle Grafikkarten unterstützen das, weshalb vorher das `MaxVertexIndex`-Feld der `D3DCAPS8`-Struktur abgefragt werden soll (gibt die Maximale Anzahl von Indices an).
- `D3DPOOL Pool`: Die Verwendung dieses Arguments ist genau die gleiche wie beim Vertex-Buffer und gibt an, in welchem Memory-Pool das Objekt generiert werden soll.
- `IDirect3DIndexBuffer8** ppIndexBuffer`: Ein Zeiger auf die Adresse des zu initialisierenden Index-Buffer-Interfaces.

7.2.5.9.2 Lock den Index-Buffer

Wie ihr seht, existieren große Parallelen zum Vertex-Buffer, und dieses Parallelen setzen sich auch fort beim Füllen eines Index-Buffers mit Daten, wozu es erforderlich ist, ihn zu locken:

```
HRESULT Lock(
  UINT OffsetToLock,
  UINT SizeToLock,
```

```
  BYTE** ppbData,
  DWORD Flags
);
```

Und nicht vergessen: wenn du den Buffer beschrieben hast, muss er mittels `IDirect3DIndexBuffer8::Unlock()` wieder freigegeben werden. Sonst: neu booten.

7.2.5.9.3 SetIndices()

Dein Array mit den Indices muss natürlich auch noch an Direct3D übergeben werden:

```
HRESULT SetIndices(
  IDirect3DIndexBuffer8* pIndexData,
  UINT BaseVertexIndex
);
```

- `IDirect3DIndexBuffer8* pIndexData`: Ein Zeiger auf das Index-Array, welches zum Rendern des Vertex-Buffers verwendet wird.
- `UINT BaseVertexIndex`: Dieser Basis-Wert wird zu allen Indizes hinzugefügt, bevor sie verwendet werden.

`SetIndices()` sollte, wenn der Index-Buffer nicht weiter benötigt wird (z.B. bei Programmende), mit dem Argument `NULL` aufgerufen werden, um ein Memory-Leak zu vermeiden.

7.2.5.9.4 Das Rendering – DrawIndexedPrimitive()

Um den Vertex-Buffer nicht allein für sich, sondern mit dem Index-Buffer zu rendern, wird anstelle von `DrawPrimitive()` die beinahe identische Funktion `DrawIndexPrimitive()` aufgerufen:

```
HRESULT DrawIndexedPrimitive(
  D3DPRIMITIVETYPE Type,
  UINT MinIndex,
  UINT NumVertices,
  UINT StartIndex,
  UINT PrimitiveCount
);
```

- `D3DPRIMITIVETYPE Type`: Dieses Argument wird genauso verwendet wie bei `DrawPrimitive()`, es gibt den Typ der darzustellenden Primitive an.
- `UINT MinIndex`: Der kleinste Vertexindex für Vertices, die mit diesem Aufruf verwendet werden. Der Wert ist – wie alle indexbezogenen Werte – relativ zum in `SetIndices()` gesetzten Wert von `BaseVertexIndex`.
- `UINT NumVertices`: Dieser Parameter gibt die Anzahl der Vertices an, die verwendet werden sollen. Zusammen mit `MinIndex` beschreibt er den Bereich des Index-Buffers, der in diesem Funktionsaufruf verwendet wird.

- UINT StartIndex: Bezeichnet den Index im Index-Buffer, ab dem die Abarbeitung durch den Renderprozess beginnen soll. Der erste Index ist wie immer die 0.
- UINT PrimitiveCount: Die Anzahl der zu rendernden Primitives. Dieser Parameter hängt ab von der Zahl der Indices und dem Typ der Primitives.

Abschließend: Passt bitte auf, was ihr mit den Pointern auf Vertex- und Index-Daten anstellt. Anders als bei Fehlern mit Zeigern auf normale Daten schaltet sich das System (selbst ein relativ stabiles Betriebssystem wie Windows 2000) nämlich leider sehr oft automatisch ab, wenn man hier Mist baut, was das Debuggen nicht unwesentlich erschwert. An dieser Stelle ist also Vorsicht geboten, und wenn man auch schon bei der Arbeit mit einfachen Pointern vorsichtig sein sollte, so sollte man an dieser Stelle mit doppelter Vorsicht vorgehen.

7.2.5.10 Texture-Mapping mit D3D8

Anders als bei OpenGL sind wir nicht gezwungen, eigene Routinen zum Laden von Texturen zu schreiben. Die D3DX-Bibliothek bietet Support für BMP-, DDS-, DIB-, JPG-, PNG- und TGA-Dateien. Besonders der Support für PNG und JPG Dateien ist interessant, da diese Formate wirklich nicht trivial sind (wer sich einmal mit Discrete Cosine Transformations und solchen Themen auseinandergesetzt hat, weiß, wovon ich spreche).

Direct3D bietet für Texturen ein eigenes Interface an, welches auf den Namen IDirect3DTexture8 hört. Um Texturen zu laden, verwenden wir zunächst die Funktion D3DXCreateTextureFromFile():

```
LPDIRECT3DTEXTURE8 pTexture;
D3DXCreateTextureFromFile(pD3DDevice, »myTexture.bmp«, &pTexture);
```

Und schon befindet sich eine Textur fertig im Speicher und wartet darauf, benutzt zu werden. Dies stellt die einfachste und unflexibelste Methode des Ladens von Texturen dar, in vielen Fällen ist sie jedoch vollkommen ausreichend. Wenn man Techniken wie Mip-Mapping, Color-Keying oder ähnliches verwenden möchte, muss man auf die Funktion D3DXCreateTextureFromFileEx() ausweichen, welche wesentlich komplizierter zu handhaben, dafür aber auch wesentlich mächtiger ist:

```
HRESULT D3DXCreateTextureFromFileEx(
  LPDIRECT3DDEVICE8 pDevice,
  LPCTSTR pSrcFile,
  UINT Width,
  UINT Height,
  UINT MipLevels,
  DWORD Usage,
  D3DFORMAT Format,
  D3DPOOL Pool,
```

```
    DWORD Filter,
    DWORD MipFilter,
    D3DCOLOR ColorKey,
    D3DXIMAGE_INFO* pSrcInfo,
    PALETTEENTRY* pPalette,
    LPDIRECT3DTEXTURE8* ppTexture
);
```

- LPDIRECT3DDEVICE8 pDevice: Für dieses Argument wird einfach das benutzte D3D8-Device übergeben.
- LPCTSTR pSrcFile: Der Dateiname der zu ladenden Textur. Der Pfad kann sowohl absolut als auch relativ angegeben werden.
- UINT Width: Es ist möglich, der Textur explizit eine Breite zuzuweisen, was über dieses Argument geschieht. Wenn der Wert 0 oder D3DX_DEFAULT ist, dann wird die originale Breite der Datei verwendet, andernfalls wird sie skaliert.
- UINT Height: Dasselbe gilt auch für die Höhe.
- UINT MipLevels: Gibt an, wie viele Mip-Map-Level generiert werden sollen. Wird als Wert 0 oder D3DX_DEFAULT angegeben, so wird eine komplette Mip-Mapping-Chain erstellt.
- DWORD Usage: Für dieses Argument gibt es drei mögliche Werte. Zum einen kann es sich bei der Textur um eine reguläre statische Textur handeln, in diesem Fall wird einfach 0 übergeben. Direct3D bietet einem allerdings auch die Möglichkeit, dynamisch die Textur zu modifizieren oder gar in ein Textur-Surface zu rendern. Für diese Fälle existieren die Flags D3DUSAGE_RENDERTARGET und D3DUSAGE_DYNAMIC.
- D3DFORMAT Format: Über Pixelformate sind wir schon mehrfach gestolpert, zuletzt bei der Enumeration. Ähnlich verhält es sich mit diesem Parameter. Es kann entweder explizit ein Format angegeben werden, wobei allerdings nicht sicher ist, dass dieses Format auch nachher in der Textur verwendet wird, oder man gibt D3DFMT_UNKNOWN an, was zur Folge hat, dass exakt das Format aus der Bilddatei benutzt wird.
- D3DPOOL Pool: Was es mit dem Memory Pool auf sich hat, sollte schon aus dem Kapitel über Vertex Buffer bekannt sein. Nicht anders verhält es sich mit Texturen.
- DWORD Filter: Gibt an, wie die Pixel der Bilddatei gefiltert werden sollen. Dies ist vor allem dann interessant, wenn die Textur skaliert wird. Siehe dazu die Tabelle.
- DWORD MipFilter: Der Mip-Mapping Filter gibt nicht an, wie die Texturen beim Laden gefiltert werden sollen, sondern wie sie beim Generieren der einzelnen Mip-Maps behandelt werden. Siehe dazu die Tabelle.

Flags für Filter und MipFilter	Bedeutung
`D3DX_FILTER_NONE`	Es wird keinerlei Filtering vorgenommen; Pixel, die ausserhalb des Bildes liegen, werden einfach als transparent interpretiert.
`D3DX_FILTER_POINT`	Beim Nearest Point Filtering wird der Farbwert des am nächsten liegenden Pixels gewählt.
`D3DX_FILTER_LINEAR`	Bei dieser Filtering-Methode werden die Farbwerte anhand der vier nächsten Pixel berechnet.
`D3DX_FILTER_TRIANGLE`	Diese Methode produziert die besten Resultate, ist aber auch gleichzeitig am langsamsten.
`D3DX_FILTER_BOX`	Bei diesem Verfahren wird ein 2x2 Box-Filter angewandt, welcher nur dann funktioniert, wenn das Ziel-Image halb so groß ist wie das Quell-Image (was z.B. beim Mip-Mapping der Fall ist
`D3DX_FILTER_MIRROR_U`	Pixel, die neben den Boundaries der U-Achse liegen, werden gespiegelt.
`D3DX_FILTER_MIRROR_V`	Siehe `D3DX_FILTER_MIRROR_U`.
`D3DX_FILTER_MIRROR_W`	Siehe `D3DX_FILTER_MIRROR_V`.
`D3DX_FILTER_MIRROR`	Dieses Flag bewirkt das gleiche als würde man Mirroring für die U-, die V- und die W-Achse verwenden.
`D3DX_FILTER_DITHER`	Bei diesem Flag wird das resultierende Bild über einen 4x4 Dithering Algorithmus gefiltert.
`D3DX_ DEFAULT`	Dieses Flag bewirkt das gleiche wie die Kombination von `D3DX_FILTER_TRIANGLE` und `D3DX_FILTER_DITHER`, was üblicherweise im bestmöglichen Ergebnis resultiert.

- `D3DCOLOR ColorKey`: Ein Colorkey ist ein Farbwert, welcher als transparent definiert wird. Diese Technik ermöglicht transparente Stellen innerhalb einer Textur, ohne einen Alpha-Kanal verwenden zu müssen, und wird sehr oft in 2D-Spielen eingesetzt.
- `D3DXIMAGE_INFO* pSrcInfo`: In dieser Struktur werden Informationen über die ursprüngliche Bilddatei gespeichert. Dazu gehören unter anderem die Größe, die Farbtiefe und das Format sowie weitere Informationen über die wir uns noch keinerlei Gedanken machen müssen.
- `PALETTEENTRY* pPalette`: Bei einem Bild, welches lediglich 256 Farben hat, kann an dieser Stelle ein Zeiger auf die Startadresse eines Arrays von Paletten-Einträgen übergeben werden, welches dann automatisch gefüllt wird. Ist dies nicht erwünscht, sollte man `NULL` übergeben.
- `LPDIRECT3DTEXTURE8* ppTexture`: Abschließend darf natürlich nicht der Zeiger auf die Adresse eines `IDirect3Dtexture8`-Interfaces fehlen, denn irgendwo müssen die Daten schließlich auch gespeichert werden.

Um eine Textur zu benutzen bzw. zwischen ihnen umzuschalten, muss sie via `IDirect3DDevice8::SetTexture()` aktiviert werden. Das erste Argument gibt hierbei das Texture-Stage an (also die wievielte Textur im Falle von Multitexturing, beginnend bei 0). Das zweite ist der Zeiger auf die Textur. Bei den Texture-Stages ist zu beachten, dass der benutzte Vertex-Buffer über ausreichend Paare an Textur-Koordinaten verfügt – und die Grafikkarte das auch unterstützt.

```
LPDIRECT3DTEXTURE8 pTexture;
pD3DDevice->SetTexture(0, pTexture);
```

7.2.5.11 Blending mit D3D8

Direct3D hat einen entscheidenden Vorteil gegenüber OpenGL: Es ist möglich, die Alpha-Operationen unabhängig von den Color-Operationen zu definieren. Dieser Vorteil mag nicht ausschlaggebend sein, ist allerdings in sehr vielen Situationen hilfreich. Bei Direct3D8 wird das Blending sowie andere Textur-Operationen über die Funktion `IDirect3DDevice8::SetTextureStageState()` benutzt.

Im DirectX SDK befindet sich ein nettes Tool, welches einem die Möglichkeit gibt, mit bis zu drei Texture Stages herumzuspielen und herumzuprobieren. Dieses Tool hört auf den Namen »MFC Texture« und bietet sich an, um das Resultat verschiedener Blending-Operationen auszuprobieren. Außerdem besitzt es die Fähigkeit, direkt den Programmcode für die gewählten Operationen anzuzeigen, was mitunter sehr hilfreich sein kann.

Begonnen wird zunächst einmal mit einer Tabelle, in welcher die wichtigsten unterstützten Blending-Operationen zu finden sind.

Flag	**Auswirkung**
D3DTOP_DISABLE	Die Textur-Ausgabe für das betroffene Stage, sowie alle höheren Stages, wird komplett unterbunden. Man sollte auf keinen Fall Alpha Operationen ausschalten, während Color-Operationen weiterlaufen, weil dies schlichtweg nicht erlaubt ist.
D3DTOP_SELECTARG1	Dieses Flag sorgt dafür, dass der erste Farbwert für den Output benutzt wird.
D3DTOP_SELECTARG2	Ist dieses Flag gesetzt, so wird der zweite Farbwert für den Output benutzt. Gleiches gilt natürlich auch, wenn dieses Flag für die Alpha-Operation gesetzt ist.
D3DTOP_MODULATE	Dieses Flag bewirkt, dass beide Argumente miteinander multipliziert den resultierenden Farbwert ergeben. $C=V1*V2$
D3DTOP_MODULATE2X	$C=(V1*V2)*2$
D3DTOP_MODULATE4X	$C=(V1*V2)*4$
D3DTOP_ADD	$C=V1+V2$

Flag	Auswirkung
D3DTOP_ADDSIGNED	$C=V1+V2-0.5$
D3DTOP_ADDSIGNED2X	$C=(V1+V2-0.5)*2$
D3DTOP_SUBTRACT	$C=V1-V2$
D3DTOP_ADDSMOOTH	$C=(V1+V2)-(V1*V2)$

Abgesehen von diesen Operationen gibt es noch einige weitere, welche allerdings bei weitem nicht so oft Anwendung finden, und wenn doch, dann bei speziellen Techniken wie z.B. Bump-Mapping. Die oben genannten Flags können in Kombination mit den Flags D3DTSS_COLOROP und D3DTSS_ALPHAOP gesetzt werden. Zusätzlich zu den Operationen muss ausgewählt werden, welche Argumente für die Color- und die Alpha-Operationen benutzt werden sollen, wobei jedes Texture Stage zwei Texture-Argumente besitzt, welche die Alpha- und Color-Operationen beeinflussen. Auch hierzu gibt es direkt eine Tabelle mit den wichtigsten Flags:

Flags	Bedeutung
D3DTA_CURRENT	Hierbei ist das Texture-Argument das Resultat des vorherigen Blending Stages. Arbeitet man im Stage 0, so ist das Ergebnis äquivalent zu D3DTA_DIFFUSE.
D3DTA_DIFFUSE	Als Texture-Argument wird die Diffuse Color benutzt, welche anhand der Vertex Daten interpoliert wird. Wenn keine Diffuse-Farbwerte spezifiziert sind, wird automatisch Weiß benutzt.
D3DTA_SPECULAR	Mit diesem Flag verhält es sich ebenso wie mit D3DTA_DIFFUSE, nur dass anstelle der Diffuse-Farbwerte die Specular-Werte benutzt werden. Auch in diesem Fall ist der Default-Wert Weiß.
D3DTA_TEXTURE	Für das Texture-Argument wird bei diesem Flag die Textur-Farbe benutzt.
D3DTA_TFACTOR	Es gibt die Möglichkeit, einen so genannten Texture-Factor zu benutzen, was über die Funktion SetRenderState() in Kombination mit dem Flag D3DRS_TEXTUREFACTOR geschieht. Dieser Texture-Factor wird dann als Argument benutzt.

Kommen wir nun einmal zu einem Beispiel, in welchem einen Basis-Textur mittels einer zweiten Textur moduliert wird. Das Ergebnis der Operation sollte also $C = V1 * V2$ sein.

```
pD3DDevice->SetTextureStageState(0, D3DTSS_COLORARG1, D3DTA_TEXTURE);
pD3DDevice->SetTextureStageState(0, D3DTSS_COLOROP,   D3DTOP_SELECTARG1);
pD3DDevice->SetTextureStageState(0, D3DTSS_ALPHAOP,   D3DTOP_DISABLE);
pD3DDevice->SetTextureStageState(1, D3DTSS_COLORARG1, D3DTA_TEXTURE);
```

```
pD3DDevice->SetTextureStageState(1, D3DTSS_COLOROP,    D3DTOP_MODULATE);
pD3DDevice->SetTextureStageState(1, D3DTSS_COLORARG2, D3DTA_CURRENT);
pD3DDevice->SetTextureStageState(1, D3DTSS_ALPHAOP,    D3DTOP_DISABLE);
```

Alpha-Operationen werden für diesen Fall nicht benutzt, weshalb diese für beide benutzten Stages ausgeschaltet werden. Vom ersten Stage soll einfach der Farbwert der Textur benutzt werden, weshalb das Flag D3DTA_TEXTURE für das erste Color-Argument gewählt wird. Ein zweites braucht dafür nicht spezifiziert zu werden. Um den Farbwert aus Stage 0 mit dem aus Stage 1 zu modulieren, muss man nun für das erste Stage den Textur-Farbwert und den aus Stage 0 existenten Farbwert via D3DTA_CURRENT auswählen. Die letztendlich durchgeführte Operation ist D3DTOP_MODULATE. Das mag jetzt ziemlich kompliziert erscheinen, und das ist es auch im Vergleich zu den Blending Operationen von OpenGL, aber auch hier gilt: Übung macht den Meister. Deshalb bietet es sich auch an, mit dem Tool »MFC Texture« zu üben, um verschiedene Effekte auszuprobieren.

Abschließend bleibt noch zu sagen, dass es natürlich von dem benutzten Device abhängt, ob eine Blending-Operation durchgeführt werden kann. Nicht alle Devices unterstützen zwei oder gar drei Texture-Stages, und zu diesem Zweck sollte man, nachdem das Blending aufgesetzt wurde, IDirect3DDevice8::ValidateDevice() aufrufen, um zu überprüfen, ob das Blending erfolgreich durchgeführt werden kann und wie viele Passes für die Operationen benötigt werden.

```
DWORD dwNumPasses;
pD3DDevice->ValidateDevice(&dwNumPasses);
```

7.2.5.12 Beleuchtung in D3D8

Direct3D unterstützt genau die gleichen Licht-Typen wie OpenGL, also Point-Lights, Spot-Lights und Directional Lights. Zusätzlich auch noch reines Ambient-Lighting, aber dies lasse ich erst einmal außen vor. Anders als bei OpenGL müssen nicht alle Werte über einzelne Funktionsaufrufe gesetzt werden, sondern können in eine Struktur geschrieben werden, welche dann an Direct3D mittels der Funktion IDirect3DDevice::SetLight() übergeben werden.

Diese Funktion akzeptiert als Argumente zunächst den Index des gewählten Lichts und dann einen Zeiger auf die gefüllte Daten-Struktur. Die zu füllende D3DLIGHT8-Struktur besitzt folgende Deklaration:

```
typedef struct _D3DLIGHT8 {
    D3DLIGHTTYPE Type;
    D3DCOLORVALUE Diffuse;
    D3DCOLORVALUE Specular;
    D3DCOLORVALUE Ambient;
    D3DVECTOR Position;
    D3DVECTOR Direction;
```

```
    float Range;
    float Falloff;
    float Attenuation0;
    float Attenuation1;
    float Attenuation2;
    float Theta;
    float Phi;
} D3DLIGHT8;
```

Mögliche Werte für `D3DLIGHTTYPE` sind `D3DLIGHT_POINT`, `D3DLIGHT_SPOT` und `D3DLIGHT_DIRECTIONAL`. Unterschiede zu OpenGL sind im Feld `Range` festzustellen, denn dieses gibt die Distanz, bis zu der eine Ausleuchtung stattfindet an, und wird nur für Positional Lights benutzt. `Theta` gibt den Winkel des inneren Konus eines Spotlights im Bogenmaß an, wobei der Wert zwischen 0 und `Phi` liegen muss. `Phi` definiert den Winkel des äußeren Konus eines Spotlights. Dieser Winkel muss im Intervall [0, PI] liegen.

Die Theorie, nach der die Beleuchtung von Vertices berechnet wird, ist bereits aus dem OpenGL-Kapitel bekannt, weshalb ich diesen Abschnitt nun mit einem kurzen Beispiel, in dem ein Point-Light erzeugt wird, beenden möchte.

```
D3DLIGHT8 Light;

ZeroMemory(&Light, sizeof(D3DLIGHT8));

Light.Type = D3DLIGHT_POINT;
Light.Diffuse.r  = 1.0f;
Light.Diffuse.g  = 1.0f;
Light.Diffuse.b  = 1.0f;
Light.Ambient.r  = 1.0f;
Light.Ambient.g  = 1.0f;
Light.Ambient.b  = 1.0f;
Light.Specular.r = 1.0f;
Light.Specular.g = 1.0f;
Light.Specular.b = 1.0f;
Light.Position.x = 0.0f;
Light.Position.y = 10.0f;
Light.Position.z = -5.0f;

Light.Attenuation0 = 1.0f;
Light.Attenuation1 = 0.0f;
Light.Attenuation2 = 0.0f;
Light.Range = 1000.0f;

pD3DDevice->SetLight(0, &Light);
```

Übrigens läßt sich die maximale Anzahl an Lichtern, welche von einem Device unterstützt wird, über das Feld MaxActiveLights der D3DCAPS8-Struktur abfragen. Da man diese Information direkt bei der Enumeration eines Devices abfragt, kann man einfach auf den bereits ermittelten Wert zurückgreifen.

Um ein Haar hätte ich es vergessen: abschließend sollte ja noch gezeigt werden, wie man ambientes Licht erzeugt! Hierzu wird lediglich die Funktion IDirect3DDevice8::SetRenderState() mit dem Flag D3DRS_AMBIENT eingesetzt. Der Farbwert wird über einen DWORD-Value, welcher sich aus jeweils einem Byte für die einzelnen Farbanteile zusammensetzt, angegeben.

```
pD3DDevice->SetRenderState(D3DRS_AMBIENT, 0xFF00FFFF);
```

7.2.5.13 Nebel mit D3D8

Falls jemand das OpenGL-Kapitel übersprungen hat: da stehen alle den Nebel betreffenden mathematischen Formeln. An dieser Stelle verzichte ich auf die Wiederholung und gehe lediglich auf die Implementation ein. Prinzipiell werden zwei Arten von Fogging unterstützt, nämlich Pixel Fog und Vertex Fog. Was beiden Fog-Modes gleich ist, ist die Tatsache, dass zunächst das Fogging über IDirect3DDevice8::SetRenderState() angeschaltet werden muss und ein Farbwert für den Nebel gesetzt werden kann:

```
pD3DDevice->SetRenderState(D3DRS_FOGENABLE, TRUE);
pD3DDevice->SetRenderState(D3DRS_FOGCOLOR, dwColor);
```

7.2.5.13.1 Vertex Fog

Wie sich den Formeln für Nebel entnehmen läßt, spielen Start- und Endwert nur bei linearem Nebel eine Rolle. Demnach müssen diese auch bloß gesetzt werden, wenn D3DFOG_LINEAR für das D3DRS_FOGVERTEXMODE-Feld benutzt wird. Andernfalls muss lediglich die Intensität des Nebels angegeben werden.

```
if (dwFogMode == D3DFOG_LINEAR)
{
    pD3DDevice->SetRenderState(D3DRS_FOGVERTEXMODE, D3DFOG_LINEAR);
    pD3DDevice->SetRenderState(D3DRS_FOGSTART, * (DWORD*)(&fStart));
    pD3Ddevice->SetRenderState(D3DRS_FOGEND, * (DWORD*)(&fEnd));
}
else
{
    pD3DDevice->SetRenderState(D3DRS_FOGVERTEXMODE, dwFogMode);
    pD3DDevice->SetRenderState(D3DRS_FOGDENSITY, * (DWORD*)(&fDensity));
}
```

7.2.5.13.2 Pixel Fog

Genau auf die gleiche Weise wird auch beim Pixel Fog verfahren, nur dass anstelle des `D3DRS_FOGVERTEXMODE` der `D3DRS_FOGTABLEMODE` verwendet werden muss. Ansonsten bleibt der Code identisch, mit der Ausnahme, dass für Pixel-Fog nichts Range-Based sein kann, was bei Vertex-Fog der Fall ist.

```
if (dwFogMode == D3DFOG_LINEAR)
{
    pD3DDevice->SetRenderState(D3DRS_FOGTABLEMODE, D3DFOG_LINEAR);
    pD3DDevice->SetRenderState(D3DRS_FOGSTART, * (DWORD*)(&fStart));
    pD3Ddevice->SetRenderState(D3DRS_FOGEND, * (DWORD*)(&fEnd));
}
else
{
    pD3DDevice->SetRenderState(D3DRS_FOGVERTEXMODE, dwFogMode);
    pD3DDevice->SetRenderState(D3DRS_FOGDENSITY, * (DWORD*)(&fDensity));
}
```

7.2.5.14 Direct3D Meshes

Anders als OpenGL bietet einem Direct3D bzw. die D3DX-Bibliothek direkt die Möglichkeit, Mesh-Daten zu laden und darzustellen. Das Dateiformat heisst `*.x`. Um es von vornherein klarzustellen: Diese Funktionen sollte man nur für Test-Zwecke benutzen, oder um einfache Objekte auf den Bildschirm zu zaubern. Sobald es um speziellere Anforderungen geht, versagt das x-Format total. Für den Anfang bietet es einem aber sehr schöne Möglichkeiten, auch komplexere Objekte ohne besonders viel Arbeit darzustellen.

Für dieses Format existieren offizielle Exporter für MAYA und 3D STUDIO MAX. Für andere Modeller existieren inoffizielle Exporter und Konverter, welche aber nur selten richtig funktionieren.

7.2.5.14.1 Mesh laden

Für das Handling von Meshes stellt Direct3D8 das `ID3DXMesh`-Interface bereit, mit dem gearbeitet werden muss. Zunächst müssen mittels der Funktion `D3DXLoadMeshFromX` die Mesh-Daten aus einer Datei gelesen werden.

```
HRESULT D3DXLoadMeshFromX(
  LPSTR pFilename,
  DWORD Options,
  LPDIRECT3DDEVICE8 pDevice,
  LPD3DXBUFFER* ppAdjacency,
  LPD3DXBUFFER* ppMaterials,
  PDWORD pNumMaterials,
  LPD3DXMESH* ppMesh
);
```

Das erste Argument gibt hierbei den Dateinamen des .x-Files mitsamt Pfad an. Als zweites Argument kann eine Kombination von verschiedenen vordefinierten Flags übergeben werden, von denen ich die wichtigsten an dieser Stelle erläutern möchte (eine Erläuterung aller Flags befindet sich in der Dokumentation des DX SDK) :

`D3DXMESH_SYSTEMMEM`	Die zum Mesh gehörenden Vertex- und Index-Buffers werden explizit im System-Memory erzeugt.
`D3DXMESH_MANAGED`	Wird dieses Flag gesetzt, kümmert sich D3D selbsständig um die optimale Positionierung der Vertex-Daten. Dieses Flag ist äquivalent zu `D3DPOOL_MANAGED`, welches gesetzt werden kann, wenn Index- und Vertex-Buffer erzeugt werden.
`D3DXMESH_DYNAMIC`	Dieses Flag zeigt an, dass du in die Vertex- und Index-Buffer auch schreiben willst. Wenn dieses Flag gesetzt ist, versucht der Treiber, die Datenstrukturen für Schreibzugriffe zu optimieren.
`D3DXMESH_WRITEONLY`	Mittels dieses Flags wird angegeben, dass lediglich Daten in die Buffer geschrieben wird, aber keinerlei Daten ausgelesen werden. Dieses Flag sollte man ebenso wie `D3DXMESH_DYNAMIC` setzen, falls es benötigt wird, um dem Treiber bessere Möglichkeiten zur Geschwindigkeits-Optimierung zu geben

Seitens der Mitarbeiter von NVIDIA wird einem immer geraten, so viele zutreffende Flags wie möglich zu setzen, damit der Treiber genau weiß, wie er die Vorgänge effizient optimieren kann.

Das dritte Argument kann je nach Bedarf entweder `NULL` sein oder ein Pointer auf ein `ID3DXBuffer`-Interface. Im zweiten Fall wird dieser so genannte *Adjazenz-Buffer* mit drei DWORDs pro Face gefüllt, welche die anliegenden Faces definieren (adjazent = anliegend).

Was einem D3DX nicht abnimmt, ist das Setzen der Materialien des Objektes sowie das Laden der benötigten Texturen. Aus diesem Grund muss ein Pointer auf einen Material-Buffer übergeben werden, aus welchem die Daten zu einem späteren Zeitpunkt extrahiert werden. Das nächste Argument ist ein Zeiger auf einen DWORD-Wert, in dem nach dem erfolgreichen Aufruf von `D3DXLoadMeshFromX()` die Anzahl der benutzten Materialien steht. Abschließend muss die Instanz von `ID3DXMesh` übergeben werden, in welcher die geladenenen Daten gespeichert werden sollen.

Das klang jetzt nach relativ viel Theorie, aber letztendlich ist der ganze Vorgang sehr einfach:

```
D3DXLoadMeshFromX("kugel.x",
 D3DXMESH_MANAGED,
 pD3DDevice,
```

```
NULL,
&pD3DXMtrlBuffer,
&dwNumMaterials,
&pMesh);
```

Was noch fehlt, ist das Laden der Materialien und Texturen. Was hierfür geschehen muss, ist das Extrahieren der benötigten Daten aus dem `ID3DXBuffer` `pD3DXMtrlBuffer`, also kein besonders anspruchsvoller Vorgang. Beim Kopiervorgang des Materials aus dem Buffer wird die Ambient-Color des Materials leider nicht gesetzt, weshalb dies von Hand geschehen muss.

```
D3DXMATERIAL* pD3DMaterials = (D3DXMATERIAL*)pD3DXMtrlBuffer->GetBuffer-
Pointer();
pMeshMaterials = new D3DMATERIAL8[dwNumMaterials];
pMeshTextures  = new LPDIRECT3DTEXTURE8[dwNumMaterials];

for (DWORD i=0; i<dwNumMaterials; i++)
{
    pMeshMaterials[i] = d3dxMaterials[i].MatD3D;
    pMeshMaterials[i].Ambient = pMeshMaterials[i].Diffuse;

    if (FAILED(D3DXCreateTextureFromFile(pD3DDevice,
        d3dxMaterials[i].pTextureFilename,
        &pMeshTextures[i])))
    {
        g_pMeshTextures[i] = NULL;
    }
}
pD3DXMtrlBuffer->Release();
```

7.2.5.14.2 Mesh rendern

Auch das Rendern wird dir fast komplett von der API abgenommen.

Ein `ID3DXMesh` ist in verschiedene Unterobjekte (sog. Subsets) unterteilt, wobei jedem Subset genau ein Material und eine Textur zugeordnet ist. Das Rendering dieser einzelnen Subsets geschieht mittels der Funktion `ID3DXMesh::DrawSubset()`. Was man als Programmierer allerdings noch von Hand machen muss, ist das vorherige Aktivieren der jeweiligen Textur bzw. des Materials. Hier ein Beispielcode, der über eine for-Schleife ein komplettes Mesh rendert:

```
pD3DDevice->BeginScene();
for (DWORD i=0; i<dwNumMaterials; i++)
{
    pD3DDevice->SetMaterial(&pMeshMaterials[i]);
    pD3DDevice->SetTexture(0, pMeshTextures[i]);
    pMesh->DrawSubset(i);
```

```
}
pD3DDevice->EndScene();
```

Und schon ist das geladene Objekt auf dem Bildschirm sichtbar.

Natürlich könnte man das Kapitel an diesem Punkt abschließen, aber es gibt noch sehr viele weitere Optionen. Dazu gehört zum Beispiel direkter Zugriff auf die Index- und Vertex-Buffer oder auch das Ändern des FVF. Auf diese Punkte werde ich an dieser Stelle kurz eingehen.

7.2.5.14.3 Nützliche Zusatzfunktionen von .x-Meshes

An dieser Stelle stehen noch kurze Erklärungen zu einigen Funktionen, mit denen man bei der Benutzung von `ID3DXMesh` immer wieder in Kontakt kommen wird. Bei der Suche nach weiteren Funktionen, welche einem bereitgestellt werden, hilft einem in jedem Fall die SDK-Dokumentation.

```
ID3DXBaseMesh::GetFVF()
```

Diese Funktion liefert das Flexible Vertex Format des Meshes zurück.

```
ID3DXBaseMesh::GetNumFaces()
```

Diese Funktion liefert die Anzahl an Faces in dem Mesh zurück.

```
ID3DXBaseMesh::GetNumVertices()
```

Mittels dieser Funktion lässt sich die Anzahl an Vertices in dem Mesh ermitteln.

```
ID3DXBaseMesh::GetIndexBuffer()
```

Diese Funktion muss benutzt werden, um direkten Zugriff auf den Index-Buffer des Meshes zu bekommen. Die Funktionsdeklaration lautet:

```
HRESULT GetIndexBuffer(
  LPDIRECT3DINDEXBUFFER8* ppIB
);
```

Das Argument `ppIB` beinhaltet nach dem Aufruf die Adresse auf einen Zeiger auf ein `IDirect3DIndexBuffer8`-Interface, über welches die Index-Buffer Daten zugänglich gemacht werden.

```
ID3DXBaseMesh::GetVertexBuffer()
```

Damit bekommt man direkten Zugriff auf den Vertex-Buffer eines Meshes. Die Funktionsdeklaration lautet:

```
HRESULT GetVertexBuffer(
  LPDIRECT3DVERTEXBUFFER8* ppVB
);
```

ppVB ist die Adresse eines Zeigers auf ein IDirect3DVertexBuffer8-Interface, über welches dann auf die Vertex-Daten zugegriffen werden kann.

```
ID3DXBaseMesh::CloneMesh()
```

Der Inhalt eines bereits existierenden Meshes kann mittels dieser Funktion in eine neue Mesh-Struktur kopiert werden.

Funktionsrumpf:

```
HRESULT CloneMesh(
  DWORD Options,
  CONST DWORD* pDeclaration,
  LPDIRECT3DDEVICE8 pD3DDevice,
  LPD3DXMESH* ppCloneMesh
);
```

Argumente:

- Options: Dieses Argument wird genauso wie bei D3DXLoadMeshFromX benutzt, die Auswirkungen sind exakt die gleichen.
- pDeclaration: Dies ist ein Zeiger auf ein DWORD-Array, in welchem nach dem Aufruf der Funktion die Declarators des Meshes stehen.
- pD3DDevice: Ein Zeiger auf das Direct3D8-Device, mit dem das geclonte Mesh verwendet werden soll.
- ppCloneMesh: Die Adresse eines Zeigers auf ein ID3DXMesh Interface, auf welches die Mesh-Daten übertragen werden sollen.

ID3DXBaseMesh::CloneMeshFVF()

Es gibt auch die Variante, beim Klonen des Mesh ein neues FVF zu spezifizieren. Dabei werden die Vertices des zu klonenden Mesh in das neue FVF konvertiert.

Funktionsrumpf:

```
HRESULT CloneMeshFVF(
  DWORD Options,
  DWORD dwFVF,
  LPDIRECT3DDEVICE8 pD3DDevice,
  LPD3DXMESH* ppCloneMesh
);
```

Argumente:

FVF gibt das neue FVF an, mit welchem das neue Modell gerendert werden soll.

7.2.5.14.4 Progressive Meshes

Eine Progressive Mesh ist ein Mesh, das nach Bedarf die Zahl seiner zu rendernden Dreiecke verändert. So kann man Objekte, die sehr weit weg von der Kamera sind, für eine bessere Performance mit weniger Details darstellen, weil man diese ohnehin nicht erkennen kann, während das Mesh aus der Nähe betrachtet idealerweise sehr viele Details aufweist. Es gibt zu diesem Thema eine Vielzahl von Algorithmen, deren Aufgabe es ist, zu berechnen, welche Vertices bzw. Dreiecke wann entbehrlich sind. Sehr viel Forschungsarbeit in diesem Bereich geht auf Hugues Hoppe zurück (`http://research.microsoft.com/~hhoppe`). Der umgekehrte Fall, neue Vertices »hinzuzuerfinden«, ist in der Praxis weniger gebräuchlich, auch wenn ATI bereits mit seinem Trueform-Feature zur Darstellung von gekrümmten Oberflächen diese Möglichkeit hardwaremäßig anbietet.

Einen fertigen Algorithmus für Progressive Meshes bekommst du von Direct3D8, wenn du das `ID3DXPMesh` Interface benutzt, welches genauso wie `ID3DXMesh` von `ID3DXBaseMesh` abgeleitet ist.

Zunächst laden wir mal ein normales Mesh, diesmal allerdings mit einem Adjazenz-Buffer:

```
D3DXLoadMeshFromX(«ship.x",
  D3DXMESH_MANAGED,
  pD3DDevice,
  &pAdjacencyBuffer,
  &pD3DXMtrlBuffer,
  &dwNumMaterials,
  &pMesh);
```

Jetzt sollte man die Optimierungsmethoden, die einem D3DX zur Verfügung stellt, anwenden. Zunächst werden dabei Vertices dort eingefügt, wo zwei Triangle-Fans sich dasselbe Vertex teilen. Dies geschieht über `D3DXCleanMesh()`. Danach werden die Vertices des Mesh mittels `D3DXWeltVertices()` an den Stellen, an denen es möglich ist, zusammengefasst.

```
D3DXWELDEPSILONS d3dxEpsilons;
memset(&d3dxEpsilons, 0, sizeof(D3DXWELDEPSILONS)):
D3DXCleanMesh(pMesh,
     (DWORD*)pAdjacencyBuffer->GetBufferPointer(),
     &pTempMesh,
     (DWORD*)pAdjacencyBuffer->GetBufferPointer(),
     NULL);
SAFE_RELEASE(pMesh);
pMesh = pTempMesh;
D3DXCleanMesh(pMesh,
     &d3dxEpsilons,
     (DWORD*)pAdjacencyBuffer->GetBufferPointer(),
     (DWORD*)pAdjacencyBuffer->GetBufferPointer(),
     NULL,
     NULL);
```

Das Laden der Texturen und so weiter sollte aus dem vorherigen Kapitel bekannt sein, daher lasse ich es an dieser Stelle aus. Was nun noch geschehen muss, ist die Konvertierung des normalen optimierten Meshes, mit dem bisher gearbeitet wurde, in ein Progressive Mesh. Hierfür wird die Funktion `D3DXGeneratePMesh()` benutzt:

```
HRESULT D3DXGeneratePMesh(
  LPD3DXMESH pMesh,
  CONST DWORD* pAdjacency,
  CONST LPD3DXATTRIBUTEWEIGHTS pVertexAttributeWeights,
  CONST FLOAT* pVertexWeights,
  DWORD dwMinValue,
  DWORD Options,
  LPD3DXPMESH* ppMesh
);
```

- `pMesh`: Hierbei handelt es sich um das Input-Mesh, aus dessen Daten ein Progress Mesh generiert werden soll.
- `pAdjacency` : Der Adjazenz-Buffer gibt die anliegenden Faces zu einem Face an. Diese Information wird für das PM-Verfahren benötigt.
- `pVertexAttributeWeights & pVertexWeights`: Vertex-Weights können benutzt werden, um die Reihenfolge, in der Vertices oder Faces aussortiert werden, zu verändern. Dies gehört jedoch zu den fortgeschritteneren Techniken und wird daher ignoriert. Wenn als Zeiger `NULL` übergeben wird, werden automatisch alle Vertices und Vertex-Attribute gleich behandelt.
- `MinValue`: Dieser Wert gibt die minimale Anzahl an resultierenden Vertices / Faces an.
- `Options`: Als Wert kann entweder `D3DXMESHSIMP_VERTEX` oder `D3DXMESHSIMP_FACE` angegeben werden, je nachdem, ob auf Vertex- oder auf Face-Basis simplifiziert werden soll. Abhängig davon müssen zu einem späteren Zeitpunkt auch unterschiedliche Funktionen benutzt werden, aber mehr dazu später.
- `ppMesh`: Die Adresse eines Zeigers auf das `ID3DXPMesh`-Interface, in welches die ursprünglichen Vertex-Daten übertragen werden sollen.

Das klingt nun vermutlich alles sehr kompliziert, an sich ist es aber ganz einfach. Angewandt sieht der Code also folgendermaßen aus :

```
D3DXGeneratePMesh(pMesh,
    (DWORD*)pAdjacencyBuffer->GetBufferPointer(),
    NULL,
    NULL,
    1,
    D3DXMESHSIMP_VERTEX,
    m_pProgressiveMesh);
```

Jetzt ist das Mesh an sich genauso benutzbar wie eine ganz normales .x-Mesh, allerdings gibt es noch die Möglichkeit, die Anzahl der bei der Darstellung involvierten Vertices zu ändern. Zu diesem Zweck gibt es die Funktion `ID3DXPMesh::SetNumVertices`. Da man über das `D3DXMESHSIMP_FACE`-Flag angeben kann, dass anstelle der Vertices die Detailstufe über die Anzahl an Faces geregelt werden soll, gibt es analog dazu die Funktion `ID3DXPMesh::SetNumFaces`. Um die minimale bzw. maximale Anzahl an Faces / Vertices zu ermitteln, muss die Funktion `GetMinVertices` / `GetMinFaces` bzw. `GetMaxVertices` / `GetMaxFaces` benutzt werden.

7.2.5.15 Der Stencil-Buffer in D3D8

Im Wesentlichen funktioniert der Stencil-Buffer wie in OpenGL. Du kannst dir die Befehle in einem konreketen Anwendungsbeispiel anschauen. Siehe das Kapitel 7.2.9 (Volumetrische Schatten mit dem Stencil-Buffer).

7.2.5.16 Das D3DX-Framework

Abgesehen von den bereits besprochenen Funktionen des D3DX-Frameworks gibt es noch eine riesige Menge weiterer, wobei ich an dieser Stelle auf einige wenige eingehen möchte. Bei diesem Kapitel handelt es sich um eine Art Referenz, auf welche man im Fall der Fälle zurückgreifen kann. Natürlich ist es unmöglich, auf die gesamte Bibliothek einzugehen, denn D3DX bietet eine riesige Funktionalität, aber es stellt zumindest einen Grundstein dar.

7.2.5.16.1 D3DXCreateBox()

Diese Funktion kann benutzt werden, um ein `ID3DXMesh` dynamisch mit den Vertices eines an den Koordinatenachsen ausgerichteten Quaders (Box) zu füllen. Die Box wird nachher im Ursprung eines linkshändigen Koordinatensystems liegen. Diese Funktion mag zwar in der Praxis unnütz erscheinen, kann aber zu Testzwecken durchaus hilfreich sein.

Funktionsrumpf:

```
HRESULT D3DXCreateBox(
  LPDIRECT3DDEVICE8 pDevice,
  FLOAT Width,
  FLOAT Height,
  FLOAT Depth,
  LPD3DXMESH* ppMesh,
  LPD3DXBUFFER* ppAdjacency
);
```

Argumente:

- `LPDIRECT3DDEVICE8 pDevice`: Bei diesem Argument handelt es sich um einen Zeiger auf das Direct3D-Device, welches zur Initialisierung des Meshes genutzt werden soll.

- `FLOAT Width`: Die Breite der Box
- `FLOAT Height`: Die Höhe
- `FLOAT Depth`: Die Tiefe (Ausdehnung in Richtung der Z-Achse)
- `LPD3DXMESH* ppMesh`: Zeiger auf die Adresse des Mesh, in dem die Vertex-Daten der Box gespeichert werden sollen
- `LPD3DXBUFFER* ppAdjacency`: Wenn dieses Argument ungleich `NULL` ist, so werden pro Face drei DWORDs in den Adjazenz-Buffer geschrieben, um die anliegenden Faces zu beschreiben.

Es gibt noch andere Funktion, welche ebenfalls zur dynamischen Generierung von Geometrie benutzt werden können. Diese hören auf die Namen `D3DXCreateCylinder`, `D3DXCreatePolygon`, `D3DXCreateSphere`, `D3DXCreateTeapot`, `D3DXCreateText` und `D3DXCreateTorus`. Aufgrund der sehr ähnlichen Benutzung werde ich aber nicht auf alle Funktionen im Detail eingehen.

7.2.5.16.2 D3DXGetErrorString()

Solltest du nicht gewillt sein, deine eigene wertvolle Zeit zu investieren, um die Bedeutung von `HRESULT`-Werten nachzuschlagen, kannst man guten Gewissens auf diese Funktion ausweichen. Ihr Sinn ist es, anhand eines Fehler-Codes einen Fehler-String zu ermitteln:

```
HRESULT D3DXGetErrorString(
  HRESULT hr,
  LPCTSTR pBuffer,
  UINT    BufferLen
);
```

Argumente:

- `HRESULT hr`: Der Fehler-Code, welcher ausgewertet werden soll
- `LPCTSTR pBuffer`: Die Adresse des Strings, in dem die Error-Message gespeichert werden soll
- `UINT BufferLen`: Die maximale Länge des Strings. Fehlermeldungen, welche länger sind, werden am Ende abgeschnitten.

7.2.5.16.3 D3DXVec3Project()

Diese Funktion kann man benutzen, wenn man die Position eines 3D-Punktes auf dem Bildschirm ermitteln möchte:

```
D3DXVECTOR3* D3DXVec3Project(
  D3DXVECTOR3* pOut,
  CONST D3DXVECTOR3* pV,
  CONST D3DVIEWPORT8* pViewport,
  CONST D3DXMATRIX* pProjection,
  CONST D3DXMATRIX* pView,
```

```
    CONST D3DXMATRIX* pWorld
);
```

- `D3DXVECTOR3* pOut`: Zeiger auf eine `D3DXVECTOR3`-Struktur, in dem die Bildschirm-Koordinaten des Punktes zurückgegeben werden sollen.
- `D3DXVECTOR3* pV`: Zeiger auf eine `D3DXVECTOR3`-Struktur, in dem die umzurechnenden 3D-Koordinaten liegen.
- `D3DVIEWPORT8* pViewport`: Die Definition des Viewports wird natürlich benötigt, um einen Vektor in den Screen-Space zu konvertieren.
- `D3DXMATRIX* pProjection`: Zeiger auf die benutzte Projektionsmatrix.
- `D3DXMATRIX* pView`: Zeiger auf die benutzte View-Matrix.
- `D3DXMATRIX* pWorld`: Zeiger auf die verwendete World-Matrix.

Muss ich extra erwähnen, dass die hier übergebenen Matrizen mit den aktuell für das Rendering gesetzten Matrizen identisch sein müssen, um ein zutreffendes Ergebnis von dieser Funktion zu erhalten?

7.2.6 Frustum Culling (JB & PD)

Was ein Frustum ist, hatten wir bereits im Einführungskapitel über 3D dargestellt: die abgeschnittene Pyramide, die den für die Kamera (den Betrachter) sichtbaren Bereich beschreibt. Eingegrenzt wird der Bereich durch sechs Ebenen: die vier Seiten sowie das Near- und das Far-Clipping-Plane. Diese Ebenen lassen sich sehr einfach durch Rückverfolgung von Modelview- und Projektionsmatrix berechnen, das wird gleich näher beschrieben. Hat man diese Ebenen, ist für einen Sichtbarkeitstest nur noch unser Wissen aus den Grundlagen der linearen Algebra erforderlich. Ich hoffe, dass Ebenen in der Hesseschen Normalenform und Abstandsberechnungen noch jedem geläufig sind, denn die kommen nun zum Tragen.

7.2.6.1 Bounding Volumes

Culling wird normalerweise nicht so durchgeführt, dass jedes einzelne Dreieck gegen die Viewing-Frustum getestet wird. Bei der Geschwindigkeit heutiger 3D-Hardware ist es schneller, diese Dreiecke einfach zu zeichnen, anstatt Berechnungen mit ihnen anzustellen, ob sie nun gezeichnet werden sollen oder nicht. Man testet also nicht pro Dreieck, sondern pro Objekt, genauer gesagt, man packt das Objekt in eine unsichtbare Hülle und diese. Besteht die Hülle den Sichtbarkeitstest, wird das Objekt gezeichnet, wenn nicht, dann nicht. Eine solche Hülle nennt man Bounding Volume. Am verbreitetesten sind die

Bounding Sphere (Hüllkugel): Eine Kugel, die gerade groß genug ist, dass das Objekt darin Platz hat. Ein bisschen so, wie ein Ü-Ei.

Bounding Box (Hüllquader): Ein Quader, der gerade groß genug ist, dass das Objekt darin Platz hat. Also eine Art Pappkarton. Men unterscheidet dabei Axis Aligned Bounding Boxes, deren Kanten parallel zu den Koordinatenachsen verlaufen, egal wie das Objekt gedreht wird (was übrigens zur Änderung der Größe führt) und Oriented Bounding Boxes, die sich mit dem Objekt zusammmen drehen.

7.2.6.1.1 Bounding Spheres

Die Vorteile von Bounding Spheres liegen auf der Hand: Sie sind einfach zu berechnen und ein Test gegen die Frustum-Ebenen ist noch einfacher. Alles, was man tun muss, ist den Abstand des Kugel-Mittelpunktes von den Ebenen zu berechnen. Hierbei ist – wie bei allen Frustum-Operationen – wichtig, die Richtung der Normalenvektoren zu beachten. In unserem Fall zeigen die Normalen in die Frustum hinein, weshalb eine Kugel genau dann nicht sichtbar ist, wenn der Abstand des Mittelpunktes negativ ist und weiter von einer der Ebenen entfernt ist als der Radius beträgt.

Um eine Bounding Sphere zu generieren, gibt es verschiedene Möglichkeiten. Sollte man Direct3D benutzen, kann man auf die Funktion `D3DXComputeBoundingSphere()` zurückzugreifen. Ansonsten existieren viele verschiedene Verfahren. Eines stammt von Prof. Dr. Emo Welzl aus dem Jahre 1991 beschrieben und liefert die optimale Bounding Sphere. Leider ist es auch für den Einsteiger relativ schwer zu verstehen, weshalb hier eine einfache Methode folgt:

Man berechnet die beiden Punkte des Objektes, deren Abstand zueinander am größten ist. Auf dem Mittelpunkt des Vektors zwischen diesen beiden Vertices befindet sich der Mittelpunkt unserer Bounding Sphere. Der Radius der Kugel ist gleich der halben Länge des verbindenden Vektors der beiden Punkte. Diese Methode liefert bei weitem keine optimalen Ergebnisse, aber für den Einstieg reicht sie vollkommen aus.

7.2.6.1.2 Axis Aligned Bounding Boxes

Wie der Name schon sagt, handelt es sich bei diesem Volumen um eine an den Koordinatenachsen ausgerichtete Box, welche alle Punkte eines Objektes beinhaltet. Um eine solche Box zu erhalten, muss man lediglich die grössten und kleinsten X-, Y- und Z-Werte des Objektes ermitteln.

Vom Test, ob die Box sichtbar ist, gibt es zwei Varianten. In beiden Fällen überprüft man in 2 verschachtelten Schleifen für alle 8 Eckpunkte deren Abstand zu allen Frustum-Ebenen:

1. Positive Methode: Die Box wird defaultmäßig als nicht sichtbar angenommen. Die äussere Schleife geht durch alle Punkte, die innere durch die Ebenen. Liegt nun ein Punkt innerhalb des Frustum (was der Fall ist, wenn der Abstand für alle Ebenen positiv ist), dann ist die Box auf jeden Fall sichtbar. Ein Spezialfall kann einem dabei durch die Lappen gehen, wenn nämlich die Box genau vor der Kamera ist, aber so groß, dass ihre Ecken aus dem Bildschirm herausragen. Dann sind zwar alle Eckpunkte außerhalb des Viewing Frustum, aber die Box trotzdem sichtbar.

2. Negative Methode: Die Box wird defaultmäßig als sichtbar angenommen. Die äussere Schleife geht durch die Ebenen, und die innere durch alle Punkte. Sind zu einer Frustum-Ebene alle Punkt-Abstände negativ, ist die Box auf jeden Fall unsichtbar. Diese Variante hat das »grosse-Box-Problem« nicht. Dieser Test lässt sich ausserdem in den meisten Fällen gefahrlos optimieren, indem man die obere, untere und die Near-Plane aus dem Test herauslässt.

7.2.6.2 Extraktion der Frustum-Planes

Zunächst braucht man Zugriff auf die Modelview- und Projektionsmatrizen, was in diesem Beispiel über OpenGL gemacht wird, aber prinzipiell mit Direct3D genauso funktioniert. Mittels der Funktion `glGetFloatfv()` werden die Matrizen in einem Array von Floats gespeichert.

```
float fProj;
float fView;
glGetFloatv(GL_PROJECTION_MATRIX, fProj);
glGetFloatv(GL_MODELVIEW_MATRIX, fView);
```

Über eine Multiplikation dieser beiden Matrizen erhält man die so genannte Clip-Matrix.

```
float fClip[16];
fClip[ 0] = fView[ 0] * fProj[ 0] + fView[ 1] * fProj[ 4] + fView[ 2] *
fProj[ 8] + fView[ 3] * fProj[12];
fClip[ 1] = fView[ 0] * fProj[ 1] + fView[ 1] * fProj[ 5] + fView[ 2] *
fProj[ 9] + fView[ 3] * fProj[13];
fClip[ 2] = fView[ 0] * fProj[ 2] + fView[ 1] * fProj[ 6] + fView[ 2] *
fProj[10] + fView[ 3] * fProj[14];
fClip[ 3] = fView[ 0] * fProj[ 3] + fView[ 1] * fProj[ 7] + fView[ 2] *
fProj[11] + fView[ 3] * fProj[15];
fClip[ 4] = fView[ 4] * fProj[ 0] + fView[ 5] * fProj[ 4] + fView[ 6] *
fProj[ 8] + fView[ 7] * fProj[12];
fClip[ 5] = fView[ 4] * fProj[ 1] + fView[ 5] * fProj[ 5] + fView[ 6] *
fProj[ 9] + fView[ 7] * fProj[13];
fClip[ 6] = fView[ 4] * fProj[ 2] + fView[ 5] * fProj[ 6] + fView[ 6] *
fProj[10] + fView[ 7] * fProj[14];
fClip[ 7] = fView[ 4] * fProj[ 3] + fView[ 5] * fProj[ 7] + fView[ 6] *
fProj[11] + fView[ 7] * fProj[15];
fClip[ 8] = fView[ 8] * fProj[ 0] + fView[ 9] * fProj[ 4] + fView[10] *
fProj[ 8] + fView[11] * fProj[12];
fClip[ 9] = fView[ 8] * fProj[ 1] + fView[ 9] * fProj[ 5] + fView[10] *
fProj[ 9] + fView[11] * fProj[13];
fClip[10] = fView[ 8] * fProj[ 2] + fView[ 9] * fProj[ 6] + fView[10] *
fProj[10] + fView[11] * fProj[14];
fClip[11] = fView[ 8] * fProj[ 3] + fView[ 9] * fProj[ 7] + fView[10] *
fProj[11] + fView[11] * fProj[15];
fClip[12] = fView[12] * fProj[ 0] + fView[13] * fProj[ 4] + fView[14] *
fProj[ 8] + fView[15] * fProj[12];
```

```
fClip[13] = fView[12] * fProj[ 1] + fView[13] * fProj[ 5] + fView[14] *
fProj[ 9] + fView[15] * fProj[13];
fClip[14] = fView[12] * fProj[ 2] + fView[13] * fProj[ 6] + fView[14] *
fProj[10] + fView[15] * fProj[14];
fClip[15] = fView[12] * fProj[ 3] + fView[13] * fProj[ 7] + fView[14] *
fProj[11] + fView[15] * fProj[15];
```

Nun kann man aus dieser Clip-Matrix die einzelnen Frustum Planes extrahieren, was leider wieder mit viel Tipp-Arbeit verbunden ist.

```
m_fFrustum[0][0] = fClip[ 3] - fClip[ 0];
m_fFrustum[0][1] = fClip[ 7] - fClip[ 4];
m_fFrustum[0][2] = fClip[11] - fClip[ 8];
m_fFrustum[0][3] = fClip[15] - fClip[12];

// Ebene in die Hesseform bringen, indem Normalenvektor auf Länge 1 ska-
liert wird:
fLength = (float)sqrt(m_fFrustum[0][0] * m_fFrustum[0][0] +
m_fFrustum[0][1] * m_fFrustum[0][1] + m_fFrustum[0][2] * m_fFrustum[0][2]);

m_fFrustum[0][0] /= fLength;
m_fFrustum[0][1] /= fLength;
m_fFrustum[0][2] /= fLength;
m_fFrustum[0][3] /= fLength;

m_fFrustum[1][0] = fClip[ 3] + fClip[ 0];
m_fFrustum[1][1] = fClip[ 7] + fClip[ 4];
m_fFrustum[1][2] = fClip[11] + fClip[ 8];
m_fFrustum[1][3] = fClip[15] + fClip[12];
// Diese Ebene nun wie die erste in die HFN bringen
...

m_fFrustum[2][0] = fClip[ 3] + fClip[ 1];
m_fFrustum[2][1] = fClip[ 7] + fClip[ 5];
m_fFrustum[2][2] = fClip[11] + fClip[ 9];
m_fFrustum[2][3] = fClip[15] + fClip[13];
// Diese Ebene nun wie die erste in die HFN bringen
...

m_fFrustum[3][0] = fClip[ 3] - fClip[ 1];
m_fFrustum[3][1] = fClip[ 7] - fClip[ 5];
m_fFrustum[3][2] = fClip[11] - fClip[ 9];
m_fFrustum[3][3] = fClip[15] - fClip[13];
// Diese Ebene nun wie die erste in die HFN bringen
...

m_fFrustum[4][0] = fClip[ 3] - fClip[ 2];
```

```
m_fFrustum[4][1] = fClip[ 7] - fClip[ 6];
m_fFrustum[4][2] = fClip[11] - fClip[10];
m_fFrustum[4][3] = fClip[15] - fClip[14];
// Diese Ebene nun wie die erste in die HFN bringen
...

m_fFrustum[5][0] = fClip[ 3] + fClip[ 2];
m_fFrustum[5][1] = fClip[ 7] + fClip[ 6];
m_fFrustum[5][2] = fClip[11] + fClip[10];
m_fFrustum[5][3] = fClip[15] + fClip[14];
// Diese Ebene nun wie die erste in die HFN bringen
...
```

Die sechs Ebenen der Frustum liegen nun in der Hesseschen Normalenform vor, womit es ein Einfaches ist, die verschiedenen Visibility-Tests durchzuführen.

Wie man die Bounding Volumes gegen die Viewing Frustum testet, wurde oben schon im Detail beschrieben. Exemplarisch möchte ich hier noch einmal den Test für einen Punkt mit allen Ebenen einfügen, um das Verfahren zu verdeutlichen:

```
bool CFrustum::Inside(CVector3D& in_rPoint)
{
    unsigned int uiCurPlane;
    for (uiCurPlane = 0; uiCurPlane<6; uiCurPlane++)
    {
        if (this->m_fFrustum[uiCurPlane][0] * in_rPoint.GetX() +
            this->m_fFrustum[uiCurPlane][1] * in_rPoint.GetY() +
            this->m_fFrustum[uiCurPlane][2] * in_rPoint.GetZ() +
            this->m_fFrustum[uiCurPlane][3] <= 0)

        {
            return false;
        }
    }
    return true;
}
```

In dieser Funktion wird für jedes Frustum Plane überprüft, ob der Abstand des Punktes von der Ebene kleiner als 0 ist. Wenn das der Fall ist, dann liegt der Punkt außerhalb des Frustum Volumes und ist somit nicht sichtbar.

Da es sich bei der Abstandsberechnung übrigens um nicht mehr und nicht weniger als ein Skalarprodukt handelt, und das Ergebnis, ob positiv oder negativ, eine Aussage über den Winkel zwischen Normalenvektor und dem Vektor Kamera-zu-Punkt darstellt (grösser oder kleiner als 90°), kann man bei Verwendung von Bounding-Boxes die Normalisierung der Frustum-Normalenvektoren auch weglassen, ohne dass sich am Endergebnis etwas ändert; schließlich interessiert ja nur das

Vorzeichen. Für den Fall von Bounding Spheres ist natürlich der exakte Abstand sehr wohl von Interesse.

7.2.7 Ein allgemeines Partikel-System (JB)

Heutige Partikel-Systeme unterscheiden sich sehr von dem, was noch vor einigen Jahren Standard war. So wurde damals für jeden Effekt praktisch eine eigene Klasse geschrieben, um die nötigen Optimierungen zu unterstützen. Inzwischen ist man auf allgemeine und erweiterbare Klassen umgestiegen, die kleine Plug-Ins benutzen, die im Partikel-Renderer registriert werden. Das heißt, dass wir eine Klasse haben, welche Initialisierung und Rendering der Partikel übernimmt, und wir für die Bewegung, die Farbwerte, etc. Funktionen registrieren, die automatisch aufgerufen werden. Das Ganze klingt anfangs relativ kompliziert, was es aber letztendlich gar nicht ist.

7.2.7.1 Die Datenstrukturen

Zunächst muss nun eine Struktur her, in der man alle für ein einzelnes Partikel benötigten Daten speichern kann:

- Die Position
- Der Farbwert
- Die Bewegungsrichtung
- Die Größe
- Ist das Partikel aktiv?
- Die Zeit, die das Partikel noch aktiv ist
- In C++ Code wird daraus dann :

```
class Tparticle
{
public :
    TVector3D m_Position;
    TVector3D m_Direction;
    TVector2D m_Size;
    TColor m_Color;
    float m_fLifeTime;
    bool m_bAlive;
};
```

Jetzt müssen wir uns Gedanken über den Partikel-Handler selbst und über die Plugins, die in diesem registriert werden können, machen. Die Plugins werden in zwei Typen unterteilt, einmal Plugins, die aufgerufen werden, sobald ein Partikel neu initialisiert wird (`TParticleInit`) und dann Plugins, welche jeden Frame aufgerufen werden (`TParticleAction`). Für diese beiden Typen erstellen wir abstrakte Interface-Klassen, von denen alle speziellen Implementationen abgeleitet sein müssen:

```
class TparticleInit
{
public :
    virtual void Init(void) = 0;
    virtual void Perform(TParticle& in_rParticle) = 0;
};

class TparticleAction
{
public :
    virtual void Init(const unsigned int in_uiNumParticles) = 0;
    virtual void Perform(TParticle* in_pParticles) = 0;
};
```

Der Partikel-Handler selbst ist nur unwesentlich komplizierter, und zwar sollte er Folgendes beherrschen:

- `TParticleHandler::Init()`: Partikel des Partikel-Systems werden automatisch initialisiert, dass heißt, dass diese zunächst mit Default-Values gefüllt werden und darauf dann die registrierten, speziellen Plugin-Funktionen aufgerufen werden.
- `TParticleHandler::Update()`: Die Partikel sollen automatisch geupdated werden, d.h. dass ihre Lebenszeit inkrementiert wird und die für diesen Zweck registrierten Plugins aufgerufen werden.
- `TParticleHandler::Render()`: Das Rendering der Partikel soll vollautomatisch stattfinden und zwar möglichst effizient. Zunächst werden lediglich Quads für die Partikel unterstützt, eine Portierung für beliebige Formen ist allerdings, wie ich später zeigen werde, auch nicht sonderlich schwer.
- `TParticleHandler::SetBillboarding()`: Billboarding sollte unterstützt werden, d.h. dass alle Partikel gegen die Kamera gedreht werden, so dass ihre komplette Fläche jederzeit sichtbar ist.
- `TParticleHandler::SetLooping()`: Looping findet gegebenenfalls statt, so dass die Partikel, sobald ihre Lebensdauer kleiner als 0 ist, neu initialisiert werden.
- `TParticleHandler::SetLifeTime()`: Die Partikel können mit einer variablen Lebensdauer initialisiert werden, definiert durch einen Default-Wert und eine maximale Abweichung / Varianz.
- `TParticleHandler::Register()`: Es soll die Möglichkeit bestehen, Plugin-Klassen zu registrieren.

Somit ergibt sich folgende Klassendeklaration für den Partikel-Handler :

```
class TparticleHandler
{
public :

    TParticleHandler(void);
    ~TParticleHandler(void);
```

```
    void Init(void);
    void Register(TParticleInit* in_pPI);
    void Register(TParticleAction* in_pPC);
    void Release(void);
    void Render(void);
    void Update(void);

    inline void SetBillboarding(bool in_bBillboard)
    {
        m_bBillboard = in_bBillboard;
    }

    inline void SetLifeTime(float in_fLT, float in_fLTVariance)
    {
        m_fLifeTime = in_fLT;
        m_fLifeTimeVariance = in_fLTVariance;
    }

    inline void SetLooping(bool in_bLooping)
    {
        m_bLooping = in_bLooping;
    }

    inline void SetTexture(TTexture* in_pTexture)
    {
        m_pTexture = in_pTexture;
    }

private :

    void CreateDefault(unsigned int in_uiIndex);
    void CreateSpecial(unsigned int in_uiIndex);

    bool m_bBillboard;
    bool m_bLooping;
    float m_fLifeTime;
    float m_fLifeTimeVariance;
    TParticle* m_pParticles;
    std::list<TParticleInit*> m_ListInit;
    std::list<TParticleAction*> m_ListAction;
    TTexture* m_pTexture;
    TVertexBuffer* m_pVertexBuffer;
    unsigned int m_uiNumParticles;
};
```

Ich hoffe, dass die STL (Standard Template Library) bekannt ist, da sie einem in Bezug auf Vektoren und Linked Lists sehr viel Arbeit abnehmen kann und ich sie auch in diesem Abschnitt benutze, wenn auch nur zur Speicherung der registrierten Plugins.

7.2.7.2 Die Implementation

Bevor wir den Partikel-Handler implementieren können, müssen wir uns erst einmal die Vorgehensweise etwas genauer anschauen. Was genau passieren soll, ist folgendes:

1. Die Member-Variablen werden mit Default-Werten gefüllt.
2. Plugin-Klassen werden registriert.
3. Speicher wird alloziert und die Partikel werden zunächst ein einziges Mal komplett initialisiert
4. Die Partikel werden jeden Frame geupdated und evtl. respawned, falls ihre Lebensdauer abgelaufen ist
5. Die Partikel werden gezeichnet (mittels der bereits entwickelten Vertex-Buffer-Klasse).
6. Der allokierte Speicher wird wieder freigegeben.

Mein Ansatz in diesem Kapitel ist folgender: Jeder Task wird chronologisch abgehandelt, weil diese Vorgehensweise vermutlich am einfachsten ist. Beginnen wir also mit Punkt 1, denn diese Aufgaben werden im Konstruktor erledigt.

```
TParticleHandler::TParticleHandler(void)
{
    m_bBillboard = false;
    m_bLoop = true;
    m_pParticles = NULL;
    m_pVertexBuffer = NULL;
    m_fLifeTimeVariance = 0.0f;
    m_fLifeTime = 1.0f;
}
```

Die registrierten Plugins werden wie oben schon beschrieben in einer STL-Linked-List gespeichert, demnach ist die Implementation dieser Funktionalität sehr trivial.

```
void TParticleHandler::Register(TParticleInit* in_pPI)
{
    m_ListInit.push_back(in_pPI);
}

void TParticleHandler::Register(TParticleAction* in_pPC)
{
    m_ListAction.push_back(in_pPC);
}
```

Auch bei Punkt 3 sollten noch keinerlei Probleme auftreten, weil hier lediglich Speicher alloziert wird und einige Variablen mit Default-Werten belegt werden. Zunächst wird der Speicher für die Partikel-Strukturen reserviert und dann jeder Partikel auf »Aktiv« gesetzt. Daraufhin wird der Speicher für den Vertex Buffer alloziert und dieser dann mit Werten für die Textur-Koordinaten gefüllt, denn diese sind statisch. Der nächste Punkt ist die allgemeine und die spezielle Initialisierung der Partikel, auf die die Berechnung der aktuellen Lebensdauer eines jeden Partikels erfolgt. In C++ Pseudo-Code sieht das demnach folgendermaßen aus:

```
void TParticleHandler::Init(unsigned int in_uiNumParticles)
{
    m_uiNumParticles = in_uiNumParticles;
    m_pParticles = new TParticle[m_uiNumParticles];

    for (unsigned int i=0; i<m_uiNumParticles; i++)
    {
        m_pParticles[i].m_bActive = true;
    }

    m_pVertexBuffer = new TVertexBuffer;
    m_pVertexBuffer->Create(m_uiNumParticles * 4,
        FVF_COORD | FVF_TEXCOORD_STAGE0 | FVF_COLOR);

    TVertexBufferTexCoord* pTexCoord = m_pVertexBuffer-
>WriteToTexCoordArrayStage0();

    for (i=0; i<m_uiNumParticles; i++)
    {
        pTexCoord->u = 0.0f;
        pTexCoord->v = 0.0f;
        ((unsigned char*)pTexCoord) +=
            m_pVertexBuffer->GetPitchTexCoordStage0();

        pTexCoord->u = 1.0f;
        pTexCoord->v = 0.0f;
        ((unsigned char*)pTexCoord) +=
            m_pVertexBuffer->GetPitchTexCoordStage0();

        pTexCoord->u = 1.0f;
        pTexCoord->v = 1.0f;
        ((unsigned char*)pTexCoord) +=
            m_pVertexBuffer->GetPitchTexCoordStage0();

        pTexCoord->u = 0.0f;
        pTexCoord->v = 1.0f;
        ((unsigned char*)pTexCoord) +=
            m_pVertexBuffer->GetPitchTexCoordStage0();
```

```
    }

    for (i=0; i<m_uiNumParticles; i++)
    {
        CreateDefault(i);
        CreateSpecial(i);
        m_pParticles[i].m_fLifeTime = 1.0f -
            GetRandom() * m_fLifeTimeVariance;
    }
}
```

Um auch diesen Part abzuschließen, fehlen noch die Funktionen für die Initialisierung der Werte der einzelnen Partikel. Das Setzen der Standard-Werte für einzelne Partikel braucht kaum vollständig abgedruckt werden, aus diesem Grund verzichte ich an dieser Stelle auch darauf. Für die Initialisierung mittels der registrierten Plugins wird einfach die Linked List durchlaufen :

```
void TParticleHandler::CreateSpecial(unsigned int in_uiIndex)
{
    std::list<TParticleCreate*>::iterator it = m_ListCreate.begin();
    for (; it != m_ListCreate.end(); it++)
    {
        (*it)->Perform(m_pParticles[in_uiIndex]);
    }
}
```

Was fehlt, ist das Rendering der Partikel, und zwar insbesondere das Billboarding, welches dafür sorgt, dass alle Partikel genau in Richtung der Kamera schauen. Für das Billboarding werden zunächst die ersten drei Elemente der ersten beiden Zeilen der transponierten Modelview Matrix benötigt.

```
float pfMat[16];
glGetFloatv(GL_MODELVIEW_MATRIX, pfMat);
MatrixTranspose(pfMat);
vX.Set(pfMat[0], pfMat[1], pfMat[2]);
vY.Set(pfMat[4], pfMat[5], pfMat[6]);
```

Anstatt die Matrix zu transponieren, könnte man auch folgenden Elemente verwenden

```
vX.Set(pfMat[0], pfMat[4], pfMat[8]);
vY.Set(pfMat[1], pfMat[5], pfMat[9]);
```

Anhand der beiden Vektoren vX und vY lässt sich nun sehr einfach ein Quad generieren, welches für das Rendering der Partikel benötigt wird. Die Position eines Partikels ist bekannt und die Vektoren vX und vY stehen für die Ausdehnung auf der X- und der Y-Achse, weshalb sich die vier Vertices des Partikels einfach in das benutzte Vertex Array schreiben lassen.

```
vA = P + ((-vX - vY) * fSize);
vB = P + ((vX - vY) * fSize) ;
vC = P + ((vX + vY) * fSize);
vD = P + ((-vX + vY) * fSize);
```

Und schon sind die Arbeiten an der Partikel-Engine selbst praktisch abgeschlossen. Damit sie allerdings etwas tut, fehlen noch Plugins, welche für die Initialisierung und die Transformation registriert werden können. Diese folgen nun.

Als ich mich vor einiger Zeit um einen Job beworben habe, habe ich eine Test-Aufgabe bekommen: Ich sollte innerhalb eines sehr kurzen Zeitraums einen Partikel-Handler schreiben und mittels dieser Klasse zwei Effekte implementieren, eine Explosion und Regen. Ich habe mir überlegt, dass sich diese beiden Effekte sehr gut eignen, um die Funktionsweise des Partikel-Handlers zu demonstrieren.

7.2.7.3 Explosionen

Was für diesen Effekt benötigt wird, ist ein Plugin, welches die Vertex-Positionen aus einem Vertex Array ausliest, um neue Partikel zu initialisieren, denn es soll auch wirklich der Eindruck erweckt werden, als würde ein Objekt explodieren. Um einen halbwegs realistischen Effekt zu erzeugen, sollte außerdem noch Gravitation auf die Partikel einwirken, wobei die Partikel zusätzlich noch vom Boden zurückspringen sollten. Das klingt nach relativ viel Arbeit, ist aber mit wenigen Zeilen Programmcode schon getan.

Abb. 7.55: Unmengen von Partikeln, die einer Explosion entsprungen sind

7.2.7.3.1 *CParticleCreateFromVertexBuffer*

In diesem Plugin werden lediglich die Daten eines Vertex Buffers durchlaufen und jedes Partikel mit der entsprechenden Position eines zufälligen Vertex initialisiert.

```
void CParticleCreatePositionFromVertexBuffer::Perform(CParticle&
in_rParticle)
{
    CVertexBufferCoord* pCoord = m_pVB->WriteToCoordArray();
    unsigned int uiVBIndex = GetRand() * (m_pVB->GetNumVertices() - 1);

    in_rParticle.m_Position.SetX(pCoord[uiVBIndex].x);
    in_rParticle.m_Position.SetY(pCoord[uiVBIndex].y);
    in_rParticle.m_Position.SetZ(pCoord[uiVBIndex].z);
}
```

7.2.7.3.2 *CParticleActionGravity*

Gravitation wirkt normalerweise mit dem Faktor 9.81 auf Objekte im Bereich der Erdschwerkraft ein. Der Flexibilität halber kann es aber sinnvoll sein, nicht bloß die Anziehung in Richtung Erdboden, sondern in alle Richtungen zu unterstützen, denn damit lassen sich sehr schön Effekte erzielen, z.B. wenn Partikel hin- und herschwankend von einer Wand und dem Erdboden angezogen werden. Wie bereits angesprochen, sollte bei einem Action-Plugin nicht die Position eines Partikels selbst, sondern vielmehr die Richtung, in die es sich bewegt, modifiziert werden. So auch in diesem Fall, was die Implementation von Gravitation sehr einfach macht.

```
void CParticleActionGravity::Perform(CParticle* in_pParticles)
{
float fX = m_Gravity.GetX() * m_fGravityPower * CTimer::GetDeltaTime();
float fY = m_Gravity.GetY() * m_fGravityPower * CTimer::GetDeltaTime();
float fZ = m_Gravity.GetZ() * m_fGravityPower * CTimer::GetDeltaTime();
for (unsigned int i=0; i<m_uiNumParticles; i++)
{
in_pParticles[i].m_Direction.SetX(in_pParticles[i].m_Direction.GetX() +
fX);
in_pParticles[i].m_Direction.SetY(in_pParticles[i].m_Direction.GetY() +
fY);
in_pParticles[i].m_Direction.SetZ(in_pParticles[i].m_Direction.GetZ() +
fZ);
    }
}
```

7.2.7.4 Regen

Um Regen zu erzeugen, müssen die Partikel zum einen innerhalb einer Box initialisiert werden, um sie dann von oben nach unten fallen zu lassen. Etwas komplizierter wird es, wenn die Regentröpfchen noch einen Einfluß auf eine Oberfläche haben sollen, sie beispielsweise auf einem See auftreffen und für kleine Wellen auf dem Wasser sorgen. Aber keine Angst, besonders schwer ist auch dies nicht.

Abb. 7.56: Ein mittels unseres Partikel-Systems implementierter Regeneffekt

7.2.7.4.1 *CParticleInitInAABB*

Dieses Plugin sorgt dafür, dass alle Partikel innerhalb einer definierten Axis Aligned Box initialisiert werden. Um dies zu erreichen, addiert man einfach zum Minimum jeder Achse einen Wert zwischen 0 und dem Abstand zum Maximum der entsprechenden Achse. In Programmcode umgesetzt bedeutet dies :

```
void CParticleInitInAABB::Perform(CParticle& in_rParticle)
{
    in_rParticle.m_Position.SetX(m_PosMin.GetX() + GetRand() *
(m_PosMax.GetX() - m_PosMin.GetX()));
    in_rParticle.m_Position.SetY(m_PosMin.GetY() + GetRand() *
(m_PosMax.GetY() - m_PosMin.GetY()));
    in_rParticle.m_Position.SetZ(m_PosMin.GetZ() + GetRand() *
(m_PosMax.GetZ() - m_PosMin.GetZ()));
}
```

7.2.8 Animationen und Character-Rendering

- Bisher haben wir über Objekte nur als starre Meshes gesprochen. Wenn es um die Darstellung von Lebewesen geht, müssen sich Objekte jedoch verändern können. Arme und Beine müssen bewegt werden können, eventuell müssen sich sogar Gesichtszüge verändern lassen, um Emotionen auszudrücken – und so sind wir schon mitten im Thema Animation. Prinzipiell gibt es heutzutage zwei Grundtypen der Animation: Keyframed und Skeletal.

7.2.8.1 Keyframed Animation (PD)

Diese Technik wird auch Morph-Animation genannt. Eine solche Animation besteht aus einen Satz von Meshes, die das Objekt in unterschiedlichen Posen darstellen, den *Keyframes*. Ähnlich einem Zeichentrickfilm bzw. einer 2D-Animation entsteht die Bewegung letztlich dadurch, dass dem Betrachter die Keyframes nacheinander in schneller Abfolge gezeigt werden (s. auch Kapitel »2D-Grafik, 3D-Grafik«).

Ein wesentlicher Unterschied zum Zeichentrickfilm bzw. der 2D-Animation ist, dass nicht jeder Frame sein eigenes Mesh besitzt, was nämlich dermassen viel Speicher fressen würde, dass man dem Spiel gleich einen RAM-Riegel beipacken müsste. Von der Arbeitszeit für den armen Grafiker ganz zu schweigen. Deshalb gibt es nur für einige Schlüssel-Frames ein eigenes Mesh (aha, daher der Name!), und für die Frames dazwischen werden algorithmisch zur Laufzeit Meshes berechnet – durch Interpolation der Vertex-Koordinaten von einem Keyframe zum nächsten.

Voraussetzung für die Verwendung einer solchen Technik ist natürlich, dass alle Keyframes von ihrer Datenstruktur her eine identische Anzahl von Vertices besitzen, die auch alle dieselbe Bedeutung haben. Es geht also nicht an, dass Vertex Nr. 125 eines Keyframes die Nasenspitze ist, und Vertex 125 beim nachfolgenden Frame irgendwo im Knie steckt – oder gar nicht vorhanden ist, weil das Keyframe gar nur 120 Vertices besitzt. Also: Nase bleibt Nase, Knie bleibt Knie und Ellbogen bleibt Ellbogen – lediglich die Position ändert sich von Keyframe zu Keyframe.

Es ist zudem gebräuchlich, dass der letzte Keyframe wieder der Vorgänger des ersten ist, um so Endlos-Animationen herstellen zu können (Looping). Das ist relevant z.B. bei der Animation des Gehens und Laufens, wo nur ein Schritt existiert und dieser dann so oft wiederholt wird wie erforderlich, währenddessen wird die Figur vorwärts bewegt, damit zu Ende des letzten und Wiederbeginn des ersten Keyframes die Position nicht dieselbe ist. Sind Animation und Bewegung auf der Unterlage nicht gut aufeinander abgestimmt, kommt es zu sehr orthopädisch aussehenden Effekten, so als würde die Figur schwimmend über den Boden zappeln.

7.2.8.2 Skeletal Animation (PD)

Das Grundprinzip der skelettalen Animation ist radikal anders als das der Keyframed-Animation. Zwar kann es auch hier Keyframes geben (muss aber nicht), und auch hier wird das darzustellende Mesh pro Frame neu erstellt, aber die zugrundeliegenden Daten sind keine Meshes, zwischen denen interpoliert wird, sondern ein Skelettsystem. Die Knochen dieses Skeletts werden auch im angelsächsischen Original als Bones bezeichnet, und die darüberliegende Haut als Skin.

WICHTIG

Der Begriff Skin stammt ursprünglich aus der Skeletal Animation und bezeichnet das Mesh einer animierten Figur. Das Wort wird aber auch zunehmend für 3D-Modelle aller Art bzw. inzwischen sogar für Texturen verwendet (viele 3D-Grafiker bezeichnen das Texturieren als Skinning). Ebenso verwendet man »Skin« für austauschbare Grafiksets beim Userinterface (siehe die downloadbaren Skins für WinAmp) sowie für austauschbare Hüllen von Handys.

So ein Bone ist natürlich kein detailgetreues Modell eines Knochens, was allein schon deshalb Unsinn wäre, weil man ihn sowieso nicht sehen kann. Sehen kann man einzig und allein den Skin, denn nur er besteht aus Vertices. Es handelt sich bei einem Bone um nicht mehr und nicht weniger als eine Transformationsmatrix.

Beim Skelettsytem ist jeder Vertex einem oder mehreren Bones zugeordnet. Im einfachsten Fall besteht der Skin aus einzelnen Meshes für Arme, Beine, Rumpf und Kopf, die sich beliebig zueinander verschieben und verdrehen lassen. Soll die Figur den Kopf nach links drehen, so wird der Kopf-Bone auf die entsprechenden Werte gesetzt. Bei einem Arm kann das schon komplizierter werden: Nehmen wir an, die Figur soll Liegestütze machen. Dazu muss der Oberarm im Verhältnis zum Rumpf verdreht werden, der Unterarm im Verhältnis zum Oberarm und die Hand im Verhältnis zum Unterarm. Hier kommen wir auch gleich zu einer weiteren Eigenschaft des Skelettsystems, nämlich dass die Bones hierarchisch geordnet sind. Logischerweise bezeichnet man die Verbindung zwischen zwei Bones als *Joint* (nein, nichts zum Rauchen, das heisst Gelenk!).

Die Stärke der Skeletal Animation ist ihre ungeheure Flexibilität. Hat man einmal eine Figur auf Basis eines solchen Systems erzeugt, kann man mit ihr wie mit einer Marionette alle Bewegungen durchführen lassen, die nur vorstellbar sind, ohne dafür vom Grafiker fertige Keyframes in Anspruch nehmen zu müssen, was insbesondere bei der Kombination von Bewegungen unschlagbar ist: wenn also z.B. eine Figur aus der Hocke aufstehen und gleichzeitig das Schwert ziehen soll. Ausserdem ist ein- und dieselbe Animation für gleich mehrere verschiedene Skins verwendbar, was z.B. bei einer ganzen Gruppe von Helden oder der Animation einer Armee doch ein ganz klein wenig Arbeit spart. Ausserdem lassen sich reale Bewegungen echter Menschen und Tiere heutzutage mittels Apparaten, die man an den Körper klebt, aufzeichnen (Motion Capturing) und direkt in eine Skeletal Animation umrechnen – Realismus pur.

Was lange Zeit ziemlich hässlich bei diesem Animationstyp aussah, waren die Gelenke, die aussahen, als hätten Barbie und Ken Pate gestanden – oder die Augsburger Puppenkiste. Wenn du deinen Arm beugst, siehst du kein Gelenkscharnier, sondern die Haut des Ellbogens verformt sich. Lange Zeit stand man vor dem Rätsel, wie man das mathematisch umsetzen sollte, bis jemandem die geniale Idee kam, manchen Vertices mehr als einen Bone zuzuordnen. So ein Ellbogen-Vertex wird dann eben sowohl vom Oberarm- als auch Unteram-Bone beeinflusst. Damit sich auch noch der Bizeps dabei anspannt, kommt noch ein Bizeps-Bone dazu. Man nennt diese Techniken zur Verbesserung von Gelenken *Skinning*.

- So schön das auch klingt: Achillesferse der Skeletal Animation ist die ungeheure mathematische Komplexität, die dahinter steckt. Das ist nicht nur ein Problem der Performance, sondern auch der Programmierung. Gute Skeletal Animations erfordern einen exzellenten mathematischen Background, vor allem im Bereich der komplexen Zahlen, welche den benötigten Quaternionen zugrundeliegen. Damit kann man ein eigenes Buch füllen. Dieses Kapitel soll davon abgesehen nicht zu einem Mathematik-Tutorial ausarten, weshalb an dieser Stelle nur die Keyframed Animationen anhand des QUAKE-2-Formats erläutert werden sollen.
- Wen das Thema dennoch interessiert, findet zuhauf Literatur, sowohl im Internet als auch in der englischsprachigen Literatur. Aber Vorsicht: sie ist nicht leicht verdaulich!

7.2.8.3 .md2 (JB)

Dies ist das von QUAKE 2 verwendete Format für Keyframed Animation. Da es für verschiedenste Modelling Packages Exporter für dieses Format gibt, werde ich es in diesem Kapitel beschreiben.

7.2.8.3.1 Die benötigten Datenstrukturen

Wie die meisten Formate, so verfügt auch .md2 über einen Header, in dem alle weiteren Informationen, die für das Auslesen der Vertex-Daten benötigt werden, stehen.

```
Class CMd2Header
{
public :
    int m_iMagic;
    int m_iVersion;
    int m_iSkinWidth;
    int m_iSkinHeight;
    int m_iFrameSize;
    int m_iNumSkins;
    int m_iNumVertices;
    int m_iNumTexcoords;
    int m_iNumTriangles;
    int m_iNumGlCommands;
    int m_iNumFrames;
    int m_iOffsetSkins;
```

```
    int m_iOffsetTexCoords;
    int m_iOffsetTriangles;
    int m_iOffsetFrames;
    int m_iOffsetGlCommands;
    int m_iOffsetEnd;
};
```

Ein so aufgebauter Header, wird als erstes aus der Datei ausgelesen. Aus diesem Header erhalten wir die folgenden Informationen :

`m_iMagic`	Diese Variable dient zur Überprüfung, ob es sich bei dem File wirklich um einen md2-Datei handelt. Sie sollten den Wert 844121161 oder, falls man die Bytes einzeln überprüft, »IDP2« beinhalten.
`m_iVersion`	Dieser Wert dient zur Versionsüberprüfung und sollte den Wert 8 beinhalten.
`m_iSkinWidth`	Über das Charakter-Mesh wird eine Textur, das sogenannte Skin gespannt, und diese Variable beinhaltet die Breite dieser Textur.
`m_iSkinHeight`	Die Höhe der Skin-Textur.
`m_iFrameSize`	
`m_iNumSkins`	Ein Q2-Model kann über mehrere Skins verfügen, zwischen denen man einfach hin und her wechseln kann. In dieser Variable steht die Anzahl der verfügbaren Skins.
`m_iNumVertices`	md2-Daten werden gespeichert mit einer Liste von Vertices und einem dazugehörigen Index-Buffer. Die Anzahl der verwendeten Vertices steht in dieser Variable und ist für alle Frames gleich.
`m_iNumTexCoords`	In dieser Variable steht die Anzahl an Textur-Koordinaten, über die ein Mesh verfügt. Dies ist nicht die gleiche Anzahl wie Vertices, da Vertex-Koordinaten und Textur-Koordinaten bei diesem Format separat behandelt werden.
`m_iNumTriangles`	Diese Variable beinhaltet die Anzahl an Triangles pro Frame. Für jedes Triangle werden 3 Indices für die Vertex- und 3 für die Textur-Koordinaten verwendet.
`m_iNumGlCommands`	Das md2-Format unterstützt Optimierungen für Triangle-Strips und Triangle-Fans, auch wenn diese in unserem Loader ignoriert werden.
`m_iNumFrames`	Die Anzahl an Keyframes für Animationen
`m_iOffsetSkins`	Die Namen der Skin-Texturen (*.pcx normalerweise) werden als `char[64]` abgespeichert. Diese Integer-Wert zeigt den Offset im File selbst an, an dem man die Dateinamen auszulesen hat.

m_iOffsetTexCoords	Die Adresse in der md2-Datei, an der die Textur-Koordinaten stehen. Die Anzahl an Textur-Koordinaten wird steht in m_iNumTexCoords.
m_iOffsetTriangles	An dieser Stelle in der Datei stehen die Indices, die für die Dreiecke verwendet werden. Dabei werden jeweils 3 Shorts für die Vertices und 3 für die Textur-Indices verwendet.
m_iOffsetFrames	Die Adresse, an der die verschiedenen Informationen wie Normalenvektoren oder Vertex-Koordinaten für die verschiedenen Frames in der md2-Datei stehen.
m_iOffsetGlCommands	Der Datei-Offset, an dem die GL-Commands stehen.
m_iOffsetEnd	Das Ende der Datei, dieser Wert wird wiederum nur zur Überprüfung, ob es sich um eine gültige md2-Datei handelt, benutzt.

Nachdem der Header ausgelesen wurde, werden die Namen der verschiedenen Skins eingelesen. Diese Namen werden als char[64] abgespeichert, so dass das Einlesen und Abspeichern keinerlei Probleme bereiten sollte.

Nun müssen die Textur-Koordinaten gelesen werden, wobei diese anders als normalerweise behandelt werden. Bei dem md2-Format werden Textur-Koordinaten nicht relativ angegeben (zwischen 0.0 und 1.0), sondern absolut als Shorts. Dies erklärt auch, warum die Höhe und die Breite der Skins in dem Header gespeichert wird. Damit wir die Textur-Koordinaten später benutzen können, müssen wir diese also noch in relative Koordinaten umwandeln. Zunächst verwenden wir für das Einlesen allerdings folgende Struktur :

```
class CMd2FileTexCoord
{
public :
    short m_sU;
    short m_sV;
};
```

Wie weiter vorne schon erwähnt, werden Textur-Indices und Koordinaten-Indices bei diesem Format gesondert behandelt, so dass wir insgesamt 6 Shorts für ein Dreieck auslesen müssen.

```
class CMd2Triangle
{
    short                    m_sVertex[3];
    short                    m_sTexture[3];
};
```

Nun beginnt der interessantere Teil des Ladevorgangs: Die Vertexdaten müssen für jeden Frame der Animation ausgelesen werden, wobei das md2-Format stellenweise etwas seltsam handzuhaben ist. Für jeden Frame werden 3 floats für die Skalierung und die Translation des Meshes gespeichert. Außerdem verfügt jeder Frame über einen Namen (der als `char[16]`) gespeichert ist. Dieser Name ist standardisiert und erleichtert das Arbeiten mit mehreren Modellen, wenn man beispielsweise 13 verschiedenen Modelle dazu bringen möchte, zu rennen. Abschließend befindet sich eine Liste von Vertices in der Struktur.

ID SOFTWARE berechnet die Normalenvektoren für die Meshes nicht, sondern verwendet hierfür eine vorberechnete Normalen-Tabelle. Glücklicherweise wurde diese Tabelle der Öffentlichkeit zugänglich gemacht, so dass an dieser Stelle nicht mit irgendwelchen üblen Tricks gearbeitet werden muss. Das Handling der Vertex-Koordinaten ist allerdings etwas umständlich, denn diese werden als unsigned chars gespeichert und letztendlich über einen Skalierungswert auf die gewünschte Größe gebracht.

```
class CMd2FileVertex
{
public :
    unsigned char m_ucVertex[3];
    unsigned char m_ucNormalIndex;
};
class CMd2FileFrame
{
public :
    float m_fScale[3];
    float m_fTranslate[3];
    char m_szName[16];
    CMd2FileVertex m_Vertices[1];
};
```

Dies sind alle Informationen, die wir aus den md2-Files extrahieren können, allerdings fehlen noch einige Konvertierungen, um diese Informationen in ein für unseren Viewer optimales Format zu bringen. Beispielsweise müssen die Textur-Koordinaten vom absoluten in ein relatives Format gebracht werden, die Vertex-Koordinaten müssen mittels der Skalierungs- und der Translationswerte berechnet werden, die Normalenvektoren müssen anhand der gegebenen Indices ermittelt werden, etc. Doch das folgt zu einem späteren Zeitpunkt, zunächst werden erst einmal die Daten geladen.

7.2.8.3.2 Der Ladevorgang

Prinzipiell ist das Laden der Animationsdaten sehr einfach, da in der Header-Struktur sowohl die File-Offsets als auch die Anzahl an Elementen, die geladen werden müssen, steht. Eigentlich dürfte dieser Part also keinerlei Probleme bereiten. Es wird nach dem folgenden Schema vorgegangen :

- Laden des Headers
- Überprüfung der Header-Signature, ob es sich um ein korrektes .md2 File handelt
- Seek an die Stelle `CMd2Header::m_iOffsetSkins`
- Skin-Namen genau `CMd2::m_iNumSkins` mal lesen
- Seek an die Stelle `CMd2Header::m_iOffsetTexCoords`
- `CMd2FileTexCoord` genau `CMd2::m_iNumTexCoords` mal lesen
- Nach diesem Prinzip weiter verfahren mit den Triangles und den Frames

Wie weiter vorne schon erwähnt, müssen die aus dem File geladenen Daten noch in ein brauchbares Format gebracht werden. Wie dies geschieht, wird in den folgenden Abschnitten erklärt.

7.2.8.3.3 Textur-Koordinaten

Wie schon erwähnt, stehen die Textur-Koordinaten in der .md2-Datei in einem absoluten Format. Da in der Header-Datei die Größe der Skins angegeben ist, müssen die absoluten Koordinaten jeweils nur noch durch die Breite bzw. die Höhe dividiert werden. Ausserdem liest die Q2-Engine die Textur-Daten andersherum ein als unser Viewer, weshalb die Textur-Koordinaten zusätzlich noch ein mal geflipt werden müssen. Die Textur-Koordinate stehen dann in einer Instanz der folgenden Klasse :

```
class CMd2TexCoord
{
public :
    float m_fU;
    float m_fV;
};
```

7.2.8.3.4 Normalenvektoren

Die Normalenvektoren stehen in einem globalen Array und können anhand des Index in `CMd2FileVertex` direkt gelesen werden.

7.2.8.3.5 Vertex-Koordinaten

Die Vertex-Koordinaten stehen in der Datei als unsigned chars und müssen zuerst mit dem Skalierungsvektor in `CMd2FileFrame` multipliziert und dann transliert werden. Für jedes Vertex stehen die Daten abschließend in einer Klassen-Instanz folgenden Typs :

```
class CMd2Vertex
{
public :
    float m_fVertex[3];
    float m_fNormal[3];
};
```

7.2.8.3.6 Frame-Konversionen

Da weder die Translations- noch die Skalierungswerte für einen Animations-Frame benötigt werden und wir ein Array von `CMd2Vertex` benötigen, um die Vertices zu speichern, erhalten wir für einen einzelnen Frame letztendlich folgende Struktur :

```
class CMd2Frame
{
public :
    CMd2Vertex* m_pVertices;
    char m_szName[16];
};
```

In einer md2-Animation gibt es letztendlich 198 Frames, folgenden Animationen zugeordnet werden. Diese Animationen wurden natürlich speziell für 3D-Ego-Shooter konzipiert, weshalb sie mit Sicherheit nicht für alle Genres zu gebrauchen sind. Sollte dies nicht der Fall sein, kann man sie einfach modifizieren und der »SHOT_STAND« Animation z.B. das Ausholen mit einem Baseball-Schläger zuordnen.

IDLE1	IDLE4
RUN	CROUCH
SHOT_STAND	CROUCH_CRAWL
SHOT_SHOULDER	CROUCH_IDLE
JUMP	CROUCH_DEATH
IDLE2	DEATH_FALLBACK
JUMP	DEATH_FALLFORWARD
IDLE3	DEATH_FALLBACKSLOW

Bevor ich es vergesse: du kannst den kompletten Sourcecode von QUAKE 2 von ID-Software kostenlos downloaden. URL siehe in Kapitel 1 bei den 3D-Shootern.

7.2.8.3.7 Das Rendering

Damit ein sinnvolles Rendering möglich ist, muss zunächst einmal die aktuell gültige Animation gewählt werden, zwischen deren Keyframes dann interpoliert wird. Dies macht meiner Erfahrung nach den meisten, obwohl es natürlich auch möglich ist, einfach alle Keyframes hintereinander abzuspielen.

Der Einfachheit halber wird an dieser Stelle die lineare Interpolation verwendet, obwohl es auch problemlos möglich ist, die Animationen auf Hermite-Curve Basis abzuspielen, um smoothe Ergebnisse zu erhalten. Sollte dies interessant erscheinen, so empfehle ich einen Blick auf die Developer Relations Pages von NVidia, dort gibt es ein Sample für DirectX8, welches genau dieses tut.

Doch nun zurück zum eigentlichen Rendering. Der Vorgang läuft nach folgendem Schema ab :

- Eine Schleife durchlaufen, in der alle Vertices des Start- und des End-Frames bearbeitet werden.
- Anhand des Timer-Values einen Mittelwert zwischen den Koordinaten des Start- und des End-Frames bilden.
- Dies Vertex dann auf den Bildschirm bringen.
- So einfach wie dieses Verfahren klingt, ist es letztendlich auch. Damit hätten wir dieses Unterkapitel zum Laden und Darstellen von .md2 Dateien auch schon fast abgeschlossen.

7.2.9 Volumetrische Schatten mit dem Stencil-Buffer (JB & PD)

Wenn es darum geht, Szenen realistisch und stimmungsvoll darzustellen, dann sind Schatten unabdinglich. Sie gehören heutzutage einfach zu den State of the Art Techniken, die man beherrschen muss. Prinzipiell gibt dabei unzählige Verfahren, mittels derer realistische Echtzeit-Schatten berechnet werden können.

Am verbreitetesten ist dabei das Shadow-Mapping, bei dem ein Objekt, welches einen Schatten werfen soll, von der Lichtposition aus in eine Schwarzweiss-Textur gerendert wird, welche dann über die Level-Geometrie gelegt wird.

Eine wesentlich flexiblere Methode ist der Volumetric Shadow, für den auf die Trickkiste des Stencil Buffer zurückgegriffen wird. Die Schatten, die bei dieser Methode entstehen, sind in jedem Fall physikalisch korrekt, und seien die Oberflächen, auf die sie fallen, noch so komplex. Dies ist deshalb auch die Methode, auf welche wir in diesem Kapitel zu sprechen kommen möchten.

7.2.9.1 Das Prinzip der volumetrischen Schatten

Zunächst wird einmal die gesamte Szene ganz normal gerendert, ohne dass der Stencil-Buffer benutzt wird. Dann wird die Szene nochmal gerendert, aber diesmal werden nicht die Objekte, sondern ihre Schatten gerendert, und das auch nicht sichtbar, sondern nur in den Stencil-Buffer, wodurch eine Maske generiert wird (s. Funktionsweise des Stencil-Buffer in den vorangehenden Abschnitten). Zum Schluß wird über den ganzen Bildschirm ein transparentes, dunkelgraues Viereck gezeichnet. Dank der Maske des aktiven Stencil-Buffers wird es aber nur an den Stellen dunkel, wo die Schatten sein sollen, und voilá: Wir haben Schatten.

Noch besser sieht es aus, wenn man anstelle des Vierecks die gesamte Szene ein drittes Mal rendert, und zwar wieder normal wie beim ersten Mal, allerdings bei ausgeschalteter Beleuchtung. Natürlich ist das leicht dahergesagt, die dazu erforderliche Performance muss vom Computer erst mal erbracht werden. Allein schon der zweite Renderdurchlauf ist eine ganz erhebliche Belastung.

7.2.9.1.1 Warum funktioniert das? Und wie?

Das Geheimnis liegt im zweiten Renderdurchlauf, und die wichtigsten Akteure sind der Z-Buffer und die Schattenpolygone. Jedes Polygon (Dreieck) eines Objektes wirft an seinen Kanten ein unendlich langes Schatten-Polygon, das »parallel« zum Licht ist. Es entsteht sozusagen eine Röhre. Der Einfachheit halber besteht unser Beispiel-Objekt nur aus einem einzigen Dreieck. Dieses besitzt drei Seiten, wirft also auch drei Schattenpolygone. Hier die entsprechenden Abbildungen, die verdeutlichen, wovon die Rede ist:

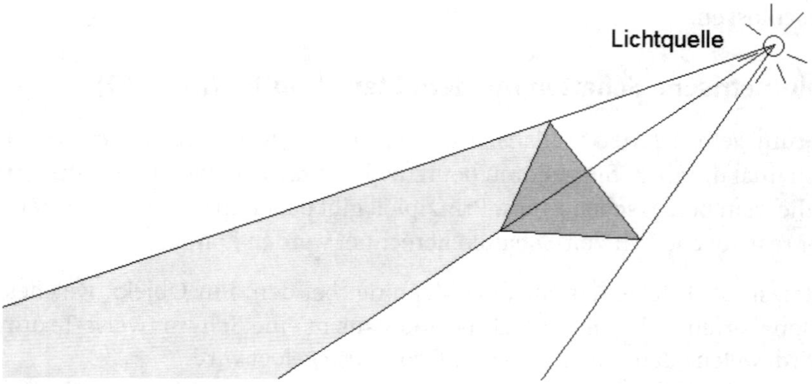

Abb. 7.57: Schattenpolygon Nr.1

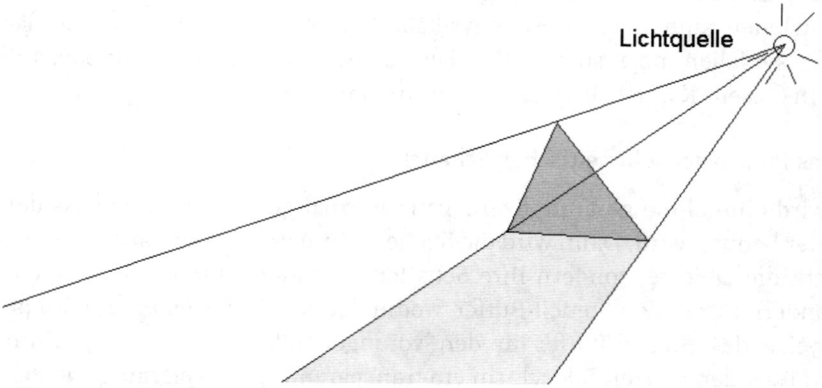

Abb. 7.58: Schattenpolygon Nr. 2

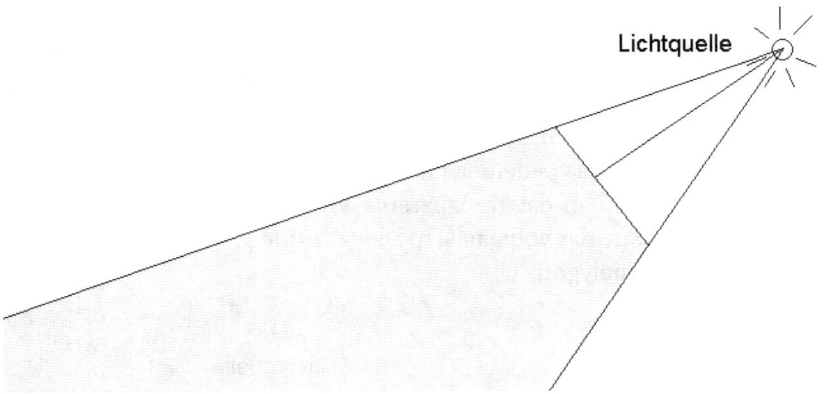

Abb. 7.59: Schattenpolygon Nr. 3

So, nun stellen wir uns für diese Szene aus den Abbildungen einen Fußboden vor, und stellen wir uns ferner vor, wir hätten den ersten Renderdurchlauf abgeschlossen. Alle Objekte wurden gezeichnet, jetzt kommt der zweite Renderdurchlauf mit den Schattenpolygonen:

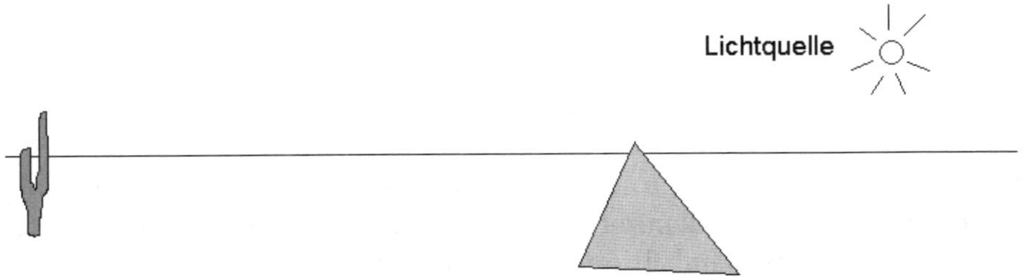

Abb. 7.60: Die Szene nach dem ersten Renderdurchlauf. (Der Kaktus ist nur zur Dekoration).

So, und nun zeichnen wir das erste Schattenpolygon. Da wir einen Fußboden haben, sorgt der Z-Buffer dafür, dass alles, was »in der Erde steckt«, nicht gezeichnet wird.

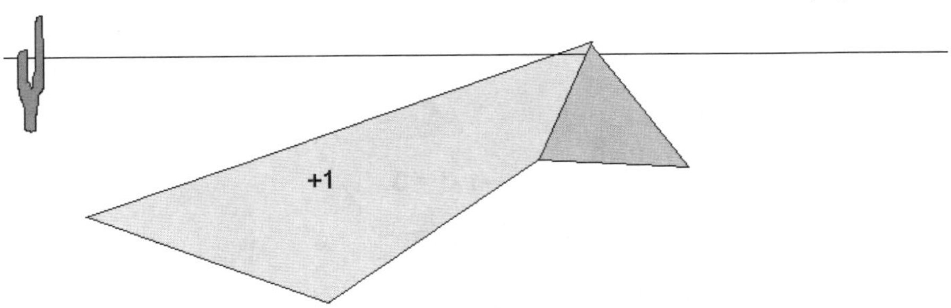

Abb. 7.61: Das erste Schattenpolygon inkrementiert den Stencil-Buffer.

Nur nochmals zur Erinnerung: die Schattenpolygone sind nicht sichtbar, d.h. weder der Color-Buffer noch der Z-Buffer werden verändert. Nur der Stencil-Buffer ist davon betroffen. Für die Abbildungen haben wir ihn natürlich sichtbar gemacht.

Also, das Schattenpolygon hat den Stencil-Buffer an der Stelle, wo es gezeichnet wurde, um +1 inkrementiert. Das bedeutet, dass hier später Schatten zu sehen sein wird, wenn im dritten Durchlauf das transparente Viereck über den ganzen Bildschirm gelegt wird. Noch wäre das völlig falsch, aber wir sind ja noch nicht fertig. Es kommt das zweite Schattenpolygon:

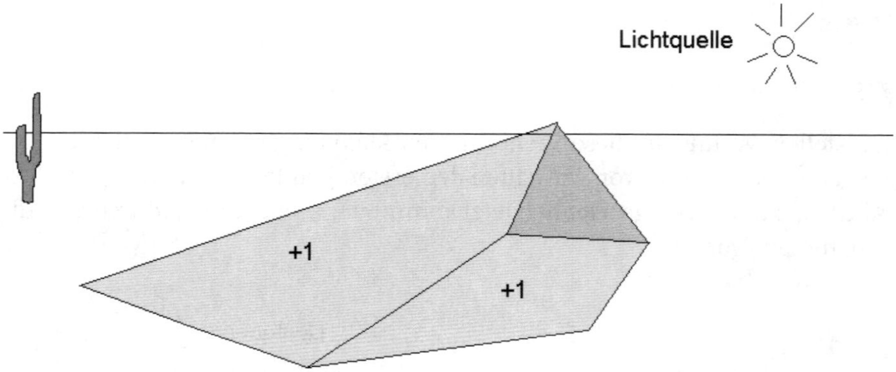

Abb. 7.62: Das zweite Schattenpolygon kommt hinzu.

Im Moment sieht das noch nicht so aus, als würde hier ein vernünftiges Ergebnis herauskommen. Doch nun kommt das dritte Schattenpolygon, und das ändert alles! Dieses Polygon ist nämlich von uns *abgewandt*, während die ersten beiden uns zugewandt waren. Es bildet sozusagen die Rückseite der Schattenröhre. Und aus genau dem Grund lassen wir dieses Polygon den Stencil-Buffer nicht inkrementierten, sondern im Gegenteil, *dekrementieren*! Und das wiederum radiert einen grossen Teil der Schattenfläche wieder aus.

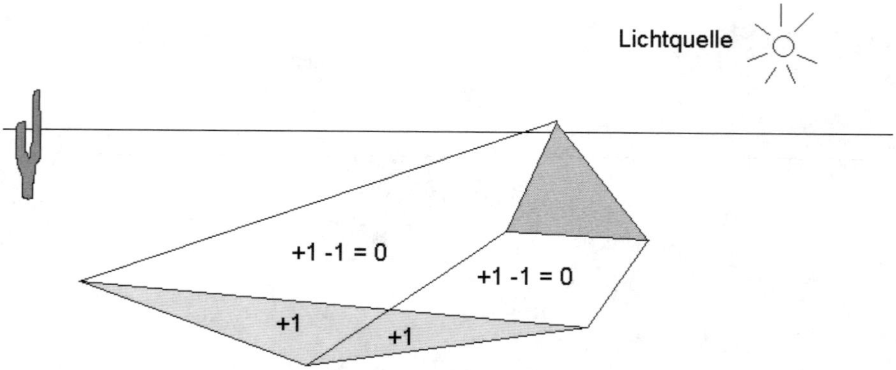

Abb. 7.63: Das dritte Schattenpolygon dekrementiert den Stencil-Buffer.

Wenn wir uns jetzt das übriggebliebene Stück anschauen, wo der Stencil-Buffer inkrementiert geblieben ist, sehen wir – na, was? Richtig! Wir sehen eine dreieckige Fläche. Es ist der Schatten des Dreiecks! Nun kann man den Inhalt des Stencil-Buffers als Maske benutzen, so dass alle Pixel, über denen ein Schatten liegt, abgedunkelt werden können. Sei es einfach durch das Zeichnen des bildschirmfüllenden Vierecks oder durch das nochmalige Rendern der kompletten Szene bei ausgeschaltetem Licht.

Es lässt sich mathematisch beweisen, dass mit dieser Methode jeder noch so komplizierte Schattenwurf bei noch so vielen verschachtelten Objekten korrekt wiedergegeben wird. Allerdings weiß ich weder, wie er geht, noch wäre dieses besonders unterhaltsam, begnügen wir uns daher einfach mit der Tatsache, dass es funktioniert und freuen uns. Das funktioniert ausserdem nicht nur mit Dreiecken, sondern auch mit Vierecken bzw. überhaupt allen Arten von Polygonen. Das ist insofern interessant, als dass ein Viereck vier Schattenpolygone wirft, aber zwei Dreiecke bereits sechs.

Es gibt einige kleine Limitationen, die nicht verschwiegen werden sollen:

- Transparente Polygone werfen einen genauso dunklen und schwarzen Schatten wie untransparente.
- Sich überlappende Schatten bei zwei Lichtquellen verstärken sich nicht.
- Die Schattengrenzen sind scharf wie mit einem Rasiermesser gezogen. Soft Shadows sind theoretisch mittels mehrerer Renderdurchlaäufe denkbar, aber das braucht Rechenleistung jenseits von Gut und Böse.
- Polygone mit teil-transparenten Texturen, wie sie für Gitter oder das Laub von Bäumen gerne verwendet werden, werfen ihre Schatten ohne Löcher und Lücken, was ziemlich bescheiden aussieht.
- Wenn die Szene Nebel enthält, kleben auf weit entfernten Objekten, die im Nebel kaum noch sichtbar sind, hässliche dunkle Flecken – die Schatten. Das ist aber nur der Fall, wenn man zum Abschluß ein bildschirmfüllendes Viereck über die Szene legt. Wenn man die Szene ohne Licht nochmal rendert, sieht es gut aus.
- Für jedes Dreieck bzw. Polygon der Szene müssen drei Schattenpolygone (Vierecke) gezeichnet werden, die noch dazu eine erhebliche Grösse haben. Da raucht nicht nur die Geometrie-Einheit der Grafikkarte, auch die Pixel-Füllrate wird an ihr Limit getrieben. Das kann, wenn man nicht aufpasst, die Performance gnadenlos bis zur Diashow abwürgen. Ein kleiner Lichtblick: nicht alle Polygone eines Objektes werfen Schatten. Es reicht völlig aus, *entweder* nur die der Lichtquelle zugewandten *oder* nur die der Lichtquelle abgewandten Polygone Schatten werfen zu lassen.
- Wenn Kamera selbst im Schatten steht, ist das Endergebnis völlig falsch und sieht abartig aus. Kein Wunder, denn die Polygone, die den Stencil-Buffer inkrementieren, sind hinter der Kamera und somit nicht zu sehen; die Polygone, die

den Stencil-Buffer de-krementieren, sind jedoch sehr wohl zu sehen. Eine Lösung ist es, zu berechnen, ob die Kameraposition im Schatten steht, und wenn das der Fall ist, den Stencil-Buffer auf der gesamten Bildschirmfläche zu inkrementieren. Allerdings muss ich wohl nicht extra erwähnen, dass diese Berechnung nicht trivial ist.

7.2.9.2 Generierung des Shadow Volumes

Um das Shadow Volume zu generieren, wird zunächst in einer Schleife überprüft, ob die Dreiecke in Richtung der Lichtquelle zeigen. Ist dies der Fall, so wird die Kante eines Dreiecks in eine temporäre Liste von Edges eingefügt. Hierbei müssen auch die sogenannten »interior Edges«, Kanten welche kein Bestandteil der Silhouette eines Objektes sind, entfernt werden.

Ist dieser Vorgang abgeschlossen, werden aus den Edges, welche in der Liste verblieben sind, Vierecke in Richtung der Lichtquelle generiert. Dies geschieht folgendermaßen :

$\overline{vLicht}$ sei die Position der Lichtquelle.

$\overline{vEdge\ 0}$ und $\overline{vEdge\ 1}$ seien die Eckpunkte einer Edge der Silhouette.

∞ sei ein Wert, welcher im Vergleich zur Größe der Szene möglichst groß gewählt ist. Einen tatsächlich unendlichen Wert kann man nun mal leider nicht angeben.

$$\vec{q_0} = \overrightarrow{vEdge0}$$

$$\vec{q_1} = \overrightarrow{vEdge1}$$

$$\vec{q_2} = \overrightarrow{vEdge0} - \overrightarrow{vLight} * \infty$$

$$\vec{q_3} = \overrightarrow{vEdge1} - \overrightarrow{vLight} * \infty$$

Diese 4 Vertices definieren nun ein Quad, welches in den Stencil-Buffer gezeichnet werden muss, zunächst mit Culling gegen den Uhrzeigersinn (`D3DCULL_CCW`) und dann im Uhrzeigersinn (`D3DCULL_CW`).

7.2.9.3 Die Operationen im Stencil-Buffer

Zunächst werden die Front-Facing Polygone der Silhouette gezeichnet werden, wobei alle durch den Stencil-Test kommen sollen: `D3DCMP_ALWAYS`. Demnach brauchen wir eigentlich auch keine Operation für den Fall festzulegen, dass ein Pixel nicht durch den Stencil-Test kommt (`D3DRS_STENCILFAIL`). Wenn ein Pixel am Z-Test scheitert (`D3DRS_STENCILZFAIL`), so soll keine Veränderung am Stencil-Buffer vorgenommen werden (D3DSTENCILOP_KEEP). Kommt das Pixel durch (D3DRS_STENCILPASS), soll der Stencil-Buffer inkrementiert werden (D3DSTENCILOP_INCR).

```
pD3DDevice->SetRenderState(D3DRS_STENCILFUNC, D3DCMP_ALWAYS);
pD3DDevice->SetRenderState(D3DRS_STENCILZFAIL, D3DSTENCILOP_KEEP);
pD3DDevice->SetRenderState(D3DRS_STENCILFAIL, D3DSTENCILOP_KEEP);
pD3DDevice->SetRenderState(D3DRS_STENCILREF, 0x1);
pD3DDevice->SetRenderState(D3DRS_STENCILMASK, 0xffffffff);
pD3DDevice->SetRenderState(D3DRS_STENCILWRITEMASK, 0xffffffff);
pD3DDevice->SetRenderState(D3DRS_STENCILPASS, D3DSTENCILOP_INCR);
```

Nun können die Front-Facing-Polygone gerendert werden, wobei sichergestellt werden sollte, dass keine Schreibvorgänge in den Z-Buffer und den Color-Buffer stattfinden. Mit einem sehr ähnlichen Setup für den Stencil-Buffer werden nun die Back-Facing Polygone des Objektes gerendert. Der einzige Unterschied besteht darin, dass der Wert im Stencil-Buffer dekrementiert wird, falls ein Pixel durch den Stencil-Test kommt (D3DSTENCILOP_DECR).

```
pD3DDevice->SetRenderState(D3DRS_STENCILPASS, D3DSTENCILOP_DECR);
```

Was soll das Ganze nun bezwecken ? Prinzipiell ist dies relativ einfach: Wenn ein Pixel innerhalb des Shadow Volumes liegt, ist er »schattiert«. In diesem Fall wurde der Inhalt des Stencil-Buffers öfter inkrementiert als dekrementiert, so dass der Wert größer als 0 ist.

7.2.9.4 Das Zeichnen der Schatten

Was abschließend noch geschehen muss, ist ein großes Quad über den gesamten Schirm zu zeichnen, welches alle Pixel an der Stelle abdunkelt, wo der Wert im Stencil-Buffer größer als 0 ist, denn dann liegt der Pixel im Schatten. We're done. Schon ist eine erste Implementation von Echtzeitschatten gelungen. Auch wenn ich mich in diesem Kapitel für eine Implementation unter Direct3D entschieden habe, liegt in den Beispielen natürlich auch ein Programmcode für OpenGL vor. Abgesehen von einigen API-Funktionen unterscheiden sich die verwendeten Techniken allerdings nicht.

Der Nachteil dieser Technik ist, dass ein Stencil-Buffer vorausgesetzt wird. Zwar unterstützen alle neuen 3D-Karten diesen, auf älteren Karten kommt es dennoch des öfteren vor, dass diese über keinen Support verfügen. Stefan Röttger hat im Herbst 2001 eine Methode vorgestellt, mittels welcher sich Shadow Volumes auch ohne Stencil-Buffer implementieren lassen. Ich bin leider erst vor kurzem auf diese Technik aufmerksam geworden, werde eine Implementation mit Erläuterung aber auf jeden Fall auf der Homepage nachreichen.

7.2.10 Landscape-Rendering (JB)

In diesem Kapitel ist die Echtzeit-Darstellung komplexer Landschaften das Hauptthema. Zunächst geht es los mit einigen Basics des Landscape-Renderings, darauf folgen dann etwas kompliziertere Verfahren für eine dynamische Level-Of-Detail Berechnungen und Landschaftstexturierung.

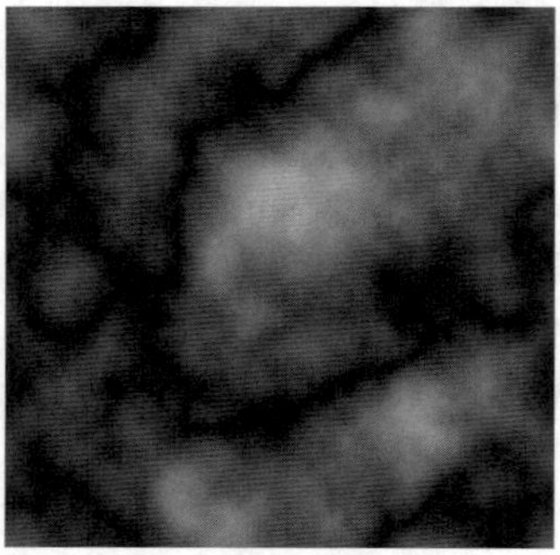

Abb. 7.64: Eine so genannte Heightmap, aus der die Höhendaten einer Landschaft gelesen werden.

7.2.10.1 Heightmaps

Um Landschafts-Geometrie zu speichern, greift man normalerweise auf so genannte *Heightmaps* zurück. Hinter diesem Namen verbirgt sich ein simples zweidimensionales Array von Höhenwerten. Dabei wird davon ausgegangen, dass die Landschaft aus gekachelten Feldern besteht. Das müssen nicht notwendigerweise quadratische Felder sein, aber mit diesen ist am einfachsten umzugehen. Es ist sehr beliebt, solche Heightmaps auf der Festplatte in Form von Graustufen-Bitmaps zu speichern. Schwarz ist dabei Höhe Null und Weiß ist die Maximale Höhe. Auf diese Weise kann man sich mit einem simplen Malprogramm eine Landschaft malen.

Wenn du genau überlegst, wirst du feststellen, dass du mit einer Heightmap, die ja nun mal lediglich eine 2D-Datenstruktur ist, keine wirklich dreidimensionalen Landschaftsmerkmale wie Felsüberhänge oder Höhlen darstellen kannst. Aber das ist in der Regel wenig störend. Falls solche Elemente benötigt werden, kann man sie – genau wie Bäume und Häuser – als eigenständige Objekte aufstellen.

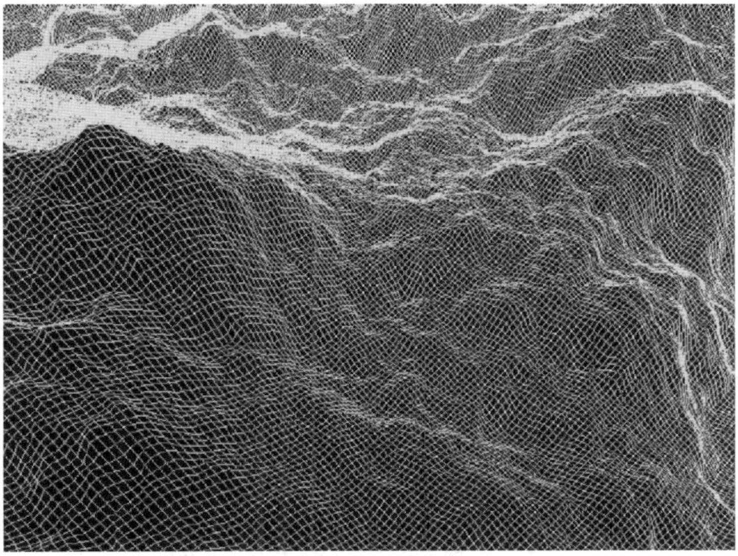

Abb. 7.65: Eine Landschaft als Drahtgittermodell.

7.2.10.2 Das Umgehen mit grossen Datenmengen

Natürlich kann man keine Landschaft aus 1000 x 1000 Feldern in ihrer Gesamtheit auf den Bildschirm zeichnen, denn mit dieser Menge an Polygonen kann nicht einmal eine GeForce4 umgehen. Aus diesem Grund muss man das darzustellende Terrain etwas einschränken. Dazu gibt es mehrere Methoden, die sich kombinieren lassen.

7.2.10.2.1 Begrenzter Sichtradius

Die einfachste Methode ist, lediglich Felder innnerhalb eines bestimmten Radius um die Kamera zu zeichnen. Das allein reicht aber nicht, durch die immer noch relativ hohe Polygonzahl ist die maximale Sichtweite, bei der man eine vernünftige Perfomance erreicht, sehr eingeschränkt.

7.2.10.2.2 Frustum Culling

Frustum Culling (s. gleichnamiges Kapitel) ist sehr lohnenswert, immerhin sind selbst bei einem horizontalen Blickwinkel von 90 ca. • aller Landschaftsfelder nicht sichtbar. Natürlich kann man nicht jedes einzelne Feld testen, der Rechenaufwand würde den Nutzen übersteigen, deshalb werden Felder in Blöcken zusammengefasst (Schlagwort »Block Based Landscape Rendering"), wobei für jeden Block eine Axis Aligned Bounding Box für das Frustum Culling benutzt wird. Die optimale Größe für solche Blöcke hängt davon ab, wie groß die Landschaft insgesamt ist und auf welchem Computer sie dargestellt werden soll. Hierbei heißt es: Ausprobieren; die Erfahrung hat gezeigt, dass Blöcke der Größe 8x8 oder 16x16 die besten Ergebnisse erzielen.

Die einzelnen Blöcke kann man – genauso wie die Höhenwerte der Landschaftsfelder – in einem zweidimensionalen Array speichern, welches dann durchlaufen wird. Ist ein Block sichtbar, muss er gerendert werden, ansonsten nicht.

Die Bounding Box eines Blocks zu berechnen, ist sehr einfach, denn die X- und Z-Koordinaten für die Eckpunkte sind schon bekannt. Für MinY und MaxY müssen lediglich die maximale und die minimale Höhe in diesem Teil der Landschaft ermittelt werden.

Der Nachteil dieser Methode ist, dass trotz der Gruppierung der Felder in Blöcke immer noch sehr viele Frustum-Tests durchgeführt werden müssen. Das kann man noch weiter optimieren, wenn man ein hierarchisches System aufstellt, und je 16x16 Blöcke zu »Superblöcken« zusammenfasst. Ist ein Superblock nicht sichtbar, braucht man auch für die Blöcke darin keine Tests mehr durchzuführen. Wenn doch, kann man die Blöcke testen.

7.2.10.2.3 Level Of Detail

Zu guter Letzt verbleibt noch die ungeheure Verschwendung von Polygonen in der Ferne. Am einem Berg in tausend Metern Entfernung ergeben vier Felder zusammen vielleicht nur einen einzigen Bildschirmpixel. Muss das sein? Nicht unbedingt. Man kann die Landschaftsgeometrie in Abhängigkeit von der Landschaft und der Distanz zur Kamera dynamisch verändern, so dass weit entfernte Landschaftsteile mit sehr viel weniger Polygonen auskommen. Diese Methode ist bei weitem die komplizierteste, was die Implementation betrifft, aber auch dieser werden wir uns widmen. Bezeichnet wird dieses Verfahren allgemein als *Continuous Level Of Detail* (CLOD), wobei die die bekanntesten Algorithmen zur Lösung dieses Problems so klangvolle Namen haben wie Adaptive Quadtrees, Geometrical Mip-Mapping und ROAM.

Neben dem dynamischem CLOD, das stets von der sich ändernden Kameraposition abhängig ist, gibt es auch statisches CLOD, das nur von der Geländeform abhängig ist. Eine flache Ebene beispielsweise muss nicht aus 146 Polygonen bestehen, egal wie nahe die Kamera dran ist. Der Vorteil dabei ist, dass die Vertex Buffer nur ein einziges Mal mit Daten gefüllt werden müssen. Bedauerlicherweise lassen sich statisches und dynamisches CLOD nicht kombinieren.

7.2.10.3 Adaptive Quadtrees

In diesem Abschnitt wird eine von Röttger et al im Jahre 1998 vorgestellte Methode für dynamische Level Of Detail Berechnungen erläutert. Diese hat inzwischen aufgrund ihrer Einfachheit und Effizienz eine große Verbreitung gefunden.

Bei Quadtrees handelt es sich – wie bei allen Baum-Strukturen – um einen rekursiven Algorithmus, bei dem in der obersten Hierachiestufe (Node genannt) die gesamte Landschaft enthalten ist. Untergeordnet sind diesem Node vier kleinere

Nodes mit je einem Viertel der Landschaft, und jeder dieser Unternodes enthält wieder vier Nodes usw. Die unterste Hierarchiestufe bilden die Nodes mit einem einzigen Feld. Diese Hierarchie wird als *Top-Down Subdivision* bezeichnet. Jeder Node besteht dabei aus der gleichen Zahl von Polygonen, ob es nun ein einziges Feld ist oder die ganze Landschaft.

Die Darstellung beginnt in der obersten Ebene der Landschaft. Wenn der oberste Node zu grob ist, wird er gesplittet, d.h. es wird stattdessen versucht, seine Unter-Nodes zu rendern. Und wenn ein Unter-Node zu grob ist, wird er in seine Unter-Unter-Nodes gesplittet, usw. Wann ein Node zu grob ist, ist abhängig von seiner Grösse im Vergleich zu seiner Distanz zur Kamera und der »Roughness«, also wie unruhig das Gelände ist. Ebenen sehen auch mit weniger Polygonen noch gut aus, bei Hügeln und Bergen kann die Einsparung von Polygonen ihr Verschwinden bewirken. Relevant sind dabei die Abweichungen der Vertices eines höher aufgelösten Nodes von den Kanten des Parent-Nodes. Die Entscheidung, ob der gröbere Node »noch gut genug« aussieht, ist zum Teil subjektiv, und man kann sich dazu beliebig komplizierte Algorithmen ausdenken.

7.2.10.3.1 Das Rendering

Das Problem des Renderings von Quadtree-Nodes ist, im Endergebnis ein Netz aus Dreiecken zu schaffen, in dem keine Löcher existieren (sog. Cracks). Die ergeben sich nämlich dummerweise von selbst, wenn Nodes von unterschiedlichem Detailgrad aneinander grenzen. Man nennt sie auch T-Junctions (T-Kreuzungen). Warum, das zeigt die Abbildung.

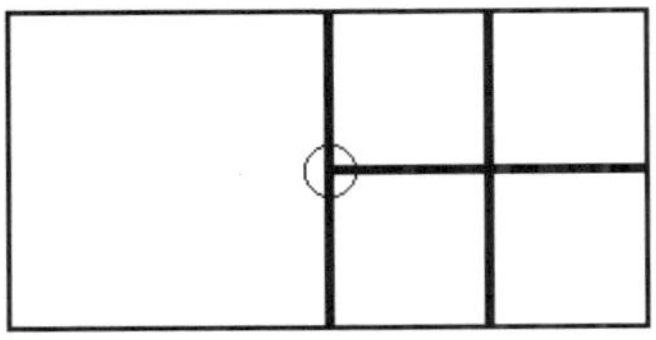

Abb. 7.66: Links ein grosser Node, rechts vier kleinere Nodes. Der eingekreiste Vertex bildet eine T-Junction. Hier hat die Landschaft ein Loch.

Um hier Abhilfe zu schaffen, bestehen die Nodes in adaptiven Quadtrees aus Triangle-Fans (ohne dass die Dreiecke wirklich als Triangle-Fans gerendert werden müssen), und wenn der Fall von T-Junctions auftritt, werde die problematischen Vertices an den Übergängen einfach eliminiert. Zum Verständnis zeigen die Abbildungen den Vorgang des Node-Splitting und die anschliessende Eliminierung problematischer Vertices.

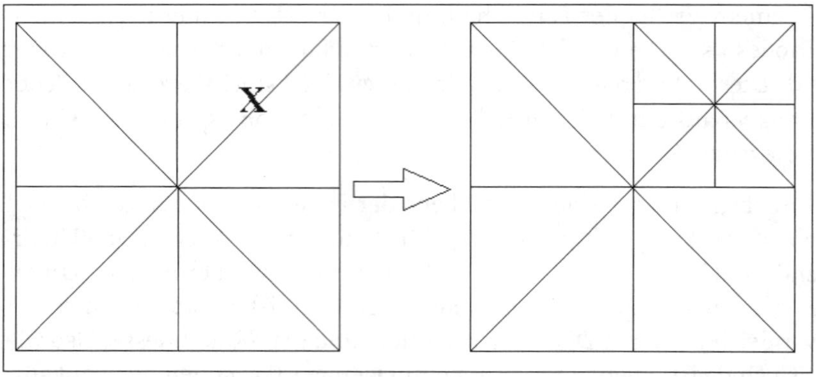

Abb. 7.67: Zu Beginn besteht das Landschafts-Mesh nur aus dem obersten Node, also aus 8 Dreiecken. Rechts oben, wo das X ist, ist jedoch eine höhere Detailstufe gewünscht, also werden hier die Vertices des Unter-Node eingefügt.

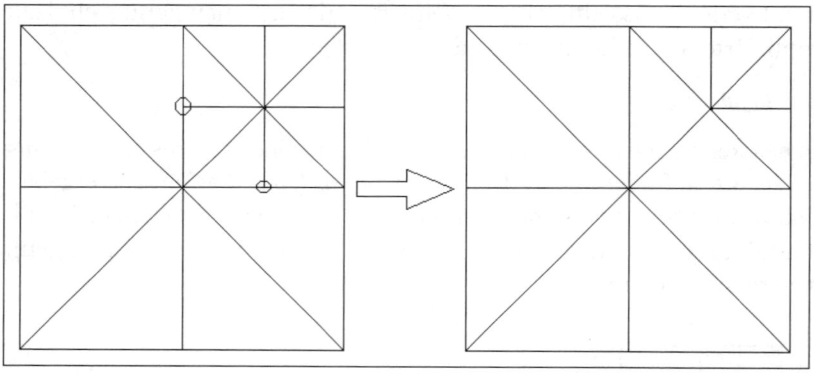

Abb. 7.68: Die eingekreisten Vertices bilden T-Junctions und müssen entfernt werden. Danach ist das Landschaftsmesh wieder »sauber«.

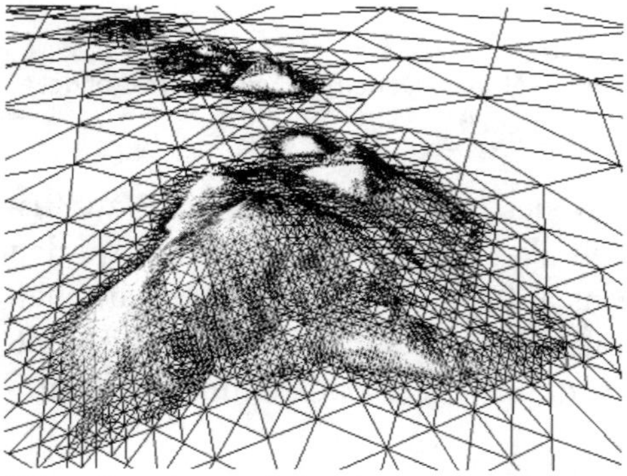

Abb. 7.69: Eine mittels adaptiver Quadtrees dargestellte Landschaft.

7.2.10.4 Geometrical Mip-Mapping

Beim Verfahren des Mip-Mappings wird eine Mip-Map Chain generiert, in welcher die Größe einer Textur in jeder Stufe halbiert wird. Ebenso wird beim Geometrical Mip-Mapping verfahren. Auch bei dieser Methode der dynamischen LOD-Berechnung wird die Landschaft in gleichgroße Blöcke unterteilt, welche mehrere Auflösungen der Geometrie beinhalten. Die detaillierteste Stufe beinhaltet die maximale Anzahl an Dreiecken, die darauffolgende nur noch ein Viertel, die darauffolgende wieder ein Viertel der vorherigen, und so weiter und so fort.

Abb. 7.70: Willem de Boer verwendete für sein E-Mersion Project Geometrical Mip-Mapping. Beachte ganz nebenbei, dass die Landschaft hier nicht quadratisch sondern hexagonal unterteilt ist.

Probleme treten bei dieser Methode wieder beim Rendering der Übergänge zwischen verschiedenen Blöcken auf. Um dieses Problem zu lösen, gibt es primär zwei Lösungsansätze: Nach dem ersten Ansatz werden die Übergänge immer in der höchsten möglichen Auflösung gezeichnet, was in sehr detaillierten Karten endet, obwohl ein Block an sich sehr weit entfernt ist. Dieses Verfahren stellt also eher eine sehr große Polygon-Verschwendung dar, obwohl die Implementation natürlich sehr einfach ist. Besser ist es, Übergänge für jede mögliche Kombination an Detailgrad zunächst zu berechnen und dann in jedem speziellen Fall anzuwenden.

7.2.10.5 Himmel

Bei der Darstellung eines Himmels über der Landschaft scheiden sich noch immer die Geister. Manch einer befürwortet eine Skybox, ein anderer zieht eine Pyramide vor und der nächste benutzt eine Halbkugel. Für statische Himmel reicht eine Skybox vollkommen aus, sie ist für dynamische Himmelsstrukturen allerdings ungeeignet. Ich persönlich ziehe in den meisten Fällen eine Pyramide vor, mit welcher es sehr einfach ist, dem Himmel am Horizont und an der Spitze unterschiedliche Farben zuzuweisen und gleichzeitig scrollende Wolken oder ähnliches einzubauen.

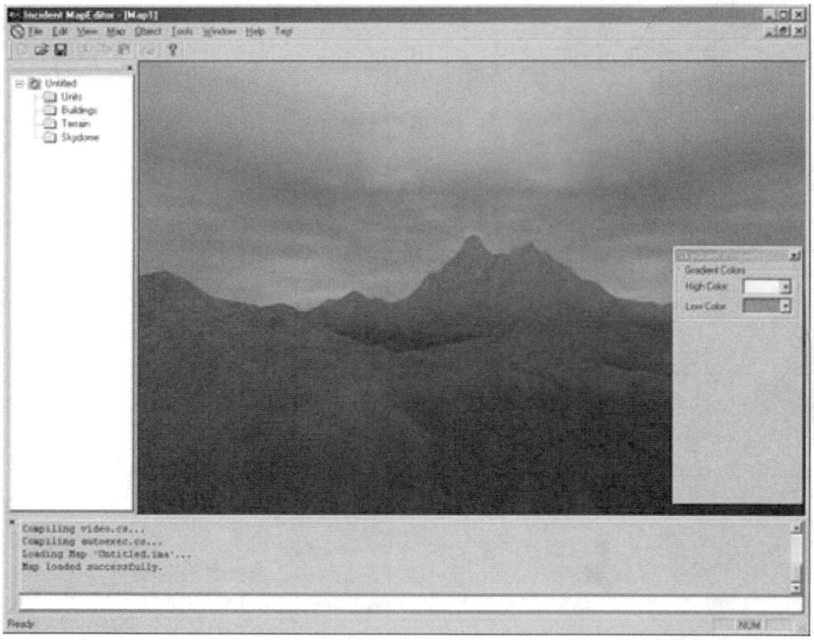

Abb. 7.71: Die GAIA-Engine von Chaotic Arts verwendete ein Pyramide zur Himmelsdarstellung.

Aufgrund der Begrenztheit der Sichtweite durch das Far-Clipping-Plane ist es nicht sinnvoll, den Himmel in seiner realen Größe und Entfernung rendern zu wollen. Der Spieler sieht es ohnehin nicht, ob die Wolken 50 oder 5000 Meter weit entfernt sind. Oder sagen wir besser, er sieht es, sobald er sich bewegt. Es wirkt sehr merkwürdig, wenn der Spieler den Wolken entgegen marschieren oder gar den den Rand des Himmels erreichen kann. Um den Eindruck zu erwecken, der Himmel sei unendlich groß, ist es erforderlich, ihn an die Kameraposition zu kleben, also synchron mit den Bewegungen des Spielers verschieben, so dass er den Wolken niemals näher kommt, egal wie weit er läuft.

Der nächste zu beachtende Punkt ist der Z-Buffer. Es ist empfehlenswert, den Himmel immer als allererstes mit ausgeschaltetem Z-Buffer zu rendern, dann braucht man sich keine Gedanken um Türme zu machen, die oben abgeschnitten werden, weil sie höher als das Himmelsmesh sind.

Für bewegliche Wolken werden einfach mehrere Layer verwendet, welche übereinander geblendet werden. Indem man in jedem Frame die Textur-Koordinaten modifiziert, sorgt man dafür, dass die Wolken über den Himmel ziehen. Eine weitere beliebte Methode, um für beeindruckende Farbeffekte zur sorgen, ist die Verwendung von Color-Splines. Bei dieser Vorgehensweise werden einige Farbwerte für die Ecken und die Spitze der Pyramide vordefiniert, zwischen welchen dann mittels einer Spline interpoliert wird. In der Praxis kann diese Methode in Kombination mit passend gewählten Texturen zu einem wahren Augenschmaus führen.

7.2.10.6 Terrain-Texturing

Für die Texturierung der Landschaft gibt es verschiedene Methoden, die sich in ihrer Implementation erheblich voneinander unterscheiden. Das Hauptproblem ist eigentlich immer dasselbe: wie sollen die Übergänge zwischen verschiedenen Terraintypen dargestellt werden. Wir haben jedem Vertex unserer Heightmap eine Geländeform zugeordnet (Gras, Fels, Sand, etc.), wie geht es nun weiter?

7.2.10.6.1 Terrain by color

Die einfachste Methode ist, eine einzige Textur zu verwenden, die irgendeinen neutralen, grauen Brösel darstellt. Die unterschiedlichen Geländetypen werden dadurch repräsentiert, dass jedem Vertex der Heightmap eine Farbe zugeordnet ist (Gras = grün, Fels = grau, Sand = beige etc.). Die Farbverlaufs-Funktion der 3D-Hardware besorgt den Rest und sorgt für fließende Übergänge.

Leider ist diese Methode für dynamisches LOD ungeeignet, da hier Vertices mal gezeichnet werden und mal nicht, und es so zu einem grauenhaften Farbgeflacker kommt.

7.2.10.6.2 Übergangs-Texturen

Man kann hingehen und für jeden Übergang von einem Terraintyp zum anderen eine eigene Textur erstellen. Das hört sich wesentlich einfacher an als es ist, der Grafiker muss hier extremes Feingefühl besitzen. Es gibt heute auch immer weniger Gründe, es zu tun, aber zu Zeiten von Grafikkarten, auf denen sowohl Alphablending als auch Multitexturing nicht verfügbar oder sehr teuer waren, war dies eine ausgesprochen gute Lösung für das Problem der Übergänge.

7.2.10.6.3 Vorgefertigte Landschaftstextur

Bei dieser Form der Texturierung werden zur Heightmap passende Texturen verwendet, auf der jeder Grashalm und jeder Kiesel vorgerendert sind. Und natürlich auch Licht und Schatten. Sieht zwar unschlagbar aus und kostet so gut wie keine Performance, verbraucht aber bestialisch viel Texturspeicher. Das begrenzt die Größe der Landschaft.

7.2.10.6.4 Algorithmische Übergänge

Hierbei gibt es für jeden Terraintyp eine eigene Textur, die über die gesamte Landschaft gekachelt wird. Die X/Z-Koordinaten entsprechen dabei den U/V-Koordinaten. Die Übergänge werden nun so erledigt, dass ein Dreieck, an dem mehrere Terraintypen zusammenkommen, diese Texturen ineinandergeblendet werden, sei es durch Blending oder durch Multitexturing. Sieht sehr gut aus. Hat jedoch, ähnlich der Methode mit verschiedenen Vertex-Farben Probleme mit dynamischem LOD.

7.2.10.6.5 Kacheln sind hässlich

Um Texturen besser auszunutzen, werden sie gekachelt (Ausnahme: vorgefertigte Landschaftstextur). Das ist soweit auch nicht schlimm. Schlimm wird es erst, wenn für den Spieler die Kachelstruktur sichtbar wird. Das passiert umso eher, je kleiner die Kachel ist, und je markanter das Muster der Textur. Deswegen sind Terrain-Texturen üblicherweise nicht nur groß, sondern auch relativ »langweilig«, d.h. sie enthalten möglichst wenig bis keine markanten Strukturen.

Eine Methode ist die Verwendung von Multi-Texturing, bei der eine große Terrain-Textur in einer sehr hohen Auflösung – beispielsweise 2048x2048 – in Kombination mit einer kleinen Detail-Textur, welche über die einzelnen Terrain-Blöcke gekachelt wird, benutzt wird. Diese Methode ist relativ rechenaufwendig, da eine große Terrain-Textur natürlich extrem viel Speicher benötigt, gibt aber sehr gute Ergebnisse, da das Gefühl erzeugt wird, als wäre jede Stelle der Landschaft unterschiedlich texturiert. Die XTerminate-Engine von Tim C. Schröder verwendet ein solches Verfahren zur Landschafts-Texturierung (s. Abbildung)

Abb. 7.72: Die XTerminate-Engine von Tim C. Schröder.

7.2.10.7 Das Terrain wirft Schatten

Um eine möglichst realistische Aussehen des Terrains zu bewerkstelligen, sollte man den Faktor Sonnenlicht nicht außer Acht lassen. Wie bereits in einem vorherigen Kapitel erklärt wurde, handelt es sich bei der Sonne um eine direktionale Lichtquelle ohne Position.

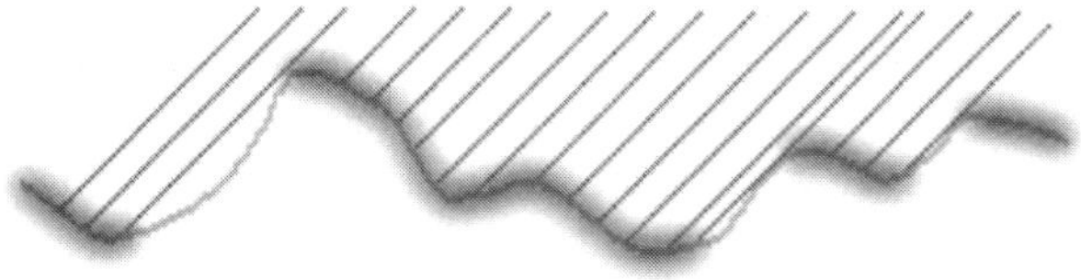

Abb. 7.73: Die Sonne ist eine direktionale Lichtquelle.

Um zu ermitteln, ob das Sonnenlicht aufgrund von Bergen in der Landschaft einen bestimmten Punkt erreicht, muss ausgehend vom zu überprüfenden Vertex ein Strahl in die Gegenrichtung des direktionalen Lichtes geschickt werden. Wenn dieser Lichtstrahl eines der Dreiecke des Terrains schneidet, so liegt es im Schatten, andernfalls wird es direkt durch die Sonne beleuchtet.

Um diesen Sonneneinstrahlung in der Landschaft sichtbar zu machen, gibt es zwei Möglichkeiten. Entweder kann man Vertex-Coloring benutzen, was sich aber, wie schon erwähnt wurde, nicht für Landschaft mit dynamischem Level Of Detail eignet. Falls man eine große Landscape-Texture verwendet, ist es das beste, wenn man die Beleuchtung in diese direkt integriert, das Ergebnis wird auch bei CLOD richtig dargestellt.

7.2.11 Interpolation, Kurven und gekrümmte Oberflächen (JB & PD)

Curved Surfaces sind seit dem Release von QUAKE 3 ARENA in aller Munde und gehören seitdem zum Standardwissen jedes 3D-Coders, der etwas auf sich hält. Sie mathematisch auch wirklich zu verstehen, ist stellenweise gar nicht so einfach. In diesem Kapitel gehe ich auch auf biquadratische Beziér Patches ein, wie sie auch in dem oben erwähnten Titel von ID Software Anwendung finden.

Die Vorteile von Curved Surfaces liegen auf der Hand : Es werden nur sehr wenige Informationen benötigt, um sehr detaillierte und rund aussehende Geometrie zu erzeugen. Zusätzlich ermöglicht dieses Verfahren auch eine sehr schöne »Scalability«, das heißt dass man die Geometrie sehr einfach an die Geschwindigkeit des Computers anpassen kann, indem man den Tesselationsgrad auf schnelleren Rechnern erhöht, was glattere Flächen zur Folge hat.

Um gekrümmte Oberflächen zu verstehen, ist es wichtig, zunächst einmal gekrümmte Kurven zu verstehen, und um die zu verstehen, ist zunächst ein Exkurs zum Thema Interpolationsmethoden fällig. Kurven und Interpolation sind übrigens auch in anderen Themenbereichen sehr nützlich, insbesondere für Animationszwecke. Die hier vorgestellten Techniken basieren allesamt auf dem Kapitel über Lineare Algebra, ich hoffe deshalb, dass dieses gewissenhaft durchgearbeitet wurde.

7.2.11.1 Interpolation

Unter Interpolation versteht man die Berechnung von Zwischenwerten anhand weniger vorgegebener Eckdaten. Hierfür gibt es verschiedenste Techniken, von denen einige bessere Resultate produzieren und andere schlechtere. Gleichzeitig gibt es rechenintensive und simple Methoden. Hier gilt es, abzuschätzen, welcher Aufwand betrieben werden soll, wie viel Rechenzeit man für die Interpolation erübrigen kann und wie wichtig das visuelle Ergebnis ist.

Gleichzeitig muss unterschieden werden zwischen Interpolation und Approximation. Eine interpolierte Kurve geht durch alle Kontrollpunkte, während eine approximierte lediglich durch die Endpunkte gehen muss und alle anderen Punkte nur zur Annäherung einbeziehen muss.

7.2.11.2 Lineare Interpolation

Bei der linearen Interpolation handelt es sich wohl um das schnellste Verfahren, bei dem Punkte auf einer geraden Strecke zwischen zwei Punkten generiert werden können:

$$P = P_0 + (P_1 - P_0)*t$$

Nicht umsonst erinnert das an die parametrische Geradengleichung. Wir haben hier zwei Punkte gegeben, P_0 und P_1, und wir können mit obiger Formel jeden dazwischen liegenden Punkt *P* berechnen. Der Faktor *t* ist dabei eine Zahl zwischen 0 und 1. Bei t=0 sind wir am Punkt P_0, bei t=1 sind wir am Punkt P_1.

Man kann statt eines Punktes natürlich auch einfache Zahlenwerte interpolieren, die Formel bleibt dieselbe. Im Prinzip passiert bei der Interpolation der Punktkoordinaten auch nichts anderes, als dass jede Koordinate für sich interpoliert werden. Hier etwas C-Code:

```
float LinearInterpolate(float f1, float f2, float t)
{
    return f1 + (f2 - f1)*t;
}
```

7.2.11.3 Cosinus Interpolation

Die Cosinus Interpolation ist etwas langsamer als die lineare Variante, sorgt allerdings für wesentlich rundere Kurven.

```
float CosineInterpolate(int a, int b, float x)
{
    float ft;
    float f;
    ft = x * 3.1415927;
    f = (1.0f - cosf(ft)) * 0.5f;
    return a * (1 - f) + b * f;
}
```

7.2.11.4 Kubische Interpolation

Als letztes der einfachen Interpolationsverfahren bleibt die kubische Interpolation. Bei dieser wird eine Kurve nicht anhand von zwei Kontrollpunkten sondern auf Basis von 4 Punkten ermittelt.

```
float CubicInterpolate(int v0, int v1, int v2, int v3, float x)
{
    int P;
    int Q;
    int R;
    int S;

    P = (v3 - v2) - (v0 - v1);
    Q = (v0 - v1) - P;
    R = v2 - v0;
    S = v1;
    return (float)(P * pow(x, 3) + Q * pow(x, 2) + R * x + S);
}
```

7.2.11.5 Hermite-Kurven

In diesem Abschnitt wollen wir uns zunächst auf kubische Hermite Kurven beschränken, in diesem Fall Kurven, die aus einem Anfangs- und einem Endpunkt bestehen. Achtung, an dieser Stelle wird es sehr mathematisch, das lässt sich leider nicht vermeiden. Für Hermite Kurven wird eine Funktion P(t) aufgestellt, für welche folgende vier Nebenbedingungen gelten müssen :

$P(0) = P_0$	Startpunkt der Kurve
$P(1) = P_1$	Endpunkt der Kurve
$P(0)' = P_0'$	Ableitung / Steigung im Startpunkt
$P(1)' = P_1'$	Ableitung / Steigung im Endpunkt

Zieht man diese vier Nebenbedingungen in Betracht, so lässt sich ein Polynom dritter Ordnung (ein kubisches Polynom) hieraus aufstellen.

$$P(t) = c_3 t^3 + c_2 t^2 + c_1 t^1 + c_0$$

Die Ableitung von P(t) ist somit :

$$P'(t) = 3\,c_3 t^2 + 2\,c_2 t^1 + c_1$$

Stellen wir nun P(t) in die vektorielle Schreibweise um :

$$P(t) = \begin{pmatrix} c_3 & c_2 & c_1 & c_0 \end{pmatrix} * \begin{pmatrix} t^3 \\ t^2 \\ t^1 \\ 1 \end{pmatrix}$$

$$P(t) = C * T$$

Die Matrix M muss nun aus den vier Nebenbedingungen ermittelt werden, weshalb wir diese zunächst in eine Matrix M (welche als Basismatrix der Hermite Kurve bezeichnet wird) schreiben, mit welcher die Matrix M gesucht wird. Daher gilt :

$$C = G * M$$

$$P(t) = G * M * T$$

Wird die Nebenbedingung in die Funktion eingesetzt, so erhalten wir eine Gleichung mit vier Unbekannten.

$$P(0) = P_0 = c_0$$

$$P(1) = P_1 = c_3 + c_2 + c_1 + c_0$$

$$P'(0) = P'_0 = c_1$$

$$P'(1) = P'_1 = 3c_3 + 2c_2 + c_1$$

Anhand dieser Gleichungen lassen sich nun alle c in Abhängigkeit von P darstellen.

$$c_3 = 2P_0 + 2P_1 + P'_0 + P'_1$$

$$c_2 = -3P_0 - P_1 - 2P'_0 - P'_1$$

$$c_1 = P'_0$$

$$c_0 = P_0$$

Setzen wir dies nun ein erhalten wir :

$$C = \begin{pmatrix} P_0 & P_1 & P_2 & P_3 \end{pmatrix} * \begin{pmatrix} 2 & -3 & 0 & 1 \\ -2 & 2 & 0 & 0 \\ 1 & -2 & 1 & 0 \\ 1 & -1 & 0 & 0 \end{pmatrix}$$

Daraus folgt abschließend

$$P(t) = G * M * T$$

so dass uns eine Funktion zur Verfügung steht, anhand welcher einem Wert t eine eindeutige Position zugeordnet werden kann.

7.2.11.6 Bézier-Kurven

Bei der Berechnung eines Punktes für den Wert *t* auf einer Bézier-Kurve wird so vorgegangen, dass zunächst jede Strecke zwischen einem und dem nächsten Kontrollpunkt gebildet wird. Auf jeder dieser Strecken wird die Position für *t* via linearer Interpolation berechnet. Nun werden diese neuen Punkte wieder mit Strecken verbunden, und auf den neuen Strecken wieder jeweils die Position für *t* ermittelt.

In jedem Schritt haben wir eine Strecke bzw. Punkte weniger als zuvor. Am Ende haben wir nur noch einen Punkt, und dies ist der dem Wert *t* zugeordnete Punkt auf der Bezier-Kurve.

Es folgt eine Sequenz von Bildern, um das Verfahren zu verdeutlichen. Dieses Beispiel besitzt vier Kontrollpunkte und der Wert von *t* ist 0.5. Es sollte deutlich werden, wie sich dieses Verfahren auf beliebig viele Kontrollpunkte anwenden lässt. Ebenfalls sollte deutlich werden, dass die Kurve zwar durch den ersten und letzten Kontrollpunkt, nicht aber durch die beiden mittleren verläuft. Es handelt sich also um eine Approximation.

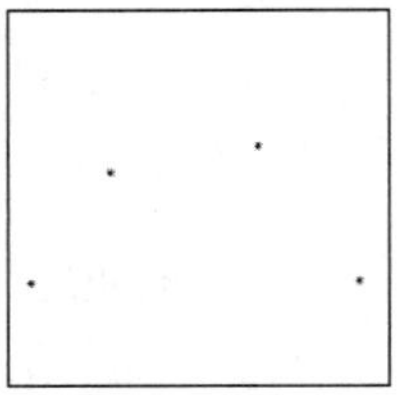

Abb. 7.74: Die 4 Kontrollpunkte.

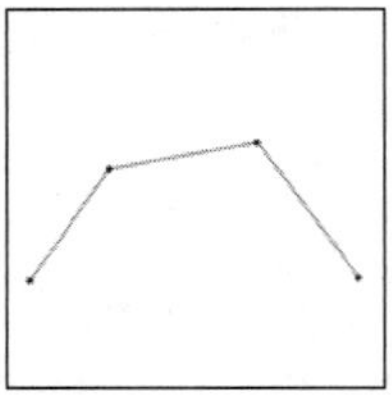

Abb. 7.75: Die Kontrollpunkte werden durch Strecken verbunden.

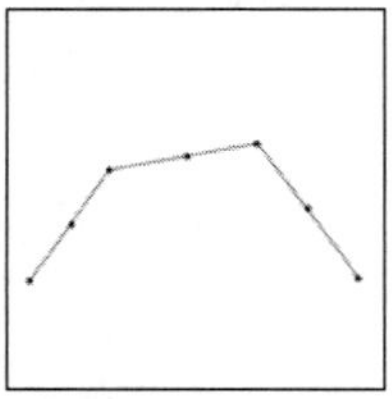

Abb. 7.76: Nun werden die zu t zugeordneten Positionen auf den einzelnen Strecken berechnet.

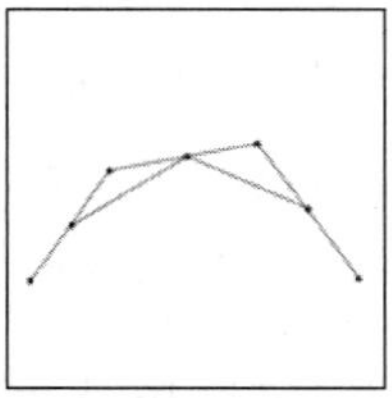

Abb. 7.77: Auch diese Punkte werden untereinander wieder durch Strecken verbunden.

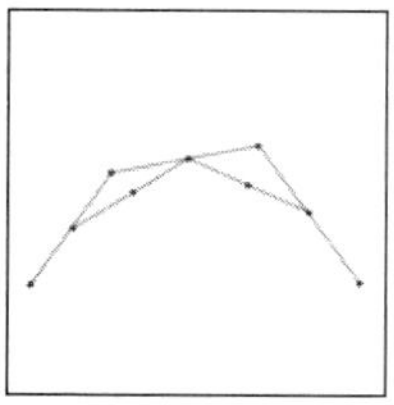

Abb. 7.78: Auf diesen Strecken berechnet man erneut die t zugeordnete Position.

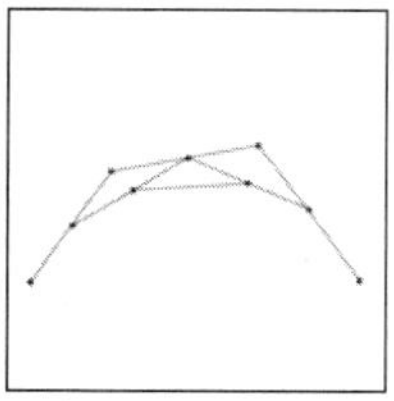

Abb. 7.79: Da nur noch zwei Punkte existieren, muss eine letzte Strecke gebildet werden.

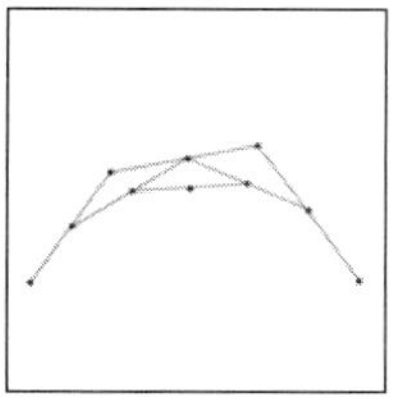

Abb. 7.80: Ein allerletztes Mal wird die t zugeordnete Position berechnet. Dies ist der gesuchte Punkt auf der Bézier-Kurve.

Man könnte dieses Verfahren nun rekursiv implementieren, was allerdings recht langsam ist. Man kann auch ein Array, welches wie eine Pyramide aufgebaut ist, in Kombination mit einem iterativen Verfahren verwenden. Aber letztlich kann man das ganze auch einfach mit einer Formel berechnen.

Ab diesem Punkt wird alles etwas mathematisch, auch wenn sich eigentlich bloß die Notation des Verfahrens ändert. Falls einem Mathematik nicht besonders liegt, kann man dieses Kapitel ab diesem Punkt vermutlich getrost überspringen, denn ohne kommt man an dieser Stelle nicht weiter.

Zunächst betrachten wir noch einmal die lineare Interpolation bzw. Geradengleichung zwischen zwei Punkten P_0 und P_1:

$$P = P_0 + (P_1 - P_0)*t$$

Mathematisch etwas umgeformt sieht das so aus:

$$P = (1 - t)*P_0 + t*P_1$$

Wenn man nun definiert, dass $B_0(t) = 1 - t$ und $B_1(t) = t$ seien, kommt man auf folgende Funktionsgleichung:

$$P = F(t) = B_0(t)*P_0 + B_1(t)*P_1$$

Die Funktionen $B_0(t)$ und $B_1(t)$ werden übrigens als Basis-Funktionen der parametrischen Geradengleichung bezeichnet.

Nun ist es an der Zeit, auf die Darstellung dieser Gleichung mittels der Summenformel zu wechseln:

$$F(t) = \sum_{i=0}^{1} B_i(t) P_i$$

Um eine Kurve zu approximieren, brauchen wir mindestens drei Kontrollpunkte. Hierbei seien P_0 und P_2 die Endpunkte der Kurve, während der Punkt P_1 der Zwischenpunkt ist (der die Kurve zwar zu sich »anzieht«, aber die Kurve verläuft nicht durch ihn). Wenn wir nun das obige Verfahren auf diese Situation anwenden, ergeben sich durch lineare Interpolation zwischen P_0 und P_1 der Punkt P_a und zwischen P_1 und P_2 der Punkt P_b. Der gesuchte Punkt auf der Bézier-Kurve wiederum wird linear zwischen P_a und P_b interpoliert. Somit ergeben sich folgende Gleichungen:

$$P_a(t) = (1 - t)*P_0 + t*P_1$$

$$P_b(t) = (1 - t)*P_1 + t*P_2$$

$$F(t) = (1 - t)*P_a + t*P_b$$

$$F(t) = (1 - t)^{\bullet}*P_0 + 2*(1 - t)*t*P_1 + t^{\bullet}*P_2$$

Nun werden erneut die Basis-Funktionen definiert, so dass wir auch dieses Gleichungssystem mittels der Summenformel darstellen können. Wie man sieht, sehen die Basisfunktionen für 3 Punkte ganz anders aus als zuvor für 2 Punkte:

$$B_0(t) = (1 - t)^{\bullet}$$

$$B_1(t) = 2*(1 - t)*t$$

$$B_2(t) = t^{\bullet}$$

Die Summenformel ist fast identisch mit der für 2 Punkte, nur wird i bis 2 gezählt:

$$F(t) = \sum_{i=0}^{2} B_i(t) P_i$$

Nun gab es glücklicherweise einen Mathematiker, der uns eine Gleichung zur Verfügung gestellt hat, anhand welcher wir die Basis-Funktionen in Abhängigkeit der Anzahl der Kontrollpunkte n direkt ermitteln können. Sein Name war Bernstein, und deshalb heissen die Basisfunktionen auch Bernstein-Polynome (zufälligerweise fängt beides mit B an):

$$B_i(t) = \frac{n!}{i!(n-i)!}(1-t)^{n-i} t^i$$

Somit haben wir alle mathematischen Grundlagen geschaffen, um die Position eines Punktes auf einer Bézier-Kurve zu berechnen, ohne uns vorher um definierte Basis-Funktionen kümmern zu müssen.

7.2.11.7 Bézier Patches

Patch ist wird hier am besten übersetzt mit Fläche. Anhand eines zweidimensionalen Netzes von Kontrollpunkten soll nun eine weich geschwungene Oberfläche geschaffen werden. Interessant wird es, wenn man bedenkt, dass bei einem Patch die Punkte einer Bézier-Kurve selbst wieder auf einer solchen Kurve liegen.

Prinzipiell ist die Methode die gleiche, welche auch schon für Bézier-Kurven verwendet wurde, nur dass diesmal eine zweite Dimension der Ausdehnung hinkommt. Dies bedeutet lediglich, dass die approximierte Position nicht mehr nur von einer, sondern von zwei Variablen abhängig ist. Zu *t* kommt jetzt *s* hinzu.

$$F(s,t) = \sum_{i=0}^{2} B_i(s) P_i(t)$$

Da $P_i(t)$ selbst auf einer Bezier Kurve liegt, ergibt sich

$$F(s,t) = \sum_{i=0}^{2} \sum_{j=0}^{2} B_i(s) B_j(t) P_{ij}$$

Kontrollpunkte haben wir jetzt auch viel mehr, P_{ij} gibt diese als zweidimensionales Array an (hier ein 3 x 3 Netz).

Eingesetzt werden Bezier Patches in sehr vielen Spielen, das erste Spiel, der diese Technik zur Darstellung runder Oberflächen verwendet hat, war ein indizierter Titel von ID Software. Seitdem habe sie eine sehr weite Verbreitung gefunden.

7.2.12 Triangulierung (JB)

In verschiedenen Situationen wird man mit dem Problem konfrontiert werden, aus einer unbestimmten Menge von Punkten wieder Dreiecke zu generieren. Dies kann zum Beispiel beim Einsatz von Constructive Solid Geometry (verschiedene geometrische Grundformen werden zu einem einzelnen Objekt kombiniert) der Fall sein, es finden sich allerdings noch viele weitere Anwendungsbeispiele.

7.2.12.1 Voronoi Diagramme

Die geometrische Grundlage der so genannten Delauney-Triangulierung, welche in diesem Kapitel angesprochen wird, stellen die Voronoi-Diagramme dar. Um ein Voronoi-Diagramm zu generieren, wählt man zunächst einen Mittelpunkt und zieht von diesem aus Strecken zu den umliegenden Punkten. An diesen Strecken werden die Mittelsenkrechten eingetragen, woraus sich ein Polygon ergibt. Für man dieses Verfahren für jeden Punkt der Menge durch, so erhält man das ein Voronoi-Diagramm.

7.2.12.2 Delaunay Triangulierung

Nachdem man wie oben beschrieben das Voronoi-Diagramm zu einer Punktmenge generiert hat, kann man nun einfach die Mittelpunkte der Voronoi-Polygone verbinden, um eine geeignete Delaunay-Triangulierung zu erhalten. Dies ist die Methode, wie sie vor der Verbreitung von Computern eingesetzt wurde, denn inzwischen gibt es einfacher zu implementierende und schnellere Methoden.

Damit ein Triangulated Irregular Network – im folgenden TIN – genannt als Delaunay-Netzwerk durchgeht, muss das Kreiskriterium, welches besagt, dass das Netzwerk aus sich nicht überlappenden Dreiecken besteht und kein Punkt im Umkreis eines Dreiecks des Netzwerks liegt, erfüllt sein. Wie erwähnt gibt es mehrere Methoden, um solch eine Triangulierung zu erzielen, wobei das wohl am einfachsten verständlich der Suchstrahlen-Algorithmus ist.

7.2.12.3 Suchstrahlen-Algorithmus

Bei diesem Algorithmus wird zunächst ein Punkt gewählt, welcher dem Mittelpunkt der Punktmenge am nächsten ist. Von diesem Punkt aus zieht man Verbindungen zu allen anderen Punkten der Punktmenge. Nun verbindet man alle Endpunkte mit den jeweiligen Nachbarendpunkten, wobei in einem zweiten Durchgang alle Endpunkte mit anderen Endpunkten, welche ohne dass eine der Verbindungslinien gekreuzt wird, verbunden werden. Nun hat man zwar ein TIN generiert, allerdings ist hierbei noch nicht das Kreiskriterium erfüllt, weshalb noch ein zweiter Arbeitsschritt durchzuführen ist.

Der letzte Arbeitsschritt verlangt, dass alle Dreiecke mit Shared Edges, also anliegenden Kanten, zunächst zu Vierecke gemacht werden. Danach wird die Winkelsumme der jeweils gegenüberliegenden Innenwinkel gebildet und eine Verbindung zwischen den Ecken mit dem größten Winkel gezogen. Diese Vorgehensweise wird wiederholt, bis keine neuen Kanten mehr generiert werden können, womit die Kriterien für eine Delaunay-Netzwerk erfüllt sind.

7.2.13 Vertex Shader (JB)

7.2.13.1 Was sind eigentlich Vertex-Shader?

Vertex Shader sind zusammen mit Pixel-Shadern eine der neuesten Entwicklungen und bieten einem eine unglaubliche Flexibilität, da sie einem die Möglichkeit bieten, die Pipeline der Grafikkarte direkt zu programmieren, ohne auf die beschränkte Funktionalität von OpenGL oder Direct3D angewiesen zu sein.

Vertex Shader (oder Vertex Programs, wie sie bei OpenGL heißen) sind kleine in einer Assembler-artigen Sprache geschriebene Programme, welche direkt vom Grafikkartenprozessor verstanden und ausgeführt werden, und – wie der Name schon andeutet – die Daten eines Vertex modifizieren. Sollte eine solche Hardware nicht zur Verfügung stehen, werden sie (unter D3D8) mit erstaunlicher Geschwindigkeit in Software emuliert, was diese Techniken auch für Besitzer älterer Grafikkarten interessant machen dürfte.

OpenGL und Direct3D verwenden für Vertex Shader eine unterschiedliche Syntax. Dies klingt schon sehr abschreckend. Leider gibt es noch nicht einmal einen verabschiedeten OpenGL Standard, dieser wird erst im Laufe des Jahres 2002 erscheinen, so dass es verschiedenste Extensions gibt, die es zu unterstützen gilt. Ich habe mich dazu durchgerungen, in diesem Kapitel Vertex Shader unter OpenGL auf NVidia-Grafikkarten zu behandeln. Dafür gibt es mehrere Gründe:

1. Der Einsatz von Vertex Shadern unter Direct3D8 ist wesentlich besser dokumentiert.
2. In den meisten Spiele-PC's (und somit auch in den meisten PC's von Entwicklern) stecken Grafikkarten der Marke NVidia.
3. Ich hätte gerne sowohl NVIDIA als auch ATI unterstützt, doch leider hat mir ATI jeglichen Support verweigert, während ich bei NVidia mit offenen Armen aufgenommen wurde. An dieser Stelle möchte ich NVidia's Developer Relations Group auch gleich für die schnellen und präzisen Antworten auf meine Fragen danken.

7.2.13.2 Was bieten Vertex Shader ?

Vertex Shader ermöglichen es, Rechenleistung von der CPU auf die GPU zu verlagern, so dass zum Beispiel Mesh-Skinning direkt auf der Grafikkarte ablaufen kann, ohne dass die Arbeit der CPU davon irgendwie beeinflusst wird. Den Möglichkeiten sind hierbei nur wenige Grenzen gesetzt, man kann eigene Beleuchtungs-Verfahren implementieren, Cartoon-Shading direkt auf der Grafikkarte implementieren oder sogar Partikel-Systeme berechnen lassen.

Es gibt einige grundlegende Regeln, welche es bei der Benutzung von Vertex Shadern zu beachten gibt :

1. Ein Vertex Shader hat lediglich Zugriff auf Informationen zu einem einzelnen Vertex, bekommt aber keinerlei Daten über Faces, Edges oder ähnliches.
2. Jedes Vertex, das in den Shader hineingeht, kommt auch wieder heraus. Es gibt also in jedem Fall genau ein Input- und ein Output-Vertex.
3. Ein Register beinhaltet in der Vertex-Shader-Architektur genau 4 Float-Werte.
4. Zur Benutzung als Input-Parameter gibt es 16 Vertex Attribute und 96 Programm Parameter. Zusätzlich stehen einem 12 temporäre Register zur Verfügung, welche innerhalb des Vertex Shaders benutzt werden können.

Diese Punkte zeigen unter anderem, dass es beispielsweise nicht möglich ist, Routinen zum Backface- oder gar Frustum-Culling auf der Grafikkarte berechnen zu lassen. Auch mögen einem die 96 Programm Parameter anfangs relativ viel erscheinen und für einfache Effekte reichen sie auch vollkommen aus, doch wird man dadurch später in sehr arge Platznot kommen.

7.2.13.3 Vertex Attribute

Die Eigenschaften eines Vertex wie Koordinaten, Normalenvektor etc. werden bearbeitet in 16 Registern von v[0] bis v[15], welche jeweils 4 Float-Werte beinhalten. Zur besseren Lesbarkeit von Vertex-Shader-Sourcecodes (auch *Scripts* genannt) wurden für die Indices von 0 bis 15 Konstanten definiert, welche anstelle der Zahlen benutzt werden können. Die Register sind folgendermaßen belegt :

Register	Lesbarere Version	entsprechende OpenGL-Funktion	Mapping
v[0]	v[OPOS]	glVertex	X, y, z, w
v[1]	v[WGHT]	glVertexWeightEXT	w, 0, 0, 1
v[2]	v[NRML]	glNormal	X, y, z, 1
v[3]	v[COL0]	glColor	R, g, b, a
v[4]	v[COL1]	glSecondaryColorEXT	R, g, b, 1
v[5]	v[FOGC]	glFogCoordEXT	fc, 0, 0, 1
-	-		
-	-		
v[8]	v[TEX0]	glMultiTexCoord – Stage 0	S, t, r, q
v[9]	v[TEX1]	glMultiTexCoord – Stage 1	S, t, r, q
v[10]	v[TEX2]	glMultiTexCoord – Stage 2	s, t, r, q
v[11]	v[TEX3]	glMultiTexCoord – Stage 3	s, t, r, q
v[12]	v[TEX4]	glMultiTexCoord – Stage 4	s, t, r, q
v[13]	v[TEX5]	glMultiTexCoord – Stage 5	s, t, r, q
v[14]	v[TEX6]	glMultiTexCoord – Stage 6	s, t, r, q
v[15]	v[TEX7]	glMultiTexCoord – Stage 7	s, t, r, q

Man kann, wie schon anhand der Tabelle deutlich werden sollte, die Vertex Attribute mittels der altbekannten OpenGL Funktionen setzen. Natürlich kann man hierfür auch Vertex Arrays benutzen, das macht keinen Unterschied. Allerdings gehören zu NVidia's Extension auch einige Funktionen, um diese Attribute eigenhändig zu setzen. Diese beiden Funktionen hören auf die Namen `glVertexAttrib4fNV()` und `glVertexAttrib4fvNV()`.

7.2.13.4 Programm Parameter

Bei den Programm-Parametern handelt es sich um 96 Register, welche jeweils 4 Float-Werte beinhalten können. Diese Register sind konstant, man kann sie also während der Ausführung eines Vertex Shaders nicht neu beschreiben. Diese Register können für jede Art von Informationen benutzt werden, mal mag es notwendig sein, bestimmte Matrizen zu übergeben, ein andernmal können es Informationen über die Positionen verschiedener Lichtquellen sein.

Im Shader Script selbst werden die Programm Parameter, welche auch als *Constant Memory* bezeichnet werden, über »c[index]«. Die Werte für die entsprechenden Parameter müssen zuvor mittels der Funktionen `glProgramParameter4fNV()` und `glProgramParameter4fvNV()` gesetzt werden.

Die Implementation des NVidia Standards unterstützt zusätzlich das Feature des »Matrix Tracking«. Hierbei wird eine der Standard Matrizen automatisch in den Constant Memory geschrieben. Mit dieser Funktionalität wird man zwangsläufig sehr oft in Berührung kommen, weil es notwendig ist, die Vertex-Koordinaten selbsständig zu transformieren, was ohne aktuelle Matrizen einfach nicht möglich ist. Initiiert wird das Tracking einer bestimmten Matrix durch einen Aufruf von `glTrackMatrixNV()`.

7.2.13.5 Output Register

Genauso wie es 16 Vertex Attribute gibt, in denen die als Input dienenden Vertex Informationen stehen, stehen dem Programmierer 16 Output Register zur Verfügung, in die das bearbeitete Vertex geschrieben wird. Diese Output Register werden folgendermaßen angesprochen:

Register	Beschreibung	Mapping
o[HPOS]	Clip Space Position	x, y, z, w
o[COL0]	Front Facing Primary Color	r, g, b, a
o[COL1]	Front Facing Secondary Color	r, g, b, a
o[BFC0]	Back Facing Primary Color	r, g, b, a
o[BFC1]	Back Facing Secondary Color	r, g, b, a
o[FOGC]	Fog Coordinate	f
o[PSIZ]	Point Size	p
o[TEX0]	TexCoord Set 0	s, t, r, q
o[TEX1]	TexCoord Set 1	s, t, r, q
o[TEX2]	TexCoord Set 2	s, t, r, q
o[TEX3]	TexCoord Set 3	s, t, r, q
o[TEX4]	TexCoord Set 4	s, t, r, q
o[TEX5]	TexCoord Set 5	s, t, r, q

Register	Beschreibung	Mapping
o[TEX6]	TexCoord Set 6	s, t, r, q
o[TEX7]	TexCoord Set 7	s, t, r, q

7.2.13.6 Matrix Tracking

Was das Tracking von Matrizen bewirkt, wurde schon angesprochen, hier geht es nun um die Implementation. An `glTrackMatrixNV()` wird by default zuerst `GL_VERTEX_PROGRAM_NV` übergeben. Als zweites Argument erfolgt das Register, in welches die Matrix geschrieben werden soll. Das dritte Argument gibt den Matrix Type an, also `GL_MODELVIEW`, `GL_PROJECTION` oder `GL_TEXTURE`, wobei diese auch kombiniert werden können. Das letzte Funktionsargument gibt an, in welcher Form die Matrix übergeben werden soll. Unterstützt werden die vier Modi `GL_IDENTITY_NV`, `GL_INVERSE_NV`, `GL_TRANSPOSE_NV` und `GL_INVERSE_TRANSPOSE_NV`. Man sollte zudem auf keinen Fall vergessen, dass eine gespeicherte Matrix ganze 4 Register des Constant Memory in Anspruch nimmt, da sie ja aus 16 Float-Werten besteht.

7.2.13.7 Swizzling und Negierung

Von Haus aus werden die vier Elemente eines Registers über xyzw angesprochen, wobei einem die Vertex Programming Assembly Language die Möglichkeit gibt, diese Elemente zu swizzlen, also beliebig zu vertauschen. Nehmen wir hierzu ein kurzes Beispiel.

```
mov vDst, vSrc
```

Falls nicht jedem bekannt sein sollte, was dies bewirkt: Der Inhalt von `vSrc` wird in `vDst` geschrieben. Nun könnte man folgenden Code verwenden, wenn man einige der Elemente vertauschen möchte.

```
mov vDst.x, vSrc.y
mov vDst.y, vSrc.z
mov vDst.z, vSrc.w
mov vDst.w, vSrc.x
```

Gleichzeitig bietet einem das Swizzling allerdings auch noch die Möglichkeit, alles direkt in einer einzigen Zeile zu lösen.

```
mov vDst, vSrc.yzwx
```

Dies ist grundsätzlich für alle Operationen erlaubt und kann stellenweise sehr nützlich sein. Die Negation wird durch ein vorangestelltes Minus bewirkt, wobei hierbei alle angesprochenen Elemente negiert werden. Beide Operationen kosten bei der Ausführung eines Vertex Shaders keine zusätzlich Zeit, sie sind praktisch umsonst, was in Hinblick auf die Ausführungsgeschwindigkeit interessant ist.

7.2.13.8 Restriktionen

Ganz so schön, wie es jetzt klingt, ist die Benutzung von Vertex Shadern dann doch nicht, denn es gibt einige Beschränkungen, mit denen man zu kämpfen hat, ganz abgesehen von der relativ mageren Menge an Registern, die man verwenden kann. So gibt es der Ausführungsgeschwindigkeit wegen keine bedingten Ausführungen und Sprünge. Ausserdem können Vertex Shader aus maximal 128 Instruktionen bestehen. Das mag anfangs nicht besonders wenig erscheinen, doch je komplizierter die Verfahren sind, die man implementieren möchte, desto mehr stösst man an die Grenzen.

7.2.13.9 Instruction Set

Besonders viele Befehle unterstützen Vertex Shader nicht, es sind gerade einmal 17 an der Zahl. Hier folgt nun eine komplette tabellarische Auflistung aller unterstützen Instruktionen :

Wert	Beschreibung

ADD	`ADD vDst, vSrc1, vSrc2`
	Diese Instruktion führt eine Addition zweier Wertepaare durch, wobei die Summe dann in `vDst` gespeichert wird. Folgender Code addiert also die Werte von `v0.x` und `c2.x` und schreibt die Summe dann in `r0.x`:
	`ADD R0.x, v[OPOS].x, c[2].x`
	`ADD R0, v[OPOS], c[2]`

DP3	`DP3 vDst, vSrc`
	Mittels dieser Instruktion wird das Skalarprodukt aus den drei angegebenen Komponenten des Registers (by Default ist es xyz) berechnet und in `vDst` geschrieben.
	DP3 R2.xy, R0, R1
	gleicht also folgendem C-Code:
	`r2.x = r2.y = r0.x * r1.x + r0.y * r1.y + r0.z * r1.z;`

DP4	`DP4 vDst, vSrc1, vSrc2` Diese Instruktion funktioniert davon abgesehen, dass das Skalarprodukt aus vier Komponenten gebildet wird, genauso wie DP3.

DST	`DST vDst, vSrc1.xyzw, vSrc2.xyzw`
	Damit kann der Attenuationsvektor anhand zweier Quell-Skalare berechnet werden. Hierbei hat `vSrc1` das Quadrat der Distanz d zu beinhalten während `vSrc2` d^{-1} beinhaltet. Als Resultat ergibt sich:
	`vDst.x = 1`
	`vDst.y = d`
	`vDst.z = d * d`
	`vDst.w = 1 / d`

Wert	Beschreibung

EXP	`EXP vDst, vSrc1.xyzw`
	Berechnet 2^c für den angegebenen Quell-Wert und schreibt folgendes in das Ziel-Register:
	`vDst.x = 2^floor(c)`
	`vDst.y = c - floor(c)`
	`vDst.z = 2^c`
	`vDst.w = 1`

LIT	`LIT vDst, vSrc1`
	Berechnet die Lighting-Koeffizienten anhand der Skalarprodukte für Diffuse und Specular Color und der Specular Power. Dies setzt voraus, dass gilt:
	`vSrc.x = Diffuse Skalarprodukt`
	`vSrc.y = Specular Skalarprodukt`
	`vSrc.w = Specular Power`
	Im Ziel-Register sind die Ergebnisse folgendermaßen angeordnet:
	`vDst.x = Ambient Koeffizient`
	`vDst.y = Diffuse Koeffizient`
	`vDst.z = Specular Koeffizient`
	`vDst.w = 1`

LOG	`LOG vDst, vSrc1.xyzw`
	Berechnet den Logarithmus zur Basis 2 für jedes Element des Quell-Registers und schreibt das Resultat in das Ziel-Register.
	`vDst.x beinhaltet den Exponenten`
	`vDst.y beinhaltet die Mantisse`
	`vDst.z beinhaltet das Ergebnis`
	`vDst.w ist 1`

MAD	`MAD vDst, vSrc1, vSrc2, vSrc3` MAD steht für »Multiply And Add«, demnach wird der Wert von vSrc3 zum Produkt von `vSrc1` und `vSrc2` hinzuaddiert und anschließend in `vDst` geschrieben.
MAX	`MAX vDst, vSrc1, vSrc2` Schreibt die einzelnen Maxima der beiden Quellregister in das Ziel-Register.
MIN	`MIN vDst, vSrc1, vSrc2` Schreibt die einzelnen Minima der beiden Quellregister in das Ziel-Register.
MOV	`MOV vDst, vSrc1` Schreibt den Inhalt des Quell-Registers in das Ziel-Register.
MUL	`MUL vDst, vSrc1, vSrc2` Multipliziert die Elemente von `vSrc1` und `vSrc2` und schreibt die Produkte anschließend in `vDst`.
RCP	`RCP vDst, vSrc1.xyzw` Diese Instruktion erfordert, dass für `vSrc1` ein Element des Vektors angegeben wird, und invertiert dieses zuerst, um es dann in alle Elemente von `vDst` zu schreiben.

Wert	Beschreibung
RSQ	`RSQ vDst, vSrc1.xyzw` Mittels dieser Instruktion wird die inverse Quadratwurzel des Quellwertes gebildet und dann in alle Elemente des Ziel-Registers geschrieben. Ebenso wie RCP erwartet RSQ die Angabe eines Elements des Quell-Registers.
SGE	`SGE vDst, vSrc1, vSrc2` Ist der Wert des ersten Quell-Registers größer als der des zweiten, so wird in das Ziel-Register eine 1 geschrieben. Andernfalls wird eine 0 in dieses geschrieben. Diese Operation wird für jedes Element der Register einzeln vorgenommen (ebenso wie SLT).
SLT	`SLT vDst, vSrc1, vSrc2` Ist der Wert des ersten Quell-Registers kleiner als der des zweiten, so wird in das Ziel-Register eine 1 geschrieben. Andernfalls wird eine 0 in dieses geschrieben.
SUB	`SUB vDst, vSrc1, vSrc2` Subtrahiert `vSrc2` von `vSrc1` und schreibt das Ergebnis in das Ziel-Register.

Dies sind alle Instruktionen, die einem zur Verfügung stehen, und es fällt direkt auf, dass einige wichtige zu fehlen scheinen. Zu den offensichtlichsten zählen die Quadratwurzel oder eine einfache Division. Keine Angst, auf solch wichtige Operationen muss man natürlich nicht verzichten, denn sie lassen sich auf einfache Art und Weise durch die Kombination existierender Instruktionen verwirklichen. Davon handelt der nächste Abschnitt.

7.2.13.10 Fehlende Instruktionen nachbilden

Dies sind jetzt nur einige Instruktionen, welche beispielhaft zu sehen sind, in den Weiten des Internets finden sich inzwischen schon regelrechte Bibliotheken mit Implementations-Tips zu verschiedenen Operationen.

7.2.13.10.1 Division

Für R0.x = R1.x / R2.x gilt :

```
RCP R0.x, R2.x;
MUL R0.x, R1.x, R0.x;
```

7.2.13.10.2 fabs()

Dies ist wohl der trivialste Trick, um eine etwas komplexere Operation zu lösen. Man ermittelt den maximalen Wert von x und –x und weist diesen einem anderen Register zu.

```
MAX R0, R1, -R1;
```

7.2.13.10.3 if (...) then ... else ...

Eigentlich gibt es in Vertex Shadern keine bedingten Ausführungen, allerdings kann man anhand der gegebenen Instruktionen auch so etwas zu stande bringen. Aus

```
if (R1 >= R2) then
{
    R0 = R3;
}
else
{
    R0 = R4;
}
```

wird dann

```
SGE R0, R1, R2;
ADD R1, R3, -R4;
MAD R0, R0, R1, R4;
```

7.2.13.10.4 Kreuzprodukt

Das Kreuzprodukt zwischen zwei Vektoren kann einfach auf folgende Art und Weise berechnet werden :

```
MUL R2, R0.zxyw, R1.yzxw;
MAD R2, R0.yzxw, R1.zxyw, -R2;
```

7.2.13.10.5 Quadratwurzel

```
RSQ R0.x, R1.x
MUL R0.x, R0.x, R1.x
```

7.2.13.11 Einsatz unter OpenGL

Prinzipiell geht man beim Initialisieren und Binden von Vertex Shadern genauso vor wie bei Texturen, d.h. zuerst generiert man über `glGenProgramsNV()` eine ID für den Shader, bindet diesen dann über `glBindProgramsNV()` und übergibt das Script über die Funktion `glLoadProgramsNV()`. Also gar nichts Kompliziertes, der Zugriff erfolgt dann wie gewohnt über die generierte ID.

```
glGenProgramsNV(1, &uiVertexShaderID);
glBindProgramNV(GL_VERTEX_PROGRAM_NV, uiVertexShaderID);
glLoadProgramNV(GL_VERTEX_PROGRAM_NV, uiVertexShaderID, strlen((const
char*)pucProgram), (const GLubyte*)pucProgram);
```

Vorher sollte natürlich nicht vergessen werden, die »`GL_NV_vertex_program`« Extension zu initialisieren. Zusammen mit den schon vorher vorgestellten Funktionen wie `glTrackMatrixNV()` habt ihr jetzt praktisch das gesamte Wissen, was man zum Handling von Vertex Shadern unter OpenGL brauchen kann, weshalb es also Zeit wird, dass wir zum Beispiel-Code kommen.

7.2.13.12 Beispiele

7.2.13.12.1 Environment Mapping

Der Algorithmus für Spherical Environment Mapping sieht folgendermaßen aus :

1. Clip Space Position berechnen
2. TexCoordU ist das Skalarprodukt zwischen Vertex-Normale und erster Zeile der Modelview-Matrix
3. TexCoordV ist das Skalarprodukt zwischen Vertex-Normale und zweiter Zeile der Modelview-Matrix

Zur Konvertierung der Vertex-Koordinate in den Clip-Space benötigt man die kombinierte Projektions- und Modelview-Matrix, die in das Register c[0] geschrieben wird. Die benötigte Modelview-Matrix wird in c[4] geschrieben. Dann sieht der Shader-Code also folgendermaßen aus :

```
!!VP1.0

DP4 o[HPOS].x, c[0], v[OPOS];
DP4 o[HPOS].y, c[1], v[OPOS];
DP4 o[HPOS].z, c[2], v[OPOS];
DP4 o[HPOS].w, c[3], v[OPOS];

DP4 o[TEX0].x, c[4], v[NRML];
DP4 o[TEX0].y, c[5], v[NRML];

MOV o[COL0], v[COL0];

END
```

Und schon haben wir unseren ersten Vertex Shader, mit dem Environment-Mapping-Koordinaten über die GPU berechnet werden, geschrieben, und auf einmal hat man viel mehr Zeit, seine CPU für andere Berechnungen zu nutzen.

7.2.13.12.2 Toon-Shading

Ein Toon-Shader ist schon etwas, allerdings ein kleines bißchen komplizierter als der Reflection-Effekt aus dem letzten Beispiel. Das Verfahren sieht wieder folgendermaßen aus:

1. Clip Space Position berechnen
2. Skalarprodukt zwischen den Zeilen der Modelview-Matrix und dem Normalenvektor berechnen
3. Skalarprodukt zwischen Richtungsvektor der Lichtquelle und dem Ergebnis des vorherigen Schritts bilden, um die benötigte Texture-Koordinate zu erhalten (eigentlich wird für Toon-Shading nur 1D-Texturierung benötigt, allerdings war ich einfach nur zu faul, den Texture-Loader umzuschreiben)

Hier nun der Vertex-Shader Code :

```
!!VP1.0

DP4 o[HPOS].x, c[0], v[OPOS];
DP4 o[HPOS].y, c[1], v[OPOS];
DP4 o[HPOS].z, c[2], v[OPOS];
DP4 o[HPOS].w, c[3], v[OPOS];

DP3 R2.x, c[4], v[NRML];
DP3 R2.y, c[5], v[NRML];
DP3 R2.z, c[6], v[NRML];

DP3 o[TEX0].x, R2, c[8];

MOV o[COL0], v[COL0];

END
```

7.2.13.12.3 Directional Lighting

Um direktionales Lighting durchzuführen, geht man folgende Schritte durch :

1. Clip Space Position berechnen
2. Skalarprodukt zwischen Normalenvektor des Vertex und dem Richtungsvektor der Lichtquelle berechnen
3. Ergebnis mit dem Farbwert der Lichtquelle multiplizieren, um den Farbwert des Vertex zu berechnen. Optional könnte man auch noch die Vertex-Color in die Berechnung miteinbeziehen. Eine weitere Option ist, dass Lighting nicht im Object Space, sondern im World Space durchzuführen, wobei man den Richtungsvektor des Lichts im Programmcode schon transformieren sollte, um sich diese Berechnungen bei jedem Durchlauf zu sparen.

Man trackt also die `GL_MODELVIEW_PROJECTION_NV` Matrix in die Programm Parameter `c[0]` bis `c[3]`, lädt die Richtung des Lichts in `c[4]` und dessen Farbe in `c[5]`.

```
!!VP1.0

DP4 o[HPOS].x, c[0], v[OPOS];
DP4 o[HPOS].y, c[1], v[OPOS];
DP4 o[HPOS].z, c[2], v[OPOS];
DP4 o[HPOS].w, c[3], v[OPOS];

DP3 R0, v[NRML], c[4];
MUL o[COL0], R0, c[5];

END
```

So, und jetzt wünschen wir dir viel Spaß und Erfolg beim Programmieren des eigenen Spiels.

Glossar

Abandonware

Software, die schon lange nicht mehr im Handel erhältlich ist, wird so bezeichnet. Manche sehen darin einen Freibrief, damit zu machen, was man mit aktueller Software nie tun sollte, wenn man keinen Prozeß am Hals haben will: vervielfältigen und kostenlos weiter verteilen, abändern, etc. In der Regel geht die Rechnung auch auf, weil die Inhaber der Rechte kein Interesse mehr an ihrem Programm haben. Kann aber auch ins Auge gehen.

Algorithmus

Das Grundprinzip, nach welchem ein Programmteil das tut, was es soll. Bestes Beispiel ist das Sortieren von Listen: diese Aufgabe kann man auf sehr unterschiedliche Weisen lösen, und jede Lösung nennt man Algorithmus.

ASM

Assembler. Maschinennahe Programmiersprache. Siehe Kapitel 3.2.2.3.

Ausnahmefehler

Siehe Exception.

Befehlssequenz

Eine aufeinanderfolgende Reihe von Befehlen. Siehe 3.2.3.

Blending

Das Vermischen von Farben. In der 3D-Technologie wird das verwendet, um Transparenzeffekte zu erzeugen. Ein Polygon ersetzt nicht die Pixel, über die es gezeichnet wird, sondern die Farben von bestehendem und neuem Pixel werden miteinander vermischt.

Blitten

Eine Bitmap bzw. ein 2D-Bild auf dem Bildschirm ausgeben, indem die Pixelfarbwerte direkt in den Bildschirmspeicher kopiert werden.

Bot

Künstliche Person. Meist eine KI, die in Multiplayer-Spielen einen Spieler ersetzt. Kann auch in Diskussionsforen oder Chaträumen ein Ersatz für einen Moderator sein.

Brushes

In Editoren gebräuchliche Schablonen zum »Malen« von Strukturen. In einem 2D-Strategiespiel wird damit z.B. das Terrain mit Wasser oder Gras bedeckt, sehr ähnlich wie mit dem Zeichenstift eines Malprogramms. Es gibt sogar unterschiedliche Pinselstärken.

BSP-Tree

»Binäre raumteilende Bäume«, die die Sichtbarkeit von Objekten innerhalb einer 3D-Welt bestimmen.

Bug

Eingebürgerter Begriff für Programmfehler. Der Name kommt daher, dass die früheren Computer mit Röhren arbeiteten, die warm wurden und Motten anzogen. Die Motten wurden dann gegrillt und verursachten Störungen im System. Heutzutage stammen Bugs vom Programmierer selbst und kommen nicht von draußen rein (auch wenn es vielen Programmierern manchmal so vorkommt).

Ein Bug ist nur dann ein Bug, wenn sich das Programm anders verhält, als es der Programmierer eigentlich will. Der berühmte Spruch »it's not a bug, it's a feature«, der Microsoft zugeschrieben wird, bedeutet: »das ist kein Fehler, das haben wir absichtlich so gemacht«.

Chrome

Alles, was ein Spiel »schön« macht, aber technisch gesehen überflüssig ist.

Clipping

Beim Clipping werden nur Objekte innerhalb einer bestimmten Entfernung zur Position des Spielers (Betrachters) dargestellt, um Rechenzeit zu sparen.

Coder

Programmierer

Compiler

Übersetzungsprogramm. Übersetzt sogenannte Hochsprachen wie Pascal, BASIC oder C in sogenannten Maschinencode, den der Prozessor des Computers versteht (aber ein Mensch so gut wie nicht mehr).

Compo

Competition, dt. = Wettbewerb, wer das am interessantesten aussehende Demo hat, gewinnt nach Abstimmung alles anwesender Teilnehmer.

Credits

Danksagung. In der Regel ist das die Liste der Mitarbeiter an einem Projekt sowie all derer, die sich sonst noch in irgendeiner Weise daran verdient gemacht haben.

CRPG

Computer Role Playing Game. Rollenspiel. Siehe 1.2.4.

Debugging

Die Suche nach einem Programmfehler (Bug).

Deklaration

Einem Compiler ankündigen, welche Variablen man benutzt bzw. welche Funktion man schreiben will.

Direct3D

Programmierschnittstelle für 3D-Grafik von Microsoft für Windows-Betriebssysteme. Teil von DirectX.

DirectX

Programmierschnittstelle von Microsoft für Spiele unter Windows. Es gibt inzwischen mehrere Varianten davon, die neueste ist DirectX 8.1.

Diskmag

In mehr oder weniger regelmäßigen Abständen erscheinendes Szene-Magazin in elektronischer Form. Enthielt Artikel, Leserbriefe, Hitlisten (Charts) und Programme. Heutzutage ein aussterbendes Medium.

Doomroutine

3D-Darstellung eines Labyrinths aus der Ich-Perspektive. Kam erstmals in WOLFENSTEIN3D und danach in DOOM zum Einsatz. Das wollte natürlich jeder nachmachen. Zahlreiche Demos aus früheren Zeiten haben daher »Doomroutinen«.

Exception

Beim Abarbeiten eines Programms kann es vorkommen, dass im Computer Dinge passieren, die »Alarm« auslösen. Z.B. wenn man durch 0 teilt, wenn der Stack überläuft oder wenn das Programm auf ihm verbotene Speicherbereiche zugreifen will. Dieses Ereignis heißt Exception und der Computer setzt die Abarbeitung des Programms an einer anderen Stelle fort, die dafür vorgesehen ist, solche Alarmfälle zu bearbeiten. Insofern man als Programmierer nichts anderes programmiert hat, wird das Programm standardmäßig beendet (Absturz). Wenn man das nicht will, sollte man den Fehler, der dem zugrundeliegt, beheben. Sollte das aus irgendwelchen Gründen nicht möglich oder nicht sinnvoll sein, kann man eine eigene Methode programmieren, was das Programm dann tun soll (Exception-Handler) oder die Exception schon bei Programmstart einfach ausschalten (maskieren).

Exception maskieren

Dem Computer den Befehl erteilen, auf bestimmte Exceptions einfach nicht mehr zu reagieren und so zu tun, als sei nichts geschehen.

Fake

Vortäuschung eines (technischen) Spielelementes, das nicht wirklich da ist. Viele 3D-Shooter haben z.B. eine Hintergrundkulisse, die aussieht wie eine Landschaft, ein Wald oder eine Stadt, aber man kann nie dahin gehen. Besonders häufig sind Fakes im Bereich von Licht und Schatteneffekten, wenn sich die Lichtquellen nicht verändern. Dann wird der Schatten oder Lichtkegel einfach mit auf die Textur gemalt. In Unreal wichen einige Gegner Schüssen geschickt aus. Aber nicht weil ihre KI so gut war, sondern weil das Drücken der linken Maustaste eine Ausweichbewegung auslöste (durch gezieltes Danebenschießen konnte man sie daher treffen). Fakes leben davon, dass die Situationen, in denen man sie als Fakes erkennen würde, nicht eintreten.

Freeware

Etwas, das gratis ist und ohne Beschränkungen von jedermann legal benutzt werden darf. Wobei das Urheberrecht nach wie vor gilt. Gratis bedeutet übrigens keineswegs, dass es schlecht ist. Eine ganze Menge nützlicher Programme und sogar Spiele sind kostenlos im Internet erhältlich. Sollte nicht verwechselt werden mit Shareware und Open Source.

GDD

Game Design Document. Siehe Kapitel 1, Das Designdokument.

Gekicked

Siehe Kicken.

Grafikcollections

Sammlungen von Bildern, mit Musik unterlegt.

Grafik-Engine

Der Teil des Programms, der dafür sorgt, dass man die Grafik auf dem Bildschirm sieht. Und das möglichst schön und möglichst flüssig.

Highend

Spitzen-Technologie. In der Regel teuer.

ICQ

»I seek you«. Internet-Service, bei dem man eine Nummer bekommt, und wenn man die einem Freund gibt, sieht dieser immer gleich, ob man gerade im Internet ist und schwätzen kann.

Indoor-Rendering

Speziell für 3D-Szenen innerhalb von Gebäuden optimiertes Rendering.

IRC

Internet Relay Chat. Von einigen Instituten angebotener kostenloser Internet Service, bei dem man sich in virtuellen Räumen treffen und sich live was schreiben kann.

Interpolieren

Unter Interpolation versteht man allgemein das Ergänzen von fehlenden Information. Werden z.B. Grafiken interpoliert, fügt der Computer zusätzliche Bildpunkte hinzu, die aus den Eigenschaften der umliegenden Bildpunkte errechnet werden. Das Ergebnis ist jedoch nur unwesentlich besser als das Originalbild.

Isometrie

2D-Grafik mit »gekippten« Kacheln, die einen 3D-Effekt suggerieren. Iso=Gleich, Metrie=Maß: Da es keine perspektivische Verzerrung gibt, sind Kacheln, die weiter »hinten« liegen, genau so groß wie die im Vordergrund. Siehe Kapitel 7

Joinen

Einer Gruppe beitreten. Im IRC auch: einem Diskussionskanal betreten.

Kachel

1. Keramikartikel in Küche und Bad. :-)

2. Grundelement vieler Spielwelten, die gleichmäßig in Felder eingeteilt sind (Tilebased Games). Eine Kachel ist ein einzelnes Feld mit was drauf, meistens viereckig, manchmal sechseckig.

Kollionsabfrage

Mathematisch komplexer Vorgang, bei dem berechnet wird, ob zwei Objekte sich durchdringen, also zusammengestoßen sind - oder nicht.

KI

Künstliche Intelligenz (im Englischen AI). Missbräuchlicherweise eingebürgerter Ausdruck für den Programmteil, der die Computergegner steuert oder dem Spieler hilft (Helfer-KI). Je nach dem Können des Programmierers können manche Handlungen tatsächlich intelligent wirken. Echte künstliche Intelligenz gibt es aber bislang nicht, es ist seit über 30 Jahren Gegenstand wissenschaftlicher Forschungen auf der ganzen Welt.

Kicken

Jemanden rausschmeißen. Aus einer Diskussion, einer Gruppe, seinem Arbeitsplatz...

Latenz

Die Verweilzeit von Paketen in einem Netzwerkknoten, bis sie verarbeitet und weitergeleitet worden sind.

Layer

»Schicht«. Häufig gebräuchlicher Ausdruck in Themen, die mit Schichten, Etagen oder Hierarchien zu tun haben. Siehe 3.4.2.4.

Leader

Führer bzw. Oberhaupt einer Gruppe. Lead Programmer, Lead-Designer etc.

Level-Editor

Der »Baukasten« für die Levels eines Spiels. Im Level-Editor können die verschiedenen Welten, auch »Maps« genannt, erstellt werden.

Lightmap

Eine Lightmap gibt dem Programm Aufschluss über die Helligkeitsverteilung der Texturen in einer 3D-Welt. Auf diese Weise lassen sich nahtlose Helligkeitsübergänge erreichen.

Lineare Algebra

Hochgestochener Ausdruck für das Rechnen mit Vektoren.

Linux

Unix-ähnliches Betriebssystem, das als Open-Source-Projekt von Tausenden von Hobbyprogrammierern auf der Welt gemeinsam entwickelt wird.

Main Loop

Ein Programm hat üblicherweise einen Anfang und ein Ende. Damit ein Programm nicht kurz nach dem Start schon komplett abgearbeitet (und damit zu Ende) ist, muss man es in Gang halten, indem die Ausführung immer wieder an einen bestimmten Punkt zurückspringt und das so lange, bis der Befehl zum Aufhören kommt. Diese ewige Wiederholerei des zentralen Programmteils durch Zurückspringen an den Anfang ist die sogenannte Hauptschleife oder auch Main Loop. Siehe 3.4.6.2.

Map Entities

Objekte innerhalb einer Map. Begriff aus dem 3D Game Studio.

Midi

Netzwerkschnittstelle für Musiker, damit die Geräte mit der Klaviertastatur kommunizieren können, und man das auch in den Computer bekommt und aufzeichnen kann.

Mip-Mapping

Beim Mip-Mapping wird für eine Textur in einer 3D-Welt je nach Entfernung zur Position des Betrachters die Grafik mit einer größeren oder kleineren Auflösung dargestellt, um zum einen die Darstellungsgeschwindigkeit zu verbessern und zum anderen unerwünschte Pixeleffekte (Moiré usw.) zu vermeiden.

Mod

1. Modifikation. Gemeint ist in der Regel die Veränderung von Komponenten eines Spieles (Austausch von Grafiken, Levels etc.), so dass praktisch ein neues Spiel dabei heraus kommt. Mods werden meist von Hobbyprogrammierern gemacht. Die Macher von 3D-Shootern unterstützen in der Regel solche Leute bzw. entwerfen das Spiel bereits so, dass es ohne größere Schwierigkeiten von jedermann abgeändert werden kann. Auf diese Weise bleibt das Spiel nämlich länger im Gespräch (und wird verkauft).

2. Altes Sound- bzw. Musik-File-Format. Wird heute kaum noch eingesetzt, obwohl es einige Vorteile hat, z.B. sehr speichersparend ist.

Multiplayer

Verfügt ein Spiel über einen Multiplayer-Modus, kann es von mehreren Spielern gleichzeitig gespielt werden.

Multitasking

Ein Computer kann eigentlich immer nur eine Sache gleichzeitig tun, jedenfalls wenn er nur eine CPU hat, und das ist der Normalfall. Unter Linux und Windows ist es dennoch möglich, mehrere Programme gleichzeitig ablaufen zu lassen, und das geht mit einem Trick: Der Computer arbeitet erst ein wenig von dem einen Programm ab, dann schaltet es um und arbeitet etwas vom anderen Programm ab, dann schaltet es wieder um usw. Dieser Vorgang heißt Multitasking und geht so schnell, dass wir es als gleichzeitige Ausführung mehrerer Programme wahrnehmen. Es gibt diesen Vorgang auch innerhalb eines einzigen Programmes. Die gleichzeitig ausgeführten Programmteile heißen dann Threads, und der Vorgang Multi-Threading.

Musikcollection

Massig Musiken, von einem oder mehreren Musikern optisch nett präsentiert.

Note

1. Siehe jedes Musiklexikon. :-)

2. Elektronische Kurznachricht. NOTEMAKER war ein verbreitetes Programm, in dem man Nachrichten schreiben, eine Musik hinzufügen und das Ding als selbststartendes Programm auf einer Diskette verschicken konnte.

OOP

Objektorientierte Programmierung, siehe 3.4.3.

Octree:

Verschachtelte Aufteilung eines 3D-Raumes in 8 Würfel. Siehe auch Quadtree.

OpenGL

Programmierschnittstelle für 3D-Grafik von Silicon Graphics. Auf fast jedem Betriebssystem verfügbar.

Page-Flipping

Die meisten Grafikkarten haben mehr als einen einzigen Bildschirmspeicher. Angezeigt wird aber natürlich nur einer davon auf dem Bildschirm. Page-Flipping bedeutet, den aktuell angezeigten Speicherbereich zu wechseln. In der Regel wird das verwendet, um ein Bild in einem nicht sichtbaren Speicherbereich zu rendern. Während dieses Vorganges ist ein anderer Speicherbereich sichtbar. Erst wenn alles fertig gerendert ist, wird dieser Speicherbereich zum sichtbaren Speicherbereich und der bisherige sichtbare Speicherbereich wird nun verwendet, um das nächste Bild zu rendern.

Parametrisierter Code

siehe entsprechenden Abschnitt in Kapitel 3.4.10.

Pareto-Prinzip

Die Erkenntnis, dass in größeren Projekten 80% der Aufgaben in den ersten 20% der Zeit erledigt werden, die letzen 20% dann aber 80% der Zeit benötigen. Mit anderen Worten: am Anfang geht alles schnell und dann immer langsamer. Im Gegensatz zu Murphys Gesetzen ist das jedoch keine paranoide Wahnvorstellung, sondern wissenschaftlich erwiesen.

Parser

Ein Programm(teil), das in der Lage ist, einen Text zu interpretieren (parsen), noch dazu richtig. Die alten Textadventures von INFOCOM hatten beeindruckende Parser, die in der Lage waren, längere Sätze, die der Spieler eintippte, korrekt zu verarbeiten. Wobei das im englischen noch einigermaßen leicht ist, versucht mal einen Parser für deutsche Sprache zu schreiben – argh! Ansonsten spielen Parser noch bei Compilern bzw. Scriptsprachen eine wichtige Rolle, der Programmcode muss ja erst mal verstanden werden, bevor er in Maschinencode übersetzt werden kann. Und man schreibt als Programmierer häufiger mal kleine Parser, die einfache Textdateien mit Daten einlesen und auswerten können.

Partikel-System

Ein Partikel-System ermöglicht die korrekte Darstellung (und Bewegung) von kleinen Partikeln wie z.B. Rauch. Siehe Kapitel 7.

Patch

»Flicken«.

1. Fehlerkorrektur eines Programmes nach seiner Auslieferung.

2. In 3D-Editoren häufig vorkommende Form zum Modellieren (z.B. Bézier-Patch).

Peer

Dieser Begriff findet z.B. auch Verwendung beim »Peer-2-Peer«-Filesharing-Prinzip. Ein »Peer« ist in diesem Fall der Computer des Benutzers.

Ping-Rate

Die Zeit, die ein Datenpacket vom eigenen Computer zu einem Server und wieder zurück benötigt. Für ISDN ist z.B. ein Ping von 70-120ms normal.

Pixel

Einer der Tausenden oder Millionen Bildpunkte, aus dem sich eine Grafik zusammensetzt.

Pixel-Shader

Pixel-Shader dienen zur Veränderung von Oberflächen- oder Beleuchtungseffekten, um künstlich wirkende Darstellungen mit Hilfe von speziellen Grafik-Effekten natürlicher aussehen zu lassen.

Polling

Polling ist dann, wenn ein Programm in seiner Main Loop dauernd abfragt, ob ein bestimmter Zustand vorliegt, um – falls dies der Fall ist – darauf zu reagieren. Das Gegenteil ist ein event-basiertes Programm.

Port

Slang-Ausdruck für das Portieren.

Portieren, Portabilität

Wenn man ein Programm so umschreibt, dass es auf einem anderen Betriebssystem oder gar anderen Rechnertyp läuft, dann hat man es **portiert**. Unter Portabilität versteht man das Ausmaß, wie einfach es ist, diesen Vorgang durchzuführen. Man sollte von Anfang an wissen, ob man vorhat, ein Programm auf verschiedenen Systemen (Plattformen) zu betreiben, damit man gegebenenfalls auf die Portabilität achten kann. So ist es z.B. unvorteilhaft, DirectX zu verwenden, wenn man das Programm später auch auf Linux betreiben will.

Prefabs

Im Leveleditor verfügbare vorgefertige »Bausteine«, die als Ganzes in den Level eingefügt werden können (z.B. eine Wendeltreppe).

Pseudocode

Etwas, das so aussieht wie Programmcode, aber nicht compiliert werden kann, sondern nur einen Algorithmus veranschaulichen soll (siehe 3.4.1.3).

QBSP-Tool

QBSP ist das von QUAKE verwendete Format für Binärbäume. (Quake Binary Space Partition, siehe BSP). Ein QBSP-Tool verwandelt eine Szene in ein durch die Quake-Engine-darstellbares Format.

Quadtree

Verschachtelte Aufteilung eines 2D-Raumes in vier Quadrate. Siehe auch Octree.

Raycasting

3D-Grafik-Engine-Typ. Beim Raycasting-Prinzip werden von der Position des Betrachters Sehstrahlen (auf einer horizontalen Ebene) ausgesandt, um ein Bild zu berechnen.

Rechenzeit

Die Zeit, die der Computer für die Verarbeitung eines bestimmten Vorgangs benötigt, bevor das Ergebnis zur Verfügung steht.

Rendering-Engine

Siehe Grafik-Engine

Rendern, Rendering, gerendert

1. Vorgang, bei dem der Computer etwas auf dem Bildschirm ausgibt. Vom Sprachgebrauch her kann das ein Dreieck, eine Bitmap oder eine komplette 3D-Szene sein.

2. Vorgang, bei dem eine 3D-Software ein Bild per Raytracing-Verfahren berechnet. Diese Art des Renderns ist um ein Vielfaches langsamer als selbst die langsamste 3D-Engine, erzeugt jedoch fotorealistische Bilder und wird für Illustrationen und Filme eingesetzt. Wenn ein Screenshot von einem 3D-Spiel »aussieht wie gerendert«, bedeutet das zunächst mal ein Lob, in der Regel sind solche Screenshots allerdings gar keine wirklichen Screenshots, sondern wirklich per Raytracing gerendert und somit eigentlich Betrug. Es ist inzwischen allerdings »Standard«, in Spielemagazinen (und sogar auf der Schachtel) solche Bilder als Screenshots anzupreisen. Die Kunden haben sich daran gewöhnt, dass das Spiel in Wirklichkeit immer viel schlechter aussieht als auf den Renderbildern, was wiederum zur Konsequenz hat, dass, wer ehrlich ist und tatsächlich Screenshots abdruckt, einen schlechten Eindruck macht.

RGB-Wert

Fernseher bzw. Computermonitore können nur rote, blaue und grüne Punkte darstellen. Ihr seht sie, wenn ihr ganz nahe an die Mattscheibe geht. Alle Farben, die wir zu sehen glauben, wenn wir weiter weg sind, sind nichts als eine Mischung aus Rot, Grün und Blau. Der RGB-Wert gibt die Helligkeitsanteile von Rot, Grün und Blau in einer Farbe an. In der Regel sind das Zahlen von 0 (dunkel) bis 255 (hell).

Beispiele: 0/0/0: Schwarz, 255/0/0: leuchtendes Rot, 0/128/128: mittelhelles Türkis, 255/255/255: Weiß

RPG

Role Playing Game. Rollenspiel. Siehe 1.2.4.

Rulen

1. Herrschen, Bestimmen. Rulerlaune haben = Herumkommandieren.

2. Cool bzw. ganz toll sein.

Schichten

Siehe 3.4.2.4.

Schutzverletzung

Die meisten Betriebssysteme (fast alle außer DOS) weisen einem Programm Speicherplatz zu, den es benutzen darf. Wenn es jedoch auf Speicher zugreifen will, der ihm nicht gehört, meldet das Betriebssystem eine sogenannte Schutzverletzung. Ursache ist praktisch immer ein Programmfehler (Bug). Das schuldige Programm wird dann in der Regel beendet. Man kann das als Programmierer allerdings verhindern, indem man ein Exception-Handling programmiert. Schutzverletzungen gehören zur Familie der Exceptions, siehe auch dort.

scnr

»Sorry, could not resist«. Sagt man, wenn man sich eine Bemerkung nicht verkneifen konnte.

Sending

Warensendung mit Diskette, meist mit gecheateten Stamps, das waren mit Leim überzogene Briefmarken, von denen man den Poststempel wieder abwaschen konnte. Wenn man bedenkt, dass manche Szene-Leute früher pro Monat weit über 100 (!) Sendings machten, war das die einzige Möglichkeit, um sich nicht zu ruinieren. Die Post reagierte allerdings empfindlich darauf. Bitte nicht nachmachen!

Shareware

Vertriebsprinzip für Software. Der Kunde darf das Programm eine Weile kostenlos benutzen, bevor er sich entscheidet, es zu kaufen oder wieder zu löschen. Oft enthält die Programmversion, die man testweise bekommt, einige Nachteile wie z.B. fehlende Funktionen, nervende Aufforderungen zum Überweisen des Geldes oder ein Zeitlimit. In dem Fall kriegt man, wenn man sich das Programm kauft, eine Version, die diese Nachteile nicht hat, die sogenannte Vollversion. So betrachtet ist jedes Spiel, von dem man eine kostenlose spielbare Demo kriegen kann, Shareware. Manche Experten halten die Bezeichnung Shareware allerdings nur dann für berechtigt, wenn es keinen Unterschied zwischen Testversion und Vollversion gibt.

Singleplayer

Verfügt ein Spiel nur über einen Singleplayer-Modus, kann es nur von einer Person gleichzeitig gespielt werden.

Skalarprodukt

Verknüpfung zweier Vektoren. Siehe Kapitel 7 (lineare Algebra).

Software-Renderer

Ein Programm, welches das Rendern von 3D-Szenen ohne Zuhilfenahme der Spezialfähigkeiten der 3D-Grafikkarte übernimmt.

Sprite

»Geist«. Sprites werden 2D-Grafiken genannt, die sich vom Hintergrund unabhängig über den Bildschirm bewegen lassen. Der C64 ist der einzige mir bekannte Computer, bei dem Sprites in die Hardware integriert waren. Der bekannteste Sprite ist der Mauszeiger.

Stack

Spezieller Speicherbereich. Wenn eine Funktion aufgerufen wird, merkt sich das Programm die Stelle, an die es zurückkehren muss, wenn die Funktion zu Ende ist, indem es die Speicheradresse in den Stack schreibt. Der Stack funktioniert so, dass das, was man als letztes reingetan hat, »zuoberst« liegt und daher beim Abholen als erstes wieder rauskommt.

Stack-Überlauf

Nicht mehr genug Stack-Speicher, um weitere Informationen da reinzuschreiben. Diese Situation führt zu einer Exception (s. dort).

Stencil-Buffer

Speicherbereich auf der Grafikkarte, der jedem Pixel auf dem Bildschirm einen Wert zuordnet, mit dem man als Programmierer machen kann, was man will. Häufige Einsatzgebiete des Stencil-Buffers sind Spiegelungen und Schatteneffekte. Siehe Kapitel 7.

STL

Standard Template Library von C++. Bietet häufig gebrauchte Datenstrukturen samt Verwaltungsfunktionen in Template-Form an. Manche Compiler (z.B. VC++ von Microsoft) kochen ihr eigenes Süppchen und liefern eine STL mit, die sich nicht 100% an den Standard hält. Buchempfehlung: The C++ Standard Library von Nicolai M. Josuttis(`http://www.josuttis.com/libbook/index.html`)

Speedcode

Assemblerprogramm, das sich selbst während des Ablaufes ergänzt und überschreibt. Ziemlich irre, das ganze.

String

Datenstruktur zur Aufnahme von Text.

Stuff

»Zeug«. Sammelbegriff für alles und jeden.

Swappen

1. Tauschen von mit interessantem Inhalt gefüllten Disketten via Post. Heute nicht mehr üblich, dafür gibt es E-Mail.

2. Austauschen von Speicherinhalten. In der Grafik-Programmierung siehe Page-Flipping. Bei Betriebssystemen das Auslagern und Zurückholen von Arbeitsspeicher-Inhalt auf Festplatte, wenn dieser zu knapp wird.

Swapper

Person, deren Aufgabe es ist, den ganzen lieben langen Tag Disketten mit Programmen zu füllen und diese zu verschicken (swappen), bzw. die bei ihm angekommenen Sachen zu sichten und diese wiederum an andere Swapper oder Freunde zu schicken, die das noch nicht haben.

Texture Alignment

Anpassung des Texturursprungs (der Position im Raum, an der die Textur beginnt) an das Objekt, auf das die Textur projektiert wird.

Texture Mapping

Siehe entsprechenden Abschnitt in Kapitel 7

Texturen

2D-Grafiken, die auf die Polygone von 3D-Objekten abgebildet werden (und sie so nach etwas aussehen lassen).

TGA

Gebräuchliches Dateiformat für Bilder.

Thread

1. Diskussionsthema in einem Forum.

2. Siehe Multitasking.

Tile, Tile-based games

Siehe Kachel.

Top-Down-Modell

Siehe entsprechenden Abschnitt in Kapitel 3 (Programmarchitektur)

Trackmoloadersystem

Track=Spur einer Diskette, MO=demo. Ein System, welches einem erlaubt, Parts eines Demos nachzuladen, während ein anderer Part gezeigt wird.

Undo-Funktion

Macht einen Befehl rückgängig.

Unix

Professionelles Betriebssystem für Großrechner, mit dem du wahrscheinlich zeitlebens nie etwas zu tun haben wirst.

Vector, Vektor

1. 3D-Datenstruktur. Siehe Kapitel 7.

2. Array, das seine Größe verändern kann. (Wer sich diesen Namen ausgedacht hat, gehört geteert.) Zu finden u.a. in der STL von C++.

Vertex-Buffer

Besonderer Speicherbereich für Vertices. Kann von der Grafikkarte zur schnelleren Ausgabe von 3D-Modellen verwendet werden.

Votesheet

Ein Formular, in das man eintragen konnte, welche Demogruppe, Coder, Grafiker, Musiker, Swapper, Cracker, Coverdesigner, Mag, Game etc. man auf die ersten 5-10 Plätze verteilt haben möchte. Diese Votesheets wurden dann per Post zu einem Swapper zurückgeschickt, der sie wiederum als Sammelpacken an die jeweiligen Diskmags geschickt hat. So kamen pro Monat auf ca 10-20 Diskmags jeweils zwischen 50-500 Votesheets. Daraus bildeten die Mags dann Charts. Ziel eines jeden war es, einmal in den Charts genannt zu werden.

Voxel

»3D-Pixel«. Am besten man stellt sich ein Voxel vor als ein großes Atom. Aus diesen Atomen kann man 3D-Objekte bauen, die extrem realistisch aussehen, aber auch extrem viel Speicherplatz verbrauchen. OUTCAST und COMANCHE sind Beispiele für Voxel-Landschaftsgrafiken.

WAV-Format

Ein Format für unkomprimierte Sound-Dateien.

Z-Buffer (Depth Buffer, Tiefenpuffer)

Speicherbereich auf der Grafikkarte, das jedem Pixel auf dem Bildschirm einen Tiefenwert zuordnet. Auf diese Weise wird es überflüssig, Polygone vor dem Zeichnen zu sortieren und sich den Kopf darüber zu zerbrechen, dass Dinge im Hintergrund Dinge im Vordergrund übermalen. Wenn ein Pixel gesetzt werden soll, das »hinter« einem schon gesetzten Pixel liegt, wird es nicht gesetzt.

Z-Fighting

Wenn der Abstand zweier Polygone hintereinander kleiner wird als die Genauigkeit des Z-Buffers, hängt es nur noch von Rundungsfehlern ab, welche Pixel man vom einen und welche man vom anderen Polygon sieht. Üblicherweise kommt es zu streifen- und karoförmigen Überlappungsmustern. Im Sonderfall, wo beide Polygone exakt dieselben Vertexkoordinaten haben und deshalb auch jedes Pixel denselben Z-Wert bekommt, gibt es kein Z-Fighting. Welches Polygon man sieht, hängt dann davon ab, welches zuerst gezeichnet wurde.

Stichwortverzeichnis

C

D

T